全国公共图书馆缩微文献联合目录 古籍编

本书编委会◎编

{ 2 }

国家圖書館出版社

National Library of China Publishing House

《全国公共图书馆缩微文献联合目录·古籍编》
第二卷编辑委员会

主编：全　勤　曹　宁
编委：陈　萍　周玉山　蓝凌云　宁三香

第二卷目录

谱牒类

00O014317
嘉善丁氏家传：不分卷 / (明)钱士升[等]撰
明崇祯至清康熙(1628-1722)刻本
1992年摄制. -- 1盘卷片(7米116拍) : 1:10,
2B ; 35mm银盐
收藏馆：缩微中心，国图

00O025257
于氏宗谱：五卷 / (清)于准纂修
清康熙(1662-1722)刻本
1996年摄制. -- 1盘卷片(10米182拍) :
1:10, 2B ; 35mm银盐
收藏馆：缩微中心，国图

00O005078
宛平王氏族谱：不分卷 / (清)王惺,(清)王元凤纂
修
清乾隆五十九年(1794)王氏青箱堂刻本
1986年摄制. -- 1盘卷片(12米255拍) :
1:10, 2B ; 35mm银盐
收藏馆：缩微中心，国图

00O025168
太原家谱：二十卷首一卷末一卷 / (清)王奕
组,(清)王言廷纂修
清乾隆三十六年(1771)刻本
1996年摄制. -- 2盘卷片(63米1320拍) :
1:10, 2B ; 35mm银盐
收藏馆：缩微中心，国图

00O015982
琅邪王羲之世系谱：二卷 / (明)姜志邹撰 . 图：
一卷 / (明)孙桢撰
明末(1621-1644)刻本
1993年摄制. -- 1盘卷片(7米96拍) : 1:10,
2B ; 35mm银盐
收藏馆：缩微中心，国图

00O017866
休宁宣仁王氏族谱：十二卷 / (明)王宗本纂修
明万历三十八年(1610)王宗本刻本
1993年摄制. -- 1盘卷片(16米298拍) :
1:10, 2B ; 35mm银盐
收藏馆：缩微中心，国图

00O018179
新城王氏世谱：八卷 / (清)王兆弘[等]纂修
清乾隆二十五年(1760)刻本
1993年摄制. -- 1盘卷片(17米335拍) :
1:10, 2B ; 35mm银盐
收藏馆：缩微中心，山东

00O011890
新城王氏世谱：八卷 / (清)王兆弘[等]纂修
清乾隆二十五年(1760)刻本
1990年摄制. -- 1盘卷片(16米332拍) :
1:10, 2B ; 35mm银盐
收藏馆：缩微中心，山东

00O021171
黄县王氏族谱：不分卷；玉雪轩七律：一卷 /
(清)王闵经撰
清(1644-1911)稿本
1993年摄制. -- 1盘卷片(5米66拍) : 1:10,
2B ; 35mm银盐
收藏馆：缩微中心，山东

00O028611
鳌台王氏族谱：五卷 / (清)王瓒,(清)王德长修
清咸丰至清末(1851-1911)刻本
1993年摄制. -- 1盘卷片(18米370拍) :
1:10, 2B ; 35mm银盐
收藏馆：缩微中心，广东

00O012740
文氏族谱续集：不分卷 / (清)文含纂修
清道光十一年(1831)沈复粲抄本. -- (清)陆
士衡、(清)蔡名衡跋。
1990年摄制. -- 1盘卷片(3米63拍) : 1:10,
2B ; 35mm银盐
收藏馆：缩微中心，南京

00O028301
[广东]文氏通谱：二卷 / (清)文氏合族纂修
清光绪元年(1875)刻本. -- 书名据封面题名
题。
1997年摄制. -- 1盘卷片(11米199拍) :
1:10, 2B ; 35mm银盐
收藏馆：缩微中心，广东

00O014991
方氏宗谱：十二卷 / (明)方祥,(明)方沂纂修
明万历十三年(1585)家刻本. -- 存十一卷：
卷一至卷五、卷七至卷十二。
1992年摄制. -- 2盘卷片(39米908拍) :
1:10, 2B ; 35mm银盐
收藏馆：缩微中心，国图

00O015906
佘叶方氏续修世谱：四卷 / (明)方辕纂修
明(1368-1644)抄本
1993年摄制. -- 1盘卷片(15米290拍) :
1:10, 2B ; 35mm银盐
收藏馆：缩微中心，国图

00O015710

汉歙丹阳河南方氏衍庆统宗图谱：一卷 / (宋)方桂森纂修

明(1368-1644)刻本

1993年摄制. -- 1盘卷片(4米41拍) ：1:10, 2B ；35mm银盐

收藏馆：缩微中心，国图

00O015315

灵阳方氏谱：四卷 / (明)方信纂修

明嘉靖(1522-1566)刻本

1992年摄制. -- 1盘卷片(4米47拍) ：1:10, 2B ；35mm银盐

收藏馆：缩微中心，国图

00O024084

歙西灵山方氏世谱文选：一卷 / (明)方在明纂修

清(1644-1911)抄本

1996年摄制. -- 1盘卷片(4米50拍) ：1:10, 2B ；35mm银盐

收藏馆：缩微中心，湖北

00O015902

沙南方氏宗谱：五卷 / (明)刘日谦,(明)方启运纂修

明万历三十四年(1606)活字印本

1993年摄制. -- 1盘卷片(8米137拍) ：1:10, 2B ；35mm银盐

收藏馆：缩微中心，国图

00O015015

莆阳刺桐金紫方氏族谱：二卷 / (清)方元会纂修

清顺治(1644-1661)刻本

1992年摄制. -- 1盘卷片(9米149拍) ：1:10, 2B ；35mm银盐

收藏馆：缩微中心，国图

00O001115

平盈方氏世谱：五卷 / (明)方元中,(明)方维祯纂修

明万历二十五年(1597)方元中方维祯刻本

1985年摄制. -- 1盘卷片(15米315拍) ：1:10, 2B ；35mm银盐

收藏馆：缩微中心，国图

00O022886

南海丹桂方谱：不分卷 / (清)方菁莪编

清光绪十六年(1890)刻本

1995年摄制. -- 2盘卷片(46米940拍) ：1:10, 2B ；35mm银盐

收藏馆：缩微中心，广东

00O001103

火氏家谱：一卷 / (清)火舜文纂修；(清)火继贤增补

清(1644-1911)火氏忠勇堂抄本

1985年摄制. -- 1盘卷片(3.8米54拍) ：1:10, 2B ；35mm银盐

收藏馆：缩微中心，国图

00O015032

会修尹氏宗谱：八卷 / (明)尹坛纂修

明(1368-1644)抄本

1992年摄制. -- 1盘卷片(10米180拍) ：1:10, 2B ；35mm银盐

收藏馆：缩微中心，国图

00O018387

番禺孔氏家谱：□□卷 / (清)孔广炽,(清)孔广章纂修

清光绪二十三年(1897)刻本. -- 存十卷：卷五至卷十四。

1993年摄制. -- 1盘卷片(13米272拍) ：1:10, 2B ；35mm银盐

收藏馆：缩微中心，广东

00O018389

番禺小龙孔氏家谱：十二卷首一卷 / (清)孔昭湘编

清光绪二十三年(1897)刻本

1993年摄制. -- 2盘卷片(37米760拍) ：1:10, 2B ；35mm银盐

收藏馆：缩微中心，广东

00O018388

德庆封川孔氏家谱：□□卷 / (清)孔传睿辑

清光绪十年(1884)刻本. -- 记事止：清光绪十年(1884)。存四卷：卷一至卷二、卷四、卷六。

1993年摄制. -- 1盘卷片(12米243拍) ：1:10, 2B ；35mm银盐

收藏馆：缩微中心，广东

00O028322

[南海罗格房]孔氏家谱：六卷 / (清)孔毓灵重修

清道光元年(1821)刻本. -- 书名据内封面题名题。

1998年摄制. -- 1盘卷片(12米235拍) ：1:10, 2B ；35mm银盐

收藏馆：缩微中心，广东

00O012145

史氏吴中派文献谱：不分卷 / (明)史册辑；(明)史在相续辑

清(1644-1911)刻本

1990年摄制. -- 1盘卷片(7米152拍) : 1:10,
2B ; 35mm银盐
收藏馆：缩微中心，南京

000O000016
涑水司马氏源流集略：八卷 / (明)司马晰辑
明万历十五年(1587)司马露刻万历三十五年
(1607)司马祉本
1986年摄制. -- 1盘卷片(13.1米268拍) :
1:10, 2B ; 35mm银盐
收藏馆：缩微中心，山西

000O015570
吕氏家谱：不分卷 / (清)吕治平纂修
清康熙三十二年(1693)刻本
1993年摄制. -- 1盘卷片(13米243拍) :
1:10, 2B ; 35mm银盐
收藏馆：缩微中心，国图

000O014749
余姚新河吕氏家乘：十二卷附录一卷 / (明)吕本
撰
明(1368-1644)刻本. -- 存七卷：卷四至卷
九、卷十二。
1992年摄制. -- 1盘卷片(13米234拍) :
1:10, 2B ; 35mm银盐
收藏馆：缩微中心，国图

000O028813
[南海]吕氏家谱：不分卷 / (清)佚名纂修；(清)佚
名重订
清光绪二十二年(1896)抄本. -- 谱修于清同
治十三年(1874)。书名据封面题。
1998年摄制. -- 1盘卷片(4米62拍) : 1:10,
2B ; 35mm银盐
收藏馆：缩微中心，广东

000O027805
天潢玉牒：一卷
明嘉靖十八年(1539)秦汴绣石书堂抄本. --
(明)秦汴校并跋。
1996年摄制. -- 1盘卷片(3米26拍) : 1:10,
2B ; 35mm银盐
收藏馆：缩微中心，南京

000O016289
山阴朱氏家传：不分卷 / (清)朱兆殷辑
清(1644-1911)抄本
1993年摄制. -- 1盘卷片(11米188拍) :
1:10, 2B ; 35mm银盐
收藏馆：缩微中心，国图

000O007546
秀水朱氏家乘：不分卷
清(1644-1911)抄本
1987年摄制. -- 1盘卷片(3米40拍) : 1:10,
2B ; 35mm银盐
收藏馆：缩微中心，国图

000O023676
朱氏家乘：□□卷 / (清)朱一是纂修
清顺治(1644-1661)刻本. -- 存四卷：卷首、
卷一至卷三。
1995年摄制. -- 1盘卷片(11米193拍) :
1:10, 2B ; 35mm银盐
收藏馆：缩微中心，浙江

000O017870
紫阳朱氏统宗世谱：十卷
明万历二十七年(1599)刻本
1993年摄制. -- 1盘卷片(7米148拍) : 1:10,
2B ; 35mm银盐
收藏馆：缩微中心，国图

000O000921
朱氏统宗谱：不分卷 / (明)朱邦相[等]纂修
明末(1621-1644)抄本. -- 纂修者还有：(明)
朱国祯等。
1985年摄制. -- 1盘卷片(10.1米204拍) :
1:10, 2B ; 35mm银盐
收藏馆：缩微中心，国图

000O025872
[旌川西溪]旌川西溪朱氏家谱：五卷文行一卷 /
(明)朱真兴纂修
明正德十三年(1518)刻本
1996年摄制. -- 1盘卷片(12米233拍) :
1:10, 2B ; 35mm银盐
收藏馆：缩微中心，安徽

000O028809
[番禺]朱氏族谱：不分卷 / (明)朱养拙修；(清)佚
名续修
清(1644-1911)抄本. -- 谱修于明嘉靖二十三
年(1544)，增补记事至民国二十三年(1934)。
书名据序前题名题。
1998年摄制. -- 1盘卷片(7米124拍) : 1:10,
2B ; 35mm银盐
收藏馆：缩微中心，广东

000O028807
[清远]朱氏族谱：不分卷 / (清)朱沣重修；(清)朱
世梁增补
清光绪十六年(1890)朱世梁抄本. -- 谱重修
于清乾隆五十五年(1790)，增补记事至清光绪十六年(1890)。书名据序题名题。
1998年摄制. -- 1盘卷片(5米74拍) : 1:10,
2B ; 35mm银盐
收藏馆：缩微中心，广东

000O029434
[香山]南村伍氏家谱：不分卷 / (清)伍学杨,(清)伍于海纂修
清道光十八年(1838)香山锡类堂抄本. -- 香山：今中山。书名据封面题。
1999年摄制. -- 1盘卷片(12米230拍) :
1:10, 2B ; 35mm银盐
收藏馆：缩微中心，广东

000O029433
[顺德]仕版伍萃诚堂族谱：不分卷 / (清)伍廷珍,(清)伍贤成重修
清光绪六年(1880)抄本. -- 书名据扉页题。
1999年摄制. -- 1盘卷片(6米102拍) : 1:10,
2B ; 35mm银盐
收藏馆：缩微中心，广东

000O029435
伍肇基堂族谱：十卷 / (清)伍景莪总纂
清光绪九年(1883)刻本. -- 存一卷：卷一。
1999年摄制. -- 1盘卷片(6米89拍) : 1:10,
2B ; 35mm银盐
收藏馆：缩微中心，广东

000O029430
[香山小榄]绿围伍氏家谱：不分卷 / (清)伍学良纂修
清同治九年(1870)香山抄本. -- 香山：今中山。书名据封面题。
1999年摄制. -- 1盘卷片(3米36拍) : 1:10,
2B ; 35mm银盐
收藏馆：缩微中心，广东

000O029429
[顺德古朗]伍氏族谱：不分卷 / (清)伍维柄汇编
清道光五年(1825)抄本. -- 书名代拟。
1999年摄制. -- 1盘卷片(5米73拍) : 1:10,
2B ; 35mm银盐
收藏馆：缩微中心，广东

000O012224
溪南江氏族谱：不分卷 / (明)江玲纂修
明(1368-1644)抄本
1990年摄制. -- 1盘卷片(4米91拍) : 1:10,
2B ; 35mm银盐
收藏馆：缩微中心，南京

000O015918
重修济阳江氏族谱：八卷 / (明)江来岷,(明)江中淮纂修
明万历四十年(1612)刻本. -- 存六卷：卷一至卷四、卷七至卷八。
1993年摄制. -- 1盘卷片(15米293拍) :
1:10, 2B ; 35mm银盐
收藏馆：缩微中心，国图

000O008484
山阴祁氏世系表：不分卷附录不分卷 / (清)祁昌征撰
清嘉庆五年(1800)祁文行抄本
1987年摄制. -- 1盘卷片(6米101拍) : 1:10,
2B ; 35mm银盐
收藏馆：缩微中心，国图

000O007565
山阴祁氏家谱：不分卷
清(1644-1911)抄本
1987年摄制. -- 1盘卷片(17米339拍) :
1:10, 2B ; 35mm银盐
收藏馆：缩微中心，国图

000O007498
山阴祁氏世系表：不分卷 / (清)祁昌征撰
清(1644-1911)抄本
1987年摄制. -- 1盘卷片(5米74拍) : 1:10,
2B ; 35mm银盐
收藏馆：缩微中心，国图

000O028800
[新会]新增阮氏族谱：不分卷 / (清)阮有才重修
清光绪五年(1879)阮吉庆堂抄本. -- 书名据封面题。
1998年摄制. -- 1盘卷片(3米43拍) : 1:10,
2B ; 35mm银盐
收藏馆：缩微中心，广东

000O028801
[南海]阮氏寻复二世祖坟墓碑记：不分卷 / (清)阮燿垣撰
清光绪八年(1882)抄本. -- 书名据封面题。
1998年摄制. -- 1盘卷片(3米23拍) : 1:10,
2B ; 35mm银盐
收藏馆：缩微中心，广东

000O028642
[马来西亚吉隆坡]吉隆阮氏家谱：不分卷 / (清)阮亦焌纂修
清光绪二十九年(1903)石印本. -- 书名据封面题。
1998年摄制. -- 1盘卷片(5米85拍) : 1:10,

2B ；35mm银盐
收藏馆：缩微中心，广东

000O029451
[新宁]江都杜氏族谱：不分卷 / (清)杜倬重修
清光绪十年(1884)新宁抄本. -- 新宁：今台山。书名据书根和书签题。
1999年摄制. -- 1盘卷片(7米109拍) ：1:10,
2B ；35mm银盐
收藏馆：缩微中心，广东

000O029437
[番禺城南]杜氏家谱：四卷 / (清)杜汝濂重修
清光绪二十一年(1895)番禺稿本. -- 书名据封面题。
1999年摄制. -- 1盘卷片(21米419拍) ：
1:10, 2B ；35mm银盐
收藏馆：缩微中心，广东

000O016731
三田李氏统宗谱：不分卷 / (明)李洪先[等]纂修
明(1368-1644)抄本. -- 纂修者还有：(明)李端明等。
1993年摄制. -- 1盘卷片(8米126拍) ：1:10,
2B ；35mm银盐
收藏馆：缩微中心，国图

000O002888
重修李氏族谱：五卷 / (明)李昺纂修
明嘉靖(1522-1566)刻本
1986年摄制. -- 1盘卷片(6米90拍) ：1:10,
2B ；35mm银盐
收藏馆：缩微中心，国图

000O007744
[江西丰城]李氏族谱：不分卷
明嘉靖(1522-1566)刻本
1987年摄制. -- 1盘卷片(12米238拍) ：
1:10, 2B ；35mm银盐
收藏馆：缩微中心，湖南

000O029461
[番禺]李氏开族谱：不分卷
清(1644-1911)番禺抄本
1999年摄制. -- 1盘卷片(7米119拍) ：1:10,
2B ；35mm银盐
收藏馆：缩微中心，广东

000O029449
[番禺西塱乡]李氏族谱：不分卷 / (清)李濂森
[等]重辑
清光绪十三年(1887)番禺继述堂刻本
1999年摄制. -- 1盘卷片(7米112拍) ：1:10,

2B ；35mm银盐
收藏馆：缩微中心，广东

000O029443
[番禺]李家族谱考：一卷 / (清)李万青重修
清(1644-1911)番禺稿本. -- 书名据封面题。
1999年摄制. -- 1盘卷片(4米55拍) ：1:10,
2B ；35mm银盐
收藏馆：缩微中心，广东

000O029458
[番禺]李氏族谱：一卷 / (清)李万青重修
清(1644-1911)番禺稿本. -- 书名代拟。
1999年摄制. -- 1盘卷片(4米42拍) ：1:10,
2B ；35mm银盐
收藏馆：缩微中心，广东

000O029445
[新会斗洞]李氏族谱：不分卷 / (清)李南星续修
清咸丰元年至清末(1851-1911)新会抄本. --
书名据序前题名题。
1999年摄制. -- 1盘卷片(5米78拍) ：1:10,
2B ；35mm银盐
收藏馆：缩微中心，广东

000O027794
[新会]李氏族谱：三卷 / (清)李邦庆纂修
清光绪五年(1879)枕经堂刻本
1997年摄制. -- 1盘卷片(13米243拍) ：
1:10, 2B ；35mm银盐
收藏馆：缩微中心，广东

000O029446
[南海]李申及堂族谱：不分卷 / (清)李应年重修
清同治八年(1869)南海稿本. -- 书名据版心题名题。
1999年摄制. -- 1盘卷片(8米141拍) ：1:10,
2B ；35mm银盐
收藏馆：缩微中心，广东

000O029254
[顺德桂洲]李氏族谱：不分卷 / (清)李纯英修；
(清)李龙榜,(清)李配英重修
清同治九年(1870)稿本. -- 书名据封面题。
1999年摄制. -- 1盘卷片(8米153拍) ：1:10,
2B ；35mm银盐
收藏馆：缩微中心，广东

000O029529
[四会]李氏家谱：不分卷 / (清)李善元纂修
清道光十五年(1835)刻本. -- 书名据封面题。
2000年摄制. -- 1盘卷片(9米154拍) ：1:10,

2B ; 35mm银盐
收藏馆：缩微中心，广东

00O029442
[四会]李氏家谱：不分卷 / (清)李德宽纂修
清光绪二十八年(1902)四会佛镇翰香楼书坊刻本. -- 书名据封面题。
1999年摄制. -- 1盘卷片(14米272拍) : 1:10, 2B ; 35mm银盐
收藏馆：缩微中心，广东

00O029447
[信宜]华山李氏世德录：八卷附录六卷 / (清)李再荣纂辑
清光绪十年(1884)刻本
1999年摄制. -- 1盘卷片(13米243拍) : 1:10, 2B ; 35mm银盐
收藏馆：缩微中心，广东

00O000909
皋庑吴氏家乘：四卷 / (清)吴哲[等]纂修
清乾隆三十三年(1768)吴哲刻本
1985年摄制. -- 1盘卷片(13米274拍) : 1:10, 2B ; 35mm银盐
收藏馆：缩微中心，国图

00O023083
山阴县州山吴氏族谱：十五卷序状志铭一卷 / (明)吴有临纂修
明万历(1573-1620)刻天启六年(1626)重修本
1995年摄制. -- 2盘卷片(41米836拍) : 1:10, 2B ; 35mm银盐
收藏馆：缩微中心，国图

00O024233
吴氏纪源录：不分卷 / (明)吴远纂修
明万历十五年(1587)刻本
1996年摄制. -- 1盘卷片(15米338拍) : 1:10, 2B ; 35mm银盐
收藏馆：缩微中心，安徽

00O014760
歙南吴氏族谱：六卷 / (明)吴尚德纂修
明崇祯元年(1628)刻本
1992年摄制. -- 1盘卷片(8米127拍) : 1:10, 2B ; 35mm银盐
收藏馆：缩微中心，国图

00O016462
休宁县市吴氏本宗谱：十卷 / (明)吴鋹[等]纂修
明嘉靖七年(1528)刻本. -- 纂修者还有：(明)吴兆、(明)吴津[等]。
1992年摄制. -- 1盘卷片(13米247拍) : 1:10, 2B ; 35mm银盐
收藏馆：缩微中心，国图

00O028907
休宁吴田吴氏分支统谱：□□卷 / (明)吴显纂修
明嘉靖十七年(1538)吴奖刻本. -- 存五卷：卷一至卷五。
1989年摄制. -- 1盘卷片(9米153拍) : 1:10, 2B ; 35mm银盐
收藏馆：缩微中心，南京

00O006428
休宁璜源吴氏族谱：八卷 / (明)吴烨,(明)吴应期纂修
明万历七年(1579)吴氏保和堂刻本
1987年摄制. -- 1盘卷片(14米296拍) : 1:10, 2B ; 35mm银盐
收藏馆：缩微中心，国图

00O015892
梢云吴氏族谱：十卷 / (明)吴大经纂修
明(1368-1644)抄本. -- 存三卷：卷八至卷十。
1993年摄制. -- 1盘卷片(6米92拍) : 1:10, 2B ; 35mm银盐
收藏馆：缩微中心，国图

00O015907
新安世家梢云吴田吴氏族谱：不分卷
清(1644-1911)抄本
1993年摄制. -- 1盘卷片(10米177拍) : 1:10, 2B ; 35mm银盐
收藏馆：缩微中心，国图

00O015275
临溪吴氏族谱：七卷 / (明)吴元孝纂修
明崇祯十四年(1641)刻本
1992年摄制. -- 1盘卷片(14米255拍) : 1:10, 2B ; 35mm银盐
收藏馆：缩微中心，国图

00O014613
商山吴氏重修族谱：二卷 / (宋)吴浩纂修 ; (明)吴明庶[等]续辑
明崇祯十六年(1643)家刻本. -- 辑者还有：(明)吴士彦等。
1992年摄制. -- 1盘卷片(5米67拍) : 1:10, 2B ; 35mm银盐
收藏馆：缩微中心，国图

00O024219
商山吴氏族谱：不分卷 / (明)吴士信撰修
明(1368-1644)抄本. -- 具体抄录时间不详。

1996年摄制. -- 1盘卷片(7米158拍)：1:10,
2B；35mm银盐
收藏馆：缩微中心，安徽

000O002358
休宁厚田吴氏重修宗谱：六卷 / (清)吴骞纂修
清乾隆五十二年(1787)吴霖[等]赐锦堂刻本
1986年摄制. -- 1盘卷片(10米184拍)：
1:10, 2B；35mm银盐
收藏馆：缩微中心，国图

000O031742
休宁厚田吴氏宗谱：六卷 / (清)吴骞纂修
清乾隆五十二年(1787)吴霖赐锦堂刻本
2005年摄制. -- 1盘卷片(11米200拍)：
1:10, 2B；35mm银盐
收藏馆：缩微中心，国图

000O024981
[泾川]泾川茂林吴氏宗谱：五卷 / (明)吴范道纂修
明万历七年(1579)刻本
1996年摄制. -- 1盘卷片(10米185拍)：
1:10, 2B；35mm银盐
收藏馆：缩微中心，安徽

000O015297
泾川吴氏统宗族谱：五卷 / (明)吴乞和[等]纂修
明万历八年(1580)刻本. -- 存四卷：卷一至
卷三、卷五。
1992年摄制. -- 1盘卷片(8米132拍)：1:10,
2B；35mm银盐
收藏馆：缩微中心，国图

000O027796
[三水]吴氏家谱：不分卷
清光绪二十五年(1899)刻本. -- 有墨笔眉批
评。
1997年摄制. -- 1盘卷片(4米57拍)：1:10,
2B；35mm银盐
收藏馆：缩微中心，广东

000O028616
[四会窑村]吴氏族谱：不分卷 / (清)吴大猷纂修
清同治六年(1867)省城西湖街藏珍阁刻本
1998年摄制. -- 1盘卷片(11米212拍)：
1:10, 2B；35mm银盐
收藏馆：缩微中心，广东

000O005086
吴氏族谱：不分卷 / (清)吴鳌[等]纂修
清(1644-1911)抄本
1986年摄制. -- 1盘卷片(12米249拍)：

1:10, 2B；35mm银盐
收藏馆：缩微中心，国图

000O022890
[广东]何氏族谱：不分卷 / (清)何泽棠纂修
清光绪二十年(1894)广州富文斋刻本
1995年摄制. -- 1盘卷片(8米184拍)：1:10,
2B；35mm银盐
收藏馆：缩微中心，广东

000O031133
佟氏宗谱：一卷 / (清)佟国勷[等]纂修
清康熙十二年(1673)佟国勷刻本. -- 存一
卷：卷上。
2004年摄制. -- 1盘卷片(7米110拍)：1:10,
2B；35mm银盐
收藏馆：缩微中心，国图

000O024502
遂安西涧泮南余氏族谱：三卷 / (清)余之颙纂修
清康熙(1662-1722)余氏维新堂刻本
1996年摄制. -- 1盘卷片(10米181拍)：
1:10, 2B；35mm银盐
收藏馆：缩微中心，国图

000O015446
泗水余氏会通世谱：五卷 / (明)余瑗纂修
明正德三年(1508)刻本
1992年摄制. -- 1盘卷片(13米247拍)：
1:10, 2B；35mm银盐
收藏馆：缩微中心，国图

000O014974
泗水余氏会通世谱：五卷外纪一卷 / (明)余瑗纂修
明正德三年(1508)刻本
1992年摄制. -- 1盘卷片(12米229拍)：
1:10, 2B；35mm银盐
收藏馆：缩微中心，国图

000O022891
[广东]余氏族谱：三十卷 / (清)余振新,(清)余泽深纂修
清光绪二十五年(1899)刻本
1995年摄制. -- 3盘卷片(83米1657拍)：
1:10, 2B；35mm银盐
收藏馆：缩微中心，广东

000O008384
梅易世纪：二卷补说一卷 / (明)徐将撰
明隆庆(1567-1572)刻本
1988年摄制. -- 1盘卷片(5米83拍)：1:10,
2B；35mm银盐

收藏馆：缩微中心，国图

00O001212
汪氏家传：不分卷 / (清)汪喜孙辑
清(1644-1911)抄本
1985年摄制. -- 1盘卷片(5米67拍) : 1:10,
2B ; 35mm银盐
收藏馆：缩微中心，国图

00O003446
汪氏世谱：十二卷 / (清)汪淮纂修. 重修迁浙支代表：二卷祠墓考续一卷 / (清)汪淞[等]纂修
清嘉庆(1796-1820)刻本
1986年摄制. -- 1盘卷片(16米340拍) :
1:10, 2B ; 35mm银盐
收藏馆：缩微中心，国图

00O025160
汪氏世谱：十二卷 / (清)汪淮纂修
清嘉庆(1796-1820)刻本. -- 六卷配抄本。遗书志一卷族录。
1996年摄制. -- 1盘卷片(12米218拍) :
1:10, 2B ; 35mm银盐
收藏馆：缩微中心，国图

00O023080
汪氏渊源录：十卷 / (元)汪松寿纂修
明(1368-1644)刻正德十三年(1518)重修本
1995年摄制. -- 1盘卷片(10米161拍) :
1:10, 2B ; 35mm银盐
收藏馆：缩微中心，国图

00O025021
汪氏世范录：不分卷 / (明)汪云秀辑
明隆庆(1567-1572)刻本
1996年摄制. -- 1盘卷片(4米56拍) : 1:10,
2B ; 35mm银盐
收藏馆：缩微中心，安徽

00O025867
汪氏统宗正脉：一卷 / (明)汪鸿儒[等]纂修
明隆庆四年(1570)刻本
1996年摄制. -- 1盘卷片(25米512拍) :
1:10, 2B ; 35mm银盐
收藏馆：缩微中心，安徽

00O024971
汪氏迁派实录提纲：七卷 / (明)汪国言纂修
明万历元年(1573)婺源刻本
1996年摄制. -- 1盘卷片(11米215拍) :
1:10, 2B ; 35mm银盐
收藏馆：缩微中心，安徽

00O000913
城北汪氏族谱：二卷 / (明)汪让纂修
明成化二十三年(1487)汪让刻本
1985年摄制. -- 1盘卷片(7.4米138拍) :
1:10, 2B ; 35mm银盐
收藏馆：缩微中心，国图

00O014687
休宁西门汪氏族谱：十一卷附录一卷 / (明)汪灿[等]纂修
明嘉靖六年(1527)刻本. -- 纂修者还有：(明)汪尚和等。
1992年摄制. -- 1盘卷片(12米229拍) :
1:10, 2B ; 35mm银盐
收藏馆：缩微中心，国图

00O014973
休宁西门汪氏族谱：十一卷附录一卷 / (明)汪灿[等]纂修
明嘉靖六年(1527)刻本. -- 纂修者还有：(明)汪尚和等。
1992年摄制. -- 1盘卷片(13米237拍) :
1:10, 2B ; 35mm银盐
收藏馆：缩微中心，国图

00O015261
休宁西门汪氏宗谱：十四卷 / (清)汪澍[等]纂修
清顺治九年(1652)刻本. -- 纂修者还有：(清)汪逢年等。
1992年摄制. -- 1盘卷片(25米515拍) :
1:10, 2B ; 35mm银盐
收藏馆：缩微中心，国图

00O019771
赤山汪氏宗谱：不分卷
明(1368-1644)刻本
1994年摄制. -- 1盘卷片(4米50拍) : 1:10,
2B ; 35mm银盐
收藏馆：缩微中心，国图

00O029253
[新会]汪氏家谱：不分卷 / (清)汪嗣虞编
清咸丰六年(1856)抄本. -- 记事止：清咸丰六年(1856)。书名代拟。
1999年摄制. -- 1盘卷片(3米40拍) : 1:10,
2B ; 35mm银盐
收藏馆：缩微中心，广东

00O025166
商丘宋氏家乘：十四卷 / (清)宋荦纂修
清康熙(1662-1722)刻本
1996年摄制. -- 1盘卷片(30米506拍) :
1:10, 2B ; 35mm银盐

收藏馆：缩微中心，国图

00O015911
休宁邵氏宗谱：不分卷
明万历(1573-1620)刻朱印本
1993年摄制. -- 1盘卷片(6米90拍) ：1:10，
2B ；35mm银盐
收藏馆：缩微中心，国图

00O028053
长林林氏氏族录：不分卷 / (清)林则徐辑
清(1644-1911)稿本
1997年摄制. -- 1盘卷片(10.2米192拍) ：
1:10, 2B ；35mm银盐
收藏馆：缩微中心，福建

00O005692
四明范氏宗谱：不分卷 / (明)范大澔纂修；(清)范盈焘重订
清(1644-1911)稿本
1987年摄制. -- 1盘卷片(14米295拍) ：
1:10, 2B ；35mm银盐
收藏馆：缩微中心，国图

00O015073
休宁范氏族谱：九卷 / (明)范涞纂修
明万历二十一年(1593)刻本
1992年摄制. -- 2盘卷片(40米793拍) ：
1:10, 2B ；35mm银盐
收藏馆：缩微中心，国图

00O005705
卓氏遗书：二卷 / (明)卓发之辑
明天启(1621-1627)刻本
1987年摄制. -- 1盘卷片(6米98拍) ：1:10，
2B ；35mm银盐
收藏馆：缩微中心，国图

00O005258
三韩尚氏族谱：三卷
清康熙(1662-1722)刻本
1986年摄制. -- 1盘卷片(16米222拍) ：
1:10, 2B ；35mm银盐
收藏馆：缩微中心，国图

00O001126
尚氏宗谱：六卷 / (清)尚玉德[等]纂修
清乾隆(1736-1795)刻本
1985年摄制. -- 1盘卷片(31.8米714拍) ：
1:10, 2B ；35mm银盐
收藏馆：缩微中心，国图

00O023709
宜兴岳氏族谱：不分卷
明(1368-1644)抄本
1995年摄制. -- 1盘卷片(3米30拍) ：1:10，
2B ；35mm银盐
收藏馆：缩微中心，浙江

00O025258
嘉禾金氏族谱：一卷
清初(1644-1722)抄本
1996年摄制. -- 1盘卷片(5米70拍) ：1:10，
2B ；35mm银盐
收藏馆：缩微中心，国图

00O001797
新安休宁汪溪金氏族谱：五卷附录一卷 / (明)金弁[等]纂修
明(1368-1644)刻本. -- 纂修者还有：(明)陈有守等。
1985年摄制. -- 1盘卷片(9.5米197拍) ：
1:10, 2B ；35mm银盐
收藏馆：缩微中心，国图

00O014651
珰溪金氏族谱：十八卷 / (明)金瑶,(明)金应宿纂修
明隆庆二年(1568)刻本. -- 存十五卷：卷四至卷十八。
1992年摄制. -- 1盘卷片(29米614拍) ：
1:10, 2B ；35mm银盐
收藏馆：缩微中心，国图

00O026430
[岭南]冼氏宗谱：九卷首一卷末一卷 / (清)冼宝幹总纂
清宣统二年(1910)刻本
1996年摄制. -- 2盘卷片(37米739拍) ：
1:10, 2B ；35mm银盐
收藏馆：缩微中心，广东

00O028614
[广东南海]冼氏家谱：九卷首一卷末一卷 / (清)冼宝幹续修
清宣统二年(1910)刻本
1998年摄制. -- 1盘卷片(14米285拍) ：
1:10, 2B ；35mm银盐
收藏馆：缩微中心，广东

00O000104
安定胡氏世谱：十八卷首一卷 / (清)胡忠勋纂修
清康熙(1662-1722)胡氏芩野堂抄本
1985年摄制. -- 2盘卷片(44.7米876拍) ：
1:10, 2B ；35mm银盐

收藏馆：缩微中心，国图

00O015210
翠园胡氏宗谱：二卷
明万历二十九年(1601)刻本
1992年摄制. -- 1盘卷片(12米215拍) :
1:10, 2B ；35mm银盐
收藏馆：缩微中心，国图

00O012178
龙坦胡氏家乘：八卷 / (明)胡佐[等]纂修
明嘉靖十四年(1535)刻本
1990年摄制. -- 1盘卷片(8米171拍) : 1:10,
2B ；35mm银盐
收藏馆：缩微中心，南京

00O015935
重修龙坦胡氏世谱：不分卷 / (明)胡佐,(明)游北涯纂修
明万历(1573-1620)刻本
1993年摄制. -- 1盘卷片(11米198拍) :
1:10, 2B ；35mm银盐
收藏馆：缩微中心，国图

00O025871
[清华]清华胡氏统会族谱：不分卷 / (明)胡乔,(明)胡钺纂修
明万历(1573-1620)刻本
1996年摄制. -- 1盘卷片(13米259拍) :
1:10, 2B ；35mm银盐
收藏馆：缩微中心，安徽

00O015956
泾川查氏族谱世系：四卷前一卷后一卷 / (明)查铎,(明)查绛纂修
明万历二十六年(1598)刻本
1993年摄制. -- 3盘卷片(58米1163拍) :
1:10, 2B ；35mm银盐
收藏馆：缩微中心，国图

00O023706
郜氏家谱：二卷 / (明)郜然纂修
明末(1621-1644)刻本. -- 配清抄本.
1995年摄制. -- 1盘卷片(6米95拍) : 1:10,
2B ；35mm银盐
收藏馆：缩微中心，浙江

00O028566
[谷岭]文俊公房世系
民国(1912-1949)抄本. -- 记事止：民国三十三年(1944)。书名据内封面题。
1998年摄制. -- 1盘卷片(3米32拍) : 1:10,
2B ；35mm银盐

收藏馆：缩微中心，广东

00O015904
重编俞氏统谱：十八卷又二卷 / (明)俞育,(明)俞周随纂修
明万历(1573-1620)刻本
1993年摄制. -- 2盘卷片(53米1168拍) :
1:10, 2B ；35mm银盐
收藏馆：缩微中心，国图

00O028303
[顺德]施氏族谱：不分卷
抄本. -- 记事止：清光绪八年(1882)。书名据书根题名题。
1997年摄制. -- 1盘卷片(3米43拍) : 1:10,
2B ；35mm银盐
收藏馆：缩微中心，广东

00O001445
洪氏家乘：十二卷附录一卷 / (明)洪銮纂修
明嘉靖十七年(1538)刻本
1985年摄制. -- 1盘卷片(7.8米146拍) :
1:10, 2B ；35mm银盐
收藏馆：缩微中心，国图

00O015894
新安洪氏统宗谱：不分卷 / (明)洪烈纂修
明嘉靖四十三年(1564)刻本
1993年摄制. -- 1盘卷片(29米613拍) :
1:10, 2B ；35mm银盐
收藏馆：缩微中心，国图

00O000849
姜氏家谱：不分卷 / (清)姜国璜纂修
清(1644-1911)抄本
1985年摄制. -- 1盘卷片(7.2米131拍) :
1:10, 2B ；35mm银盐
收藏馆：缩微中心，国图

00O020963
[翠微]韦氏家谱：十二卷 / (清)韦勋表[等]编辑
清光绪三十四年(1908)刻本. -- 辑者还有：(清)韦猷焱[等]。版框高二十一厘米宽十四厘米。
1992年摄制. -- 2盘卷片(55米1154拍) :
1:10, 2B ；35mm银盐
收藏馆：缩微中心，广东

00O002031
景城纪氏家谱：十八卷 / (清)纪昀纂修
清嘉庆七年(1802)纪树棠刻本
1986年摄制. -- 1盘卷片(8米157拍) : 1:10,
2B ；35mm银盐

收藏馆：缩微中心，国图

000O014963

袁氏宗谱：不分卷 / (明)袁苇,(明)徐馨纂修
明(1368-1644)活字印本
1992年摄制. -- 1盘卷片(8米125拍) : 1:10,
2B ; 35mm银盐
收藏馆：缩微中心，国图

000O017533

华氏传芳集：八卷 / (明)华允谊[等]辑
明末(1621-1644)刻本. -- 辑者还有：(明)华
毓琮[等]。
1993年摄制. -- 1盘卷片(18米355拍) :
1:10, 2B ; 35mm银盐
收藏馆：缩微中心，国图

000O028802

[花县]华氏家谱：不分卷 / (清)佚名纂修
抄本. -- 记事止：清光绪八年(1882)。题名
据内容拟定。
1998年摄制. -- 1盘卷片(4米55拍) : 1:10,
2B ; 35mm银盐
收藏馆：缩微中心，广东

000O025163

武进庄氏增修族谱：三十卷首一卷 / (清)庄斯才纂修
清道光(1821-1850)刻本
1996年摄制. -- 3盘卷片(73米1446拍) :
1:10, 2B ; 35mm银盐
收藏馆：缩微中心，国图

000O021920

新安毕氏族谱：十七卷附录一卷 / (明)毕济川[等]纂修
明正德三年(1508)刻本. -- 纂修者还有：
(明)毕郁[等]。存十六卷：卷一至卷七、卷十
至卷十七，附录一卷。
1995年摄制. -- 1盘卷片(19米374拍) :
1:10, 2B ; 35mm银盐
收藏馆：缩微中心，国图

000O024506

淄川毕氏世谱：不分卷 / (清)毕岱煌纂修
清嘉庆(1796-1820)刻本
1996年摄制. -- 1盘卷片(13米239拍) :
1:10, 2B ; 35mm银盐
收藏馆：缩微中心，国图

000O025189

毕氏家乘：一卷；南村毕氏家谱：一卷 / (清)毕奎麟纂修

清(1644-1911)抄本
1996年摄制. -- 1盘卷片(6米86拍) : 1:10,
2B ; 35mm银盐
收藏馆：缩微中心，国图

000O024510

朱马氏家乘：二卷 / (清)马惟阳纂修
清(1644-1911)抄本. -- 费寅跋。
1996年摄制. -- 1盘卷片(7米96拍) : 1:10,
2B ; 35mm银盐
收藏馆：缩微中心，国图

000O027784

[顺德杨滘]马氏宗谱：不分卷
清末(1851-1911)抄本. -- 增补记事至民国九
年(1920)。书名据书根题。
1997年摄制. -- 1盘卷片(15米283拍) :
1:10, 2B ; 35mm银盐
收藏馆：缩微中心，广东

000O017739

下园徐氏族谱：一卷 / (明)徐官纂修
明隆庆元年(1567)刻本
1993年摄制. -- 1盘卷片(3米8拍) : 1:10,
2B ; 35mm银盐
收藏馆：缩微中心，国图

000O013339

古吴淀紫山徐氏世谱：不分卷
明(1368-1644)刻本
1991年摄制. -- 1盘卷片(16米286拍) :
1:10, 2B ; 35mm银盐
收藏馆：缩微中心，国图

000O011891

郭氏族谱：一卷 / (清)郭通磐纂修
清(1644-1911)稿本
1990年摄制. -- 1盘卷片(4米47拍) : 1:10,
2B ; 35mm银盐
收藏馆：缩微中心，山东

000O017183

郭氏族谱：一卷 / (清)郭通磐纂修
清(1644-1911)稿本
1993年摄制. -- 1盘卷片(6米87拍) : 1:10,
2B ; 35mm银盐
收藏馆：缩微中心，山东

000O001107

高氏家模汇编：二卷 / (清)高之骧辑
清康熙五十年(1711)高之骧刻本
1985年摄制. -- 1盘卷片(9.1米179拍) :
1:10, 2B ; 35mm银盐

收藏馆：缩微中心，国图

00O017170
高氏家模汇编二集：二卷 / (清)高中谋辑
清(1644-1911)抄本
1993年摄制. -- 1盘卷片(6米101拍) ：1:10,
2B ；35mm银盐
收藏馆：缩微中心，山东

00O025195
胶西高氏世德录：十一卷 / (清)高凤翰[等]纂修
清(1644-1911)得真堂抄本. -- 纂修者还有：
(清)高敬业等。
1996年摄制. -- 1盘卷片(9米163拍) ：1:10,
2B ；35mm银盐
收藏馆：缩微中心，国图

00O015092
新安唐氏宗谱：二卷附录一卷 / (明)唐仕纂修
明嘉靖十八年(1539)刻本
1992年摄制. -- 1盘卷片(12米221拍) ：
1:10, 2B ；35mm银盐
收藏馆：缩微中心，国图

00O031525
[四川乐至]唐氏宗谱：不分卷 / (清)唐国明纂修
清嘉庆十六年(1811)乐至刻本
2004年摄制. -- 1盘卷片(8米167拍) ：1:10,
2B ；35mm银盐
收藏馆：缩微中心，四川

00O003227
山阳陆氏族谱：八卷 / (清)陆求可,(清)陆志谨纂
修
清康熙二十五年(1686)陆氏思过堂刻本
1986年摄制. -- 1盘卷片(20米447拍) ：
1:10, 2B ；35mm银盐
收藏馆：缩微中心，国图

00O027236
海宁陈氏家谱：二十卷 / (清)陈元龙纂修；(清)
陈邦直增订
清乾隆(1736-1795)刻本
1997年摄制. -- 1盘卷片(30米631拍) ：
1:10, 2B ；35mm银盐
收藏馆：缩微中心，国图

00O000438
陈氏增辑宗谱：□□卷 / (明)陈雍纂修
明嘉靖十九年(1540)陈孟庄刻本. -- 存四
卷：卷一至卷四。
1985年摄制. -- 1盘卷片(5.7米99拍) ：
1:10, 2B ；35mm银盐

收藏馆：缩微中心，国图

00O002895
陈氏宗祠祀产记：不分卷 / (清)陈士锁[等]撰
清(1644-1911)抄本
1986年摄制. -- 1盘卷片(4米49拍) ：1:10,
2B ；35mm银盐
收藏馆：缩微中心，国图

00O016455
新安陈氏宗谱：二卷附录一卷
明(1368-1644)刻本
1992年摄制. -- 1盘卷片(14米263拍) ：
1:10, 2B ；35mm银盐
收藏馆：缩微中心，国图

00O015909
新安陈氏宗谱：二卷附录一卷 / (明)陈靖玺纂修
明(1368-1644)抄本
1993年摄制. -- 1盘卷片(14米276拍) ：
1:10, 2B ；35mm银盐
收藏馆：缩微中心，国图

00O004674
陈氏支谱：三卷 / (清)陈以柏,(清)陈有选纂修
清(1644-1911)稿本
1986年摄制. -- 1盘卷片(7米123拍) ：1:10,
2B ；35mm银盐
收藏馆：缩微中心，国图

00O020544
宣城陈氏族谱：一卷 / (清)陈仕淳纂修
清(1644-1911)稿本
1994年摄制. -- 1盘卷片(4米41拍) ：1:10,
2B ；35mm银盐
收藏馆：缩微中心，山东

00O028506
鲁陈宗谱：三卷；续谱初集：一卷 / (清)陈允锡
[等]纂修
清康熙三十二年(1693)刻本
1997年摄制. -- 1盘卷片(13.4米267拍) ：
1:10, 2B ；35mm银盐
收藏馆：缩微中心，泉州

00O028503
鲁陈公谱：不分卷 / (清)陈继起辑
清道光(1821-1850)抄本. -- 书名代拟。本部
书为原书残存部分的手抄本，八册合订成二
册。
1997年摄制. -- 1盘卷片(14.1米295拍) ：
1:10, 2B ；35mm银盐
收藏馆：缩微中心，泉州

000O031091
[富顺]陈氏族谱：不分卷 / (清)陈远绍纂修
清咸丰元年至清末(1851-1911)富顺增补抄本. -- 佚名增补。
2004年摄制. -- 1盘卷片(7米102拍)：1:10, 2B；35mm银盐
收藏馆：缩微中心，四川

000O011504
枸罕陈氏族谱：五卷 / (清)陈鋆[等]纂修
清道光二十三年(1843)抄本
1990年摄制. -- 1盘卷片(5米95拍)：1:10, 2B；35mm银盐
收藏馆：缩微中心，甘肃

000O001439
陈氏宗谱：不分卷
清(1644-1911)抄本
1985年摄制. -- 1盘卷片(7米113拍)：1:10, 2B；35mm银盐
收藏馆：缩微中心，国图

000O018390
顺德区氏族谱：不分卷
清乾隆三十三年(1768)抄本. -- 记事止：清乾隆三十三年(1768)。
1993年摄制. -- 1盘卷片(6米116拍)：1:10, 2B；35mm银盐
收藏馆：缩微中心，广东

000O024498
会稽陶氏族谱：三十卷 / (清)陶元藻纂修
清乾隆(1736-1795)刻本
1996年摄制. -- 2盘卷片(64米1314拍)：1:10, 2B；35mm银盐
收藏馆：缩微中心，国图

000O008436
孙氏世乘：三卷 / (明)孙兆熙[等]撰
清康熙(1662-1722)刻乾隆二十年(1755)孙际渭重修本
1988年摄制. -- 1盘卷片(12米244拍)：1:10, 2B；35mm银盐
收藏馆：缩微中心，国图

000O014804
孙氏世系：一卷 / (明)孙琏纂修
明(1368-1644)刻本
1992年摄制. -- 1盘卷片(4米29拍)：1:10, 2B；35mm银盐
收藏馆：缩微中心，国图

000O003311
新安孙氏宗谱：五卷 / (清)孙毓华纂修 . 支谱：六卷 / (清)孙德照纂修
清(1644-1911)抄本
1986年摄制. -- 1盘卷片(24米526拍)：1:10, 2B；35mm银盐
收藏馆：缩微中心，国图

000O027983
[山东]孙氏宗谱：不分卷
明(1368-1644)抄本
1997年摄制. -- 1盘卷片(8米171拍)：1:10, 2B；35mm银盐
收藏馆：缩微中心，河南

000O000245
孙氏家传：二卷
明(1368-1644)刻本
1985年摄制. -- 1盘卷片(7.2米125拍)：1:10, 2B；35mm银盐
收藏馆：缩微中心，国图

000O020522
孙氏家乘集略：□□卷 / (清)孙惟谏订辑
清乾隆七年(1742)抄本. -- 存四卷：卷七、卷十一至卷十三。
1994年摄制. -- 1盘卷片(14米276拍)：1:10, 2B；35mm银盐
收藏馆：缩微中心，淄博

000O025151
黄氏家谱：不分卷墓图一卷 / (清)黄之伟[等]纂修
清康熙(1662-1722)黄氏聚斯堂刻本
1996年摄制. -- 2盘卷片(58米1192拍)：1:10, 2B；35mm银盐
收藏馆：缩微中心，国图

000O012184
江夏黄氏宗谱：不分卷 / (清)黄之澜纂修
清(1644-1911)稿本
1990年摄制. -- 1盘卷片(8米147拍)：1:10, 2B；35mm银盐
收藏馆：缩微中心，南京

000O025167
痛思堂城西黄氏族谱：不分卷 / (清)黄鈇纂修
清(1644-1911)稿本
1996年摄制. -- 1盘卷片(31米649拍)：1:10, 2B；35mm银盐
收藏馆：缩微中心，国图

00O020725
新安休宁约山黄氏开国宗谱：九卷首一卷 / (明)黄铨纂修
明嘉靖二十八年(1549)刻本
1994年摄制. -- 1盘卷片(9米167拍)：1:10,
2B；35mm银盐
收藏馆：缩微中心，国图

00O025004
古林黄氏重修族谱：四卷 / (明)黄文明撰修
明崇祯十六年(1643)刻本
1996年摄制. -- 1盘卷片(21米440拍)：
1:10, 2B；35mm银盐
收藏馆：缩微中心，安徽

00O014079
新安左田黄氏正宗谱派系图：二十卷文献十九卷 / (明)黄积瑜纂修
明嘉靖三十七年(1558)黄积瑜刻本
1992年摄制. -- 2盘卷片(45米890拍)：
1:10, 2B；35mm银盐
收藏馆：缩微中心，国图

00O016730
新安左田黄氏正宗谱：不分卷 / (明)黄积瑜纂修
明(1368-1644)抄本
1993年摄制. -- 1盘卷片(12米220拍)：
1:10, 2B；35mm银盐
收藏馆：缩微中心，国图

00O025870
左田著宗全书：不分卷 / (清)黄金甲,(清)黄国助辑
清顺治(1644-1661)刻本
1996年摄制. -- 1盘卷片(6米103拍)：1:10,
2B；35mm银盐
收藏馆：缩微中心，安徽

00O028074
龙溪壶山黄氏族谱图系：不分卷 / (清)黄宽纂修
清(1644-1911)抄本
1997年摄制. -- 1盘卷片(10米189拍)：
1:10, 2B；35mm银盐
收藏馆：缩微中心，福建

00O010156
黄氏家乘：二十卷 / (清)黄守平纂修
清(1644-1911)稿本
1996年摄制. -- 3盘卷片(67米1399拍)：
1:10, 2B；35mm银盐
收藏馆：缩微中心，山东

00O025869
曹氏重修谱牒：不分卷 / (明)曹光东纂修
明万历四十三年(1615)刻本
1996年摄制. -- 1盘卷片(25米544拍)：
1:10, 2B；35mm银盐
收藏馆：缩微中心，安徽

00O024173
[番禺禺山]曹氏家谱：四卷 / (清)曹秉浚修
清光绪十二年(1886)刻本
1996年摄制. -- 1盘卷片(7米124拍)：1:10,
2B；35mm银盐
收藏馆：缩微中心，广东

00O029432
麦氏族谱：不分卷
清光绪二十七年(1901)抄本. -- 书名据书签题。
1999年摄制. -- 1盘卷片(4米48拍)：1:10,
2B；35mm银盐
收藏馆：缩微中心，广东

00O028612
[广东]麦氏宗谱：不分卷 / (清)麦汝球修
清光绪三十四年(1908)抄本
1995年摄制. -- 1盘卷片(11米226拍)：
1:10, 2B；35mm银盐
收藏馆：缩微中心，广东

00O028613
[广东]麦氏族谱：不分卷 / (清)麦汝球纂修
清光绪三十四年(1908)抄本
1995年摄制. -- 1盘卷片(15米290拍)：
1:10, 2B；35mm银盐
收藏馆：缩微中心，广东

00O026424
[中山]麦氏族谱：十二卷 / (清)麦祈总纂
清光绪十九年(1893)刻本
1995年摄制. -- 2盘卷片(60米1200拍)：
1:10, 2B；35mm银盐
收藏馆：缩微中心，广东

00O007473
秣陵盛氏族谱：一卷 / (明)盛时泰撰
明嘉靖四十年(1561)盛时泰刻本
1987年摄制. -- 1盘卷片(3米24拍)：1:10,
2B；35mm银盐
收藏馆：缩微中心，国图

00O028635
[番禺石壁]平阳区氏族谱：不分卷 / (清)区锦川重辑；(清)佚名续修

清(1644-1911)抄本. -- 清末增补记事止清光绪年(1875-1908)，族谱重辑于清乾隆五十一年(1786)。书名据书签题。
1998年摄制. -- 1盘卷片(4米63拍) : 1:10, 2B ; 35mm银盐
收藏馆：缩微中心，广东

00O028622
[广东]区氏林石家塾征信录：不分卷 / (清)区作林纂辑
清光绪十七年(1891)刻本. -- 书名据目录题。
1998年摄制. -- 1盘卷片(7米130拍) : 1:10, 2B ; 35mm银盐
收藏馆：缩微中心，广东

00O027790
[南海]区氏族谱：一卷
抄本. -- 记事止：清道光七年(1827)。书名据内容拟定。
1997年摄制. -- 1盘卷片(4米58拍) : 1:10, 2B ; 35mm银盐
收藏馆：缩微中心，广东

00O024976
太邑崔氏宗谱：四卷 / (明)崔弘庵[等]纂修；(明)程文编纂
明万历十六年(1588)刻本
1996年摄制. -- 1盘卷片(31米587拍) : 1:10, 2B ; 35mm银盐
收藏馆：缩微中心，安徽

00O012749
高阳许氏常熟东唐墅友谱附录：八卷 / (清)许廷诰辑
清(1644-1911)稿本. -- (清)俞钟銮跋。
1990年摄制. -- 1盘卷片(18米433拍) : 1:10, 2B ; 35mm银盐
收藏馆：缩微中心，南京

00O006749
海宁洛塘许氏宗谱：十二卷 / (清)许惟权纂修
清乾隆二十一年(1756)刻本
1987年摄制. -- 1盘卷片(22米434拍) : 1:10, 2B ; 35mm银盐
收藏馆：缩微中心，四川

00O024973
[新安]续修新安歙北许林许氏东支世谱：九卷 / (明)许可复,(明)许凤翔纂修
明隆庆三年(1569)刻本
1996年摄制. -- 1盘卷片(16米336拍) : 1:10, 2B ; 35mm银盐

收藏馆：缩微中心，安徽

00O017314
重修古歙城东许氏世谱：八卷 / (明)许光勋纂修
明崇祯七年(1634)刻本
1993年摄制. -- 1盘卷片(28米578拍) : 1:10, 2B ; 35mm银盐
收藏馆：缩微中心，国图

00O017521
重修古歙城东许氏世谱：八卷 / (明)许光勋纂修
明崇祯七年(1634)刻本
1993年摄制. -- 1盘卷片(30米578拍) : 1:10, 2B ; 35mm银盐
收藏馆：缩微中心，国图

00O025159
金沙许氏宗谱：十卷 / (清)许国相纂修
清乾隆(1736-1795)刻本
1996年摄制. -- 2盘卷片(44米870拍) : 1:10, 2B ; 35mm银盐
收藏馆：缩微中心，国图

00O025226
许氏家谱：一卷 / (清)许梦閟纂修
清雍正(1723-1735)刻本
1996年摄制. -- 1盘卷片(7米107拍) : 1:10, 2B ; 35mm银盐
收藏馆：缩微中心，国图

00O028325
许氏族志：广东番禺潭山
影印本. -- 记事止：1950年。书名据封面题名题。据抄本影印。
1998年摄制. -- 1盘卷片(6米94拍) : 1:10, 2B ; 35mm银盐
收藏馆：缩微中心，广东

00O015913
章氏世家源流族谱：二卷
明(1368-1644)抄本
1993年摄制. -- 1盘卷片(7米122拍) : 1:10, 2B ; 35mm银盐
收藏馆：缩微中心，国图

00O007745
重刻蒙潭康氏族谱：不分卷 / (明)康元和,(明)康元黎纂修
明崇祯八年(1635)刻本
1987年摄制. -- 1盘卷片(12米210拍) : 1:10, 2B ; 35mm银盐
收藏馆：缩微中心，湖南

00O005080
定兴鹿氏家谱：十三卷 / (清)鹿荃纂修
清乾隆五十六年(1791)鹿氏世德堂刻本
1986年摄制. -- 2盘卷片(36.2米790拍)：
1:10, 2B；35mm银盐
收藏馆：缩微中心，国图

00O024499
定兴鹿氏家谱：十三卷 / (清)鹿荃纂修
清乾隆五十六年(1791)鹿氏世德堂刻本
1996年摄制. -- 2盘卷片(38米744拍)：
1:10, 2B；35mm银盐
收藏馆：缩微中心，国图

00O005072
鹿氏族谱：八卷 / (清)鹿祐纂修
清康熙五十一年(1712)刻本
1986年摄制. -- 1盘卷片(7米131拍)：1:10,
2B；35mm银盐
收藏馆：缩微中心，国图

00O005190
梁氏宗谱：不分卷 / (清)梁兴化纂修
清(1644-1911)抄本
1986年摄制. -- 1盘卷片(7米111拍)：1:10,
2B；35mm银盐
收藏馆：缩微中心，国图

00O023085
梁氏族谱：一卷 / (明)梁纪,(明)梁纲纂修
明万历(1573-1620)刻本
1995年摄制. -- 1盘卷片(4米44拍)：1:10,
2B；35mm银盐
收藏馆：缩微中心，国图

00O005201
张氏统宗世谱：十八卷文献十一卷 / (明)张士镐
[等]纂修
明嘉靖(1522-1566)刻本. -- 纂修者还有：
(明)张浚[等]。存二十八卷：世谱卷一至卷
十四、卷十六至卷十七、又一卷，文献十一
卷。
1986年摄制. -- 3盘卷片(61米1325拍)：
1:10, 2B；35mm银盐
收藏馆：缩微中心，国图

00O023079
张氏统宗世谱：十八卷 / (明)张士镐[等]纂修
明嘉靖(1522-1566)刻本. -- 存三卷：卷一至
卷二、又一卷。
1995年摄制. -- 1盘卷片(10米183拍)：
1:10, 2B；35mm银盐
收藏馆：缩微中心，国图

00O028904
重梓遂邑纯峰张氏宗谱：一卷 / (明)张邦聘纂修
明万历三十九年(1611)活字印本
1989年摄制. -- 1盘卷片(5米70拍)：1:10,
2B；35mm银盐
收藏馆：缩微中心，南京

00O025023
[新安]新安张氏续修宗谱：十卷 / (明)张珪纂修
明成化十二年(1476)刻本. -- 存二卷：卷一
至卷二。
1996年摄制. -- 1盘卷片(4米87拍)：1:10,
2B；35mm银盐
收藏馆：缩微中心，安徽

00O014757
新安张氏续修宗谱：三十卷 / (清)张习孔,(清)张
士麟纂修
清顺治十六年(1659)刻本
1992年摄制. -- 2盘卷片(48米994拍)：
1:10, 2B；35mm银盐
收藏馆：缩微中心，国图

00O029455
[广州]张明德堂族谱：不分卷
清(1644-1911)黄任恒朱丝栏广州抄本
1999年摄制. -- 1盘卷片(3米28拍)：1:10,
2B；35mm银盐
收藏馆：缩微中心，广东

00O029444
[番禺石井张村]张氏文献公裔屯田使族谱：二卷 /
(清)张成宾辑
清乾隆四十五年(1780)番禺刻本. -- 书名据
封面题。
1999年摄制. -- 1盘卷片(15米283拍)：
1:10, 2B；35mm银盐
收藏馆：缩微中心，广东

00O029452
[番禺]张孝友堂宗谱：十一卷 / (清)张德明,(清)
张德刚纂修
清光绪二十三年(1897)番禺刻本. -- 书名据
版心题名题。
1999年摄制. -- 1盘卷片(7米115拍)：1:10,
2B；35mm银盐
收藏馆：缩微中心，广东

00O029530
[番禺]林唐张氏族谱：五卷 / (清)张文光修；(清)
张以纶总纂
清宣统元年(1909)刻本. -- 书名据封面题。
版心刻：金鉴堂。

2000年摄制. -- 1盘卷片(8米144拍)：1:10,
2B；35mm银盐
收藏馆：缩微中心，广东

000O027793
[新会]张氏族谱：一卷 / [题](清)张德隆纂修
清(1644-1911)抄本. -- 本谱修于清嘉庆十九
年(1814)。
1997年摄制. -- 1盘卷片(4米62拍)：1:10,
2B；35mm银盐
收藏馆：缩微中心，广东

000O027795
[新会凌冲]张氏族谱：不分卷 / (清)张道培重修
抄本. -- 谱重修于清同治十年(1871)，增补
记事至清道光二十六年(1846)。书名据封签题
名题。
1997年摄制. -- 1盘卷片(8米148拍)：1:10,
2B；35mm银盐
收藏馆：缩微中心，广东

000O029456
[新会]清河族谱：五卷 / (清)张灿奎纂修
清光绪六年(1880)中华印务总局香港铅印
本. -- 书名据版心题名题。卷二至卷五配清
光绪七年(1881)马岗萃英堂刻本。
1999年摄制. -- 1盘卷片(23米469拍)：
1:10, 2B；35mm银盐
收藏馆：缩微中心，广东

000O027797
[新会]张氏族谱：不分卷
清(1644-1911)抄本. -- 记事止：清道光元年
(1821)。书名据内容拟定。
1997年摄制. -- 1盘卷片(4米63拍)：1:10,
2B；35mm银盐
收藏馆：缩微中心，广东

000O029457
顺德龙江水部张氏族谱：不分卷 / (清)张汝龄纂
修
清咸丰元年至清末(1851-1911)顺德抄本. --
书名据序文题名题。
1999年摄制. -- 1盘卷片(6米85拍)：1:10,
2B；35mm银盐
收藏馆：缩微中心，广东

000O014995
张氏族谱：不分卷
明(1368-1644)刻本. -- 内三册配清抄本。
1992年摄制. -- 1盘卷片(18米357拍)：
1:10, 2B；35mm银盐
收藏馆：缩微中心，国图

000O015039
长沙青山彭氏会宗谱：不分卷 / (明)彭泽纂修
明正德(1506-1521)刻本
1992年摄制. -- 1盘卷片(7米117拍)：1:10,
2B；35mm银盐
收藏馆：缩微中心，国图

000O015566
休宁陪郭叶氏世谱：四卷附录三卷 / (明)叶志道
纂修
明弘治四年(1491)刻本
1993年摄制. -- 1盘卷片(9米154拍)：1:10,
2B；35mm银盐
收藏馆：缩微中心，国图

000O018384
大观叶氏族谱：六卷 / (清)叶文馥续纂
清乾隆五十三年(1788)抄本
1990年摄制. -- 1盘卷片(21米444拍)：
1:10, 2B；35mm银盐
收藏馆：缩微中心，广东

000O024501
五修包山葛氏世谱：十卷 / (清)葛炳周,(清)葛锡
璜纂修
清道光二十七年(1847)包山葛氏刻本
1996年摄制. -- 2盘卷片(46米919拍)：
1:10, 2B；35mm银盐
收藏馆：缩微中心，国图

000O013683
四明儒林董氏宗谱：二十卷终一卷 / (清)董秉纯
纂修
清(1644-1911)抄本. -- 存十五卷：卷五至卷
十七、卷二十，终一卷。
1991年摄制. -- 2盘卷片(43米887拍)：
1:10, 2B；35mm银盐
收藏馆：缩微中心，国图

000O013808
新安程氏统宗列派迁徙注脚纂：一卷 / (明)程项
纂修
明嘉靖四十二年(1563)程时化刻本
1992年摄制. -- 1盘卷片(8米137拍)：1:10,
2B；35mm银盐
收藏馆：缩微中心，国图

000O017603
新安程氏统宗列派迁徙注脚纂：一卷 / (明)程项
纂修
明嘉靖四十二年(1563)程时化刻本
1993年摄制. -- 1盘卷片(8米137拍)：1:10,
2B；35mm银盐

收藏馆：缩微中心，国图

00O025010

[新安牌镇]新安牌镇程氏家谱：不分卷 / (明)程景富纂修

明嘉靖九年(1530)牌镇义伦堂新安刻本

1996年摄制. -- 1盘卷片(6米101拍) : 1:10, 2B ; 35mm银盐

收藏馆：缩微中心，安徽

000O021476

程氏贻范集补：甲集五卷乙集二十卷丙集一卷丁集三卷戊集一卷己集十卷 / (明)程一枝辑

明隆庆(1567-1572)刻本

1995年摄制. -- 2盘卷片(43米840拍) : 1:10, 2B ; 35mm银盐

收藏馆：缩微中心，国图

000O027765

程典：三十二卷 / (明)程一枝纂修

明万历二十六年至二十七年(1598-1599)刻本. -- 存二十九卷：卷一至卷二、卷五至卷二十五、卷二十七至卷三十二。

1992年摄制. -- 2盘卷片(42米840拍) : 1:10, 2B ; 35mm银盐

收藏馆：缩微中心，国图

000O014686

歙西岩镇百忍程氏本宗偕谱：□□卷会订一卷 / (明)程弘宾纂修

明万历(1573-1620)刻本. -- 存八卷：卷八至卷十一、会订卷二至卷五。

1992年摄制. -- 1盘卷片(13米232拍) : 1:10, 2B ; 35mm银盐

收藏馆：缩微中心，国图

000O001131

率东程氏重修家谱：十二卷 / (明)程宪纂修

明嘉靖(1522-1566)刻本

1985年摄制. -- 1盘卷片(7米110拍) : 1:10, 2B ; 35mm银盐

收藏馆：缩微中心，国图

000O014758

率东程氏重修家谱：十二卷；上草市宗谱：一卷 / (明)程涌来纂修

明(1368-1644)刻本

1992年摄制. -- 1盘卷片(12米220拍) : 1:10, 2B ; 35mm银盐

收藏馆：缩微中心，国图

000O015922

率东程氏重修家谱：十二卷；上草市宗谱：一

卷

明(1368-1644)刻本

1993年摄制. -- 1盘卷片(12米214拍) : 1:10, 2B ; 35mm银盐

收藏馆：缩微中心，国图

000O012252

率东程氏家乘：八卷 / (明)程南鹏纂修

明(1368-1644)抄本

1990年摄制. -- 1盘卷片(8米180拍) : 1:10, 2B ; 35mm银盐

收藏馆：缩微中心，南京

000O005202

陪郭程氏敦本录：二卷 / (明)程亨纂修

明弘治五年(1492)程玺刻本

1986年摄制. -- 1盘卷片(9.7米192拍) : 1:10, 2B ; 35mm银盐

收藏馆：缩微中心，国图

000O002856

陪郭程氏敦本录：二卷 / (明)程亨纂修

明弘治五年(1492)程玺刻本. -- 存一卷：卷一上。

1986年摄制. -- 1盘卷片(6米102拍) : 1:10, 2B ; 35mm银盐

收藏馆：缩微中心，国图

000O024983

[休宁]休宁陪郭程氏本宗谱：不分卷 / (明)程敏政纂修

明弘治十年(1497)刻本

1996年摄制. -- 1盘卷片(11米212拍) : 1:10, 2B ; 35mm银盐

收藏馆：缩微中心，安徽

000O023677

休宁率口程氏本宗谱：十卷 / (明)程曾纂修

明正德六年(1511)刻本. -- 存五卷：卷六至卷十。

1995年摄制. -- 1盘卷片(9米166拍) : 1:10, 2B ; 35mm银盐

收藏馆：缩微中心，浙江

000O014927

新安休宁长垄程氏本宗谱：五卷墓图一卷文翰一卷 / (明)程永珫[等]纂修

明正德十一年(1516)刻本

1992年摄制. -- 1盘卷片(9米166拍) : 1:10, 2B ; 35mm银盐

收藏馆：缩微中心，国图

000O014091

世忠程氏泰塘族谱：五卷 / (明)程子珪[等]纂修

明嘉靖二十四年(1545)程子珪[等]刻本. -- 纂修者还有：(明)程子钟等。

1992年摄制. -- 1盘卷片(11米186拍) : 1:10, 2B ; 35mm银盐

收藏馆：缩微中心，国图

000O014683

十万程氏会谱：六卷 / (明)程炌[等]纂修

明嘉靖二十八年(1549)刻本. -- (清)程世璋跋。

1992年摄制. -- 1盘卷片(10米168拍) : 1:10, 2B ; 35mm银盐

收藏馆：缩微中心，国图

000O014076

闵川十万程氏本宗谱：十卷 / (清)程以进[等]纂修

清顺治十六年(1659)程以进程模刻本. -- 纂修者还有：(清)程模等。

1992年摄制. -- 1盘卷片(19米378拍) : 1:10, 2B ; 35mm银盐

收藏馆：缩微中心，国图

000O015203

祁门善和程氏谱：十四卷宠光录一卷足征录四卷 / (明)程昌纂修

明嘉靖二十年(1541)刻本

1992年摄制. -- 1盘卷片(16米320拍) : 1:10, 2B ; 35mm银盐

收藏馆：缩微中心，国图

000O025868

程氏宗谱：十二卷 / (明)程道南[等]纂修

明天启元年(1621)刻本

1996年摄制. -- 2盘卷片(52米1111拍) : 1:10, 2B ; 35mm银盐

收藏馆：缩微中心，安徽

000O015263

程氏世谱：八卷诸谱会通六卷各派续谱不分卷

清(1644-1911)抄本

1992年摄制. -- 1盘卷片(15米288拍) : 1:10, 2B ; 35mm银盐

收藏馆：缩微中心，国图

000O025012

京兆舒氏统宗谱 / (明)舒应鸾纂修

明成化九年(1473)刻本

1996年摄制. -- 1盘卷片(8米155拍) : 1:10, 2B ; 35mm银盐

收藏馆：缩微中心，安徽

000O028627

[广州香山]冯氏本房世谱：不分卷 / (清)冯章辚纂修；(清)佚名续修

清乾隆四十八年(1783)刻清末(1851-1911)续修本. -- 增补记事至民国六年(1917)。书名据封面题。

1998年摄制. -- 1盘卷片(5米79拍) : 1:10, 2B ; 35mm银盐

收藏馆：缩微中心，广东

000O028637

[新会]冯氏族谱：不分卷 / (清)冯兆桂重修

清光绪三年(1877)抄本. -- 增补记事至民国四年(1915)。书名据内容拟定。

1998年摄制. -- 1盘卷片(4米48拍) : 1:10, 2B ; 35mm银盐

收藏馆：缩微中心，广东

000O022905

[南海]劳氏族谱：四卷首一卷 / (清)劳鸿勋重修

清同治九年(1870)刻本

1995年摄制. -- 1盘卷片(27米600拍) : 1:10, 2B ; 35mm银盐

收藏馆：缩微中心，广东

000O027792

[梅县]曾氏祠谱：不分卷 / (清)曾祖禹,(清)曾景行纂修

清乾隆四十七年(1782)刻本

1997年摄制. -- 1盘卷片(4米56拍) : 1:10, 2B ; 35mm银盐

收藏馆：缩微中心，广东

000O000847

镶黄旗钮祜禄氏弘毅公家谱：不分卷 / (清)讷亲纂修

清(1644-1911)抄本

1985年摄制. -- 1盘卷片(14米301拍) : 1:10, 2B ; 35mm银盐

收藏馆：缩微中心，国图

000O024500

开国佐运功臣弘毅公家谱：不分卷 / (清)特成额,(清)福朗纂修

清乾隆(1736-1795)抄本

1996年摄制. -- 1盘卷片(25米470拍) : 1:10, 2B ; 35mm银盐

收藏馆：缩微中心，国图

000O014673

四明栎溪杨氏宗谱：不分卷 / (明)杨应鹏纂修；杨如釮续修

明(1368-1644)抄本

1992年摄制. -- 1盘卷片（19米373拍）：
1:10, 2B；35mm银盐
收藏馆：缩微中心，国图

000O015733
徽城杨氏宗谱：七卷 / (明)杨万春纂修
明崇祯三年(1630)刻本
1993年摄制. -- 1盘卷片（17米325拍）：
1:10, 2B；35mm银盐
收藏馆：缩微中心，国图

000O005260
崇阳杨氏族谱：不分卷
明(1368-1644)抄本
1986年摄制. -- 1盘卷片（4米55拍）：1:10,
2B；35mm银盐
收藏馆：缩微中心，国图

000O029046
崇阳杨氏族谱：不分卷
明(1368-1644)抄本
1999年摄制. -- 1盘卷片（4米89拍）：1:10,
2B；35mm银盐
收藏馆：缩微中心，国图

000O029421
[广州]西关杨氏支谱：不分卷
清(1644-1911)广州抄本. -- 书名据书根题。
1999年摄制. -- 1盘卷片（9米166拍）：1:10,
2B；35mm银盐
收藏馆：缩微中心，广东

000O029460
[梅县]杨氏族谱：二十五卷首一卷杨氏行述待访
录 / (清)杨兆清[等]纂修
清宣统二年(1910)梅县刻本
1999年摄制. -- 2盘卷片（58米1199拍）：
1:10, 2B；35mm银盐
收藏馆：缩微中心，广东

000O011918
东郡雷氏话谱：二卷 / (明)雷金声纂修
明万历九年(1581)刻本
1990年摄制. -- 1盘卷片（6米105拍）：1:10,
2B；35mm银盐
收藏馆：缩微中心，山东

000O019867
帝系：不分卷
清(1644-1911)内府抄本
1994年摄制. -- 1盘卷片（11米210拍）：
1:10, 2B；35mm银盐
收藏馆：缩微中心，国图

000O000498
星源集庆：不分卷
清(1644-1911)内府抄本
1985年摄制. -- 1盘卷片（3.6米48拍）：
1:10, 2B；35mm银盐
收藏馆：缩微中心，国图

000O000496
近支宗室名册：不分卷；远支宗室名册：不分
卷
清(1644-1911)抄本
1985年摄制. -- 3盘卷片（65.3米1448拍）：
1:10, 2B；35mm银盐
收藏馆：缩微中心，国图

000O025066
恩封宗室王公表：不分卷
清乾隆(1736-1795)抄本
1996年摄制. -- 1盘卷片（7米100拍）：1:10,
2B；35mm银盐
收藏馆：缩微中心，国图

000O017617
休宁流塘詹氏宗谱：六卷 / (明)詹贵纂修
明弘治十二年(1499)刻本
1993年摄制. -- 1盘卷片（9米151拍）：1:10,
2B；35mm银盐
收藏馆：缩微中心，国图

000O026894
詹氏统宗世谱：六卷 / (明)詹朝聘撰
明嘉靖(1522-1566)刻本. -- 存四卷：卷三至
卷六。
1996年摄制. -- 1盘卷片（7米103拍）：1:10,
2B；35mm银盐
收藏馆：缩微中心，南京

000O014746
新安星源龙川詹氏统宗世谱：二卷
明嘉靖(1522-1566)刻本
1992年摄制. -- 1盘卷片（7米109拍）：1:10,
2B；35mm银盐
收藏馆：缩微中心，国图

000O001317
大港赵氏重修宗谱：不分卷 / (明)邵颙纂修
明(1368-1644)抄本
1985年摄制. -- 1盘卷片（19.3米375拍）：
1:10, 2B；35mm银盐
收藏馆：缩微中心，国图

000O017175
赵氏族谱：一卷 / (清)赵涛,(清)赵玉藻纂修

清初(1644-1722)刻本
1993年摄制. -- 1盘卷片(4米45拍) : 1:10,
2B；35mm银盐
收藏馆：缩微中心，山东

000O010128
城阳赵氏族谱：不分卷 / (清)赵锡琨,(清)赵子蕃撰
清(1644-1911)稿本
1989年摄制. -- 1盘卷片(11米197拍) :
1:10, 2B；35mm银盐
收藏馆：缩微中心，山东

000O020934
裴氏世谱：十二卷 / (清)翟凤翯原纂；(清)裴衡度增辑
清嘉庆十年(1805)裴正文刻本
1994年摄制. -- 2盘卷片(42.1米896拍) :
1:10, 2B；35mm银盐
收藏馆：缩微中心，山西

000O007956
[安徽]郑氏宗谱：不分卷
清(1644-1911)抄本
1988年摄制. -- 1盘卷片(17米348拍) :
1:10, 2B；35mm银盐
收藏馆：缩微中心，湖南

000O022892
[中山义门]郑氏族谱：二十八卷 / (清)郑希侨,(清)郑藻如重修
清光绪十七年(1891)刻武英殿聚珍版丛书本
1995年摄制. -- 5盘卷片(139米2902拍) :
1:10, 2B；35mm银盐
收藏馆：缩微中心，广东

000O028631
番禺市桥房邓氏荫德堂家谱：不分卷 / (清)邓国猷纂修
清光绪二十二年(1896)抄本. -- 书名据封面题。
1998年摄制. -- 1盘卷片(10米191拍) :
1:10, 2B；35mm银盐
收藏馆：缩微中心，广东

000O018394
东莞邓氏发祥祠世系：不分卷 / (清)邓栩昌修
清光绪二十四年(1898)抄本
1993年摄制. -- 1盘卷片(7米119拍) : 1:10,
2B；35mm银盐
收藏馆：缩微中心，广东

000O018383
南阳邓氏世谱：不分卷 / (清)邓树勋编
清同治十三年(1874)抄本. -- 据清道光三十年(1850)修。
1990年摄制. -- 1盘卷片(11米214拍) :
1:10, 2B；35mm银盐
收藏馆：缩微中心，广东

000O028572
[顺德]邓华熙世系及乡试朱卷：不分卷 / (清)邓华熙撰
清(1644-1911)刻本. -- 书名据书签题。
1998年摄制. -- 1盘卷片(3米31拍) : 1:10,
2B；35mm银盐
收藏馆：缩微中心，广东

000O028629
[顺德]邓氏景望房家谱：不分卷 / (清)邓林重修
清光绪二十年(1894)邓又同抄本. -- 书名据封签题名而题。
1998年摄制. -- 1盘卷片(7米112拍) : 1:10,
2B；35mm银盐
收藏馆：缩微中心，广东

000O028630
顺德龙山乡邓氏族谱：不分卷 / (清)邓林重修
清咸丰元年至宣统元年(1851-1909)邓又同抄本. -- 重修于清道光七年(1827)。书名据书签题。
1998年摄制. -- 1盘卷片(4米61拍) : 1:10,
2B；35mm银盐
收藏馆：缩微中心，广东

000O022885
邓氏族谱：不分卷 / (清)邓达珩撰
清光绪十四年(1888)翰元楼刻本
1995年摄制. -- 3盘卷片(73米1517拍) :
1:10, 2B；35mm银盐
收藏馆：缩微中心，广东

000O014037
泾川水东翟氏宗谱：不分卷 / (明)翟台纂修
清咸丰七年(1857)翟金生泥活字印本
1991年摄制. -- 1盘卷片(7米114拍) : 1:10,
2B；35mm银盐
收藏馆：缩微中心，国图

000O014942
遵义沙滩黎氏家谱：一卷 / (清)黎庶昌纂修
清(1644-1911)稿本
1992年摄制. -- 1盘卷片(4米39拍) : 1:10,
2B；35mm银盐
收藏馆：缩微中心，国图

00O007311
常熟卫氏家乘：不分卷
清(1644-1911)稿本
1987年摄制. -- 1盘卷片(3.8米52拍)：
1:10, 2B；35mm银盐
收藏馆：缩微中心，国图

00O028302
沥滘卫氏仗义祠备录：广州 / (清)卫镕,(清)卫儁
升编. 重修大宗祠仗义众孙题签千子会名份录 /
(清)卫家榘编
清光绪三十四年(1908)刻本. -- 书名据封面
题。
1997年摄制. -- 1盘卷片(9米162拍)：1:10,
2B；35mm银盐
收藏馆：缩微中心，广东

00O027789
[东莞茶园]卫氏族谱：十卷 / (明)卫吕仲重修
清咸丰元年(1851)抄本. -- 重修于明万历
二十四年(1596)。存一卷：卷一上。
1997年摄制. -- 1盘卷片(4米60拍)：1:10,
2B；35mm银盐
收藏馆：缩微中心，广东

00O016154
山阴刘氏宗谱：不分卷
明正德(1506-1521)刻本
1993年摄制. -- 1盘卷片(5米60拍)：1:10,
2B；35mm银盐
收藏馆：缩微中心，国图

00O023685
水澄刘氏家谱：一卷 / (明)刘宗周纂修
明崇祯八年(1635)刻本
1995年摄制. -- 1盘卷片(7米110拍)：1:10,
2B；35mm银盐
收藏馆：缩微中心，浙江

00O001608
南丰西理刘氏重修宗谱：□□卷
明(1368-1644)刻本. -- 存三卷：卷一至卷
三。
1986年摄制. -- 1盘卷片(9米147拍)：1:10,
2B；35mm银盐
收藏馆：缩微中心，国图

00O002062
安丘刘氏族谱：十一卷 / (清)刘正学纂修
清康熙十四年(1675)刘氏家塾刻本
1986年摄制. -- 1盘卷片(15米310拍)：
1:10, 2B；35mm银盐
收藏馆：缩微中心，国图

00O028796
[兴宁]刘氏族谱：不分卷 / (清)刘云山修；(清)佚
名续修
清(1644-1911)抄本. -- 谱修于清道光八年
(1828)，记事止：增补记事至清光绪十五年
(1889)。书名据内容题。
1998年摄制. -- 1盘卷片(5米75拍)：1:10,
2B；35mm银盐
收藏馆：缩微中心，广东

00O028797
[兴宁]刘氏族谱：十四卷首一卷 / (清)刘伯芙纂
修
清同治八年(1869)刻本
1998年摄制. -- 1盘卷片(3米38拍)：1:10,
2B；35mm银盐
收藏馆：缩微中心，广东

00O028808
[潮州]刘氏族谱：不分卷
抄本. -- 记事止：清康熙五十五年(1716)。
书名据内容题，封皮题名：刘氏历代仕宦字号
便览(海阳)。
1998年摄制. -- 1盘卷片(6米102拍)：1:10,
2B；35mm银盐
收藏馆：缩微中心，广东

00O028804
[香山]刘氏本支谱：不分卷 / (清)刘燨芬纂修
清光绪八年(1882)贻令堂藏抄本. -- 谱修于
清光绪八年(1882)，增补记事至清光绪二十七
年(1901)。书名据封面题。有朱笔圈点。
1998年摄制. -- 1盘卷片(5米68拍)：1:10,
2B；35mm银盐
收藏馆：缩微中心，广东

00O028799
[新会荷塘乡]刘氏族谱：不分卷
抄本. -- 记事止：民国八年(1919)。书名据
内容题。
1998年摄制. -- 1盘卷片(3米30拍)：1:10,
2B；35mm银盐
收藏馆：缩微中心，广东

00O028803
[新会沙冲]刘诒燕堂族谱：二卷 / (清)刘鋆编
清宣统二年(1910)粤东编译公司铅印本. --
书名据封面题，版心题名：沙冲乡刘诒燕堂族
谱。
1998年摄制. -- 1盘卷片(27米556拍)：
1:10, 2B；35mm银盐
收藏馆：缩微中心，广东

000O015031
刘氏家谱：不分卷文献谱一卷 / (明)刘昭纂修
明万历五年(1577)刻蓝印本
1992年摄制. -- 1盘卷片(13米241拍) :
1:10, 2B ; 35mm银盐
收藏馆：缩微中心, 国图

000O015316
婺源桃溪潘氏宗谱：二十一卷 / (明)潘文炳,(明)潘儁纂修
明崇祯六年(1633)刻本
1992年摄制. -- 2盘卷片(41米948拍) :
1:10, 2B ; 35mm银盐
收藏馆：缩微中心, 国图

000O023084
东阳卢氏家乘：不分卷
明(1368-1644)活字印本
1995年摄制. -- 1盘卷片(12米206拍) :
1:10, 2B ; 35mm银盐
收藏馆：缩微中心, 国图

000O028636
新会潮涟芦鞭卢氏族谱：六卷首一卷 / (清)卢子骏纂修
清宣统三年(1911)铅印本
1998年摄制. -- 1盘卷片(27米554拍) :
1:10, 2B ; 35mm银盐
收藏馆：缩微中心, 广东

000O027791
[顺德]卢氏族谱：一卷
抄本. -- 记事止：清光绪十一年(1885)。书名据内容拟定。
1997年摄制. -- 1盘卷片(2米16拍) : 1:10,
2B ; 35mm银盐
收藏馆：缩微中心, 广东

000O027785
[顺德]卢氏族谱：不分卷
抄本. -- 记事止：民国元年(1912)。书名据内容拟定。
1997年摄制. -- 1盘卷片(4米77拍) : 1:10,
2B ; 35mm银盐
收藏馆：缩微中心, 广东

000O016179
海虞钱氏家乘：八卷 / (明)钱岱纂修
明万历二十八年(1600)钱岱刻本
1993年摄制. -- 2盘卷片(43米862拍) :
1:10, 2B ; 35mm银盐
收藏馆：缩微中心, 国图

000O022237
魏塘钱氏家传：不分卷
明末(1621-1644)抄本. -- 有抄配。
1995年摄制. -- 1盘卷片(11米190拍) :
1:10, 2B ; 35mm银盐
收藏馆：缩微中心, 国图

000O003202
吴越钱氏凤林派宗谱：不分卷 / (清)钱经一纂修
清(1644-1911)钱氏远纬堂抄本
1986年摄制. -- 1盘卷片(18米385拍) :
1:10, 2B ; 35mm银盐
收藏馆：缩微中心, 国图

000O015967
重编棠樾鲍氏三族宗谱：二百卷首一卷 / (清)鲍光纯纂修
清乾隆二十五年(1760)一本堂刻本. -- 存一百九十九卷：卷一至卷一百三十、卷一百三十三至卷二百, 首一卷。
1993年摄制. -- 4盘卷片(107米2183拍) :
1:10, 2B ; 35mm银盐
收藏馆：缩微中心, 国图

000O014652
棠樾鲍氏宣忠堂支谱：二十二卷 / (清)鲍琮纂修
清嘉庆十年(1805)刻本
1992年摄制. -- 1盘卷片(21米420拍) :
1:10, 2B ; 35mm银盐
收藏馆：缩微中心, 国图

000O018385
龙氏族谱：十二卷
清康熙(1662-1722)刻本. -- 存十一卷：卷二至卷十二。
1993年摄制. -- 2盘卷片(61米1316拍) :
1:10, 2B ; 35mm银盐
收藏馆：缩微中心, 广东

000O028621
[河源]邝氏桃溪公祠族谱 : 四卷 / (清)邝迺理,(清)邝兆桐,(清)邝其峻纂修
清光绪二十八年(1902)桃溪公宗祠刻本. -- 叙事至二十九世祖。书名据卷端题, 封面题名：河源邝氏族谱。
1998年摄制. -- 1盘卷片(20米409拍) :
1:10, 2B ; 35mm银盐
收藏馆：缩微中心, 广东

000O013464
休宁戴氏族谱：十五卷 / (明)戴尧天纂修
明崇祯五年(1632)戴尧天刻本
1991年摄制. -- 2盘卷片(46米919拍) :

1:10，2B；35mm银盐
收藏馆：缩微中心，国图

000O000908
绩溪戴氏族谱：六卷首一卷 / (明)戴祥纂修
明嘉靖(1522-1566)刻本
1985年摄制. -- 1盘卷片(9米170拍) : 1:10，
2B；35mm银盐
收藏馆：缩微中心，国图

000O014752
祁门金吾谢氏宗谱：四卷
明(1368-1644)刻本
1992年摄制. -- 1盘卷片(10米172拍) :
1:10，2B；35mm银盐
收藏馆：缩微中心，国图

000O014980
王源谢氏孟宗谱：十卷 / (明)谢显纂修
明嘉靖十六年(1537)刻本
1992年摄制. -- 1盘卷片(15米286拍) :
1:10，2B；35mm银盐
收藏馆：缩微中心，国图

000O028519
东岚谢氏族谱：不分卷
清(1644-1911)抄本
1997年摄制. -- 1盘卷片(5.4米87拍) :
1:10，2B；35mm银盐
收藏馆：缩微中心，福建

000O001207
鹤冈世系考：不分卷 / (清)谢曜辑
清(1644-1911)稿本
1985年摄制. -- 1盘卷片(3.6米46拍) :
1:10，2B；35mm银盐
收藏馆：缩微中心，国图

000O025141
礼府家传：一卷；友竹轩遗稿：一卷 / (清)椿泰
撰 . 南征图诗章：一卷
清乾隆(1736-1795)刻本
1996年摄制. -- 1盘卷片(8米122拍) : 1:10，
2B；35mm银盐
收藏馆：缩微中心，国图

000O031667
礼府家传：一卷；友竹轩遗稿：一卷 / (清)椿泰
撰
清乾隆(1736-1795)刻本
2004年摄制. -- 1盘卷片(4米60拍) : 1:10，
2B；35mm银盐
收藏馆：缩微中心，国图

000O001794
额宜都巴图鲁世系谱：一卷
清(1644-1911)抄本
1985年摄制. -- 1盘卷片(3米30拍) : 1:10，
2B；35mm银盐
收藏馆：缩微中心，国图

000O029459
[番禺]苏氏房谱：不分卷 / (清)苏玉书修
清光绪二十四年(1898)番禺景瞻堂稿本. --
书名据版心题。
1999年摄制. -- 1盘卷片(6米94拍) : 1:10，
2B；35mm银盐
收藏馆：缩微中心，广东

000O022888
[南海]苏氏族谱：十卷 / (清)苏廷鉴编
清光绪二十五年(1899)刻本
1995年摄制. -- 1盘卷片(14米277拍) :
1:10，2B；35mm银盐
收藏馆：缩微中心，广东

000O002802
望仙谭氏宗谱：□□卷
明万历(1573-1620)刻本. -- 存二卷。
1986年摄制. -- 1盘卷片(11米213拍) :
1:10，2B；35mm银盐
收藏馆：缩微中心，国图

000O028615
[南海]庞氏族谱：十二卷 / (清)庞越樵总纂
清同治十一年(1872)刻本
1998年摄制. -- 2盘卷片(56米1168拍) :
1:10，2B；35mm银盐
收藏馆：缩微中心，广东

000O023713
越南顾氏宗谱：不分卷 / (明)顾兑纂修
明(1368-1644)抄本
1995年摄制. -- 1盘卷片(12米230拍) :
1:10，2B；35mm银盐
收藏馆：缩微中心，浙江

000O012226
蒙古世系谱：五卷
清(1644-1911)抄本
1990年摄制. -- 1盘卷片(3米59拍) : 1:10，
2B；35mm银盐
收藏馆：缩微中心，南京

000O020269
镶蓝旗汉军世管佐领原由家谱清册：不分卷
清(1644-1911)抄本

1994年摄制. -- 1盘卷片(5米50拍) : 1:10,
2B ; 35mm银盐
收藏馆：缩微中心，国图

00〇001669
璇源系谱纪略：不分卷
朝鲜刻本
1986年摄制. -- 1盘卷片(7米124拍) : 1:10,
2B ; 35mm银盐
收藏馆：缩微中心，国图

政书类

00〇005975
皇明制书：□□卷
明(1368-1644)刻本. -- 存七卷。
1986年摄制. -- 1盘卷片(15.4米327拍) :
1:10, 2B ; 35mm银盐
收藏馆：缩微中心，国图

00〇008535
皇明制书：十四卷
明(1368-1644)镇江府丹徒县刻本
1988年摄制. -- 2盘卷片(41米888拍) :
1:10, 2B ; 35mm银盐
收藏馆：缩微中心，国图

00〇013023
满洲四礼集：五卷 / (清)索宁安撰
清(1644-1911)抄本
1991年摄制. -- 1盘卷片(12米215拍) :
1:10, 2B ; 35mm银盐
收藏馆：缩微中心，国图

00〇026889
三事忠告：四卷 / (元)张养浩撰
明(1368-1644)刻本. -- (清)丁丙跋。
1996年摄制. -- 1盘卷片(6米98拍) : 1:10,
2B ; 35mm银盐
收藏馆：缩微中心，南京

00〇020541
三事忠告：四卷 / (元)张养浩撰
明隆庆元年(1567)贡安国刻本
1994年摄制. -- 1盘卷片(6米88拍) : 1:10,
2B ; 35mm银盐
收藏馆：缩微中心，山东

00〇032050
为政忠告：四卷；牧民忠告：二卷；经进风宪忠告：一卷 / (元)张养浩撰
清道光十一年(1831)尹济源碧鲜斋刻本. --
还有合刻著作：庙堂忠告一卷 / (元)张养浩

撰。八行十七字黑口四周双边。傅增湘校并跋。
2011年摄制. -- 1盘卷片(7米98拍) : 1:13,
2B ; 35mm银盐
收藏馆：缩微中心，国图

00〇020271
通典：二百卷 / (唐)杜佑撰
宋(960-1279)刻宋元(960-1368)递修本. --
存五卷：卷一百九十一至卷一百九十三、卷一百九十八至卷一百九十九。
1994年摄制. -- 1盘卷片(4米30拍) : 1:10,
2B ; 35mm银盐
收藏馆：缩微中心，国图

00〇008715
通典：二百卷 / (唐)李佑撰
明(1368-1644)刻本. -- 莫棠跋。
1988年摄制. -- 6盘卷片(163.4米3593拍) :
1:11, 2B ; 35mm银盐
收藏馆：缩微中心，重庆

00〇005714
通典：二百卷 / (唐)杜佑撰
明(1368-1644)刻本
1987年摄制. -- 6盘卷片(165米3751拍) :
1:10, 2B ; 35mm银盐
收藏馆：缩微中心，国图

00〇029957
通典：二百卷 / (唐)杜佑撰
明(1368-1644)刻本. -- 存四十卷：卷一至卷四十。(清)钱谦益批点。
2001年摄制. -- 2盘卷片(38米774拍) :
1:10, 2B ; 35mm银盐
收藏馆：缩微中心，国图

00〇006467
杜氏通典：二百卷 / (唐)杜佑撰
明嘉靖十八年(1539)王德溢吴鹏刻本
1987年摄制. -- 6盘卷片(163米3628拍) :
1:10, 2B ; 35mm银盐
收藏馆：缩微中心，国图

00〇022249
增入宋儒议论杜氏通典：二百卷 / (唐)杜佑撰
明嘉靖(1522-1566)李元阳刻本. -- 卷十二至卷十四配清抄本。
1995年摄制. -- 7盘卷片(215米4402拍) :
1:10, 2B ; 35mm银盐
收藏馆：缩微中心，国图

00O014073
新刊浙本通典：二百卷 / (唐)杜佑撰
明(1368-1644)抄本. -- 存一百九十五卷：卷
一至卷七十三、卷七十九至卷二百。
1992年摄制. -- 5盘卷片(130米2642拍)：
1:10，2B；35mm银盐
收藏馆：缩微中心，国图

00O007877
增入诸儒议论杜氏通典详节：四十二卷图谱一卷 / (唐)杜佑撰
明初(1368-1424)刻本. -- 版框高二十四厘米
宽十五厘米。
1988年摄制. -- 2盘卷片(46米920拍)：
1:10，2B；35mm银盐
收藏馆：缩微中心，广东

00O003562
增入诸儒议论杜氏通典详节：四十二卷
明弘治八年(1495)刻公文纸印本
1985年摄制. -- 1盘卷片(30米663拍)：
1:10，2B；35mm银盐
收藏馆：缩微中心，国图

00O008321
杜氏通典纂要：二卷
明(1368-1644)刻本
1988年摄制. -- 1盘卷片(11米204拍)：
1:10，2B；35mm银盐
收藏馆：缩微中心，山东

00O007537
续通典：一百五十卷 / (清)嵇璜,(清)曹仁虎纂修
清(1644-1911)内府抄本. -- 存八十三卷：卷
一、卷七至卷十、卷十二至卷十三、卷十五至
卷十八、卷二十至卷二十六、卷二十八、卷
三十一至卷三十六、卷四十至卷四十三、卷
四十六至卷四十七、卷五十至卷五十二、卷
五十四至卷五十六、卷五十九至卷六十、卷
六十六、卷七十至卷七十二、卷七十八、卷
八十三至卷八十四、卷八十六、卷八十九至
卷九十二、卷九十六至卷九十七、卷一百五
至卷一百九、卷一百十一至卷一百十四、卷
一百十七至卷一百二十、卷一百二十六至卷
一百二十七、卷一百二十九至卷一百三十六、
卷一百四十二至卷一百四十八。
1987年摄制. -- 4盘卷片(102米2232拍)：
1:10，2B；35mm银盐
收藏馆：缩微中心，国图

00O003559
通志：二百卷 / (宋)郑樵撰
元大德(1297-1307)三山郡庠刻元明(1271-1644)

递修本
1986年摄制. -- 26盘卷片(724米14416拍)：
1:10，2B；35mm银盐
收藏馆：缩微中心，国图

00O022954
通志：二百卷 / (宋)郑樵撰
元大德(1297-1307)三山郡庠刻元明(1271-1644)
递修本
1995年摄制. -- 21盘卷片(643米13884拍)：
1:10，2B；35mm银盐
收藏馆：缩微中心，国图

00O025647
通志：二百卷 / (宋)郑樵撰
元大德(1297-1307)三山郡庠刻元明(1271-1644)
递修本. -- (清)丁丙跋。
1989年摄制. -- 23盘卷片(632米14874拍)：
1:10，2B；35mm银盐
收藏馆：缩微中心，南京

00O006773
通志：二百卷 / (宋)郑樵撰
元大德(1297-1307)三山郡庠刻元明(1271-1644)
递修本. -- 存二卷：卷八十九、卷九十八。
1987年摄制. -- 1盘卷片(12米231拍)：
1:10，2B；35mm银盐
收藏馆：缩微中心，国图

00O008814
通志：二百卷 / (宋)郑樵撰
清乾隆十二年(1747)武英殿刻本
1988年摄制. -- 20盘卷片(574米13673拍)：
1:10，2B；35mm银盐
收藏馆：缩微中心，天津

00O021237
通志二十略：五十一卷 / (宋)郑樵撰
明正德(1506-1521)陈宗夔刻本
1995年摄制. -- 3盘卷片(90米1868拍)：
1:10，2B；35mm银盐
收藏馆：缩微中心，国图

00O006994
通志略：五十二卷 / (宋)郑樵撰
明(1368-1644)刻本
1987年摄制. -- 4盘卷片(96米1985拍)：
1:10，2B；35mm银盐
收藏馆：缩微中心，国图

00O008405
通志略：五十二卷 / (宋)郑樵撰
明(1368-1644)刻本

1988年摄制. -- 4盘卷片(92米2000拍) : 1:10, 2B ; 35mm银盐
收藏馆：缩微中心，国图

000O016446
通志略：五十二卷 / (宋)郑樵撰
清乾隆十四年(1749)汪启淑飞鸿堂刻本
1992年摄制. -- 3盘卷片(88米1868拍) : 1:10, 2B ; 35mm银盐
收藏馆：缩微中心，国图

000O022252
文献通考：三百四十八卷 / (元)马端临撰
元泰定元年(1324)西湖书院刻明初(1368-1424)印本. -- 存一百二十六卷：卷七十九至卷八十一、卷九十七至卷一百十九、卷一百二十五至卷一百二十七、卷一百三十一至卷一百三十六、卷一百四十六至卷一百五十一、卷一百七十九至卷二百九、卷二百十三至卷二百二十四、卷二百二十九至卷二百三十八、卷二百四十三至卷二百四十九、卷二百五十三至卷二百五十四、卷二百五十七至卷二百六十一、卷二百六十五至卷二百八十二。
1995年摄制. -- 3盘卷片(97米2014拍) : 1:10, 2B ; 35mm银盐
收藏馆：缩微中心，国图

000O003563
文献通考：三百四十八卷 / (元)马端临撰
元泰定元年(1324)西湖书院刻元明(1271-1644)递修本
1985年摄制. -- 11盘卷片(308米6521拍) : 1:10, 2B ; 35mm银盐
收藏馆：缩微中心，国图

000O022253
文献通考：三百四十八卷 / (元)马端临撰
元泰定元年(1324)西湖书院刻元明(1271-1644)递修本
1995年摄制. -- 10盘卷片(309米6231拍) : 1:10, 2B ; 35mm银盐
收藏馆：缩微中心，国图

000O022976
文献通考：三百四十八卷 / (元)马端临撰
元泰定元年(1324)西湖书院刻元明(1271-1644)递修本. -- 存二百八十七卷：卷一至卷一百四十四、卷一百六十二至卷一百七十九、卷一百八十八至卷二百一、卷二百五十五至卷二百五十五、卷二百六十至卷二百七十一、卷二百七十八至卷二百八十二、卷二百八十四至卷二百八十五、卷二百八十七至卷

二百九十三、卷二百九十六至卷三百五、卷三百十二至卷三百二十三、卷三百二十七至卷三百四十八。
1995年摄制. -- 8盘卷片(260米5261拍) : 1:10, 2B ; 35mm银盐
收藏馆：缩微中心，国图

000O016247
文献通考：三百四十八卷 / (元)马端临撰
明正德十一年至十四年(1516-1519)刘洪慎独斋刻本
1993年摄制. -- 11盘卷片(351米7127拍) : 1:10, 2B ; 35mm银盐
收藏馆：缩微中心，国图

000O009669
文献通考：三百四十八卷 / (元)马端临撰
明正德十六年(1521)刘洪慎独斋刻本. -- 版框高十九厘米宽十三厘米。朱笔校点。
1988年摄制. -- 14盘卷片(378米8049拍) : 1:10, 2B ; 35mm银盐
收藏馆：缩微中心，广东

000O015560
文献通考：三百四十八卷 / (元)马端临撰
明正德十一年至十四年(1516-1519)刘洪慎独斋刻正德十六年(1521)重修本. -- (清)段松苓抄补序目并跋。
1992年摄制. -- 12盘卷片(346米7068拍) : 1:10, 2B ; 35mm银盐
收藏馆：缩微中心，国图

000O005716
文献通考：三百四十八卷 / (元)马端临撰
明嘉靖三年(1524)司礼监刻本
1987年摄制. -- 17盘卷片(485米10838拍) : 1:10, 2B ; 35mm银盐
收藏馆：缩微中心，国图

000O004450
文献通考：三百四十八卷首一卷 / (元)马端临撰
明嘉靖(1522-1566)冯天驭刻本
1986年摄制. -- 12盘卷片(327米7254拍) : 1:10, 2B ; 35mm银盐
收藏馆：缩微中心，国图

000O006347
文献通考：三百四十八卷首一卷 / (元)马端临撰
明嘉靖(1522-1566)刻本. -- 卷一百四十至卷一百四十三、卷二百一至卷二百三配清抄本。
1987年摄制. -- 11盘卷片(330米7266拍) : 1:10, 2B ; 35mm银盐
收藏馆：缩微中心，国图

00O006159
文献通考：三百四十八卷首一卷 / (元)马端临撰
明嘉靖(1522-1566)冯天驭刻万历至崇祯
(1573-1644)递修本
1987年摄制. -- 12盘卷片(367米7348拍)：
1:10, 2B；35mm银盐
收藏馆：缩微中心，四川

00O026613
文献通考：三百四十八卷 / (元)马端临撰
清乾隆十二年(1747)武英殿刻本
1997年摄制. -- 16盘卷片(473米9747拍)：
1:10, 2B；35mm银盐
收藏馆：缩微中心，国图

00O031503
文献通考：三百四十八卷 / (元)马端临撰
清乾隆十二年(1747)武英殿刻本
2004年摄制. -- 16盘卷片(485米10275拍)：
1:10, 2B；35mm银盐
收藏馆：缩微中心，国图

00O007005
经籍考：七十六卷 / (元)马端临撰
明弘治九年(1496)黄仲昭张汝舟刻本
1987年摄制. -- 3盘卷片(80米1761拍)：
1:10, 2B；35mm银盐
收藏馆：缩微中心，国图

00O017943
经籍考：七十六卷 / (元)马端临撰
明弘治九年(1496)黄仲昭张汝舟刻本
1993年摄制. -- 3盘卷片(81米1656拍)：
1:10, 2B；35mm银盐
收藏馆：缩微中心，国图

00O009826
文献通考纂：二十四卷 / (元)马端临撰；(明)胡
震亨辑
明万历(1573-1620)骆骎曾刻本
1989年摄制. -- 1盘卷片(30米676拍)：
1:10, 2B；35mm银盐
收藏馆：缩微中心，浙江

00O016478
文献通考纂：二十四卷 / (元)马端临撰；(明)胡
震亨辑
明(1368-1644)刻本
1993年摄制. -- 1盘卷片(30米634拍)：
1:10, 2B；35mm银盐
收藏馆：缩微中心，国图

00O008146
订正通考纂要：六卷 / (清)柴绍炳辑；(清)江日
辉订正
清康熙二十八年(1689)天禄阁刻本
1988年摄制. -- 1盘卷片(17米364拍)：
1:10, 2B；35mm银盐
收藏馆：缩微中心，湖北

00O010307
文献通考节贯：十卷 / (清)周宗濂辑
清乾隆十五年(1750)竹友草堂刻本
1989年摄制. -- 1盘卷片(14米270拍)：
1:10, 2B；35mm银盐
收藏馆：缩微中心，湖北

00O025873
文献通考补增：三卷参补二十六卷 / (清)叶浚发
撰
清(1644-1911)稿本. -- 存二十六卷：文献通
考补增卷一至卷三，参补卷一至卷十七、卷
十九至卷二十二上、卷二十四、卷二十六。
1996年摄制. -- 4盘卷片(111米2313拍)：
1:10, 2B；35mm银盐
收藏馆：缩微中心，浙江

00O028959
文献通考参补：二十六卷 / (清)叶浚发撰
清(1644-1911)孙星衍抄本. -- 存三卷：卷
十八、卷二十二下、卷二十五。叶德辉跋。
1998年摄制. -- 1盘卷片(18米298拍)：
1:10, 2B；35mm银盐
收藏馆：缩微中心，苏州

00O005718
续文献通考：二百五十四卷 / (明)王圻撰
明万历三十一年(1603)曹时聘许维新[等]刻本
1987年摄制. -- 13盘卷片(365米8140拍)：
1:10, 2B；35mm银盐
收藏馆：缩微中心，国图

00O017384
续文献通考：二百五十四卷 / (明)王圻撰
明万历三十一年(1603)曹时聘许维新[等]刻本
1993年摄制. -- 12盘卷片(369米7661拍)：
1:10, 2B；35mm银盐
收藏馆：缩微中心，国图

00O002376
续文献通考：二百五十四卷 / (明)王圻撰
清(1644-1911)抄本
1986年摄制. -- 15盘卷片(443.1米9863拍)：
1:10, 2B；35mm银盐
收藏馆：缩微中心，国图

000O008421
续文献通考：二百五十卷 / (清)嵇璜,(清)曹仁虎纂修
清(1644-1911)内府抄本. -- 存一百二十三卷：卷一至卷四、卷七、卷九至卷十、卷十三、卷十七至卷十八、卷二十一至卷二十二、卷二十四至卷二十五、卷二十七至卷三十一、卷三十四、卷三十九、卷四十六、卷四十八至卷五十三、卷五十六、卷六十五、卷六十七至卷六十九、卷七十三至卷七十九、卷八十五至卷八十六、卷九十至卷九十三、卷九十六至卷九十九、卷一百一、卷一百六至卷一百十四、卷一百十六至卷一百二十、卷一百二十七至卷一百二十九、卷一百三十三、卷一百三十六至卷一百四十、卷一百四十四至卷一百四十六、卷一百四十八、卷一百五十、卷一百五十二至卷一百五十三、卷一百五十五、卷一百五十八、卷一百六十、卷一六十四、卷一百六十六至卷一百六十七、卷一百七十四、卷一百七十六、卷一百八十六、卷一百八十八、卷一百九十、卷一百九十二至卷一百九十三、卷一百九十九至卷二百四、卷二百七、卷二百十至卷二百十五、卷二百十七至卷二百二十、卷二百二十四至卷二百二十八、卷二百三十一、卷二百三十三至卷二百三十六、卷二百四十五至卷二百四十六。
1988年摄制. -- 9盘卷片(243.2米5456拍) : 1:10, 2B ; 35mm银盐
收藏馆：缩微中心, 国图

000O017197
正续文献通考识大编：二十四卷 / (清)方若珽编
清康熙(1662-1722)刻本
1993年摄制. -- 2盘卷片(59米1244拍) : 1:10, 2B ; 35mm银盐
收藏馆：缩微中心, 山东

000O008423
续通志：六百四十卷 / (清)嵇璜,(清)曹仁虎纂修
清(1644-1911)内府抄本. -- 存三百十三卷。
1988年摄制. -- 12盘卷片(328米7331拍) : 1:10, 2B ; 35mm银盐
收藏馆：缩微中心, 国图

000O028144
汉唐事笺：前集十二卷后集八卷 / (元)朱礼撰
清道光二年(1822)李沄刻本. -- (清)傅以礼校并跋。
1996年摄制. -- 1盘卷片(14米266拍) : 1:10, 2B ; 35mm银盐
收藏馆：缩微中心, 南京

000O004386
西汉会要：七十卷 / (宋)徐天麟撰
宋嘉定(1208-1224)建宁郡斋刻元明(1271-1644)递修本. -- 存八卷：卷六十三至卷七十。
1986年摄制. -- 1盘卷片(7米95拍) : 1:10, 2B ; 35mm银盐
收藏馆：缩微中心, 国图

000O027040
西汉会要：七十卷 / (宋)徐天麟撰
清乾隆(1736-1795)武英殿聚珍版丛书活字印本
1997年摄制. -- 2盘卷片(41米803拍) : 1:10, 2B ; 35mm银盐
收藏馆：缩微中心, 国图

000O003320
东汉会要：四十卷 / (宋)徐天麟撰
清(1644-1911)抄本
1986年摄制. -- 1盘卷片(24.4米545拍) : 1:10, 2B ; 35mm银盐
收藏馆：缩微中心, 国图

000O008549
唐会要：一百卷 / (宋)王溥撰
明(1368-1644)抄本. -- 存四十卷：卷一至卷三、卷十二至卷十五、卷二十至卷二十三、卷二十八至卷三十九、卷六十六至卷七十二、卷七十六至卷八十五。
1988年摄制. -- 2盘卷片(35.9米762拍) : 1:10, 2B ; 35mm银盐
收藏馆：缩微中心, 国图

000O025546
唐会要：一百卷 / (宋)王溥撰
清乾隆(1736-1795)武英殿聚珍版丛书活字印本. -- (清)李慈铭校。
1996年摄制. -- 4盘卷片(114米2372拍) : 1:10, 2B ; 35mm银盐
收藏馆：缩微中心, 国图

000O003988
唐会要：一百卷 / (宋)王溥撰
清(1644-1911)抄本
1985年摄制. -- 4盘卷片(99米2187拍) : 1:10, 2B ; 35mm银盐
收藏馆：缩微中心, 国图

000O005006
唐会要：一百卷 / (宋)王溥撰
清(1644-1911)抄本
1986年摄制. -- 3盘卷片(74.5米1584拍) : 1:10, 2B ; 35mm银盐

收藏馆：缩微中心，国图

000O009405
唐会要：一百卷 / (宋)王溥撰
清(1644-1911)抄本. -- 版框高二十一厘米宽十六厘米。
1988年摄制. -- 3盘卷片(80米1696拍)：
1:10，2B；35mm银盐
收藏馆：缩微中心，广东

000O004896
五代会要：三十卷 / (宋)王溥撰
清(1644-1911)抄本
1986年摄制. -- 1盘卷片(20.4米450拍)：
1:10，2B；35mm银盐
收藏馆：缩微中心，国图

000O023111
五代会要：三十卷 / (宋)王溥撰
清(1644-1911)抄本
1995年摄制. -- 1盘卷片(27米518拍)：
1:10，2B；35mm银盐
收藏馆：缩微中心，国图

000O004118
五代会要：三十卷 / (宋)王溥撰
清(1644-1911)抄本. -- (清)钱大昕校，(清)黄丕烈校并跋。
1986年摄制. -- 1盘卷片(19.6米428拍)：
1:10，2B；35mm银盐
收藏馆：缩微中心，国图

000O006925
五代会要：三十卷 / (宋)王溥撰
清嘉庆十八年(1813)贵征抄本. -- (清)贵征跋。
1986年摄制. -- 1盘卷片(16米336拍)：
1:10，2B；35mm银盐
收藏馆：缩微中心，国图

000O010284
五代会要：三十卷 / (宋)王溥撰
清(1644-1911)信芳阁活字印本
1989年摄制. -- 1盘卷片(28米549拍)：
1:10，2B；35mm银盐
收藏馆：缩微中心，湖北

000O006761
宋会要：不分卷 / (宋)陈骙[等]纂修；(清)徐松辑.
校记：不分卷 / 叶渭清撰
稿本
1986年摄制. -- 29盘卷片(812.9米18189拍)：
1:10，2B；35mm银盐

000O029105
宋会要：不分卷 / (宋)陈骙[等]纂修；(清)徐松辑
清嘉庆(1796-1820)全唐文纂修馆抄本. -- 纂修者还有：(宋)京镗。
1999年摄制. -- 3盘卷片(87米1992拍)：
1:10，2B；35mm银盐
收藏馆：缩微中心，国图

000O006757
宋会要辑稿：不分卷 / (清)徐松辑；缪荃孙重订
清(1644-1911)稿本
1987年摄制. -- 1盘卷片(14米295拍)：
1:10，2B；35mm银盐
收藏馆：缩微中心，国图

000O006759
宋会要辑稿：不分卷 / (清)徐松辑；刘承干重订
清(1644-1911)稿本
1987年摄制. -- 1盘卷片(24米523拍)：
1:10，2B；35mm银盐
收藏馆：缩微中心，国图

000O021305
宋会要：四百六十卷宋会要考略一卷宋会要辑一卷 / (宋)陈骙[等]纂修；(清)徐松辑；(清)刘承干编
清(1644-1911)稿本. -- 宋会要存六卷：卷一百三十二至卷一百三十三、卷一百三十五、卷四百五十一、卷四百五十五至卷四百五十六。
1994年摄制. -- 1盘卷片(15米307拍)：
1:10，2B；35mm银盐
收藏馆：缩微中心，甘肃

000O007050
宋会要：四百六十卷 / (清)徐松辑
清(1644-1911)刘氏嘉业堂抄本
1987年摄制. -- 29盘卷片(856米18715拍)：
1:10，2B；35mm银盐
收藏馆：缩微中心，国图

000O021803
建炎以来朝野杂记：甲集二十卷乙集二十卷 / (宋)李心传撰
明(1368-1644)赵琦美抄本. -- 甲集卷三至卷二十、乙集卷十八至卷二十配清抄本。(明)赵琦美、(清)丁丙跋。
1994年摄制. -- 2盘卷片(37米747拍)：
1:10，2B；35mm银盐
收藏馆：缩微中心，南京

00O012759
建炎以来朝野杂记：甲集二十卷乙集二十卷 / (宋)李心传撰
清乾隆四十年(1775)抄本
1990年摄制. -- 2盘卷片(37米828拍)：
1:10, 2B ; 35mm银盐
收藏馆：缩微中心，南京

00O002177
建炎以来朝野杂记：甲集二十卷乙集二十卷 / (宋)李心传撰
清(1644-1911)抄本. -- (清)孔继涵跋并临(清)吴焯、(清)鲍廷博校跋。
1986年摄制. -- 2盘卷片(35米753拍)：
1:10, 2B ; 35mm银盐
收藏馆：缩微中心，国图

00O003991
建炎以来朝野杂记：甲集二十卷乙集二十卷 / (宋)李心传撰
清(1644-1911)张德荣抄本. -- (清)张德荣跋，(清)周星诒校并跋。
1985年摄制. -- 2盘卷片(33.2米725拍)：
1:10, 2B ; 35mm银盐
收藏馆：缩微中心，国图

00O010782
建炎以来朝野杂记：甲集二十卷乙集二十卷；皇朝中兴系年要录：一卷 / (宋)李心传撰
清(1644-1911)萃古斋抄本. -- (清)钱时霁题识。
1989年摄制. -- 2盘卷片(42米908拍)：
1:10, 2B ; 35mm银盐
收藏馆：缩微中心，天津

00O009530
建炎以来朝野杂记：甲集二十卷乙集二十卷 / (宋)李心传撰
清(1644-1911)钱氏萃古斋抄本. -- (清)吴城跋。
1988年摄制. -- 2盘卷片(42.4米917拍)：
1:9, 2B ; 35mm银盐
收藏馆：缩微中心，重庆

00O015729
建炎以来朝野杂记：甲集二十卷乙集二十卷 / (宋)李心传撰
清(1644-1911)钱氏萃古斋抄本
1993年摄制. -- 2盘卷片(41米802拍)：
1:10, 2B ; 35mm银盐
收藏馆：缩微中心，国图

00O005990
建炎以来朝野杂记：甲集二十卷 / (宋)李心传撰
明(1368-1644)抄本. -- 存十卷：卷一至卷二、卷十二、卷十四至卷二十。傅增湘跋。
1987年摄制. -- 1盘卷片(11.8米241拍)：
1:10, 2B ; 35mm银盐
收藏馆：缩微中心，国图

00O015388
大元圣政国朝典章：六十卷新集至治条例不分卷
清(1644-1911)影元抄本. -- 莫棠跋。
1992年摄制. -- 3盘卷片(68米1322拍)：
1:10, 2B ; 35mm银盐
收藏馆：缩微中心，国图

00O003348
大元圣政国朝典章：六十卷新集至治条例不分卷
清(1644-1911)彭氏知圣道斋抄本. -- (清)彭元瑞校。
1986年摄制. -- 4盘卷片(117米2609拍)：
1:10, 2B ; 35mm银盐
收藏馆：缩微中心，国图

00O003957
大元圣政典章新集至治条例：不分卷
清(1644-1911)抄本
1985年摄制. -- 1盘卷片(10米198拍)：
1:10, 2B ; 35mm银盐
收藏馆：缩微中心，国图

00O009906
宪台通纪：不分卷
清(1644-1911)抄本. -- (清)徐维则跋。
1989年摄制. -- 1盘卷片(8米135拍)：1:10, 2B ; 35mm银盐
收藏馆：缩微中心，天津

00O013149
经世大典辑本：不分卷 / (清)文廷式辑
清咸丰元年至清末(1851-1911)稿本
1991年摄制. -- 1盘卷片(5.1米108拍)：
1:10, 2B ; 35mm银盐
收藏馆：缩微中心，辽宁

00O001617
国朝典章：不分卷
明(1368-1644)抄本
1986年摄制. -- 1盘卷片(22米478拍)：
1:10, 2B ; 35mm银盐
收藏馆：缩微中心，国图

00O021937
大明会典：一百八十卷 / (明)徐溥[等]纂修
明正德四年(1509)司礼监刻本
1995年摄制. -- 6盘卷片(165米3409拍)：
1:10, 2B ; 35mm银盐
收藏馆：缩微中心，国图

00O022259
大明会典：一百八十卷 / (明)徐溥[等]纂修
明正德四年(1509)司礼监刻本. -- 存七十四
卷：卷八至卷十、卷十六至卷十七、卷十九
至卷二十二、卷二十六至卷三十四、卷四十
至卷四十一、卷六十至卷六十七、卷八十一
至卷八十三、卷一百八至卷一百九、卷
一百十七至卷一百十八、卷一百二十至卷
一百二十一、卷一百二十三至卷一百二十五、
卷一百二十八至卷一百二十九、卷一百三十四
至卷一百三十七、卷一百四十五至卷
一百四十六、卷一百四十九至卷一百五十二、
卷一百五十五至卷一百五十七、卷一百六十至
卷一百七十一、卷一百七十四至卷一百八十。
1995年摄制. -- 3盘卷片(73米1388拍)：
1:10, 2B ; 35mm银盐
收藏馆：缩微中心，国图

00O022256
大明会典：二百二十八卷 / (明)申时行[等]纂修
明万历十五年(1587)内府刻本. -- 纂修者
还有：(明)赵用贤。存二百六卷：卷一至卷
二十二、卷二十四至卷八十、卷八十二至卷
一百二十、卷一百二十三至卷一百五十五、卷
一百五十八、卷一百六十七至卷一百七十、卷
一百七十六至卷二百十五、卷二百十九至卷
二百二十八。
1995年摄制. -- 9盘卷片(268米5234拍)：
1:10, 2B ; 35mm银盐
收藏馆：缩微中心，国图

00O021700
重修大明会典：二百二十八卷 / (明)申时行[等]纂修
明万历十五年(1587)内府刻本. -- 纂修者还
有：(明)赵用贤。
1995年摄制. -- 9盘卷片(281米5641拍)：
1:10, 2B ; 35mm银盐
收藏馆：缩微中心，国图

00O022255
大明会典：二百二十八卷 / (明)申时行[等]纂修
明万历(1573-1620)刻本. -- 纂修者还有：
(明)赵用贤。
1995年摄制. -- 8盘卷片(258米5289拍)：
1:10, 2B ; 35mm银盐

收藏馆：缩微中心，国图

00O001796
大明会典：二百八十卷 / (明)张居正[等]纂修
明(1368-1644)抄本. -- 存十三卷：卷一、卷
五十七、卷八十八至卷八十九、卷九十六至卷
一百、卷一百十至卷一百十一、卷一百四十八
至卷一百四十九。
1985年摄制. -- 1盘卷片(15.4米326拍)：
1:10, 2B ; 35mm银盐
收藏馆：缩微中心，国图

00O028817
大明会典抄略：不分卷 / (明)佘梦鲤辑
明万历(1573-1620)刻本. -- 本书未署撰人，
著者今依王重民《中国善本书提要》著录。存
六册：礼部卷下，兵部卷上、卷中、卷下，都
察院，大理寺。
1998年摄制. -- 1盘卷片(24米497拍)：
1:10, 2B ; 35mm银盐
收藏馆：缩微中心，广东

00O013484
宗藩条例：二卷
明嘉靖(1522-1566)刻本
1991年摄制. -- 1盘卷片(9米145拍)：1:10,
2B ; 35mm银盐
收藏馆：缩微中心，国图

00O013037
宪章类编：四十二卷 / (明)劳堪撰
明万历六年(1578)劳堪刻本
1991年摄制. -- 3盘卷片(78米1506拍)：
1:10, 2B ; 35mm银盐
收藏馆：缩微中心，国图

00O005304
经国雄略：□□卷 / (明)郑大郁撰
明(1368-1644)刻本. -- 存二十二卷：屯政考
二卷、边塞考六卷、四夷考二卷、奇门考三
卷、皇舆纪一卷、武备考八卷。
1986年摄制. -- 2盘卷片(40.6米899拍)：
1:10, 2B ; 35mm银盐
收藏馆：缩微中心，国图

00O017901
经国雄略：□□卷 / (明)郑大郁撰
明末(1621-1644)三槐堂刻本. -- 存二十六
卷。
1993年摄制. -- 2盘卷片(46米930拍)：
1:10, 2B ; 35mm银盐
收藏馆：缩微中心，国图

000O019029
明六部纂修条例
明(1368-1644)抄本
1994年摄制. -- 2盘卷片(54米1167拍) :
1:10, 2B ; 35mm银盐
收藏馆：缩微中心，天津

000O008367
嘉靖事例：不分卷
明(1368-1644)抄本
1988年摄制. -- 1盘卷片(19米413拍) :
1:10, 2B ; 35mm银盐
收藏馆：缩微中心，国图

000O021735
皇明开天玉律：四卷 / (明)王象乾纂辑
明万历(1573-1620)刻本
1995年摄制. -- 1盘卷片(14米271拍) :
1:10, 2B ; 35mm银盐
收藏馆：缩微中心，国图

000O013052
国朝典汇：二百卷 / (明)徐学聚撰
明天启(1621-1627)刻本
1991年摄制. -- 8盘卷片(256米4762拍) :
1:10, 2B ; 35mm银盐
收藏馆：缩微中心，国图

000O007561
万历大政类编：不分卷
明末(1621-1644)祁氏淡生堂抄本
1987年摄制. -- 3盘卷片(68米1499拍) :
1:10, 2B ; 35mm银盐
收藏馆：缩微中心，国图

000O009670
皇明世法录：九十二卷目录二卷 / (明)陈仁锡撰
明崇祯元年(1628)刻本. -- 版框高二十一厘米宽十五厘米。
1988年摄制. -- 9盘卷片(255米5431拍) :
1:10, 2B ; 35mm银盐
收藏馆：缩微中心，广东

000O021210
古今治平略：三十三卷 / (明)朱健撰
明崇祯十一年(1638)钟鈜刻本
1995年摄制. -- 5盘卷片(152米3076拍) :
1:10, 2B ; 35mm银盐
收藏馆：缩微中心，国图

000O022434
古今治平略：三十三卷 / (明)朱健撰
明崇祯十一年(1638)钟鈜刻本

1995年摄制. -- 5盘卷片(146米3002拍) :
1:10, 2B ; 35mm银盐
收藏馆：缩微中心，国图

000O010165
古今治平略：三十三卷 / (明)朱健撰
明崇祯十二年(1639)刻本
1989年摄制. -- 5盘卷片(156米3325拍) :
1:10, 2B ; 35mm银盐
收藏馆：缩微中心，山东

000O023120
皇明圣制策要：一卷 / (明)梁桥撰
明隆庆四年(1570)梁梦龙刻本
1995年摄制. -- 1盘卷片(3米29拍) : 1:10,
2B ; 35mm银盐
收藏馆：缩微中心，国图

000O009904
经世导源录：十六卷 / (清)侯开国撰
清(1644-1911)抄本
1989年摄制. -- 3盘卷片(87米1860拍) :
1:10, 2B ; 35mm银盐
收藏馆：缩微中心，天津

000O013050
大清会典：一百六十二卷 / (清)伊桑阿[等]纂修
清康熙(1662-1722)内府刻本
1991年摄制. -- 7盘卷片(216米3931拍) :
1:10, 2B ; 35mm银盐
收藏馆：缩微中心，国图

000O031695
大清会典：一百六十二卷 / (清)伊桑阿[等]纂修
清康熙(1662-1722)内府刻本
2005年摄制. -- 6盘卷片(162米3435拍) :
1:10, 2B ; 35mm银盐
收藏馆：缩微中心，国图

000O013054
大清会典：二百五十卷 / (清)尹泰[等]纂修
清雍正十年(1732)刻本
1991年摄制. -- 15盘卷片(429米7893拍) :
1:10, 2B ; 35mm银盐
收藏馆：缩微中心，国图

000O031700
大清会典：二百五十卷 / (清)尹泰[等]纂修
清雍正十年(1732)刻本
2005年摄制. -- 13盘卷片(398米8555拍) :
1:10, 2B ; 35mm银盐
收藏馆：缩微中心，国图

00O010735

钦定大清会典：一百卷则例一百八十卷 / (清)张廷玉[等]撰

清乾隆二十九年(1764)武英殿刻本

1989年摄制. -- 14盘卷片(418米9183拍) : 1:10, 2B ; 35mm银盐

收藏馆：缩微中心，天津

00O024840

钦定大清会典：一百卷 / (清)张廷玉纂修

清乾隆二十九年(1764)武英殿刻本

1989年摄制. -- 3盘卷片(75米1674拍) : 1:10, 2B ; 35mm银盐

收藏馆：缩微中心，辽宁

00O031703

大清会典则例：一百八十卷

清乾隆(1736-1795)内府抄本. -- 存六卷：理刑司、王会司、旗籍司、徕远司、柔远司、典属司。

2005年摄制. -- 1盘卷片(15米305拍) : 1:10, 2B ; 35mm银盐

收藏馆：缩微中心，国图

00O031697

钦定大清会典则例：一百八十卷

清乾隆(1736-1795)内府抄本. -- 存理藩院四卷：卷一百四十至卷一百四十三。

2005年摄制. -- 1盘卷片(11米205拍) : 1:10, 2B ; 35mm银盐

收藏馆：缩微中心，国图

00O027045

大清会典：□□卷

清乾隆(1736-1795)内府抄本. -- 存理藩院六卷。

1997年摄制. -- 1盘卷片(5米36拍) : 1:10, 2B ; 35mm银盐

收藏馆：缩微中心，国图

00O031698

大清会典：□□卷

清乾隆(1736-1795)内府抄本. -- 存一百五十九卷。

2005年摄制. -- 3盘卷片(88米1865拍) : 1:10, 2B ; 35mm银盐

收藏馆：缩微中心，国图

00O031701

大清会典：□□卷

清嘉庆(1796-1820)内府刻本. -- 存一百八卷。

2005年摄制. -- 4盘卷片(101米2120拍) :

1:10, 2B ; 35mm银盐

收藏馆：缩微中心，国图

00O012278

钦定清会典：八十卷目录一卷；大清会典事例：九百二十卷目录八卷；大清会典图：一百三十卷目录二卷 / (清)托津[等]纂

清嘉庆二十三年(1818)武英殿刻本

1989年摄制. -- 41盘卷片(1260.8米28555拍) : 1:10, 2B ; 35mm银盐

收藏馆：缩微中心，辽宁

00O015841

钦定大清会典图：一百三十二卷目录二卷

清(1644-1911)抄本. -- 存八十八卷：卷一至卷八十六、目录二卷。

1993年摄制. -- 3盘卷片(75米1526拍) : 1:10, 2B ; 35mm银盐

收藏馆：缩微中心，国图

00O027567

政治典训：不分卷 / (清)圣祖玄烨敕撰

清(1644-1911)内府抄本. -- 存：慎刑、蠲租、赈济、用人、求言、严法纪、饬臣工、训将帅、特恩、褒恤、柔远人、礼前代、辟邪说、广教化、睿藻、论古、崇文治、咨儆、宽仁、恤民。

1997年摄制. -- 1盘卷片(6米72拍) : 1:10, 2B ; 35mm银盐

收藏馆：缩微中心，国图

00O027041

政治典训初集：一百卷目录一卷

清康熙(1662-1722)内府抄本

1997年摄制. -- 1盘卷片(13米229拍) : 1:10, 2B ; 35mm银盐

收藏馆：缩微中心，国图

00O027044

政治典训初集：一百卷目录一卷

清康熙(1662-1722)内府抄本. -- 存九十九卷：卷一至卷九十七、卷九十九，目录一卷。

1997年摄制. -- 6盘卷片(171米3305拍) : 1:10, 2B ; 35mm银盐

收藏馆：缩微中心，国图

00O010065

皇朝文献通考：三百卷 / (清)嵇璜[等]纂修

清乾隆三十七年(1772)武英殿刻本

1989年摄制. -- 17盘卷片(512.5米10200拍) : 1:10, 2B ; 35mm银盐

收藏馆：缩微中心，辽宁

00O010557
皇朝通典：一百卷 / (清)嵇璜[等]纂修
清乾隆三十七年(1772)武英殿刻本
1989年摄制. -- 5盘卷片(139.7米3151拍)：
1:10, 2B；35mm银盐
收藏馆：缩微中心，辽宁

00O011326
皇朝通志：一百二十六卷 / (清)嵇璜[等]纂修
清乾隆三十七年(1772)武英殿刻本
1989年摄制. -- 4盘卷片(127.7米2900拍)：
1:10, 2B；35mm银盐
收藏馆：缩微中心，辽宁

00O007301
皇朝通志：一百二十六卷 / (清)嵇璜[等]纂修
清(1644-1911)内府抄本. -- 纂修者还有：
(清)曹仁虎。
1987年摄制. -- 5盘卷片(139.3米3058拍)：
1:10, 2B；35mm银盐
收藏馆：缩微中心，国图

00O011461
成规拾遗：不分卷 / (清)万维翰辑
清乾隆三十九年(1774)刻本
1989年摄制. -- 1盘卷片(11.2米231拍)：
1:10, 2B；35mm银盐
收藏馆：缩微中心，辽宁

00O007567
新辑仕学大乘：十二卷 / [题](□)犀照堂主人汇纂
清康熙五年(1666)卓观堂刻本
1987年摄制. -- 2盘卷片(33米705拍)：
1:10, 2B；35mm银盐
收藏馆：缩微中心，国图

00O027066
钦定酌归简易条款：一卷
清乾隆(1736-1795)刻本
1997年摄制. -- 1盘卷片(6米90拍)： 1:10,
2B；35mm银盐
收藏馆：缩微中心，国图

00O031719
钦定酌归简易条款：一卷
清乾隆(1736-1795)刻本
2005年摄制. -- 1盘卷片(7米105拍)：1:10,
2B；35mm银盐
收藏馆：缩微中心，国图

00O007515
闽藩政务：三卷
清(1644-1911)抄本. -- 存一卷：卷一。

1987年摄制. -- 1盘卷片(6米103拍)：1:10,
2B；35mm银盐
收藏馆：缩微中心，国图

00O000932
外藩表签式：不分卷 / (清)鲍康撰
清(1644-1911)抄本
1985年摄制. -- 1盘卷片(5米72拍)：1:10,
2B；35mm银盐
收藏馆：缩微中心，国图

00O015325
经国大典：六卷 / (朝鲜)崔恒[等]撰
朝鲜刻本. -- 撰者还有：(朝鲜)徐居正。
1992年摄制. -- 1盘卷片(16米300拍)：
1:10, 2B；35mm银盐
收藏馆：缩微中心，国图

00O003689
大唐开元礼：一百五十卷 / (唐)萧嵩[等]撰
清(1644-1911)抄本
1985年摄制. -- 3盘卷片(66.8米1475拍)：
1:10, 2B；35mm银盐
收藏馆：缩微中心，国图

00O005444
大唐开元礼：一百五十卷 / (唐)萧嵩[等]撰. 辩
证：一卷 / (清)王念孙[等]撰；(清)李璋煜辑
清(1644-1911)抄本
1986年摄制. -- 3盘卷片(72米1589拍)：
1:10, 2B；35mm银盐
收藏馆：缩微中心，国图

00O002092
大唐郊祀录：十卷 / (唐)王泾撰
清(1644-1911)抄本
1986年摄制. -- 1盘卷片(8米156拍)：1:10,
2B；35mm银盐
收藏馆：缩微中心，国图

00O003801
大唐郊祀录：十卷 / (唐)王泾撰
清(1644-1911)抄本
1985年摄制. -- 1盘卷片(8米143拍)：1:10,
2B；35mm银盐
收藏馆：缩微中心，国图

00O026623
大唐郊祀录：十卷 / (唐)王泾撰. 附录：一卷 /
(清)汪曰桢辑
抄本
1997年摄制. -- 1盘卷片(15米279拍)：
1:10, 2B；35mm银盐

收藏馆：缩微中心，国图

000O003692
太常因革礼：一百卷 / (宋)欧阳修[等]撰
清(1644-1911)抄本. -- 存八十三卷：卷一至卷五十、卷六十八至卷一百。(清)顾广圻跋。
1985年摄制. -- 1盘卷片（29米645拍）：1:10，2B；35mm银盐
收藏馆：缩微中心，国图

000O028463
泰西归附始末：十卷 / (清)林齐霄辑
清末(1851-1911)抄本
1996年摄制. -- 1盘卷片（13米259拍）：1:10，2B；35mm银盐
收藏馆：缩微中心，福建

000O003993
太常因革礼：一百卷 / (宋)欧阳修[等]撰
清(1644-1911)东武刘氏味经书屋抄本. -- 存八十三卷：卷一至卷五十、卷六十八至卷一百。
1985年摄制. -- 1盘卷片（28米621拍）：1:10，2B；35mm银盐
收藏馆：缩微中心，国图

000O003893
政和五礼新仪：二百四十卷目录六卷 / (宋)郑居中[等]撰
清(1644-1911)抄本. -- 存二百二十三卷。
1986年摄制. -- 2盘卷片（60米1329拍）：1:10，2B；35mm银盐
收藏馆：缩微中心，国图

000O024027
政和五礼新仪：二百二十卷；御制冠礼：十卷 / (宋)郑居中[等]撰
清初(1644-1722)抄本. -- 政和五礼新仪存二百十一卷：卷一至卷一百五、卷一百十至卷一百十六、卷一百二十一至卷一百二十七、卷一百三十八至卷一百九十七、卷一百九十九至卷二百二十。(清)丁丙跋。
1993年摄制. -- 2盘卷片（60米1323拍）：1:10，2B；35mm银盐
收藏馆：缩微中心，南京

000O015477
政和五礼新仪：二百二十卷目录六卷；御制冠礼：十卷 / (宋)郑居中[等]撰
清(1644-1911)抄本. -- 政和五礼新仪存二百六卷：卷一至卷七十三、卷七十五至卷八十七、卷九十一至卷一百七、卷一百十三至卷一百二十七、卷一百三十八至卷

一百九十九、卷二百一至卷二百二十，目录六卷。
1993年摄制. -- 3盘卷片（77米1574拍）：1:10，2B；35mm银盐
收藏馆：缩微中心，国图

000O003693
政和五礼新仪：二百二十卷目录六卷；御制冠礼：十卷 / (宋)郑居中[等]撰
清(1644-1911)抄本. -- 政和五礼新仪存二百卷：卷一至卷七十三、卷七十五至卷八十七、卷九十一至卷一百七、卷一百十三至卷一百二十七、卷一百三十八至卷一百九十九、卷二百七至卷二百二十，目录六卷。
1985年摄制. -- 3盘卷片（65米1430拍）：1:10，2B；35mm银盐
收藏馆：缩微中心，国图

000O024156
政和五礼新仪：二百二十卷目录一卷；御制冠礼：十卷 / (宋)郑居中[等]撰
清(1644-1911)敷文阁抄本. -- 政和五礼新仪存二百七卷：卷一至卷八十七、卷九十一至卷一百二十七、卷一百三十八至卷二百二十。
1996年摄制. -- 3盘卷片（88米1840拍）：1:10，2B；35mm银盐
收藏馆：缩微中心，湖北

000O021501
中兴礼书：三百卷 / (宋)礼部太常寺纂修；(清)徐松辑
清(1644-1911)抄本. -- 存二百四十七卷：卷一至卷二、卷四、卷六至卷十六、卷十八至卷二十、卷二十二至卷八十五、卷九十至卷九十五、卷九十九至卷一百十九、卷一百二十至卷一百二十一、卷一百二十五至卷一百二十九、卷一百三十一至卷一百三十九、卷一百四十一至卷一百四十二、卷一百四十九至卷一百五十、卷一百五十二、卷一百五十六至卷一百六十、卷一百六十三至卷一百六十五、卷一百六十九至卷一百七十、卷一百七十三至卷一百七十六、卷一百七十八至卷一百九十一、卷一百九十六至卷二百六、卷二百九至卷二百十一、卷二百十五至卷二百十六、卷二百二十一至卷二百二十三、卷二百二十七、卷二百三十至卷二百三十四、卷二百三十六至卷三百。叶渭清校。
1995年摄制. -- 4盘卷片（110米2252拍）：1:10，2B；35mm银盐
收藏馆：缩微中心，国图

000O021505
中兴礼书续编：八十卷 / (宋)叶宗鲁纂修；(清)

徐松辑

清(1644-1911)抄本. -- 存六十六卷：卷一至卷三、卷五至卷九、卷十一、卷十三至卷二十二、卷三十、卷三十五至卷八十。叶渭清校。

1995年摄制. -- 1盘卷片(18米423拍)：1：10, 2B；35mm银盐

收藏馆：缩微中心，国图

00O006462

中兴礼书：三百卷 / (宋)礼部太常寺纂修；(清)徐松辑

清(1644-1911)蒋氏宝彝堂抄本. -- 存二百四十六卷：卷一至卷二、卷四、卷六至卷十六、卷十八至卷二十、卷二十二至卷八十五、卷九十至卷九十五、卷九十九至卷一百十八、卷一百二十至卷一百二十一、卷一百二十五至卷一百二十九、卷一百三十一至卷一百三十九、卷一百四十一至卷一百四十二、卷一百四十九至卷一百五十、卷一百五十二、卷一百五十六至卷一百六十、卷一百六十三至卷一百六十五、卷一百六十九至卷一百七十、卷一百七十三至卷一百七十六、卷一百七十八至卷一百九十一、卷一百九十六至卷二百六、卷二百九至卷二百十一、卷二百十五至卷二百十六、卷二百二十一至卷二百二十三、卷二百二十七、卷二百三十至卷二百三十四、卷二百三十六至卷三百。(清)沈炳垣跋。

1987年摄制. -- 4盘卷片(109.8米2400拍)：1：10, 2B；35mm银盐

收藏馆：缩微中心，国图

00O006432

中兴礼书续编：八十卷 / (宋)叶宗鲁纂修；(清)徐松辑

清(1644-1911)蒋氏宝彝堂抄本. -- 存六十六卷：卷一至卷三、卷五至卷九、卷十一、卷十三至卷二十二、卷三十、卷三十五至卷八十。

1987年摄制. -- 1盘卷片(20.6米451拍)：1：10, 2B；35mm银盐

收藏馆：缩微中心，国图

00O021504

中兴礼书校记：十三卷续编校记四卷附录一卷 / 叶渭清撰

稿本

1995年摄制. -- 2盘卷片(41米824拍)：1：10, 2B；35mm银盐

收藏馆：缩微中心，国图

00O021664

大金集礼：四十卷 / (金)张玮[等]辑

清(1644-1911)抄本. -- 存三十二卷：卷一至卷十二、卷十八至卷二十五、卷二十八至卷三十二、卷三十四至卷四十。(清)邹道沂跋。

1995年摄制. -- 1盘卷片(18米337拍)：1：10, 2B；35mm银盐

收藏馆：缩微中心，国图

00O003697

大金集礼：四十卷

清(1644-1911)抄本. -- 存三十八卷：卷一至卷二十五、卷二十七至卷三十二、卷三十四至卷四十。

1985年摄制. -- 1盘卷片(28.8米648拍)：1：10, 2B；35mm银盐

收藏馆：缩微中心，国图

00O003122

圣朝通制孔子庙祀：一卷

明(1368-1644)刻本

1986年摄制. -- 1盘卷片(3米22拍)：1：10, 2B；35mm银盐

收藏馆：缩微中心，国图

00O015182

圣朝通制孔子庙祀：一卷

清初(1644-1722)抄本

1992年摄制. -- 1盘卷片(3米19拍)：1：10, 2B；35mm银盐

收藏馆：缩微中心，国图

00O025549

圣朝通制孔子庙祀：一卷

瞿氏铁琴铜剑楼抄本

1996年摄制. -- 1盘卷片(3米10拍)：1：10, 2B；35mm银盐

收藏馆：缩微中心，国图

00O003121

庙学典礼：六卷

清(1644-1911)抄本

1986年摄制. -- 1盘卷片(9米169拍)：1：10, 2B；35mm银盐

收藏馆：缩微中心，国图

00O015160

庙学典礼：六卷

清(1644-1911)抄本

1992年摄制. -- 1盘卷片(10米224拍)：1：10, 2B；35mm银盐

收藏馆：缩微中心，国图

00O027060
庙学典礼：六卷
瞿氏铁琴铜剑楼抄本
1997年摄制. -- 1盘卷片(9米154拍) ： 1:10,
2B ； 35mm银盐
收藏馆：缩微中心，国图

00O029177
大明集礼：五十三卷 / (明)徐一夔[等]纂修
明嘉靖九年(1530)内府刻本. -- 撰者还有：
(明)梁寅。
1999年摄制. -- 4盘卷片(116米2709拍) ：
1:10, 2B ； 35mm银盐
收藏馆：缩微中心，国图

00O005720
大明集礼：五十三卷 / (明)徐一夔[等]纂修
明嘉靖九年(1530)内府刻本. -- 纂修者
还有：(明)梁寅。存五十二卷：卷一至卷
四十一、卷四十三至卷五十三。
1987年摄制. -- 4盘卷片(107米2409拍) ：
1:10, 2B ； 35mm银盐
收藏馆：缩微中心，国图

00O025918
明伦大典：二十四卷 / (明)杨一清[等]纂修
明嘉靖七年(1528)内府刻本. -- 纂修者还
有：(明)熊浃。(清)丁丙跋。
1996年摄制. -- 1盘卷片(26米576拍) ：
1:10, 2B ； 35mm银盐
收藏馆：缩微中心，南京

00O005974
明伦大典：二十四卷 / (明)杨一清[等]纂修
明嘉靖七年(1528)内府刻本. -- 纂修者还
有：(明)熊浃。
1986年摄制. -- 1盘卷片(28.2米634拍) ：
1:10, 2B ； 35mm银盐
收藏馆：缩微中心，国图

00O020177
明伦大典：二十四卷 / (明)杨一清[等]纂修
明嘉靖(1522-1566)镇江府刻本. -- 纂修者还
有：(明)熊浃。
1994年摄制. -- 1盘卷片(26米531拍) ：
1:10, 2B ； 35mm银盐
收藏馆：缩微中心，国图

00O012584
朝观事宜：一卷 / (明)朱裳撰
明嘉靖(1522-1566)刻本
1990年摄制. -- 1盘卷片(2.8米28拍) ：
1:10, 2B ； 35mm银盐

收藏馆：缩微中心，辽宁

00O000263
圣驾重幸太学录：不分卷 / (明)夏言[等]辑
明嘉靖(1522-1566)刻本
1985年摄制. -- 1盘卷片(5.3米88拍) ：
1:10, 2B ； 35mm银盐
收藏馆：缩微中心，国图

00O011479
孔庙礼乐考：六卷 / (明)瞿九思撰
明万历三十五年(1607)史学迁刻本
1989年摄制. -- 1盘卷片(17.0米399拍) ：
1:10, 2B ； 35mm银盐
收藏馆：缩微中心，辽宁

00O013063
铨曹仪注：五卷 / (明)唐伯元撰
清初(1644-1722)刻本
1991年摄制. -- 1盘卷片(6米78拍) ： 1:10,
2B ； 35mm银盐
收藏馆：缩微中心，国图

00O023108
台仪辑略：一卷 / (明)许弘纲订正
明万历四十年(1612)林恭章田凤仪[等]刻本
1995年摄制. -- 1盘卷片(3米28拍) ： 1:10,
2B ； 35mm银盐
收藏馆：缩微中心，国图

00O015340
台仪辑略：一卷
清(1644-1911)抄本
1992年摄制. -- 1盘卷片(3米28拍) ： 1:10,
2B ； 35mm银盐
收藏馆：缩微中心，国图

00O023109
台规：一卷
明(1368-1644)刻本
1995年摄制. -- 1盘卷片(3米10拍) ： 1:10,
2B ； 35mm银盐
收藏馆：缩微中心，国图

00O020180
皇明典礼志：二十卷 / (明)郭正域撰
明万历(1573-1620)刻本
1994年摄制. -- 1盘卷片(23米465拍) ：
1:10, 2B ； 35mm银盐
收藏馆：缩微中心，国图

00O015128
文庙考：二卷 / (明)方承郁撰

明万历(1573-1620)刻本
1992年摄制. -- 1盘卷片(7米108拍)：1:10,
2B；35mm银盐
收藏馆：缩微中心，国图

000O020777
頖宫礼乐疏：十卷 / (明)李之藻撰
明万历四十六年(1618)刻本
1994年摄制. -- 1盘卷片(33米658拍)：
1:10, 2B；35mm银盐
收藏馆：缩微中心，国图

000O009407
辟雍纪事：不分卷 / (明)卢上铭,(明)冯士骅辑
明崇祯(1628-1644)刻本. -- 版框高二十一厘
米宽十四厘米。
1988年摄制. -- 1盘卷片(21米215拍)：
1:10, 2B；35mm银盐
收藏馆：缩微中心，广东

000O020373
**辟雍纪事：八卷原始一卷辟雍考一卷 / (明)卢上
铭,(明)冯士骅辑**
清(1644-1911)李盛铎抄本
1994年摄制. -- 1盘卷片(6米93拍)：1:10,
2B；35mm银盐
收藏馆：缩微中心，国图

000O015085
祀典汇册：不分卷
明(1368-1644)刻本
1992年摄制. -- 1盘卷片(6米73拍)：1:10,
2B；35mm银盐
收藏馆：缩微中心，国图

000O023113
通祀辑略：三卷
明(1368-1644)抄本
1995年摄制. -- 1盘卷片(12米209拍)：
1:10, 2B；35mm银盐
收藏馆：缩微中心，国图

000O015174
明朝宫史：五卷 / (明)吕毖撰
清(1644-1911)抄本
1992年摄制. -- 1盘卷片(7米117拍)：1:10,
2B；35mm银盐
收藏馆：缩微中心，国图

000O022278
纪事录：四卷
明(1368-1644)抄本
1995年摄制. -- 1盘卷片(17米318拍)：

1:10, 2B；35mm银盐
收藏馆：缩微中心，国图

000O015480
太常考：不分卷
抄本
1993年摄制. -- 1盘卷片(29米568拍)：
1:10, 2B；35mm银盐
收藏馆：缩微中心，国图

000O025453
礼志：不分卷
清(1644-1911)抄本. -- 存：太祖高皇帝、太
宗文皇帝、世祖章皇帝、圣祖仁皇帝。
1996年摄制. -- 1盘卷片(9米144拍)：1:10,
2B；35mm银盐
收藏馆：缩微中心，国图

000O025993
頖宫礼乐全书：十六卷 / (清)张安茂纂辑
清顺治十三年(1656)刻本
1996年摄制. -- 1盘卷片(24米492拍)：
1:10, 2B；35mm银盐
收藏馆：缩微中心，福建

000O017298
庙制图考：一卷 / (清)万斯同撰
清(1644-1911)抄本
1993年摄制. -- 1盘卷片(6米90拍)：1:10,
2B；35mm银盐
收藏馆：缩微中心，国图

000O001123
钦定服色肩舆永例：一卷
清顺治九年(1652)内府刻本
1985年摄制. -- 1盘卷片(2.8米23拍)：
1:10, 2B；35mm银盐
收藏馆：缩微中心，国图

000O031718
太常纪要：十五卷 / (清)江蘩撰
清康熙(1662-1722)刻本
2005年摄制. -- 1盘卷片(18米360拍)：
1:10, 2B；35mm银盐
收藏馆：缩微中心，国图

000O031721
太常纪要：十五卷 / (清)江蘩撰
清康熙(1662-1722)刻本. -- 包角装，卷十四
至卷十五有颠倒页。
2005年摄制. -- 1盘卷片(19米380拍)：
1:10, 2B；35mm银盐
收藏馆：缩微中心，国图

00O025995
圣门礼乐统：二十四卷 / (清)张行言撰
清康熙四十一年(1702)万松书院刻本
1996年摄制. -- 2盘卷片(33.5米668拍)：
1:10, 2B ; 35mm银盐
收藏馆：缩微中心，福建

00O028391
祀孔典礼：三十五卷 / (清)孔传铎编
清雍正(1723-1735)抄本. -- 存二十三卷：卷
一、卷六至卷十一、卷二十至卷三十五。
1997年摄制. -- 1盘卷片(25米569拍)：
1:10, 2B ; 35mm银盐
收藏馆：缩微中心，辽宁

00O011467
国学礼乐录：二十卷 / (清)李周望,(清)谢履忠编
清康熙五十八年(1719)国子监刻本
1989年摄制. -- 1盘卷片(19米390拍)：
1:10, 2B ; 35mm银盐
收藏馆：缩微中心，辽宁

00O027049
大礼记注：二十卷 / (清)张廷玉[等]撰
清(1644-1911)内府抄本
1997年摄制. -- 1盘卷片(29米571拍)：
1:10, 2B ; 35mm银盐
收藏馆：缩微中心，国图

00O025542
大清通礼：五十卷 / (清)来保[等]撰
清乾隆(1736-1795)武英殿刻本
1996年摄制. -- 2盘卷片(43米874拍)：
1:10, 2B ; 35mm银盐
收藏馆：缩微中心，国图

00O026615
幸鲁盛典：四十卷 / (清)孔毓圻[等]纂
清康熙(1662-1722)刻本. -- 纂者还有：(清)
金居敬。
1997年摄制. -- 2盘卷片(45米878拍)：
1:10, 2B ; 35mm银盐
收藏馆：缩微中心，国图

00O031707
幸鲁盛典：四十卷 / (清)孔毓圻[等]纂
清康熙(1662-1722)刻本. -- 纂者还有：(清)
金居敬。
2005年摄制. -- 2盘卷片(47米975拍)：
1:10, 2B ; 35mm银盐
收藏馆：缩微中心，国图

00O031710
幸鲁盛典：四十卷 / (清)孔毓圻[等]纂
清康熙(1662-1722)刻本. -- 纂者还有：(清)
金居敬。
2005年摄制. -- 2盘卷片(47米980拍)：
1:10, 2B ; 35mm银盐
收藏馆：缩微中心，国图

00O019159
万寿盛典初集：一百二十卷 / (清)王原祁[等]纂
修
清康熙五十四年至五十五年(1715-1716)赵弘
灿赵之垣刻本. -- 纂修者还有：(清)李绂
1994年摄制. -- 5盘卷片(141米2894拍)：
1:10, 2B ; 35mm银盐
收藏馆：缩微中心，国图

00O027054
万寿盛典初集：一百二十卷 / (清)王原祁[等]纂
修
清康熙五十四年至五十五年(1715-1716)赵弘
灿赵之垣刻本. -- 纂修者还有：(清)李绂。
存一百一十九卷：卷一至卷四十一、卷四十三至
卷一百二十。
1997年摄制. -- 5盘卷片(137米2772拍)：
1:10, 2B ; 35mm银盐
收藏馆：缩微中心，国图

00O031696
大清会典祭祀行礼图：不分卷
清(1644-1911)内府抄本
2005年摄制. -- 1盘卷片(13米255拍)：
1:10, 2B ; 35mm银盐
收藏馆：缩微中心，国图

00O011345
国朝宫史续编：一百卷 / (清)庆桂[等]纂
清嘉庆十年(1805)内府抄本
1989年摄制. -- 4盘卷片(102.2米2290拍)：
1:10, 2B ; 35mm银盐
收藏馆：缩微中心，辽宁

00O011325
八旬万寿盛典：一百二十卷 / (清)刘凤诰[等]纂
清乾隆五十七年(1792)武英殿活字印本. --
纂者还有：(清)阿桂。
1989年摄制. -- 4盘卷片(109.3米2466拍)：
1:10, 2B ; 35mm银盐
收藏馆：缩微中心，辽宁

00O008126
西巡盛典：二十四卷首一卷 / (清)董诰[等]纂修
清嘉庆十七年(1812)武英殿活字印本

1988年摄制. -- 2盘卷片（45.5米1002拍）：
1:10，2B；35mm银盐
收藏馆：缩微中心，湖北

00O025551
钦定满洲祭神祭天典礼：六卷
清(1644-1911)抄本
1996年摄制. -- 1盘卷片（15米270拍）：
1:10，2B；35mm银盐
收藏馆：缩微中心，国图

00O018839
大礼仪注：不分卷
清(1644-1911)抄本
1994年摄制. -- 2盘卷片（40米812拍）：
1:10，2B；35mm银盐
收藏馆：缩微中心，国图

00O026400
圣庙祀典辑闻：不分卷 / (清)黄位清辑；(清)谢
有仁编
清(1644-1911)稿本
1992年摄制. -- 1盘卷片（17米361拍）：
1:10，2B；35mm银盐
收藏馆：缩微中心，重庆

00O012995
阿哥婚娶定例：二卷
清(1644-1911)内府抄本
1991年摄制. -- 1盘卷片（4米38拍）：1:10，
2B；35mm银盐
收藏馆：缩微中心，国图

00O003844
宗祀议：不分卷 / (清)翁同龢辑
清(1644-1911)稿本
1985年摄制. -- 1盘卷片（3.2米37拍）：
1:10，2B；35mm银盐
收藏馆：缩微中心，国图

00O027070
立后部类：五卷 / (日)清源光国辑
日本抄本
1997年摄制. -- 1盘卷片（8米122拍）：1:10，
2B；35mm银盐
收藏馆：缩微中心，国图

00O027085
改元部类：二卷；改元定次第：一卷 / (日)藤赖
孝编
日本抄本
1997年摄制. -- 1盘卷片（8米132拍）：1:10，
2B；35mm银盐

收藏馆：缩微中心，国图

00O027225
云图钞：一卷；里书：一卷
日本抄彩绘本
1997年摄制. -- 1盘卷片（6米89拍）：1:10，
2B；35mm银盐
收藏馆：缩微中心，国图

00O027223
贞观仪式：十卷
日本抄本
1997年摄制. -- 1盘卷片（12米203拍）：
1:10，2B；35mm银盐
收藏馆：缩微中心，国图

00O004233
元秘别录：六卷
日本抄本
1985年摄制. -- 1盘卷片（14米304拍）：
1:10，2B；35mm银盐
收藏馆：缩微中心，国图

00O004385
大典通编：六卷 / (朝鲜)金玖仁[等]纂辑
朝鲜正宗九年(1785)刻本. -- 纂辑者还有：
(朝鲜)金鲁镇。杨守敬跋。
1986年摄制. -- 1盘卷片（21米398拍）：
1:10，2B；35mm银盐
收藏馆：缩微中心，国图

00O027074
大典会通：六卷首一卷 / (朝鲜)赵斗淳[等]纂
朝鲜李太王三年(1866)刻本. -- 纂者还有：
(朝鲜)金学性。
1997年摄制. -- 1盘卷片（20米391拍）：
1:10，2B；35mm银盐
收藏馆：缩微中心，国图

00O027215
银台条例：一卷
朝鲜活字印本
1997年摄制. -- 1盘卷片（6米86拍）：1:10，
2B；35mm银盐
收藏馆：缩微中心，国图

00O008169
谥法通考：十八卷 / (明)王圻撰
明万历二十四年(1596)赵可怀刻本. -- 版框
高二十六厘米宽十七厘米。(清)孙星衍题识。
1987年摄制. -- 2盘卷片（44米923拍）：
1:10，2B；35mm银盐
收藏馆：缩微中心，广东

000O008730
谥法通考：十八卷 / (明)王圻撰
明万历二十四年(1596)刻本
1988年摄制. -- 2盘卷片（43米930拍）：
1:11, 2B ; 35mm银盐
收藏馆：缩微中心，重庆

000O006404
谥法纂：十卷 / (明)孙能传撰
明万历四十五年(1617)孙能正刻本. -- 存七
卷：卷一至卷四、卷八至卷十。
1987年摄制. -- 1盘卷片（9米172拍）： 1:10,
2B ; 35mm银盐
收藏馆：缩微中心，国图

000O013273
皇明臣谥汇考：二卷 / (明)鲍应鳌撰
明末(1621-1644)刻本
1991年摄制. -- 1盘卷片（6米105拍）：
2B ; 35mm银盐
收藏馆：缩微中心，湖北

000O026789
皇明臣谥汇考：二卷 / (明)鲍应鳌撰
清(1644-1911)抄本. -- (清)王宗炎校跋。
1996年摄制. -- 1盘卷片（6米91拍）：
2B ; 35mm银盐
收藏馆：缩微中心，南京

000O010808
明谥考存：七卷 / (明)郭良翰辑；(清)李清续辑
清(1644-1911)抄本
1989年摄制. -- 1盘卷片（11米198拍）：
1:10, 2B ; 35mm银盐
收藏馆：缩微中心，天津

000O023682
皇明谥法考：一卷
明万历(1573-1620)四明范氏抄本
1995年摄制. -- 1盘卷片（7米121拍）： 1:10,
2B ; 35mm银盐
收藏馆：缩微中心，浙江

000O024794
明谥考：四卷 / (清)傅以礼撰
清(1644-1911)稿本
1995年摄制. -- 1盘卷片（7米114拍）： 1:10,
2B ; 35mm银盐
收藏馆：缩微中心，浙江

000O003836
皇朝谥法考：五卷 / (清)鲍康辑
清同治三年(1864)刻本

1985年摄制. -- 1盘卷片（7.2米135拍）：
1:10, 2B ; 35mm银盐
收藏馆：缩微中心，国图

000O025558
皇朝谥法考：五卷续编一卷 / (清)鲍康辑
清同治三年(1864)刻本. -- (清)李慈铭补并
跋。
1996年摄制. -- 1盘卷片（8米128拍）： 1:10,
2B ; 35mm银盐
收藏馆：缩微中心，国图

000O024793
**皇朝谥法考：五卷续编一卷补编一卷 / (清)鲍康
辑 . 续补编：一卷 / (清)徐士銮辑**
清(1644-1911)抄本
1995年摄制. -- 1盘卷片（7米123拍）： 1:10,
2B ; 35mm银盐
收藏馆：缩微中心，浙江

000O015197
历代讳名考：一卷 / (清)刘锡信撰
清(1644-1911)刘氏嘉荫簃抄本
1992年摄制. -- 1盘卷片（3米30拍）： 1:10,
2B ; 35mm银盐
收藏馆：缩微中心，国图

000O012881
**钦定科场条例：四卷；钦定翻译考试条例：一
卷 / (清)礼部纂修**
清乾隆六年(1741)内府刻本
1990年摄制. -- 1盘卷片（15米252拍）：
1:10, 2B ; 35mm银盐
收藏馆：缩微中心，辽宁

000O025157
增补贡举考略：五卷 / (清)黄崇兰撰
清道光二十四年(1844)双桂斋刻本. -- (清)
李慈铭校注。
1996年摄制. -- 1盘卷片（14米258拍）：
1:10, 2B ; 35mm银盐
收藏馆：缩微中心，国图

000O024795
皇明历科会试录典要：五卷 / (明)刘万春辑
明崇祯十四年(1641)刻本
1995年摄制. -- 1盘卷片（17米324拍）：
1:10, 2B ; 35mm银盐
收藏馆：缩微中心，浙江

000O008058
学典：三十卷 / (清)孙承泽撰
清(1644-1911)抄本

1988年摄制. -- 1盘卷片(5米69拍) ：1:10,
2B ；35mm银盐
收藏馆：缩微中心，湖南

00O011329
钦定学政全书：八十卷 / (清)素尔纳[等]纂
清乾隆三十九年(1774)内府刻本
1989年摄制. -- 2盘卷片(39.8米878拍) ：
1:10, 2B ；35mm银盐
收藏馆：缩微中心，辽宁

00O026000
钦定学政全书：八卷；续增学政全书：四卷
清乾隆(1736-1795)刻本
1996年摄制. -- 1盘卷片(28米578拍) ：
1:10, 2B ；35mm银盐
收藏馆：缩微中心，福建

00O012836
钦定科场条例：四卷；钦定翻译考试条例：一卷
清乾隆六年(1741)内府刻本
1990年摄制. -- 1盘卷片(12.1米252拍) ：
1:10, 2B ；35mm银盐
收藏馆：缩微中心，辽宁

00O028987
武闱乡试事宜：一卷 / (清)黄贻楫撰
清(1644-1911)稿本
1989年摄制. -- 1盘卷片(3米34拍) ：1:10,
2B ；35mm银盐
收藏馆：缩微中心，南京

00O006093
钦定历代职官表：七十二卷 / (清)永瑢[等]纂
清乾隆四十五年(1780)刻本
1986年摄制. -- 5盘卷片(139.9米3145拍) ：
1:10, 2B ；35mm银盐
收藏馆：缩微中心，吉林

00O018711
古今官制沿革图：一卷 / (明)王光鲁撰
明末(1621-1644)刻本
1994年摄制. -- 1盘卷片(4米35拍) ：1:10,
2B ；35mm银盐
收藏馆：缩微中心，国图

00O027048
历代宰辅汇考：八卷 / (清)万斯同撰
清(1644-1911)抄本
1997年摄制. -- 1盘卷片(7米103拍) ：1:10,
2B ；35mm银盐
收藏馆：缩微中心，国图

00O013058
古官制考：四卷 / (清)王宝仁撰
清道光八年(1828)旧香居刻本
1991年摄制. -- 1盘卷片(6米78拍) ：1:10,
2B ；35mm银盐
收藏馆：缩微中心，国图

00O008138
南台旧闻：十六卷 / (清)黄叔璥撰
清乾隆(1736-1795)刻本
1988年摄制. -- 1盘卷片(20米431拍) ：
1:10, 2B ；35mm银盐
收藏馆：缩微中心，湖北

00O013519
季汉官爵考：三卷 / (清)周广业撰
清(1644-1911)周氏种松书塾抄本. -- (清)周
勋懋校。
1991年摄制. -- 1盘卷片(6米89拍) ：1:10,
2B ；35mm银盐
收藏馆：缩微中心，国图

00O013053
汉州郡县吏制考：一卷 / (清)强汝询撰
清(1644-1911)刘履芬抄本
1991年摄制. -- 1盘卷片(5米47拍) ：1:10,
2B ；35mm银盐
收藏馆：缩微中心，国图

00O003141
大唐六典：三十卷 / (唐)李林甫[等]注
明正德十年(1515)席书李承勋刻本
1986年摄制. -- 1盘卷片(20米426拍) ：
1:10, 2B ；35mm银盐
收藏馆：缩微中心，国图

00O005712
大唐六典注：三十卷 / (唐)李林甫[等]撰
明正德十年(1515)席书李承勋刻本
1987年摄制. -- 1盘卷片(20米440拍) ：
1:10, 2B ；35mm银盐
收藏馆：缩微中心，国图

00O005169
大唐六典：三十卷 / (唐)玄宗李隆基撰；(唐)李林甫注
明嘉靖二十三年(1544)浙江按察司刻本
1986年摄制. -- 1盘卷片(21米420拍) ：
1:10, 2B ；35mm银盐
收藏馆：缩微中心，国图

00O026608
大唐六典注：三十卷 / (唐)李林甫[等]撰；(日)家

熙考订
日本享保九年(1724)家熙刻本
1997年摄制. -- 2盘卷片(53米1029拍) ：
1:10, 2B ；35mm银盐
收藏馆：缩微中心，国图

000O000730
考订大唐六典：三十卷 / (日)家熙撰
日本享保九年(1724)刻本. -- 杨守敬校。
1985年摄制. -- 2盘卷片(50米1108拍) ：
1:10, 2B ；35mm银盐
收藏馆：缩微中心，国图

000O016259
诸司职掌：十卷
明(1368-1644)刻本. -- (清)沈家本跋。
1993年摄制. -- 1盘卷片(21米419拍) ：
1:10, 2B ；35mm银盐
收藏馆：缩微中心，国图

000O012964
官爵志：三卷 / (明)徐石麒撰
清(1644-1911)抄本. -- (清)韩崇校并跋。
1991年摄制. -- 1盘卷片(4米40拍) ：1:10,
2B ；35mm银盐
收藏馆：缩微中心，国图

000O005122
大明一统文武诸司衙门官制：五卷 / (明)陶承庆
校正；(明)叶时用增补
明万历四十一年(1613)宝善堂刻本
1986年摄制. -- 1盘卷片(15.8米338拍) ：
1:10, 2B ；35mm银盐
收藏馆：缩微中心，国图

000O021770
新镌京本校正华夷总览大明官制：七卷
明万历(1573-1620)乔山书舍刻本
1995年摄制. -- 1盘卷片(9米142拍) ：1:10,
2B ；35mm银盐
收藏馆：缩微中心，国图

000O013426
万历八年四月急选报：一卷
明万历(1573-1620)刻本
1991年摄制. -- 1盘卷片(2米4拍) ：1:10,
2B ；35mm银盐
收藏馆：缩微中心，国图

000O026624
钦定吏部铨选满官则例：一卷
清雍正(1723-1735)内府刻本
1997年摄制. -- 1盘卷片(4米52拍) ：1:10,

2B ；35mm银盐
收藏馆：缩微中心，国图

000O026625
钦定吏部满洲铨选则例：一卷
清雍正(1723-1735)内府抄本
1997年摄制. -- 1盘卷片(4米50拍) ：1:10,
2B ；35mm银盐
收藏馆：缩微中心，国图

000O014777
吏部铨选汉官品级考：四卷
清(1644-1911)内府抄本
1992年摄制. -- 1盘卷片(13米232拍) ：
1:10, 2B ；35mm银盐
收藏馆：缩微中心，国图

000O002860
吏部处分章程：二十一卷
清(1644-1911)内府抄本
1986年摄制. -- 1盘卷片(9米173拍) ：1:10,
2B ；35mm银盐
收藏馆：缩微中心，国图

000O025547
咨访册：不分卷
清顺治(1644-1661)抄本. -- 存：北直、江
南、河南、山东、山西、陕西。
1996年摄制. -- 1盘卷片(7米100拍) ：1:10,
2B ；35mm银盐
收藏馆：缩微中心，国图

000O013183
文渊阁职掌录：一卷 / (清)舒赫德[等]撰
清(1644-1911)抄本
1991年摄制. -- 1盘卷片(3.8米54拍) ：
1:10, 2B ；35mm银盐
收藏馆：缩微中心，辽宁

000O012693
内阁小志：一卷；内阁故事：一卷 / (清)叶凤毛
撰
清(1644-1911)抄本
1990年摄制. -- 1盘卷片(4米59拍) ：1:10,
2B ；35mm银盐
收藏馆：缩微中心，辽宁

000O023674
中书典故汇纪：八卷 / (清)王正功辑；(清)赵辑
宁校补
清(1644-1911)稿本
1995年摄制. -- 1盘卷片(28米558拍) ：
1:10, 2B ；35mm银盐

收藏馆：缩微中心，浙江

00O018910
太常寺续纪：二十二卷 / (明)李日宣撰
明崇祯九年(1636)精刻本. -- 书名依序题。
1994年摄制. -- 1盘卷片(21米448拍) :
1:10，2B ；35mm银盐
收藏馆：缩微中心，天津

00O020173
鸿胪寺志略：五卷 / (明)杨尔绳辑
明崇祯(1628-1644)刻本. -- 傅增湘跋。
1994年摄制. -- 1盘卷片(16米317拍) :
1:10，2B ；35mm银盐
收藏馆：缩微中心，国图

00O003892
吏部职掌：不分卷 / (明)李默[等]删定
明嘉靖(1522-1566)刻本. -- 删定者还有：
(明)黄养蒙。
1986年摄制. -- 1盘卷片(13米275拍) :
1:10，2B ；35mm银盐
收藏馆：缩微中心，国图

00O028746
苏州织选局志：十二卷 / (清)孙佩撰
清康熙二十五年(1686)刻本
1998年摄制. -- 1盘卷片(8米111拍) : 1:10,
2B ；35mm银盐
收藏馆：缩微中心，苏州

00O021720
两淮运司志：□□卷
明弘治(1488-1505)刻本. -- 存四卷：卷四至
卷七。
1995年摄制. -- 1盘卷片(7米115拍) : 1:10,
2B ；35mm银盐
收藏馆：缩微中心，国图

00O023398
福建运司志：三卷 / (明)林大有撰
明嘉靖(1522-1566)刻本. -- 存二卷：卷二至
卷三。
1995年摄制. -- 1盘卷片(7米98拍) : 1:10,
2B ；35mm银盐
收藏馆：缩微中心，国图

00O013046
新修河东运司志：十卷 / (清)冯达道纂修；(清)
张应征续修
清康熙十一年(1672)刻本
1991年摄制. -- 1盘卷片(23米474拍) :
1:10，2B ；35mm银盐

收藏馆：缩微中心，国图

00O026610
国子监志：八十二卷首二卷引用书目一卷 / (清)
文庆,(清)翁心存纂修
清道光(1821-1850)抄本
1997年摄制. -- 4盘卷片(113米2208拍) :
1:10，2B ；35mm银盐
收藏馆：缩微中心，国图

000005787
皇明太学志：十二卷 / (明)王材[等]纂修
明嘉靖三十六年(1557)国子监刻隆庆万历
(1567-1620)递修本. -- 纂修者还有：(明)郭
鎜。
1987年摄制. -- 2盘卷片(35米747拍) :
1:10，2B ；35mm银盐
收藏馆：缩微中心，国图

00O011533
皇朝太学志：□□卷
清(1644-1911)内府抄本. -- 存二卷：卷
九十三、卷一百四十八。
1990年摄制. -- 1盘卷片(4米52拍) : 1:10,
2B ；35mm银盐
收藏馆：缩微中心，甘肃

000003246
苏州府学志：十二卷 / (明)王谷祥纂修
明嘉靖(1522-1566)刻本. -- 存七卷：卷三至
卷七、卷十一至卷十二。
1986年摄制. -- 1盘卷片(7.2米132拍) :
1:10，2B ；35mm银盐
收藏馆：缩微中心，国图

00O013005
常熟县儒学志：八卷 / (明)缪肇祖[等]纂修
明万历三十八年(1610)蒋国玭刻本. -- 纂修
者还有：(明)冯复京。
1991年摄制. -- 1盘卷片(25米489拍) :
1:10，2B ；35mm银盐
收藏馆：缩微中心，国图

000013404
翰苑群书：二卷 / (宋)洪遵辑
明(1368-1644)抄本. -- 傅增湘跋并题诗。
1991年摄制. -- 1盘卷片(9米138拍) : 1:10,
2B ；35mm银盐
收藏馆：缩微中心，国图

000022437
翰苑群书：二卷 / (宋)洪遵辑
清(1644-1911)抄本

1995年摄制. -- 1盘卷片（8米132拍）：1:10,
2B；35mm银盐
收藏馆：缩微中心，国图

000O004004
翰苑群书：一卷后集一卷／(宋)洪遵撰
清(1644-1911)抄本
1986年摄制. -- 1盘卷片（9米165拍）：1:10,
2B；35mm银盐
收藏馆：缩微中心，国图

000O014182
翰苑群书：前集一卷后集一卷／(宋)洪遵辑
清(1644-1911)彭氏知圣道斋抄本. -- (清)彭
元瑞校并跋。
1992年摄制. -- 1盘卷片（8米113拍）：1:10,
2B；35mm银盐
收藏馆：缩微中心，国图

000O009084
翰苑群书：十三卷／(宋)洪遵辑
清(1644-1911)尚友馆抄本
1988年摄制. -- 1盘卷片（9.1米173拍）：
1:10, 2B；35mm银盐
收藏馆：缩微中心，湖南

000O029002
麟台故事：五卷／(宋)程俱撰
清(1644-1911)抄本. -- (清)丁丙跋。
1993年摄制. -- 1盘卷片（6米90拍）：1:10,
2B；35mm银盐
收藏馆：缩微中心，南京

000O003977
麟台故事：五卷／(宋)程俱撰
清(1644-1911)抄本. -- 存三卷：卷一至卷
三。
1985年摄制. -- 1盘卷片（4米64拍）：1:10,
2B；35mm银盐
收藏馆：缩微中心，国图

000O032073
**麟台故事：五卷／(宋)程俱撰．拾遗：二卷；考
异：一卷／(清)孙星华辑**
清光绪二十五年(1899)广雅书局刻武英殿聚珍
版丛书本. -- 九行二十一字白口四周双边。
傅增湘校并跋。
2011年摄制. -- 1盘卷片（8米119拍）：1:11,
2B；35mm银盐
收藏馆：缩微中心，国图

000O002363
淳熙玉堂杂记：三卷／(宋)周必大撰

清(1644-1911)叶名澧抄本
1986年摄制. -- 1盘卷片（4米48拍）：1:10,
2B；35mm银盐
收藏馆：缩微中心，国图

000O026774
翰林记：二十卷／(明)黄佐撰
清初(1644-1722)抄本. -- (清)丁丙跋。
1996年摄制. -- 1盘卷片（16米320拍）：
1:10, 2B；35mm银盐
收藏馆：缩微中心，南京

000O008615
词林典故：一卷／(明)张位[等]撰
明万历十四年(1586)张位刻本. -- 撰者还
有：(明)于慎行。
1988年摄制. -- 1盘卷片（5米90拍）：1:10,
2B；35mm银盐
收藏馆：缩微中心，国图

000O012275
词林典故：八卷／(清)张廷玉撰
清乾隆十三年(1748)武英殿刻本
1989年摄制. -- 1盘卷片（28米630拍）：
1:10, 2B；35mm银盐
收藏馆：缩微中心，辽宁

000O017135
皇朝词林典故：六十四卷／(清)朱珪[等]撰
清嘉庆十年(1805)武英殿刻本
1993年摄制. -- 3盘卷片（93.2米2114拍）：
1:10, 2B；35mm银盐
收藏馆：缩微中心，辽宁

000O015884
御史台精舍碑题名：一卷／(唐)崔湜撰
清(1644-1911)吴氏拜经楼抄本. -- (清)吴骞
校。
1993年摄制. -- 1盘卷片（4米45拍）：1:10,
2B；35mm银盐
收藏馆：缩微中心，国图

000O013091
**四译馆增定馆则：二十卷／(明)吕维祺辑；(清)
许三礼,(清)霍维翰增辑．新增馆则：二卷／(清)
曹溶,(清)钱继辑**
明崇祯(1628-1644)刻清康熙(1662-1722)袁懋
德重修本
1991年摄制. -- 1盘卷片（16米299拍）：
1:10, 2B；35mm银盐
收藏馆：缩微中心，国图

00O025543
四译馆馆则：十六卷 / (明)吕维祺辑；(清)余栋
增辑 . 四译馆馆考：八卷 / (清)江蘩撰
清乾隆(1736-1795)余栋刻本
1996年摄制 . -- 1盘卷片(16米308拍)：
1:10，2B；35mm银盐
收藏馆：缩微中心，国图

00O000706
中兴馆阁录：十卷续录十卷 / (宋)陈骙撰
清(1644-1911)彭氏知圣道斋抄本. -- 存十一
卷：卷二至卷六、卷九至卷十，续录卷二至卷
四、卷六。(清)翁同龢跋。
1985年摄制 . -- 1盘卷片(5.1米83拍)：
1:10，2B；35mm银盐
收藏馆：缩微中心，国图

00O003855
中兴馆阁录：十卷续录十卷 / (宋)陈骙[等]撰
清(1644-1911)抄本. -- 存十八卷：卷二至卷
十，续录卷一至卷八、卷十。(清)徐绍乾校并
跋。
1985年摄制 . -- 1盘卷片(17米352拍)：
1:10，2B；35mm银盐
收藏馆：缩微中心，国图

00O003319
中兴馆阁录：十卷续录十卷 / (宋)陈骙撰
清(1644-1911)抄本. -- 存十八卷：卷二至卷
十，续录卷一至卷八、卷十。(清)周星诒校并
跋。
1986年摄制 . -- 1盘卷片(16米327拍)：
1:10，2B；35mm银盐
收藏馆：缩微中心，国图

00O018591
中兴馆阁录：十卷续录十卷 / (宋)陈骙撰
清(1644-1911)抄本
1993年摄制 . -- 1盘卷片(19米340拍)：
1:10，2B；35mm银盐
收藏馆：缩微中心，国图

00O024952
中兴馆阁录：十卷；南宋馆阁录：十卷；馆阁续
录：十卷 / (宋)陈骙撰
清(1644-1911)卢文弨抄本. -- 卷一至卷六、
卷九，续录十卷配清光绪十二年(1886)丁氏刻
武林掌故丛编本。(清)卢文弨校并跋。
1996年摄制 . -- 1盘卷片(15米303拍)：
1:10，2B；35mm银盐
收藏馆：缩微中心，南京

00O002083
中兴馆阁录：十卷 / (宋)陈骙撰
清(1644-1911)吴骞抄本. -- 存三卷：卷二至
卷四。(清)吴骞、(清)周星诒校。
1986年摄制 . -- 1盘卷片(4米64拍)：1:10,
2B；35mm银盐
收藏馆：缩微中心，国图

00O015478
南宋馆阁录：十卷 / (宋)陈骙撰
清(1644-1911)抄本. -- 存五卷：卷二至卷
六。(清)劳格校。
1993年摄制 . -- 1盘卷片(5米54拍)：1:10,
2B；35mm银盐
收藏馆：缩微中心，国图

00O005014
中兴馆阁续录：十卷
清(1644-1911)抄本. -- 存九卷：卷一至卷
八、卷十。
1986年摄制 . -- 1盘卷片(13米272拍)：
1:10，2B；35mm银盐
收藏馆：缩微中心，国图

00O014684
中兴馆阁续录：十卷
清(1644-1911)抄本. -- 存七卷：卷一至卷
七。(清)黄丕烈校。
1992年摄制 . -- 1盘卷片(8米126拍)：1:10,
2B；35mm银盐
收藏馆：缩微中心，国图

00O022230
馆阁漫录：十卷 / (明)张元忭撰
明(1368-1644)不二斋刻本
1995年摄制 . -- 1盘卷片(28米575拍)：
1:10，2B；35mm银盐
收藏馆：缩微中心，国图

00O006434
秘书志：十一卷 / (元)王士点,(元)商企翁撰
清(1644-1911)抄本
1987年摄制 . -- 1盘卷片(14米298拍)：
1:10，2B；35mm银盐
收藏馆：缩微中心，国图

00O012772
秘书志：十一卷 / (元)王士点,(元)商企翁撰
清同治六年(1867)刘履芬抄本. -- (清)刘履
芬跋并录(清)吴骞校跋。
1990年摄制 . -- 1盘卷片(13米297拍)：
1:10，2B；35mm银盐
收藏馆：缩微中心，南京

00O003798
秘书监志：十一卷 / (元)王士点,(元)商企翁撰
清(1644-1911)抄本
1985年摄制. -- 1盘卷片(10.5米216拍)：
1:10, 2B；35mm银盐
收藏馆：缩微中心, 国图

00O025874
秘书监志：十一卷 / (元)王士点,(元)商企翁撰
清(1644-1911)抄本
1996年摄制. -- 1盘卷片(15米286拍)：
1:10, 2B；35mm银盐
收藏馆：缩微中心, 浙江

00O014121
南京詹事府志：二十卷 / (明)邵点纂修
明(1368-1644)刻本. -- 存三卷：卷一至卷
三。
1992年摄制. -- 1盘卷片(4米47拍)：1:10,
2B；35mm银盐
收藏馆：缩微中心, 国图

00O026880
南京五城察院职掌志：二卷 / (明)施沛撰
清(1644-1911)抄本
1996年摄制. -- 1盘卷片(6米84拍)：1:10,
2B；35mm银盐
收藏馆：缩微中心, 南京

00O012940
南京尚宝司志：二十卷 / (明)潘焕宿纂修
明天启三年(1623)刻本
1991年摄制. -- 1盘卷片(17米367拍)：
1:10, 2B；35mm银盐
收藏馆：缩微中心, 南京

00O026631
职原抄：二卷补遗后附一卷 / (日)北岛亲房撰
日本庆长十三年(1608)刻本
1997年摄制. -- 1盘卷片(8米121拍)：1:10,
2B；35mm银盐
收藏馆：缩微中心, 国图

00O001930
作邑自箴：十卷 / (宋)李元弼撰
清(1644-1911)影宋抄本
1986年摄制. -- 1盘卷片(4米66拍)：Ⅰ:10,
2B；35mm银盐
收藏馆：缩微中心, 国图

00O027359
州县提纲：四卷 / (宋)陈襄撰
清道光十五年(1835)叶廷琯抄本. -- (清)叶
廷琯校跋。
1996年摄制. -- 1盘卷片(5米61拍)：1:10,
2B；35mm银盐
收藏馆：缩微中心, 南京

00O003961
官箴：一卷 / (宋)吕本中撰
明成化四年(1468)邢让刻本
1986年摄制. -- 1盘卷片(3米23拍)：1:10,
2B；35mm银盐
收藏馆：缩微中心, 国图

00O014712
昼帘绪论：一卷 / (宋)胡太初撰
明成化七年(1471)何鉴刻本. -- 叶德辉跋。
1992年摄制. -- 1盘卷片(4米41拍)：1:10,
2B；35mm银盐
收藏馆：缩微中心, 国图

00O011150
昼帘绪论：一卷 / (宋)胡太初撰
明成化七年(1471)何鉴刻本
1989年摄制. -- 1盘卷片(4米57拍)：1:10,
2B；35mm银盐
收藏馆：缩微中心, 山东

00O026832
山屋百官箴：六卷 / (宋)许月卿撰
明嘉靖十四年(1535)潘滋刻本
1996年摄制. -- 1盘卷片(7米110拍)：1:10,
2B；35mm银盐
收藏馆：缩微中心, 南京

00O006466
风宪忠告：一卷 / (元)张养浩撰. 御史箴集解：
一卷 / (明)薛瑄撰
明(1368-1644)刻本
1987年摄制. -- 1盘卷片(4米45拍)：1:10,
2B；35mm银盐
收藏馆：缩微中心, 国图

00O021959
国子先生璞山蒋公政训：一卷 / (明)蒋廷璧撰
明(1368-1644)王尚乐金陵书坊刻本
1995年摄制. -- 1盘卷片(4米36拍)：1:10,
2B；35mm银盐
收藏馆：缩微中心, 国图

00O013876
初仕录：一卷 / (明)吴遵撰
明嘉靖(1522-1566)沈子林刻蓝印本
1992年摄制. -- 1盘卷片(3米70拍)：1:10,
2B；35mm银盐

收藏馆：缩微中心，国图

00O017289
牧鉴：十卷 / (明)杨昱撰
明嘉靖三十四年(1555)李仲僎刻本
1993年摄制. -- 1盘卷片(10米173拍) :
1:10, 2B ; 35mm银盐
收藏馆：缩微中心，国图

00O015363
牧鉴：十卷 / (明)杨昱撰
明隆庆六年(1572)康诰刻本
1992年摄制. -- 1盘卷片(10米175拍) :
1:10, 2B ; 35mm银盐
收藏馆：缩微中心，国图

00O018923
言治纪略：一卷；保安太守文登刘公去思录：一卷；保安州士民歌戴刘天录：一卷 / (明)刘必绍撰；(明)陈柱,(明)漯川野史辑
明万历(1573-1620)刻本
1993年摄制. -- 1盘卷片(12米240拍) :
1:10, 2B ; 35mm银盐
收藏馆：缩微中心，山东

00O013031
实政录：九卷 / (明)吕坤撰
明万历二十六年(1598)赵文炳刻本
1991年摄制. -- 2盘卷片(32米613拍) :
1:10, 2B ; 35mm银盐
收藏馆：缩微中心，国图

00O000895
治谱：十卷续集一卷 / (明)余自强撰
明崇祯(1628-1644)刻本
1985年摄制. -- 1盘卷片(16.6米359拍) :
1:10, 2B ; 35mm银盐
收藏馆：缩微中心，国图

00O013153
治谱：十卷 / (明)余自强撰
明崇祯十二年(1639)呈祥馆刻本
1991年摄制. -- 1盘卷片(13.3米282拍) :
1:10, 2B ; 35mm银盐
收藏馆：缩微中心，辽宁

00O012885
牧津：四十四卷 / (明)祁承爜辑
明天启四年(1624)刻本
1991年摄制. -- 2盘卷片(65米1376拍) :
1:10, 2B ; 35mm银盐
收藏馆：缩微中心，湖北

00O019598
新刻精纂详注仕途悬镜：八卷 / (明)王世茂撰
明天启(1621-1627)刻本
1994年摄制. -- 1盘卷片(18米327拍) :
1:10, 2B ; 35mm银盐
收藏馆：缩微中心，国图

00O022438
风宪事宜：一卷
明万历四十年(1612)许口刻本
1995年摄制. -- 1盘卷片(7米104拍) : 1:10,
2B ; 35mm银盐
收藏馆：缩微中心，国图

00O017145
御制人臣敬心录：一卷 / (清)世祖福临撰
清顺治十二年(1655)内府刻本
1993年摄制. -- 1盘卷片(4.1米60拍) :
1:10, 2B ; 35mm银盐
收藏馆：缩微中心，辽宁

00O027035
治安文献：十卷 / (清)陆寿名,(清)韩讷辑
清康熙(1662-1722)刻本
1997年摄制. -- 2盘卷片(42米867拍) :
1:10, 2B ; 35mm银盐
收藏馆：缩微中心，国图

00O027042
匡时良言：一卷 / (清)许三礼撰 . 海昌讲学集注：一卷 / (清)许汝龙[等]辑 . 邑侯许公保障教养实政录：一卷
清康熙(1662-1722)刻本
1997年摄制. -- 1盘卷片(6米78拍) : 1:10,
2B ; 35mm银盐
收藏馆：缩微中心，国图

00O026801
莅政摘要：二卷 / (清)陆陇其辑
清(1644-1911)稿本. -- (清)潘世恩、(清)张廷济、(清)陆震跋.
1996年摄制. -- 1盘卷片(6米104拍) : 1:10,
2B ; 35mm银盐
收藏馆：缩微中心，南京

00O027046
守宁行知录：二十八卷 / (清)张星耀撰
清康熙(1662-1722)刻本
1997年摄制. -- 2盘卷片(37米727拍) :
1:10, 2B ; 35mm银盐
收藏馆：缩微中心，国图

00O012649
钦定训饬州县具规条：一卷 / (清)田文镜,(清)李卫编
清雍正八年(1730)内府刻本
1990年摄制. -- 1盘卷片(4.1米62拍)：
1:10, 2B；35mm银盐
收藏馆：缩微中心，辽宁

00O012146
开州政迹：八卷 / (明)李呈祥辑
明嘉靖十六年(1537)李嵩祥刻本
1990年摄制. -- 1盘卷片(9米200拍)：1:10,
2B；35mm银盐
收藏馆：缩微中心，南京

00O005448
考成录略：□□卷 / (明)朱国寿撰
明崇祯(1628-1644)刻本. -- 存五卷：清、慎、明、勤、仁。
1986年摄制. -- 1盘卷片(16米345拍)：
1:10, 2B；35mm银盐
收藏馆：缩微中心，国图

00O012205
德政实录：一卷
明(1368-1644)刻本
1990年摄制. -- 1盘卷片(3米55拍)：1:10,
2B；35mm银盐
收藏馆：缩微中心，南京

00O015391
下车异绩录：一卷
明崇祯(1628-1644)刻本
1992年摄制. -- 1盘卷片(5米55拍)：1:10,
2B；35mm银盐
收藏馆：缩微中心，国图

00O005174
治稿记略：一卷 / (明)张国士[等]撰
明崇祯十五年(1642)康国相刻蓝印本
1986年摄制. -- 1盘卷片(3.2米39拍)：
1:10, 2B；35mm银盐
收藏馆：缩微中心，国图

00O025544
访册：不分卷
清顺治(1644-1661)抄本. -- 存：山西。
1996年摄制. -- 1盘卷片(6米77拍)：1:10,
2B；35mm银盐
收藏馆：缩微中心，国图

00O019005
王公隲治绩纪略：一卷 / (清)樊泽达[等]撰

清康熙(1662-1722)刻本. -- 内容为颂扬王鹗所谓德政。书名据徐仰廉小引题。
1994年摄制. -- 1盘卷片(6米86拍)：1:10,
2B；35mm银盐
收藏馆：缩微中心，天津

00O025173
粤闽巡视纪略：五卷附纪澎湖台湾一卷 / (清)杜臻撰
清康熙(1662-1722)杜氏经纬堂刻本
1996年摄制. -- 1盘卷片(20米402拍)：
1:10, 2B；35mm银盐
收藏馆：缩微中心，国图

00O003351
粤闽巡视纪略：五卷附纪彭湖台湾一卷 / (清)杜臻撰
清康熙(1662-1722)杜氏经纬堂刻本
1986年摄制. -- 1盘卷片(19米420拍)：
1:10, 2B；35mm银盐
收藏馆：缩微中心，国图

00O025177
粤闽巡视纪略：五卷附纪彭湖台湾一卷 / (清)杜臻撰
清康熙(1662-1722)杜氏经纬堂刻本. -- 存四卷：粤上、闽上、下，附。
1996年摄制. -- 1盘卷片(15米281拍)：
1:10, 2B；35mm银盐
收藏馆：缩微中心，国图

00O027082
备员条略：一卷 / (清)郭琇撰
清康熙(1662-1722)刻本
1997年摄制. -- 1盘卷片(3米23拍)：1:10,
2B；35mm银盐
收藏馆：缩微中心，国图

00O001146
珠官初政录：二卷；谳书录：一卷 / (清)杨昶撰
清康熙二十三年(1684)杨昶刻本
1985年摄制. -- 1盘卷片(7米123拍)：1:10,
2B；35mm银盐
收藏馆：缩微中心，国图

00O012652
苴蒙平政录：不分卷 / (清)陈朝君撰
清康熙二十八年(1689)刻本
1990年摄制. -- 1盘卷片(15.3米329拍)：
1:10, 2B；35mm银盐
收藏馆：缩微中心，辽宁

00O013945

肥乡政略：四卷 / (清)范大士撰
清康熙四十年(1701)王谦刻本
1991年摄制. -- 1盘卷片(6米89拍) ： 1:10,
2B ；35mm银盐
收藏馆：缩微中心，国图

00O027568

宰桃谱：一卷 / (清)王之臣撰
清雍正(1723-1735)刻本
1997年摄制. -- 1盘卷片(4米35拍) ： 1:10,
2B ；35mm银盐
收藏馆：缩微中心，国图

00O006981

东莱纪略：二卷 / (清)严有禧撰
清乾隆(1736-1795)刻本
1987年摄制. -- 1盘卷片(4米54拍) ： 1:10,
2B ；35mm银盐
收藏馆：缩微中心，国图

00O016414

庄浪政略：四卷 / (清)邵陆撰
清(1644-1911)徐氏烟屿楼抄本
1993年摄制. -- 1盘卷片(6米79拍) ： 1:10,
2B ；35mm银盐
收藏馆：缩微中心，国图

00O024123

钱谷视成：二卷 / (清)谢鸣篁撰
清(1644-1911)抄本
1996年摄制. -- 1盘卷片(6米110拍) ： 1:10,
2B ；35mm银盐
收藏馆：缩微中心，湖北

00O003992

道光岁入风出简明总册：不分卷
清(1644-1911)抄本
1985年摄制. -- 1盘卷片(25米549拍) ：
1:10, 2B ；35mm银盐
收藏馆：缩微中心，国图

00O004328

同治十一年户部现办各案节要：不分卷
清(1644-1911)抄本. -- (清)潘祖荫跋。
1986年摄制. -- 1盘卷片(3.6米47拍) ：
1:10, 2B ；35mm银盐
收藏馆：缩微中心，国图

00O004331

户部汇题光绪十三年各直省民数谷数清册：不
分卷
清(1644-1911)抄本

1986年摄制. -- 1盘卷片(3.2米39拍) ：
1:10, 2B ；35mm银盐
收藏馆：缩微中心，国图

00O004209

户部汇题光绪二十一年各直省民数谷数清册：
不分卷
清(1644-1911)抄本
1985年摄制. -- 1盘卷片(3.2米37拍) ：
1:10, 2B ；35mm银盐
收藏馆：缩微中心，国图

00O006629

万历会计录：四十三卷 / (明)张学颜[等]撰
明万历九年(1581)刻本. -- 存四十二卷：卷
一至卷五、卷七至卷四十三。
1987年摄制. -- 5盘卷片(134米2981拍) ：
1:10, 2B ；35mm银盐
收藏馆：缩微中心，国图

00O019557

两院发刻司道酌议钱粮征解事宜：一卷
明万历四十四年(1616)刻本
1994年摄制. -- 1盘卷片(4米47拍) ： 1:10,
2B ；35mm银盐
收藏馆：缩微中心，国图

00O005294

北关自雍正十一年四月至雍正十二年三月一年
收过税料等项钱量数目文册：不分卷 / (清)隆升
[等]撰
清雍正(1723-1735)抄本
1986年摄制. -- 1盘卷片(6米84拍) ： 1:10,
2B ；35mm银盐
收藏馆：缩微中心，国图

00O022263

天津烂豆文册：不分卷
明(1368-1644)抄本
1995年摄制. -- 1盘卷片(5米61拍) ： 1:10,
2B ；35mm银盐
收藏馆：缩微中心，国图

00O012174

苏松浮量考：不分卷
清雍正(1723-1735)刻本
1990年摄制. -- 1盘卷片(6米119拍) ： 1:10,
2B ；35mm银盐
收藏馆：缩微中心，南京

00O012161

蒋辛田先生流民十二图：一卷奏疏一卷 / (清)蒋
伊撰．苏松财赋图：一卷 / (清)周怀西撰．苏松

田赋考：三卷 / (清)邵广宪撰
清道光十四年(1834)彭蕴粲耕砚斋刻本
1990年摄制. -- 1盘卷片(14米325拍) ：
1:10，2B ；35mm银盐
收藏馆：缩微中心，南京

000025025
休宁县赋役官解条议全书：不分卷 / (明)叶茂桂
辑
明天启(1621-1627)刻本
1996年摄制. -- 1盘卷片(6米96拍) ：1:10，
2B ；35mm银盐
收藏馆：缩微中心，安徽

000013123
河南议处录量稿：一卷
明(1368-1644)抄本
1991年摄制. -- 1盘卷片(2.6米27拍) ：
1:10，2B ；35mm银盐
收藏馆：缩微中心，辽宁

000028790
清嘉庆至光绪黔阳县征收地丁执照：不分卷
清嘉庆至光绪(1796-1908)稿本
1998年摄制. -- 1盘卷片(6米106拍) ：1:10，
2B ；35mm银盐
收藏馆：缩微中心，湖南

000005440
浙海钞关征收税银则例：一卷
清初(1644-1722)刻本
1986年摄制. -- 1盘卷片(4米51拍) ：1:10，
2B ；35mm银盐
收藏馆：缩微中心，国图

000019161
北新关商税则例：不分卷
清雍正(1723-1735)刻递修本
1994年摄制. -- 1盘卷片(5米67拍) ：1:10，
2B ；35mm银盐
收藏馆：缩微中心，国图

000019127
闽海关常税则例：二卷
清(1644-1911)爱莲书屋抄本
1994年摄制. -- 1盘卷片(11米190拍) ：
1:10, 2B ；35mm银盐
收藏馆：缩微中心，国图

000021080
崇文门商税则例现行比例增减新例：一卷
清(1644-1911)刻本
1994年摄制. -- 1盘卷片(7米121拍) ：1:10,
2B ；35mm银盐
收藏馆：缩微中心，国图

000025557
永平府赋役全书：七卷
清顺治(1644-1661)刻本
1996年摄制. -- 1盘卷片(25米502拍) ：
1:10，2B ；35mm银盐
收藏馆：缩微中心，国图

000025554
直隶顺德府赋役全书：十卷
清顺治(1644-1661)刻本
1996年摄制. -- 1盘卷片(20米365拍) ：
1:10，2B ；35mm银盐
收藏馆：缩微中心，国图

000012991
江南简明赋役全书：□□卷
清顺治(1644-1661)抄本. -- 存三十四卷。
1991年摄制. -- 1盘卷片(12米189拍) ：
1:10，2B ；35mm银盐
收藏馆：缩微中心，国图

000013361
两浙裁减全书：不分卷
清顺治(1644-1661)刻本
1991年摄制. -- 1盘卷片(12米222拍) ：
1:10，2B ；35mm银盐
收藏馆：缩微中心，国图

000001416
河南赋役总会文册：十卷
明嘉靖(1522-1566)刻本. -- 存一卷：卷一。
1985年摄制. -- 1盘卷片(10米196拍) ：
1:10，2B ；35mm银盐
收藏馆：缩微中心，国图

000025302
河南省赋役全书：□□卷
清顺治(1644-1661)刻本. -- 存一卷：灵宝县
一卷。
1996年摄制. -- 1盘卷片(5米66拍) ：1:10,
2B ；35mm银盐
收藏馆：缩微中心，国图

000025555
河南布政司赋役全书：一卷
清顺治(1644-1661)刻本
1996年摄制. -- 1盘卷片(7米120拍) ：1:10,
2B ；35mm银盐
收藏馆：缩微中心，国图

00〇030989
云南民粮赋役全书：七十七卷
清康熙十年(1671)抄本
2004年摄制. -- 3盘卷片(80米1727拍)：
1:10, 2B ; 35mm银盐
收藏馆：缩微中心，国图

00〇030990
云南民屯赋役全书：七十七卷
清康熙三十四年(1695)抄本
2004年摄制. -- 5盘卷片(141米3057拍)：
1:10, 2B ; 35mm银盐
收藏馆：缩微中心，国图

00〇030829
云南民屯赋役全书：九十二卷
清乾隆十二年(1747)刻本
2003年摄制. -- 5盘卷片(155米3347拍)：
1:10, 2B ; 35mm银盐
收藏馆：缩微中心，国图

00〇000891
熬波图：二卷 / (元)陈椿撰
清(1644-1911)抄本
1985年摄制. -- 1盘卷片(7米116拍)：1:10,
2B ; 35mm银盐
收藏馆：缩微中心，国图

00〇006926
熬波图说：二卷 / (元)陈椿撰
清(1644-1911)抄本
1986年摄制. -- 1盘卷片(7米114拍)：1:10,
2B ; 35mm银盐
收藏馆：缩微中心，国图

00〇002330
熬波图：二卷 / (元)陈椿撰
清(1644-1911)朱绪曾抄本. -- (清)刘喜海
跋。
1986年摄制. -- 1盘卷片(7米117拍)：1:10,
2B ; 35mm银盐
收藏馆：缩微中心，国图

00〇012978
盐政志：十卷 / (明)朱廷立[等]撰
明嘉靖(1522-1566)刻本. -- 撰者还有：(明)
史绅。
1991年摄制. -- 1盘卷片(16米304拍)：
1:10, 2B ; 35mm银盐
收藏馆：缩微中心，国图

00〇010741
盐政志：十卷 / (明)朱廷立撰
明嘉靖八年(1529)刻嘉靖二十八年(1549)增刻
本
1989年摄制. -- 1盘卷片(16米331拍)：
1:10, 2B ; 35mm银盐
收藏馆：缩微中心，天津

00〇003745
古今鹾略：九卷补九卷 / (明)汪砢玉撰
清(1644-1911)抄本
1985年摄制. -- 1盘卷片(18.7米411拍)：
1:10, 2B ; 35mm银盐
收藏馆：缩微中心，国图

00〇027260
盐法考：□□卷
清(1644-1911)抄本. -- 存十卷：卷十一至卷
二十。
1997年摄制. -- 1盘卷片(31米635拍)：
1:10, 2B ; 35mm银盐
收藏馆：缩微中心，国图

00〇012265
盐法议略：一卷 / (清)王守基撰
清同治十二年(1873)刻本. -- (清)翁同龢
批。
1990年摄制. -- 1盘卷片(4米80拍)：1:10,
2B ; 35mm银盐
收藏馆：缩微中心，南京

00〇012762
新鹾备要：十卷
清(1644-1911)芋香山馆抄本
1990年摄制. -- 2盘卷片(31米737拍)：
1:10, 2B ; 35mm银盐
收藏馆：缩微中心，南京

00〇031717
新修长芦盐法志：十六卷 / (清)莽鹄立[等]纂修
清雍正(1723-1735)刻本. -- 个别地方有虫
蛀。纂修者还有：(清)鲁之裕。
2005年摄制. -- 2盘卷片(38米785拍)：
1:10, 2B ; 35mm银盐
收藏馆：缩微中心，国图

00〇026622
新修长芦盐法志：十六卷 / (清)莽鹄立[等]纂修
清雍正(1723-1735)刻本. -- 纂修者还有：
(清)鲁之裕。
1997年摄制. -- 2盘卷片(36米610拍)：
1:10, 2B ; 35mm银盐
收藏馆：缩微中心，国图

00O031720
新修长芦盐法志：十六卷 / (清)莽鹄立[等]纂修
清雍正(1723-1735)刻本. -- 纂修者还有：
(清)鲁之裕。
2005年摄制. -- 2盘卷片(38米785拍)：
1:10, 2B ; 35mm银盐
收藏馆：缩微中心，国图

00O013062
长芦盐法志：二十卷援证十一卷 / (清)黄掌纶[等]纂修
清嘉庆(1796-1820)抄本
1991年摄制. -- 3盘卷片(59米1126拍)：
1:10, 2B ; 35mm银盐
收藏馆：缩微中心，国图

00O000612
两浙订正鹾规：四卷 / (明)杨鹤撰；(明)胡继升[等]辑
明万历(1573-1620)刻天启三年(1623)重修本. -- 辑者还有：(明)傅宗龙。
1985年摄制. -- 1盘卷片(23.3米515拍)：
1:10, 2B ; 35mm银盐
收藏馆：缩微中心，国图

00O026620
敕修两浙盐法志：十六卷首一卷 / (清)李卫纂修
清雍正(1723-1735)刻本
1997年摄制. -- 2盘卷片(51米1080拍)：
1:10, 2B ; 35mm银盐
收藏馆：缩微中心，国图

00O013032
两淮盐法志：十二卷 / (明)史起蛰(明)张榘撰
明嘉靖三十年(1551)刻本. -- 存九卷：卷一至卷六、卷十至卷十二。
1991年摄制. -- 1盘卷片(17米333拍)：
1:10, 2B ; 35mm银盐
收藏馆：缩微中心，国图

00O022257
两淮盐法志：十二卷 / (明)史起蛰,(明)张榘撰
明嘉靖(1522-1566)刻本. -- 存九卷：卷四至卷十二。
1995年摄制. -- 1盘卷片(14米249拍)：
1:10, 2B ; 35mm银盐
收藏馆：缩微中心，国图

00O013001
淮鹾分类新编：六卷 / (清)陆费垓撰
稿本
1991年摄制. -- 1盘卷片(17米333拍)：
1:10, 2B ; 35mm银盐

收藏馆：缩微中心，国图

00O026626
淮南中十场志：十卷 / (清)汪兆璋,(清)杨大经纂修
清康熙十二年(1673)汪兆璋刻本
1997年摄制. -- 1盘卷片(26米546拍)：
1:10, 2B ; 35mm银盐
收藏馆：缩微中心，国图

00O013087
福建鹾政全书：二卷 / (明)周昌晋撰
明天启七年(1627)活字印本
1991年摄制. -- 1盘卷片(15米290拍)：
1:10, 2B ; 35mm银盐
收藏馆：缩微中心，国图

00O028536
江西盐饷禀稿：一卷 / (清)沈葆祯,(清)耆龄撰
清(1644-1911)抄本
1996年摄制. -- 1盘卷片(4.5米47拍)：
1:10, 2B ; 35mm银盐
收藏馆：缩微中心，南京

00O019747
山东盐法志：四卷 / (明)詹仰庇,(明)查志隆纂修
明万历(1573-1620)刻本. -- 存一卷：卷一。
1994年摄制. -- 1盘卷片(5米57拍)：1:10,
2B ; 35mm银盐
收藏馆：缩微中心，国图

00O031714
山东盐法志：十四卷 / (清)莽鹄立[等]纂修
清雍正(1723-1735)刻本. -- 纂修者还有：
(清)常岩立。
2005年摄制. -- 1盘卷片(30米630拍)：
1:10, 2B ; 35mm银盐
收藏馆：缩微中心，国图

00O031715
山东盐法志：十四卷 / (清)莽鹄立[等]纂修
清雍正(1723-1735)刻本. -- 纂修者还有：
(清)常岩立。
2005年摄制. -- 1盘卷片(30米630拍)：
1:10, 2B ; 35mm银盐
收藏馆：缩微中心，国图

00O031716
山东盐法志：十四卷 / (清)莽鹄立[等]纂修
清雍正(1723-1735)刻本. -- 纂修者还有：
(清)常岩立。
2005年摄制. -- 1盘卷片(30米630拍)：
1:10, 2B ; 35mm银盐

收藏馆：缩微中心，国图

000010784
山东盐法续增备考：六卷
清(1644-1911)抄本. -- 卷五下最后一部分序
号为第四十二至四十八页，卷五下第三十页夹
条。
1989年摄制. -- 1盘卷片(23米507拍)：
1:10，2B；35mm银盐
收藏馆：缩微中心，天津

000012972
丝绢全书：八卷 / (明)程任卿辑
明万历(1573-1620)刻本
1991年摄制. -- 1盘卷片(17米329拍)：
1:10，2B；35mm银盐
收藏馆：缩微中心，国图

000017531
丝绢全书：八卷 / (明)程任卿撰
明万历(1573-1620)刻本. -- 存二卷：卷一至
卷二。
1993年摄制. -- 1盘卷片(6米96拍)：1:10，
2B；35mm银盐
收藏馆：缩微中心，国图

000000158
山海钞关则例：不分卷
清(1644-1911)抄本
1985年摄制. -- 1盘卷片(7米111拍)：1:10，
2B；35mm银盐
收藏馆：缩微中心，国图

000019117
淮关统志：十四卷 / (清)伊龄阿,(清)吴霖纂修
清乾隆四十三年(1778)淮关刻本
1994年摄制. -- 1盘卷片(25米495拍)：
1:10，2B；35mm银盐
收藏馆：缩微中心，国图

000029927
续纂淮关统志：十四卷首一卷 / (清)伊龄阿纂修；
(清)李如枚,(清)元成续纂
清嘉庆十一年(1806)刻光绪七年(1881)递修
本. -- 记事止：清嘉庆二十一年(1816)。
2001年摄制. -- 1盘卷片(31米655拍)：
1:10，2B；35mm银盐
收藏馆：缩微中心，南京

000029926
续纂淮关统志：十四卷首一卷 / (清)伊龄阿纂修；
(清)李如枚,(清)元成续纂
清嘉庆十一年(1806)刻光绪二十一年(1895)增

刻本. -- 记事止：清光绪二十一年(1895)。
2001年摄制. -- 1盘卷片(32米650拍)：
1:10，2B；35mm银盐
收藏馆：缩微中心，南京

000013013
两浙南关榷事书：不分卷 / (明)杨时乔撰
明隆庆元年(1567)杨时乔刻本
1991年摄制. -- 1盘卷片(7米114拍)：1:10，
2B；35mm银盐
收藏馆：缩微中心，国图

000007625
北新关志：十六卷 / (明)王宫臻纂修
明崇祯九年(1636)刻本. -- 记事止：明崇祯
七年(1634)。
1988年摄制. -- 1盘卷片(15米359拍)：
1:10，2B；35mm银盐
收藏馆：缩微中心，南京

000005439
榷政纪略：四卷奏疏一卷；苴政八箴：一卷
明崇祯(1628-1644)刻本
1986年摄制. -- 1盘卷片(4米61拍)：1:10，
2B；35mm银盐
收藏馆：缩微中心，国图

000026628
粤海关志：三十卷 / (清)豫堃,(清)梁廷枏纂修
清道光(1821-1850)刻本
1997年摄制. -- 2盘卷片(55米1087拍)：
1:10，2B；35mm银盐
收藏馆：缩微中心，国图

000026891
大元海运记：二卷 / (元)赵世延,(元)揭傒斯纂修；
(清)胡敬辑
清咸丰(1851-1861)罗氏恬养斋抄本. -- (清)
罗以智校并跋，(清)丁丙跋。
1996年摄制. -- 1盘卷片(5米81拍)：1:10，
2B；35mm银盐
收藏馆：缩微中心，南京

000003679
大元海运记：二卷 / (元)赵世延,(元)揭傒斯纂修；
(清)胡敬辑
清(1644-1911)抄本. -- (清)罗以智跋。
1985年摄制. -- 1盘卷片(5米87拍)：1:10，
2B；35mm银盐
收藏馆：缩微中心，国图

000021574
大元海运记：二卷 / (元)赵世延,(元)揭傒斯纂修；

(清)胡敬辑
清末(1851-1911)瞿氏铁琴铜剑楼抄本
1995年摄制. -- 1盘卷片(6米73拍) ： 1:10,
2B ；35mm银盐
收藏馆：缩微中心，国图

000O008586
漕运通志：十卷 / (明)谢纯撰
明嘉靖七年(1528)杨宏刻本
1988年摄制. -- 1盘卷片(20米452拍) ：
1:10, 2B ；35mm银盐
收藏馆：缩微中心，国图

000O012666
海运新考：三卷 / (明)梁梦龙撰
明万历七年(1579)刻本
1990年摄制. -- 1盘卷片(8.6米172拍) ：
1:10, 2B ；35mm银盐
收藏馆：缩微中心，辽宁

000O013033
海运纪事：不分卷
明(1368-1644)刻本
1991年摄制. -- 2盘卷片(39米754拍) ：
1:10, 2B ；35mm银盐
收藏馆：缩微中心，国图

000O017587
漕运议单：十五卷
清(1644-1911)抄本
1993年摄制. -- 1盘卷片(28米554拍) ：
1:10, 2B ；35mm银盐
收藏馆：缩微中心，国图

000O008541
漕运全书：三十九卷
清(1644-1911)抄本
1988年摄制. -- 4盘卷片(97米2089拍) ：
1:10, 2B ；35mm银盐
收藏馆：缩微中心，国图

000O013118
续修漕运全书：三十卷 / (清)阮元辑
清(1644-1911)抄本. -- 存二十八卷：卷一、
卷三至卷二十九。
1991年摄制. -- 4盘卷片(103.3米2356拍) ：
1:10, 2B ；35mm银盐
收藏馆：缩微中心，辽宁

000O001259
河漕备考：四卷；历代黄河指掌图说：一卷 /
(清)朱铉撰
清(1644-1911)抄本

1985年摄制. -- 1盘卷片(12.6米263拍) ：
1:10, 2B ；35mm银盐
收藏馆：缩微中心，国图

000O013090
夏镇漕渠志略：二卷前集一卷 / (清)狄敬纂修
清顺治(1644-1661)刻康熙(1662-1722)增修本
1991年摄制. -- 1盘卷片(13米229拍) ：
1:10, 2B ；35mm银盐
收藏馆：缩微中心，国图

000O012945
大明通宝义：一卷 / (明)罗汝芳撰
明万历二十四年(1596)董裕刻本. -- (清)张
燕昌、(清)丁丙跋。
1991年摄制. -- 1盘卷片(5米40拍) ： 1:10,
2B ；35mm银盐
收藏馆：缩微中心，南京

000O013070
宝泉新牍：二卷 / (明)陈于廷辑
明天启四年(1624)刻本
1991年摄制. -- 1盘卷片(7米106拍) ： 1:10,
2B ；35mm银盐
收藏馆：缩微中心，国图

000O027566
历代钱法备考：八卷 / (清)沈学诗撰
清(1644-1911)抄本
1997年摄制. -- 1盘卷片(9米140拍) ： 1:10,
2B ；35mm银盐
收藏馆：缩微中心，国图

000O003796
大钱杂钞：不分卷
清(1644-1911)抄本
1985年摄制. -- 1盘卷片(4米61拍) ： 1:10,
2B ；35mm银盐
收藏馆：缩微中心，国图

000O013778
钞币论：一卷 / (清)许楣撰
清道光二十六年(1846)许氏古均阁刻本
1991年摄制. -- 1盘卷片(4米44拍) ： 1:10,
2B ；35mm银盐
收藏馆：缩微中心，国图

000O015010
钞币论：一卷 / (清)许楣撰
清道光二十六年(1846)许氏古均阁刻本
1992年摄制. -- 1盘卷片(4米44拍) ： 1:10,
2B ；35mm银盐
收藏馆：缩微中心，国图

000O012700
钦定户部鼓铸则例：十卷 / (清)傅恒[等]纂
清乾隆三十一年(1766)武英殿刻本
1990年摄制. -- 1盘卷片(21.9米485拍) :
1:10, 2B ; 35mm银盐
收藏馆：缩微中心，辽宁

000O025346
权衡度量实验考：一卷 / (清)吴大澂撰
清光绪二十年(1894)长沙节署刻本
1996年摄制. -- 1盘卷片(6米81拍) : 1:10,
2B ; 35mm银盐
收藏馆：缩微中心，国图

000O011681
荒政丛书：六种六卷 / (清)俞森辑
清康熙二十九年(1690)刻本. -- (清)陈芳生
等校。
1990年摄制. -- 1盘卷片(15米324拍) :
1:10, 2B ; 35mm银盐
收藏馆：缩微中心，天津

000O012165
重刊救荒活民补遗书：二卷 / (宋)董煟撰；(元)
张光大增；(明)朱熊补遗
明万历四十年(1612)陕西布政司刻本
1990年摄制. -- 1盘卷片(11米254拍) :
1:10, 2B ; 35mm银盐
收藏馆：缩微中心，南京

000O012989
救荒活民类要：三卷 / (元)张光大撰
元(1271-1368)刻本. -- 存一卷：卷中。
1991年摄制. -- 1盘卷片(3米12拍) : 1:10,
2B ; 35mm银盐
收藏馆：缩微中心，国图

000O005102
救荒活民类要：不分卷 / (元)张光大撰
明(1368-1644)刻本
1986年摄制. -- 1盘卷片(10米183拍) :
1:10, 2B ; 35mm银盐
收藏馆：缩微中心，国图

000O012970
太仓考：十卷 / (明)刘斯洁撰
明万历八年(1580)王大用张珩[等]刻本
1991年摄制. -- 1盘卷片(18米327拍) :
1:10, 2B ; 35mm银盐
收藏馆：缩微中心，国图

000O012993
笛渎蒬议：一卷 / (明)毕自严撰

明万历(1573-1620)清福堂刻本
1991年摄制. -- 1盘卷片(3米16拍) : 1:10,
2B ; 35mm银盐
收藏馆：缩微中心，国图

000O018180
救荒成法：一卷 / (明)王象晋辑
明万历(1573-1620)刻本
1993年摄制. -- 1盘卷片(3米36拍) : 1:10,
2B ; 35mm银盐
收藏馆：缩微中心，山东

000O009410
康济谱：二十三卷 / (明)潘游龙撰；(明)郭绍仪
裁定
明崇祯(1628-1644)刻本. -- 版框高二十一
厘米宽十四厘米。存二十二卷：卷二至卷
二十三。
1988年摄制. -- 2盘卷片(36米745拍) :
1:10, 2B ; 35mm银盐
收藏馆：缩微中心，广东

000O012786
康济谱：二十五卷 / (明)潘游龙撰；(明)金俊明
评
明崇祯十三年(1640)王期升刻本
1990年摄制. -- 2盘卷片(55米1293拍) :
1:10, 2B ; 35mm银盐
收藏馆：缩微中心，南京

000O021126
康济谱：二十五卷 / (明)潘游龙撰；(明)金俊明
评
明崇祯(1628-1644)刻本
1994年摄制. -- 2盘卷片(60米1198拍) :
1:10, 2B ; 35mm银盐
收藏馆：缩微中心，国图

000O023664
先忧丛抄：不分卷 / (清)陈芳生辑
清初(1644-1722)刻本
1996年摄制. -- 1盘卷片(27米546拍) :
1:10, 2B ; 35mm银盐
收藏馆：缩微中心，浙江

000O020888
荒政琐言：一卷 / (清)万维翰撰
清乾隆十七年(1752)芸晖堂刻本
1994年摄制. -- 1盘卷片(5米46拍) : 1:10,
2B ; 35mm银盐
收藏馆：缩微中心，国图

00O012880
钦定辛酉工账纪事：三十八卷首二卷 / (清)庆桂[等]撰
清嘉庆七年(1802)武英殿刻本
1990年摄制. -- 2盘卷片(46.2米1027拍) : 1:10, 2B ; 35mm银盐
收藏馆：缩微中心，辽宁

00O014747
嘉靖二十四年江西湖口县灾民求赈档册
明(1368-1644)稿本
1992年摄制. -- 1盘卷片(3米24拍) : 1:10, 2B ; 35mm银盐
收藏馆：缩微中心，国图

00O027440
滇南矿厂图略：二卷 / (清)吴其浚撰；(清)徐金生绘辑
清道光(1821-1850)云南刻本
1996年摄制. -- 1盘卷片(12米220拍) : 1:10, 2B ; 35mm银盐
收藏馆：缩微中心，南京

00O013084
天津卫屯垦条款：不分卷
明天启(1621-1627)刻本
1991年摄制. -- 1盘卷片(3米18拍) : 1:10, 2B ; 35mm银盐
收藏馆：缩微中心，国图

00O028023
柔远全书：八种十六卷 / (清)袁遂辑
清(1644-1911)抄本. -- 存七种十卷。(清)袁昶批校，(清)钟镛跋。
1996年摄制. -- 1盘卷片(27.1米572拍) : 1:10, 2B ; 35mm银盐
收藏馆：缩微中心，福建

00O012170
柔远全书：八种十六卷 / (清)袁遂辑
清(1644-1911)抄本. -- 存五种十卷。
1990年摄制. -- 1盘卷片(26米528拍) : 1:10, 2B ; 35mm银盐
收藏馆：缩微中心，南京

00O007726
筹办夷务始末：初编八十卷二编八十卷三编一百卷 / (清)文庆[等]撰
清(1644-1911)抄本
1987年摄制. -- 23盘卷片(689米14338拍) : 1:10, 2B ; 35mm银盐
收藏馆：缩微中心，湖南

00O027996
筹洋三策：一卷 / (清)金安清撰
清(1644-1911)傅氏长恩阁抄本
1996年摄制. -- 1盘卷片(2.7米26拍) : 1:10, 2B ; 35mm银盐
收藏馆：缩微中心，福建

00O012214
使朝鲜录：二卷 / (明)龚用卿撰
明嘉靖十六年(1537)刻本. -- (清)丁丙跋。
1990年摄制. -- 1盘卷片(7米165拍) : 1:10, 2B ; 35mm银盐
收藏馆：缩微中心，南京

00O012169
议处安南事宜：一卷
明(1368-1644)抄本
1990年摄制. -- 1盘卷片(3米37拍) : 1:10, 2B ; 35mm银盐
收藏馆：缩微中心，南京

00O012661
使交纪事：一卷 / (清)邬黑[等]撰. 安南世系略：一卷；使交吟：一卷 / (清)周灿撰
清康熙(1662-1722)刻本. -- 还有合刻著作：南交好音一卷/(清)周灿辑。
1990年摄制. -- 1盘卷片(8.3米190拍) : 1:10, 2B ; 35mm银盐
收藏馆：缩微中心，辽宁

00O028272
朝鲜纪事：一卷 / (明)倪谦撰
明(1368-1644)抄本
1997年摄制. -- 1盘卷片(3米28拍) : 1:10, 2B ; 35mm银盐
收藏馆：缩微中心，辽宁

00O025245
善邻国宝记：三卷 / (日)周凤撰
日本刻本
1996年摄制. -- 1盘卷片(7米105拍) : 1:10, 2B ; 35mm银盐
收藏馆：缩微中心，国图

00O024520
历代兵制：八卷 / (宋)陈傅良撰
明(1368-1644)怡颜堂抄本
1996年摄制. -- 1盘卷片(6米91拍) : 1:10, 2B ; 35mm银盐
收藏馆：缩微中心，浙江

00O005360
唐折冲府考：四卷 / (清)劳经原撰；(清)劳格补

清道光二十一年(1841)劳氏丹铅精舍刻本
1986年摄制. -- 1盘卷片(10米199拍) :
1:10, 2B ; 35mm银盐
收藏馆: 缩微中心, 国图

000O019032
军政备例 / (明)赵堂撰
明(1368-1644)抄本
1994年摄制. -- 2盘卷片(52米1113拍) :
1:10, 2B ; 35mm银盐
收藏馆: 缩微中心, 天津

000O013213
军政条例类考: 六卷 / (明)霍□辑
明嘉靖三十一年(1552)刻本
1991年摄制. -- 1盘卷片(16米302拍) :
1:10, 2B ; 35mm银盐
收藏馆: 缩微中心, 国图

000O007292
军政事宜: 一卷 / (明)庞尚鹏撰
明万历五年(1577)庞尚鹏刻本
1987年摄制. -- 1盘卷片(4米48拍) : 1:10,
2B ; 35mm银盐
收藏馆: 缩微中心, 国图

000O028295
守城事宜: 一卷 / (明)安国贤辑
清(1644-1911)抄本
1996年摄制. -- 1盘卷片(3.4米43拍) :
1:10, 2B ; 35mm银盐
收藏馆: 缩微中心, 福建

000O002223
御倭军事条款: 一卷
明嘉靖(1522-1566)刻蓝印本. -- 罗振常跋。
1986年摄制. -- 1盘卷片(3米35拍) : 1:10,
2B ; 35mm银盐
收藏馆: 缩微中心, 国图

000O013064
岭西水陆兵纪: 二卷; 拙政编: 一卷 / (明)盛万年撰
清雍正(1723-1735)宝纶堂刻本
1991年摄制. -- 1盘卷片(6米85拍) : 1:10,
2B ; 35mm银盐
收藏馆: 缩微中心, 国图

000O020314
楚边条约: 一卷楚边饷一卷 / (明)吴国仕撰
明万历四十五年(1617)吴国仕刻本
1994年摄制. -- 1盘卷片(12米221拍) :
1:10, 2B ; 35mm银盐

收藏馆: 缩微中心, 国图

000O025904
楚边图说: 一卷 / (明)吴国仕撰
明万历四十五年(1617)刻本. -- (清)丁丙跋。
1996年摄制. -- 1盘卷片(6米92拍) : 1:10,
2B ; 35mm银盐
收藏馆: 缩微中心, 南京

000O020847
御览筹兵三十六字: 三卷附录一卷 / (明)曹飞撰
明崇祯(1628-1644)刻本
1994年摄制. -- 1盘卷片(10米177拍) :
1:10, 2B ; 35mm银盐
收藏馆: 缩微中心, 国图

000O019705
武学备考: 十四卷 / (明)郑大郁编
明末(1621-1644)岳岳堂刻本
1994年摄制. -- 1盘卷片(23米429拍) :
1:10, 2B ; 35mm银盐
收藏馆: 缩微中心, 国图

000O001132
喜峰路副总兵张玠下所属董李贰提调并喜峰路标下沿边关营台墩边城高险平易女墙山崖军马器械钱粮等项目: 不分卷
明(1368-1644)抄本
1985年摄制. -- 1盘卷片(5.5米93拍) :
1:10, 2B ; 35mm银盐
收藏馆: 缩微中心, 国图

000O027061
八旗通志初集: 二百五十卷目录二卷 / (清)鄂尔泰[等]纂修
清乾隆(1736-1795)武英殿刻本. -- 纂修者还有: (清)涂天相。
1997年摄制. -- 12盘卷片(348米7618拍) :
1:10, 2B ; 35mm银盐
收藏馆: 缩微中心, 国图

000O027058
八旗通志初集: 二百五十卷目录二卷 / (清)鄂尔泰[等]纂修
清乾隆(1736-1795)武英殿刻本. -- 纂修者还有: (清)涂天相。
1997年摄制. -- 13盘卷片(361米7337拍) :
1:10, 2B ; 35mm银盐
收藏馆: 缩微中心, 国图

000O027062
八旗通志初集: 二百五十卷目录二卷 / (清)鄂尔

泰[等]纂修
清乾隆(1736-1795)抄本. -- 纂修者还有：
(清)涂天相。
1997年摄制. -- 15盘卷片(430米8177拍)：
1:10, 2B ; 35mm银盐
收藏馆：缩微中心，国图

000O031713
钦定八旗通志：三百四十二卷目录二卷首十二
卷
清嘉庆(1796-1820)武英殿刻本
2004年摄制. -- 21盘卷片(645米13865拍)：
1:10, 2B ; 35mm银盐
收藏馆：缩微中心，国图

000O012737
钦定中枢政考：三十一卷 / (清)鄂尔泰撰
清乾隆八年(1743)武英殿刻本
1990年摄制. -- 2盘卷片(40米840拍)：
1:10, 2B ; 35mm银盐
收藏馆：缩微中心，辽宁

000O012672
钦定五军道里表：十八卷 / (清)尹继善[等]纂
清乾隆三十二年(1767)武英殿刻本
1990年摄制. -- 1盘卷片(32.5米739拍)：
1:10, 2B ; 35mm银盐
收藏馆：缩微中心，辽宁

000O012519
钦定五军道里表：十八卷 / (清)福隆安[等]纂
清乾隆四十四年(1779)武英殿刻本
1990年摄制. -- 2盘卷片(49.5米1107拍)：
1:10, 2B ; 35mm银盐
收藏馆：缩微中心，辽宁

000O012520
钦定军器则例：二十卷 / (清)史贻直[等]纂
清乾隆二十一年(1756)刻本
1990年摄制. -- 2盘卷片(40.3米906拍)：
1:10, 2B ; 35mm银盐
收藏馆：缩微中心，辽宁

000O012736
钦定军器则例：不分卷 / (清)阿桂[等]纂
清乾隆五十六年(1791)武英殿刻本
1990年摄制. -- 1盘卷片(15米320拍)：
1:10, 2B ; 35mm银盐
收藏馆：缩微中心，辽宁

000O012973
扬州营志：十六卷 / (清)陈述祖,(清)李北山纂修
清道光十一年(1831)刻本

1991年摄制. -- 1盘卷片(13米240拍)：
1:10, 2B ; 35mm银盐
收藏馆：缩微中心，国图

000O012148
杭州八旗驻防营志略：二十五卷 / (清)张大昌辑
清(1644-1911)抄本
1990年摄制. -- 1盘卷片(21米508拍)：
1:10, 2B ; 35mm银盐
收藏馆：缩微中心，南京

000O007981
湘楚军营制：不分卷
清咸丰元年至清末(1851-1911)抄本
1988年摄制. -- 1盘卷片(5.2米84拍)：
1:10, 2B ; 35mm银盐
收藏馆：缩微中心，湖南

000O028603
广州驻防事宜：一卷 / (清)庆保辑
清(1644-1911)抄本
1998年摄制. -- 1盘卷片(6米91拍)：1:10,
2B ; 35mm银盐
收藏馆：缩微中心，广东

000O028358
云南剑川营营制总册：不分卷
清(1644-1911)朱丝栏抄本
1998年摄制. -- 1盘卷片(4米52拍)：1:10,
2B ; 35mm银盐
收藏馆：缩微中心，广东

000O028356
云南永顺镇营制总册：不分卷 / (清)赵维屏撰
清(1644-1911)朱丝栏抄本
1998年摄制. -- 1盘卷片(4米59拍)：1:10,
2B ; 35mm银盐
收藏馆：缩微中心，广东

000O006181
马政志：四卷 / (明)陈讲撰
明嘉靖(1522-1566)刻本. -- 存二卷：卷一、
卷四。
1987年摄制. -- 1盘卷片(8米129拍)：1:10,
2B ; 35mm银盐
收藏馆：缩微中心，四川

000O015291
筹海图编：十三卷 / (明)胡宗宪,(明)郑若曾撰
明嘉靖四十一年(1562)刻本. -- 存十二卷：
卷一至卷七、卷九至卷十三。
1992年摄制. -- 1盘卷片(27米554拍)：
1:10, 2B ; 35mm银盐

收藏馆：缩微中心，国图

00O000482
筹海图编：十三卷 / (明)胡宗宪撰
明嘉靖四十一年(1562)胡宗宪刻本. -- 卷八
至卷九、卷十三配另一明(1368-1644)刻本。
1985年摄制. -- 2盘卷片(32.7米704拍)：
1:10，2B；35mm银盐
收藏馆：缩微中心，国图

00O017757
筹海图编：十三卷 / (明)胡宗宪撰
明天启四年(1624)胡维极刻本
1993年摄制. -- 1盘卷片(32米664拍)：
1:10，2B；35mm银盐
收藏馆：缩微中心，国图

00O000339
筹海重编：□□卷 / (明)郑若曾撰；(明)邓钟重辑
明万历(1573-1620)刻本. -- 存十卷：卷一至
卷十。
1985年摄制. -- 1盘卷片(19.1米420拍)：
1:10，2B；35mm银盐
收藏馆：缩微中心，国图

00O022600
筹海重编：十二卷 / (明)郑若曾撰；(明)邓钟重辑
明万历元年(1573)刻本
1995年摄制. -- 1盘卷片(28米611拍)：
1:10，2B；35mm银盐
收藏馆：缩微中心，河南

00O012212
万里海防图论：二卷 / (明)郑若曾撰
清康熙三十年(1691)郑起泓刻本
1990年摄制. -- 1盘卷片(8米188拍)：1:10，
2B；35mm银盐
收藏馆：缩微中心，南京

00O015009
海防纂要：十三卷 / (明)王在晋撰
明万历四十一年(1613)王在晋刻本
1992年摄制. -- 1盘卷片(26米522拍)：
1:10，2B；35mm银盐
收藏馆：缩微中心，国图

00O000293
海防纂要：十三卷图一卷 / (明)王在晋撰
明万历四十一年(1613)王在晋刻本
1985年摄制. -- 1盘卷片(26.2米589拍)：
1:10，2B；35mm银盐

00O019247
海防纂要：十三卷图一卷 / (明)王在晋撰
明万历四十一年(1613)王在晋刻本
1994年摄制. -- 1盘卷片(27米555拍)：
1:10，2B；35mm银盐
收藏馆：缩微中心，国图

00O001167
海防经略纂要：二卷 / (清)章纶撰
清乾隆十八年(1753)章氏锄经堂刻本
1985年摄制. -- 1盘卷片(7米115拍)：1:10，
2B；35mm银盐
收藏馆：缩微中心，国图

00O025905
海防集览：四卷 / (清)褚华撰
清(1644-1911)稿本. -- 存二卷：卷一至卷
二。
1996年摄制. -- 1盘卷片(7米111拍)：1:10，
2B；35mm银盐
收藏馆：缩微中心，南京

00O028482
靖海论：不分卷 / (清)李廷钰撰
清(1644-1911)抄本
1997年摄制. -- 1盘卷片(2.7米27拍)：
1:10，2B；35mm银盐
收藏馆：缩微中心，福建

00O027759
外海纪要：不分卷 / (清)李增阶撰
清道光八年(1828)刻本
1996年摄制. -- 1盘卷片(3.8米51拍)：
1:10，2B；35mm银盐
收藏馆：缩微中心，福建

00O028477
海防刍论：八编；山东福建海防修议：不分卷 / (清)龚易图撰
清(1644-1911)稿本
1997年摄制. -- 1盘卷片(4.5米64拍)：
1:10，2B；35mm银盐
收藏馆：缩微中心，福建

00O028059
洋防通论：四卷 / (清)林齐霄撰
清(1644-1911)稿本
1997年摄制. -- 1盘卷片(13米258拍)：
1:10，2B；35mm银盐
收藏馆：缩微中心，福建

00O027808
两浙海防类考续编：十卷 / (明)范涞撰
明万历三十年(1602)刻本
1996年摄制. -- 2盘卷片(42米894拍)：
1:10, 2B；35mm银盐
收藏馆：缩微中心，南京

00O028326
勘建三水县琴沙炮台文牍：不分卷 / (清)顾炳章辑
清(1644-1911)稿本
1998年摄制. -- 1盘卷片(7米114拍)：1:10,
2B；35mm银盐
收藏馆：缩微中心，广东

00O028332
修建东莞炮台文牍：不分卷 / (清)顾炳章辑
清(1644-1911)稿本. -- 本书一名虎门外海广
州内河炮台。
1998年摄制. -- 1盘卷片(6米90拍)：1:10,
2B；35mm银盐
收藏馆：缩微中心，广东

00O028347
勘建虎门炮台并解运广西炮公牍：不分卷 / (清)顾炳章辑
清(1644-1911)稿本
1998年摄制. -- 1盘卷片(7米120拍)：1:10,
2B；35mm银盐
收藏馆：缩微中心，广东

00O028569
广州永康炮台工程：不分卷 / (清)顾炳章辑
清(1644-1911)稿本
1998年摄制. -- 1盘卷片(7米124拍)：1:10,
2B；35mm银盐
收藏馆：缩微中心，广东

00O028565
勘建九龙城炮台全案文牍：不分卷 / (清)顾炳章辑
清(1644-1911)稿本
1998年摄制. -- 1盘卷片(8米148拍)：1:10,
2B；35mm银盐
收藏馆：缩微中心，广东

00O016244
边政考：十二卷 / (明)张雨撰
明嘉靖(1522-1566)刻本
1993年摄制. -- 1盘卷片(20米381拍)：
1:10, 2B；35mm银盐
收藏馆：缩微中心，国图

00O013130
筹边一得：不分卷 / (明)易文撰
清(1644-1911)抄本
1991年摄制. -- 1盘卷片(2.5米25拍)：
1:10, 2B；35mm银盐
收藏馆：缩微中心，辽宁

00O012160
经略复国要编：十四卷图一卷后附一卷 / (明)宋应昌撰
明万历(1573-1620)刻本. -- (清)丁丙跋。
1990年摄制. -- 1盘卷片(30米672拍)：
1:10, 2B；35mm银盐
收藏馆：缩微中心，南京

00O026780
宴海管见：不分卷备览一卷 / (清)赵鸣珂撰
清(1644-1911)抄本
1996年摄制. -- 1盘卷片(10米187拍)：
1:10, 2B；35mm银盐
收藏馆：缩微中心，南京

00O008443
北边备对：一卷 / (宋)程大昌撰 . 北辕录：一卷 / (宋)周辉撰
清初(1644-1722)钱曾抄本
1988年摄制. -- 1盘卷片(3米20拍)：1:10,
2B；35mm银盐
收藏馆：缩微中心，国图

00O018289
九边图论：不分卷 / (明)许论撰；(明)臧懋循参阅
明(1368-1644)闵氏刻套印本
1993年摄制. -- 1盘卷片(5米66拍)：1:10,
2B；35mm银盐
收藏馆：缩微中心，天津

00O013980
九边图论：不分卷 / (明)许论撰
明嘉靖十七年(1538)谢少南宋宜刻本
1991年摄制. -- 1盘卷片(5米58拍)：1:10,
2B；35mm银盐
收藏馆：缩微中心，国图

00O020372
全边略记：十二卷 / (明)方孔炤辑
清(1644-1911)抄本. -- (清)李文田校注并
跋。
1994年摄制. -- 2盘卷片(45米938拍)：
1:10, 2B；35mm银盐
收藏馆：缩微中心，国图

000O002017
九边图说：不分卷
明(1368-1644)刻本
1986年摄制. -- 1盘卷片(9米177拍) ：1:10,
2B ；35mm银盐
收藏馆：缩微中心，国图

000O016280
九边图说：不分卷
明(1368-1644)刻本
1993年摄制. -- 1盘卷片(9米158拍) ：1:10,
2B ；35mm银盐
收藏馆：缩微中心，国图

000O026056
守边辑要：一卷 / (清)壁昌撰
清(1644-1911)抄本
1989年摄制. -- 1盘卷片(3米42拍) ：1:10,
2B ；35mm银盐
收藏馆：缩微中心，南京

000O016264
宣大山西三镇图说：三卷 / (明)杨时宁撰
明万历(1573-1620)刻本
1993年摄制. -- 1盘卷片(15米286拍) ：
1:10, 2B ；35mm银盐
收藏馆：缩微中心，国图

000O023114
三关图说：不分卷 / (明)康丕扬撰；(明)刘余泽
续
明万历(1573-1620)刻本
1995年摄制. -- 1盘卷片(7米106拍) ：1:10,
2B ；35mm银盐
收藏馆：缩微中心，国图

000O012892
三省边防备览：十四卷 / (清)严如煜辑
清道光二年(1822)刻本
1991年摄制. -- 1盘卷片(22米482拍) ：
1:10, 2B ；35mm银盐
收藏馆：缩微中心，吉林

000O003120
东南防守利便：三卷 / (宋)吕祉撰
清(1644-1911)抄本
1986年摄制. -- 1盘卷片(7米115拍) ：1:10,
2B ；35mm银盐
收藏馆：缩微中心，国图

000O001618
院试平苗善后策：一卷偏累议一卷复议一卷 /
(明)李昶撰

明嘉靖(1522-1566)刻本
1986年摄制. -- 1盘卷片(4米50拍) ：1:10,
2B ；35mm银盐
收藏馆：缩微中心，国图

000O028535
集思广益编：二卷 / (清)陈还,(清)王家宾撰
清光绪(1875-1908)上洋文艺斋刻本. -- (清)
翁同龢跋。
1996年摄制. -- 1盘卷片(4米41拍) ：1:10,
2B ；35mm银盐
收藏馆：缩微中心，南京

000O020349
西陲今略：不分卷 / (清)梁份撰
清光绪十九年(1893)李文田抄本. -- (清)李
文田校并跋。
1994年摄制. -- 1盘卷片(11米194拍) ：
1:10, 2B ；35mm银盐
收藏馆：缩微中心，国图

000O008232
西陲今略：八卷 / (清)梁份撰
清(1644-1911)抄本. -- 记事止：清嘉庆十三
年(1808)。
1988年摄制. -- 1盘卷片(21米469拍) ：
1:10, 2B ；35mm银盐
收藏馆：缩微中心，南京

000O022432
律：十二卷音义一卷 / (宋)孙奭撰
清(1644-1911)抄本
1995年摄制. -- 1盘卷片(8米134拍) ：1:10,
2B ；35mm银盐
收藏馆：缩微中心，国图

000O004106
律：十二卷音义一卷 / (宋)孙奭撰
清(1644-1911)抄本. -- (清)季锡畴校。
1986年摄制. -- 1盘卷片(8米149拍) ：1:10,
2B ；35mm银盐
收藏馆：缩微中心，国图

000O021981
故唐律疏议：三十卷 / (唐)长孙无忌撰．纂例：
十二卷 / (元)王元亮撰
元(1271-1368)余志安勤有堂刻本. -- 故唐律
疏议存十五卷：卷一至卷十五,纂例存：名
例、卫禁、职制。
1995年摄制. -- 1盘卷片(16米307拍) ：
1:10, 2B ；35mm银盐
收藏馆：缩微中心，国图

00O015154

唐律纂例：一卷

清(1644-1911)袁氏贞节堂抄本

1992年摄制. -- 1盘卷片(8米128拍) ： 1:10,
2B ；35mm银盐

收藏馆：缩微中心，国图

00O021930

刑统赋：一卷 / (宋)傅霖撰；(元)郄□韵释

明(1368-1644)刻本

1995年摄制. -- 1盘卷片(4米38拍) ： 1:10,
2B ；35mm银盐

收藏馆：缩微中心，国图

00O027118

**刑统赋解：二卷 / (宋)傅霖撰；(元)郄□韵释；
(元)王亮增注**

瞿氏铁琴铜剑楼抄本

1997年摄制. -- 1盘卷片(6米80拍) ： 1:10,
2B ；35mm银盐

收藏馆：缩微中心，国图

00O003124

刑统赋解增注：二卷 / (元)王亮撰

清初(1644-1722)抄本. -- (清)查慎行、(清)
查岐昌、(清)黄丕烈跋。

1986年摄制. -- 1盘卷片(6米96拍) ： 1:10,
2B ；35mm银盐

收藏馆：缩微中心，国图

00O017554

刑统赋解增注：二卷 / (元)王亮撰

清(1644-1911)抄本

1993年摄制. -- 1盘卷片(4米46拍) ： 1:10,
2B ；35mm银盐

收藏馆：缩微中心，国图

00O003119

粗解刑统赋：一卷 / (宋)傅霖撰；(元)孟奎解

清初(1644-1722)抄本

1986年摄制. -- 1盘卷片(4米61拍) ： 1:10,
2B ；35mm银盐

收藏馆：缩微中心，国图

00O026954

粗解刑统赋：一卷 / (宋)傅霖撰；(元)孟奎解

瞿氏铁琴铜剑楼抄本

1997年摄制. -- 1盘卷片(4米46拍) ： 1:10,
2B ；35mm银盐

收藏馆：缩微中心，国图

00O003131

刑统赋疏：一卷 / (元)沈仲纬撰

清(1644-1911)抄本. -- (清)邵恩多校。

1986年摄制. -- 1盘卷片(7米136拍) ： 1:10,
2B ；35mm银盐

收藏馆：缩微中心，国图

00O026953

刑统赋疏：一卷 / (元)沈仲纬撰

瞿氏铁琴铜剑楼抄本

1997年摄制. -- 1盘卷片(8米124拍) ： 1:10,
2B ；35mm银盐

收藏馆：缩微中心，国图

00O027426

**庆元条法事类：八十卷；开禧重修尚书吏部侍
郎右选格：二卷 / (宋)谢深甫[等]纂修**

清(1644-1911)抄本. -- 存三十六卷：卷三至
卷十九、卷三十至卷三十二、卷三十六至卷
三十七、卷四十七至卷五十二、卷七十三至卷
八十。(清)丁丙跋。

1996年摄制. -- 2盘卷片(66米1344拍) ：
1:10, 2B ；35mm银盐

收藏馆：缩微中心，南京

00O003140

**庆元条法事类：八十卷；开禧重修尚书吏部侍
郎右选格：二卷 / (宋)谢深甫[等]纂修**

清(1644-1911)抄本. -- 存三十六卷：卷三至
卷十七、卷二十八至卷三十二、卷三十六至卷
三十七、卷四十七至卷五十二、卷七十三至卷
八十。

1986年摄制. -- 2盘卷片(58米1281拍) ：
1:10, 2B ；35mm银盐

收藏馆：缩微中心，国图

00O012776

**大明律附例：三十卷图一卷附一卷 / (明)舒化纂
修**

明万历十三年(1585)刻本

1990年摄制. -- 1盘卷片(19米448拍) ：
1:10, 2B ；35mm银盐

收藏馆：缩微中心，南京

00O016502

大明律：三十卷 / (明)刘惟谦[等]撰

明嘉靖(1522-1566)范永銮刻本

1993年摄制. -- 1盘卷片(26米523拍) ：
1:10, 2B ；35mm银盐

收藏馆：缩微中心，国图

00O000673

大明律：三十卷问刑条例不分卷 / (明)刘惟谦撰

日本大阪书林五书堂刻本

1985年摄制. -- 1盘卷片(19米404拍) ：

1：10，2B ；35mm银盐
收藏馆：缩微中心，国图

000O016723
大明律：三十卷；为政规模节要论：一卷；刑名
启蒙心妙总集：一卷 / (明)刘惟谦[等]撰
明(1368-1644)北京刑部街陈氏刻本． -- 还有
合刻著作：新奏准时估折钞则例一卷/(明)刘
惟谦[等]撰，会定运砖运灰等项做工则例一
卷/(明)刘惟谦[等]撰．
1993年摄制． -- 1盘卷片（23米451拍）：
1：10，2B ；35mm银盐
收藏馆：缩微中心，国图

000O019472
大明律集解：三十卷 / (明)胡琼撰
明正德十六年(1521)刻本
1994年摄制． -- 1盘卷片（17米339拍）：
1：10，2B ；35mm银盐
收藏馆：缩微中心，国图

000O016457
大明律附例：三十卷
明(1368-1644)刻本． -- 存十卷：卷一至卷
十。
1992年摄制． -- 1盘卷片（9米150拍）：1：10，
2B ；35mm银盐
收藏馆：缩微中心，国图

000O003322
大明律附例笺释：三十卷 / (明)王樵,(明)王肯堂
撰．慎刑说：一卷 / (明)王肯堂撰
清(1644-1911)抄本
1986年摄制． -- 2盘卷片（36米786拍）：
1：10，2B ；35mm银盐
收藏馆：缩微中心，国图

000O023118
读律私笺：二十八卷附录一卷 / (明)王樵撰
明万历(1573-1620)刻本
1995年摄制． -- 1盘卷片（22米433拍）：
1：10，2B ；35mm银盐
收藏馆：缩微中心，国图

000O019141
读律琐言：三十卷附录一卷 / (明)雷梦麟撰
明嘉靖三十六年(1557)汪克用刻本． -- 存七
卷：卷十八至卷二十一、卷二十九至卷三十，
附录一卷。
1994年摄制． -- 1盘卷片（10米171拍）：
1：10，2B ；35mm银盐
收藏馆：缩微中心，国图

000O015244
读律琐言：三十卷 / (明)雷梦麟撰
明(1368-1644)刻本． -- 存九卷：卷二至卷
十。
1992年摄制． -- 1盘卷片（7米109拍）：1：10，
2B ；35mm银盐
收藏馆：缩微中心，国图

000O014999
大明律例：三十卷；律例类抄：一卷
明万历元年(1573)梁许刻本． -- 存十七卷：
卷十五至卷三十、律例类抄一卷。
1992年摄制． -- 1盘卷片（29米608拍）：
1：10，2B ；35mm银盐
收藏馆：缩微中心，国图

000O010046
大明律例添释旁注：□□卷 / (明)徐昌祚辑；
(明)翁愈祥校
明万历(1573-1620)宝善堂刻本． -- 版框高
二十三厘米宽十六厘米。
1989年摄制． -- 1盘卷片（18米370拍）：
1：10，2B ；35mm银盐
收藏馆：缩微中心，广东

000O015000
王仪部先生笺释：三十卷首一卷末一卷 / (明)王
肯堂撰；(清)顾鼎重编
清康熙三十年(1691)顾鼎刻本
1992年摄制． -- 2盘卷片（48米972拍）：
1：10，2B ；35mm银盐
收藏馆：缩微中心，国图

000O021723
大明律：三十一卷目录一卷律例类抄一卷 / (明)
应朝卿校增
明万历二十九年(1601)扬州刻本
1995年摄制． -- 2盘卷片（38米753拍）：
1：10，2B ；35mm银盐
收藏馆：缩微中心，国图

000O015008
大明律：十二卷
明(1368-1644)刻本． -- 存六卷：卷一至卷
六。
1992年摄制． -- 1盘卷片（8米131拍）：1：10，
2B ；35mm银盐
收藏馆：缩微中心，国图

000O000721
大明律例附解：十二卷附录一卷
明(1368-1644)刻本
1985年摄制． -- 1盘卷片（28米629拍）：

1:10，2B ；35mm银盐
收藏馆：缩微中心，国图

00O005318
大明律讲解：三十卷
朝鲜铜活字印本
1986年摄制. -- 1盘卷片(13米276拍) :
1:10，2B ；35mm银盐
收藏馆：缩微中心，国图

00O004518
御制大诰：一卷 / (明)太祖朱元璋撰
明洪武十八年(1385)内府刻本
1986年摄制. -- 1盘卷片(4米58拍) : 1:10，
2B ；35mm银盐
收藏馆：缩微中心，国图

00O021945
御制大诰续编：一卷 / (明)太祖朱元璋撰
明洪武十九年(1386)内府刻本
1995年摄制. -- 1盘卷片(6米78拍) : 1:10，
2B ；35mm银盐
收藏馆：缩微中心，国图

00O022279
御制大诰续编：二卷三编一卷 / (明)太祖朱元璋撰
明洪武二十年(1387)太原府刻本
1995年摄制. -- 1盘卷片(5米74拍) : 1:10，
2B ；35mm银盐
收藏馆：缩微中心，国图

00O002929
御制大诰续编：一卷 / (明)太祖朱元璋撰
明洪武二十年(1387)太原府刻本
1986年摄制. -- 1盘卷片(6米91拍) : 1:10，
2B ；35mm银盐
收藏馆：缩微中心，国图

00O022254
御制大诰三编：一卷 / (明)太祖朱元璋撰
明初(1368-1424)刻本
1995年摄制. -- 1盘卷片(6米87拍) : 1:10，
2B ；35mm银盐
收藏馆：缩微中心，国图

00O002919
御制大诰三编：一卷 / (明)太祖朱元璋撰
明洪武十九年(1386)内府刻本
1986年摄制. -- 1盘卷片(6米97拍) : 1:10，
2B ；35mm银盐
收藏馆：缩微中心，国图

00O002000
御制纪非录：一卷 / (明)太祖朱元璋撰
清(1644-1911)抄本
1986年摄制. -- 1盘卷片(3.6米48拍) :
1:10，2B ；35mm银盐
收藏馆：缩微中心，国图

00O026748
御制纪非录：一卷 / (明)太祖朱元璋撰
清(1644-1911)丁氏八千卷楼抄本
1996年摄制. -- 1盘卷片(4米49拍) : 1:10，
2B ；35mm银盐
收藏馆：缩微中心，南京

00O014847
大明刑书金鉴：六卷
明(1368-1644)抄本
1992年摄制. -- 1盘卷片(6米97拍) : 1:10，
2B ；35mm银盐
收藏馆：缩微中心，国图

00O021944
明罚录：不分卷
明(1368-1644)刻本
1995年摄制. -- 1盘卷片(5米70拍) : 1:10，
2B ；35mm银盐
收藏馆：缩微中心，国图

00O026893
皇明藩府政令：六卷 / (明)皇甫录辑
明(1368-1644)刻本. -- (清)丁丙跋。
1996年摄制. -- 1盘卷片(8米146拍) : 1:10，
2B ；35mm银盐
收藏馆：缩微中心，南京

00O022957
皇明成化二十三年条例：二卷
明(1368-1644)抄本
1995年摄制. -- 1盘卷片(7米107拍) : 1:10，
2B ；35mm银盐
收藏馆：缩微中心，国图

00O021983
洮岷文武禁约：一卷 / (明)毕自严撰
明万历(1573-1620)刻本
1995年摄制. -- 1盘卷片(3米23拍) : 1:10，
2B ；35mm银盐
收藏馆：缩微中心，国图

00O008758
出巡条规：不分卷
明万历(1573-1620)刻蓝印本
1988年摄制. -- 1盘卷片(3.4米45拍) :

1:10, 2B ; 35mm银盐

收藏馆：缩微中心，重庆

00O021771

鼎镌六科奏准御制新颁分类注释刑台法律：十八卷目录一卷首一卷副一卷附一卷 / (明)沈应文校正；(明)萧近高注释；(明)曹于汴参改

明万历三十七年(1609)潭阳熊氏种德堂刻本

1995年摄制. -- 2盘卷片(37米711拍) ：1:10, 2B ; 35mm银盐

收藏馆：缩微中心，国图

000O008890

鼎镌六科奏准御制新颁分类注释刑台法律：十八卷附一卷副一卷首一卷 / (明)萧近高注释

明(1368-1644)熊氏种德堂刻本

1988年摄制. -- 1盘卷片(32米731拍) ：1:10, 2B ; 35mm银盐

收藏馆：缩微中心，浙江

000O016167

鼎镌钦颁辨疑律例昭代王章：五卷首一卷 / (明)熊鸣岐辑；(明)钱士晋正讹

明(1368-1644)萧少衢师俭堂刻本

1993年摄制. -- 1盘卷片(30米630拍) ：1:10, 2B ; 35mm银盐

收藏馆：缩微中心，国图

000O006809

鼎镌钦颁辨疑律例昭代王章：五卷首一卷 / (明)熊鸣岐辑；(明)钱士晋正讹

明(1368-1644)萧少衢师俭堂刻本

1987年摄制. -- 1盘卷片(29米655拍) ：1:10, 2B ; 35mm银盐

收藏馆：缩微中心，国图

000O019079

鼎镌钦颁辨疑律例昭代王章：五卷首一卷 / (明)熊鸣岐辑；(明)钱士晋正讹

明(1368-1644)萧少衢师俭堂刻本. -- 存四卷：卷二至卷四、卷首一卷。

1994年摄制. -- 1盘卷片(21米426拍) ：1:10, 2B ; 35mm银盐

收藏馆：缩微中心，国图

000O014981

鼎镌大明律例法司增补刑书据会：十二卷首三卷

明(1368-1644)刻本. -- 存十卷：卷一至卷五、卷八至卷九、卷十一至卷十二，首一卷。

1992年摄制. -- 1盘卷片(26米512拍) ：1:10, 2B ; 35mm银盐

收藏馆：缩微中心，国图

000O009268

明禁碑录：□□卷 / (明)林之兰录

清初(1644-1722)活字印本. -- 存一卷：卷一。

1988年摄制. -- 1盘卷片(6米102拍) ：1:10, 2B ; 35mm银盐

收藏馆：缩微中心，湖南

000O027068

大清律集解附例：三十卷目录二卷 / (清)刚林[等]纂修

清康熙(1662-1722)抄本. -- 存十三卷：卷一、卷二下、卷三下、卷四至卷六、卷十三至卷十四、卷十六至卷十七、卷十八下，目录二卷。

1997年摄制. -- 2盘卷片(40米763拍) ：1:10, 2B ; 35mm银盐

收藏馆：缩微中心，国图

000O012646

大清律集解附例：三十卷首二卷 / (清)刚林[等]纂修

清康熙四十五年(1706)刻朱墨套印本

1990年摄制. -- 1盘卷片(24.1米538拍) ：1:10, 2B ; 35mm银盐

收藏馆：缩微中心，辽宁

000O001404

大清律集解附例：三十卷附一卷 / (清)刚林[等]纂修

清康熙(1662-1722)刻本

1985年摄制. -- 1盘卷片(24.6米547拍) ：1:10, 2B ; 35mm银盐

收藏馆：缩微中心，国图

000O001121

大清律集解附例：三十卷附一卷 / (清)刚林[等]纂修

清初(1644-1722)刻本

1985年摄制. -- 1盘卷片(24.4米544拍) ：1:10, 2B ; 35mm银盐

收藏馆：缩微中心，国图

000O000931

大清律集解附例：三十卷附一卷 / (清)刚林[等]纂修

清(1644-1911)刻本

1985年摄制. -- 1盘卷片(23.8米529拍) ：1:10, 2B ; 35mm银盐

收藏馆：缩微中心，国图

000O001402

大清律集解附例：三十卷附一卷 / (清)刚林[等]

纂修

清(1644-1911)刻本

1985年摄制. -- 1盘卷片(24.4米544拍)：
1:10, 2B；35mm银盐

收藏馆：缩微中心，国图

00O009642

大清律例集解附例：三十卷 / (清)吴达海[等]纂修

清(1644-1911)内府刻本. -- (清)陈于上朱墨注。

1988年摄制. -- 1盘卷片(26米565拍)：
1:10, 2B；35mm银盐

收藏馆：缩微中心，甘肃

00O027086

大清律集解附例：三十卷律例总类六卷图一卷服制一卷 / (清)朱轼[等]纂修

清雍正(1723-1735)刻本. -- 纂修者还有：(清)常鼐等。存二十九卷：附例卷一至卷十八、卷二十至卷三十。

1997年摄制. -- 2盘卷片(59米1196拍)：
1:10, 2B；35mm银盐

收藏馆：缩微中心，国图

00O027071

大清律集解附例：三十卷图一卷服制一卷 / (清)朱轼[等]纂修

清雍正(1723-1735)刻本. -- 纂修者还有：(清)常鼐等。存十八卷：附例卷一至卷十、卷二十、卷二十四至卷三十。

1997年摄制. -- 1盘卷片(30米597拍)：
1:10, 2B；35mm银盐

收藏馆：缩微中心，国图

00O012867

大清律例：四十七卷 / (清)刘统勋,(清)唐绍祖续纂

清乾隆三十三年(1768)武英殿刻本

1990年摄制. -- 3盘卷片(74.6米1694拍)：
1:10, 2B；35mm银盐

收藏馆：缩微中心，辽宁

00O000462

大清律例：四十七卷 / (清)刘统勋,(清)依兰泰纂修．督捕则例：二卷；三流道里表：不分卷

清(1644-1911)全士潮刻本. -- 还有合刻著作：洗冤录四卷。律例存三十九卷：卷一至卷三十九。

1985年摄制. -- 3盘卷片(72.5米1613拍)：
1:10, 2B；35mm银盐

收藏馆：缩微中心，国图

00O012527

大清律例：四十七卷 / (清)阿桂[等]纂

清乾隆五十五年(1790)武英殿刻本

1990年摄制. -- 3盘卷片(75.6米1702拍)：
1:10, 2B；35mm银盐

收藏馆：缩微中心，辽宁

00O012279

钦定大清律例：四十七卷 / (清)刘统勋[等]续纂；(清)董诰[等]再修

清嘉庆七年(1802)武英殿刻本. -- 续纂还有：(清)唐绍祖。

1989年摄制. -- 3盘卷片(82.8米1863拍)：
1:10, 2B；35mm银盐

收藏馆：缩微中心，辽宁

00O013144

大清律续纂条例：六卷 / (清)弘昼[等]纂

清乾隆二十八年至六十年(1763-1795)武英殿刻本

1991年摄制. -- 1盘卷片(8.9米187拍)：
1:10, 2B；35mm银盐

收藏馆：缩微中心，辽宁

00O012707

大清律续纂条例总类：二卷

清乾隆(1736-1795)内府刻本

1990年摄制. -- 1盘卷片(5.1米85拍)：
1:10, 2B；35mm银盐

收藏馆：缩微中心，辽宁

00O017158

大清律续纂条例：二卷 / (清)舒赫德[等]纂修

清乾隆二十四年(1759)内府刻本

1993年摄制. -- 1盘卷片(6.2米111拍)：
1:10, 2B；35mm银盐

收藏馆：缩微中心，辽宁

00O012701

大清律续纂条例：二卷 / (清)舒赫德[等]纂

清乾隆(1736-1795)武英殿刻本

1990年摄制. -- 1盘卷片(6.2米111拍)：
1:10, 2B；35mm银盐

收藏馆：缩微中心，辽宁

00O027076

大清律续纂条例：二卷 / (清)唐绍祖[等]撰

清乾隆(1736-1795)武英殿刻本

1997年摄制. -- 1盘卷片(5米55拍)：1:10, 2B；35mm银盐

收藏馆：缩微中心，国图

000O031709
大清律续纂条例：二卷 / (清)唐绍祖[等]撰
清乾隆(1736-1795)武英殿刻本
2005年摄制. -- 1盘卷片(5米75拍) ： 1:10,
2B ；35mm银盐
收藏馆：缩微中心，国图

000O027218
上谕合律乡约全书：不分卷 / (清)陈秉直撰
清康熙十八年(1679)刻本
1997年摄制. -- 1盘卷片(15米284拍) ：
1:10, 2B ；35mm银盐
收藏馆：缩微中心，国图

000O011359
三流道里表 / (清)徐本[等]纂修
清乾隆八年(1743)武英殿刻本
1989年摄制. -- 1盘卷片(13.1米277拍) ：
1:10, 2B ；35mm银盐
收藏馆：缩微中心，辽宁

000O011358
三流道里表 / (清)阿桂[等]纂
清乾隆四十九年(1784)武英殿刻本
1989年摄制. -- 1盘卷片(14.2米303拍) ：
1:10, 2B ；35mm银盐
收藏馆：缩微中心，辽宁

000O011468
蒙古律例：十二卷
清乾隆(1736-1795)武英殿刻本
1989年摄制. -- 1盘卷片(6.7米130拍) ：
1:10, 2B ；35mm银盐
收藏馆：缩微中心，辽宁

000O012648
律例图说：十卷 / (清)万维翰撰
清乾隆十五年(1750)芸晖堂刻本
1990年摄制. -- 1盘卷片(21.3米471拍) ：
1:10, 2B ；35mm银盐
收藏馆：缩微中心，辽宁

000O026139
皖典类编：八卷 / (清)潘才纂修
清乾隆三十八年(1773)刻本
1996年摄制. -- 1盘卷片(15米301拍) ：
1:10, 2B ；35mm银盐
收藏馆：缩微中心，安徽

000O027075
皇和律：十二卷
日本抄本. -- 存四卷：名例第一、卫禁第
二、职制第三、贼盗第七。

1997年摄制. -- 1盘卷片(6米97拍) ： 1:10,
2B ；35mm银盐
收藏馆：缩微中心，国图

000O027077
令义解：十卷 / (日)清原夏野[等]撰
日本宽政十二年(1800)温古堂刻本
1997年摄制. -- 1盘卷片(17米337拍) ：
1:10, 2B ；35mm银盐
收藏馆：缩微中心，国图

000O001822
令义解：□□卷 / (日)惟宗直本撰
日本抄本. -- 存三十五卷：卷一至卷
二十四、卷二十八至卷三十六、卷三十八、卷
四十。
1985年摄制. -- 2盘卷片(54米1199拍) ：
1:10, 2B ；35mm银盐
收藏馆：缩微中心，国图

000O027072
令集解：□□卷
日本抄本. -- 存十五卷：卷一至卷十五。
(日)清原秀贤校并跋。
1997年摄制. -- 1盘卷片(26米523拍) ：
1:10, 2B ；35mm银盐
收藏馆：缩微中心，国图

000O027224
受教辑录：六卷 / (朝鲜)李翊[等]辑
朝鲜抄本
1997年摄制. -- 1盘卷片(8米127拍) ： 1:10,
2B ；35mm银盐
收藏馆：缩微中心，国图

000O012744
风纪辑览：四卷 / (明)傅汉臣辑
明嘉靖十年(1531)刻本
1990年摄制. -- 1盘卷片(15米293拍) ：
1:10, 2B ；35mm银盐
收藏馆：缩微中心，南京

000O019773
淑问汇编：六卷 / (明)李天麟撰
明万历二十一年(1593)徐万仞杜日章刻本
1994年摄制. -- 1盘卷片(19米369拍) ：
1:10, 2B ；35mm银盐
收藏馆：缩微中心，国图

000O019745
新刻官板律例临民宝镜：十卷首三卷末三卷 /
(明)苏茂相辑
明(1368-1644)书林金闾振业堂刻本

1994年摄制. -- 2盘卷片(48米955拍)：
1:10，2B；35mm银盐
收藏馆：缩微中心，国图

000023116
刻御制新颁大明律例注释招拟直折狱指南：
十八卷首一卷
明(1368-1644)金陵书坊周近泉刻本. -- 存
十七卷：卷一至卷二、卷四至卷十八。
1995年摄制. -- 1盘卷片(28米540拍)：
1:10，2B；35mm银盐
收藏馆：缩微中心，国图

000007219
刻御制新颁大明律例注释招拟直折狱指南：
十八卷首一卷
明(1368-1644)金陵书坊周近泉刻本. -- 存十
卷：卷一、卷六至卷十三，首一卷。
1987年摄制. -- 1盘卷片(19米419拍)：
1:10，2B；35mm银盐
收藏馆：缩微中心，国图

000014160
新镌注释法门便览公庭约束：□□卷 / [题](□)
孚惠堂编集
明(1368-1644)刻本. -- 存四卷：卷一至卷
四。
1991年摄制. -- 1盘卷片(4米51拍)：1:10，
2B；35mm银盐
收藏馆：缩微中心，国图

000010810
思生录：二卷 / (清)赵开雍撰
清顺治(1644-1661)刻本
1989年摄制. -- 1盘卷片(9米149拍)：1:10，
2B；35mm银盐
收藏馆：缩微中心，天津

000025833
棘听草：十二卷；赋役详稿：一卷 / (清)李之芳
撰
清康熙四十一年(1702)李钟麟刻本
1996年摄制. -- 1盘卷片(22米446拍)：
1:10，2B；35mm银盐
收藏馆：缩微中心，国图

000011330
定例全编：五十七卷续刊七卷 / (清)索珍编
清康熙五十四年(1715)荣锦堂刻本
1989年摄制. -- 4盘卷片(115米2595拍)：
1:10，2B；35mm银盐
收藏馆：缩微中心，辽宁

000002219
刑案汇览三编：不分卷；中外交涉案件：不分
卷 / (清)沈家本辑
清(1644-1911)稿本
1986年摄制. -- 16盘卷片(457米10132拍)：
1:10，2B；35mm银盐
收藏馆：缩微中心，国图

000014827
刑部比照加减成案：三十二卷 / (清)许槤,(清)熊
莪订补
清道光十四年(1834)许槤刻本
1992年摄制. -- 2盘卷片(52米1038拍)：
1:10，2B；35mm银盐
收藏馆：缩微中心，国图

000000604
邢部比照加减成案续编：三十二卷 / (清)许槤辑
清道光二十三年(1843)许槤刻本
1985年摄制. -- 2盘卷片(59米1330拍)：
1:10，2B；35mm银盐
收藏馆：缩微中心，国图

000014528
说帖：不分卷目录七卷 / (清)律例馆辑
清(1644-1911)抄本
1992年摄制. -- 7盘卷片(214.8米4658拍)：
1:10，2B；35mm银盐
收藏馆：缩微中心，辽宁

000025736
判案须知：一卷 / (清)莲塘辑
清道光(1821-1850)抄本
1996年摄制. -- 1盘卷片(5米115拍)：1:10，
2B；35mm银盐
收藏馆：缩微中心，河南

000031711
宋元检验三录：九卷 / (清)吴鼒编
清嘉庆十七年(1812)刻本
2005年摄制. -- 1盘卷片(14米260拍)：
1:10，2B；35mm银盐
收藏馆：缩微中心，国图

000019096
洗冤录详义：四卷 / (清)许槤撰
清咸丰六年(1856)许氏古均阁刻本
1994年摄制. -- 1盘卷片(13米246拍)：
1:10，2B；35mm银盐
收藏馆：缩微中心，国图

000014977
洗冤录详义：四卷 / (清)许槤撰

清咸丰六年(1856)许氏古均阁刻本
1992年摄制. -- 1盘卷片(13米242拍) :
1:10, 2B ; 35mm银盐
收藏馆：缩微中心，国图

000O023168
平冤录：一卷
明(1368-1644)金陵书坊王慎吾刻本
1995年摄制. -- 1盘卷片(4米45拍) : 1:10,
2B ; 35mm银盐
收藏馆：缩微中心，国图

000O027934
无冤录：一卷 / (元)王与撰
明(1368-1644)金陵书坊王慎吾刻本. -- (清)
丁丙跋。
1996年摄制. -- 1盘卷片(4米41拍) : 1:10,
2B ; 35mm银盐
收藏馆：缩微中心，南京

000O021935
新刊无冤录：二卷
明(1368-1644)刻本
1995年摄制. -- 1盘卷片(6米90拍) : 1:10,
2B ; 35mm银盐
收藏馆：缩微中心，国图

000O023142
**疑狱集：十卷 / [题](五代)和凝,(五代)和嶸撰；
(明)张景增辑**
明嘉靖十四年(1535)李崧祥刻本
1995年摄制. -- 1盘卷片(8米139拍) : 1:10,
2B ; 35mm银盐
收藏馆：缩微中心，国图

000O013915
**疑狱集：十卷 / [题](五代)和凝,(五代)和嶸撰；
(明)张景增辑**
明嘉靖十四年(1535)李崧祥刻本
1992年摄制. -- 1盘卷片(9米132拍) : 1:10,
2B ; 35mm银盐
收藏馆：缩微中心，国图

000O019077
折狱龟鉴：二卷 / (宋)郑克撰
明万历二十三年(1595)张泰征刻递修本
1994年摄制. -- 1盘卷片(6米86拍) : 1:10,
2B ; 35mm银盐
收藏馆：缩微中心，国图

000O015030
折狱龟鉴：八卷 / (宋)郑克撰
清道光十五年(1835)山阳李氏闻妙香室刻致用

丛书本
1992年摄制. -- 1盘卷片(11米182拍) :
1:10, 2B ; 35mm银盐
收藏馆：缩微中心，国图

000O002193
桂氏棠阴比事：一卷 / (宋)桂万荣撰
明(1368-1644)刻本. -- 公文纸印本。
1986年摄制. -- 1盘卷片(5米57拍) : 1:10,
2B ; 35mm银盐
收藏馆：缩微中心，国图

000O003452
棠阴比事：一卷 / (宋)桂万荣撰
清(1644-1911)抄本
1986年摄制. -- 1盘卷片(4米57拍) : 1:10,
2B ; 35mm银盐
收藏馆：缩微中心，国图

000O013928
棠阴比事：二卷 / (宋)桂万荣撰
清嘉庆十七年(1812)鲍氏知不足斋抄本. --
(清)鲍廷博校并跋。
1992年摄制. -- 1盘卷片(6米68拍) : 1:10,
2B ; 35mm银盐
收藏馆：缩微中心，国图

000O021741
谳狱稿：五卷 / (明)应㮚撰
明嘉靖十年(1531)刻本
1995年摄制. -- 1盘卷片(11米203拍) :
1:10, 2B ; 35mm银盐
收藏馆：缩微中心，国图

000O028131
法家裒集：一卷 / (明)苏佑辑
明嘉靖三十年(1551)唐尧臣刻本
1996年摄制. -- 1盘卷片(5米77拍) : 1:10,
2B ; 35mm银盐
收藏馆：缩微中心，南京

000O005715
明刑裒鉴：三卷 / (明)金俸撰
明万历十三年(1585)李熙刻本
1987年摄制. -- 1盘卷片(8.2米157拍) :
1:10, 2B ; 35mm银盐
收藏馆：缩微中心，国图

000O018318
仁狱类编：三十卷 / (明)余懋学撰
明万历三十六年(1608)直方堂刻本. -- (明)
韩起龙校。
1993年摄制. -- 1盘卷片(31米653拍) :

1:10, 2B；35mm银盐
收藏馆：缩微中心，天津

000O028417

敬由编：十二卷 / (明)窦子偁撰
明万历三十九年(1611)浙江按察司种德堂刻
本. -- (清)丁丙跋。
1996年摄制. -- 1盘卷片(29米505拍)：
1:10, 2B；35mm银盐
收藏馆：缩微中心，南京

000O020487

新锲萧曹遗笔：四卷
明万历二十三年(1595)白雪精舍刻本
1994年摄制. -- 1盘卷片(9米137拍)：1:10,
2B；35mm银盐
收藏馆：缩微中心，国图

000O013982

新锲萧曹遗笔：四卷
明(1368-1644)刻本
1992年摄制. -- 1盘卷片(8米127拍)：1:10,
2B；35mm银盐
收藏馆：缩微中心，国图

000O023864

胜萧曹遗笔：四卷 / [题](□)西吴空洞主人辑
明万历二十九年(1601)吴西漱玉轩刻本
1995年摄制. -- 1盘卷片(9米161拍)：1:10,
2B；35mm银盐
收藏馆：缩微中心，浙江

000O015968

新镌音释四民要览萧曹明镜：五卷
明(1368-1644)刻本
1993年摄制. -- 1盘卷片(7米118拍)：1:10,
2B；35mm银盐
收藏馆：缩微中心，国图

000O015202

鼎锓法丛胜览：四卷
明(1368-1644)刻本
1992年摄制. -- 1盘卷片(8米128拍)：1:10,
2B；35mm银盐
收藏馆：缩微中心，国图

000O014755

江北恤疏：一卷 / (明)沈象先撰
明崇祯(1628-1644)刻本
1992年摄制. -- 1盘卷片(4米46拍)：1:10,
2B；35mm银盐
收藏馆：缩微中心，国图

000O020548

崇祯十三年八月南雄审语：一卷 / (明)周燝撰
明崇祯(1628-1644)抄本
1994年摄制. -- 1盘卷片(6米106拍)：1:10,
2B；35mm银盐
收藏馆：缩微中心，即墨

000O008496

折狱新语：十卷 / (明)李清撰
明末(1621-1644)刻本. -- 黄裳跋。
1988年摄制. -- 1盘卷片(14米289拍)：
1:10, 2B；35mm银盐
收藏馆：缩微中心，国图

000O004792

祥刑要览：二卷 / (明)吴讷撰
明成化二十二年(1486)林符刻本
1986年摄制. -- 1盘卷片(6米88拍)：1:10,
2B；35mm银盐
收藏馆：缩微中心，国图

000O008551

武林临民录：四卷首一卷 / (清)李铎撰
清康熙三十四年(1695)杭州府刻本
1988年摄制. -- 2盘卷片(37米761拍)：
1:10, 2B；35mm银盐
收藏馆：缩微中心，国图

000O027073

刑部情实重囚招册：不分卷
清乾隆(1736-1795)刻本
1997年摄制. -- 1盘卷片(4米43拍)：1:10,
2B；35mm银盐
收藏馆：缩微中心，国图

000O027092

**刑部安徽等司咨驳题驳改正应行量加议叙事件
清册：不分卷**
清乾隆(1736-1795)抄本
1997年摄制. -- 1盘卷片(7米109拍)：1:10,
2B；35mm银盐
收藏馆：缩微中心，国图

000O027119

刑部山东司缓决重囚招册：一卷
清雍正(1723-1735)刻本
1997年摄制. -- 1盘卷片(5米69拍)：1:10,
2B；35mm银盐
收藏馆：缩微中心，国图

000O026627

刑部广东司情实重囚招册：一卷
清嘉庆(1796-1820)刻本

1997年摄制. -- 1盘卷片(5米72拍) : 1:10,
2B ; 35mm银盐
收藏馆：缩微中心，国图

000O021952
名公书判清明集：十卷 / (明)张四维辑
明隆庆三年(1569)盛以仁刻蓝印本
1995年摄制. -- 1盘卷片(19米354拍) :
1:10, 2B ; 35mm银盐
收藏馆：缩微中心，国图

000O023147
云间谳略：十卷 / (明)毛一鹭撰
明(1368-1644)刻本. -- 存八卷：卷一至卷
四、卷七至卷十。
1995年摄制. -- 1盘卷片(19米351拍) :
1:10, 2B ; 35mm银盐
收藏馆：缩微中心，国图

000O025030
判语全书：六卷 / (明)游大勋辑
明天启元年(1621)刻本
1996年摄制. -- 1盘卷片(10米186拍) :
1:10, 2B ; 35mm银盐
收藏馆：缩微中心，安徽

000O023146
谳豫勿喜录：十六卷 / (明)李日宣撰
明崇祯五年(1632)刘宪伯刻本
1995年摄制. -- 2盘卷片(39米800拍) :
1:10, 2B ; 35mm银盐
收藏馆：缩微中心，国图

000O020529
巡漳献词：不分卷 / (清)徐士林撰
清(1644-1911)稿本
1994年摄制. -- 1盘卷片(8米135拍) : 1:10,
2B ; 35mm银盐
收藏馆：缩微中心，文登

000O020526
守皖献词：不分卷 / (清)徐士林撰
清(1644-1911)稿本
1994年摄制. -- 1盘卷片(11米215拍) :
1:10, 2B ; 35mm银盐
收藏馆：缩微中心，文登

000O002112
营造法式：三十四卷看详一卷 / (宋)李诚撰
清(1644-1911)抄本. -- (清)翁同龢跋。
1986年摄制. -- 1盘卷片(28米629拍) :
1:10, 2B ; 35mm银盐
收藏馆：缩微中心，国图

000O003698
营造法式：三十四卷看详一卷 / (宋)李诚撰
清(1644-1911)抄本. -- 卷十八至卷三十四配
抄本。
1985年摄制. -- 1盘卷片(26米582拍) :
1:10, 2B ; 35mm银盐
收藏馆：缩微中心，国图

000O013984
南船纪：四卷 / (明)沈棨撰
清乾隆六年(1741)沈守义刻本
1991年摄制. -- 1盘卷片(8米125拍) : 1:10,
2B ; 35mm银盐
收藏馆：缩微中心，国图

000O031708
南船纪：四卷 / (明)沈棨撰
清乾隆六年(1741)沈守义刻本
2005年摄制. -- 1盘卷片(9米145拍) : 1:10,
2B ; 35mm银盐
收藏馆：缩微中心，国图

000O004508
缮部纪略：一卷 / (明)郭尚友撰
明万历四十二年(1614)任家相[等]刻本
1986年摄制. -- 1盘卷片(4米42拍) : 1:10,
2B ; 35mm银盐
收藏馆：缩微中心，国图

000O002025
**新镌京板工师雕斫正式鲁班经匠家镜：三卷 /
(明)午荣,(明)章严撰**
明末(1621-1644)刻本
1986年摄制. -- 1盘卷片(6米93拍) : 1:10,
2B ; 35mm银盐
收藏馆：缩微中心，国图

000O018050
**新镌工师雕斫正式鲁班经匠家镜：三卷附灵驱
解法洞明真言秘书一卷 / (明)午荣,(明)章严撰**
清初(1644-1722)刻本. -- (明)周言校。
1993年摄制. -- 1盘卷片(15米309拍) :
1:10, 2B ; 35mm银盐
收藏馆：缩微中心，天津

000O001060
**工师雕斫正式鲁班木经匠家镜：三卷首一卷；
灵驱解法洞明真言秘书：一卷 / (明)午荣,(明)章
严撰**
清(1644-1911)刻本
1985年摄制. -- 1盘卷片(5.9米104拍) :
1:10, 2B ; 35mm银盐
收藏馆：缩微中心，国图

000O017032
园冶：三卷 / (明)计成撰
明崇祯(1628-1644)刻本. -- 存一卷：卷一。
1993年摄制. -- 1盘卷片(5米69拍) ： 1:10,
2B ；35mm银盐
收藏馆：缩微中心，国图

000O000357
园冶：三卷 / (明)计成撰
日本抄本
1985年摄制. -- 1盘卷片(11米218拍) ：
1:10, 2B ；35mm银盐
收藏馆：缩微中心，国图

000O005123
天工开物：三卷 / (明)宋应星撰
明崇祯十年(1637)宋应星刻本
1986年摄制. -- 1盘卷片(12米254拍) ：
1:10, 2B ；35mm银盐
收藏馆：缩微中心，国图

000O019940
天工开物：三卷 / (明)宋应星撰
明(1368-1644)书林杨素卿刻本
1994年摄制. -- 1盘卷片(13米228拍) ：
1:10, 2B ；35mm银盐
收藏馆：缩微中心，国图

000O000186
工程做法：八卷
清(1644-1911)抄本
1985年摄制. -- 1盘卷片(19米413拍) ：
1:10, 2B ；35mm银盐
收藏馆：缩微中心，国图

000O031722
钦定武英殿聚珍版程式：一卷 / (清)金简撰
清乾隆(1736-1795)武英殿聚珍版丛书活字印
本
2005年摄制. -- 1盘卷片(4米50拍) ： 1:10,
2B ；35mm银盐
收藏馆：缩微中心，国图

000O029159
圆明园万寿山内庭汇同则例：不分卷
清(1644-1911)抄本
1999年摄制. -- 4盘卷片(89米2107拍) ：
1:10, 2B ；35mm银盐
收藏馆：缩微中心，国图

000O028920
圆明园内工则例：不分卷
清(1644-1911)青芝堂抄本

1998年摄制. -- 1盘卷片(25米523拍) ：
1:10, 2B ；35mm银盐
收藏馆：缩微中心，湖南

000O001408
万寿山工程则例：十九卷
清(1644-1911)抄本
1985年摄制. -- 3盘卷片(60.3米1392拍) ：
1:10, 2B ；35mm银盐
收藏馆：缩微中心，国图

000O005970
万寿山工程则例：十九卷
清(1644-1911)抄本
1986年摄制. -- 3盘卷片(67米1386拍) ：
1:10, 2B ；35mm银盐
收藏馆：缩微中心，国图

000O029951
热河工程则例：□□卷
清(1644-1911)抄本. -- 存十七卷：卷一至卷
十六、卷三十一。
2001年摄制. -- 2盘卷片(42米867拍) ：
1:10, 2B ；35mm银盐
收藏馆：缩微中心，国图

000O001119
驻防德州满营军械工科价值图册：不分卷
清(1644-1911)抄彩绘本
1985年摄制. -- 1盘卷片(10米170拍) ：
1:10, 2B ；35mm银盐
收藏馆：缩微中心，国图

000O013129
普祥峪万年吉地工程备要：十卷
清(1644-1911)内府抄本
1991年摄制. -- 1盘卷片(29.9米676拍) ：
1:10, 2B ；35mm银盐
收藏馆：缩微中心，辽宁

000O000465
**菩陀峪万年吉地工程辑要：七卷 / (清)铁良[等]
辑**
清(1644-1911)抄本. -- 辑者还有：(清)绍
英。
1985年摄制. -- 1盘卷片(23米507拍) ：
1:10, 2B ；35mm银盐
收藏馆：缩微中心，国图

000O010162
镜镜吟痴：五卷 / (清)郑复光撰
清道光二十七年(1847)杨尚文刻连筠簃丛书本
1989年摄制. -- 1盘卷片(10米195拍) ：

1:10，2B；35mm银盐
收藏馆：缩微中心，山东

000O023095
问水集：六卷 / (明)刘天和撰
明(1368-1644)刻本
1995年摄制. -- 1盘卷片(10米169拍)：
1:10，2B；35mm银盐
收藏馆：缩微中心，国图

000O001754
水利集议：不分卷 / (明)澹宁子辑
清(1644-1911)抄本
1986年摄制. -- 1盘卷片(5米74拍)：1:10，
2B；35mm银盐
收藏馆：缩微中心，国图

000O021502
治河通考：十卷 / (明)吴山撰
明崇祯十一年(1638)吴士颜刻本
1995年摄制. -- 1盘卷片(11米195拍)：
1:10，2B；35mm银盐
收藏馆：缩微中心，国图

000O014970
河防一览：十四卷 / (明)潘季驯撰
明万历十八年(1590)潘季驯刻本
1992年摄制. -- 2盘卷片(43米874拍)：
1:10，2B；35mm银盐
收藏馆：缩微中心，国图

000O020099
河防一览：十四卷 / (明)潘季驯撰
明万历十八年(1590)潘季驯刻本
1994年摄制. -- 2盘卷片(42米871拍)：
1:10，2B；35mm银盐
收藏馆：缩微中心，国图

000O018681
河防一览榷：十二卷 / (明)潘季驯,(明)潘大复撰
明(1368-1644)刻本
1994年摄制. -- 1盘卷片(30米623拍)：
1:10，2B；35mm银盐
收藏馆：缩微中心，国图

000O027101
河防一览纂要：五卷 / (清)陈于豫撰
清康熙三十九年(1700)孙弓安刻四色套印本
1997年摄制. -- 1盘卷片(21米406拍)：
1:10，2B；35mm银盐
收藏馆：缩微中心，国图

000O019944
宸断两河大工录：十卷 / (明)佘毅中[等]辑
明万历九年(1581)佘毅中[等]刻本
1994年摄制. -- 1盘卷片(26米520拍)：
1:10，2B；35mm银盐
收藏馆：缩微中心，国图

000O011498
漕河图志：八卷 / (明)王琼撰
明弘治九年(1496)刻本
1989年摄制. -- 1盘卷片(13米270拍)：
1:10，2B；35mm银盐
收藏馆：缩微中心，湖南

000O023097
漕书：一卷；西迁注：一卷 / (明)张鸣凤撰
清(1644-1911)抄本
1995年摄制. -- 1盘卷片(3米23拍)：1:10，
2B；35mm银盐
收藏馆：缩微中心，国图

000O023107
漕黄要览：□□卷 / (明)高捷撰
明(1368-1644)刻本. -- 存一卷：卷二。
1995年摄制. -- 1盘卷片(5米57拍)：1:10，
2B；35mm银盐
收藏馆：缩微中心，国图

000O003899
北河纪：八卷纪余四卷 / (明)谢肇淛撰
明万历(1573-1620)刻本
1986年摄制. -- 1盘卷片(20.4米449拍)：
1:10，2B；35mm银盐
收藏馆：缩微中心，国图

000O006423
天一遗书：不分卷 / (清)陈潢撰
清咸丰四年(1854)杨象济抄本. -- (清)杨象
济跋。
1987年摄制. -- 1盘卷片(7米122拍)：1:10，
2B；35mm银盐
收藏馆：缩微中心，国图

000O015728
两河清汇易览：八卷 / (清)薛凤祚撰
清(1644-1911)抄本
1993年摄制. -- 1盘卷片(13米240拍)：
1:10，2B；35mm银盐
收藏馆：缩微中心，国图

000O014907
治河书：三卷 / (清)靳辅撰
清(1644-1911)抄本

1992年摄制. -- 1盘卷片（9.5米163拍）：
1:10, 2B ; 35mm银盐
收藏馆：缩微中心，辽宁

000O018603
圣谟全书：二十四卷 / (清)张鹏翮编
清(1644-1911)抄本
1993年摄制. -- 3盘卷片（70.3米1536拍）：
1:11, 2B ; 35mm银盐
收藏馆：缩微中心，重庆

000O019014
治河全书：二十四卷 / (清)张鹏翮撰
清(1644-1911)抄本
1994年摄制. -- 3盘卷片（73米1543拍）：
1:10, 2B ; 35mm银盐
收藏馆：缩微中心，天津

000O029009
居济一得：五卷 / (清)张伯行撰
清康熙四十五年(1706)刻本
1999年摄制. -- 1盘卷片（16米329拍）：
1:10, 2B ; 35mm银盐
收藏馆：缩微中心，湖南

000O010753
居济一得：八卷 / (清)张伯行撰；(清)张师
栻,(清)张师载编
清康熙四十七年(1708)刻本
1989年摄制. -- 1盘卷片（13米274拍）：
1:10, 2B ; 35mm银盐
收藏馆：缩微中心，天津

000O021204
居济一得：八卷 / (清)张伯行撰
清乾隆(1736-1795)刻本
1995年摄制. -- 1盘卷片（14米250拍）：
1:10, 2B ; 35mm银盐
收藏馆：缩微中心，国图

000O015093
河防献曝：不分卷 / (清)许肇起撰
清(1644-1911)抄本
1992年摄制. -- 1盘卷片（5米62拍）：1:10,
2B ; 35mm银盐
收藏馆：缩微中心，国图

000O016574
河壖杂志：二卷；禀复廖工部鸿荃委查黄河水
源：一卷 / (清)邹尧廷撰
清(1644-1911)抄本
1993年摄制. -- 1盘卷片（8.3米159拍）：
1:10, 2B ; 35mm银盐

收藏馆：缩微中心，山西

000O013772
河防志：□□卷
清(1644-1911)抄本. -- 存二卷：卷三、续
编。(清)弘业跋。
1991年摄制. -- 1盘卷片（13米247拍）：
1:10, 2B ; 35mm银盐
收藏馆：缩微中心，国图

000O014913
河防志：二十四卷
清(1644-1911)抄本
1992年摄制. -- 2盘卷片（61米1382拍）：
1:10, 2B ; 35mm银盐
收藏馆：缩微中心，辽宁

000O014281
河工诸议：三卷附一卷新议一卷 / (明)李国祥撰
明万历(1573-1620)刻本
1992年摄制. -- 1盘卷片（14米261拍）：
1:10, 2B ; 35mm银盐
收藏馆：缩微中心，国图

000O020563
河工器具图说：四卷 / (清)麟庆撰
清(1644-1911)稿本. -- (清)周菊伍跋。
1993年摄制. -- 1盘卷片（9米163拍）：1:10,
2B ; 35mm银盐
收藏馆：缩微中心，山东

000O010169
河工器具图说：四卷 / (清)麟庆撰
清(1644-1911)稿本
1989年摄制. -- 1盘卷片（9米160拍）：1:10,
2B ; 35mm银盐
收藏馆：缩微中心，山东

000O019649
畿辅安澜志：五十六卷 / (清)王履泰纂修
清(1644-1911)稿本. -- 存十五卷：唐河二
卷、卫河卷六至卷八、白河卷一至卷二、潮河
一卷、滦河二卷、清河卷下、宁津泊一卷、滏
阳河一卷、蓟运河卷上、陡河沙河一卷。
1994年摄制. -- 1盘卷片（26米507拍）：
1:10, 2B ; 35mm银盐
收藏馆：缩微中心，国图

000O005902
邦畿水利集说：四卷 / (清)沈联芳撰. 九十九淀
考：一卷 / (清)沈谦撰
清(1644-1911)抄本. -- (清)汪喜孙跋，(清)
龚自珍批校并跋。

1987年摄制. -- 1盘卷片（11米211拍）：
1:10, 2B ；35mm银盐
收藏馆：缩微中心，国图

000O001193
邦畿水利集说：四卷 / (清)沈联芳撰 . 九十九淀
考：一卷 / (清)沈谦撰
清(1644-1911)抄本
1985年摄制. -- 1盘卷片（10米196拍）：
1:10, 2B ；35mm银盐
收藏馆：缩微中心，国图

000O027100
重浚江南水利全书：八十四卷首一卷 / (清)陈銮
纂辑
清道光(1821-1850)刻本
1997年摄制. -- 6盘卷片（154米3080拍）：
1:10, 2B ；35mm银盐
收藏馆：缩微中心，国图

000O010211
三吴水利图考：四卷苏松常镇水利图一卷 / (明)
吕光洵撰
明嘉靖四十年(1561)刻本
1989年摄制. -- 1盘卷片（9米186拍）：1:10,
2B ；35mm银盐
收藏馆：缩微中心，天津

000O007548
东吴水利考：十卷 / (明)王圻撰
明(1368-1644)刻本
1987年摄制. -- 1盘卷片（29米642拍）：
1:10, 2B ；35mm银盐
收藏馆：缩微中心，国图

000O002870
吴中水利全书：二十八卷 / (明)张国维,(明)蔡懋
德纂修
明崇祯九年(1636)刻本
1986年摄制. -- 4盘卷片（103.5米2258拍）：
1:10, 2B ；35mm银盐
收藏馆：缩微中心，国图

000O018620
三吴水利：不分卷 / (清)朱云撰
清(1644-1911)稿本
1993年摄制. -- 1盘卷片（5.5米94拍）：
1:11, 2B ；35mm银盐
收藏馆：缩微中心，重庆

000O027259
三吴水利条议：一卷 / (清)钱中谐撰
清(1644-1911)抄本

1997年摄制. -- 1盘卷片（3米22拍）：1:10,
2B ；35mm银盐
收藏馆：缩微中心，国图

000O024611
三吴水利集说：不分卷 / (清)钱汝馼撰
清(1644-1911)抄本
1996年摄制. -- 1盘卷片（11米207拍）：
1:10, 2B ；35mm银盐
收藏馆：缩微中心，浙江

000O014896
清河县河口图说：不分卷 / (清)徐仰庭[等]撰
清道光(1821-1850)抄本
1992年摄制. -- 1盘卷片（4.0米54拍）：
1:10, 2B ；35mm银盐
收藏馆：缩微中心，辽宁

000O024891
淮南水利考：二卷
明(1368-1644)刻本. -- (清)丁丙、(清)叶遇
春跋。
1996年摄制. -- 1盘卷片（7米110拍）：1:10,
2B ；35mm银盐
收藏馆：缩微中心，南京

000O027562
下河水利集说：不分卷 / (清)刘台斗编
清(1644-1911)抄本
1997年摄制. -- 1盘卷片（7米110拍）：1:10,
2B ；35mm银盐
收藏馆：缩微中心，国图

000O008581
常熟县水利全书：十卷附录二卷 / (明)耿橘撰；
(明)王化[等]辑
明万历(1573-1620)刻本. -- (清)王家相跋。
1988年摄制. -- 1盘卷片（24米540拍）：
1:10, 2B ；35mm银盐
收藏馆：缩微中心，国图

000O005478
常熟县水利全书：十卷附录二卷 / (明)耿橘撰；
(明)王化[等]辑
明万历(1573-1620)刻本. -- 卷一配清
(1644-1911)抄本。
1986年摄制. -- 1盘卷片（22米484拍）：
1:10, 2B ；35mm银盐
收藏馆：缩微中心，国图

000O000627
常熟县水利全书：十卷附录二卷 / (明)耿橘撰；
(明)王化[等]辑

明(1368-1644)刻本
1985年摄制. -- 1盘卷片(21.2米465拍) :
1:10, 2B ; 35mm银盐
收藏馆：缩微中心，国图

000O028939
海塘纪略：四卷 / (清)宋楚望辑
清乾隆十九年(1754)刻本
1998年摄制. -- 1盘卷片(17米311拍) :
1:10, 2B ; 35mm银盐
收藏馆：缩微中心，苏州

000O010756
三江闸务全书：二卷 / (清)程鹤翥撰
清康熙(1662-1722)漱玉斋精刻本
1989年摄制. -- 1盘卷片(9米175拍) : 1:10,
2B ; 35mm银盐
收藏馆：缩微中心，天津

000O024593
闸务全书续刻：四卷 / (清)平衡撰
清(1644-1911)稿本
1996年摄制. -- 1盘卷片(9米151拍) : 1:10,
2B ; 35mm银盐
收藏馆：缩微中心，浙江

000O024661
**萧山水利：二卷续刻一卷三刻二卷 / (清)张文瑞
撰**
清康熙五十八年至雍正十三年(1719-1735)孝
友堂刻本
1996年摄制. -- 1盘卷片(9.5米171拍) :
1:10, 2B ; 35mm银盐
收藏馆：缩微中心，浙江

000O025609
萧山三江闸议：一卷 / (清)毛奇龄撰
清(1644-1911)稿本
1996年摄制. -- 1盘卷片(2米16拍) : 1:10,
2B ; 35mm银盐
收藏馆：缩微中心，浙江

000O006507
四明它山水利备览：二卷 / (宋)魏岘撰
明崇祯十四年(1641)陈朝辅刻本
1987年摄制. -- 1盘卷片(5米66拍) : 1:10,
2B ; 35mm银盐
收藏馆：缩微中心，国图

000O003616
上虞县五乡水利本末：一卷又一卷 / (元)陈怡撰
清康熙(1662-1722)刻本
1985年摄制. -- 1盘卷片(9米162拍) : 1:10,

2B ; 35mm银盐
收藏馆：缩微中心，国图

000O028280
镇海县城塘图略：一卷 / (清)王梦弼辑
清乾隆十六年(1751)彩绘本
1998年摄制. -- 1盘卷片(3米64拍) : 1:10,
2B ; 35mm银盐
收藏馆：缩微中心，河南

000O022971
河南管河道事宜：一卷 / (明)商大节撰
明(1368-1644)刻本
1995年摄制. -- 1盘卷片(5米60拍) : 1:10,
2B ; 35mm银盐
收藏馆：缩微中心，国图

000O022580
湖北安襄郧道水利集案：二卷 / (清)王概撰
清乾隆(1736-1795)刻本
1995年摄制. -- 1盘卷片(8.5米154拍) :
1:10, 2B ; 35mm银盐
收藏馆：缩微中心，襄阳

000O018647
湖北江汉水利议：一卷 / 杨守敬撰
清(1644-1911)稿本
1993年摄制. -- 1盘卷片(1.6米22拍) : 1:9,
2B ; 35mm银盐
收藏馆：缩微中心，重庆

000O014900
莆田水利志：八卷
清道光(1821-1850)抄本
1992年摄制. -- 1盘卷片(32.3米733拍) :
1:10, 2B ; 35mm银盐
收藏馆：缩微中心，辽宁

000O010208
**钦定宗人府则例：三十一卷首一卷 / (清)奕林
[等]纂修**
清光绪(1875-1908)精抄本. -- 全书无页码。
1989年摄制. -- 1盘卷片(25米549拍) :
1:10, 2B ; 35mm银盐
收藏馆：缩微中心，天津

000O027034
钦定宗人府则例：三十一卷
清(1644-1911)抄本
1997年摄制. -- 2盘卷片(59米1139拍) :
1:10, 2B ; 35mm银盐
收藏馆：缩微中心，国图

00O012246
六部则例全书：十九卷 / (清)鄂海纂
清康熙五十四年(1715)鄂海刻本
1990年摄制. -- 3盘卷片(73米1716拍)：
1:10, 2B；35mm银盐
收藏馆：缩微中心，南京

00O027051
六部则例全书：□□卷 / (清)鄂海辑
清康熙(1662-1722)刻本. -- 存六卷：吏部二卷、户部二卷、礼部二卷。
1997年摄制. -- 2盘卷片(36米713拍)：
1:10, 2B；35mm银盐
收藏馆：缩微中心，国图

00O012526
钦定吏部则例：六十六卷 / (清)张廷玉[等]纂
清乾隆七年(1742)武英殿刻本
1990年摄制. -- 2盘卷片(59.9米1355拍)：
1:10, 2B；35mm银盐
收藏馆：缩微中心，辽宁

00O012517
钦定吏部则例：六十八卷 / (清)阿桂[等]纂
清乾隆四十八年(1783)武英殿刻本
1990年摄制. -- 3盘卷片(77.6米1741拍)：
1:10, 2B；35mm银盐
收藏馆：缩微中心，辽宁

00O011499
钦定吏部则例：六十八卷 / (清)保宁[等]纂
清乾隆六十年(1795)武英殿刻武英殿聚珍版丛书本. -- 纂者还有：(清)吉伦。
1989年摄制. -- 4盘卷片(105.9米2378拍)：
1:10, 2B；35mm银盐
收藏馆：缩微中心，辽宁

00O011331
钦定户部则例：一百二十六卷首一卷 / (清)于敏中[等]纂
清乾隆四十六年(1781)武英殿刻本
1989年摄制. -- 5盘卷片(128.9米2890拍)：
1:10, 2B；35mm银盐
收藏馆：缩微中心，辽宁

00O025550
户部则例：□□卷
清乾隆(1736-1795)内府抄本. -- 存二十卷：漕运三卷、俸饷二卷、盐法二卷、关税二卷、蠲恤二卷、杂赋二卷、户口二卷、积贮一卷、库藏一卷、仓庾一卷、权量一卷、钱法一卷。
1996年摄制. -- 2盘卷片(50米978拍)：
1:10, 2B；35mm银盐

收藏馆：缩微中心，国图

00O011470
钦定户部旗务则例：十二卷 / (清)傅恒[等]纂
清乾隆三十四年(1769)武英殿刻本
1989年摄制. -- 1盘卷片(9.1米182拍)：
1:10, 2B；35mm银盐
收藏馆：缩微中心，辽宁

00O012866
钦定礼部则例：一百九十四卷图一卷 / (清)刘统勋[等]纂
清乾隆三十八年(1773)武英殿刻本
1990年摄制. -- 3盘卷片(76.8米1722拍)：
1:10, 2B；35mm银盐
收藏馆：缩微中心，辽宁

00O027043
兵部则例：□□卷
清乾隆(1736-1795)内府抄本. -- 存三十九卷
1997年摄制. -- 2盘卷片(57米1067拍)：
1:10, 2B；35mm银盐
收藏馆：缩微中心，国图

00O012647
督捕则例：二卷 / (清)徐本[等]纂
清乾隆八年(1743)武英殿刻本
1990年摄制. -- 1盘卷片(7.1米141拍)：
1:10, 2B；35mm银盐
收藏馆：缩微中心，辽宁

00O031706
工部则例：□□卷
清乾隆(1736-1795)内府抄本
2005年摄制. -- 1盘卷片(32米680拍)：
1:10, 2B；35mm银盐
收藏馆：缩微中心，国图

00O027052
[钦定]工部则例：五十卷 / (清)史贻直[等]纂
清乾隆(1736-1795)刻本
1997年摄制. -- 1盘卷片(20米312拍)：
1:10, 2B；35mm银盐
收藏馆：缩微中心，国图

00O029157
工部纂修则例：□□卷 / (清)曾鈝[等]纂修
清(1644-1911)稿本. -- 纂修者还有：(清)朱仪训。存九卷：卷八十四至卷九十一、卷九十三。
1999年摄制. -- 1盘卷片(16米227拍)：
1:10, 2B；35mm银盐

收藏馆：缩微中心，国图

00O027078
乘舆仪仗做法：二卷
清乾隆十四年(1749)刻本
1997年摄制. -- 1盘卷片(8米124拍) ： 1:10，
2B ；35mm银盐
收藏馆：缩微中心，国图

00O027063
理藩院则例：□□卷
清乾隆(1736-1795)内府抄本. -- 存八卷。
1997年摄制. -- 1盘卷片(13米230拍) ：
1:10，2B ；35mm银盐
收藏馆：缩微中心，国图

00O027265
理藩院修改回疆则例：四卷
清咸丰(1851-1861)内府抄本
1997年摄制. -- 1盘卷片(10米177拍) ：
1:10，2B ；35mm银盐
收藏馆：缩微中心，国图

00O027036
都察院则例：□□卷
清乾隆(1736-1795)内府抄本. -- 存五卷：卷
一、卷三至卷六。
1997年摄制. -- 1盘卷片(10米158拍) ：
1:10，2B ；35mm银盐
收藏馆：缩微中心，国图

00O026621
都察院则例：二卷
清乾隆(1736-1795)内府抄本
1997年摄制. -- 1盘卷片(6米95拍) ： 1:10，
2B ；35mm银盐
收藏馆：缩微中心，国图

00O027056
通政使司则例：一卷
清乾隆(1736-1795)内府抄本
1997年摄制. -- 1盘卷片(3米16拍) ： 1:10，
2B ；35mm银盐
收藏馆：缩微中心，国图

00O027053
大理寺则例：一卷
清乾隆(1736-1795)内府抄本
1997年摄制. -- 1盘卷片(2米4拍) ： 1:10，
2B ；35mm银盐
收藏馆：缩微中心，国图

00O026618
翰林院则例：一卷
清乾隆(1736-1795)内府抄本
1997年摄制. -- 1盘卷片(3米17拍) ： 1:10，
2B ；35mm银盐
收藏馆：缩微中心，国图

00O026619
起居注馆则例：一卷
清乾隆(1736-1795)内府抄本
1997年摄制. -- 1盘卷片(2米7拍) ： 1:10，
2B ；35mm银盐
收藏馆：缩微中心，国图

00O027050
詹事府则例：一卷
清乾隆(1736-1795)内府抄本
1997年摄制. -- 1盘卷片(2米4拍) ： 1:10，
2B ；35mm银盐
收藏馆：缩微中心，国图

00O027055
太常寺则例：一卷
清乾隆(1736-1795)内府抄本
1997年摄制. -- 1盘卷片(5米64拍) ： 1:10，
2B ；35mm银盐
收藏馆：缩微中心，国图

00O026616
鸿胪寺则例：一卷
清乾隆(1736-1795)内府抄本
1997年摄制. -- 1盘卷片(4米41拍) ： 1:10，
2B ；35mm银盐
收藏馆：缩微中心，国图

00O026617
钦天监则例：一卷
清乾隆(1736-1795)内府抄本
1997年摄制. -- 1盘卷片(3米25拍) ： 1:10，
2B ；35mm银盐
收藏馆：缩微中心，国图

00O020754
钦定总管内务府现行则例：二卷
清(1644-1911)内府抄本
1994年摄制. -- 1盘卷片(9米162拍) ： 1:10，
2B ；35mm银盐
收藏馆：缩微中心，国图

00O007315
总管内务府圆明园现行则例：二卷
清(1644-1911)内府抄本
1987年摄制. -- 1盘卷片(7米121拍) ： 1:10，

2B ；35mm银盐
收藏馆：缩微中心，国图

000O007574
总管内务府畅春园现行则例：三卷
清(1644-1911)内府抄本
1987年摄制. -- 1盘卷片(6米90拍) ：1:10,
2B ；35mm银盐
收藏馆：缩微中心，国图

000O029836
总管内务府畅春园现行则例：一卷
清(1644-1911)内府抄本
2001年摄制. -- 1盘卷片(5米78拍) ：1:10,
2B ；35mm银盐
收藏馆：缩微中心，国图

000O000291
热河园庭现行则例：十二卷
清(1644-1911)抄本
1985年摄制. -- 2盘卷片(43.2米989拍) ：
1:10, 2B ；35mm银盐
收藏馆：缩微中心，国图

000O012653
钦定国子监则例：三十卷首二卷 / (清)蔡新[等]纂
清乾隆三十七年(1772)武英殿刻本
1990年摄制. -- 1盘卷片(14.4米308拍) ：
1:10, 2B ；35mm银盐
收藏馆：缩微中心，辽宁

000O027030
国子监则例：四十四卷首六卷拟删旧例一卷
清嘉庆(1796-1820)内府抄本
1997年摄制. -- 1盘卷片(34米558拍) ：
1:10, 2B ；35mm银盐
收藏馆：缩微中心，国图

000O027031
国子监则例：四十五卷 / (清)汪廷珍[等]纂修
清道光(1821-1850)内府抄本
1997年摄制. -- 2盘卷片(53米993拍) ：
1:10, 2B ；35mm银盐
收藏馆：缩微中心，国图

000O027065
八旗则例：□□卷
清乾隆(1736-1795)抄本. -- 存十六卷。
1997年摄制. -- 1盘卷片(20米369拍) ：
1:10, 2B ；35mm银盐
收藏馆：缩微中心，国图

000O027069
钦定八旗则例：十二卷
清乾隆(1736-1795)抄本
1997年摄制. -- 1盘卷片(11米187拍) ：
1:10, 2B ；35mm银盐
收藏馆：缩微中心，国图

000O027037
盛京礼部则例：一卷
清乾隆(1736-1795)内府抄本
1997年摄制. -- 1盘卷片(3米12拍) ：1:10,
2B ；35mm银盐
收藏馆：缩微中心，国图

000O027057
盛京兵部则例：一卷
清乾隆(1736-1795)内府抄本
1997年摄制. -- 1盘卷片(3米9拍) ：1:10,
2B ；35mm银盐
收藏馆：缩微中心，国图

000O027039
盛京刑部则例：一卷
清乾隆(1736-1795)内府抄本
1997年摄制. -- 1盘卷片(2米6拍) ：1:10,
2B ；35mm银盐
收藏馆：缩微中心，国图

000O013103
盛京事宜：八卷
清(1644-1911)抄本
1991年摄制. -- 1盘卷片(14.8米319拍) ：
1:10, 2B ；35mm银盐
收藏馆：缩微中心，辽宁

000O025739
职方存草：四卷附录一卷 / (明)茅瑞征撰
明万历四十五年(1617)刻本
1996年摄制. -- 1盘卷片(24米499拍) ：
1:10, 2B ；35mm银盐
收藏馆：缩微中心，河南

000O024450
万历邸钞：四十五卷
抄本
1996年摄制. -- 2盘卷片(50米946拍) ：
1:10, 2B ；35mm银盐
收藏馆：缩微中心，国图

000O028493
林文忠函牍汇存：八卷 / (清)林则徐撰
清(1644-1911)抄本. -- 存四卷：卷五至卷
八。

1997年摄制. -- 1盘卷片(21.4米485拍)：
1:10，2B；35mm银盐
收藏馆：缩微中心，福建

000O011558
赐锦堂江督奏疏稿：二卷 / (清)牛鉴撰
清(1644-1911)抄本
1990年摄制. -- 1盘卷片(14米287拍)：
1:10，2B；35mm银盐
收藏馆：缩微中心，甘肃

000O026040
军务要件：不分卷 / (清)史致谔撰
清(1644-1911)稿本
1989年摄制. -- 1盘卷片(6米81拍)： 1:10，
2B；35mm银盐
收藏馆：缩微中心，南京

000O028067
沈文肃公牍：十六卷 / (清)沈葆桢撰
清(1644-1911)抄本
1997年摄制. -- 2盘卷片(34.5米730拍)：
1:10，2B；35mm银盐
收藏馆：缩微中心，福建

000O019841
丁汝昌海军函稿：不分卷 / (清)丁汝昌撰
清光绪(1875-1908)稿本
1994年摄制. -- 1盘卷片(13米257拍)：
1:10，2B；35mm银盐
收藏馆：缩微中心，天津

000O012926
理藩院公牍：不分卷
清(1644-1911)抄本
1991年摄制. -- 2盘卷片(36米729拍)：
1:10，2B；35mm银盐
收藏馆：缩微中心，南京

000O028541
津沪京各路密报军情：不分卷
清(1644-1911)袁氏渐西邮舍抄本
1996年摄制. -- 1盘卷片(15米290拍)：
1:10，2B；35mm银盐
收藏馆：缩微中心，南京

000O012743
磁州批牍：不分卷 / (清)赵烈文撰
清(1644-1911)赵氏能静居抄本
1990年摄制. -- 1盘卷片(25米604拍)：
1:10，2B；35mm银盐
收藏馆：缩微中心，南京

000O008429
按吴橄稿：不分卷；牌示稿：不分卷 / (明)祁彪
佳撰
明末(1621-1644)抄本
1988年摄制. -- 1盘卷片(21米466拍)：
1:10，2B；35mm银盐
收藏馆：缩微中心，国图

000O007535
按吴亲审橄稿：不分卷 / (明)祁彪佳撰
明末(1621-1644)抄本
1987年摄制. -- 1盘卷片(6米99拍)： 1:10，
2B；35mm银盐
收藏馆：缩微中心，国图

000O028671
按吴审录词语：不分卷 / (明)祁彪佳撰
明末(1621-1644)抄本
1989年摄制. -- 1盘卷片(21米469拍)：
1:10，2B；35mm银盐
收藏馆：缩微中心，南京

000O011443
文橄：六卷 / (清)刘兆麒撰
清康熙十一年(1672)刻本
1989年摄制. -- 1盘卷片(25.2米565拍)：
1:10，2B；35mm银盐
收藏馆：缩微中心，辽宁

000O001902
总制浙闽文橄：六卷 / (清)刘兆麒撰
清康熙(1662-1722)刻本
1986年摄制. -- 1盘卷片(25米531拍)：
1:10，2B；35mm银盐
收藏馆：缩微中心，国图

000O017148
天台治略：十卷 / (清)戴兆佳撰
清康熙六十年(1721)活字印本
1993年摄制. -- 1盘卷片(23.1米513拍)：
1:10，2B；35mm银盐
收藏馆：缩微中心，辽宁

000O020084
巡抚河南都察院右副御史吴景道塘报：一卷
清顺治四年(1647)写本
1994年摄制. -- 1盘卷片(2米3拍)： 1:10，
2B；35mm银盐
收藏馆：缩微中心，国图

000O028587
估修粤东省垣文牍：不分卷 / (清)顾炳章辑
清(1644-1911)稿本

1998年摄制. -- 1盘卷片（8米146拍）：1:10,
2B；35mm银盐
收藏馆：缩微中心，广东

000O025183
筹琼纪略：一卷 / (清)张彦珩撰
清顺治(1644-1661)刻本
1996年摄制. -- 1盘卷片（4米45拍）：1:10,
2B；35mm银盐
收藏馆：缩微中心，国图

000O025231
抚苗录：不分卷；沿边营汛路程：一卷；新抚苗
寨路程：一卷 / (清)鄂海撰
清康熙(1662-1722)拳石堂刻本
1996年摄制. -- 1盘卷片（11米189拍）：
1:10, 2B；35mm银盐
收藏馆：缩微中心，国图

000O021800
抚苗录：不分卷；红苗归化诗：不分卷 / (清)鄂
海辑
清康熙五十二年(1713)拳石堂刻本
1994年摄制. -- 1盘卷片（17米305拍）：
1:10, 2B；35mm银盐
收藏馆：缩微中心，南京

000O016163
万历九年丈量草册
明万历(1573-1620)抄本
1993年摄制. -- 1盘卷片（12米233拍）：
1:10, 2B；35mm银盐
收藏馆：缩微中心，国图

000O015977
万历清丈实例：不分卷
明万历(1573-1620)抄本
1993年摄制. -- 1盘卷片（4米31拍）：1:10,
2B；35mm银盐
收藏馆：缩微中心，国图

000O007544
条议船政拨差事宜书册：不分卷
明万历(1573-1620)刻本
1987年摄制. -- 1盘卷片（5米77拍）：1:10,
2B；35mm银盐
收藏馆：缩微中心，国图

000O005293
兵科造完顺治十一年八月分注销清册：不分卷 /
(清)者库纳[等]撰
清顺治(1644-1661)抄本
1986年摄制. -- 1盘卷片（4米52拍）：1:10,

2B；35mm银盐
收藏馆：缩微中心，国图

000O003384
总管内务府会计司晓谕众庄头档：一卷
清康熙五十年(1711)刻本
1986年摄制. -- 1盘卷片（3.2米38拍）：
1:10, 2B；35mm银盐
收藏馆：缩微中心，国图

000O029091
太常寺衙署工程修理过丈尺做法清册：不分卷
清(1644-1911)抄本
1999年摄制. -- 1盘卷片（13米263拍）：
1:10, 2B；35mm银盐
收藏馆：缩微中心，国图

000O000394
旗地则例：四卷
清(1644-1911)抄本
1985年摄制. -- 1盘卷片（15.6米332拍）：
1:10, 2B；35mm银盐
收藏馆：缩微中心，国图

000O027059
临雍档册：十卷
清(1644-1911)抄本
1997年摄制. -- 1盘卷片（13米235拍）：
1:10, 2B；35mm银盐
收藏馆：缩微中心，国图

000O019907
牧群司抄案：一卷
清(1644-1911)抄本
1994年摄制. -- 1盘卷片（3米17拍）：1:10,
2B；35mm银盐
收藏馆：缩微中心，国图

000O027067
内庭画佛注销档案：不分卷
清乾隆(1736-1795)内府抄本
1997年摄制. -- 1盘卷片（4米44拍）：1:10,
2B；35mm银盐
收藏馆：缩微中心，国图

000O027080
各州县解存清河道宪库陈设器物图册：不分卷 /
(清)徐体劭[等]编
清乾隆(1736-1795)抄本. -- 编者还有：(清)
韩宝晋。
1997年摄制. -- 1盘卷片（21米416拍）：
1:10, 2B；35mm银盐
收藏馆：缩微中心，国图

00O027079
雍和宫佛楼等处二十九案供器档案：不分卷
清乾隆二十一年(1756)内府抄本
1997年摄制. -- 1盘卷片(6米77拍) : 1:10,
2B ; 35mm银盐
收藏馆：缩微中心，国图

00O001802
济尔哈朗图等处陈设铺垫漆木器皿清档：不分
卷
清乾隆五十一年(1786)抄本
1985年摄制. -- 1盘卷片(3.4米42拍) :
1:10, 2B ; 35mm银盐
收藏馆：缩微中心，国图

00O027262
雍和宫陈设供器什物清册：□□卷
清嘉庆(1796-1820)抄本. -- 存九卷。
1997年摄制. -- 1盘卷片(13米215拍) :
1:10, 2B ; 35mm银盐
收藏馆：缩微中心，国图

00O016267
武英殿修书处报销档案：不分卷
清道光二十年(1840)武英殿修书处抄本
1993年摄制. -- 1盘卷片(4米34拍) : 1:10,
2B ; 35mm银盐
收藏馆：缩微中心，国图

00O027565
雍和宫陈设供器什物清册：□□卷
清道光二十四年(1844)抄本. -- 存九卷。
1997年摄制. -- 1盘卷片(12米190拍) :
1:10, 2B ; 35mm银盐
收藏馆：缩微中心，国图

00O004175
孝静康慈皇后大事档：十一卷
清(1644-1911)抄本
1986年摄制. -- 2盘卷片(38米822拍) :
1:10, 2B ; 35mm银盐
收藏馆：缩微中心，国图

00O025552
宣宗成皇帝大事档：□□卷
清(1644-1911)抄本. -- 存八卷：卷十七至卷
二十二、卷二十四至卷二十五。
1996年摄制. -- 1盘卷片(16米297拍) :
1:10, 2B ; 35mm银盐
收藏馆：缩微中心，国图

00O000142
园庭等处提归内库收存各项玉器清册：不分卷

清(1644-1911)抄本
1985年摄制. -- 1盘卷片(5.7米98拍) :
1:10, 2B ; 35mm银盐
收藏馆：缩微中心，国图

00O017196
清代中外法事汇抄：不分卷
清咸丰元年至清末(1851-1911)藏备书屋抄本
1993年摄制. -- 6盘卷片(154米3242拍) :
1:10, 2B ; 35mm银盐
收藏馆：缩微中心，山东

00O004372
旧档：不分卷
清(1644-1911)抄本
1986年摄制. -- 1盘卷片(8米138拍) : 1:10,
2B ; 35mm银盐
收藏馆：缩微中心，国图

00O020035
道光二十六年春季军机处随手档：不分卷
清(1644-1911)抄本. -- 许宝蘅跋。
1994年摄制. -- 1盘卷片(7米109拍) : 1:10,
2B ; 35mm银盐
收藏馆：缩微中心，国图

00O029876
驻防太原正蓝镶蓝满洲蒙古四旗造送乾隆
四十八年四十九年兵部来文抄案册：不分卷
清嘉庆(1796-1820)抄本
2001年摄制. -- 1盘卷片(9米169拍) : 1:10,
2B ; 35mm银盐
收藏馆：缩微中心，国图

00O016164
休宁县编审小册
清初(1644-1722)抄本
1993年摄制. -- 1盘卷片(8米144拍) : 1:10,
2B ; 35mm银盐
收藏馆：缩微中心，国图

00O001118
录呈江西粮台第一案报销各款清册：不分卷
清咸丰七年(1857)抄本
1985年摄制. -- 3盘卷片(67.1米1310拍) :
1:10, 2B ; 35mm银盐
收藏馆：缩微中心，国图

00O013022
四川各地勘案及其他事宜档册
明嘉靖(1522-1566)抄本
1991年摄制. -- 1盘卷片(22米393拍) :
1:10, 2B ; 35mm银盐

收藏馆：缩微中心，国图

00O004371
嘉定府犍为县档册：不分卷
清乾隆（1736-1795）抄本
1986年摄制. -- 1盘卷片（8米149拍）：1:10，2B；35mm银盐
收藏馆：缩微中心，国图

00O012986
经世挈要：□□卷 / (明)张燧撰
明崇祯六年（1633）傅昌辰版筑居刻本. -- 存二十卷：卷一至卷二十。
1991年摄制. -- 1盘卷片（31米613拍）：1:10，2B；35mm银盐
收藏馆：缩微中心，国图

00O002179
左司笔记：三卷 / (清)吴燮撰
清（1644-1911）稿本. -- (清)张燮跋。
1986年摄制. -- 1盘卷片（7米119拍）：1:10，2B；35mm银盐
收藏馆：缩微中心，国图

00O029309
校邠庐抗议：二卷 / (清)冯桂芬撰；(清)潘霨校
清（1644-1911）抄本. -- (清)林寿图批校。
1999年摄制. -- 1盘卷片（5米60拍）：1:10，2B；35mm银盐
收藏馆：缩微中心，苏州

诏令奏议类

00O013551
两汉诏令：二十三卷 / (宋)林虙,(宋)楼昉辑
元至正九年（1349）苏天爵刻明（1368-1644）递修本
1991年摄制. -- 1盘卷片（16米289拍）：1:10，2B；35mm银盐
收藏馆：缩微中心，浙江

00O015269
两汉诏令：二十三卷 / (宋)林虙,(宋)楼昉辑
明（1368-1644）抄本. -- 缺一卷：西汉卷二。
1992年摄制. -- 1盘卷片（14米271拍）：1:10，2B；35mm银盐
收藏馆：缩微中心，国图

00O008515
两汉诏令：二十三卷 / (宋)林虙,(宋)楼昉辑
清道光二十一年（1841）蒋氏别下斋抄本. -- (清)许光清校并跋。
1988年摄制. -- 1盘卷片（12米241拍）：

1:10，2B；35mm银盐
收藏馆：缩微中心，国图

00O027782
唐大诏令集：一百三十卷 / (宋)宋敏求辑
明（1368-1644）抄本. -- 存一百七卷：卷一至卷十三、卷二十五至卷七十二、卷七十三至卷八十六、卷九十九至卷一百三十。
1997年摄制. -- 2盘卷片（47米955拍）：1:10，2B；35mm银盐
收藏馆：缩微中心，广东

00O003673
唐大诏令集：一百三十卷 / (宋)宋敏求辑
清（1644-1911）抄本. -- 存一百七卷：卷一至卷十三、卷二十五至卷八十六、卷九十九至卷一百三十。
1985年摄制. -- 2盘卷片（40.3米876拍）：1:10，2B；35mm银盐
收藏馆：缩微中心，国图

00O002200
唐大诏令集：一百三十卷 / (宋)宋敏求辑
清（1644-1911）抄本. -- 存一百七卷：卷一至卷十三、卷二十五至卷八十六、卷九十九至卷一百三十。(清)顾广圻跋。
1986年摄制. -- 2盘卷片（42米915拍）：1:10，2B；35mm银盐
收藏馆：缩微中心，国图

00O004394
唐大诏令集：一百三十卷 / (宋)宋敏求辑
清（1644-1911）抄本. -- 存九十九卷：卷七至卷十三、卷二十五至卷八十六、卷九十九至卷一百十八、卷一百二十一至卷一百三十。(清)翁同龢校注。
1985年摄制. -- 2盘卷片（40.5米889拍）：1:10，2B；35mm银盐
收藏馆：缩微中心，国图

00O006624
唐大诏令集：一百三十卷 / (宋)宋敏求辑
清（1644-1911）宝米斋抄本. -- 存三十卷：卷一至卷十三、卷二十五至卷三十二、卷三十八至卷四十二、卷四十九至卷五十二。
1987年摄制. -- 1盘卷片（26.7米593拍）：1:10，2B；35mm银盐
收藏馆：缩微中心，国图

00O003676
宋朝大诏令集：二百四十卷
清（1644-1911）抄本. -- 存一百九十六卷：卷一至卷七十、卷九十四至卷一百五、卷

一百十六至卷一百六十六、卷一百七十八至卷
二百四十。
1985年摄制. -- 3盘卷片(76米1670拍)：
1:10，2B；35mm银盐
收藏馆：缩微中心，国图

000O020211
皇明大训记：十六卷 / (明)朱国祯辑
明(1368-1644)刻本
1994年摄制. -- 1盘卷片(28米584拍)：
1:10，2B；35mm银盐
收藏馆：缩微中心，国图

000O002866
皇明祖训：一卷 / (明)太祖朱元璋撰
明洪武(1368-1398)礼部刻本
1986年摄制. -- 1盘卷片(4米59拍)：1:10，
2B；35mm银盐
收藏馆：缩微中心，国图

000O022424
皇明诏制：八卷
明嘉靖(1522-1566)刻本
1995年摄制. -- 1盘卷片(31米634拍)：
1:10，2B；35mm银盐
收藏馆：缩微中心，国图

000O027441
皇明诏制：十卷 / (明)孔贞运辑
明崇祯(1628-1644)刻本
1996年摄制. -- 2盘卷片(50米1096拍)：
1:10，2B；35mm银盐
收藏馆：缩微中心，南京

000O024287
皇明诏令：二十一卷
明嘉靖十八年(1539)傅凤翔刻本
1996年摄制. -- 2盘卷片(45米955拍)：
1:10，2B；35mm银盐
收藏馆：缩微中心，安徽

000O023056
简书有赫：一卷
明天启(1621-1627)刻本
1995年摄制. -- 1盘卷片(4米45拍)：1:10，
2B；35mm银盐
收藏馆：缩微中心，国图

000O008797
皇明宝训：四十卷 / (明)吕本[等]辑
明万历三十年(1602)周氏大有堂秣陵刻广文堂
印本
1988年摄制. -- 3盘卷片(89.8米1986拍)：

1:10，2B；35mm银盐
收藏馆：缩微中心，重庆

000O014785
明朝宝训：四十卷
明(1368-1644)刻本
1992年摄制. -- 3盘卷片(87米1800拍)：
1:10，2B；35mm银盐
收藏馆：缩微中心，国图

000O020382
大明英宗睿皇帝宝训：十二卷
清(1644-1911)抄本. -- (清)李文田跋。
1994年摄制. -- 1盘卷片(7米121拍)：1:10，
2B；35mm银盐
收藏馆：缩微中心，国图

000O001795
大明神宗显皇帝宝训：□□卷
明(1368-1644)抄本. -- 存一卷：卷一。
1985年摄制. -- 1盘卷片(3.6米49拍)：
1:10，2B；35mm银盐
收藏馆：缩微中心，国图

000O019828
三朝圣谕录：三卷 / (明)杨士奇撰
明正统(1436-1449)刻本
1994年摄制. -- 1盘卷片(5米64拍)：1:10，
2B；35mm银盐
收藏馆：缩微中心，天津

000O024858
外制草：十卷 / (明)申时行撰
明(1368-1644)刻本
1996年摄制. -- 1盘卷片(16米334拍)：
1:10，2B；35mm银盐
收藏馆：缩微中心，南京

000O023042
丝纶录：六卷 / (明)周永春辑
明(1368-1644)刻本
1995年摄制. -- 1盘卷片(19米353拍)：
1:10，2B；35mm银盐
收藏馆：缩微中心，国图

000O021774
祯朝诏疏：十一卷 / (明)朱东观辑
明崇祯十六年(1643)刻本. -- 奏疏卷二至卷
三配抄本。
1995年摄制. -- 1盘卷片(26米543拍)：
1:10，2B；35mm银盐
收藏馆：缩微中心，国图

00O013887
代言选：五卷 / (明)倪元璐撰；(明)文震孟,(明)王铎注
明末(1621-1644)王贻杙刻本
1992年摄制. -- 1盘卷片(9米149拍) : 1:10, 2B ; 35mm银盐
收藏馆：缩微中心，国图

00O025899
代言选：五卷；讲编：二卷；奏牍：六卷 / (明)倪元璐撰
明崇祯(1628-1644)五贻杙刻本. -- 存九卷：代言选五卷，讲编二卷，奏牍卷一、卷三。
1996年摄制. -- 1盘卷片(16米317拍) : 1:10, 2B ; 35mm银盐
收藏馆：缩微中心，浙江

00O013843
大清诏令：八卷
清(1644-1911)抄本
1991年摄制. -- 1盘卷片(14米257拍) : 1:10, 2B ; 35mm银盐
收藏馆：缩微中心，国图

00O023686
平南恩诏：一卷
清(1644-1911)刘启瑞食旧德斋抄本
1995年摄制. -- 1盘卷片(2米21拍) : 1:10, 2B ; 35mm银盐
收藏馆：缩微中心，浙江

00O011483
上谕内阁：不分卷 / (清)允禄[等]辑
清雍正九年(1731)内府刻乾隆六年(1741)武英殿续刻本. -- 辑者还有：(清)弘昼等。
1989年摄制. -- 4盘卷片(110.7米2484拍) : 1:10, 2B ; 35mm银盐
收藏馆：缩微中心，辽宁

00O012605
上谕八旗：十三卷
清乾隆六年(1741)武英殿刻本
1990年摄制. -- 1盘卷片(23.5米523拍) : 1:10, 2B ; 35mm银盐
收藏馆：缩微中心，辽宁

00O012614
上谕旗务议覆：十二卷
清乾隆六年(1741)内府刻本
1990年摄制. -- 1盘卷片(14.5米309拍) : 1:10, 2B ; 35mm银盐
收藏馆：缩微中心，辽宁

00O012715
谕行旗务奏议：十三卷
清乾隆六年(1741)内府刻本
1990年摄制. -- 1盘卷片(10.3米219拍) : 1:10, 2B ; 35mm银盐
收藏馆：缩微中心，辽宁

00O009687
雍正要录：不分卷
清(1644-1911)抄本
1988年摄制. -- 1盘卷片(5米65拍) : 1:10, 2B ; 35mm银盐
收藏馆：缩微中心，四川

00O006319
大义觉迷录：四卷 / (清)世宗胤禛撰
清雍正(1723-1735)刻本
1987年摄制. -- 1盘卷片(14米280拍) : 1:10, 2B ; 35mm银盐
收藏馆：缩微中心，吉林

00O024461
朱批谕旨：不分卷
清乾隆三年(1738)内府刻套印本
1996年摄制. -- 20盘卷片(604米12671拍) : 1:10, 2B ; 35mm银盐
收藏馆：缩微中心，国图

00O031206
朱批谕旨：不分卷
清乾隆三年(1738)内府刻套印本
2004年摄制. -- 21盘卷片(643米13630拍) : 1:11, 2B ; 35mm银盐
收藏馆：缩微中心，国图

00O032008
朱批谕旨：不分卷
清乾隆三年(1738)内府刻套印本. -- 十行二十一字白口四周双边。
2010年摄制. -- 26盘卷片(736米13668拍) : 1:13, 2B ; 35mm银盐
收藏馆：缩微中心，国图

00O014532
太宗文皇帝圣训：六卷 / (清)太宗皇太极撰
清乾隆四年(1739)武英殿刻本
1992年摄制. -- 1盘卷片(7.8米151拍) : 1:10, 2B ; 35mm银盐
收藏馆：缩微中心，辽宁

00O028392
世祖章皇帝圣训：六卷 / (清)世祖福临撰
清乾隆四年(1739)武英殿刻本

1997年摄制. -- 1盘卷片(7米129拍) : 1:10,
2B ; 35mm银盐
收藏馆:缩微中心,辽宁

00O012837
圣祖仁皇帝圣训:六十卷 / (清)圣祖玄烨撰
清乾隆六年(1741)武英殿刻本
1990年摄制. -- 3盘卷片(73.8米1651拍) :
1:10, 2B ; 35mm银盐
收藏馆:缩微中心,辽宁

00O012839
仁宗睿皇帝圣训:一百十卷 / (清)仁宗颙琰撰
清道光四年(1824)武英殿刻本
1990年摄制. -- 8盘卷片(237.8米5427拍) :
1:10, 2B ; 35mm银盐
收藏馆:缩微中心,辽宁

00O031394
**大清穆宗毅皇帝圣训:一百六十卷 / (清)洪钧
[等]辑**
清(1644-1911)稿本. -- 辑者还有:(清)叶
大焯等。存四十三卷:卷十一至卷三十、卷
三十二至卷四十、卷七十一至卷八十、卷
八十五至卷八十七、卷一百三十二。
2004年摄制. -- 4盘卷片(108米2328拍) :
1:10, 2B ; 35mm银盐
收藏馆:缩微中心,国图

00O025111
**大清穆宗毅皇帝圣训:一百六十卷 / (清)洪钧
[等]辑**
清(1644-1911)抄本. -- 辑者还有:(清)叶大
焯等。存一百二十一卷:卷一至卷二、卷四至
卷十五、卷十七、卷十九至卷二十、卷二十二
至卷二十八、卷三十二至卷三十七、卷四十一
至卷五十二、卷五十五至卷五十八、卷六十一
至卷六十五、卷六十九至卷七十六、卷八十、
卷八十六至卷九十一、卷九十三至卷九十四、
卷九十六至卷一百二十二、卷一百二十五至卷
一百二十七、卷一百二十九、卷一百三十一
至 卷 一 百 三 十 五 、 卷 一 百 三 十 七 至 卷
一百四十七、卷一百四十九至卷一百五十、卷
一百五十三至卷一百五十四、卷一百五十九至
卷一百六十。
1996年摄制. -- 11盘卷片(332米6640拍) :
1:10, 2B ; 35mm银盐
收藏馆:缩微中心,国图

00O007193
历代名臣奏议:三百五十卷 / (明)黄淮[等]辑
明永乐(1403-1424)刻本. -- 辑者还有:(明)
杨士奇等。

1987年摄制. -- 15盘卷片(438.4米10195拍) :
1:10, 2B ; 35mm银盐
收藏馆:缩微中心,山东

00O025939
历代名臣奏议:三百五十卷 / (明)杨士奇[等]辑
明永乐(1403-1424)内府刻本. -- (清)丁丙
跋。
1996年摄制. -- 16盘卷片(459米9971拍) :
1:10, 2B ; 35mm银盐
收藏馆:缩微中心,南京

00O020584
**历代名臣奏议:三百五十卷目录一卷 / (明)杨士
奇[等]辑**
明永乐(1403-1424)内府刻本
1994年摄制. -- 14盘卷片(437米9094拍) :
1:10, 2B ; 35mm银盐
收藏馆:缩微中心,国图

00O006178
**历代名臣奏议:三百五十卷 / (明)黄淮[等]辑;
(明)张溥删正**
明崇祯八年(1635)东观阁刻本. -- 编者还
有:(明)杨士奇等。
1987年摄制. -- 13盘卷片(395米7918拍) :
1:10, 2B ; 35mm银盐
收藏馆:缩微中心,四川

00O012188
**历代名臣奏议集略:四十卷 / (明)欧阳一敬,(明)
魏时亮辑**
明隆庆三年(1569)王廷瞻刻本
1990年摄制. -- 7盘卷片(176米4176拍) :
1:10, 2B ; 35mm银盐
收藏馆:缩微中心,南京

00O011612
**荆川先生右编:四十卷 / (明)唐顺之辑;(明)刘
曰宁补**
明万历三十三年(1605)南京国子监刻本
1989年摄制. -- 5盘卷片(145米2922拍) :
1:10, 2B ; 35mm银盐
收藏馆:缩微中心,四川

00O021549
**荆川先生右编:四十卷 / (明)唐顺之编;(明)刘
曰宁补**
明万历三十三年(1605)刻本
1995年摄制. -- 5盘卷片(134米2613拍) :
1:10, 2B ; 35mm银盐
收藏馆:缩微中心,国图

00O006311
右编补：十卷 / (明)姚文蔚编
明万历(1573-1620)刻本
1987年摄制. -- 2盘卷片(39米832拍)：
1:10, 2B；35mm银盐
收藏馆：缩微中心，吉林

00O026710
古奏议：不分卷 / (明)黄汝亨辑
明万历二十九年(1601)吴德聚刻本
1996年摄制. -- 1盘卷片(21米465拍)：
1:10, 2B；35mm银盐
收藏馆：缩微中心，南京

00O021043
古奏议：不分卷 / (明)黄汝亨辑并评
明万历二十九年(1601)刻本
1994年摄制. -- 1盘卷片(23米466拍)：
1:10, 2B；35mm银盐
收藏馆：缩微中心，国图

00O006389
秦汉书疏：十八卷
明嘉靖三十七年(1558)吴国伦刻本
1987年摄制. -- 1盘卷片(27米607拍)：
1:10, 2B；35mm银盐
收藏馆：缩微中心，国图

00O029806
秦汉书疏：十八卷
明嘉靖三十七年(1558)吴国伦刻本
2001年摄制. -- 1盘卷片(27米591拍)：
1:10, 2B；35mm银盐
收藏馆：缩微中心，国图

00O006887
秦汉书疏：十八卷 / (明)徐绅辑
明隆庆六年(1572)山西藩署刻本
1987年摄制. -- 1盘卷片(27.1米595拍)：
1:10, 2B；35mm银盐
收藏馆：缩微中心，重庆

00O006931
两汉书疏：十六卷 / (明)周瓘辑
明弘治八年(1495)林俊刻本
1987年摄制. -- 1盘卷片(23米503拍)：
1:10, 2B；35mm银盐
收藏馆：缩微中心，国图

00O010640
两汉书疏：十六卷 / (明)周瓘辑
明弘治(1488-1505)刻本
1989年摄制. -- 1盘卷片(23米513拍)：
1:10, 2B；35mm银盐
收藏馆：缩微中心，吉林

00O009321
西汉奏疏：八卷；东汉奏疏：八卷 / (明)陈淏子辑
明崇祯九年(1636)陈淏子刻本
1988年摄制. -- 2盘卷片(41米838拍)：
1:10, 2B；35mm银盐
收藏馆：缩微中心，湖南

00O009845
西汉书疏：六卷；东汉书疏：七卷 / (明)李琯辑
明嘉靖(1522-1566)刻本
1989年摄制. -- 1盘卷片(24米539拍)：
1:10, 2B；35mm银盐
收藏馆：缩微中心，浙江

00O006274
国朝诸臣奏议：一百五十卷 / (宋)赵汝愚辑
宋淳祐(1241-1252)刻本. -- 存二卷：卷三十四至卷三十五。
1987年摄制. -- 1盘卷片(4米44拍)：1:10, 2B；35mm银盐
收藏馆：缩微中心，吉林

00O001448
国朝诸臣奏议：一百五十卷 / (宋)赵汝愚辑
宋淳祐十年(1250)福州史季温刻元明(1271-1644)递修本. -- 存二十四卷：卷十四至卷十九、卷二十七至卷三十三、卷四十四至卷四十七、卷一百三至卷一百四、卷一百十二至卷一百十六。
1985年摄制. -- 1盘卷片(21米456拍)：
1:10, 2B；35mm银盐
收藏馆：缩微中心，国图

00O019696
国朝诸臣奏议：一百五十卷 / (宋)赵汝愚辑
宋淳祐十年(1250)福州史季温刻元明(1271-1644)递修本. -- 存六卷：卷三十四至卷三十九。
1994年摄制. -- 1盘卷片(7米104拍)：1:10, 2B；35mm银盐
收藏馆：缩微中心，国图

00O024531
大儒大奏议：六卷 / (明)邵宝辑
明嘉靖六年(1527)郭韶刻本
1996年摄制. -- 1盘卷片(10米188拍)：
1:10, 2B；35mm银盐
收藏馆：缩微中心，浙江

00O007188
皇明名臣经济录：十八卷 / (明)陈九德辑
明嘉靖二十八年(1549)罗鸿刻本
1987年摄制. -- 2盘卷片(36米753拍) :
1:10, 2B；35mm银盐
收藏馆：缩微中心，山东

00O012168
皇明疏议辑略：三十七卷 / (明)张瀚辑
明嘉靖三十年(1551)刻本. -- (清)丁丙跋。
1990年摄制. -- 2盘卷片(51米1208拍) :
1:10, 2B；35mm银盐
收藏馆：缩微中心，南京

00O012846
皇明奏疏类钞：六十一卷 / (明)汪少泉辑；(明)
孙维城[等]重辑
明万历十六年(1588)刻本
1990年摄制. -- 6盘卷片(160米3423拍) :
1:10, 2B；35mm银盐
收藏馆：缩微中心，浙江

00O021726
皇明疏钞：七十卷 / (明)孙旬辑
明万历十二年(1584)孙旬刻本
1995年摄制. -- 4盘卷片(128米2674拍) :
1:10, 2B；35mm银盐
收藏馆：缩微中心，国图

00O015838
皇明疏钞：七十卷 / (明)孙旬辑
明万历十二年(1584)孙旬刻本. -- 存六十七
卷：卷一至卷三、卷五至卷六十六、卷六十九
至卷七十。
1993年摄制. -- 5盘卷片(133米2551拍) :
1:10, 2B；35mm银盐
收藏馆：缩微中心，国图

00O024796
表约：不分卷 / (明)王宇纂辑
明末(1621-1644)刻本
1995年摄制. -- 1盘卷片(10米179拍) :
1:10, 2B；35mm银盐
收藏馆：缩微中心，浙江

00O014919
不愧堂刻奏疏：六卷 / (明)吴道行辑
明万历三十五年(1607)唐氏金陵刻本
1992年摄制. -- 2盘卷片(39米754拍) :
1:10, 2B；35mm银盐
收藏馆：缩微中心，国图

00O008117
皇明奏议备选：十六卷 / (明)秦骏生辑
明(1368-1644)刻本
1988年摄制. -- 2盘卷片(54米1207拍) :
1:10, 2B；35mm银盐
收藏馆：缩微中心，湖北

00O012834
御选明臣奏议：四十卷 / (清)高宗弘历选
清乾隆(1736-1795)内府抄本
1990年摄制. -- 3盘卷片(70.3米1567拍) :
1:10, 2B；35mm银盐
收藏馆：缩微中心，辽宁

00O000453
御选明臣奏议：四十卷 / (清)蔡新[等]辑
清乾隆四十七年(1782)武英殿活字印本
1985年摄制. -- 2盘卷片(55.9米1255拍) :
1:10, 2B；35mm银盐
收藏馆：缩微中心，国图

00O023054
户部题稿：不分卷 / (明)梁材[等]撰
明(1368-1644)白华楼抄本. -- 撰者还有：
(明)李廷相等。
1995年摄制. -- 1盘卷片(12米225拍) :
1:10, 2B；35mm银盐
收藏馆：缩微中心，国图

00O021491
安南奏议：二卷 / (明)张瓒[等]撰
明嘉靖(1522-1566)刻本
1995年摄制. -- 1盘卷片(8米131拍) : 1:10,
2B；35mm银盐
收藏馆：缩微中心，国图

00O012761
皇明留台奏议：二十卷 / (明)朱吾弼,(明)李云鹄
辑
明万历三十三年(1605)刻本
1990年摄制. -- 2盘卷片(46米1087拍) :
1:10, 2B；35mm银盐
收藏馆：缩微中心，南京

00O016262
兵部奏疏：不分卷 / (明)郭乾[等]撰
明(1368-1644)抄本. -- 撰者还有：(明)潘晟
等。
1993年摄制. -- 1盘卷片(19米381拍) :
1:10, 2B；35mm银盐
收藏馆：缩微中心，国图

00O023105
都察院会题宪务疏：二卷 / (明)孙丕扬[等]撰
明万历(1573-1620)刻本
1995年摄制. -- 1盘卷片(9米143拍) : 1:10,
2B ; 35mm银盐
收藏馆：缩微中心，国图

00O020384
明策：四卷 / (明)冯琦,(明)黄汝良撰；(明)张延登辑
明崇祯(1628-1644)张延登刻本. -- (清)李文田跋。
1994年摄制. -- 1盘卷片(12米215拍) :
1:10, 2B ; 35mm银盐
收藏馆：缩微中心，国图

000O022425
吾征录：三卷节略五卷续一卷；率道人素草：一卷 / (明)吴玄辑
明崇祯十六年至十七年(1643-1644)吴玄刻本. -- 存八卷：吾征录上、中，节略五卷、续一卷。
1995年摄制. -- 1盘卷片(30米632拍) :
1:10, 2B ; 35mm银盐
收藏馆：缩微中心，国图

000O023361
题稿：不分卷
明(1368-1644)抄本
1995年摄制. -- 1盘卷片(4米43拍) : 1:10,
2B ; 35mm银盐
收藏馆：缩微中心，国图

000O019581
明天启崇祯两朝题本：不分卷
明(1368-1644)抄本
1994年摄制. -- 1盘卷片(18米312拍) :
1:10, 2B ; 35mm银盐
收藏馆：缩微中心，国图

000O021472
傃庵野抄：十一卷 / (明)蔡士顺辑
明崇祯(1628-1644)刻本
1995年摄制. -- 1盘卷片(28米553拍) :
1:10, 2B ; 35mm银盐
收藏馆：缩微中心，国图

000O023074
辽变会议始末：二卷 / (明)毕自严辑
明崇祯(1628-1644)刻本. -- 存一卷：卷一。
1995年摄制. -- 1盘卷片(5米65拍) : 1:10,
2B ; 35mm银盐
收藏馆：缩微中心，国图

00O031187
明崇祯朝手本揭帖咨文
明(1368-1644)抄本
2004年摄制. -- 1盘卷片(4米40拍) : 1:10,
2B ; 35mm银盐
收藏馆：缩微中心，国图

00O019717
明崇祯朝题本咨文
明(1368-1644)抄本
1994年摄制. -- 1盘卷片(4米23拍) : 1:10,
2B ; 35mm银盐
收藏馆：缩微中心，国图

00O009571
解纲录：一卷
明崇祯(1628-1644)刻本
1988年摄制. -- 1盘卷片(4米46拍) : 1:10,
2B ; 35mm银盐
收藏馆：缩微中心，山东

00O023217
书巢碎金：一卷
明(1368-1644)刻本
1995年摄制. -- 1盘卷片(4米34拍) : 1:10,
2B ; 35mm银盐
收藏馆：缩微中心，国图

00O013244
今史：不分卷
明崇祯(1628-1644)抄本. -- (清)翁同龢跋。
1991年摄制. -- 1盘卷片(30米640拍) :
1:10, 2B ; 35mm银盐
收藏馆：缩微中心，南京

00O021448
掌卫疏稿：不分卷
明崇祯(1628-1644)抄本
1995年摄制. -- 1盘卷片(6米93拍) : 1:10,
2B ; 35mm银盐
收藏馆：缩微中心，国图

00O025120
皇清奏议：□□卷
清(1644-1911)抄本. -- 存七卷：卷二至卷四、卷九至卷十二。
1996年摄制. -- 1盘卷片(17米318拍) :
1:10, 2B ; 35mm银盐
收藏馆：缩微中心，国图

00O001487
皇清奏议：不分卷
清(1644-1911)抄本

1986年摄制. -- 2盘卷片(51.4米1113拍)：
1:10, 2B ; 35mm银盐
收藏馆：缩微中心，吉林

000O013114
皇清奏议：不分卷
清(1644-1911)抄本
1991年摄制. -- 4盘卷片(108.6米2449拍)：
1:10, 2B ; 35mm银盐
收藏馆：缩微中心，辽宁

000O024422
皇清奏议副本：不分卷
清(1644-1911)抄本. -- 存：清康熙三十五
年至三十六年(1696-1697)、康熙三十八年
至四十年(1699-1701)、雍正元年至三年
(1723-1725)、乾隆七年至八年(1742-1743)。
1996年摄制. -- 1盘卷片(9米146拍)：1:10,
2B ; 35mm银盐
收藏馆：缩微中心，国图

000O024479
皇清奏议副本：不分卷
清(1644-1911)抄本. -- 存：清康熙六年至
十一年(1667-1672)、康熙十三年至十七年
(1674-1678)、乾隆五年(1740)。
1996年摄制. -- 1盘卷片(9米140拍)：1:10,
2B ; 35mm银盐
收藏馆：缩微中心，国图

000O024451
皇清奏议副本：不分卷
清(1644-1911)抄本. -- 存散叶。
1996年摄制. -- 1盘卷片(9米133拍)：1:10,
2B ; 35mm银盐
收藏馆：缩微中心，国图

000O028596
清臣奏疏：不分卷
清(1644-1911)抄本. -- 书名据内容题。
1998年摄制. -- 1盘卷片(9米167拍)：1:10,
2B ; 35mm银盐
收藏馆：缩微中心，广东

000O016793
国朝奏疏：四十八卷 / (清)朱樟辑
清(1644-1911)抄本
1993年摄制. -- 5盘卷片(127米2595拍)：
1:10, 2B ; 35mm银盐
收藏馆：缩微中心，国图

000O015595
顺治录疏：不分卷

清(1644-1911)抄本. -- 存：清顺治二年
(1645)七月。
1992年摄制. -- 1盘卷片(7米114拍)：1:10,
2B ; 35mm银盐
收藏馆：缩微中心，国图

000O031260
清顺治朝手本揭帖：不分卷
清初(1644-1722)抄本
2004年摄制. -- 1盘卷片(8米135拍)：1:11,
2B ; 35mm银盐
收藏馆：缩微中心，国图

000O025122
吏户礼曹章奏：不分卷 / (清)陈爌[等]撰
清(1644-1911)抄本
1996年摄制. -- 1盘卷片(6米69拍)：1:10,
2B ; 35mm银盐
收藏馆：缩微中心，国图

000O029043
内阁大库奏档
清(1644-1911)写本
1999年摄制. -- 3盘卷片(73米1670拍)：
1:10, 2B ; 35mm银盐
收藏馆：缩微中心，国图

000O018109
**诸城刘氏三世奏稿：一卷 / (清)刘统勋撰；(清)
刘墉,(清)刘镮之撰**
清(1644-1911)稿本. -- (清)沈梧跋，(清)吕
景瑞题识。
1993年摄制. -- 1盘卷片(2米20拍)：1:10,
2B ; 35mm银盐
收藏馆：缩微中心，山东

000O020784
题奏事件：不分卷
清乾隆三十八年(1773)公慎堂活字印本. --
存：清乾隆三十八年(1773)十六日至二十二
日。
1994年摄制. -- 1盘卷片(3米21拍)：1:10,
2B ; 35mm银盐
收藏馆：缩微中心，国图

000O001686
清乾隆朝诸臣贺表：十四通 / (清)苟琮[等]撰
清(1644-1911)抄本
1986年摄制. -- 1盘卷片(6米107拍)：1:10,
2B ; 35mm银盐
收藏馆：缩微中心，国图

000O031274
清乾隆朝移会
清(1644-1911)抄本
2004年摄制. -- 1盘卷片(3米25拍) ： 1:11,
2B ； 35mm银盐
收藏馆：缩微中心，国图

000O024279
嘉庆上谕奏稿：不分卷
清(1644-1911)抄本
1996年摄制. -- 1盘卷片(6米82拍) ： 1:10,
2B ； 35mm银盐
收藏馆：缩微中心，安徽

000O021761
嘉庆四年奏折抄：不分卷
清(1644-1911)抄本
1995年摄制. -- 1盘卷片(4米45拍) ： 1:10,
2B ； 35mm银盐
收藏馆：缩微中心，国图

000O001141
**朝鲜国王李玜上清宣宗表文：一道 / (朝鲜)李玜
撰**
朝鲜写本. -- 约写于清道光(1821-1850)。
1985年摄制. -- 1盘卷片(2.5米21拍) ：
1:10, 2B ； 35mm银盐
收藏馆：缩微中心，国图

000O014243
朝鲜国王李奂上清宣宗表文：一道
朝鲜抄本
1992年摄制. -- 1盘卷片(3米6拍) ： 1:10,
2B ； 35mm银盐
收藏馆：缩微中心，国图

000O028597
鸦片战争初期奏稿选集：不分卷
清(1644-1911)抄本. -- 书名据内容题。
1998年摄制. -- 1盘卷片(6米106拍) ： 1:10,
2B ； 35mm银盐
收藏馆：缩微中心，广东

000O024484
两江奏稿录存：三卷 / (清)琦善[等]撰
清(1644-1911)抄本
1996年摄制. -- 1盘卷片(20米401拍) ：
1:10, 2B ； 35mm银盐
收藏馆：缩微中心，国图

000O028561
勘定陵寝吉地奏议：不分卷 / (清)禧耆撰
清(1644-1911)抄本

1996年摄制. -- 1盘卷片(6米90拍) ： 1:10,
2B ； 35mm银盐
收藏馆：缩微中心，南京

000O001129
**朝鲜国王李昪上清文宗表文：一道 / (朝鲜)李昪
撰**
朝鲜写本. -- 约写于清咸丰(1851-1861)。
1985年摄制. -- 1盘卷片(2.5米21拍) ：
1:10, 2B ； 35mm银盐
收藏馆：缩微中心，国图

000O003327
**朝鲜国王李昪上清穆宗谢表：一道 / (朝鲜)李昪
撰**
朝鲜抄本
1986年摄制. -- 1盘卷片(3米24拍) ： 1:10,
2B ； 35mm银盐
收藏馆：缩微中心，国图

000O005898
**朝鲜国王李熙上清穆宗谢表：一道 / (朝鲜)李熙
撰**
朝鲜抄本. -- 本书为经折装。
1986年摄制. -- 1盘卷片(3米18拍) ： 1:10,
2B ； 35mm银盐
收藏馆：缩微中心，国图

000O000575
靖逆将军奕隆会办广东军务折档：不分卷
清(1644-1911)抄本
1985年摄制. -- 1盘卷片(25米559拍) ：
1:10, 2B ； 35mm银盐
收藏馆：缩微中心，国图

000O024418
鸦片战事奏档：不分卷 / (清)牛鉴[等]撰
清(1644-1911)抄本
1996年摄制. -- 1盘卷片(11米200拍) ：
1:10, 2B ； 35mm银盐
收藏馆：缩微中心，国图

000O003972
**陕甘总督奏稿：不分卷 / (清)布彦泰,(清)林则徐
撰**
清(1644-1911)抄本
1985年摄制. -- 2盘卷片(36米783拍) ：
1:10, 2B ； 35mm银盐
收藏馆：缩微中心，国图

000O026059
**题稿：一卷；广东乞假全案：一卷 / (清)徐继
畬,(清)黄赞汤撰**

清(1644-1911)稿本
1990年摄制. -- 1盘卷片(6米81拍) : 1:10,
2B ; 35mm银盐
收藏馆：缩微中心，南京

000O011240
咸丰军务奏稿：不分卷
清(1644-1911)抄本. -- 存十二册：册三至册
十四。
1989年摄制. -- 3盘卷片(76米1498拍) :
1:10, 2B ; 35mm银盐
收藏馆：缩微中心，四川

000O011239
同治京外奏议汇钞：不分卷
清(1644-1911)抄本
1989年摄制. -- 1盘卷片(26米515拍) :
1:10, 2B ; 35mm银盐
收藏馆：缩微中心，四川

000O012107
江南司编案卷：□□卷
清光绪二十年(1894)稿本
1990年摄制. -- 1盘卷片(6米92拍) : 1:10,
2B ; 35mm银盐
收藏馆：缩微中心，山东

000O008054
海塘新案：不分卷 / (清)马新贻[等]撰
清(1644-1911)抄本. -- 撰者还有：(清)杨昌
浚等。
1988年摄制. -- 1盘卷片(31米668拍) :
1:10, 2B ; 35mm银盐
收藏馆：缩微中心，湖南

000O000733
续续钞室日笔：不分卷 / (清)袁昶辑
清(1644-1911)稿本
1985年摄制. -- 1盘卷片(5米76拍) : 1:10,
2B ; 35mm银盐
收藏馆：缩微中心，国图

000O010161
军机大臣奏稿：不分卷
清(1644-1911)抄本
1989年摄制. -- 1盘卷片(5米71拍) : 1:10,
2B ; 35mm银盐
收藏馆：缩微中心，山东

000O018235
军机大臣奏稿：不分卷
清(1644-1911)抄本
1993年摄制. -- 1盘卷片(5米74拍) : 1:10,

2B ; 35mm银盐
收藏馆：缩微中心，山东

000O020926
马玉崑等奏稿 / (清)马玉崑[等]撰
清(1644-1911)稿本
1994年摄制. -- 1盘卷片(3米33拍) : 1:10,
2B ; 35mm银盐
收藏馆：缩微中心，天津

000O021147
民政部折奏汇抄：不分卷
清光绪(1875-1908)抄本
1992年摄制. -- 1盘卷片(10米170拍) :
1:10, 2B ; 35mm银盐
收藏馆：缩微中心，吉林

000O024536
奏稿：不分卷 / (清)沈葆桢撰
清(1644-1911)抄本
1996年摄制. -- 1盘卷片(9米154拍) : 1:10,
2B ; 35mm银盐
收藏馆：缩微中心，浙江

000O018037
陆宣公奏议：十五卷 / (唐)陆贽撰；(宋)郎晔注
明弘治七年(1494)林符重刻本. -- 钤"江都
曹氏家骙秘笈""博明珍藏""曹印声涛"等
印。
1993年摄制. -- 1盘卷片(17米359拍) :
1:10, 2B ; 35mm银盐
收藏馆：缩微中心，天津

000O018855
注陆宣公奏议：十五卷 / (唐)陆贽撰；(宋)郎晔注．制诰：十卷 / (唐)陆贽撰
明嘉靖三十四年(1555)汪□刻本
1994年摄制. -- 1盘卷片(24米463拍) :
1:10, 2B ; 35mm银盐
收藏馆：缩微中心，国图

000O009891
叠山批点陆宣公奏议：十五卷 / (唐)陆贽撰；(宋)谢枋得批点
明(1368-1644)刻本
1989年摄制. -- 1盘卷片(14米301拍) :
1:10, 2B ; 35mm银盐
收藏馆：缩微中心，浙江

000O018507
李相国论事集：六卷 / (唐)李绛撰
清(1644-1911)抄本. -- (清)劳格校并跋。
1993年摄制. -- 1盘卷片(6米83拍) : 1:10,

2B ；35mm银盐
收藏馆：缩微中心，国图

000O022961
范文正公政府奏议：二卷 / (宋)范仲淹撰
元元统二年(1334)范氏褒贤世家家塾岁寒堂刻
本
1995年摄制. -- 1盘卷片(6米90拍) ：1:10,
2B ；35mm银盐
收藏馆：缩微中心，国图

000O014881
范文正公政府奏议：二卷 / (宋)范仲淹撰
元元统(1333-1335)刻本
1992年摄制. -- 1盘卷片(8米144拍) ：1:10,
2B ；35mm银盐
收藏馆：缩微中心，吉林

000O013373
孝肃包公奏议集：十卷 / (宋)包拯撰
明成化二十年(1484)张岫刻本
1991年摄制. -- 1盘卷片(11米195拍) ：
1:10, 2B ；35mm银盐
收藏馆：缩微中心，国图

000O014201
孝肃包公奏议集：十卷 / (宋)包拯撰
明成化二十年(1484)张岫刻本
1992年摄制. -- 1盘卷片(11米194拍) ：
1:10, 2B ；35mm银盐
收藏馆：缩微中心，国图

000O012872
孝肃包公奏议集：十卷 / (宋)包拯撰
明弘治五年(1492)合肥县刻本
1990年摄制. -- 1盘卷片(10.3米209拍) ：
1:10, 2B ；35mm银盐
收藏馆：缩微中心，辽宁

000O002386
孝肃包公奏议集：十卷 / (宋)包拯撰
明(1368-1644)刻本. -- 存一卷：卷一。
1986年摄制. -- 1盘卷片(5米66拍) ：1:10,
2B ；35mm银盐
收藏馆：缩微中心，国图

000O007113
孝肃包公奏议集：十卷 / (宋)包拯撰
明嘉靖三十四年(1555)雷逵刻本
1987年摄制. -- 1盘卷片(10.7米215拍) ：
1:10, 2B ；35mm银盐
收藏馆：缩微中心，重庆

000O026899
孝肃包公奏议集：十卷 / (宋)包拯撰
明万历四十二年(1614)戴熺刻本. -- (清)丁
丙跋。
1996年摄制. -- 1盘卷片(13米265拍) ：
1:10, 2B ；35mm银盐
收藏馆：缩微中心，南京

000O006183
宋包孝肃公奏议：四卷 / (宋)包拯撰
明万历十六年(1588)黄兆圣刻本
1987年摄制. -- 1盘卷片(14米274拍) ：
1:10, 2B ；35mm银盐
收藏馆：缩微中心，四川

000O008766
范忠宣公奏议：三卷 / (宋)范纯仁撰
明嘉靖四十年(1561)刻本
1988年摄制. -- 1盘卷片(6.7米121拍) ：
1:9, 2B ；35mm银盐
收藏馆：缩微中心，重庆

000O008472
东坡奏议：十五卷 / (宋)苏轼撰
明成化四年(1468)程宗刻本
1988年摄制. -- 1盘卷片(21米452拍) ：
1:10, 2B ；35mm银盐
收藏馆：缩微中心，国图

000O003667
尽言集：十三卷 / (宋)刘安世撰
明隆庆五年(1571)张佳胤王叔杲刻本
1985年摄制. -- 1盘卷片(13米270拍) ：
1:10, 2B ；35mm银盐
收藏馆：缩微中心，国图

000O005662
尽言集：十三卷 / (宋)刘安世撰
明隆庆五年(1571)张佳胤王叔杲刻本
1987年摄制. -- 1盘卷片(12米233拍) ：
1:10, 2B ；35mm银盐
收藏馆：缩微中心，国图

000O018481
尽言集：十三卷 / (宋)刘安世撰
明隆庆五年(1571)张佳胤王叔杲刻本
1993年摄制. -- 1盘卷片(13米243拍) ：
1:10, 2B ；35mm银盐
收藏馆：缩微中心，国图

000O000219
石林奏议：十五卷 / (宋)叶梦得撰
清(1644-1911)抄本. -- (清)叶廷琯跋。

1985年摄制. -- 1盘卷片(11.8米244拍)：
1:10, 2B；35mm银盐
收藏馆：缩微中心，国图

000O029156
宋丞相李忠定公奏议：六十九卷附录九卷 / (宋)李纲撰
明正德十一年(1516)胡文静萧洋刻本
1999年摄制. -- 2盘卷片(45米1022拍)：
1:10, 2B；35mm银盐
收藏馆：缩微中心，国图

000O029973
宋丞相李忠定公奏议：六十九卷附录九卷 / (宋)李纲撰
明正德十一年(1516)胡文静萧洋刻本
2001年摄制. -- 2盘卷片(47米973拍)：
1:10, 2B；35mm银盐
收藏馆：缩微中心，国图

000O005693
宋丞相李忠定公奏议：六十九卷附录九卷 / (宋)李纲撰
明正德十一年(1516)胡文静萧洋刻天启(1621-1627)重修本. -- 存七十一卷：卷一至卷六十九、附录卷一至卷二。朱玖聃跋。
1987年摄制. -- 2盘卷片(40米823拍)：
1:10, 2B；35mm银盐
收藏馆：缩微中心，国图

000O007702
重锓文公先生奏议：十五卷 / (宋)朱熹撰；(明)朱吾弼辑
明万历三十二年(1604)朱崇沐刻本
1987年摄制. -- 2盘卷片(34.6米739拍)：
1:10, 2B；35mm银盐
收藏馆：缩微中心，重庆

000O021802
重锓文公先生奏议：十五卷 / (宋)朱熹撰；(明)朱吾弼辑
明万历三十二年(1604)朱崇沐刻本. -- (清)丁丙跋。
1994年摄制. -- 2盘卷片(35.5米756拍)：
1:10, 2B；35mm银盐
收藏馆：缩微中心，南京

000O028678
郑忠肃公奏议遗集：一卷 / (宋)郑兴裔撰. 郑忠肃公年谱：一卷 / (宋)郑竦撰
清(1644-1911)抄本. -- (清)丁丙跋。
1990年摄制. -- 1盘卷片(8.5米142拍)：
1:10, 2B；35mm银盐

收藏馆：缩微中心，南京

000O026944
少保于公奏议：十卷附录一卷 / (明)于谦撰
明嘉靖二十年(1541)杭州府刻本. -- (清)丁丙跋。
1996年摄制. -- 1盘卷片(30米707拍)：
1:10, 2B；35mm银盐
收藏馆：缩微中心，南京

000O018440
少保于公奏议：十卷附录一卷 / (明)于谦撰
明嘉靖二十年(1541)杭州府刻本. -- 存七卷：卷一至卷二、卷四至卷五、卷八至卷十。
1993年摄制. -- 1盘卷片(24米483拍)：
1:10, 2B；35mm银盐
收藏馆：缩微中心，国图

000O008129
少保于公奏议：十卷附录一卷 / (明)于谦撰
明万历四十一年(1613)吴邦相刻本
1988年摄制. -- 2盘卷片(44米927拍)：
1:10, 2B；35mm银盐
收藏馆：缩微中心，湖北

000O021728
少保于公奏议：十卷附录一卷 / (明)于谦撰
明(1368-1644)刻本
1995年摄制. -- 1盘卷片(32米669拍)：
1:10, 2B；35mm银盐
收藏馆：缩微中心，国图

000O027951
商文毅公疏稿略：一卷 / (明)商辂撰
明(1368-1644)抄本. -- (清)丁丙跋。
1996年摄制. -- 1盘卷片(6米94拍)：1:10, 2B；35mm银盐
收藏馆：缩微中心，南京

000O021453
西垣奏草：九卷附录一卷 / (明)叶盛撰
明嘉靖九年(1530)叶梦淇刻本
1995年摄制. -- 1盘卷片(11米186拍)：
1:10, 2B；35mm银盐
收藏馆：缩微中心，国图

000O024463
叶文庄公奏疏：四十卷 / (明)叶盛撰
明崇祯四年(1631)叶氏赐书楼刻本
1996年摄制. -- 1盘卷片(32米669拍)：
1:10, 2B；35mm银盐
收藏馆：缩微中心，国图

00O009331
余肃敏公奏议：六卷附录一卷 / (明)余子俊撰
明(1368-1644)刻本. -- 存一卷：卷一。
1988年摄制. -- 1盘卷片(4米58拍) ： 1:10,
2B ；35mm银盐
收藏馆：缩微中心，湖南

00O014765
马端肃公奏议：十六卷 / (明)马文升撰
明嘉靖二十六年(1547)葛洞刻本. -- 存四
卷：卷一至卷二、卷九至卷十。
1992年摄制. -- 1盘卷片(6米93拍) ： 1:10,
2B ；35mm银盐
收藏馆：缩微中心，国图

00O024535
马端肃公奏议：十四卷 / (明)马文升撰
明(1368-1644)刻清(1644-1911)重修本
1996年摄制. -- 1盘卷片(19米381拍) ：
1:10, 2B ；35mm银盐
收藏馆：缩微中心，浙江

00O025115
马端肃公奏议：十四卷 / (明)马文升撰
清(1644-1911)刻本. -- 四库底本。存十二
卷：卷一至卷十二。
1996年摄制. -- 1盘卷片(14米229拍) ：
1:10, 2B ；35mm银盐
收藏馆：缩微中心，国图

00O023041
晋溪本兵敷奏：十四卷 / (明)王琼撰
明嘉靖二十三年(1544)廖希颜江浚刻本. --
存十三卷：卷一至卷八、卷十至卷十四。
1995年摄制. -- 2盘卷片(42米817拍) ：
1:10, 2B ；35mm银盐
收藏馆：缩微中心，国图

00O019023
少司空主一徐公奏议：九卷 / (明)徐恪撰
明嘉靖(1522-1566)刻本
1994年摄制. -- 1盘卷片(18米378拍) ：
1:10, 2B ；35mm银盐
收藏馆：缩微中心，天津

00O027896
蠖庵疏稿：二卷 / (明)屈伸撰
明嘉靖(1522-1566)刻本
1996年摄制. -- 1盘卷片(10米190拍) ：
1:10, 2B ；35mm银盐
收藏馆：缩微中心，南京

00O021727
密勿稿：三卷 / (明)毛纪撰
明嘉靖十六年(1537)刻本
1995年摄制. -- 1盘卷片(5米63拍) ： 1:10,
2B ；35mm银盐
收藏馆：缩微中心，国图

00O012637
辞荣录：不分卷 / (明)毛纪撰
明嘉靖十年(1531)刻本
1990年摄制. -- 1盘卷片(3.7米52拍) ：
1:10, 2B ；35mm银盐
收藏馆：缩微中心，辽宁

00O006303
新刊西沱吴先生蠢遇录：四册 / (明)吴世忠撰
明万历(1573-1620)刻本
1987年摄制. -- 1盘卷片(9米150拍) ： 1:10,
2B ；35mm银盐
收藏馆：缩微中心，吉林

00O014249
丛丰山奏议略：六卷 / (明)丛兰撰
明嘉靖二十九年至三十年(1550-1551)丛磐刻
本
1991年摄制. -- 1盘卷片(8米139拍) ： 1:10,
2B ；35mm银盐
收藏馆：缩微中心，国图

00O026694
少保胡端敏公奏议：十卷 / (明)胡世宁撰
明嘉靖十九年(1540)余镱刻本
1996年摄制. -- 1盘卷片(21.5米446拍) ：
1:10, 2B ；35mm银盐
收藏馆：缩微中心，福建

00O015817
少保胡端敏公奏议：十卷 / (明)胡世宁撰
明嘉靖十九年(1540)余镱刻本. -- 存八卷：
卷一至卷二、卷五至卷十。
1993年摄制. -- 1盘卷片(15米293拍) ：
1:10, 2B ；35mm银盐
收藏馆：缩微中心，国图

00O022234
郊议录：一卷 / (明)章拯撰
明(1368-1644)刻本
1995年摄制. -- 1盘卷片(3米12拍) ： 1:10,
2B ；35mm银盐
收藏馆：缩微中心，国图

00O005388
历官表奏：十二卷 / (明)严嵩撰

明嘉靖二十三年(1544)刻钤山堂集本
1986年摄制. -- 1盘卷片(9.3米182拍) :
1:10, 2B ; 35mm银盐
收藏馆：缩微中心，国图

00O019947
南宫奏议：三十卷 / (明)严嵩撰
明嘉靖(1522-1566)严氏钤山堂刻本
1994年摄制. -- 1盘卷片(26米515拍) :
1:10, 2B ; 35mm银盐
收藏馆：缩微中心，国图

00O009830
南宫疏略：八卷 / (明)严嵩撰
明嘉靖二十七年(1548)刻本
1989年摄制. -- 1盘卷片(10米211拍) :
1:10, 2B ; 35mm银盐
收藏馆：缩微中心，浙江

00O030027
甘泉献纳编：三卷 / (明)湛若水撰
明嘉靖十三年(1534)史际刻本
2001年摄制. -- 1盘卷片(5.8米94拍) :
1:10, 2B ; 35mm银盐
收藏馆：缩微中心，厦门

00O029307
沈御史存奏：一卷 / (明)沈灼撰
清(1644-1911)抄本
1999年摄制. -- 1盘卷片(4米41拍) : 1:10,
2B ; 35mm银盐
收藏馆：缩微中心，苏州

00O017952
江西奏议：二卷 / (明)唐龙撰
明嘉靖(1522-1566)刻本. -- 存一卷：卷一。
1993年摄制. -- 1盘卷片(5米72拍) : 1:10,
2B ; 35mm银盐
收藏馆：缩微中心，国图

00O008753
文襄公奏议：八卷 / (明)桂萼撰
明嘉靖二十三年(1544)桂载刻本
1988年摄制. -- 1盘卷片(16.6米352拍) :
1:11, 2B ; 35mm银盐
收藏馆：缩微中心，重庆

00O023316
闭关三疏：一卷 / (明)张钦撰
明嘉靖(1522-1566)刻本
1995年摄制. -- 1盘卷片(3米18拍) : 1:10,
2B ; 35mm银盐
收藏馆：缩微中心，国图

00O016248
交黎剿平事略：五卷 / (明)欧阳必进撰
明嘉靖三十年(1551)方民悦刻本. -- 存四
卷：卷一至卷四。
1993年摄制. -- 1盘卷片(13米231拍) :
1:10, 2B ; 35mm银盐
收藏馆：缩微中心，国图

00O023038
交黎剿平事略：五卷 / (明)欧阳必进撰
清(1644-1911)抄本
1995年摄制. -- 1盘卷片(17米325拍) :
1:10, 2B ; 35mm银盐
收藏馆：缩微中心，国图

00O009527
桂洲先生奏议：二十卷外集一卷 / (明)夏言撰
明(1368-1644)忠礼书院刻本
1988年摄制. -- 2盘卷片(38.9米836拍) :
1:10, 2B ; 35mm银盐
收藏馆：缩微中心，重庆

00O023678
郊祀奏议：二卷 / (明)夏言撰
明嘉靖(1522-1566)刻本
1995年摄制. -- 1盘卷片(7米114拍) : 1:10,
2B ; 35mm银盐
收藏馆：缩微中心，浙江

00O024522
**水西谏疏：二卷 / (明)沈汉撰 . 宏所谏疏：一卷 /
(明)沈珣撰**
清康熙六十一年(1722)沈氏刻本
1996年摄制. -- 1盘卷片(5米79拍) : 1:10,
2B ; 35mm银盐
收藏馆：缩微中心，浙江

00O021729
**谕对录：三十四卷首一卷敕谕录二卷御制诗赋
录一卷 / (明)世宗朱厚熜,(明)张孚敬撰 ; (明)张
汝纪,(明)张汝经辑**
明万历三十四年(1606)蒋文彦刻本
1995年摄制. -- 2盘卷片(46米891拍) :
1:10, 2B ; 35mm银盐
收藏馆：缩微中心，国图

00O013243
郑端简公奏议：十四卷 / (明)郑晓撰
明隆庆四年(1570)项氏万卷堂刻本. -- 卷五
至卷六、卷十二至卷十四配清抄本。
1991年摄制. -- 1盘卷片(25米591拍) :
1:10, 2B ; 35mm银盐
收藏馆：缩微中心，南京

000O013281
谷原奏议：四卷 / (明)苏佑撰
明(1368-1644)刻本
1991年摄制. -- 1盘卷片(11米217拍)：
1:10, 2B ; 35mm银盐
收藏馆：缩微中心，湖北

000O015336
汪东峰先生奏议：四卷 / (明)汪玄锡撰
明(1368-1644)叶茂芝刻本
1992年摄制. -- 1盘卷片(9米139拍)：1:10,
2B ; 35mm银盐
收藏馆：缩微中心，国图

000O009319
李襄敏公奏议：十四卷 / (明)李遂撰
明(1368-1644)刻本
1988年摄制. -- 1盘卷片(20米404拍)：
1:10, 2B ; 35mm银盐
收藏馆：缩微中心，湖南

000O027955
祗役纪略：六卷 / (明)赵文华撰
明嘉靖(1522-1566)刻本
1996年摄制. -- 1盘卷片(10米181拍)：
1:10, 2B ; 35mm银盐
收藏馆：缩微中心，南京

000O030170
经略疏稿：二卷 / (明)杨博撰
明嘉靖三十二年(1553)刻本
2001年摄制. -- 1盘卷片(9.1米157拍)：
1:10, 2B ; 35mm银盐
收藏馆：缩微中心，厦门

000O013080
杨襄毅公奏疏：十七卷 / (明)杨博撰
明万历(1573-1620)刻本
1991年摄制. -- 2盘卷片(55米1005拍)：
1:10, 2B ; 35mm银盐
收藏馆：缩微中心，国图

000O023667
杨襄毅公本兵疏议：二十四卷 / (明)杨博撰
明万历十四年(1586)师贞堂刻本
1996年摄制. -- 2盘卷片(63米1322拍)：
1:10, 2B ; 35mm银盐
收藏馆：缩微中心，浙江

000O028433
台省疏稿：八卷 / (明)张瀚撰
明万历(1573-1620)吴道明刻本. -- (清)丁丙
跋。

1996年摄制. -- 1盘卷片(18.5米390拍)：
1:10, 2B ; 35mm银盐
收藏馆：缩微中心，南京

000O024521
南宫奏牍：二卷 / (明)高拱撰
明嘉靖(1522-1566)刻本
1996年摄制. -- 1盘卷片(6米92拍)：1:10,
2B ; 35mm银盐
收藏馆：缩微中心，浙江

000O021522
掌铨题稿：三十四卷 / (明)高拱撰
清康熙二十六年(1687)高有闻刻本
1995年摄制. -- 1盘卷片(28米564拍)：
1:10, 2B ; 35mm银盐
收藏馆：缩微中心，国图

000O014990
谭襄敏公奏议：十卷 / (明)谭纶撰
明万历二十八年(1600)顾所有刻本
1992年摄制. -- 1盘卷片(30米617拍)：
1:10, 2B ; 35mm银盐
收藏馆：缩微中心，国图

000O015735
毅庵总督陕西奏议：十三卷 / (明)石茂华撰
明万历(1573-1620)刻本
1993年摄制. -- 2盘卷片(50米1009拍)：
1:10, 2B ; 35mm银盐
收藏馆：缩微中心，国图

000O023045
司铨奏章：八卷 / (明)王国光撰
明万历(1573-1620)刻本
1995年摄制. -- 1盘卷片(22米433拍)：
1:10, 2B ; 35mm银盐
收藏馆：缩微中心，国图

000O008136
表忠录：一卷 / (明)杨继盛撰
清顺治十三年(1656)内府刻本
1988年摄制. -- 1盘卷片(3.5米48拍)：
1:10, 2B ; 35mm银盐
收藏馆：缩微中心，湖北

000O022233
滇台行稿：四卷 / (明)徐栻撰
明万历元年(1573)柴淶刻本
1995年摄制. -- 1盘卷片(12米225拍)：
1:10, 2B ; 35mm银盐
收藏馆：缩微中心，国图

00O022428
陆庄简公掌铨疏略：四卷 / (明)陆光祖撰
明万历(1573-1620)刻本
1995年摄制. -- 1盘卷片(11米183拍) :
1:10, 2B ; 35mm银盐
收藏馆：缩微中心，国图

00O016471
总理河漕奏疏：初二任三卷三任五卷四任六卷 /
(明)潘季驯撰
明(1368-1644)刻本
1992年摄制. -- 2盘卷片(51米1061拍) :
1:10, 2B ; 35mm银盐
收藏馆：缩微中心，国图

00O012928
督抚疏议：十五卷 / (明)刘尧诲撰
明万历(1573-1620)刻本
1991年摄制. -- 2盘卷片(42.5米950拍) :
1:10, 2B ; 35mm银盐
收藏馆：缩微中心，南京

00O012830
总督四镇奏议：十卷 / (明)王一鹗撰
明万历(1573-1620)刻本
1990年摄制. -- 1盘卷片(30米677拍) :
1:10, 2B ; 35mm银盐
收藏馆：缩微中心，南京

00O023665
粤西奏议：五卷 / (明)吴文华撰
明万历十五年(1587)桂林府刻本
1996年摄制. -- 1盘卷片(22米442拍) :
1:10, 2B ; 35mm银盐
收藏馆：缩微中心，浙江

00O028925
纶扉奏草：四卷 / (明)申时行撰
明万历(1573-1620)刻本
1998年摄制. -- 1盘卷片(15米245拍) :
1:10, 2B ; 35mm银盐
收藏馆：缩微中心，苏州

00O008889
文肃王公奏草：二十三卷 / (明)王锡爵撰
明天启二年(1622)王时敏刻本
1988年摄制. -- 2盘卷片(44米977拍) :
1:10, 2B ; 35mm银盐
收藏馆：缩微中心，浙江

00O016702
冲庵顾先生抚辽奏议：□□卷 / (明)顾养谦撰
明(1368-1644)刻本

1993年摄制. -- 1盘卷片(22米447拍) :
1:10, 2B ; 35mm银盐
收藏馆：缩微中心，国图

00O024792
纶扉奏稿：六卷 / (明)沈鲤撰
明万历三十六年(1608)王肯堂刻本
1995年摄制. -- 1盘卷片(16米303拍) :
1:10, 2B ; 35mm银盐
收藏馆：缩微中心，浙江

00O028912
抚蜀奏议：十三卷 / (明)徐元太撰
明万历十七年(1589)彭富蔡国珍刻本
1990年摄制. -- 2盘卷片(50米1094拍) :
1:10, 2B ; 35mm银盐
收藏馆：缩微中心，南京

00O027893
内阁奏题稿：十卷首一卷 / (明)赵志皋撰
清顺治七年(1650)赵世溥刻本
1996年摄制. -- 1盘卷片(14米282拍) :
1:10, 2B ; 35mm银盐
收藏馆：缩微中心，南京

00O023684
两台奏议：十卷 / (明)邵陛撰
明万历(1573-1620)刻本
1995年摄制. -- 1盘卷片(24米489拍) :
1:10, 2B ; 35mm银盐
收藏馆：缩微中心，浙江

00O019615
朱文懿公奏疏：十二卷 / (明)朱赓撰
明(1368-1644)刻本
1994年摄制. -- 2盘卷片(38米761拍) :
1:10, 2B ; 35mm银盐
收藏馆：缩微中心，国图

00O008461
敬事草：十九卷 / (明)沈一贯撰
明(1368-1644)刻本. -- 存十二卷：卷一至卷
五、卷七、卷九至卷十、卷十四至卷十五、卷
十七至卷十八。
1988年摄制. -- 2盘卷片(38米818拍) :
1:10, 2B ; 35mm银盐
收藏馆：缩微中心，国图

00O019317
辟泇奏疏：一卷 / (明)曹时聘撰
清初(1644-1722)抄本
1994年摄制. -- 1盘卷片(5米70拍) : 1:10,
2B ; 35mm银盐

收藏馆：缩微中心，国图

000O015137
叶柳沙先生遗集：二卷 / (明)叶时新撰
明万历(1573-1620)刻本
1992年摄制. -- 1盘卷片(7米114拍)：1:10,
2B；35mm银盐
收藏馆：缩微中心，国图

000O019954
经略御倭奏议 / (明)邢玠撰
明(1368-1644)刻本. -- 存五卷：卷二、卷
四、卷六、卷九至卷十。
1994年摄制. -- 1盘卷片(25米478拍)：
1:10, 2B；35mm银盐
收藏馆：缩微中心，国图

000O021464
掖垣题稿：三卷 / (明)顾九思撰
明万历二十九年(1601)顾九思刻本
1995年摄制. -- 1盘卷片(11米187拍)：
1:10, 2B；35mm银盐
收藏馆：缩微中心，国图

000O018939
司农奏议：十卷 / (明)赵世卿撰
明万历(1573-1620)刻本
1993年摄制. -- 2盘卷片(33米666拍)：
1:10, 2B；35mm银盐
收藏馆：缩微中心，山东

000O027949
督抚楚台奏议：十卷 / (明)支可大撰
明万历(1573-1620)刻本
1996年摄制. -- 1盘卷片(29米626拍)：
1:10, 2B；35mm银盐
收藏馆：缩微中心，南京

000O024528
**海防奏疏：二卷；抚畿奏疏：十卷 / (明)汪应蛟
撰**
明万历三十二年(1604)郑三俊刻本
1996年摄制. -- 2盘卷片(49米986拍)：
1:10, 2B；35mm银盐
收藏馆：缩微中心，浙江

000O018421
**抚畿奏疏：十卷；计部奏疏：四卷 / (明)汪应蛟
撰**
明(1368-1644)刻本
1993年摄制. -- 1盘卷片(21米425拍)：
1:10, 2B；35mm银盐
收藏馆：缩微中心，国图

000O022429
计部奏疏：十二卷 / (明)汪应蛟撰
明天启(1621-1627)刻本. -- 存三卷：卷一至
卷三。
1995年摄制. -- 2盘卷片(51米1037拍)：
1:10, 2B；35mm银盐
收藏馆：缩微中心，国图

000O023044
计部奏疏：十二卷 / (明)汪应蛟撰
明天启(1621-1627)刻本. -- 存三卷：卷一至
卷三。
1995年摄制. -- 1盘卷片(13米234拍)：
1:10, 2B；35mm银盐
收藏馆：缩微中心，国图

000O022430
抚辽疏稿：六卷 / (明)李化龙撰
明万历(1573-1620)刻本. -- 存三卷：卷一至
卷三。
1995年摄制. -- 1盘卷片(14米264拍)：
1:10, 2B；35mm银盐
收藏馆：缩微中心，国图

000O016797
三巡奏议：四卷 / (明)刘士忠撰
明万历(1573-1620)刻本. -- 存三卷：卷一至
卷二、卷四。
1993年摄制. -- 1盘卷片(12米200拍)：
1:10, 2B；35mm银盐
收藏馆：缩微中心，国图

000O008759
文敏冯先生奏疏：四卷 / (明)冯琦撰
明(1368-1644)刻本
1988年摄制. -- 1盘卷片(12.3米250拍)：
1:9, 2B；35mm银盐
收藏馆：缩微中心，重庆

000O022427
抚夏奏议：六卷 / (明)黄嘉善撰
明(1368-1644)刻本
1995年摄制. -- 1盘卷片(22米436拍)：
1:10, 2B；35mm银盐
收藏馆：缩微中心，国图

000O027950
邹忠介公奏疏：五卷 / (明)邹元标撰
明崇祯十四年(1641)林铨刻本
1996年摄制. -- 1盘卷片(18米395拍)：
1:10, 2B；35mm银盐
收藏馆：缩微中心，南京

000O015292

中州疏稿：五卷；江南疏稿：九卷 / (明)周孔教撰

明(1368-1644)刻本. -- 存九卷：中州疏稿五卷、江南疏稿卷一至卷四。

1992年摄制. -- 1盘卷片(15米279拍) : 1:10, 2B ; 35mm银盐

收藏馆：缩微中心，国图

000O028454

问夜草：七卷 / (明)项应祥撰

明万历(1573-1620)刻清(1644-1911)印本

1996年摄制. -- 1盘卷片(15米308拍) : 1:10, 2B ; 35mm银盐

收藏馆：缩微中心，南京

000O023043

掖垣谏草：五卷 / (明)张贞观撰

明万历(1573-1620)刻本. -- 存四卷：卷一至卷四。

1995年摄制. -- 1盘卷片(20米376拍) : 1:10, 2B ; 35mm银盐

收藏馆：缩微中心，国图

000O022426

四箴封事录：一卷 / (明)雒于仁撰

明万历(1573-1620)刻本

1995年摄制. -- 1盘卷片(3米25拍) : 1:10, 2B ; 35mm银盐

收藏馆：缩微中心，国图

000O002814

薛恭敏公奏疏：十四卷 / (明)薛三才撰

清(1644-1911)青霭山馆抄本

1986年摄制. -- 1盘卷片(14米295拍) : 1:10, 2B ; 35mm银盐

收藏馆：缩微中心，国图

000O021731

按粤疏稿：六卷 / (明)田生金撰

明万历四十五年(1617)刻本

1995年摄制. -- 1盘卷片(34米713拍) : 1:10, 2B ; 35mm银盐

收藏馆：缩微中心，国图

000O021461

柱下刍言：一卷 / (明)田生金撰

明万历四十五年(1617)刻本

1995年摄制. -- 1盘卷片(7米120拍) : 1:10, 2B ; 35mm银盐

收藏馆：缩微中心，国图

000O001772

奏议：四卷 / (明)张辅之撰

清乾隆十一年(1746)张瞻淇[等]怡经堂刻本

1986年摄制. -- 1盘卷片(12米253拍) : 1:10, 2B ; 35mm银盐

收藏馆：缩微中心，国图

000O016840

太仆奏议：四卷续奏议一卷 / (明)张辅之撰

明天启(1621-1627)张灏[等]刻本

1993年摄制. -- 1盘卷片(19米367拍) : 1:10, 2B ; 35mm银盐

收藏馆：缩微中心，国图

000O015259

杨全甫谏草：四卷 / (明)杨天民撰

明(1368-1644)刻本

1992年摄制. -- 1盘卷片(11米195拍) : 1:10, 2B ; 35mm银盐

收藏馆：缩微中心，国图

000O013293

吴文恪公书：四种四卷 / (明)吴道南撰

明(1368-1644)刻本

1991年摄制. -- 1盘卷片(14.5米296拍) : 1:10, 2B ; 35mm银盐

收藏馆：缩微中心，湖北

000O008756

陈情归本：一卷 / (明)王远宜撰

明万历四十六年(1618)刻本

1988年摄制. -- 1盘卷片(2.6米27拍) : 1:11, 2B ; 35mm银盐

收藏馆：缩微中心，重庆

000O028767

南宫奏草：四卷 / (明)翁正春撰

明天启(1621-1627)刻本

1998年摄制. -- 1盘卷片(20米388拍) : 1:10, 2B ; 35mm银盐

收藏馆：缩微中心，苏州

000O013179

抚津疏草：四卷 / (明)毕自严撰

明天启(1621-1627)刻本

1991年摄制. -- 1盘卷片(20.8米458拍) : 1:10, 2B ; 35mm银盐

收藏馆：缩微中心，辽宁

000O022276

留宪疏草：一卷 / (明)毕自严撰

明天启(1621-1627)刻本

1995年摄制. -- 1盘卷片(3米23拍) : 1:10,

2B ；35mm银盐
收藏馆：缩微中心，国图

000O022979
留计疏草：二卷 / (明)毕自严撰
明天启(1621-1627)刻本
1995年摄制. -- 1盘卷片(7米115拍) ：1:10,
2B ；35mm银盐
收藏馆：缩微中心，国图

000O025746
度支奏议：一百十九卷 / (明)毕自严撰
明崇祯(1628-1644)刻本
1996年摄制. -- 21盘卷片(581米11329拍) ：
1:10, 2B ；35mm银盐
收藏馆：缩微中心，国图

000O023001
抽簪赘言：一卷 / (明)毕自严撰
明崇祯(1628-1644)刻本
1995年摄制. -- 1盘卷片(8米136拍) ：1:10,
2B ；35mm银盐
收藏馆：缩微中心，国图

000O021475
回话奏疏：一卷 / (明)毕自严撰
明崇祯(1628-1644)刻本
1995年摄制. -- 1盘卷片(3米15拍) ：1:10,
2B ；35mm银盐
收藏馆：缩微中心，国图

000O018114
毕自严记述奏对：不分卷 / (明)毕自严撰
清初(1644-1722)抄本
1993年摄制. -- 1盘卷片(11米210拍) ：
1:10, 2B ；35mm银盐
收藏馆：缩微中心，山东

000O023052
爱书：一卷
明崇祯(1628-1644)刻本
1995年摄制. -- 1盘卷片(4米36拍) ：1:10,
2B ；35mm银盐
收藏馆：缩微中心，国图

000O023000
征蛮疏草：二卷 / (明)吴用先撰
明万历(1573-1620)刻本
1995年摄制. -- 1盘卷片(11米201拍) ：
1:10, 2B ；35mm银盐
收藏馆：缩微中心，国图

000O006521
掖垣疏草：九卷 / (明)翁宪祥撰
清道光九年(1829)岳封观耕斋抄本
1987年摄制. -- 1盘卷片(21米472拍) ：
1:10, 2B ；35mm银盐
收藏馆：缩微中心，国图

000O019965
再起奏草：一卷 / (明)乔应甲撰
明天启六年(1626)乔应甲刻本
1994年摄制. -- 1盘卷片(5米69拍) ： 1:10,
2B ；35mm银盐
收藏馆：缩微中心，国图

000O028947
王司空奏议：不分卷 / (明)王舜鼎撰
明天启(1621-1627)刻本
1998年摄制. -- 1盘卷片(12米193拍) ：
1:10, 2B ；35mm银盐
收藏馆：缩微中心，苏州

000O017809
按辽疏稿：六卷 / (明)熊廷弼撰
明(1368-1644)刻本
1993年摄制. -- 1盘卷片(32米728拍) ：
1:10, 2B ；35mm银盐
收藏馆：缩微中心，天津

000O023687
西台疏草：一卷；北畿疏草：一卷；东粤疏草：
五卷 / (明)王以宁撰
明万历(1573-1620)刻本. -- 还有合刻著作：
南国疏草一卷/(明)王以宁撰。
1995年摄制. -- 1盘卷片(25米494拍) ：
1:10, 2B ；35mm银盐
收藏馆：缩微中心，浙江

000O028668
周忠愍奏疏：二卷 / (明)周起之撰
清(1644-1911)抄本
1990年摄制. -- 1盘卷片(6米92拍) ： 1:10,
2B ；35mm银盐
收藏馆：缩微中心，南京

000O011473
顾大司马筹陕存牍类抄：二卷 / (明)顾其志撰
清康熙十年(1671)顾绍治刻本
1989年摄制. -- 1盘卷片(11.7米241拍) ：
1:10, 2B ；35mm银盐
收藏馆：缩微中心，辽宁

000O018044
未焚草：二卷 / (明)王元翰撰

明万历三十九年(1611)刻本
1993年摄制. -- 1盘卷片(9米168拍) : 1:10,
2B ; 35mm银盐
收藏馆：缩微中心，天津

000O031114
李郡疏草：一卷；典剧疏草：一卷；抚畿疏草：
四卷 / (明)张凤翔撰
明天启三年(1623)张凤翔刻本
2004年摄制. -- 1盘卷片(18米360拍) :
1:11, 2B ; 35mm银盐
收藏馆：缩微中心，国图

000O025118
督师奏疏：十六卷 / (明)孙承宗撰
清(1644-1911)抄本. -- 佚名校。
1996年摄制. -- 1盘卷片(28米555拍) :
1:10, 2B ; 35mm银盐
收藏馆：缩微中心，国图

000O025726
阅关奏稿：二卷 / (明)孙承宗撰
明(1368-1644)刻本
1996年摄制. -- 1盘卷片(8米168拍) : 1:10,
2B ; 35mm银盐
收藏馆：缩微中心，河南

000O025119
曹思诚奏议：不分卷 / (明)曹思诚撰
明末(1621-1644)刻本
1996年摄制. -- 1盘卷片(10米67拍) : 1:10,
2B ; 35mm银盐
收藏馆：缩微中心，国图

000O012667
湖湘五略：十卷 / (明)钱春撰
明万历四十二年(1614)刻本. -- 存四卷：湖
湘谶略卷一至卷二、湖湘详略卷一至卷二。
1990年摄制. -- 1盘卷片(20.5米453拍) :
1:10, 2B ; 35mm银盐
收藏馆：缩微中心，辽宁

000O018830
督芦疏草：一卷 / (明)丁自劝撰
清康熙(1662-1722)刻本
1994年摄制. -- 1盘卷片(4米41拍) : 1:10,
2B ; 35mm银盐
收藏馆：缩微中心，国图

000O027219
司马奏疏：三卷 / (明)王家桢撰
清康熙(1662-1722)刻本
1997年摄制. -- 1盘卷片(8米126拍) : 1:10,

2B ; 35mm银盐
收藏馆：缩微中心，国图

000O023049
左少保忠毅公集：不分卷附录一卷 / (明)左光斗
撰
明崇祯(1628-1644)刻本
1995年摄制. -- 1盘卷片(12米215拍) :
1:10, 2B ; 35mm银盐
收藏馆：缩微中心，国图

000O004096
柴庵疏集：二十卷 / (明)吴甡撰
清初(1644-1722)刻本
1986年摄制. -- 2盘卷片(35.3米765拍) :
1:10, 2B ; 35mm银盐
收藏馆：缩微中心，国图

000O023047
南庚奏议：八卷 / (明)吕维祺撰
明崇祯(1628-1644)刻本
1995年摄制. -- 1盘卷片(25米498拍) :
1:10, 2B ; 35mm银盐
收藏馆：缩微中心，国图

000O015787
南庚疏钞：二卷 / (明)吕维祺撰
明崇祯(1628-1644)刻本
1993年摄制. -- 1盘卷片(7米109拍) : 1:10,
2B ; 35mm银盐
收藏馆：缩微中心，国图

000O000818
周忠毅公奏议：四卷 / (明)周宗建撰
明崇祯(1628-1644)刻本
1985年摄制. -- 1盘卷片(17米365拍) :
1:10, 2B ; 35mm银盐
收藏馆：缩微中心，国图

000O025907
华允诚奏稿：一卷 / (明)华允诚撰
清乾隆二十四年(1759)钱钺抄本
1996年摄制. -- 1盘卷片(4米29拍) : 1:10,
2B ; 35mm银盐
收藏馆：缩微中心，南京

000O025110
疏草：三卷附录一卷 / (明)黄宗昌撰
清初(1644-1722)刻本
1996年摄制. -- 1盘卷片(12米199拍) :
1:10, 2B ; 35mm银盐
收藏馆：缩微中心，国图

000O024550
宜焚小疏：五卷 / (明)祁彪佳撰
明崇祯(1628-1644)祁氏远山堂刻本. -- 存二
卷：西台疏草一卷、按吴疏草一卷。
1996年摄制. -- 1盘卷片(6米106拍)：1:10,
2B；35mm银盐
收藏馆：缩微中心，浙江

000O016235
江西疏稿：不分卷 / (明)王万象撰
明(1368-1644)抄本
1993年摄制. -- 1盘卷片(13米220拍)：
1:10, 2B；35mm银盐
收藏馆：缩微中心，国图

000O023053
奏牍：八卷 / (明)凌义渠撰
明崇祯(1628-1644)刻本
1995年摄制. -- 1盘卷片(11米258拍)：
1:10, 2B；35mm银盐
收藏馆：缩微中心，国图

000O021467
河渎奏疏：不分卷 / (明)周堪赓撰
清初(1644-1722)抄本
1995年摄制. -- 1盘卷片(6米98拍)：1:10,
2B；35mm银盐
收藏馆：缩微中心，国图

000O023050
奏牍：不分卷 / (明)郭正中撰
明崇祯(1628-1644)刻本
1995年摄制. -- 1盘卷片(9米145拍)：1:10,
2B；35mm银盐
收藏馆：缩微中心，国图

000O012491
故明工科给事中范公奏折：一卷 / (明)范淑泰撰
清初(1644-1722)西邨抄本
1990年摄制. -- 1盘卷片(5米64拍)：1:10,
2B；35mm银盐
收藏馆：缩微中心，山东

000O012745
朴庵疏草：不分卷 / (明)姚思孝撰
明崇祯(1628-1644)刻本
1990年摄制. -- 1盘卷片(28米665拍)：
1:10, 2B；35mm银盐
收藏馆：缩微中心，南京

000O031271
洪承畴揭帖：一卷 / (清)洪承畴撰
清顺治十六年(1659)抄本

2004年摄制. -- 1盘卷片(3米40拍)：1:9,
2B；35mm银盐
收藏馆：缩微中心，国图

000O019347
抚郧疏稿：不分卷 / (清)王鼇永撰
明崇祯(1628-1644)刻本
1994年摄制. -- 1盘卷片(5米55拍)：1:10,
2B；35mm银盐
收藏馆：缩微中心，国图

000O012116
王鼇永奏疏：不分卷诗稿一卷 / (清)王鼇永撰
清(1644-1911)苍桧阁抄本
1990年摄制. -- 1盘卷片(7米135拍)：1:10,
2B；35mm银盐
收藏馆：缩微中心，山东

000O024428
王明德奏疏：一卷 / (清)王明德撰
清(1644-1911)抄本
1996年摄制. -- 1盘卷片(3米13拍)：1:10,
2B；35mm银盐
收藏馆：缩微中心，国图

000O025086
户科给事中郝杰奏疏：不分卷 / (清)郝杰撰
清初(1644-1722)刻本
1996年摄制. -- 1盘卷片(4米47拍)：1:10,
2B；35mm银盐
收藏馆：缩微中心，国图

000O018286
河防疏略：二十卷附崇祀录一卷墓志铭一卷 /
(清)朱之锡撰；(清)徐沁辑；(清)李之芳[等]定
清康熙七年(1668)寒香馆刻本. -- 钤"梦选
楼胡氏宗楸藏"印。
1993年摄制. -- 1盘卷片(31米597拍)：
1:10, 2B；35mm银盐
收藏馆：缩微中心，天津

000O025920
按闽奏议：三卷 / (清)朱克简撰
清(1644-1911)朱士彦抄本
1996年摄制. -- 1盘卷片(6米84拍)：1:10,
2B；35mm银盐
收藏馆：缩微中心，南京

000O024465
巡盐题稿：□□卷 / (清)贾弘祚撰
清康熙(1662-1722)刻本. -- 存一卷：卷上。
1996年摄制. -- 1盘卷片(5米56拍)：1:10,
2B；35mm银盐

收藏馆：缩微中心，国图

000O026890
中山集锦江十六疏：一卷 / (清)郝浴撰
清顺治(1644-1661)李之铧刻本
1996年摄制. -- 1盘卷片(4米64拍) : 1:10,
2B ; 35mm银盐
收藏馆：缩微中心，南京

000O025087
成都谏奏疏：一卷 / (清)成肇毅撰
清(1644-1911)抄本
1996年摄制. -- 1盘卷片(3米30拍) : 1:10,
2B ; 35mm银盐
收藏馆：缩微中心，国图

000O027398
奏疏：不分卷 / (清)姚延启撰
清康熙(1662-1722)刻本
1996年摄制. -- 1盘卷片（11米198拍）：
1:10, 2B ; 35mm银盐
收藏馆：缩微中心，南京

000O019135
入告初编：一卷二编一卷三编一卷 / (清)张惟赤撰
清顺治(1644-1661)刻康熙(1662-1722)续刻本
1994年摄制. -- 1盘卷片（14米278拍）：
1:10, 2B ; 35mm银盐
收藏馆：缩微中心，国图

000O024474
南台遗疏：不分卷 / (清)何元英撰；(清)高熊征辑
清康熙(1662-1722)刻本
1996年摄制. -- 1盘卷片(7米116拍) : 1:10,
2B ; 35mm银盐
收藏馆：缩微中心，国图

000O031164
奏疏：不分卷 / (清)杨雍建撰
清康熙二年(1663)刻本
2004年摄制. -- 1盘卷片(11米195拍) : 1:9,
2B ; 35mm银盐
收藏馆：缩微中心，国图

000O013950
奏疏：不分卷 / (清)杨雍建撰
清康熙(1662-1722)刻本
1991年摄制. -- 1盘卷片（10米171拍）：
1:10, 2B ; 35mm银盐
收藏馆：缩微中心，国图

000O027233
抚吴封事：八卷；抚黔封事：一卷；辑瑞陈言：一卷 / (清)慕天颜撰
清康熙(1662-1722)刻本. -- 还有合刻著作：
兴革事宜略四卷/(清)盛符升撰，督漕封事一卷/(清)慕天颜撰，抚楚封事一卷/(清)慕天颜撰。
1997年摄制. -- 2盘卷片(40米785拍) :
1:10, 2B ; 35mm银盐
收藏馆：缩微中心，国图

000O027081
江左兴革事宜略：四卷 / (清)盛符升辑
清康熙(1662-1722)刻本. -- 存二卷：卷一至卷二。
1997年摄制. -- 1盘卷片(5米72拍) : 1:10,
2B ; 35mm银盐
收藏馆：缩微中心，国图

000O031665
奏议：不分卷 / (清)魏双凤撰
清康熙四十年(1701)刻本
2004年摄制. -- 1盘卷片(10米180拍) :
1:10, 2B ; 35mm银盐
收藏馆：缩微中心，国图

000O024485
奏疏：不分卷 / (清)赵之符撰
清康熙(1662-1722)刻本
1996年摄制. -- 1盘卷片(6米92拍) : 1:10,
2B ; 35mm银盐
收藏馆：缩微中心，国图

000O024489
镇虔奏疏：二卷 / (清)胡有升撰
清(1644-1911)学源堂抄本
1996年摄制. -- 1盘卷片(12米207拍) :
1:10, 2B ; 35mm银盐
收藏馆：缩微中心，国图

000O025085
虔南奏议：□□卷 / (清)刘武元撰
清(1644-1911)抄本. -- 存二卷：卷二、卷四。
1996年摄制. -- 1盘卷片(11米194拍) :
1:10, 2B ; 35mm银盐
收藏馆：缩微中心，国图

000O024471
王中丞题稿：一卷 / (清)王继文撰
清(1644-1911)抄本
1996年摄制. -- 1盘卷片(3米25拍) : 1:10,
2B ; 35mm银盐

收藏馆：缩微中心，国图

000O019601
三抚密奏疏稿：三卷 / (清)佟国器撰
清初(1644-1722)刻本
1994年摄制. -- 1盘卷片（14米254拍）：
1:10, 2B；35mm银盐
收藏馆：缩微中心，国图

000O019599
三抚捷功奏疏：二卷 / (清)佟国器撰
清初(1644-1722)刻本
1994年摄制. -- 1盘卷片（9米161拍）：1:10,
2B；35mm银盐
收藏馆：缩微中心，国图

000O024468
总督奏议：六卷 / (清)李荫祖撰
清康熙(1662-1722)刻本
1996年摄制. -- 1盘卷片（17米318拍）：
1:10, 2B；35mm银盐
收藏馆：缩微中心，国图

000O031726
总督奏议：六卷 / (清)李荫祖撰
清康熙(1662-1722)刻本
2005年摄制. -- 1盘卷片（17米350拍）：
1:10, 2B；35mm银盐
收藏馆：缩微中心，国图

000O016796
抚浙疏草：七卷；抚浙檄草：二卷；抚浙移牍：
一卷 / (清)秦世祯撰
清顺治十三年(1656)秦世祯刻本. -- 还有合
刻著作：署督疏草一卷/(清)秦世祯撰。
1993年摄制. -- 2盘卷片（43米846拍）：
1:10, 2B；35mm银盐
收藏馆：缩微中心，国图

000O027221
按吴疏稿：七卷 / (清)秦世祯撰
清顺治(1644-1661)刻本. -- 存五卷：卷一至
卷二、卷四、卷六至卷七。
1997年摄制. -- 1盘卷片（22米446拍）：
1:10, 2B；35mm银盐
收藏馆：缩微中心，国图

000O027220
内铨奏草：四卷 / (清)王进善撰
清顺治(1644-1661)刻本
1997年摄制. -- 1盘卷片（9米144拍）：1:10,
2B；35mm银盐
收藏馆：缩微中心，国图

000O024425
龚佳育奏议：一卷 / (清)龚佳育撰
清(1644-1911)抄本
1996年摄制. -- 1盘卷片（3米21拍）：1:10,
2B；35mm银盐
收藏馆：缩微中心，国图

000O031723
总制浙闽疏章：四卷 / (清)刘兆麒撰
清康熙十一年(1672)刘兆麒刻本
2005年摄制. -- 1盘卷片（19米385拍）：
1:10, 2B；35mm银盐
收藏馆：缩微中心，国图

000O018746
于山奏牍：七卷诗词合选一卷 / (清)于成龙撰
清康熙二十二年(1683)刘鼎刻本
1994年摄制. -- 1盘卷片（21米399拍）：
1:10, 2B；35mm银盐
收藏馆：缩微中心，国图

000O013644
于山奏牍：七卷 / (清)于成龙撰
清康熙(1662-1722)刻本. -- 存六卷：卷一至
卷六。
1991年摄制. -- 1盘卷片（17米332拍）：
1:10, 2B；35mm银盐
收藏馆：缩微中心，国图

000O017584
抚直奏稿：不分卷 / (清)于成龙撰
清康熙二十六年(1687)刻本
1993年摄制. -- 1盘卷片（25米494拍）：
1:10, 2B；35mm银盐
收藏馆：缩微中心，国图

000O028591
平海奏疏总录：不分卷 / (清)施琅撰；(清)施世
骠辑
清(1644-1911)抄本. -- 卷首附襄壮公传。
1998年摄制. -- 1盘卷片（5米81拍）：1:10,
2B；35mm银盐
收藏馆：缩微中心，广东

000O020579
李文襄公奏议：二卷奏疏十卷首一卷别录六卷 /
(清)李之芳撰；(清)李钟麟编次．年谱：一卷 /
(清)程光袺撰
清康熙(1662-1722)刻本
1994年摄制. -- 2盘卷片（44米908拍）：
1:10, 2B；35mm银盐
收藏馆：缩微中心，国图

00O021551

李文襄公奏议：二卷奏疏十卷首一卷别录六卷 /
(清)李之芳撰；(清)李钟麟辑 . 年谱：一卷 / (清)
程光祖撰

清康熙(1662-1722)刻本

1995年摄制 . -- 2盘卷片（45米912拍）：
1:10，2B；35mm银盐

收藏馆：缩微中心，国图

00O024478

李文襄公奏议：二卷奏疏十卷别录六卷 / (清)李
之芳撰 . 李文襄公年谱：一卷 / (清)程光祖撰

清康熙(1662-1722)刻本

1996年摄制 . -- 2盘卷片（46米908拍）：
1:10，2B；35mm银盐

收藏馆：缩微中心，国图

00O024431

福建道监察御史程文彝奏疏：一卷 / (清)程文彝
撰

清(1644-1911)抄本

1996年摄制 . -- 1盘卷片（4米37拍）：1:10，
2B；35mm银盐

收藏馆：缩微中心，国图

00O028665

华野疏稿：五卷 / (清)郭琇撰 . 华野郭公年谱：
一卷 / (清)郭廷翼撰

清(1644-1911)抄本

1996年摄制 . -- 1盘卷片（4米28拍）：1:10，
2B；35mm银盐

收藏馆：缩微中心，南京

00O024469

华野疏稿：五卷 / (清)郭琇撰

清(1644-1911)抄本

1996年摄制 . -- 1盘卷片（7米114拍）：1:10，
2B；35mm银盐

收藏馆：缩微中心，国图

00O024481

督漕疏草：二十二卷 / (清)董讷撰

清康熙(1662-1722)刻本

1996年摄制 . -- 3盘卷片（84米1712拍）：
1:10，2B；35mm银盐

收藏馆：缩微中心，国图

00O024430

都谏奏议：一卷 / (清)王曰温撰

清康熙(1662-1722)刻本

1996年摄制 . -- 1盘卷片（5米56拍）：1:10，
2B；35mm银盐

收藏馆：缩微中心，国图

00O024464

治河奏牍：□□卷 / (清)张鹏翮撰

清(1644-1911)抄本 . -- 存二十二卷：卷二、
卷四至卷二十四。

1996年摄制 . -- 2盘卷片（56米1111拍）：
1:10，2B；35mm银盐

收藏馆：缩微中心，国图

00O024480

觉罗满保奏疏：□□卷 / (清)觉罗满保撰

清(1644-1911)抄本 . -- 存一卷：卷二。

1996年摄制 . -- 1盘卷片（6米93拍）：1:10，
2B；35mm银盐

收藏馆：缩微中心，国图

00O011448

总督两河宣化录：四卷；总督河南山东宣化录：
四卷 / (清)田文镜撰

清雍正(1723-1735)田文镜刻本

1989年摄制 . -- 1盘卷片（31.5米717拍）：
1:10，2B；35mm银盐

收藏馆：缩微中心，辽宁

00O013171

宣化录：一卷；抚豫宣化录：一卷 / (清)田文镜
撰

清(1644-1911)抄本

1991年摄制 . -- 1盘卷片（3.9米58拍）：
1:10，2B；35mm银盐

收藏馆：缩微中心，辽宁

00O020263

望溪奏议：不分卷 / (清)方苞撰

清(1644-1911)抄本

1994年摄制 . -- 1盘卷片（7米98拍）：1:10，
2B；35mm银盐

收藏馆：缩微中心，国图

00O000432

平蛮奏疏：不分卷 / (清)鄂尔泰撰

清雍正(1723-1735)刻本

1985年摄制 . -- 1盘卷片（7.2米129拍）：
1:10，2B；35mm银盐

收藏馆：缩微中心，国图

00O024424

张耀祖折奏稿：一卷 / (清)张耀祖撰

清(1644-1911)抄本

1996年摄制 . -- 1盘卷片（4米44拍）：1:10，
2B；35mm银盐

收藏馆：缩微中心，国图

000O010589
玉华集：不分卷 / (清)赵弘恩撰
清雍正十三年(1735)刻本. -- 版框高十九厘米宽十五厘米。
1989年摄制. -- 1盘卷片(18米359拍)：1:10, 2B ; 35mm银盐
收藏馆：缩微中心, 广东

000O000116
玉华集：六卷 / (清)赵弘恩撰
清雍正(1723-1735)刻本
1985年摄制. -- 1盘卷片(17米372拍)：1:10, 2B ; 35mm银盐
收藏馆：缩微中心, 国图

000O011895
抚闽奏稿：不分卷 / (清)定长撰
清(1644-1911)抄本
1990年摄制. -- 1盘卷片(15米301拍)：1:10, 2B ; 35mm银盐
收藏馆：缩微中心, 山东

000O017193
抚闽奏稿：不分卷 / (清)定长撰
清(1644-1911)抄本
1993年摄制. -- 1盘卷片(15米302拍)：1:10, 2B ; 35mm银盐
收藏馆：缩微中心, 山东

000O015790
述本堂奏议：不分卷 / (清)方观承撰
清(1644-1911)抄本
1993年摄制. -- 2盘卷片(58米1158拍)：1:10, 2B ; 35mm银盐
收藏馆：缩微中心, 国图

000O024473
滇黔奏稿录要：不分卷 / (清)裴宗锡撰
清(1644-1911)抄本
1996年摄制. -- 1盘卷片(20米395拍)：1:10, 2B ; 35mm银盐
收藏馆：缩微中心, 国图

000O024126
赵佑奏稿：不分卷 / (清)赵佑撰
清(1644-1911)抄本
1996年摄制. -- 1盘卷片(9米170拍)：1:10, 2B ; 35mm银盐
收藏馆：缩微中心, 湖北

000O001229
毕秋帆奏稿：不分卷 / (清)毕沅撰
清(1644-1911)抄本

1985年摄制. -- 1盘卷片(13.7米288拍)：1:10, 2B ; 35mm银盐
收藏馆：缩微中心, 国图

000O009239
灵严奏稿：不分卷 / (清)毕沅撰
清(1644-1911)抄本
1988年摄制. -- 1盘卷片(6米100拍)：1:10, 2B ; 35mm银盐
收藏馆：缩微中心, 湖南

000O019015
王柔王显绪奏稿：不分卷 / (清)王柔,(清)王显绪撰
清(1644-1911)稿本
1994年摄制. -- 1盘卷片(15米304拍)：1:10, 2B ; 35mm银盐
收藏馆：缩微中心, 天津

000O010135
心政录：七卷 / (清)雅尔图撰
清(1644-1911)抄本
1989年摄制. -- 1盘卷片(19米377拍)：1:10, 2B ; 35mm银盐
收藏馆：缩微中心, 山东

000O018073
心政录奏疏：三卷檄示七卷 / (清)雅尔图撰
清(1644-1911)抄本
1993年摄制. -- 1盘卷片(19米408拍)：1:10, 2B ; 35mm银盐
收藏馆：缩微中心, 天津

000O020895
陈辉祖奏稿：不分卷 / (清)陈辉祖撰
清(1644-1911)抄本
1994年摄制. -- 1盘卷片(10米171拍)：1:10, 2B ; 35mm银盐
收藏馆：缩微中心, 国图

000O026108
稼门奏稿：不分卷 / (清)汪志伊撰
清(1644-1911)抄本
1996年摄制. -- 1盘卷片(14米278拍)：1:10, 2B ; 35mm银盐
收藏馆：缩微中心, 安庆

000O018068
德楞泰奏稿：不分卷 / (清)德楞泰撰
清(1644-1911)壶峰草堂抄本
1993年摄制. -- 1盘卷片(15米314拍)：1:10, 2B ; 35mm银盐
收藏馆：缩微中心, 天津

00O018046
吴崧圃先生奏疏：不分卷 / (清)吴璇撰
清(1644-1911)抄本
1993年摄制. -- 1盘卷片(12米244拍) :
1:10, 2B ; 35mm银盐
收藏馆：缩微中心，天津

00O013151
申大人奏稿：八卷 / (清)申启贤撰
清(1644-1911)抄本
1991年摄制. -- 2盘卷片(62.9米1416拍) :
1:10, 2B ; 35mm银盐
收藏馆：缩微中心，辽宁

00O018112
先都御史公奏疏：三十六卷 / (清)杨以增撰；
(清)杨绍和辑
清(1644-1911)稿本. -- 存二十三卷：卷一
至卷五、卷九至卷十、卷十二至卷十九、卷
二十二至卷二十三、卷二十五、卷二十七、卷
二十九、卷三十一、卷三十三、卷三十五。
1993年摄制. -- 3盘卷片(85米1804拍) :
1:10, 2B ; 35mm银盐
收藏馆：缩微中心，山东

00O004324
龙堆奏议：不分卷 / (清)萨迎阿撰
清(1644-1911)抄本
1986年摄制. -- 1盘卷片(13.5米283拍) :
1:10, 2B ; 35mm银盐
收藏馆：缩微中心，国图

00O026798
陔华馆折稿：一卷 / (清)翁心存撰
清(1644-1911)抄本
1990年摄制. -- 1盘卷片(8米125拍) : 1:10,
2B ; 35mm银盐
收藏馆：缩微中心，南京

00O012739
河南守城保案奏稿：一卷 / (清)黄赞汤撰
清(1644-1911)稿本
1990年摄制. -- 1盘卷片(3米58拍) : 1:10,
2B ; 35mm银盐
收藏馆：缩微中心，南京

00O019718
彛斋奏稿：不分卷 / (清)翁同书撰
清(1644-1911)稿本
1994年摄制. -- 3盘卷片(93米1860拍) :
1:10, 2B ; 35mm银盐
收藏馆：缩微中心，国图

00O000671
翁文勤公查办雷营委员参案折稿：一卷 / (清)翁
同书撰
清(1644-1911)抄本
1985年摄制. -- 1盘卷片(2.8米28拍) :
1:10, 2B ; 35mm银盐
收藏馆：缩微中心，国图

00O028921
曾文正公奏稿：三十卷 / (清)曾国藩撰
清(1644-1911)抄本
1998年摄制. -- 4盘卷片(117米2503拍) :
1:10, 2B ; 35mm银盐
收藏馆：缩微中心，湖南

00O028305
曾文正公奏议公牍：不分卷 / (清)曾国藩撰
清(1644-1911)抄本
1998年摄制. -- 9盘卷片(252米5668拍) :
1:10, 2B ; 35mm银盐
收藏馆：缩微中心，湖南

00O029024
曾文正公奏议公牍：不分卷 / (清)曾国藩撰
清(1644-1911)抄本
1999年摄制. -- 1盘卷片(15米298拍) :
1:10, 2B ; 35mm银盐
收藏馆：缩微中心，湖南

00O025650
求阙斋奏疏：不分卷 / (清)曾国藩撰
清(1644-1911)薛福成抄本
1996年摄制. -- 2盘卷片(33米755拍) :
1:10, 2B ; 35mm银盐
收藏馆：缩微中心，南京

00O020542
山东剿捻奏稿：一卷 / (清)曾国藩撰
清同治七年(1868)抄本
1994年摄制. -- 1盘卷片(4米56拍) : 1:10,
2B ; 35mm银盐
收藏馆：缩微中心，山东

00O024493
镇守荆南奏稿：八卷；督师三楚奏稿：□□卷 /
(清)宫文撰
清(1644-1911)抄本. -- 存六十四卷：镇守荆
南奏稿八卷，督师三楚奏稿卷一至卷十五、卷
二十一至卷五十一、卷五十七至卷六十六。
1996年摄制. -- 10盘卷片(308米6354拍) :
1:10, 2B ; 35mm银盐
收藏馆：缩微中心，国图

00O004168
军务奏折稿：不分卷 / (清)文俊撰
清(1644-1911)抄本
1986年摄制. -- 1盘卷片(24.6米547拍) :
1:10, 2B ; 35mm银盐
收藏馆：缩微中心，国图

000O024094
刘侍郎奏议：六卷 / (清)刘崐撰
清(1644-1911)抄本
1996年摄制. -- 1盘卷片(11.5米220拍) :
1:10, 2B ; 35mm银盐
收藏馆：缩微中心，湖北

000O026327
狄云行馆奏议：不分卷 / (清)王家璧撰
清(1644-1911)稿本
1996年摄制. -- 1盘卷片(16米286拍) :
1:10, 2B ; 35mm银盐
收藏馆：缩微中心，湖北

000O012155
都兴阿奏稿：不分卷 / (清)都兴阿撰
清(1644-1911)抄本
1990年摄制. -- 5盘卷片(125.5米2999拍) :
1:10, 2B ; 35mm银盐
收藏馆：缩微中心，南京

000O010399
蔡太史奏稿：不分卷 / (清)蔡寿祺撰
清同治四年(1865)抄本
1989年摄制. -- 1盘卷片(4米40拍) : 1:10,
2B ; 35mm银盐
收藏馆：缩微中心，四川

000O005096
廉琴舫侍郎奏稿：不分卷 / (清)廉兆纶撰
清(1644-1911)廉氏庆余堂抄本
1986年摄制. -- 1盘卷片(10米190拍) :
1:10, 2B ; 35mm银盐
收藏馆：缩微中心，国图

000O005292
廉琴舫军务簿稿：不分卷 / (清)廉兆纶撰
清(1644-1911)抄本
1986年摄制. -- 1盘卷片(18米350拍) :
1:10, 2B ; 35mm银盐
收藏馆：缩微中心，国图

000O011487
两湖总督两广总督奏议：不分卷 / (清)李瀚章撰
清(1644-1911)抄本
1989年摄制. -- 1盘卷片(11米200拍) :

1:10, 2B ; 35mm银盐
收藏馆：缩微中心，湖南

00O018047
李鹤年奏稿：不分卷 / (清)李鹤年撰
清(1644-1911)抄本. -- 系会办捻军奏稿。
1993年摄制. -- 1盘卷片(4米59拍) : 1:10,
2B ; 35mm银盐
收藏馆：缩微中心，天津

000O028049
万培因奏稿：不分卷 / (清)万培因撰
清(1644-1911)抄本
1997年摄制. -- 1盘卷片(11.7米229拍) :
1:10, 2B ; 35mm银盐
收藏馆：缩微中心，福建

000O018048
李勤恪公奏议：不分卷 / (清)李兴锐撰
清末(1851-1911)抄本
1993年摄制. -- 1盘卷片(20米433拍) :
1:10, 2B ; 35mm银盐
收藏馆：缩微中心，天津

000O013142
退庵未焚草：不分卷 / (清)延茂撰
清(1644-1911)抄本
1991年摄制. -- 2盘卷片(51.6米1159拍) :
1:10, 2B ; 35mm银盐
收藏馆：缩微中心，辽宁

时令类

000O013853
岁时广记：四卷首一卷 / (宋)陈元靓撰
明(1368-1644)刻本
1992年摄制. -- 1盘卷片(5米57拍) : 1:10,
2B ; 35mm银盐
收藏馆：缩微中心，国图

000O015594
岁时广记：四十卷首一卷末一卷 / (宋)陈元靓撰
清(1644-1911)刘氏嘉荫簃抄本. -- 存四十一
卷：卷一至卷四、卷六至卷四十，首一卷，末
一卷。(清)刘喜海跋。
1992年摄制. -- 1盘卷片(4米49拍) : 1:10,
2B ; 35mm银盐
收藏馆：缩微中心，国图

00O003770
岁时广记：四十卷首一卷末一卷 / (宋)陈元靓撰
清咸丰六年(1856)胡氏琳琅秘室抄本. --
(清)胡珽、(清)徐绍乾校并跋。

1985年摄制. -- 1盘卷片（24米460拍）：
1:10, 2B；35mm银盐
收藏馆：缩微中心，国图

000O019086
太玄月令经：不分卷 / (明)朱权辑
明隆庆五年(1571)楚府刻本
1994年摄制. -- 1盘卷片（5米63拍）：1:10,
2B；35mm银盐
收藏馆：缩微中心，国图

000O005707
岁时节气集解：一卷 / (明)洪常撰
明正德八年(1513)洪氏塾梦庄草堂刻本
1987年摄制. -- 1盘卷片（4米48拍）：1:10,
2B；35mm银盐
收藏馆：缩微中心，国图

000O018001
岁时节气集解：一卷附录一卷 / (明)洪常撰
明正德八年(1513)洪氏塾梦庄草堂刻本
1993年摄制. -- 1盘卷片（4米39拍）：1:10,
2B；35mm银盐
收藏馆：缩微中心，国图

000O013521
月令通考：十六卷 / (明)卢翰辑
明万历十七年(1589)王道增刻本
1991年摄制. -- 2盘卷片（46米888拍）：
1:10, 2B；35mm银盐
收藏馆：缩微中心，国图

000O012858
月令广义：二十四卷首一卷附录一卷 / (明)冯应京辑；(明)戴任增释
明万历(1573-1620)陈邦泰刻本
1990年摄制. -- 2盘卷片（46米968拍）：
1:10, 2B；35mm银盐
收藏馆：缩微中心，浙江

000O009700
月令广义：二十四卷首一卷 / (明)冯应京辑；(明)戴任增释
明万历(1573-1620)陈邦泰刻本
1987年摄制. -- 2盘卷片（46米966拍）：
1:10, 2B；35mm银盐
收藏馆：缩微中心，四川

000O021660
月令广义：二十四卷首一卷 / (明)冯应京辑；(明)戴任增释
明万历(1573-1620)张氏聚文堂刻本
1995年摄制. -- 2盘卷片（44米882拍）：

1:10, 2B；35mm银盐
收藏馆：缩微中心，国图

000O007114
月令广义：二十四卷首一卷 / (明)冯应京辑；(明)戴任增释
明万历(1573-1620)刻本
1987年摄制. -- 2盘卷片（44.2米958拍）：
1:9, 2B；35mm银盐
收藏馆：缩微中心，重庆

000O016928
日涉编：十二卷 / (明)陈阶辑
明万历三十九年(1611)徐养量刻本
1993年摄制. -- 2盘卷片（37米704拍）：
1:10, 2B；35mm银盐
收藏馆：缩微中心，国图

000O013264
日涉编：十二卷 / (明)陈阶辑
明万历四十年(1612)徐养量刻本. -- (明)顾福泉批校并重订底本.
1991年摄制. -- 2盘卷片（38米809拍）：
1:10, 2B；35mm银盐
收藏馆：缩微中心，湖北

000O028711
日涉编：十二卷 / (明)陈阶撰
清康熙(1662-1722)刻本
1997年摄制. -- 1盘卷片（32米752拍）：
1:10, 2B；35mm银盐
收藏馆：缩微中心，吉林

000O008132
编目新书：不分卷 / (明)陈阶辑
明万历(1573-1620)刻本
1988年摄制. -- 2盘卷片（34米707拍）：
1:10, 2B；35mm银盐
收藏馆：缩微中心，湖北

000O024543
养余月令：三十卷 / (明)戴义辑
明崇祯(1628-1644)刻本
1996年摄制. -- 1盘卷片（22米444拍）：
1:10, 2B；35mm银盐
收藏馆：缩微中心，浙江

000O015020
养余月令：三十卷 / (明)戴义辑
明崇祯(1628-1644)刻本. -- 存二十九卷：卷一至卷二十三、卷二十五至卷三十。
1992年摄制. -- 1盘卷片（20米395拍）：
1:10, 2B；35mm银盐

收藏馆：缩微中心，国图

000O019204
养余月令：三十卷 / (明)戴羲撰
清雍正九年(1731)戴俊刻本
1994年摄制. -- 1盘卷片(21米408拍)：
1:10, 2B ; 35mm银盐
收藏馆：缩微中心，国图

000O024999
古今类传：四卷 / (清)董谷士,(清)董炳文辑
清康熙三十一年(1692)刻本
1996年摄制. -- 1盘卷片(16.5米332拍)：
1:10, 2B ; 35mm银盐
收藏馆：缩微中心，福建

000O026756
岁时小令：四卷 / (清)陶越撰 . 余清轩文稿：一
卷 / (清)陈士镳撰
清康熙三十八年(1699)陈士镳刻本
1996年摄制. -- 1盘卷片(5米63拍)：1:10,
2B ; 35mm银盐
收藏馆：缩微中心，南京

000O007008
月令辑要：二十四卷图说一卷 / (清)李光地[等]
辑
清康熙五十四年(1715)武英殿刻本. -- 辑者
还有：(清)吴廷桢。
1987年摄制. -- 3盘卷片(69米1460拍)：
1:10, 2B ; 35mm银盐
收藏馆：缩微中心，国图

000O025328
月令辑要：二十四卷图说一卷 / (清)李光地[等]
辑
清康熙五十四年(1715)武英殿刻本. -- 辑者
还有：(清)吴廷桢。
1996年摄制. -- 3盘卷片(72米1464拍)：
1:10, 2B ; 35mm银盐
收藏馆：缩微中心，国图

000O001189
节物出典：五卷 / (清)王复礼辑
清康熙(1662-1722)尊行斋刻本. -- 赵力亭
跋。
1985年摄制. -- 1盘卷片(5.5米92拍)：
1:10, 2B ; 35mm银盐
收藏馆：缩微中心，国图

000O018510
节物出典：五卷 / (清)王复礼辑
清康熙(1662-1722)尊行斋刻本

1993年摄制. -- 1盘卷片(6米80拍)：1:10,
2B ; 35mm银盐
收藏馆：缩微中心，国图

000O023932
月日纪古：十二卷 / (清)萧智汉辑
清乾隆五十年(1785)听涛山房刻本
1995年摄制. -- 2盘卷片(43米955拍)：
1:10, 2B ; 35mm银盐
收藏馆：缩微中心，河南

000O028461
岁时日记：一卷 / (清)林春溥撰
清咸丰四年(1854)竹柏山房稿本
1996年摄制. -- 1盘卷片(5.6米90拍)：
1:10, 2B ; 35mm银盐
收藏馆：缩微中心，福建

000O025336
节序日考：四卷 / (清)徐卓撰
清嘉庆二十三年(1818)海棠书巢刻本
1996年摄制. -- 1盘卷片(6米85拍)：1:10,
2B ; 35mm银盐
收藏馆：缩微中心，国图

000O027751
榕城岁时记：一卷 / (清)戴成芬撰
清(1644-1911)抄本
1996年摄制. -- 1盘卷片(4.5米69拍)：
1:10, 2B ; 35mm银盐
收藏馆：缩微中心，福建

000O018229
增删田家五行全书：三卷 / (清)顾培源撰
清(1644-1911)稿本
1993年摄制. -- 1盘卷片(4米69拍)：1:10,
2B ; 35mm银盐
收藏馆：缩微中心，山东

000O014282
时令事宜：一卷
清(1644-1911)朱墨等四色抄本
1992年摄制. -- 1盘卷片(3米23拍)：1:10,
2B ; 35mm银盐
收藏馆：缩微中心，国图

000O031926
时令事宜：一卷
清(1644-1911)朱墨等四色抄本
2010年摄制. -- 1盘卷片(4米40拍)：1:12,
2B ; 35mm银盐
收藏馆：缩微中心，国图

00O024537
岁时碎金：四卷
清(1644-1911)抄本
1996年摄制. -- 1盘卷片(6米87拍) : 1:10,
2B ; 35mm银盐
收藏馆：缩微中心，浙江

00O005627
东国岁时记：一卷 / (朝鲜)洪锡谟撰
朝鲜抄本
1987年摄制. -- 1盘卷片(4米57拍) : 1:10,
2B ; 35mm银盐
收藏馆：缩微中心，国图

地理类

00O021713
阅史约书：五卷 / (明)王光鲁撰
明崇祯(1628-1644)刻本. -- 间有朱墨套印。
1995年摄制. -- 1盘卷片(16米320拍) :
1:10, 2B ; 35mm银盐
收藏馆：缩微中心，国图

00O020452
阅史约书：五卷 / (明)王光鲁撰
明崇祯(1628-1644)刻套印本. -- 存二卷：卷
一至卷二。
1994年摄制. -- 1盘卷片(10米176拍) :
1:10, 2B ; 35mm银盐
收藏馆：缩微中心，国图

00O014906
**阅史约书：五卷附碧渐堂诗草：一卷 / (明)王光
鲁撰**
清顺治十三年(1656)刻本
1992年摄制. -- 1盘卷片(18米394拍) :
1:10, 2B ; 35mm银盐
收藏馆：缩微中心，辽宁

00O000859
郭子式先生校刻书：三种六卷
明末(1621-1644)刻本
1985年摄制. -- 1盘卷片(13.5米283拍) :
1:10, 2B ; 35mm银盐
收藏馆：缩微中心，国图

00O027257
海国四说：十四卷 / (清)梁廷枏撰
清道光(1821-1850)刻本
1997年摄制. -- 1盘卷片(23米464拍) :
1:10, 2B ; 35mm银盐
收藏馆：缩微中心，国图

00O014075
存古地函：一卷 / (明)陈组绶撰
明(1368-1644)刻本
1992年摄制. -- 1盘卷片(7米118拍) : 1:10,
2B ; 35mm银盐
收藏馆：缩微中心，国图

00O024509
历代地理沿革表：四十七卷 / (清)陈芳绩撰
清(1644-1911)抄本
1996年摄制. -- 3盘卷片(83米1670拍) :
1:10, 2B ; 35mm银盐
收藏馆：缩微中心，国图

00O005672
历代地理指掌图：一卷 / [题](宋)苏轼撰
明(1368-1644)刻本. -- 缺页配另一明刻本。
(清)彭元瑞跋。
1987年摄制. -- 1盘卷片(8米153拍) : 1:10,
2B ; 35mm银盐
收藏馆：缩微中心，国图

00O027986
**古今舆图：二卷附天下水陆路程一卷 / (清)王龙
图撰**
清(1644-1911)稿本
1997年摄制. -- 1盘卷片(5米113拍) : 1:10,
2B ; 35mm银盐
收藏馆：缩微中心，河南

00O000080
元和郡县图志：四十卷 / (唐)李吉甫纂修
明(1368-1644)抄本. -- 存十七卷：卷十八、
卷二十一至卷二十二、卷二十五至卷三十四、
卷三十七至卷四十。
1985年摄制. -- 1盘卷片(20.4米446拍) :
1:10, 2B ; 35mm银盐
收藏馆：缩微中心，国图

00O002188
元和郡县图志：四十卷 / (唐)李吉甫纂修
清初(1644-1722)抄本. -- 存三十四卷：卷一
至卷十八、卷二十一至卷二十二、卷二十五至
卷三十四、卷三十七至卷四十。
1986年摄制. -- 2盘卷片(38米763拍) :
1:10, 2B ; 35mm银盐
收藏馆：缩微中心，国图

00O005588
元和郡县图志：四十卷 / (唐)李吉甫纂修
清乾隆三十四年(1769)钱氏通经楼抄本. --
存三十四卷：卷一至卷十八、卷二十一至卷
二十二、卷二十五至卷三十四、卷三十七至卷

四十。(清)孔继泰跋。

1986年摄制. -- 2盘卷片(35米737拍)：1:10, 2B；35mm银盐

收藏馆：缩微中心, 国图

00O001878

元和郡县图志：四十卷 / (唐)李吉甫纂修

清(1644-1911)抄本. -- 存三十四卷：卷一至卷十八、卷二十一至卷二十二、卷二十五至卷三十四、卷三十七至卷四十。(清)顾广圻跋,(清)戈襄校并跋。

1986年摄制. -- 2盘卷片(47米1034拍)：1:10, 2B；35mm银盐

收藏馆：缩微中心, 国图

00O024143

元和郡县图志：四十卷 / (唐)李吉甫纂修

清(1644-1911)抄本. -- 存三十四卷：卷一至卷十八、卷二十一至卷二十二、卷二十五至卷三十四、卷三十七至卷四十。

1996年摄制. -- 1盘卷片(29米600拍)：1:10, 2B；35mm银盐

收藏馆：缩微中心, 湖北

00O028886

元和郡县图志：四十卷首一卷 / (唐)李吉甫纂修

清嘉庆元年(1796)刻岱南阁丛书本. -- 存三十四卷：卷一至卷十八、卷二十一至卷二十二、卷二十五至卷三十四、卷三十七至卷四十。

1998年摄制. -- 2盘卷片(34米591拍)：1:10, 2B；35mm银盐

收藏馆：缩微中心, 苏州

00O028917

太平寰宇记：二百卷 / (宋)乐史撰

清初(1644-1722)抄本. -- 存九十二卷：卷一至卷三、卷五至卷一百十二、卷一百二十至卷二百。(清)何绍基写封面及书根, 叶启发、叶启勋题跋。

1998年摄制. -- 4盘卷片(113米2404拍)：1:10, 2B；35mm银盐

收藏馆：缩微中心, 湖南

00O024013

太平寰宇记：二百卷目录二卷 / (宋)乐史撰

清(1644-1911)赵氏小山堂抄本. -- 卷十三至卷十八、卷九十二至卷九十三、卷一百四十至卷一百四十二、卷一百五十七至卷一百五十九、卷一百八十二至卷一百八十五、卷一百九十七至卷二百配清丁氏八千卷楼抄本, 卷一百十三至卷一百十八配日本抄本。存二百卷：卷一至卷三、卷五至卷

一百二十至卷二百, 目录二卷。(清)吴焯、(清)赵一清、(清)王鸣盛校并跋,(清)丁丙跋。

1993年摄制. -- 5盘卷片(138米3019拍)：1:10, 2B；35mm银盐

收藏馆：缩微中心, 南京

00O003684

太平寰宇记：二百卷目录二卷 / (宋)乐史撰

清(1644-1911)抄本. -- 存一百九十四卷：卷一至卷三、卷五至卷一百十二、卷一百二十至卷二百, 目录二卷。

1985年摄制. -- 5盘卷片(133.8米2876拍)：1:10, 2B；35mm银盐

收藏馆：缩微中心, 国图

00O014373

太平寰宇记：二百卷目录二卷 / (宋)乐史撰

清(1644-1911)抄本. -- 存一百四十六卷：卷一至卷三、卷五至卷十五、卷三十三至卷四十一、卷七十三至卷一百十二、卷一百二十至卷二百, 目录二卷。(清)钱大昕校并跋。

1992年摄制. -- 4盘卷片(99米2031拍)：1:10, 2B；35mm银盐

收藏馆：缩微中心, 国图

00O024148

太平寰宇记：二百卷 / (宋)乐史撰

清(1644-1911)抄本. -- 存一百二十六卷：卷一至卷一百十二、卷一百六十九至卷一百八十二。(清)胡德琳跋。

1996年摄制. -- 3盘卷片(88米1760拍)：1:10, 2B；35mm银盐

收藏馆：缩微中心, 湖北

00O003891

太平寰宇记：二百卷 / (宋)乐史撰

清(1644-1911)袁氏贞节堂抄本. -- 存一百十六卷：卷十六至卷二十、卷二十五至卷三十四、卷四十至卷四十五、卷五十九至卷六十五、卷七十八至卷九十五、卷一百三至卷一百十二、卷一百二十至卷一百四十一、卷一百五十至卷一百六十六、卷一百八十至卷二百。

1986年摄制. -- 3盘卷片(74.8米1673拍)：1:10, 2B；35mm银盐

收藏馆：缩微中心, 国图

00O032016

太平寰宇记：二百卷目录二卷 / (宋)乐史撰

清光绪八年(1882)金陵书局刻本. -- 十行二十字白口左右双边。存一百九十四卷：卷一至卷三、卷五至卷一百十二、卷一百二十至卷

二百，目录二卷。傅增湘校并跋。
2010年摄制. -- 6盘卷片(164米3034拍)：
1:13, 2B；35mm银盐
收藏馆：缩微中心，国图

000O000663
太平寰宇记：二百卷目录二卷 / (宋)乐史撰
清光绪八年(1882)金陵书局刻本. -- 存
一百九十四卷：卷一至卷三、卷五至卷
一百十二、卷一百二十至卷二百，目录二卷。
1985年摄制. -- 5盘卷片(132.4米2972拍)：
1:10, 2B；35mm银盐
收藏馆：缩微中心，国图

000O029121
[元丰]九域志：十卷 / (宋)王存[等]纂修
清初(1644-1722)抄本
1999年摄制. -- 1盘卷片(20米466拍)：
1:10, 2B；35mm银盐
收藏馆：缩微中心，国图

000O004890
[元丰]九域志：十卷 / (宋)王存[等]纂修
清(1644-1911)抄本. -- (清)陈鳣校。
1986年摄制. -- 1盘卷片(20米438拍)：
1:10, 2B；35mm银盐
收藏馆：缩微中心，国图

000O004443
[元丰]九域志：十卷 / (宋)王存[等]纂修；(清)冯集梧校订
清乾隆四十九年(1784)冯集梧刻本. -- (清)
唐翰题跋，(清)刘履芬跋并录(清)吴骞校。
1986年摄制. -- 1盘卷片(15米320拍)：
1:10, 2B；35mm银盐
收藏馆：缩微中心，国图

000O001655
[元丰]新定九域志：十卷 / (宋)王存[等]纂修
清同治九年(1870)刘履芬抄本. -- (清)刘履
芬录(清)吴骞校跋，吴梅跋。
1986年摄制. -- 1盘卷片(9米170拍)：1:10,
2B；35mm银盐
收藏馆：缩微中心，国图

000O003318
[元丰]新定九域志：十卷 / (宋)王存[等]纂修
清(1644-1911)抄本
1986年摄制. -- 1盘卷片(13米262拍)：
1:10, 2B；35mm银盐
收藏馆：缩微中心，国图

000O020402
[元丰]新定九域志：十卷 / (宋)王存[等]纂修
清(1644-1911)抄本
1994年摄制. -- 1盘卷片(10米181拍)：
1:10, 2B；35mm银盐
收藏馆：缩微中心，国图

000O007493
[元丰]新定九域志：十卷 / (宋)王存[等]纂修
清(1644-1911)抄本
1987年摄制. -- 1盘卷片(12米233拍)：
1:10, 2B；35mm银盐
收藏馆：缩微中心，国图

000O004886
[元丰]新定九域志：十卷 / (宋)王存[等]纂修
清(1644-1911)抄本. -- 卷六至卷十配另一清
抄本。
1987年摄制. -- 1盘卷片(10米195拍)：
1:10, 2B；35mm银盐
收藏馆：缩微中心，国图

000O002201
[元丰]新定九域志：十卷首一卷 / (宋)王存[等]纂修
清(1644-1911)抄本. -- 周梦棠校并跋。
1986年摄制. -- 1盘卷片(17米369拍)：
1:10, 2B；35mm银盐
收藏馆：缩微中心，国图

000O020250
舆地广记：三十八卷 / (宋)欧阳忞撰
宋嘉泰四年(1204)九江郡斋刻嘉定十三年至淳
祐十年(1220-1250)补刻本. -- 存十二卷：卷
七至卷十一、卷二十五至卷三十一。
1994年摄制. -- 1盘卷片(7米107拍)：1:10,
2B；35mm银盐
收藏馆：缩微中心，国图

000O023086
舆地广记：三十八卷 / (宋)欧阳忞撰
清嘉庆十七年(1812)黄丕烈刻士礼居丛书
本. -- (清)顾广圻校并跋。
1995年摄制. -- 1盘卷片(19米364拍)：
1:10, 2B；35mm银盐
收藏馆：缩微中心，国图

000O025090
舆地广记：三十八卷 / (宋)欧阳忞撰 . 校勘札记：二卷 / (清)黄丕烈撰
清嘉庆十七年(1812)黄丕烈刻士礼居丛书本
1996年摄制. -- 1盘卷片(18米363拍)：
1:10, 2B；35mm银盐

收藏馆：缩微中心，国图

000O004500
舆地广记：三十八卷 / (宋)欧阳忞撰
清嘉庆十七年(1812)黄丕烈刻士礼居丛书
本. -- 存三十四卷：卷一至卷三十四。
1986年摄制. -- 1盘卷片(15米326拍) ：
1:10, 2B ；35mm银盐
收藏馆：缩微中心，国图

000O004391
舆地纪胜：二百卷 / (宋)王象之撰
清(1644-1911)影宋抄本. -- 存八十六卷：卷
一至卷十二、卷十七至卷四十九、卷五十五至
卷九十五。
1986年摄制. -- 3盘卷片(71米1568拍) ：
1:10, 2B ；35mm银盐
收藏馆：缩微中心，国图

000O019638
舆地纪胜：二百卷 / (宋)王象之撰
清(1644-1911)抄本. -- 存一百六十九卷：
卷一至卷十二、卷十七至卷四十九、卷
五十五至卷一百三十五、卷一百四十五至卷
一百六十七、卷一百七十四至卷一百九十三。
1994年摄制. -- 4盘卷片(112米2410拍) ：
1:10, 2B ；35mm银盐
收藏馆：缩微中心，国图

000O011217
新编方舆胜览：七十卷 / (宋)祝穆撰
宋咸淳三年(1267)吴坚刘震孙刻本
1989年摄制. -- 1盘卷片(3米34拍) ：1:10,
2B ；35mm银盐
收藏馆：缩微中心，四川

000O027459
新编方舆胜览：七十卷 / (宋)祝穆撰
元(1271-1368)刻本
1996年摄制. -- 2盘卷片(60米1276拍) ：
1:10, 2B ；35mm银盐
收藏馆：缩微中心，南京

000O000335
新编方舆胜览：七十卷 / (宋)祝穆撰
元(1271-1368)刻本. -- 存二卷：卷五十四、
卷五十九。
1985年摄制. -- 1盘卷片(3米37拍) ：1:10,
2B ；35mm银盐
收藏馆：缩微中心，国图

000O010864
新编方舆胜览：七十卷 / (宋)祝穆撰

元(1271-1368)刻本. -- 存二卷：卷四十九至
卷五十。
1988年摄制. -- 1盘卷片(3米36拍) ：1:10,
2B ；35mm银盐
收藏馆：缩微中心，甘肃

000O008388
新编方舆胜览：七十卷 / (宋)祝穆撰
清(1644-1911)抄本
1988年摄制. -- 2盘卷片(60米1222拍) ：
1:10, 2B ；35mm银盐
收藏馆：缩微中心，国图

000O002195
圣朝混一方舆胜览：三卷
明初(1368-1424)刻本. -- 本书是事文类聚翰
墨全书本后乙集。
1986年摄制. -- 1盘卷片(16米352拍) ：
1:10, 2B ；35mm银盐
收藏馆：缩微中心，国图

000O004068
大元大一统志：一千卷 / (元)孛兰肸[等]纂修
清(1644-1911)抄本. -- 纂修者还有：
(元)岳铉等. 存九卷：卷三百六十均州、
卷三百六十一房州、巨津州、通安州，卷
五百四十四至卷五百四十五郿州，卷五百四十八
至卷五百五十葭州。
1985年摄制. -- 1盘卷片(6.1米110拍) ：
1:10, 2B ；35mm银盐
收藏馆：缩微中心，国图

000O028660
**广舆图：二卷 / (元)朱思本撰；(明)罗洪先,(明)
胡松增补**
明嘉靖四十五年(1566)韩君恩刻本. -- (清)
丁丙跋。
1996年摄制. -- 1盘卷片(12米235拍) ：
1:10, 2B ；35mm银盐
收藏馆：缩微中心，南京

000O018466
大明清类天文分野之书：二十四卷
明洪武(1368-1398)刻本. -- 存二十一卷：卷
一至卷十九、卷二十三至卷二十四。
1993年摄制. -- 2盘卷片(37米714拍) ：
1:10, 2B ；35mm银盐
收藏馆：缩微中心，国图

000O028662
**大明清类天文分野之书：二十四卷 / [题](明)刘
基撰**
明初(1368-1424)刻本

1996年摄制. -- 2盘卷片(39米855拍)：
1:10，2B；35mm银盐
收藏馆：缩微中心，南京

00O018284
寰宇通志：一百十九卷 / (明)陈循[等]纂修
明景泰七年(1456)刻本
1993年摄制. -- 4盘卷片(125米2707拍)：
1:10，2B；35mm银盐
收藏馆：缩微中心，天津

00O027720
寰宇通志：一百十九卷 / (明)陈循[等]纂修
明景泰(1450-1456)刻本. -- 纂修者还有：
(明)彭时等。存八十二卷：卷一至卷十、卷
十三至卷三十一、卷三十五至卷四十、卷
四十三至卷五十六、卷五十九至卷六十九、卷
七十二至卷七十七、卷八十一至卷八十六、卷
八十九至卷九十二、卷九十七至卷一百二。
1997年摄制. -- 3盘卷片(89米1734拍)：
1:10，2B；35mm银盐
收藏馆：缩微中心，国图

00O016565
大明一统志：九十卷 / (明)李贤[等]纂修
明天顺五年(1461)内府刻本
1993年摄制. -- 5盘卷片(138米2760拍)：
1:10，2B；35mm银盐
收藏馆：缩微中心，山西

00O021478
大明一统志：九十卷 / (明)李贤[等]纂修
明天顺五年(1461)内府刻本. -- 纂修者还
有：(明)万安等。存六十卷：卷十一至卷
三十五、卷四十一至卷五十一、卷五十九至卷
六十六、卷六十九至卷八十二、卷八十六至卷
八十七。
1995年摄制. -- 3盘卷片(90米1827拍)：
1:10，2B；35mm银盐
收藏馆：缩微中心，国图

00O021922
大明一统志：九十卷 / (明)李贤[等]纂修
明天顺五年(1461)内府刻本. -- 纂修者还
有：(明)万安等。存四十七卷：卷二十二至卷
三十四、卷三十七、卷四十九至卷七十一、卷
七十四至卷七十八、卷八十一至卷八十二、卷
八十五、卷八十九至卷九十。
1995年摄制. -- 3盘卷片(70米1434拍)：
1:10，2B；35mm银盐
收藏馆：缩微中心，国图

00O021924
大明一统志：九十卷 / (明)李贤[等]纂修
明天顺五年(1461)内府刻本. -- 纂修者还
有：(明)万安等。存三十三卷：卷八至卷十、
卷十四至卷十八、卷二十五至卷三十五、卷
三十八至卷四十、卷四十五至卷四十八、卷
五十六至卷六十、卷六十五至卷六十六。
1995年摄制. -- 2盘卷片(50米1000拍)：
1:10，2B；35mm银盐
收藏馆：缩微中心，国图

00O017194
大明一统志：九十卷 / (明)李贤[等]纂修
明弘治十八年(1505)慎独书斋刻本. -- 纂修
者还有：(明)万安等。
1993年摄制. -- 5盘卷片(142米2976拍)：
1:10，2B；35mm银盐
收藏馆：缩微中心，山东

00O020169
大明一统志：九十卷 / (明)李贤[等]纂修
明弘治十八年(1505)慎独书斋刻本. -- 纂修
者还有：(明)万安等。存八十六卷：卷一至卷
七十八、卷八十三至卷九十。
1994年摄制. -- 4盘卷片(126米2642拍)：
1:10，2B；35mm银盐
收藏馆：缩微中心，国图

00O007241
大明一统志：九十卷 / (明)李贤[等]纂修
明嘉靖三十八年(1559)书林杨氏归仁斋刻
本. -- 纂修者还有：(明)万安等。
1987年摄制. -- 5盘卷片(144米3138拍)：
1:10，2B；35mm银盐
收藏馆：缩微中心，国图

00O008914
大明一统志：九十卷 / (明)李贤[等]纂修
明万历(1573-1620)刻本
1989年摄制. -- 5盘卷片(134米2926拍)：
1:10，2B；35mm银盐
收藏馆：缩微中心，湖北

00O006174
大明一统志：九十卷 / (明)李贤[等]纂修
明(1368-1644)万寿堂刻本. -- 纂修者还有：
(明)万安等。
1987年摄制. -- 6盘卷片(165米3291拍)：
1:10，2B；35mm银盐
收藏馆：缩微中心，四川

00O021684
大明一统志：九十卷 / (明)李贤[等]纂修

明(1368-1644)万寿堂刻本. -- 纂修者还有：
(明)万安等。
1995年摄制. -- 5盘卷片（151米3086拍）：
1:10, 2B ；35mm银盐
收藏馆：缩微中心，国图

000O014655
皇舆考：十卷 / (明)张天复撰
明嘉靖三十六年(1557)应明德刻本
1987年摄制. -- 1盘卷片（10米100拍）：
1:10, 2B ；35mm银盐
收藏馆：缩微中心，国图

000O001929
皇舆考：十卷 / (明)张天复撰
明万历(1573-1620)朱珵刻本
1986年摄制. -- 1盘卷片（20米422拍）：
1:10, 2B ；35mm银盐
收藏馆：缩微中心，国图

000O003232
修攘通考：六卷 / (明)何镗编
明万历六年(1578)何镗刻本
1986年摄制. -- 1盘卷片（20米439拍）：
1:10, 2B ；35mm银盐
收藏馆：缩微中心，国图

000O013973
郡县释名：二十六卷 / (明)郭子章撰
明万历(1573-1620)刻本. -- 存二十一卷：山
东二卷、山西二卷、陕西二卷、四川二卷、江
西二卷、浙江二卷、湖广二卷、湖南二卷、广
东一卷、广西一卷、云南二卷、贵州一卷。
1992年摄制. -- 1盘卷片（26米538拍）：
1:10, 2B ；35mm银盐
收藏馆：缩微中心，国图

000O006840
山西郡县释名：二卷 / (明)郭子章撰
明(1368-1644)刻本
1987年摄制. -- 1盘卷片（5米63拍）：1:10,
2B ；35mm银盐
收藏馆：缩微中心，国图

000O020685
广志绎：五卷杂志一卷 / (明)王士性撰
清康熙十五年(1676)刻本
1994年摄制. -- 1盘卷片（13米237拍）：
1:10, 2B ；35mm银盐
收藏馆：缩微中心，国图

000O020163
职方考镜：六卷 / (明)卢传印撰；(明)卢奇删补

明万历二十二年(1594)卢奇刻本
1994年摄制. -- 1盘卷片（16米308拍）：
1:10, 2B ；35mm银盐
收藏馆：缩微中心，国图

000O014035
广舆记：二十四卷 / (明)陆应阳撰
明(1368-1644)刻本
1992年摄制. -- 1盘卷片（30米618拍）：
1:10, 2B ；35mm银盐
收藏馆：缩微中心，国图

000O017729
方舆胜略：十八卷总目一卷外夷六卷 / (明)程
百二[等]撰 . 又：一卷 / (明)唐时升[等]辑
明万历三十八年(1610)程百二刻本. -- 方舆
胜略的撰者还有：(明)汪有道、(明)胡邦直、
(明)冯霆；外夷六卷的撰者还有：(明)李蒙、
(明)孙光寓、(明)郑本烈；又一卷的辑者还
有：(明)焦尊生、(明)刘一灿、(明)程百二。
1993年摄制. -- 1盘卷片（32米655拍）：
1:10, 2B ；35mm银盐
收藏馆：缩微中心，国图

000O027453
目营小辑：四卷 / (明)陆化熙撰
明末(1621-1644)刻本
1996年摄制. -- 1盘卷片（15米295拍）：
1:10, 2B ；35mm银盐
收藏馆：缩微中心，南京

000O005485
今古舆地图：三卷 / (明)沈定之,(明)吴国辅撰
明崇祯十六年(1643)刻朱墨套印本
1987年摄制. -- 1盘卷片（12.4米250拍）：
1:10, 2B ；35mm银盐
收藏馆：缩微中心，山西

000O027454
汇辑舆图备考全书：十八卷 / (明)潘光祖撰
清顺治(1644-1661)英秀堂刻本
1996年摄制. -- 2盘卷片（50米1080拍）：
1:10, 2B ；35mm银盐
收藏馆：缩微中心，南京

000O023967
天下郡国利病书：不分卷 / (清)顾炎武撰
清(1644-1911)稿本. -- (清)黄丕烈、(清)钱
大昕跋。
1995年摄制. -- 6盘卷片（164米3534拍）：
1:10, 2B ；35mm银盐
收藏馆：缩微中心，南京

00O018600

天下郡国利病书：一百二十卷 / (清)顾炎武撰

清康熙(1662-1722)抄本

1992年摄制. -- 9盘卷片(243.8米5354拍)：
1:11, 2B；35mm银盐

收藏馆：缩微中心，重庆

00O010132

天下郡国利病书：一百二十卷 / (清)顾炎武撰

清(1644-1911)钱氏萃古斋抄本

1989年摄制. -- 9盘卷片(251米5292拍)：
1:10, 2B；35mm银盐

收藏馆：缩微中心，山东

00O000662

天下郡国利病书：一百二十卷 / (清)顾炎武撰

清(1644-1911)抄本

1985年摄制. -- 8盘卷片(223.7米5037拍)：
1:10, 2B；35mm银盐

收藏馆：缩微中心，国图

00O010133

天下郡国利病书：一百二十卷 / (清)顾炎武撰

清(1644-1911)抄本

1989年摄制. -- 9盘卷片(243米5182拍)：
1:10, 2B；35mm银盐

收藏馆：缩微中心，山东

00O029875

天下郡国利病书：一百二十卷 / (清)顾炎武撰

清(1644-1911)抄本. -- 存一百十六卷：卷三
至卷一百十八。

2001年摄制. -- 9盘卷片(253米5501拍)：
1:10, 2B；35mm银盐

收藏馆：缩微中心，国图

00O027842

郡国利病书：一百二十卷 / (清)顾炎武撰

清(1644-1911)抄本

1997年摄制. -- 8盘卷片(230米4759拍)：
1:10, 2B；35mm银盐

收藏馆：缩微中心，国图

00O009691

肇域志：不分卷 / (清)顾炎武撰

清(1644-1911)抄本

1988年摄制. -- 6盘卷片(152米3177拍)：
1:10, 2B；35mm银盐

收藏馆：缩微中心，四川

00O004757

肇域志：六卷 / (清)顾炎武撰

清(1644-1911)王雪舫抄本. -- (清)韩应陛

跋。

1987年摄制. -- 1盘卷片(8米141拍)：1:10,
2B；35mm银盐

收藏馆：缩微中心，国图

00O014726

肇域志南畿稿：十卷 / (清)顾炎武撰

清(1644-1911)抄本

1992年摄制. -- 1盘卷片(31米629拍)：
1:10, 2B；35mm银盐

收藏馆：缩微中心，国图

00O025191

一统志案说：十六卷 / [题](清)顾炎武撰

清道光七年(1827)张青选清芬阁活字印本

1996年摄制. -- 1盘卷片(23米456拍)：
1:10, 2B；35mm银盐

收藏馆：缩微中心，国图

00O003975

读史方舆纪要：一百三十卷 / (清)顾祖禹撰

清(1644-1911)抄本. -- (清)彭元瑞校。

1985年摄制. -- 10盘卷片(277米6176拍)：
1:10, 2B；35mm银盐

收藏馆：缩微中心，国图

00O020589

读史方舆纪要：一百三十卷 / (清)顾祖禹撰

清(1644-1911)抄本. -- 佚名校。

1994年摄制. -- 9盘卷片(281米5830拍)：
1:10, 2B；35mm银盐

收藏馆：缩微中心，国图

00O024508

读史方舆纪要：一百三十卷 / (清)顾祖禹撰

清(1644-1911)抄本

1996年摄制. -- 9盘卷片(274米5840拍)：
1:10, 2B；35mm银盐

收藏馆：缩微中心，国图

00O031397

读史方舆纪要：一百三十卷 / (清)顾祖禹撰

清(1644-1911)抄本. -- 存一百二十一卷：卷
一至卷九十一、卷九十三至卷一百十一、卷
一百十三至卷一百二十三。

2004年摄制. -- 9盘卷片(277米5945拍)：
1:10, 2B；35mm银盐

收藏馆：缩微中心，国图

00O009674

读史方舆纪要图：不分卷 / (清)顾祖禹撰

清(1644-1911)抄本. -- 版框高二十三厘米宽
十六厘米。

1989年摄制. -- 1盘卷片(9米179拍) : 1:10,
2B ; 35mm银盐
收藏馆：缩微中心，广东

000O008118
历代郡国考略：三卷 / (清)叶沄辑
清康熙(1662-1722)刻本
1988年摄制. -- 1盘卷片(5米72拍) : 1:10,
2B ; 35mm银盐
收藏馆：缩微中心，湖北

000O027029
大清一统志：不分卷
清康熙(1662-1722)内府抄本. -- 存：盛京、
海城县、盖平县、金州。
1997年摄制. -- 1盘卷片(6米85拍) : 1:10,
2B ; 35mm银盐
收藏馆：缩微中心，国图

000O026590
大清一统志：不分卷 / (清)蒋廷锡[等]纂修
清乾隆(1736-1795)内府抄本. -- 纂修者还
有：(清)王安国等。存：京师、直隶、江南、
安徽、山东、河南、陕西、甘肃、宁夏、浙
江、江西、湖北、湖南、四川、福建、广东、
广西、云南、贵州。
1997年摄制. -- 17盘卷片(495米9548拍) :
1:10, 2B ; 35mm银盐
收藏馆：缩微中心，国图

000O002359
大清一统志：不分卷
清(1644-1911)内府抄本. -- 存：京师、直隶
统部、顺天府、常德府、衡州府、永州府、辰
州府、朝鲜、佛郎机等国。
1986年摄制. -- 1盘卷片(20米445拍) :
1:10, 2B ; 35mm银盐
收藏馆：缩微中心，国图

000O021089
大清一统志：不分卷
清(1644-1911)内府抄本. -- 存二卷：宁波府
卷一至卷二。
1994年摄制. -- 1盘卷片(6米70拍) : 1:10,
2B ; 35mm银盐
收藏馆：缩微中心，国图

000O021294
**大清一统志：三百五十六卷 / (清)蒋廷锡,(清)王
安国等纂修**
清乾隆九年(1744)武英殿刻本
1993年摄制. -- 17盘卷片(499.1米11276拍) :
1:10, 2B ; 35mm银盐

收藏馆：缩微中心，辽宁

000O018661
**大清一统志：三百五十六卷 / (清)蒋廷锡,(清)王
安国等纂修**
清道光二十九年(1849)薛子瑜活字印本
1993年摄制. -- 19盘卷片(575米11780拍) :
1:10, 2B ; 35mm银盐
收藏馆：缩微中心，国图

000O025178
**皇舆表：十六卷 / (清)喇沙里[等]纂修；(清)揆叙
[等]增修**
清康熙(1662-1722)内府刻本
1996年摄制. -- 3盘卷片(89米1824拍) :
1:10, 2B ; 35mm银盐
收藏馆：缩微中心，国图

000O019018
[钦定]方舆路程考略：不分卷 / (清)汪士铉[等]纂
清康熙(1662-1722)刻本
1994年摄制. -- 2盘卷片(56米1236拍) :
1:10, 2B ; 35mm银盐
收藏馆：缩微中心，天津

000O025187
**钦定方舆路程考略：不分卷 / (清)钱名世,(清)汪
士铉[等]纂修**
清(1644-1911)抄本. -- 存九十三册：直隶
三册(八至九、十一)；江南一册(五十八)；
河南二十册(一至五、七至八、十一、十七、
十九、二十一至三十)；陕西二十二册(西安府
十、十四、十六、二十、二十二至二十八、
三十、三十二至三十七，延安府一至二，巩
昌府一，河西卫所一)；浙江七册(十一、
二十六、三十八、五十二、五十五至五十六、
六十一)；江西十册(袁州府一至二、饶州府
一、三至四，赣州府二，南安府一，吉安府
一、四，南康府七)；湖南十四册(八十八
至一百、一百三十二)；四川三册(十二至
十四)；福建六册(七至十、十四，安溪一
册)；广东七册(韶州府二至三、南雄府一、惠
州府一至四)。
1996年摄制. -- 8盘卷片(253米5075拍) :
1:10, 2B ; 35mm银盐
收藏馆：缩微中心，国图

000O007027
钦定皇舆全览：□□卷
清(1644-1911)稿本. -- 存三卷：浙江卷三至
卷四、直隶宁羌州等地。
1987年摄制. -- 1盘卷片(13米274拍) :
1:10, 2B ; 35mm银盐

收藏馆：缩微中心，国图

000O014912
钦定皇舆全览：□□卷
清(1644-1911)稿本. -- 存一卷：云南卷二。
1992年摄制. -- 1盘卷片(9.4米167拍)：
1:10, 2B；35mm银盐
收藏馆：缩微中心，辽宁

000O025181
内府舆地全图：八卷
清康熙(1662-1722)刻本
1996年摄制. -- 1盘卷片(15米270拍)：
1:10, 2B；35mm银盐
收藏馆：缩微中心，国图

000O018379
大清一统志：四百二十四卷 / (清)和珅[等]纂修
清乾隆五十五年(1790)武英殿刻本
1992年摄制. -- 19盘卷片(579.6米13143拍)：
1:10, 2B；35mm银盐
收藏馆：缩微中心，辽宁

000O006296
大清一统志：□□卷 / (清)和珅[等]纂修
清(1644-1911)内府抄本
1987年摄制. -- 1盘卷片(5米82拍)：1:10,
2B；35mm银盐
收藏馆：缩微中心，吉林

000O025598
皇舆统志：十四卷 / (清)钱霑撰
清(1644-1911)稿本. -- (清)翁同龢跋。
1996年摄制. -- 1盘卷片(17米327拍)：
1:10, 2B；35mm银盐
收藏馆：缩微中心，浙江

000O010044
广舆吟稿：六卷附编一卷 / (清)宋思仁撰
清乾隆五十七年(1792)刻本. -- 版框高十七
厘米宽十二厘米。
1989年摄制. -- 1盘卷片(12米234拍)：
1:10, 2B；35mm银盐
收藏馆：缩微中心，广东

000O014910
地理志：□□卷 / (清)周焘撰
清乾隆(1736-1795)内府稿本. -- 存二卷。
1992年摄制. -- 1盘卷片(3.4米41拍)：
1:10, 2B；35mm银盐
收藏馆：缩微中心，辽宁

000O004255
直隶相距各省路程：不分卷
清(1644-1911)抄本
1986年摄制. -- 1盘卷片(6米106拍)：1:10,
2B；35mm银盐
收藏馆：缩微中心，国图

000O021668
地学答问：三卷 / (清)魏青江撰
清乾隆四十九年(1784)二酉堂刻本
1995年摄制. -- 1盘卷片(12米207拍)：
1:10, 2B；35mm银盐
收藏馆：缩微中心，国图

000O024155
天下沿海形势录：一卷 / (清)陈伦炯撰
清(1644-1911)抄本
1996年摄制. -- 1盘卷片(4米50拍)：1:10,
2B；35mm银盐
收藏馆：缩微中心，湖北

000O017748
镌长安客话：八卷 / (明)蒋一葵撰
明(1368-1644)刻本. -- 郑振铎跋。
1993年摄制. -- 1盘卷片(15米194拍)：
1:10, 2B；35mm银盐
收藏馆：缩微中心，国图

000O008177
帝京景物略：八卷 / (明)刘侗,(明)于奕正撰
明崇祯八年(1635)刻本. -- 版框高二十厘米
宽十四厘米
1987年摄制. -- 2盘卷片(37米756拍)：
1:10, 2B；35mm银盐
收藏馆：缩微中心，广东

000O018056
帝京景物略：八卷 / (明)刘侗,(明)于奕正撰；
(明)方逢年定
明崇祯(1628-1644)刻本. -- 钤"宜兴任氏天
春园所有图书"。
1993年摄制. -- 1盘卷片(33米741拍)：
1:10, 2B；35mm银盐
收藏馆：缩微中心，天津

000O008297
帝京景物略：八卷 / (明)刘侗,(明)于奕正撰；
(明)方逢年定
明崇祯(1628-1644)刻本
1987年摄制. -- 2盘卷片(34米710拍)：
1:10, 2B；35mm银盐
收藏馆：缩微中心，山东

00O015434
帝京景物略：八卷 / (明)刘侗,(明)于奕正撰
明崇祯(1628-1644)刻本
1992年摄制. -- 2盘卷片(37米696拍)：
1:10, 2B ; 35mm银盐
收藏馆：缩微中心, 国图

00O020572
帝京景物略：八卷 / (明)刘侗,(明)于奕正撰
明崇祯(1628-1644)刻本
1994年摄制. -- 2盘卷片(38米694拍)：
1:10, 2B ; 35mm银盐
收藏馆：缩微中心, 国图

00O008127
帝京景物略：八卷 / (明)刘侗,(明)于奕正撰
明末(1621-1644)卢高重刻本
1988年摄制. -- 1盘卷片(11米218拍)：
1:10, 2B ; 35mm银盐
收藏馆：缩微中心, 湖北

00O026064
帝京景物略：不分卷 / (明)刘侗,(明)于奕正撰
清(1644-1911)观我生斋抄本
1993年摄制. -- 1盘卷片(13米266拍)：
1:10, 2B ; 35mm银盐
收藏馆：缩微中心, 南京

00O014908
天府广记：四十四卷 / (清)孙承泽撰
清初(1644-1722)抄本
1992年摄制. -- 2盘卷片(48.7米1092拍)：
1:10, 2B ; 35mm银盐
收藏馆：缩微中心, 辽宁

00O031193
古香斋鉴赏袖珍春明梦余录：七十卷 / (清)孙承泽撰
清乾隆(1736-1795)内府刻古香斋鉴赏袖珍丛书本
2004年摄制. -- 4盘卷片(102米2145拍)：
1:7, 2B ; 35mm银盐
收藏馆：缩微中心, 国图

00O019989
帝京岁时纪胜：一卷 / (清)潘荣陛撰
清乾隆(1736-1795)刻本
1994年摄制. -- 1盘卷片(5米53拍)：1:10,
2B ; 35mm银盐
收藏馆：缩微中心, 国图

00O021159
钦定日下旧闻考：一百六十卷译语总目一卷 /

(清)朱彝尊,(清)于敏中纂
清乾隆(1736-1795)抄本. -- 存一百五十六卷：卷一至卷二十一、卷二十四至卷一百九、卷一百十二至卷一百六十。
1992年摄制. -- 6盘卷片(172.6米3987拍)：
1:10, 2B ; 35mm银盐
收藏馆：缩微中心, 辽宁

00O017774
[乾隆]宸垣识略：十六卷 / (清)吴长元辑
清乾隆五十三年(1788)池北草堂刻巾箱本
1991年摄制. -- 1盘卷片(28米579拍)：
1:10, 2B ; 35mm银盐
收藏馆：缩微中心, 天津

00O008531
洪武京城图志：一卷 / (明)王俊华纂修
清(1644-1911)抄本
1988年摄制. -- 1盘卷片(5米71拍)：1:10,
2B ; 35mm银盐
收藏馆：缩微中心, 国图

00O022247
洪武京城图志：一卷 / (明)王俊华纂修
清(1644-1911)抄本
1995年摄制. -- 1盘卷片(5米64拍)：1:10,
2B ; 35mm银盐
收藏馆：缩微中心, 国图

00O002258
营平二州史事记：二卷 / (清)顾炎武撰
清(1644-1911)抄本
1986年摄制. -- 1盘卷片(4米62拍)：1:10,
2B ; 35mm银盐
收藏馆：缩微中心, 国图

00O022960
三云筹俎考：四卷 / (明)王士琦撰
明万历(1573-1620)刻本
1995年摄制. -- 1盘卷片(12米224拍)：
1:10, 2B ; 35mm银盐
收藏馆：缩微中心, 国图

00O023274
滦京杂咏：一卷 / (元)杨允孚撰 . 吴郡乐圃朱先生余稿：十卷补遗一卷附录一卷 / (宋)朱长文撰
清(1644-1911)抄本
1995年摄制. -- 1盘卷片(3米16拍)：1:10,
2B ; 35mm银盐
收藏馆：缩微中心, 国图

00O014549
鸭江行部志：一卷 / (金)王寂撰

清(1644-1911)抄本
1992年摄制. -- 1盘卷片(3米23拍) : 1:10,
2B ; 35mm银盐
收藏馆：缩微中心，国图

000O014057
东夷考略：一卷东事答问一卷 / (明)茅瑞征撰
明(1368-1644)刻本
1992年摄制. -- 1盘卷片(6米89拍) : 1:10,
2B ; 35mm银盐
收藏馆：缩微中心，国图

000O017146
钦定满洲源流考：二十卷 / (清)阿桂[等]修
清乾隆四十二年(1777)武英殿刻本
1993年摄制. -- 1盘卷片(29.2米659拍) :
1:10, 2B ; 35mm银盐
收藏馆：缩微中心，辽宁

000O020899
钦定满洲源流考：二十卷 / (清)阿桂[等]修
清乾隆四十三年(1778)内府刻本. -- 纂修者
还有：(清)于敏中等。
1994年摄制. -- 1盘卷片(30米619拍) :
1:10, 2B ; 35mm银盐
收藏馆：缩微中心，国图

000O020246
全辽备考：二卷 / [题](清)林佶撰
清(1644-1911)抄本. -- 书名误题金辽备考。
(清)李文田跋。
1994年摄制. -- 1盘卷片(5米69拍) : 1:10,
2B ; 35mm银盐
收藏馆：缩微中心，国图

000O014909
全辽备考：二卷 / (清)林佶撰
清(1644-1911)抄本
1992年摄制. -- 1盘卷片(6.4米105拍) :
1:10, 2B ; 35mm银盐
收藏馆：缩微中心，辽宁

000O030979
全辽备考：二卷 / (清)林佶撰
油印本. -- 书名误题金辽备考。
2003年摄制. -- 1盘卷片(7米118拍) : 1:10,
2B ; 35mm银盐
收藏馆：缩微中心，辽宁

000O009722
御制盛京赋：一卷 / (清)高宗弘历撰；(清)鄂尔泰[等]注
清乾隆(1736-1795)刻朱墨套印本

1989年摄制. -- 1盘卷片(5米76拍) : 1:10,
2B ; 35mm银盐
收藏馆：缩微中心，湖北

000O003442
开原图说：二卷 / (明)冯瑗撰
明(1368-1644)刻本
1986年摄制. -- 1盘卷片(7米126拍) : 1:10,
2B ; 35mm银盐
收藏馆：缩微中心，国图

000O008638
辽左见闻录：不分卷 / (清)王一元撰
清(1644-1911)抄本
1988年摄制. -- 1盘卷片(6米82拍) : 1:10,
2B ; 35mm银盐
收藏馆：缩微中心，国图

000O026762
辽左见闻录：一卷 / (清)王一元撰
清(1644-1911)刘氏天尺楼抄本
1996年摄制. -- 1盘卷片(5米67拍) : 1:10,
2B ; 35mm银盐
收藏馆：缩微中心，南京

000O013786
三姓山川记：一卷富克锦舆地略一卷 / (清)祁寯藻撰．珲春境内村屯里数：一卷；宁古塔村屯里数：一卷
清(1644-1911)稿本
1992年摄制. -- 1盘卷片(3米27拍) : 1:10,
2B ; 35mm银盐
收藏馆：缩微中心，国图

000O020097
泽国纪闻：五卷沪城备考三卷 / (清)褚华撰
清(1644-1911)抄本
1994年摄制. -- 1盘卷片(8米122拍) : 1:10,
2B ; 35mm银盐
收藏馆：缩微中心，国图

000O000970
云间据目钞：五卷 / (明)范濂撰
清(1644-1911)范联枝一寒斋刻本. -- (清)李
心庵跋。
1985年摄制. -- 1盘卷片(9.1米175拍) :
1:10, 2B ; 35mm银盐
收藏馆：缩微中心，国图

000O017553
云间杂识：八卷 / (明)李绍文撰
清(1644-1911)抄本
1993年摄制. -- 1盘卷片(16米290拍) :

1:10，2B ；35mm银盐
收藏馆：缩微中心，国图

000O015159
云间杂志：二卷 / (明)李绍文撰
清(1644-1911)抄本. -- (清)陆煊题款。
1992年摄制. -- 1盘卷片(12米198拍)：
1:10，2B ；35mm银盐
收藏馆：缩微中心，国图

000O025458
五茸志逸随笔：八卷 / (清)吴履震辑
清(1644-1911)抄本
1996年摄制. -- 1盘卷片(26米515拍)：
1:10，2B ；35mm银盐
收藏馆：缩微中心，国图

000O028896
五茸志逸随笔：八卷 / (明)吴履震撰．五茸志余：
一卷 / (明)唐之屏撰
清初(1644-1722)抄本
1990年摄制. -- 1盘卷片(25米537拍)：
1:10，2B ；35mm银盐
收藏馆：缩微中心，南京

000O028073
六朝事迹编类：二卷 / (宋)张敦颐撰
明(1368-1644)抄本. -- (清)周星诒跋。
1997年摄制. -- 1盘卷片(9米164拍)：1:10，
2B ；35mm银盐
收藏馆：缩微中心，福建

000O004592
六朝事迹编类：二卷 / (宋)张敦颐撰
清初(1644-1722)抄本
1987年摄制. -- 1盘卷片(8米161拍)：1:10，
2B ；35mm银盐
收藏馆：缩微中心，国图

000O027534
六朝事迹编类：十四卷 / (宋)张敦颐撰．附识：
一卷 / (清)朱绪曾撰
清道光二十年(1840)张问园刻本
1997年摄制. -- 1盘卷片(9米158拍)：1:10，
2B ；35mm银盐
收藏馆：缩微中心，国图

000O023100
金陵世纪：四卷 / (明)陈沂撰
明隆庆三年(1569)史际刻本
1995年摄制. -- 1盘卷片(7米109拍)：1:10，
2B ；35mm银盐
收藏馆：缩微中心，国图

000O020484
金陵古今图考：一卷 / (明)陈沂撰
明天启(1621-1627)刻本
1994年摄制. -- 1盘卷片(4米36拍)： 1:10，
2B ；35mm银盐
收藏馆：缩微中心，国图

000O017638
金陵琐事：四卷续二卷 / (明)周晖撰
明万历三十八年(1610)刻本
1993年摄制. -- 1盘卷片(23米456拍)：
1:10，2B ；35mm银盐
收藏馆：缩微中心，国图

000O023102
金陵琐事：四卷续二卷二续二卷 / (明)周晖撰
明万历(1573-1620)刻本
1995年摄制. -- 1盘卷片(30米609拍)：
1:10，2B ；35mm银盐
收藏馆：缩微中心，国图

000O026849
金陵琐事：四卷 / (明)周晖撰
清乾隆四十年(1775)张溁活字印本
1996年摄制. -- 1盘卷片(12米262拍)：
1:10，2B ；35mm银盐
收藏馆：缩微中心，南京

000O001175
留都见闻录：一卷 / (明)吴应箕撰
清康熙十九年(1680)吴孟坚楼山堂刻本
1985年摄制. -- 1盘卷片(3.8米51拍)：
1:10，2B ；35mm银盐
收藏馆：缩微中心，国图

000O026782
留都见闻录：二卷 / (明)吴应箕撰
清(1644-1911)抄本. -- (清)萧穆跋。
1996年摄制. -- 1盘卷片(4米57拍)： 1:10，
2B ；35mm银盐
收藏馆：缩微中心，南京

000O030082
淮城信今录：十卷 / (清)曹镳撰
清嘉庆二十五年至清末(1820-1911)抄本. --
记事止：清嘉庆二十五年(1820)。
2001年摄制. -- 1盘卷片(14米268拍)：
1:10，2B ；35mm银盐
收藏馆：缩微中心，南京

000O029723
海曲拾遗：六卷 / (清)金榜修；(清)徐缙增撰
清乾隆(1736-1795)刻嘉庆二十三年(1818)徐

缙芸晖阁递修本. -- 记事止：清嘉庆二十三
年(1818)。
2001年摄制. -- 1盘卷片(25米483拍)：
1:10，2B；35mm银盐
收藏馆：缩微中心，南京

000O029662
海曲拾遗：六卷 / (清)金榜修；(清)徐缙增撰
清乾隆(1736-1795)刻嘉庆二十二年(1817)徐
缙芸晖阁递修本. -- 记事止：清嘉庆十六年
(1811)。卷四配抄本。
2000年摄制. -- 1盘卷片(14米278拍)：
1:10，2B；35mm银盐
收藏馆：缩微中心，南京

000O029766
晋陵问：不分卷 / (明)常志学撰；(明)周治隆注
明万历十二年(1584)刻本
1996年摄制. -- 1盘卷片(4米24拍)：1:10，
2B；35mm银盐
收藏馆：缩微中心，苏州

000O025921
荆溪外纪：二十五卷 / (明)沈敕辑
明嘉靖二十四年(1545)宇郏书屋刻本
1996年摄制. -- 1盘卷片(26米549拍)：
1:10，2B；35mm银盐
收藏馆：缩微中心，南京

000O021477
荆溪外纪：二十五卷 / (明)沈敕辑
明嘉靖二十四年(1545)宇郏书屋刻本. --
存二十三卷：卷一至卷十四、卷十七至卷
二十五。
1995年摄制. -- 1盘卷片(21米418拍)：
1:10，2B；35mm银盐
收藏馆：缩微中心，国图

000O025541
桃溪客语：五卷 / (清)吴骞撰
清乾隆(1736-1795)吴氏拜经楼刻本
1996年摄制. -- 1盘卷片(7米108拍)：1:10，
2B；35mm银盐
收藏馆：缩微中心，国图

000O015880
桃溪客语：二卷 / (清)吴骞撰
清(1644-1911)抄本. -- (清)钱大昕、(清)吴
骞校。
1993年摄制. -- 1盘卷片(6米89拍)：1:10，
2B；35mm银盐
收藏馆：缩微中心，国图

000O003753
中吴纪闻：六卷 / (宋)龚明之撰
明弘治(1488-1505)刻本. -- (清)蒋杲校并
跋。
1985年摄制. -- 1盘卷片(7米124拍)：1:10，
2B；35mm银盐
收藏馆：缩微中心，国图

000O013335
中吴纪闻：六卷 / (宋)龚明之撰
明弘治七年(1494)严春刻本. -- 李盛铎跋。
1991年摄制. -- 1盘卷片(7米110拍)：1:10，
2B；35mm银盐
收藏馆：缩微中心，国图

000O004880
中吴纪闻：六卷 / (宋)龚明之撰
明末(1621-1644)毛氏汲古阁刻本. -- (清)劳
权跋并临(清)何焯、(清)卢文弨校跋，劳健跋
并录(清)毛扆题识。
1987年摄制. -- 1盘卷片(9米180拍)：1:10，
2B；35mm银盐
收藏馆：缩微中心，国图

000O014436
中吴纪闻：六卷 / (宋)龚明之撰
明末(1621-1644)毛氏汲古阁刻本. -- 佚名录
(清)何焯校跋。
1992年摄制. -- 1盘卷片(9米153拍)：1:10，
2B；35mm银盐
收藏馆：缩微中心，国图

000O015801
中吴纪闻：六卷 / (宋)龚明之撰
明末(1621-1644)毛氏汲古阁刻本. -- (清)王
峻校并录(清)毛扆题识，(清)胡斑校跋并录
(清)程世铉题识，(清)程钟跋。
1993年摄制. -- 1盘卷片(9米155拍)：1:10，
2B；35mm银盐
收藏馆：缩微中心，国图

000O016322
中吴纪闻：六卷 / (宋)龚明之撰
明末(1621-1644)毛氏汲古阁刻本. -- 佚名录
(清)何焯校跋，(清)杨廷锡跋。
1992年摄制. -- 1盘卷片(9米154拍)：1:10，
2B；35mm银盐
收藏馆：缩微中心，国图

000O026921
中吴纪闻：六卷 / (宋)龚明之撰
明末(1621-1644)毛氏汲古阁刻本. -- (清)袁
廷梼校，(清)吴志忠校跋并录(清)陆贻典校

跋，(清)何焯、(清)丁丙跋。
1996年摄制. -- 1盘卷片(10米170拍)：
1:10，2B；35mm银盐
收藏馆：缩微中心，南京

00O031172
中吴纪闻：六卷 / (宋)龚明之撰
明末(1621-1644)毛氏汲古阁刻本
2004年摄制. -- 1盘卷片(10米170拍)：1:9，
2B；35mm银盐
收藏馆：缩微中心，国图

00O003835
中吴纪闻：六卷 / (宋)龚明之撰
清嘉庆十五年(1810)张海鹏刻墨海金壶本. --
(清)张绍仁录(清)何焯校跋，(清)伯洪、(清)
周星诒跋。
1985年摄制. -- 1盘卷片(7米122拍)：1:10，
2B；35mm银盐
收藏馆：缩微中心，国图

00O020252
中吴纪闻：六卷 / (宋)龚明之撰
明末(1621-1644)若墅堂刻清(1644-1911)清樾
堂重修本. --(清)陆损之校并跋。
1994年摄制. -- 1盘卷片(9米163拍)：1:10，
2B；35mm银盐
收藏馆：缩微中心，国图

00O006806
中吴纪闻：六卷 / (宋)龚明之撰
清(1644-1911)抄本
1987年摄制. -- 1盘卷片(7米120拍)：1:10，
2B；35mm银盐
收藏馆：缩微中心，国图

00O014921
中吴纪闻：六卷 / (宋)龚明之撰
清(1644-1911)抄本. --(清)赵宗建跋并录
(清)顾若波校。
1992年摄制. -- 1盘卷片(7米114拍)：1:10，
2B；35mm银盐
收藏馆：缩微中心，国图

00O003225
吴中旧事：一卷 / (元)陆友仁撰．平江记事：一卷 / (元)高德基撰
清(1644-1911)抄本
1986年摄制. -- 1盘卷片(3米35拍)：1:10，
2B；35mm银盐
收藏馆：缩微中心，国图

00O004882
吴中旧事：一卷 / (元)陆友仁撰
清(1644-1911)抄本. -- 还有合刻著作：志雅
堂杂钞一卷/(宋)周密撰。(清)李文锐、(清)
戴光曾跋。
1987年摄制. -- 1盘卷片(4米45拍)：1:10，
2B；35mm银盐
收藏馆：缩微中心，国图

00O003659
吴中旧事：一卷 / (元)陆友仁撰
清(1644-1911)抄本
1985年摄制. -- 1盘卷片(4米41拍)：1:10，
2B；35mm银盐
收藏馆：缩微中心，国图

00O032012
吴中旧事：一卷 / (元)陆友仁撰
清光绪七年(1881)钟登甲刻函海本. -- 十行
二十字白口四周双边。傅增湘校并跋。
2010年摄制. -- 1盘卷片(4米40拍)：1:10，
2B；35mm银盐
收藏馆：缩微中心，国图

00O022261
苏谈：一卷 / (明)杨循吉撰
明(1368-1644)刻本
1995年摄制. -- 1盘卷片(2米16拍)：1:10，
2B；35mm银盐
收藏馆：缩微中心，国图

00O001758
三吴杂志：不分卷 / (明)潘之恒撰
明万历(1573-1620)刻本
1986年摄制. -- 1盘卷片(13米274拍)：
1:10，2B；35mm银盐
收藏馆：缩微中心，国图

00O027482
采风类记：十卷 / (清)张大纯撰
清康熙四十九年(1710)深柳读书堂刻本
1996年摄制. -- 2盘卷片(43米967拍)：
1:10，2B；35mm银盐
收藏馆：缩微中心，南京

00O025236
采风类记：十卷 / (清)张大纯撰
清康熙四十九年(1710)张霖刻乾隆二十年
(1755)印本
1996年摄制. -- 2盘卷片(46米931拍)：
1:10，2B；35mm银盐
收藏馆：缩微中心，国图

000O009215
采风类记：十卷 / (清)张大纯撰
清雍正十三年(1735)读书堂刻本
1988年摄制. -- 2盘卷片(48米999拍)：
1:10, 2B；35mm银盐
收藏馆：缩微中心，湖南

000O003681
平江记事：一卷 / (元)高德基撰
明(1368-1644)刻本. -- (清)李兆洛跋。
1985年摄制. -- 1盘卷片(3米38拍)：1:10,
2B；35mm银盐
收藏馆：缩微中心，国图

000O004832
平江记事：一卷 / (元)高德基撰．登西台恸哭记
注：一卷冬青树引注一卷 / (明)张丁撰
明(1368-1644)抄本. -- 还有合刻著作：芝秀
堂抄澄怀录二卷 / (宋)周密撰。
1986年摄制. -- 1盘卷片(2.5米25拍)：
1:10, 2B；35mm银盐
收藏馆：缩微中心，国图

000O007617
平江记事：一卷 / (元)高德基撰．吴中旧事：一
卷 / (元)陆友仁撰
清(1644-1911)抄本
1986年摄制. -- 1盘卷片(3米35拍)：1:10,
2B；35mm银盐
收藏馆：缩微中心，国图

000O032087
平江记事：一卷 / (元)高德基撰
刻本. -- 十行二十四字白口左右双边。傅增
湘校并跋。
2011年摄制. -- 1盘卷片(3米30拍)：1:13,
2B；35mm银盐
收藏馆：缩微中心，国图

000O025237
红兰逸乘：四卷 / (清)张霞房撰
清(1644-1911)抄本. -- (清)朱记荣校补。
1996年摄制. -- 1盘卷片(8米114拍)：1:10,
2B；35mm银盐
收藏馆：缩微中心，国图

000O009097
州乘备采：不分卷 / (清)程穆衡撰
清(1644-1911)稿本. -- 记事止：清乾隆
三十九年(1774)。
1988年摄制. -- 1盘卷片(6米119拍)：1:10,
2B；35mm银盐
收藏馆：缩微中心，南京

000O028159
松窗快笔：不分卷 / (明)龚立本撰
清(1644-1911)抄本
1996年摄制. -- 1盘卷片(5.5米81拍)：
1:10, 2B；35mm银盐
收藏馆：缩微中心，南京

000O002181
虞乡杂志：不分卷 / (明)毛晋辑
明末(1621-1644)毛氏汲古阁抄本
1986年摄制. -- 1盘卷片(5米71拍)：1:10,
2B；35mm银盐
收藏馆：缩微中心，国图

000O008606
都城纪胜：一卷 / [题](宋)灌园耐得翁撰
清道光(1821-1850)蒋氏别下斋抄本
1988年摄制. -- 1盘卷片(2米30拍)：1:10,
2B；35mm银盐
收藏馆：缩微中心，国图

000O004333
都城纪胜：一卷 / [题](宋)灌园耐得翁撰
清(1644-1911)抄本
1986年摄制. -- 1盘卷片(3米32拍)：1:10,
2B；35mm银盐
收藏馆：缩微中心，国图

000O016316
梦粱录：二十卷 / (宋)吴自牧撰
清(1644-1911)抄本. -- 杨守敬题款。
1992年摄制. -- 1盘卷片(14米268拍)：
1:10, 2B；35mm银盐
收藏馆：缩微中心，国图

000O001765
新编梦粱录：二十卷 / (宋)吴自牧撰
清(1644-1911)抄本. -- (清)翁同书校并跋。
1986年摄制. -- 1盘卷片(13米214拍)：
1:10, 2B；35mm银盐
收藏馆：缩微中心，国图

000O002184
梦粱录：不分卷 / (宋)吴自牧撰；(明)杨循吉删
节
明(1368-1644)抄本
1986年摄制. -- 1盘卷片(5米81拍)：1:10,
2B；35mm银盐
收藏馆：缩微中心，国图

000O002917
武林旧事：六卷 / (宋)周密撰
明正德十三年(1518)宋廷佐刻本

1986年摄制. -- 1盘卷片(8米156拍)：1:10,
2B；35mm银盐
收藏馆：缩微中心，国图

00O015463
武林旧事：六卷 / (宋)周密撰
明嘉靖三十九年(1560)陈柯刻本
1993年摄制. -- 1盘卷片(8米130拍)：1:10,
2B；35mm银盐
收藏馆：缩微中心，国图

00O003245
武林旧事：十卷 / (宋)周密撰
清(1644-1911)抄本. -- 四库底本。
1986年摄制. -- 1盘卷片(12米242拍)：
1:10, 2B；35mm银盐
收藏馆：缩微中心，国图

00O005464
高寄斋订正武林旧事：六卷；宝颜堂后集武林旧事：五卷
明(1368-1644)刻宝颜堂秘笈本. -- (清)翁同
书跋。
1986年摄制. -- 1盘卷片(14米283拍)：
1:10, 2B；35mm银盐
收藏馆：缩微中心，国图

00O028214
武林旧事：六卷后集四卷 / (宋)周密撰
清乾隆四十二年(1777)凤夜斋刻本. -- (清)
周锡瓒录(清)黄丕烈校跋，(清)丁丙跋。
1996年摄制. -- 1盘卷片(12.5米248拍)：
1:10, 2B；35mm银盐
收藏馆：缩微中心，南京

00O016047
武林旧事：六卷后集四卷 / (宋)周密撰
清乾隆四十二年(1777)汪日葵凤夜斋刻本
1993年摄制. -- 1盘卷片(12米231拍)：
1:10, 2B；35mm银盐
收藏馆：缩微中心，国图

00O002096
武林旧事逸：四卷 / (宋)周密撰
明(1368-1644)抄本. -- (清)鲍廷博校。
1986年摄制. -- 1盘卷片(5米67拍)：1:10,
2B；35mm银盐
收藏馆：缩微中心，国图

00O026797
增补武林旧事：八卷 / (宋)周密撰；(明)朱廷焕增补
明崇祯十年(1637)朱廷焕刻本. -- (清)丁立

诚跋。
1993年摄制. -- 1盘卷片(13米267拍)：
1:10, 2B；35mm银盐
收藏馆：缩微中心，南京

00O024545
东城杂记：二卷 / (清)厉鹗撰
清乾隆四十二年(1777)抄本
1996年摄制. -- 1盘卷片(5米77拍)：1:10,
2B；35mm银盐
收藏馆：缩微中心，浙江

00O026812
东城杂记：二卷 / (清)厉鹗撰
清(1644-1911)吴氏拜经楼抄本. -- (清)陈鳣
跋，(清)魏式校，(清)吴骞、(清)孙毓修校并
跋。
1996年摄制. -- 1盘卷片(6米111拍)：1:10,
2B；35mm银盐
收藏馆：缩微中心，南京

00O004862
东城杂记：二卷 / (清)厉鹗撰
清嘉庆十四年(1809)陈宸英抄本. -- (清)陈
鳣批校并跋又录(清)吴骞题识。
1986年摄制. -- 1盘卷片(5米83拍)：1:10,
2B；35mm银盐
收藏馆：缩微中心，国图

00O001297
东城拾遗：一卷 / (清)陈光熙撰
清咸丰五年(1855)劳权抄本. -- (清)劳权
校。
1985年摄制. -- 1盘卷片(2.5米23拍)：
1:10, 2B；35mm银盐
收藏馆：缩微中心，国图

00O004297
艮山杂志：二卷 / (清)翟灏撰
清(1644-1911)抄本
1986年摄制. -- 1盘卷片(10米198拍)：
1:10, 2B；35mm银盐
收藏馆：缩微中心，国图

00O025944
栖里景物略：十二卷 / (清)张之鼐撰
清(1644-1911)眠云精舍抄本
1996年摄制. -- 1盘卷片(30米600拍)：
1:10, 2B；35mm银盐
收藏馆：缩微中心，南京

00O024539
栖里景物略：十二卷补遗一卷 / (清)张之鼐撰

清(1644-1911)抄本
1996年摄制. -- 1盘卷片(17米339拍)：
1:10, 2B ; 35mm银盐
收藏馆：缩微中心，浙江

000O031188
郭西小志：十四卷 / (清)姚礼辑
清(1644-1911)抄本
2004年摄制. -- 1盘卷片(20米411拍)：
1:10, 2B ; 35mm银盐
收藏馆：缩微中心，国图

000O002231
西吴俚语：四卷 / (明)宋雷撰
清(1644-1911)抄本
1986年摄制. -- 1盘卷片(12.6米293拍)：
1:10, 2B ; 35mm银盐
收藏馆：缩微中心，国图

000O025611
西吴枝乘：二卷 / (明)谢肇淛辑
明万历三十六年(1608)刻本
1996年摄制. -- 1盘卷片(5米70拍)：1:10,
2B ; 35mm银盐
收藏馆：缩微中心，浙江

000O007052
吴兴合璧：四卷 / (清)陈文煜辑
清乾隆(1736-1795)活字印本
1987年摄制. -- 1盘卷片(6米105拍)：1:10,
2B ; 35mm银盐
收藏馆：缩微中心，山东

000O022148
嘉禾百咏：一卷 / (宋)张尧同撰
清(1644-1911)抄本
1995年摄制. -- 1盘卷片(3米28拍)：1:10,
2B ; 35mm银盐
收藏馆：缩微中心，国图

000O003326
蠡塘渔乃：一卷 / (清)吴骞撰
清乾隆三十四年(1769)吴氏拜经楼抄本. --
(清)吴骞校。
1986年摄制. -- 1盘卷片(5米72拍)：1:10,
2B ; 35mm银盐
收藏馆：缩微中心，国图

000O014685
蠡塘渔乃：一卷 / (清)吴骞撰
清(1644-1911)稿本
1992年摄制. -- 1盘卷片(5米62拍)：1:10,
2B ; 35mm银盐

收藏馆：缩微中心，国图

000O026243
新坂土风：一卷 / (清)陈鳢撰
清(1644-1911)抄本
1996年摄制. -- 1盘卷片(3米28拍)：1:10,
2B ; 35mm银盐
收藏馆：缩微中心，国图

000O008342
峡川志略：一卷 / (清)蒋宏任纂
清道光十三年(1833)吴江沈氏世楷堂刻本
1988年摄制. -- 1盘卷片(3米36拍)：1:10,
2B ; 35mm银盐
收藏馆：缩微中心，浙江

000O026347
明州系年录：七卷 / (清)董沛撰
清(1644-1911)稿本
1997年摄制. -- 1盘卷片(15米300拍)：
1:10, 2B ; 35mm银盐
收藏馆：缩微中心，湖北

000O005441
金华杂识：四卷 / (明)杨德周撰
明(1368-1644)刻本. -- 存三卷：卷一至卷
三。
1986年摄制. -- 1盘卷片(7米115拍)：1:10,
2B ; 35mm银盐
收藏馆：缩微中心，国图

000O008867
永嘉郡记：一卷 / (南朝宋)郑缉之撰；(清)孙诒
让辑
清光绪四年(1878)刻本
1988年摄制. -- 1盘卷片(3米27拍)：1:10,
2B ; 35mm银盐
收藏馆：缩微中心，浙江

000O026112
皖江武备考略：七卷 / (清)袁青绶纂修
清同治十三年(1874)刻本
1996年摄制. -- 1盘卷片(5米82拍)：1:10,
2B ; 35mm银盐
收藏馆：缩微中心，安徽

000O026115
皖志便览：六卷 / (清)李应珏纂修
清光绪二十四年(1898)安庆镂云阁刻本
1996年摄制. -- 1盘卷片(10米196拍)：
1:10, 2B ; 35mm银盐
收藏馆：缩微中心，安徽

00O030842

皖志便览：六卷 / (清)李应珏纂修
清光绪二十八年(1902)刻本. -- 记事止：清
光绪二十四年(1898)。
2003年摄制. -- 1盘卷片(11米196拍) :
1:10, 2B ; 35mm银盐
收藏馆：缩微中心，南京

00O026111

皖志快观前集：□□卷 / (清)刘启甲辑
清(1644-1911)写本. -- 存三卷：人物一卷、
名宦一卷、流寓一卷。
1996年摄制. -- 1盘卷片(5米91拍) : 1:10,
2B ; 35mm银盐
收藏馆：缩微中心，安徽

00O027198

南陵县建置沿革表：不分卷 / 徐乃昌著
清光绪十八年(1892)积学斋刻本
1997年摄制. -- 1盘卷片(3米25拍) : 1:10,
2B ; 35mm银盐
收藏馆：缩微中心，安徽

00O006667

桐川纪事：一卷续一卷 / (清)杨苞撰；(清)蔡之
芳辑
清康熙(1662-1722)刻本
1987年摄制. -- 1盘卷片(11米221拍) :
1:10, 2B ; 35mm银盐
收藏馆：缩微中心，国图

00O026146

歙县舆地志略：不分卷
清乾隆四十二年(1777)知味轩蓝格写本
1996年摄制. -- 1盘卷片(4米57拍) : 1:10,
2B ; 35mm银盐
收藏馆：缩微中心，安徽

00O026133

歙县都图全载：不分卷
抄本
1997年摄制. -- 1盘卷片(4米50拍) : 1:10,
2B ; 35mm银盐
收藏馆：缩微中心，安徽

00O027645

新安大好纪丽：八卷 / (清)洪榜撰
清(1644-1911)刻本
1997年摄制. -- 1盘卷片(6米93拍) : 1:10,
2B ; 35mm银盐
收藏馆：缩微中心，国图

00O018053

池州府历朝沿革考：□□卷 / (清)董永攀撰
清(1644-1911)抄本. -- 本书残。周叔弢题
款。
1993年摄制. -- 1盘卷片(8米157拍) : 1:10,
2B ; 35mm银盐
收藏馆：缩微中心，天津

00O018502

闽小纪：四卷 / (清)周亮工撰
清康熙六年(1667)周氏赖古堂刻本. -- 存二
卷：卷一至卷二。
1993年摄制. -- 1盘卷片(5米69拍) : 1:10,
2B ; 35mm银盐
收藏馆：缩微中心，国图

00O028054

东越沿革表：不分卷 / (清)魏本唐撰
清(1644-1911)稿本
1997年摄制. -- 1盘卷片(8.2米153拍) :
1:10, 2B ; 35mm银盐
收藏馆：缩微中心，福建

00O017416

榕海旧闻：不分卷 / (清)林正青辑
清(1644-1911)抄本
1993年摄制. -- 1盘卷片(30米603拍) :
1:10, 2B ; 35mm银盐
收藏馆：缩微中心，国图

00O024549

榕海旧闻：不分卷 / (清)林正青辑
清(1644-1911)抄本
1996年摄制. -- 1盘卷片(20.5米422拍) :
1:10, 2B ; 35mm银盐
收藏馆：缩微中心，浙江

00O028069

榕城要纂：一卷 / (清)林春溥撰
清(1644-1911)稿本
1997年摄制. -- 1盘卷片(7.3米129拍) :
1:10, 2B ; 35mm银盐
收藏馆：缩微中心，福建

00O014800

莆阳比事：七卷 / (宋)李俊甫撰
明万历三十一年(1603)周苾卿刻本
1992年摄制. -- 1盘卷片(10米174拍) :
1:10, 2B ; 35mm银盐
收藏馆：缩微中心，国图

00O013948

莆阳比事：七卷 / (宋)李俊甫撰

明万历三十三年(1605)周荩卿刻本
1991年摄制. -- 1盘卷片(10米173拍)：
1:10, 2B；35mm银盐
收藏馆：缩微中心，国图

000O004563
莆阳比事：七卷 / (宋)李俊甫撰
清(1644-1911)抄本
1987年摄制. -- 1盘卷片(9米180拍)：1:10,
2B；35mm银盐
收藏馆：缩微中心，国图

000O018663
莆舆纪胜：九卷 / (明)林登名撰
明万历(1573-1620)刻本
1994年摄制. -- 1盘卷片(8米126拍)：1:10,
2B；35mm银盐
收藏馆：缩微中心，国图

000O028481
壶兰晶镜：不分卷 / (清)橡竹墅居士辑
清(1644-1911)抄本
1997年摄制. -- 1盘卷片(5.3米83拍)：
1:10, 2B；35mm银盐
收藏馆：缩微中心，福建

000O017541
泉南杂志：二卷 / (明)陈懋仁撰
明(1368-1644)刻宝颜堂秘笈本
1993年摄制. -- 1盘卷片(5米62拍)：1:10,
2B；35mm银盐
收藏馆：缩微中心，国图

000O031636
临汀汇考：四卷 / (清)杨澜撰
清光绪四年(1878)刻本
2005年摄制. -- 1盘卷片(14米271拍)：
1:10, 2B；35mm银盐
收藏馆：缩微中心，南京

000O013221
邺中记：一卷 / (晋)陆翙撰
清乾隆(1736-1795)武英殿聚珍版丛书活字印
本. -- (清)卢文弨校跋，(清)丁丙跋。
1991年摄制. -- 1盘卷片(3米29拍)：1:10,
2B；35mm银盐
收藏馆：缩微中心，南京

000O032047
邺中记：一卷
清光绪二十五年(1899)广雅书局刻武英殿聚珍
版丛书本. -- 九行二十一字白口四周双边。
傅增湘跋并录(清)卢文弨札记。

2011年摄制. -- 1盘卷片(4米33拍)：1:10,
2B；35mm银盐
收藏馆：缩微中心，国图

000O007566
幽兰居士东京梦华录：十卷 / (宋)孟元老撰
明弘治十七年(1504)刻公文纸印本. -- 潘承
弼跋。
1987年摄制. -- 1盘卷片(7米134拍)：1:10,
2B；35mm银盐
收藏馆：缩微中心，国图

000O013504
幽兰居士东京梦华录：十卷 / (宋)孟元老撰
明(1368-1644)刻本
1991年摄制. -- 1盘卷片(5米61拍)：1:10,
2B；35mm银盐
收藏馆：缩微中心，国图

000O025238
东京梦华录：十卷 / (宋)孟元老撰
明末(1621-1644)刻本. -- (清)刘履芬、王国
维校并跋。
1996年摄制. -- 1盘卷片(6米93拍)：1:10,
2B；35mm银盐
收藏馆：缩微中心，国图

000O004024
幽兰居士东京梦华录：十卷 / (宋)孟元老撰
清(1644-1911)抄本
1985年摄制. -- 1盘卷片(5米84拍)：1:10,
2B；35mm银盐
收藏馆：缩微中心，国图

000O027253
如梦录：一卷 / (明)□□撰；(清)常茂徕订
清咸丰二年(1852)汉研室抄本. -- (清)裴隽
校跋。
1997年摄制. -- 1盘卷片(6米93拍)：1:10,
2B；35mm银盐
收藏馆：缩微中心，国图

000O026099
睢州人物艺文所见录：二卷 / (清)赵振寰辑
清(1644-1911)稿本
1997年摄制. -- 1盘卷片(11米237拍)：
1:10, 2B；35mm银盐
收藏馆：缩微中心，河南

000O027486
汝南遗事：二卷 / (明)李本固撰
清初(1644-1722)抄本. -- (清)丁丙跋。
1996年摄制. -- 1盘卷片(8米127拍)：1:10,

2B ；35mm银盐
收藏馆：缩微中心，南京

00O019880
荆州记：一卷 / (南朝宋)盛弘之撰；缪荃孙辑
清(1644-1911)稿本
1994年摄制. -- 1盘卷片(3米25拍) ： 1:10,
2B ；35mm银盐
收藏馆：缩微中心，国图

00O024158
湖北旧闻录：五卷 / (清)陈诗撰
清(1644-1911)抄本
1996年摄制. -- 6盘卷片(160.5米3210拍) ：
1:10, 2B ；35mm银盐
收藏馆：缩微中心，湖北

00O028034
下雉纂：一卷 / (明)马欻撰
明天启四年(1624)徐燉抄本
1996年摄制. -- 1盘卷片(4米55拍) ： 1:10,
2B ；35mm银盐
收藏馆：缩微中心，福建

00O009694
潇湘听雨录：八卷 / (清)江昱撰
清乾隆(1736-1795)刻本
1988年摄制. -- 1盘卷片(6米107拍) ： 1:10,
2B ；35mm银盐
收藏馆：缩微中心，四川

00O025246
潇湘听雨录：八卷 / (清)江昱撰
清乾隆(1736-1795)刻本
1996年摄制. -- 1盘卷片(6米89拍) ： 1:10,
2B ；35mm银盐
收藏馆：缩微中心，国图

00O020082
岳阳风土记：一卷 / (宋)范致明撰
明嘉靖四十二年(1563)许岳刻本
1994年摄制. -- 1盘卷片(4米32拍) ： 1:10,
2B ；35mm银盐
收藏馆：缩微中心，国图

00O002191
岳阳风土记：一卷 / (宋)范致明撰
明(1368-1644)抄本
1986年摄制. -- 1盘卷片(4米40拍) ： 1:10,
2B ；35mm银盐
收藏馆：缩微中心，国图

00O005687
溪蛮丛笑：一卷 / (宋)朱辅撰 . 桂海虞衡志：一卷 / (宋)范成大撰
清(1644-1911)抄本
1987年摄制. -- 1盘卷片(3米27拍) ： 1:10,
2B ；35mm银盐
收藏馆：缩微中心，国图

00O017537
酉阳正俎：十卷 / (明)郭棐撰
明万历十七年(1589)郭棐刻本
1993年摄制. -- 1盘卷片(12米205拍) ：
1:10, 2B ；35mm银盐
收藏馆：缩微中心，国图

00O002851
楚南苗志：六卷 / (清)段汝霖撰
清乾隆二十三年(1758)刻本
1986年摄制. -- 1盘卷片(19米413拍) ：
1:10, 2B ；35mm银盐
收藏馆：缩微中心，国图

00O028011
新刻北户录：二卷 / (唐)段公路撰
明万历三十一年(1603)胡文焕刻格致丛书本. -- 佚名录(清)黄丕烈校并跋，(清)丁丙跋。
1996年摄制. -- 1盘卷片(5米64拍) ： 1:10,
2B ；35mm银盐
收藏馆：缩微中心，南京

00O016992
北户录：三卷 / (唐)段公路撰；(唐)崔龟图注
明(1368-1644)抄本
1993年摄制. -- 1盘卷片(4米50拍) ： 1:10,
2B ；35mm银盐
收藏馆：缩微中心，国图

00O003508
北户录注：三卷 / (唐)崔龟图撰
明(1368-1644)抄本
1985年摄制. -- 1盘卷片(5米77拍) ： 1:10,
2B ；35mm银盐
收藏馆：缩微中心，国图

00O005903
北户录：三卷 / (唐)段公路撰；(唐)崔龟图注
明(1368-1644)文始堂抄本
1987年摄制. -- 1盘卷片(5米83拍) ： 1:10,
2B ；35mm银盐
收藏馆：缩微中心，国图

000O023123
粤剑编：四卷 / (明)王临亨撰
明(1368-1644)刻本
1995年摄制. -- 1盘卷片(6米90拍) ：1:10,
2B ；35mm银盐
收藏馆：缩微中心，国图

000O012487
广东新语：二十六卷 / (清)屈大均撰
清康熙三十九年(1700)森天阁刻本
1990年摄制. -- 2盘卷片(39米813拍) ：
1:10, 2B ；35mm银盐
收藏馆：缩微中心，山东

000O020440
广东新语：二十八卷 / (清)屈大均撰
清康熙(1662-1722)水天阁刻本
1994年摄制. -- 2盘卷片(39米774拍) ：
1:10, 2B ；35mm银盐
收藏馆：缩微中心，国图

000O024190
粤东闻见录：二卷 / (清)张渠撰
清乾隆三年(1738)刻本. -- 版框高十八厘米
宽十三厘米。
1996年摄制. -- 1盘卷片(11米208拍) ：
1:10, 2B ；35mm银盐
收藏馆：缩微中心，广东

000O024184
粤小记：四卷粤谐一卷 / (清)黄芝撰
清道光十二年(1832)刻本
1996年摄制. -- 1盘卷片(8米138拍) ：1:10,
2B ；35mm银盐
收藏馆：缩微中心，广东

000O028588
珠玑巷民族南迁记：一卷 / (清)黄慈博辑
稿本
1998年摄制. -- 1盘卷片(4米51拍) ：1:10,
2B ；35mm银盐
收藏馆：缩微中心，广东

000O022908
岭南胜概：六卷 / (清)赖国庆辑
清道光十四年(1834)刻本
1995年摄制. -- 1盘卷片(18米389拍) ：
1:10, 2B ；35mm银盐
收藏馆：缩微中心，广东

000O029539
石窟一征：九卷 / (清)黄钊撰
清光绪六年(1880)古泰刻光绪十四年(1888)增

刻本. -- 记事止：清道光七年(1827)。石窟
一征即镇平县志，镇平即今蕉岭。
2000年摄制. -- 1盘卷片(12米260拍) ：
1:10, 2B ；35mm银盐
收藏馆：缩微中心，广东

000O030260
[道光]石窟一征：九卷 / (清)黄钊撰
清光绪六年(1880)刻光绪十四年(1888)增刻
光绪二十五年(1899)朱怀新重修本. -- 记事
止：清道光七年(1827)。
1999年摄制. -- 1盘卷片(14米269拍) ：
1:10, 2B ；35mm银盐
收藏馆：缩微中心，广东

000O028010
桂林风土记：一卷 / (唐)莫休符撰
清乾隆五十七年(1792)钱说曾抄本. -- (清)
钱说曾校并跋，(清)丁丙跋。
1996年摄制. -- 1盘卷片(4米45拍) ：1:10,
2B ；35mm银盐
收藏馆：缩微中心，南京

000O002281
桂海虞衡志：一卷 / (宋)范成大撰
清(1644-1911)抄本. -- (清)□苣农校，(清)
周星诒校并跋。
1986年摄制. -- 1盘卷片(4米56拍) ：1:10,
2B ；35mm银盐
收藏馆：缩微中心，国图

000O005688
桂海虞衡志：一卷 / (宋)范成大撰
清(1644-1911)抄本. -- 还有合刻著作：溪蛮
丛笑一卷/(宋)朱辅撰。(清)黄丕烈跋。
1987年摄制. -- 1盘卷片(4米62拍) ：1:10,
2B ；35mm银盐
收藏馆：缩微中心，国图

000O016230
桂胜：十六卷桂故八卷 / (明)张鸣凤撰
明万历十八年(1590)何太庚刻本
1993年摄制. -- 1盘卷片(17米314拍) ：
1:10, 2B ；35mm银盐
收藏馆：缩微中心，国图

000O029153
桂胜：十六卷 / (明)张鸣凤撰
明万历十八年(1590)何太庚刻本
1999年摄制. -- 1盘卷片(13米292拍) ：
1:10, 2B ；35mm银盐
收藏馆：缩微中心，国图

00〇020735
桂故：八卷 / (明)张鸣凤撰
清(1644-1911)抄本
1994年摄制. -- 1盘卷片(5米74拍) ：1:10,
2B ；35mm银盐
收藏馆：缩微中心，国图

00〇013388
百粤风土记：不分卷 / (明)谢肇淛撰
清(1644-1911)郑氏注韩居抄本
1991年摄制. -- 1盘卷片(5米55拍) ：1:10,
2B ；35mm银盐
收藏馆：缩微中心，国图

00〇017950
赤雅：不分卷 / (明)邝露撰
清(1644-1911)赵氏小山堂抄本
1993年摄制. -- 1盘卷片(5米62拍) ：1:10,
2B ；35mm银盐
收藏馆：缩微中心，国图

00〇020668
广西舆图并郡邑道里图：不分卷 / (清)朱椿纂修
清乾隆(1736-1795)刻本
1994年摄制. -- 1盘卷片(6米85拍) ：1:10,
2B ；35mm银盐
收藏馆：缩微中心，国图

00〇022560
梧浔杂佩：一卷 / (明)张所望撰
明末(1621-1644)刻本
1995年摄制. -- 1盘卷片(3.8米51拍) ：
1:10, 2B ；35mm银盐
收藏馆：缩微中心，湖北

00〇005331
西事珥：八卷 / (明)魏浚撰
明万历(1573-1620)刻本
1986年摄制. -- 1盘卷片(10米203拍) ：
1:10, 2B ；35mm银盐
收藏馆：缩微中心，国图

00〇021913
下陴记谈：二卷 / (明)皇甫录撰
明嘉靖(1522-1566)刻本
1995年摄制. -- 1盘卷片(3米26拍) ：1:10,
2B ；35mm银盐
收藏馆：缩微中心，国图

00〇001154
益部谈资：三卷 / (明)何宇度撰
明(1368-1644)刻本
1985年摄制. -- 1盘卷片(3.6米48拍) ：

1:10, 2B ；35mm银盐
收藏馆：缩微中心，国图

00〇009686
益部谈资：三卷 / (明)何宇度撰
明(1368-1644)刻本
1988年摄制. -- 1盘卷片(4米51拍) ：1:10,
2B ；35mm银盐
收藏馆：缩微中心，四川

00〇000211
蜀中广记：一百八卷 / (明)曹学佺撰
明(1368-1644)刻本. -- 存九十一卷。
1985年摄制. -- 4盘卷片(101米2253拍) ：
1:10, 2B ；35mm银盐
收藏馆：缩微中心，国图

00〇023966
蜀都碎事：四卷艺文补遗二卷 / (清)陈祥裔撰
清康熙(1662-1722)漱雪轩刻本
1995年摄制. -- 1盘卷片(19米406拍) ：
1:10, 2B ；35mm银盐
收藏馆：缩微中心，南京

00〇011250
蜀故：二十七卷 / (清)彭遵泗撰
清光绪二年(1876)读书堂刻本
1989年摄制. -- 1盘卷片(27米528拍) ：
1:10, 2B ；35mm银盐
收藏馆：缩微中心，四川

00〇030522
蜀故：二十七卷 / (清)彭遵泗撰
清光绪二十四年(1898)玉元堂刻本. -- 记事
止：清乾隆三十二年(1767)。
2002年摄制. -- 1盘卷片(25米515拍) ：
1:10, 2B ；35mm银盐
收藏馆：缩微中心，南京

00〇011199
四川各府厅州县沿革表：不分卷
清嘉庆(1796-1820)抄本
1989年摄制. -- 1盘卷片(8米144拍) ：1:10,
2B ；35mm银盐
收藏馆：缩微中心，四川

00〇000337
边州闻见录：十一卷 / (清)陈聂恒撰
清(1644-1911)抄本. -- 傅增湘跋。
1985年摄制. -- 1盘卷片(13.5米282拍) ：
1:10, 2B ；35mm银盐
收藏馆：缩微中心，国图

000O031498

黔书：二卷 / (清)田雯撰

清嘉庆十三年(1808)刻本. -- 记事止：清康熙二十七年(1688)。

2004年摄制. -- 1盘卷片(8米129拍) : 1:10, 2B ; 35mm银盐

收藏馆：缩微中心，南京

000O024562

黔语：二卷 / (清)吴振棫撰

清(1644-1911)稿本

1996年摄制. -- 1盘卷片(6米98拍) : 1:10, 2B ; 35mm银盐

收藏馆：缩微中心，浙江

000O020923

黔省苗民风俗图解：不分卷

清(1644-1911)彩绘本

1994年摄制. -- 1盘卷片(4米55拍) : 1:10, 2B ; 35mm银盐

收藏馆：缩微中心，天津

000O020845

古州杂纪：一卷诗一卷 / (清)林溥撰

清嘉庆十年(1805)江孚吉青莲斋刻本

1994年摄制. -- 1盘卷片(3米19拍) : 1:10, 2B ; 35mm银盐

收藏馆：缩微中心，国图

000O002272

纪古滇说集：一卷 / [题](宋)张道宗撰

清(1644-1911)抄本

1986年摄制. -- 1盘卷片(3米33拍) : 1:10, 2B ; 35mm银盐

收藏馆：缩微中心，国图

000O012187

南诏野史：一卷 / (明)倪辂撰

清(1644-1911)抄本

1990年摄制. -- 1盘卷片(3米65拍) : 1:10, 2B ; 35mm银盐

收藏馆：缩微中心，南京

000O007728

增订南诏野史：二卷 / (明)倪辂撰；(明)杨慎编辑

清(1644-1911)抄本

1987年摄制. -- 1盘卷片(8.5米140拍) : 1:10, 2B ; 35mm银盐

收藏馆：缩微中心，湖南

000O017470

九夷古事：一卷 / (明)况叔祺撰

明(1368-1644)祁氏淡生堂抄本

1993年摄制. -- 1盘卷片(3米9拍) : 1:10, 2B ; 35mm银盐

收藏馆：缩微中心，国图

000O027227

滇考：二卷 / (清)冯甦撰

清康熙(1662-1722)刻本

1997年摄制. -- 1盘卷片(12米232拍) : 1:10, 2B ; 35mm银盐

收藏馆：缩微中心，国图

000O010209

云南苗族风俗图：不分卷

清(1644-1911)彩绘本

1989年摄制. -- 1盘卷片(4米39拍) : 1:10, 2B ; 35mm银盐

收藏馆：缩微中心，天津

000O005126

进藏纪程：一卷 / (清)王世睿撰

清乾隆元年(1736)王世睿刻本

1986年摄制. -- 1盘卷片(3.2米40拍) : 1:10, 2B ; 35mm银盐

收藏馆：缩微中心，国图

000O000248

西域遗闻：不分卷 / (清)陈克绳撰

清(1644-1911)抄本

1985年摄制. -- 1盘卷片(5.7米98拍) : 1:10, 2B ; 35mm银盐

收藏馆：缩微中心，国图

000O031273

卫藏图识：五卷 / (清)马揭,(清)盛绳祖纂修

清乾隆五十七年(1792)刻巾箱本

2004年摄制. -- 1盘卷片(13米250拍) : 1:7, 2B ; 35mm银盐

收藏馆：缩微中心，国图

000O025015

康卫纪行：十二卷附重订本目录一卷 / (清)姚莹撰

清(1644-1911)稿本

1996年摄制. -- 1盘卷片(24米504拍) : 1:10, 2B ; 35mm银盐

收藏馆：缩微中心，安徽

000O021401

汧阳述古编：二卷 / (清)李嘉绩纂

清光绪十五年(1889)李氏代耕堂刻本

1995年摄制. -- 1盘卷片(5米85拍) : 1:10, 2B ; 35mm银盐

收藏馆：缩微中心，甘肃

000O004885

河州景忠录：一卷附记二卷 / (清)胡秉虔撰
清(1644-1911)德清戴氏长留阁抄本. -- (清)
戴望校。
1987年摄制. -- 1盘卷片(4米48拍) ：1:10,
2B ；35mm银盐
收藏馆：缩微中心，国图

000O021813

敦煌杂抄：二卷；敦煌随笔：二卷 / (清)常钧撰
清乾隆(1736-1795)清润斋刻本
1995年摄制. -- 1盘卷片(9米159拍) ：1:10,
2B ；35mm银盐
收藏馆：缩微中心，南京

000O018124

新疆小记草：十二卷首一卷 / (清)李里撰
清(1644-1911)稿本
1993年摄制. -- 1盘卷片(26米538拍) ：
1:10, 2B ；35mm银盐
收藏馆：缩微中心，山东

000O010572

澳门记略：二卷 / (清)印光任,(清)张汝霖撰
清乾隆十六年(1751)刻本. -- 版框高十九厘
米宽十四厘米。
1989年摄制. -- 1盘卷片(8米143拍) ：1:10,
2B ；35mm银盐
收藏馆：缩微中心，广东

000O018534

台海见闻录：四卷 / (清)董天工撰
清乾隆十六年(1751)琢玉轩刻本
1993年摄制. -- 1盘卷片(9米154拍) ：1:10,
2B ；35mm银盐
收藏馆：缩微中心，国图

000O002137

台海见闻录：二卷 / (清)董天工撰
清(1644-1911)抄本
1986年摄制. -- 1盘卷片(6米89拍) ：1:10,
2B ；35mm银盐
收藏馆：缩微中心，国图

000O001184

**番社采风图考：一卷；台海采风图考：二卷 /
(清)六十七撰**
清乾隆(1736-1795)刻本
1985年摄制. -- 1盘卷片(5.5米121拍) ：
1:10, 2B ；35mm银盐
收藏馆：缩微中心，国图

000O025474

台海采风图考：二卷 / (清)六十七撰
清乾隆(1736-1795)刻本
1996年摄制. -- 1盘卷片(4米49拍) ：1:10,
2B ；35mm银盐
收藏馆：缩微中心，国图

000O020022

海东札记：四卷 / (清)朱景英撰
清乾隆(1736-1795)刻本
1994年摄制. -- 1盘卷片(6米73拍) ：1:10,
2B ；35mm银盐
收藏馆：缩微中心，国图

000O021662

海东札记：四卷 / (清)朱景英撰
清乾隆(1736-1795)刻本
1995年摄制. -- 1盘卷片(6米73拍) ：1:10,
2B ；35mm银盐
收藏馆：缩微中心，国图

000O024551

刘总戎南巡纪略：不分卷 / (清)张用修撰
清(1644-1911)抄本
1996年摄制. -- 1盘卷片(5米68拍) ：1:10,
2B ；35mm银盐
收藏馆：缩微中心，浙江

000O031575

[光绪]全台舆图：不分卷 / (清)夏献纶[等]编
清光绪六年(1880)刻本. -- 记事止：清光绪
五年(1879)。
2005年摄制. -- 1盘卷片(5米77拍) ：1:10,
2B ；35mm银盐
收藏馆：缩微中心，南京

000O031573

台湾府总图纂要：一卷 / (清)叶宗元撰
清(1644-1911)抄本. -- 记事止：清同治元年
(1862)。
2005年摄制. -- 1盘卷片(4米50拍) ：1:10,
2B ；35mm银盐
收藏馆：缩微中心，南京

000O023096

西迁注：一卷漕书一卷 / (明)张鸣凤撰
清(1644-1911)抄本
1995年摄制. -- 1盘卷片(4米32拍) ：1:10,
2B ；35mm银盐
收藏馆：缩微中心，国图

000O030169

方舆互考：八卷 / (明)卢若腾撰；(清)卢勖吾汇

抄；(清)林树梅校
清(1644-1911)抄本
2001年摄制. -- 2盘卷片(39.6米826拍) :
1:10, 2B ; 35mm银盐
收藏馆：缩微中心，厦门

000O028005
历代帝王宅京记：二十卷 / (清)顾炎武撰
清(1644-1911)抄本. -- (清)钱大昕、邓邦述
校并跋。
1996年摄制. -- 1盘卷片(19米396拍) :
1:10, 2B ; 35mm银盐
收藏馆：缩微中心，南京

000O000283
历代宅京记：二十卷 / (清)顾炎武撰
清(1644-1911)抄本. -- (清)张敦仁校并跋，
(清)丁杰跋。
1985年摄制. -- 1盘卷片(15.1米321拍) :
1:10, 2B ; 35mm银盐
收藏馆：缩微中心，国图

000O016825
柳庭舆地隅说：四卷图说一卷 / (清)孙兰撰
清康熙(1662-1722)刻本
1993年摄制. -- 1盘卷片(11米192拍) :
1:10, 2B ; 35mm银盐
收藏馆：缩微中心，国图

000O000844
地名考异：一卷 / (清)钱大昕撰
清(1644-1911)抄本
1985年摄制. -- 1盘卷片(5.5米94拍) :
1:10, 2B ; 35mm银盐
收藏馆：缩微中心，国图

000O014902
翠华备览
清乾隆(1736-1795)抄本
1992年摄制. -- 1盘卷片(11.9米222拍) :
1:10, 2B ; 35mm银盐
收藏馆：缩微中心，辽宁

000O021499
岭海名胜记：二十卷 / (明)郭棐辑
明万历二十四年(1596)郭棐刻本. -- 存十九
卷：卷一至卷十五、卷十七至卷二十。
1995年摄制. -- 2盘卷片(56米1133拍) :
1:10, 2B ; 35mm银盐
收藏馆：缩微中心，国图

000O028578
岭海名胜记：二十卷 / (明)郭棐辑

明万历二十四年(1596)郭棐刻本
1996年摄制. -- 3盘卷片(66米1361拍) :
1:10, 2B ; 35mm银盐
收藏馆：缩微中心，广东

000O006725
岭海见闻：四卷 / (清)钱以垲撰
清雍正(1723-1735)刻本. -- 版框高十八厘米
宽十三厘米。
1987年摄制. -- 1盘卷片(11米202拍) :
1:10, 2B ; 35mm银盐
收藏馆：缩微中心，广东

000O012112
古今名胜纪里：□□卷 / (清)邵大纬撰
清(1644-1911)志仁堂抄本. -- 存三十一卷：
卷十至卷十一、卷二十八至卷五十六。
1990年摄制. -- 2盘卷片(45米975拍) :
1:10, 2B ; 35mm银盐
收藏馆：缩微中心，山东

000O019726
广西湖名山合志：内函三十九卷外函十六卷 /
(明)章之采辑
明崇祯(1628-1644)刻本
1994年摄制. -- 2盘卷片(41米828拍) :
1:10, 2B ; 35mm银盐
收藏馆：缩微中心，国图

000O021687
京城古迹考：不分卷 / (清)励宗万撰
清乾隆(1736-1795)励守谦抄本
1995年摄制. -- 1盘卷片(6米72拍) : 1:10,
2B ; 35mm银盐
收藏馆：缩微中心，国图

000O032071
河朔访古记：三卷 / (元)乃贤撰
清光绪二十五年(1899)广雅书局刻武英殿聚珍
版丛书本. -- 九行二十一字白口四周双边。
傅增湘校。
2011年摄制. -- 1盘卷片(7米92拍) : 1:11,
2B ; 35mm银盐
收藏馆：缩微中心，国图

000O000534
河朔访古记：三卷 / (元)乃贤撰；(清)晁贻端校
正
清道光(1821-1850)晁贻端待学楼刻本
1985年摄制. -- 1盘卷片(5.7米98拍) :
1:10, 2B ; 35mm银盐
收藏馆：缩微中心，国图

00O021592
山西五台县古迹图：一卷
清(1644-1911)刻本. -- 存图十九张。
1995年摄制. -- 1盘卷片(3米20拍) : 1:10,
2B ; 35mm银盐
收藏馆：缩微中心，国图

00O023947
行宫座落图；江南名胜图
清乾隆(1736-1795)刻本
1996年摄制. -- 1盘卷片(7米157拍) : 1:10,
2B ; 35mm银盐
收藏馆：缩微中心，河南

00O018315
金陵名胜：不分卷 / (清)唐赞衮编
清(1644-1911)抄本
1993年摄制. -- 1盘卷片(6米90拍) : 1:10,
2B ; 35mm银盐
收藏馆：缩微中心，天津

00O025241
平山堂志：八卷首一卷 / (清)卢见曾撰
清(1644-1911)稿本
1996年摄制. -- 1盘卷片(11米180拍) :
1:10, 2B ; 35mm银盐
收藏馆：缩微中心，国图

00O018605
宝应名胜纪略：二卷 / (清)刘中柱撰
清(1644-1911)抄本
1993年摄制. -- 1盘卷片(4.8米76拍) :
1:10, 2B ; 35mm银盐
收藏馆：缩微中心，重庆

00O025225
百城烟水：九卷 / (清)徐崧,(清)张大纯撰
清康熙二十九年(1690)张大纯影翠轩刻本
1996年摄制. -- 1盘卷片(24米475拍) :
1:10, 2B ; 35mm银盐
收藏馆：缩微中心，国图

00O029312
乐圃图考：不分卷 / (清)朱暄辑
清(1644-1911)敦伦堂刻本
1999年摄制. -- 1盘卷片(4米41拍) : 1:10,
2B ; 35mm银盐
收藏馆：缩微中心，苏州

00O001951
浙江山川古迹记：六卷 / (清)杭世骏辑
清(1644-1911)抄本. -- 唐翰题，章钰跋。
1986年摄制. -- 1盘卷片(14米302拍) :

1:10, 2B ; 35mm银盐
收藏馆：缩微中心，国图

00O002849
浙西胜览全图：不分卷
清乾隆(1736-1795)陆遵书绘本
1986年摄制. -- 1盘卷片(5米78拍) : 1:10,
2B ; 35mm银盐
收藏馆：缩微中心，国图

00O000430
韬光纪游初编：二卷 / (清)释弥高辑
清康熙二十七年(1688)释弥高刻本
1985年摄制. -- 1盘卷片(7.4米137拍) :
1:10, 2B ; 35mm银盐
收藏馆：缩微中心，国图

00O030179
嘉禾名胜记：二卷 / (清)黄日纪辑；(清)张廷仪
编校
清乾隆(1736-1795)刻本
2001年摄制. -- 1盘卷片(8米133拍) : 1:10,
2B ; 35mm银盐
收藏馆：缩微中心，厦门

00O017984
石柱记笺释：五卷 / (清)郑元庆撰
清康熙四十一年(1702)郑氏鱼计亭刻本
1993年摄制. -- 1盘卷片(5米67拍) : 1:10,
2B ; 35mm银盐
收藏馆：缩微中心，国图

00O031192
石柱记笺释：五卷 / (清)郑元庆撰
清康熙四十一年(1702)鱼计亭刻本
2004年摄制. -- 1盘卷片(6米85拍) : 1:10,
2B ; 35mm银盐
收藏馆：缩微中心，国图

00O020896
石柱记：五卷 / [题](唐)颜真卿撰；(清)郑元庆笺
释 . 补遗：一卷 / (清)朱彝尊撰
清康熙四十一年(1702)郑氏鱼计亭刻本
1994年摄制. -- 1盘卷片(5米76拍) : 1:10,
2B ; 35mm银盐
收藏馆：缩微中心，国图

00O020506
金井志：四卷首一卷 / (清)姜虬绿辑；(清)方士
淦重辑
清道光(1821-1850)方士淦刻本
1994年摄制. -- 1盘卷片(5米51拍) : 1:10,
2B ; 35mm银盐

收藏馆：缩微中心，国图

00O003641
兰亭图记：一卷遗墨一卷 / (明)释觉显辑
明(1368-1644)刻本
1986年摄制. -- 1盘卷片(3.4米42拍)：
1:10，2B；35mm银盐
收藏馆：缩微中心，国图

00O003927
苧萝志：八卷 / (明)张央,(明)路迈辑
明崇祯(1628-1644)刻本
1986年摄制. -- 1盘卷片(14米297拍)：
1:10，2B；35mm银盐
收藏馆：缩微中心，国图

00O021631
祠山事要指掌集：十卷 / (宋)周秉秀撰；(元)梅应发续辑
明宣德八年(1433)胡广刻本
1995年摄制. -- 1盘卷片(13米234拍)：
1:10，2B；35mm银盐
收藏馆：缩微中心，国图

00O002218
祠山事要指掌集：十卷 / (宋)周秉秀撰；(元)梅应发续辑
明宣德八年(1433)胡广刻本. -- 存四卷：卷一至卷四。
1986年摄制. -- 1盘卷片(7米133拍)：1:10，2B；35mm银盐
收藏馆：缩微中心，国图

00O025228
二楼小志：四卷 / (清)程元愈辑；(清)汪越,(清)沈廷璐补辑
清康熙(1662-1722)刻本
1996年摄制. -- 1盘卷片(16米313拍)：
1:10，2B；35mm银盐
收藏馆：缩微中心，国图

00O019830
济胜一览：不分卷 / (明)侯应琛撰
明万历(1573-1620)刻本
1994年摄制. -- 1盘卷片(13米252拍)：
1:10，2B；35mm银盐
收藏馆：缩微中心，天津

00O018232
潍县古城考：一卷 / (清)郭麐撰
清(1644-1911)稿本
1993年摄制. -- 1盘卷片(3米23拍)：1:10，
2B；35mm银盐

收藏馆：缩微中心，山东

00O026815
阙里志：十三卷 / (明)陈镐纂修
明弘治十八年(1505)刻本
1996年摄制. -- 2盘卷片(41米849拍)：
1:10，2B；35mm银盐
收藏馆：缩微中心，南京

00O001663
阙里志：十五卷 / (明)陈镐纂修；(明)孔弘干续修
明嘉靖三十一年(1552)孔承业刻本
1986年摄制. -- 2盘卷片(49米1078拍)：
1:10，2B；35mm银盐
收藏馆：缩微中心，国图

00O017399
阙里志：十二卷 / (明)孔贞丛纂修
明万历三十七年(1609)刻本
1993年摄制. -- 1盘卷片(22米443拍)：
1:10，2B；35mm银盐
收藏馆：缩微中心，国图

00O000266
陋巷志：八卷 / (明)陈镐撰
明正德二年(1507)曹来旬刻本. -- 王篯跋。
1985年摄制. -- 1盘卷片(9米168拍)：1:10，
2B；35mm银盐
收藏馆：缩微中心，国图

00O020461
陋巷志：八卷 / (明)颜胤祚辑
明万历二十九年(1601)刻本
1994年摄制. -- 1盘卷片(11米189拍)：
1:10，2B；35mm银盐
收藏馆：缩微中心，国图

00O018602
陋巷志：六卷 / (明)陈镐撰；(明)颜胤祚辑；(明)吕兆祥重修
明崇祯(1628-1644)刻本
1993年摄制. -- 1盘卷片(10.9米217拍)：
1:9，2B；35mm银盐
收藏馆：缩微中心，重庆

00O021705
孔宅志：八卷首一卷末一卷 / (清)诸绍禹[等]纂修
清康熙(1662-1722)青浦县署刻雍正(1723-1735)续修本
1995年摄制. -- 1盘卷片(16米283拍)：
1:10，2B；35mm银盐

收藏馆：缩微中心，国图

000O024829
卞里志：六卷 / (明)吕兆祥重修
明崇祯二年(1629)吕圣符刻本
1995年摄制. -- 1盘卷片(9米170拍) ： 1:10,
2B ；35mm银盐
收藏馆：缩微中心，浙江

000O007727
三迁志：六卷 / (明)吕元善撰
明嘉靖(1522-1566)刻本
1987年摄制. -- 1盘卷片(10.5米205拍) ：
1:10, 2B ；35mm银盐
收藏馆：缩微中心，湖南

000O027852
三迁志：五卷 / (明)吕兆祥,(明)吕逢时撰
明天启七年(1627)刻本. -- (清)丁丙跋。
1996年摄制. -- 1盘卷片(17米355拍) ：
1:10, 2B ；35mm银盐
收藏馆：缩微中心，南京

000O010099
三迁志：十二卷 / (清)孟衍泰补辑
清康熙六十一年(1722)刻本
1989年摄制. -- 1盘卷片(19米400拍) ：
1:10, 2B ；35mm银盐
收藏馆：缩微中心，山西

000O016465
汴京遗迹志：二十四卷 / (明)李濂撰
明嘉靖二十五年(1546)李濂刻本
1992年摄制. -- 1盘卷片(24米481拍) ：
1:10, 2B ；35mm银盐
收藏馆：缩微中心，国图

000O029151
汴京遗迹志：二十四卷 / (明)李濂撰
明嘉靖二十五年(1546)李濂刻本
1999年摄制. -- 1盘卷片(25米575拍) ：
1:10, 2B ；35mm银盐
收藏馆：缩微中心，国图

000O025232
汴京遗迹志：二十四卷 / (明)李濂撰
清(1644-1911)抄本. -- (清)刘喜海校。
1996年摄制. -- 1盘卷片(23米481拍) ：
1:10, 2B ；35mm银盐
收藏馆：缩微中心，国图

000O020462
卧龙岗志：二卷 / (清)罗景撰

清康熙五十一年(1712)罗景刻本
1994年摄制. -- 1盘卷片(8米123拍) ： 1:10,
2B ；35mm银盐
收藏馆：缩微中心，国图

000O010798
岳阳纪胜汇编：四卷 / (明)梅淳辑
明万历十三年(1585)刻本. -- (明)张振先
校。
1988年摄制. -- 1盘卷片(16米330拍) ：
1:10, 2B ；35mm银盐
收藏馆：缩微中心，天津

000O009148
**桃花源志略：十三卷 / (清)唐开韶辑；(清)胡焯
补**
清道光二十六年(1846)刻光绪十七年(1891)胡
氏补刻本
1988年摄制. -- 1盘卷片(18米359拍) ：
1:10, 2B ；35mm银盐
收藏馆：缩微中心，湖南

000O015465
雍录：十卷 / (宋)程大昌撰
明嘉靖十一年(1532)李经刻本. -- 余嘉锡
跋。
1993年摄制. -- 1盘卷片(13米254拍) ：
1:10, 2B ；35mm银盐
收藏馆：缩微中心，国图

000O006478
雍录：十卷 / (宋)程大昌撰
明嘉靖十一年(1532)李经刻本
1987年摄制. -- 1盘卷片(13米274拍) ：
1:10, 2B ；35mm银盐
收藏馆：缩微中心，国图

000O003617
雍录：十卷 / (宋)程大昌撰
明嘉靖十一年(1532)李经刻本. -- 卷六至卷
七配清(1644-1911)抄本。
1985年摄制. -- 1盘卷片(14米285拍) ：
1:10, 2B ；35mm银盐
收藏馆：缩微中心，国图

000O020471
雍录：十卷 / (宋)程大昌撰
明(1368-1644)吴琯刻增定古今逸史本
1994年摄制. -- 1盘卷片(14米261拍) ：
1:10, 2B ；35mm银盐
收藏馆：缩微中心，国图

000O024110
雍录：十卷 / (宋)程大昌撰
清乾隆四十四年(1779)抄本. -- (清)陈征芝
校并跋。
1996年摄制. -- 1盘卷片(14米277拍) :
1:10, 2B ; 35mm银盐
收藏馆：缩微中心，湖北

000O025229
关中胜迹图志：三十卷 / (清)毕沅纂修
清乾隆(1736-1795)毕沅经训堂刻本
1996年摄制. -- 2盘卷片(44米885拍) :
1:10, 2B ; 35mm银盐
收藏馆：缩微中心，国图

000O013376
秦汉图记：十二卷
明万历三十年(1602)陕西布政使司刻本
1991年摄制. -- 1盘卷片(9米140拍) : 1:10,
2B ; 35mm银盐
收藏馆：缩微中心，国图

000O016207
秦汉图记：十二卷
明万历三十年(1602)陕西布政使司刻本
1993年摄制. -- 1盘卷片(8米139拍) : 1:10,
2B ; 35mm银盐
收藏馆：缩微中心，国图

000O003167
三辅黄图：六卷
明(1368-1644)刻本. -- (清)黄廷鉴校并跋。
1986年摄制. -- 1盘卷片(5米80拍) : 1:10,
2B ; 35mm银盐
收藏馆：缩微中心，国图

000O007806
三辅黄图：六卷
明(1368-1644)刻本
1987年摄制. -- 1盘卷片(5.6米97拍) : 1:9,
2B ; 35mm银盐
收藏馆：缩微中心，重庆

000O017547
三辅黄图：六卷
明嘉靖三十八年(1559)刘景韶刻本
1993年摄制. -- 1盘卷片(5米65拍) : 1:10,
2B ; 35mm银盐
收藏馆：缩微中心，国图

000O009258
三辅黄图：六卷
明嘉靖四十二年(1563)薛晨刻本

1988年摄制. -- 1盘卷片(4米57拍) : 1:10,
2B ; 35mm银盐
收藏馆：缩微中心，湖南

000O013301
三辅黄图：六卷
明万历十三年(1585)梁质夫刻秦汉图记本. --
(清)柯逢时跋。
1991年摄制. -- 1盘卷片(6米99拍) : 1:10,
2B ; 35mm银盐
收藏馆：缩微中心，湖北

000O015467
三辅黄图：六卷
明万历三十年(1602)陕西布政使司刻秦汉图记
本
1993年摄制. -- 1盘卷片(5米67拍) : 1:10,
2B ; 35mm银盐
收藏馆：缩微中心，国图

000O003199
三辅黄图：六卷
明万历(1573-1620)梁义卿刻本
1986年摄制. -- 1盘卷片(6米94拍) : 1:10,
2B ; 35mm银盐
收藏馆：缩微中心，国图

000O004625
历代宫殿名：一卷 / (宋)李昉[等]撰
明(1368-1644)抄本
1987年摄制. -- 1盘卷片(4米44拍) : 1:10,
2B ; 35mm银盐
收藏馆：缩微中心，国图

000O026751
历代宫殿名：一卷 / (宋)李昉撰
清(1644-1911)抄本. -- (清)丁丙跋。
1996年摄制. -- 1盘卷片(4米46拍) : 1:10,
2B ; 35mm银盐
收藏馆：缩微中心，南京

000O015204
禁扁：五卷 / (元)王士点撰
清(1644-1911)抄本
1992年摄制. -- 1盘卷片(9米177拍) : 1:10,
2B ; 35mm银盐
收藏馆：缩微中心，国图

000O001397
元故宫遗录：一卷 / (明)萧洵撰
清(1644-1911)彭氏知圣道斋抄本. -- (清)彭
元瑞校并跋。
1985年摄制. -- 1盘卷片(2.5米22拍) :

1:10，2B ；35mm银盐
收藏馆：缩微中心，国图

000O025244
潭柘山岫云寺志：七卷
清(1644-1911)抄本
1996年摄制. -- 1盘卷片(8米136拍) ：1:10,
2B ；35mm银盐
收藏馆：缩微中心，国图

000O018330
敕建隆兴寺志：二卷 / (清)王发枝撰
清(1644-1911)抄本
1992年摄制. -- 1盘卷片(11.1米204拍) ：
1:10，2B ；35mm银盐
收藏馆：缩微中心，辽宁

000O000620
樨山大云寺志：二卷 / (清)张铭撰
清康熙(1662-1722)刻本
1985年摄制. -- 1盘卷片(7米118拍) ：1:10,
2B ；35mm银盐
收藏馆：缩微中心，国图

000O010842
[康熙]宝宁志：八卷 / (清)释德远[等]辑
清(1644-1911)刻本
1989年摄制. -- 1盘卷片(10米186拍) ：
1:10，2B ；35mm银盐
收藏馆：缩微中心，湖南

000O000616
金山龙游禅寺志略：四卷 / (清)释行海撰
清康熙(1662-1722)刻本
1985年摄制. -- 1盘卷片(15.8米336拍) ：
1:10，2B ；35mm银盐
收藏馆：缩微中心，国图

000O021233
金山龙游禅寺志略：四卷首一卷 / (清)释行
海,(清)释超智纂辑
清康熙(1662-1722)刻本
1995年摄制. -- 1盘卷片(16米296拍) ：
1:10，2B ；35mm银盐
收藏馆：缩微中心，国图

000O017861
惠山听松庵竹垆图咏：四卷 / (清)吴钺辑
清乾隆二十七年(1762)吴钺刻本
1993年摄制. -- 1盘卷片(7米101拍) ：1:10,
2B ；35mm银盐
收藏馆：缩微中心，国图

000O016119
邓尉圣恩寺志：十八卷 / (明)周永年撰
明崇祯十七年(1644)刻清初(1644-1722)增刻
本
1993年摄制. -- 1盘卷片(12米221拍) ：
1:10，2B ；35mm银盐
收藏馆：缩微中心，国图

000O001702
武林梵志：十二卷 / (明)吴之鲸撰
明万历(1573-1620)刻本. -- (清)刘喜海跋。
1986年摄制. -- 1盘卷片(24米521拍) ：
1:10，2B ；35mm银盐
收藏馆：缩微中心，国图

000O018604
南屏净慈寺志：十卷 / (明)释大壑撰
明万历四十四年(1616)汪汝淳汪汝谦刻本. --
存四卷：卷一至卷二、卷七至卷八。
1993年摄制. -- 1盘卷片(11.3米233拍) ：
1:9，2B ；35mm银盐
收藏馆：缩微中心，重庆

000O023884
慧因寺志：十二卷 / (明)李矗撰
明崇祯(1628-1644)刻本
1995年摄制. -- 1盘卷片(10米194拍) ：
1:10，2B ；35mm银盐
收藏馆：缩微中心，南京

000O024561
古杭崇圣院纪事：一卷 / (明)释行素辑
明崇祯十七年(1644)刻本
1996年摄制. -- 1盘卷片(4米52拍) ：1:10,
2B ；35mm银盐
收藏馆：缩微中心，浙江

000O026787
西溪梵隐志：四卷 / (清)吴本泰辑
清顺治(1644-1661)秋雪巷刻本. -- (清)卢文
弨校。
1996年摄制. -- 1盘卷片(11米210拍) ：
1:10，2B ；35mm银盐
收藏馆：缩微中心，南京

000O015883
柳亭庵志：二卷 / (明)李桐辑
明(1368-1644)刻本. -- 存一卷：卷上。
1993年摄制. -- 1盘卷片(6米120拍) ：1:10,
2B ；35mm银盐
收藏馆：缩微中心，国图

00O001105
天井寺志略：六卷 / (清)释通新撰
清康熙(1662-1722)释超曙刻乾隆嘉庆(1736-1820)
递修本
1985年摄制. -- 1盘卷片(5.1米83拍)：
1:10, 2B ; 35mm银盐
收藏馆：缩微中心, 国图

00O024576
明州福泉山法海禅寺志：十二卷 / (清)释性标撰
清康熙二十八年(1689)刻本
1996年摄制. -- 1盘卷片(11米206拍)：
1:10, 2B ; 35mm银盐
收藏馆：缩微中心, 浙江

00O000597
明州岳林寺志：六卷 / (清)戴明琮撰
清康熙(1662-1722)刻本
1985年摄制. -- 1盘卷片(5.9米100拍)：
1:10, 2B ; 35mm银盐
收藏馆：缩微中心, 国图

00O024629
大善寺志稿：不分卷 / (清)沈复粲撰
清(1644-1911)沈氏鸣野山房抄本
1996年摄制. -- 1盘卷片(5米69拍)：1:10,
2B ; 35mm银盐
收藏馆：缩微中心, 浙江

00O000638
**温州瑞安县仙严寺志：十卷 / (清)释佛彦撰；
(清)释佛臬增辑**
清(1644-1911)刻本
1985年摄制. -- 1盘卷片(12米248拍)：
1:10, 2B ; 35mm银盐
收藏馆：缩微中心, 国图

00O010575
**重修白云福林禅院志：二卷 / (清)李芳,(清)释性
湛纂修**
清乾隆二十九年(1764)比丘三明证刻本. --
版框高二十一厘米宽十五厘米。
1989年摄制. -- 1盘卷片(11米208拍)：
1:10, 2B ; 35mm银盐
收藏馆：缩微中心, 广东

00O001258
龙泉集：不分卷 / (明)释周鼎辑
明嘉靖二年(1523)释洪兴刻本
1985年摄制. -- 1盘卷片(3米37拍)：1:10,
2B ; 35mm银盐
收藏馆：缩微中心, 国图

00O000618
**支提寺志：六卷 / (明)陈希拯[等]撰；(清)释照微
增补**
清康熙三十三年(1694)汪大润[等]刻本
1985年摄制. -- 1盘卷片(9.5米185拍)：
1:10, 2B ; 35mm银盐
收藏馆：缩微中心, 国图

00O027513
南泉慈化寺志：二卷 / (明)钱文荐撰
明(1368-1644)刻本
1996年摄制. -- 1盘卷片(9.2米170拍)：
1:10, 2B ; 35mm银盐
收藏馆：缩微中心, 福建

00O010765
洛阳伽蓝记：五卷 / (北魏)杨衒之撰
明(1368-1644)刻古今逸史本. -- 方地山批
校。
1989年摄制. -- 1盘卷片(6米95拍)：1:10,
2B ; 35mm银盐
收藏馆：缩微中心, 天津

00O004551
洛阳伽蓝记：五卷 / (北魏)杨衒之撰
清嘉庆十六年(1811)璜川吴氏真意堂丛书活字
印本. -- (清)张绍仁校并录(清)毛扆题识,
(清)王瀚、(清)王谟题识。
1987年摄制. -- 1盘卷片(6米99拍)：1:10,
2B ; 35mm银盐
收藏馆：缩微中心, 国图

00O015580
**洛阳伽蓝记：五卷 / (北魏)杨衒之撰 . 集证：一
卷 / (清)吴若准撰**
清道光十三年(1833)吴若准刻本. -- (清)劳
权录(清)卢文弨校。
1993年摄制. -- 1盘卷片(6米92拍)：1:10,
2B ; 35mm银盐
收藏馆：缩微中心, 国图

00O025224
**洛阳伽蓝记：五卷 / (北魏)杨衒之撰 . 集证：一
卷 / (清)吴若准撰**
清道光十四年(1834)吴若准刻本. -- (清)李
慈铭校并跋。
1996年摄制. -- 1盘卷片(6米90拍)：1:10,
2B ; 35mm银盐
收藏馆：缩微中心, 国图

00O027819
**洛阳伽蓝记：五卷 / (北魏)杨衒之撰 . 集证：五
卷 / (清)吴若准撰**

清光绪二十九年(1903)李葆恂说剑斋刻朱印
本. -- (清)郑文焯批校并跋。
1996年摄制. -- 1盘卷片(7米106拍)：1:10,
2B；35mm银盐
收藏馆：缩微中心，南京

00O010812
风穴志略：二卷 / (清)任枫辑
清康熙(1662-1722)刻本
1989年摄制. -- 1盘卷片(5米74拍)：1:10,
2B；35mm银盐
收藏馆：缩微中心，天津

00O026428
光孝寺志：十二卷首一卷 / (清)顾光综修；(清)
何淙纂辑
清光绪十七年(1891)刻本. -- 清乾隆三十四
年(1769)修。
1995年摄制. -- 1盘卷片(14米279拍)：
1:10, 2B；35mm银盐
收藏馆：缩微中心，广东

00O010576
海珠志：十一卷 / (明)李桦辑；(明)李文焰重辑；
(明)李瑄朗增辑
清乾隆(1736-1795)刻本. -- 版框高二十四厘
米宽十五厘米。
1989年摄制. -- 1盘卷片(18米360拍)：
1:10, 2B；35mm银盐
收藏馆：缩微中心，广东

00O022910
鼎湖山庆云寺志：八卷首一卷 / (清)丁易修；
(清)释成鹫纂
清康熙五十六年(1717)刻本
1995年摄制. -- 1盘卷片(17米356拍)：
1:10, 2B；35mm银盐
收藏馆：缩微中心，广东

00O020894
鼎湖山志：八卷首一卷 / (清)丁易修；(清)释成
鹫纂
清康熙(1662-1722)刻本
1994年摄制. -- 1盘卷片(17米330拍)：
1:10, 2B；35mm银盐
收藏馆：缩微中心，国图

00O015840
湘山事状全集：十卷
明正德十一年(1516)滕晖募刻本. -- 存六
卷：卷四至卷六、卷八至卷十。
1993年摄制. -- 1盘卷片(8米128拍)：1:10,
2B；35mm银盐

收藏馆：缩微中心，国图

00O027240
栖霞寺志：二卷附一卷 / (清)赵炳纂修
清康熙(1662-1722)刻本
1997年摄制. -- 1盘卷片(9米160拍)：1:10,
2B；35mm银盐
收藏馆：缩微中心，国图

00O027246
通玄观志：二卷 / (明)姜南编；(清)吴陈琰增定
清康熙(1662-1722)刻本
1997年摄制. -- 1盘卷片(9米150拍)：1:10,
2B；35mm银盐
收藏馆：缩微中心，国图

00O011490
[同治]桃源洞天志：一卷 / (清)释兰岩纂
清同治五年(1866)刻本. -- 据清乾隆十九年
(1754)刻本增补递修。
1989年摄制. -- 1盘卷片(7米123拍)：1:10,
2B；35mm银盐
收藏馆：缩微中心，湖南

00O022250
汉前将军关公祠志：九卷 / (明)赵钦汤,(明)焦竑
辑
明万历三十一年(1603)赵钦汤刻本
1995年摄制. -- 1盘卷片(13米230拍)：
1:10, 2B；35mm银盐
收藏馆：缩微中心，国图

00O015811
西湖关帝庙广纪：八卷 / (明)赵钦汤[等]辑
明天启(1621-1627)刻本. -- 辑者还有：(明)
丁启浚等。
1993年摄制. -- 1盘卷片(13米236拍)：
1:10, 2B；35mm银盐
收藏馆：缩微中心，国图

00O016491
平湖陆氏景贤祠志：不分卷
明万历(1573-1620)刻本
1993年摄制. -- 1盘卷片(6米81拍)：1:10,
2B；35mm银盐
收藏馆：缩微中心，国图

00O005724
阳明先生祠志：三卷 / (明)周汝登撰
明万历(1573-1620)刻本
1987年摄制. -- 1盘卷片(7米118拍)：1:10,
2B；35mm银盐
收藏馆：缩微中心，国图

00O003440

三衢孔氏家庙志：一卷附录二卷 / (明)沈杰辑
明嘉靖(1522-1566)刻本
1986年摄制. -- 1盘卷片(6米101拍) ： 1:10,
2B ；35mm银盐
收藏馆：缩微中心，国图

00O026344

三衢孔氏家庙志：一卷附录二卷 / (明)沈杰辑
清(1644-1911)抄本
1997年摄制. -- 1盘卷片(6米100拍) ： 1:10,
2B ；35mm银盐
收藏馆：缩微中心，湖北

00O024755

仙霞岭天雨庵志略：不分卷 / (清)释正龙,(清)释
起云辑
清康熙(1662-1722)刻本
1995年摄制. -- 1盘卷片(6米97拍) ： 1:10,
2B ；35mm银盐
收藏馆：缩微中心，浙江

00O015123

太洋州萧侯庙志：六卷 / (明)郭子章撰
明天启二年(1622)甘胤蚪刻本
1992年摄制. -- 1盘卷片(5米63拍) ： 1:10,
2B ；35mm银盐
收藏馆：缩微中心，国图

00O010844

长沙贾太傅祠志：四卷 / (清)夏献云辑
清光绪四年(1878)长沙刻本
1987年摄制. -- 1盘卷片(11米217拍) ：
1:10, 2B ；35mm银盐
收藏馆：缩微中心，湖南

00O014314

历代山陵考：一卷 / (明)王在晋撰
明末(1621-1644)毛氏汲古阁抄本
1992年摄制. -- 1盘卷片(4米32拍) ： 1:10,
2B ；35mm银盐
收藏馆：缩微中心，国图

00O019510

历代山陵考：二卷 / (明)王在晋撰
明(1368-1644)刻本
1994年摄制. -- 1盘卷片(5米65拍) ： 1:10,
2B ；35mm银盐
收藏馆：缩微中心，国图

00O014067

历代山陵考：二卷 / (明)王在晋撰
清初(1644-1722)钱曾抄本

1992年摄制. -- 1盘卷片(4米41拍) ： 1:10,
2B ；35mm银盐
收藏馆：缩微中心，国图

00O014897

历代山陵考：一卷 / (明)王在晋撰
清初(1644-1722)抄本
1992年摄制. -- 1盘卷片(5.0米76拍) ：
1:10, 2B ；35mm银盐
收藏馆：缩微中心，辽宁

00O027470

帝陵图说：三卷 / (清)梁份撰
清(1644-1911)抄本. -- 存二卷：卷二至卷
三。(清)丁丙跋。
1996年摄制. -- 1盘卷片(7米106拍) ： 1:10,
2B ；35mm银盐
收藏馆：缩微中心，南京

00O000239

肃松录：四卷 / (清)谭吉璁撰
清康熙(1662-1722)有恒堂刻本
1985年摄制. -- 1盘卷片(7.2米133拍) ：
1:10, 2B ；35mm银盐
收藏馆：缩微中心，国图

00O025545

昌瑞山万年统志：十六卷首一卷 / (清)布兰泰
[等]纂修
清末(1851-1911)抄本
1996年摄制. -- 1盘卷片(33米652拍) ：
1:10, 2B ；35mm银盐
收藏馆：缩微中心，国图

00O014808

昌瑞山万年统志：十六卷 / (清)布兰泰,(清)张世
龙纂修
清光绪(1875-1908)抄本
1992年摄制. -- 2盘卷片(38米715拍) ：
1:10, 2B ；35mm银盐
收藏馆：缩微中心，国图

00O027911

六陵劫余志：不分卷 / (清)丁叶辑
清(1644-1911)古泉草堂抄本
1996年摄制. -- 1盘卷片(8米131拍) ： 1:10,
2B ；35mm银盐
收藏馆：缩微中心，南京

00O010666

长沙定王台志：二卷 / (清)夏献云纂
清光绪七年(1881)长沙刻本
1989年摄制. -- 1盘卷片(4米56拍) ： 1:10,

2B ；35mm银盐
收藏馆：缩微中心，湖南

000O009245
[道光]炎陵志：八卷首一卷末一卷 / (清)王开琸纂修
清道光八年(1828)刻本
1988年摄制. -- 1盘卷片（11米218拍）：
1:10, 2B ；35mm银盐
收藏馆：缩微中心，湖南

000O010852
[道光]炎陵志：十卷首一卷
清道光十八年(1838)刻本
1989年摄制. -- 1盘卷片（10米187拍）：
1:10, 2B ；35mm银盐
收藏馆：缩微中心，湖南

000O014955
商山吴氏祖墓四至图：不分卷 / (明)吴士彦,(明)吴甲滋撰
明崇祯十七年(1644)刻本
1992年摄制. -- 1盘卷片（6米75拍）：1:10,
2B ；35mm银盐
收藏馆：缩微中心，国图

000O000914
吴氏本枝墓谱：不分卷 / (明)吴可学撰
明万历(1573-1620)刻本
1985年摄制. -- 1盘卷片（7.2米134拍）：
1:10, 2B ；35mm银盐
收藏馆：缩微中心，国图

000O025240
扬州休园志：八卷首一卷 / (清)郑庆祐撰
清(1644-1911)刻本
1996年摄制. -- 1盘卷片（17米324拍）：
1:10, 2B ；35mm银盐
收藏馆：缩微中心，国图

000O024914
桃坞名胜记：八卷 / (清)谢家福撰
清(1644-1911)稿本
1996年摄制. -- 1盘卷片（11米210拍）：
1:10, 2B ；35mm银盐
收藏馆：缩微中心，南京

000O011530
颐真园图咏：不分卷 / (明)王文登辑
明万历(1573-1620)刻本. -- 书名由甘肃省图书馆拟定。
1990年摄制. -- 1盘卷片（5米74拍）：1:10,
2B ；35mm银盐

收藏馆：缩微中心，甘肃

000O027239
东林书院志：二卷续一卷 / (清)严毅撰
清康熙(1662-1722)刻本
1997年摄制. -- 1盘卷片（15米291拍）：
1:10, 2B ；35mm银盐
收藏馆：缩微中心，国图

000O024614
虞山书院志：十五卷 / (明)张鼐撰
明万历(1573-1620)刻本
1996年摄制. -- 2盘卷片（44米882拍）：
1:10, 2B ；35mm银盐
收藏馆：缩微中心，浙江

000O014365
南溪书院志：四卷
明万历(1573-1620)刻天启(1621-1627)重修本
1992年摄制. -- 1盘卷片（6米92拍）：1:10,
2B ；35mm银盐
收藏馆：缩微中心，国图

000O014150
白鹿洞志：十九卷 / (明)郑廷鹄[等]撰
明嘉靖(1522-1566)刻本
1992年摄制. -- 1盘卷片（20米387拍）：
1:10, 2B ；35mm银盐
收藏馆：缩微中心，国图

000O007154
白鹿书院志：十七卷 / (明)李应昇撰
明天启二年(1622)南康府刻本
1987年摄制. -- 1盘卷片（17米361拍）：
1:10, 2B ；35mm银盐
收藏馆：缩微中心，山东

000O022448
白鹿书院志：十九卷 / (清)毛德琦撰
清康熙五十九年(1720)刻本
1995年摄制. -- 1盘卷片（29米575拍）：
1:10, 2B ；35mm银盐
收藏馆：缩微中心，国图

000O025719
嵩阳书院志：二卷 / (清)耿介辑
清康熙(1662-1722)刻本
1996年摄制. -- 1盘卷片（14米293拍）：
1:10, 2B ；35mm银盐
收藏馆：缩微中心，河南

000O018823
二张先生书院录：一卷 / (明)张文化辑．竹房先

生文集补：一卷 / (宋)张学龙撰；(明)张廷庚辑
明(1368-1644)刻本
1994年摄制. -- 1盘卷片(4米45拍) ： 1:10,
2B ；35mm银盐
收藏馆：缩微中心，国图

000O010686
长沙府岳麓志：八卷 / (清)赵宁纂修
清康熙二十六年(1687)刻本
1989年摄制. -- 1盘卷片(26米550拍) ：
1:10, 2B ；35mm银盐
收藏馆：缩微中心，湖南

000O009341
长沙岳麓书院续志：四卷首一卷末一卷补编一
卷 / (清)丁善庆纂修
清同治六年(1867)刻同治十二年(1873)续修本
1988年摄制. -- 1盘卷片(15米314拍) ：
1:10, 2B ；35mm银盐
收藏馆：缩微中心，湖南

000O002372
山川纪异录：□□卷
明(1368-1644)刻本. -- 存十一卷：卷一至卷
十一。
1986年摄制. -- 1盘卷片(5米84拍) ： 1:10,
2B ；35mm银盐
收藏馆：缩微中心，国图

000O001187
九州山水考：三卷 / (清)孙承泽撰
清康熙(1662-1722)刻本
1985年摄制. -- 1盘卷片(5.5米92拍) ：
1:10, 2B ；35mm银盐
收藏馆：缩微中心，国图

000O005703
古今游名山记：十七卷总录三卷 / (明)何镗辑
明嘉靖四十四年(1565)何镗刻本
1987年摄制. -- 2盘卷片(36米802拍) ：
1:10, 2B ；35mm银盐
收藏馆：缩微中心，国图

000O029808
古今游名山记：十七卷总录三卷 / (明)何镗辑
明嘉靖四十四年(1565)何镗刻本
2001年摄制. -- 1盘卷片(30米643拍) ：
1:10, 2B ；35mm银盐
收藏馆：缩微中心，国图

000O022458
古今游名山记：十七卷总录三卷 / (明)何镗辑
明嘉靖四十四年(1565)何镗刻万历(1573-1620)

重修本. -- (清)丁丙跋。
1995年摄制. -- 2盘卷片(56米1244拍) ：
1:10, 2B ；35mm银盐
收藏馆：缩微中心，南京

000O001001
古今游名山记：十七卷总录一卷 / (明)何镗辑
明嘉靖四十四年(1565)何镗刻万历(1573-1620)
重修本
1985年摄制. -- 2盘卷片(52.4米1174拍) ：
1:10, 2B ；35mm银盐
收藏馆：缩微中心，国图

000O017191
名山胜概记：四十八卷名山图一卷附录一卷 /
(明)何镗辑
明崇祯(1628-1644)刻本. -- 存四十卷：卷七
至卷四十、卷四十二至卷四十七。(清)丁聚增
批校。
1993年摄制. -- 6盘卷片(181米3843拍) ：
1:10, 2B ；35mm银盐
收藏馆：缩微中心，山东

000O010131
名山胜概记：四十六卷名山图一卷附录一卷 /
(明)何镗辑
明崇祯(1628-1644)刻本
1989年摄制. -- 8盘卷片(209米4266拍) ：
1:10, 2B ；35mm银盐
收藏馆：缩微中心，山东

000O006692
名山胜概记：四十六卷名山图一卷 / (明)何镗辑
明崇祯(1628-1644)刻本. -- 部分内容为补
抄。
1987年摄制. -- 7盘卷片(198米4309拍) ：
1:10, 2B ；35mm银盐
收藏馆：缩微中心，山西

000O014903
游名山一览记：十六卷 / (明)慎蒙辑
明万历四年(1576)慎蒙刻本
1992年摄制. -- 2盘卷片(51.4米1147拍) ：
1:10, 2B ；35mm银盐
收藏馆：缩微中心，辽宁

000O021712
游名山一览记：十六卷 / (明)慎蒙撰
明万历四年(1576)刻本
1995年摄制. -- 2盘卷片(49米952拍) ：
1:10, 2B ；35mm银盐
收藏馆：缩微中心，国图

000O017509

名山岩洞泉石古迹：十六卷 / (明)慎蒙辑

明(1368-1644)刻本. -- 存九卷：卷二至卷四、卷五下至卷六、卷十至卷十一、卷十三至卷十四。

1993年摄制. -- 1盘卷片(32米645拍)：1:10, 2B；35mm银盐

收藏馆：缩微中心，国图

000O005723

新镌海内奇观：十卷 / (明)杨尔曾撰

明万历三十七年(1609)夷白堂刻本

1987年摄制. -- 1盘卷片(18米387拍)：1:10, 2B；35mm银盐

收藏馆：缩微中心，国图

000O010781

新镌海内奇观：十卷 / (明)杨尔曾撰

明万历三十七年(1609)夷白堂刻本. -- (明)丁菊生批校。

1989年摄制. -- 1盘卷片(17米389拍)：1:10, 2B；35mm银盐

收藏馆：缩微中心，天津

000O017832

新镌海内奇观：十卷 / (明)杨尔曾撰

明万历三十七年(1609)夷白堂刻本

1993年摄制. -- 1盘卷片(18米339拍)：1:10, 2B；35mm银盐

收藏馆：缩微中心，国图

000O021696

新镌海内奇观：十卷 / (明)杨尔曾撰

明万历三十七年(1609)夷白堂刻本

1995年摄制. -- 1盘卷片(18米339拍)：1:10, 2B；35mm银盐

收藏馆：缩微中心，国图

000O008067

大明一统名胜志：二百八卷目录一卷 / (明)曹学佺撰

明崇祯三年(1630)曹学佺刻本

1988年摄制. -- 9盘卷片(257米5773拍)：1:10, 2B；35mm银盐

收藏馆：缩微中心，湖北

000O000648

大明一统名胜志：二百八卷 / (明)曹学佺撰

明崇祯三年(1630)曹学佺刻本. -- 内三十四卷配抄本。存二百七卷：北直十二卷、南直二十卷、山西八卷、陕西十三卷、河南十二卷、山东辽东九卷、江西十三卷、浙江十一卷、福建十卷、湖北湖南十七卷、四川三十五卷、广东十卷、广西十卷、云南二十三卷、贵阳四卷。傅增湘跋。

1985年摄制. -- 10盘卷片(260.1米5821拍)：1:10, 2B；35mm银盐

收藏馆：缩微中心，国图

000O022748

岳纪：六卷 / (明)陈士元撰

明万历二十年(1592)罗绅刻本

1994年摄制. -- 1盘卷片(9米149拍)：1:10, 2B；35mm银盐

收藏馆：缩微中心，浙江

000O020172

蟫窠集游名胜记：十二卷 / (明)黄以升撰

明末(1621-1644)刻本. -- (清)李文田跋。

1994年摄制. -- 1盘卷片(10米170拍)：1:10, 2B；35mm银盐

收藏馆：缩微中心，国图

000O020444

天下名山记钞：十六卷 / (清)吴秋士辑

清康熙三十四年(1695)汪立名刻本

1994年摄制. -- 1盘卷片(27米568拍)：1:10, 2B；35mm银盐

收藏馆：缩微中心，国图

000O028570

说山：一卷 / (清)陈澧撰

清(1644-1911)稿本

1998年摄制. -- 1盘卷片(3米32拍)：1:10, 2B；35mm银盐

收藏馆：缩微中心，广东

000O023946

岳图秘书：二卷 / (清)张泰来撰

清康熙(1662-1722)寿雪亭刻本

1996年摄制. -- 1盘卷片(5米117拍)：1:10, 2B；35mm银盐

收藏馆：缩微中心，河南

000O001738

盘山志：十卷补遗四卷 / (清)释智朴纂修

清康熙(1662-1722)刻本

1986年摄制. -- 1盘卷片(17米357拍)：1:10, 2B；35mm银盐

收藏馆：缩微中心，国图

000O021116

[乾隆]盘山志：十六卷首五卷 / (清)蒋溥,(清)汪由敦,(清)董邦达纂修

清乾隆二十年(1755)刻本

1994年摄制. -- 1盘卷片(31米591拍)

1:10, 2B ；35mm银盐
收藏馆：缩微中心，国图

00O021649
五台山志：一卷 / (明)乔世宁撰
明嘉靖(1522-1566)刻本
1995年摄制. -- 1盘卷片(3米21拍) ：1:10, 2B ；35mm银盐
收藏馆：缩微中心，国图

00O006730
清凉山新志：十卷 / (清)释丹巴撰
清康熙四十年(1701)刻本. -- 版框高二十厘米宽十四厘米。
1987年摄制. -- 1盘卷片(16米317拍) ：1:10, 2B ；35mm银盐
收藏馆：缩微中心，广东

00O014628
钟山考：三卷 / (清)周在浚撰
清初(1644-1722)抄本
1992年摄制. -- 1盘卷片(7米97拍) ：1:10, 2B ；35mm银盐
收藏馆：缩微中心，国图

00O027247
栖霞小志：一卷 / (明)盛时泰撰
清嘉庆二十四年(1819)友恭堂刻本
1997年摄制. -- 1盘卷片(4米38拍) ：1:10, 2B ；35mm银盐
收藏馆：缩微中心，国图

00O027249
南通州五山全志：二十卷 / (清)刘名芳纂修
清乾隆十四年(1749)徐岭刻本
1997年摄制. -- 1盘卷片(20米409拍) ：1:10, 2B ；35mm银盐
收藏馆：缩微中心，国图

00O018072
金山集：二卷 / (明)释圆济编次
明(1368-1644)刻本
1993年摄制. -- 1盘卷片(4米88拍) ：1:10, 2B ；35mm银盐
收藏馆：缩微中心，天津

00O020430
焦山志：十二卷 / (清)卢见曾撰
清乾隆(1736-1795)刻本
1994年摄制. -- 1盘卷片(13米239拍) ：1:10, 2B ；35mm银盐
收藏馆：缩微中心，国图

00O027452
茅山志：十五卷 / (元)刘大彬撰
明初(1368-1424)刻本. -- (清)孙星衍跋。
1996年摄制. -- 1盘卷片(15米304拍) ：1:10, 2B ；35mm银盐
收藏馆：缩微中心，南京

00O001971
茅山志：十五卷 / (元)刘大彬撰
明(1368-1644)刻本
1986年摄制. -- 1盘卷片(15米316拍) ：1:10, 2B ；35mm银盐
收藏馆：缩微中心，国图

00O010787
阳山志：三卷 / (明)岳岱撰
明嘉靖(1522-1566)刻本
1989年摄制. -- 1盘卷片(4米38拍) ：1:10, 2B ；35mm银盐
收藏馆：缩微中心，天津

00O014923
阳山志：三卷 / (明)陆汝成撰
明崇祯五年(1632)阅帆堂刻本
1992年摄制. -- 1盘卷片(8米133拍) ：1:10, 2B ；35mm银盐
收藏馆：缩微中心，国图

00O005121
阳山志：三卷 / (明)陈仁锡修；(明)陈礼锡,(明)陈济生纂；(清)陈应留补修
明崇祯(1628-1644)阅帆堂刻清康熙(1662-1722)补修本
1986年摄制. -- 1盘卷片(13.7米290拍) ：1:10, 2B ；35mm银盐
收藏馆：缩微中心，国图

00O006914
横山志略：六卷 / (清)顾嘉誉纂修
清乾隆十三年(1748)香雪巢刻本
1986年摄制. -- 1盘卷片(9米162拍) ：1:10, 2B ；35mm银盐
收藏馆：缩微中心，国图

00O005453
吴中灵岩山志：八卷 / (明)黄习远撰
明(1368-1644)刻本
1986年摄制. -- 1盘卷片(10米205拍) ：1:10, 2B ；35mm银盐
收藏馆：缩微中心，国图

00O008567
吴中灵岩山志：八卷 / (明)黄习远撰

明万历(1573-1620)刻本
1988年摄制. -- 1盘卷片(11米222拍) ： 1:10, 2B ； 35mm银盐
收藏馆：缩微中心，国图

000O008463
灵岩记略：内篇二卷外篇二卷 / (清)释弘储述意；(清)释殊致辑
清初(1644-1722)刻本
1988年摄制. -- 1盘卷片(8米150拍) ： 1:10, 2B ； 35mm银盐
收藏馆：缩微中心，国图

000O003231
灵岩志略：一卷 / (清)王镐撰 . 灵岩山纪略：一卷 / (清)赵酉撰
清(1644-1911)然松书屋抄本
1986年摄制. -- 1盘卷片(3.2米40拍) ： 1:10, 2B ； 35mm银盐
收藏馆：缩微中心，国图

000O031705
虎丘志总集：一卷 / (明)王宾辑；(明)茹昂补辑
明(1368-1644)刻本
2005年摄制. -- 1盘卷片(7米100拍) ： 1:10, 2B ； 35mm银盐
收藏馆：缩微中心，国图

000O026852
虎丘山志：六卷 / (明)文肇祉撰
明万历(1573-1620)刻崇祯(1628-1644)增修本. -- 存五卷：卷一、卷三至卷六。
1996年摄制. -- 1盘卷片(12米237拍) ： 1:10, 2B ； 35mm银盐
收藏馆：缩微中心，南京

000O015873
虎丘山图志：四卷 / (明)文肇祉撰
明万历(1573-1620)刻本
1993年摄制. -- 1盘卷片(11米196拍) ： 1:10, 2B ； 35mm银盐
收藏馆：缩微中心，国图

000O023090
虎丘山图志：四卷 / (明)文肇祉撰
明万历(1573-1620)刻本
1995年摄制. -- 1盘卷片(11米188拍) ： 1:10, 2B ； 35mm银盐
收藏馆：缩微中心，国图

000O007525
虎丘山志：十卷首一卷 / (清)顾湄撰
清康熙(1662-1722)刻本

1987年摄制. -- 1盘卷片(9米169拍) ： 1:10, 2B ； 35mm银盐
收藏馆：缩微中心，国图

000O010809
穹窿山志：六卷图一卷 / (清)向球[等]纂修
清康熙(1662-1722)刻本
1989年摄制. -- 1盘卷片(15米311拍) ： 1:10, 2B ； 35mm银盐
收藏馆：缩微中心，天津

000O027443
径山集：三卷 / (明)释宗净辑
明万历七年(1579)刻本. -- (清)丁丙跋。
1996年摄制. -- 1盘卷片(5米67拍) ： 1:10, 2B ； 35mm银盐
收藏馆：缩微中心，南京

000O000376
径山志：十四卷 / (明)宋奎光撰
明天启四年(1624)李烨然刻本
1985年摄制. -- 1盘卷片(25.1米560拍) ： 1:10, 2B ； 35mm银盐
收藏馆：缩微中心，国图

000O014663
乍浦九山补志：十二卷 / (清)李确撰
清(1644-1911)抄本
1992年摄制. -- 1盘卷片(8米129拍) ： 1:10, 2B ； 35mm银盐
收藏馆：缩微中心，国图

000O023094
补陀洛伽山志：六卷 / (明)屠隆撰
明万历十七年(1589)侯继高刻本. -- 存五卷：卷二至卷六。
1995年摄制. -- 1盘卷片(12米206拍) ： 1:10, 2B ； 35mm银盐
收藏馆：缩微中心，国图

000O008940
普陀山志：六卷 / (明)周应宾撰
明万历三十五年(1607)张随刻本
1988年摄制. -- 1盘卷片(16米315拍) ： 1:10, 2B ； 35mm银盐
收藏馆：缩微中心，湖北

000O017955
普陀山志：六卷 / (明)周应宾撰
明万历(1573-1620)张随刻崇祯(1628-1644)增修本. -- 存一卷：卷二。
1993年摄制. -- 1盘卷片(5米56拍) ： 1:10, 2B ； 35mm银盐

收藏馆：缩微中心，国图

00O021036
四明山志：九卷 / (清)黄宗羲撰
清康熙四十年(1701)黄炳刻本
1994年摄制. -- 1盘卷片（11米188拍）：
1:10，2B；35mm银盐
收藏馆：缩微中心，国图

00O022727
四明鄞岭志略：五卷 / (清)张儋之撰
清(1644-1911)抄本
1994年摄制. -- 1盘卷片（10米181拍）：
1:10，2B；35mm银盐
收藏馆：缩微中心，浙江

00O007461
寓山注：二卷 / (明)祁彪佳撰
明崇祯(1628-1644)刻本
1987年摄制. -- 1盘卷片（7米112拍）：1:10，
2B；35mm银盐
收藏馆：缩微中心，国图

00O008431
寓山续志：不分卷 / (明)祁彪佳辑
明末(1621-1644)抄本
1988年摄制. -- 1盘卷片（7米124拍）：1:10，
2B；35mm银盐
收藏馆：缩微中心，国图

00O027438
云门志略：五卷 / (明)张元忭撰
明万历二年(1574)刻本. -- (清)丁丙跋。
1996年摄制. -- 1盘卷片（9米166拍）：1:10，
2B；35mm银盐
收藏馆：缩微中心，南京

00O021494
云门志略：五卷 / (明)张元忭撰
明万历二年(1574)释司纶[等]刻本. -- 存三
卷：卷一至卷三。
1995年摄制. -- 1盘卷片（8米132拍）：1:10，
2B；35mm银盐
收藏馆：缩微中心，国图

00O024916
东山志：十九卷 / (明)谢敏行撰
明万历(1573-1620)刻本
1996年摄制. -- 1盘卷片（15米308拍）：
1:10，2B；35mm银盐
收藏馆：缩微中心，南京

00O002792
东山志：十九卷 / (明)谢敏行撰；(清)谢钟和增
补
清康熙六年(1667)谢钟和刻本
1986年摄制. -- 1盘卷片（17米363拍）：
1:10，2B；35mm银盐
收藏馆：缩微中心，国图

00O014809
东山志：十九卷 / (明)谢敏行撰；(清)谢钟和增
补
清康熙六年(1667)谢钟和刻本
1992年摄制. -- 1盘卷片（16米293拍）：
1:10，2B；35mm银盐
收藏馆：缩微中心，国图

00O010811
烂柯山志：不分卷 / (清)泠时中纂
清初(1644-1722)刻本. -- (明)吴山涛等校。
1989年摄制. -- 1盘卷片（8米137拍）：1:10，
2B；35mm银盐
收藏馆：缩微中心，天津

00O025221
天台山志：一卷
清末(1851-1911)瞿氏铁琴铜剑楼抄本
1996年摄制. -- 1盘卷片（3米19拍）：1:10，
2B；35mm银盐
收藏馆：缩微中心，国图

00O003423
天台胜纪：六卷 / (明)李素撰
明万历十九年(1591)李素刻本
1986年摄制. -- 1盘卷片（5.7米97拍）：
1:10，2B；35mm银盐
收藏馆：缩微中心，国图

00O015725
天台山方外志：三十卷 / (明)释无尽撰
明万历二十九年(1601)幽溪讲堂刻本
1993年摄制. -- 1盘卷片（26米497拍）：
1:10，2B；35mm银盐
收藏馆：缩微中心，国图

00O010201
天台山全志：十八卷 / (清)张联元纂
清康熙(1662-1722)刻本
1989年摄制. -- 1盘卷片（22米483拍）：
1:10，2B；35mm银盐
收藏馆：缩微中心，天津

00O020737
雁山志：四卷首一卷 / (明)胡汝宁辑

明万历九年(1581)刻崇祯(1628-1644)递修本
1994年摄制. -- 1盘卷片(12米212拍) ：
1:10, 2B ; 35mm银盐
收藏馆：缩微中心, 国图

000O003623
仙都志：二卷 / (元)陈性定撰
清(1644-1911)抄本
1985年摄制. -- 1盘卷片(4米49拍) ：1:10,
2B ; 35mm银盐
收藏馆：缩微中心, 国图

000O006796
黄海：不分卷 / (明)潘之恒辑
明(1368-1644)刻本
1987年摄制. -- 2盘卷片(39米852拍) ：
1:10, 2B ; 35mm银盐
收藏馆：缩微中心, 国图

000O022777
黄山图：一卷 / (清)释雪庄绘
清康熙(1662-1722)吴荃刻本
1994年摄制. -- 1盘卷片(4米61拍) ：1:10,
2B ; 35mm银盐
收藏馆：缩微中心, 浙江

000O025215
黄山志定本：七卷首一卷 / (清)闵麟翮撰
清康熙十八年(1679)闵麟翮刻本
1996年摄制. -- 2盘卷片(40米801拍) ：
1:10, 2B ; 35mm银盐
收藏馆：缩微中心, 国图

000O027242
黄山志续集：八卷 / (清)汪士铉[等]纂修
清康熙(1662-1722)刻本
1997年摄制. -- 1盘卷片(20米396拍) ：
1:10, 2B ; 35mm银盐
收藏馆：缩微中心, 国图

000O026143
歙县西干名胜概览：不分卷
抄本
1996年摄制. -- 1盘卷片(3米32拍) ：1:10,
2B ; 35mm银盐
收藏馆：缩微中心, 安徽

000O023423
城阳山志：三卷 / (明)许志古撰
明(1368-1644)晩香堂刻本
1995年摄制. -- 1盘卷片(8米126拍) ：1:10,
2B ; 35mm银盐
收藏馆：缩微中心, 国图

000O028008
齐云山志：六卷
明(1368-1644)刻本
1996年摄制. -- 1盘卷片(5米87拍) ：1:10,
2B ; 35mm银盐
收藏馆：缩微中心, 南京

000O019972
齐云山志：五卷 / (明)鲁点撰
明万历(1573-1620)刻本
1994年摄制. -- 1盘卷片(17米323拍) ：
1:10, 2B ; 35mm银盐
收藏馆：缩微中心, 国图

000O017076
九华山志：六卷图一卷 / (明)孙樓撰
明万历七年(1579)苏万民刻本. -- 存四卷：
卷一至卷四.
1993年摄制. -- 1盘卷片(8米133拍) ：1:10,
2B ; 35mm银盐
收藏馆：缩微中心, 国图

000O024274
九华山志：六卷 / (明)蔡立身[等]撰
明万历二十三年(1595)刻本
1996年摄制. -- 1盘卷片(10米190拍) ：
1:10, 2B ; 35mm银盐
收藏馆：缩微中心, 安徽

000O020449
九华志：八卷图一卷 / (明)顾元镜撰
明崇祯(1628-1644)刻本. -- 存五卷：卷一至
卷四、图一卷。
1994年摄制. -- 1盘卷片(15米143拍) ：
1:10, 2B ; 35mm银盐
收藏馆：缩微中心, 国图

000O001910
鼓山志：十二卷 / (明)谢肇淛,(明)徐燫撰
明万历(1573-1620)刻本
1986年摄制. -- 1盘卷片(17米358拍) ：
1:10, 2B ; 35mm银盐
收藏馆：缩微中心, 国图

000O028472
重修鼓山志：□□卷 / (清)陈祚康撰
清(1644-1911)稿本. -- 存五卷：卷五至卷
八、卷十。
1997年摄制. -- 1盘卷片(7.6米135拍) ：
1:10, 2B ; 35mm银盐
收藏馆：缩微中心, 福建

000O026689
道山纪略：不分卷 / (清)萧震撰
清康熙十一年(1672)刻本
1996年摄制. -- 1盘卷片(8米146拍) : 1:10,
2B ; 35mm银盐
收藏馆：缩微中心，福建

000O014971
瑞岩山志：四卷 / (明)欧应昌撰
明万历三十八年(1610)欧应昌刻本
1992年摄制. -- 1盘卷片(8米136拍) : 1:10,
2B ; 35mm银盐
收藏馆：缩微中心，国图

000O023099
武夷山志：四卷 / (明)劳堪撰
明万历十年(1582)徐秋鹗刻本
1995年摄制. -- 1盘卷片(21米416拍) :
1:10, 2B ; 35mm银盐
收藏馆：缩微中心，国图

000O008005
武夷山志：十卷附录一卷 / (明)江维桢辑
明万历二十三年(1595)安如坤刻本
1988年摄制. -- 1盘卷片(20米403拍) :
1:10, 2B ; 35mm银盐
收藏馆：缩微中心，山东

000O017711
武夷志略：四卷 / (明)徐表然撰
明万历四十七年(1619)孙世昌刻本
1993年摄制. -- 1盘卷片(15米284拍) :
1:10, 2B ; 35mm银盐
收藏馆：缩微中心，国图

000O021714
武夷山志：十八卷 / (明)衷仲孺撰
明崇祯十六年(1643)刻本
1995年摄制. -- 1盘卷片(21米411拍) :
1:10, 2B ; 35mm银盐
收藏馆：缩微中心，国图

000O017525
武夷山志：十九卷 / (明)衷仲孺撰
明崇祯(1628-1644)刻本
1993年摄制. -- 1盘卷片(22米431拍) :
1:10, 2B ; 35mm银盐
收藏馆：缩微中心，国图

000O025207
武夷山志：二十四卷首一卷 / (清)董天工撰
清乾隆(1736-1795)刻本
1996年摄制. -- 2盘卷片(45米853拍) :

1:10, 2B ; 35mm银盐
收藏馆：缩微中心，国图

000O015309
洞山九潭志：四卷 / (明)刘中藻辑
清(1644-1911)抄本
1992年摄制. -- 1盘卷片(4米41拍) : 1:10,
2B ; 35mm银盐
收藏馆：缩微中心，国图

000O015006
太姥山志：三卷 / (明)谢肇淛撰
明(1368-1644)刻本
1992年摄制. -- 1盘卷片(6米95拍) : 1:10,
2B ; 35mm银盐
收藏馆：缩微中心，国图

000O022242
**庐山记：三卷 / (宋)陈舜俞撰. 庐山记略：一卷 /
(宋)释惠远撰**
清(1644-1911)抄本. -- (清)纪昀跋。
1995年摄制. -- 1盘卷片(4米48拍) : 1:10,
2B ; 35mm银盐
收藏馆：缩微中心，国图

000O003694
**庐山记：三卷 / (宋)陈舜俞撰. 庐山记略：一卷 /
(宋)释惠远撰**
清(1644-1911)抄本
1985年摄制. -- 1盘卷片(5米72拍) : 1:10,
2B ; 35mm银盐
收藏馆：缩微中心，国图

000O005719
庐山记事：十二卷 / (明)桑乔撰
明嘉靖(1522-1566)刻本
1987年摄制. -- 1盘卷片(18米393拍) :
1:10, 2B ; 35mm银盐
收藏馆：缩微中心，国图

000O015471
庐山记事：十二卷 / (明)桑乔撰
明嘉靖(1522-1566)刻本
1993年摄制. -- 1盘卷片(19米371拍) :
1:10, 2B ; 35mm银盐
收藏馆：缩微中心，国图

000O027607
庐山记事：十二卷 / (明)桑乔撰
清康熙五十九年(1720)蒋国祥刻本
1997年摄制. -- 1盘卷片(18米347拍) :
1:10, 2B ; 35mm银盐
收藏馆：缩微中心，国图

00O008091
庐山记事：十二卷 / (明)桑乔撰；(清)许世昌,(清)范初补订
清顺治十六年(1659)廉让间刻本
1988年摄制. -- 2盘卷片(34.5米716拍) : 1:10, 2B ; 35mm银盐
收藏馆：缩微中心，湖北

00O027245
增定庐山志：十五卷 / (清)吴炜,(清)李滢纂修
清康熙(1662-1722)日思堂刻本
1997年摄制. -- 2盘卷片(44米863拍) : 1:10, 2B ; 35mm银盐
收藏馆：缩微中心，国图

00O028505
增刊石钟山集：九卷湖口县八景一卷 / (明)王恕纂辑；(明)王元佐增
明正德十三年(1518)刻本
1997年摄制. -- 1盘卷片(8.2米154拍) : 1:10, 2B ; 35mm银盐
收藏馆：缩微中心，福建

00O020073
龙虎山志：三卷 / (元)元明善撰；(明)张国祥,(明)张显庸续修
明(1368-1644)刻本
1994年摄制. -- 1盘卷片(18米333拍) : 1:10, 2B ; 35mm银盐
收藏馆：缩微中心，国图

00O016575
玉山遗响：六卷；崇祀录：一卷；垂居随录：四卷 / (清)张贞生撰
清乾隆(1736-1795)张世坤张世坊刻本
1993年摄制. -- 1盘卷片(24.2米519拍) : 1:10, 2B ; 35mm银盐
收藏馆：缩微中心，山西

00O015150
阁皂山志：二卷 / (明)俞策撰；(清)施闰章定
清康熙(1662-1722)刻本
1992年摄制. -- 1盘卷片(4米44拍) : 1:10, 2B ; 35mm银盐
收藏馆：缩微中心，国图

00O027800
阁皂山志：二卷 / (明)俞策撰
清(1644-1911)抄本. -- (清)丁丙跋。
1996年摄制. -- 1盘卷片(4米56拍) : 1:10, 2B ; 35mm银盐
收藏馆：缩微中心，南京

00O020561
崂山志：八卷；崂山艺文志：二十四卷 / (明)黄宗昌撰
清(1644-1911)抄本
1993年摄制. -- 2盘卷片(34米697拍) : 1:10, 2B ; 35mm银盐
收藏馆：缩微中心，山东

00O013375
泰山志：四卷 / (明)汪子卿撰
明嘉靖三十三年(1554)项守礼刻本
1991年摄制. -- 1盘卷片(17米315拍) : 1:10, 2B ; 35mm银盐
收藏馆：缩微中心，国图

00O020010
泰山志：四卷 / (明)汪子卿撰；(明)郑聚东补
明嘉靖三十三年(1554)项守礼刻本
1994年摄制. -- 1盘卷片(17米320拍) : 1:10, 2B ; 35mm银盐
收藏馆：缩微中心，国图

00O007142
岱史：十八卷 / (明)查志隆撰
明万历(1573-1620)戴相尧刻本
1987年摄制. -- 1盘卷片(26.1米573拍) : 1:10, 2B ; 35mm银盐
收藏馆：缩微中心，重庆

00O006184
岱史：十八卷 / (明)查志隆撰；(清)张缙彦删补
明万历十五年(1587)戴相尧刻清顺治康熙(1644-1722)增修本
1987年摄制. -- 1盘卷片(31米618拍) : 1:10, 2B ; 35mm银盐
收藏馆：缩微中心，四川

00O013348
泰山纪事：三卷 / (明)宋焘撰
明万历(1573-1620)刻本
1991年摄制. -- 1盘卷片(7米104拍) : 1:10, 2B ; 35mm银盐
收藏馆：缩微中心，国图

00O020611
泰山志：一卷 / (清)汪鋆撰
清(1644-1911)稿本
1994年摄制. -- 1盘卷片(3米20拍) : 1:10, 2B ; 35mm银盐
收藏馆：缩微中心，国图

00O004199
云浦文选：三卷 / (清)张泰来撰

清康熙(1662-1722)谟觞石室刻本
1986年摄制. -- 1盘卷片(7米115拍)：1:10,
2B；35mm银盐
收藏馆：缩微中心，国图

000O004073
东巡纪略：五卷
清(1644-1911)内府抄本
1985年摄制. -- 1盘卷片(13.1米280拍)：
1:10, 2B；35mm银盐
收藏馆：缩微中心，国图

000O001614
嵩书：二十二卷 / (明)傅梅撰
明万历(1573-1620)刻本
1986年摄制. -- 2盘卷片(40米870拍)：
1:10, 2B；35mm银盐
收藏馆：缩微中心，国图

000O015865
大岳太和山志：十四卷 / (明)任自垣撰
明(1368-1644)刻本
1993年摄制. -- 1盘卷片(10米179拍)：
1:10, 2B；35mm银盐
收藏馆：缩微中心，国图

000O015670
大岳太和山志：十七卷 / (明)慎旦[等]撰
明嘉靖三十五年(1556)王佐刻本
1993年摄制. -- 1盘卷片(24米480拍)：
1:10, 2B；35mm银盐
收藏馆：缩微中心，国图

000O015876
大岳太和山志：九卷 / (明)卢重华撰
明隆庆六年(1572)张著刻本
1993年摄制. -- 1盘卷片(24米480拍)：
1:10, 2B；35mm银盐
收藏馆：缩微中心，国图

000O020434
大岳太和山纪略：八卷 / (清)王概撰
清乾隆(1736-1795)下荆南道署刻本
1994年摄制. -- 1盘卷片(18米354拍)：
1:10, 2B；35mm银盐
收藏馆：缩微中心，国图

000O027843
南岳总胜集：三卷 / (宋)陈田夫撰
清嘉庆七年(1802)果克山房刻本
1997年摄制. -- 1盘卷片(8米139拍)：1:10,
2B；35mm银盐
收藏馆：缩微中心，国图

000O020438
衡岳志：八卷续刻附录一卷 / (明)邓云霄撰
明万历四十年(1612)邓云霄刻本
1994年摄制. -- 1盘卷片(24米497拍)：
1:10, 2B；35mm银盐
收藏馆：缩微中心，国图

000O027713
衡岳志：八卷 / (明)曾凤仪撰
明万历(1573-1620)刻本. -- 存七卷：卷二至
卷八。
1997年摄制. -- 1盘卷片(3米26拍)：1:10,
2B；35mm银盐
收藏馆：缩微中心，国图

000O010817
[康熙]衡岳志：八卷 / (清)朱衮修；(清)袁奂纂
清康熙三年(1664)九仙灵台之馆刻本
1989年摄制. -- 2盘卷片(38米782拍)：
1:10, 2B；35mm银盐
收藏馆：缩微中心，湖南

000O010818
[乾隆]南岳志：八卷 / (清)高自位修；(清)旷敏本
纂
清乾隆十八年(1753)刻本
1989年摄制. -- 1盘卷片(20米431拍)：
1:10, 2B；35mm银盐
收藏馆：缩微中心，湖南

000O010668
南岳志辑要：四卷 / (清)许知玑撰
清道光十四年(1834)刻本
1989年摄制. -- 1盘卷片(23米483拍)：
1:10, 2B；35mm银盐
收藏馆：缩微中心，湖南

000O011127
衡岳图志
清(1644-1911)刻本
1989年摄制. -- 1盘卷片(4米56拍)：1:10,
2B；35mm银盐
收藏馆：缩微中心，湖南

000O024515
九疑山志：四卷 / (清)詹惟圣撰
清康熙(1662-1722)刻本
1996年摄制. -- 1盘卷片(10米182拍)：
1:10, 2B；35mm银盐
收藏馆：缩微中心，浙江

000O022883
白云越秀二山合志：四十九卷 / (清)崔弼初编；

(清)陈际清总辑
清道光二十九年(1849)刻本
1993年摄制. -- 2盘卷片(41米866拍) :
1:10, 2B ; 35mm银盐
收藏馆：缩微中心，广东

000O001905
禹峡山志：四卷 / (清)孙绳祖撰
清康熙五十九年(1720)刻本
1986年摄制. -- 1盘卷片(19米398拍) :
1:10, 2B ; 35mm银盐
收藏馆：缩微中心，国图

000O024183
阴那山志：六卷 / (清)李阆中续修
清咸丰十一年(1861)刻光绪六年(1880)增刻本
1996年摄制. -- 1盘卷片(16米310拍) :
1:10, 2B ; 35mm银盐
收藏馆：缩微中心，广东

000O022912
罗浮山志：十二卷 / (清)李嗣钰重编
清康熙三十八年(1699)刻本
1995年摄制. -- 1盘卷片(18米386拍) :
1:10, 2B ; 35mm银盐
收藏馆：缩微中心，广东

000O017088
罗浮志略：二卷 / (明)韩鸣鸾撰
明万历(1573-1620)刻本
1993年摄制. -- 1盘卷片(9米163拍) : 1:10,
2B ; 35mm银盐
收藏馆：缩微中心，国图

000O020824
罗浮山志会编：二十二卷首一卷 / (清)宋广业辑
清康熙五十五年(1716)刻本
1994年摄制. -- 1盘卷片(34米676拍) :
1:10, 2B ; 35mm银盐
收藏馆：缩微中心，国图

000O010569
罗浮山志会编：二十二卷首一卷 / (清)宋广业辑
清康熙五十六年(1717)海幢寺刻本. -- 版框
高十八厘米宽十四厘米。(清)宋志益校。
1989年摄制. -- 1盘卷片(36米781拍) :
1:10, 2B ; 35mm银盐
收藏馆：缩微中心，广东

000O028575
浮山小志：三卷首一卷 / (清)黄培芳著
清嘉庆十八年(1813)刻本
1995年摄制. -- 1盘卷片(4米68拍) : 1:10,

2B ; 35mm银盐
收藏馆：缩微中心，广东

000O026426
西樵白云洞志：不分卷 / (清)黄亨纂辑
清道光十八年(1838)刻本
1995年摄制. -- 1盘卷片(11米215拍) :
1:10, 2B ; 35mm银盐
收藏馆：缩微中心，广东

000O027243
译峨籁汇录：一卷续刻一卷 / (清)胡世安辑
清初(1644-1722)刻本
1997年摄制. -- 1盘卷片(5米56拍) : 1:10,
2B ; 35mm银盐
收藏馆：缩微中心，国图

000O001924
鸡足山志：十卷首一卷 / (清)范承勋撰
清康熙(1662-1722)刻本
1986年摄制. -- 1盘卷片(22米472拍) :
1:10, 2B ; 35mm银盐
收藏馆：缩微中心，国图

000O007003
鸡足山志：十卷首一卷 / (清)范承勋撰
清康熙(1662-1722)刻本
1987年摄制. -- 1盘卷片(21米470拍) :
1:10, 2B ; 35mm银盐
收藏馆：缩微中心，国图

000O023092
西岳华山志：二卷 / (金)王处一撰；(明)王民顺
增补
明万历三十四年(1606)王民顺刻本
1995年摄制. -- 1盘卷片(7米101拍) : 1:10,
2B ; 35mm银盐
收藏馆：缩微中心，国图

000O007001
西岳华山志：一卷 / (金)王处一撰；(明)王民顺
增补
明万历三十四年(1606)王民顺刻本
1987年摄制. -- 1盘卷片(7米116拍) : 1:10,
2B ; 35mm银盐
收藏馆：缩微中心，国图

000O009640
华岳全集：十三卷 / (明)马明卿纂；(明)冯嘉会
续纂
明万历三十年(1602)刻本
1988年摄制. -- 1盘卷片(24米492拍) :
1:10, 2B ; 35mm银盐

收藏馆：缩微中心，甘肃

000O009641
华岳全集：十三卷 / (明)马明卿纂；(明)冯嘉会续纂
明(1368-1644)刻清康熙(1662-1722)重修本
1988年摄制. -- 1盘卷片(24米492拍)：
1:10, 2B ; 35mm银盐
收藏馆：缩微中心，甘肃

000O015216
华岳志：八卷首一卷 / (清)李榕撰
清(1644-1911)稿本
1992年摄制. -- 1盘卷片(19米357拍)：
1:10, 2B ; 35mm银盐
收藏馆：缩微中心，国图

000O005585
水经：三卷 / [题](汉)桑钦撰
明正德十三年(1518)盛夔刻本
1987年摄制. -- 1盘卷片(5米79拍)：1:10,
2B ; 35mm银盐
收藏馆：缩微中心，国图

000O020071
水经：三卷 / [题](汉)桑钦撰
明正德十三年(1518)盛夔刻本
1994年摄制. -- 1盘卷片(5米67拍)：1:10,
2B ; 35mm银盐
收藏馆：缩微中心，国图

000O020057
水经注：四十卷 / (北魏)郦道元撰
明嘉靖十三年(1534)黄省曾刻本. -- 邓邦述跋。
1994年摄制. -- 2盘卷片(39米757拍)：
1:10, 2B ; 35mm银盐
收藏馆：缩微中心，国图

000O011237
水经注：四十卷 / (北魏)郦道元撰
明嘉靖十三年(1534)黄省曾刻本
1989年摄制. -- 2盘卷片(40米791拍)：
1:10, 2B ; 35mm银盐
收藏馆：缩微中心，四川

000O006345
水经注：四十卷 / (北魏)郦道元撰
明万历十三年(1585)吴琯刻合刻山海经水经本. -- 佚名录(明)朱谋㙔笺。
1987年摄制. -- 2盘卷片(44米968拍)：
1:10, 2B ; 35mm银盐
收藏馆：缩微中心，国图

000O013266
水经：四十卷 / (汉)桑钦撰；(北魏)郦道元注
明万历十三年(1585)吴琯刻合刻山海经水经本
1991年摄制. -- 2盘卷片(44.5米969拍)：
1:10, 2B ; 35mm银盐
收藏馆：缩微中心，湖北

000O022830
水经：四十卷 / (汉)桑钦撰；(北魏)郦道元注
明万历十三年(1585)吴琯刻合刻山海经水经本. -- 佚名录(明)赵琦美校跋，(清)丁丙跋。
1995年摄制. -- 2盘卷片(47米1059拍)：
1:10, 2B ; 35mm银盐
收藏馆：缩微中心，南京

000O020318
水经注：四十卷 / (北魏)郦道元撰
明万历十三年(1585)吴琯刻合刻山海经水经本
1994年摄制. -- 2盘卷片(45米909拍)：
1:10, 2B ; 35mm银盐
收藏馆：缩微中心，国图

000O008167
水经注：四十卷 / (北魏)郦道元撰
明万历(1573-1620)刻本. -- 原序抄配。版框高二十厘米宽十五厘米。(清)梁于渭三色圈点，朱墨批校。
1988年摄制. -- 2盘卷片(53米1136拍)：
1:10, 2B ; 35mm银盐
收藏馆：缩微中心，广东

000O003979
水经注：四十卷 / (北魏)郦道元撰
明崇祯二年(1629)严忍公[等]刻本. -- (清)周梦棠校并跋，(清)孔广栻校。
1985年摄制. -- 3盘卷片(70.9米1576拍)：
1:10, 2B ; 35mm银盐
收藏馆：缩微中心，国图

000O007958
水经注：四十卷 / (北魏)郦道元撰
明崇祯二年(1629)严忍公[等]刻本
1988年摄制. -- 2盘卷片(55米1164拍)：
1:10, 2B ; 35mm银盐
收藏馆：缩微中心，湖南

000O019292
水经注：四十卷 / (北魏)郦道元撰
明崇祯二年(1629)严忍公[等]刻本
1994年摄制. -- 2盘卷片(52米1065拍)：
1:10, 2B ; 35mm银盐

收藏馆：缩微中心，国图

000O003687
水经注：四十卷 / (北魏)郦道元撰
明(1368-1644)抄本
1985年摄制. -- 2盘卷片(47米957拍) ：
1:10，2B ；35mm银盐
收藏馆：缩微中心，国图

000O019034
水经注：四十卷 / (北魏)郦道元撰
明(1368-1644)抄本. -- 存十六卷：卷二十一
至卷二十四、卷二十九至卷四十。
1994年摄制. -- 1盘卷片(18米376拍) ：
1:10，2B ；35mm银盐
收藏馆：缩微中心，天津

000O019020
水经注：四十卷 / (北魏)郦道元撰
清(1644-1911)小山堂抄本. -- (清)全祖望
校。
1994年摄制. -- 2盘卷片(51米1077拍) ：
1:10，2B ；35mm银盐
收藏馆：缩微中心，天津

000O010942
水经：四十卷 / (汉)桑钦撰；(北魏)郦道元注
清乾隆十八年(1753)黄晟槐荫草堂刻本. --
(明)黄省曾校。
1989年摄制. -- 2盘卷片(46米911拍) ：
1:10，2B ；35mm银盐
收藏馆：缩微中心，湖北

000O005345
水经注：四十卷 / (北魏)郦道元撰
清乾隆(1736-1795)黄晟槐荫草堂刻本
1986年摄制. -- 2盘卷片(39.8米871拍) ：
1:10，2B ；35mm银盐
收藏馆：缩微中心，国图

000O004446
水经注：四十卷 / (北魏)郦道元撰
清乾隆十八年(1753)黄晟槐荫草堂刻同治二年
(1863)余氏明辨斋重修本. -- (清)刘履芬跋
并录(清)孙星衍校注。
1986年摄制. -- 2盘卷片(40.8米898拍) ：
1:10，2B ；35mm银盐
收藏馆：缩微中心，国图

000O009907
水经注：不分卷 / (北魏)郦道元撰
清乾隆(1736-1795)孔继涵刻本. -- (清)戴震
校。

1989年摄制. -- 2盘卷片(46米1003拍) ：
1:10，2B ；35mm银盐
收藏馆：缩微中心，天津

000O010306
**水经注：四十卷附录二卷 / (北魏)郦道元撰；
(清)赵一清辑**
清光绪十八年(1892)长沙思贤讲舍刻本. --
杨守敬批校。
1989年摄制. -- 3盘卷片(60.5米1270拍) ：
1:10，2B ；35mm银盐
收藏馆：缩微中心，湖北

000O010939
**水经注：四十卷首一卷附录二卷 / (北魏)郦道元
撰；(清)赵一清辑**
清光绪十八年(1892)长沙思贤讲舍刻本. --
杨守敬批校。
1989年摄制. -- 3盘卷片(77.5米1539拍) ：
1:10，2B ；35mm银盐
收藏馆：缩微中心，湖北

000O022535
**水经注：四十卷首一卷附录二卷 / (北魏)郦道元
撰；(清)赵一清辑**
清光绪二十三年(1897)新化三味书屋刻本
1995年摄制. -- 3盘卷片(70.5米1420拍) ：
1:10，2B ；35mm银盐
收藏馆：缩微中心，湖北

000O016466
水经注抄：一卷
明(1368-1644)抄本
1992年摄制. -- 1盘卷片(4米75拍) ：1:10，
2B ；35mm银盐
收藏馆：缩微中心，国图

000O025212
**水经注：不分卷 / (北魏)郦道元撰；(清)戴震校
订**
清乾隆(1736-1795)刻本. -- (清)赵坦、(清)
李慈铭校。
1996年摄制. -- 2盘卷片(56米1132拍) ：
1:10，2B ；35mm银盐
收藏馆：缩微中心，国图

000O032059
**水经注摘抄：不分卷 / (北魏)郦道元撰；(清)马
曰璐辑**
清雍正八年(1730)马曰璐抄本. -- (清)翁同
书跋。
2011年摄制. -- 1盘卷片(7米92拍) ：1:12，
2B ；35mm银盐

收藏馆：缩微中心，国图

00O005147
水经注摘抄：不分卷 / (北魏)郦道元撰；(清)马曰璐辑
清雍正八年(1730)马曰璐抄本. -- (清)翁同书跋。
1986年摄制. -- 1盘卷片(6米88拍)：1:10, 2B；35mm银盐
收藏馆：缩微中心，国图

00O013670
水经注删：八卷 / (明)朱之臣辑并评
明万历(1573-1620)刻本
1991年摄制. -- 1盘卷片(15米291拍)：1:10, 2B；35mm银盐
收藏馆：缩微中心，国图

00O003982
水经注笺：四十卷 / (明)朱谋㙔撰
明万历四十三年(1615)李长庚刻本. -- (清)翁同书校。
1985年摄制. -- 2盘卷片(50米1062拍)：1:10, 2B；35mm银盐
收藏馆：缩微中心，国图

00O011573
水经注笺：四十卷 / (明)朱谋㙔撰
明万历四十三年(1615)李长庚刻本. -- 王国维等校。
1989年摄制. -- 2盘卷片(54.5米1082拍)：1:10, 2B；35mm银盐
收藏馆：缩微中心，湖北

00O003985
水经注笺：四十卷 / (明)朱谋㙔撰
明万历四十三年(1615)李长庚刻本. -- 佚名录(清)何焯批校。
1985年摄制. -- 2盘卷片(46.5米1035拍)：1:10, 2B；35mm银盐
收藏馆：缩微中心，国图

00O012102
水经注笺：四十卷 / (明)朱谋㙔撰
明万历四十三年(1615)李长庚刻本. -- 存五卷：卷一至卷二、卷三十二至卷三十四。(清)严思庵批校并跋。
1990年摄制. -- 1盘卷片(8米158拍)：1:10, 2B；35mm银盐
收藏馆：缩微中心，山东

00O019818
全氏七校水经注汇录：四十卷附水道表四十卷 /

(北魏)郦道元撰；(清)全祖望校；(清)王楚材录
清(1644-1911)抄本. -- 水道表存三十四卷：卷七至卷四十。(清)叶志诜题款，(清)陈劢题识。
1994年摄制. -- 3盘卷片(82米1772拍)：1:10, 2B；35mm银盐
收藏馆：缩微中心，天津

00O027432
水经注释：四十卷首一卷 / (清)赵一清撰
清(1644-1911)稿本. -- (清)丁丙跋。
1996年摄制. -- 2盘卷片(48米1064拍)：1:10, 2B；35mm银盐
收藏馆：缩微中心，南京

00O007443
水经注释：四十卷首一卷附录二卷水经注笺刊误十二卷 / (清)赵一清撰
清乾隆五十一年(1786)赵氏小山堂刻本
1987年摄制. -- 3盘卷片(78.1米1733拍)：1:10, 2B；35mm银盐
收藏馆：缩微中心，国图

00O019240
水经注释：四十卷首一卷附录二卷水经注笺刊误十二卷 / (清)赵一清撰
清乾隆五十一年(1786)赵氏小山堂刻本
1994年摄制. -- 3盘卷片(81米1623拍)：1:10, 2B；35mm银盐
收藏馆：缩微中心，国图

00O020061
水经注释：四十卷首一卷附录二卷水经注笺刊误十二卷 / (清)赵一清撰
清乾隆五十一年(1786)赵氏小山堂刻本
1994年摄制. -- 3盘卷片(80米1641拍)：1:10, 2B；35mm银盐
收藏馆：缩微中心，国图

00O010936
水经注释：四十卷首一卷附录二卷水经注笺刊误十二卷 / (清)赵一清撰
清乾隆五十一年(1786)赵氏小山堂刻乾隆五十九年(1794)重修本
1989年摄制. -- 3盘卷片(87米1746拍)：1:10, 2B；35mm银盐
收藏馆：缩微中心，湖北

00O021321
水经注释：四十卷附录二卷水经注笺刊误十二卷 / (清)赵一清撰
清乾隆五十九年(1794)赵氏刻本
1994年摄制. -- 3盘卷片(81米1731拍)

1:10, 2B ; 35mm银盐
收藏馆：缩微中心，青海

000O013767
水经注释：四十卷附录二卷 / (清)赵一清撰
清(1644-1911)抄本. -- (清)吴骞校。
1991年摄制. -- 2盘卷片(53米1081拍) :
1:10, 2B ; 35mm银盐
收藏馆：缩微中心，国图

000O013700
水经注疏证：四十卷 / (清)沈钦韩撰
清(1644-1911)稿本
1991年摄制. -- 1盘卷片(16米256拍) :
1:10, 2B ; 35mm银盐
收藏馆：缩微中心，国图

000O023866
水经注疏证：四十卷 / (清)沈钦韩撰
清(1644-1911)刻本
1995年摄制. -- 2盘卷片(54米1159拍) :
1:10, 2B ; 35mm银盐
收藏馆：缩微中心，南京

000O027507
水经注汇校：四十卷 / (北魏)郦道元撰；(清)杨希闵校
清(1644-1911)刻本
1996年摄制. -- 2盘卷片(52.3米1110拍) :
1:10, 2B ; 35mm银盐
收藏馆：缩微中心，福建

000O018627
水经注疏：□□卷 / 杨守敬,(清)熊会贞撰
清(1644-1911)稿本. -- 存三卷：卷三十一至卷三十三。
1992年摄制. -- 1盘卷片(19米399拍) :
1:10, 2B ; 35mm银盐
收藏馆：缩微中心，重庆

000O018617
水经注戴赵合校勘本：不分卷 / 杨守敬撰
清(1644-1911)稿本
1993年摄制. -- 1盘卷片(2.9米33拍) : 1:9,
2B ; 35mm银盐
收藏馆：缩微中心，重庆

000O018611
汉志水经注水道疏证及沇水考：不分卷 / 杨守敬,(清)熊会贞撰
清(1644-1911)稿本
1992年摄制. -- 1盘卷片(4.7米74拍) : 1:9,
2B ; 35mm银盐

收藏馆：缩微中心，重庆

000O018608
水经注疏要删引用书目：不分卷 / 杨守敬,(清)熊会贞撰
清(1644-1911)稿本
1992年摄制. -- 1盘卷片(10.8米216拍) :
1:9, 2B ; 35mm银盐
收藏馆：缩微中心，重庆

000O011488
水经注札记：不分卷 / (清)王闿运撰
清(1644-1911)稿本
1989年摄制. -- 1盘卷片(2.4米22拍) :
1:10, 2B ; 35mm银盐
收藏馆：缩微中心，湖南

000O020050
水经考次：一卷 / (清)戴震撰
清(1644-1911)抄本
1994年摄制. -- 1盘卷片(5米36拍) : 1:10,
2B ; 35mm银盐
收藏馆：缩微中心，国图

000O010995
水经注图：一卷附录一卷 / (清)汪士铎撰
清咸丰十一年(1861)刻本. -- 杨守敬批校。
1989年摄制. -- 1盘卷片(7.5米127拍) :
1:10, 2B ; 35mm银盐
收藏馆：缩微中心，湖北

000O012117
水经注图：一卷附录一卷 / (清)汪士铎撰
清咸丰十一年(1861)刻本. -- (清)汪士铎批校并跋。
1990年摄制. -- 1盘卷片(7米127拍) : 1:10,
2B ; 35mm银盐
收藏馆：缩微中心，山东

000O017195
水经注图：一卷附录一卷 / (清)汪士铎撰
清咸丰十一年(1861)刻本. -- (清)汪士铎批校并跋。
1993年摄制. -- 1盘卷片(7米127拍) : 1:10,
2B ; 35mm银盐
收藏馆：缩微中心，山东

000O000343
今水经：一卷 / (清)黄宗羲撰
清乾隆四十二年(1777)孔继涵抄本. -- (清)孔继涵跋。
1985年摄制. -- 1盘卷片(4米57拍) : 1:10,
2B ; 35mm银盐

收藏馆：缩微中心，国图

000O002132
今水经：一卷表一卷 / (清)黄宗羲撰
清咸丰七年(1857)翁同书抄本. -- (清)翁同
书批注并跋.
1986年摄制. -- 1盘卷片(4米64拍) ： 1:10,
2B ； 35mm银盐
收藏馆：缩微中心，国图

000O032068
今水经：一卷表一卷 / (清)黄宗羲撰
清咸丰七年(1857)翁同书抄本. -- 九行
二十一字小字双行同无格。(清)翁同书批注并
跋。
2011年摄制. -- 1盘卷片(5米67拍) ： 1:12,
2B ； 35mm银盐
收藏馆：缩微中心，国图

000O010204
水道提纲：二十八卷 / (清)齐召南撰
清乾隆四十一年(1776)传经书屋刻本
1989年摄制. -- 1盘卷片(26米570拍) ：
1:10, 2B ； 35mm银盐
收藏馆：缩微中心，天津

000O000349
水地记：三卷 / (清)戴震撰
清乾隆四十二年(1777)孔继涵抄本
1985年摄制. -- 1盘卷片(8.2米156拍) ：
1:10, 2B ； 35mm银盐
收藏馆：缩微中心，国图

000O022433
河渠考略：一卷 / (明)曹胤儒撰
明(1368-1644)抄本
1995年摄制. -- 1盘卷片(6米79拍) ： 1:10,
2B ； 35mm银盐
收藏馆：缩微中心，国图

000O029328
河渠志：四卷
清(1644-1911)抄本
1999年摄制. -- 1盘卷片(5米87拍) ： 1:10,
2B ； 35mm银盐
收藏馆：缩微中心，湖南

000O027258
大清渠录：二卷 / (清)王全臣撰并辑
清康熙五十一年(1712)王全臣刻本
1997年摄制. -- 1盘卷片(4米49拍) ： 1:10,
2B ； 35mm银盐
收藏馆：缩微中心，国图

000O019826
东泉志：四卷 / (明)王宠撰
明正德五年(1510)陈澍刻本
1994年摄制. -- 1盘卷片(7米129拍) ： 1:10,
2B ； 35mm银盐
收藏馆：缩微中心，天津

000O025234
**钦定河源纪略：三十五卷首一卷 / (清)纪昀,(清)
陆锡熊[等]撰**
清乾隆(1736-1795)武英殿刻本
1996年摄制. -- 1盘卷片(25米496拍) ：
1:10, 2B ； 35mm银盐
收藏馆：缩微中心，国图

000O019304
北河续纪：七卷附余二卷 / (清)阎廷谟撰
清顺治九年(1652)刻本
1994年摄制. -- 1盘卷片(19米343拍) ：
1:10, 2B ； 35mm银盐
收藏馆：缩微中心，国图

000O029047
乾隆浚修永定河档案
清(1644-1911)抄本
1999年摄制. -- 1盘卷片(26米283拍) ：
1:10, 2B ； 35mm银盐
收藏馆：缩微中心，国图

000O024188
直隶五道成规：五卷目录一卷 / (清)高斌辑
清乾隆(1736-1795)刻本. -- 版框高十八厘米
宽十五厘米。
1996年摄制. -- 1盘卷片(12.1米235拍) ：
1:10, 2B ； 35mm银盐
收藏馆：缩微中心，广东

000O021498
**南河志：十卷全考二卷 / (明)朱国盛辑；(明)徐
标续纂**
明天启五年至崇祯六年(1625-1633)刻本
1995年摄制. -- 1盘卷片(32米650拍) ：
1:10, 2B ； 35mm银盐
收藏馆：缩微中心，国图

000O006696
南河全考：二卷图一卷 / (明)朱国盛辑
明(1368-1644)刻本
1987年摄制. -- 1盘卷片(20米405拍) ：
1:10, 2B ； 35mm银盐
收藏馆：缩微中心，山东

00O008206
分湖志：八卷 / (清)沈刚中撰；(清)陆燿订
清(1644-1911)抄本. -- 记事止：清道光十年(1830)。
1988年摄制. -- 1盘卷片(6米133拍)：1:10,
2B；35mm银盐
收藏馆：缩微中心，南京

00O029657
分湖志：不分卷 / (清)沈刚中撰
柳亚子抄本. -- 记事止：清道光十年(1830)。
柳亚子跋。
2000年摄制. -- 1盘卷片(6米88拍)：1:10,
2B；35mm银盐
收藏馆：缩微中心，南京

00O019980
震泽编：八卷 / (明)王鏊修；(明)蔡升纂
明弘治十八年(1505)林世远刻本
1994年摄制. -- 1盘卷片(12米221拍)：
1:10, 2B；35mm银盐
收藏馆：缩微中心，国图

00O015466
震泽编：八卷 / (明)王鏊修；(明)蔡升纂
明万历四十五年(1617)刻本
1993年摄制. -- 1盘卷片(11米190拍)：
1:10, 2B；35mm银盐
收藏馆：缩微中心，国图

00O000717
震泽编：八卷 / (明)王鏊修；(明)蔡升纂
明(1368-1644)王氏三槐堂刻本
1985年摄制. -- 1盘卷片(9.5米188拍)：
1:10, 2B；35mm银盐
收藏馆：缩微中心，国图

00O027445
娄江志：二卷 / (清)顾士琏撰
清康熙(1662-1722)愿学斋刻本
1996年摄制. -- 1盘卷片(15米290拍)：
1:10, 2B；35mm银盐
收藏馆：缩微中心，南京

00O016081
具区志：十六卷 / (清)翁澍撰
清康熙(1662-1722)刻本
1993年摄制. -- 1盘卷片(20米405拍)：
1:10, 2B；35mm银盐
收藏馆：缩微中心，国图

00O017605
林屋民风：十二卷见闻录一卷 / (清)王维德撰

清康熙五十二年(1713)王氏凤梧楼刻本
1993年摄制. -- 1盘卷片(20米392拍)：
1:10, 2B；35mm银盐
收藏馆：缩微中心，国图

00O005432
林屋民风：十二卷见闻录一卷 / (清)王维德撰
清康熙(1662-1722)凤梧楼刻本
1986年摄制. -- 1盘卷片(19.6米433拍)：
1:10, 2B；35mm银盐
收藏馆：缩微中心，国图

00O016266
石湖志：六卷 / (明)莫震撰；(明)莫旦增补
明(1368-1644)刻本
1993年摄制. -- 1盘卷片(6米75拍)：1:10,
2B；35mm银盐
收藏馆：缩微中心，国图

00O003411
石湖志略：一卷文略一卷 / (明)卢襄撰
清(1644-1911)然松书屋抄本. -- (清)顾沅校
并跋。
1986年摄制. -- 1盘卷片(4米55拍)：1:10,
2B；35mm银盐
收藏馆：缩微中心，国图

00O032075
石湖志略：一卷文略一卷 / (明)卢襄撰
清(1644-1911)然松书屋抄本. -- 十一行
二十四字蓝格白口四周双边。(清)顾沅校并
跋。
2011年摄制. -- 1盘卷片(5米58拍)：1:12,
2B；35mm银盐
收藏馆：缩微中心，国图

00O016109
浚复西湖录：一卷 / (明)杨孟瑛辑
明正德(1506-1521)刻本. -- 蒋靖、吴昌绥
跋。
1993年摄制. -- 1盘卷片(4米46拍)：1:10,
2B；35mm银盐
收藏馆：缩微中心，国图

00O015727
西湖游览志：二十四卷志余二十六卷 / (明)田汝成撰
明嘉靖二十六年(1547)严宽刻本
1993年摄制. -- 2盘卷片(47米1088拍)：
1:10, 2B；35mm银盐
收藏馆：缩微中心，国图

00○000745
西湖游览志：二十四卷 / (明)田汝成撰
明嘉靖二十六年(1547)刻万历十二年(1584)范
鸣谦重修本
1985年摄制. -- 1盘卷片(18.7米406拍)：
1:10, 2B；35mm银盐
收藏馆：缩微中心，国图

00○010785
**西湖游览志：二十四卷图一卷志余二十六卷 /
(明)田汝成撰**
明嘉靖(1522-1566)刻万历十二年(1584)万历
二十五年(1597)补刻本
1989年摄制. -- 2盘卷片(50米1092拍)：
1:10, 2B；35mm银盐
收藏馆：缩微中心，天津

00○010635
**西湖游览志：二十四卷志余二十六卷 / (明)田汝
成撰**
明万历二十五年(1597)季东鲁刻本
1989年摄制. -- 2盘卷片(48米905拍)：
1:10, 2B；35mm银盐
收藏馆：缩微中心，浙江

00○014554
**西湖游览志：二十四卷志余二十六卷 / (明)田汝
成撰**
明万历四十七年(1619)商濬瑞莲堂刻本
1992年摄制. -- 2盘卷片(47米951拍)：
1:10, 2B；35mm银盐
收藏馆：缩微中心，国图

00○024033
**西湖游览志：二十四卷志余二十六卷 / (明)田汝
成撰；(明)商濬订**
明万历四十七年(1619)商濬瑞莲堂刻本
1996年摄制. -- 2盘卷片(46米1004拍)：
1:10, 2B；35mm银盐
收藏馆：缩微中心，南京

00○015826
西湖游览志：二十四卷 / (明)田汝成撰
明万历四十七年(1619)商维浚继锦堂刻本
1993年摄制. -- 1盘卷片(20米396拍)：
1:10, 2B；35mm银盐
收藏馆：缩微中心，国图

00○017061
西湖游览志：二十四卷 / (明)田汝成撰
明万历四十七年(1619)商维浚继锦堂刻本
1993年摄制. -- 1盘卷片(20米391拍)：
1:10, 2B；35mm银盐

收藏馆：缩微中心，国图

00○008184
**西湖志摘粹补遗奚囊便览：十二卷 / (明)高应科
辑补；(明)陈有孚校正**
明万历三十二年(1604)刻本. -- 版框高二十
厘米宽十三厘米。
1988年摄制. -- 1盘卷片(17米333拍)：
1:10, 2B；35mm银盐
收藏馆：缩微中心，广东

00○000998
**西湖志：八卷志余十八卷 / (明)田汝成撰；(清)
姚靖增删**
清康熙二十八年(1689)姚氏三鉴堂刻本
1985年摄制. -- 2盘卷片(39.2米852拍)：
1:10, 2B；35mm银盐
收藏馆：缩微中心，国图

00○014987
西湖志类钞：三卷首一卷 / (明)俞思冲辑
明万历(1573-1620)刻本
1992年摄制. -- 1盘卷片(11米202拍)：
1:10, 2B；35mm银盐
收藏馆：缩微中心，国图

00○017089
西湖志类钞：三卷首一卷 / (明)俞思冲辑
明(1368-1644)刻本. -- 存二卷：卷上、首一
卷。
1993年摄制. -- 1盘卷片(5米70拍)：1:10,
2B；35mm银盐
收藏馆：缩微中心，国图

00○019552
湖山胜概：二卷
明(1368-1644)刻彩色套印本
1994年摄制. -- 1盘卷片(3米27拍)：1:10,
2B；35mm银盐
收藏馆：缩微中心，国图

00○028016
西湖览胜诗志：八卷 / (清)夏基撰
清顺治十二年(1655)刻本
1996年摄制. -- 1盘卷片(12米217拍)：
1:10, 2B；35mm银盐
收藏馆：缩微中心，南京

00○000402
鸳鸯湖棹歌：四卷续一卷 / (清)朱彝尊[等]撰
清(1644-1911)朱芳衡抄本. -- 撰者还有：
(清)谭吉璁、(清)张燕昌、(清)陆以諴。
1985年摄制. -- 1盘卷片(7米110拍)：1:10,

2B ；35mm银盐
收藏馆：缩微中心，国图

000000317
鸳鸯湖棹歌：一卷续一卷 / (清)朱彝尊撰．鸳鸯湖棹歌和韵：一卷 / (清)谭吉璁撰．鸳鸯竹枝词：一卷 / (清)马寿谷撰
清(1644-1911)抄本． -- 鸳鸯竹枝词一卷配清刻本。
1985年摄制． -- 1盘卷片(5米66拍) : 1:10, 2B ；35mm银盐
收藏馆：缩微中心，国图

000028526
三山西湖志：六卷 / (清)姚循义撰
清乾隆十六年(1751)刻本． -- (清)杨浚跋。
1997年摄制． -- 1盘卷片(12.2米237拍) : 1:10, 2B ；35mm银盐
收藏馆：缩微中心，福建

000016263
续刻木兰陂集：二卷 / (清)李嗣岱,(清)姚又崇辑
清雍正(1723-1735)刻本
1993年摄制． -- 1盘卷片(13米199拍) : 1:10, 2B ；35mm银盐
收藏馆：缩微中心，国图

000022431
九鲤湖志：十八卷首一卷 / (明)康当世撰
明万历三十六年(1608)刻本． -- 存十八卷：卷一至卷三、卷五至卷十八，首一卷。
1995年摄制． -- 1盘卷片(18米353拍) : 1:10, 2B ；35mm银盐
收藏馆：缩微中心，国图

000010990
莱海述：一卷 / (明)李世昌撰
清初(1644-1722)刻本
1989年摄制． -- 1盘卷片(3.5米46拍) : 1:10, 2B ；35mm银盐
收藏馆：缩微中心，湖北

000007935
泉河史：十五卷 / (明)胡瓒撰
明万历二十七年(1599)刻本
1988年摄制． -- 1盘卷片(21米434拍) : 1:10, 2B ；35mm银盐
收藏馆：缩微中心，湖南

000009142
洞庭湖志：十四卷 / (清)沈筠堂纂；(清)夏大观补纂
清道光五年(1825)刻本

1988年摄制． -- 1盘卷片(31米661拍) : 1:10, 2B ；35mm银盐
收藏馆：缩微中心，湖南

000025223
蜀水经：十六卷 / (清)李元撰
清嘉庆五年(1800)传经堂刻本
1996年摄制． -- 1盘卷片(26米525拍) : 1:10, 2B ；35mm银盐
收藏馆：缩微中心，国图

000003949
西域水道记：四卷 / (清)徐松撰
清(1644-1911)稿本
1985年摄制． -- 1盘卷片(9米182拍) : 1:10, 2B ；35mm银盐
收藏馆：缩微中心，国图

000016203
游志续编：一卷 / (明)陶宗仪辑
清(1644-1911)刘氏味经书屋抄本． -- (清)刘喜海跋。
1993年摄制． -- 1盘卷片(8米137拍) : 1:10, 2B ；35mm银盐
收藏馆：缩微中心，国图

000028009
游志续编：一卷 / (明)陶宗仪辑
清咸丰五年(1855)劳格抄本． -- (清)劳格校并跋。
1996年摄制． -- 1盘卷片(8米133拍) : 1:10, 2B ；35mm银盐
收藏馆：缩微中心，南京

000019230
游志续编：一卷 / (明)陶宗仪辑
清(1644-1911)劳权抄本
1994年摄制． -- 1盘卷片(7米107拍) : 1:10, 2B ；35mm银盐
收藏馆：缩微中心，国图

000003794
游志续编：一卷 / (明)陶宗仪辑
清(1644-1911)抄本
1985年摄制． -- 1盘卷片(8米143拍) : 1:10, 2B ；35mm银盐
收藏馆：缩微中心，国图

000015138
游志续编：一卷 / (明)陶宗仪辑
清(1644-1911)抄本
1992年摄制． -- 1盘卷片(7米106拍) : 1:10, 2B ；35mm银盐

收藏馆：缩微中心，国图

00O010628

游名山记：六卷 / (明)都穆撰

明(1368-1644)闵元衢刻本

1989年摄制. -- 1盘卷片(6米119拍) : 1:10, 2B ; 35mm银盐

收藏馆：缩微中心，浙江

00O006419

甘泉先生岳游纪行录：一卷 / (明)湛若水撰；(明)周荣朱记

明嘉靖二十四年(1545)罗朝岳一泉书堂刻本

1987年摄制. -- 1盘卷片(4米65拍) : 1:10, 2B ; 35mm银盐

收藏馆：缩微中心，国图

00O020447

十四游记：一卷 / (明)吕柟撰

明嘉靖十六年(1537)胡大器刻本

1994年摄制. -- 1盘卷片(5米55拍) : 1:10, 2B ; 35mm银盐

收藏馆：缩微中心，国图

00O018846

笠泽游记：不分卷 / (明)王世贞[等]撰

明万历(1573-1620)刻本. -- 撰者还有：(明)李维桢等。郑振铎跋。

1994年摄制. -- 1盘卷片(4米44拍) : 1:10, 2B ; 35mm银盐

收藏馆：缩微中心，国图

00O020680

奇游漫纪：四卷 / (明)董传策撰

明万历二十九年(1601)刻本

1994年摄制. -- 1盘卷片(5米58拍) : 1:10, 2B ; 35mm银盐

收藏馆：缩微中心，国图

00O000811

名山游记：一卷 / (明)王世懋撰

明万历(1573-1620)刻本

1985年摄制. -- 1盘卷片(5米69拍) : 1:10, 2B ; 35mm银盐

收藏馆：缩微中心，国图

00O009645

名山游记：十二卷附录一卷 / (明)徐弘祖撰

清康熙(1662-1722)黑格抄本

1988年摄制. -- 2盘卷片(43米911拍) : 1:10, 2B ; 35mm银盐

收藏馆：缩微中心，甘肃

00O015474

徐霞客游记：不分卷 / (明)徐弘祖撰

清(1644-1911)鲍氏知不足斋抄本. -- (清)鲍廷博校，(清)吴骞、(清)唐翰题跋。

1993年摄制. -- 1盘卷片(23米453拍) : 1:10, 2B ; 35mm银盐

收藏馆：缩微中心，国图

00O003885

徐霞客游记：十二卷 / (明)徐弘祖撰

清(1644-1911)抄本

1986年摄制. -- 2盘卷片(40米858拍) : 1:10, 2B ; 35mm银盐

收藏馆：缩微中心，国图

00O018612

徐霞客游记：十卷附录一卷 / (明)徐弘祖撰

清(1644-1911)抄本

1992年摄制. -- 2盘卷片(43.4米926拍) : 1:10, 2B ; 35mm银盐

收藏馆：缩微中心，重庆

00O020445

王季重历游纪：一卷 / (明)王思任撰

明末(1621-1644)清晖阁刻王季重先生集本

1994年摄制. -- 1盘卷片(5米68拍) : 1:10, 2B ; 35mm银盐

收藏馆：缩微中心，国图

00O013619

烟语：不分卷 / (清)郑凤超撰

清初(1644-1722)天台阁抄本

1991年摄制. -- 1盘卷片(5米64拍) : 1:10, 2B ; 35mm银盐

收藏馆：缩微中心，国图

00O027255

越缦生萝庵游赏小志：一卷 / (清)李慈铭撰

清(1644-1911)抄本

1997年摄制. -- 1盘卷片(4米43拍) : 1:10, 2B ; 35mm银盐

收藏馆：缩微中心，国图

00O020703

永宁祗谒笔记：不分卷 / (清)董恂撰

清(1644-1911)稿本

1994年摄制. -- 1盘卷片(6米82拍) : 1:10, 2B ; 35mm银盐

收藏馆：缩微中心，国图

00O026690

游西山记：一卷；游西山诗：一卷 / (明)范恺撰

明崇祯十一年(1638)澹然堂刻本

1996年摄制. -- 1盘卷片（4.1米58拍）：
1:10, 2B；35mm银盐
收藏馆：缩微中心，福建

00O000524
西山纪游：一卷 / (清)张永铨撰
清康熙(1662-1722)刻本
1985年摄制. -- 1盘卷片（4米58拍）：1:10,
2B；35mm银盐
收藏馆：缩微中心，国图

00O020792
西山纪游：一卷；奚囊草：一卷 / (清)周金然撰
清康熙(1662-1722)刻本
1994年摄制. -- 1盘卷片（5米63拍）：1:10,
2B；35mm银盐
收藏馆：缩微中心，国图

00O020719
广陵名胜全图：二卷
清乾隆(1736-1795)刻本
1994年摄制. -- 1盘卷片（7米100拍）：1:10,
2B；35mm银盐
收藏馆：缩微中心，国图

00O005780
玉山纪游：一卷 / (明)袁华辑. 玉山璞稿：一卷 /
(元)顾瑛撰
清(1644-1911)抄本. -- (清)黄廷鉴校。
1987年摄制. -- 1盘卷片（4米53拍）：1:10,
2B；35mm银盐
收藏馆：缩微中心，国图

00O021169
游西湖小纪：一卷 / (明)浦祊撰
清乾隆五十八年(1793)张时沉抄本
1993年摄制. -- 1盘卷片（4米36拍）：1:10,
2B；35mm银盐
收藏馆：缩微中心，天津

00O005204
西湖梦寻：五卷 / (明)张岱撰
清康熙(1662-1722)刻本. -- 存四卷：卷一至
卷四。
1986年摄制. -- 1盘卷片（7.4米139拍）：
1:10, 2B；35mm银盐
收藏馆：缩微中心，国图

00O012236
金华游录：一卷 / (宋)谢翱撰. 金华游录注：二
卷 / (清)徐泌撰
清(1644-1911)抄本. -- 附：谢翱先生年谱一
卷。(清)丁丙跋。

1990年摄制. -- 1盘卷片（4米89拍）：1:10,
2B；35mm银盐
收藏馆：缩微中心，南京

00O025008
天都游草：不分卷 / (明)汪应娄撰
明万历四十年(1612)鹄举楼刻本
1996年摄制. -- 1盘卷片（4米68拍）：1:10,
2B；35mm银盐
收藏馆：缩微中心，安徽

00O015013
闽行日志：一卷 / (清)刘靖撰
清雍正(1723-1735)刻本
1992年摄制. -- 1盘卷片（4米33拍）：1:10,
2B；35mm银盐
收藏馆：缩微中心，国图

00O001099
此游计日：二卷 / (清)丁士一撰
清雍正(1723-1735)刻本
1985年摄制. -- 1盘卷片（5.3米85拍）：
1:10, 2B；35mm银盐
收藏馆：缩微中心，国图

00O028044
小白渡纪胜：一卷 / (明)鄢正衡撰
清(1644-1911)抄本
1996年摄制. -- 1盘卷片（2.7米26拍）：
1:10, 2B；35mm银盐
收藏馆：缩微中心，福建

00O026208
豫章游稿：四卷 / (清)吴懋谦撰
清康熙(1662-1722)梅花书屋刻本
1997年摄制. -- 1盘卷片（7米109拍）：1:10,
2B；35mm银盐
收藏馆：缩微中心，国图

00O001213
庐山纪游：一卷 / (清)查嗣瑮撰
清康熙(1662-1722)刻本
1985年摄制. -- 1盘卷片（4.2米63拍）：
1:10, 2B；35mm银盐
收藏馆：缩微中心，国图

00O001322
婺源山水游记：二卷 / (清)周鸿撰
清乾隆五十五年(1790)婺源紫阳书院活字印本
1985年摄制. -- 1盘卷片（6.1米106拍）：
1:10, 2B；35mm银盐
收藏馆：缩微中心，国图

00O004816
泰山纪游：一卷 / (清)杨铎撰
清(1644-1911)稿本. -- (清)汪鋆绘图并跋，(清)方朔跋，(清)戴望题诗。
1986年摄制. -- 1盘卷片（3.3米42拍）：1:10，2B ；35mm银盐
收藏馆：缩微中心，国图

00O006463
重游南岳纪行录：一卷 / (明)湛若水撰；(明)周荣朱记
明嘉靖三十五年(1556)周荣朱刻本
1987年摄制. -- 1盘卷片（6米89拍）：1:10，2B ；35mm银盐
收藏馆：缩微中心，国图

00O026427
西樵游览记：十四卷 / (清)刘子秀纂；(清)黄嘉圃,(清)谭药晨刊补
清乾隆五十五年(1790)刻道光十三年(1833)补刻本
1995年摄制. -- 1盘卷片（16米336拍）：1:10，2B ；35mm银盐
收藏馆：缩微中心，广东

00O018045
游城南记：一卷 / (宋)张礼撰
清(1644-1911)抄本. -- 钤"翰林院印"（汉满文)印。(清)李保恂、(清)李放题识。
1993年摄制. -- 1盘卷片（3米37拍）：1:10，2B ；35mm银盐
收藏馆：缩微中心，天津

00O001186
渡海舆记：一卷
清雍正十年(1732)周于仁刻本
1985年摄制. -- 1盘卷片（3.8米50拍）：1:10，2B ；35mm银盐
收藏馆：缩微中心，国图

00O010205
渡海舆记：一卷附袖海编一卷
清(1644-1911)抄本. -- (清)吴骞校并跋。
1989年摄制. -- 1盘卷片（4米57拍）：1:10，2B ；35mm银盐
收藏馆：缩微中心，天津

00O003903
石湖居士骖鸾录：一卷 / (宋)范成大撰
明(1368-1644)抄本
1986年摄制. -- 1盘卷片（3米36拍）：1:10，2B ；35mm银盐
收藏馆：缩微中心，国图

00O004682
石湖居士骖鸾录：一卷 / (宋)范成大撰
明(1368-1644)抄本
1986年摄制. -- 1盘卷片（3米35拍）：1:10，2B ；35mm银盐
收藏馆：缩微中心，国图

00O001719
石湖居士吴舡录：二卷 / (宋)范成大撰
明(1368-1644)抄本
1986年摄制. -- 1盘卷片（4米65拍）：1:10，2B ；35mm银盐
收藏馆：缩微中心，国图

00O008444
北辕录：一卷 / (宋)周辉撰
清初(1644-1722)钱曾抄本. -- 还有合刻著作：北边备对一卷/(宋)程大昌撰。
1988年摄制. -- 1盘卷片（3米20拍）：1:10，2B ；35mm银盐
收藏馆：缩微中心，国图

00O025319
西游录注：一卷 / (元)耶律楚材撰；(元)盛如梓删略；(清)李文田注
清光绪(1875-1908)江氏湖南使院刻灵鹣阁丛书本. -- 王国维校注。
1996年摄制. -- 1盘卷片（3米20拍）：1:10，2B ；35mm银盐
收藏馆：缩微中心，国图

00O016483
西游录注：一卷 / (清)李文田撰；(清)李宗显补
清(1644-1911)稿本
1993年摄制. -- 1盘卷片（3米24拍）：1:10，2B ；35mm银盐
收藏馆：缩微中心，国图

00O004883
长春真人西游记：二卷附录一卷 / (元)李志常撰
清道光四年(1824)刘喜海抄本. -- (清)刘喜海跋。
1987年摄制. -- 1盘卷片（4米66拍）：1:10，2B ；35mm银盐
收藏馆：缩微中心，国图

00O015082
长春真人西游记：二卷附录一卷 / (元)李志常撰
清(1644-1911)抄本. -- (清)周星诒校。
1992年摄制. -- 1盘卷片（5米54拍）：1:10，2B ；35mm银盐
收藏馆：缩微中心，国图

00O006394
长春真人西游记：二卷附录一卷 / (元)李志常撰
清(1644-1911)抄本
1987年摄制. -- 1盘卷片(3米70拍)：1:10,
2B；35mm银盐
收藏馆：缩微中心，国图

00O024117
西游记金山以东释：一卷 / (清)沈垚撰
清(1644-1911)抄本
1996年摄制. -- 1盘卷片(3米34拍)：1:10,
2B；35mm银盐
收藏馆：缩微中心，湖北

00O028341
西使记：一卷 / (元)刘郁撰；(清)李宗颢注
清(1644-1911)稿本
1998年摄制. -- 1盘卷片(3米43拍)：1:10,
2B；35mm银盐
收藏馆：缩微中心，广东

00O004089
客越志：二卷 / (明)王穉登撰
明隆庆元年(1567)延陵吴氏萧竦斋刻本
1986年摄制. -- 1盘卷片(4米61拍)：1:10,
2B；35mm银盐
收藏馆：缩微中心，国图

00O025192
东还纪程：一卷赠言一卷 / (清)许缵曾撰
清康熙(1662-1722)刻本
1996年摄制. -- 1盘卷片(6米93拍)：1:10,
2B；35mm银盐
收藏馆：缩微中心，国图

00O027254
宦蜀纪程：四卷 / (清)郎廷槐撰
清康熙(1662-1722)刻本
1997年摄制. -- 1盘卷片(6米79拍)：1:10,
2B；35mm银盐
收藏馆：缩微中心，国图

00O027256
滇蜀纪程：一卷 / (清)王定柱撰
清(1644-1911)稿本
1997年摄制. -- 1盘卷片(3米16拍)：1:10,
2B；35mm银盐
收藏馆：缩微中心，国图

00O001296
据鞍录：一卷 / (清)杨应琚撰
清乾隆(1736-1795)刻本
1985年摄制. -- 1盘卷片(3.8米52拍)：

00O018062
度陇记：四卷 / (清)董醇撰
清(1644-1911)稿本. -- 钤"荻芬书屋""董
醇字饮之号酝卿行一""祁寯藻印""淳父"
诸印。
1993年摄制. -- 1盘卷片(13米276拍)：
1:10, 2B；35mm银盐
收藏馆：缩微中心，天津

00O024268
东辖纪程：二卷 / (清)聂士成撰
清(1644-1911)稿本
1996年摄制. -- 1盘卷片(8米148拍)：1:10,
2B；35mm银盐
收藏馆：缩微中心，安徽

00O018672
赴滇纪程：一卷
清(1644-1911)抄本
1994年摄制. -- 1盘卷片(4米32拍)：1:10,
2B；35mm银盐
收藏馆：缩微中心，国图

00O008659
大唐西域记：十二卷 / (唐)释玄奘译；(唐)释辩
机撰
明万历(1573-1620)刻本
1987年摄制. -- 1盘卷片(15米321拍)：
1:10, 2B；35mm银盐
收藏馆：缩微中心，重庆

00O004829
大唐西域记：十二卷 / (唐)释玄奘述；(唐)释辩
机撰
明(1368-1644)抄本
1986年摄制. -- 1盘卷片(13.7米289拍)：
1:10, 2B；35mm银盐
收藏馆：缩微中心，国图

00O003470
诸蕃志：二卷 / (宋)赵汝适撰
清(1644-1911)孔氏红榈书屋抄本. -- (清)孔
继涵校并跋。
1986年摄制. -- 1盘卷片(5米82拍)：1:10,
2B；35mm银盐
收藏馆：缩微中心，国图

00O004891
岛夷志略：一卷 / (元)汪大渊撰
清(1644-1911)彭氏知圣道斋抄本. -- (清)彭

元瑞校。
1986年摄制. -- 1盘卷片（2.3米55拍）：
1:10, 2B；35mm银盐
收藏馆：缩微中心，国图

000O008491
异域志：二卷 / (元)周致中撰
明万历(1573-1620)金陵荆山书林刻夷门广牍
本
1988年摄制. -- 1盘卷片（4米63拍）：1:10,
2B；35mm银盐
收藏馆：缩微中心，国图

000O015496
奉使西域行程记：三卷 / (明)陈诚,(明)李暹撰
清(1644-1911)抄本
1993年摄制. -- 1盘卷片（5米60拍）：1:10,
2B；35mm银盐
收藏馆：缩微中心，国图

000O004892
西洋番国志：一卷 / (明)巩珍撰
清(1644-1911)彭氏知圣道斋抄本. -- (清)彭
元瑞校。
1986年摄制. -- 1盘卷片（2米47拍）：1:10,
2B；35mm银盐
收藏馆：缩微中心，国图

000O004153
三宝征夷集：一卷 / (明)马欢撰
明(1368-1644)抄本
1986年摄制. -- 1盘卷片（4米51拍）：1:10,
2B；35mm银盐
收藏馆：缩微中心，国图

000O028491
瀛涯胜览：一卷 / (明)马欢撰
明(1368-1644)祁氏淡生堂抄本
1997年摄制. -- 1盘卷片（4.1米58拍）：
1:10, 2B；35mm银盐
收藏馆：缩微中心，福建

000O009276
瀛涯胜览：一卷 / (明)马欢撰
清嘉庆(1796-1820)抄本
1988年摄制. -- 1盘卷片（5米75拍）：1:10,
2B；35mm银盐
收藏馆：缩微中心，湖南

000O023104
殊域周咨录：二十四卷 / (明)严从简撰
明万历(1573-1620)刻本
1995年摄制. -- 2盘卷片（55米1129拍）：

1:10, 2B；35mm银盐
收藏馆：缩微中心，国图

000O014209
殊域周咨录：二十四卷 / (明)严从简撰
明万历(1573-1620)刻本. -- 存四卷：卷一至
卷四。
1992年摄制. -- 1盘卷片（14米255拍）：
1:10, 2B；35mm银盐
收藏馆：缩微中心，国图

000O000428
东夷图总说：一卷 / (明)蔡汝贤撰
明万历(1573-1620)刻本
1985年摄制. -- 1盘卷片（5.9米102拍）：
1:10, 2B；35mm银盐
收藏馆：缩微中心，国图

000O018657
东夷图总说：一卷 / (明)蔡汝贤撰
明万历(1573-1620)刻本
1994年摄制. -- 1盘卷片（4米42拍）：1:10,
2B；35mm银盐
收藏馆：缩微中心，国图

000O017469
岭海异闻：一卷续闻一卷 / (明)蔡汝贤撰
明(1368-1644)刻本
1993年摄制. -- 1盘卷片（4米51拍）：1:10,
2B；35mm银盐
收藏馆：缩微中心，国图

000O017931
诸夷考：三卷 / (明)游朴撰
明万历(1573-1620)刻本
1993年摄制. -- 1盘卷片（6米81拍）：1:10,
2B；35mm银盐
收藏馆：缩微中心，国图

000O010789
皇明四夷考：二卷 / (明)郑晓撰
明嘉靖四十三年(1564)刻本
1989年摄制. -- 1盘卷片（7米122拍）：1:10,
2B；35mm银盐
收藏馆：缩微中心，天津

000O017460
咸宾录：八卷 / (明)罗曰褧撰
明万历十九年(1591)刘一焜刻本
1993年摄制. -- 1盘卷片（17米304拍）：
1:10, 2B；35mm银盐
收藏馆：缩微中心，国图

000O001411
咸宾录：八卷 / (明)罗日褧撰
明万历十九年(1591)刘一焜刻本
1985年摄制. -- 1盘卷片(15.2米325拍)：
1:10, 2B ; 35mm银盐
收藏馆：缩微中心, 国图

000O016309
裔乘：八卷 / (明)杨一葵撰
明万历(1573-1620)刻本. -- 卷四配清抄本。
1993年摄制. -- 1盘卷片(20米387拍)：
1:10, 2B ; 35mm银盐
收藏馆：缩微中心, 国图

000O024937
东西洋考：十二卷 / (明)张燮撰
明万历四十六年(1618)王起宗刻本. -- (清)
丁丙跋.
1996年摄制. -- 1盘卷片(16米322拍)：
1:10, 2B ; 35mm银盐
收藏馆：缩微中心, 南京

000O017456
皇明象胥录：八卷 / (明)茅瑞征撰
明崇祯(1628-1644)茅氏芝园刻本
1993年摄制. -- 1盘卷片(13米246拍)：
1:10, 2B ; 35mm银盐
收藏馆：缩微中心, 国图

000O016949
职方外纪：六卷首一卷 / (意大利)艾儒略增译；
(明)杨廷筠记
明天启(1621-1627)刻本
1993年摄制. -- 1盘卷片(8米114拍)：1:10,
2B ; 35mm银盐
收藏馆：缩微中心, 国图

000O013942
职方外纪：五卷首一卷 / (意大利)艾儒略译
清道光二十四年(1844)钱熙祚刻守山阁丛书
本. -- (清)李文田批注。
1992年摄制. -- 1盘卷片(6米81拍)：1:10,
2B ; 35mm银盐
收藏馆：缩微中心, 国图

000O002053
海国闻见录：二卷 / (清)陈伦炯撰
清乾隆(1736-1795)刻本
1986年摄制. -- 1盘卷片(5米87拍)：1:10,
2B ; 35mm银盐
收藏馆：缩微中心, 国图

000O015447
海国闻见录：二卷 / (清)陈伦炯撰
清乾隆(1736-1795)刻本
1992年摄制. -- 1盘卷片(6米76拍)：1:10,
2B ; 35mm银盐
收藏馆：缩微中心, 国图

000O006292
海国闻见录：一卷 / (清)陈伦炯撰
清(1644-1911)抄本
1987年摄制. -- 1盘卷片(5米67拍)：1:10,
2B ; 35mm银盐
收藏馆：缩微中心, 吉林

000O018812
异域录：一卷 / (清)图理琛撰
清雍正(1723-1735)刻本
1994年摄制. -- 1盘卷片(7米117拍)：1:10,
2B ; 35mm银盐
收藏馆：缩微中心, 国图

000O019386
海岛逸志：六卷 / (清)王大海撰
清嘉庆十一年(1806)漳园刻本. -- 郑振铎
跋。
1994年摄制. -- 1盘卷片(10米152拍)：
1:10, 2B ; 35mm银盐
收藏馆：缩微中心, 国图

000O013977
瀛寰志略：不分卷 / (清)徐继畬撰
清(1644-1911)稿本
1992年摄制. -- 1盘卷片(21米412拍)：
1:10, 2B ; 35mm银盐
收藏馆：缩微中心, 国图

000O025243
粤道贡国说：六卷 / (清)梁廷枏撰
清道光(1821-1850)刻海国四说本
1996年摄制. -- 1盘卷片(11米201拍)：
1:10, 2B ; 35mm银盐
收藏馆：缩微中心, 国图

000O021531
海国图志：五十卷 / (清)魏源撰
清道光二十四年(1844)魏氏古微堂木活字印本
1995年摄制. -- 3盘卷片(72米1439拍)：
1:10, 2B ; 35mm银盐
收藏馆：缩微中心, 国图

000O015442
谈瀛征实：八卷 / (清)方朔撰
清(1644-1911)方氏枕经堂抄本

1992年摄制. -- 2盘卷片（35米656拍）：
1:10, 2B；35mm银盐
收藏馆：缩微中心，国图

00O015821
西洋杂志：八卷 / (清)黎庶昌撰
清光绪十一年(1885)莫绳孙抄本. -- 存七
卷：卷一至卷六、卷八。(清)莫绳孙跋。
1993年摄制. -- 1盘卷片（11米196拍）：
1:10, 2B；35mm银盐
收藏馆：缩微中心，国图

00O006748
西洋杂志：八卷 / (清)黎庶昌撰
清(1644-1911)稿本
1987年摄制. -- 1盘卷片（17米327拍）：
1:10, 2B；35mm银盐
收藏馆：缩微中心，四川

00O006742
西洋杂志：八卷 / (清)黎庶昌撰
清(1644-1911)稿本. -- 存四卷：卷一至卷
四。
1987年摄制. -- 1盘卷片（12米207拍）：
1:10, 2B；35mm银盐
收藏馆：缩微中心，四川

00O022925
航海琐记：四卷 / (清)余思诒撰
清(1644-1911)稿本
1994年摄制. -- 1盘卷片（13米262拍）：
1:10, 2B；35mm银盐
收藏馆：缩微中心，甘肃

00O016419
使琉球录：一卷 / (明)陈侃,(明)高澄撰 . 畜德录：一卷 / (明)陈沂撰
清(1644-1911)徐氏烟屿楼抄本. -- (清)徐时
栋跋。
1993年摄制. -- 1盘卷片（4米48拍）：1:10,
2B；35mm银盐
收藏馆：缩微中心，国图

00O014416
使琉球录：一卷 / (明)陈侃,(明)高澄撰 . 琉球译：二卷
清(1644-1911)抄本. -- (清)翁树崐跋。
1992年摄制. -- 1盘卷片（8米123拍）：1:10,
2B；35mm银盐
收藏馆：缩微中心，国图

00O014145
琉球记：一卷中山诗集一卷 / (明)胡靖撰

明万历(1573-1620)刻本
1992年摄制. -- 1盘卷片（4米34拍）：1:10,
2B；35mm银盐
收藏馆：缩微中心，国图

00O027252
敕撰奉使录三种：八卷 / (清)汪楫撰
清康熙二十五年(1686)刻本
1997年摄制. -- 1盘卷片（11米204拍）：
1:10, 2B；35mm银盐
收藏馆：缩微中心，国图

00O020811
中山沿革志：二卷 / (清)汪楫撰
清康熙(1662-1722)刻悔斋集本. -- 附：中山
诗文一卷。
1994年摄制. -- 1盘卷片（6米82拍）：1:10,
2B；35mm银盐
收藏馆：缩微中心，国图

00O008660
中山传信录：六卷舶中集一卷赠送诗文一卷 / (清)徐葆光撰
清康熙六十年(1721)二友斋刻本
1987年摄制. -- 1盘卷片（15米324拍）：
1:10, 2B；35mm银盐
收藏馆：缩微中心，重庆

00O008605
中山传信录：六卷赠送诗文一卷 / (清)徐葆光撰
清康熙六十年(1721)二友斋刻本
1988年摄制. -- 1盘卷片（15米326拍）：
1:10, 2B；35mm银盐
收藏馆：缩微中心，国图

00O024938
中山传信录：六卷富建道中诗一卷舶中集一卷游泰山诗一卷 / (清)徐葆光撰
清康熙六十年(1721)二友斋刻本
1996年摄制. -- 1盘卷片（16米325拍）：
1:10, 2B；35mm银盐
收藏馆：缩微中心，南京

00O025256
琉球入学见闻录：四卷 / (清)潘相撰
清乾隆(1736-1795)刻本
1996年摄制. -- 1盘卷片（13米248拍）：
1:10, 2B；35mm银盐
收藏馆：缩微中心，国图

00O025274
小琉球漫志：十卷 / (清)朱仕玠撰
清乾隆三十一年(1766)徐泰刻本

1996年摄制. -- 1盘卷片（9米138拍）：1:10,
2B ；35mm银盐
收藏馆：缩微中心，国图

000O020482
琉球国志略：十六卷首一卷 / (清)周煌撰
清乾隆二十四年(1759)漱润堂刻本
1994年摄制. -- 1盘卷片（17米339拍）：
1:10, 2B ；35mm银盐
收藏馆：缩微中心，国图

000O020489
续琉球国志略：二卷首一卷 / (清)赵新撰
清光绪八年(1882)刻本
1994年摄制. -- 1盘卷片（5米73拍）：1:10,
2B ；35mm银盐
收藏馆：缩微中心，国图

000O011004
琉球小志：一卷补遗一卷琉球说略一卷 / [(日)佚名]撰；(清)姚文栋译
清光绪九年(1883)刻本. -- 杨守敬批校。
1989年摄制. -- 1盘卷片（4米49拍）：1:10,
2B ；35mm银盐
收藏馆：缩微中心，湖北

000O004125
宣和奉使高丽图经：四十卷 / (宋)徐兢撰
明(1368-1644)抄本. -- (清)毛扆校。
1986年摄制. -- 1盘卷片（9米180拍）：1:10,
2B ；35mm银盐
收藏馆：缩微中心，国图

000O008183
宣和奉使高丽图经：四十卷 / (宋)徐兢撰
清乾隆(1736-1795)知圣道斋抄本. -- 版框高
二十二厘米宽十五厘米。(清)彭元瑞朱笔批
校。
1988年摄制. -- 1盘卷片（12米235拍）：
1:10, 2B ；35mm银盐
收藏馆：缩微中心，广东

000O032017
宣和奉使高丽图经：四十卷 / (宋)徐兢撰
清(1644-1911)抄本. -- 八行二十字无格。傅
增湘校并跋。
2010年摄制. -- 1盘卷片（14米239拍）：
1:12, 2B ；35mm银盐
收藏馆：缩微中心，国图

000O002178
宣和奉使高丽图经：四十卷 / (宋)徐兢撰
清(1644-1911)抄本

1986年摄制. -- 1盘卷片（10米195拍）：
1:10, 2B ；35mm银盐
收藏馆：缩微中心，国图

000O013624
朝鲜史略：六卷
明万历四十五年(1617)赵宦光葛一龙[等]刻本
1991年摄制. -- 1盘卷片（16米256拍）：
1:10, 2B ；35mm银盐
收藏馆：缩微中心，国图

000O014395
东国史略：六卷
清(1644-1911)抄本. -- (清)翁树崑校。
1992年摄制. -- 1盘卷片（17米325拍）：
1:10, 2B ；35mm银盐
收藏馆：缩微中心，国图

000O003144
东国史略：六卷
清初(1644-1722)叶氏抄本
1986年摄制. -- 1盘卷片（11米207拍）：
1:10, 2B ；35mm银盐
收藏馆：缩微中心，国图

000O025322
朝鲜图说：一卷 / (明)郑若曾撰
清康熙三十七年(1698)郑定远刻本
1996年摄制. -- 1盘卷片（5米48拍）：1:10,
2B ；35mm银盐
收藏馆：缩微中心，国图

000O001948
朝鲜图说：一卷；琉球图说：一卷；安南图说：一卷 / (明)郑若曾撰
清康熙三十七年(1698)郑定远刻本
1986年摄制. -- 1盘卷片（7米126拍）：1:10,
2B ；35mm银盐
收藏馆：缩微中心，国图

000O021029
鲁陵志：二卷 / (朝鲜)尹舜举撰
朝鲜肃宗七年(1680)尹东源活字印本
1994年摄制. -- 1盘卷片（6米79拍）：1:10,
2B ；35mm银盐
收藏馆：缩微中心，国图

000O014665
朝鲜日本图说：不分卷
明(1368-1644)刻本
1992年摄制. -- 1盘卷片（5米67拍）：1:10,
2B ；35mm银盐
收藏馆：缩微中心，国图

000O004154
朝鲜志：不分卷
明(1368-1644)抄本
1985年摄制. -- 1盘卷片(3米24拍)：1:10,
2B；35mm银盐
收藏馆：缩微中心，国图

000O022435
朝鲜志：二卷；箕田考：一卷 / (朝鲜)韩百谦撰
清(1644-1911)刘氏嘉荫簃抄本
1995年摄制. -- 1盘卷片(6米90拍)：1:10,
2B；35mm银盐
收藏馆：缩微中心，国图

000O022436
箕田考：一卷 / (朝鲜)韩百谦撰
清(1644-1911)刘氏嘉荫簃抄本. -- 还有合刻
著作：朝鲜志二卷。
1995年摄制. -- 1盘卷片(3米10拍)：1:10,
2B；35mm银盐
收藏馆：缩微中心，国图

000O016424
瀛壖金鉴：十八卷 / (清)周升撰
清(1644-1911)抄本
1993年摄制. -- 1盘卷片(12米225拍)：
1:10, 2B；35mm银盐
收藏馆：缩微中心，国图

000O005083
龙湾志：二卷 / (朝鲜)金就奎纂修
朝鲜铜活字印本. -- 存一卷：卷上。
1986年摄制. -- 1盘卷片(6米88拍)：1:10,
2B；35mm银盐
收藏馆：缩微中心，国图

000O005320
北汉志：一卷 / (朝鲜)释圣能撰
朝鲜刻本
1986年摄制. -- 1盘卷片(3.3米36拍)：
1:10, 2B；35mm银盐
收藏馆：缩微中心，国图

000O015323
日本国考略：一卷 / (明)薛俊撰
朝鲜明宗二十年(1565)金骥刻本
1992年摄制. -- 1盘卷片(4米49拍)：1:10,
2B；35mm银盐
收藏馆：缩微中心，国图

000O003853
日本图纂：一卷 / (明)郑若曾撰
明(1368-1644)抄本. -- (清)翁同龢跋。

1985年摄制. -- 1盘卷片(2.1米50拍)：
1:10, 2B；35mm银盐
收藏馆：缩微中心，国图

000O001947
日本图纂：一卷 / (明)郑若曾撰
清康熙三十年(1691)郑起泓刻本
1986年摄制. -- 1盘卷片(5米83拍)：1:10,
2B；35mm银盐
收藏馆：缩微中心，国图

000O004010
倭志：一卷 / (明)王世贞撰
明(1368-1644)抄本
1985年摄制. -- 1盘卷片(2.3米38拍)：
1:10, 2B；35mm银盐
收藏馆：缩微中心，国图

000O024582
吾妻镜补：二十八卷 / (清)翁广平撰
清(1644-1911)抄本
1996年摄制. -- 1盘卷片(20.5米405拍)：
1:10, 2B；35mm银盐
收藏馆：缩微中心，浙江

000O025247
日本记略：十四卷
日本抄本. -- 伴直方校并跋。
1996年摄制. -- 2盘卷片(39米751拍)：
1:10, 2B；35mm银盐
收藏馆：缩微中心，国图

000O009116
日本源流考：二十二卷 / (清)王先谦撰
清光绪二十八年(1902)刻本
1988年摄制. -- 2盘卷片(48米999拍)：
1:10, 2B；35mm银盐
收藏馆：缩微中心，湖南

000O003674
安南志略：二十卷 / (元)黎崱撰
清(1644-1911)抄本
1985年摄制. -- 1盘卷片(12.6米263拍)：
1:10, 2B；35mm银盐
收藏馆：缩微中心，国图

000O028030
安南志：一卷 / (明)苏浚撰
明(1368-1644)刻本
1996年摄制. -- 1盘卷片(3米34拍)：1:10,
2B；35mm银盐
收藏馆：缩微中心，福建

00O002829
安南纪略：二卷 / (清)查礼撰
清(1644-1911)抄本
1986年摄制. -- 1盘卷片(5米70拍) ： 1:10,
2B ；35mm银盐
收藏馆：缩微中心，国图

00O009108
英吉利夷舶入寇记：二卷 / (清)李凤翔撰
清(1644-1911)抄本. -- 存一卷：卷上。
1988年摄制. -- 1盘卷片(3.7米52拍) ：
1:10, 2B ；35mm银盐
收藏馆：缩微中心，湖南

00O011505
希腊春秋：八卷 / 王树枏撰
清(1644-1911)稿本. -- 存七卷：卷二至卷
八。
1990年摄制. -- 1盘卷片(11米216拍) ：
1:10, 2B ；35mm银盐
收藏馆：缩微中心，甘肃

00O025242
合省国说：三卷 / (清)梁廷枏撰
清道光(1821-1850)刻海国四说本
1996年摄制. -- 1盘卷片(6米80拍) ： 1:10,
2B ；35mm银盐
收藏馆：缩微中心，国图

方志类

00O011287
[乾隆]五凉考治六德集全志：五卷 / (清)张之浚
修；(清)张珌美纂
清乾隆十四年(1749)刻本
1989年摄制. -- 1盘卷片(18米369拍) ：
1:10, 2B ；35mm银盐
收藏馆：缩微中心，甘肃

00O011318
西域闻见录：八卷 / (清)七十一纂
清乾隆四十二年(1777)刻本. -- 七十一，号
椿园。
1989年摄制. -- 1盘卷片(10米194拍) ：
1:10, 2B ；35mm银盐
收藏馆：缩微中心，甘肃

00O021359
西域记：八卷 / (清)七十一纂
清嘉庆十九年(1814)卢氏味经堂刻本
1994年摄制. -- 1盘卷片(7米129拍) ： 1:10,
2B ；35mm银盐
收藏馆：缩微中心，甘肃

00O009367
西域总志：四卷 / (清)七十一纂；(清)周宅仁编
辑
清嘉庆八年(1803)周氏刻本. -- 记事止：清
乾隆四十一年(1776)。
1988年摄制. -- 1盘卷片(9米172拍) ： 1:10,
2B ；35mm银盐
收藏馆：缩微中心，南京

00O020596
西域琐谈：二卷 / (清)七十一撰
清(1644-1911)糊月种梅馆抄本
1994年摄制. -- 1盘卷片(5米64拍) ： 1:10,
2B ；35mm银盐
收藏馆：缩微中心，国图

00O021357
异域琐谈：四卷 / (清)七十一纂
清(1644-1911)抄本
1994年摄制. -- 1盘卷片(8米144拍) ： 1:10,
2B ；35mm银盐
收藏馆：缩微中心，甘肃

00O031124
[万历]顺天府志：六卷 / (明)沈应文修；(明)张元
芳纂
明万历(1573-1620)刻本
2004年摄制. -- 1盘卷片(30米642拍) ：
1:10, 2B ；35mm银盐
收藏馆：缩微中心，国图

00O012461
[光绪]顺天府志：一百三十卷附录一卷 / (清)周
家眉修；(清)张之洞,缪荃孙纂
清光绪十二年(1886)刻本
1990年摄制. -- 8盘卷片(253米5622拍) ：
1:10, 2B ；35mm银盐
收藏馆：缩微中心，天津

00O025154
[康熙]宛平县志：六卷 / (清)王养濂修；(清)李开
泰[等]纂
清康熙(1662-1722)刻本
1996年摄制. -- 1盘卷片(23米458拍) ：
1:10, 2B ；35mm银盐
收藏馆：缩微中心，国图

00O025194
[康熙]宛平县志：六卷 / (清)王养濂修；(清)李开
泰[等]纂
清康熙(1662-1722)刻本
1996年摄制. -- 1盘卷片(22米453拍) ：
1:10, 2B ；35mm银盐

收藏馆：缩微中心，国图

00O030787
[康熙]宛平县志：六卷 / (清)王养濂修；(清)李开泰[等]纂
清康熙二十三年(1684)抄本. -- 记事止：清康熙二十三年(1684)。
2003年摄制. -- 1盘卷片(25米526拍) : 1:10, 2B ; 35mm银盐
收藏馆：缩微中心，南京

00O012395
[康熙]房山县志：十卷 / (清)佟有年修；(清)齐推纂
清康熙三十七年(1698)刻后印本
1990年摄制. -- 1盘卷片(15米308拍) : 1:10, 2B ; 35mm银盐
收藏馆：缩微中心，天津

00O030777
[康熙]房山县志：十卷续志一卷 / (清)佟有年修；(清)齐推纂；(清)罗在公增纂修
清康熙四年(1665)刻康熙四十六年(1707)递修本. -- 记事止：清康熙四十六年(1707)。
2003年摄制. -- 1盘卷片(16米305拍) : 1:10, 2B ; 35mm银盐
收藏馆：缩微中心，南京

00O012442
[光绪]良乡县志：八卷 / (清)范履福修；(清)黄儒荃[等]纂
清光绪十五年(1889)刻本
1990年摄制. -- 1盘卷片(22米467拍) : 1:10, 2B ; 35mm银盐
收藏馆：缩微中心，天津

00O012458
[乾隆]通州志：十卷首一卷末一卷图一卷 / (清)高天凤修；(清)金梅纂
清乾隆四十八年(1783)刻本
1990年摄制. -- 2盘卷片(41米841拍) : 1:10, 2B ; 35mm银盐
收藏馆：缩微中心，天津

00O011961
[光绪]通州志：十卷首一卷末一卷图一卷 / (清)高建勋修；(清)王维珍纂
清光绪五年(1879)刻本
1990年摄制. -- 2盘卷片(51米1107拍) : 1:10, 2B ; 35mm银盐
收藏馆：缩微中心，天津

00O030789
[光绪]通州志：十卷首一卷末一卷图一卷 / (清)高建勋修；(清)王维珍纂
清光绪五年(1879)刻本. -- 记事止：清光绪五年(1879)。
2003年摄制. -- 2盘卷片(54米1093拍) : 1:10, 2B ; 35mm银盐
收藏馆：缩微中心，南京

00O030799
[光绪]通州志：十卷首一卷末一卷 / (清)高建勋修；(清)王维珍纂
清光绪五年(1879)刻本. -- 记事止：清光绪五年(1879)。(清)佚名增补。
2003年摄制. -- 2盘卷片(52米1101拍) : 1:10, 2B ; 35mm银盐
收藏馆：缩微中心，南京

00O030788
[光绪]通州志：十卷首一卷末一卷图一卷 / (清)高建勋修；(清)王维珍纂；(清)张兆丰[等]递修
清光绪五年(1879)刻光绪十五年(1889)递修本. -- 记事止：清光绪十五年(1889)。
2003年摄制. -- 2盘卷片(55米1133拍) : 1:10, 2B ; 35mm银盐
收藏馆：缩微中心，南京

00O004949
[隆庆]昌平州志：八卷 / (明)崔学履纂修
明隆庆元年至二年(1567-1568)刻万历(1573-1620)增修本
1987年摄制. -- 1盘卷片(10.4米211拍) : 1:10, 2B ; 35mm银盐
收藏馆：缩微中心，国图

00O030778
[光绪]光绪昌平州志：十八卷 / (清)吴履福[等]修；(清)缪荃荪[等]纂
清光绪十二年(1886)刻本. -- 记事止：清光绪十年(1884)。(清)卢颐陔批校。
2003年摄制. -- 1盘卷片(30米640拍) : 1:10, 2B ; 35mm银盐
收藏馆：缩微中心，南京

00O012012
[光绪]昌平州志：十八卷 / (清)吴履福[等]修；缪荃孙[等]纂
清光绪十二年(1886)刻本
1990年摄制. -- 1盘卷片(31米649拍) : 1:10, 2B ; 35mm银盐
收藏馆：缩微中心，天津

00O012394

[光绪]昌平外志：六卷 / (清)麻兆庆纂
清光绪十八年(1892)榆阴堂刻本
1990年摄制. -- 1盘卷片(13米251拍) :
1:10, 2B ; 35mm银盐
收藏馆：缩微中心，天津

00O030841

[康熙]大兴县志：六卷图一卷 / (清)张茂节修；
(清)李开泰[等]纂
清康熙二十四年(1685)刻本. -- 记事止：清
康熙二十四年(1685)。
2003年摄制. -- 1盘卷片(19米372拍) :
1:10, 2B ; 35mm银盐
收藏馆：缩微中心，南京

00O011948

[康熙]怀柔县新志：八卷图一卷 / (清)吴景果修；
(清)潘其粲纂
清康熙六十年(1721)刻本
1990年摄制. -- 1盘卷片(11米210拍) :
1:10, 2B ; 35mm银盐
收藏馆：缩微中心，天津

00O030786

[康熙]怀柔县新志：八卷图一卷 / (清)吴景果修；
(清)潘其粲纂
清雍正(1723-1735)刻本. -- 记事止：清雍正
元年(1723)。
2003年摄制. -- 1盘卷片(13米235拍) :
1:10, 2B ; 35mm银盐
收藏馆：缩微中心，南京

00O012004

[乾隆]平谷县志：三卷 / (清)朱克阅增修
清乾隆四十二年(1777)刻增修本
1990年摄制. -- 1盘卷片(10米196拍) :
1:10, 2B ; 35mm银盐
收藏馆：缩微中心，天津

00O012018

[乾隆]延庆州志：十卷首一卷 / (清)李钟伸修；
(清)穆元肇,(清)方世熙纂
清乾隆七年(1742)刻本
1990年摄制. -- 1盘卷片(20米425拍) :
1:10, 2B ; 35mm银盐
收藏馆：缩微中心，天津

00O011996

[光绪]延庆州志：十二卷首一卷末一卷 / (清)何
道增修；(清)张惇德纂
清光绪六年(1880)刻本
1990年摄制. -- 1盘卷片(26米563拍) :

1:10, 2B ; 35mm银盐
收藏馆：缩微中心，天津

00O020919

[雍正]密云县志：六卷图一卷 / (清)薛天培修；
(清)陈弘谟纂
清雍正元年(1723)箕山堂刻本
1994年摄制. -- 1盘卷片(16米330拍) :
1:10, 2B ; 35mm银盐
收藏馆：缩微中心，天津

00O012419

[光绪]密云县志：六卷图一卷 / (清)丁符九[等]
修；(清)张鼎华[等]纂
清光绪八年(1882)刻本
1990年摄制. -- 1盘卷片(22米479拍) :
1:10, 2B ; 35mm银盐
收藏馆：缩微中心，天津

00O012397

[康熙]天津卫志：四卷图一卷 / (清)薛柱斗纂修
清康熙十三年(1674)刻本
1990年摄制. -- 1盘卷片(15米315拍) :
1:10, 2B ; 35mm银盐
收藏馆：缩微中心，天津

00O012009

[乾隆]天津府志：四十卷图一卷 / (清)程凤文
[等]修；(清)吴廷华纂
清乾隆四年(1739)刻本
1990年摄制. -- 2盘卷片(63米1465拍) :
1:10, 2B ; 35mm银盐
收藏馆：缩微中心，天津

00O012011

[光绪]重修天津府志：五十四卷首一卷末一卷 /
(清)沈家本[等]修；(清)徐宗亮,(清)蔡启盛纂
清光绪二十五年(1899)刻本
1990年摄制. -- 4盘卷片(125米2684拍) :
1:10, 2B ; 35mm银盐
收藏馆：缩微中心，天津

00O030782

[乾隆]天津县志：二十四卷图一卷 / (清)朱奎
扬,(清)张志奇修；(清)吴廷华[等]纂
清乾隆四年(1739)刻本. -- 记事止：清乾隆
四年(1739)。
2003年摄制. -- 2盘卷片(36米707拍) :
1:10, 2B ; 35mm银盐
收藏馆：缩微中心，南京

00O011986

[乾隆]天津县志：二十四卷图一卷 / (清)朱奎

扬,(清)张志奇修;(清)吴廷华[等]纂
清乾隆四年(1739)刻本
1990年摄制. -- 1盘卷片(31米688拍) :
1:10, 2B ; 35mm银盐
收藏馆：缩微中心，天津

000O012000
[同治]续天津县志：二十卷首一卷图一卷 / (清)
吴惠元修;(清)蒋玉虹,(清)俞樾纂
清同治九年(1870)刻本
1990年摄制. -- 1盘卷片(32米713拍) :
1:10, 2B ; 35mm银盐
收藏馆：缩微中心，天津

000O012030
[乾隆]武清县志：十二卷首一卷图一卷 / (清)吴
羽中纂修
清乾隆七年(1742)刻本
1990年摄制. -- 1盘卷片(23米507拍) :
1:10, 2B ; 35mm银盐
收藏馆：缩微中心，天津

000O030722
[康熙]宝坻县志：八卷 / (清)牛一象修;(清)苑育
蕃纂
清康熙十二年(1673)刻本. -- 记事止：清康
熙十二年(1673)，见卷三第六页赋役志田赋。
目录题七卷，书中实有八卷。
2002年摄制. -- 1盘卷片(13米278拍) :
1:10, 2B ; 35mm银盐
收藏馆：缩微中心，天津

000O012024
[乾隆]宝坻县志：十八卷图一卷 / (清)洪肇茂修;
(清)蔡寅斗纂
清乾隆十年(1745)刻本
1990年摄制. -- 2盘卷片(39米790拍) :
1:10, 2B ; 35mm银盐
收藏馆：缩微中心，天津

000O012373
[康熙]蓟州志：八卷 / (清)张朝琮修;(清)邬棠
[等]纂
清康熙四十三年(1704)刻本
1990年摄制. -- 1盘卷片(23米495拍) :
1:10, 2B ; 35mm银盐
收藏馆：缩微中心，天津

000O018283
[道光]蓟州志：十卷首一卷 / (清)沈锐修;(清)章
过,(清)金天瑞[等]纂
清道光十一年(1831)刻本
1993年摄制. -- 2盘卷片(41米818拍) :

1:10, 2B ; 35mm银盐
收藏馆：缩微中心，天津

000O008262
[道光]蓟州志：十卷首一卷 / (清)沈锐修
清道光十一年(1831)刻咸丰二年(1852)补刻
本. -- 记事止：清道光十一年(1831)。
1988年摄制. -- 2盘卷片(38米830拍) :
1:10, 2B ; 35mm银盐
收藏馆：缩微中心，南京

000O016602
[乾隆]宁河县志：十六卷图一卷 / (清)关廷牧修;
(清)徐以观[等]纂
清乾隆四十四年(1779)刻本. -- 存十三卷：
卷四下至卷十六。
1991年摄制. -- 1盘卷片(20米414拍) :
1:10, 2B ; 35mm银盐
收藏馆：缩微中心，天津

000O012410
[光绪]宁河县志：十六卷图一卷 / (清)丁符九
[等]修;(清)谈松林[等]纂
清光绪六年(1880)刻本
1990年摄制. -- 2盘卷片(44米970拍) :
1:10, 2B ; 35mm银盐
收藏馆：缩微中心，天津

000O011814
宁河县乡土志 / (清)周登皞修
清光绪(1875-1908)抄本
1990年摄制. -- 1盘卷片(7米116拍) : 1:10,
2B ; 35mm银盐
收藏馆：缩微中心，天津

000O007094
[康熙]静海县志：四卷 / (清)阎甲胤修;(清)马方
伸纂
清康熙十一年(1672)刻本
1987年摄制. -- 1盘卷片(11米257拍) :
1:10, 2B ; 35mm银盐
收藏馆：缩微中心，天津

000O030872
[康熙]静海县志：四卷 / (清)阎甲胤修;(清)马方
伸纂
清(1644-1911)抄本. -- 记事止：清康熙十一
年(1672)。
2003年摄制. -- 1盘卷片(12米216拍) :
1:10, 2B ; 35mm银盐
收藏馆：缩微中心，南京

000O012006
[同治]静海县志：八卷图一卷 / (清)郑士蕙纂修
清同治十二年(1873)刻本
1990年摄制. -- 1盘卷片(20米427拍) ：
1:10，2B ；35mm银盐
收藏馆：缩微中心，天津

000O012431
[康熙]畿辅通志：四十六卷 / (清)于成龙,(清)格尔古德修；(清)郭棻纂
清康熙二十一年(1682)刻本
1990年摄制. -- 4盘卷片(107米2245拍) ：
1:10，2B ；35mm银盐
收藏馆：缩微中心，天津

000O012367
[雍正]畿辅通志：一百二十卷图一卷 / (清)唐执玉[等]修；(清)陈仪纂
清雍正十三年(1735)刻本
1990年摄制. -- 8盘卷片(225米4848拍) ：
1:10，2B ；35mm银盐
收藏馆：缩微中心，天津

000O012386
[光绪]畿辅通志：三百卷首一卷 / (清)李鸿章[等]修；(清)黄彭年[等]纂
清光绪十年(1884)刻本
1990年摄制. -- 29盘卷片(897米19176拍) ：
1:10，2B ；35mm银盐
收藏馆：缩微中心，天津

000O030560
[光绪]畿辅通志：三百卷首一卷 / (清)李鸿章[等]修；(清)黄彭年[等]纂
清宣统二年(1910)北洋官报局石印本. -- 记事止：清光绪十二年(1886)，见卷三十第六十五页职官。据清光绪十二年刻本石印。
2001年摄制. -- 33盘卷片(402米8815拍) ：
1:10，2B ；35mm银盐
收藏馆：缩微中心，北碚

000O029828
两镇三关通志：□□卷 / (明)尹耕纂修
明(1368-1644)抄本. -- 存五卷：卷二至卷三、卷七、卷九、卷十四。
2001年摄制. -- 1盘卷片(14米276拍) ：
1:10，2B ；35mm银盐
收藏馆：缩微中心，国图

000O009811
[万历]四镇三关志：十卷 / (明)刘应节,(明)杨兆修；(明)刘效祖纂
明万历四年(1576)刻本

1989年摄制. -- 2盘卷片(55米1245拍) ：
1:10，2B ；35mm银盐
收藏馆：缩微中心，浙江

000O007630
[万历]四镇三关志：十卷 / (明)刘应节,(明)杨兆修；(明)刘效祖纂
明万历四年(1576)刻本. -- 记事止：明万历六年(1578)。卷一至卷七、卷十配抄本。
1988年摄制. -- 2盘卷片(52.5米1173拍) ：
1:10，2B ；35mm银盐
收藏馆：缩微中心，南京

000O030620
[万历]四镇三关志：十卷 / (明)刘应节,(明)杨兆修；(明)刘效祖纂
清(1644-1911)抄本. -- 记事止：明万历六年(1578)，见卷八第二十五页职官。
2002年摄制. -- 2盘卷片(53米1189拍) ：
1:10，2B ；35mm银盐
收藏馆：缩微中心，天津

000O017232
[万历]四镇三关志：十卷 / (明)刘应节,(明)杨兆修；(明)刘效祖纂
清(1644-1911)抄本
1993年摄制. -- 2盘卷片(54米1188拍) ：
1:10，2B ；35mm银盐
收藏馆：缩微中心，天津

000O030853
[康熙]藁城县志：十二卷 / (清)赖于宣修；(清)张丙宿纂；(清)阎尧熙增补
清康熙三十七年(1698)刻康熙五十九年(1720)增修本. -- 记事止：清康熙五十八年(1719)。
2003年摄制. -- 1盘卷片(18米357拍) ：
1:10，2B ；35mm银盐
收藏馆：缩微中心，南京

000O017224
[康熙]藁城县志：十二卷图一卷 / (清)赖于宣修；(清)张丙宿纂；(清)阎尧熙增补
清康熙三十七年(1698)刻康熙五十九年(1720)增修本
1993年摄制. -- 1盘卷片(16.5米352拍) ：
1:10，2B ；35mm银盐
收藏馆：缩微中心，天津

000O012305
[光绪]藁城县志续补：十一卷图一卷 / (清)汪度,(清)朱绍谷修；(清)张毓温纂
清光绪七年(1881)刻本

1990年摄制. -- 1盘卷片(7米103拍)：1:10,
2B；35mm银盐
收藏馆：缩微中心，天津

000O016604
[康熙]晋州志：十卷 / (清)郭建章原修；(清)关永
清原纂；(清)康如琏续修；(清)刘士麟续纂
清康熙三十九年(1700)刻咸丰十年(1860)补刻
本
1991年摄制. -- 1盘卷片(20米412拍)：
1:10, 2B；35mm银盐
收藏馆：缩微中心，天津

000O012326
[光绪]重修新乐县志：六卷图一卷 / (清)雷鹤鸣
[等]修；(清)赵文濂纂
清光绪十一年(1885)刻本
1990年摄制. -- 1盘卷片(22米477拍)：
1:10, 2B；35mm银盐
收藏馆：缩微中心，天津

000O016636
[乾隆]获鹿县志：十二卷 / (清)韩国瓒修；(清)石
光尔[等]纂
清乾隆元年(1736)刻本
1991年摄制. -- 1盘卷片(16米342拍)：
1:10, 2B；35mm银盐
收藏馆：缩微中心，天津

000O021166
[光绪]获鹿县志：十四卷首一卷末一卷 / (清)俞
锡纲修；(清)曹镕纂
清光绪四年(1878)刻光绪七年(1881)重修本
1991年摄制. -- 1盘卷片(31米674拍)：
1:10, 2B；35mm银盐
收藏馆：缩微中心，天津

000O011930
获鹿县乡土志：二卷 / (清)严书勋纂修
清末(1851-1911)抄本
1990年摄制. -- 1盘卷片(5米90拍)：1:10,
2B；35mm银盐
收藏馆：缩微中心，天津

000O012312
[乾隆]束鹿县志：十二卷首一卷 / (清)李文耀修；
(清)张钟秀[等]纂
清乾隆二十七年(1762)刻本
1990年摄制. -- 1盘卷片(19米402拍)：
1:10, 2B；35mm银盐
收藏馆：缩微中心，天津

000O012398
[嘉庆]束鹿县志：十卷 / (清)李符清修；(清)沈乐
善,(清)裴显相纂
清嘉庆三年(1798)刻本
1990年摄制. -- 1盘卷片(18米362拍)：
1:10, 2B；35mm银盐
收藏馆：缩微中心，天津

000O012443
[同治]续修束鹿县志：八卷 / (清)宋陈寿纂修
清同治七年(1868)刻本
1990年摄制. -- 1盘卷片(12米217拍)：
1:10, 2B；35mm银盐
收藏馆：缩微中心，天津

000O017208
束鹿乡土志：不分卷 / (清)张凤台修；(清)李中
桂纂修
清光绪三十三年至宣统三年(1907-1911)传抄
本. -- 据清光绪三十二年(1906)本传抄。
1991年摄制. -- 1盘卷片(9米151拍)：1:10,
2B；35mm银盐
收藏馆：缩微中心，天津

000O030819
[雍正]井陉县志：八卷 / (清)钟文英纂修
清雍正六年(1728)刻本. -- 记事止：清雍正
九年(1731)。
2003年摄制. -- 1盘卷片(13米249拍)：
1:10, 2B；35mm银盐
收藏馆：缩微中心，南京

000O012417
[雍正]井陉县志：八卷图一卷 / (清)钟文英纂修
清雍正八年(1730)刻光绪元年(1875)印本
1990年摄制. -- 1盘卷片(11米250拍)：
1:10, 2B；35mm银盐
收藏馆：缩微中心，天津

000O012333
[光绪]续修井陉县志：三十六卷 / (清)常善修；
(清)赵文濂纂
清光绪元年(1875)刻本
1990年摄制. -- 1盘卷片(9米179拍)：1:10,
2B；35mm银盐
收藏馆：缩微中心，天津

000O011985
[乾隆]正定府志：五十卷首一卷 / (清)郑大进纂
修
清乾隆二十七年(1762)刻本
1990年摄制. -- 4盘卷片(102米2224拍)：
1:10, 2B；35mm银盐

收藏馆：缩微中心，天津

000027638
[顺治]真定县志：十四卷 / (清)陈谦纂修
清顺治(1644-1661)刻本
1997年摄制. -- 1盘卷片(19米376拍) ：
1:10，2B ；35mm银盐
收藏馆：缩微中心，国图

000019010
[顺治]真定县志：十四卷 / (清)陈谦纂修
清顺治三年(1646)刻本
1994年摄制. -- 1盘卷片(19米412拍) ：
1:10，2B ；35mm银盐
收藏馆：缩微中心，天津

000012422
[光绪]正定县志：四十六卷图一卷首一卷末一卷 /
(清)庆之金[等]修；(清)赵文濂[等]纂
清光绪元年(1875)刻本. -- 正定：雍正元年
(1723)改真定为正定。
1990年摄制. -- 2盘卷片(47米1026拍) ：
1:10，2B ；35mm银盐
收藏馆：缩微中心，天津

000012308
[道光]栾城县志：十卷首一卷末一卷 / (清)桂超
万[等]修；(清)高继珩纂
清道光二十六年(1846)刻本
1990年摄制. -- 1盘卷片(12米238拍) ：
1:10，2B ；35mm银盐
收藏馆：缩微中心，天津

000016623
[同治]栾城县志：十四卷首一末一卷 / (清)陈咏
修；(清)张惇德纂
清同治十二年(1873)刻本
1991年摄制. -- 1盘卷片(19米391拍) ：
1:10，2B ；35mm银盐
收藏馆：缩微中心，天津

000011618
[乾隆]行唐县新志：十六卷 / (清)吴高增纂修
清乾隆二十八年(1763)刻乾隆三十七年(1772)
增补本
1990年摄制. -- 1盘卷片(20米443拍) ：
1:10，2B ；35mm银盐
收藏馆：缩微中心，天津

000030873
[万历]灵寿县志：十卷 / (明)张照修；(明)王缵纂
清(1644-1911)抄本. -- 存三卷：卷八至卷
十。佚名批校。

2003年摄制. -- 1盘卷片(7米99拍) ： 1:10，
2B ；35mm银盐
收藏馆：缩微中心，南京

000012314
[康熙]灵寿县志：十卷 / (清)陆陇其修. [同治]灵
寿县志：十卷末一卷 / (清)刘赓年[等]续修
清康熙二十四年(1685)刻本. -- 刘赓年修灵
寿县志，为清同治十二年(1873)刻。
1990年摄制. -- 1盘卷片(21米441拍) ：
1:10，2B ；35mm银盐
收藏馆：缩微中心，天津

000012331
[康熙]灵寿县志：十卷末一卷 / (清)陆陇其修
清康熙二十四年(1685)刻后印本
1990年摄制. -- 1盘卷片(13米257拍) ：
1:10，2B ；35mm银盐
收藏馆：缩微中心，天津

000030953
[康熙]灵寿县志：十卷末一卷 / (清)陆陇其修；
(清)傅维橒纂
清康熙二十五年(1686)刻乾隆(1736-1795)重
修本. -- 记事止：清康熙二十五年(1686)。
(清)赵烈文跋。
2003年摄制. -- 1盘卷片(13米249拍) ：
1:10，2B ；35mm银盐
收藏馆：缩微中心，南京

000030719
[康熙]高邑县志：三卷首一卷 / (清)刘瑜修；(清)
赵嵋纂
抄本. -- 记事止：清康熙二十三年(1684)，
见卷中第三十三页人物志。据清康熙二十四年
(1685)刻本传抄。
2002年摄制. -- 1盘卷片(9米186拍) ： 1:10，
2B ；35mm银盐
收藏馆：缩微中心，天津

000012335
[嘉庆]高邑县志：十卷首一卷附录一卷 / (清)陈
元芳修；(清)沈云尊纂
清嘉庆五年(1800)刻嘉庆十六年(1811)增刻本
1990年摄制. -- 1盘卷片(15米306拍) ：
1:10，2B ；35mm银盐
收藏馆：缩微中心，天津

000012393
[雍正]深泽县志：十二卷首一卷 / (清)赵宪修；
(清)王植纂
清雍正十三年(1735)刻乾隆二十七年(1762)增
刻本

1990年摄制. -- 1盘卷片(20米422拍)：
1:10, 2B ; 35mm银盐
收藏馆：缩微中心，天津

000O012307
[同治]深泽县志：十卷 / (清)张衍寿修；(清)王肇
晋纂
清同治元年(1862)刻本
1990年摄制. -- 1盘卷片(21米449拍)：
1:10, 2B ; 35mm银盐
收藏馆：缩微中心，天津

000O011647
[乾隆]赞皇县志：十卷首一卷末一卷 / (清)黄岗
竹纂修
清乾隆十六年(1751)刻本
1990年摄制. -- 1盘卷片(18米375拍)：
1:10, 2B ; 35mm银盐
收藏馆：缩微中心，天津

000O011978
[乾隆]赞皇县志：十卷首一卷末一卷 / (清)黄岗
竹纂修
清乾隆十六年(1751)刻光绪二年(1876)补刻
本. -- 县图第三页码错。
1990年摄制. -- 1盘卷片(17米363拍)：
1:10, 2B ; 35mm银盐
收藏馆：缩微中心，天津

000O030827
[光绪]续修赞皇县志：二十九卷首一卷 / (清)史
赓云[等]修；(清)赵万泰[等]纂
清光绪二年(1876)刻本. -- 记事止：清光绪
二年(1876)。佚名批校。
2003年摄制. -- 1盘卷片(12米229拍)：
1:10, 2B ; 35mm银盐
收藏馆：缩微中心，南京

000O011973
[光绪]续修赞皇县志：二十九卷首一卷 / (清)史
赓云[等]修；(清)赵万泰[等]纂
清光绪二年(1876)刻本. -- 纂者还有：(清)
赵世彦等。
1990年摄制. -- 1盘卷片(12米229拍)：
1:10, 2B ; 35mm银盐
收藏馆：缩微中心，天津

000O011631
赞皇县乡土志 / (清)秦兆阶纂
清光绪(1875-1908)抄本
1990年摄制. -- 1盘卷片(7米99拍)： 1:10,
2B ; 35mm银盐
收藏馆：缩微中心，天津

000O030720
[康熙]重修无极志：二卷图一卷 / (清)高必大修；
(清)穆贞元[等]纂；(清)张天绶增补
清康熙元年(1662)刻康熙十九年(1680)增刻
本. -- 记事止：清康熙十九年(1680)，见卷
上第三十八页官师。
2003年摄制. -- 1盘卷片(11米228拍)：
1:10, 2B ; 35mm银盐
收藏馆：缩微中心，天津

000O011629
[康熙]重修无极志：二卷图一卷 / (清)高必大修；
(清)穆贞元[等]纂；(清)张天绶续修
清康熙元年(1662)刻康熙十九年(1680)增刻本
1990年摄制. -- 1盘卷片(11米229拍)：
1:10, 2B ; 35mm银盐
收藏馆：缩微中心，天津

000O031756
[康熙]重修无极志：二卷 / (清)高必大修；(清)穆
贞元[等]纂
清康熙元年(1662)刻康熙十九年(1680)增刻康
熙四十九年(1710)续增刻本
2005年摄制. -- 1盘卷片(12米220拍) ：
1:10, 2B ; 35mm银盐
收藏馆：缩微中心，国图

000O030863
[乾隆]无极县志：十一卷末一卷 / (清)黄可润纂
修
清乾隆二十二年(1757)刻光绪十九年(1893)补
刻本. -- 记事止：清乾隆十四年(1749)。
2003年摄制. -- 1盘卷片(13米247拍)：
1:10, 2B ; 35mm银盐
收藏馆：缩微中心，南京

000O012368
[乾隆]无极县志：十一卷末一卷图一卷 / (清)黄
可润纂修
清乾隆二十二年(1757)刻光绪十九年(1893)补
刻本
1990年摄制. -- 1盘卷片(12米247拍)：
1:10, 2B ; 35mm银盐
收藏馆：缩微中心，天津

000O017214
[光绪]无极县续志：十卷首一卷末一卷 / (清)曹
凤来纂修
清光绪十九年(1893)刻本
1991年摄制. -- 1盘卷片(9米172拍)： 1:10,
2B ; 35mm银盐
收藏馆：缩微中心，天津

00O012317
[康熙]平山县志：五卷图一卷 / (清)汤聘修；(清)秦有容[等]纂
清康熙十二年(1673)刻本
1990年摄制. -- 1盘卷片(11米216拍)：1:10, 2B；35mm银盐
收藏馆：缩微中心，天津

00O030867
[咸丰]平山县志：八卷 / (清)王涤心修；(清)郭程先纂
清咸丰四年(1854)刻本. -- 记事止：清咸丰三年(1853)。
2003年摄制. -- 1盘卷片(22米456拍)：1:10, 2B；35mm银盐
收藏馆：缩微中心，南京

00O011974
[咸丰]平山县志：八卷 / (清)王涤心修；(清)郭程先纂
清咸丰四年(1854)刻光绪二十四年(1898)印本
1990年摄制. -- 1盘卷片(21米452拍)：1:10, 2B；35mm银盐
收藏馆：缩微中心，天津

00O011649
[光绪]续修平山县志：六卷 / (清)唐世录,(清)郭奇中修；(清)鲁述文,(清)毕晋纂
清光绪二年(1876)刻本
1990年摄制. -- 1盘卷片(4米45拍)：1:10, 2B；35mm银盐
收藏馆：缩微中心，天津

00O012015
[光绪]平山县续志：八卷末一卷 / (清)熊寿钱修；(清)周焕章纂
清光绪二十四年(1898)刻本
1990年摄制. -- 1盘卷片(6米90拍)：1:10, 2B；35mm银盐
收藏馆：缩微中心，天津

00O011977
[乾隆]元氏县志：八卷末一卷 / (清)王人雄纂修
清乾隆二十三年(1758)刻本
1990年摄制. -- 1盘卷片(15米317拍)：1:10, 2B；35mm银盐
收藏馆：缩微中心，天津

00O012374
[同治]元氏县志：十四卷首一卷末一卷 / (清)胡岳修；(清)赵文濂[等]纂
清光绪元年(1875)刻本. -- 纂者还有：(清)王钧如等。

1990年摄制. -- 1盘卷片(25米549拍)：1:10, 2B；35mm银盐
收藏馆：缩微中心，天津

00O016601
[光绪]直隶赵州志：十六卷首一卷末一卷 / (清)孙传栻纂修
清光绪二十三年(1897)刻本. -- 清雍正二年(1724)升为直隶州。
1991年摄制. -- 1盘卷片(24米531拍)：1:10, 2B；35mm银盐
收藏馆：缩微中心，天津

00O012424
[光绪]赵州属邑志：八卷 / (清)孙传栻纂修
清光绪二十三年(1897)刻本
1990年摄制. -- 1盘卷片(17米356拍)：1:10, 2B；35mm银盐
收藏馆：缩微中心，天津

00O016617
赵州乡土志：不分卷
清光绪(1875-1908)抄本
1993年摄制. -- 1盘卷片(5米71拍)：1:10, 2B；35mm银盐
收藏馆：缩微中心，天津

00O030861
[乾隆]口北三厅志：十六卷首一卷 / (清)黄可润纂修
清乾隆二十三年(1758)刻本. -- 记事止：清乾隆二十一年(1756)。佚名批校。
2003年摄制. -- 1盘卷片(31米667拍)：1:10, 2B；35mm银盐
收藏馆：缩微中心，南京

00O012414
[乾隆]口北三厅志：十六卷首一卷 / (清)黄可润纂修
清乾隆二十三年(1758)刻本
1990年摄制. -- 1盘卷片(31米638拍)：1:10, 2B；35mm银盐
收藏馆：缩微中心，天津

00O030857
[乾隆]口北三厅志：十六卷首一卷 / (清)黄可润纂修
清乾隆二十三年(1758)刻重修本. -- 记事止：清乾隆二十一年(1756)。
2003年摄制. -- 1盘卷片(29米601拍)：1:10, 2B；35mm银盐
收藏馆：缩微中心，南京

000O030950
[正德]宣府镇志：十卷 / (明)王崇献纂修
明正德元年(1506)刻嘉靖(1522-1566)增修本. -- 记事止：明嘉靖二十年(1541)。佚名校补。
2003年摄制. -- 1盘卷片(19米385拍)：1:10, 2B ; 35mm银盐
收藏馆：缩微中心，南京

000O007634
[正德]宣府镇志：十卷 / (明)王崇献纂修
明正德(1506-1521)刻嘉靖(1522-1566)增修本. -- 记事止：明嘉靖二十年(1541)。
1988年摄制. -- 1盘卷片(16米385拍)：1:10, 2B ; 35mm银盐
收藏馆：缩微中心，南京

000O011617
[乾隆]宣化府志：四十二卷首一卷 / (清)王芥园[等]修；(清)吴廷华纂
清乾隆八年(1743)刻本
1990年摄制. -- 3盘卷片(73米1565拍)：1:10, 2B ; 35mm银盐
收藏馆：缩微中心，天津

000O012380
[乾隆]宣化府志：四十二卷首一卷 / (清)王芥园[等]修；(清)吴廷华纂
清乾隆八年(1743)刻乾隆二十二年(1757)张志奇增刻本. -- 卷首：十二页码错；卷二：一、四十三原件虚影；卷三：七、十七、二十七原件虚影；卷五：十九原件虚影。
1990年摄制. -- 3盘卷片(80米1673拍)：1:10, 2B ; 35mm银盐
收藏馆：缩微中心，天津

000O012450
[康熙]宣化县志：三十卷图一卷 / (清)陈坦纂修
清康熙五十年(1711)刻本
1990年摄制. -- 1盘卷片(31米618拍)：1:10, 2B ; 35mm银盐
收藏馆：缩微中心，天津

000O030949
[乾隆]龙门县志：十六卷图一卷 / (清)章焞纂修
清康熙五十一年(1712)刻乾隆(1736-1795)重修本. -- 记事止：清康熙五十一年(1712)。佚名批校。
2003年摄制. -- 1盘卷片(17米357拍)：1:10, 2B ; 35mm银盐
收藏馆：缩微中心，南京

000O012439
[康熙]龙门县志：十六卷图一卷 / (清)章焞纂修
清康熙五十一年(1712)刻后印本
1990年摄制. -- 1盘卷片(16米339拍)：1:10, 2B ; 35mm银盐
收藏馆：缩微中心，天津

000O027637
[康熙]保安州志：二卷 / (清)宁完福修；(清)朱光纂
清康熙(1662-1722)刻本
1997年摄制. -- 1盘卷片(10米180拍)：1:10, 2B ; 35mm银盐
收藏馆：缩微中心，国图

000O012456
[道光]保安州志：八卷首一卷 / (清)杨桂森纂修
清道光十五年(1835)刻后印本. -- 保安州：今涿鹿县。
1990年摄制. -- 1盘卷片(19米411拍)：1:10, 2B ; 35mm银盐
收藏馆：缩微中心，天津

000O012388
[光绪]保安州续志：四卷首一卷 / (清)张毓生,(清)寻銮晋纂修
清光绪三年(1877)刻本
1990年摄制. -- 1盘卷片(5米71拍)：1:10, 2B ; 35mm银盐
收藏馆：缩微中心，天津

000O011820
保安州乡土志
清光绪(1875-1908)抄本
1990年摄制. -- 1盘卷片(4米42拍)：1:10, 2B ; 35mm银盐
收藏馆：缩微中心，天津

000O021165
[乾隆]蔚县志：三十一卷 / (清)王育榇修；(清)李舜臣纂
清乾隆四年(1739)刻本
1991年摄制. -- 1盘卷片(18米380拍)：1:10, 2B ; 35mm银盐
收藏馆：缩微中心，天津

000O012451
[乾隆]蔚州志补：十二卷首一卷 / (清)杨世昌修；吴廷华[等]纂
清乾隆十年(1745)刻本
1990年摄制. -- 1盘卷片(20米419拍)：1:10, 2B ; 35mm银盐
收藏馆：缩微中心，天津

00O012441
[光绪]蔚州志：二十卷首一卷 / (清)庆之金修；(清)杨笃纂
清光绪三年(1877)刻本
1990年摄制. -- 1盘卷片（31米595拍）：1:10, 2B ; 35mm银盐
收藏馆：缩微中心，天津

00O012403
[康熙]西宁县志：八卷首一卷 / (清)张充国[等]修；(清)潘嘉猷[等]纂
清康熙五十一年(1712)刻本. -- 附：郭文澜录古诗十九首。
1990年摄制. -- 1盘卷片（16米341拍）：1:10, 2B ; 35mm银盐
收藏馆：缩微中心，天津

00O030856
[同治]西宁新志：十卷首一卷 / (清)韩志超,(清)寅康[等]修；(清)杨笃纂
清光绪元年(1875)宏州书院刻本. -- 记事止：清同治十三年(1874)。修者还有：(清)王兰芬等。
2003年摄制. -- 1盘卷片（12米216拍）：1:10, 2B ; 35mm银盐
收藏馆：缩微中心，南京

00O012446
[同治]西宁新志：十卷首一卷 / (清)韩志超,(清)寅康[等]修；(清)杨笃纂
清同治十二年(1873)刻本. -- 附：县境全图。
1990年摄制. -- 1盘卷片（11米217拍）：1:10, 2B ; 35mm银盐
收藏馆：缩微中心，天津

00O030838
[乾隆]怀安县志：二十四卷图一卷 / (清)杨大崑修；(清)钱戢曾纂
清乾隆八年至六十年(1743-1795)刻本. -- 记事止：清乾隆八年(1743)。
2003年摄制. -- 1盘卷片（16米320拍）：1:10, 2B ; 35mm银盐
收藏馆：缩微中心，南京

00O012372
[光绪]怀安县志：八卷首一卷末一卷 / (清)荫禄修；(清)程燮奎纂
清光绪二年(1876)刻本
1990年摄制. -- 1盘卷片（25米522拍）：1:10, 2B ; 35mm银盐
收藏馆：缩微中心，天津

00O012382
[乾隆]万全县志：十卷首一卷 / (清)左承业纂修
清乾隆十年(1745)刻本
1990年摄制. -- 1盘卷片（18米373拍）：1:10, 2B ; 35mm银盐
收藏馆：缩微中心，天津

00O012332
[道光]万全县志：十卷首一卷 / (清)左承业原修；(清)施彦士增补
清乾隆十年(1745)刻道光十四年(1834)增刻本
1990年摄制. -- 1盘卷片（23米496拍）：1:10, 2B ; 35mm银盐
收藏馆：缩微中心，天津

00O012385
[康熙]怀来县志：十八卷首一卷 / (清)许隆远纂修
清康熙五十一年(1712)刻雍正(1723-1735)增刻本. -- 记事止：清雍正六年(1728)。
1990年摄制. -- 1盘卷片（22米480拍）：1:10, 2B ; 35mm银盐
收藏馆：缩微中心，天津

00O012364
[光绪]怀来县志：十八卷首一卷 / (清)朱乃恭修；(清)席之瓒纂
清光绪八年(1882)刻本
1990年摄制. -- 1盘卷片（18米388拍）：1:10, 2B ; 35mm银盐
收藏馆：缩微中心，天津

00O030716
[乾隆]赤城县志：八卷首一卷附续补一卷 / (清)孟思谊修；(清)张曾炳纂；(清)黄绍七增修
清乾隆十二年(1747)刻乾隆二十四年(1759)增修本. -- 记事止：清乾隆二十四年(1759)，见卷末附第二页互易。
2002年摄制. -- 1盘卷片（16米359拍）：1:10, 2B ; 35mm银盐
收藏馆：缩微中心，天津

00O012426
[乾隆]赤城县志：八卷首一卷 / (清)孟思谊修；(清)张曾炳纂
清乾隆十二年(1747)刻乾隆二十四年(1759)黄绍七补订光绪七年(1881)印本
1990年摄制. -- 1盘卷片（17米356拍）：1:10, 2B ; 35mm银盐
收藏馆：缩微中心，天津

00O021869
[同治]赤城县志 / (清)林牟贻[等]纂修

清同治十一年(1872)稿本
1995年摄制. -- 1盘卷片(3.7米50拍)：
1:10, 2B；35mm银盐
收藏馆：缩微中心，湖北

000O030637
[同治]赤城县续志：十卷首一卷 / (清)林牟贻
[等]纂修
清光绪九年(1883)刻本. -- 记事止：清光绪
六年(1880)，见卷四第八页食货志。
2002年摄制. -- 1盘卷片(6米111拍)：1:10,
2B；35mm银盐
收藏馆：缩微中心，天津

000O030947
[同治]赤城县续志：十卷首一卷 / (清)林牟贻
[等]纂修
清光绪七年(1881)刻光绪九年(1883)重修
本. -- 记事止：清光绪六年(1880)。存九
卷：卷一至卷五、卷七至卷十。
2003年摄制. -- 1盘卷片(12米126拍)：
1:10, 2B；35mm银盐
收藏馆：缩微中心，南京

000O030948
[乾隆]钦定热河志：一百二十卷 / (清)和珅[等]
纂修
清乾隆(1736-1795)刻本. -- 记事止：清乾隆
四十八年(1783)。
2003年摄制. -- 6盘卷片(168米3534拍)：
1:10, 2B；35mm银盐
收藏馆：缩微中心，南京

000O030628
[乾隆]钦定热河志：一百二十卷首一卷 / (清)和
珅[等]纂修
清乾隆(1736-1795)武英殿抄本. -- 记事止：
清乾隆四十七年(1782)，见卷八十五第二十三
页职官。
2002年摄制. -- 6盘卷片(162米3566拍)：
1:10, 2B；35mm银盐
收藏馆：缩微中心，天津

000O011992
[道光]承德府志：六十卷首二十六卷 / (清)海忠
纂修
清道光十一年(1831)刻本
1990年摄制. -- 4盘卷片(124米2592拍)：
1:10, 2B；35mm银盐
收藏馆：缩微中心，天津

000O030877
[道光]承德府志：六十卷首二十六卷 / (清)海忠

纂修
清道光十一年(1831)刻光绪十三年(1887)增修
本. -- 记事止：清道光十一年(1831)。
2003年摄制. -- 4盘卷片(122米2575拍)：
1:10, 2B；35mm银盐
收藏馆：缩微中心，南京

000O022245
山海关志：八卷 / (明)詹荣纂修
明嘉靖十四年(1535)葛守礼刻本
1995年摄制. -- 1盘卷片(8米138拍)：1:10,
2B；35mm银盐
收藏馆：缩微中心，国图

000O031758
[康熙]山海关志：十卷 / (清)陈天植,(清)佘一元
纂修
清康熙九年(1670)刻本
2005年摄制. -- 1盘卷片(14米280拍)：
1:10, 2B；35mm银盐
收藏馆：缩微中心，国图

000O012400
[康熙]山海关志：十卷 / (清)陈天植,(清)佘一元
纂修
清康熙九年(1670)刻本. -- 卷四至卷五配抄
本。
1990年摄制. -- 1盘卷片(14米281拍)：
1:10, 2B；35mm银盐
收藏馆：缩微中心，天津

000O016610
[康熙]昌黎县志：八卷图一卷 / (清)王日翼修；
(清)高培[等]纂
清康熙十三年(1674)刻乾隆二十八年(1763)
增刻本. -- 卷三记事止：清乾隆二十八年
(1763)。
1993年摄制. -- 1盘卷片(8米131拍)：1:10,
2B；35mm银盐
收藏馆：缩微中心，天津

000O012447
[同治]昌黎县志：十卷 / (清)何崧泰修；(清)马恂
[等]纂
清同治五年(1866)刻本
1990年摄制. -- 1盘卷片(22米473拍)：
1:10, 2B；35mm银盐
收藏馆：缩微中心，天津

000O011935
昌黎县乡土志 / (清)童光照纂
清(1644-1911)抄本
1990年摄制. -- 1盘卷片(6米90拍)：1:10,

2B ；35mm银盐
收藏馆：缩微中心，天津

000O030945
[康熙]抚宁县志：十二卷图一卷 / (清)赵端修；
(清)徐廷琛[等]纂
清康熙二十一年（1682）刻康熙二十三年
（1684）增修本. -- 记事止：清康熙二十三年
（1684）。
2003年摄制. -- 1盘卷片（16米319拍）：
1:10，2B ；35mm银盐
收藏馆：缩微中心，南京

000O012330
[光绪]抚宁县志：十六卷首一卷 / (清)张上和修；
(清)史梦兰纂
清光绪三年（1877）刻本
1990年摄制. -- 1盘卷片（20米403拍）：
1:10，2B ；35mm银盐
收藏馆：缩微中心，天津

000O011816
[顺治]卢龙县志：六卷图一卷 / (清)李士模修；
(清)马备纂
清顺治十七年（1660）刻本
1990年摄制. -- 1盘卷片（13米255拍）：
1:10，2B ；35mm银盐
收藏馆：缩微中心，天津

000O027630
[康熙]永平府志：二十四卷 / (清)宋琬纂修；(清)
常文魁续修
清康熙（1662-1722）刻本. -- 存二十一卷：卷
一至卷七、卷十一至卷二十四。
1997年摄制. -- 2盘卷片（46米949拍）：
1:10，2B ；35mm银盐
收藏馆：缩微中心，国图

000O011982
[乾隆]永平府志：二十四卷首一卷末一卷 / (清)
李奉翰修；(清)王金英纂
清乾隆三十九年（1774）刻本
1990年摄制. -- 2盘卷片（62米1307拍）：
1:10，2B ；35mm银盐
收藏馆：缩微中心，天津

000O030864
[乾隆]永平府志：二十四卷首一卷末一卷 / (清)
李奉翰修；(清)王金英纂
清乾隆三十九年（1774）刻同治十二年（1873）重
修本. -- 记事止：清乾隆三十九年（1774）。
2003年摄制. -- 3盘卷片（64米1301拍）：
1:10，2B ；35mm银盐

收藏馆：缩微中心，南京

000O011979
[光绪]永平府志：七十二卷首一卷末一卷 / (清)
游智开修；(清)史梦兰纂
清光绪五年（1879）刻本
1990年摄制. -- 4盘卷片（125米2737拍）：
1:10，2B ；35mm银盐
收藏馆：缩微中心，天津

000O012384
[乾隆]临榆县志：十四卷首一卷 / (清)钟和梅纂
修
清乾隆二十一年（1756）刻本. -- 临榆县：今
裁撤分属于秦皇岛市和抚宁县。
1990年摄制. -- 1盘卷片（20米440拍）：
1:10，2B ；35mm银盐
收藏馆：缩微中心，天津

000O012329
[光绪]临榆县志：二十四卷首一卷 / (清)赵允祜
修；(清)高锡畴纂
清光绪四年（1878）刻本
1990年摄制. -- 2盘卷片（38米806拍）：
1:10，2B ；35mm银盐
收藏馆：缩微中心，天津

000O030632
[康熙]丰润县志：八卷首一卷 / (清)罗景泐修；
(清)曹鼎望纂
清康熙三十一年（1692）刻本. -- 记事止：清
康熙三十二年（1693），见卷六第十四页官师志
武职。
2002年摄制. -- 1盘卷片（17米362拍）：
1:10，2B ；35mm银盐
收藏馆：缩微中心，天津

000O012454
[乾隆]丰润县志：八卷图考一卷 / (清)吴慎纂修
清乾隆二十年（1755）刻本
1990年摄制. -- 1盘卷片（22米479拍）：
1:10，2B ；35mm银盐
收藏馆：缩微中心，天津

000O012358
[光绪]丰润县志：十二卷图一卷 / (清)牛昶
煦,(清)郝增祜纂修
清光绪十六年（1890）补刻本
1990年摄制. -- 2盘卷片（42米842拍）：
1:10，2B ；35mm银盐
收藏馆：缩微中心，天津

000O023943
遵化志略：一卷 / (清)周体观撰
清康熙七年(1668)刻本
1996年摄制. -- 1盘卷片(5米112拍) ： 1:10,
2B ； 35mm银盐
收藏馆：缩微中心，河南

000O017773
[乾隆]直隶遵化州志：十二卷 / (清)刘靖修；(清)
边中宝纂
清乾隆二十一年(1756)刻本
1991年摄制. -- 1盘卷片(19米405拍) ：
1:10, 2B ； 35mm银盐
收藏馆：缩微中心，天津

000O012455
[乾隆]直隶遵化州志：二十卷 / (清)傅修[等]修；
(清)陈瑛纂
清乾隆五十八年(1793)刻后印本. -- 卷七：
七，卷十三：一、四原件虚影。
1990年摄制. -- 1盘卷片(31米636拍) ：
1:10, 2B ； 35mm银盐
收藏馆：缩微中心，天津

000O012391
[光绪]遵化通志：六十卷 / (清)何崧泰[等]修；
(清)史朴[等]纂
清光绪十二年(1886)刻本. -- 存五十七卷：
卷首、卷一至卷三十六、卷三十九、卷四十一
至卷五十五、卷五十七至卷六十。卷二十二：
一，卷二十三：六页码错。
1990年摄制. -- 3盘卷片(80米1671拍) ：
1:10, 2B ； 35mm银盐
收藏馆：缩微中心，天津

000O012416
[乾隆]迁安县志：三十卷 / (清)燕臣仁修；(清)张
傑纂
清乾隆二十二年(1757)刻本
1990年摄制. -- 1盘卷片(22米471拍) ：
1:10, 2B ； 35mm银盐
收藏馆：缩微中心，天津

000O030869
[乾隆]迁安县志：三十卷 / (清)燕臣仁修；(清)张
傑纂
清乾隆二十二年(1757)刻乾隆三十六年
(1771)增修本. -- 记事止：清乾隆三十六年
(1771)。
2003年摄制. -- 1盘卷片(24米509拍) ：
1:10, 2B ； 35mm银盐
收藏馆：缩微中心，南京

000O012366
[同治]迁安县志：十八卷首一卷末一卷 / (清)韩
耀光修；(清)史梦兰纂
清同治十二年(1873)刻本
1990年摄制. -- 1盘卷片(27米558拍) ：
1:10, 2B ； 35mm银盐
收藏馆：缩微中心，天津

000O012411
[嘉庆]滦州志：八卷首一卷末一卷图一卷 / (清)
吴士鸿[等]修；(清)孙学恒纂
清嘉庆十五年(1810)刻本
1990年摄制. -- 1盘卷片(31米621拍) ：
1:10, 2B ； 35mm银盐
收藏馆：缩微中心，天津

000O008799
[光绪]滦州志：十八卷 / (清)杨文鼎修；(清)王大
本,(清)吴宝善纂
清光绪二十二年(1896)稿本
1988年摄制. -- 2盘卷片(46米997拍) ：
1:10, 2B ； 35mm银盐
收藏馆：缩微中心，天津

000O031031
[光绪]滦州志：十八卷首一卷 / (清)杨文鼎修；
(清)王大本,(清)吴宝善纂
清光绪二十四年(1898)刻本. -- 记事止：清
光绪二十三年(1897)。
2003年摄制. -- 2盘卷片(50米1024拍) ：
1:10, 2B ； 35mm银盐
收藏馆：缩微中心，南京

000O017233
[乾隆]乐亭县志：十四卷首一卷 / (清)陈金骏纂
修
清乾隆二十年(1755)刻本
1993年摄制. -- 1盘卷片(31米637拍) ：
1:10, 2B ； 35mm银盐
收藏馆：缩微中心，天津

000O012412
[光绪]乐亭县志：十五卷首一卷末一卷 / (清)蔡
志修[等]修；(清)史梦兰纂
清光绪三年(1877)刻本
1990年摄制. -- 1盘卷片(24米502拍) ：
1:10, 2B ； 35mm银盐
收藏馆：缩微中心，天津

000O016626
[乾隆]玉田县志：十卷 / (清)谢客纂修
清乾隆二十一年(1756)刻本. -- 图无页码。
1991年摄制. -- 1盘卷片(15米328拍) ：

1:10，2B ；35mm银盐
收藏馆：缩微中心，天津

000O016600
[光绪]玉田县志：三十卷首一卷 / (清)夏子鎏修；
(清)李昌时[等]纂
清光绪十年(1884)刻本
1991年摄制. -- 1盘卷片(31米592拍) ：
1:10，2B ；35mm银盐
收藏馆：缩微中心，天津

000O021379
[乾隆]东安县志：二十二卷 / (清)李光昭修；(清)
周琰纂
清乾隆十四年(1749)刻本
1994年摄制. -- 1盘卷片(15米300拍) ：
1:10，2B ；35mm银盐
收藏馆：缩微中心，甘肃

000O012381
[康熙]霸州志：十卷 / (清)朱廷梅修；(清)孙振宗
纂
清康熙十三年(1674)刻本
1990年摄制. -- 1盘卷片(14米290拍) ：
1:10，2B ；35mm银盐
收藏馆：缩微中心，天津

000O027618
[康熙]霸州志：十卷 / (清)朱廷梅修；(清)孙振宗
纂
清康熙十三年(1674)刻本. -- 存六卷：卷一
至卷六。
1997年摄制. -- 1盘卷片(6米80拍) ：1:10，
2B ；35mm银盐
收藏馆：缩微中心，国图

000O008209
[同治]霸州新志：八卷 / (清)周乃大,(清)宋文纂
修
清(1644-1911)稿本. -- 记事止：清光绪十九
年(1893)。
1988年摄制. -- 1盘卷片(25米496拍) ：
1:10，2B ；35mm银盐
收藏馆：缩微中心，南京

000O030866
[乾隆]三河县志：十六卷图考一卷 / (清)陈咏修；
(清)王大信[等]纂
清乾隆二十五年(1760)刻本. -- 记事止：清
乾隆二十四年(1759)。
2003年摄制. -- 1盘卷片(16米318拍) ：
1:10，2B ；35mm银盐
收藏馆：缩微中心，南京

000O016627
[乾隆]三河县志：十六卷图一卷 / (清)陈咏修；
(清)王大信纂
清乾隆二十五年(1760)刻后印本
1991年摄制. -- 1盘卷片(15米317拍) ：
1:10，2B ；35mm银盐
收藏馆：缩微中心，天津

000O011983
[咸丰]固安县志：八卷 / (清)陈崇砥修；(清)陈福
嘉[等]纂
清咸丰九年(1859)刻本
1990年摄制. -- 1盘卷片(24米515拍) ：
1:10，2B ；35mm银盐
收藏馆：缩微中心，天津

000O021366
[乾隆]永清县志：二十五卷 / (清)周震荣修；(清)
章学诚纂
清乾隆四十四年(1779)刻本
1994年摄制. -- 1盘卷片(26米560拍) ：
1:10，2B ；35mm银盐
收藏馆：缩微中心，甘肃

000O012299
[乾隆]永清县志：二十五卷附文征五卷 / (清)周
震荣修；(清)章学诚纂
清乾隆四十四年(1779)刻嘉庆十八年(1813)补
刻本
1990年摄制. -- 1盘卷片(25米560拍) ：
1:10，2B ；35mm银盐
收藏馆：缩微中心，天津

000O030818
[光绪]续永清县志：十四卷文征二卷 / (清)李秉
钧[等]修；(清)魏邦翰纂
清光绪元年(1875)刻本. -- 记事止：清光绪
元年(1875)。
2003年摄制. -- 1盘卷片(16米322拍) ：
1:10，2B ；35mm银盐
收藏馆：缩微中心，南京

000O030875
[康熙]香河县志：十一卷 / (清)刘深纂修
清康熙十七年(1678)刻本. -- 记事止：清康
熙十七年(1678)。
2003年摄制. -- 1盘卷片(17米335拍) ：
1:10，2B ；35mm银盐
收藏馆：缩微中心，南京

000O030622
[康熙]香河县志：十一卷 / (清)刘深纂修
清(1644-1911)天春园抄本

2002年摄制. -- 1盘卷片（16米339拍）：
1:10, 2B；35mm银盐
收藏馆：缩微中心，天津

00O012313
[康熙]大城县志：八卷 / (清)张象灿修；(清)马恂
[等]纂
清康熙十二年(1673)刻本
1990年摄制. -- 1盘卷片（13米271拍）：
1:10, 2B；35mm银盐
收藏馆：缩微中心，天津

00O031210
[康熙]大城县志：八卷 / (清)张象灿修；(清)马恂
[等]纂
清康熙(1662-1722)刻本. -- 纂修者还有：
(清)马恂等。存四卷：卷三至卷四、卷七至卷
八。
2004年摄制. -- 1盘卷片（9米160拍）：1:9,
2B；35mm银盐
收藏馆：缩微中心，国图

00O012010
[光绪]大城县志：十二卷首一卷 / (清)赵炳文
[等]修；(清)刘钟英[等]纂
清光绪二十三年(1897)刻本. -- 纂者还有：
(清)邓毓怡等。
1990年摄制. -- 2盘卷片（36米780拍）：
1:10, 2B；35mm银盐
收藏馆：缩微中心，天津

00O017207
[康熙]文安县志：八卷图一卷 / (清)杨朝麟修；
(清)胡涝[等]纂
清康熙四十二年(1703)刻本
1991年摄制. -- 1盘卷片（24米515拍）：
1:10, 2B；35mm银盐
收藏馆：缩微中心，天津

00O028650
[成化]重修保定志：二十五卷 / (明)章律修；(明)
张才纂；(明)徐珪重订
明弘治七年(1494)刻本
1996年摄制. -- 1盘卷片（30米601拍）：
1:10, 2B；35mm银盐
收藏馆：缩微中心，南京

00O019004
[康熙]保定府志：二十九卷 / (清)纪弘谟修；(清)
郭棻纂
清康熙十九年(1680)刻本
1994年摄制. -- 2盘卷片（53米1151拍）：
1:10, 2B；35mm银盐

收藏馆：缩微中心，天津

00O012376
[光绪]保定府志：七十九卷首一卷 / (清)李培祜
[等]修；(清)张豫垲纂
清光绪十二年(1886)刻本. -- 清光绪七年
(1881)修.
1990年摄制. -- 4盘卷片（118米2552拍）：
1:10, 2B；35mm银盐
收藏馆：缩微中心，天津

00O027631
[康熙]保定县志：四卷 / (清)成其范修；(清)柴经
国纂
清康熙十二年(1673)刻本. -- 存三卷：卷二
至卷四。
1997年摄制. -- 1盘卷片（9米153拍）：1:10,
2B；35mm银盐
收藏馆：缩微中心，国图

00O012452
[雍正]定州志：十卷 / (清)王大年修；(清)申重熙
[等]纂
清雍正十一年(1733)刻本. -- 定州：今定
县。
1990年摄制. -- 1盘卷片（31米637拍）：
1:10, 2B；35mm银盐
收藏馆：缩微中心，天津

00O012460
[道光]直隶定州志：二十二卷首一卷 / (清)宝琳
修；(清)劳沅恩纂
清咸丰元年(1851)刻本. -- 据清道光二十九
年(1849)本刻。
1990年摄制. -- 2盘卷片（53米1137拍）：
1:10, 2B；35mm银盐
收藏馆：缩微中心，天津

00O030802
[道光]直隶定州志：二十二卷首一卷 / (清)宝琳
修；(清)劳沅恩纂
清咸丰元年(1851)刻本. -- 记事止：清道光
三十年(1850)。
2003年摄制. -- 2盘卷片（54米1126拍）：
1:10, 2B；35mm银盐
收藏馆：缩微中心，南京

00O030804
[道光]直隶定州志：二十二卷首一卷 / (清)宝琳
修；(清)劳沅恩纂
清咸丰元年(1851)刻本. -- 记事止：清道光
三十年(1850)。
2003年摄制. -- 2盘卷片（54米1139拍）：

1:10，2B ；35mm银盐
收藏馆：缩微中心，南京

000O030946
[道光]直隶定州志：二十二卷首一卷 / (清)宝琳修；(清)劳沅恩纂
清咸丰元年(1851)刻咸丰十年(1860)印本. -- 记事止：清咸丰元年(1851)。
2003年摄制. -- 2盘卷片(54米1140拍) ：1:10，2B ；35mm银盐
收藏馆：缩微中心，南京

000O012347
[咸丰]定州续志：四卷 / (清)王榕吉[等]修；(清)张朴[等]纂
清咸丰十年(1860)刻本
1990年摄制. -- 1盘卷片(9米172拍) ：1:10，2B ；35mm银盐
收藏馆：缩微中心，天津

000O017222
[乾隆]涿州志：二十二卷首一卷 / (清)吴山凤纂修；[同治]涿州续志：十八卷 / (清)石衡[等]修；(清)卢瑞衡纂
清乾隆三十年(1765)刻光绪元年(1875)印本. -- 本书的续志每一卷都附于正志之后，因此两种书给了一个片卷代号。
1991年摄制. -- 2盘卷片(44米958拍) ：1:10，2B ；35mm银盐
收藏馆：缩微中心，天津

000O030843
[乾隆]祁州志：八卷图一卷 / (清)罗以桂[等]修；(清)张万铨[等]纂
清乾隆二十一年(1756)刻本. -- 记事止：清乾隆二十一年(1756). -- 祁州：今安国县。
2003年摄制. -- 1盘卷片(19米383拍) ：1:10，2B ；35mm银盐
收藏馆：缩微中心，南京

000O016612
[乾隆]祁州志：八卷图一卷 / (清)罗以桂[等]修；(清)张万铨[等]纂
清乾隆二十一年(1756)刻光绪元年(1875)印本
1993年摄制. -- 1盘卷片(18米364拍) ：1:10，2B ；35mm银盐
收藏馆：缩微中心，天津

000O030878
[乾隆]祁州志：八卷首一卷图一卷 / (清)罗以桂[等]修；(清)张万铨[等]纂
清乾隆二十一年(1756)刻光绪八年(1882)重修

本. -- 记事止：清乾隆二十一年(1756)。
2003年摄制. -- 1盘卷片(18米366拍) ：1:10，2B ；35mm银盐
收藏馆：缩微中心，南京

000O030879
[光绪]祁州续志：四卷图一卷 / (清)赵秉恒修；(清)刘学海纂
清光绪八年(1882)刻本. -- 记事止：清光绪二年(1876)。
2003年摄制. -- 1盘卷片(10米189拍) ：1:10，2B ；35mm银盐
收藏馆：缩微中心，南京

000O012379
[光绪]祁州续志：四卷图一卷 / (清)赵秉恒[等]修；(清)刘学海[等]纂
清光绪八年(1882)刻本. -- 纂者还有：(清)韩翼亮等。
1990年摄制. -- 1盘卷片(10米190拍) ：1:10，2B ；35mm银盐
收藏馆：缩微中心，天津

000O011817
祁州乡土志
清光绪(1875-1908)抄本. -- 附：祁州乡土村庄表。
1990年摄制. -- 1盘卷片(7米132拍) ：1:10，2B ；35mm银盐
收藏馆：缩微中心，天津

000O011646
[康熙]满城县志：十二卷图一卷 / (清)张焕原本；(清)贾永宗增修；(清)皮殿选再增修
清康熙五十二年(1713)刻乾隆二十六年(1761)增刻道光十五年(1835)再增刻本. -- 贾永宗增修十卷，书名"新修满城县志"；皮殿选再增修七卷，书名"续修满城县志"；新修志、续修志附各正修志后。
1990年摄制. -- 1盘卷片(32米728拍) ：1:10，2B ；35mm银盐
收藏馆：缩微中心，天津

000O030943
[康熙]清苑县志：十二卷首一卷 / (清)时来敏修；(清)郭棻纂
清康熙十六年(1677)刻本. -- 记事止：清康熙十五年(1676)。(清)佚名批校。
2003年摄制. -- 1盘卷片(18米355拍) ：1:10，2B ；35mm银盐
收藏馆：缩微中心，南京

000○027588
[康熙]清苑县志：十二卷 / (清)时来敏修；(清)郭
菜纂
清康熙十六年(1677)刻本
1997年摄制. -- 1盘卷片(18米347拍)：
1:10，2B；35mm银盐
收藏馆：缩微中心，国图

000○017218
[康熙]清苑县志：十二卷首一卷 / (清)时来敏修；
(清)郭菜纂
清康熙十六年(1677)刻康熙二十七年(1688)增
刻本
1991年摄制. -- 1盘卷片(15米319拍)：
1:10，2B；35mm银盐
收藏馆：缩微中心，天津

000○012352
[同治]清苑县志：十八卷首一卷 / (清)李逢源修；
(清)诸崇俭纂
清同治十二年(1873)刻本
1990年摄制. -- 1盘卷片(31米593拍)：
1:10，2B；35mm银盐
收藏馆：缩微中心，天津

000○021163
[乾隆]直隶易州志：十八卷首一卷 / (清)张登高
纂修
清乾隆十二年(1747)刻后印本
1991年摄制. -- 2盘卷片(37米753拍)：
1:10，2B；35mm银盐
收藏馆：缩微中心，天津

000○021164
[乾隆]安肃县志：十六卷 / (清)张钝修；(清)史元
善,(清)李培纂
清乾隆四十三年(1778)刻嘉庆十三年(1808)重
修本
1991年摄制. -- 1盘卷片(31米682拍)：
1:10，2B；35mm银盐
收藏馆：缩微中心，天津

000○016613
[康熙]新城县志：八卷首一卷 / (清)高基重修；
(清)马之骙[等]纂
清康熙十四年(1675)刻本. -- 孔昭熹朱墨笔
批校评点。
1993年摄制. -- 1盘卷片(12米231拍)：
1:10，2B；35mm银盐
收藏馆：缩微中心，天津

000○027634
[康熙]新城县志：八卷首一卷 / (清)高基重修；

(清)马之骙[等]纂
清康熙十四年(1675)刻本. -- 存五卷：卷四
至卷八。
1997年摄制. -- 1盘卷片(7米108拍)：1:10，
2B；35mm银盐
收藏馆：缩微中心，国图

000○030791
[康熙]新城县志：八卷首一卷 / (清)高基重修；
(清)马之骙[等]纂
清康熙十四年(1675)刻康熙十八年(1679)增修
本. -- 记事止：清康熙十八年(1679)。
2003年摄制. -- 1盘卷片(8米119拍)：1:10，
2B；35mm银盐
收藏馆：缩微中心，南京

000○030795
[道光]新城县志：十八卷首一卷 / (清)李廷棻修；
(清)王振钟[等]纂
清道光十八年(1838)刻本. -- 记事止：清道
光十七年(1837)。
2003年摄制. -- 1盘卷片(29米603拍)：
1:10，2B；35mm银盐
收藏馆：缩微中心，南京

000○016635
[道光]新城县志：十八卷首一卷 / (清)李廷棻修；
(清)王振钟[等]纂
清道光十八年(1838)刻光绪二十一年(1895)印
本
1991年摄制. -- 1盘卷片(31米619拍)：
1:10，2B；35mm银盐
收藏馆：缩微中心，天津

000○011976
[光绪]续修新城县志：十卷 / (清)张丙嘉修；(清)
王锷纂
清光绪二十一年(1895)紫泉书院刻本
1990年摄制. -- 1盘卷片(13米276拍)：
1:10，2B；35mm银盐
收藏馆：缩微中心，天津

000○030646
[乾隆]广昌县志：八卷首一卷 / (清)赵由仁纂修
清乾隆二十五年(1760)刻本. -- 记事止：清
乾隆二十四年(1759)，见卷五第十三页赋役志
田赋。广昌县：今涞源县。
2002年摄制. -- 1盘卷片(16米345拍)：
1:10，2B；35mm银盐
收藏馆：缩微中心，天津

000○017223
[乾隆]广昌县志：八卷首一卷 / (清)赵由仁纂修

清乾隆二十五年(1760)刻后印本
1991年摄制. -- 1盘卷片(15米314拍):
1:10, 2B; 35mm银盐
收藏馆:缩微中心,天津

00O012356
[光绪]广昌县志:十四卷首一卷末一卷 / (清)刘荣纂修
清光绪元年(1875)刻本
1990年摄制. -- 1盘卷片(21米443拍):
1:10, 2B; 35mm银盐
收藏馆:缩微中心,天津

00O012444
[乾隆]定兴县志:十二卷 / (清)王锡瑑纂修
清乾隆四十四年(1779)刻本
1990年摄制. -- 1盘卷片(17米352拍):
1:10, 2B; 35mm银盐
收藏馆:缩微中心,天津

00O030816
[光绪]定兴县志:二十六卷首一卷 / (清)张主敬
[等]修;(清)杨晨纂
清光绪十七年(1891)刻光绪十九年(1893)重修
本. -- 记事止:清光绪十六年(1890)。
2003年摄制. -- 2盘卷片(47米965拍):
1:10, 2B; 35mm银盐
收藏馆:缩微中心,南京

00O012016
[光绪]定兴县志:二十六卷首一卷 / (清)张主敬
[等]修;(清)杨晨纂
清光绪十六年(1890)刻光绪十九年(1893)重校
本。
1990年摄制. -- 2盘卷片(44米965拍):
1:10, 2B; 35mm银盐
收藏馆:缩微中心,天津

00O012324
[康熙]唐县新志:十八卷 / (清)王政修;(清)张
珽,(清)陈瑞纂
清康熙十二年(1673)刻本
1990年摄制. -- 1盘卷片(14米281拍):
1:10, 2B; 35mm银盐
收藏馆:缩微中心,天津

00O012349
[光绪]唐县志:十二卷首一卷 / (清)陈咏修;(清)
张惇德纂
清光绪四年(1878)刻本
1990年摄制. -- 1盘卷片(28米501拍):
1:10, 2B; 35mm银盐
收藏馆:缩微中心,天津

00O012448
[康熙]庆都县志:六卷 / (清)李天玑纂修
清康熙十七年(1678)刻后印本. -- 庆都县:
清乾隆十一年(1746)改名望都。
1990年摄制. -- 1盘卷片(14米265拍):
1:10, 2B; 35mm银盐
收藏馆:缩微中心,天津

000009082
[乾隆]望都县新志:八卷 / (清)陈洪书修;(清)陈
启光纂
清乾隆三十六年(1771)刻本
1988年摄制. -- 1盘卷片(22.2米471拍):
1:10, 2B; 35mm银盐
收藏馆:缩微中心,湖南

00O012429
[光绪]望都县新志:十卷附报恩祠图传一卷 /
(清)陈洪书修;(清)王锡侯,(清)陈启光[等]纂;
(清)李兆珍续修
清光绪三十年(1904)刻本
1990年摄制. -- 1盘卷片(31米684拍):
1:10, 2B; 35mm银盐
收藏馆:缩微中心,天津

00O012300
望都县乡土图说 / (清)陆保善纂修
清光绪三十一年(1905)铅印本
1990年摄制. -- 1盘卷片(7米129拍):1:10,
2B; 35mm银盐
收藏馆:缩微中心,天津

00O012363
[乾隆]涞水县志:八卷首一卷末一卷 / (清)方立
经纂修
清乾隆二十七年(1762)刻本
1990年摄制. -- 1盘卷片(14米282拍):
1:10, 2B; 35mm银盐
收藏馆:缩微中心,天津

00O011959
[光绪]涞水县志:八卷首一卷 / (清)陈杰纂修
清光绪二十一年(1895)敬业堂刻本
1990年摄制. -- 1盘卷片(20米422拍):
1:10, 2B; 35mm银盐
收藏馆:缩微中心,天津

00O012453
[雍正]高阳县志:六卷 / (清)严宗嘉修;(清)李其
旋纂
清雍正八年(1730)刻本
1990年摄制. -- 1盘卷片(25米537拍):
1:10, 2B; 35mm银盐

收藏馆：缩微中心，天津

000O030881
[雍正]高阳县志：六卷图一卷 / (清)严宗嘉修；(清)李其旋纂
清雍正八年(1730)刻增修本
2003年摄制. -- 1盘卷片(26米534拍)：1:10, 2B；35mm银盐
收藏馆：缩微中心，南京

000O011821
高阳县乡土志 / (清)王逢吉纂
清光绪(1875-1908)抄本
1990年摄制. -- 1盘卷片(3米38拍)：1:10, 2B；35mm银盐
收藏馆：缩微中心，天津

000O027633
[顺治]新安县志：八卷 / (清)高景纂修；(清)夏祚焕续修
清顺治(1644-1661)刻康熙(1662-1722)重修本. -- 存五卷：卷一至卷四、卷八。
1997年摄制. -- 1盘卷片(17米330拍)：1:10, 2B；35mm银盐
收藏馆：缩微中心，国图

000O016637
[乾隆]新安县志：八卷 / (清)孙孝芬修；(清)张麟甲纂
清(1644-1911)抄本. -- 据清乾隆八年(1743)刻本传抄。
1991年摄制. -- 1盘卷片(31米626拍)：1:10, 2B；35mm银盐
收藏馆：缩微中心，天津

000O012440
[康熙]雄乘：三卷 / (清)姚文燮纂修
清康熙九年(1670)刻本
1990年摄制. -- 1盘卷片(16米333拍)：1:10, 2B；35mm银盐
收藏馆：缩微中心，天津

000O030952
[康熙]雄乘：三卷续志一卷 / (清)姚文燮纂修；(清)来淑洙增纂
清康熙十年(1671)刻康熙十九年(1680)增修本. -- 记事止：清康熙十九年(1680)。
2003年摄制. -- 1盘卷片(17米347拍)：1:10, 2B；35mm银盐
收藏馆：缩微中心，南京

000O011998
[光绪]雄县乡土志：十五卷 / (清)蔡济清修；(清)

刘荣本纂
清光绪三十一年(1905)铅印本
1990年摄制. -- 1盘卷片(7米109拍)：1:10, 2B；35mm银盐
收藏馆：缩微中心，天津

000O012377
[咸丰]容城县志：八卷图一卷 / (清)詹作周[等]修；(清)王振纲纂
清咸丰七年(1857)刻本
1990年摄制. -- 1盘卷片(25米541拍)：1:10, 2B；35mm银盐
收藏馆：缩微中心，天津

000O030651
[光绪]容城县志：八卷图一卷首一卷 / (清)俞廷献[等]修；(清)吴思忠纂
清光绪二十二年(1896)刻光绪二十五年(1899)增修本
2002年摄制. -- 1盘卷片(26米585拍)：1:10, 2B；35mm银盐
收藏馆：缩微中心，天津

000O012436
[光绪]容城县志：八卷图一卷 / (清)俞廷献[等]修；(清)吴思忠纂
清光绪二十二年(1896)刻本
1990年摄制. -- 1盘卷片(26米585拍)：1:10, 2B；35mm银盐
收藏馆：缩微中心，天津

000O011620
[康熙]曲阳县新志：十一卷 / (清)刘师峻纂修
清康熙十一年(1672)刻本
1990年摄制. -- 1盘卷片(17米358拍)：1:10, 2B；35mm银盐
收藏馆：缩微中心，天津

000O030846
[康熙]曲阳县新志：十一卷 / (清)刘师峻纂修
清康熙十一年(1672)刻乾隆(1736-1795)递修本. -- 记事止：清康熙十九年(1680)。
2003年摄制. -- 1盘卷片(18米352拍)：1:10, 2B；35mm银盐
收藏馆：缩微中心，南京

000O012462
[光绪]重修曲阳县志：二十卷 / (清)周斯亿[等]修；(清)董涛纂
清光绪三十年(1904)刻本
1990年摄制. -- 2盘卷片(49米1000拍)：1:10, 2B；35mm银盐
收藏馆：缩微中心，天津

00O011932
曲阳县乡土志 / (清)陈嘉庆纂
清末(1851-1911)抄本
1990年摄制. -- 1盘卷片(9米173拍)：1:10,
2B；35mm银盐
收藏馆：缩微中心，天津

00O012390
[同治]阜平县志：四卷首一卷 / (清)劳辅芝纂修
清同治十三年(1874)刻本
1990年摄制. -- 1盘卷片(15米311拍)：
1:10, 2B；35mm银盐
收藏馆：缩微中心，天津

00O011622
[乾隆]博野县志：八卷首一卷末一卷 / (清)吴鳌
修；(清)朱基[等]纂
清乾隆三十二年(1767)刻本
1990年摄制. -- 1盘卷片(18米373拍)：
1:10, 2B；35mm银盐
收藏馆：缩微中心，天津

00O017235
[崇祯]蠡县志：十卷续志四卷 / (明)钱天锡原修；
(清)祖建明续修
明崇祯十四年(1641)刻清顺治八年(1651)增刻
本
1993年摄制. -- 1盘卷片(17米355拍)：
1:10, 2B；35mm银盐
收藏馆：缩微中心，天津

00O017230
[康熙]蠡县续志 / (清)耿文岱纂修
清康熙十九年(1680)刻本
1993年摄制. -- 1盘卷片(4米56拍)：1:10,
2B；35mm银盐
收藏馆：缩微中心，天津

00O012378
[光绪]蠡县志：十卷图一卷 / (清)韩志超,(清)何
云诰修；(清)张瑸,(清)孙金墉纂
清光绪二年(1876)刻本
1990年摄制. -- 1盘卷片(21米447拍)：
1:10, 2B；35mm银盐
收藏馆：缩微中心，天津

00O012371
[雍正]完县志：十卷图一卷 / (清)朱懋德修；(清)
田瑗,(清)田锡祐纂
清雍正十年(1732)刻本
1990年摄制. -- 1盘卷片(22米500拍)：
1:10, 2B；35mm银盐
收藏馆：缩微中心，天津

00O030855
[雍正]直隶完县志：十卷 / (清)朱懋德修；(清)田
瑗,(清)田锡祐纂
清雍正十年(1732)刻乾隆(1736-1795)重修
本. -- 记事止：清雍正十年(1732)。
2003年摄制. -- 1盘卷片(19米387拍)：
1:10, 2B；35mm银盐
收藏馆：缩微中心，南京

000O011818
完县乡土志 / (清)朱运昌[等]纂
清光绪三十二年(1906)抄本
1990年摄制. -- 1盘卷片(6米93拍)：1:10,
2B；35mm银盐
收藏馆：缩微中心，天津

00O011643
[康熙]交河县志：七卷图一卷 / (清)墙鼎修；(清)
黄伉纂
清康熙十二年(1673)刻道光二十九年(1849)增
刻本
1990年摄制. -- 1盘卷片(10米189拍)：
1:10, 2B；35mm银盐
收藏馆：缩微中心，天津

000O012339
[乾隆]任邱县志：十二卷首一卷 / (清)刘统修；
(清)刘炳[等]纂
清乾隆二十八年(1763)刻本
1990年摄制. -- 2盘卷片(42米907拍)：
1:10, 2B；35mm银盐
收藏馆：缩微中心，天津

00O012433
[道光]任邱县志续编：二卷 / (清)鲍承焘修；(清)
霍光缙[等]纂
清道光十七年(1837)刻本
1990年摄制. -- 1盘卷片(10米218拍)：
1:10, 2B；35mm银盐
收藏馆：缩微中心，天津

00O027636
[康熙]河间府志：二十二卷 / (清)徐可先纂修
清康熙十六年(1677)刻本. -- 存十六卷：卷
七至卷二十二。
1997年摄制. -- 2盘卷片(50米1049拍)：
1:10, 2B；35mm银盐
收藏馆：缩微中心，国图

00O012396
[康熙]河间府志：二十二卷 / (清)徐可先纂修
清康熙十七年(1678)刻本
1990年摄制. -- 2盘卷片(63米1332拍)：

1:10, 2B ；35mm银盐
收藏馆：缩微中心，天津

00O012298
[乾隆]河间府新志：二十卷首一卷 / (清)杜甲[等]修；(清)胡天游[等]纂
清乾隆二十五年(1760)刻本. -- 纂者还有：(清)黄文连等。
1990年摄制. -- 2盘卷片(53米1170拍) ：1:10, 2B ；35mm银盐
收藏馆：缩微中心，天津

00O027646
[康熙]河间县志：十二卷 / (清)袁元修；(清)杨九有纂
清康熙(1662-1722)刻本. -- 存五卷：卷八至卷十二。
1997年摄制. -- 1盘卷片(5米64拍) ：1:10, 2B ；35mm银盐
收藏馆：缩微中心，国图

00O016615
[乾隆]河间县志：六卷 / (清)吴山凤修；(清)黄文莲,(清)梁志恪纂
清乾隆二十四年(1759)刻本
1993年摄制. -- 1盘卷片(28米568拍) ：1:10, 2B ；35mm银盐
收藏馆：缩微中心，天津

00O008330
[万历]沧州志：八卷 / (明)李梦熊,(明)顾震宇纂修
明万历三十一年(1603)刻本
1988年摄制. -- 1盘卷片(16米326拍) ：1:10, 2B ；35mm银盐
收藏馆：缩微中心，浙江

00O020651
[万历]沧州志：八卷 / (明)李梦熊[等]纂修
明万历三十一年(1603)刻崇祯(1628-1644)增修本
1994年摄制. -- 1盘卷片(16米306拍) ：1:10, 2B ；35mm银盐
收藏馆：缩微中心，国图

00O030630
[康熙]沧州新志：十五卷首一卷 / (清)祖泽潜[等]修；(清)王耀祖纂；(清)闵三元增修；(清)萧载增纂
清康熙十三年(1674)刻康熙十九年(1680)增刻本. -- 记事止：清康熙十九年(1680)，见卷六续志第一页官制。
2002年摄制. -- 1盘卷片(22米480拍) ：

1:10, 2B ；35mm银盐
收藏馆：缩微中心，天津

00O011931
[康熙]沧州新志：十五卷图一卷 / (清)祖泽潜,(清)李永纯修；(清)王耀祖纂
清康熙十三年(1674)刻康熙十九年(1680)增刻本
1990年摄制. -- 1盘卷片(22米492拍) ：1:10, 2B ；35mm银盐
收藏馆：缩微中心，天津

00O012401
[乾隆]沧州志：十六卷 / (清)徐时作[等]修；(清)胡淦[等]纂
清乾隆八年(1743)刻后印本
1990年摄制. -- 2盘卷片(38米799拍) ：1:10, 2B ；35mm银盐
收藏馆：缩微中心，天津

00O016599
重修沧洲志稿
清咸丰(1851-1861)稿本
1990年摄制. -- 1盘卷片(5米66拍) ：1:10, 2B ；35mm银盐
收藏馆：缩微中心，天津

00O011642
[嘉庆]青县志：八卷 / (清)沈联芳修；(清)倪镔纂
清嘉庆八年(1803)刻本
1990年摄制. -- 1盘卷片(21米433拍) ：1:10, 2B ；35mm银盐
收藏馆：缩微中心，天津

00O011644
[嘉庆]青县志：八卷 / (清)沈联芳修；(清)倪镔纂
清嘉庆八年(1803)刻同治五年(1866)补刻本
1990年摄制. -- 1盘卷片(20米435拍) ：1:10, 2B ；35mm银盐
收藏馆：缩微中心，天津

00O011999
[光绪]重修青县志：十卷 / (清)江贡琛修；(清)茹岱林,(清)丁士颖纂
清光绪八年(1882)刻本
1990年摄制. -- 1盘卷片(10米192拍) ：1:10, 2B ；35mm银盐
收藏馆：缩微中心，天津

00O030854
[康熙]东光县志：八卷图一卷 / (清)白为玑修；(清)冯樾[等]纂
清康熙三十二年(1693)刻本. -- 记事止：清

康熙三十一年(1692)。
2003年摄制. -- 1盘卷片(16米316拍) ：
1:10, 2B ; 35mm银盐
收藏馆：缩微中心，南京

00O012432
[光绪]东光县志：十二卷首一卷末一卷 / (清)周
植瀛修；(清)吴浔源纂
清光绪十四年(1888)刻本
1990年摄制. -- 1盘卷片(31米683拍) ：
1:10, 2B ; 35mm银盐
收藏馆：缩微中心，天津

00O012026
[同治]盐山县志：十六卷首一卷末一卷 / (清)江
毓秀修；(清)潘震乙纂
清同治七年(1868)刻本
1990年摄制. -- 2盘卷片(38米757拍) ：
1:10, 2B ; 35mm银盐
收藏馆：缩微中心，天津

00O030643
[乾隆]肃宁县志：十卷首一卷 / (清)尹侃[等]修；
(清)谈有典纂
清乾隆二十一年(1756)刻本. -- 记事止：清
乾隆二十年(1755)，见卷八第十四页选举。
2002年摄制. -- 1盘卷片(17米363拍) ：
1:10, 2B ; 35mm银盐
收藏馆：缩微中心，天津

00O030811
[乾隆]肃宁县志：十卷图一卷 / (清)尹侃[等]修；
(清)谈有典纂
清乾隆二十一年(1756)刻本. -- 记事止：清
乾隆二十年(1755)。
2003年摄制. -- 1盘卷片(18米365拍) ：
1:10, 2B ; 35mm银盐
收藏馆：缩微中心，南京

00O012303
[乾隆]肃宁县志：十卷图一卷 / (清)尹侃[等]修；
(清)谈有典纂
清乾隆二十一年(1756)刻本
1990年摄制. -- 1盘卷片(17米365拍) ：
1:10, 2B ; 35mm银盐
收藏馆：缩微中心，天津

00O030975
[康熙]南皮县志：八卷首一卷 / (清)马士琼修；
(清)吴维哲[等]纂
清康熙十二年(1673)刻本. -- 记事止：清康
熙十二年(1673)。(清)佚名校补。
2003年摄制. -- 1盘卷片(11米190拍) ：

1:10, 2B ; 35mm银盐
收藏馆：缩微中心，南京

00O012327
[康熙]南皮县志：八卷 / (清)马士琼修；(清)吴维
哲[等]纂
清康熙十二年(1673)刻康熙十九年(1680)刘址
增刻本
1990年摄制. -- 1盘卷片(11米205拍) ：
1:10, 2B ; 35mm银盐
收藏馆：缩微中心，天津

00O012340
[光绪]南皮县志：十五卷首一卷末一卷 / (清)殷
树森修；(清)汪宝树[等]纂
清光绪十四年(1888)刻本. -- 纂者还有：
(清)傅金熔等。
1990年摄制. -- 1盘卷片(25米557拍) ：
1:10, 2B ; 35mm银盐
收藏馆：缩微中心，天津

00O030803
南皮乡土志：二卷 / (清)张彬容撰
清光绪(1875-1908)抄本. -- 记事止：清光绪
二十六年(1900)。
2003年摄制. -- 1盘卷片(6米75拍) ：1:10,
2B ; 35mm银盐
收藏馆：缩微中心，南京

00O030944
[康熙]吴桥县志：十卷续补一卷 / (清)任先觉修；
(清)杨莘纂；(清)鹿廷瑄增修；(清)杨莘增纂
清康熙十二年(1673)刻康熙十九年(1680)增修
本. -- 记事止：清康熙十九年(1680)。
2003年摄制. -- 1盘卷片(16米316拍) ：
1:10, 2B ; 35mm银盐
收藏馆：缩微中心，南京

00O030798
[光绪]吴桥县志：十二卷图一卷 / (清)倪昌燮修；
(清)冯庆杨纂
清光绪元年(1875)刻本. -- 记事止：清光绪
元年(1875)。
2003年摄制. -- 1盘卷片(32米585拍) ：
1:10, 2B ; 35mm银盐
收藏馆：缩微中心，南京

00O012341
[光绪]吴桥县志：十二卷图一卷 / (清)倪昌燮修；
(清)冯庆杨纂
清光绪元年(1875)刻本
1990年摄制. -- 1盘卷片(31米685拍) ：
1:10, 2B ; 35mm银盐

收藏馆：缩微中心，天津

000O027639
[康熙]献县志：八卷 / (清)刘征廉修；(清)郑大纲纂
清康熙十二年(1673)刻本． -- 存二卷：卷七至卷八。
1997年摄制． -- 1盘卷片(8米126拍) ：1:10，2B ；35mm银盐
收藏馆：缩微中心，国图

000O030812
[乾隆]献县志：二十卷图一卷表一卷 / (清)万廷兰修；(清)戈涛纂
清乾隆二十六年(1761)刻本． -- 记事止：清乾隆二十五年(1760)。
2003年摄制． -- 2盘卷片(44米917拍) ：1:10，2B ；35mm银盐
收藏馆：缩微中心，南京

000O017226
[乾隆]献县志：二十卷图一卷表一卷 / (清)万廷兰修；(清)戈涛纂
清乾隆二十六年(1761)刻咸丰七年(1857)印本
1993年摄制． -- 2盘卷片(43米918拍) ：1:10，2B ；35mm银盐
收藏馆：缩微中心，天津

000O030865
[乾隆]献县志：二十卷图一卷表一卷 / (清)万廷兰修；(清)戈涛纂
清乾隆二十六年(1761)刻同治二年(1863)增刻本． -- 记事止：清同治二年(1863)。
2003年摄制． -- 2盘卷片(44米926拍) ：1:10，2B ；35mm银盐
收藏馆：缩微中心，南京

000O012420
[咸丰]初续献县志：四卷 / (清)李昌祺纂修
清咸丰七年(1857)刻本
1990年摄制． -- 1盘卷片(9米143拍) ：1:10，2B ；35mm银盐
收藏馆：缩微中心，天津

000O030868
[咸丰]初续献县志：四卷 / (清)李昌祺纂修
清咸丰七年(1857)刻同治二年(1863)增修本． -- 记事止：清同治二年(1863)。
2003年摄制． -- 1盘卷片(9米143拍) ：1:10，2B ；35mm银盐
收藏馆：缩微中心，南京

000O011929
[光绪]献县乡土志
清光绪(1875-1908)抄本
1990年摄制． -- 1盘卷片(5米54拍) ：1:10，2B ；35mm银盐
收藏馆：缩微中心，天津

000O017217
[乾隆]衡水县志：十四卷 / (清)陶淑纂修
清乾隆三十二年(1767)刻本
1991年摄制． -- 1盘卷片(16米344拍) ：1:10，2B ；35mm银盐
收藏馆：缩微中心，天津

000O027644
[康熙]冀州志：十卷 / (清)李显忠修；(清)耿德曙,(清)陈淳纂
清康熙十四年(1675)刻本． -- 存八卷：卷三至卷十。
1997年摄制． -- 1盘卷片(20米377拍) ：1:10，2B ；35mm银盐
收藏馆：缩微中心，国图

000O012421
[乾隆]冀州志：二十卷续编一卷 / (清)范清旷纂修
清乾隆十二年(1747)刻本． -- 卷二至卷四抄配。
1990年摄制． -- 1盘卷片(31米646拍) ：1:10，2B ；35mm银盐
收藏馆：缩微中心，天津

000O030723
[康熙]深州志：八卷 / (明)刘应民原编；(清)李培重辑；(清)张蜚英纂
清康熙三十六年(1697)刻本． -- 记事止：清康熙三十六年(1697)，见卷四第三十一页儒籍。
2003年摄制． -- 1盘卷片(16米335拍) ：1:10，2B ；35mm银盐
收藏馆：缩微中心，天津

000O012399
[道光]深州直隶州志：十卷首一卷末一卷 / (清)张范东修；(清)李广滋纂
清道光七年(1827)刻本
1990年摄制． -- 1盘卷片(20米422拍) ：1:10，2B ；35mm银盐
收藏馆：缩微中心，天津

000O012459
深州风土记：二十二卷附表五卷 / (清)吴汝纶纂修

清光绪二十六年(1900)刻本
1990年摄制. -- 2盘卷片(47米989拍) :
1:10, 2B ; 35mm银盐
收藏馆：缩微中心，天津

000O030625
[乾隆]枣强县志：八卷首一卷末一卷 / (清)单作
哲纂修
清乾隆十七年(1752)刻本. -- 记事止：清乾
隆十七年(1752)，见卷四第十三页。
2002年摄制. -- 1盘卷片(14米287拍) :
1:10, 2B ; 35mm银盐
收藏馆：缩微中心，天津

000O011630
[乾隆]枣强县志：八卷首一卷末一卷 / (清)单作
哲纂修
清乾隆十七年(1752)刻本
1990年摄制. -- 1盘卷片(14米286拍) :
1:10, 2B ; 35mm银盐
收藏馆：缩微中心，天津

000O030794
[嘉庆]枣强县志：二十卷 / (清)任衔蕙修；(清)杨
元锡纂
清嘉庆九年(1804)刻本. -- 记事止：清嘉庆
八年(1803)。
2003年摄制. -- 1盘卷片(26米545拍) :
1:10, 2B ; 35mm银盐
收藏馆：缩微中心，南京

000O030860
[嘉庆]枣强县志：二十卷 / (清)任衔蕙修；(清)杨
元锡纂
清嘉庆九年(1804)刻光绪六年(1880)印本. --
记事止：清嘉庆八年(1803)。
2003年摄制. -- 1盘卷片(26米546拍) :
1:10, 2B ; 35mm银盐
收藏馆：缩微中心，南京

000O030797
[光绪]枣强县志补正：五卷 / (清)方宗诚纂修
清光绪二年(1876)刻本. -- 记事止：清光绪
元年(1875)。佚名跋。
2003年摄制. -- 1盘卷片(10米179拍) :
1:10, 2B ; 35mm银盐
收藏馆：缩微中心，南京

000O012302
[同治]枣强县志补正：五卷附补遗 / (清)方宗诚
纂修
清光绪二年(1876)刻本
1990年摄制. -- 1盘卷片(9米176拍) : 1:10,

2B ; 35mm银盐
收藏馆：缩微中心，天津

000O012418
[光绪]枣强县志补正：五卷附补遗 / (清)方宗诚
纂修
清光绪二年(1876)刻光绪六年(1880)补刻本
1990年摄制. -- 1盘卷片(10米192拍) :
1:10, 2B ; 35mm银盐
收藏馆：缩微中心，天津

000O030641
[康熙]武邑县志：六卷 / (清)许维桱修；(清)束图
南纂
清康熙三十三年(1694)刻本. -- 记事止：清
康熙三十四年(1695)，见卷二第十页职官。
2002年摄制. -- 1盘卷片(12.5米261拍) :
1:10, 2B ; 35mm银盐
收藏馆：缩微中心，天津

000O016628
[同治]武邑县志：十卷首一卷 / (清)彭美修；(清)
龙文彬纂
清同治十一年(1872)刻本. -- 附：诰封一册。
1991年摄制. -- 1盘卷片(15米301拍) :
1:10, 2B ; 35mm银盐
收藏馆：缩微中心，天津

000O030826
[康熙]正定府晋州武强县新志：八卷 / (清)冼国
干修；(清)张星法纂
清康熙三十三年(1694)恒阜草堂刻本. -- 记
事止：清康熙三十三年(1694)。
2003年摄制. -- 1盘卷片(15米298拍) :
1:10, 2B ; 35mm银盐
收藏馆：缩微中心，南京

000O012402
[道光]武强县志重修：十二卷图一卷 / (清)翟慎
行修；(清)翟慎典纂
清道光十一年(1831)刻后印本
1990年摄制. -- 1盘卷片(20米421拍) :
1:10, 2B ; 35mm银盐
收藏馆：缩微中心，天津

000O030617
[顺治]饶阳县后志：六卷 / (清)刘世祚修；(清)王
美[等]纂
清顺治三年(1646)刻本. -- 记事止：清顺治
五年(1648)，见卷二第二十八页赋役。
2002年摄制. -- 1盘卷片(10米204拍) :
1:10, 2B ; 35mm银盐
收藏馆：缩微中心，天津

00○011648

[顺治]饶阳县后志：六卷 / (清)刘世祚修；(清)田敬宗[等]纂

清顺治三年(1646)刻本

1990年摄制. -- 1盘卷片(12米235拍) : 1:10, 2B；35mm银盐

收藏馆：缩微中心，天津

00○021313

[乾隆]饶阳县志：二卷首一卷末一卷 / (清)单作哲纂修

清乾隆十四年(1749)刻本

1994年摄制. -- 1盘卷片(15米316拍) : 1:10, 2B；35mm银盐

收藏馆：缩微中心，甘肃

00○030652

[万历]安平县志：六卷 / (明)王诉修；(明)王三余纂；(明)何㦛增修

明万历十七年(1589)刻万历二十四年(1596)增刻本. -- 记事止：明万历二十四年(1596)，见卷六第六十八页。存一卷：卷六。

2002年摄制. -- 1盘卷片(6米91拍) : 1:10, 2B；35mm银盐

收藏馆：缩微中心，天津

00○011933

[万历]安平县志：六卷 / (明)王诉修；(明)王三余纂；(明)何㦛增修

明万历十七年(1589)刻万历二十四年(1596)增刻本. -- 存一卷：卷六。

1990年摄制. -- 1盘卷片(6米95拍) : 1:10, 2B；35mm银盐

收藏馆：缩微中心，天津

00○012346

[雍正]故城县志：六卷 / (清)蔡维义修；(清)秦永清[等]纂

清雍正五年(1727)刻后印本

1990年摄制. -- 1盘卷片(24米522拍) : 1:10, 2B；35mm银盐

收藏馆：缩微中心，天津

00○011987

[光绪]续修故城县志：十二卷首一卷 / (清)丁璨,(清)王育德修；(清)张焕[等]纂

清光绪十一年(1885)刻

1990年摄制. -- 2盘卷片(41米853拍) : 1:10, 2B；35mm银盐

收藏馆：缩微中心，天津

00○012365

[乾隆]景州志：六卷首一卷 / (清)屈成霖修；(清)

赵杉[等]纂

清乾隆十年(1745)刻本. -- 卷六有抄配。

1990年摄制. -- 1盘卷片(23米497拍) : 1:10, 2B；35mm银盐

收藏馆：缩微中心，天津

00○030621

[雍正]阜城县志：二十二卷首一卷 / (清)陆福宜修；(清)多时珍[等]纂

清光绪三十四年(1908)铅印本. -- 记事止：清雍正十二年(1734)，见卷十六第十一页职官。

2002年摄制. -- 1盘卷片(15米323拍) : 1:10, 2B；35mm银盐

收藏馆：缩微中心，天津

00○030655

[万历]顺德府志：四卷 / (明)王守诚修；(明)张四箴纂；(清)殷作霖续纂修

明万历十二年(1584)刻清康熙十九年(1680)递修本. -- 记事止：清康熙二十二年(1683)，见卷一第又续十六页官师。

2002年摄制. -- 1盘卷片(22米488拍) : 1:10, 2B；35mm银盐

收藏馆：缩微中心，天津

00○027641

[康熙]顺德府志：四卷 / (清)殷作霖续修

明(1368-1644)刻清康熙(1662-1722)增修本. -- 存三卷：卷二至卷四。

1997年摄制. -- 1盘卷片(16米298拍) : 1:10, 2B；35mm银盐

收藏馆：缩微中心，国图

00○012404

[乾隆]顺德府志：十六卷图一卷 / (清)徐景曾纂修

清乾隆十五年(1750)刻本

1990年摄制. -- 2盘卷片(38米813拍) : 1:10, 2B；35mm银盐

收藏馆：缩微中心，天津

00○011928

[康熙]南宫县志：十二卷 / (清)胡胤铨纂修

清康熙十二年(1673)刻雍正五年(1727)增刻本

1990年摄制. -- 1盘卷片(21米459拍) : 1:10, 2B；35mm银盐

收藏馆：缩微中心，天津

00○012315

[道光]南宫县志：十六卷图一卷 / (清)周栻修；(清)陈柱[等]纂

清道光十一年(1831)刻本

1990年摄制. -- 1盘卷片(31米642拍) :
1:10, 2B ; 35mm银盐
收藏馆：缩微中心，天津

000O012353
[光绪]南宫县志：十八卷 / (清)戴世文修；(清)乔国桢[等]纂
清光绪三十年(1904)刻本
1990年摄制. -- 1盘卷片(31米688拍) :
1:10, 2B ; 35mm银盐
收藏馆：缩微中心，天津

000O030627
南宫县乡土志
清光绪(1875-1908)抄本. -- 记事止：清光绪二十九年(1903)，见第二十三页。
2002年摄制. -- 1盘卷片(3米40拍) : 1:10,
2B ; 35mm银盐
收藏馆：缩微中心，天津

000O011651
南宫县乡土志
清光绪(1875-1908)抄本
1990年摄制. -- 1盘卷片(3米41拍) : 1:10,
2B ; 35mm银盐
收藏馆：缩微中心，天津

000O030801
[乾隆]沙河县志：十卷首一卷末一卷 / (清)杜灝纂修
清乾隆二十二年(1757)刻乾隆二十四年(1759)增修本. -- 记事止：清乾隆二十四年(1759)。
2003年摄制. -- 1盘卷片(11米249拍) :
1:10, 2B ; 35mm银盐
收藏馆：缩微中心，南京

000O017212
[乾隆]沙河县志：十卷首一卷 / (清)杜灝纂修
清乾隆二十二年(1757)刻道光二十五年(1845)重印本
1991年摄制. -- 1盘卷片(12米252拍) :
1:10, 2B ; 35mm银盐
收藏馆：缩微中心，天津

000O012413
[道光]续增沙河县志：二卷 / (清)鲁杰纂修
清道光二十五年(1845)刻本
1990年摄制. -- 1盘卷片(9米156拍) : 1:10,
2B ; 35mm银盐
收藏馆：缩微中心，天津

000O030650
[道光]邢台县志：十卷首一卷 / (清)窦景燕[等]

纂修
清道光七年(1827)刻同治十一年(1873)印本. -- 记事止：清道光六年(1826)，见卷五第二十七页官师。附县图一幅。
2002年摄制. -- 1盘卷片(16米333拍) :
1:10, 2B ; 35mm银盐
收藏馆：缩微中心，天津

000O012306
[光绪]邢台县志：八卷首一卷 / (清)戚朝卿修；(清)周祜纂
清光绪三十一年(1905)刻本
1990年摄制. -- 1盘卷片(21米451拍) :
1:10, 2B ; 35mm银盐
收藏馆：缩微中心，天津

000O011626
[康熙]临城县志：八卷图一卷 / (清)杨宽修；(清)乔巳百纂
清康熙三十年(1691)刻乾隆至道光(1736-1850)增刻本
1990年摄制. -- 1盘卷片(17米368拍) :
1:10, 2B ; 35mm银盐
收藏馆：缩微中心，天津

000O012438
[道光]内邱县志：四卷 / (清)施彦士纂修
清道光十二年(1832)补刻本
1990年摄制. -- 1盘卷片(17米362拍) :
1:10, 2B ; 35mm银盐
收藏馆：缩微中心，天津

000O011625
内邱县乡土志：二卷 / (清)卢聘乡修；(清)田尔观,(清)郝慎冈纂
清光绪(1875-1908)抄本
1990年摄制. -- 1盘卷片(4米57拍) : 1:10,
2B ; 35mm银盐
收藏馆：缩微中心，天津

000O030883
[乾隆]柏乡县志：十卷首一卷 / (清)钟赓华纂修
清乾隆三十二年(1767)刻本. -- 记事止：清乾隆三十二年(1767)。
2003年摄制. -- 1盘卷片(18米362拍) :
1:10, 2B ; 35mm银盐
收藏馆：缩微中心，南京

000O016622
[乾隆]柏乡县志：十卷首一卷 / (清)钟赓华纂修
清乾隆三十二年(1767)刻后印本
1991年摄制. -- 1盘卷片(18米371拍) :
1:10, 2B ; 35mm银盐

收藏馆：缩微中心，天津

000O030624
[乾隆]隆平县志：十卷首一卷 / (清)袁文焕纂修
清乾隆至清末(1736-1911)抄本. -- 记事止：
清乾隆二十九年(1764)，见卷九第八页。
2002年摄制. -- 1盘卷片(16.5米355拍)：
1:10, 2B ; 35mm银盐
收藏馆：缩微中心，天津

000O030951
[康熙]唐山县志：四卷 / (清)孙缵修；(清)张鹏翎
纂；(清)朱魁鳌增修；(清)束启宗增纂
清康熙十二年(1673)刻康熙二十年(1681)增修
本. -- 记事止：清康熙二十年(1681)。佚名
校补。
2003年摄制. -- 1盘卷片(13米252拍)：
1:10, 2B ; 35mm银盐
收藏馆：缩微中心，南京

000O012409
[光绪]唐山县志：十二卷首一卷末一卷 / (清)苏
玉修；(清)杜霭,(清)李飞鸣[等]纂
清光绪七年(1881)刻本
1990年摄制. -- 1盘卷片(22米476拍)：
1:10, 2B ; 35mm银盐
收藏馆：缩微中心，天津

000O030649
[乾隆]南和县志：十二卷首一卷 / (清)周章焕纂
修
清乾隆十四年(1749)抄本. -- 记事止：清乾
隆十四年(1749)，见卷六第十一页职官。
2002年摄制. -- 1盘卷片(16米345拍)：
1:10, 2B ; 35mm银盐
收藏馆：缩微中心，天津

000O016598
[光绪]南和县志：十二卷首一卷图一卷 / (清)王
立勋,(清)秦家械修；(清)李清芝,(清)查善根纂
清光绪十九年(1893)崇文斋抄本
1990年摄制. -- 1盘卷片(21米458拍)：
1:10, 2B ; 35mm银盐
收藏馆：缩微中心，天津

000O011841
南和县乡土志：二卷
清光绪(1875-1908)抄本
1990年摄制. -- 1盘卷片(7米106拍)：1:10,
2B ; 35mm银盐
收藏馆：缩微中心，天津

000O012369
[康熙]宁晋县志：十卷 / (清)万任修；(清)张
坦,(清)罗宏馨纂
清康熙十八年(1679)刻清(1644-1911)补刻本
1990年摄制. -- 1盘卷片(21米444拍)：
1:10, 2B ; 35mm银盐
收藏馆：缩微中心，天津

000O011627
宁晋县乡土志
清光绪(1875-1908)抄本
1990年摄制. -- 1盘卷片(11米203拍)：
1:10, 2B ; 35mm银盐
收藏馆：缩微中心，天津

000O016629
[光绪]钜鹿县志：十二卷首一卷 / (清)凌燮修；
(清)郝慎,(清)夏应麟纂
清光绪十二年(1886)刻本
1991年摄制. -- 1盘卷片(22米493拍)：
1:10, 2B ; 35mm银盐
收藏馆：缩微中心，天津

000O012323
[光绪]新河县志：十六卷 / (清)赵鸿钧修；(清)沈
家焕纂
清光绪二年(1876)刻本
1990年摄制. -- 1盘卷片(18米389拍)：
1:10, 2B ; 35mm银盐
收藏馆：缩微中心，天津

000O030642
[光绪]新河县志：十六卷 / (清)赵鸿钧修；(清)沈
家焕纂
清光绪二年(1876)刻宣统元年(1909)增修
本. -- 记事止：清光绪三十四年(1908)，见
卷九第前六页职官知县。
2002年摄制. -- 1盘卷片(18米395拍)：
1:10, 2B ; 35mm银盐
收藏馆：缩微中心，天津

000O030862
[康熙]广宗县志：十二卷图考一卷 / (清)吴存礼
修；(清)乔承宠纂；(清)李师舒[等]增纂修
清康熙三十二年(1693)刻嘉庆九年(1804)递修
本. -- 记事止：清嘉庆五年(1800)。
2003年摄制. -- 1盘卷片(18米372拍)：
1:10, 2B ; 35mm银盐
收藏馆：缩微中心，南京

000O012318
[同治]广宗县志：十二卷 / (清)罗观骏修；(清)李
汝绍[等]纂

清同治十三年(1874)刻本
1990年摄制. -- 1盘卷片(24米521拍) :
1:10, 2B ; 35mm银盐
收藏馆：缩微中心，天津

000O011943

[同治]平乡县志：十二卷首一卷 / (清)苏性纂修
清同治七年(1868)刻本
1990年摄制. -- 1盘卷片(17米346拍) :
1:10, 2B ; 35mm银盐
收藏馆：缩微中心，天津

000O012389

[光绪]平乡县志：十二卷首一卷 / (清)苏性纂修；
(清)吴沂增补
清同治七年(1868)刻光绪十二年(1886)增刻本
1990年摄制. -- 1盘卷片(17米365拍) :
1:10, 2B ; 35mm银盐
收藏馆：缩微中心，天津

000O030824

[康熙]威县志：十六卷图一卷 / (清)李之栋纂修
清康熙十二年(1673)刻乾隆(1736-1795)重修
本. -- 记事止：清康熙十二年(1673)。
2003年摄制. -- 1盘卷片(16米306拍) :
1:10, 2B ; 35mm银盐
收藏馆：缩微中心，南京

000O012359

[同治]清河县志：六卷图一卷 / (清)王镛修；(清)
郭兆藩[等]纂
清同治十一年(1872)刻本
1990年摄制. -- 1盘卷片(21米443拍) :
1:10, 2B ; 35mm银盐
收藏馆：缩微中心，天津

000O030809

[光绪]清河县志：四卷图一卷 / (清)黄汝香纂修
清光绪九年(1883)刻本. -- 记事止：清光绪
八年(1882)。
2003年摄制. -- 1盘卷片(17米338拍) :
1:10, 2B ; 35mm银盐
收藏馆：缩微中心，南京

000O030808

[乾隆]广平府志：二十四卷图一卷 / (清)吴谷纂
修
清乾隆十年(1745)刻本. -- 记事止：清乾隆
十年(1745)。
2003年摄制. -- 2盘卷片(44米892拍) :
1:10, 2B ; 35mm银盐
收藏馆：缩微中心，南京

000O030810

[乾隆]广平府志：二十四卷图一卷 / (清)吴谷纂
修
清乾隆十年(1745)刻本. -- 记事止：清乾隆
十年(1745)。
2003年摄制. -- 2盘卷片(45米889拍) :
1:10, 2B ; 35mm银盐
收藏馆：缩微中心，南京

000O016616

[乾隆]广平府志：二十四卷图一卷 / (清)吴谷纂
修
清乾隆十年(1745)刻本
1993年摄制. -- 2盘卷片(41米888拍) :
1:10, 2B ; 35mm银盐
收藏馆：缩微中心，天津

000O030800

[光绪]重修广平府志：六十三卷首一卷 / (清)吴
中彦修；(清)胡景桂纂
清光绪二十年(1894)刻本. -- 记事止：清光
绪二十年(1894)。(清)佚名批校。
2003年摄制. -- 4盘卷片(113米2362拍) :
1:10, 2B ; 35mm银盐
收藏馆：缩微中心，南京

000O012383

[光绪]重修广平府志：六十三卷首一卷 / (清)吴
中彦修；(清)胡景桂纂
清光绪二十年(1894)刻本
1990年摄制. -- 4盘卷片(108米2353拍) :
1:10, 2B ; 35mm银盐
收藏馆：缩微中心，天津

000O016632

[乾隆]武安县志：二十卷图一卷 / (清)蒋光祖修；
(清)夏兆丰纂
清乾隆四年(1739)刻后印本
1991年摄制. -- 1盘卷片(31米675拍) :
1:10, 2B ; 35mm银盐
收藏馆：缩微中心，天津

000O008277

宣化县乡土志：不分卷 / (清)谢恺编
清光绪三十三年(1907)抄本. -- 记事止：清
光绪二十三年(1897)。
1988年摄制. -- 1盘卷片(5米89拍) : 1:10,
2B ; 35mm银盐
收藏馆：缩微中心，南京

000O022494

武安乡土志：不分卷 / (清)钱祥保编
清光绪三十二年(1906)刻本

1995年摄制. -- 1盘卷片(1.4米31拍)：
1:10, 2B；35mm银盐
收藏馆：缩微中心，湖北

000O017776
[同治]续修元城县志：六卷首一卷 / (清)吴大镛
修；(清)王仲甡纂
清同治十一年(1872)刻本
1991年摄制. -- 1盘卷片(21米455拍)：
1:10, 2B；35mm银盐
收藏馆：缩微中心，天津

000O030825
[同治]续修元城县志：六卷首一卷 / (清)吴大镛
修；(清)王仲甡纂
清同治十二年(1873)刻本. -- 记事止：清同
治十二年(1873)。
2003年摄制. -- 1盘卷片(22米457拍)：
1:10, 2B；35mm银盐
收藏馆：缩微中心，南京

000O012387
[乾隆]邯郸县志：十二卷首一卷 / (清)王炯纂修
清乾隆二十一年(1756)刻后印本
1990年摄制. -- 1盘卷片(21米448拍)：
1:10, 2B；35mm银盐
收藏馆：缩微中心，天津

000O030822
[乾隆]邯郸县志：十二卷首一卷 / (清)王炯纂修
清乾隆二十一年(1756)刻增修本. -- 记事
止：清乾隆二十一年(1756)。
2003年摄制. -- 1盘卷片(22米448拍)：
1:10, 2B；35mm银盐
收藏馆：缩微中心，南京

000O030629
[康熙]临漳县志：六卷首一卷 / (清)陶颖发纂修；
(清)陈大玠增纂
清康熙三十年(1691)刻雍正九年(1731)增刻
本. -- 记事止：清乾隆四年(1739)，见卷三
第四十九页赋税。该志整部均为邋遢版。
2002年摄制. -- 1盘卷片(21米450拍)：
1:10, 2B；35mm银盐
收藏馆：缩微中心，天津

000O012423
[光绪]临漳县志：十八卷首一卷 / (清)周秉彝修；
(清)周寿梓,(清)李耀中纂
清光绪三十一年(1905)刻本
1990年摄制. -- 2盘卷片(41米859拍)：
1:10, 2B；35mm银盐
收藏馆：缩微中心，天津

000O016614
[康熙]成安县志：十二卷 / (清)王公楷修；(清)张
櫂纂
清康熙十二年(1673)刻本
1993年摄制. -- 1盘卷片(20米440拍)：
1:10, 2B；35mm银盐
收藏馆：缩微中心，天津

000O012345
[嘉庆]成安县志：二卷 / (清)孙培曾纂修
清嘉庆七年(1802)刻本
1990年摄制. -- 1盘卷片(9米150拍)：1:10,
2B；35mm银盐
收藏馆：缩微中心，天津

000O012023
[咸丰]大名府志：二十二卷续志六卷末一卷 /
(清)武蔚文[等]修；(清)郭程先[等]纂
清咸丰三年(1853)刻本
1990年摄制. -- 4盘卷片(111米2309拍)：
1:10, 2B；35mm银盐
收藏馆：缩微中心，天津

000O030623
[康熙]大名县志：二十卷首一卷 / (清)顾咸泰修；
(清)王逢五纂
清康熙十五年(1676)刻本
2002年摄制. -- 1盘卷片(15米321拍)：
1:10, 2B；35mm银盐
收藏馆：缩微中心，天津

000O012425
[乾隆]大名县志：四十卷首一卷 / (清)张维
祺,(清)李棠纂修
清乾隆五十四年(1789)刻后印本. -- 存
三十六卷：卷一至卷五、卷十一至卷四十，首
一卷。卷十四：十一、十三页码错；卷十五：
十至十一页码错；卷二十一：十九至二十页颠
倒。
1990年摄制. -- 1盘卷片(32米728拍)：
1:10, 2B；35mm银盐
收藏馆：缩微中心，天津

000O016625
[嘉庆]涉县志：八卷图一卷 / (清)戚学标纂修
清嘉庆四年(1799)刻本
1991年摄制. -- 1盘卷片(16米331拍)：
1:10, 2B；35mm银盐
收藏馆：缩微中心，天津

000O011813
[康熙]磁州志：十八卷图一卷 / (清)蒋擢修；(清)
乐玉声纂

清康熙三十九年(1700)刻康熙四十八年(1709)
增刻本
1990年摄制. -- 1盘卷片(22米469拍) :
1:10, 2B ; 35mm银盐
收藏馆：缩微中心, 天津

000O030828
[康熙]磁州志：十八卷 / (清)蒋擢修；(清)乐玉声
纂
清康熙四十二年(1703)刻乾隆(1736-1795)递
修本. -- 记事止：清康熙四十八年(1709)。
2003年摄制. -- 1盘卷片(22米452拍) :
1:10, 2B ; 35mm银盐
收藏馆：缩微中心, 南京

000O012457
[同治]磁州续志：六卷首一卷 / (清)程光滢纂修
清同治十三年(1874)刻本
1990年摄制. -- 1盘卷片(11米200拍) :
1:10, 2B ; 35mm银盐
收藏馆：缩微中心, 天津

000O011815
磁州乡土志
清光绪(1875-1908)抄本
1990年摄制. -- 1盘卷片(4米54拍) : 1:10,
2B ; 35mm银盐
收藏馆：缩微中心, 天津

000O017209
[雍正]肥乡县志：六卷 / (清)王建中修；(清)宋
锦,(清)程囊锦纂
清雍正十年(1732)刻本
1990年摄制. -- 1盘卷片(24米531拍) :
1:10, 2B ; 35mm银盐
收藏馆：缩微中心, 天津

000O012027
[同治]肥乡县志：三十六卷补遗一卷 / (清)李鹏
展修；(清)赵文濂纂
清同治六年(1867)刻本
1990年摄制. -- 1盘卷片(25米553拍) :
1:10, 2B ; 35mm银盐
收藏馆：缩微中心, 天津

000O007096
[康熙]永年县志：十九卷图一卷 / (清)朱世纬纂
修
清康熙十一年(1672)刻雍正十一年(1733)增刻
乾隆十年(1745)再增刻本
1987年摄制. -- 1盘卷片(28米621拍) :
1:10, 2B ; 35mm银盐
收藏馆：缩微中心, 天津

000O016611
[乾隆]永年县志：四十四卷首一卷 / (清)孔广棣
纂修
清乾隆二十三年(1758)刻本
1993年摄制. -- 1盘卷片(31米601拍) :
1:10, 2B ; 35mm银盐
收藏馆：缩微中心, 天津

000O030880
[光绪]永年县志：四十卷首一卷 / (清)夏诒钰纂
修
清光绪三年(1877)刻本. -- 记事止：清光绪
三年(1877)。
2003年摄制. -- 1盘卷片(32米678拍) :
1:10, 2B ; 35mm银盐
收藏馆：缩微中心, 南京

000O011993
[光绪]永年县志：四十卷首一卷 / (清)夏诒钰纂
修
清光绪三年(1877)刻本
1990年摄制. -- 1盘卷片(31米679拍) :
1:10, 2B ; 35mm银盐
收藏馆：缩微中心, 天津

000O011619
永年县乡土志：三卷
清光绪(1875-1908)抄本
1990年摄制. -- 1盘卷片(9米147拍) : 1:10,
2B ; 35mm银盐
收藏馆：缩微中心, 天津

000O008252
[乾隆]邱县志：八卷 / (清)黄景曾修；(清)靳渊然
纂
清乾隆四十七年(1782)刻本. -- 记事止：清
乾隆四十六年(1781)。
1988年摄制. -- 1盘卷片(17米359拍) :
1:10, 2B ; 35mm银盐
收藏馆：缩微中心, 南京

000O017215
[乾隆]鸡泽县续志：二十卷图一卷 / (清)王光燮
[等]修；(清)王锦林增订
清乾隆二十年(1755)刻乾隆三十一年(1766)增
刻本
1991年摄制. -- 1盘卷片(19米406拍) :
1:10, 2B ; 35mm银盐
收藏馆：缩微中心, 天津

000O027710
[万历]广平县志：五卷 / (明)陈檠纂修；(明)王一
龙续修

明万历二十一年(1593)刻万历三十七年(1609)
增修本
1997年摄制. -- 1盘卷片(12米228拍)：
1:10, 2B ; 35mm银盐
收藏馆：缩微中心，国图

00O017234
[康熙]广平县志：五卷图一卷 / (清)夏显煜修；
(清)王俞巽纂
清康熙十五年(1676)刻本
1993年摄制. -- 1盘卷片(14米295拍)：
1:10, 2B ; 35mm银盐
收藏馆：缩微中心，天津

00O030884
[康熙]广平县志：五卷图一卷 / (清)夏显煜修；
(清)王俞巽纂
清康熙十五年(1676)刻乾隆(1736-1795)重修
本. -- 记事止：清康熙十四年(1675)。
2003年摄制. -- 1盘卷片(15米297拍)：
1:10, 2B ; 35mm银盐
收藏馆：缩微中心，南京

00O011621
广平县乡土志：五卷 / (清)曾恺章修；(清)杨阴
洼[等]纂
清光绪三十二年(1906)抄本
1990年摄制. -- 1盘卷片(8米134拍) : 1:10,
2B ; 35mm银盐
收藏馆：缩微中心，天津

00O019840
[雍正]馆陶县志：十二卷 / (清)赵知希纂修
清光绪十九年(1893)刻本. -- 据清乾隆元年
(1736)刻本重刻。
1994年摄制. -- 1盘卷片(15米304拍)：
1:10, 2B ; 35mm银盐
收藏馆：缩微中心，天津

00O030383
[雍正]馆陶县志：十二卷 / (清)赵知希纂修
清光绪十九年(1893)刻本. -- 记事止：清雍
正十三年(1735)。(清)梦琴校补。
2002年摄制. -- 1盘卷片(15米303拍)：
1:10, 2B ; 35mm银盐
收藏馆：缩微中心，南京

00O030647
[同治]曲周县志：二十卷首一卷 / (清)存禄修；
(清)刘自立纂
清同治八年(1869)刻本. -- 记事止：清同治
八年(1869)，见卷十三第九页职官。
2002年摄制. -- 1盘卷片(26米579拍)：

1:10, 2B ; 35mm银盐
收藏馆：缩微中心，天津

00O009739
[嘉靖]山西通志：三十二卷 / (明)杨宗气修；(明)
周斯盛纂
明嘉靖四十三年(1564)刻本. -- 记事止：明
嘉靖四十三年(1564)。
1989年摄制. -- 2盘卷片(45.1米964拍)：
1:10, 2B ; 35mm银盐
收藏馆：缩微中心，山西

00O008835
[嘉靖]山西通志：三十二卷 / (明)杨宗气修；(明)
周斯盛纂
明嘉靖四十三年(1564)刻本
1988年摄制. -- 2盘卷片(45米969拍)：
1:10, 2B ; 35mm银盐
收藏馆：缩微中心，天津

00O019625
[嘉靖]山西通志：三十二卷 / (明)杨宗气修；(明)
周斯盛纂
明嘉靖四十三年(1564)刻本. -- 存五卷：卷
六至卷十。
1994年摄制. -- 1盘卷片(5米70拍) : 1:10,
2B ; 35mm银盐
收藏馆：缩微中心，国图

00O009744
[康熙]山西通志：三十二卷 / (清)穆尔赛修；(清)
刘梅,(清)温敞纂
清康熙二十一年(1682)刻本. -- 记事止：清
康熙二十一年(1682)。
1989年摄制. -- 6盘卷片(153.3米3298拍)：
1:10, 2B ; 35mm银盐
收藏馆：缩微中心，山西

00O031750
[雍正]山西通志：二百三十卷 / (清)觉罗石麟修；
(清)储大文纂
清雍正十二年(1734)刻本. -- 存七十六
卷：卷四十八至卷六十六、卷一百十五至卷
一百二十四、卷一百二十八至卷一百三十七、
卷一百六十八至卷一百九十、卷二百十七至卷
二百三十。
2005年摄制. -- 6盘卷片(159米3365拍)：
1:10, 2B ; 35mm银盐
收藏馆：缩微中心，国图

00O009746
[雍正]山西通志：二百三十卷 / (清)觉罗石麟修；
(清)储大文纂

清雍正十二年(1734)刻本. -- 记事止：清雍
正十二年(1734)。
1989年摄制. -- 15盘卷片(431.5米9347拍)：
1:10, 2B ; 35mm银盐
收藏馆：缩微中心，山西

000O027666
[雍正]山西通志：二百三十卷 / (清)觉罗石麟修；
(清)储大文纂
清雍正十二年(1734)刻本. -- 存二百二十七
卷：卷一至卷六十六、卷七十至卷二百三十。
1997年摄制. -- 14盘卷片(412米8513拍)：
1:10, 2B ; 35mm银盐
收藏馆：缩微中心，国图

000O031084
[雍正]山西通志：二百三十卷 / (清)觉罗石麟修；
(清)储大文纂；(清)衡龄增纂
清雍正十二年(1734)刻嘉庆十六年(1811)增修
本. -- 记事止：清嘉庆元年(1796)。
2004年摄制. -- 15盘卷片(466米9330拍)：
1:10, 2B ; 35mm银盐
收藏馆：缩微中心，南京

000O009740
[乾隆]山西志辑要：十卷首一卷 / (清)雅德修；
(清)汪本直纂
清乾隆四十五年(1780)刻本. -- 记事止：清
乾隆四十四年(1779)。
1989年摄制. -- 2盘卷片(41.6米886拍)：
1:10, 2B ; 35mm银盐
收藏馆：缩微中心，山西

000O009745
[光绪]山西通志：一百八十四卷首一卷 / (清)曾
国荃[等]修；(清)王轩[等]纂
清光绪十八年(1892)刻本
1989年摄制. -- 14盘卷片(401.7米8703拍)：
1:10, 2B ; 35mm银盐
收藏馆：缩微中心，山西

000O031102
[光绪]山西通志：一百八十四卷首一卷 / (清)曾
国荃[等]修；(清)王轩[等]纂
清光绪十八年(1892)刻重修本. -- 记事止：
清光绪十七年(1891)。
2004年摄制. -- 14盘卷片(411米8669拍)：
1:10, 2B ; 35mm银盐
收藏馆：缩微中心，南京

000O010591
[万历]太原府志：二十六卷 / (明)关廷访修；(明)
张慎言纂

明万历四十年(1612)刻本. -- 记事止：明万
历四十年(1612)。
1989年摄制. -- 1盘卷片(30米650拍)：
1:10, 2B ; 35mm银盐
收藏馆：缩微中心，山西

000O007072
[万历]太原府志：二十六卷 / (明)关廷访修；(明)
张慎言纂
明万历四十年(1612)刻清顺治(1644-1661)补
刻本
1987年摄制. -- 1盘卷片(29米673拍)：
1:10, 2B ; 35mm银盐
收藏馆：缩微中心，天津

000O010592
太原府志：四卷
清顺治十一年(1654)刻本. -- 记事止：清顺
治十一年(1654)。
1989年摄制. -- 1盘卷片(11.3米225拍)：
1:10, 2B ; 35mm银盐
收藏馆：缩微中心，山西

000O007103
[顺治]太原府志：四卷
清顺治(1644-1661)刻本
1987年摄制. -- 1盘卷片(13米247拍)：
1:10, 2B ; 35mm银盐
收藏馆：缩微中心，天津

000O010066
[乾隆]太原府志：六十卷 / (清)沈之燮纂修
清乾隆四十八年(1783)刻本. -- 记事止：清
乾隆四十七年(1782)。存三十三卷：卷一至卷
三十三。
1989年摄制. -- 2盘卷片(41.4米866拍)：
1:10, 2B ; 35mm银盐
收藏馆：缩微中心，山西

000O031285
[雍正]重修太原县志：十六卷图一卷 / (清)沈继
贤修；(清)高若岐纂
清雍正九年(1731)刻本. -- 记事止：清雍正
九年(1731)。
2004年摄制. -- 1盘卷片(18米359拍)：
1:10, 2B ; 35mm银盐
收藏馆：缩微中心，南京

000O009742
[道光]太原县志：十八卷首一卷 / (清)员佩兰修；
(清)杨国泰纂
清道光六年(1826)刻本. -- 记事止：清道光
六年(1826)。

1989年摄制. -- 1盘卷片（25.5米548拍）：
1:10, 2B ; 35mm银盐
收藏馆：缩微中心，山西

000O010069
[光绪]续太原县志：二卷 / (清)薛元钊修；(清)王效尊纂
清光绪八年（1882）刻本. -- 记事止：清光绪七年（1881）。
1989年摄制. -- 1盘卷片（7.2米133拍）：
1:10, 2B ; 35mm银盐
收藏馆：缩微中心，山西

000O010078
[康熙]徐沟县志：四卷 / (清)王嘉谟纂修
清康熙五十一年（1712）刻本. -- 记事止：清康熙五十一年（1712）。
1989年摄制. -- 1盘卷片（13.9米279拍）：
1:10, 2B ; 35mm银盐
收藏馆：缩微中心，山西

000O006687
[顺治]清源县志：二卷 / (清)和羹修；(清)王灏儒纂
清顺治十八年（1661）刻康熙（1662-1722）增刻本. -- 记事止：清康熙十七年（1678）。
1987年摄制. -- 1盘卷片（7.1米131拍）：
1:10, 2B ; 35mm银盐
收藏馆：缩微中心，山西

000O011146
[光绪]清源乡志：十八卷首一卷 / (清)王勋祥修；(清)王效尊纂
清光绪七年（1881）梗阳书院刻本. -- 记事止：清光绪六年（1880）。
1989年摄制. -- 1盘卷片（18米370拍）：
1:10, 2B ; 35mm银盐
收藏馆：缩微中心，山西

000O009741
[光绪]徐沟县志：六卷 / (清)王勋祥修；(清)秦宪纂
清光绪八年（1882）刻本. -- 记事止：清光绪六年（1880）。
1989年摄制. -- 1盘卷片（22.3米475拍）：
1:10, 2B ; 35mm银盐
收藏馆：缩微中心，山西

000O021874
[康熙]阳曲县志：十四卷首一卷 / (清)戴梦熊修；(清)李方菁纂
清康熙二十一年（1682）刻本. -- 记事止：清康熙二十一年（1682）。

1995年摄制. -- 1盘卷片（30米653拍）：
1:10, 2B ; 35mm银盐
收藏馆：缩微中心，山西

000O009743
[道光]阳曲县志：十六卷 / (清)李培谦,(清)华典修；(清)阎士骧,(清)郑起昌纂
清道光二十三年（1843）葛英繁刻本. -- 记事止：清道光二十二年（1842）。
1989年摄制. -- 1盘卷片（33米720拍）：
1:10, 2B ; 35mm银盐
收藏馆：缩微中心，山西

000O007915
[正德]大同府志：十八卷 / (明)张钦纂修
明正德十年（1515）刻嘉靖（1522-1566）增修本
1988年摄制. -- 1盘卷片（26米557拍）：
1:10, 2B ; 35mm银盐
收藏馆：缩微中心，湖南

000O031753
云中郡志：十四卷 / (清)胡文烨纂修
清顺治（1644-1661）刻本
2005年摄制. -- 1盘卷片（30米650拍）：
1:10, 2B ; 35mm银盐
收藏馆：缩微中心，国图

000O031751
云中郡志：十四卷 / (清)胡文烨纂修
清顺治（1644-1661）刻本. -- 存十一卷：卷一至卷六、卷八至卷十二。
2005年摄制. -- 1盘卷片（20米420拍）：
1:10, 2B ; 35mm银盐
收藏馆：缩微中心，国图

000O011148
[乾隆]大同府志：三十二卷首一卷 / (清)吴辅宏修；(清)王飞藻纂
清乾隆四十一年（1776）刻乾隆四十七年（1782）重校本. -- 记事止：清乾隆四十六年（1781）。据清乾隆四十一年（1776）刻本重校。
1989年摄制. -- 3盘卷片（65米1385拍）：
1:10, 2B ; 35mm银盐
收藏馆：缩微中心，山西

000O010071
[道光]大同县志：二十卷首一卷末一卷 / (清)黎中辅纂修
清道光十年（1830）刻本
1989年摄制. -- 2盘卷片（39米815拍）：
1:10, 2B ; 35mm银盐
收藏馆：缩微中心，山西

000○021876

[雍正]阳高县志：六卷 / (清)房裔兰修；(清)苏之芬纂

清雍正七年(1729)刻本. -- 记事止：清雍正七年(1729)。

1995年摄制. -- 1盘卷片(10.2米199拍) : 1:10, 2B ; 35mm银盐

收藏馆：缩微中心，山西

000○010072

[光绪]天镇县志：四卷首一卷 / (清)洪汝霖修；(清)杨笃纂

清光绪十六年(1890)刻本. -- 记事止：清光绪十四年(1888)。

1989年摄制. -- 1盘卷片(15.7米318拍) : 1:10, 2B ; 35mm银盐

收藏馆：缩微中心，山西

000○010088

[乾隆]广灵县志：十卷首一卷末一卷 / (清)郭磊纂修

清乾隆十九年(1754)刻本. -- 记事止：清乾隆十九年(1754)。

1989年摄制. -- 1盘卷片(10.6米211拍) : 1:10, 2B ; 35mm银盐

收藏馆：缩微中心，山西

000○010084

[光绪]广灵县补志：十卷首一卷末一卷 / (清)杨亦铭纂修

清光绪七年(1881)刻本.

1989年摄制. -- 1盘卷片(7.8米143拍) : 1:10, 2B ; 35mm银盐

收藏馆：缩微中心，山西

000○010086

[康熙]灵邱县志：四卷 / (清)宋起凤原本；(清)岳宏誉增修

清康熙二十三年(1684)刻本. -- 记事止：清康熙二十三年(1684)。

1989年摄制. -- 1盘卷片(11.7米231拍) : 1:10, 2B ; 35mm银盐

收藏馆：缩微中心，山西

000○010074

[光绪]灵邱县补志：十卷 / (清)雷棣荣修；(清)陆泰纂

清光绪七年(1881)京都吉润斋刻本. -- 记事止：清光绪七年(1881)。

1989年摄制. -- 1盘卷片(10.1米198拍) : 1:10, 2B ; 35mm银盐

收藏馆：缩微中心，山西

000○010075

[顺治]浑源州志：二卷 / (清)张崇德纂修

清顺治十八年(1661)刻本. -- 记事止：清顺治十七年(1660)。

1989年摄制. -- 1盘卷片(10.4米205拍) : 1:10, 2B ; 35mm银盐

收藏馆：缩微中心，山西

000○010073

[乾隆]浑源州志：十卷 / (清)桂敬顺纂修

清乾隆二十八年(1763)刻本. -- 记事止：清乾隆二十七年(1762)。

1989年摄制. -- 1盘卷片(17.8米373拍) : 1:10, 2B ; 35mm银盐

收藏馆：缩微中心，山西

000○031310

[乾隆]浑源州志：十卷附录一卷 / (清)桂敬顺纂修；(清)孔广培增纂修

清乾隆二十八年(1763)刻光绪七年(1881)增修本. -- 记事止：清同治九年(1870)。

2004年摄制. -- 1盘卷片(18米383拍) : 1:10, 2B ; 35mm银盐

收藏馆：缩微中心，南京

000○010068

[光绪]浑源州续志：十卷 / (清)贺澍恩修；(清)程绩纂

清光绪七年(1881)刻本

1989年摄制. -- 1盘卷片(19.6米415拍) : 1:10, 2B ; 35mm银盐

收藏馆：缩微中心，山西

000○021893

[光绪]左云县志：十卷 / (清)李翼圣原本；(清)余卜颐增修；(清)蔺炳章增纂

清光绪(1875-1908)抄本. -- 记事止：清光绪(1875-1908)。

1995年摄制. -- 1盘卷片(15.3米314拍) : 1:10, 2B ; 35mm银盐

收藏馆：缩微中心，山西

000○031289

[光绪]左云县志稿：十卷首一卷 / (清)余卜颐修；(清)蔺炳章纂

清光绪(1875-1908)抄本. -- 记事止：清光绪六年(1880)。

2004年摄制. -- 1盘卷片(15米303拍) : 1:10, 2B ; 35mm银盐

收藏馆：缩微中心，南京

000○010081

[雍正]朔州志：十二卷 / (清)汪嗣圣修；(清)王霱

纂
清雍正十三年(1735)刻本. -- 记事止：清雍正四年(1726)。
1989年摄制. -- 1盘卷片(27.3米576拍)：1:10, 2B；35mm银盐
收藏馆：缩微中心，山西

000O031288
[雍正]朔平府志：十二卷 / (清)刘士铭修；(清)王霱纂
清雍正十一年(1733)刻本. -- 记事止：清雍正十年(1732)。佚名批校。
2004年摄制. -- 2盘卷片(47米1001拍)：1:10, 2B；35mm银盐
收藏馆：缩微中心，南京

000O010080
[雍正]朔平府志：十二卷 / (清)刘士铭修；(清)王霱纂
清雍正十一年(1733)刻本. -- 记事止：清雍正九年(1731)。
1989年摄制. -- 2盘卷片(22.7米475拍)：1:10, 2B；35mm银盐
收藏馆：缩微中心，山西

000O011147
[崇祯]山阴县志：六卷 / (明)刘以守纂修
明崇祯三年(1630)刻本. -- 记事止：明崇祯二年(1629)。
1989年摄制. -- 1盘卷片(8.4米156拍)：1:10, 2B；35mm银盐
收藏馆：缩微中心，山西

000O007097
[崇祯]山阴县志：六卷 / (明)刘以守纂修
明崇祯三年(1630)刻本
1987年摄制. -- 1盘卷片(9米168拍)：1:10, 2B；35mm银盐
收藏馆：缩微中心，天津

000O008806
[万历]应州志：六卷 / (明)王有容修；(明)田蕙纂
明万历二十七年(1599)刻本. -- 卷六配抄本。
1988年摄制. -- 1盘卷片(12米262拍)：1:10, 2B；35mm银盐
收藏馆：缩微中心，天津

000O010077
[乾隆]应州续志：十卷首一卷 / (清)吴炳纂修
清乾隆三十四年(1769)刻本. -- 记事止：清乾隆三十四年(1769)。
1989年摄制. -- 1盘卷片(14.3米295拍)：

1:10, 2B；35mm银盐
收藏馆：缩微中心，山西

000O010076
[光绪]应州再续志：二卷 / (清)汤学治纂修
清光绪八年(1882)刻本. -- 记事止：清光绪七年(1881)。
1989年摄制. -- 1盘卷片(7米126拍)：1:10, 2B；35mm银盐
收藏馆：缩微中心，山西

000O021888
[康熙]马邑县志：五卷 / (清)秦扩撰
清嘉庆二十四年(1819)刻本. -- 记事止：清康熙四十三年(1704)。
1995年摄制. -- 1盘卷片(15.3米313拍)：1:10, 2B；35mm银盐
收藏馆：缩微中心，山西

000O007075
[万历]怀仁县志：二卷 / (明)杨守介[等]纂修
明万历(1573-1620)刻清康熙二十年(1681)补刻本
1987年摄制. -- 1盘卷片(7米132拍)：1:10, 2B；35mm银盐
收藏馆：缩微中心，天津

000O010079
[光绪]怀仁县新志：十二卷 / (清)李长华修；(清)姜利仁纂
清光绪九年(1883)刻光绪三十一年(1905)增刻本. -- 记事止：清光绪三十年(1904)。
1989年摄制. -- 1盘卷片(14.6米295拍)：1:10, 2B；35mm银盐
收藏馆：缩微中心，山西

000O005496
[乾隆]平定州志：十卷 / (清)陶易,(清)龚敬生纂修
清乾隆三十四年(1769)刻本. -- 记事止：清乾隆三十四年(1769)。
1987年摄制. -- 1盘卷片(24.9米535拍)：1:10, 2B；35mm银盐
收藏馆：缩微中心，山西

000O010610
[乾隆]平定州志：十卷图一卷 / (清)窦忻纂；(清)金明源修
清乾隆五十五年(1790)涌云楼刻本. -- 记事止：清乾隆五十五年(1790)。
1989年摄制. -- 2盘卷片(40.2米825拍)：1:10, 2B；35mm银盐
收藏馆：缩微中心，山西

000010612
[光绪]平定州志：十六卷首一卷 / (清)赖昌期,(清)张彬[等]纂
清光绪八年(1882)刻本. -- 记事止：清光绪七年(1881)。
1989年摄制. -- 2盘卷片(58.1米1258拍) : 1:10, 2B ; 35mm银盐
收藏馆：缩微中心, 山西

000031087
[光绪]平定州志：十六卷首一卷 / (清)赖昌期,(清)张彬[等]纂
清光绪八年(1882)刻增修本. -- 记事止：清光绪八年(1882)。
2004年摄制. -- 2盘卷片(60米1262拍) : 1:10, 2B ; 35mm银盐
收藏馆：缩微中心, 南京

000031282
[光绪]平定州志补：一卷 / (清)葛士达纂修
清光绪十八年(1892)刻本. -- 记事止：清光绪十八年(1892)。
2004年摄制. -- 1盘卷片(5米67拍) : 1:10, 2B ; 35mm银盐
收藏馆：缩微中心, 南京

000031104
[乾隆]盂县志：十卷首一卷末一卷 / (清)马廷俊修;(清)吴森纂
清乾隆四十九年(1784)刻本. -- 记事止：清乾隆四十八年(1783)。
2004年摄制. -- 1盘卷片(28米580拍) : 1:10, 2B ; 35mm银盐
收藏馆：缩微中心, 南京

000010596
[光绪]盂县志：二十二卷首一卷末一卷 / (清)张岚奇,(清)刘鸿逵修;(清)武缵绪[等]纂
清光绪七年(1881)刻本. -- 记事止：清光绪七年(1881)。
1989年摄制. -- 2盘卷片(34.7米727拍) : 1:10, 2B ; 35mm银盐
收藏馆：缩微中心, 山西

000021885
[顺治]潞安府志：二十卷图一卷 / (清)杨暟修;(清)李中白,(清)周再勋纂
清顺治十六年(1659)刻本. -- 记事止：清顺治十五年(1658)。
1995年摄制. -- 2盘卷片(37.1米813拍) : 1:10, 2B ; 35mm银盐
收藏馆：缩微中心, 山西

000027238
[顺治]潞安府志：二十卷 / (清)杨暟修;(清)李中白,(清)周再勋纂
清顺治十六年(1659)刻本. -- 存十九卷：卷二至卷二十。
1997年摄制. -- 1盘卷片(31米618拍) : 1:10, 2B ; 35mm银盐
收藏馆：缩微中心, 国图

000010619
[乾隆]潞安府志：四十卷首一卷 / (清)张叔渠,(清)姚学瑛修;(清)姚学甲纂
清乾隆三十五年(1770)刻本. -- 记事止：清乾隆三十五年(1770)。
1988年摄制. -- 3盘卷片(76.7米1648拍) : 1:10, 2B ; 35mm银盐
收藏馆：缩微中心, 山西

000031096
[乾隆]潞安府志：四十卷首一卷 / (清)姚学瑛修;(清)姚学甲纂
清乾隆三十五年（1770）刻乾隆四十三年(1778)增修本. -- 记事止：清乾隆四十三年(1778)。
2004年摄制. -- 3盘卷片(78米1639拍) : 1:10, 2B ; 35mm银盐
收藏馆：缩微中心, 南京

000021884
[光绪]潞城县志：四卷首一卷 / (清)崔晓然,(清)曾云章修;(清)杨笃纂
清光绪十年(1884)刻本. -- 记事止：清光绪十年(1884)。
1995年摄制. -- 1盘卷片(23.9米511拍) : 1:10, 2B ; 35mm银盐
收藏馆：缩微中心, 山西

000031309
[康熙]潞城县志：八卷 / (清)张士浩修;(清)申伯纂
清康熙四十五年(1706)刻乾隆(1736-1795)重修本. -- 记事止：清康熙四十二年(1703)。
2004年摄制. -- 1盘卷片(11米213拍) : 1:10, 2B ; 35mm银盐
收藏馆：缩微中心, 南京

000011689
[乾隆]长治县志：二十八卷首一卷末一卷 / (清)吴九龄修;(清)蔡履豫纂
清乾隆二十八年(1763)荣晖堂刻本. -- 记事止：清乾隆二十八年(1763)。
1989年摄制. -- 2盘卷片(37米782拍) : 1:10, 2B ; 35mm银盐

收藏馆：缩微中心，山西

000O011690

[光绪]长治县志：八卷首一卷 / (清)李桢鉴修；
(清)杨笃纂

清光绪二十年(1894)刻本. -- 记事止：清光
绪十九年(1893)。

1989年摄制. -- 2盘卷片(40米836拍) ：
1:10, 2B ；35mm银盐

收藏馆：缩微中心，山西

000O012052

[乾隆]重修襄垣县志：八卷 / (清)李廷芳修；(清)
徐珏,(清)陈于廷纂

清乾隆四十七年(1782)刻本. -- 记事止：清
乾隆四十六年(1781)。

1990年摄制. -- 1盘卷片(26米565拍) ：
1:10, 2B ；35mm银盐

收藏馆：缩微中心，山西

000O012053

[光绪]襄垣县续志：二卷 / (清)李汝霖纂修

清光绪六年(1880)刻本. -- 记事止：清光绪
五年(1879)。附订乾隆志后，卷次题卷九至卷
十。

1990年摄制. -- 1盘卷片(7米129拍) ：1:10,
2B ；35mm银盐

收藏馆：缩微中心，山西

000O031334

[雍正]屯留县志：四卷 / (清)甄尔节修

清雍正八年(1730)刻本. -- 记事止：清雍正
八年(1730)。

2004年摄制. -- 1盘卷片(16米322拍) ：
1:10, 2B ；35mm银盐

收藏馆：缩微中心，南京

000O011694

[光绪]屯留县志：八卷首一卷 / (清)刘仲麟,(清)
何金声修；(清)杨笃纂

清光绪十一年(1885)刻本

1990年摄制. -- 1盘卷片(24米488拍) ：
1:10, 2B ；35mm银盐

收藏馆：缩微中心，山西

000O021887

[康熙]平顺县志：十卷 / (清)杜之昂修；(清)路跻
垣,(清)申昌先纂

清康熙三十二年(1693)刻本. -- 记事止：清
康熙三十一年(1692)。

1995年摄制. -- 1盘卷片(11.7米236拍) ：
1:10, 2B ；35mm银盐

收藏馆：缩微中心，山西

000O027831

[康熙]平顺县志：十卷 / (清)杜之昂修；(清)路跻
垣,(清)申昌先纂

清康熙(1662-1722)刻本. -- 存六卷：卷一至
卷四、卷九至卷十。

1997年摄制. -- 1盘卷片(10米171拍) ：
1:10, 2B ；35mm银盐

收藏馆：缩微中心，国图

000O012508

[康熙]黎城县志：四卷 / (清)程大夏修；(清)李
御,(清)李吉纂

清康熙二十一年(1682)刻本. -- 记事止：清
康熙二十一年(1682)。

1990年摄制. -- 1盘卷片(17米345拍) ：
1:10, 2B ；35mm银盐

收藏馆：缩微中心，山西

000O012033

[光绪]黎城县续志：四卷 / (清)郑灏修；(清)杨恩
树纂

清光绪九年(1883)刻本. -- 记事止：清光绪
九年(1883)。

1990年摄制. -- 1盘卷片(11米216拍) ：
1:10, 2B ；35mm银盐

收藏馆：缩微中心，山西

000O027554

[康熙]壶关县志：四卷 / (清)章经[等]纂修

清康熙(1662-1722)刻本. -- 存二卷：卷二、
卷四。

1997年摄制. -- 1盘卷片(6米91拍) ：1:10,
2B ；35mm银盐

收藏馆：缩微中心，国图

000O012057

[道光]壶关县志：十卷首一卷 / (清)茹金,(清)申
瑶纂修

清道光十四年(1834)刻本. -- 记事止：清道
光十四年(1834)。

1990年摄制. -- 1盘卷片(21米455拍) ：
1:10, 2B ；35mm银盐

收藏馆：缩微中心，山西

000O012038

[光绪]壶关县续志：二卷 / (清)胡燕昌修；(清)杨
笃纂

清光绪七年(1881)刻本. -- 记事止：清光绪
七年(1881)。

1990年摄制. -- 1盘卷片(9米174拍) ：1:10,
2B ；35mm银盐

收藏馆：缩微中心，山西

00O013209
[嘉庆]长子县志：二十一卷首一卷 / (清)刘樾修
清嘉庆二十一年(1816)刻本. -- 记事止：清嘉庆二十年(1815)。
1991年摄制. -- 1盘卷片(27米582拍) ：1:10, 2B ；35mm银盐
收藏馆：缩微中心，山西

00O012914
[光绪]长子县志：十二卷首一卷 / (清)豫谦修；(清)杨笃纂
清光绪八年(1882)刻本. -- 记事止：清光绪六年(1880)。
1991年摄制. -- 1盘卷片(27米573拍) ：1:10, 2B ；35mm银盐
收藏馆：缩微中心，山西

00O020960
[乾隆]武乡县志：六卷首一卷 / (清)白鹤修；(清)史传远纂
清乾隆五十五年(1790)刻本. -- 记事止：清乾隆五十五年(1790)。
1994年摄制. -- 1盘卷片(22.7米485拍) ：1:10, 2B ；35mm银盐
收藏馆：缩微中心，山西

00O012910
[光绪]武乡县续志：四卷 / (清)吴匡修；(清)钮增垚纂
清光绪五年(1879)刻本. -- 记事止：清光绪五年(1879)。
1991年摄制. -- 1盘卷片(18米370拍) ：1:10, 2B ；35mm银盐
收藏馆：缩微中心，山西

00O013203
[乾隆]沁州志：十卷首一卷 / (清)叶士宽原本；(清)姚学瑛续修
清乾隆三十六年(1771)刻本. -- 记事止：清乾隆三十六年(1771)。
1991年摄制. -- 2盘卷片(23米500拍) ：1:10, 2B ；35mm银盐
收藏馆：缩微中心，山西

00O013204
[光绪]沁州复续志：四卷末一卷 / (清)吴承恩纂修
清光绪六年(1880)刻本. -- 记事止：清光绪六年(1880)。
1991年摄制. -- 1盘卷片(15米302拍) ：1:10, 2B ；35mm银盐
收藏馆：缩微中心，山西

00O020961
[雍正]沁源县志：十卷首一卷 / (清)韩瑛,(清)王廷伦纂修
清雍正八年(1730)刻本. -- 记事止：清雍正八年(1730)。
1994年摄制. -- 1盘卷片(16.3米340拍) ：1:10, 2B ；35mm银盐
收藏馆：缩微中心，山西

00O013210
[光绪]沁源县续志：四卷 / (清)董余三纂修
清光绪七年(1881)刻本. -- 记事止：清光绪六年(1880)。
1991年摄制. -- 1盘卷片(11.2米223拍) ：1:10, 2B ；35mm银盐
收藏馆：缩微中心，山西

00O007074
[顺治]高平县志：十卷 / (清)范绳祖修；(清)庞太朴[等]纂
清顺治十五年(1658)刻康熙五年(1666)补刻本. -- 存四卷：卷三至卷六。
1987年摄制. -- 1盘卷片(7米133拍) ：1:10, 2B ；35mm银盐
收藏馆：缩微中心，天津

00O013189
[乾隆]高平县志：二十二卷末一卷 / (清)傅德宜,(清)戴纯纂
清乾隆三十九年(1774)刻本. -- 记事止：清乾隆三十八年(1773)。
1991年摄制. -- 2盘卷片(42米825拍) ：1:10, 2B ；35mm银盐
收藏馆：缩微中心，山西

00O011123
[同治]高平县志：八卷 / (清)龙汝霖纂修
清同治六年(1867)刻本
1989年摄制. -- 1盘卷片(23米487拍) ：1:10, 2B ；35mm银盐
收藏馆：缩微中心，湖南

00O011697
[光绪]续高平县志：十六卷 / (清)陈学富,(清)庆钟修；(清)李廷一纂
清光绪六年(1880)刻本. -- 记事止：清光绪六年(1880)。
1990年摄制. -- 1盘卷片(17米350拍) ：1:10, 2B ；35mm银盐
收藏馆：缩微中心，山西

00O011696
[雍正]泽州府志：五十二卷 / (清)朱樟修；(清)田

嘉谷纂
清雍正十三年(1735)刻本. -- 记事止：清雍
正十三年(1735)。
1990年摄制. -- 3盘卷片(76米1648拍) ：
1:10, 2B ; 35mm银盐
收藏馆：缩微中心，山西

00O012031
[乾隆]凤台县志：二十卷首一卷 / (清)林荔修；
(清)姚学甲纂
清乾隆四十九年(1784)刻本. -- 记事止：清
乾隆四十八年(1783)。
1990年摄制. -- 2盘卷片(43米915拍) ：
1:10, 2B ; 35mm银盐
收藏馆：缩微中心，山西

00O012032
[光绪]凤台县续志：四卷首一卷 / (清)张贻官修；
(清)郭维恒纂
清光绪八年(1882)刻本. -- 记事止：清光绪
八年(1882)。
1990年摄制. -- 1盘卷片(15米313拍) ：
1:10, 2B ; 35mm银盐
收藏馆：缩微中心，山西

00O007069
[康熙]沁水县志：十卷 / (清)赵凤诏纂修
清康熙三十六年(1697)刻本
1987年摄制. -- 1盘卷片(17米373拍) ：
1:10, 2B ; 35mm银盐
收藏馆：缩微中心，天津

00O012496
[光绪]沁水县志：十二卷首一卷 / (清)秦丙奎修；
(清)李畴纂
清光绪七年(1881)刻本. -- 记事止：清光绪
七年(1881)。
1990年摄制. -- 1盘卷片(22米461拍) ：
1:10, 2B ; 35mm银盐
收藏馆：缩微中心，山西

00O013207
[康熙]阳城志：八卷 / (清)项龙章修；(清)田三善
纂
清康熙二十六年(1687)刻本. -- 记事止：清
康熙二十六年(1687)。
1991年摄制. -- 1盘卷片(27米577拍) ：
1:10, 2B ; 35mm银盐
收藏馆：缩微中心，山西

00O011698
[乾隆]阳城县志：十六卷 / (清)杨善庆修；(清)田
懋纂

清乾隆二十年(1755)刻本. -- 记事止：清乾
隆二十年(1755)。
1990年摄制. -- 1盘卷片(23米480拍) ：
1:10, 2B ; 35mm银盐
收藏馆：缩微中心，山西

00O031103
[同治]阳城县志：十八卷首一卷 / (清)赖昌期修；
(清)谭沄纂
清同治十三年(1874)刻本. -- 记事止：清同
治十三年(1874)。
2004年摄制. -- 1盘卷片(30米631拍) ：
1:10, 2B ; 35mm银盐
收藏馆：缩微中心，南京

00O007895
[光绪]续阳城县志：不分卷 / (清)郭学谦纂修
清光绪三十四年(1908)抄本. -- 记事止：清
光绪三十二年(1906)。
1988年摄制. -- 1盘卷片(3.4米47拍) ：
1:10, 2B ; 35mm银盐
收藏馆：缩微中心，山西

00O013211
[光绪]续阳城县志：不分卷 / (清)郭学谦纂修
清光绪三十四年(1908)抄本. -- 记事止：清
光绪三十四年(1908)。
1991年摄制. -- 1盘卷片(3.4米46拍) ：
1:10, 2B ; 35mm银盐
收藏馆：缩微中心，山西

00O012048
[光绪]陵川县志：三十卷首一卷 / (清)徐炆修；
(清)梁寅纂
清光绪八年(1882)刻本
1990年摄制. -- 2盘卷片(46米920拍) ：
1:10, 2B ; 35mm银盐
收藏馆：缩微中心，山西

00O010083
[乾隆]忻州志：六卷 / (清)窦容邃纂修
清乾隆十二年(1747)刻本. -- 记事止：清乾
隆十一年(1746)。
1989年摄制. -- 1盘卷片(21.7米453拍) ：
1:10, 2B ; 35mm银盐
收藏馆：缩微中心，山西

00O010067
[光绪]忻州志：四十二卷 / (清)方戊昌修；(清)方
渊如纂
清光绪六年(1880)刻本. -- 记事止：清光绪
五年(1879)。
1989年摄制. -- 1盘卷片(29.8米646拍) ：

1:10，2B ；35mm银盐
收藏馆：缩微中心，山西

00O010107
[雍正]定襄县志：八卷首一卷 / (清)王时炯原本；
(清)王会隆增修
清雍正五年(1727)刻本. -- 记事止：清雍正
五年(1727)。
1989年摄制. -- 1盘卷片(28米560拍) ：
1:10，2B ；35mm银盐
收藏馆：缩微中心，山西

00O010105
[光绪]定襄县补志：十三卷图一卷 / (清)郑继修
修；(清)王仲寿纂
清光绪六年(1880)刻本. -- 记事止：清光绪
六年(1880)。
1989年摄制. -- 1盘卷片(30.3米658拍) ：
1:10，2B ；35mm银盐
收藏馆：缩微中心，山西

00O021890
[康熙]五台县志：八卷首一卷 / (清)周三进,(清)
阎襄纂修
清康熙二十六年(1687)刻本. -- 记事止：清
康熙二十六年(1687)。
1995年摄制. -- 1盘卷片(18.2米377拍) ：
1:10，2B ；35mm银盐
收藏馆：缩微中心，山西

00O010087
[乾隆]五台县志：八卷首一卷 / (清)王秉韬纂修
清乾隆四十五年(1780)刻本. -- 记事止：清
乾隆四十二年(1777)。
1989年摄制. -- 1盘卷片(13.7米275拍) ：
1:10，2B ；35mm银盐
收藏馆：缩微中心，山西

00O010085
[光绪]五台新志：四卷首一卷 / (清)徐继畲原本；
(清)孙如明修；(清)杨笃纂
清光绪九年(1883)崇实书院刻本. -- 记事
止：清光绪八年(1882)。
1989年摄制. -- 1盘卷片(17.6米361拍) ：
1:10，2B ；35mm银盐
收藏馆：缩微中心，山西

00O010092
[乾隆]崞县志：八卷 / (清)邵丰鍭,(清)顾弼修；
(清)贾瀛纂
清乾隆二十一年(1756)刻本. -- 记事止：清
乾隆二十一年(1756)。
1989年摄制. -- 1盘卷片(14.3米294拍) ：

1:10，2B ；35mm银盐
收藏馆：缩微中心，山西

00O021685
[乾隆]崞县志：八卷 / (清)邵丰鍭,(清)顾弼修；
(清)贾瀛纂
清乾隆二十一年(1756)刻本
1995年摄制. -- 1盘卷片(14米260拍) ：
1:10，2B ；35mm银盐
收藏馆：缩微中心，国图

00O007899
[乾隆]崞县志：八卷 / (清)邵丰鍭,(清)顾弼修；
(清)贾瀛纂.续编：二卷 / (清)顾弼纂修
清乾隆(1736-1795)抄本. -- 记事止：清乾隆
二十一年(1756)。
1988年摄制. -- 1盘卷片(18.2米383拍) ：
1:10，2B ；35mm银盐
收藏馆：缩微中心，山西

00O010090
[光绪]续修崞县志：八卷 / (清)赵冠卿,(清)龙朝
言修；(清)潘肯堂纂
清光绪八年(1882)刻本. -- 记事止：清光绪
六年(1880)。
1989年摄制. -- 1盘卷片(30.1米653拍) ：
1:10，2B ；35mm银盐
收藏馆：缩微中心，山西

00O008205
[万历]代州志：二卷 / (明)施重光修；(明)周弘禴
纂
明万历十三年(1585)刻本. -- 记事止：明万
历十七年(1589)。
1988年摄制. -- 1盘卷片(10米199拍) ：
1:10，2B ；35mm银盐
收藏馆：缩微中心，南京

00O031088
[乾隆]直隶代州志：六卷图一卷 / (清)吴重光纂
修
清乾隆五十年(1785)刻嘉庆二十二年(1817)增
修本. -- 记事止：清乾隆四十九年(1784)。
2004年摄制. -- 1盘卷片(30米642拍) ：
1:10，2B ；35mm银盐
收藏馆：缩微中心，南京

00O010082
[光绪]代州志：十二卷首一卷 / (清)俞廉三修；
(清)杨笃纂
清光绪八年(1882)代山书院刻本. -- 记事
止：清光绪六年(1880)。
1989年摄制. -- 2盘卷片(34.4米703拍) ：

1:10, 2B ；35mm银盐
收藏馆：缩微中心，山西

000○010101
[道光]繁峙县志：六卷 / (清)吴其均纂修
清道光十六年(1836)刻本. -- 记事止：清道
光十六年(1836)。
1989年摄制. -- 1盘卷片(19.6米414拍) :
1:10, 2B ；35mm银盐
收藏馆：缩微中心，山西

000○030160
[道光]繁峙县志：六卷 / (清)吴其均纂修
清道光十六年(1836)刻续修本. -- 记事止：
清道光十七年(1837)，见卷四第十八页选举
志。
2001年摄制. -- 1盘卷片(18米374拍) :
1:10, 2B ；35mm银盐
收藏馆：缩微中心，北碚

000○031476
[光绪]繁峙县志：四卷首一卷 / (清)何才价修；
(清)杨笃纂
清光绪七年(1881)刻本. -- 记事止：清光绪
七年(1881)。
2004年摄制. -- 1盘卷片(18米360拍) :
1:10, 2B ；35mm银盐
收藏馆：缩微中心，南京

000○011145
[光绪]繁峙县志：四卷 / (清)何才价修；(清)杨笃
纂
清光绪七年(1881)刻本
1989年摄制. -- 1盘卷片(16米330拍) :
1:10, 2B ；35mm银盐
收藏馆：缩微中心，山西

000○010106
[乾隆]宁武府志：十二卷首一卷 / (清)魏元枢原
本；(清)周景柱增修
清乾隆十五年(1750)刻本. -- 记事止：清乾
隆十四年(1749)。
1989年摄制. -- 1盘卷片(20.3米430拍) :
1:10, 2B ；35mm银盐
收藏馆：缩微中心，山西

000○021891
[咸丰]续宁武府志：不分卷 / (清)常文遴纂
清咸丰七年(1857)刻本. -- 记事止：清咸丰
七年(1857)。
1995年摄制. -- 1盘卷片(4米57拍) : 1:10,
2B ；35mm银盐
收藏馆：缩微中心，山西

000○008816
[康熙]静乐县志：十卷 / (清)黄图昌[等]纂
清康熙三十九年(1700)刻雍正十二年(1734)重
刻本
1988年摄制. -- 1盘卷片(14米298拍) :
1:10, 2B ；35mm银盐
收藏馆：缩微中心，天津

000○021895
[雍正]静乐县志：十卷 / (清)黄图昌纂修
清雍正八年(1730)刻本. -- 记事止：清雍正
八年(1730)。
1995年摄制. -- 1盘卷片(14.4米296拍) :
1:10, 2B ；35mm银盐
收藏馆：缩微中心，山西

000○007897
[同治]静乐县续志：二卷 / (清)张朝玮纂修
清同治三年(1864)刻本. -- 记事止：清同治
三年(1864)。
1988年摄制. -- 1盘卷片(7.7米144拍) :
1:10, 2B ；35mm银盐
收藏馆：缩微中心，山西

000○031093
[光绪]神池县志：十卷首一卷 / (清)崔长清修；
(清)谷如墉纂
清光绪(1875-1908)抄本. -- 记事止：清光绪
六年(1880)。
2004年摄制. -- 1盘卷片(10米174拍) :
1:10, 2B ；35mm银盐
收藏馆：缩微中心，南京

000○021883
[嘉庆]五寨县志：二卷 / (清)秦雄褒纂修
清嘉庆十四年(1809)刻本. -- 记事止：清嘉
庆十四年(1809)。
1995年摄制. -- 1盘卷片(7.8米145拍) :
1:10, 2B ；35mm银盐
收藏馆：缩微中心，山西

000○011162
[光绪]岢岚州志：十二卷 / (清)史文炳纂修
清光绪十年(1884)刻本. -- 记事止：清光绪
六年(1880)。
1989年摄制. -- 1盘卷片(13.5米277拍) :
1:10, 2B ；35mm银盐
收藏馆：缩微中心，山西

000○010089
[同治]河曲县志：八卷 / (清)金福增修；(清)张兆
魁,(清)金钟彦纂
清同治十一年(1872)刻本. -- 记事止：清同

治十年(1871)。
1989年摄制. -- 1盘卷片(6米127拍) : 1:10,
2B ; 35mm银盐
收藏馆：缩微中心，山西

00O010091
[乾隆]保德州志：十二卷首一卷 / (清)殷梦高纂；
(清)王克昌修；(清)王采韬续修
清乾隆五十年(1785)刻本. -- 记事止：清乾
隆五十年(1785)。
1989年摄制. -- 1盘卷片(30.9米672拍) :
1:10, 2B ; 35mm银盐
收藏馆：缩微中心，山西

00O023091
三关志：十卷 / (明)廖希颜撰
明嘉靖(1522-1566)刻本. -- 存七卷：地理总
考三卷、武备考一卷、兵食考输挽一卷、马政
考一卷、官师考一卷。
1995年摄制. -- 1盘卷片(8米138拍) : 1:10,
2B ; 35mm银盐
收藏馆：缩微中心，国图

00O027827
[康熙]榆次县续志：十四卷首一卷 / (清)刘星修；
(清)王介石[等]纂
清康熙(1662-1722)刻本
1997年摄制. -- 1盘卷片(10米186拍) :
1:10, 2B ; 35mm银盐
收藏馆：缩微中心，国图

00O010110
[乾隆]榆次县志：十四卷首一卷 / (清)钱之青修；
(清)张天泽纂
清乾隆十三年(1748)思凤堂刻本. -- 记事
止：清乾隆十三年(1748)。
1989年摄制. -- 1盘卷片(21.2米450拍) :
1:10, 2B ; 35mm银盐
收藏馆：缩微中心，山西

00O031342
[同治]榆次县志：十六卷首一卷末一卷图一卷 /
(清)俞世铨修；(清)王平格纂
清同治二年(1863)刻本. -- 记事止：清同治
二年(1863)。
2004年摄制. -- 1盘卷片(24米504拍) :
1:10, 2B ; 35mm银盐
收藏馆：缩微中心，南京

00O031279
[同治]榆次县志：十六卷首一卷末一卷 / (清)俞
世铨修；(清)王平格纂
清同治二年(1863)刻光绪十一年(1885)印本

2004年摄制. -- 1盘卷片(25米511拍) :
1:10, 2B ; 35mm银盐
收藏馆：缩微中心，南京

00O011695
[光绪]榆次县续志：四卷 / (清)吴师祁修；(清)黄
汝梅纂
清光绪十一年(1885)刻本. -- 记事止：清光
绪九年(1883)。
1990年摄制. -- 1盘卷片(7米118拍) : 1:10,
2B ; 35mm银盐
收藏馆：缩微中心，山西

00O021889
[康熙]介休县志：八卷 / (清)王埴修
清康熙三十五年(1696)刻本. -- 记事止：清
康熙三十五年(1696)。
1995年摄制. -- 1盘卷片(16米327拍) :
1:10, 2B ; 35mm银盐
收藏馆：缩微中心，山西

00O010616
[乾隆]介休县志：十四卷 / (清)王谋文纂修
清乾隆三十五年(1770)刻本. -- 记事止：清
乾隆三十五年(1770)。
1989年摄制. -- 1盘卷片(25.3米545拍) :
1:10, 2B ; 35mm银盐
收藏馆：缩微中心，山西

00O010617
[嘉庆]介休县志：十四卷 / (清)徐品山,(清)陆元
锈修；(清)熊兆占纂
清嘉庆二十四年(1819)刻本. -- 记事止：清
嘉庆二十四年(1819)。
1989年摄制. -- 1盘卷片(31.4米684拍) :
1:10, 2B ; 35mm银盐
收藏馆：缩微中心，山西

00O031302
[乾隆]榆社县志：十二卷 / (清)费映奎修；(清)孟
涛[等]纂
清乾隆八年(1743)刻本. -- 记事止：清乾隆
八年(1743)。
2004年摄制. -- 1盘卷片(17米356拍) :
1:10, 2B ; 35mm银盐
收藏馆：缩微中心，南京

00O020958
[光绪]榆社县志：十卷首一卷末一卷 / (清)王家
坊修；(清)葛士达纂
清光绪七年(1881)刻本. -- 记事止：清光绪
七年(1881)。
1994年摄制. -- 1盘卷片(19米389拍) :

1:10，2B ；35mm银盐
收藏馆：缩微中心，山西

000O010608
辽州志：八卷 / (清)徐三俊修；(清)刘云纂
清雍正十一年(1733)刻本. -- 记事止：清雍
正十一年(1733)。
1989年摄制. -- 1盘卷片(14.8米306拍)：
1:10，2B ；35mm银盐
收藏馆：缩微中心，山西

000O010611
[乾隆]重修和顺县志：八卷首一卷 / (清)贾玉衡
纂；(清)黄切修
清乾隆三十三年(1768)刻本. -- 记事止：清
乾隆三十三年(1768)。
1989年摄制. -- 1盘卷片(13.4米273拍)：
1:10，2B ；35mm银盐
收藏馆：缩微中心，山西

000O021881
[光绪]和顺县志：十卷首一卷末一卷 / (清)陈守
中纂修
清光绪十一年(1885)刻本. -- 记事止：清光
绪十一年(1885)。
1995年摄制. -- 1盘卷片(21.9米464拍)：
1:10，2B ；35mm银盐
收藏馆：缩微中心，山西

000O008258
[乾隆]乐平县志：八卷 / (清)李榕纂修
清乾隆十八年(1753)刻本. -- 记事止：清乾
隆十七年(1752)。
1988年摄制. -- 1盘卷片(14米301拍)：
1:10，2B ；35mm银盐
收藏馆：缩微中心，南京

000O011699
[乾隆]寿阳县志：十卷首一卷 / (清)龚导江纂修
清乾隆三十六年(1771)刻本. -- 记事止：清
乾隆三十五年(1770)。
1990年摄制. -- 1盘卷片(14米289拍)：
1:10，2B ；35mm银盐
收藏馆：缩微中心，山西

000O030163
[光绪]寿阳县志：三十卷首一卷 / (清)马家
鼎,(清)白昶修；(清)张嘉言,(清)祁世长纂
清光绪八年(1882)寿阳寿川书院刻本. -- 记
事止：清光绪八年(1882)，见卷五第十五页官
政。
2001年摄制. -- 1盘卷片(25米535拍)：
1:10，2B ；35mm银盐

收藏馆：缩微中心，北碚

000O011688
[光绪]寿阳县志：十三卷首一卷 / (清)马家
鼎,(清)白昶修；(清)张嘉言,(清)祁世长纂
清光绪八年(1882)刻本. -- 记事止：清光绪
八年(1882)。
1989年摄制. -- 1盘卷片(25米535拍)：
1:10，2B ；35mm银盐
收藏馆：缩微中心，山西

000O018051
[万历]太谷县志：十卷 / (清)乔允升修 . [顺治]续
太谷县志：二卷 / (清)郝应第纂修；(清)寇嘉会
[等]纂
清顺治(1644-1661)刻本. -- 续志记事止：明
万历二十四年至清顺治十二年(1596-1655)。
太谷县志存五卷：卷一至卷二、卷八至卷十。
1993年摄制. -- 1盘卷片(15米309拍)：
1:10，2B ；35mm银盐
收藏馆：缩微中心，天津

000O010609
[乾隆]太谷县志：八卷 / (清)郭晋修；(清)管粤秀
纂
清乾隆六十年(1795)刻本. -- 记事止：清乾
隆五十九年(1794)。
1989年摄制. -- 1盘卷片(26.9米580拍)：
1:10，2B ；35mm银盐
收藏馆：缩微中心，山西

000O010607
[咸丰]太谷县志：八卷首一卷末一卷 / (清)章清
选；(清)汪和修；(清)章嗣衡纂
清咸丰五年(1855)刻本. -- 记事止：清咸丰
五年(1855)。
1989年摄制. -- 2盘卷片(35.1米735拍)：
1:10，2B ；35mm银盐
收藏馆：缩微中心，山西

000O010606
[光绪]太谷县志：八卷首一卷末一卷 / (清)思
浚,(清)赵冠卿修；(清)王效尊纂
清光绪十二年(1886)刻本. -- 记事止：清光
绪十二年(1886)。
1989年摄制. -- 2盘卷片(40.2米850拍)：
1:10，2B ；35mm银盐
收藏馆：缩微中心，山西

000O027826
[康熙]祁县志：八卷 / (清)郭霶,(清)周继芳纂修；
(清)朱珵续修
清康熙(1662-1722)刻康熙四十五年(1706)增

修本
1997年摄制. -- 1盘卷片（16米310拍）：
1:10，2B；35mm银盐
收藏馆：缩微中心，国图

000○010613
[乾隆]祁县志：十六卷 / (清)陈时纂修
清乾隆四十五年(1780)刻本. -- 记事止：清
乾隆四十五年(1780)。
1989年摄制. -- 1盘卷片（26.5米572拍）：
1:10，2B；35mm银盐
收藏馆：缩微中心，山西

000○011159
[光绪]祁县志：十六卷 / (清)刘发岏修；(清)李芬
纂
清光绪八年(1882)刻本. -- 记事止：清光绪
七年(1881)。
1989年摄制. -- 2盘卷片（36米748拍）：
1:10，2B；35mm银盐
收藏馆：缩微中心，山西

000○031343
[康熙]重修平遥县志：八卷图一卷 / (清)王绶修；
(清)康乃心纂
清康熙(1662-1722)刻本. -- 记事止：清康熙
四十四年(1705)。
2004年摄制. -- 1盘卷片（23米469拍）：
1:10，2B；35mm银盐
收藏馆：缩微中心，南京

000○010614
[康熙]重修平遥县志：八卷 / (清)王绶修；(清)康
乃心纂
清康熙四十五年(1706)刻本. -- 记事止：清
康熙四十四年(1705)。
1989年摄制. -- 1盘卷片（21.1米448拍）：
1:10，2B；35mm银盐
收藏馆：缩微中心，山西

000○010605
[光绪]平遥县志：十二卷首一卷 / (清)恩瑞,(清)
徐休修；(清)武达材纂
清光绪八年(1882)刻本. -- 记事止：清光绪
八年(1882)。
1989年摄制. -- 2盘卷片（41.7米886拍）：
1:10，2B；35mm银盐
收藏馆：缩微中心，山西

000○012050
[嘉庆]灵石县志：十二卷 / (清)王志融修；(清)黄
宪臣纂
清嘉庆二十二年(1817)刻本. -- 记事止：清

嘉庆二十二年(1817)。
1990年摄制. -- 1盘卷片（22米477拍）：
1:10，2B；35mm银盐
收藏馆：缩微中心，山西

000○012051
[光绪]续修灵石县志：二卷 / (清)谢均修；(清)白
笙炜纂
清光绪元年(1875)刻本. -- 记事止：清同治
十三年(1874)。
1990年摄制. -- 1盘卷片（6米95拍）：1:10,
2B；35mm银盐
收藏馆：缩微中心，山西

000○027668
[康熙]平阳府志：三十六卷 / (清)刘棨修；(清)孔
尚任[等]纂
清康熙(1662-1722)刻本
1997年摄制. -- 4盘卷片（102米2052拍）：
1:10，2B；35mm银盐
收藏馆：缩微中心，国图

000○011707
[乾隆]平阳府志：三十六卷 / (清)章廷桂修；(清)
范安治纂
清乾隆元年(1736)刻本. -- 记事止：清乾隆
元年(1736)。
1990年摄制. -- 4盘卷片（91米1939拍）：
1:10，2B；35mm银盐
收藏馆：缩微中心，山西

000○017782
[康熙]临汾县志：九卷 / (明)邢云路修；(清)林弘
化增修；(清)彭希孔再增修
明万历十九年(1591)刻清康熙三十四年(1695)
增刻本. -- 存三卷：卷六至卷八。
1993年摄制. -- 1盘卷片（6米107拍）：1:10,
2B；35mm银盐
收藏馆：缩微中心，天津

000○031315
[雍正]临汾县志：八卷 / (清)徐三俊修；(清)陈献
可纂
清雍正八年(1730)刻本. -- 记事止：清雍正
八年(1730)。
2004年摄制. -- 1盘卷片（23米483拍）：
1:10，2B；35mm银盐
收藏馆：缩微中心，南京

000○021880
[乾隆]临汾县志：十卷首一卷末一卷 / (清)高
塘,(清)吴士淳修；(清)吕三宗,(清)吴克元纂
清乾隆四十四年(1779)刻本. -- 记事止：清

乾隆四十三年(1778)。
1995年摄制. -- 1盘卷片(26.3米563拍)：
1:10, 2B；35mm银盐
收藏馆：缩微中心，山西

000O031100
[道光]直隶霍州志：二十五卷首一卷 / (清)崔允昭修；(清)李培谦纂
清道光六年(1826)刻本. -- 记事止：清道光五年(1825)。
2004年摄制. -- 2盘卷片(30米601拍)：
1:10, 2B；35mm银盐
收藏馆：缩微中心，南京

000O031300
[道光]直隶霍州志：二十五卷首一卷 / (清)崔允昭修；(清)李培谦纂
清道光六年(1826)刻光绪六年(1880)印本. -- 记事止：清道光五年(1825)。
2004年摄制. -- 2盘卷片(46米945拍)：
1:10, 2B；35mm银盐
收藏馆：缩微中心，南京

000O031317
[光绪]续刻直隶霍州志：二卷 / (清)杨立旭纂修
清光绪六年(1880)刻本. -- 记事止：清光绪六年(1880)。
2004年摄制. -- 1盘卷片(10米190拍)：
1:10, 2B；35mm银盐
收藏馆：缩微中心，南京

000O008807
[万历]沃史：二十六卷 / (明)赵彦复纂修
明万历四十年(1612)刻本
1988年摄制. -- 1盘卷片(11米250拍)：
1:10, 2B；35mm银盐
收藏馆：缩微中心，天津

000O027552
[康熙]沃史：二十五卷 / (清)范印心,(清)张奇勋纂修
清康熙(1662-1722)刻本. -- 存十四卷：卷七至卷二十。
1997年摄制. -- 1盘卷片(11米194拍)：
1:10, 2B；35mm银盐
收藏馆：缩微中心，国图

000O027669
[康熙]曲沃县志：三十卷 / (清)潘锦修；(清)仇翊道[等]纂
清康熙(1662-1722)刻本
1997年摄制. -- 1盘卷片(22米436拍)：
1:10, 2B；35mm银盐

收藏馆：缩微中心，国图

000O012511
[乾隆]新修曲沃县志：四十卷 / (清)张坊修；(清)胡元琢,(清)徐储纂
清乾隆二十三年(1758)敦好堂刻敦好堂全书本. -- 记事止：清乾隆二十三年(1758)。
1990年摄制. -- 2盘卷片(37米780拍)：
1:10, 2B；35mm银盐
收藏馆：缩微中心，山西

000O011708
[光绪]续修曲沃县志：三十二卷 / (清)张鸿达,(清)茅丕熙修；(清)韩子泰纂
清光绪六年(1880)刻本
1990年摄制. -- 2盘卷片(34.7米726拍)：
1:10, 2B；35mm银盐
收藏馆：缩微中心，山西

000O007637
[嘉靖]翼城县志：六卷 / (明)鄢桂之修；(明)杨汝江纂
明嘉靖二十七年(1548)刻隆庆元年(1567)增修本. -- 记事止：明隆庆元年(1567)。
1988年摄制. -- 1盘卷片(6米113拍)：1:10, 2B；35mm银盐
收藏馆：缩微中心，南京

000O027551
[康熙]翼乘：十二卷 / (清)陈应富[等]纂修
清康熙(1662-1722)刻本
1997年摄制. -- 1盘卷片(13米239拍)：
1:10, 2B；35mm银盐
收藏馆：缩微中心，国图

000O031287
[乾隆]翼城县志：二十八卷 / (清)许崇楷纂修
清乾隆三十七年(1772)刻本. -- 记事止：清乾隆三十七年(1772)。
2004年摄制. -- 1盘卷片(32米712拍)：
1:10, 2B；35mm银盐
收藏馆：缩微中心，南京

000O012046
[光绪]翼城县志：二十八卷 / (清)王耀章,(清)龚履坦纂修
清光绪七年(1881)刻本. -- 记事止：清光绪七年(1881)。
1990年摄制. -- 2盘卷片(40米854拍)：
1:10, 2B；35mm银盐
收藏馆：缩微中心，山西

00O013184

[道光]太平县志：十六卷首一卷 / (清)李炳彦修；
(清)梁栖鸾纂

清道光五年(1825)刻本. -- 记事止：清道光
四年(1824)。

1991年摄制. -- 2盘卷片(37米740拍)：
1:10, 2B；35mm银盐

收藏馆：缩微中心，山西

00O031297

[道光]太平县志：十六卷首一卷 / (清)李炳彦修；
(清)梁栖鸾纂

清道光五年(1825)刻本. -- 记事止：清道光
五年(1825)。

2004年摄制. -- 2盘卷片(40米823拍)：
1:10, 2B；35mm银盐

收藏馆：缩微中心，南京

00O012504

[光绪]太平县志：十四卷首一卷 / (清)劳文
庆,(清)朱光绶修；(清)娄道南纂

清光绪八年(1882)刻本. -- 记事止：清光绪
七年(1881)。

1990年摄制. -- 2盘卷片(44米940拍)：
1:10, 2B；35mm银盐

收藏馆：缩微中心，山西

00O031321

[雍正]襄陵县志：二十四卷 / (清)赵樊本修；(清)
卢秉纯纂

清雍正十年(1732)刻本. -- 记事止：清雍正
八年(1730)。

2004年摄制. -- 1盘卷片(17米340拍)：
1:10, 2B；35mm银盐

收藏馆：缩微中心，南京

00O012045

[光绪]襄陵县志：二十四卷 / (清)钱墉修；(清)郝
登云纂

清光绪七年(1881)刻本. -- 记事止：清光绪
六年(1880)。

1990年摄制. -- 2盘卷片(36米767拍)：
1:10, 2B；35mm银盐

收藏馆：缩微中心，山西

00O007615

[万历]洪洞县志：八卷图一卷 / (明)乔因羽修；
(明)晋朝臣纂

明万历十九年(1591)刻本.

1987年摄制. -- 1盘卷片(13米315拍)：
1:10, 2B；35mm银盐

收藏馆：缩微中心，天津

00O012498

[雍正]洪洞县志：九卷 / (清)余世堂修；(清)蔡行
仁纂

清雍正八年(1730)刻本. -- 记事止：清雍正
八年(1730)。

1990年摄制. -- 2盘卷片(38米806拍)：
1:10, 2B；35mm银盐

收藏馆：缩微中心，山西

00O031318

[雍正]洪洞县志：九卷图一卷 / (清)余世堂修；
(清)蔡行仁纂；(清)董维[等]续纂

清雍正九年(1731)刻光绪三年(1877)递修
本. -- 记事止：清光绪三年(1877)。

2004年摄制. -- 2盘卷片(39米810拍)：
1:10, 2B；35mm银盐

收藏馆：缩微中心，南京

00O012499

[乾隆]赵城县志：二十四卷首一卷 / (清)李升阶
纂修

清乾隆二十五年(1760)刻本. -- 记事止：清
乾隆二十四年(1759)。

1990年摄制. -- 2盘卷片(39米815拍)：
1:10, 2B；35mm银盐

收藏馆：缩微中心，山西

00O027828

[康熙]浮山县志：四卷 / (清)潘廷侯纂修

清康熙(1662-1722)刻本. -- 存二卷：卷三至
卷四。

1997年摄制. -- 1盘卷片(4米50拍)：1:10,
2B；35mm银盐

收藏馆：缩微中心，国图

00O013205

[乾隆]浮山县志：三十七卷 / (清)黄酉,(清)张乾
元修；(清)张华,(清)皇甫奎纂

清乾隆十年(1745)刻本. -- 记事止：清乾隆
九年(1744)。

1997年摄制. -- 1盘卷片(25米533拍)：
1:10, 2B；35mm银盐

收藏馆：缩微中心，山西

00O031283

[同治]浮山县志：三十七卷 / (清)庆钟纂修

清同治十三年(1874)刻本. -- 记事止：清同
治十三年(1874)。

2004年摄制. -- 1盘卷片(32米684拍)：
1:10, 2B；35mm银盐

收藏馆：缩微中心，南京

000O031095
[光绪]浮山县志：三十四卷 / (清)裴允庄[等]修；(清)武克明[等]纂
清光绪六年(1880)刻本. -- 记事止：清光绪六年(1880)。
2004年摄制. -- 1盘卷片(32米695拍)：1:10, 2B；35mm银盐
收藏馆：缩微中心，南京

000O007894
[光绪]吉州全志：四卷 / (清)吴葵之修；(清)裴国苞纂
清光绪五年(1879)刻本. -- 记事止：清光绪五年(1879)。
1988年摄制. -- 1盘卷片(9.6米187拍)：1:10, 2B；35mm银盐
收藏馆：缩微中心，山西

000O031101
[光绪]吉州全志：八卷 / (清)吴葵之修；(清)裴国苞纂
清宣统(1909-1911)抄本. -- 记事止：清宣统元年(1909)。
2004年摄制. -- 1盘卷片(14米268拍)：1:10, 2B；35mm银盐
收藏馆：缩微中心，南京

000O013190
[乾隆]乡宁县志：十五卷 / (清)葛清纂修
清乾隆四十九年(1784)刻本. -- 记事止：清乾隆四十九年(1784)。
1991年摄制. -- 1盘卷片(12米256拍)：1:10, 2B；35mm银盐
收藏馆：缩微中心，山西

000O013191
[光绪]续修乡宁县志：十五卷 / (清)马安渊修；(清)崔钟纂
清光绪七年(1881)刻本. -- 记事止：清光绪六年(1880)。
1991年摄制. -- 1盘卷片(5.5米93拍)：1:10, 2B；35mm银盐
收藏馆：缩微中心，山西

000O017785
[康熙]蒲县新志：八卷 / (清)胡必藩增修；(清)贺友范汇纂
清康熙十二年(1673)刻本. -- 存四卷：卷五至卷八。
1993年摄制. -- 1盘卷片(6米87拍)：1:10, 2B；35mm银盐
收藏馆：缩微中心，天津

000O012501
[光绪]蒲县续志：十卷 / (清)杜克欢修；(清)曹和钧纂
清光绪六年(1880)刻本. -- 记事止：清光绪六年(1880)。
1990年摄制. -- 1盘卷片(20米433拍)：1:10, 2B；35mm银盐
收藏馆：缩微中心，山西

000O031601
[光绪]大宁县志：八卷图一卷 / (清)崔同绂修；(清)李华棠纂
清光绪九年(1883)刻本. -- 记事止：清光绪八年(1882)。
2005年摄制. -- 1盘卷片(12米230拍)：1:10, 2B；35mm银盐
收藏馆：缩微中心，南京

000O013199
[光绪]大宁县志：八卷 / (清)崔同绂修；(清)李华棠纂
清光绪九年(1883)刻本. -- 记事止：清光绪八年(1882)。
1991年摄制. -- 1盘卷片(12米249拍)：1:10, 2B；35mm银盐
收藏馆：缩微中心，山西

000O005499
[康熙]永和县志：二十四卷 / (清)王士仪纂修
清康熙四十九年(1710)刻本. -- 记事止：清康熙四十九年(1710)。
1987年摄制. -- 1盘卷片(10米196拍)：1:10, 2B；35mm银盐
收藏馆：缩微中心，山西

000O012502
[康熙]永和县志：二十四卷 / (清)王士仪纂修
清(1644-1911)抄本. -- 记事止：清康熙四十九年(1710)。据清康熙四十九年(1710)刻本手抄。
1990年摄制. -- 1盘卷片(10米196拍)：1:10, 2B；35mm银盐
收藏馆：缩微中心，山西

000O013206
[康熙]隰州志：二十四卷 / (清)钱以垲纂修
清康熙四十八年(1709)刻本. -- 记事止：清康熙四十八年(1709)。
1991年摄制. -- 1盘卷片(13米270拍)：1:10, 2B；35mm银盐
收藏馆：缩微中心，山西

000O027662

[康熙]隰州志：二十四卷 / (清)钱以塏纂修
清康熙四十八年(1709)刻本. -- 纂修者还有：(清)高孝本等。存二十一卷：卷一至卷二十一。
1997年摄制. -- 1盘卷片(10米165拍)：1:10，2B ；35mm银盐
收藏馆：缩微中心，国图

000O012503

[光绪]续修隰州县志：四卷 / (清)崔澄寰修；(清)王嘉会纂
清光绪二十四年(1898)刻本. -- 记事止：清光绪二十三年(1897)。
1990年摄制. -- 1盘卷片(12米242拍)：1:10，2B ；35mm银盐
收藏馆：缩微中心，山西

000O027670

[康熙]汾西县志：八卷 / (清)蒋鸣龙[等]纂修
清康熙(1662-1722)刻本. -- 纂修者还有：(清)傅南宫。
1997年摄制. -- 1盘卷片(10米170拍)：1:10，2B ；35mm银盐
收藏馆：缩微中心，国图

000O012917

[光绪]续修汾西县志：八卷首一卷 / (清)曹宪修；(清)周桐轩纂
清光绪七年(1881)刻本. -- 记事止：清光绪六年(1880)。
1991年摄制. -- 1盘卷片(11米220拍)：1:10，2B ；35mm银盐
收藏馆：缩微中心，山西

000O031286

[光绪]汾西县志：八卷首一卷 / (清)锡良[等]修；(清)贾执钧[等]纂
清光绪八年(1882)刻本. -- 记事止：清光绪六年(1880)。
2004年摄制. -- 1盘卷片(12米220拍)：1:10，2B ；35mm银盐
收藏馆：缩微中心，南京

000O007616

[康熙]解州全志：二十二卷首一卷 / (清)陈时修；(清)介孝璿纂
清康熙五十六年(1717)刻本
1988年摄制. -- 2盘卷片(39米928拍)：1:10，2B ；35mm银盐
收藏馆：缩微中心，天津

000O009912

[康熙]解州全志：二十二卷首一卷 / (清)陈时修；(清)介孝璿纂
清康熙五十六年(1717)刻本
1988年摄制. -- 2盘卷片(37米868拍)：1:10，2B ；35mm银盐
收藏馆：缩微中心，天津

000O031308

[乾隆]解州全志：十八卷首一卷图一卷 / (清)言如泗纂修
清乾隆二十九年(1764)刻本. -- 记事止：清乾隆二十九年(1764)。
2004年摄制. -- 1盘卷片(22米453拍)：1:10，2B ；35mm银盐
收藏馆：缩微中心，南京

000O011116

[乾隆]解州全志(本州)：十八卷首一卷 / (清)言如泗修；(清)吕瀓[等]纂
清乾隆二十九年(1764)刻本. -- 全志包括六个部分：一、本州，二、平陆县志，三、安邑县志，四、芮城县志，五、夏县志，六、安邑遇城志。本书为其中"本州"部分。
1989年摄制. -- 1盘卷片(22米474拍)：1:10，2B ；35mm银盐
收藏馆：缩微中心，湖南

000O031291

[乾隆]解州全志：十八卷首一卷图一卷 / (清)言如泗纂修；(清)胡龙光增纂修
清乾隆二十九年(1764)刻嘉庆七年(1802)增修本. -- 记事止：清嘉庆七年(1802)。
2004年摄制. -- 1盘卷片(22米455拍)：1:10，2B ；35mm银盐
收藏馆：缩微中心，南京

000O012049

[光绪]解州志：十八卷首一卷 / (清)马丕瑶,(清)魏象乾修；(清)张承熊纂
清光绪七年(1881)刻本. -- 记事止：清光绪七年(1881)。
1990年摄制. -- 1盘卷片(27米582拍)：1:10，2B ；35mm银盐
收藏馆：缩微中心，山西

000O012054

[乾隆]解州安邑县志：十六卷首一卷 / (清)言如泗修；(清)吕瀓,(清)郑必阳纂
清乾隆二十九年(1764)刻本. -- 记事止：清乾隆二十八年(1763)。
1990年摄制. -- 1盘卷片(15米316拍)：1:10，2B ；35mm银盐

收藏馆：缩微中心，山西

000O012497
[光绪]安邑县续志：六卷首一卷 / (清)赵辅堂修；
(清)张承熊纂
清光绪六年(1880)刻本. -- 记事止：清光绪
六年(1880)。
1990年摄制. -- 1盘卷片(8米147拍) : 1:10,
2B ; 35mm银盐
收藏馆：缩微中心，山西

000O012055
[乾隆]安邑县运城志：十六卷首一卷 / (清)言如
泗修；(清)熊名相,(清)吕瀹纂
清乾隆二十九年(1764)刻本. -- 据解州全志
刻。
1990年摄制. -- 1盘卷片(15米312拍) :
1:10, 2B ; 35mm银盐
收藏馆：缩微中心，山西

000O016620
[康熙]蒲州志：十二卷 / (清)侯康民修；(清)贾溁
[等]纂
清康熙三年(1664)刻本
1993年摄制. -- 1盘卷片(31米620拍) :
1:10, 2B ; 35mm银盐
收藏馆：缩微中心，天津

000O013185
[乾隆]蒲州府志：二十四卷图一卷 / (清)周景柱
纂修
清乾隆十九年(1754)刻本. -- 记事止：清乾
隆十九年(1754)。
1991年摄制. -- 2盘卷片(48米1160拍) :
1:10, 2B ; 35mm银盐
收藏馆：缩微中心，山西

000O031281
[乾隆]蒲州府志：二十四卷图一卷 / (清)周景柱
纂修
清乾隆二十年(1755)刻本. -- 记事止：清乾
隆二十年(1755)。
2004年摄制. -- 2盘卷片(55米1155拍) :
1:10, 2B ; 35mm银盐
收藏馆：缩微中心，南京

000O012509
[光绪]永济县志：二十四卷 / (清)李荣和,(清)刘
钟麟修；(清)张元懋纂
清光绪十二年(1886)刻本. -- 记事止：清光
绪十二年(1886)。
1990年摄制. -- 3盘卷片(68.2米1449拍) :
1:10, 2B ; 35mm银盐

收藏馆：缩微中心，山西

000O011118
[乾隆]虞乡县志：十二卷 / (清)周大儒纂修
清乾隆五十四年(1789)刻本
1989年摄制. -- 1盘卷片(16米340拍) :
1:10, 2B ; 35mm银盐
收藏馆：缩微中心，湖南

000O031296
[光绪]虞乡县志：十二卷首一卷 / (清)崔铸善修；
(清)陈鼎隆纂
清光绪十二年(1886)刻本. -- 记事止：清光
绪七年(1881)。
2004年摄制. -- 1盘卷片(21米433拍) :
1:10, 2B ; 35mm银盐
收藏馆：缩微中心，南京

000O012909
[光绪]虞乡县志：十二卷 / (清)崔铸善修；(清)陈
鼎隆纂
清光绪十二年(1886)刻本. -- 记事止：清光
绪十年(1884)。
1991年摄制. -- 1盘卷片(20米434拍) :
1:10, 2B ; 35mm银盐
收藏馆：缩微中心，山西

000O031316
[乾隆]河津县志：十二卷图一卷 / (清)张其晜
[等]修；(清)吴端彝[等]纂
清乾隆四十八年(1783)刻本. -- 记事止：清
乾隆四十五年(1780)。
2004年摄制. -- 1盘卷片(21米422拍) :
1:10, 2B ; 35mm银盐
收藏馆：缩微中心，南京

000O031298
[嘉庆]河津县志：十二卷图一卷 / (清)沈千鉴修；
(清)王政[等]纂
清嘉庆二十年(1815)刻本. -- 记事止：清嘉
庆十九年(1814)。
2004年摄制. -- 1盘卷片(23米475拍) :
1:10, 2B ; 35mm银盐
收藏馆：缩微中心，南京

000O031541
[同治]河津县志：十四卷首一卷 / (清)汪和修；
(清)王麟祥纂
清同治五年(1866)刻本. -- 记事止：清同治
五年(1866)。
2004年摄制. -- 1盘卷片(21米441拍) :
1:10, 2B ; 35mm银盐
收藏馆：缩微中心，南京

00○012507
[光绪]河津县志：十四卷首一卷 / (清)茅丕熙,(清)杨汉章修；(清)韩秉钧纂
清光绪六年(1880)刻本. -- 记事止：清光绪五年(1879)。
1990年摄制. -- 1盘卷片(28米596拍)：1:10, 2B；35mm银盐
收藏馆：缩微中心，山西

00○013187
[乾隆]芮城县志：十六卷首一卷 / (清)言如泗修；(清)莫溥纂
清乾隆二十九年(1764)刻本. -- 记事止：清乾隆二十九年(1764)。
1991年摄制. -- 1盘卷片(14米289拍)：1:10, 2B；35mm银盐
收藏馆：缩微中心，山西

00○013188
[光绪]芮城县续志：四卷首一卷 / (清)马丕瑶修；(清)万启钧,(清)张承熊纂
清光绪六年(1880)刻本. -- 记事止：清光绪六年(1880)。
1991年摄制. -- 1盘卷片(8米152拍)：1:10, 2B；35mm银盐
收藏馆：缩微中心，山西

00○021882
[乾隆]临晋县志：八卷 / (清)王正茂纂修
清乾隆三十八年(1773)刻本. -- 记事止：清乾隆三十八年(1773)。
1995年摄制. -- 1盘卷片(16.2米337拍)：1:10, 2B；35mm银盐
收藏馆：缩微中心，山西

00○031303
[乾隆]临晋县志：八卷 / (清)王正茂纂修
清乾隆三十八年(1773)刻光绪六年(1880)印本. -- 记事止：清乾隆三十七年(1772)。
2004年摄制. -- 1盘卷片(15米321拍)：1:10, 2B；35mm银盐
收藏馆：缩微中心，南京

00○012047
[光绪]续修临晋县志：二卷 / (清)艾绍濂,(清)吴会荣修；(清)姚京济纂
清光绪六年(1880)刻本. -- 记事止：清光绪六年(1880)。
1990年摄制. -- 1盘卷片(11米215拍)：1:10, 2B；35mm银盐
收藏馆：缩微中心，山西

00○013200
[雍正]猗氏县志：八卷 / (清)潘钺修；(清)吴启元,(清)高绍烈纂
清雍正七年(1729)刻本. -- 记事止：清雍正七年(1729)。
1991年摄制. -- 1盘卷片(21米438拍)：1:10, 2B；35mm银盐
收藏馆：缩微中心，山西

00○031293
[雍正]猗氏县志：八卷 / (清)潘钺修；(清)吴启元,(清)高绍烈纂
清雍正八年(1730)刻光绪六年(1880)印本. -- 记事止：清雍正八年(1730)。原件的"钺"字为"金"字旁加"越"，康熙字典解：俗"钺字"。
2004年摄制. -- 1盘卷片(21米437拍)：1:10, 2B；35mm银盐
收藏馆：缩微中心，南京

00○013201
[同治]续猗氏县志：四卷 / (清)周之桢修；(清)崔曾颐纂
清同治六年(1867)刻本. -- 记事止：清同治五年(1866)。
1991年摄制. -- 1盘卷片(11米207拍)：1:10, 2B；35mm银盐
收藏馆：缩微中心，山西

00○031294
[同治]续猗氏县志：四卷 / (清)周之桢修；(清)崔曾颐纂
清同治十二年(1873)刻光绪六年(1880)印本. -- 记事止：清同治十二年(1873)。猗氏合志本。
2004年摄制. -- 1盘卷片(11米210拍)：1:10, 2B；35mm银盐
收藏馆：缩微中心，南京

00○031295
[光绪]续猗氏县志：二卷 / (清)徐浩修；(清)潘梦龙纂
清光绪六年(1880)刻本. -- 记事止：清光绪六年(1880)。
2004年摄制. -- 1盘卷片(12米228拍)：1:10, 2B；35mm银盐
收藏馆：缩微中心，南京

00○013202
[光绪]续猗氏县志：二卷 / (清)徐浩修；(清)潘梦龙纂
清光绪六年(1880)刻本. -- 记事止：清光绪六年(1880)。

1991年摄制. -- 1盘卷片(11.4米228拍)：1:10, 2B；35mm银盐
收藏馆：缩微中心，山西

00O021878

[乾隆]万泉县志：八卷 / (清)毕宿焘修；(清)张史笔纂
清乾隆二十三年(1758)刻本. -- 记事止：清乾隆二十三年(1758)。
1995年摄制. -- 1盘卷片(14.4米293拍)：1:10, 2B；35mm银盐
收藏馆：缩微中心，山西

00O007893

[乾隆]荣河县志：十四卷首一卷 / (清)杨会琢纂修
清乾隆三十四年(1769)刻本. -- 记事止：清乾隆三十四年(1769)。
1988年摄制. -- 1盘卷片(13.8米283拍)：1:10, 2B；35mm银盐
收藏馆：缩微中心，山西

00O012912

[光绪]荣河县志：十四卷首一卷 / (清)马鑑,(清)王希濂修；(清)寻銮炜纂
清光绪七年(1881)刻本. -- 记事止：清光绪七年(1881)。
1991年摄制. -- 1盘卷片(20米433拍)：1:10, 2B；35mm银盐
收藏馆：缩微中心，山西

00O016532

[乾隆]直隶绛州志：二十卷 / (清)张成德修；(清)李友珠,(清)张我观纂
清乾隆三十年(1765)刻本. -- 记事止：清乾隆二十九年(1764)。
1991年摄制. -- 2盘卷片(40米750拍)：1:10, 2B；35mm银盐
收藏馆：缩微中心，山西

00O012915

[光绪]直隶绛州志：二十卷首一卷 / (清)李焕杨修；(清)张于铸纂
清光绪五年(1879)刻本. -- 记事止：清光绪五年(1979)。
1991年摄制. -- 2盘卷片(44米881拍)：1:10, 2B；35mm银盐
收藏馆：缩微中心，山西

00O016534

[同治]稷山县志：十卷 / (清)沈文翔修；(清)邓嘉坤纂
清同治四年(1865)刻本. -- 记事止：清同治四年(1865)。
1991年摄制. -- 2盘卷片(32米764拍)：1:10, 2B；35mm银盐
收藏馆：缩微中心，山西

00O027663

[顺治]闻喜县志：七卷 / (清)苏本眉修；(清)王体言纂
清顺治十年(1653)刻本. -- 存三卷：卷二至卷四。
1997年摄制. -- 1盘卷片(3米31拍)：1:10, 2B；35mm银盐
收藏馆：缩微中心，国图

00O013192

[乾隆]闻喜县志：十二卷首一卷 / (清)李遵唐纂修
清乾隆三十一年(1766)刻本. -- 记事止：清乾隆二十九年(1764)。
1991年摄制. -- 1盘卷片(23米509拍)：1:10, 2B；35mm银盐
收藏馆：缩微中心，山西

00O031336

[乾隆]闻喜县志：十二卷首一卷图一卷 / (清)李遵唐纂修
清乾隆三十一年(1766)刻本. -- 记事止：清乾隆三十年(1765)。
2004年摄制. -- 1盘卷片(25米521拍)：1:10, 2B；35mm银盐
收藏馆：缩微中心，南京

00O013193

[光绪]闻喜县志：三卷首一卷 / (清)陈作哲修；(清)杨深秀纂
清光绪六年(1880)刻本. -- 记事止：清光绪六年(1880)。
1991年摄制. -- 1盘卷片(6米106拍)：1:10, 2B；35mm银盐
收藏馆：缩微中心，山西

00O013194

[光绪]闻喜县志补：四卷 / (清)陈作哲修；(清)杨深秀纂
清光绪六年(1880)刻本. -- 记事止：清光绪六年(1880)。
1991年摄制. -- 1盘卷片(6米106拍)：1:10, 2B；35mm银盐
收藏馆：缩微中心，山西

00O013195

[光绪]闻喜县志续：四卷 / (清)陈作哲修；(清)杨深秀纂

清光绪五年(1879)刻本. -- 记事止：清光绪
五年(1879)。
1991年摄制. -- 1盘卷片(6.7米122拍)：
1:10，2B；35mm银盐
收藏馆：缩微中心，山西

000O021879

[乾隆]解州夏县志：十六卷首一卷 / (清)言如泗
修；(清)李遵唐纂
清乾隆二十九年(1764)刻解州全志本. -- 记
事止：清乾隆二十八年(1763)。有批校圈点。
1995年摄制. -- 1盘卷片(17.3米357拍)：
1:10，2B；35mm银盐
收藏馆：缩微中心，山西

000O012913

[光绪]夏县志：十卷首一卷 / (清)黄缙荣,(清)万
启钧修；(清)张承熊纂
清光绪六年(1880)刻本. -- 记事止：清光绪
六年(1880)。
1991年摄制. -- 1盘卷片(18米371拍)：
1:10，2B；35mm银盐
收藏馆：缩微中心，山西

000O013208

[乾隆]绛县志：十四卷 / (清)拉昌阿修；(清)王本
智纂
清乾隆三十年(1765)刻本. -- 记事止：清乾
隆二十八年(1763)。
1991年摄制. -- 1盘卷片(18.6米392拍)：
1:10，2B；35mm银盐
收藏馆：缩微中心，山西

000O012510

[光绪]绛县志：十四卷 / (清)刘斌修；(清)张于铸
纂
清光绪六年(1880)刻本. -- 记事止：清光绪
六年(1880)。
1990年摄制. -- 1盘卷片(24米511拍)：
1:10，2B；35mm银盐
收藏馆：缩微中心，山西

000O012505

[光绪]绛县志：二十一卷 / (清)胡延纂修
清光绪二十五年(1899)刻本. -- 记事止：清
光绪二十五年(1899)。
1990年摄制. -- 1盘卷片(17米362拍)：
1:10，2B；35mm银盐
收藏馆：缩微中心，山西

000O031305

[乾隆]平陆县志：十六卷首一卷图一卷 / (清)言
如泗[等]修；(清)杜若拙[等]纂

清乾隆二十九年(1764)刻解州全志本. -- 记
事止：清乾隆二十九年(1764)。
2004年摄制. -- 1盘卷片(15米304拍)：
1:10，2B；35mm银盐
收藏馆：缩微中心，南京

000O013196

[乾隆]解州平陆县志：十六卷首一卷 / (清)言如
泗,(清)韩典修
清乾隆二十九年(1764)刻解州全志本. -- 记
事止：清乾隆二十八年(1763)。
1991年摄制. -- 1盘卷片(15米304拍)：
1:10，2B；35mm银盐
收藏馆：缩微中心，山西

000O013197

[光绪]平陆县续志：二卷首一卷末一卷 / (清)刘
鸿达修；(清)沈承恩纂
清光绪六年(1880)刻本. -- 记事止：清光绪
六年(1880)。
1991年摄制. -- 1盘卷片(11米216拍)：
1:10，2B；35mm银盐
收藏馆：缩微中心，山西

000O012506

[光绪]垣曲县志：十四卷 / (清)薛元钊修；(清)张
于铸纂
清光绪五年(1879)刻本. -- 记事止：清光绪
五年(1879)。
1990年摄制. -- 1盘卷片(24.4米523拍)：
1:10，2B；35mm银盐
收藏馆：缩微中心，山西

000O031338

[康熙]永宁州志：八卷 / (清)谢汝霖纂修
清康熙四十一年(1702)刻嘉庆十六年(1811)增
修本. -- 记事止：清嘉庆十六年(1811)。
2004年摄制. -- 1盘卷片(20米408拍)：
1:10，2B；35mm银盐
收藏馆：缩微中心，南京

000O010103

[光绪]永宁州志：三十二卷 / (清)姚启瑞修；(清)
万渊如纂
清光绪七年(1881)刻本. -- 记事止：清光绪
六年(1880)。
1989年摄制. -- 1盘卷片(17.5米368拍)：
1:10，2B；35mm银盐
收藏馆：缩微中心，山西

000O010730

[乾隆]孝义县志：二十卷首一卷 / (清)邓必安纂
修

清乾隆三十五年(1770)刻本
1989年摄制. -- 1盘卷片(19米407拍)：
1:10, 2B ；35mm银盐
收藏馆：缩微中心，湖南

00O012056
[光绪]孝义县续志：二卷首一卷末一卷 / (清)孔广熙修；(清)何之煌纂
清光绪六年(1880)刻本. -- 记事止：清光绪五年(1879)。
1990年摄制. -- 1盘卷片(10米194拍)：
1:10, 2B ；35mm银盐
收藏馆：缩微中心，山西

00O008550
[万历]汾州府志：十六卷 / (明)王道一修；(明)王景符[等]纂
明万历(1573-1620)刻本
1988年摄制. -- 1盘卷片(24米526拍)：
1:10, 2B ；35mm银盐
收藏馆：缩微中心，国图

00O010600
[乾隆]汾州府志：三十四卷首一卷 / (清)孙和相修；(清)戴震校纂
清乾隆三十六年(1771)刻本. -- 记事止：清乾隆三十五年(1770)。
1989年摄制. -- 2盘卷片(54.1米1169拍)：
1:10, 2B ；35mm银盐
收藏馆：缩微中心，山西

00O031098
[乾隆]汾州府志：三十四卷首一卷附一卷 / (清)孙和相修；(清)戴震纂；(清)雷汪度增纂修
清乾隆三十六年(1771)刻增修本. -- 记事止：清乾隆四十三年(1778)。
2004年摄制. -- 2盘卷片(56米1186拍)：
1:10, 2B ；35mm银盐
收藏馆：缩微中心，南京

00O031105
[康熙]汾阳县志：八卷首一卷 / (清)周超修；(清)邢秉诚纂
清康熙六十一年(1722)刻本. -- 记事止：清雍正元年(1723)。存七卷：卷二至卷八。
2004年摄制. -- 1盘卷片(30米635拍)：
1:10, 2B ；35mm银盐
收藏馆：缩微中心，南京

00O010598
[乾隆]汾阳县志：十四卷首一卷 / (清)李文起纂；(清)戴震校订
清乾隆三十七年(1772)刻本. -- 记事止：清

乾隆三十六年(1771)。
1989年摄制. -- 1盘卷片(23米492拍)：
1:10, 2B ；35mm银盐
收藏馆：缩微中心，山西

00O010594
[道光]汾阳县志：十四卷首一卷 / (清)周贻缨,(清)曹文锦修；(清)曹树谷纂
清咸丰元年(1851)刻本. -- 记事止：清道光三十年(1850)。
1989年摄制. -- 2盘卷片(36.4米765拍)：
1:10, 2B ；35mm银盐
收藏馆：缩微中心，山西

00O010593
[光绪]汾阳县志：十四卷首一卷 / (清)方家驹,(清)庆文纂修
清光绪十年(1884)刻本. -- 记事止：清光绪五年(1879)。
1989年摄制. -- 2盘卷片(44.9米959拍)：
1:10, 2B ；35mm银盐
收藏馆：缩微中心，山西

00O031349
[康熙]文水县志：十卷首一卷图一卷 / (清)傅星修；(清)郑立功纂
清康熙十二年(1673)刻乾隆(1736-1795)重修本. -- 记事止：清康熙十一年(1672)。
2004年摄制. -- 1盘卷片(19米400拍)：
1:10, 2B ；35mm银盐
收藏馆：缩微中心，南京

00O010109
[光绪]文水县志：十二卷首一卷末一卷 / (清)范启堃,(清)王炜修；(清)阴步霞纂
清光绪九年(1883)刻本. -- 记事止：清光绪八年(1882)。
1989年摄制. -- 1盘卷片(19.6米415拍)：
1:10, 2B ；35mm银盐
收藏馆：缩微中心，山西

00O010108
[宣统]文水县乡土志：八卷补遗一卷 / (清)成连编
清宣统元年(1909)铅印本. -- 记事止：清宣统元年(1909)。
1989年摄制. -- 1盘卷片(5.4米91拍)：
1:10, 2B ；35mm银盐
收藏馆：缩微中心，山西

00O021877
[乾隆]兴县志：十八卷 / (清)程云原本；(清)蓝山增修

清乾隆二十八年(1763)抄本. -- 记事止：清乾隆二十八年(1763)。
1995年摄制. -- 1盘卷片(14.4米295拍)：1:10, 2B；35mm银盐
收藏馆：缩微中心，山西

00O031827
[光绪]兴县续志：二卷 / (清)张启蕴修；(清)张福昌纂
清光绪六年(1880)刻本. -- 记事止：清光绪六年(1880)。卷上配抄本。
2005年摄制. -- 1盘卷片(14米282拍)：1:10, 2B；35mm银盐
收藏馆：缩微中心，南京

00O010104
[康熙]宁乡县志：十卷首一卷 / (清)吕履恒纂修
清康熙四十一年(1702)刻本
1989年摄制. -- 1盘卷片(10.2米201拍)：1:10, 2B；35mm银盐
收藏馆：缩微中心，山西

00O010111
[康熙]临县志：八卷首一卷 / (清)杨飞熊修；(清)崔鹤龄纂
清康熙五十七年(1718)刻本. -- 记事止：清康熙五十七年(1718)。
1989年摄制. -- 1盘卷片(21米420拍)：1:10, 2B；35mm银盐
收藏馆：缩微中心，山西

00O010102
[雍正]重修岚县志：十六卷 / (清)沈继贤修；(清)常大升纂
清雍正八年(1730)刻本. -- 记事止：清雍正七年(1729)。
1989年摄制. -- 1盘卷片(10.1米198拍)：1:10, 2B；35mm银盐
收藏馆：缩微中心，山西

00O010100
[康熙]交城县志：十八卷首一卷 / (清)洪璟纂修
清康熙四十八年(1709)刻本. -- 记事止：清康熙四十八年(1709)。
1989年摄制. -- 1盘卷片(21米446拍)：1:10, 2B；35mm银盐
收藏馆：缩微中心，山西

00O027829
[康熙]交城县志：十八卷首一卷 / (清)洪璟纂修
清康熙四十八年(1709)刻本
1997年摄制. -- 1盘卷片(22米436拍)：1:10, 2B；35mm银盐

收藏馆：缩微中心，国图

00O010070
[光绪]交城县志：十卷首一卷 / (清)夏肇庸修；(清)许惺南纂
清光绪八年(1882)刻本. -- 记事止：清光绪七年(1881)。
1989年摄制. -- 1盘卷片(24.2米519拍)：1:10, 2B；35mm银盐
收藏馆：缩微中心，山西

00O031304
[光绪]交城县志：十卷首一卷 / (清)夏肇庸修；(清)许惺南纂
清光绪八年(1882)刻本. -- 记事止：清光绪八年(1882)。佚名增补。
2004年摄制. -- 1盘卷片(24米515拍)：1:10, 2B；35mm银盐
收藏馆：缩微中心，南京

00O010601
[雍正]石楼县志：八卷首一卷 / (清)袁学谟修；(清)秦燮纂
清雍正十年(1732)刻本. -- 记事止：清雍正十年(1732)。
1989年摄制. -- 1盘卷片(30.2米655拍)：1:10, 2B；35mm银盐
收藏馆：缩微中心，山西

00O010831
蒙古游牧记：十六卷 / (清)张穆纂；(清)何秋涛补纂
清同治六年(1867)寿阳祁氏刻本
1989年摄制. -- 1盘卷片(21米447拍)：1:10, 2B；35mm银盐
收藏馆：缩微中心，湖南

00O009388
蒙古志稿：六卷 / (清)姚明辉纂
清光绪(1875-1908)抄本. -- 记事止：清光绪二十七年(1901)。
1988年摄制. -- 1盘卷片(12米283拍)：1:10, 2B；35mm银盐
收藏馆：缩微中心，南京

00O010728
[光绪]绥远志：十卷首一卷 / (清)贻谷修；(清)高赓恩纂
清光绪三十四年(1908)刻本
1989年摄制. -- 1盘卷片(13米265拍)：1:10, 2B；35mm银盐
收藏馆：缩微中心，湖南

00O016633
[咸丰]和林格尔城志：四卷 / (清)伊良纂修
清咸丰二年(1852)活字印本
1991年摄制. -- 1盘卷片(7米101拍)：1:10,
2B；35mm银盐
收藏馆：缩微中心，天津

00O016624
**[光绪]新修清水河厅志：二十卷 / (清)文秀修；
(清)卢梦兰纂**
清光绪宣统(1875-1911)抄本. -- 据清光绪九
年(1883)本传抄。
1991年摄制. -- 1盘卷片(14米290拍)：
1:10, 2B；35mm银盐
收藏馆：缩微中心，天津

00O022498
古丰识略：四十卷 / (清)钟秀,(清)张曾纂
清咸丰十年(1860)抄本
1995年摄制. -- 1盘卷片(24.5米496拍)：
1:10, 2B；35mm银盐
收藏馆：缩微中心，湖北

00O022493
蒙旗志稿：二卷
清(1644-1911)抄本. -- 存一卷：卷下。
1995年摄制. -- 1盘卷片(5.6米93拍)：
1:10, 2B；35mm银盐
收藏馆：缩微中心，湖北

00O008832
[嘉靖]辽东志：九卷图一卷 / (明)任洛[等]纂修
明嘉靖十六年(1537)刻本
1988年摄制. -- 1盘卷片(23米514拍)：
1:10, 2B；35mm银盐
收藏馆：缩微中心，天津

00O013386
[嘉靖]全辽志：六卷 / (明)李辅修；(明)陈绛纂
明嘉靖(1522-1566)刻蓝印本
1991年摄制. -- 1盘卷片(30米618拍)：
1:10, 2B；35mm银盐
收藏馆：缩微中心，国图

00O030978
[嘉靖]全辽志：六卷 / (明)马应龙[等]撰修
明嘉靖四十五年(1566)抄本. -- 记事止：明
嘉靖四十五年(1566)。
2003年摄制. -- 1盘卷片(30米667拍)：
1:10, 2B；35mm银盐
收藏馆：缩微中心，辽宁

00O030970
[嘉靖]全辽志：六卷 / (明)李辅修；(明)陈绛纂
明万历(1573-1620)抄本. -- 记事止：明万历
二十八年(1600)。
2003年摄制. -- 1盘卷片(31米662拍)：
1:10, 2B；35mm银盐
收藏馆：缩微中心，南京

00O027647
**[康熙]盛京通志：三十二卷 / (清)董秉忠修；(清)
孙成纂**
清康熙(1662-1722)刻本
1997年摄制. -- 1盘卷片(28米561拍)：
1:10, 2B；35mm银盐
收藏馆：缩微中心，国图

00O031673
**盛京通志：三十二卷 / (清)董秉忠修；(清)孙成
纂**
清康熙(1662-1722)刻本. -- 存十四卷：卷一
至卷八、卷十七至卷二十二。
2005年摄制. -- 1盘卷片(11米205拍)：
1:10, 2B；35mm银盐
收藏馆：缩微中心，国图

00O011495
**[乾隆]盛京通志：四十八卷首一卷 / (清)吕耀曾
[等]修；(清)魏枢[等]纂**
清乾隆元年(1736)刻本
1989年摄制. -- 3盘卷片(66米1391拍)：
1:10, 2B；35mm银盐
收藏馆：缩微中心，湖南

00O030956
**[乾隆]盛京通志：四十八卷首一卷 / (清)吕耀曾
[等]修；(清)魏枢[等]纂**
清乾隆元年(1736)刻咸丰二年(1852)重修
本. -- 记事止：清乾隆元年(1736)。
2003年摄制. -- 3盘卷片(71米1457拍)：
1:10, 2B；35mm银盐
收藏馆：缩微中心，南京

00O008211
[乾隆]钦定盛京通志：三十二卷图一卷
清乾隆十二年(1747)刻本. -- 记事止：清乾
隆十二年(1747)。
1988年摄制. -- 2盘卷片(53米1195拍)：
1:10, 2B；35mm银盐
收藏馆：缩微中心，南京

00O008119
**[乾隆]盛京通志：一百三十卷首一卷 / (清)阿
桂,(清)董诰修；(清)刘谨之,(清)程维岳纂**

清乾隆四十四年(1779)活字印本
1988年摄制. -- 7盘卷片(186米4159拍) :
1:10, 2B ; 35mm银盐
收藏馆：缩微中心，湖北

000O030940
[乾隆]盛京通志：一百三十卷首一卷 / (清)阿桂,(清)董诰修；(清)刘谨之,(清)程维岳纂
清乾隆四十九年(1784)武英殿刻本. -- 记事止：清乾隆四十九年(1784)。
2003年摄制. -- 7盘卷片(195米4014拍) :
1:10, 2B ; 35mm银盐
收藏馆：缩微中心，南京

000O031032
[乾隆]钦定盛京通志：一百三十卷首一卷 / (清)阿桂修；(清)刘谨之纂
清乾隆(1736-1795)抄本. -- 记事止：清乾隆四十九年(1784)。存三卷：卷二十七、卷三十二至卷三十三。
2003年摄制. -- 1盘卷片(11米206拍) :
1:10, 2B ; 35mm银盐
收藏馆：缩微中心，南京

000O030887
奉天郡邑志：五卷 / (清)吴廷燮撰
清宣统三年(1911)奉天抄本. -- 记事止：清宣统三年(1911)。
2003年摄制. -- 1盘卷片(14米270拍) :
1:10, 2B ; 35mm银盐
收藏馆：缩微中心，辽宁

000O030972
[康熙]辽载前集：不分卷 / (清)林本裕纂修
清康熙(1662-1722)抄本. -- 记事止：清康熙二十三年(1684)。
2003年摄制. -- 1盘卷片(9米144拍) : 1:10,
2B ; 35mm银盐
收藏馆：缩微中心，南京

000O017154
[宣统]承德县志书 / (清)金正元修；(清)张子瀛,(清)闻鹏龄增撰
清宣统二年(1910)石印本
1993年摄制. -- 1盘卷片(7.3米137拍) :
1:10, 2B ; 35mm银盐
收藏馆：缩微中心，辽宁

000O017157
[宣统]新民府志 / (清)管凤龢纂修
清宣统元年(1909)铅印本
1993年摄制. -- 1盘卷片(4.1米97拍) :
1:10, 2B ; 35mm银盐

收藏馆：缩微中心，辽宁

000O018337
辽中县乡土志 / (清)马星薇修；(清)李植嘉撰
清光绪三十四年(1908)抄本
1993年摄制. -- 1盘卷片(2.9米33拍) :
1:10, 2B ; 35mm银盐
收藏馆：缩微中心，辽宁

000O030892
法库厅乡土志：一卷 / (清)刘鸣复修
清光绪三十四年(1908)稿本. -- 记事止：清光绪三十四年(1908)。
2003年摄制. -- 1盘卷片(5米65拍) : 1:10,
2B ; 35mm银盐
收藏馆：缩微中心，辽宁

000O028394
法库厅乡土志 / (清)刘鸣复修
清光绪三十四年(1908)抄本
1997年摄制. -- 1盘卷片(4米65拍) : 1:10,
2B ; 35mm银盐
收藏馆：缩微中心，辽宁

000O030966
法库厅乡土志：不分卷 / (清)刘鸣复撰
清光绪三十四年(1908)奉天铅印本. -- 记事止：清光绪三十三年(1907)。
2003年摄制. -- 1盘卷片(5米65拍) : 1:10,
2B ; 35mm银盐
收藏馆：缩微中心，南京

000O030924
塔子沟纪略：十二卷 / (清)哈达清格撰
清乾隆三十八年(1773)抄本. -- 记事止：清乾隆三十八年(1773)。
2003年摄制. -- 1盘卷片(10米196拍) :
1:10, 2B ; 35mm银盐
收藏馆：缩微中心，辽宁

000O030888
[咸丰]奉天开原县志：八卷首一卷 / (清)全禄修；(清)张式金[等]纂
清咸丰七年(1857)奉天刻本. -- 记事止：清乾隆五十六年(1791)。全禄，字廉斋，正红旗，举人，咸丰六年(1856)任知事；张式金，字鉴堂，拔贡。
2003年摄制. -- 1盘卷片(22米473拍) :
1:10, 2B ; 35mm银盐
收藏馆：缩微中心，辽宁

000O018353
[咸丰]开原县志：八卷首一卷 / (清)全禄修；(清)

张式金[等]纂
清咸丰七年(1857)刻本
1993年摄制. -- 1盘卷片(21.7米482拍)：
1:10, 2B ; 35mm银盐
收藏馆：缩微中心，辽宁

000O009808
开原县志：不分卷 / (清)保清修；(清)罗宝书纂
清(1644-1911)抄本
1989年摄制. -- 1盘卷片(9米178拍)：1:10,
2B ; 35mm银盐
收藏馆：缩微中心，浙江

000O030935
开原县乡土志 / (清)徐文华撰
清光绪三十四年(1908)抄本. -- 记事止：清
光绪三十四年(1908)。书名据卷端题，无序
跋。卷末有铅笔题记"此书成于清末，为徐文
华所作。徐字焕章，前清廪膳生员，见开源县
志。三十七年三月十二日讷伦泰附记"。
2003年摄制. -- 1盘卷片(5米60拍)：1:10,
2B ; 35mm银盐
收藏馆：缩微中心，辽宁

000O030896
[康熙]铁岭县志：二卷 / (清)贾弘文修；(清)董国
祥纂
清康熙十六年(1677)刻本. -- 记事止：清康
熙十六年(1677)。
2003年摄制. -- 1盘卷片(6米99拍)：1:10,
2B ; 35mm银盐
收藏馆：缩微中心，辽宁

000O030904
铁岭乡土志
清光绪三十三年(1907)抄本. -- 记事止：清
光绪三十三年(1907)。
2003年摄制. -- 1盘卷片(6米93拍)：1:10,
2B ; 35mm银盐
收藏馆：缩微中心，辽宁

000O018349
铁岭乡土志
清光绪三十三年(1907)抄本
1993年摄制. -- 1盘卷片(5.5米94拍)：
1:10, 2B ; 35mm银盐
收藏馆：缩微中心，辽宁

000O018344
西丰县乡土志 / (清)贾耕修
清宣统二年(1910)抄本
1993年摄制. -- 1盘卷片(3.0米36拍)：
1:10, 2B ; 35mm银盐

收藏馆：缩微中心，辽宁

000O028256
昌图府志 / (清)洪汝冲纂修
清宣统元年(1909)铅印本
1997年摄制. -- 1盘卷片(7米122拍)：1:10,
2B ; 35mm银盐
收藏馆：缩微中心，辽宁

000O021012
昌图府乡土志 / (清)查富机修
清光绪三十四年(1908)抄本
1994年摄制. -- 1盘卷片(3.1米37拍)：
1:10, 2B ; 35mm银盐
收藏馆：缩微中心，辽宁

000O018336
[宣统]怀仁县志：十四卷 / (清)马俊显修；(清)刘
熙春撰
清宣统二年(1910)铅印本
1993年摄制. -- 1盘卷片(8.9米175拍)：
1:10, 2B ; 35mm银盐
收藏馆：缩微中心，辽宁

000O017156
辽阳乡土志 / (清)白永贞撰；(清)洪汝冲修
清光绪三十四年(1908)铅印本
1993年摄制. -- 1盘卷片(5.7米101拍)：
1:10, 2B ; 35mm银盐
收藏馆：缩微中心，辽宁

000O018351
[光绪]海城县志 / (清)陈艺[等]修；(清)张文藻
[等]纂
清宣统元年(1909)铅印本
1993年摄制. -- 1盘卷片(6.1米109拍)：
1:10, 2B ; 35mm银盐
收藏馆：缩微中心，辽宁

000O031494
[光绪]海城县志：不分卷 / (清)陈艺[等]修；(清)
张文藻纂
清宣统元年(1909)铅印本. -- 记事止：清光
绪三十四年(1908)。
2004年摄制. -- 1盘卷片(7米113拍)：1:10,
2B ; 35mm银盐
收藏馆：缩微中心，南京

000O020978
海城县乡土志 / (清)管凤龢修
清光绪三十三年(1907)抄本
1993年摄制. -- 1盘卷片(6.6米122拍)：
1:10, 2B ; 35mm银盐

收藏馆：缩微中心，辽宁

收藏馆：缩微中心，辽宁

00O018357
[光绪]安东县志摘要 / (清)吴光国修
清光绪三十四年(1908)抄本
1993年摄制. -- 1盘卷片(3.1米39拍)：
1:10, 2B；35mm银盐
收藏馆：缩微中心，辽宁

00O021000
岫岩州乡土志 / (清)贺简修
清宣统元年(1909)抄本
1994年摄制. -- 1盘卷片(4.6米73拍)：
1:10, 2B；35mm银盐
收藏馆：缩微中心，辽宁

00O020984
[宣统]宽甸县分志 / (清)金萃康纂修
清宣统三年(1911)抄本
1994年摄制. -- 1盘卷片(3.0米33拍)：
1:10, 2B；35mm银盐
收藏馆：缩微中心，辽宁

00O030889
复县乡土志：一卷
清光绪三十三年(1907)抄本. -- 记事止：清
光绪三十三年(1907)。
2003年摄制. -- 1盘卷片(4米38拍)：1:10,
2B；35mm银盐
收藏馆：缩微中心，辽宁

00O030913
[宣统]盘山厅志：一卷 / (清)杨邵宗修
清宣统二年(1910)抄本. -- 记事止：清宣统
二年(1910)。钤"盘山厅抚民通判之官印"阳
文满汉双文官印。
2003年摄制. -- 1盘卷片(4米44拍)：1:10,
2B；35mm银盐
收藏馆：缩微中心，辽宁

00O021015
锦州府乡土志 / (清)朱孝威编
清光绪三十四年(1908)抄本
1994年摄制. -- 1盘卷片(3.3米47拍)：
1:10, 2B；35mm银盐
收藏馆：缩微中心，辽宁

00O030926
锦西县乡土志
抄本. -- 书名据卷端题，首为无名氏序。锦
西县全境舆图题"民国六年绘"。
2003年摄制. -- 1盘卷片(4米42拍)：1:10,
2B；35mm银盐

00O021004
广宁县乡土志 / (清)萧雨春纂
清光绪三十四年(1908)铅印本
1994年摄制. -- 1盘卷片(4.4米68拍)：
1:10, 2B；35mm银盐
收藏馆：缩微中心，辽宁

00O018372
镇安县乡土志：一卷 / (清)张霁编
清光绪三十三年(1907)铅印本
1993年摄制. -- 1盘卷片(3.9米57拍)：
1:10, 2B；35mm银盐
收藏馆：缩微中心，辽宁

00O030882
镇安县乡土志：一卷 / (清)张霁编
清光绪三十三年(1907)铅印本. -- 记事止：
清光绪三十三年(1907)。
2003年摄制. -- 1盘卷片(5米56拍)：1:10,
2B；35mm银盐
收藏馆：缩微中心，南京

00O031043
[康熙]宁远州志：八卷 / (清)冯昌奕,(清)王琨纂
修
清康熙(1662-1722)抄本. -- 记事止：清康熙
二十二年(1683)。
2004年摄制. -- 1盘卷片(6米89拍)：1:10,
2B；35mm银盐
收藏馆：缩微中心，南京

00O018359
[光绪]宁远州志
清光绪三十四年(1908)抄本
1993年摄制. -- 1盘卷片(6.7米145拍)：
1:10, 2B；35mm银盐
收藏馆：缩微中心，辽宁

00O020987
义州乡土志
清末(1851-1911)抄本
1994年摄制. -- 1盘卷片(4.7米76拍)：
1:10, 2B；35mm银盐
收藏馆：缩微中心，辽宁

00O030916
绥中县乡土志
清光绪三十四年(1908)抄本. -- 记事止：清
光绪三十四年(1908)。
2003年摄制. -- 1盘卷片(5米63拍)：1:10,
2B；35mm银盐

收藏馆：缩微中心，辽宁

000O014525
[道光]吉林外记：十卷 / (清)萨英额纂修
清光绪十一年(1885)渐西村舍刻本
1992年摄制. -- 1盘卷片(11米215拍) :
1:10, 2B ; 35mm银盐
收藏馆：缩微中心，吉林

000O030958
[道光]吉林外记：十卷 / (清)萨英额纂修
清光绪二十六年(1900)广雅书局刻本. -- 记
事止：清道光二十三年(1843)。
2003年摄制. -- 1盘卷片(11米184拍) :
1:10, 2B ; 35mm银盐
收藏馆：缩微中心，南京

000O011590
[光绪]吉林通志：一百二十二卷 / (清)长顺,(清)
讷钦修；(清)李桂林,(清)顾云纂
清光绪十七年(1891)刻本
1989年摄制. -- 6盘卷片(172米3869拍) :
1:10, 2B ; 35mm银盐
收藏馆：缩微中心，吉林

000O012899
吉林舆地略：二卷 / (清)杨伯声编
清末(1851-1911)石印本
1991年摄制. -- 1盘卷片(7米127拍) : 1:10,
2B ; 35mm银盐
收藏馆：缩微中心，吉林

000O018361
农安乡土志
清光绪二十一年至三十四年(1895-1908)抄本
1993年摄制. -- 1盘卷片(4.2米64拍) :
1:10, 2B ; 35mm银盐
收藏馆：缩微中心，辽宁

000O030910
农邑乡土志
清光绪二十一年至三十四年(1895-1908)抄
本. -- 记事止：清光绪三十四年(1908)；每
两页之间均钤有朱文"农安县印"印一枚。书
名据封面题签题；封面题：农邑乡土志，农安
县谨呈。
2003年摄制. -- 1盘卷片(5米63拍) : 1:10,
2B ; 35mm银盐
收藏馆：缩微中心，辽宁

000O021005
[宣统]奉天省靖安县志 / (清)朱佩蓝编
清宣统元年(1909)抄本

1994年摄制. -- 1盘卷片(2.3米19拍) :
1:10, 2B ; 35mm银盐
收藏馆：缩微中心，辽宁

000O028398
安广县乡土志：□□卷
清宣统三年(1911)抄本
1997年摄制. -- 1盘卷片(3米28拍) : 1:10,
2B ; 35mm银盐
收藏馆：缩微中心，辽宁

000O021016
开通县乡土志 / (清)忠林编
清光绪三十三年(1907)抄本
1994年摄制. -- 1盘卷片(2.3米18拍) :
1:10, 2B ; 35mm银盐
收藏馆：缩微中心，辽宁

000O020994
伯都纳乡土志 / (清)伯英纂修
清光绪十七年(1891)稿本
1994年摄制. -- 1盘卷片(4.1米63拍) :
1:10, 2B ; 35mm银盐
收藏馆：缩微中心，辽宁

000O021014
打牲乌拉地方乡土志 / (清)全明修；(清)云生纂
清光绪十七年(1891)抄本
1994年摄制. -- 1盘卷片(3.8米55拍) :
1:10, 2B ; 35mm银盐
收藏馆：缩微中心，辽宁

000O021010
怀德县乡土志 / (清)孙云章编
清光绪三十二年(1906)抄本
1994年摄制. -- 1盘卷片(5.3米91拍) :
1:10, 2B ; 35mm银盐
收藏馆：缩微中心，辽宁

000O021003
[宣统]辽源州志书
清宣统(1909-1911)抄本
1994年摄制. -- 1盘卷片(2.4米23拍) :
1:10, 2B ; 35mm银盐
收藏馆：缩微中心，辽宁

000O030831
[光绪]奉化县志：十四卷末一卷图一卷 / (清)钱
开震修；(清)陈文焯纂
清光绪十一年(1885)刻本. -- 记事止：清光
绪十年(1884)。
2003年摄制. -- 1盘卷片(14米273拍) :
1:10, 2B ; 35mm银盐

收藏馆：缩微中心，南京

000O012901
[宣统]西安县志略：十三卷 / (清)雷飞鹏修；(清)段盛梓纂
清宣统三年(1911)石印本
1991年摄制. -- 1盘卷片(11米216拍) ：1:10, 2B ；35mm银盐
收藏馆：缩微中心，吉林

000O030840
[宣统]西安县志略：十三卷 / (清)雷飞鹏修；(清)段盛梓纂
清宣统三年(1911)石印本. -- 记事止：清宣统三年(1911)。
2003年摄制. -- 1盘卷片(12米217拍) ：1:10, 2B ；35mm银盐
收藏馆：缩微中心，南京

000O021001
西安县乡土志 / (清)孟宪彝,(清)王孝俙修；(清)金正元[等]纂
清光绪三十四年(1908)抄本
1994年摄制. -- 1盘卷片(3.2米40拍) ：1:10, 2B ；35mm银盐
收藏馆：缩微中心，辽宁

000O030921
东平县乡土志 / (清)黄澂撰
清宣统二年(1910)抄本. -- 记事止：清宣统二年(1910)。
2003年摄制. -- 1盘卷片(4米38拍) ：1:10, 2B ；35mm银盐
收藏馆：缩微中心，辽宁

000O020989
[宣统]辉南厅志 / (清)薛德履修 ；(清)张见田,(清)于龙辰纂
清宣统二年(1910)石印本
1994年摄制. -- 1盘卷片(4.4米70拍) ：1:10, 2B ；35mm银盐
收藏馆：缩微中心，辽宁

000O030939
[光绪]柳河志：一卷
清光绪(1875-1908)油印本. -- 记事止：清光绪三十三年(1907)。
2003年摄制. -- 1盘卷片(4米31拍) ：1:10, 2B ；35mm银盐
收藏馆：缩微中心，南京

000O018369
柳河县乡土志 / (清)奎斌[等]编

清光绪三十三年(1907)抄本
1993年摄制. -- 1盘卷片(3.1米36拍) ：1:10, 2B ；35mm银盐
收藏馆：缩微中心，辽宁

000O011748
[宣统]长白汇征录：八卷 / (清)张凤台修；(清)刘龙光纂
清宣统二年(1910)铅印本
1990年摄制. -- 1盘卷片(11米222拍) ：1:10, 2B ；35mm银盐
收藏馆：缩微中心，吉林

000O030922
珲春地理志
清光绪(1875-1908)抄本. -- 记事止：清光绪(1875-1908)。书名据封面考证。无序跋及准确时间。
2003年摄制. -- 1盘卷片(3米24拍) ：1:10, 2B ；35mm银盐
收藏馆：缩微中心，辽宁

000O031029
[嘉庆]黑龙江外纪：八卷 / (清)西清撰
清光绪二十六年(1900)广雅书局刻本. -- 记事止：清嘉庆十四年(1809)。
2003年摄制. -- 1盘卷片(8米129拍) ：1:10, 2B ；35mm银盐
收藏馆：缩微中心，南京

000O030959
[嘉庆]黑龙江外纪：八卷 / (清)西清撰
清光绪(1875-1908)袁昶刻渐西村舍汇刊本. -- 记事止：清嘉庆十四年(1809)。
2003年摄制. -- 1盘卷片(9米151拍) ：1:10, 2B ；35mm银盐
收藏馆：缩微中心，南京

000O011785
[嘉庆]黑龙江外纪：八卷 / (清)西清撰
清光绪(1875-1908)刻本. -- 据清嘉庆十五年(1810)抄本重刻。
1990年摄制. -- 1盘卷片(9米151拍) ：1:10, 2B ；35mm银盐
收藏馆：缩微中心，吉林

000O030986
[光绪]黑龙江述略：六卷 / (清)徐宗亮撰
清光绪十七年(1891)徐士凯刻观自得斋丛书本. -- 记事止：清光绪十四年(1888)。
2003年摄制. -- 1盘卷片(9米152拍) ：1:10, 2B ；35mm银盐
收藏馆：缩微中心，南京

00O011765

[光绪]黑龙江述略：六卷 / (清)徐宗亮撰
清光绪十七年(1891)刻本
1990年摄制. -- 1盘卷片(9米153拍)：1:10,
2B；35mm银盐
收藏馆：缩微中心，吉林

00O031040

[光绪]黑龙江述略：六卷 / (清)徐宗亮撰
清光绪(1875-1908)刻本. -- 记事止：清光绪
十四年(1888)。
2004年摄制. -- 1盘卷片(8米130拍)：1:10,
2B；35mm银盐
收藏馆：缩微中心，南京

00O030847

龙沙记略：一卷 / (清)方式济撰
清康熙(1662-1722)抄本. -- 记事止：清康熙
五十五年(1716)。
2003年摄制. -- 1盘卷片(4米45拍)：1:10,
2B；35mm银盐
收藏馆：缩微中心，南京

00O029843

宁古塔记略：一卷 / (清)吴南荣撰
清(1644-1911)抄本. -- (清)杨复吉校并跋。
2001年摄制. -- 1盘卷片(3米34拍)：1:10,
2B；35mm银盐
收藏馆：缩微中心，国图

00O028400

宁古塔记略：不分卷 / (清)吴桭臣撰
清光绪(1875-1908)桐庐袁氏渐西村舍刻本
1997年摄制. -- 1盘卷片(3米34拍)：1:10,
2B；35mm银盐
收藏馆：缩微中心，辽宁

00O030920

宁古塔地方乡土志 / (清)岳西本[等]撰
清光绪十七年(1891)抄本. -- 记事止：清光
绪十七年(1891)；钤朱文"宁古塔等处副都统
印"一枚。
2003年摄制. -- 1盘卷片(4米51拍)：1:10,
2B；35mm银盐
收藏馆：缩微中心，辽宁

00O021009

宁古塔地方乡土志 / (清)岳西本编
清光绪十七年(1891)抄本
1994年摄制. -- 1盘卷片(3.6米50拍)：
1:10, 2B；35mm银盐
收藏馆：缩微中心，辽宁

00O030317

[康熙]上海县志：十二卷图一卷 / (清)史彩修；
(清)叶映榴[等]纂
清康熙二十二年(1683)刻本. -- 记事止：清
康熙二十一年(1682)。
2001年摄制. -- 2盘卷片(46米923拍)：
1:10, 2B；35mm银盐
收藏馆：缩微中心，南京

00O008857

[乾隆]上海县志：十二卷首一卷 / (清)李文耀修；
(清)谈起行[等]纂
清乾隆十五年(1750)刻本. -- 纂者还有：
(清)叶承等。
1988年摄制. -- 2盘卷片(49米1101拍)：
1:10, 2B；35mm银盐
收藏馆：缩微中心，浙江

00O026087

[乾隆]上海县志：十二卷首一卷 / (清)范廷杰修；
(清)皇甫枢[等]纂
清乾隆四十八年(1783)刻本
1996年摄制. -- 3盘卷片(65米1288拍)：
1:10, 2B；35mm银盐
收藏馆：缩微中心，天津

00O025630

[嘉庆]上海县志：二十卷首一卷 / (清)王大同
[等]修；(清)李林松纂
清嘉庆十九年(1814)刻本
1996年摄制. -- 3盘卷片(67米1327拍)：
1:10, 2B；35mm银盐
收藏馆：缩微中心，天津

00O021311

[同治]上海县志：三十二卷首一卷末一卷附补遗
叙录 / (清)应宝时[等]修；(清)俞樾,(清)方宗成
纂
清同治十年(1871)吴门臬署刻本
1994年摄制. -- 2盘卷片(39米779拍)：
1:10, 2B；35mm银盐
收藏馆：缩微中心，甘肃

00O030075

[光绪]上海县志：三十二卷首一卷末一卷补遗一
卷 / (清)应宝时修；(清)俞樾[等]纂
清同治十年(1871)刻光绪八年(1882)递修
本. -- 记事止：清同治九年(1870)。
2001年摄制. -- 3盘卷片(78米1540拍)：
1:10, 2B；35mm银盐
收藏馆：缩微中心，南京

000O026088
[同治]上海县志札记：六卷 / (清)秦荣光撰
清光绪二十八年(1902)松江振华德记印书馆铅
印本
1996年摄制. -- 1盘卷片(17米333拍) :
1:10, 2B ; 35mm银盐
收藏馆：缩微中心，天津

000O008261
上海乡土志：一卷 / (清)李维清编
清光绪三十三年(1907)著易堂上海铅印本
1988年摄制. -- 1盘卷片(5米84拍) : 1:10,
2B ; 35mm银盐
收藏馆：缩微中心，南京

000O025632
[乾隆]宝山县志：十卷首一卷 / (清)赵酉修；(清)
章钥纂
清乾隆十一年(1746)刻本
1996年摄制. -- 1盘卷片(31米619拍) :
1:10, 2B ; 35mm银盐
收藏馆：缩微中心，天津

000O010724
[光绪]宝山县志稿：十四卷首一卷 / (清)梁蒲
贵,(清)吴康寿修；(清)朱延射,(清)潘履祥纂
清光绪八年(1882)刻本
1989年摄制. -- 2盘卷片(42.5米890拍) :
1:10, 2B ; 35mm银盐
收藏馆：缩微中心，湖南

000O021348
[康熙]淞南志：十六卷 / (清)陈元模纂
清嘉庆十八年(1813)活字印本. -- 清康熙
五十四年(1715)修。存十二卷：卷一至卷二、
卷四、卷六至卷十二、卷十五至卷十六。
1994年摄制. -- 1盘卷片(18米380拍) :
1:10, 2B ; 35mm银盐
收藏馆：缩微中心，甘肃

000O009977
罗店镇志：八卷附罗溪文征一卷 / (清)王树荣修；
(清)潘履祥纂
清光绪十五年(1889)铅印本. -- 记事止：清
光绪十五年(1889)。
1988年摄制. -- 1盘卷片(18米393拍) :
1:10, 2B ; 35mm银盐
收藏馆：缩微中心，浙江

000O029939
罗店镇志：八卷附罗溪文征一卷 / (清)王树荣修；
(清)潘履祥纂
清光绪十五年(1889)铅印本. -- 记事止：清

光绪十五年(1889)。
2001年摄制. -- 1盘卷片(19米394拍) :
1:10, 2B ; 35mm银盐
收藏馆：缩微中心，南京

000O007641
[嘉靖]嘉定县志：十二卷 / (明)杨旦修；(明)浦南
金[等]纂
明嘉靖三十六年(1557)刻公文纸印本. -- 记
事止：明嘉靖三十五年(1556)。
1988年摄制. -- 1盘卷片(11米241拍) :
1:10, 2B ; 35mm银盐
收藏馆：缩微中心，南京

000O008285
[万历]嘉定县志：二十二卷 / (明)韩浚修；(明)张
应武纂
明万历(1573-1620)抄本. -- 记事止：明万历
三十三年(1605)。
1988年摄制. -- 1盘卷片(23米500拍) :
1:10, 2B ; 35mm银盐
收藏馆：缩微中心，南京

000O007076
[康熙]嘉定县志：二十四卷 / (清)赵昕修；(清)苏
渊纂
清康熙十二年(1673)刻本. -- 存三卷：卷
二十至卷二十二。
1987年摄制. -- 1盘卷片(13米263拍) :
1:10, 2B ; 35mm银盐
收藏馆：缩微中心，天津

000O008230
[康熙]嘉定县志：二十四卷 / (清)赵昕修；(清)苏
渊纂
清康熙(1662-1722)刻本. -- 记事止：清康熙
十三年(1674)。
1988年摄制. -- 2盘卷片(54米1198拍) :
1:10, 2B ; 35mm银盐
收藏馆：缩微中心，南京

000O026090
[乾隆]嘉定县志：十二卷首一卷 / (清)程国栋修；
(清)张陈典[等]纂
清乾隆七年(1742)刻本
1996年摄制. -- 2盘卷片(37米724拍) :
1:10, 2B ; 35mm银盐
收藏馆：缩微中心，天津

000O021336
[光绪]嘉定县志：三十二卷首一卷补遗一卷 /
(清)程其珏修；(清)杨震福[等]纂
清光绪八年(1882)刻本

1994年摄制. -- 2盘卷片（65米1404拍）：
1:10, 2B ; 35mm银盐
收藏馆：缩微中心，甘肃

000O017513
真如里志：四卷 / (清)陆立撰
清乾隆三十七年(1772)陆镇[等]后乐堂刻本
1993年摄制. -- 1盘卷片(4米53拍) : 1:10,
2B ; 35mm银盐
收藏馆：缩微中心，国图

000O009359
安亭志：二十卷 / (清)陈树德,(清)孙岱纂
清嘉庆十三年(1808)刻本. -- 记事止：清嘉
庆十二年(1807)。
1988年摄制. -- 1盘卷片(19米380拍) :
1:10, 2B ; 35mm银盐
收藏馆：缩微中心，南京

000O008254
南翔镇志：十二卷首一卷 / (清)张承先纂；(清)
程攸熙订正
清嘉庆十二年(1807)刻本. -- 记事止：清嘉
庆十一年(1806)。
1988年摄制. -- 1盘卷片（15米315拍）：
1:10, 2B ; 35mm银盐
收藏馆：缩微中心，南京

000O010703
[光绪]金山县志 ：三十卷首一卷 / (清)龚宝
琦,(清)崔廷镛修；(清)黄厚本[等]纂
清光绪四年(1878)刻本
1989年摄制. -- 1盘卷片（29米628拍）：
1:10, 2B ; 35mm银盐
收藏馆：缩微中心，湖南

000O029932
[光绪]金山县志 ：三十卷首一卷 / (清)龚宝
琦,(清)崔廷镛修；(清)黄厚本[等]纂
清光绪四年(1878)刻后印本. -- 记事止：清
光绪三年(1877)。
2001年摄制. -- 1盘卷片（31米627拍）：
1:10, 2B ; 35mm银盐
收藏馆：缩微中心，南京

000O030072
[嘉庆]干巷志：六卷首一卷 / (清)朱栋纂修
清嘉庆六年(1801)丁氏种松山房刻光绪二十九
年（1903）印本. -- 记事止：清光绪五年
(1879)。
2001年摄制. -- 1盘卷片（14米237拍）：
1:10, 2B ; 35mm银盐
收藏馆：缩微中心，南京

000O008194
重辑枫泾小志：十卷首一卷附二卷 / (清)曹相骏
[等]纂；(清)许光墉[等]增纂
清光绪十七年(1891)铅印本. -- 记事止：清
光绪十六年(1890)。
1988年摄制. -- 1盘卷片（17米336拍）：
1:10, 2B ; 35mm银盐
收藏馆：缩微中心，南京

000O025642
续修枫泾小志：十卷首一卷 / (清)程兼善纂修
清宣统三年(1911)铅印本
1996年摄制. -- 1盘卷片（19米382拍）：
1:10, 2B ; 35mm银盐
收藏馆：缩微中心，天津

000O008863
[绍熙]云间志：三卷 / (宋)杨潜纂修
清嘉庆十九年(1814)金陵沈氏刻本
1988年摄制. -- 1盘卷片（10米196拍）：
1:10, 2B ; 35mm银盐
收藏馆：缩微中心，浙江

000O025643
[绍熙]云间志：三卷续一卷 / (宋)杨潜纂修
清嘉庆二十年(1815)沈氏古倪园刻道光十一年
(1831)重刻本
1996年摄制. -- 1盘卷片（10米177拍）：
1:10, 2B ; 35mm银盐
收藏馆：缩微中心，天津

000O025636
[绍熙]云间志：三卷 / (宋)杨潜纂修
清光绪二十年(1894)徐氏观自得斋刻本
1996年摄制. -- 1盘卷片(9米167拍) : 1:10,
2B ; 35mm银盐
收藏馆：缩微中心，天津

000O008853
[康熙]松江府志：五十四卷图经一卷 / (清)郭廷
弼修；(清)周建鼎,(清)包尔庚撰
清康熙二年(1663)刻本
1988年摄制. -- 3盘卷片（90米1921拍）：
1:10, 2B ; 35mm银盐
收藏馆：缩微中心，浙江

000O008846
[嘉庆]松江府志：八十四卷首二卷图一卷 / (清)
宋如林修；(清)孙星衍,(清)莫晋纂
清嘉庆二十四年(1819)松江府学明伦堂刻本
1988年摄制. -- 6盘卷片（175米3965拍）：
1:10, 2B ; 35mm银盐
收藏馆：缩微中心，浙江

000O021307
[光绪]松江府续志：四十卷首一卷图一卷 / (清)博润修；(清)姚光发纂
清光绪十年(1884)刻本
1994年摄制. -- 3盘卷片(99米2142拍) : 1:10, 2B ; 35mm银盐
收藏馆：缩微中心，甘肃

000O007636
[正德]华亭县志：十六卷 / (明)聂豹修；(明)沈锡[等]纂
明正德十六年(1521)刻本. -- 记事止：明正德十六年(1521)。
1988年摄制. -- 1盘卷片(15米350拍) : 1:10, 2B ; 35mm银盐
收藏馆：缩微中心，南京

000O010820
[光绪]重修华亭县志：二十四卷首一卷末一卷 / (清)杨开第修；(清)姚光发[等]纂
清光绪五年(1879)刻本
1989年摄制. -- 2盘卷片(48米1030拍) : 1:10, 2B ; 35mm银盐
收藏馆：缩微中心，湖南

000O021308
[乾隆]娄县志：三十卷 / (清)谢庭薰修；(清)陆锡熊纂
清乾隆五十三年(1788)刻本
1994年摄制. -- 1盘卷片(32米691拍) : 1:10, 2B ; 35mm银盐
收藏馆：缩微中心，甘肃

000O021316
[光绪]娄县续志：二十卷 / (清)汪坤厚,(清)程其珏修；(清)张云望纂
清光绪五年(1879)刻本
1994年摄制. -- 1盘卷片(22米467拍) : 1:10, 2B ; 35mm银盐
收藏馆：缩微中心，甘肃

000O025644
[康熙]青浦县志：十卷 / (清)魏球修；(清)诸嗣郢,(清)张有光纂
清康熙八年(1669)刻本
1996年摄制. -- 1盘卷片(29米591拍) : 1:10, 2B ; 35mm银盐
收藏馆：缩微中心，天津

000O025635
[乾隆]青浦县志：四十卷 / (清)孙凤鸣修；(清)王昶纂
清乾隆五十三年(1788)尊经阁刻本

1996年摄制. -- 2盘卷片(54米1096拍) : 1:10, 2B ; 35mm银盐
收藏馆：缩微中心，天津

000O030438
[乾隆]青浦县志：四十卷 / (清)孙凤鸣修；(清)王昶纂
清乾隆五十三年(1788)刻本. -- 记事止：清乾隆五十四年(1789)。
2002年摄制. -- 2盘卷片(55米1096拍) : 1:10, 2B ; 35mm银盐
收藏馆：缩微中心，南京

000O010717
[光绪]青浦县志：三十卷首二卷末一卷 / (清)陈其元[等]修；(清)熊其英,(清)邱式金纂
清光绪五年(1879)尊经阁刻本
1989年摄制. -- 2盘卷片(57.7米1252拍) : 1:10, 2B ; 35mm银盐
收藏馆：缩微中心，湖南

000O025638
蒸里志略：十二卷 / (清)叶世熊纂
清宣统二年(1910)青浦叶桐叔铅印本
1996年摄制. -- 1盘卷片(7米130拍) : 1:10, 2B ; 35mm银盐
收藏馆：缩微中心，天津

000O010720
[乾隆]南汇县新志：十五卷首一卷 / (清)胡志熊主修；(清)吴省钦[等]纂
清乾隆五十八年(1793)刻本
1989年摄制. -- 1盘卷片(23米497拍) : 1:10, 2B ; 35mm银盐
收藏馆：缩微中心，湖南

000O021347
[光绪]南汇县志：二十二卷首一卷末一卷 / (清)金福曾,(清)顾思贤修；(清)张文虎[等]纂
清光绪五年(1879)刻本
1994年摄制. -- 2盘卷片(42米877拍) : 1:10, 2B ; 35mm银盐
收藏馆：缩微中心，甘肃

000O026089
[道光]川沙抚民厅志：十二卷首一卷附分隶详议一卷 / (清)何士祁修；(清)姚椿,(清)周墉纂
清道光十七年(1837)刻本
1996年摄制. -- 1盘卷片(16米316拍) : 1:10, 2B ; 35mm银盐
收藏馆：缩微中心，天津

00O030065
[道光]川沙抚民厅志：十二卷首一卷附分隶详议一卷 / (清)何士祁修；(清)姚椿,(清)周墉纂
清道光十七年(1837)刻本. -- 记事止：清道光十七年(1837)。
2001年摄制. -- 1盘卷片（15米317拍）：1:10, 2B；35mm银盐
收藏馆：缩微中心，南京

00O030073
[道光]川沙抚民厅志：十二卷首一卷附分隶详议一卷 / (清)何士祁修；(清)姚椿,(清)周墉纂
清道光十七年(1837)刻本. -- 记事止：清道光十七年(1837)。
2001年摄制. -- 1盘卷片（15米315拍）：1:10, 2B；35mm银盐
收藏馆：缩微中心，南京

00O022932
川沙厅志：十四卷首一卷末一卷 / (清)陈方瀛修；(清)俞樾纂
清光绪五年(1879)刻本
1994年摄制. -- 1盘卷片（20米409拍）：1:10, 2B；35mm银盐
收藏馆：缩微中心，甘肃

00O025641
[乾隆]奉贤县志：十卷首一卷 / (清)李治灏修；(清)王应奎纂
清乾隆二十三年(1758)刻本
1996年摄制. -- 1盘卷片（23米449拍）：1:10, 2B；35mm银盐
收藏馆：缩微中心，天津

00O030061
[光绪]重修奉贤县志：二十卷 / (清)韩佩金修；(清)张文虎纂
清光绪二年至宣统三年(1876-1911)抄本. -- 记事止：清光绪二年(1876)。
2001年摄制. -- 1盘卷片（23米550拍）：1:10, 2B；35mm银盐
收藏馆：缩微中心，南京

00O025639
[光绪]重修奉贤县志：二十卷首一卷末一卷 / (清)韩佩金修；(清)张文虎纂
清光绪四年(1878)志书局刻本
1996年摄制. -- 1盘卷片（29米581拍）：1:10, 2B；35mm银盐
收藏馆：缩微中心，天津

00O030055
奉贤乡土历史：三编 / 裴晃编

清宣统二年(1910)刻本. -- 记事止：清光绪二年(1876)。
2001年摄制. -- 1盘卷片（5米43拍）：1:10, 2B；35mm银盐
收藏馆：缩微中心，南京

00O009368
[乾隆]崇明县志：二十卷首一卷 / (清)赵廷健修；(清)韩彦曾撰
清乾隆二十五年(1760)刻本. -- 记事止：清乾隆二十七年(1762)。
1988年摄制. -- 2盘卷片（37米865拍）：1:10, 2B；35mm银盐
收藏馆：缩微中心，南京

00O025645
[光绪]崇明县志：十八卷 / (清)林达泉修；(清)叶裕仁,(清)李联琇纂
清光绪七年(1881)刻本
1996年摄制. -- 2盘卷片（42米816拍）：1:10, 2B；35mm银盐
收藏馆：缩微中心，天津

00O029628
[康熙]江南通志：七十六卷 / (清)王新命[等]修；(清)张九征[等]纂
清康熙二十三年(1684)刻本. -- 记事止：清康熙二十三年(1684)。卷二十至卷二十五、卷三十五至卷三十六配清(1644-1911)抄本。
2000年摄制. -- 6盘卷片（169米3454拍）：1:10, 2B；35mm银盐
收藏馆：缩微中心，南京

00O027703
[康熙]江南通志：七十六卷 / (清)王新命[等]修；(清)张九征[等]纂
清康熙(1662-1722)刻本. -- 存五十二卷：卷十七至卷三十四、卷三十七至卷六十二、卷六十四至卷六十七、卷七十三至卷七十六。
1997年摄制. -- 4盘卷片（109米2262拍）：1:10, 2B；35mm银盐
收藏馆：缩微中心，国图

00O029629
景定建康志：五十卷 / (宋)马光祖修；(宋)周应合纂
清嘉庆六年(1801)刻本
2000年摄制. -- 3盘卷片（93米1873拍）：1:10, 2B；35mm银盐
收藏馆：缩微中心，南京

00O025188
景定建康志：五十卷 / (宋)马光祖修；(宋)周应

合纂
清嘉庆六年(1801)孙星衍费淳[等]捐刻本
1996年摄制. -- 3盘卷片(86米1736拍) :
1:10, 2B；35mm银盐
收藏馆：缩微中心, 国图

2000年摄制. -- 3盘卷片(89米1695拍) :
1:10, 2B；35mm银盐
收藏馆：缩微中心, 南京

00O008566

[至正]金陵新志：十五卷 / (元)张铉纂修
元至正四年(1344)集庆路儒学溧阳州学溧水州
学刻明正德十五年(1520)南京国子监重修本
1988年摄制. -- 3盘卷片(64米1402拍) :
1:10, 2B；35mm银盐
收藏馆：缩微中心, 国图

00O029668

[同治]续纂江宁府志：十五卷首一卷 / (清)蒋启
勋,(清)赵佑宸修；(清)汪士铎纂
清光绪六年(1880)刻本. -- 记事止：清光绪
六年(1880)。(清)甘元焕校跋。
2000年摄制. -- 2盘卷片(62米1259拍) :
1:10, 2B；35mm银盐
收藏馆：缩微中心, 南京

00O020832

[至正]金陵新志：十五卷 / (元)张铉纂修
清(1644-1911)抄本. -- 存十三卷：卷三至卷
十五。
1994年摄制. -- 2盘卷片(51米1033拍) :
1:10, 2B；35mm银盐
收藏馆：缩微中心, 国图

00O026027

[同治]续纂江宁府志：十五卷首一卷 / (清)蒋启
勋,(清)赵佑宸修；(清)汪士铎纂
清光绪六年(1880)刻本. -- 清同治十三年
(1874)修。
1996年摄制. -- 2盘卷片(58米1246拍) :
1:10, 2B；35mm银盐
收藏馆：缩微中心, 贵州

00O006398

[嘉靖]南畿志：六十四卷 / (明)闻人诠,(明)陈沂
纂修
明嘉靖(1522-1566)刻本. -- 存四卷：卷八至
卷十一。
1987年摄制. -- 1盘卷片(7.2米134拍) :
1:10, 2B；35mm银盐
收藏馆：缩微中心, 国图

00O030313

[同治]续纂江宁府志：十五卷首一卷勘误一卷 /
(清)蒋启勋,(清)赵佑宸修；(清)汪士铎纂
清光绪七年(1881)刻光绪十年(1884)印本. --
记事止：清光绪六年(1880)。
2001年摄制. -- 2盘卷片(60米1222拍) :
1:10, 2B；35mm银盐
收藏馆：缩微中心, 南京

00O029630

[康熙]江宁府志：三十四卷 / (清)陈开虞纂修
清康熙七年(1668)刻本. -- 记事止：清康熙
七年(1668)。
2000年摄制. -- 3盘卷片(85米1731拍) :
1:10, 2B；35mm银盐
收藏馆：缩微中心, 南京

00O029633

[康熙]六合县志：十二卷图一卷 / (清)洪炜修；
(清)汪铉纂
抄本. -- 记事止：清康熙二十三年(1684)。
2000年摄制. -- 1盘卷片(25米526拍) :
1:10, 2B；35mm银盐
收藏馆：缩微中心, 南京

00O029631

[嘉庆]新修江宁府志：五十六卷 / (清)吕燕昭修；
(清)姚鼐纂
清嘉庆十六年(1811)刻本. -- 记事止：清嘉
庆十六年(1811)。
2000年摄制. -- 3盘卷片(85米1784拍) :
1:10, 2B；35mm银盐
收藏馆：缩微中心, 南京

00O008273

[乾隆]六合县志：六卷图一卷 / (清)廖抡升修；
(清)戴祖启纂
清乾隆五十年(1785)刻本. -- 记事止：清乾
隆五十年(1785)。
1988年摄制. -- 1盘卷片(23米505拍) :
1:10, 2B；35mm银盐
收藏馆：缩微中心, 南京

00O029632

[嘉庆]新修江宁府志：五十六卷 / (清)吕燕昭修；
(清)姚鼐纂
清嘉庆十六年(1811)刻本. -- 记事止：清嘉
庆十六年(1811)。(清)叶声杨校补。

00O029730

[光绪]六合县志：八卷图说一卷附录一卷 / (清)
谢延庚修；(清)贺廷寿纂
清光绪十年(1884)刻本. -- 记事止：清光绪
十年(1884)。

2001年摄制. -- 1盘卷片(32米678拍) :
1:10, 2B ; 35mm银盐
收藏馆：缩微中心，南京

000O008569
[万历]上元县志：十二卷 / (明)程三省,(明)李登
纂修
明万历(1573-1620)刻本. -- 存五卷：卷七至
卷十一。
1988年摄制. -- 1盘卷片(10米196拍) :
1:10, 2B ; 35mm银盐
收藏馆：缩微中心，国图

000O008283
[乾隆]上元县志：二十七卷首一卷末一卷 / (清)
蓝应修；(清)何梦篆,(清)程廷祚纂
清乾隆十六年(1751)刻本. -- 记事止：清乾
隆十六年(1751)。
1988年摄制. -- 2盘卷片(49米1179拍) :
1:10, 2B ; 35mm银盐
收藏馆：缩微中心，南京

000O029557
[乾隆]江宁县新志：二十六卷 / (清)袁枚纂修
清(1644-1911)抄本. -- 记事止：清乾隆十三
年(1748)。
2000年摄制. -- 2盘卷片(40米872拍) :
1:10, 2B ; 35mm银盐
收藏馆：缩微中心，南京

000O030079
[同治]上江两县志：二十九卷首一卷 / (清)甘绍
盘[等]修；(清)汪士铎[等]纂
清同治十三年(1874)刻本. -- 记事止：清同
治十三年(1874)。
2001年摄制. -- 3盘卷片(73米1430拍) :
1:10, 2B ; 35mm银盐
收藏馆：缩微中心，南京

000O029743
[康熙]重修江浦县新志：八卷 / (清)郎廷泰纂修
抄本. -- 记事止：清康熙二十二年(1683)。
2001年摄制. -- 1盘卷片(9米158拍) : 1:10,
2B ; 35mm银盐
收藏馆：缩微中心，南京

000O029641
江浦埤乘：四十卷首一卷 / (清)侯宗海,(清)夏锡
宝撰
清光绪十七年(1891)刻本. -- 记事止：清光
绪十七年(1891)。
2000年摄制. -- 2盘卷片(45米887拍) :
1:10, 2B ; 35mm银盐

收藏馆：缩微中心，南京

000O027649
[康熙]溧水县志：十一卷首一卷 / (清)刘登科修；
(清)谢文运纂
清康熙十五年(1676)刻本. -- 存八卷：卷一
至卷八。
1997年摄制. -- 1盘卷片(19米382拍) :
1:10, 2B ; 35mm银盐
收藏馆：缩微中心，国图

000O030309
[乾隆]溧水县志：十六卷 / (清)凌世御[等]纂修
清乾隆四十四年至清末(1779-1911)抄本. --
记事止：清乾隆四十四年(1779)。
2001年摄制. -- 2盘卷片(48米748拍) :
1:10, 2B ; 35mm银盐
收藏馆：缩微中心，南京

000O030064
[光绪]溧水县志：二十二卷首一卷 / (清)傅观光
[等]修；(清)丁维诚纂
清光绪九年(1883)刻本. -- 记事止：清光绪
八年(1882)。
2001年摄制. -- 2盘卷片(43米876拍) :
1:10, 2B ; 35mm银盐
收藏馆：缩微中心，南京

000O030053
[光绪]溧水县志：二十二卷首一卷 / (清)傅观光
[等]修；(清)丁维诚纂
清光绪九年(1883)刻光绪三十一年(1905)重修
本. -- 记事止：清光绪八年(1882)。
2001年摄制. -- 2盘卷片(44米872拍) :
1:10, 2B ; 35mm银盐
收藏馆：缩微中心，南京

000O030081
[光绪]高淳县志：二十八卷首一卷 / (清)杨福鼎
修；(清)陈嘉谋[等]纂
清光绪七年(1881)刻本. -- 记事止：清光绪
七年(1881)。
2001年摄制. -- 2盘卷片(47米934拍) :
1:10, 2B ; 35mm银盐
收藏馆：缩微中心，南京

000O008838
[万历]徐州志：六卷 / (明)姚应龙[等]纂
明万历五年(1577)刻本
1988年摄制. -- 1盘卷片(31米650拍) :
1:10, 2B ; 35mm银盐
收藏馆：缩微中心，天津

00O007101
[康熙]徐州志：三十六卷 / (清)姜焯纂修
清康熙六十一年(1722)刻本． -- 存三十五
卷：卷一至卷三十五。
1987年摄制． -- 2盘卷片(57米1362拍)：
1:10，2B；35mm银盐
收藏馆：缩微中心，天津

00O029663
[乾隆]徐州志：三十卷首一卷 / (清)石杰修；(清)
王峻纂
清乾隆七年(1742)刻本． -- 记事止：清乾隆
六年(1741)。
2000年摄制． -- 3盘卷片(68米1333拍)：
1:10，2B；35mm银盐
收藏馆：缩微中心，南京

00O010828
[同治]徐州府志：二十五卷 / (清)吴世熊,(清)朱
忻修；(清)刘庠,(清)方骏谟纂
清同治十三年(1874)刻本
1989年摄制． -- 3盘卷片(86米1849拍)：
1:10，2B；35mm银盐
收藏馆：缩微中心，湖南

00O029646
[咸丰]邳州志：二十卷首一卷 / (清)董用威修；
(清)鲁一同纂
清咸丰元年(1851)刻光绪十八年(1892)重修
本． -- 记事止：清咸丰元年(1851)。
2000年摄制． -- 1盘卷片(18米358拍)：
1:10，2B；35mm银盐
收藏馆：缩微中心，南京

00O029660
[乾隆]铜山县志：十二卷首一卷 / (清)张宏运纂
修
清乾隆十年(1745)刻本． -- 记事止：清乾隆
十年(1745)。
2000年摄制． -- 1盘卷片(31米659拍)：
1:10，2B；35mm银盐
收藏馆：缩微中心，南京

00O029763
[道光]铜山县志：二十四卷首一卷 / (清)崔志元
修；(清)金左泉纂
清道光十一年(1831)刻本． -- 记事止：清道
光十年(1830)。
2000年摄制． -- 2盘卷片(55米1123拍)：
1:10，2B；35mm银盐
收藏馆：缩微中心，南京

00O029722
徐州府铜山县乡土志：不分卷 / (清)袁国钧修；
(清)杨世桢纂
清光绪三十年(1904)抄本． -- 记事止：清光
绪二十五年(1899)。
2001年摄制． -- 1盘卷片(6米88拍)：1:10,
2B；35mm银盐
收藏馆：缩微中心，南京

00O029754
[康熙]睢宁县志：十二卷 / (清)刘如晏修；(清)李
杰纂
抄本． -- 记事止：清康熙五十八年(1719)。
2001年摄制． -- 1盘卷片(16米376拍)：
1:10，2B；35mm银盐
收藏馆：缩微中心，南京

00O029654
睢宁县志稿：十八卷 / (清)侯绍瀛修；(清)丁显
纂
清光绪十三年(1887)刻本． -- 记事止：清光
绪十三年(1887)。
2000年摄制． -- 1盘卷片(25米531拍)：
1:10，2B；35mm银盐
收藏馆：缩微中心，南京

00O029761
[万历]沛志：二十五卷图一卷 / (明)罗士学修；
(明)符令仪纂；(明)李汝让增纂修
抄本． -- 记事止：明万历三十八年(1610)。
存六卷：卷一至卷五、图一卷。
2000年摄制． -- 1盘卷片(10米169拍)：
1:10，2B；35mm银盐
收藏馆：缩微中心，南京

00O029651
[乾隆]沛县志：十卷首一卷 / (清)李棠纂修
清乾隆五年(1740)刻本． -- 记事止：清乾隆
五年(1740)。
2000年摄制． -- 1盘卷片(20米444拍)：
1:10，2B；35mm银盐
收藏馆：缩微中心，南京

00O011125
[乾隆]丰县志：十六卷首一卷 / (清)卢世昌纂修
清乾隆二十四年(1759)刻本
1989年摄制． -- 1盘卷片(23米482拍)：
1:10，2B；35mm银盐
收藏馆：缩微中心，湖南

00O029656
[光绪]丰县志：十六卷首一卷 / (清)姚鸿杰修
清光绪二十一年(1895)刻本． -- 记事止：清

光绪二十一年(1895)。
2000年摄制. -- 1盘卷片(30米610拍) :
1:10, 2B ; 35mm银盐
收藏馆：缩微中心，南京

000O029666
[嘉庆]海州直隶州志：三十二卷首一卷 / (清)唐仲冕修；(清)王海鼎纂
清嘉庆十年(1805)刻嘉庆十六年(1811)重修本. -- 记事止：清嘉庆十年(1805)。
2000年摄制. -- 2盘卷片(53米1119拍) :
1:10, 2B ; 35mm银盐
收藏馆：缩微中心，南京

000O029665
[道光]海州文献录：十六卷 / (清)许乔林撰
清道光二十五年(1845)刻本. -- 记事止：清道光二十一年(1841)。
2000年摄制. -- 1盘卷片(16米306拍) :
1:10, 2B ; 35mm银盐
收藏馆：缩微中心，南京

000O024071
[康熙]重修赣榆县志：四卷 / (清)俞廷瑞纂修
清康熙十二年(1673)刻本
1995年摄制. -- 1盘卷片(12米240拍) :
1:10, 2B ; 35mm银盐
收藏馆：缩微中心，湖北

000O029729
[嘉庆]增修赣榆县志：四卷首一卷 / (清)王城修；(清)周萃元纂
清嘉庆元年(1796)刻本. -- 记事止：清嘉庆元年(1796)。
2001年摄制. -- 1盘卷片(18米351拍) :
1:10, 2B ; 35mm银盐
收藏馆：缩微中心，南京

000O029739
[光绪]赣榆县志：十八卷 / (清)王豫熙修；(清)张謇纂
清光绪十四年(1888)刻本. -- 记事止：清光绪十四年(1888)。
2001年摄制. -- 1盘卷片(17米318拍) :
1:10, 2B ; 35mm银盐
收藏馆：缩微中心，南京

000O030066
[道光]云台新志：十八卷首一卷末一卷 / (清)谢元淮修；(清)许乔林纂
清道光十八年(1838)刻本. -- 记事止：清道光十八年(1838)。
2001年摄制. -- 1盘卷片(23米458拍) :

1:10, 2B ; 35mm银盐
收藏馆：缩微中心，南京

000O029758
[同治]宿迁县志：十九卷 / (清)李德溥修；(清)方骏谟纂
清同治十三年(1874)刻本. -- 记事止：清同治十三年(1874)。
2000年摄制. -- 1盘卷片(30米629拍) :
1:10, 2B ; 35mm银盐
收藏馆：缩微中心，南京

000O007100
[康熙]沭阳县志：四卷 / (清)张奇抱修；(清)胡简敬纂
清康熙十三年(1674)刻本. -- 序、目录、卷一配抄本。
1987年摄制. -- 1盘卷片(20米478拍) :
1:10, 2B ; 35mm银盐
收藏馆：缩微中心，天津

000O029915
[乾隆]重修桃源县志：十卷首一卷 / (清)眭文焕纂修
清乾隆三年(1738)刻本. -- 记事止：清乾隆二年(1737)。
2001年摄制. -- 1盘卷片(25米513拍) :
1:10, 2B ; 35mm银盐
收藏馆：缩微中心，南京

000O027651
[康熙]淮安府志：十三卷首一卷 / (清)高成美修；(清)胡从中纂
清康熙(1662-1722)刻本. -- 存四卷：卷一至卷二、卷十至卷十一。
1997年摄制. -- 1盘卷片(19米368拍) :
1:10, 2B ; 35mm银盐
收藏馆：缩微中心，国图

000O008282
[乾隆]淮安府志：三十二卷 / (清)卫哲治修；(清)叶长扬,(清)顾栋高纂
清乾隆十三年(1748)刻咸丰二年(1852)重修本. -- 记事止：清乾隆十四年(1749)。
1988年摄制. -- 3盘卷片(81米1927拍) :
1:10, 2B ; 35mm银盐
收藏馆：缩微中心，南京

000O027356
[同治]重修山阳县志：二十一卷图一卷 / (清)张兆栋,(清)孙云修；(清)何绍基,(清)丁晏纂
清同治十二年(1873)刻本
1996年摄制. -- 1盘卷片(31米652拍) :

1:10，2B ；35mm银盐
收藏馆：缩微中心，贵州

000O030311
[乾隆]清河县志：十四卷 / (清)朱元丰纂修
清乾隆十五年(1750)刻本. -- 记事止：清乾
隆十五年(1750)。
2001年摄制. -- 1盘卷片(20米445拍) ：
1:10，2B ；35mm银盐
收藏馆：缩微中心，南京

000O029933
[咸丰]清河县志：二十四卷首一卷 / (清)吴棠修；
(清)鲁一同纂
清咸丰四年(1854)刻本. -- 记事止：清咸丰
四年(1854)。
2001年摄制. -- 1盘卷片(22米453拍) ：
1:10，2B ；35mm银盐
收藏馆：缩微中心，南京

000O021141
[咸丰]清河县志：二十四卷 / (清)吴棠修；(清)鲁
一同纂
清咸丰四年(1854)刻同治四年(1865)重修
本. -- 记事止：清同治四年(1865)。
1988年摄制. -- 1盘卷片(20米455拍) ：
1:10，2B ；35mm银盐
收藏馆：缩微中心，南京

000O011045
[同治]清河县志附编：二卷 / (清)吴棠修；(清)鲁
一同纂
清同治四年(1865)刻本. -- 记事止：清同治
四年(1865)。
1989年摄制. -- 1盘卷片(5米83拍) ：1:10，
2B ；35mm银盐
收藏馆：缩微中心，南京

000O029664
[同治]清河县志再续编：二卷 / (清)刘咸修；(清)
吴昆田纂
清同治十二年(1873)刻本. -- 记事止：清同
治十二年(1873)。
2000年摄制. -- 1盘卷片(6米91拍) ：1:10，
2B ；35mm银盐
收藏馆：缩微中心，南京

000O026030
光绪丙子清河县志：二十六卷 / (清)胡裕燕修；
(清)吴昆田,(清)鲁黉纂
清光绪五年(1879)刻本
1996年摄制. -- 1盘卷片(24米541拍) ：
1:10，2B ；35mm银盐

收藏馆：缩微中心，贵州

000O008886
[乾隆]盱眙县志：二十四卷首一卷 / (清)郭起元
修；(清)秦戬绅[等]纂
清乾隆十二年(1747)刻本
1988年摄制. -- 1盘卷片(28米579拍) ：
1:10，2B ；35mm银盐
收藏馆：缩微中心，浙江

000O026024
[同治]盱眙县志：六卷 / (清)崔秀春,(清)方家藩
修；(清)傅绍曾纂
清同治十二年(1873)刻本
1996年摄制. -- 1盘卷片(9米174拍) ：1:10，
2B ；35mm银盐
收藏馆：缩微中心，贵州

000O031056
[光绪]盱眙县志稿：十七卷图一卷附续补遗一卷
校勘记一卷 / (清)王锡元修；(清)高延第[等]纂
清光绪十七年(1891)刻本. -- 记事止：清光
绪十七年(1891)。
2004年摄制. -- 2盘卷片(39米811拍) ：
1:10，2B ；35mm银盐
收藏馆：缩微中心，南京

000O008284
[光绪]盱眙县志稿：十七卷首一卷 / (清)王锡元
修；(清)高延第[等]纂
清光绪十七年(1891)刻光绪二十九年(1903)增
修本. -- 记事止：清光绪十七年(1891)。
1988年摄制. -- 2盘卷片(37米857拍) ：
1:10，2B ；35mm银盐
收藏馆：缩微中心，南京

000O029930
[同治]安东县志：十五卷首一卷 / (清)金元烺修；
(清)吴昆田[等]纂
清光绪元年(1875)刻本. -- 记事止：清同治
十三年(1874)。
2001年摄制. -- 1盘卷片(14米295拍) ：
1:10，2B ；35mm银盐
收藏馆：缩微中心，南京

000O029947
[乾隆]盐城县志：十六卷 / (清)黄垣修；(清)沈俨
纂
清乾隆十二年(1747)刻本. -- 记事止：清乾
隆十二年(1747)。
2001年摄制. -- 1盘卷片(22米410拍) ：
1:10，2B ；35mm银盐
收藏馆：缩微中心，南京

000O029736
[光绪]盐城县志：十七卷首一卷 / (清)刘崇照修；
(清)陈玉树纂
清光绪二十一年(1895)刻本. -- 记事止：清
光绪二十一年(1895)。
2001年摄制. -- 2盘卷片（40米775拍）：
1:10，2B；35mm银盐
收藏馆：缩微中心，南京

000O026011
[嘉庆]东台县志：四十卷 / (清)周右修；(清)蔡复
午纂
清嘉庆二十一年(1816)刻本
1996年摄制. -- 2盘卷片（46米870拍）：
1:10，2B；35mm银盐
收藏馆：缩微中心，贵州

000O029925
[道光]东台县志：四十卷 / (清)周右修；(清)蔡复
午纂
清嘉庆二十二年(1817)刻道光十年(1830)增修
本. -- 记事止：清道光十年(1830)。
2001年摄制. -- 2盘卷片（44米868拍）：
1:10，2B；35mm银盐
收藏馆：缩微中心，南京

000O029757
[光绪]阜宁县志：二十四卷首一卷 / (清)阮本焱
修；(清)殷自芳纂
清光绪十二年(1886)刻本. -- 记事止：清光
绪十一年(1885)。
2001年摄制. -- 1盘卷片（31米649拍）：
1:10，2B；35mm银盐
收藏馆：缩微中心，南京

000O011040
鰕沟里乘：不分卷 / (清)常春锦纂修
清光绪(1875-1908)刻本. -- 记事止：清光绪
二十一年(1895)。
1989年摄制. -- 1盘卷片（4米71拍）：1:10，
2B；35mm银盐
收藏馆：缩微中心，南京

000O014599
[万历]扬州府志：二十七卷首二卷 / (明)杨洵修；
(明)陆君弼[等]纂
明万历(1573-1620)刻本
1992年摄制. -- 2盘卷片（46米899拍）：
1:10，2B；35mm银盐
收藏馆：缩微中心，国图

000O007575
[万历]扬州府志：二十七卷首一卷 / (明)杨洵修；

(明)陆君弼[等]纂
明万历(1573-1620)刻本
1987年摄制. -- 2盘卷片（47米1021拍）：
1:10，2B；35mm银盐
收藏馆：缩微中心，国图

000O008279
[康熙]扬州府志：四十卷 / (清)崔华修；(清)王方
岐纂
清康熙十四年(1675)刻康熙二十八年(1689)增
修本. -- 记事止：清康熙二十八年(1689)。
1988年摄制. -- 3盘卷片（83米1940拍）：
1:10，2B；35mm银盐
收藏馆：缩微中心，南京

000O029731
[雍正]扬州府志：四十卷 / (清)尹会一修；(清)程
梦星纂
清雍正十一年(1733)刻本. -- 记事止：清雍
正十一年(1733)。
2001年摄制. -- 3盘卷片（77米1567拍）：
1:10，2B；35mm银盐
收藏馆：缩微中心，南京

000O030088
[嘉庆]重修扬州府志：七十二卷首一卷 / (清)阿
克当阿[等]修；(清)姚文田[等]纂
清嘉庆十五年(1810)刻本. -- 记事止：清嘉
庆十四年(1809)。
2001年摄制. -- 5盘卷片（152米3102拍）：
1:10，2B；35mm银盐
收藏馆：缩微中心，南京

000O029944
[同治]续纂扬州府志：二十四卷 / (清)方濬颐修；
(清)晏端书[等]纂
清同治十三年(1874)刻本. -- 记事止：清同
治十三年(1874)。
2001年摄制. -- 2盘卷片（41米772拍）：
1:10，2B；35mm银盐
收藏馆：缩微中心，南京

000O022597
广陵事略：七卷 / (清)姚文田辑
清嘉庆十七年(1812)归安姚氏刻本
1995年摄制. -- 1盘卷片（16.5米310拍）：
1:10，2B；35mm银盐
收藏馆：缩微中心，湖北

000O030054
[隆庆]仪真县志：十四卷图一卷 / (明)申嘉瑞修；
(明)李文[等]纂
清(1644-1911)抄本. -- 记事止：明隆庆元年

(1567)。
2001年摄制. -- 1盘卷片(16米332拍)：
1:10, 2B；35mm银盐
收藏馆：缩微中心，南京

000O029918
[光绪]重修仪征县志：五十卷首一卷 / (清)王检
心修；(清)刘文淇[等]纂
清光绪十六年(1890)刻本. -- 记事止：清道
光二十九年(1849)。
2001年摄制. -- 3盘卷片(78米1590拍)：
1:10, 2B；35mm银盐
收藏馆：缩微中心，南京

000O008275
[康熙]江都县志：十六卷 / (清)李苏纂修
清康熙(1662-1722)抄本. -- 记事止：清康熙
五十五年(1716)。
1988年摄制. -- 2盘卷片(39米780拍)：
1:10, 2B；35mm银盐
收藏馆：缩微中心，南京

000O030071
[光绪]江都县志：三十二卷图一卷 / (清)五
格,(清)黄湘纂修
清光绪七年(1881)刻本. -- 记事止：清乾隆
七年(1742)。
2001年摄制. -- 2盘卷片(54米1089拍)：
1:10, 2B；35mm银盐
收藏馆：缩微中心，南京

000O030085
[嘉庆]江都县续志：二十卷首一卷 / (清)王逢源
修；(清)李保泰纂
清光绪七年(1881)刻本. -- 记事止：清嘉庆
十六年(1811)。
2001年摄制. -- 1盘卷片(15米296拍)：
1:10, 2B；35mm银盐
收藏馆：缩微中心，南京

000O030314
[光绪]江都县续志：三十卷首一卷 / (清)谢延庚
修；(清)刘寿增纂
清光绪十年(1884)刻本. -- 记事止：清光绪
九年(1883)。
2001年摄制. -- 2盘卷片(36米707拍)：
1:10, 2B；35mm银盐
收藏馆：缩微中心，南京

000O025233
北湖小志：六卷首一卷 / (清)焦循撰
清(1644-1911)抄本. -- (清)焦循、(清)汪鋆
跋。

1996年摄制. -- 1盘卷片(8米145拍)：1:10,
2B；35mm银盐
收藏馆：缩微中心，国图

000O030312
北湖小志：六卷首一卷 / (清)焦循撰
清嘉庆十三年(1808)刻本. -- 记事止：清嘉
庆十二年(1807)。
2001年摄制. -- 1盘卷片(10米162拍)：
1:10, 2B；35mm银盐
收藏馆：缩微中心，南京

000O030067
北湖小志：六卷首一卷；李翁医记：二卷 / (清)
焦循撰
清嘉庆十三年(1808)刻增修本. -- 记事止：
清嘉庆十二年(1807)。
2001年摄制. -- 1盘卷片(10米173拍)：
1:10, 2B；35mm银盐
收藏馆：缩微中心，南京

000O030078
北湖续志：六卷 / (清)阮先撰
清道光二十七年(1847)刻本. -- 记事止：清
道光二十年(1840)。
2001年摄制. -- 1盘卷片(7米86拍)：1:10,
2B；35mm银盐
收藏馆：缩微中心，南京

000O011024
北湖续志补遗：二卷 / (清)阮先纂
清咸丰十年(1860)刻本. -- 记事止：清咸丰
七年(1857)。
1989年摄制. -- 1盘卷片(3米55拍)：1:10,
2B；35mm银盐
收藏馆：缩微中心，南京

000O011270
甘棠小志：四卷 / (清)董醇纂
清(1644-1911)稿本
1989年摄制. -- 1盘卷片(8米154拍)：1:10,
2B；35mm银盐
收藏馆：缩微中心，甘肃

000O026033
[光绪]增修甘泉县志：二十四卷首一卷图一卷 /
(清)徐成敤[等]修；(清)陈浩恩[等]纂
清光绪七年(1881)活字印本. -- 卷首、图为
复印件。
1996年摄制. -- 4盘卷片(98米1970拍)：
1:10, 2B；35mm银盐
收藏馆：缩微中心，贵州

000O029946

[光绪]增修甘泉县志：二十四卷首一卷图一卷 /
(清)徐成敉[等]修；(清)陈浩恩[等]纂；(清)桂正
华[等]增修；(清)范用宾增纂

清光绪十一年(1885)刻本. -- 记事止：清光
绪十年(1884)。

2001年摄制. -- 4盘卷片(105米2105拍)：
1:10, 2B；35mm银盐

收藏馆：缩微中心，南京

000O029659

[雍正]高邮州志：十二卷图一卷 / (清)张德盛修；
(清)王曾禄纂

清雍正三年(1725)刻本. -- 记事止：清雍正
二年(1724)。

2000年摄制. -- 1盘卷片(30米600拍)：
1:10, 2B；35mm银盐

收藏馆：缩微中心，南京

000O030458

[乾隆]高邮州志：十二卷首一卷 / (清)杨宜仑修；
(清)夏之蓉[等]纂；(清)冯馨增纂修

清道光二十五年(1845)刻本. -- 记事止：清
嘉庆二十年(1815)。

2002年摄制. -- 2盘卷片(63米1272拍)：
1:10, 2B；35mm银盐

收藏馆：缩微中心，南京

000O029735

[道光]续增高邮州志：六卷 / (清)左辉春修；(清)
宋茂初辑

清道光二十三年(1843)刻本. -- 记事止：清
道光二十三年(1843)。

2001年摄制. -- 1盘卷片(22米420拍)：
1:10, 2B；35mm银盐

收藏馆：缩微中心，南京

000O009386

高邮乡土志：不分卷

清光绪(1875-1908)抄本. -- 记事止：清光绪
三十一年(1905)。

1988年摄制. -- 1盘卷片(8米119拍)：1:10,
2B；35mm银盐

收藏馆：缩微中心，南京

000O029742

[光绪]再续高邮州志：八卷首一卷图一卷 / (清)
龚定瀛修；(清)夏子镭纂

清光绪九年(1883)刻本. -- 记事止：清光绪
九年(1883)。

2001年摄制. -- 1盘卷片(25米508拍)：
1:10, 2B；35mm银盐

收藏馆：缩微中心，南京

000O007644

[万历]宝应县志：十二卷 / (明)陈奎修；(明)吴敏
道[等]纂

明万历二十二年(1594)刻本. -- 记事止：明
万历二十一年(1593)。

1988年摄制. -- 1盘卷片(15米273拍)：
1:10, 2B；35mm银盐

收藏馆：缩微中心，南京

000O029737

[康熙]宝应县志：二十四卷图一卷 / (清)徐璨修；
(清)乔莱纂

清康熙三十年(1691)刻本. -- 记事止：清康
熙三十年(1691)。

2001年摄制. -- 1盘卷片(26米495拍)：
1:10, 2B；35mm银盐

收藏馆：缩微中心，南京

000O029929

[道光]宝应图经：六卷首二卷 / (清)刘宝楠撰

清光绪九年(1883)淮南书局刻本. -- 记事
止：清嘉庆二十五年(1820)。

2001年摄制. -- 1盘卷片(17米357拍)：
1:10, 2B；35mm银盐

收藏馆：缩微中心，南京

000O029922

[道光]重修宝应县志：二十八卷首一卷 / (清)孟
毓兰修；(清)乔载繇[等]纂

清道光二十一年(1841)刻本. -- 记事止：清
道光二十年(1840)。

2001年摄制. -- 2盘卷片(39米753拍)：
1:10, 2B；35mm银盐

收藏馆：缩微中心，南京

000O008280

[万历]泰州志：□□卷 / (明)李存信修；(明)章文
斗纂

明万历(1573-1620)抄本. -- 记事止：明万历
三十二年(1604)。存四卷：卷一至卷四。

1988年摄制. -- 1盘卷片(8米149拍)：1:10,
2B；35mm银盐

收藏馆：缩微中心，南京

000O029738

[崇祯]泰州志：十卷图一卷 / (明)李自滋修；(明)
刘万春纂

抄本. -- 记事止：明崇祯十六年(1643)。

2001年摄制. -- 1盘卷片(32米669拍)：
1:10, 2B；35mm银盐

收藏馆：缩微中心，南京

00O029917

[道光]泰州志：三十六卷首一卷 / (清)王有庆
[等]修；(清)陈世镕[等]纂
清道光七年(1827)刻光绪三十四年(1908)补刻
本. -- 记事止：清道光六年(1826)。
2001年摄制. -- 2盘卷片(47米932拍)：
1:10, 2B；35mm银盐
收藏馆：缩微中心，南京

00O029762

泰州乡土志：二卷 / (清)马锡纯编
清光绪三十四年(1908)石印本. -- 记事止：
清光绪三十四年(1908)。
2000年摄制. -- 1盘卷片(4米69拍)：1:10,
2B；35mm银盐
收藏馆：缩微中心，南京

00O029725

[光绪]靖江县志：十六卷首一卷 / (清)叶滋森修；
(清)褚翔纂
清光绪五年(1879)刻本. -- 记事止：清光绪
四年(1878)。
2001年摄制. -- 2盘卷片(41米814拍)：
1:10, 2B；35mm银盐
收藏馆：缩微中心，南京

00O008216

[康熙]泰兴县志：四卷 / (清)钱见龙,(清)吴朴纂
修
清康熙(1662-1722)刻本. -- 记事止：清康熙
二十七年(1688)。
1988年摄制. -- 1盘卷片(13米279拍)：
1:10, 2B；35mm银盐
收藏馆：缩微中心，南京

00O030485

[康熙]泰兴县志：四卷 / (清)钱见龙,(清)吴朴纂
修
清康熙(1662-1722)抄本. -- 记事止：清康熙
二十七年(1688)。
2002年摄制. -- 1盘卷片(16米317拍)：
1:10, 2B；35mm银盐
收藏馆：缩微中心，南京

00O029721

[康熙]泰兴县志：四卷 / (清)钱见龙,(清)吴朴纂
修
抄本. -- 记事止：清康熙二十七年(1688)。
2001年摄制. -- 1盘卷片(15米272拍)：
1:10, 2B；35mm银盐
收藏馆：缩微中心，南京

00O029649

[嘉庆]重修泰兴县志：八卷 / (清)凌坮修；(清)张
福谦纂
清嘉庆十八年(1813)刻本. -- 记事止：清嘉
庆十八年(1813)。
2000年摄制. -- 2盘卷片(36米744拍)：
1:10, 2B；35mm银盐
收藏馆：缩微中心，南京

00O029921

[光绪]泰兴县志：二十六卷首一卷末一卷 / (清)
杨激云修；(清)顾曾烜纂
清光绪十二年(1886)刻本. -- 记事止：清光
绪十二年(1886)。
2001年摄制. -- 1盘卷片(31米646拍)：
1:10, 2B；35mm银盐
收藏馆：缩微中心，南京

00O018909

[万历]兴化县志：十卷 / (明)欧阳东凤纂修
明万历十九年(1591)刻本. -- 有抄配。
1994年摄制. -- 1盘卷片(31米634拍)：
1:10, 2B；35mm银盐
收藏馆：缩微中心，天津

00O030083

[咸丰]重修兴化县志：十卷 / (清)梁国棟[等]修；
(清)郑之侨[等]纂
清咸丰二年(1852)刻本. -- 记事止：清咸丰
二年(1852)。
2001年摄制. -- 2盘卷片(40米793拍)：
1:10, 2B；35mm银盐
收藏馆：缩微中心，南京

00O029733

[嘉靖]通州志：六卷 / (明)钟汪修；(明)林颖纂
抄本. -- 记事止：明嘉靖九年(1530)。
2001年摄制. -- 1盘卷片(12米231拍)：
1:10, 2B；35mm银盐
收藏馆：缩微中心，南京

00O007655

州乘资：四卷 / (明)邵潜撰
明弘光元年(1645)刻本. -- 记事止：清顺治
元年(1644)。
1988年摄制. -- 1盘卷片(10米185拍)：
1:10, 2B；35mm银盐
收藏馆：缩微中心，南京

00O029760

州乘资：四卷附续一卷 / (明)邵潜撰
抄本. -- 记事止：明崇祯十七年(1644)。
2000年摄制. -- 1盘卷片(12米240拍)：

1:10，2B；35mm银盐
收藏馆：缩微中心，南京

00O029764

[乾隆]直隶通州志：二十二卷 / (清)王继祖修；
(清)夏之蓉纂

清乾隆二十年(1755)刻本. -- 记事止：清乾
隆二十年(1755)。

2000年摄制. -- 2盘卷片(62米1292拍)：
1:10，2B；35mm银盐
收藏馆：缩微中心，南京

00O029647

[光绪]通州直隶州志：十六卷首一卷末一卷 /
(清)莫祥芝修；(清)季念诒纂

清光绪二年(1876)刻本. -- 记事止：清光绪
元年(1875)。

2000年摄制. -- 3盘卷片(89米1837拍)：
1:10，2B；35mm银盐
收藏馆：缩微中心，南京

00O030068

[光绪]通州直隶州志：十六卷首一卷末一卷 /
(清)莫祥芝修；(清)季念诒纂

清光绪二年(1876)刻本. -- 记事止：清光绪
元年(1875)。

2001年摄制. -- 3盘卷片(90米1823拍)：
1:10，2B；35mm银盐
收藏馆：缩微中心，南京

00O030059

静海乡志：三卷大事记一卷 / (清)丁鹿寿撰

清道光十四年(1834)刻本. -- 记事止：清道
光二十年(1840)。

2001年摄制. -- 1盘卷片(8米89拍)：1:10，
2B；35mm银盐
收藏馆：缩微中心，南京

00O029661

[光绪]海门厅图志：二十卷首一卷 / (清)刘文彻
修；(清)周家禄纂

清光绪二十六年(1900)刻本. -- 记事止：清
光绪二十六年(1900)。

2000年摄制. -- 1盘卷片(15米306拍)：
1:10，2B；35mm银盐
收藏馆：缩微中心，南京

00O030080

[光绪]海门厅图志：二十卷首一卷 / (清)刘文彻
修；(清)周家禄纂

清光绪二十六年(1900)刻后印本. -- 记事
止：清光绪二十六年(1900)。

2001年摄制. -- 1盘卷片(15米329拍)：

1:10，2B；35mm银盐
收藏馆：缩微中心，南京

00O027705

[康熙]如皋县志：十六卷 / (清)卢綖修；(清)许纳
陛纂

清康熙(1662-1722)刻本. -- 存十四卷：卷一
至卷十二、卷十五至卷十六。

1997年摄制. -- 1盘卷片(20米392拍)：
1:10，2B；35mm银盐
收藏馆：缩微中心，国图

00O029652

[乾隆]如皋县志：三十二卷附录一卷 / (清)郑见
龙修；(清)周植纂

清乾隆十六年(1751)刻本. -- 记事止：清乾
隆十六年(1751)。

2000年摄制. -- 2盘卷片(45米910拍)：
1:10，2B；35mm银盐
收藏馆：缩微中心，南京

00O030086

[乾隆]如皋县志：三十二卷附录一卷 / (清)郑见
龙修；(清)周植纂

清乾隆十六年(1751)刻本. -- 记事止：清乾
隆十六年(1751)。

2001年摄制. -- 2盘卷片(44米858拍)：
1:10，2B；35mm银盐
收藏馆：缩微中心，南京

00O029756

[嘉庆]如皋县志：二十四卷 / (清)杨受廷修；(清)
马汝舟纂

清嘉庆十五年(1810)刻本. -- 记事止：清嘉
庆十五年(1810)。

2001年摄制. -- 2盘卷片(60米1176拍)：
1:10，2B；35mm银盐
收藏馆：缩微中心，南京

00O029653

[道光]如皋县续志：十二卷 / (清)范仕义修；(清)
吴铠纂

清道光十九年(1839)刻本. -- 记事止：清道
光十九年(1839)。

2000年摄制. -- 1盘卷片(14米227拍)：
1:10，2B；35mm银盐
收藏馆：缩微中心，南京

00O029728

[同治]如皋县续志：十六卷 / (清)周际霖修；(清)
周顼纂

清同治十二年(1873)刻本. -- 记事止：清同
治十二年(1873)。

2001年摄制. -- 1盘卷片(20米420拍)：
1:10, 2B；35mm银盐
收藏馆：缩微中心，南京

000027509
[嘉定]镇江志：二十二卷首一卷 / (宋)卢宪纂修
清(1644-1911)思贻堂抄本
1996年摄制. -- 1盘卷片(18.2米377拍)：
1:10, 2B；35mm银盐
收藏馆：缩微中心，福建

000027993
[至顺]镇江志：二十一卷首一卷 / (元)脱因修；
(元)俞希鲁纂
清(1644-1911)思贻堂抄本
1996年摄制. -- 1盘卷片(20.5米423拍)：
1:10, 2B；35mm银盐
收藏馆：缩微中心，福建

000008800
[万历]重修镇江府志：三十六卷图一卷 / (明)王
应麟修；(明)王樵[等]纂
明万历二十四年(1596)刻天启五年(1625)增刻
本
1988年摄制. -- 2盘卷片(47米1114拍)：
1:10, 2B；35mm银盐
收藏馆：缩微中心，天津

000030077
开沙志：二卷 / (清)王锡极撰；(清)丁时需增撰
清康熙五十二年(1713)刻本. -- 记事止：清
康熙五十一年(1712)。
2001年摄制. -- 1盘卷片(12米252拍)：
1:10, 2B；35mm银盐
收藏馆：缩微中心，南京

000030056
开沙志：二卷图一卷 / (清)王锡极撰；(清)丁时
需增撰
清宣统三年(1911)铅印本. -- 记事止：清康
熙五十一年(1712)。
2001年摄制. -- 1盘卷片(10米132拍)：
1:10, 2B；35mm银盐
收藏馆：缩微中心，南京

000008244
[顺治]丹徒县志：五卷
清(1644-1911)抄本
1988年摄制. -- 1盘卷片(7米101拍)：1:10,
2B；35mm银盐
收藏馆：缩微中心，南京

000008286
[康熙]丹徒县志：十卷首一卷 / (清)鲍天钟修；
(清)何焭,(清)程世英纂
清(1644-1911)抄本. -- 记事止：清康熙
二十二年(1683)。
1988年摄制. -- 2盘卷片(55米1100拍)：
1:10, 2B；35mm银盐
收藏馆：缩微中心，南京

000030069
[光绪]丹徒县志：六十卷首四卷图一卷 / (清)何
绍章[等]修；(清)吕耀斗纂
清光绪五年(1879)刻本. -- 记事止：清光绪
五年(1879)。
2001年摄制. -- 5盘卷片(135米2970拍)：
1:10, 2B；35mm银盐
收藏馆：缩微中心，南京

000029941
[光绪]丹阳县志：三十六卷首一卷 / (清)刘诰
[等]修；(清)徐锡麟纂
清光绪十一年(1885)刻本. -- 记事止：清光
绪十一年(1885)。
2001年摄制. -- 2盘卷片(57米1154拍)：
1:10, 2B；35mm银盐
收藏馆：缩微中心，南京

000027413
[乾隆]句容县志：十卷首一卷末一卷 / (清)曹袭
先纂修
清乾隆十五年(1750)刻本
1997年摄制. -- 1盘卷片(32米683拍)：
1:10, 2B；35mm银盐
收藏馆：缩微中心，湖北

000026013
[乾隆]句容县志：十卷首一卷末一卷 / (清)曹袭
先纂修
清光绪二十六年(1900)杨世沅刻本
1996年摄制. -- 2盘卷片(37米712拍)：
1:10, 2B；35mm银盐
收藏馆：缩微中心，贵州

000029558
[光绪]续纂句容县志：二十卷首一卷末一卷 /
(清)张绍棠修；(清)萧穆[等]纂
清光绪三十年(1904)刻本. -- 记事止：清光
绪三十年(1904)。
2000年摄制. -- 2盘卷片(67米1300拍)：
1:10, 2B；35mm银盐
收藏馆：缩微中心，南京

000O029931

[咸淳]重修毗陵志：三十卷图一卷 / (宋)史能之纂修

清嘉庆二十五年(1820)赵怀玉刻本. -- 记事止：宋咸淳四年(1268)。

2001年摄制. -- 1盘卷片(28米575拍) : 1:10, 2B ; 35mm银盐

收藏馆：缩微中心，南京

000O030051

[咸淳]重修毗陵志：三十卷图一卷 / (宋)史能之纂修

清(1644-1911)抄本. -- 记事止：宋咸淳四年(1268)。

2001年摄制. -- 1盘卷片(18米397拍) : 1:10, 2B ; 35mm银盐

收藏馆：缩微中心，南京

000O029934

[咸淳]重修毗陵志：三十卷图一卷 / (宋)史能之纂修

抄本. -- 记事止：宋咸淳四年(1268)。

2001年摄制. -- 1盘卷片(29米595拍) : 1:10, 2B ; 35mm银盐

收藏馆：缩微中心，南京

000O029975

[成化]重修毗陵志：四十卷 / (明)卓天锡修；(明)朱昱纂

清(1644-1911)古藤书屋抄本. -- 存三十一卷：卷一至卷十二、卷二十至卷三十二、卷三十五至卷四十。

2001年摄制. -- 1盘卷片(26米555拍) : 1:10, 2B ; 35mm银盐

收藏馆：缩微中心，国图

000O008218

[万历]重修常州府志：二十卷 / (明)刘广生修；(明)唐鹤征[等]纂

明万历四十六年(1618)刻本. -- 记事止：明万历四十六年(1618)。

1988年摄制. -- 4盘卷片(90米2130拍) : 1:10, 2B ; 35mm银盐

收藏馆：缩微中心，南京

000O027355

[康熙]常州府志：三十八卷首一卷 / (清)于琨修；(清)陈玉璂纂

清光绪十二年(1886)活字印本

1996年摄制. -- 3盘卷片(84米1689拍) : 1:10, 2B ; 35mm银盐

收藏馆：缩微中心，贵州

000O008839

[万历]武进县志：八卷 / (明)晏文辉修；(明)唐鹤征纂

明万历三十三年(1605)刻本. -- 卷八抄配。

1988年摄制. -- 2盘卷片(45米998拍) : 1:10, 2B ; 35mm银盐

收藏馆：缩微中心，天津

000O007629

[万历]武进县志：八卷 / (明)晏文辉修；(明)唐鹤征纂

清(1644-1911)抄本. -- 记事止：明万历三十三年(1605)。

1988年摄制. -- 2盘卷片(41米904拍) : 1:10, 2B ; 35mm银盐

收藏馆：缩微中心，南京

000O009122

[乾隆]武进县志：十四卷首一卷 / (清)王祖肃修；(清)虞鸣球纂

清乾隆三十年(1765)刻本

1988年摄制. -- 2盘卷片(49米1034拍) : 1:10, 2B ; 35mm银盐

收藏馆：缩微中心，湖南

000O030060

[乾隆]阳湖县志：十二卷首一卷 / (清)陈廷柱[等]修；(清)虞鸣球[等]纂

清乾隆三十年(1765)刻本. -- 记事止：清乾隆三十年(1765)。

2001年摄制. -- 2盘卷片(39米706拍) : 1:10, 2B ; 35mm银盐

收藏馆：缩微中心，南京

000O030049

[道光]武进阳湖县合志：三十六卷首一卷 / (清)孙琬[等]修；(清)李兆洛[等]纂

清光绪二十年(1894)活字印本. -- 记事止：清道光二十三年(1843)。

2001年摄制. -- 5盘卷片(143米2874拍) : 1:10, 2B ; 35mm银盐

收藏馆：缩微中心，南京

000O026018

[光绪]武进阳湖县志：三十卷首一卷 / (清)王其淦,(清)吴康寿修；(清)汤成烈纂

清光绪五年(1879)刻本

1996年摄制. -- 3盘卷片(79米1509拍) : 1:10, 2B ; 35mm银盐

收藏馆：缩微中心，贵州

000O026023

[光绪]武阳志余：十二卷首一卷 / (清)庄毓鋐,(清)

陆鼎翰纂修
清光绪十四年(1888)活字印本
1996年摄制. -- 3盘卷片(76米1407拍) :
1:10, 2B ; 35mm银盐
收藏馆：缩微中心，贵州

000O009361
[乾隆]金坛县志：十二卷 / (清)杨景曾修；(清)于
枋纂
清乾隆十五年(1750)刻本. -- 记事止：清乾
隆十五年(1750)。
1988年摄制. -- 1盘卷片(30米608拍) :
1:10, 2B ; 35mm银盐
收藏馆：缩微中心，南京

000O029724
[光绪]金坛县志：十六卷首一卷 / (清)夏宗彝修；
(清)汪国凤纂
清光绪十一年(1885)活字印本. -- 记事止：
清光绪十一年(1885)。
2001年摄制. -- 2盘卷片(54米1120拍) :
1:10, 2B ; 35mm银盐
收藏馆：缩微中心，南京

000O008236
[康熙]溧阳县志：十四卷首一卷 / (清)徐一经纂
修
清康熙(1662-1722)刻本. -- 记事止：清康熙
六年(1667)。
1988年摄制. -- 1盘卷片(20米465拍) :
1:10, 2B ; 35mm银盐
收藏馆：缩微中心，南京

000O029943
[嘉庆]溧阳县志：十六卷图一卷 / (清)陈鸿寿
[等]修；(清)史炳[等]纂
清嘉庆十八年(1813)刻本. -- 记事止：清嘉
庆十八年(1813)。
2001年摄制. -- 2盘卷片(44米863拍) :
1:10, 2B ; 35mm银盐
收藏馆：缩微中心，南京

000O029942
[嘉庆]溧阳县志：十六卷图一卷 / (清)陈鸿寿
[等]修；(清)史炳[等]纂
清光绪二十二年(1896)刻本. -- 记事止：清
嘉庆十八年(1813)。
2001年摄制. -- 2盘卷片(45米896拍) :
1:10, 2B ; 35mm银盐
收藏馆：缩微中心，南京

000O030058
[光绪]溧阳县续志：十六卷 / (清)朱畯[等]修；

(清)冯熙纂
清光绪二十五年(1899)活字印本. -- 记事
止：清光绪二十五年(1899)。
2001年摄制. -- 1盘卷片(25米500拍) :
1:10, 2B ; 35mm银盐
收藏馆：缩微中心，南京

000O030315
[光绪]溧阳县续志：十六卷末一卷 / (清)朱畯
[等]修；(清)冯熙纂
清光绪二十五年(1899)活字印本. -- 记事
止：清光绪二十五年(1899)。
2001年摄制. -- 1盘卷片(26米502拍) :
1:10, 2B ; 35mm银盐
收藏馆：缩微中心，南京

000O007653
[弘治]重修无锡县志：三十六卷古今郡县表一卷 /
(明)吴凤翔修；(明)李舜明纂
明弘治七年(1494)刻本. -- 记事止：明弘治
九年(1496)。
1988年摄制. -- 1盘卷片(22米504拍) :
1:10, 2B ; 35mm银盐
收藏馆：缩微中心，南京

000O027844
[康熙]无锡县志：四十二卷 / (清)徐永言修；(清)
严绳孙纂
清康熙(1662-1722)刻本. -- 存四十一卷：卷
一至卷三十六、卷三十八至卷四十二。
1997年摄制. -- 2盘卷片(53米1081拍) :
1:10, 2B ; 35mm银盐
收藏馆：缩微中心，国图

000O008909
[乾隆]无锡县志：四十二卷首一卷 / (清)王镐修；
(清)华希闵纂
清乾隆十六年(1751)刻本. -- 记事止：清乾
隆十五年(1750)。
1988年摄制. -- 2盘卷片(56米1324拍) :
1:10, 2B ; 35mm银盐
收藏馆：缩微中心，南京

000O000088
梅里志：四卷 / (清)吴存礼撰
清雍正二年(1724)蔡名烜刻本
1985年摄制. -- 1盘卷片(11.6米236拍) :
1:10, 2B ; 35mm银盐
收藏馆：缩微中心，国图

000O029554
[道光]梅里志：四卷首一卷 / (清)吴存礼撰；(清)
华乾增撰

清道光四年（1824）华乾泰伯庙西院刻本. --
记事止：清道光二年（1822）。
2000年摄制. -- 1盘卷片（12米237拍）：
1:10，2B；35mm银盐
收藏馆：缩微中心，南京

000O030063
[道光]梅里志：四卷首一卷 / (清)吴存礼撰；(清)
华乾增补
清道光四年（1824）华乾泰伯庙西院刻同治八
年（1869）重修本. -- 记事止：清道光二十年
（1840）。
2001年摄制. -- 1盘卷片（12米238拍）：
1:10，2B；35mm银盐
收藏馆：缩微中心，南京

000O030050
泰伯梅里志：八卷 / (清)吴熙[等]纂修
清光绪二十三年（1897）许巨楫刻本. -- 记事
止：清光绪十九年（1893）。
2001年摄制. -- 1盘卷片（12米190拍）：
1:10，2B；35mm银盐
收藏馆：缩微中心，南京

000O029923
泰伯梅里志：八卷 / (清)吴熙[等]纂修
清光绪二十三年（1897）许巨楫刻重修本. --
记事止：清光绪十九年（1893）。
2001年摄制. -- 1盘卷片（12米190拍）：
1:10，2B；35mm银盐
收藏馆：缩微中心，南京

000O029919
锡金识小录：十二卷 / (清)黄卬撰
清光绪二十二年（1896）活字印本. -- 记事
止：清乾隆二十一年（1756）。
2001年摄制. -- 1盘卷片（22米456拍）：
1:10，2B；35mm银盐
收藏馆：缩微中心，南京

000O029936
锡金识小录：十二卷 / (清)黄卬撰
抄本. -- 记事止：清乾隆二十一年（1756）。
2001年摄制. -- 1盘卷片（28米544拍）：
1:10，2B；35mm银盐
收藏馆：缩微中心，南京

000O029938
锡金识小录：十二卷 / (清)黄卬撰
抄本. -- 记事止：清乾隆二十一年（1756）。
2001年摄制. -- 1盘卷片（28米543拍）：
1:10，2B；35mm银盐
收藏馆：缩微中心，南京

000O030062
[嘉庆]无锡金匮县志：四十卷首一卷 / (清)秦瀛
纂
清嘉庆十八年（1813）刻本. -- 记事止：清嘉
庆十八年（1813）。存二十五卷：卷十六至卷
四十。
2001年摄制. -- 2盘卷片（46米963拍）：
1:10，2B；35mm银盐
收藏馆：缩微中心，南京

000O008197
[道光]无锡金匮续志：十卷首一卷 / (清)李彭龄
修；(清)杨熙之纂
清道光二十年（1840）刻本. -- 记事止：清道
光二十年（1840）。
1988年摄制. -- 1盘卷片（16米372拍）：
1:10，2B；35mm银盐
收藏馆：缩微中心，南京

000O029726
锡金志外：五卷 / (清)华湛恩撰
清道光二十三年（1843）刻本. -- 记事止：清
道光二十三年（1843）。
2001年摄制. -- 1盘卷片（15米267拍）：
1:10，2B；35mm银盐
收藏馆：缩微中心，南京

000O009363
锡金考乘：十四卷首一卷 / (清)周有壬撰
清同治（1862-1874）周毓芳活字印本. -- 记事
止：清道光二十六年（1846）。
1988年摄制. -- 1盘卷片（15米337拍）：
1:10，2B；35mm银盐
收藏馆：缩微中心，南京

000O029765
[光绪]无锡金匮县志：四十卷首一卷附编六卷 /
(清)裴大中修；(清)秦缃业纂
清光绪七年（1881）刻本. -- 记事止：清光绪
六年（1880）。
2000年摄制. -- 3盘卷片（86米1709拍）：
1:10，2B；35mm银盐
收藏馆：缩微中心，南京

000O029937
锡金乡土历史：二卷地理二卷 / 侯鸿鉴编
清光绪三十二年（1906）活字印本. -- 记事
止：清光绪三十年（1904）。
2001年摄制. -- 1盘卷片（6米80拍）：1:10，
2B；35mm银盐
收藏馆：缩微中心，南京

000O029935
锡金乡土地理：二卷 / 侯鸿鉴编
清宣统(1909-1911)无锡文苑阁活字印本. --
记事止：清宣统元年(1909)。
2001年摄制. -- 1盘卷片(4米39拍) ：1:10,
2B ；35mm银盐
收藏馆：缩微中心，南京

000O029669
[道光]江阴县志：二十八卷首一卷 / (清)陈延恩
修；(清)李兆洛纂
清道光二十年(1840)刻本. -- 记事止：清道
光十九年(1839)。
2000年摄制. -- 3盘卷片(77米1533拍) ：
1:10, 2B ；35mm银盐
收藏馆：缩微中心，南京

000O029642
[光绪]江阴县志 ：三十卷首一卷 / (清)卢思
诚,(清)冯寿镜修；(清)季念诒纂
清光绪六年(1880)刻本. -- 记事止：清光绪
四年(1878)。
2000年摄制. -- 3盘卷片(88米1800拍) ：
1:10, 2B ；35mm银盐
收藏馆：缩微中心，南京

000O029648
杨舍堡城志稿：十四卷首一卷 / (清)叶长龄撰
清光绪九年(1883)活字印本. -- 记事止：清
光绪八年(1882)。
2000年摄制. -- 1盘卷片(15米291拍) ：
1:10, 2B ；35mm银盐
收藏馆：缩微中心，南京

000O029636
[嘉庆]增修宜兴县旧志：十卷首一卷末一卷 /
(清)阮升基修；(清)宁楷纂
清同治八年(1869)活字印本. -- 记事止：清
雍正四年(1726)。
2000年摄制. -- 3盘卷片(62米1227拍) ：
1:10, 2B ；35mm银盐
收藏馆：缩微中心，南京

000O029945
[嘉庆]新修宜兴县志：四卷首一卷 / (清)阮升基
修；(清)宁楷纂
清嘉庆二年(1797)刻本. -- 记事止：清嘉庆
二年(1797)。
2001年摄制. -- 1盘卷片(15米271拍) ：
1:10, 2B ；35mm银盐
收藏馆：缩微中心，南京

000O030074
[同治]新修宜兴县志：四卷首一卷 / (清)阮升基
修；(清)宁楷纂
清同治八年(1869)活字印本. -- 记事止：清
嘉庆二年(1797)。
2001年摄制. -- 1盘卷片(12米297拍) ：
1:10, 2B ；35mm银盐
收藏馆：缩微中心，南京

000O026025
[嘉庆]重刊宜兴县志：四卷首一卷 / (清)阮升基
修；(清)宁楷纂
清同治八年(1869)活字印本
1996年摄制. -- 1盘卷片(14米267拍) ：
1:10, 2B ；35mm银盐
收藏馆：缩微中心，贵州

000O030093
[嘉庆]重刊宜兴县志：四卷首一卷 / (清)阮升基
修；(清)宁楷纂
清光绪八年(1882)刻本. -- 记事止：清嘉庆
二年(1797)。
2001年摄制. -- 1盘卷片(15米266拍) ：
1:10, 2B ；35mm银盐
收藏馆：缩微中心，南京

000O030092
[嘉庆]新修荆溪县志：四卷首一卷 / (清)唐仲冕
修；(清)宁楷纂
清同治八年(1869)活字印本. -- 记事止：清
嘉庆二年(1797)。
2001年摄制. -- 1盘卷片(14米147拍) ：
1:10, 2B ；35mm银盐
收藏馆：缩微中心，南京

000O030052
[嘉庆]重刊荆溪县志：四卷首一卷 / (清)唐仲冕
修；(清)宁楷纂
清光绪八年(1882)刻宜兴荆溪旧志五种本. --
记事止：清嘉庆二年(1797)。
2001年摄制. -- 1盘卷片(14米230拍) ：
1:10, 2B ；35mm银盐
收藏馆：缩微中心，南京

000O030070
[道光]续纂宜兴荆溪县志：十卷首一卷 / (清)龚
润森[等]修；(清)吴德旋纂
清同治八年(1869)活字印本. -- 记事止：清
道光二十年(1840)。
2001年摄制. -- 1盘卷片(26米532拍) ：
1:10, 2B ；35mm银盐
收藏馆：缩微中心，南京

000O030089

[道光]重刊续纂宜荆县志：十卷首一卷 / (清)龚润森[等]修；(清)吴德旋纂

清光绪八年(1882)刻宜兴荆溪旧志五种本. -- 记事止：清道光二十年(1840)。

2001年摄制. -- 1盘卷片（23米451拍）：1:10, 2B；35mm银盐

收藏馆：缩微中心，南京

000O027357

[光绪]宜兴荆溪县新志：十卷首一卷末一卷 / (清)施惠,(清)钱志澄修；(清)吴景墙纂

清光绪八年(1882)刻宜兴荆溪旧志五种本

1996年摄制. -- 2盘卷片（40米770拍）：1:10, 2B；35mm银盐

收藏馆：缩微中心，贵州

000O019913

宜兴县志刊讹：不分卷 / (清)徐滨撰

清(1644-1911)活字印本. -- (清)吴骞批注。

1994年摄制. -- 1盘卷片（7米113拍）：1:10, 2B；35mm银盐

收藏馆：缩微中心，国图

000O022768

吴地记：一卷后集一卷 / [题](唐)陆广微撰

清同治十二年(1873)江苏书局刻本. -- (清)郑文焯批校。

1994年摄制. -- 1盘卷片（4米44拍）：1:10, 2B；35mm银盐

收藏馆：缩微中心，浙江

000O026022

[元丰]吴郡图经续记：三卷 / (宋)朱长文纂修

清同治十二年(1873)江苏书局刻本

1996年摄制. -- 1盘卷片（5米80拍）：1:10, 2B；35mm银盐

收藏馆：缩微中心，贵州

000O029555

[元丰]吴郡图经续记：三卷 / (宋)朱长文纂修

清同治十二年(1873)江苏书局刻本

2000年摄制. -- 1盘卷片（9米80拍）：1:10, 2B；35mm银盐

收藏馆：缩微中心，南京

000O007656

[元丰]吴郡图经续记：三卷 / (宋)朱长文纂修

清(1644-1911)袁氏贞节堂抄本. -- 记事止：宋元丰六年(1083)。(清)陈尊校跋。

1988年摄制. -- 1盘卷片（7米98拍）：1:10, 2B；35mm银盐

收藏馆：缩微中心，南京

000O007643

[元丰]吴郡图经续记：三卷 / (宋)朱长文纂修

清(1644-1911)抄本. -- 记事止：宋元丰六年(1083)。(清)丁丙跋。

1988年摄制. -- 1盘卷片（6米100拍）：1:10, 2B；35mm银盐

收藏馆：缩微中心，南京

000O009644

[绍定]吴郡志：五十卷 / (宋)范成大纂；(宋)汪泰亨[等]增订

明(1368-1644)毛氏汲古阁刻本

1988年摄制. -- 2盘卷片（35米729拍）：1:10, 2B；35mm银盐

收藏馆：缩微中心，甘肃

000O020142

[绍定]吴郡志：五十卷 / (宋)范成大纂；(宋)汪泰亨[等]增订

明(1368-1644)毛氏汲古阁刻本

1994年摄制. -- 1盘卷片（33米682拍）：1:10, 2B；35mm银盐

收藏馆：缩微中心，国图

000O026026

[绍定]吴郡志：五十卷 / (宋)范成大纂；(宋)汪泰亨[等]增订

清光绪十五年(1889)石印本. -- 据清道光守山阁丛书本石印。

1996年摄制. -- 1盘卷片（24米499拍）：1:10, 2B；35mm银盐

收藏馆：缩微中心，贵州

000O008572

[正德]姑苏志：六十卷 / (明)林世远修；(明)王鏊[等]纂

明正德(1506-1521)刻本

1988年摄制. -- 3盘卷片（90米1968拍）：1:10, 2B；35mm银盐

收藏馆：缩微中心，国图

000O029635

[乾隆]苏州府志：八十卷首一卷 / (清)傅椿[等]修；(清)习寯纂

清乾隆十三年(1748)刻本. -- 记事止：清乾隆十二年(1747)。

2000年摄制. -- 5盘卷片（158米3194拍）：1:10, 2B；35mm银盐

收藏馆：缩微中心，南京

000O029553

[道光]苏州府志：一百五十卷首十卷图一卷 / (清)宋如林[等]修；(清)石韫玉纂

清道光四年(1824)刻本. -- 记事止：清道光
三年(1823)。
2000年摄制. -- 10盘卷片(286米5690拍)：
1:10, 2B ; 35mm银盐
收藏馆：缩微中心，南京

000O029671
[同治]苏州府志：一百五十卷首三卷附金石目一
卷 / (清)李铭皖修；(清)冯桂芬纂
清同治(1862-1874)稿本. -- 存一百二十三
卷：卷一至卷一百十二、卷一百三十四至卷
一百三十九，首三卷，金石目一卷。
1999年摄制. -- 11盘卷片(283米5693拍)：
1:10, 2B ; 35mm银盐
收藏馆：缩微中心，苏州

000O029634
[同治]苏州府志：一百五十卷首三卷图一卷 /
(清)李铭皖修；(清)冯桂芬纂
清光绪九年(1883)江苏书局刻本. -- 记事
止：清同治十三年(1874)。
2000年摄制. -- 13盘卷片(355米7406拍)：
1:10, 2B ; 35mm银盐
收藏馆：缩微中心，南京

000O029667
[同治]苏州府志：一百五十卷首三卷图一卷 /
(清)李铭皖修；(清)冯桂芬纂
清光绪九年(1883)江苏书局刻本. -- 记事
止：清同治十三年(1874)。
2000年摄制. -- 12盘卷片(362米7394拍)：
1:10, 2B ; 35mm银盐
收藏馆：缩微中心，南京

000O007626
[崇祯]吴县志：五十四卷首一卷 / (明)牛若麟修；
(明)王焕如纂
明崇祯十六年(1643)刻本. -- 记事止：明崇
祯十六年(1643)。
1988年摄制. -- 4盘卷片(97.5米2239拍)：
1:10, 2B ; 35mm银盐
收藏馆：缩微中心，南京

000O030084
[乾隆]吴县志：一百十二卷首一卷 / (清)姜顺蛟
修；(清)施谦纂
清乾隆十年(1745)刻本. -- 记事止：清乾隆
九年(1744)。
2001年摄制. -- 4盘卷片(111米2255拍)：
1:10, 2B ; 35mm银盐
收藏馆：缩微中心，南京

000O009827
[隆庆]长洲县志：十四卷艺文志十卷 / (明)张德
夫修；(明)皇甫汸纂；(明)张凤翼[等]续修
明隆庆五年(1571)刻万历二十六年(1598)续修
本. -- 存十四卷：卷一至卷三、卷十一至卷
十四，艺文志卷四至卷十。
1989年摄制. -- 1盘卷片(20米443拍)：
1:10, 2B ; 35mm银盐
收藏馆：缩微中心，浙江

000O017248
[康熙]长洲县志摘要：不分卷 / (清)吴汝辂辑
清康熙二十九年(1690)吴汝辂抄本
1993年摄制. -- 1盘卷片(25米497拍)：
1:10, 2B ; 35mm银盐
收藏馆：缩微中心，天津

000O029775
[乾隆]元和县志：三十二卷首一卷 / (清)江之
炜,(清)沈德潜纂
清乾隆五年(1740)元和县衙刻本
2000年摄制. -- 2盘卷片(46米854拍)：
1:10, 2B ; 35mm银盐
收藏馆：缩微中心，苏州

000O029532
[乾隆]元和县志：三十二卷图一卷首一卷 / (清)
江之炜修；(清)沈德潜纂
清乾隆五年(1740)刻本. -- 记事止：清乾隆
三年(1738)。
2000年摄制. -- 2盘卷片(43米919拍)：
1:10, 2B ; 35mm银盐
收藏馆：缩微中心，甘肃

000O012857
[康熙]浒墅关志：二十卷 / (清)陈常夏,(清)孙珮
纂修
清康熙十二年(1673)刻康熙二十二年(1683)增
修本
1990年摄制. -- 1盘卷片(11米218拍)：
1:10, 2B ; 35mm银盐
收藏馆：缩微中心，浙江

000O009378
浒墅关志：十八卷 / (清)凌寿祺纂
清道光七年(1827)刻本
1988年摄制. -- 1盘卷片(18米421拍)：
1:10, 2B ; 35mm银盐
收藏馆：缩微中心，南京

000O009382
横溪录：八卷附一卷 / (明)徐鸣时纂
清(1644-1911)海虞瞿氏铁琴铜剑楼抄本. --

记事止：明崇祯元年(1628)。
1988年摄制. -- 1盘卷片(15米294拍)：
1:10, 2B ; 35mm银盐
收藏馆：缩微中心，南京

000O019097
贞丰拟乘：二卷 / (清)章腾龙撰；(清)陈勰增辑
清嘉庆十五年(1810)聚星堂刻本
1994年摄制. -- 1盘卷片(8米140拍)：1:10,
2B ; 35mm银盐
收藏馆：缩微中心，国图

000O029670
周庄镇志：六卷首一卷附贞丰里庚甲见闻录二卷 / (清)陶煦撰
清光绪八年(1882)刻本. -- 记事止：清光绪六年(1880)。
2000年摄制. -- 1盘卷片(18米346拍)：
1:10, 2B ; 35mm银盐
收藏馆：缩微中心，南京

000O029655
[弘治]吴江志：二十二卷 / (明)莫旦纂
清(1644-1911)然松书屋抄本. -- 记事止：明万历四十六年(1618)。存十六卷：卷一至卷十六。
2000年摄制. -- 1盘卷片(15米348拍)：
1:10, 2B ; 35mm银盐
收藏馆：缩微中心，南京

000O008837
[嘉靖]吴江县志：二十八卷首一卷 / (明)曹一麟修；(明)徐师曾[等]纂
明嘉靖四十年(1561)刻本
1988年摄制. -- 2盘卷片(37米783拍)：
1:10, 2B ; 35mm银盐
收藏馆：缩微中心，天津

000O029734
[康熙]吴江县志：四十六卷首一卷 / (清)郭琇修；(清)叶燮[等]纂
清康熙二十三年(1684)刻本. -- 记事止：清康熙二十三年(1684)。
2001年摄制. -- 2盘卷片(40米736拍)：
1:10, 2B ; 35mm银盐
收藏馆：缩微中心，南京

000O015313
[康熙]吴江县志：十六卷首一卷 / (清)郭琇修；(清)屈运隆纂
清康熙(1662-1722)刻本
1992年摄制. -- 2盘卷片(49米987拍)：
1:10, 2B ; 35mm银盐

收藏馆：缩微中心，国图

000O029727
[乾隆]吴江县志：五十八卷首一卷 / (清)陈荃缵[等]修；(清)倪师孟[等]纂
清乾隆十二年(1747)刻本. -- 记事止：清乾隆十二年(1747)。
2001年摄制. -- 3盘卷片(71米1445拍)：
1:10, 2B ; 35mm银盐
收藏馆：缩微中心，南京

000O030076
[乾隆]吴江县志：五十八卷首一卷 / (清)陈荃缵[等]修；(清)倪师孟[等]纂
清乾隆十二年(1747)刻乾隆二十年(1755)增修本. -- 记事止：清乾隆十二年(1747)。
2001年摄制. -- 3盘卷片(68米1381拍)：
1:10, 2B ; 35mm银盐
收藏馆：缩微中心，南京

000O029914
[光绪]吴江县续志：四十卷首一卷 / (清)金吴澜,(清)金福曾修；(清)熊其英[等]纂
清光绪五年(1879)刻本. -- 记事止：清光绪四年(1878)。
2001年摄制. -- 1盘卷片(29米560拍)：
1:10, 2B ; 35mm银盐
收藏馆：缩微中心，南京

000O029556
[乾隆]震泽县志：三十八卷首一卷 / (清)陈和志修；(清)倪师孟[等]纂
清乾隆十二年(1747)刻本. -- 记事止：清乾隆十二年(1747)。
2000年摄制. -- 2盘卷片(37米752拍)：
1:10, 2B ; 35mm银盐
收藏馆：缩微中心，南京

000O008253
黄溪志：十二卷 / (清)钱墀纂
清道光十一年(1831)文蔚斋刻本. -- 记事止：清道光十一年(1831)。
1988年摄制. -- 1盘卷片(10米182拍)：
1:10, 2B ; 35mm银盐
收藏馆：缩微中心，南京

000O029559
平望志：十八卷首一卷 / (清)翁广平撰
清光绪十三年(1887)刻本. -- 记事止：清道光七年(1827)。
2000年摄制. -- 1盘卷片(23米464拍)：
1:10, 2B ; 35mm银盐
收藏馆：缩微中心，南京

00O029741
震泽镇志：十四卷首一卷末一卷 / (清)纪磊,(清)沈眉寿纂
清道光二十四年(1844)刻本. -- 记事止：清道光二十三年(1843)。
2001年摄制. -- 1盘卷片(23米400拍)：1:10, 2B ; 35mm银盐
收藏馆：缩微中心，南京

00O029740
分湖小识：六卷 / (清)柳树芳撰
清道光二十七年(1847)刻本. -- 记事止：清道光二十七年(1847)。
2001年摄制. -- 1盘卷片(9米178拍)：1:10, 2B ; 35mm银盐
收藏馆：缩微中心，南京

00O027358
玉峰志：三卷续志一卷 / (宋)凌万顷,(宋)边实纂
清宣统元年(1909)刻汇刻太仓旧志五种本。
1996年摄制. -- 1盘卷片(8米136拍)：1:10, 2B ; 35mm银盐
收藏馆：缩微中心，贵州

00O009100
玉峰志：三卷续志一卷 / (宋)凌万顷,(宋)边实纂修
清(1644-1911)抄本. -- 记事止：元至元九年(1272)。(清)丁丙跋。
1988年摄制. -- 1盘卷片(7米119拍)：1:10, 2B ; 35mm银盐
收藏馆：缩微中心，南京

00O004576
[至正]昆山郡志：六卷 / (元)杨谭纂修
清(1644-1911)抄本
1987年摄制. -- 1盘卷片(6米107拍)：1:10, 2B ; 35mm银盐
收藏馆：缩微中心，国图

00O029920
[至正]昆山郡志：六卷 / (元)杨谭纂修
清光绪二十年(1894)徐士恺刻观自得斋丛书本. -- 记事止：元至正元年(1341)。
2001年摄制. -- 1盘卷片(7米85拍)：1:10, 2B ; 35mm银盐
收藏馆：缩微中心，南京

00O029916
[至正]昆山郡志：六卷 / (元)杨谭纂修
清宣统元年(1909)缪朝荃刻汇刻太仓旧志五种本. -- 记事止：元至正元年(1341)。
2001年摄制. -- 1盘卷片(6米84拍)：1:10,

2B ; 35mm银盐
收藏馆：缩微中心，南京

00O027515
[康熙]昆山县志：二十卷 / (清)董正位,(清)叶奕苞纂修
清(1644-1911)稿本. -- (清)顾惇量批并跋,(清)潘道根校。
1997年摄制. -- 2盘卷片(51米962拍)：1:10, 2B ; 35mm银盐
收藏馆：缩微中心，苏州

00O029638
[乾隆]昆山新阳合志：三十八卷首一卷末一卷 / (清)邹召南,(清)张予介修；(清)王峻纂
清乾隆十六年(1751)刻本. -- 记事止：清乾隆十六年(1751)。
2000年摄制. -- 2盘卷片(62米1227拍)：1:10, 2B ; 35mm银盐
收藏馆：缩微中心，南京

00O029645
[道光]昆新两县志：四十卷首一卷末一卷 / (清)张鸿,(清)来汝缘修；(清)王学浩纂
清道光六年(1826)刻本. -- 记事止：清道光五年(1825)。
2000年摄制. -- 3盘卷片(69米1423拍)：1:10, 2B ; 35mm银盐
收藏馆：缩微中心，南京

00O029640
[光绪]昆新两县续修合志：五十二卷首一卷末一卷 / (清)金吴澜,(清)李福沂修；(清)汪堃纂
清光绪七年(1881)刻本. -- 记事止：清光绪六年(1880)。
2000年摄制. -- 3盘卷片(100米2008拍)：1:10, 2B ; 35mm银盐
收藏馆：缩微中心，南京

00O011424
昆新乡土地理志：不分卷 / (清)顾国珍编
清光绪三十四年(1908)铅印本. -- 记事止：清光绪三十年(1904)。
1989年摄制. -- 1盘卷片(3米39拍)：1:10, 2B ; 35mm银盐
收藏馆：缩微中心，南京

00O008240
菉溪志：四卷 / (清)诸世器撰
清(1644-1911)稿本. -- 记事止：清乾隆二十九年(1764)。
1988年摄制. -- 1盘卷片(5米95拍)：1:10, 2B ; 35mm银盐

收藏馆：缩微中心，南京

000O029732
[弘治]太仓州志：十一卷 / (明)李端修；(明)桑悦纂
清(1644-1911)抄本. -- 记事止：明弘治十三年(1500)。
2001年摄制. -- 1盘卷片(15米261拍)：1:10, 2B；35mm银盐
收藏馆：缩微中心，南京

000O026031
[弘治]太仓州志：十卷校勘记一卷 / (明)李端修；(明)桑悦纂；(清)缪朝荃撰校勘记
清宣统(1909-1911)影印本
1996年摄制. -- 1盘卷片(11米207拍)：1:10, 2B；35mm银盐
收藏馆：缩微中心，贵州

000O007650
[嘉靖]太仓州志：十卷 / (明)周士佐[等]修；(明)张寅[等]纂
明崇祯二年(1629)刘彦心刻本. -- 记事止：明崇祯元年(1628)。
1988年摄制. -- 1盘卷片(22米460拍)：1:10, 2B；35mm银盐
收藏馆：缩微中心，南京

000O030108
[嘉靖]太仓州志：十卷图一卷 / (明)周士佐[等]修；(明)张寅纂
清(1644-1911)抄本. -- 记事止：明嘉靖二十六年(1547)。修者还有：(明)周凤岐等。
2001年摄制. -- 1盘卷片(22米444拍)：1:10, 2B；35mm银盐
收藏馆：缩微中心，南京

000O007099
[崇祯]太仓州志：十五卷 / (明)钱肃乐修；(明)张采纂
明崇祯十五年(1642)刻清康熙十七年(1678)增刻本. -- 有抄配。
1987年摄制. -- 2盘卷片(37米871拍)：1:10, 2B；35mm银盐
收藏馆：缩微中心，天津

000O008904
[嘉庆]直隶太仓州志：六十五卷 / (清)汪廷昉修；(清)王昶纂
清嘉庆七年(1802)刻本. -- 序有抄配。
1988年摄制. -- 3盘卷片(91米2059拍)：1:10, 2B；35mm银盐
收藏馆：缩微中心，浙江

000O029759
[嘉庆]直隶太仓州志：六十五卷 / (清)汪廷昉修；(清)王昶纂
清嘉庆八年(1803)刻本. -- 记事止：清嘉庆六年(1801)。
2000年摄制. -- 4盘卷片(102米2100拍)：1:10, 2B；35mm银盐
收藏馆：缩微中心，南京

000O030104
[嘉庆]直隶太仓州志：六十五卷 / (清)汪廷昉修；(清)王昶纂
清嘉庆八年(1803)刻本. -- 记事止：清嘉庆六年(1801)。
2001年摄制. -- 4盘卷片(106米2091拍)：1:10, 2B；35mm银盐
收藏馆：缩微中心，南京

000O029658
壬癸志稿：二十八卷 / (清)钱宝琛撰
清光绪六年(1880)钱溯耆刻本. -- 记事止：清咸丰三年(1853)。据钱颐寿中丞遗集本刻。
2000年摄制. -- 1盘卷片(24米455拍)：1:10, 2B；35mm银盐
收藏馆：缩微中心，南京

000O008269
[乾隆]镇洋县志：十四卷首一卷末一卷 / (清)金鸿修；(清)李莘纂
清乾隆十年(1745)刻本. -- 记事止：清乾隆九年(1744)。
1988年摄制. -- 1盘卷片(30米626拍)：1:10, 2B；35mm银盐
收藏馆：缩微中心，南京

000O029940
沙头里志：十卷 / (清)曹焯撰；(清)陆松龄增订
清道光二十二年(1842)抄本. -- 记事止：清嘉庆五年(1800)。
2001年摄制. -- 1盘卷片(12米204拍)：1:10, 2B；35mm银盐
收藏馆：缩微中心，南京

000O012750
直塘里志：六卷 / (清)时宝臣修；(清)凌德纯纂
清(1644-1911)稿本. -- 记事止：清道光十六年(1836)。
1990年摄制. -- 1盘卷片(6米114拍)：1:10, 2B；35mm银盐
收藏馆：缩微中心，南京

000O008268
璜泾志略：九卷 / (清)赵曜撰

清(1644-1911)稿本． -- 记事止：清道光十年(1830)。
1988年摄制． -- 1盘卷片(10米178拍)：1:10，2B；35mm银盐
收藏馆：缩微中心，南京

000O007646
重修琴川志：十五卷 / (宋)孙应时纂修
清乾隆五十四年(1789)吴卓信抄本． -- 记事止：宋宝祐四年(1256)。(清)吴卓信跋录。
1988年摄制． -- 1盘卷片(16米380拍)：1:10，2B；35mm银盐
收藏馆：缩微中心，南京

000O007654
琴川志注草：十二卷琴川续志草十卷琴川续志草补二卷 / (清)陈揆撰
清宣统(1909-1911)赵允怀抄本． -- 记事止：清宣统三年(1911)。(清)赵允怀校跋。
1988年摄制． -- 1盘卷片(16米366拍)：1:10，2B；35mm银盐
收藏馆：缩微中心，南京

000O029639
[弘治]常熟县志：四卷图一卷 / (明)杨子器修；(明)桑瑜纂
抄本． -- 记事止：明弘治十八年(1505)。
2000年摄制． -- 1盘卷片(22米452拍)：1:10，2B；35mm银盐
收藏馆：缩微中心，南京

000O000313
[嘉靖]常熟县志：十三卷 / (明)冯汝弼修；(明)邓韨纂
明嘉靖(1522-1566)刻本
1985年摄制． -- 2盘卷片(35.2米825拍)：1:10，2B；35mm银盐
收藏馆：缩微中心，国图

000O008573
[嘉靖]常熟县志：十三卷 / (明)冯汝弼修；(明)邓韨纂
明嘉靖(1522-1566)刻本
1988年摄制． -- 2盘卷片(36米744拍)：1:10，2B；35mm银盐
收藏馆：缩微中心，国图

000O008203
[万历]常熟县私志：二十八卷 / (明)姚宗仪撰
明(1368-1644)抄本． -- 记事止：清顺治元年(1644)。存一卷：卷十九。
1988年摄制． -- 1盘卷片(6米98拍)：1:10，2B；35mm银盐

收藏馆：缩微中心，南京

000O030310
海虞别乘：不分卷 / (明)陈三恪撰
明崇祯八年至明末(1635-1644)抄本． -- 记事止：明崇祯八年(1635)。
2001年摄制． -- 1盘卷片(27米510拍)：1:10，2B；35mm银盐
收藏馆：缩微中心，南京

000O029650
[康熙]常熟县志：二十六卷首一卷末一卷 / (清)高士敏,(清)杨振藻修；(清)钱陆灿纂
清康熙二十六年(1687)刻本． -- 记事止：清康熙二十六年(1687)。
2000年摄制． -- 3盘卷片(67米1403拍)：1:10，2B；35mm银盐
收藏馆：缩微中心，南京

000O029637
[雍正]昭文县志：十卷首一卷 / (清)劳必达修；(清)陈祖范纂
清雍正九年(1731)刻本． -- 记事止：清雍正八年(1730)。
2000年摄制． -- 1盘卷片(17米363拍)：1:10，2B；35mm银盐
收藏馆：缩微中心，南京

000O013305
[乾隆]常昭合志：十二卷首一卷 / (清)王锦,(清)杨继熊修；(清)言如泗[等]纂
清乾隆六十年(1795)刻本
1991年摄制． -- 3盘卷片(68.2米1480拍)：1:9，2B；35mm银盐
收藏馆：缩微中心，重庆

000O029755
[乾隆]常昭合志稿：十二卷首一卷 / (清)王锦,(清)杨继熊修；(清)言如泗[等]纂
清乾隆六十年(1795)刻嘉庆二年(1797)印本． -- 记事止：清乾隆六十年(1795)。卷九配抄本。
2001年摄制． -- 3盘卷片(70米1422拍)：1:10，2B；35mm银盐
收藏馆：缩微中心，南京

000O008228
[乾隆]常昭合志：十二卷首一卷 / (清)王锦,(清)杨继熊修；(清)言如泗[等]纂
清嘉庆二年(1797)刻本． -- 存十二卷：卷一、卷三至卷十二，首一卷。(清)翁同龢批校跋。
1988年摄制． -- 3盘卷片(61米1321拍)：

1:10, 2B ；35mm银盐
收藏馆：缩微中心，南京

000O008608
琴川三志补记：十卷 / (清)黄廷鉴撰
清道光十一年(1831)张大镛刻本
1988年摄制. -- 1盘卷片(5米74拍) ： 1:10,
2B ；35mm银盐
收藏馆：缩微中心，国图

000O008238
琴川三志补记：十卷续八卷 / (清)黄廷鉴纂
清道光十一年(1831)张大镛刻道光十四年
(1834)焜艺斋增刻本. -- 记事止：清道光
十一年(1831)。(清)王振声校跋。
1988年摄制. -- 1盘卷片(11米259拍) ：
1:10, 2B ；35mm银盐
收藏馆：缩微中心，南京

000O026028
[光绪]常昭合志稿：四十八卷首一卷末一卷校勘记一卷 / (清)郑钟祥,(清)张瀛修;(清)庞鸿文纂
清光绪三十年(1904)活字印本
1996年摄制. -- 3盘卷片(86米1780拍) ：
1:10, 2B ；35mm银盐
收藏馆：缩微中心，贵州

000O029924
[嘉庆]唐市志：三卷 / (清)倪赐纂
清(1644-1911)抄本. -- 记事止：清嘉庆元年
(1796)。
2001年摄制. -- 1盘卷片(8米119拍) ： 1:10,
2B ；35mm银盐
收藏馆：缩微中心，南京

000O029928
[道光]唐市志：三卷 / (清)倪赐纂
清末(1851-1911)抄本. -- 记事止：清道光
二十二年(1842)。
2001年摄制. -- 1盘卷片(7米115拍) ： 1:10,
2B ；35mm银盐
收藏馆：缩微中心，南京

000O011423
唐市补志：不分卷 / (清)龚文洵纂
清(1644-1911)抄本. -- 记事止：清光绪
二十九年(1903)。
1989年摄制. -- 1盘卷片(4米45拍) ： 1:10,
2B ；35mm银盐
收藏馆：缩微中心，南京

000O029776
穿山小识：二卷 / (清)邵廷烈纂

清(1644-1911)忏庵抄本. -- 记事止：清光绪
(1875-1908)。近人忏庵补并抄。
2000年摄制. -- 1盘卷片(4米35拍) ： 1:10,
2B ；35mm银盐
收藏馆：缩微中心，苏州

000O008576
[嘉靖]浙江通志：七十二卷 / (明)胡宗宪修;(明)薛应旂纂
明嘉靖(1522-1566)刻本
1988年摄制. -- 3盘卷片(79米1714拍) ：
1:10, 2B ；35mm银盐
收藏馆：缩微中心，国图

000O008801
[嘉靖]浙江通志：七十二卷 / (明)胡宗宪修;(明)薛应旂纂
明嘉靖四十年(1561)刻本
1988年摄制. -- 3盘卷片(67米1582拍) ：
1:10, 2B ；35mm银盐
收藏馆：缩微中心，天津

000O021483
[康熙]浙江通志：五十卷首一卷 / (清)王国安[等]修;(清)黄宗羲[等]纂
清康熙(1662-1722)刻本. -- 存四十四卷：卷
一至卷六、卷八至卷三十六、卷四十一至卷
四十五、卷四十八至卷五十，首一卷。
1995年摄制. -- 5盘卷片(135米2746拍) ：
1:10, 2B ；35mm银盐
收藏馆：缩微中心，国图

000O009824
乾道临安志：十五卷 / (宋)周淙纂修
清(1644-1911)抄本. -- 存三卷：卷一至卷
三。佚名录(清)杭世骏、(清)厉鹗跋。
1989年摄制. -- 1盘卷片(7米118拍) ： 1:10,
2B ；35mm银盐
收藏馆：缩微中心，浙江

000O008237
乾道临安志：十五卷 / (宋)周淙纂修
清(1644-1911)抄本. -- 记事止：宋乾道五年
(1169)。存三卷：卷一至卷三。(清)王绍兰校
跋，(清)丁丙跋。
1988年摄制. -- 1盘卷片(7米106拍) ： 1:10,
2B ；35mm银盐
收藏馆：缩微中心，南京

000O009381
乾道临安志：十五卷 / (宋)周淙纂修
清(1644-1911)抄本. -- 记事止：宋乾道五年
(1169)。存三卷：卷一至卷三。(清)丁丙跋。

1988年摄制. -- 1盘卷片（6米98拍）：1:10,
2B；35mm银盐
收藏馆：缩微中心，南京

000008256
[淳祐]临安志：五十二卷 / (宋)赵兴意,(宋)陈仁
玉纂修
清(1644-1911)抄本. -- 记事止：宋淳祐十一
年(1251)。存六卷：卷五至卷十。(清)箬黄居
士校跋，(清)丁丙跋。
1988年摄制. -- 1盘卷片（8米164拍）：1:10,
2B；35mm银盐
收藏馆：缩微中心，南京

000009383
[淳祐]临安志：五十二卷 / (宋)赵兴意,(宋)陈仁
玉纂修；(清)胡敬辑
清(1644-1911)抄本. -- 记事止：宋淳祐十二
年(1252)。存六卷：祠庙、寺二卷、院二卷、
宫观。(清)丁丙跋。
1988年摄制. -- 1盘卷片（14米267拍）：
1:10, 2B；35mm银盐
收藏馆：缩微中心，南京

000008276
咸淳临安志：一百卷 / (宋)潜说友纂修
清乾隆(1736-1795)黄沄抄本. -- 记事止：
宋咸淳九年(1273)。存九十三卷：卷一至卷
六十三、卷六十七至卷八十九、卷九十一至卷
九十七。(清)张燕昌、(清)丁丙跋。
1988年摄制. -- 3盘卷片（81米1886拍）：
1:10, 2B；35mm银盐
收藏馆：缩微中心，南京

000022745
咸淳临安志：一百卷 / (宋)潜说友纂修
清(1644-1911)马氏碧萝馆抄本. -- 存九十五
卷：卷一至卷六十三、卷六十五至卷八十九、
卷九十一至卷九十七。
1994年摄制. -- 3盘卷片（95米1954拍）：
1:10, 2B；35mm银盐
收藏馆：缩微中心，浙江

000007628
[成化]杭州府志：六十三卷首一卷 / (明)陈让修；
(明)夏时正纂
明成化十二年(1476)刻本. -- 记事止：明成
化十二年(1476)。(清)丁丙、丁立中跋。
1988年摄制. -- 3盘卷片（91米2116拍）：
1:10, 2B；35mm银盐
收藏馆：缩微中心，南京

000007627
[万历]杭州府志：一百卷外志一卷 / (明)刘伯缙
修；(明)陈善纂
明万历(1573-1620)刻本. -- 记事止：明万历
十年(1582)。(清)丁丙跋。
1988年摄制. -- 5盘卷片（130.5米2954拍）：
1:10, 2B；35mm银盐
收藏馆：缩微中心，南京

000027117
[万历]杭州府志：一百卷 / (明)刘伯缙修；(明)陈
善纂
明万历(1573-1620)刻本. -- 存九十七卷：卷
一至卷二、卷四至卷十二、卷十五至卷一百。
1997年摄制. -- 5盘卷片（130米2712拍）：
1:10, 2B；35mm银盐
收藏馆：缩微中心，国图

000008278
[康熙]杭州府志：四十卷首一卷 / (清)马如龙修；
(清)杨鼐纂
清康熙二十六年(1687)刻康熙三十三年(1694)
李铎增修本. -- 记事止：清康熙三十四年
(1695)。
1988年摄制. -- 4盘卷片（93米2173拍）：
1:10, 2B；35mm银盐
收藏馆：缩微中心，南京

000009349
[万历]钱塘县志：不分卷 / (明)聂心汤修；(明)虞
淳熙纂
明万历(1573-1620)刻本. -- 记事止：明万历
三十七年(1609)。
1988年摄制. -- 1盘卷片（27米536拍）：
1:10, 2B；35mm银盐
收藏馆：缩微中心，南京

000007652
钱塘县志补：不分卷 / (清)吴允嘉纂
清(1644-1911)抄本. -- 记事止：清宣统三年
(1911)。
1988年摄制. -- 1盘卷片（28米569拍）：
1:10, 2B；35mm银盐
收藏馆：缩微中心，南京

000008241
[嘉靖]仁和县志：十四卷 / (明)沈朝宣撰
清(1644-1911)抄本. -- 记事止：明嘉靖
二十七年(1548)。(清)丁丙跋。
1988年摄制. -- 1盘卷片（25米586拍）：
1:10, 2B；35mm银盐
收藏馆：缩微中心，南京

000O008233
唐栖志略稿：二卷 / (清)何琪纂
清乾隆三十二年(1767)朱文藻抄本. -- (清)朱文藻跋。
1988年摄制. -- 1盘卷片(3米41拍) ： 1:10, 2B ；35mm银盐
收藏馆：缩微中心，南京

000O008338
[康熙]余杭县志：八卷 / (清)张思齐纂修
清康熙十二年(1673)刻本
1988年摄制. -- 1盘卷片(33米742拍) ： 1:10, 2B ；35mm银盐
收藏馆：缩微中心，浙江

000O008352
[嘉庆]余杭县志：四十卷 / (清)张吉安修；(清)朱文藻纂
清嘉庆十三年(1808)刻本
1988年摄制. -- 2盘卷片(52米1165拍) ： 1:10, 2B ；35mm银盐
收藏馆：缩微中心，浙江

000O008907
富阳县新志补正：二卷 / (清)朱寿保纂
清宣统三年(1911)温州翰墨林石印本
1988年摄制. -- 1盘卷片(4米65拍) ： 1:10, 2B ；35mm银盐
收藏馆：缩微中心，浙江

000O008257
严州图经：八卷 / (宋)陈公亮,(宋)刘文富纂修
清(1644-1911)丁氏八千卷楼影宋抄本. -- 记事止：宋宝祐五年(1257)。存三卷：卷一至卷三。(清)丁丙跋。
1988年摄制. -- 1盘卷片(8米159拍) ： 1:10, 2B ；35mm银盐
收藏馆：缩微中心，南京

000O008344
道光分水县志：十卷首一卷末一卷 / (清)王承楷,(清)王椿煜纂
清道光二十五年(1845)刻本
1988年摄制. -- 1盘卷片(18米398拍) ： 1:10, 2B ；35mm银盐
收藏馆：缩微中心，浙江

000O009979
[万历]新城县志：四卷 / (明)温朝祚,(明)方廉纂修
明万历四年(1576)温朝祚刻本. -- (明)汪德振批校。
1988年摄制. -- 1盘卷片(13米273拍) ：

1:10, 2B ；35mm银盐
收藏馆：缩微中心，浙江

000O008347
[乾隆]淳安县志：十六卷首一卷 / (清)刘世宁修；(清)方郁如纂
清乾隆二十一年(1756)刻本
1988年摄制. -- 2盘卷片(36米777拍) ： 1:10, 2B ；35mm银盐
收藏馆：缩微中心，浙江

000O008220
[万历]遂安县志：四卷 / (明)韩晟修；(明)毛一鹭纂
明万历四十年(1612)刻本. -- 记事止：明万历四十年(1612)。
1988年摄制. -- 1盘卷片(11米222拍) ： 1:10, 2B ；35mm银盐
收藏馆：缩微中心，南京

000O008339
[康熙]续修遂安县志：十卷首一卷 / (清)刘阀儒修；(清)毛升芳[等]纂
清康熙二十四年(1685)刻本
1988年摄制. -- 1盘卷片(18米399拍) ： 1:10, 2B ；35mm银盐
收藏馆：缩微中心，浙江

000O016648
吴兴掌故集：十七卷 / (明)徐献忠撰
明嘉靖三十九年(1560)范唯式荆文焖刻本
1993年摄制. -- 1盘卷片(23米451拍) ： 1:10, 2B ；35mm银盐
收藏馆：缩微中心，国图

000O015468
吴兴掌故集：十七卷 / (明)徐献忠撰
明(1368-1644)茅献征刻本
1993年摄制. -- 1盘卷片(23米457拍) ： 1:10, 2B ；35mm银盐
收藏馆：缩微中心，国图

000O008246
[万历]湖州府志：十四卷图一卷 / (明)栗祁修；(明)唐枢纂
明万历(1573-1620)刻本. -- 记事止：明万历三年(1575)。(清)丁丙跋。
1988年摄制. -- 1盘卷片(27米646拍) ： 1:10, 2B ；35mm银盐
收藏馆：缩微中心，南京

000O009825
[天启]吴兴备志：三十二卷 / (明)董斯张纂

清康熙(1662-1722)董朝柱抄本. -- 吴昌绶校,(清)董恩跋。
1989年摄制. -- 2盘卷片(64米1446拍)：
1:10, 2B ; 35mm银盐
收藏馆：缩微中心,浙江

000O008333
晟舍镇志：八卷首一卷 / (清)闵宝樑纂
抄本
1988年摄制. -- 1盘卷片(25米573拍)：
1:10, 2B ; 35mm银盐
收藏馆：缩微中心,浙江

000O022582
[嘉庆]长兴县志：二十八卷首一卷 / (清)邢澍修；(清)钱大昕,(清)钱大昭纂
清嘉庆十年(1805)刻本
1995年摄制. -- 2盘卷片(50.5米1010拍)：
1:10, 2B ; 35mm银盐
收藏馆：缩微中心,湖北

000O007631
[嘉庆]德清县续志：十卷 / (清)周绍廉[等]纂修
清(1644-1911)稿本. -- 记事止：清嘉庆十二年(1807)。纂修者还有：(清)张凯等。
1988年摄制. -- 1盘卷片(23米529拍)：
1:10, 2B ; 35mm银盐
收藏馆：缩微中心,南京

000O008335
仙潭后志：不分卷 / (明)胡道传,(明)沈戬谷纂修
清光绪二十八年(1902)抄本
1988年摄制. -- 1盘卷片(5米87拍)：1:10, 2B ; 35mm银盐
收藏馆：缩微中心,浙江

000O008235
[至元]嘉禾志：三十二卷 / (元)单庆修；(元)徐硕纂
清(1644-1911)抄本. -- 记事止：元至元二十三年(1286)。佚名录(清)吴翌凤校,(清)黄丕烈校跋。
1988年摄制. -- 1盘卷片(28米634拍)：
1:10, 2B ; 35mm银盐
收藏馆：缩微中心,南京

000O008234
[弘治]嘉兴府志：三十二卷 / (明)柳琐纂修
清(1644-1911)抄本. -- 记事止：明弘治四年(1491)。存十八卷：卷十一至卷二十八。(清)何元锡、(清)丁丙跋。
1988年摄制. -- 1盘卷片(21米478拍)：
1:10, 2B ; 35mm银盐

收藏馆：缩微中心,南京

000O017778
[嘉靖]嘉兴府图记：二十卷 / (明)赵瀛修；(明)赵文华纂
明嘉靖二十八年(1549)刻本
1993年摄制. -- 1盘卷片(24米525拍)：
1:10, 2B ; 35mm银盐
收藏馆：缩微中心,天津

000O007624
[嘉靖]嘉兴府图记：二十卷 / (明)赵瀛修；(明)赵文华纂
明嘉靖(1522-1566)刻本. -- 记事止：明嘉靖二十八年(1549)。
1988年摄制. -- 1盘卷片(23米533拍)：
1:10, 2B ; 35mm银盐
收藏馆：缩微中心,南京

000O009351
[万历]嘉兴府志：三十二卷图一卷 / (明)刘应钶修；(明)沈尧中纂
明万历(1573-1620)刻本. -- 记事止：明万历二十八年(1600)。
1988年摄制. -- 2盘卷片(50米1169拍)：
1:10, 2B ; 35mm银盐
收藏馆：缩微中心,南京

000O008578
[万历]嘉兴府志：三十二卷 / (明)刘应钶修；(明)沈尧中纂
明万历(1573-1620)刻本. -- 存二十卷：卷一至卷十四、卷十八至卷二十三。
1988年摄制. -- 1盘卷片(30米666拍)：
1:10, 2B ; 35mm银盐
收藏馆：缩微中心,国图

000O024061
[乾隆]梅里志：十八卷 / (清)杨谦,(清)李富孙纂
清乾隆三十五年(1770)刻嘉庆二十五年(1820)增补本
1995年摄制. -- 1盘卷片(24米500拍)：
1:10, 2B ; 35mm银盐
收藏馆：缩微中心,湖北

000O022761
梅里志稿：不分卷
清(1644-1911)研经庐抄本
1994年摄制. -- 1盘卷片(5米68拍)：1:10, 2B ; 35mm银盐
收藏馆：缩微中心,浙江

000○009991
竹里述略：十二卷附录一卷 / (清)徐士燕纂
清同治三年(1864)稿本
1988年摄制. -- 1盘卷片(6米115拍)：1:10,
2B；35mm银盐
收藏馆：缩微中心，浙江

000○008343
[乾隆]乍浦志：六卷首一卷末一卷续纂二卷 /
(清)宋景关纂修
清乾隆五十七年(1792)增刻本
1988年摄制. -- 1盘卷片(10米205拍)：
1:10, 2B；35mm银盐
收藏馆：缩微中心，浙江

000○008349
海昌外志：八卷 / (明)谈迁撰
清初(1644-1722)抄本
1988年摄制. -- 1盘卷片(18米392拍)：
1:10, 2B；35mm银盐
收藏馆：缩微中心，浙江

000○003360
海昌胜览：二十卷 / (清)周春撰
清道光十年至十一年(1830-1831)葛继常抄
本. -- (清)葛继常跋。
1986年摄制. -- 1盘卷片(19米402拍)：
1:10, 2B；35mm银盐
收藏馆：缩微中心，国图

000○021799
海昌胜览：二十卷 / (清)周春撰
清(1644-1911)抄本
1994年摄制. -- 1盘卷片(17米382拍)：
1:10, 2B；35mm银盐
收藏馆：缩微中心，南京

000○009985
花溪志补遗：一卷 / (清)许良模撰
清(1644-1911)稿本
1988年摄制. -- 1盘卷片(4米62拍)：1:10,
2B；35mm银盐
收藏馆：缩微中心，浙江

000○009981
硖川续志校勘记 / (清)管元耀撰
清嘉庆(1796-1820)管氏静得楼抄本
1988年摄制. -- 1盘卷片(3米46拍)：1:10,
2B；35mm银盐
收藏馆：缩微中心，浙江

000○009373
[正德]桐乡县志：十卷末一卷 / (明)任洛纂修；

(明)朱尚质增修
明正德九年(1514)刻嘉靖(1522-1566)增刻
本. -- 记事止：明嘉靖十六年(1537)。
1988年摄制. -- 1盘卷片(12米258拍)：
1:10, 2B；35mm银盐
收藏馆：缩微中心，南京

000○027711
[康熙]石门县志：十二卷 / (清)杜森修；(清)祝文
彦纂；(清)邝世培续修
清康熙(1662-1722)刻本
1997年摄制. -- 1盘卷片(29米611拍)：
1:10, 2B；35mm银盐
收藏馆：缩微中心，国图

000○022744
濮川志略：十四卷 / (宋)濮侣庄辑；(清)濮龙锡
增补
清(1644-1911)抄本
1994年摄制. -- 1盘卷片(20米384拍)：
1:10, 2B；35mm银盐
收藏馆：缩微中心，浙江

000○009982
濮院琐志：八卷 / (清)杨树本撰
清(1644-1911)抄本
1988年摄制. -- 1盘卷片(13米270拍)：
1:10, 2B；35mm银盐
收藏馆：缩微中心，浙江

000○008332
[嘉靖]海盐县志：五卷 / (明)夏浚,(明)徐泰纂修
清(1644-1911)抄本
1988年摄制. -- 1盘卷片(6米114拍)：1:10,
2B；35mm银盐
收藏馆：缩微中心，浙江

000○008208
[康熙]海盐县志：十卷 / (清)张素仁修；(清)彭孙
贻,(清)童申祉纂
清(1644-1911)稿本. -- 记事止：清康熙十一
年(1672)。
1988年摄制. -- 1盘卷片(30米641拍)：
1:10, 2B；35mm银盐
收藏馆：缩微中心，南京

000○008340
澉水新志：十二卷首一卷 / (清)方溶纂修；(清)
万亚兰补遗
清道光三十年(1850)刻本. -- 写刻样本。本
书卷首原缺图。
1988年摄制. -- 1盘卷片(19米426拍)：
1:10, 2B；35mm银盐

收藏馆：缩微中心，浙江

000O030563
[光绪]定海厅志：三十卷首一卷 / (清)史致驯修；(清)陈重威,(清)黄以周,(清)黄以恭纂
清光绪十年(1884)黄树藩刻光绪二十八年(1902)补刻本. -- 记事止：清光绪十一年(1885)，见卷六第三十页官职。
2002年摄制. -- 2盘卷片(44米925拍)：1:10, 2B；35mm银盐
收藏馆：缩微中心，北碚

000O008260
至正四明续志：十二卷 / (元)王元恭纂修
清(1644-1911)抄本. -- 记事止：元至正二年(1342)。卷四至卷九配另一清抄本。(清)刘凤章校，(清)丁丙跋。
1988年摄制. -- 1盘卷片(19米374拍)：1:10, 2B；35mm银盐
收藏馆：缩微中心，南京

000O008434
[嘉靖]宁波府志：四十二卷 / (明)周希哲修；(明)张时彻纂
明嘉靖(1522-1566)刻本
1988年摄制. -- 3盘卷片(72米1554拍)：1:10, 2B；35mm银盐
收藏馆：缩微中心，国图

000O008579
[嘉靖]宁波府志：四十二卷 / (明)周希哲修；(明)张时彻纂
明嘉靖(1522-1566)刻本
1988年摄制. -- 3盘卷片(78米1707拍)：1:10, 2B；35mm银盐
收藏馆：缩微中心，国图

000O007555
[嘉靖]定海县志：十三卷 / (明)何愈修；(明)张时彻纂
明嘉靖(1522-1566)刻本
1987年摄制. -- 1盘卷片(15米323拍)：1:10, 2B；35mm银盐
收藏馆：缩微中心，国图

000O009984
[康熙]定海县志：十七卷 / (清)王元士纂修；(清)郝良桐续修
清康熙(1662-1722)抄本. -- 存十三卷：卷五至卷十七。
1988年摄制. -- 1盘卷片(26米592拍)：1:10, 2B；35mm银盐
收藏馆：缩微中心，浙江

000O025580
[康熙]定海县志：□□卷 / (清)王元士纂修；(清)郝良桐续修
清(1644-1911)抄本. -- 存十三卷：卷五至卷十七。
1996年摄制. -- 1盘卷片(30米597拍)：1:10, 2B；35mm银盐
收藏馆：缩微中心，浙江

000O022758
蛟川备志举要：不分卷 / (清)陈景沛辑
清(1644-1911)稿本
1994年摄制. -- 1盘卷片(6米85拍)：1:10, 2B；35mm银盐
收藏馆：缩微中心，浙江

000O023735
镇海县志备修：二十二卷 / (清)陈景沛辑
清(1644-1911)稿本
1995年摄制. -- 2盘卷片(39米808拍)：1:10, 2B；35mm银盐
收藏馆：缩微中心，浙江

000O008487
[天启]慈溪县志：十六卷 / (明)李逢申修；(明)姚宗文纂
明天启(1621-1627)刻本
1988年摄制. -- 1盘卷片(21米461拍)：1:10, 2B；35mm银盐
收藏馆：缩微中心，国图

000O022592
[雍正]慈溪县志：十六卷 / (清)杨正筍修；(清)冯鸿模[等]纂
清雍正八年(1730)刻本
1995年摄制. -- 1盘卷片(29米610拍)：1:10, 2B；35mm银盐
收藏馆：缩微中心，湖北

000O016153
[嘉靖]观海卫志：四卷 / (明)周粟纂修
清(1644-1911)抄本
1993年摄制. -- 1盘卷片(8米128拍)：1:10, 2B；35mm银盐
收藏馆：缩微中心，国图

000O008324
浒山志：八卷 / (清)高杲,(清)沈煜纂
清道光(1821-1850)木活字印本
1990年摄制. -- 1盘卷片(9米209拍)：1:10, 2B；35mm银盐
收藏馆：缩微中心，浙江

00O008231
[崇祯]宁海县志：十二卷 / (明)宋光纂修
明崇祯五年(1632)刻本． -- 记事止：明崇祯五年(1632)。
1988年摄制． -- 1盘卷片(29米619拍) : 1:10, 2B ; 35mm银盐
收藏馆：缩微中心，南京

00O008329
[康熙]象山县志：十六卷 / (清)胡祚远修；(清)姚廷杰纂
清康熙三十五年(1696)刻本
1988年摄制． -- 1盘卷片(15米311拍) : 1:10, 2B ; 35mm银盐
收藏馆：缩微中心，浙江

00O009987
南田纪略：一卷 / (清)杨殿才编
清(1644-1911)抄本
1988年摄制． -- 1盘卷片(6米113拍) : 1:10, 2B ; 35mm银盐
收藏馆：缩微中心，浙江

00O021486
[康熙]绍兴府志：五十八卷 / (清)张三异修；(清)王嗣皋纂
清康熙(1662-1722)刻本． -- 存二十七卷：卷十三至卷十五、卷三十一至卷五十、卷五十五至卷五十八。
1995年摄制． -- 2盘卷片(51米1046拍) : 1:10, 2B ; 35mm银盐
收藏馆：缩微中心，国图

00O021926
[康熙]绍兴府志：五十八卷 / (清)张三异修；(清)王嗣皋纂
清康熙(1662-1722)刻本． -- 存二十七卷：卷五至卷十九、卷二十四至卷三十五。
1995年摄制． -- 2盘卷片(52米1070拍) : 1:10, 2B ; 35mm银盐
收藏馆：缩微中心，国图

00O008348
[康熙]绍兴府志：五十八卷 / (清)李铎修；(清)王凤采纂
清康熙三十年(1691)刻本
1988年摄制． -- 4盘卷片(124米2641拍) : 1:10, 2B ; 35mm银盐
收藏馆：缩微中心，浙江

00O022735
[乾隆]绍兴府志 : 八十卷首一卷 / (清)李亨特,(清)平恕纂修
清乾隆(1736-1795)刻本． -- (清)李慈铭批校．
1994年摄制． -- 7盘卷片(205米4233拍) : 1:10, 2B ; 35mm银盐
收藏馆：缩微中心，浙江

00O020880
[乾隆]诸暨县志：四十四卷首一卷末一卷 / (清)沈椿龄修；(清)楼卜瀍纂
清乾隆三十八年(1773)刻本
1994年摄制． -- 2盘卷片(51米1028拍) : 1:10, 2B ; 35mm银盐
收藏馆：缩微中心，国图

00O008817
[万历]新修上虞县志：二十卷首一卷图一卷 / (明)徐待聘修；(明)马明瑞[等]纂
明万历三十四年(1606)刻本
1988年摄制． -- 1盘卷片(27米652拍) : 1:10, 2B ; 35mm银盐
收藏馆：缩微中心，天津

00O021451
[康熙]上虞县志：二十卷首一卷 / (清)郑侨修；(清)姜岳佐纂
清康熙(1662-1722)刻本． -- 存十六卷：卷一至卷十三、卷十七至卷十八，首一卷。
1995年摄制． -- 1盘卷片(25米494拍) : 1:10, 2B ; 35mm银盐
收藏馆：缩微中心，国图

00O014077
[咸丰]上虞县志刊误：五卷 / (清)沈奎撰；(清)王振纲重辑；(清)俞廷飏校正
清(1644-1911)抄本
1992年摄制． -- 1盘卷片(7米99拍) : 1:10, 2B ; 35mm银盐
收藏馆：缩微中心，国图

00O014058
虞乘刊误：十九卷 / (清)沈奎撰；(清)王振纲参订；(清)俞廷飏校正
清(1644-1911)抄本． -- (清)俞廷飏跋。
1992年摄制． -- 1盘卷片(6米77拍) : 1:10, 2B ; 35mm银盐
收藏馆：缩微中心，国图

00O022755
虞志备稿：不分卷 / (清)王振纲撰
清(1644-1911)稿本
1994年摄制． -- 2盘卷片(56米1125拍) : 1:10, 2B ; 35mm银盐
收藏馆：缩微中心，浙江

000O014094
[嘉定]剡录：十卷 / (宋)高似孙撰
清(1644-1911)抄本
1992年摄制. -- 1盘卷片（10米158拍）：
1:10, 2B ; 35mm银盐
收藏馆：缩微中心，国图

000O009099
[嘉泰]会稽志：二十卷 / (宋)沈作宾修；(宋)施宿
纂 . [宝庆]续志：八卷 / (宋)张淏纂修
明正德五年(1510)石存礼刻本. -- 记事止：
宋嘉泰三年(1203)。(清)丁丙跋。
1988年摄制. -- 2盘卷片（48米1081拍）：
1:10, 2B ; 35mm银盐
收藏馆：缩微中心，南京

000O006393
[嘉泰]会稽志：二十卷 / (宋)沈作宾修；(宋)施宿
纂 . [宝庆]续志：八卷 / (宋)张淏纂修
明正德五年(1510)石存礼刻本
1987年摄制. -- 2盘卷片（46米1014拍）：
1:10, 2B ; 35mm银盐
收藏馆：缩微中心，国图

000O007093
[万历]会稽县志：十六卷图一卷 / (明)杨维新修；
(明)张元忭[等]纂
明万历三年(1575)刻本
1987年摄制. -- 1盘卷片（16米389拍）：
1:10, 2B ; 35mm银盐
收藏馆：缩微中心，天津

000O021929
[康熙]会稽县志：二十八卷首一卷 / (清)吕化龙
修；(清)董钦德纂
清康熙(1662-1722)刻本. -- 存二十四卷：卷
三至卷二十二、卷二十六至卷二十八，首一
卷。
1995年摄制. -- 1盘卷片（28米580拍）：
1:10, 2B ; 35mm银盐
收藏馆：缩微中心，国图

000O008337
[天启]衢州府志：十六卷 / (明)李应翔,(明)叶秉
敬纂修；(明)丁明登增修
明天启二年(1622)刻崇祯(1628-1644)增修本
1988年摄制. -- 2盘卷片（45米1000拍）：
1:10, 2B ; 35mm银盐
收藏馆：缩微中心，浙江

000O008862
[康熙]西安县志：十二卷首一卷 / (清)陈鹏年修；
(清)徐之凯纂

清康熙三十九年(1700)刻本
1988年摄制. -- 2盘卷片（42米923拍）：
1:10, 2B ; 35mm银盐
收藏馆：缩微中心，浙江

000O008326
西安县新志正误：三卷 / (清)陈埙撰
清光绪五年(1879)抄本. -- (清)余绍宋校。
1988年摄制. -- 1盘卷片（7米132拍）：1:10,
2B ; 35mm银盐
收藏馆：缩微中心，浙江

000O021931
[康熙]江山县志：十四卷首一卷附录一卷 / (清)
汪浩修；(清)宋俊纂
清康熙(1662-1722)刻本
1995年摄制. -- 2盘卷片（45米922拍）：
1:10, 2B ; 35mm银盐
收藏馆：缩微中心，国图

000O008346
[嘉庆]常山县志：十二卷首一卷 / (清)陈珏,(清)
张巽纂修
清嘉庆十八年(1813)刻本
1988年摄制. -- 2盘卷片（39米863拍）：
1:10, 2B ; 35mm银盐
收藏馆：缩微中心，浙江

000O008328
[万历]龙游县志：十卷首一卷 / (明)万廷谦,(明)
曹闻礼纂修
明万历四十年(1612)刻本
1988年摄制. -- 1盘卷片（13米286拍）：
1:10, 2B ; 35mm银盐
收藏馆：缩微中心，浙江

000O008868
[万历]龙游县志：一卷 / (清)余绍宋辑注
明万历(1573-1620)稿本
1988年摄制. -- 1盘卷片（3米30拍）：1:10,
2B ; 35mm银盐
收藏馆：缩微中心，浙江

000O008334
婺志粹：十四卷首一卷 / (清)卢标,(清)胡筠纂修
清道光二十年(1840)刻本
1988年摄制. -- 1盘卷片（26米590拍）：
1:10, 2B ; 35mm银盐
收藏馆：缩微中心，浙江

000O009375
[万历]汤溪县志：八卷 / (明)汪文壁修；(明)杨维
诚[等]纂

明万历三十二年(1604)刻本. -- 记事止：明
万历三十二年(1604)。
1988年摄制. -- 1盘卷片(16米328拍) :
1:10, 2B ; 35mm银盐
收藏馆：缩微中心，南京

000O009983
[万历]义乌县志：二十卷 / (明)周士英,(明)吴从
周纂修
明万历二十四年(1596)刻本. -- 存十三卷：
卷一至卷八、卷十一至卷十四、卷二十。
1988年摄制. -- 1盘卷片(19米425拍) :
1:10, 2B ; 35mm银盐
收藏馆：缩微中心，浙江

000O008341
[康熙]新修武义县志：十二卷 / (清)江留篇纂修
清康熙(1662-1722)抄本. -- 存五卷：卷一至
卷五。
1988年摄制. -- 1盘卷片(9米190拍) : 1:10,
2B ; 35mm银盐
收藏馆：缩微中心，浙江

000O009098
[崇祯]浦江县志：十二卷 / (明)吴应台修；(明)张
一佳纂
明崇祯(1628-1644)刻本. -- 记事止：明崇祯
十年(1637)。
1988年摄制. -- 1盘卷片(28米649拍) :
1:10, 2B ; 35mm银盐
收藏馆：缩微中心，南京

000O008869
[康熙]台州府志：十八卷首一卷 / (清)张联元修；
(清)方景濂纂
清康熙六十一年(1722)刻本
1988年摄制. -- 3盘卷片(74米1559拍) :
1:10, 2B ; 35mm银盐
收藏馆：缩微中心，浙江

000O008336
[乾隆]黄岩县志：十二卷首一卷 / (清)王懰纂修；
(清)阮培元[等]分纂
清乾隆三十五年(1770)刻道光十八年(1838)印
本
1988年摄制. -- 2盘卷片(50米1077拍) :
1:10, 2B ; 35mm银盐
收藏馆：缩微中心，浙江

000O022756
邑乘管窥：二卷 / (清)管世骏撰
清(1644-1911)稿本
1994年摄制. -- 1盘卷片(10米183拍) :

1:10, 2B ; 35mm银盐
收藏馆：缩微中心，浙江

000O024810
邑乘管窥拾遗：十二卷 / (清)管世骏撰；(清)项
咏辑
清(1644-1911)稿本
1995年摄制. -- 2盘卷片(61米1231拍) :
1:10, 2B ; 35mm银盐
收藏馆：缩微中心，浙江

000O009989
临海县补志料：不分卷 / (清)宋世荦辑
清乾隆(1736-1795)抄本
1988年摄制. -- 1盘卷片(9米176拍) : 1:10,
2B ; 35mm银盐
收藏馆：缩微中心，浙江

000O030565
[咸丰]天台县志：十五卷首一卷 / (清)李德
耀,(清)黄执中修；(清)袁日笔,(清)许君罗纂
清康熙二十三年(1684)刻咸丰六年(1856)增刻
本. -- 记事止：清嘉庆六年(1801)，见卷七
进士。
2002年摄制. -- 1盘卷片(30米673拍) :
1:10, 2B ; 35mm银盐
收藏馆：缩微中心，北碚

000O021488
[康熙]仙居县志：三十卷 / (清)郑录勋修；(清)张
徽谟纂
清康熙十九年(1680)刻本. -- 存二十七卷：
卷四至卷三十。
1995年摄制. -- 1盘卷片(27米557拍) :
1:10, 2B ; 35mm银盐
收藏馆：缩微中心，国图

000O014260
[万历]温州府志：十八卷 / (明)汤日昭,(明)王光
蕴纂修
明万历(1573-1620)刻本. -- 存三卷：卷十四
至卷十六。
1992年摄制. -- 1盘卷片(11米197拍) :
1:10, 2B ; 35mm银盐
收藏馆：缩微中心，国图

000O030479
[光绪]乐清县志：十六卷首一卷 / (清)李登
云,(清)钱宝镕修；(清)陈坤纂
清光绪二十七年(1901)东瓯郭博古斋刻本. --
记事止：清光绪二十七年(1901)，见卷十二第
四十三页金石。
2002年摄制. -- 2盘卷片(56米1239拍) :

1:10，2B ；35mm银盐
收藏馆：缩微中心，北碚

000O008908
乐清县乡土志稿：二卷 / (清)高谊辑
清(1644-1911)抄本
1988年摄制. -- 1盘卷片(4米57拍) ：1:10，
2B ；35mm银盐
收藏馆：缩微中心，浙江

000O008221
[顺治]平阳县志：八卷 / (清)马腾霄纂修
清顺治(1644-1661)刻本. -- 记事止：清顺治
十年(1653)。
1988年摄制. -- 1盘卷片(11米228拍) ：
1:10，2B ；35mm银盐
收藏馆：缩微中心，南京

000O008243
栝苍汇记：十五卷 / (明)熊子臣修；(明)何铠纂
明万历七年(1579)刻本. -- 记事止：明万历
六年(1578)。(清)丁丙跋。
1988年摄制. -- 1盘卷片(23米540拍) ：
1:10，2B ；35mm银盐
收藏馆：缩微中心，南京

000O008247
[万历]续处州府志：八卷 / (明)许国忠修；(明)叶志淑纂
明万历(1573-1620)刻本. -- 记事止：明万历
三十年(1602)。
1988年摄制. -- 1盘卷片(8米165拍) ：1:10，
2B ；35mm银盐
收藏馆：缩微中心，南京

000O021932
[雍正]景宁县志：十卷 / (清)李应机修；(清)江孝绪纂
清雍正(1723-1735)刻本
1995年摄制. -- 1盘卷片(18米353拍) ：
1:10，2B ；35mm银盐
收藏馆：缩微中心，国图

000O021489
[康熙]云和县志：五卷 / (清)林汪远修；(清)柳之元纂
清康熙(1662-1722)刻本
1995年摄制. -- 1盘卷片(5米74拍) ：1:10，
2B ；35mm银盐
收藏馆：缩微中心，国图

000O008207
[顺治]松阳县志：十卷 / (清)佟庆年修；(清)胡世

定纂
清顺治(1644-1661)刻本. -- 记事止：清顺治
八年(1651)。
1988年摄制. -- 1盘卷片(18米382拍) ：
1:10，2B ；35mm银盐
收藏馆：缩微中心，南京

000O021487
[康熙]庆元县志：十卷 / (清)程维伊修；(清)吴运光纂
清康熙十一年(1672)刻本
1995年摄制. -- 1盘卷片(11米207拍) ：
1:10，2B ；35mm银盐
收藏馆：缩微中心，国图

000O011760
[道光]皖省志略：四卷附一卷 / (清)朱云锦撰
清道光元年(1821)刻本
1990年摄制. -- 1盘卷片(15米316拍) ：
1:10，2B ；35mm银盐
收藏馆：缩微中心，吉林

000O011119
[道光]安徽通志：二百六十卷首六卷 / (清)陶澍,(清)邓廷桢修；(清)李振庸,(清)韩玫纂
清道光十年(1830)刻本
1989年摄制. -- 12盘卷片(345米7443拍) ：
1:10，2B ；35mm银盐
收藏馆：缩微中心，湖南

000O031047
安徽通志采访章程：四十七卷 / (清)安徽通志局编
清道光三年(1823)刻本
2004年摄制. -- 1盘卷片(6米96拍) ：1:10，
2B ；35mm银盐
收藏馆：缩微中心，南京

000O011484
[光绪]重修安徽通志：三百五十卷首一卷 / (清)吴坤修[等]修；(清)何绍基[等]纂
清光绪四年(1878)刻本
1989年摄制. -- 14盘卷片(404米8755拍) ：
1:10，2B ；35mm银盐
收藏馆：缩微中心，湖南

000O030833
[光绪]重修安徽通志：三百五十卷补遗十卷 / (清)吴坤修[等]修；(清)何绍基[等]纂；(清)卢士杰增修；(清)冯焯增纂
清光绪四年(1878)刻光绪七年(1881)增修本. -- 记事止：清光绪七年(1881)。
2003年摄制. -- 14盘卷片(409米8448拍) ：

1:10, 2B ; 35mm银盐
收藏馆：缩微中心，南京

00O030988
安徽省舆地志：不分卷
抄本
2003年摄制. -- 1盘卷片(6米87拍) ： 1:10,
2B ； 35mm银盐
收藏馆：缩微中心，南京

00O026114
安徽乡土地理教科书：不分卷 / 刘师培编
清光绪二十二年(1896)刻本
1996年摄制. -- 1盘卷片(3米28拍) ： 1:10,
2B ； 35mm银盐
收藏馆：缩微中心，安徽

00O026131
皖政辑要：光绪 / (清)冯煦纂修
清光绪三十二年(1906)红格稿本
1996年摄制. -- 4盘卷片(87米1841拍) ：
1:10, 2B ； 35mm银盐
收藏馆：缩微中心，安徽

00O031033
[康熙]庐州府志：四十七卷 / (清)张纯修修；(清)顾梁汾纂
清康熙三十五年(1696)刻本. -- 记事止：清
康熙三十五年(1696)。
2003年摄制. -- 3盘卷片(68米1386拍) ：
1:10, 2B ； 35mm银盐
收藏馆：缩微中心，南京

00O008893
[康熙]庐州府志：四十七卷 / (清)张纯修修
清康熙三十五年(1696)刻本
1988年摄制. -- 2盘卷片(60米1369拍) ：
1:10, 2B ； 35mm银盐
收藏馆：缩微中心，浙江

00O011939
[乾隆]庐州卫志：六卷首一卷 / (清)尹焕纂修
清乾隆十二年(1747)刻本
1990年摄制. -- 1盘卷片(12米248拍) ：
1:10, 2B ； 35mm银盐
收藏馆：缩微中心，天津

00O027661
[嘉庆]庐州府志：五十四卷 / (清)张祥云修；(清)孙星衍纂
清嘉庆八年(1803)刻本. -- 存十卷：卷一至
卷四、卷四十五至卷五十。
1997年摄制. -- 1盘卷片(18米353拍) ：

1:10, 2B ； 35mm银盐
收藏馆：缩微中心，国图

00O030987
[光绪]续修庐州府志：一百卷首一卷末一卷 / (清)黄云修；(清)林之望,(清)汪宗沂纂
清光绪十一年(1885)刻本. -- 记事止：清光
绪十一年(1885)。
2003年摄制. -- 7盘卷片(200米4257拍) ：
1:10, 2B ； 35mm银盐
收藏馆：缩微中心，南京

00O011131
[光绪]续修庐州府志：一百卷首一卷末一卷 / (清)黄云修；(清)林之望,(清)汪宗沂纂
清光绪十一年(1885)刻本
1989年摄制. -- 7盘卷片(196米4210拍) ：
1:10, 2B ； 35mm银盐
收藏馆：缩微中心，湖南

00O011836
[康熙]合肥县志：二十卷 / (清)贾晖修；(清)王方岐纂
清康熙三十六年(1697)刻本
1990年摄制. -- 1盘卷片(31米681拍) ：
1:10, 2B ； 35mm银盐
收藏馆：缩微中心，天津

00O027201
[弘治]宿州志：二卷 / (明)曾显纂修
抄本. -- 据明弘治十二年(1499)刻本抄录。
1997年摄制. -- 1盘卷片(9米161拍) ： 1:10,
2B ； 35mm银盐
收藏馆：缩微中心，安徽

00O031041
[道光]宿州志：四十二卷首一卷附本一卷 / (清)苏元璐修；(清)徐用熙纂
清道光六年(1826)刻本. -- 记事止：清道光
六年(1826)。
2004年摄制. -- 2盘卷片(42米846拍) ：
1:10, 2B ； 35mm银盐
收藏馆：缩微中心，南京

00O027203
[光绪]宿州志：三十六卷 / (清)何庆钊修；(清)丁逊之[等]纂
清光绪十五年(1889)刻本
1997年摄制. -- 3盘卷片(68米1413拍) ：
1:10, 2B ； 35mm银盐
收藏馆：缩微中心，安徽

00O028248
[乾隆]砀山县志：十四卷 / (清)刘王瑗纂修
清乾隆三十二年(1767)刻本
1997年摄制. -- 1盘卷片（23米492拍）：
1:10，2B ；35mm银盐
收藏馆：缩微中心，安徽

00O027741
[嘉庆]萧县志：十八卷首一卷 / (清)潘镕修；(清)
沈学渊[等]纂
清嘉庆二十年(1815)刻本
1997年摄制. -- 2盘卷片（36米741拍）：
1:10，2B ；35mm银盐
收藏馆：缩微中心，安徽

00O027202
[光绪]续萧县志：十八卷首一卷 / (清)顾景濂修；
(清)段广瀛纂
清光绪元年(1875)刻本. -- 卷十四至卷十八
为抄配。
1997年摄制. -- 1盘卷片（20米409拍）：
1:10，2B ；35mm银盐
收藏馆：缩微中心，安徽

00O031046
灵璧县志略：四卷首一卷 / (清)贡震纂修
清乾隆(1736-1795)抄本. -- 记事止：清乾隆
二十三年(1758)。
2004年摄制. -- 1盘卷片（15米295拍）：
1:10，2B ；35mm银盐
收藏馆：缩微中心，南京

00O031049
[康熙]虹县志：二卷 / (清)龚起翚纂修；(清)彭翼
辰增纂修
清康熙十二年(1673)刻康熙十七年(1678)递修
本. -- 记事止：清康熙十七年(1678)。
2004年摄制. -- 1盘卷片（17米311拍）：
1:10，2B ；35mm银盐
收藏馆：缩微中心，南京

00O027830
[康熙]虹县志：二卷 / (清)龚起翚纂修；(清)彭翼
辰增纂修
清康熙十一年(1672)心水堂刻康熙十七年
(1678)增修本. -- 存一卷：卷下。
1997年摄制. -- 1盘卷片(9米146拍) : 1:10,
2B ；35mm银盐
收藏馆：缩微中心，国图

00O031094
[康熙]泗州志：十八卷 / (清)莫之翰纂修
清康熙二十八年(1689)刻本. -- 记事止：清

康熙二十八年(1689)。
2004年摄制. -- 1盘卷片（11米193拍）：
1:10，2B ；35mm银盐
收藏馆：缩微中心，南京

00O026658
[乾隆]泗州志：十一卷 / (清)叶兰纂修
抄本. -- 据清乾隆五十三年(1788)本抄录。
1997年摄制. -- 1盘卷片（21米451拍）：
1:10，2B ；35mm银盐
收藏馆：缩微中心，安徽

00O010732
[光绪]泗虹合志：十九卷 / (清)方瑞兰修；(清)江
殿飑,(清)许湘甲纂
清光绪十四年(1888)刻本
1989年摄制. -- 1盘卷片（29米628拍）：
1:10，2B ；35mm银盐
收藏馆：缩微中心，湖南

00O027186
[正德]颍州志：六卷 / (明)刘节纂修；(明)储珊校
正
抄本. -- 据明正德六年(1511)校刻本抄录。
1997年摄制. -- 1盘卷片(8米160拍) : 1:10,
2B ；35mm银盐
收藏馆：缩微中心，安徽

00O027188
[嘉靖]颍州志：二十卷 / (明)吕景蒙修；(明)胡衮
纂
抄本. -- 据嘉靖十五年(1536)刻本抄录。
1997年摄制. -- 1盘卷片（16米329拍）：
1:10，2B ；35mm银盐
收藏馆：缩微中心，安徽

00O031050
[嘉靖]颍州志：二卷 / (明)李宜春纂修
明嘉靖二十七年(1548)抄本. -- 记事止：明
嘉靖二十七年(1548)。
2004年摄制. -- 1盘卷片（10米118拍）：
1:10，2B ；35mm银盐
收藏馆：缩微中心，南京

00O028282
[乾隆]颍州府志：十卷 / (清)王敛福修；(清)潘遇
莘纂
清乾隆十七年(1752)刻本. -- 存六卷：卷一
至卷五、卷八。
1997年摄制. -- 2盘卷片（37米759拍）：
1:10，2B ；35mm银盐
收藏馆：缩微中心，安徽

000O008856
[乾隆]阜阳县志：二十卷首一卷 / (清)潘世仁修；
(清)王麟征纂
清乾隆二十年(1755)刻本
1988年摄制. -- 1盘卷片(31米680拍)：
1:10，2B；35mm银盐
收藏馆：缩微中心，浙江

000O028242
[道光]阜阳县志：二十四卷首一卷 / (清)刘虎
文,(清)周天爵修；(清)李复庆纂
清道光九年(1829)刻本
1997年摄制. -- 2盘卷片(50米1029拍)：
1:10，2B；35mm银盐
收藏馆：缩微中心，安徽

000O027708
[顺治]太和县志：八卷 / (清)陈大纶修；(清)丁亮
纂
清顺治(1644-1661)刻本
1997年摄制. -- 1盘卷片(13米241拍)：
1:10，2B；35mm银盐
收藏馆：缩微中心，国图

000O031074
[乾隆]太和县志：八卷图一卷 / (清)成兆豫修；
(清)吴中最[等]纂
清乾隆十七年(1752)刻本. -- 记事止：清乾
隆十六年(1751)。
2004年摄制. -- 1盘卷片(14米275拍)：
1:10，2B；35mm银盐
收藏馆：缩微中心，南京

000O031057
[道光]颍上县志：十三卷首一卷备采一卷 / (清)
刘耀椿修；(清)李同纂
清道光六年(1826)刻本. -- 记事止：清道光
六年(1826)。
2004年摄制. -- 1盘卷片(21米442拍)：
1:10，2B；35mm银盐
收藏馆：缩微中心，南京

000O027182
[同治]颍上县志：十二卷首一卷 / (清)都宠锡修；
(清)李道章纂
清同治九年(1870)刻光绪四年(1878)补刻本
1997年摄制. -- 1盘卷片(31米603拍)：
1:10，2B；35mm银盐
收藏馆：缩微中心，安徽

000O028284
颍上风物记：三卷 / (清)高泽生纂
清道光六年(1826)刻本

1991年摄制. -- 1盘卷片(5米75拍)：1:10，
2B；35mm银盐
收藏馆：缩微中心，安徽

000O008855
[乾隆]亳州志：十二卷首一卷 / (清)郑交泰修；
(清)王云葛纂
清乾隆三十九年(1774)刻本. -- 存十一卷：
卷二至卷十二。
1988年摄制. -- 1盘卷片(31米634拍)：
1:10，2B；35mm银盐
收藏馆：缩微中心，浙江

000O008884
[道光]亳州志：四十三卷首一卷 / (清)任寿世修；
(清)刘开,(清)陈思德纂
清道光五年(1825)古谯官舍刻本
1988年摄制. -- 2盘卷片(52米1193拍)：
1:10，2B；35mm银盐
收藏馆：缩微中心，浙江

000O027745
[光绪]亳州志：二十卷首一卷 / (清)钟泰[等]修；
(清)袁登庸[等]纂
清光绪二十年(1894)木活字印本
1997年摄制. -- 2盘卷片(57米1189拍)：
1:10，2B；35mm银盐
收藏馆：缩微中心，安徽

000O011846
[同治]涡阳县志：六卷 / (清)石成之[等]修；(清)
杨雨霖,(清)王冠甲纂
清同治十一年(1872)刻本
1990年摄制. -- 1盘卷片(17米355拍)：
1:10，2B；35mm银盐
收藏馆：缩微中心，天津

000O028250
[万历]蒙城县志：八卷 / (明)吴一鸾纂修
抄本. -- 据明万历十年(1582)刻本抄录。存
七卷：卷一至卷七。
1997年摄制. -- 1盘卷片(7米120拍)：1:10，
2B；35mm银盐
收藏馆：缩微中心，安徽

000O028228
[顺治]蒙城县志：十二卷 / (清)田沛纂修
抄本. -- 据清顺治十二年(1655)刻本抄录。
1997年摄制. -- 1盘卷片(12米229拍)：
1:10，2B；35mm银盐
收藏馆：缩微中心，安徽

00O027707
[康熙]蒙城县志：十八卷 / (清)赵裔昌修；(清)何名隽纂
清康熙十五年(1676)刻本
1997年摄制. -- 1盘卷片(17米325拍) : 1:10, 2B ; 35mm银盐
收藏馆：缩微中心，国图

00O028247
[嘉庆]怀远县志：二十八卷 / (清)孙让修；(清)李兆洛纂
清嘉庆二十四年(1819)刻本
1997年摄制. -- 2盘卷片(40米790拍) : 1:10, 2B ; 35mm银盐
收藏馆：缩微中心，安徽

00O031034
[嘉庆]五河县志：十二卷首一卷 / (清)王启聪[等]修；(清)言尚炜[等]纂
清嘉庆八年(1803)刻本. -- 记事止：清嘉庆八年(1803)。
2003年摄制. -- 1盘卷片(21米434拍) : 1:10, 2B ; 35mm银盐
收藏馆：缩微中心，南京

00O028243
[光绪]五河县志：二十卷首一卷末一卷 / (清)赖同晏[等]修；(清)佘宗诚纂
清光绪二十年(1894)刻本
1997年摄制. -- 1盘卷片(31米652拍) : 1:10, 2B ; 35mm银盐
收藏馆：缩微中心，安徽

00O009829
[乾隆]凤台县志：四卷 / (清)亢惪纂修
清乾隆三十八年(1773)刻本
1989年摄制. -- 1盘卷片(11米230拍) : 1:10, 2B ; 35mm银盐
收藏馆：缩微中心，浙江

00O031038
[嘉庆]凤台县志：十卷 / (清)李兆洛纂修
清嘉庆十九年(1814)刻本. -- 记事止：清嘉庆十九年(1814)。(清)方恒跋。
2003年摄制. -- 1盘卷片(20米403拍) : 1:10, 2B ; 35mm银盐
收藏馆：缩微中心，南京

00O008865
[嘉庆]凤台县志：十二卷 / (清)李兆洛纂修
清嘉庆十九年(1814)刻本. -- 存十卷：卷一至卷十。
1988年摄制. -- 1盘卷片(18米401拍) :

1:10, 2B ; 35mm银盐
收藏馆：缩微中心，浙江

00O027183
[光绪]凤台县志：二十五卷首一卷 / (清)李师沆,(清)石成之修；(清)葛荫南,(清)周尔仪纂
清光绪十八年(1892)木活字印本
1997年摄制. -- 2盘卷片(45米910拍) : 1:10, 2B ; 35mm银盐
收藏馆：缩微中心，安徽

00O031051
[光绪]凤台县志：二十五卷首一卷 / (清)李师沆,(清)石成之修；(清)葛荫南,(清)周尔仪纂
清光绪十九年(1893)活字印本. -- 记事止：清光绪十八年(1892)。(清)葛荫南批校。
2004年摄制. -- 2盘卷片(44米894拍) : 1:10, 2B ; 35mm银盐
收藏馆：缩微中心，南京

00O031322
[光绪]凤台县志：二十五卷首一卷 / (清)李师沆,(清)石成之修；(清)葛荫南,(清)周尔仪纂
清光绪十九年(1893)活字印本. -- 记事止：清光绪十八年(1892)。
2004年摄制. -- 2盘卷片(43米902拍) : 1:10, 2B ; 35mm银盐
收藏馆：缩微中心，南京

00O007622
[成化]中都志：十卷 / (明)柳瑛纂修
明弘治六年(1493)刻本. -- 记事止：明正统十五年(1450)。存六卷：卷五至卷十。
1988年摄制. -- 1盘卷片(22米482拍) : 1:10, 2B ; 35mm银盐
收藏馆：缩微中心，南京

00O007573
[天启]凤书：八卷 / (明)袁文新,(明)柯仲炯纂修
明天启(1621-1627)刻本
1987年摄制. -- 1盘卷片(25米548拍) : 1:10, 2B ; 35mm银盐
收藏馆：缩微中心，国图

00O027664
[康熙]凤阳府志：四十卷 / (清)耿继志修；(清)汤原振纂
清康熙(1662-1722)刻本. -- 存三十八卷：卷一至卷十二、卷十五至卷四十。
1997年摄制. -- 2盘卷片(56米1169拍) : 1:10, 2B ; 35mm银盐
收藏馆：缩微中心，国图

00O028245

[光绪]凤阳府志：二十一卷 / (清)冯煦修；(清)魏家骅,(清)张德霈续纂

清光绪三十四年(1908)木活字印本

1997年摄制. -- 5盘卷片(105米2187拍) ：1:10，2B ；35mm银盐

收藏馆：缩微中心，安徽

00O031280

[光绪]滁州志：十卷首一卷末一卷 / (清)熊祖诒纂修

清光绪二十三年(1897)金陵活字印本. -- 记事止：清光绪二十二年(1896)。

2004年摄制. -- 1盘卷片(29米617拍) ：1:10，2B ；35mm银盐

收藏馆：缩微中心，南京

00O027195

[光绪]滁州志：十卷首一卷末一卷 / (清)熊祖诒纂修

清光绪二十三年(1897)活字印本

1997年摄制. -- 1盘卷片(31米624拍) ：1:10，2B ；35mm银盐

收藏馆：缩微中心，安徽

00O027709

[康熙]天长县志：四卷 / (清)江映鲲修；(清)张振先纂

清康熙(1662-1722)刻本

1997年摄制. -- 1盘卷片(19米381拍) ：1:10，2B ；35mm银盐

收藏馆：缩微中心，国图

00O006751

[万历]新修来安县志：十卷首一卷 / (明)周之冕,(明)周幹纂修

明天启(1621-1627)刻本. -- 存十卷：卷二至卷十，首一卷。

1986年摄制. -- 1盘卷片(10.5米213拍) ：1:10，2B ；35mm银盐

收藏馆：缩微中心，国图

00O028249

[道光]来安县志：十四卷首一卷末一卷 / (清)符鸿,(清)刘廷槐修；(清)欧阳泉[等]纂

清道光十年(1830)刻本

1997年摄制. -- 1盘卷片(21米455拍) ：1:10，2B ；35mm银盐

收藏馆：缩微中心，安徽

00O011832

[康熙]全椒县志：十八卷 / (清)蓝学临修；(清)吴国对纂

清康熙十二年(1673)刻康熙二十三年(1684)补刻本. -- 存十七卷：卷一至卷六、卷八至卷十八，卷十四第十二页颠倒。

1990年摄制. -- 1盘卷片(31米625拍) ：1:10，2B ；35mm银盐

收藏馆：缩微中心，天津

00O007638

[嘉靖]定远县志：十卷 / (明)高鹤纂修

明嘉靖(1522-1566)刻万历(1573-1620)增修本. -- 记事止：明万历三十二年(1604)。

1988年摄制. -- 1盘卷片(10米200拍) ：1:10，2B ；35mm银盐

收藏馆：缩微中心，南京

00O027199

[光绪]定远县志：十二卷 / (清)杨慧修；(清)孔传庆[等]纂

抄本. -- 据清光绪十三年(1887)增补本抄录。

1996年摄制. -- 1盘卷片(28米599拍) ：1:10，2B ；35mm银盐

收藏馆：缩微中心，安徽

00O031045

[康熙]临淮县志：八卷 / (清)魏宗衡修；(清)邢仕诚[等]纂

清康熙十二年(1673)刻本. -- 记事止：清康熙十一年(1672)。

2004年摄制. -- 1盘卷片(18米357拍) ：1:10，2B ；35mm银盐

收藏馆：缩微中心，南京

00O030962

[乾隆]凤阳县志：十六卷首一卷 / (清)于万培[等]纂修

清乾隆四十一年(1776)刻本. -- 记事止：清乾隆四十一年(1776)。

2003年摄制. -- 1盘卷片(27米572拍) ：1:10，2B ；35mm银盐

收藏馆：缩微中心，南京

00O028244

[光绪]凤阳县志：十六卷 / (清)谢永泰修；(清)王汝琛[等]纂

清光绪十三年(1887)刻本

1997年摄制. -- 2盘卷片(40米846拍) ：1:10，2B ；35mm银盐

收藏馆：缩微中心，安徽

00O030968

[康熙]太平府志：四十卷首一卷 / (清)黄桂修；(清)宋骧[等]纂

清光绪二十九年(1903)活字印本. -- 记事

止：清乾隆二十三年(1758)。
2003年摄制. -- 3盘卷片(75米1562拍) ：
1:10, 2B ；35mm银盐
收藏馆：缩微中心，南京

00○031081
[乾隆]当涂县志：三十三卷 / (清)张海修；(清)万
橚纂
清乾隆(1736-1795)抄本. -- 记事止：清乾隆
十五年(1750)。
2004年摄制. -- 2盘卷片(39米773拍) ：
1:10, 2B ；35mm银盐
收藏馆：缩微中心，南京

00○031066
当涂县乡土志：二卷 / (清)欧阳锋撰
清光绪(1875-1908)抄本. -- 记事止：清光绪
三十年(1904)。
2004年摄制. -- 1盘卷片(7米130拍) ：1:10,
2B ；35mm银盐
收藏馆：缩微中心，南京

00○011838
[乾隆]芜湖县志：二十四卷首一卷末一卷 / (清)
刘赞修；(清)陆纶纂
清乾隆十九年(1754)刻本
1990年摄制. -- 1盘卷片(33米731拍) ：
1:10, 2B ；35mm银盐
收藏馆：缩微中心，天津

00○011819
[嘉庆]芜湖县志：二十四卷首一卷 / (清)梁启骧
[等]修；(清)陈春华纂
清嘉庆十二年(1807)刻本
1990年摄制. -- 2盘卷片(50米1082拍) ：
1:10, 2B ；35mm银盐
收藏馆：缩微中心，天津

00○009911
[乾隆]繁昌县志：三十卷 / (清)王熊飞纂修
清乾隆十六年(1751)刻本. -- 本书有朱墨圈
点。
1987年摄制. -- 1盘卷片(26米578拍) ：
1:10, 2B ；35mm银盐
收藏馆：缩微中心，天津

00○028227
[嘉庆]繁昌县志：十八卷首一卷 / (清)曹德赞纂
修；(清)张星焕增补
清嘉庆十六年(1811)刻道光六年(1826)增刻本
1997年摄制. -- 2盘卷片(44米921拍) ：
1:10, 2B ；35mm银盐
收藏馆：缩微中心，安徽

00○007609
[雍正]南陵县志：十六卷首一卷 / (清)宋廷佐修；
(清)汪越纂
清雍正四年(1726)刻本
1987年摄制. -- 2盘卷片(44米817拍) ：
1:10, 2B ；35mm银盐
收藏馆：缩微中心，天津

00○026638
[雍正]南陵县志：十六卷 / (清)宋廷佐修；(清)汪
越纂
抄本. -- 据雍正四年(1726)刻本抄录。
1997年摄制. -- 2盘卷片(38米700拍) ：
1:10, 2B ；35mm银盐
收藏馆：缩微中心，安徽

00○010731
南陵小志：四卷首一卷 / (清)宗能征纂
清光绪二十五年(1899)活字印本
1989年摄制. -- 1盘卷片(27米584拍) ：
1:10, 2B ；35mm银盐
收藏馆：缩微中心，湖南

00○031030
南陵小志历史：不分卷
抄本
2003年摄制. -- 1盘卷片(4米28拍) ：1:10,
2B ；35mm银盐
收藏馆：缩微中心，南京

00○026648
[顺治]铜陵县志：八卷 / (清)刘日义修；(清)李士
蛟[等]纂
抄本. -- 据清顺治十三年(1656)刻本抄录。
1997年摄制. -- 1盘卷片(18米370拍) ：
1:10, 2B ；35mm银盐
收藏馆：缩微中心，安徽

00○007071
[乾隆]铜陵县志：十六卷首一卷 / (清)单履中纂
修
清乾隆十二年(1747)刻本
1987年摄制. -- 1盘卷片(25米555拍) ：
1:10, 2B ；35mm银盐
收藏馆：缩微中心，天津

00○026635
[正德]安庆府志：三十一卷 / (明)胡缵宗纂修
明嘉靖二年(1523)刻本. -- 存二十五卷：卷
七至卷三十一。
1997年摄制. -- 2盘卷片(35米721拍) ：
1:10, 2B ；35mm银盐
收藏馆：缩微中心，安徽

00O026123
[嘉靖]安庆府志：三十一卷 / (明)李逊纂修
抄本. -- 据明嘉靖三十二年(1553)刻本抄录
抄录时间不详。存十九卷：卷一至卷十九。
1996年摄制. -- 2盘卷片(36米727拍) :
1:10, 2B ; 35mm银盐
收藏馆：缩微中心，安徽

00O026116
[康熙]安庆府志：十八卷 / (清)姚琅修；(清)陈焯
纂
抄本. -- 据清康熙二十二年(1683)刻本抄录
抄录时间不详。
1996年摄制. -- 2盘卷片(61米1259拍) :
1:10, 2B ; 35mm银盐
收藏馆：缩微中心，安徽

00O026377
安庆旧影：不分卷 / 陈小苏辑
抄本
1997年摄制. -- 1盘卷片(10米200拍) :
1:10, 2B ; 35mm银盐
收藏馆：缩微中心，安徽

00O026375
[康熙]桐城县志：八卷 / (清)胡必选修；(清)倪传
[等]纂
抄本. -- 据清康熙二十三(1684)王凝命增刻
本抄录。
1997年摄制. -- 2盘卷片(31米663拍) :
1:10, 2B ; 35mm银盐
收藏馆：缩微中心，安徽

00O030985
[道光]桐城续修县志：二十四卷首一卷 / (清)廖
大闻[等]修；(清)金鼎寿纂
清道光十四年(1834)刻本. -- 记事止：清道
光七年(1827)。
2003年摄制. -- 2盘卷片(54米1111拍) :
1:10, 2B ; 35mm银盐
收藏馆：缩微中心，南京

00O008859
[道光]桐城续修县志：二十四卷首一卷 / (清)廖
大闻[等]修；(清)金鼎寿纂
清道光十四年(1834)刻本
1988年摄制. -- 2盘卷片(51米1123拍) :
1:10, 2B ; 35mm银盐
收藏馆：缩微中心，浙江

00O026657
[同治]桐城县志：十卷 / (清)王国均纂修
抄本. -- 据清同治十年(1871)刻本抄录。

1997年摄制. -- 3盘卷片(42米805拍) :
1:10, 2B ; 35mm银盐
收藏馆：缩微中心，安徽

00O026381
桐城乡土志调查：不分卷 / 叶侠隐编
抄本. -- 据稿本抄录。
1997年摄制. -- 1盘卷片(3米25拍) : 1:10,
2B ; 35mm银盐
收藏馆：缩微中心，安徽

00O026378
桐城乡土志略：不分卷
抄本
1997年摄制. -- 1盘卷片(3米28拍) : 1:10,
2B ; 35mm银盐
收藏馆：缩微中心，安徽

00O030942
[道光]怀宁县志：二十八卷首一卷末一卷 / (清)
王毓芳,(清)赵梅修；(清)江尔维[等]纂
清道光六年(1826)刻本. -- 记事止：清道光
六年(1826)。
2003年摄制. -- 2盘卷片(44米915拍) :
1:10, 2B ; 35mm银盐
收藏馆：缩微中心，南京

00O026125
[道光]怀宁县志：二十八卷首一卷末一卷 / (清)
王毓芳,(清)赵梅修；(清)江尔维[等]纂
抄本. -- 据清道光五年(1825)刻本抄录。
1996年摄制. -- 2盘卷片(42米858拍) :
1:10, 2B ; 35mm银盐
收藏馆：缩微中心，安徽

00O026637
[顺治]太湖县志：十卷 / (清)李世洽[等]纂修
清顺治十年(1653)刻本. -- 存四卷：卷一至
卷二、卷八至卷九。
1997年摄制. -- 1盘卷片(8米146拍) : 1:10,
2B ; 35mm银盐
收藏馆：缩微中心，安徽

00O026118
[乾隆]太湖县志：二十卷首一卷末一卷 / (清)吴
易峰修；(清)徐日明纂
抄本. -- 据清乾隆二十六年(1761)刻本抄
录。
1996年摄制. -- 1盘卷片(12米229拍) :
1:10, 2B ; 35mm银盐
收藏馆：缩微中心，安徽

00O030984
[同治]太湖县志：四十六卷首一卷末一卷 / (清)符兆鹏修；(清)赵继元纂
清同治十一年(1872)刻本. -- 记事止：清同治十一年(1872)。(清)郭秉璋跋。
2003年摄制. -- 2盘卷片(62米1312拍)：1:10, 2B；35mm银盐
收藏馆：缩微中心，南京

00O010833
[同治]太湖县志：四十六卷首一卷末一卷 / (清)符兆鹏修；(清)赵继元纂
清同治十一年(1872)熙湖书院刻本
1989年摄制. -- 2盘卷片(62米1349拍)：1:10, 2B；35mm银盐
收藏馆：缩微中心，湖南

00O008815
[康熙]安庆府宿松县志：三十六卷 / (清)朱维高[等]修；(清)石颂功[等]纂
清康熙十四年(1675)刻康熙四十二年(1703)增刻本
1987年摄制. -- 2盘卷片(36米858拍)：1:10, 2B；35mm银盐
收藏馆：缩微中心，天津

00O026659
[康熙]宿松县志：三十六卷 / (清)朱维高修；(清)黄钺纂
抄本. -- 据清康熙四十二年(1703)增刻本抄录。
1997年摄制. -- 2盘卷片(38米803拍)：1:10, 2B；35mm银盐
收藏馆：缩微中心，安徽

00O026129
[道光]宿松县志：二十八卷 / (清)邬正阶[等]修；(清)石葆元纂
清道光六年(1826)刻本
1996年摄制. -- 2盘卷片(48.8米1006拍)：1:10, 2B；35mm银盐
收藏馆：缩微中心，安徽

00O030957
[同治]宿松县志：二十六卷 / (清)黄传涛修；(清)赵世暹纂
清同治(1862-1874)池泰生抄本. -- 记事止：清同治九年(1870)。
2003年摄制. -- 2盘卷片(38米762拍)：1:10, 2B；35mm银盐
收藏馆：缩微中心，南京

00O026142
宿松乡土史：不分卷 / (清)贺人寿著
清宣统元年(1909)安庆昌明书局铅印本
1996年摄制. -- 1盘卷片(3米31拍)：1:10, 2B；35mm银盐
收藏馆：缩微中心，安徽

000O017225
[顺治]新修望江县志：十卷图一卷 / (清)王世胤修；(清)龙之珠[等]纂
清顺治八年(1651)刻本
1993年摄制. -- 1盘卷片(21米459拍)：1:10, 2B；35mm银盐
收藏馆：缩微中心，天津

000O031044
[乾隆]望江县志：八卷 / (清)郑交泰[等]修；(清)曹京纂
清乾隆三十三年(1768)刻本. -- 记事止：清乾隆三十三年(1768)。
2004年摄制. -- 2盘卷片(42米855拍)：1:10, 2B；35mm银盐
收藏馆：缩微中心，南京

000O030941
[乾隆]望江县志摘录：不分卷
清(1644-1911)抄本. -- 记事止：清乾隆三十二年(1767)。
2003年摄制. -- 1盘卷片(5米52拍)：1:10, 2B；35mm银盐
收藏馆：缩微中心，南京

000O026386
[万历]太平县志：十卷 / (明)张廷榜修；(明)瓮秉忠纂
抄本. -- 据明万历八年(1580)刻本抄录。存四卷：卷七至卷十。
1997年摄制. -- 1盘卷片(6米108拍)：1:10, 2B；35mm银盐
收藏馆：缩微中心，安徽

000O031042
[乾隆]太平县志：十二卷首一卷 / (清)李峰[等]修；(清)魏子嵩[等]纂
清乾隆二十一年(1756)刻本. -- 记事止：清乾隆二十年(1755)。存六卷：卷一至卷五、卷八。
2004年摄制. -- 1盘卷片(16米323拍)：1:10, 2B；35mm银盐
收藏馆：缩微中心，南京

000O031023
[嘉庆]太平县志：十二卷首一卷 / (清)曹梦鹤修；

(清)孔传薪[等]纂
清嘉庆十四年(1809)刻本. -- 记事止：清嘉庆十三年(1808)。
2003年摄制. -- 1盘卷片(29米617拍)：1:10, 2B；35mm银盐
收藏馆：缩微中心，南京

000O030967
[嘉庆]太平县志：十二卷首一卷 / (清)曹梦鹤修；(清)孔传薪[等]纂
清嘉庆十四年(1809)刻本. -- 记事止：清嘉庆十三年(1808)。存七卷：卷五至卷六、卷八至卷十二。
2003年摄制. -- 1盘卷片(18米359拍)：1:10, 2B；35mm银盐
收藏馆：缩微中心，南京

000O028233
[康熙]石埭县志：八卷 / (清)姚子庄修；(清)周体元纂
抄本. -- 据清康熙十四年(1675)刻本抄录。
1997年摄制. -- 1盘卷片(22米454拍)：1:10, 2B；35mm银盐
收藏馆：缩微中心，安徽

000O030839
[淳熙]新安志：十卷 / (宋)赵不悔修；(宋)罗愿纂
清康熙四十七年(1708)黄以祚刻本. -- 记事止：宋淳熙二年(1175)。
2003年摄制. -- 1盘卷片(19米376拍)：1:10, 2B；35mm银盐
收藏馆：缩微中心，南京

000O026124
[淳熙]新安志：十卷 / (宋)赵不悔修；(宋)罗愿纂
清光绪十四年(1888)刻本
1996年摄制. -- 1盘卷片(18米380拍)：1:10, 2B；35mm银盐
收藏馆：缩微中心，安徽

000O001576
[淳熙]新安志：十卷 / (宋)赵不悔修；(宋)罗愿纂
清(1644-1911)抄本
1986年摄制. -- 1盘卷片(15米323拍)：1:10, 2B；35mm银盐
收藏馆：缩微中心，国图

000O030138
[淳熙]新安志：十卷 / (宋)赵不悔修；(宋)罗愿纂
清(1644-1911)抄本. -- 记事止：宋开禧元年(1205)，见卷七第四十六页。
2001年摄制. -- 1盘卷片(15.5米333拍)：1:10, 2B；35mm银盐

收藏馆：缩微中心，湖北

000O028229
[弘治]徽州府志：十二卷 / (明)彭泽修；(明)汪舜民纂
明弘治十五年(1502)刻本
1997年摄制. -- 2盘卷片(27米578拍)：1:10, 2B；35mm银盐
收藏馆：缩微中心，安徽

000O027205
[嘉靖]徽州府志：二十二卷 / (明)何东序修；(明)汪尚宁纂
明嘉靖四十五年(1566)刻本
1997年摄制. -- 2盘卷片(47米965拍)：1:10, 2B；35mm银盐
收藏馆：缩微中心，安徽

000O011370
[康熙]徽州府志：十八卷 / (清)丁廷楗修
清康熙二十八年(1689)刻本
1989年摄制. -- 2盘卷片(59米1319拍)：1:10, 2B；35mm银盐
收藏馆：缩微中心，吉林

000O011715
[道光]徽州府志：十六卷首一卷 / (清)马步蟾纂修
清道光七年(1827)刻本
1989年摄制. -- 6盘卷片(160米3597拍)：1:10, 2B；35mm银盐
收藏馆：缩微中心，吉林

000O030960
徽州府志摘抄：不分卷
清道光(1821-1850)抄本
2003年摄制. -- 1盘卷片(4米47拍)：1:10, 2B；35mm银盐
收藏馆：缩微中心，南京

000O026134
徽志补正：一卷 / (清)邵棠纂
抄本. -- 据清嘉庆十九年(1814)刻本抄录。
1997年摄制. -- 1盘卷片(4米51拍)：1:10, 2B；35mm银盐
收藏馆：缩微中心，安徽

000O026135
徽志正误：不分卷 / (清)邵棠著
清(1644-1911)旌德汤庭光刻本
1997年摄制. -- 1盘卷片(3米36拍)：1:10, 2B；35mm银盐
收藏馆：缩微中心，安徽

000○026144
徽州府志辨证：一卷 / (清)黄崇纂
清(1644-1911)木活字印本
1996年摄制. -- 1盘卷片(3米36拍) : 1:10,
2B ; 35mm银盐
收藏馆：缩微中心，安徽

000○008478
[万历]歙志：三十卷 / (明)张涛修；(明)陶珽[等]
纂
明万历(1573-1620)刻本. -- 存十三卷：卷一
至卷四、卷十、卷十六至卷十八、卷二十二至
卷二十四、卷二十七至卷二十八。
1987年摄制. -- 1盘卷片(24米544拍) :
1:10, 2B ; 35mm银盐
收藏馆：缩微中心，国图

000○025016
[天启]歙县志：三十六卷 / (明)戴东旻纂修
明天启四年(1624)刻本. -- 存二十八卷：卷
一至卷十九、卷二十三至卷二十九、卷三十五
至卷三十六。
1996年摄制. -- 1盘卷片(31米616拍) :
1:10, 2B ; 35mm银盐
收藏馆：缩微中心，安徽

000○026662
[顺治]歙县志：十四卷 / (清)宋希肃修；(清)吴孔
嘉纂
抄本. -- 据清顺治四年(1647)刻本抄录。存
十卷：卷一至卷十。
1997年摄制. -- 1盘卷片(24米521拍) :
1:10, 2B ; 35mm银盐
收藏馆：缩微中心，安徽

000○027187
[康熙]歙县志：十二卷 / (清)靳治荆修；(清)吴苑
[等]纂
清康熙二十九年(1690)刻本
1996年摄制. -- 2盘卷片(39米820拍) :
1:10, 2B ; 35mm银盐
收藏馆：缩微中心，安徽

000○027655
[康熙]歙县志：十二卷 / (清)靳治荆修；(清)吴苑
[等]纂
清康熙(1662-1722)刻本. -- 存六卷：卷一至
卷二、卷五至卷六、卷九至卷十。
1997年摄制. -- 1盘卷片(16米315拍) :
1:10, 2B ; 35mm银盐
收藏馆：缩微中心，国图

000○031341
[康熙]歙县志：十二卷 / (清)靳治荆修；(清)吴苑
[等]纂
清康熙(1662-1722)刻乾隆十五年(1750)增修
本. -- 记事止：清乾隆十五年(1750)。(清)
吴日法跋。
2004年摄制. -- 2盘卷片(38米874拍) :
1:10, 2B ; 35mm银盐
收藏馆：缩微中心，南京

000○027207
[乾隆]歙县志：二十卷首一卷 / (清)张佩芳修；
(清)刘大櫆纂
清乾隆三十六年(1771)刻本
1997年摄制. -- 2盘卷片(46米969拍) :
1:10, 2B ; 35mm银盐
收藏馆：缩微中心，安徽

000○027177
[道光]歙县志：十卷首一卷 / (清)劳逢源修；(清)
沈伯棠纂
清道光八年(1828)刻本
1997年摄制. -- 3盘卷片(64米1311拍) :
1:10, 2B ; 35mm银盐
收藏馆：缩微中心，安徽

000○026387
丰南志：十卷 / 吴吉祜纂
抄本. -- 存九卷：卷一至卷六、卷八至卷
十。
1996年摄制. -- 2盘卷片(34米712拍) :
1:10, 2B ; 35mm银盐
收藏馆：缩微中心，安徽

000○028232
严镇志草：四卷 / (清)余华瑞纂
清乾隆三年(1738)留耕堂刻本
1997年摄制. -- 1盘卷片(19米387拍) :
1:10, 2B ; 35mm银盐
收藏馆：缩微中心，安徽

000○013045
[弘治]休宁志：三十八卷 / (明)程敏政纂修；(明)
欧阳旦增修
明弘治四年(1491)刻本. -- 存三十二卷：卷
一至卷十九、卷二十六至卷三十八。
1991年摄制. -- 2盘卷片(34米595拍) :
1:10, 2B ; 35mm银盐
收藏馆：缩微中心，国图

000○026122
[万历]休宁县志：八卷 / (明)李乔岱纂修
抄本. -- 据明万历(1573-1620)刻本抄录。

1996年摄制. -- 1盘卷片（31米638拍）：
1:10, 2B；35mm银盐
收藏馆：缩微中心，安徽

000O027189
[康熙]休宁县志：八卷 / (清)廖腾煃修；(清)汪晋
征纂
清康熙三十三年(1694)刻本
1997年摄制. -- 2盘卷片（36米748拍）：
1:10, 2B；35mm银盐
收藏馆：缩微中心，安徽

000O001611
[康熙]休宁县志：八卷 / (清)廖腾煃修；(清)汪晋
征纂
清康熙(1662-1722)刻本
1986年摄制. -- 2盘卷片（35米748拍）：
1:10, 2B；35mm银盐
收藏馆：缩微中心，国图

000O027657
[康熙]休宁县志：八卷 / (清)廖腾煃修；(清)汪晋
征纂
清康熙(1662-1722)刻本. -- 存七卷：卷二至
卷八。
1997年摄制. -- 1盘卷片（24米490拍）：
1:10, 2B；35mm银盐
收藏馆：缩微中心，国图

000O026132
休宁碎事：十二卷 / (清)徐卓纂
清嘉庆十六年(1811)徐氏海棠书巢刻本
1996年摄制. -- 1盘卷片（13米254拍）：
1:10, 2B；35mm银盐
收藏馆：缩微中心，安徽

000O030845
[道光]休宁县志：二十四卷图一卷 / (清)何应松
修；(清)方崇鼎纂
清道光三年(1823)刻本. -- 记事止：清道光
三年(1823)。佚名校补。
2003年摄制. -- 3盘卷片（70米1454拍）：
1:10, 2B；35mm银盐
收藏馆：缩微中心，南京

000O024066
[道光]休宁县志：二十四卷图一卷 / (清)何应松
修；(清)方崇鼎纂
清道光三年(1823)刻本
1995年摄制. -- 3盘卷片（70米1440拍）：
1:10, 2B；35mm银盐
收藏馆：缩微中心，湖北

000O027743
[雍正]休宁孚潭志：四卷 / (清)许显祖纂
抄本. -- 据清雍正元年(1723)刻本抄录。
1997年摄制. -- 1盘卷片（6米103拍）：1:10,
2B；35mm银盐
收藏馆：缩微中心，安徽

000O031036
[顺治]黟县志：八卷 / (清)窦士范纂修
清顺治十二年(1655)刻本. -- 记事止：清顺
治十二年(1655)。
2003年摄制. -- 1盘卷片（15米295拍）：
1:10, 2B；35mm银盐
收藏馆：缩微中心，南京

000O026655
[康熙]黟县志：四卷 / (清)王景曾修；(清)尤何
[等]纂
抄本. -- 据清康熙二十二年(1683)本抄录。
1997年摄制. -- 1盘卷片（12米226拍）：
1:10, 2B；35mm银盐
收藏馆：缩微中心，安徽

000O030965
[嘉庆]黟县志：十六卷首一卷 / (清)吴甸华修；
(清)程汝翼[等]纂；(清)詹锡龄增纂修
清嘉庆十七年(1812)刻道光五年(1825)增修
本. -- 记事止：清道光五年(1825)。佚名校
补。
2003年摄制. -- 2盘卷片（59米1200拍）：
1:10, 2B；35mm银盐
收藏馆：缩微中心，南京

000O031024
[嘉庆]黟县志：十六卷首一卷 / (清)吴甸华修；
(清)程汝翼[等]纂；(清)詹锡龄增纂修
清同治十年(1871)刻本. -- 记事止：清道光
五年(1825)。
2003年摄制. -- 2盘卷片（60米1278拍）：
1:10, 2B；35mm银盐
收藏馆：缩微中心，南京

000O031025
[同治]黟县三志：十六卷首一卷末一卷 / (清)谢
永泰修；(清)程鸿诏[等]纂
清同治十年(1871)刻本. -- 记事止：清同治
九年(1870)。
2003年摄制. -- 3盘卷片（70米1441拍）：
1:10, 2B；35mm银盐
收藏馆：缩微中心，南京

000O024222
[永乐]祁阁志：十卷 / (明)蒋俊,(明)黄汝济撰修

明(1368-1644)抄本
1996年摄制. -- 1盘卷片(7米152拍) ： 1:10,
2B ； 35mm银盐
收藏馆：缩微中心，安徽

000O009630
[万历]祁门县志：四卷 / (明)余士奇修；(明)谢存
仁纂
明万历二十八年(1600)刻本
1988年摄制. -- 1盘卷片(12米243拍) ：
1:10, 2B ； 35mm银盐
收藏馆：缩微中心，甘肃

000O027178
[万历]祁门县志：四卷 / (明)余士奇修；(明)谢存
仁纂
明万历二十八年(1600)刻本
1997年摄制. -- 1盘卷片(16米321拍) ：
1:10, 2B ； 35mm银盐
收藏馆：缩微中心，安徽

000O031026
[万历]祁门县志：四卷 / (明)余士奇修；(明)谢存
仁纂
清康熙(1662-1722)抄本. -- 记事止：清康熙
三十八年(1699)。
2003年摄制. -- 1盘卷片(6米94拍) ： 1:10,
2B ； 35mm银盐
收藏馆：缩微中心，南京

000O027191
[康熙]祁门县志：八卷 / (清)姚启元修；(清)张瑗
[等]纂
清康熙二十二年(1683)刻本
1997年摄制. -- 1盘卷片(31米619拍) ：
1:10, 2B ； 35mm银盐
收藏馆：缩微中心，安徽

000O028231
[道光]祁门县志：三十六卷首一卷 / (清)王让修；
(清)桂超万纂
清道光七年(1827)刻本
1997年摄制. -- 2盘卷片(35米728拍) ：
1:10, 2B ； 35mm银盐
收藏馆：缩微中心，安徽

000O012072
[同治]祁门县志：三十六卷首一卷 / (清)周溶修；
(清)颜韵珊纂
清同治十二年(1873)刻本
1990年摄制. -- 2盘卷片(47米1006拍) ：
1:10, 2B ； 35mm银盐
收藏馆：缩微中心，湖南

000O026126
[光绪]祁门县志补：不分卷 / (清)倪望重辑
清光绪(1875-1908)稿本
1996年摄制. -- 1盘卷片(5米76拍) ： 1:10,
2B ； 35mm银盐
收藏馆：缩微中心，安徽

000O026660
[光绪]善和乡志：八卷 / (清)程文瀚编
清光绪(1875-1908)抄本. -- 存四卷：卷一至
卷二、卷六至卷七。
1997年摄制. -- 1盘卷片(18米382拍) ：
1:10, 2B ； 35mm银盐
收藏馆：缩微中心，安徽

000O031048
[乾隆]六安州志：二十五卷 / (清)金弘勋纂修
清乾隆十七年(1752)刻本. -- 记事止：清乾
隆十七年(1752)。
2004年摄制. -- 2盘卷片(50米1044拍) ：
1:10, 2B ； 35mm银盐
收藏馆：缩微中心，南京

000O031090
[同治]六安州志：六十卷 / (清)李蔚修；(清)吴康
霖[等]纂
清同治十一年(1872)刻光绪三十年(1904)印
本. -- 记事止：清同治十二年(1873)。学宫
藏版。存五十三卷：卷一至卷九、卷十四至卷
十六、卷二十至卷六十。
2004年摄制. -- 4盘卷片(115米2376拍) ：
1:10, 2B ； 35mm银盐
收藏馆：缩微中心，南京

000O026649
[同治]六安州志：六十卷首一卷 / (清)李蔚修；
(清)吴康霖[等]纂
清同治十一年(1872)刻光绪二十一年(1895)补
刻本
1997年摄制. -- 5盘卷片(126米2654拍) ：
1:10, 2B ； 35mm银盐
收藏馆：缩微中心，安徽

000O030973
[乾隆]寿州志：十二卷首一卷末一卷 / (清)席芑
[等]纂修
清乾隆三十二年(1767)刻本. -- 记事止：清
乾隆三十二年(1767)。
2003年摄制. -- 1盘卷片(28米612拍) ：
1:10, 2B ； 35mm银盐
收藏馆：缩微中心，南京

000O011839

[道光]寿州志：三十六卷首一卷末一卷 / (清)朱士达修；(清)乔载繇,(清)汤若苟纂
清道光九年(1829)刻本
1990年摄制. -- 2盘卷片(49米1081拍) : 1:10, 2B ; 35mm银盐
收藏馆：缩微中心，天津

000O030961

[光绪]寿州志：三十六卷首一卷末一卷 / (清)曾道唯修；(清)葛荫南[等]纂
清光绪十六年(1890)活字印本. -- 记事止：清光绪十六年(1890)。
2003年摄制. -- 2盘卷片(59米1259拍) : 1:10, 2B ; 35mm银盐
收藏馆：缩微中心，南京

000O031022

[光绪]寿州志：三十六卷首一卷末一卷 / (清)曾道唯修；(清)葛荫南[等]纂
清光绪十六年(1890)活字印本. -- 记事止：清光绪十六年(1890)。
2003年摄制. -- 2盘卷片(59米1259拍) : 1:10, 2B ; 35mm银盐
收藏馆：缩微中心，南京

000O011711

[光绪]寿州志：三十六卷首一卷末一卷 / (清)曾道唯修；(清)葛荫南[等]纂
清光绪十六年(1890)活字印本. -- 记事止：清光绪十六年(1890)。
1989年摄制. -- 2盘卷片(56米1259拍) : 1:10, 2B ; 35mm银盐
收藏馆：缩微中心，吉林

000O026644

[光绪]寿州乡土志：不分卷 / (清)张之屏辑
抄本
1997年摄制. -- 1盘卷片(3米27拍) : 1:10, 2B ; 35mm银盐
收藏馆：缩微中心，安徽

000O011834

[乾隆]霍邱县志：十二卷 / (清)张海,(清)戴建抡修；(清)薛观夫纂
清乾隆十九年(1754)刻本
1990年摄制. -- 1盘卷片(26米567拍) : 1:10, 2B ; 35mm银盐
收藏馆：缩微中心，天津

000O027130

[同治]霍邱县志：十六卷首一卷 / (清)陆鼎敦纂
清同治八年(1869)木活字印本

1997年摄制. -- 2盘卷片(58米1214拍) : 1:10, 2B ; 35mm银盐
收藏馆：缩微中心，安徽

000O008858

[嘉庆]舒城县志：三十六卷 / (清)熊载升,(清)杜茂材修；(清)孔继序纂
清嘉庆十一年(1806)刻本
1988年摄制. -- 2盘卷片(39米868拍) : 1:10, 2B ; 35mm银盐
收藏馆：缩微中心，浙江

000O028241

[光绪]续修舒城县志：五十卷首一卷末一卷 / (清)吕林钟[等]修；(清)赵凤诏[等]纂
清光绪三十三年(1907)木活字印本
1997年摄制. -- 2盘卷片(52米1116拍) : 1:10, 2B ; 35mm银盐
收藏馆：缩微中心，安徽

000O026654

[嘉庆]霍山县志：八卷首一卷末一卷 / (清)潘际云修；(清)郑玉林纂
抄本. -- 据清嘉庆二十一年(1816)刻本抄录。
1997年摄制. -- 2盘卷片(34米697拍) : 1:10, 2B ; 35mm银盐
收藏馆：缩微中心，安徽

000O026653

[光绪]霍山县志：十五卷首一卷 / (清)秦达章修；(清)何国佑[等]纂
清光绪三十一年(1905)木活字印本
1997年摄制. -- 1盘卷片(31米628拍) : 1:10, 2B ; 35mm银盐
收藏馆：缩微中心，安徽

000O008851

[道光]巢县志：二十卷首一卷 / (清)舒梦龄纂修
清道光八年(1828)刻本
1988年摄制. -- 1盘卷片(25米569拍) : 1:10, 2B ; 35mm银盐
收藏馆：缩微中心，浙江

000O030963

[道光]巢县志：二十卷首一卷 / (清)舒梦龄纂修
清道光(1821-1850)抄本. -- 记事止：清道光八年(1828)。
2003年摄制. -- 1盘卷片(28米582拍) : 1:10, 2B ; 35mm银盐
收藏馆：缩微中心，南京

00O030305

[雍正]庐江县志：十二卷 / (清)陈庆门修；(清)孔传诗[等]纂
清雍正九年(1731)刻本. -- 存三卷：卷九至卷十一。
2001年摄制. -- 1盘卷片(5米84拍) : 1:10, 2B ; 35mm银盐
收藏馆：缩微中心，安徽

00O030304

[同治]庐江县志：十五卷首一卷 / (清)魏绍源[等]修；(清)储嘉珩[等]纂
清同治七年(1868)活字印本
2001年摄制. -- 2盘卷片(35米794拍) : 1:10, 2B ; 35mm银盐
收藏馆：缩微中心，安徽

00O026642

[光绪]庐江县志：十六卷首一卷 / (清)钱镕修；(清)卢钰[等]纂
清光绪十一年(1885)木活字印本
1997年摄制. -- 3盘卷片(65米1300拍) : 1:10, 2B ; 35mm银盐
收藏馆：缩微中心，安徽

00O027744

[乾隆]无为州志：二十五卷首一卷 / (清)常廷璧修；(清)吴元桂纂
清乾隆八年(1743)刻本
1997年摄制. -- 2盘卷片(42米894拍) : 1:10, 2B ; 35mm银盐
收藏馆：缩微中心，安徽

00O030974

[嘉庆]无为州志：三十六卷首一卷 / (清)顾浩修；(清)吴元庆纂
清嘉庆八年(1803)安徽宜春阁刻本. -- 记事止：清嘉庆八年(1803)。
2003年摄制. -- 2盘卷片(47米957拍) : 1:10, 2B ; 35mm银盐
收藏馆：缩微中心，南京

00O027197

[嘉庆]无为州志：三十六卷首一卷 / (清)顾浩修；(清)吴元庆纂
清嘉庆八年(1803)刻本
1997年摄制. -- 2盘卷片(45米949拍) : 1:10, 2B ; 35mm银盐
收藏馆：缩微中心，安徽

00O027739

[康熙]含山县志：三十卷 / (清)赵灿修；(清)唐廷伯[等]纂
抄本. -- 据清康熙二十三年(1684)刻本抄录。
1997年摄制. -- 1盘卷片(22米469拍) : 1:10, 2B ; 35mm银盐
收藏馆：缩微中心，安徽

00O008849

[乾隆]含山县志：十六卷 / (清)梁栋修；(清)唐焯[等]撰
清乾隆十三年(1748)刻本. -- 存十四卷：卷一至卷十四。
1988年摄制. -- 1盘卷片(24米538拍) : 1:10, 2B ; 35mm银盐
收藏馆：缩微中心，浙江

00O026656

[嘉靖]和州志：十七卷 / (明)易鸾纂修
抄本. -- 据明嘉靖七年(1528)刻本抄录。存八卷：卷八至卷十五。
1997年摄制. -- 1盘卷片(6米94拍) : 1:10, 2B ; 35mm银盐
收藏馆：缩微中心，安徽

00O025196

[康熙]和州志：三十卷 / (清)夏玮修；(清)杨九思纂
清康熙(1662-1722)刻本
1996年摄制. -- 1盘卷片(24米496拍) : 1:10, 2B ; 35mm银盐
收藏馆：缩微中心，国图

00O011135

历阳典录：三十四卷补编六卷 / (清)陈廷桂纂
清同治六年(1867)刻本
1989年摄制. -- 2盘卷片(44米940拍) : 1:10, 2B ; 35mm银盐
收藏馆：缩微中心，湖南

00O031073

历阳典录：三十四卷补编六卷 / (清)陈廷桂撰
清同治六年(1867)和州官舍刻光绪十二年(1886)印本
2004年摄制. -- 2盘卷片(46米950拍) : 1:10, 2B ; 35mm银盐
收藏馆：缩微中心，南京

00O028281

[道光]直隶和州志：二十四卷首一卷 / (清)善贵修；(清)陈廷桂纂；(清)张受绶续纂
清道光十六年(1836)刻本
1997年摄制. -- 2盘卷片(41米845拍) : 1:10, 2B ; 35mm银盐
收藏馆：缩微中心，安徽

00O026647
[光绪]直隶和州志：四十卷首一卷补遗一卷 /
(清)朱大绅修；(清)高照纂
清光绪二十七年(1901)木活字印本
1997年摄制. -- 3盘卷片(64米1317拍) :
1:10, 2B ; 35mm银盐
收藏馆：缩微中心，安徽

00O016608
[康熙]池州府志：九十二卷图一卷 / (清)马世永
纂修
清康熙五十年(1711)刻乾隆五年(1740)增刻
本. -- 有抄配。
1993年摄制. -- 3盘卷片(79米1704拍) :
1:10, 2B ; 35mm银盐
收藏馆：缩微中心，天津

00O011830
[乾隆]池州府志：五十八卷首一卷 / (清)张士范
纂修
清乾隆四十三年(1778)刻本. -- 卷首、卷
十三配抄本。
1990年摄制. -- 3盘卷片(74米1603拍) :
1:10, 2B ; 35mm银盐
收藏馆：缩微中心，天津

00O030971
[道光]贵池县志：四十四卷首一卷 / (清)漆日榛
修；(清)桂超万纂
清道光八年(1828)刻本. -- 记事止：清道光
五年(1825)。
2003年摄制. -- 2盘卷片(53米1097拍) :
1:10, 2B ; 35mm银盐
收藏馆：缩微中心，南京

00O011840
[光绪]贵池县志：四十四卷 / (清)陆延龄修；(清)
桂迓衡[等]纂
清光绪九年(1883)活字印本
1990年摄制. -- 2盘卷片(62米1329拍) :
1:10, 2B ; 35mm银盐
收藏馆：缩微中心，天津

00O027665
[康熙]建德县志：十卷 / (清)高寅修；(清)檀光熿
纂
清康熙元年(1662)刻本. -- 存三卷：卷五至
卷七。
1997年摄制. -- 1盘卷片(5米62拍) : 1:10,
2B ; 35mm银盐
收藏馆：缩微中心，国图

00O031027
[乾隆]建德县志：八卷首一卷 / (清)许起凤[等]
纂修
清乾隆四十三年(1778)刻本. -- 记事止：清
乾隆四十三年(1778)。
2003年摄制. -- 1盘卷片(30米632拍) :
1:10, 2B ; 35mm银盐
收藏馆：缩微中心，南京

00O008870
[道光]建德县志：二十卷首一卷 / (清)陈葵修；
(清)管森[等]纂
清道光五年(1825)刻本
1988年摄制. -- 2盘卷片(45米986拍) :
1:10, 2B ; 35mm银盐
收藏馆：缩微中心，浙江

00O026651
[宣统]建德县志：二十卷首一卷 / (清)张赞
巽,(清)张翌六修；(清)周学铭纂
清宣统二年(1910)湖北官刷局铅印本
1997年摄制. -- 2盘卷片(51米1030拍) :
1:10, 2B ; 35mm银盐
收藏馆：缩微中心，安徽

00O028238
[乾隆]东流县志：二十六卷首一卷 / (清)蒋绶修；
(清)汪思迥纂
抄本. -- 据清乾隆二十三年(1758)刻本抄
录。存二十四卷：卷一至卷四、卷八至卷
二十六，首一卷。
1997年摄制. -- 1盘卷片(27.6米594拍) :
1:10, 2B ; 35mm银盐
收藏馆：缩微中心，安徽

00O027738
[嘉庆]东流县志：三十卷 / (清)吴簴修；(清)李兆
洛纂
清嘉庆二十三年(1818)刻本
1997年摄制. -- 2盘卷片(34米704拍) :
1:10, 2B ; 35mm银盐
收藏馆：缩微中心，安徽

00O008875
[顺治]青阳县志：六卷 / (清)杨梦鲤纂修
清顺治十四年(1657)刻重修本
1988年摄制. -- 1盘卷片(16米340拍) :
1:10, 2B ; 35mm银盐
收藏馆：缩微中心，浙江

00O011124
[乾隆]青阳县志：八卷 / (清)段中律纂修
清乾隆四十七年(1782)刻本

1989年摄制. -- 2盘卷片（40米852拍）：
1:10，2B；35mm银盐
收藏馆：缩微中心，湖南

000O030964
青阳县志刊误补遗：不分卷 / (清)周赟撰
清光绪十七年(1891)活字印本. -- 记事止：
清光绪十七年(1891)。
2003年摄制. -- 1盘卷片（5米49拍）：1:10，
2B；35mm银盐
收藏馆：缩微中心，南京

000O011382
[光绪]青阳县志：十二卷 / (清)华椿修
清光绪十七年(1891)活字印本
1989年摄制. -- 2盘卷片（57米1269拍）：
1:10，2B；35mm银盐
收藏馆：缩微中心，吉林

000O026636
[嘉靖]宁国府志：十卷 / (明)黎晨修；(明)李默纂
抄本. -- 据明嘉靖十五年(1536)刻本抄录。
1997年摄制. -- 1盘卷片（14米275拍）：
1:10，2B；35mm银盐
收藏馆：缩微中心，安徽

000O030308
[嘉庆]宁国府志：三十六卷首一卷末一卷 / (清)
鲁铨[等]修；(清)洪亮志[等]纂
清嘉庆二十年(1815)刻本. -- 存二十九卷：
卷一、卷三至卷五、卷七至卷十、卷十三至卷
二十二、卷二十五至卷三十二、卷三十五至卷
三十六，末一卷。
2001年摄制. -- 3盘卷片（71米1663拍）：
1:10，2B；35mm银盐
收藏馆：缩微中心，安徽

000O024059
宛陵郡志备要：四卷附太平郡志二卷 / (清)谢庭
氏纂
清光绪二年(1876)宁郡清华斋刻本
1995年摄制. -- 1盘卷片（10米180拍）：
1:10，2B；35mm银盐
收藏馆：缩微中心，湖北

000O026383
[嘉庆]宣城县志：三十二卷 / (清)陈受培修；(清)
张涛纂
抄本. -- 据清嘉庆(1796-1820)刻本抄录。
1997年摄制. -- 3盘卷片（71米1421拍）：
1:10，2B；35mm银盐
收藏馆：缩微中心，安徽

000O010657
[光绪]宣城县志：四十卷首一卷 / (清)李应泰
[等]修；(清)章绶纂
清光绪十四年(1888)刻本
1989年摄制. -- 3盘卷片（87米1965拍）：
1:10，2B；35mm银盐
收藏馆：缩微中心，吉林

000O026385
[嘉靖]宁国县志：四卷 / (明)范镐纂修
抄本. -- 据明嘉靖二十八年(1549)刻本抄
录。
1997年摄制. -- 1盘卷片（16米332拍）：
1:10，2B；35mm银盐
收藏馆：缩微中心，安徽

000O026384
[光绪]宁国县通志：十卷 / (清)张达五修；(清)周
赟[等]纂
抄本
1997年摄制. -- 1盘卷片（9米168拍）：1:10，
2B；35mm银盐
收藏馆：缩微中心，安徽

000O007563
[嘉靖]建平县志：九卷 / (明)连鑛修；(明)姚文华
纂
明嘉靖(1522-1566)刻本. -- 存五卷：卷一至
卷五。
1987年摄制. -- 1盘卷片（7米115拍）：1:10，
2B；35mm银盐
收藏馆：缩微中心，国图

000O008229
[康熙]建平县志：二十四卷 / (清)茅成凤修；(清)
刘震[等]纂
清康熙三十九年(1700)刻本. -- 记事止：清
康熙三十九年(1700)。存二十一卷：卷一至卷
八、卷十二至卷二十四。
1988年摄制. -- 1盘卷片（15米313拍）：
1:10，2B；35mm银盐
收藏馆：缩微中心，南京

000O007068
[雍正]建平县志：二十二卷 / (清)卫廷璞纂修
清雍正九年(1731)刻本. -- 存十八卷：卷五
至卷二十二。
1987年摄制. -- 1盘卷片（22米476拍）：
1:10，2B；35mm银盐
收藏馆：缩微中心，天津

000O008847
[乾隆]广德州志：三十卷 / (清)李国相纂修

清乾隆四年(1739)刻本
1988年摄制. -- 2盘卷片(37米791拍)：
1:10, 2B ; 35mm银盐
收藏馆：缩微中心，浙江

000O031069
[光绪]广德州志：六十卷首一卷末一卷 / (清)胡有诚修；(清)丁宝书纂
清光绪七年(1881)刻本. -- 记事止：清光绪六年(1880)。佚名批校。
2004年摄制. -- 3盘卷片(87米1864拍)：
1:10, 2B ; 35mm银盐
收藏馆：缩微中心，南京

000O011714
[光绪]广德州志：六十卷首一卷末一卷 / (清)胡有诚修；(清)丁宝书纂
清光绪七年(1881)刻本
1989年摄制. -- 3盘卷片(84米1873拍)：
1:10, 2B ; 35mm银盐
收藏馆：缩微中心，吉林

000O026379
[嘉靖]泾县志：十一卷 / (明)丘时庸修；(明)王廷干纂
抄本. -- 据明嘉靖三十一年(1552)刻本抄录。
1997年摄制. -- 1盘卷片(12米231拍)：
1:10, 2B ; 35mm银盐
收藏馆：缩微中心，安徽

000O026639
[乾隆]泾县志：四十五卷首一卷 / (清)郑相如纂
抄本. -- 据清乾隆十八年(1753)刻本抄录。存三十四卷：卷一至卷三、卷七至卷十五、卷十九至卷二十五、卷二十八至卷三十、卷三十四至卷四十五。
1997年摄制. -- 3盘卷片(58米1211拍)：
1:10, 2B ; 35mm银盐
收藏馆：缩微中心，安徽

000O011944
[乾隆]泾县志：十卷首一卷志余二卷 / (清)王廷栋修；(清)钱人麟纂
清乾隆二十年(1755)刻本
1990年摄制. -- 1盘卷片(32米711拍)：
1:10, 2B ; 35mm银盐
收藏馆：缩微中心，天津

000O026661
[嘉庆]泾县志：三十二卷首一卷 / (清)李德淦[等]修；(清)洪亮吉纂
清嘉庆十一年(1806)刻本

1997年摄制. -- 3盘卷片(78米1682拍)：
1:10, 2B ; 35mm银盐
收藏馆：缩微中心，安徽

000O026376
[道光]泾县续志：九卷 / (清)阮文藻修；(清)赵懋曜纂
清道光五年(1825)刻本
1997年摄制. -- 1盘卷片(10米195拍)：
1:10, 2B ; 35mm银盐
收藏馆：缩微中心，安徽

000O024069
[道光]泾县续志：九卷附乐轮省志一卷 / (清)阮文藻修；(清)赵懋曜纂
清道光五年(1825)刻本
1995年摄制. -- 1盘卷片(13米260拍)：
1:10, 2B ; 35mm银盐
收藏馆：缩微中心，湖北

000O008215
[万历]旌德县志：十卷 / (明)苏宇庶纂修
明万历(1573-1620)刻本. -- 记事止：明万历二十七年(1599)。
1988年摄制. -- 1盘卷片(10米228拍)：
1:10, 2B ; 35mm银盐
收藏馆：缩微中心，南京

000O027658
[顺治]旌德县志：十卷 / (清)王融修；(清)毛元策纂
清顺治(1644-1661)刻本. -- 存八卷：卷一至卷七、卷十。
1997年摄制. -- 1盘卷片(14米255拍)：
1:10, 2B ; 35mm银盐
收藏馆：缩微中心，国图

000O027192
[乾隆]旌德县志：十卷 / (清)李瑾修；(清)叶长扬纂
清乾隆十九年(1754)刻本
1997年摄制. -- 2盘卷片(36米704拍)：
1:10, 2B ; 35mm银盐
收藏馆：缩微中心，安徽

000O026382
[嘉庆]旌德县志：十卷 / (清)陈炳德修；(清)赵良霈纂
清嘉庆十三年(1808)刻本. -- 存八卷：卷一至卷八。
1997年摄制. -- 1盘卷片(25米532拍)：
1:10, 2B ; 35mm银盐
收藏馆：缩微中心，安徽

000O027190

[万历]绩溪县志：十二卷 / (明)陈嘉荣修；(明)何棠[等]纂
抄本. -- 据明万历九年(1581)刻本抄录.
1997年摄制. -- 1盘卷片(19米408拍) ：1:10, 2B ；35mm银盐
收藏馆：缩微中心, 安徽

000O028237

[康熙]绩溪县志续编：四卷 / (清)苏霍祚修；(清)曹有光[等]纂
清康熙七年(1668)刻本
1997年摄制. -- 1盘卷片(9米164拍) ：1:10, 2B ；35mm银盐
收藏馆：缩微中心, 安徽

000O011833

[乾隆]绩溪县志：十卷首一卷 / (清)较陈锡修；(清)赵继序[等]纂
清乾隆二十一年(1756)刻本
1990年摄制. -- 1盘卷片(31米646拍) ：1:10, 2B ；35mm银盐
收藏馆：缩微中心, 天津

000O031037

[嘉庆]绩溪县志：十二卷首一卷 / (清)清恺修；(清)席存泰纂
清嘉庆十五年(1810)刻本. -- 记事止：清嘉庆十五年(1810)。卷九至卷十配清抄本。页码有误。(清)杨兆琛跋。
2003年摄制. -- 2盘卷片(40米834拍) ：1:10, 2B ；35mm银盐
收藏馆：缩微中心, 南京

000O031035

[嘉庆]绩溪县志：十二卷首一卷 / (清)清恺修；(清)席存泰纂
清嘉庆(1796-1820)抄本. -- 记事止：清嘉庆十五年(1810)。
2003年摄制. -- 2盘卷片(48米995拍) ：1:10, 2B ；35mm银盐
收藏馆：缩微中心, 南京

000O020535

攀古小庐镜铭：一卷 / (清)许瀚撰
清道光二十二年(1842)稿本
1994年摄制. -- 1盘卷片(3米28拍) ：1:10, 2B ；35mm银盐
收藏馆：缩微中心, 山东

000O029823

[弘治]八闽通志：八十七卷 / (明)黄昭纂修
明弘治(1488-1505)刻本. -- 存四卷：卷七十三至卷七十六。
2001年摄制. -- 1盘卷片(7米116拍) ：1:10, 2B ；35mm银盐
收藏馆：缩微中心, 国图

000O030573

闽大记：五十五卷 / (明)王应山撰
清(1644-1911)陈寿祺抄本. -- 记事止：明万历五年(1577)。存二卷：卷四十八、卷五十。
2002年摄制. -- 1盘卷片(4.6米57拍) ：1:10, 2B ；35mm银盐
收藏馆：缩微中心, 福建

000O030569

闽书：一百五十四卷 / (明)何乔远纂修
明崇祯二年(1629)刻本. -- 记事止：明崇祯二年(1629)。卷二至卷五配抄本。
2002年摄制. -- 11盘卷片(308.8米6310拍) ：1:10, 2B ；35mm银盐
收藏馆：缩微中心, 福建

000O028048

闽书抄：□□卷
明(1368-1644)刻本. -- 存方外志一卷。
1997年摄制. -- 1盘卷片(7米124拍) ：1:10, 2B ；35mm银盐
收藏馆：缩微中心, 福建

000O027694

[康熙]福建通志：六十四卷 / (清)金铉修；(清)郑开极纂
清康熙(1662-1722)刻本. -- 存五十五卷：卷四至卷四十九、卷五十三至卷六十、卷六十三。
1997年摄制. -- 5盘卷片(131米2651拍) ：1:10, 2B ；35mm银盐
收藏馆：缩微中心, 国图

000O024115

福建通志采书钞：不分卷
清(1644-1911)抄本
1996年摄制. -- 1盘卷片(12.5米240拍) ：1:10, 2B ；35mm银盐
收藏馆：缩微中心, 湖北

000O031562

[乾隆]福建续志：九十二卷首一卷 / (清)杨廷璋[等]修；(清)沈廷芳[等]纂
清乾隆三十四年(1769)刻本. -- 记事止：清乾隆三十三年(1768)。
2004年摄制. -- 5盘卷片(132米2864拍) ：1:10, 2B ；35mm银盐
收藏馆：缩微中心, 南京

00O022933
[道光]重纂福建通志：二百七十八卷首六卷 /
(清)孙尔准修；(清)陈寿祺纂
清同治十年(1871)正谊书院刻本
1994年摄制. -- 16盘卷片(509米10971拍)：
1:10，2B；35mm银盐
收藏馆：缩微中心，甘肃

00O030570
[淳熙]三山志：四十二卷 / (宋)梁克家纂修
清(1644-1911)抱山堂抄本. -- 记事止：南宋
宝祐四年(1256)。据四库全书本抄录。
2002年摄制. -- 2盘卷片(47.2米950拍)：
1:10，2B；35mm银盐
收藏馆：缩微中心，福建

00O022239
[淳熙]三山志：四十二卷 / (宋)梁克家纂修
清(1644-1911)抄本. -- (清)唐翰题跋。
1995年摄制. -- 2盘卷片(47米950拍)：
1:10，2B；35mm银盐
收藏馆：缩微中心，国图

00O008245
[万历]福州府志：三十六卷图一卷 / (明)潘颐龙
修；(明)林燫[等]纂
明万历(1573-1620)刻本. -- 记事止：明万历
八年(1580)。
1988年摄制. -- 1盘卷片(30.5米642拍)：
1:10，2B；35mm银盐
收藏馆：缩微中心，南京

00O031830
闽都记：三十三卷 / (明)王应山撰
明万历四十三年(1615)抄本. -- 记事止：明
万历四十三年(1615)。
2005年摄制. -- 1盘卷片(23米480拍)：
1:10，2B；35mm银盐
收藏馆：缩微中心，南京

00O011868
闽都记：三十三卷 / (明)王应山撰
清道光十一年(1831)求放心斋刻本
1990年摄制. -- 1盘卷片(23米482拍)：
1:10，2B；35mm银盐
收藏馆：缩微中心，湖南

00O030470
闽都记：三十三卷 / (明)王应山撰
清道光十一年(1831)求放心斋刻本. -- 记事
止：明万历四十年(1612)。
2002年摄制. -- 1盘卷片(22.5米451拍)：
1:10，2B；35mm银盐

收藏馆：缩微中心，福建

00O008610
[万历]福州府志：七十六卷 / (明)喻政修；(明)林
烃纂
明万历(1573-1620)刻本. -- 存九卷：卷
二十六至卷三十、卷四十、卷五十至卷
五十二。
1988年摄制. -- 1盘卷片(12米255拍)：
1:10，2B；35mm银盐
收藏馆：缩微中心，国图

00O030572
[乾隆]福州府志：一卷 / (清)徐景熹修；(清)鲁曾
煜[等]纂
清乾隆(1736-1795)稿本. -- 本书为残卷。
2002年摄制. -- 1盘卷片(5.8米83拍)：
1:10，2B；35mm银盐
收藏馆：缩微中心，福建

00O030702
[乾隆]福州府志艺文志补：四卷首一卷 / (清)李
拔纂
清乾隆二十八年(1763)刻本. -- 记事止：清
乾隆二十八年(1763)。
2003年摄制. -- 1盘卷片(16.6米322拍)：
1:10，2B；35mm银盐
收藏馆：缩微中心，福建

00O031586
[乾隆]福清县志：二十卷首一卷图一卷 / (清)饶
安鼎修；(清)林昂纂
清乾隆十二年(1747)刻本. -- 记事止：清乾
隆十二年(1747)。
2005年摄制. -- 2盘卷片(50米1060拍)：
1:10，2B；35mm银盐
收藏馆：缩微中心，南京

00O031566
[乾隆]长乐县志：十卷首一卷 / (清)贺世骏修；
(清)沈成国[等]纂
清乾隆二十八年(1763)刻本. -- 记事止：清
乾隆二十八年(1763)。
2005年摄制. -- 2盘卷片(43米906拍)：
1:10，2B；35mm银盐
收藏馆：缩微中心，南京

00O011994
[同治]长乐县志：二十卷首一卷 / (清)彭光
藻,(清)王家驹修；(清)杨希闵纂
清同治八年(1869)刻本
1990年摄制. -- 2盘卷片(48米1049拍)：
1:10，2B；35mm银盐

收藏馆：缩微中心，天津

00O031635
侯官县乡土志：八卷 / (清)胡之桢修；(清)郑祖庚纂
清光绪三十二年(1906)铅印本. -- 记事止：清光绪二十一年(1895)。
2005年摄制. -- 1盘卷片(15米300拍)：1:10，2B；35mm银盐
收藏馆：缩微中心，南京

00O027512
藤山志：不分卷 / (清)卢兰友增修
清(1644-1911)抄本
1996年摄制. -- 1盘卷片(11.3米221拍)：1:10，2B；35mm银盐
收藏馆：缩微中心，福建

00O030355
尚干乡土志：一卷附一卷 / (清)林履端纂修
清光绪(1875-1908)铅印本. -- 记事止：清光绪十九年(1893)。附一卷为复印抄本，横版。
2002年摄制. -- 1盘卷片(3.7米41拍)：1:10，2B；35mm银盐
收藏馆：缩微中心，福建

00O030359
[同治]螺洲志：四卷 / (明)陈润纂;(清)白花洲渔增修
清末(1851-1911)抄本. -- 记事止：清同治七年(1868)。
2002年摄制. -- 1盘卷片(12.2米224拍)：1:10，2B；35mm银盐
收藏馆：缩微中心，福建

00O030356
[嘉庆]连江县志：十卷首一卷 / (清)李葊修；(清)章朝栻[等]纂
清乾隆五年(1740)刻嘉庆十年(1805)续刻本. -- 记事止：清嘉庆十年(1805)。卷六为抄本。
2002年摄制. -- 2盘卷片(35.6米695拍)：1:10，2B；35mm银盐
收藏馆：缩微中心，福建

00O031599
[道光]新修罗源县志：三十卷首一卷 / (清)卢凤棽修；(清)林春溥纂
清道光十一年(1831)刻本. -- 记事止：清道光九年(1829)。
2005年摄制. -- 2盘卷片(35米727拍)：1:10，2B；35mm银盐
收藏馆：缩微中心，南京

00O031823
[乾隆]永福县志：十卷 / (清)陈焱[等]修；(清)俞荔[等]纂
清乾隆十五年(1750)刻本. -- 记事止：清乾隆十五年(1750)。
2005年摄制. -- 1盘卷片(16米317拍)：1:10，2B；35mm银盐
收藏馆：缩微中心，南京

00O031576
[康熙]南平县志：二十五卷图一卷 / (清)朱櫄修；(清)邹廷机纂
清(1644-1911)抄本. -- 记事止：康熙五十七年(1718)。
2005年摄制. -- 1盘卷片(21米448拍)：1:10，2B；35mm银盐
收藏馆：缩微中心，南京

00O031795
[乾隆]延平府志：四十六卷首一卷 / (清)傅尔泰修；(清)陶元藻纂
清乾隆三十年(1765)刻本. -- 记事止：清乾隆二十九年(1764)。
2005年摄制. -- 3盘卷片(90米1934拍)：1:10，2B；35mm银盐
收藏馆：缩微中心，南京

00O031592
[乾隆]延平府志：四十六卷首一卷 / (清)傅尔泰修；(清)陶元藻纂
清乾隆三十年(1765)刻同治十二年(1873)重修本. -- 记事止：清乾隆二十九年(1764)。
2005年摄制. -- 3盘卷片(91米1939拍)：1:10，2B；35mm银盐
收藏馆：缩微中心，南京

00O030708
[乾隆]邵武府志：二十四卷 / (清)张凤孙[等]修；(清)郑念荣[等]纂
清乾隆三十五年(1770)刻本. -- 记事止：清乾隆三十五年(1770)。
2003年摄制. -- 2盘卷片(61.9米1275拍)：1:10，2B；35mm银盐
收藏馆：缩微中心，福建

00O011373
[光绪]重纂邵武府志：三十卷首一卷 / (清)王琛修；(清)张元奇纂
清光绪二十四年(1898)刻本
1989年摄制. -- 3盘卷片(81米1809拍)：1:10，2B；35mm银盐
收藏馆：缩微中心，吉林

00O031616
[咸丰]邵武县志：十九卷首一卷 / (清)李正芳修；(清)张葆森纂
清咸丰五年(1855)刻本. -- 记事止：清咸丰五年(1855)。
2005年摄制. -- 2盘卷片(43米910拍) : 1:10, 2B ; 35mm银盐
收藏馆：缩微中心，南京

00O028490
[万历]建宁府志：五十二卷首一卷 / (明)丁继嗣主修；(明)陈儒,(明)朱东光纂修
明天启(1621-1627)刻本. -- 存四十九卷：卷一至卷三十四、卷三十八至卷五十二。
1997年摄制. -- 3盘卷片(83.3米1738拍) : 1:10, 2B ; 35mm银盐
收藏馆：缩微中心，福建

00O030699
[同治]建安县乡土志：四卷 / (清)王宗猛编
清光绪三十一年(1905)稿本. -- 记事止：清同治四年(1865)。
2002年摄制. -- 1盘卷片(11.7米214拍) : 1:10, 2B ; 35mm银盐
收藏馆：缩微中心，福建

00O031792
[康熙]瓯宁县志：十三卷 / (清)邓其文[等]纂修
清康熙三十三年(1694)刻本. -- 记事止：清康熙三十二年(1693)。
2005年摄制. -- 1盘卷片(29米607拍) : 1:10, 2B ; 35mm银盐
收藏馆：缩微中心，南京

00O011954
[雍正]崇安县志：八卷 / (清)刘靖修；(清)张彬纂
清雍正十一年(1733)刻本. -- 卷五、卷八配抄本。
1990年摄制. -- 1盘卷片(31米643拍) : 1:10, 2B ; 35mm银盐
收藏馆：缩微中心，天津

00O008905
[乾隆]顺昌县志：十卷 / (清)陈瑛修；(清)吕天芹纂
清乾隆三十年(1765)刻本
1988年摄制. -- 1盘卷片(15米306拍) : 1:10, 2B ; 35mm银盐
收藏馆：缩微中心，浙江

00O031613
[嘉庆]顺昌县志：十卷图一卷 / (清)欧阳焌修；(清)许庭梧纂；(清)贾懋功增修；(清)谢钟珩增纂
清光绪九年(1883)刻本. -- 记事止：清道光十七年(1837)。
2005年摄制. -- 1盘卷片(21米430拍) : 1:10, 2B ; 35mm银盐
收藏馆：缩微中心，南京

00O015861
[万历]浦城县志：十六卷 / (明)黎民范,(明)陈玄藻纂修
明万历(1573-1620)刻本
1993年摄制. -- 1盘卷片(21米409拍) : 1:10, 2B ; 35mm银盐
收藏馆：缩微中心，国图

00O031594
[嘉庆]新修浦城县志：四十卷首一卷 / (清)黄恬修；(清)朱秉鉴纂
清嘉庆十八年(1813)刻本. -- 记事止：清嘉庆十六年(1811)。
2005年摄制. -- 3盘卷片(69米1445拍) : 1:10, 2B ; 35mm银盐
收藏馆：缩微中心，南京

00O011374
[光绪]续修浦城县志：四十二卷首一卷 / (清)翁昭泰纂
清光绪二十六年(1900)刻本
1989年摄制. -- 3盘卷片(88米1980拍) : 1:10, 2B ; 35mm银盐
收藏馆：缩微中心，吉林

00O030698
[乾隆]光泽县志：三十二卷首一卷 / (清)段梦日修；(清)魏洪纂
清乾隆二十四年(1759)刻本. -- 记事止：清乾隆二十四年(1759)。
2002年摄制. -- 2盘卷片(47.5米957拍) : 1:10, 2B ; 35mm银盐
收藏馆：缩微中心，福建

00O030460
[光绪]重纂光泽县志：三十卷首一卷 / (清)盛朝辅[等]修；(清)李麟瑞,(清)钮承藩续修；(清)何秋渊续纂
清道光二十年(1840)刻光绪二十三年(1897)增刻本. -- 记事止：清光绪二十三年(1897)。
2002年摄制. -- 2盘卷片(45.3米952拍) : 1:10, 2B ; 35mm银盐
收藏馆：缩微中心，福建

00O030575
光泽县乡土志略：一卷 / (清)邱豫鼎撰

清光绪三十二年(1906)铅印本. -- 记事止：
清光绪三十二年(1906)。
2002年摄制. -- 1盘卷片(4.9米64拍)：
1:10, 2B；35mm银盐
收藏馆：缩微中心，福建

00O031572
[道光]政和县志：十一卷首一卷末一卷 / (清)梁
承纶[等]修；(清)魏敬中纂
清道光十三年(1833)刻本. -- 记事止：清道
光十三年(1833)。
2005年摄制. -- 1盘卷片(27米587拍)：
1:10, 2B；35mm银盐
收藏馆：缩微中心，南京

00O030571
[雍正]永安县志：十卷图一卷 / (清)裘树荣纂修；
(清)孙义增修
清雍正十二年(1734)刻道光十三年(1833)增修
本. -- 记事止：清雍正十三年(1735)。
2002年摄制. -- 1盘卷片(19.7米389拍)：
1:10, 2B；35mm银盐
收藏馆：缩微中心，福建

00O031620
[雍正]永安县志：十卷 / (清)裘树荣[等]纂修
清雍正十一年(1733)抄本. -- 记事止：清雍
正十一年(1733)。
2005年摄制. -- 1盘卷片(17米358拍)：
1:10, 2B；35mm银盐
收藏馆：缩微中心，南京

00O011965
[道光]永安县续志：十卷 / (清)孙义修；(清)陈树
兰,(清)刘承美纂
清道光十三年(1833)刻本
1990年摄制. -- 1盘卷片(14米275拍)：
1:10, 2B；35mm银盐
收藏馆：缩微中心，天津

00O031579
[康熙]宁化县志：七卷图一卷 / (清)祝文郁修；
(清)李世熊纂；(清)蒋泽沄增纂修
清康熙二十三年(1684)刻增修本. -- 记事
止：清康熙三十八年(1699)。
2005年摄制. -- 1盘卷片(31米676拍)：
1:10, 2B；35mm银盐
收藏馆：缩微中心，南京

00O031596
[康熙]宁化县志：七卷图一卷 / (清)祝文郁修；
(清)李世熊纂；(清)蒋泽沄增纂修
清同治八年(1869)刻本. -- 记事止：清同治

八年(1869)。
2005年摄制. -- 1盘卷片(32米697拍)：
1:10, 2B；35mm银盐
收藏馆：缩微中心，南京

00O031617
[乾隆]大田县志：十二卷首一卷图一卷 / (清)李
慧修；(清)叶铭,(清)林虎榜纂
清乾隆二十四年(1759)刻本. -- 记事止：清
乾隆二十三年(1758)。
2005年摄制. -- 1盘卷片(19米398拍)：
1:10, 2B；35mm银盐
收藏馆：缩微中心，南京

00O008891
[乾隆]大田县志：十二卷首一卷 / (清)李慧修；
(清)叶铭,(清)林虎榜纂
清乾隆二十四年(1759)刻本
1988年摄制. -- 1盘卷片(18米387拍)：
1:10, 2B；35mm银盐
收藏馆：缩微中心，浙江

00O030709
[康熙]沙县志：十二卷 / (清)林采修；(清)邓文修
纂
清康熙四十年(1701)刻本. -- 记事止：清康
熙四十年(1701)。
2003年摄制. -- 2盘卷片(40.9米813拍)：
1:10, 2B；35mm银盐
收藏馆：缩微中心，福建

00O011850
[道光]沙县志：二十卷首一卷末一卷 / (清)孙大
焜[等]修；(清)徐逢盛[等]纂
清道光十四年(1834)刻本
1990年摄制. -- 2盘卷片(51米1139拍)：
1:10, 2B；35mm银盐
收藏馆：缩微中心，天津

00O030469
[道光]沙县志：二十卷首一卷末一卷 / (清)孙大
焜[等]修；(清)徐逢盛[等]纂
清道光十四年(1834)刻同治十年(1871)重修
本. -- 记事止：清道光十八年(1838)。
2002年摄制. -- 2盘卷片(55.7米1137拍)：
1:10, 2B；35mm银盐
收藏馆：缩微中心，福建

00O027697
[康熙]闽泰宁县志：十卷 / (清)洪济修；(清)江应
昌纂
清康熙十一年(1672)问心堂刻本
1997年摄制. -- 1盘卷片(17米337拍)：

1:10，2B ；35mm银盐
收藏馆：缩微中心，国图

000O028367
[乾隆]泰宁县志：十卷 / (清)施文炜,(清)张凤孙修；(清)许灿纂
清乾隆三十四年(1769)刻本
1997年摄制. -- 1盘卷片(19.9米432拍)：
1:10，2B ；35mm银盐
收藏馆：缩微中心，福建

000O030701
[乾隆]建宁县志：二十八卷首一卷 / (清)韩琮修；(清)徐时作纂
清乾隆四十七年(1782)刻本. -- 记事止：清乾隆二十六年(1761)。
2002年摄制. -- 2盘卷片(52.8米1074拍)：
1:10，2B ；35mm银盐
收藏馆：缩微中心，福建

000O011385
[弘治]重刊兴化府志：五十四卷 / (明)陈效修；(明)周瑛[等]纂
清同治十年(1871)刻本
1989年摄制. -- 2盘卷片(62米1390拍)：
1:10，2B ；35mm银盐
收藏馆：缩微中心，吉林

000O030585
游洋志：八卷 / (明)周华纂修
清(1644-1911)康氏莆田抄本. -- 记事止：清康熙四十三年(1704)。存四卷：卷一至卷四。
2002年摄制. -- 1盘卷片(6米89拍)：1:10，2B ；35mm银盐
收藏馆：缩微中心，福建

000O021340
[乾隆]兴化府莆田县志：三十六卷 / (清)汪大经[等]修；(清)廖必琦[等]纂
清乾隆二十三年(1758)刻本. -- 修者还有：(清)王恒等。
1994年摄制. -- 3盘卷片(72米1518拍)：
1:10，2B ；35mm银盐
收藏馆：缩微中心，甘肃

000O031790
[乾隆]兴化府莆田县志：三十六卷首一卷 / (清)汪大经[等]修；(清)廖必琦[等]纂
清乾隆二十三年(1758)刻光绪五年(1879)重修本. -- 记事止：清乾隆二十二年(1757)。
2005年摄制. -- 3盘卷片(73米1508拍)：
1:10，2B ；35mm银盐
收藏馆：缩微中心，南京

000O030461
仙游志：十六卷 / (宋)黄岩孙编；(明)陈迁重修
清末(1851-1911)抄本. -- 记事止：明弘治四年(1491)。
2002年摄制. -- 1盘卷片(11.7米214拍)：
1:10，2B ；35mm银盐
收藏馆：缩微中心，福建

000O011827
[乾隆]仙游县志：五十三卷首一卷 / (清)胡启植,(清)王椿修；(清)叶和侃[等]纂
清乾隆三十五年(1770)刻本
1990年摄制. -- 2盘卷片(64米1412拍)：
1:10，2B ；35mm银盐
收藏馆：缩微中心，天津

000O031591
[乾隆]仙游县志：五十三卷首一卷 / (清)胡启植,(清)王椿修；(清)叶和侃[等]纂
清同治十二年(1873)刻本. -- 记事止：清乾隆三十五年(1770)。
2005年摄制. -- 3盘卷片(68米1420拍)：
1:10，2B ；35mm银盐
收藏馆：缩微中心，南京

000O030157
[乾隆]泉州府志：七十六卷首一卷 / (清)怀荫布修；(清)黄任,(清)郭赓武纂
清乾隆二十八年(1763)刻同治九年(1870)印本. -- 记事止：清乾隆二十八年(1763)，见卷二十七第一百四页文职官。卷四十一系抄配。张倬标修补。
2001年摄制. -- 8盘卷片(208米4554拍)：
1:10，2B ；35mm银盐
收藏馆：缩微中心，北碚

000O031557
[乾隆]泉州府志：七十六卷首一卷 / (清)怀荫布修；(清)黄任,(清)郭赓武纂
清乾隆二十八年(1763)刻光绪八年(1882)递修本. -- 记事止：清乾隆二十八年(1763)。
2004年摄制. -- 7盘卷片(215米4534拍)：
1:10，2B ；35mm银盐
收藏馆：缩微中心，南京

000O028019
[道光]晋江县志：七十七卷首一卷 / (清)胡之铧修；(清)周学会[等]纂
清道光(1821-1850)稿本. -- 存五十四卷：卷一至卷三十六、卷六十一至卷七十七，首一卷。
1996年摄制. -- 4盘卷片(93.7米1918拍)：
1:10，2B ；35mm银盐

收藏馆：缩微中心，福建

00O030704

[康熙]惠安县志续补：不分卷 / (清)彭翼辰修；(清)黄贞吉纂
抄本. -- 记事止：清康熙五十三年(1714)。
2003年摄制. -- 1盘卷片(6.5米100拍) : 1:10, 2B ; 35mm银盐
收藏馆：缩微中心，福建

00O027850

[康熙]安溪县志：十二卷 / (清)谢宸荃修；(清)洪龙见纂
清康熙十二年(1673)刻本. -- 存七卷：卷一、卷七至卷十二。
1997年摄制. -- 1盘卷片(15米282拍) : 1:10, 2B ; 35mm银盐
收藏馆：缩微中心，国图

00O031794

[乾隆]永春州志：十六卷首一卷 / (清)郑一崧修；(清)颜璘[等]纂
清乾隆五十二年(1787)刻本. -- 记事止：清乾隆五十二年(1787)。
2005年摄制. -- 2盘卷片(44米908拍) : 1:10, 2B ; 35mm银盐
收藏馆：缩微中心，南京

00O031796

[乾隆]德化县续志稿：一卷 / (清)杨奇膺[等]修；(清)江云霆[等]纂
清乾隆五十七年(1792)刻本. -- 记事止：清乾隆五十七年(1792)。
2005年摄制. -- 1盘卷片(6米89拍) : 1:10, 2B ; 35mm银盐
收藏馆：缩微中心，南京

00O011835

[乾隆]德化县续志稿：不分卷 / (清)杨奇膺修；(清)江云霆纂；(清)管辰煃增修
清乾隆五十七年(1792)刻光绪九年(1883)增刻本
1990年摄制. -- 1盘卷片(7米105拍) : 1:10, 2B ; 35mm银盐
收藏馆：缩微中心，天津

00O030246

[光绪]金门志：十六卷 / (清)周凯修；(清)林焜熿[等]纂；(清)刘松亭[等]续修；(清)林豪续纂
清光绪八年(1882)浯江书院刻续修本. -- 记事止：清光绪八年(1882)。
2001年摄制. -- 1盘卷片(23.7米477拍) : 1:10, 2B ; 35mm银盐

收藏馆：缩微中心，福建

00O031589

[道光]厦门志：十六卷 / (清)周凯[等]纂修
清道光十九年(1839)刻本. -- 记事止：清道光十九年(1839)。
2005年摄制. -- 2盘卷片(37米741拍) : 1:10, 2B ; 35mm银盐
收藏馆：缩微中心，南京

00O011856

[道光]厦门志：十六卷 / (清)周凯[等]纂修
清道光十九年(1839)刻本. -- 清道光十二年(1832)修。
1990年摄制. -- 1盘卷片(34米731拍) : 1:10, 2B ; 35mm银盐
收藏馆：缩微中心，湖南

00O012407

乾隆同安县志：三十卷首一卷 / (清)吴镛修；(清)陶元藻纂
清乾隆三十二年(1767)刻本. -- 卷三十有抄配。
1990年摄制. -- 2盘卷片(63米1372拍) : 1:10, 2B ; 35mm银盐
收藏馆：缩微中心，天津

00O031559

[嘉庆]同安县志：三十卷首一卷 / (清)吴堂[等]纂修
清光绪十二年(1886)刻本. -- 记事止：清嘉庆四年(1799)。
2004年摄制. -- 2盘卷片(60米1277拍) : 1:10, 2B ; 35mm银盐
收藏馆：缩微中心，南京

00O031657

[乾隆]马巷厅志：十八卷首一卷 / (清)万友正纂修
清光绪九年(1883)刻光绪二十一年(1895)递修本. -- 记事止：清乾隆四十一年(1776)。
2005年摄制. -- 1盘卷片(20米427拍) : 1:10, 2B ; 35mm银盐
收藏馆：缩微中心，南京

00O031655

[光绪]马巷厅志附录：三卷 / (清)黄家鼎纂修
清光绪二十年(1894)刻光绪二十一年(1895)增修本
2005年摄制. -- 1盘卷片(17米362拍) : 1:10, 2B ; 35mm银盐
收藏馆：缩微中心，南京

000○031600
[乾隆]漳州府志：四十六卷首一卷 / (清)李维钰修；(清)宫献瑶纂
清乾隆四十二年(1777)刻嘉庆十一年(1806)重修本. -- 记事止：清乾隆四十二年(1777)。
2005年摄制. -- 4盘卷片(103米2143拍)：1:10, 2B；35mm银盐
收藏馆：缩微中心，南京

000○031584
[乾隆]龙溪县志：二十四卷图一卷 / (清)吴宜燮修；(清)黄惠纂
清乾隆二十八年(1763)刻本. -- 记事止：清乾隆二十七年(1762)。
2005年摄制. -- 2盘卷片(40米829拍)：1:11, 2B；35mm银盐
收藏馆：缩微中心，南京

000○011857
[乾隆]海澄县志：二十四卷首一卷 / (清)陈英[等]纂
清乾隆二十七年(1762)刻本. -- 纂者还有：(清)王作霖、(清)叶廷推、(清)邓来祚。
1990年摄制. -- 1盘卷片(32米688拍)：1:10, 2B；35mm银盐
收藏馆：缩微中心，湖南

000○030462
[康熙]诏安县志：十二卷 / (清)秦炯纂修
清同治十三年(1874)刻本. -- 记事止：清康熙三十年(1691)。
2002年摄制. -- 1盘卷片(24.9米503拍)：1:10, 2B；35mm银盐
收藏馆：缩微中心，福建

000○011848
[乾隆]长泰县志：十二卷 / (清)张懋建修；(清)赖翰颙纂
清乾隆十五年(1750)刻本
1990年摄制. -- 1盘卷片(26米582拍)：1:10, 2B；35mm银盐
收藏馆：缩微中心，天津

000○031619
[乾隆]铜山志：十卷 / (清)陈振藻撰
清乾隆五十三年(1788)抄本. -- 记事止：清乾隆五十三年(1788)。
2005年摄制. -- 1盘卷片(11米201拍)：1:10, 2B；35mm银盐
收藏馆：缩微中心，南京

000○031574
[康熙]平和县志：十二卷首一卷图一卷 / (清)王

相修；(清)昌天锦[等]纂
清康熙五十八年(1719)刻本. -- 记事止：清康熙五十八年(1719)。卷首、卷二、卷九至卷十配抄本。
2005年摄制. -- 1盘卷片(27米586拍)：1:10, 2B；35mm银盐
收藏馆：缩微中心，南京

000○030697
[康熙]平和县志：十二卷首一卷 / (清)王相修；(清)昌天锦[等]纂
清光绪十五年(1889)杨卓廉刻本. -- 记事止：清康熙五十八年(1719)。
2003年摄制. -- 1盘卷片(28.7米587拍)：1:10, 2B；35mm银盐
收藏馆：缩微中心，福建

000○011789
[乾隆]汀州府志：四十五卷 / (清)曾日瑛修；(清)李绂纂
清同治六年(1867)刻本
1990年摄制. -- 2盘卷片(62米1407拍)：1:10, 2B；35mm银盐
收藏馆：缩微中心，吉林

000○031593
[乾隆]汀州府志：四十五卷首一卷 / (清)曾日瑛修；(清)李绂纂
清乾隆十七年(1752)刻本. -- 记事止：清乾隆十七年(1752)。
2005年摄制. -- 3盘卷片(66米1393拍)：1:10, 2B；35mm银盐
收藏馆：缩微中心，南京

000○008871
[道光]龙岩州志：二十卷首一卷 / (清)彭衍堂,(清)袁曦业修；(清)陈文衡[等]纂
清道光十五年(1835)刻本
1988年摄制. -- 2盘卷片(47米1059拍)：1:10, 2B；35mm银盐
收藏馆：缩微中心，浙江

000○031618
[道光]龙岩州志：二十卷首一卷 / (清)彭衍堂,(清)袁曦业修；(清)陈文衡[等]纂
清道光十六年(1836)刻光绪十六年(1890)重修本. -- 记事止：清光绪十六年(1890)。
2005年摄制. -- 2盘卷片(51米1069拍)：1:10, 2B；35mm银盐
收藏馆：缩微中心，南京

000○031625
[道光]漳平县志：十卷首一卷补编一卷 / (清)蔡

世钹修；(清)林得震纂
清道光十年(1830)刻本. -- 记事止：清道光
十年(1830)。
2005年摄制. -- 1盘卷片（21米438拍）：
1:10, 2B ; 35mm银盐
收藏馆：缩微中心，南京

000O030703
[康熙]宁洋县志：十卷 / (清)沈荃修；(清)杨新日
纂
清康熙三十一年(1692)刻本. -- 记事止：清
康熙三十一年(1692)。
2003年摄制. -- 1盘卷片（14米264拍）：
1:10, 2B ; 35mm银盐
收藏馆：缩微中心，福建

000O031642
[光绪]宁洋县志：十二卷首一卷 / (清)董钟骥修；
(清)陈天枢纂
清光绪元年(1875)刻本. -- 记事止：清光绪
元年(1875)。
2005年摄制. -- 1盘卷片（15米299拍）：
1:10, 2B ; 35mm银盐
收藏馆：缩微中心，南京

000O031595
[光绪]长汀县志：三十三卷首一卷末一卷 / (清)
乔有豫修；(清)杨澜纂；(清)谢昌霖续修
清光绪五年(1879)刻本. -- 记事止：清光绪
五年(1879)。
2005年摄制. -- 2盘卷片（53米1138拍）：
1:10, 2B ; 35mm银盐
收藏馆：缩微中心，南京

000O011962
[道光]永定县志：三十二卷 / (清)方履篯修；(清)
巫宜福纂
清道光十年(1830)刻本
1990年摄制. -- 2盘卷片（43米948拍）：
1:10, 2B ; 35mm银盐
收藏馆：缩微中心，天津

000O009333
[乾隆]上杭县志：六卷首一卷末一卷 / (清)赵
成,(清)赵宁静纂修
清乾隆十八年(1753)刻本
1988年摄制. -- 1盘卷片（30米651拍）：
1:10, 2B ; 35mm银盐
收藏馆：缩微中心，湖南

000O030706
[乾隆]上杭县志：十二卷首一卷 / (清)顾人骥
[等]修；(清)沈成国纂

清乾隆二十五年(1760)刻本. -- 记事止：清
乾隆二十四年(1759)。修者还有：(清)潘廷仪
等。
2003年摄制. -- 1盘卷片（26.6米542拍）：
1:10, 2B ; 35mm银盐
收藏馆：缩微中心，福建

000O008895
[乾隆]连城县志：十卷 / (清)徐尚忠修；(清)李龙
官纂
清乾隆十六年(1751)刻本
1988年摄制. -- 1盘卷片（28米639拍）：
1:10, 2B ; 35mm银盐
收藏馆：缩微中心，浙江

000O031629
[乾隆]福安县志：二十六卷首一卷 / (清)侯谨度
修；(清)陈从潮纂
清乾隆四十八年(1783)刻本. -- 记事止：清
乾隆四十六年(1781)。
2005年摄制. -- 1盘卷片（25米527拍）：
1:10, 2B ; 35mm银盐
收藏馆：缩微中心，南京

000O030712
[道光]续修福安县志：十二卷首一卷 / (清)刘文
蔼修；(清)陈拔,(清)杨世材纂
清道光十二年(1832)刻本. -- 记事止：清道
光十二年(1832)。存九卷：卷一至卷八、首一
卷。
2003年摄制. -- 1盘卷片（6.4米96拍）：
1:10, 2B ; 35mm银盐
收藏馆：缩微中心，福建

000O031624
[光绪]福安县志：三十八卷首一卷 / (清)张景祁
修；(清)黄锦灿纂
清光绪十年(1884)刻本. -- 记事止：清光绪
十年(1884)。
2005年摄制. -- 2盘卷片（40米868拍）：
1:10, 2B ; 35mm银盐
收藏馆：缩微中心，南京

000O030705
[光绪]福安乡土志：二卷 / (清)周祖颐撰
清光绪三十一年(1905)京师京华书局铅印
本. -- 记事止：清光绪三十一年(1905)。
2003年摄制. -- 1盘卷片（4.2米48拍）：
1:10, 2B ; 35mm银盐
收藏馆：缩微中心，福建

000O008219
[嘉庆]福鼎县志：八卷 / (清)谭抡纂修

清嘉庆十一年(1806)刻本. -- 记事止：清嘉
庆十一年(1806)。
1988年摄制. -- 1盘卷片(22米527拍) ：
1:10, 2B ；35mm银盐
收藏馆：缩微中心，南京

000O031638
[康熙]寿宁县志：八卷 / (清)赵廷玑修；(清)王锡
卤纂
清康熙二十六年(1687)抄本. -- 记事止：清
康熙二十六年(1687)。
2005年摄制. -- 1盘卷片(9米166拍) ： 1:10,
2B ；35mm银盐
收藏馆：缩微中心，南京

000O030700
[乾隆]屏南县志：八卷首一卷 / (清)沈钟纂修
清乾隆五年(1740)刻乾隆十七年(1752)沈宗良
增刻本. -- 记事止：清乾隆六年(1741)。
2002年摄制. -- 1盘卷片(14.9米283拍) ：
1:10, 2B ；35mm银盐
收藏馆：缩微中心，福建

000O011956
[乾隆]屏南县志：八卷首一卷 / (清)沈钟纂修
清乾隆五年(1740)刻乾隆十七年(1752)沈宗良
增刻本
1990年摄制. -- 1盘卷片(14米291拍) ：
1:10, 2B ；35mm银盐
收藏馆：缩微中心，天津

000O028025
[道光]屏南县志：六卷 / (清)梅鼎臣修；(清)陈之
驹纂
清(1644-1911)稿本
1996年摄制. -- 1盘卷片(12.7米248拍) ：
1:10, 2B ；35mm银盐
收藏馆：缩微中心，福建

000O031651
[道光]屏南县志：六卷 / (清)梅鼎臣修；(清)陈之
驹纂
清道光九年(1829)抄本. -- 记事止：清道光
九年(1829)。
2005年摄制. -- 1盘卷片(13米259拍) ：
1:10, 2B ；35mm银盐
收藏馆：缩微中心，南京

000O031653
[道光]屏南县志：六卷 / (清)梅鼎臣修；(清)陈之
驹纂
清道光九年(1829)抄本. -- 记事止：清道光
九年(1829)。

2005年摄制. -- 1盘卷片(13米256拍) ：
1:10, 2B ；35mm银盐
收藏馆：缩微中心，南京

000O030472
[乾隆]古田县志：八卷 / (清)辛竟可修；(清)林咸
吉[等]纂
清乾隆十七年(1752)刻本. -- 记事止：清乾
隆十七年(1752)。
2002年摄制. -- 1盘卷片(27.6米563拍) ：
1:10, 2B ；35mm银盐
收藏馆：缩微中心，福建

000O030586
古田县乡土志略：不分卷 / (清)曾光禧纂
清光绪三十二年(1906)铅印本. -- 记事止：
清光绪三十年(1904)。
2002年摄制. -- 1盘卷片(6.4米97拍) ：
1:10, 2B ；35mm银盐
收藏馆：缩微中心，福建

000O008480
[嘉靖]江西通志：三十七卷 / (明)林廷棉,(明)周
广纂修
明嘉靖(1522-1566)刻本. -- 存二卷：卷二十
至卷二十一。
1988年摄制. -- 1盘卷片(7.2米132拍) ：
1:10, 2B ；35mm银盐
收藏馆：缩微中心，国图

000O007635
[嘉靖]江西省大志：八卷 / (明)王宗沐纂修；(明)
陆万垓增修
明万历二十五年(1597)刻本. -- 记事止：明
万历二十四年(1596)。
1988年摄制. -- 1盘卷片(22米505拍) ：
1:10, 2B ；35mm银盐
收藏馆：缩微中心，南京

000O012800
[康熙]江西通志：五十四卷 / (清)于成龙[等]修；
(清)杜果[等]纂
清康熙二十二年(1683)刻本
1990年摄制. -- 5盘卷片(139米2983拍) ：
1:10, 2B ；35mm银盐
收藏馆：缩微中心，湖南

000O021490
[康熙]江西通志：五十四卷 / (清)于成龙[等]修；
(清)杜果[等]纂
清康熙二十二年(1683)刻本. -- 存四十七
卷：卷二至卷三十八、卷四十至卷四十七、卷
五十至卷五十一。

1995年摄制. -- 4盘卷片(119米2418拍)：
1:10, 2B；35mm银盐
收藏馆：缩微中心，国图

00O012092
[康熙]西江志：二百六卷图一卷 / (清)白潢修；
(清)查慎行[等]纂
清康熙五十九年(1720)刻本
1990年摄制. -- 14盘卷片(399米8627拍)：
1:10, 2B；35mm银盐
收藏馆：缩微中心，湖南

00O029163
[康熙]西江志：二百六卷 / (清)白潢修；(清)查慎
行[等]纂
清康熙(1662-1722)刻本
1999年摄制. -- 13盘卷片(372米8556拍)：
1:10, 2B；35mm银盐
收藏馆：缩微中心，国图

00O027847
[雍正]江西通志：一百六十二卷首三卷 / (清)谢
旻修；(清)陶成纂
清雍正(1723-1735)刻本. -- 存三十四卷：卷
二十五至卷四十三、卷一百五至卷一百十七、
卷一百三十一至卷一百三十二。
1997年摄制. -- 2盘卷片(55米1119拍)：
1:10, 2B；35mm银盐
收藏馆：缩微中心，国图

00O021306
[同治]南昌府志：六十六卷首一卷末一卷 / (清)
许应荣,(清)王兆藩修；(清)曾作舟,(清)杜防纂
清同治十二年(1873)刻本
1994年摄制. -- 6盘卷片(184米3963拍)：
1:10, 2B；35mm银盐
收藏馆：缩微中心，甘肃

00O012017
[道光]新建县志：七十四卷首一卷末一卷 / (清)
雷学淦修；(清)曹师曾纂
清道光四年(1824)刻本
1990年摄制. -- 3盘卷片(93米2024拍)：
1:10, 2B；35mm银盐
收藏馆：缩微中心，天津

00O008217
[康熙]安义县志：十卷 / (清)陈玉笔修；(清)周曰
泗纂
清(1644-1911)抄本. -- 记事止：清康熙十二
年(1673)。
1988年摄制. -- 1盘卷片(20米410拍)：
1:10, 2B；35mm银盐

收藏馆：缩微中心，南京

00O011861
[同治]安义县志：十六卷首一卷末一卷 / (清)杜
林修；(清)彭斗山,(清)熊宝善纂
清同治十年(1871)活字印本
1990年摄制. -- 2盘卷片(39米833拍)：
1:10, 2B；35mm银盐
收藏馆：缩微中心，湖南

00O011970
[道光]进贤县志：二十五卷首一卷 / (清)朱楣修；
(清)贺熙龄纂
清道光三年(1823)刻本
1990年摄制. -- 2盘卷片(41米885拍)：
1:10, 2B；35mm银盐
收藏馆：缩微中心，天津

00O011591
九江府志：五十四卷 / (清)达春布修
清同治十二年(1873)刻本
1989年摄制. -- 4盘卷片(112米2522拍)：
1:10, 2B；35mm银盐
收藏馆：缩微中心，吉林

00O011129
[同治]德化县志：五十四卷首一卷 / (清)陈鼎修；
(清)吴彬[等]纂
清同治十一年(1872)刻本
1989年摄制. -- 3盘卷片(79米1706拍)：
1:10, 2B；35mm银盐
收藏馆：缩微中心，湖南

00O012081
[同治]瑞昌县志：十卷首一卷 / (清)姚进修；(清)
冯士杰[等]纂
清同治十年(1871)襄溪书院刻本
1990年摄制. -- 2盘卷片(41米877拍)：
1:10, 2B；35mm银盐
收藏馆：缩微中心，湖南

00O007632
[乾隆]武宁县志：三十卷首一卷 / (清)邹应元修；
(清)盛大谟纂
清乾隆二十年(1755)刻本. -- 记事止：清乾
隆二十年(1755)。
1988年摄制. -- 1盘卷片(28米669拍)：
1:10, 2B；35mm银盐
收藏馆：缩微中心，南京

00O011121
[同治]南康府志：二十四卷首一卷 / (清)盛元
[等]纂修

清同治十一年(1872)刻本
1989年摄制. -- 2盘卷片(57米1215拍) :
1:10, 2B ; 35mm银盐
收藏馆：缩微中心，湖南

000O011137
[同治]星子县志：十四卷首一卷 / (清)蓝煦,(清)
徐鸣皋修；(清)曹征甲[等]纂
清同治十年(1871)刻本
1989年摄制. -- 2盘卷片(47米996拍) :
1:10, 2B ; 35mm银盐
收藏馆：缩微中心，湖南

000O027683
[康熙]湖口县志：十卷首一卷 / (清)范之焕修；
(清)陈启禧纂
清康熙十二年(1673)刻本. -- 存四卷：卷一
至卷三、首一卷。
1997年摄制. -- 1盘卷片(9米159拍) : 1:10,
2B ; 35mm银盐
收藏馆：缩微中心，国图

000O008900
[乾隆]彭泽县志：十六卷 / (清)吴会川修；(清)何
炳奎纂
清乾隆二十一年(1756)刻本
1988年摄制. -- 1盘卷片(30米691拍) :
1:10, 2B ; 35mm银盐
收藏馆：缩微中心，浙江

000O024062
[乾隆]乐平县志 ：三十二卷首一卷 / (清)陈
纳,(清)王猷修；(清)杨人杰,(清)欧阳联纂
清乾隆十七年(1752)刻本
1995年摄制. -- 2盘卷片(41米840拍) :
1:10, 2B ; 35mm银盐
收藏馆：缩微中心，湖北

000O008883
[道光]乐平县志：十二卷首一卷末一卷 / (清)孙
尔修修；(清)黄华壁,(清)汪葆泰纂
清道光七年(1827)刻本
1988年摄制. -- 2盘卷片(38米835拍) :
1:10, 2B ; 35mm银盐
收藏馆：缩微中心，浙江

000O013587
[乾隆]浮梁县志：十二卷首一卷 / (清)程廷济修；
(清)何炳奎纂
清乾隆四十八年(1783)刻本
1991年摄制. -- 2盘卷片(51米1033拍) :
1:10, 2B ; 35mm银盐
收藏馆：缩微中心，浙江

000O012022
[乾隆]贵溪县志：十四卷首一卷 / (清)郑高华纂
修
清乾隆四十九年(1784)刻本. -- 有抄配。
1990年摄制. -- 2盘卷片(39米856拍) :
1:10, 2B ; 35mm银盐
收藏馆：缩微中心，天津

000O010733
[同治]贵溪县志：十卷首一卷 / (清)杨长杰修；
(清)黄联珏[等]纂
清同治十年(1871)刻本
1989年摄制. -- 2盘卷片(57米1230拍) :
1:10, 2B ; 35mm银盐
收藏馆：缩微中心，湖南

000O010835
[同治]临江府志 ：三十二卷首一卷 / (清)德
馨,(清)鲍孝光修；(清)朱孙诒,(清)陈锡麟纂
清同治十年(1871)刻本
1989年摄制. -- 1盘卷片(29米638拍) :
1:10, 2B ; 35mm银盐
收藏馆：缩微中心，湖南

000O021354
[道光]新喻县志：十四卷首一卷 / (清)陆尧春纂
修
清道光五年(1825)刻本
1994年摄制. -- 1盘卷片(34米721拍) :
1:10, 2B ; 35mm银盐
收藏馆：缩微中心，甘肃

000O011378
[同治]新喻县志：十六卷首一卷 / (清)祥安修
清同治十二年(1873)刻本
1989年摄制. -- 2盘卷片(56米1258拍) :
1:10, 2B ; 35mm银盐
收藏馆：缩微中心，吉林

000O012019
[道光]清江县志：二十八卷首一卷末一卷 / (清)
张湄修；(清)杨学光,(清)黄郁章纂
清道光四年(1824)刻本. -- 卷首有抄配。
1990年摄制. -- 2盘卷片(49米1075拍) :
1:10, 2B ; 35mm银盐
收藏馆：缩微中心，天津

000O011141
[同治]清江县志：十卷首一卷 / (清)潘懿,(清)胡
湛修；(清)朱孙诒纂
清同治九年(1870)刻本
1989年摄制. -- 2盘卷片(44米944拍) :
1:10, 2B ; 35mm银盐

收藏馆：缩微中心，湖南

000O027685
[康熙]分宜县志：十卷 / (清)蔡文鸾纂修
清康熙十二年(1673)刻本
1997年摄制. -- 1盘卷片(17米325拍) :
1:10, 2B ; 35mm银盐
收藏馆：缩微中心，国图

000O011952
[道光]分宜县志：三十二卷首一卷 / (清)龚笙纂
修
清道光二年(1822)刻本
1990年摄制. -- 2盘卷片(47米1041拍) :
1:10, 2B ; 35mm银盐
收藏馆：缩微中心，天津

000O010838
[同治]分宜县志：十卷首一卷 / (清)李寅清,(清)
夏琮鼎修；(清)严升伟[等]纂
清同治十年(1871)刻本
1989年摄制. -- 3盘卷片(63米1357拍) :
1:10, 2B ; 35mm银盐
收藏馆：缩微中心，湖南

000O022598
[乾隆]萍乡县志：十二卷 / (清)胥绳武修；(清)欧
阳鹤鸣纂
清乾隆四十九年(1784)刻本
1995年摄制. -- 2盘卷片(41.5米838拍) :
1:10, 2B ; 35mm银盐
收藏馆：缩微中心，湖北

000O011837
[道光]萍乡县志：十六卷图一卷 / (清)黄睿纂修
清道光三年(1823)兴贤堂刻本
1990年摄制. -- 1盘卷片(20米438拍) :
1:10, 2B ; 35mm银盐
收藏馆：缩微中心，天津

000O008353
[道光]赣州府志：七十八卷首一卷 / (清)李本仁
[等]纂
清道光二十八年(1848)刻本. -- 纂者还有：
(清)陈观西等。
1988年摄制. -- 4盘卷片(120米2598拍) :
1:10, 2B ; 35mm银盐
收藏馆：缩微中心，浙江

000O012065
[同治]赣州府志：七十八卷首一卷 / (清)魏
瀛,(清)鲁琪光修；(清)钟音鸿[等]纂
清同治十二年(1873)刻本

1990年摄制. -- 5盘卷片(142米3055拍) :
1:10, 2B ; 35mm银盐
收藏馆：缩微中心，湖南

000O008861
[乾隆]瑞金县志：八卷首一卷 / (清)郭灿修；(清)
黄天策,(清)杨于位纂
清乾隆十八年(1753)刻本
1988年摄制. -- 1盘卷片(29米647拍) :
1:10, 2B ; 35mm银盐
收藏馆：缩微中心，浙江

000O012021
[道光]瑞金县志：十六卷首一卷 / (清)蒋方增纂
修
清道光二年(1822)刻本
1990年摄制. -- 2盘卷片(48米1057拍) :
1:10, 2B ; 35mm银盐
收藏馆：缩微中心，天津

000O011966
[道光]南康县志：二十四卷首一卷 / (清)刘继
武,(清)王雅南修；(清)赖相栋纂
清道光三年(1823)刻本
1990年摄制. -- 2盘卷片(47米991拍) :
1:10, 2B ; 35mm银盐
收藏馆：缩微中心，天津

000O012085
[同治]赣县志：五十四卷首一卷 / (清)黄德
溥,(清)崔国榜修；(清)褚景昕纂
清同治十一年(1872)刻本
1990年摄制. -- 3盘卷片(72米1526拍) :
1:10, 2B ; 35mm银盐
收藏馆：缩微中心，湖南

000O024060
[道光]信丰县志续编：十六卷 / (清)许夔修；(清)
谢肇涟,(清)张伊纂
清道光四年(1824)刻本
1995年摄制. -- 1盘卷片(32米670拍) :
1:10, 2B ; 35mm银盐
收藏馆：缩微中心，湖北

000O011756
[光绪]南安府志补正：十二卷首一卷 / (清)杨淳
纂修
清光绪(1875-1908)刻本
1990年摄制. -- 1盘卷片(23米510拍) :
1:10, 2B ; 35mm银盐
收藏馆：缩微中心，吉林

00O022737

[乾隆]上犹县志：二十卷 / (清)贾文召,(清)蔡泰均纂修

清乾隆(1736-1795)刻本. -- 存十三卷：卷一至卷十三。

1995年摄制. -- 1盘卷片(18米358拍) : 1:10, 2B ; 35mm银盐

收藏馆：缩微中心，浙江

00O027689

[康熙]崇义县志：不分卷 / (清)王璧纂修

清康熙(1662-1722)抄本

1997年摄制. -- 1盘卷片(6米77拍) : 1:10, 2B ; 35mm银盐

收藏馆：缩微中心，国图

00O008204

[乾隆]安远县志：八卷 / (清)董正修；(清)刘定京[等]纂

清乾隆十六年(1751)刻本. -- 记事止：清乾隆十七年(1752)。

1988年摄制. -- 1盘卷片(22米487拍) : 1:10, 2B ; 35mm银盐

收藏馆：缩微中心，南京

00O009798

[乾隆]龙南县志：二十六卷 / (清)永禄修；(清)廖运芳纂

清乾隆十七年(1752)刻本

1989年摄制. -- 1盘卷片(21米464拍) : 1:10, 2B ; 35mm银盐

收藏馆：缩微中心，浙江

00O027691

[康熙]定南县志：十卷 / (清)林诜孕修；(清)赖用楫纂

清康熙(1662-1722)刻本. -- 存四卷：卷四至卷七。

1997年摄制. -- 1盘卷片(6米96拍) : 1:10, 2B ; 35mm银盐

收藏馆：缩微中心，国图

00O011947

[乾隆]定南厅志：七卷 / (清)朱昕修；(清)刘霖纂

清乾隆四十四年(1779)刻本

1990年摄制. -- 1盘卷片(21米452拍) : 1:10, 2B ; 35mm银盐

收藏馆：缩微中心，天津

00O008359

[同治]会昌县志：三十二卷首一卷 / (清)刘长景修；(清)陈良栋[等]纂

清同治十一年(1872)刻本

1988年摄制. -- 2盘卷片(46米1026拍) : 1:10, 2B ; 35mm银盐

收藏馆：缩微中心，浙江

00O008854

[光绪]长宁县志：十六卷首一卷 / (清)金福保,(清)梅奇萼修；(清)钟材权纂

清光绪二十五年(1899)刻本

1988年摄制. -- 1盘卷片(30米652拍) : 1:10, 2B ; 35mm银盐

收藏馆：缩微中心，浙江

00O008860

[光绪]长宁县志：十六卷首一卷 / (清)徐清来修；(清)刘凤翥[等]纂

清光绪二十七年(1901)活字印本

1988年摄制. -- 1盘卷片(30米641拍) : 1:10, 2B ; 35mm银盐

收藏馆：缩微中心，浙江

00O008903

[道光]石城县志：八卷图一卷 / (清)朱一慊修；(清)徐琼[等]纂

清道光四年(1824)刻本

1988年摄制. -- 2盘卷片(38米845拍) : 1:10, 2B ; 35mm银盐

收藏馆：缩微中心，浙江

00O011485

[同治]饶州府志稿：三十二卷首一卷 / (清)锡德修；(清)石景芬[等]纂

清同治十一年(1872)刻本

1989年摄制. -- 3盘卷片(85米1830拍) : 1:10, 2B ; 35mm银盐

收藏馆：缩微中心，湖南

00O011128

[同治]上饶县志：二十六卷首一卷 / (清)王恩溥,(清)邢德裕修；(清)李树藩[等]纂

清同治十一年(1872)刻本

1989年摄制. -- 3盘卷片(82米1751拍) : 1:10, 2B ; 35mm银盐

收藏馆：缩微中心，湖南

00O011969

[道光]广丰县志：三十二卷首一卷 / (清)文炳[等]修；(清)徐奕溥[等]纂

清道光三年(1823)刻本

1990年摄制. -- 1盘卷片(31米682拍) : 1:10, 2B ; 35mm银盐

收藏馆：缩微中心，天津

000O010830
[同治]铅山县志：三十卷首一卷 / (清)张廷珩修；
(清)华祝三纂
清同治十二年(1873)刻本
1989年摄制. -- 3盘卷片(64米1394拍) ：
1:10, 2B ；35mm银盐
收藏馆：缩微中心，湖南

000O009804
[咸丰]弋阳县志：十四卷首一卷 / (清)陈乔枞纂
修
清咸丰元年(1851)刻本
1989年摄制. -- 2盘卷片(41米800拍) ：
1:10, 2B ；35mm银盐
收藏馆：缩微中心，浙江

000O010829
[同治]万年县志：十二卷首一卷 / (清)项珂修；
(清)刘馥桂,(清)凌文明纂
清同治十年(1871)刻本
1989年摄制. -- 2盘卷片(53米1139拍) ：
1:10, 2B ；35mm银盐
收藏馆：缩微中心，湖南

000O024224
[康熙]婺源县志：十二卷 / (清)蒋灿[等]纂修
清康熙三十三年(1694)刻本
1996年摄制. -- 2盘卷片(46米1046拍) ：
1:10, 2B ；35mm银盐
收藏馆：缩微中心，安徽

000O030938
[乾隆]婺源县志：三十九卷首一卷 / (清)俞云耕
[等]修；(清)潘继善纂
清乾隆二十二年(1757)刻本. -- 记事止：清
乾隆二十二年(1757)。存三十七卷：卷一至卷
二十六、卷二十九至卷三十九。
2003年摄制. -- 3盘卷片(66米1324拍) ：
1:10, 2B ；35mm银盐
收藏馆：缩微中心，南京

000O030834
[乾隆]婺源县志：三十九卷首一卷 / (清)俞云耕
[等]修；(清)潘继善纂；(清)赵汝为[等]续纂修
清乾隆二十二年(1757)刻嘉庆十三年(1808)递
修本. -- 记事止：清嘉庆十三年(1808)。
2003年摄制. -- 3盘卷片(85米1755拍) ：
1:10, 2B ；35mm银盐
收藏馆：缩微中心，南京

000O031028
[光绪]婺源县志：六十四卷首一卷 / (清)吴鹗修；
(清)汪正元[等]纂

清光绪九年(1883)刻本. -- 记事止：清光绪
九年(1883)。
2003年摄制. -- 5盘卷片(134米2806拍) ：
1:10, 2B ；35mm银盐
收藏馆：缩微中心，南京

000O031039
婺源乡土志：七章 / (清)董钟琪[等]撰
清光绪三十四年(1908)活字印本. -- 记事
止：清光绪三十三年(1907)。
2004年摄制. -- 1盘卷片(5米54拍) ：1:10,
2B ；35mm银盐
收藏馆：缩微中心，南京

000O011601
[光绪]抚州府志：八十六卷首一卷 / (清)许应
荣,(清)朱澄澜修；(清)谢煌[等]纂
清光绪二年(1876)刻本
1990年摄制. -- 5盘卷片(137米2940拍) ：
1:10, 2B ；35mm银盐
收藏馆：缩微中心，湖南

000O024077
[乾隆]临川县志：四十九卷 / (清)李廷友修；(清)
李绂纂
清乾隆五年(1740)刻本
1995年摄制. -- 2盘卷片(39米780拍) ：
1:10, 2B ；35mm银盐
收藏馆：缩微中心，湖北

000O011376
[同治]临川县志：五十四卷首一卷末一卷 / (清)
童范俨修
清同治九年(1870)刻本
1989年摄制. -- 3盘卷片(86米1928拍) ：
1:10, 2B ；35mm银盐
收藏馆：缩微中心，吉林

000O028700
[康熙]建昌府志：二十六卷 / (清)高天爵修；(清)
吴挺之纂
清康熙十二年(1673)刻本. -- 存二十二卷：
卷一至卷十、卷十五至卷二十六。
1997年摄制. -- 2盘卷片(54米1083拍) ：
1:10, 2B ；35mm银盐
收藏馆：缩微中心，国图

000O027732
[康熙]南城县志：十二卷 / (清)曹养恒修；(清)萧
韵纂
清康熙(1662-1722)刻本. -- 存四卷：卷三至
卷六。
1997年摄制. -- 1盘卷片(6米93拍) ：1:10,

2B ；35mm银盐
收藏馆：缩微中心，国图

000O027681
[康熙]江西新城县志：十卷 / (清)周天德修；(清)涂景祚纂
清康熙(1662-1722)刻本
1997年摄制. -- 1盘卷片(30米608拍) ：1:10, 2B ；35mm银盐
收藏馆：缩微中心，国图

000O011597
[同治]南丰县志：四十六卷首一卷末一卷 / (清)柏春修；(清)鲁琪光[等]纂
清同治十年(1871)刻本
1990年摄制. -- 3盘卷片(84米1818拍) ：1:10, 2B ；35mm银盐
收藏馆：缩微中心，湖南

000O011793
[同治]乐安县志：十二卷 / (清)朱奎章修
清同治十年(1871)刻本
1990年摄制. -- 2盘卷片(35米750拍) ：1:10, 2B ；35mm银盐
收藏馆：缩微中心，吉林

000O011975
[道光]泸溪县志：十二卷首一卷 / (清)张澍纂修
清道光九年(1829)刻本
1990年摄制. -- 1盘卷片(18米386拍) ：1:10, 2B ；35mm银盐
收藏馆：缩微中心，天津

000O011867
[同治]广昌县志：十卷首一卷 / (清)曾毓璋纂修
清同治六年(1867)刻本
1990年摄制. -- 2盘卷片(38米820拍) ：1:10, 2B ；35mm银盐
收藏馆：缩微中心，湖南

000O021342
[同治]瑞州府志：二十四卷首一卷 / (清)黄廷金修；(清)萧浚兰[等]纂
清同治十二年(1873)刻本. -- 纂者还有：(清)熊松之等。
1994年摄制. -- 2盘卷片(50米1069拍) ：1:10, 2B ；35mm银盐
收藏馆：缩微中心，甘肃

000O027682
[康熙]袁州府志：二十卷首一卷 / (清)李芳春修；(清)袁继梓纂
清康熙九年(1670)刻本. -- 存十七卷：卷一

至卷四、卷七至卷十六、卷十八至卷二十。
1997年摄制. -- 2盘卷片(46米888拍) ：1:10, 2B ；35mm银盐
收藏馆：缩微中心，国图

000O011949
[乾隆]袁州府志：三十八卷首一卷 / (清)陈廷枚修；(清)熊日华,(清)鲁鸿纂
清乾隆二十五年(1760)刻嘉庆八年(1803)补刻本
1990年摄制. -- 2盘卷片(57米1235拍) ：1:10, 2B ；35mm银盐
收藏馆：缩微中心，天津

000O011122
[同治]袁州府志：十卷首一卷 / (清)骆敏[等]修；(清)萧玉铨[等]纂
清同治十三年(1874)刻本
1989年摄制. -- 4盘卷片(98米2099拍) ：1:10, 2B ；35mm银盐
收藏馆：缩微中心，湖南

000O021394
[康熙]宜春县志：二十卷 / (清)江为龙修；(清)李绍莲纂
清康熙四十七年(1708)刻本. -- 存十七卷：卷一至卷十七。
1995年摄制. -- 2盘卷片(42米881拍) ：1:10, 2B ；35mm银盐
收藏馆：缩微中心，甘肃

000O011139
[同治]宜春县志：十卷首一卷 / (清)路青云修；(清)李佩琳,(清)陈瑜纂
清同治十年(1871)刻本
1989年摄制. -- 2盘卷片(51米1100拍) ：1:10, 2B ；35mm银盐
收藏馆：缩微中心，湖南

000O011950
[道光]高安县志：二十二卷首一卷 / (清)高以本修；(清)熊如澍,(清)徐襄纂
清道光四年(1824)刻本
1990年摄制. -- 2盘卷片(62米1380拍) ：1:10, 2B ；35mm银盐
收藏馆：缩微中心，天津

000O014870
奉新县志：十二卷 / (清)邹山立[等]纂
清道光四年(1824)刻本
1992年摄制. -- 2盘卷片(40米841拍) ：1:10, 2B ；35mm银盐
收藏馆：缩微中心，吉林

000O010734
[同治]奉新县志：十六卷首一卷末一卷 / (清)吕懋先修；(清)师方蔚纂
清同治十年(1871)刻本
1989年摄制. -- 2盘卷片(54米1156拍) : 1:10, 2B ; 35mm银盐
收藏馆：缩微中心, 湖南

000O011852
[道光]万载县志：三十卷首一卷 / (清)卫鹓鸣[等]修；(清)郭大经[等]纂
清道光十二年(1832)刻本
1990年摄制. -- 2盘卷片(55米1100拍) : 1:10, 2B ; 35mm银盐
收藏馆：缩微中心, 天津

000O011831
[道光]重修上高县志：十二卷首一卷末一卷 / (清)林元英纂修
清道光三年(1823)活字印本
1990年摄制. -- 2盘卷片(41米870拍) : 1:10, 2B ; 35mm银盐
收藏馆：缩微中心, 天津

000O011133
[同治]新昌县志：三十二卷首一卷末一卷 / (清)朱庆萼[等]纂修
清同治十一年(1872)活字印本
1990年摄制. -- 4盘卷片(93米1999拍) : 1:10, 2B ; 35mm银盐
收藏馆：缩微中心, 湖南

000O011972
[道光]永宁县志：八卷首一卷 / (清)孙承祖,(清)黄节纂
清道光二年(1822)刻本
1990年摄制. -- 1盘卷片(14米285拍) : 1:10, 2B ; 35mm银盐
收藏馆：缩微中心, 天津

000O008866
[同治]永宁县志：十卷首一卷 / (清)杨辅宜修；(清)萧应乾[等]纂
清同治十年(1871)刻本
1988年摄制. -- 1盘卷片(27米578拍) : 1:10, 2B ; 35mm银盐
收藏馆：缩微中心, 浙江

000O021933
[顺治]吉安府志：三十六卷 / (清)李兴元修；(清)欧阳主生纂
清顺治(1644-1661)刻本. -- 存二十四卷：卷一至卷七、卷十一至卷二十五、卷三十三至卷三十四。
1995年摄制. -- 2盘卷片(43米872拍) : 1:10, 2B ; 35mm银盐
收藏馆：缩微中心, 国图

000O025690
[乾隆]吉安府志：七十四卷首一卷 / (清)卢崧修；(清)朱承煦,(清)林朋席纂
清乾隆四十一年(1776)刻道光二十二年(1842)李镕经补刻本
1995年摄制. -- 7盘卷片(205.5米4210拍) : 1:10, 2B ; 35mm银盐
收藏馆：缩微中心, 湖北

000O011595
[光绪]吉安府志：五十三卷首一卷 / (清)定祥,(清)特克绅布修；(清)刘绎[等]纂
清光绪二年(1876)刻本. -- 缺一卷：卷三十, 卷二十七至卷三十一原注空。
1990年摄制. -- 7盘卷片(184米3949拍) : 1:10, 2B ; 35mm银盐
收藏馆：缩微中心, 湖南

000O011384
[同治]庐陵县志：五十六卷首一卷 / (清)陈汝桢修
清同治十二年(1873)刻本
1989年摄制. -- 4盘卷片(109米2443拍) : 1:10, 2B ; 35mm银盐
收藏馆：缩微中心, 吉林

000O017236
[乾隆]吉水县志：四十二卷 / (清)米嘉绩修；(清)黄世成[等]纂
清乾隆十五年(1750)刻本
1993年摄制. -- 3盘卷片(76米1639拍) : 1:10, 2B ; 35mm银盐
收藏馆：缩微中心, 天津

000O011600
[光绪]吉水县志：六十六卷首一卷 / (清)彭际盛[等]修；(清)胡宗元[等]纂
清光绪元年(1875)刻本
1990年摄制. -- 3盘卷片(88米1895拍) : 1:10, 2B ; 35mm银盐
收藏馆：缩微中心, 湖南

000O011967
[道光]峡江县志：十四卷首一卷 / (清)兆元修[等]纂
清道光三年(1823)刻本. -- 纂者还有：(清)郭廷赓等。
1990年摄制. -- 2盘卷片(40米843拍) :

1:10, 2B ；35mm银盐
收藏馆：缩微中心，天津

000O011853
[同治]峡江县志：十卷首一卷 / (清)暴大儒修；
(清)廖其观纂
清同治十年(1871)刻本
1990年摄制. -- 1盘卷片(30米645拍)：
1:10, 2B ；35mm银盐
收藏馆：缩微中心，湖南

000O011380
[同治]新淦县志：十卷首一卷 / (清)王肇赐修；
(清)陈锡麟纂
清同治十二年(1873)活字印本
1989年摄制. -- 3盘卷片(66米1456拍)：
1:10, 2B ；35mm银盐
收藏馆：缩微中心，吉林

000O021334
[同治]泰和县志：三十卷首一卷 / (清)宋瑛[等]
修；(清)彭启瑞[等]纂
清同治十一年(1872)刻本
1994年摄制. -- 2盘卷片(64米1384拍)：
1:10, 2B ；35mm银盐
收藏馆：缩微中心，甘肃

000O011968
[道光]龙泉县志：十八卷首一卷末一卷 / (清)文
海修；(清)高世书纂
清道光四年(1824)刻本
1990年摄制. -- 1盘卷片(32米707拍)：
1:10, 2B ；35mm银盐
收藏馆：缩微中心，天津

000O017213
[康熙]万安县志：十二卷首一卷 / (清)黄图昌修；
(清)刘应举[等]纂
清康熙二十八年(1689)刻本
1993年摄制. -- 1盘卷片(21米445拍)：
1:10, 2B ；35mm银盐
收藏馆：缩微中心，天津

000O011855
[同治]安福县志：十八卷首一卷末一卷 / (清)姚
睿昌修；(清)周立瀛[等]纂
清同治十一年(1872)刻本. -- 纂者还有：
(清)赵廷恺等。
1990年摄制. -- 2盘卷片(54米1080拍)：
1:10, 2B ；35mm银盐
收藏馆：缩微中心，湖南

000O011854
[同治]永新县志：二十六卷首一卷 / (清)萧玉
春,(清)陈恩浩修；(清)李炜,(清)段梦龙纂
清同治十三年(1874)刻本
1990年摄制. -- 2盘卷片(56米1201拍)：
1:10, 2B ；35mm银盐
收藏馆：缩微中心，湖南

000O007651
齐乘：六卷 / (元)于钦撰 . 释音：一卷 / (元)于
潜撰
明嘉靖四十三年(1564)杜思刻本. -- 记事
止：元延祐三年(1316)。卷三配抄本。(清)丁
丙跋。
1988年摄制. -- 1盘卷片(19米369拍)：
1:10, 2B ；35mm银盐
收藏馆：缩微中心，南京

000O003791
齐乘：六卷 / (元)于钦撰 . 释音：一卷 / (元)于
潜撰
明嘉靖四十三年(1564)杜思刻本
1985年摄制. -- 1盘卷片(16.6米360拍)：
1:10, 2B ；35mm银盐
收藏馆：缩微中心，国图

000O019678
齐乘：六卷 / (元)于钦撰 . 释音：一卷 / (元)于
潜撰
清(1644-1911)抄本. -- (清)李文藻校并跋，
(清)盛百二跋。
1994年摄制. -- 1盘卷片(18米338拍)：
1:10, 2B ；35mm银盐
收藏馆：缩微中心，国图

000O030096
齐乘：六卷 / (元)于钦撰 . 释音：一卷 / (元)于
潜撰 . 考证：六卷 / (清)周嘉猷撰
清乾隆四十六年(1781)刻本. -- 记事止：元
延祐三年(1316)。
2001年摄制. -- 1盘卷片(15米292拍)：
1:10, 2B ；35mm银盐
收藏馆：缩微中心，南京

000O030087
齐乘：六卷 / (元)于钦撰 . 释音：一卷 / (元)于
潜撰 . 考证：六卷 / (清)周嘉猷撰
清光绪三十一年(1905)周大辅雠书楼抄本. --
记事止：元延祐三年(1316)。
2001年摄制. -- 1盘卷片(16米367拍)：
1:10, 2B ；35mm银盐
收藏馆：缩微中心，南京

000O008108
[嘉靖]山东通志：四十卷 / (明)陆钶[等]纂修
明嘉靖十二年(1533)刻本
1988年摄制. -- 3盘卷片(66米1512拍) :
1:10, 2B ; 35mm银盐
收藏馆：缩微中心，湖北

000O007611
[嘉靖]山东通志：四十卷 / (明)陆钶[等]纂修
明嘉靖十二年(1533)刻万历四年(1576)增刻本
1987年摄制. -- 3盘卷片(63米1506拍) :
1:10, 2B ; 35mm银盐
收藏馆：缩微中心，天津

000O030329
[康熙]山东通志：六十四卷 / (清)赵祥星修；(清)钱江[等]纂；(清)王国昌增纂修
清康熙十七年(1678)刻康熙四十一年(1702)增修本. -- 记事止：清康熙四十一年(1702)。
2001年摄制. -- 3盘卷片(90米1844拍) :
1:10, 2B ; 35mm银盐
收藏馆：缩微中心，南京

000O030095
[道光]济南府志：七十二卷首一卷图一卷 / (清)王镇[等]修；(清)成瓘[等]纂
清道光二十一年(1841)刻本. -- 记事止：清道光二十年(1840)。
2001年摄制. -- 7盘卷片(200米4066拍) :
1:10, 2B ; 35mm银盐
收藏馆：缩微中心，南京

000O007608
[崇祯]历城县志：十六卷 / (明)宋祖法修；(明)叶承宗纂
明崇祯十三年(1640)友声堂刻本
1987年摄制. -- 1盘卷片(27米653拍) :
1:10, 2B ; 35mm银盐
收藏馆：缩微中心，天津

000O030505
[乾隆]历城县志：五十卷首一卷 / (清)胡德琳修；(清)李文藻[等]纂
清乾隆三十八年(1773)刻本. -- 记事止：清乾隆三十四年(1769)。
2002年摄制. -- 3盘卷片(75米1506拍) :
1:10, 2B ; 35mm银盐
收藏馆：缩微中心，南京

000O018163
历城县修志条款采访册：不分卷 / (清)崔云辉[等]辑
清(1644-1911)稿本

1993年摄制. -- 1盘卷片(17米345拍) :
1:10, 2B ; 35mm银盐
收藏馆：缩微中心，山东

000O013095
[康熙]章丘县志：十二卷首一卷 / (清)钟运泰修；(清)高崇岩纂
清康熙三十年(1691)刻本
1991年摄制. -- 1盘卷片(25米512拍) :
1:10, 2B ; 35mm银盐
收藏馆：缩微中心，国图

000O030440
[道光]章丘县志：十六卷首一卷末一卷 / (清)吴璋修；(清)曹楙坚纂
清道光十五年(1835)刻本. -- 记事止：清道光十二年(1832)。
2002年摄制. -- 2盘卷片(54米1060拍) :
1:10, 2B ; 35mm银盐
收藏馆：缩微中心，南京

000O030090
章丘县乡土志：二卷 / (清)杨学渊纂修
清光绪三十三年(1907)石印本. -- 记事止：清光绪三十二年(1906)。
2001年摄制. -- 1盘卷片(7米114拍) : 1:10, 2B ; 35mm银盐
收藏馆：缩微中心，南京

000O027832
[顺治]平阴县志：八卷 / (清)陈秉直修；(清)赵贯台纂
清康熙十三年(1674)刻本. -- 存五卷：卷四至卷八。
1997年摄制. -- 1盘卷片(9米160拍) : 1:10, 2B ; 35mm银盐
收藏馆：缩微中心，国图

000O030501
[嘉庆]平阴县志：四卷图一卷 / (清)喻春林修；(清)朱续孜纂
清嘉庆十三年(1808)刻本. -- 记事止：清嘉庆十三年(1808)。存三卷：卷二至卷四。
2002年摄制. -- 1盘卷片(6米136拍) : 1:10, 2B ; 35mm银盐
收藏馆：缩微中心，南京

000O030414
[光绪]平阴县志：八卷首一卷 / (清)李敬修纂修
清光绪二十一年(1895)刻本. -- 记事止：清光绪二十一年(1895)。
2002年摄制. -- 1盘卷片(26米526拍) :
1:10, 2B ; 35mm银盐

收藏馆：缩微中心，南京

000O030323

[乾隆]济阳县志：十四卷首一卷 / (清)胡德琳修；
(清)何明礼纂

清乾隆三十年(1765)刻乾隆三十七年(1772)增
修本. -- 记事止：清乾隆三十年(1765)。

2002年摄制. -- 2盘卷片(41米798拍)：
1:10，2B；35mm银盐

收藏馆：缩微中心，南京

000O007640

[万历]商河县志：十卷 / (明)曾一侗修；(明)詹应
阳纂

明万历(1573-1620)刻崇祯(1628-1644)增修
本. -- 记事止：明崇祯九年(1636)。

1988年摄制. -- 1盘卷片(8米176拍)：1:10，
2B；35mm银盐

收藏馆：缩微中心，南京

000O030418

[道光]商河县志：八卷首一卷 / (清)龚廷煌纂修

清道光十九年(1839)刻本. -- 记事止：清道
光十四年(1834)。

2002年摄制. -- 1盘卷片(25米479拍)：
1:10，2B；35mm银盐

收藏馆：缩微中心，南京

000O030097

[嘉庆]东昌府志：五十卷首三卷 / (清)嵩山修；
(清)谢香开[等]纂

清嘉庆十三年(1808)刻本. -- 记事止：清嘉
庆十三年(1808)。

2001年摄制. -- 3盘卷片(88米1753拍)：
1:10，2B；35mm银盐

收藏馆：缩微中心，南京

000O030319

[宣统]聊城县志：十二卷首一卷：三卷 / (清)陈
庆藩修；(清)靳维熙纂

清宣统二年(1910)刻本. -- 记事止：清光绪
三十三年(1907)。

2001年摄制. -- 2盘卷片(36米696拍)：
1:10，2B；35mm银盐

收藏馆：缩微中心，南京

000O030499

[嘉庆]清平县志：十七卷 / (清)万承绍修；(清)周
以勋纂

清嘉庆三年(1798)刻本. -- 记事止：清嘉庆
三年(1798)。

2002年摄制. -- 1盘卷片(18米393拍)：
1:10，2B；35mm银盐

收藏馆：缩微中心，南京

000O020918

[康熙]阳谷县志：八卷首一卷 / (清)王时来修；
(清)杭云龙[等]纂

清康熙五十五年(1716)刻乾隆十二年(1747)增
刻本.

1994年摄制. -- 1盘卷片(16米346拍)：
1:10，2B；35mm银盐

收藏馆：缩微中心，天津

000O030324

[光绪]寿张县志：十卷首一卷 / (清)刘文烺修；
(清)王守谦纂

清光绪二十六年(1900)刻本. -- 记事止：清
光绪二十六年(1900)。

2002年摄制. -- 1盘卷片(20米450拍)：
1:10，2B；35mm银盐

收藏馆：缩微中心，南京

000O027414

[道光]观城县志：十卷首一卷 / (清)孙观纂修

清道光十八年(1838)刻本

1997年摄制. -- 1盘卷片(18米370拍)：
1:10，2B；35mm银盐

收藏馆：缩微中心，湖北

000O030494

[康熙]莘县志：八卷 / (清)刘萧纂修

清(1644-1911)抄本. -- 记事止：清康熙
五十五年(1716)。

2002年摄制. -- 1盘卷片(14米285拍)：
1:10，2B；35mm银盐

收藏馆：缩微中心，南京

000O030375

[光绪]莘县志：十卷 / (清)张朝璋修；(清)孔广海
纂

清光绪十三年(1887)刻本. -- 记事止：清光
绪十三年(1887)。佚名校。

2002年摄制. -- 1盘卷片(25米522拍)：
1:10，2B；35mm银盐

收藏馆：缩微中心，南京

000O030333

[光绪]莘县志：十卷 / (清)张朝璋修；(清)孔广海
纂

清光绪十三年至宣统三年(1887-1911)抄
本. -- 记事止：清光绪十三年(1887)。

2002年摄制. -- 1盘卷片(23米474拍)：
1:10，2B；35mm银盐

收藏馆：缩微中心，南京

00O030376
莘县乡土志：不分卷 / (清)周郑表修；(清)孔翼
轩纂
清宣统元年(1909)石印本. -- 记事止：清宣
统元年(1909)。
2002年摄制. -- 1盘卷片(5米65拍) ： 1:10,
2B ； 35mm银盐
收藏馆：缩微中心，南京

00O030328
[道光]博平县志：六卷 / (清)杨祖宪修；(清)乌竹
芳[等]纂；(清)刘凤诩[等]增纂
清道光十一年(1831)刻道光十五年(1835)增修
本. -- 记事止：清道光十五年(1835)。
2002年摄制. -- 1盘卷片(17米371拍) ：
1:10, 2B ； 35mm银盐
收藏馆：缩微中心，南京

00O030105
[康熙]茌平县志：五卷 / (清)王书一修；(清)张翕
纂；(清)王世臣增修；(清)孙克绪增纂
清康熙二年(1663)刻康熙五十六年(1717)递修
本. -- 记事止：清康熙五十六年(1717)。
2001年摄制. -- 1盘卷片(18米353拍) ：
1:10, 2B ； 35mm银盐
收藏馆：缩微中心，南京

00O030386
[道光]东阿县志：二十四卷首一卷 / (清)李贤书
修；(清)吴怡[等]纂
清道光九年(1829)刻本. -- 记事止：清道光
九年(1829)。
2002年摄制. -- 2盘卷片(46米948拍) ：
1:10, 2B ； 35mm银盐
收藏馆：缩微中心，南京

00O008250
东阿县乡土志：八卷 / (清)姜汉章编
清(1644-1911)铅印本. -- 记事止：清光绪
三十二年(1906)。
1988年摄制. -- 1盘卷片(9米168拍) ： 1:10,
2B ； 35mm银盐
收藏馆：缩微中心，南京

00O027656
[康熙]重修德州志：十卷 / (清)金祖彭修；(清)程
先贞纂
清康熙十二年(1673)刻本
1997年摄制. -- 1盘卷片(14米267拍) ：
1:10, 2B ； 35mm银盐
收藏馆：缩微中心，国图

00O030417
[乾隆]乐陵县志：八卷首一卷 / (清)王谦益修；
(清)郑成中纂
清乾隆二十七年(1762)刻本. -- 记事止：清
乾隆二十六年(1761)。
2002年摄制. -- 1盘卷片(30米579拍) ：
1:10, 2B ； 35mm银盐
收藏馆：缩微中心，南京

00O030102
[嘉庆]禹城县志：十二卷 / (清)董鹏翱修；(清)牟
应震纂
清嘉庆十五年(1810)刻本. -- 记事止：清嘉
庆十五年(1810)。
2001年摄制. -- 1盘卷片(15米297拍) ：
1:10, 2B ； 35mm银盐
收藏馆：缩微中心，南京

00O030103
[光绪]禹城县志：十二卷 / (清)董鹏翱修；(清)牟
应震纂；(清)庄福增纂修
清嘉庆十五年(1810)刻光绪十二年(1886)增修
本. -- 记事止：清光绪十二年(1886)。
2001年摄制. -- 1盘卷片(13米276拍) ：
1:10, 2B ； 35mm银盐
收藏馆：缩微中心，南京

00O030325
[光绪]陵县志：二十二卷首一卷 / (清)沈淮修；
(清)李图纂；(清)戴杰增纂修
清道光二十五年(1845)刻光绪元年(1875)增修
本. -- 记事止：清光绪元年(1875)。
2002年摄制. -- 2盘卷片(42米913拍) ：
1:10, 2B ； 35mm银盐
收藏馆：缩微中心，南京

00O030094
[乾隆]平原县志：十卷首一卷 / (清)黄怀祖修；
(清)黄兆熊纂
清乾隆十四年(1749)刻本. -- 记事止：清乾
隆十四年(1749)。
2001年摄制. -- 1盘卷片(15米350拍) ：
1:10, 2B ； 35mm银盐
收藏馆：缩微中心，南京

00O030402
[乾隆]夏津县志：十卷首一卷 / (清)方学成修；
(清)梁大鲲纂
清乾隆七年(1742)刻本. -- 记事止：清乾隆
七年(1742)。
2002年摄制. -- 1盘卷片(27米534拍) ：
1:10, 2B ； 35mm银盐
收藏馆：缩微中心，南京

00O030498
[宣统]重修恩县志：十卷首一卷 / (清)汪鸿孙修；
(清)刘儒臣[等]纂
清宣统元年(1909)刻本. -- 记事止：清光绪
三十四年(1908)。
2002年摄制. -- 1盘卷片(24米479拍) :
1:10, 2B ; 35mm银盐
收藏馆：缩微中心，南京

00O030490
[道光]武城县志续编：十四卷首一卷 / (清)厉秀
芳纂修
清道光二十一年(1841)刻本. -- 记事止：清
道光二十一年(1841)。
2002年摄制. -- 1盘卷片(13米242拍) :
1:10, 2B ; 35mm银盐
收藏馆：缩微中心，南京

00O027650
[康熙]齐河县志：八卷首一卷 / (清)蓝奋兴修；
(清)王道光纂
清康熙(1662-1722)刻本
1997年摄制. -- 1盘卷片(12米216拍) :
1:10, 2B ; 35mm银盐
收藏馆：缩微中心，国图

00O030100
[道光]临邑县志：十六卷首一卷末一卷 / (清)沈
淮修纂
清道光十七年(1837)刻本. -- 记事止：清道
光十七年(1837)。
2001年摄制. -- 2盘卷片(35米709拍) :
1:10, 2B ; 35mm银盐
收藏馆：缩微中心，南京

00O030101
[同治]临邑县志：十六卷首一卷末一卷 / (清)沈
淮纂修；(清)陈鸿翔[等]增修；(清)崔振庆[等]增
纂
清道光十七年(1837)刻同治十三年(1874)增修
本. -- 记事止：清同治十三年(1874)。
2001年摄制. -- 2盘卷片(42米838拍) :
1:10, 2B ; 35mm银盐
收藏馆：缩微中心，南京

00O030331
[光绪]德平县志：二十卷首一卷 / (清)凌锡祺修；
(清)李敬熙纂
清光绪十九年(1893)刻本. -- 记事止：清光
绪十九年(1893)。
2002年摄制. -- 1盘卷片(21米422拍) :
1:10, 2B ; 35mm银盐
收藏馆：缩微中心，南京

00O030806
[光绪]宁津县志：十二卷图一卷 / (清)祝嘉庸修；
(清)吴浔源纂
清光绪二十六年(1900)刻本. -- 记事止：清
光绪二十六年(1900)。
2003年摄制. -- 1盘卷片(26米547拍) :
1:10, 2B ; 35mm银盐
收藏馆：缩微中心，南京

00O030165
[咸丰]庆云县志：三卷首一卷末一卷 / (清)戴绚
孙纂修；(清)崔光笏参订
清咸丰五年(1855)崔氏海云堂刻续修本. --
记事止：清咸丰四年(1854)，见卷二第十九页
选举。
2001年摄制. -- 1盘卷片(12米248拍) :
1:10, 2B ; 35mm银盐
收藏馆：缩微中心，重庆

00O027659
[康熙]利津县新志：十卷 / (清)韩文焜纂修
清康熙十二年(1673)刻本
1997年摄制. -- 1盘卷片(12米219拍) :
1:10, 2B ; 35mm银盐
收藏馆：缩微中心，国图

00O030483
[光绪]利津县志：十卷附文征五卷 / (清)盛赞熙
纂修
清光绪九年(1883)刻本. -- 记事止：清光绪
九年(1883)。
2002年摄制. -- 1盘卷片(22米414拍) :
1:10, 2B ; 35mm银盐
收藏馆：缩微中心，南京

00O027660
[康熙]乐安县续志：二卷 / (清)欧阳焯,(清)李含
章纂修
清康熙(1662-1722)刻本. -- 存一卷：卷上。
1997年摄制. -- 1盘卷片(5米74拍) : 1:10,
2B ; 35mm银盐
收藏馆：缩微中心，国图

00O030388
[雍正]乐安县志：二十卷 / (清)李方膺纂修
清雍正十一年(1733)刻本. -- 记事止：清雍
正十年(1732)。
2002年摄制. -- 1盘卷片(15米313拍) :
1:10, 2B ; 35mm银盐
收藏馆：缩微中心，南京

00O030316
[乾隆]淄川县志：八卷首一卷图一卷 / (清)王康

修；(清)臧岳纂修
清乾隆八年(1743)刻乾隆四十一年(1776)增修
本. -- 记事止：清乾隆四十年(1775)。
2001年摄制. -- 2盘卷片(44米896拍) :
1:10, 2B ; 35mm银盐
收藏馆：缩微中心，南京

000O030503
[乾隆]博山县志：十卷首一卷 / (清)富申修；(清)
田士麟纂
清乾隆十八年(1753)刻本. -- 记事止：清乾
隆十六年(1751)。
2002年摄制. -- 1盘卷片(8米175拍) : 1:10,
2B ; 35mm银盐
收藏馆：缩微中心，南京

000O027416
[康熙]临淄县志：十六卷 / (清)邓性修；(清)李焕
章纂
清(1644-1911)抄本
1997年摄制. -- 1盘卷片(17米344拍) :
1:10, 2B ; 35mm银盐
收藏馆：缩微中心，湖北

000O030495
[康熙]新城县志：十四卷首一卷续志二卷 / (清)
崔懋纂修
清康熙三十二年(1693)刻本. -- 记事止：清
康熙三十二年(1693)。
2002年摄制. -- 1盘卷片(22米441拍) :
1:10, 2B ; 35mm银盐
收藏馆：缩微中心，南京

000O030387
[道光]青城县志：十二卷图一卷 / (清)方凤修；
(清)周瑊纂；(清)张薇垣增纂修
清乾隆二十四年(1759)刻道光二十六年
(1846)增刻本. -- 记事止：清道光二十六年
(1846)。
2002年摄制. -- 1盘卷片(15米289拍) :
1:10, 2B ; 35mm银盐
收藏馆：缩微中心，南京

000O017237
[康熙]高苑县志：八卷 / (清)宋弼纂修
清康熙十一年(1672)刻本
1993年摄制. -- 1盘卷片(7米135拍) : 1:10,
2B ; 35mm银盐
收藏馆：缩微中心，天津

000O030420
[乾隆]潍县志：六卷首一卷末一卷 / (清)张耀璧
修；(清)王诵芬纂

清乾隆二十五年(1760)刻本. -- 记事止：清
乾隆二十五年(1760)。
2002年摄制. -- 1盘卷片(25米448拍) :
1:10, 2B ; 35mm银盐
收藏馆：缩微中心，南京

000O030419
[万历]安丘县志：二十八卷 / (明)熊元修；(清)马
文炜纂
明万历十七年(1589)刻本. -- 记事止：明万
历十七年(1589)。
2002年摄制. -- 1盘卷片(7米153拍) : 1:10,
2B ; 35mm银盐
收藏馆：缩微中心，南京

000O027837
[康熙]续安丘县志：二十六卷 / (清)任周鼎修；
(清)王训纂
清康熙(1662-1722)刻本. -- 存十五卷：卷
十二至卷二十六。
1997年摄制. -- 1盘卷片(5米73拍) : 1:10,
2B ; 35mm银盐
收藏馆：缩微中心，国图

000O018164
[道光]安邱新志乘韦：二十八卷 / (清)张柏恒纂
修
清(1644-1911)稿本
1993年摄制. -- 1盘卷片(15米292拍) :
1:10, 2B ; 35mm银盐
收藏馆：缩微中心，山东

000O018234
[道光]安邱新志乘韦：二十八卷 / (清)张柏恒纂
修
清(1644-1911)稿本
1993年摄制. -- 1盘卷片(9米156拍) : 1:10,
2B ; 35mm银盐
收藏馆：缩微中心，山东

000O030390
[乾隆]昌邑县志：八卷图一卷 / (清)周来邰纂修
清乾隆七年(1742)刻本. -- 记事止：清乾隆
七年(1742)。
2002年摄制. -- 1盘卷片(17米352拍) :
1:10, 2B ; 35mm银盐
收藏馆：缩微中心，南京

000O030326
[乾隆]昌邑县志：八卷 / (清)周来邰纂修
清乾隆七年(1742)刻本. -- 记事止：清乾隆
七年(1742)。
2002年摄制. -- 1盘卷片(16米323拍) :

1:10，2B；35mm银盐
收藏馆：缩微中心，南京

000O030456

[乾隆]高密县志：十卷首一卷末一卷 / (清)钱廷熊[等]纂修
清乾隆十九年(1754)刻本. -- 记事止：清乾隆十八年(1753)。佚名批校。
2002年摄制. -- 1盘卷片(21米381拍)：1:10，2B；35mm银盐
收藏馆：缩微中心，南京

000O030445

[乾隆]高密县志：十卷首一卷末一卷 / (清)钱廷熊[等]纂修
清乾隆十九年(1754)刻本. -- 记事止：清乾隆十八年(1753)。
2002年摄制. -- 1盘卷片(20米381拍)：1:10，2B；35mm银盐
收藏馆：缩微中心，南京

000O030401

[光绪]高密县志：十卷首一卷末一卷 / (清)傅赉予修；(清)李勤运[等]纂
清光绪二十二年(1896)刻本. -- 记事止：清光绪二十一年(1895)。
2002年摄制. -- 2盘卷片(37米753拍)：1:10，2B；35mm银盐
收藏馆：缩微中心，南京

000O027989

[万历]青州府志：二十卷 / (明)王家宝,(明)钟羽正纂修
明万历(1573-1620)刻本
1997年摄制. -- 3盘卷片(61米1354拍)：1:10，2B；35mm银盐
收藏馆：缩微中心，河南

000O008813

[康熙]青州府志：二十卷 / (清)张连登修；(清)张贞[等]纂
清康熙四十八年(1709)刻本
1988年摄制. -- 3盘卷片(67米1466拍)：1:10，2B；35mm银盐
收藏馆：缩微中心，天津

000O030389

[康熙]青州府志：二十二卷 / (清)陶锦修；(清)王昌学[等]纂
清康熙六十年(1721)刻本. -- 记事止：清康熙六十年(1721)。
2002年摄制. -- 2盘卷片(44米885拍)：1:10，2B；35mm银盐

收藏馆：缩微中心，南京

000O030378

[康熙]益都县志：十四卷首一卷 / (清)陈食花修；(清)钟谔[等]纂；(清)尹福增纂
清康熙十二年(1673)刻康熙五十五年(1716)增修本. -- 记事止：清康熙五十五年(1716)。
2002年摄制. -- 1盘卷片(25米512拍)：1:10，2B；35mm银盐
收藏馆：缩微中心，南京

000O030486

[康熙]益都县志：十四卷首一卷 / (清)陈食花修；(清)钟谔[等]纂；(清)尹福增纂
清康熙十二年(1673)刻康熙五十五年(1716)增修本. -- 记事止：清康熙五十五年(1716)。
2002年摄制. -- 1盘卷片(25米512拍)：1:10，2B；35mm银盐
收藏馆：缩微中心，南京

000O030330

[光绪]益都县图志：五十四卷首一卷 / (清)张承燮[等]修；(清)法伟堂纂
清光绪三十三年(1907)刻本. -- 记事止：清光绪三十三年(1907)。
2002年摄制. -- 3盘卷片(73米1511拍)：1:10，2B；35mm银盐
收藏馆：缩微中心，南京

000O007095

[康熙]诸城县志：十二卷 / (清)卞颖修；(清)王劝[等]纂
清康熙十二年(1673)刻本
1987年摄制. -- 1盘卷片(23米534拍)：1:10，2B；35mm银盐
收藏馆：缩微中心，天津

000O030373

[乾隆]诸城县志：四十六卷 / (清)宫懋让修；(清)李文藻[等]纂
清乾隆二十九年(1764)刻本. -- 记事止：清乾隆二十九年(1764)。
2002年摄制. -- 1盘卷片(32米663拍)：1:10，2B；35mm银盐
收藏馆：缩微中心，南京

000O009366

[光绪]增修诸城县续志：二十二卷 / (清)刘嘉树修；(清)苑莱池,(清)邱浚恪纂
清光绪十八年(1892)刻本. -- 记事止：清光绪十八年(1892)。
1988年摄制. -- 1盘卷片(28米563拍)：1:10，2B；35mm银盐

收藏馆：缩微中心，南京

00O030339
[嘉庆]寿光县志：二十卷图一卷 / (清)刘翰周纂修
清嘉庆五年(1800)刻本. -- 记事止：清嘉庆三年(1798)。
2002年摄制. -- 1盘卷片(29米554拍)：1:10, 2B ; 35mm银盐
收藏馆：缩微中心，南京

000O030392
[光绪]临朐县志：十六卷首一卷 / (清)姚延福修；(清)邓嘉缉[等]纂
清光绪十一年(1885)刻本. -- 记事止：清光绪元年(1875)。
2002年摄制. -- 1盘卷片(25米427拍)：1:10, 2B ; 35mm银盐
收藏馆：缩微中心，南京

000O030449
[光绪]临朐县志：十六卷首一卷 / (清)姚延福修；(清)邓嘉缉[等]纂
清光绪十一年(1885)刻朱印本. -- 记事止：清光绪十年(1884)。
2002年摄制. -- 1盘卷片(23米449拍)：1:10, 2B ; 35mm银盐
收藏馆：缩微中心，南京

000O030437
[嘉庆]昌乐县志：三十二卷首一卷 / (清)魏礼焯修；(清)赵立本纂
清嘉庆十四年(1809)刻本. -- 记事止：清嘉庆十四年(1809)。
2002年摄制. -- 1盘卷片(22米448拍)：1:10, 2B ; 35mm银盐
收藏馆：缩微中心，南京

000O027421
[万历]福山县志：八卷 / (明)宋大奎修；(明)郭如泰纂
明(1368-1644)抄本
1997年摄制. -- 1盘卷片(6米97拍)：1:10, 2B ; 35mm银盐
收藏馆：缩微中心，湖北

000O030334
[乾隆]福山县志：十二卷图一卷 / (清)何乐善修；(清)萧劼[等]纂
清乾隆二十八年(1763)刻本. -- 记事止：清乾隆二十八年(1763)。
2002年摄制. -- 1盘卷片(32米617拍)：1:10, 2B ; 35mm银盐

收藏馆：缩微中心，南京

000O018162
[嘉靖]宁海州志：二卷 / (明)李光先,(明)焦希程纂修
清(1644-1911)抄本
1993年摄制. -- 1盘卷片(8米140拍)：1:10, 2B ; 35mm银盐
收藏馆：缩微中心，山东

000O027672
[康熙]宁海州志：十卷 / (清)李引祚纂修
清康熙十一年(1672)刻本
1997年摄制. -- 1盘卷片(7米108拍)：1:10, 2B ; 35mm银盐
收藏馆：缩微中心，国图

000O030380
[同治]重修宁海州志：二十六卷 / (清)舒孔安修；(清)王厚阶纂
清同治三年(1864)刻本. -- 记事止：清同治三年(1864)。
2002年摄制. -- 1盘卷片(29米581拍)：1:10, 2B ; 35mm银盐
收藏馆：缩微中心，南京

000O027836
[康熙]栖霞县志：八卷 / (清)胡璘修；(清)牟国珔纂
清康熙十一年(1672)刻本. -- 存六卷：卷三至卷八。
1997年摄制. -- 1盘卷片(13米232拍)：1:10, 2B ; 35mm银盐
收藏馆：缩微中心，国图

000O030327
[乾隆]栖霞县志：十卷图一卷 / (清)卫长纂修
清乾隆二十年(1755)刻本. -- 记事止：清乾隆二十年(1755)。
2002年摄制. -- 1盘卷片(14米269拍)：1:10, 2B ; 35mm银盐
收藏馆：缩微中心，南京

000O030332
[光绪]栖霞县续志：十卷首一卷图一卷 / (清)黄丽中修；(清)于如川纂
清光绪五年(1879)刻本. -- 记事止：清光绪五年(1879)。
2002年摄制. -- 2盘卷片(41米809拍)：1:10, 2B ; 35mm银盐
收藏馆：缩微中心，南京

00O030335
[乾隆]海阳县志：八卷 / (清)包桂纂修
清乾隆七年(1742)刻本. -- 记事止：清乾隆
七年(1742)。
2002年摄制. -- 1盘卷片(16米340拍)：
1：10, 2B ；35mm银盐
收藏馆：缩微中心, 南京

00O030404
[光绪]海阳县续志：十卷首一卷 / (清)王敬勋修；
(清)李尔梅纂
清光绪六年(1880)刻本. -- 记事止：清光绪
六年(1880)。
2002年摄制. -- 1盘卷片(28米567拍)：
1：10, 2B ；35mm银盐
收藏馆：缩微中心, 南京

00O030338
[乾隆]黄县志：十二卷 / (清)袁中立修；(清)毛贽
纂
清乾隆二十一年(1756)刻本. -- 记事止：清
乾隆二十一年(1756)。
2002年摄制. -- 1盘卷片(20米398拍)：
1：10, 2B ；35mm银盐
收藏馆：缩微中心, 南京

00O030374
[同治]黄县志：十四卷首一卷末一卷 / (清)吴准
仁修；(清)尹继美[等]纂
清同治十年(1871)刻本. -- 记事止：清同治
十年(1871)。
2002年摄制. -- 1盘卷片(17米356拍)：
1：10, 2B ；35mm银盐
收藏馆：缩微中心, 南京

00O026106
[万历]登州府志：十八卷图一卷 / (明)徐应元纂
修
明泰昌元年(1620)刻本
1997年摄制. -- 2盘卷片(44米977拍)：
1：10, 2B ；35mm银盐
收藏馆：缩微中心, 河南

00O030415
[康熙]莱阳县志：十卷图一卷 / (清)万邦维修；
(清)张重澜纂
清康熙十七年(1678)刻雍正元年(1723)增修
本. -- 记事止：清雍正元年(1723)。
2002年摄制. -- 1盘卷片(17米349拍)：
1：10, 2B ；35mm银盐
收藏馆：缩微中心, 南京

00O030413
[乾隆]掖县志：八卷首一卷 / (清)张思勉修；(清)
于始瞻纂；(清)郑玺增纂
清乾隆二十四年(1759)刻乾隆二十六年
(1761)增刻本. -- 记事止：清乾隆二十六年
(1761)。
2002年摄制. -- 2盘卷片(37米752拍)：
1：10, 2B ；35mm银盐
收藏馆：缩微中心, 南京

00O030336
[嘉庆]续掖县志：四卷 / (清)张彤修；(清)张诩纂
清嘉庆十二年(1807)刻本. -- 记事止：清嘉
庆十二年(1807)。
2002年摄制. -- 1盘卷片(14米265拍)：
1：10, 2B ；35mm银盐
收藏馆：缩微中心, 南京

00O008210
[嘉庆]续掖县志：四卷 / (清)张彤修；(清)张诩纂
清嘉庆十二年(1807)刻本. -- 记事止：清嘉
庆十二年(1807)。
1988年摄制. -- 1盘卷片(12米265拍)：
1：10, 2B ；35mm银盐
收藏馆：缩微中心, 南京

00O027835
[康熙]蓬莱县志：八卷 / (清)高岗修；(清)蔡永华
纂
清康熙(1662-1722)刻本. -- 存六卷：卷一至
卷二、卷五至卷八。
1997年摄制. -- 1盘卷片(13米147拍)：
1：10, 2B ；35mm银盐
收藏馆：缩微中心, 国图

00O030370
[道光]重修蓬莱县志：十四卷 / (清)王文焘修；
(清)张本[等]纂
清道光二十年(1840)刻本. -- 记事止：清道
光二十年(1840)。
2002年摄制. -- 1盘卷片(32米644拍)：
1：10, 2B ；35mm银盐
收藏馆：缩微中心, 南京

00O030379
[光绪]蓬莱县续志：十四卷 / (清)江瑞采修；(清)
王尔植[等]纂
清光绪八年(1882)刻本. -- 记事止：清光绪
八年(1882)。
2002年摄制. -- 1盘卷片(25米513拍)：
1：10, 2B ；35mm银盐
收藏馆：缩微中心, 南京

00O030371
[道光]荣成县志：十卷图一卷 / (清)李天骘修；(清)岳赓廷[等]纂
清道光二十年(1840)刻本. -- 记事止：清道光二十年(1840)。
2002年摄制. -- 1盘卷片(15米335拍)：1:10, 2B；35mm银盐
收藏馆：缩微中心，南京

00O030410
[道光]文登县志：十卷图一卷 / (清)欧文[等]修；(清)林汝谟[等]纂
清道光十九年(1839)刻本. -- 记事止：清道光十八年(1838)。
2002年摄制. -- 1盘卷片(20米388拍)：1:10, 2B；35mm银盐
收藏馆：缩微中心，南京

00O030407
[乾隆]胶州志：八卷首一卷 / (清)周于智修；(清)刘恬[等]纂
清乾隆十七年(1752)刻本. -- 记事止：清乾隆十七年(1752)。
2002年摄制. -- 1盘卷片(28米579拍)：1:10, 2B；35mm银盐
收藏馆：缩微中心，南京

00O030385
[乾隆]胶州志：八卷首一卷 / (清)周于智修；(清)刘恬[等]纂
清乾隆十七年至清末(1752-1911)抄本. -- 记事止：清乾隆十七年(1752)。
2002年摄制. -- 1盘卷片(25米508拍)：1:10, 2B；35mm银盐
收藏馆：缩微中心，南京

00O030337
[道光]重修胶州志：四十卷 / (清)张同声修；(清)李图纂
清道光二十六年(1846)刻本. -- 记事止：清道光二十六年(1846)。
2002年摄制. -- 2盘卷片(43米852拍)：1:10, 2B；35mm银盐
收藏馆：缩微中心，南京

00O030488
[乾隆]即墨县志：十二卷首一卷 / (清)尤淑孝修；(清)李元正纂
清乾隆二十九年(1764)刻本. -- 记事止：清乾隆二十八年(1763)。佚名校补。
2002年摄制. -- 1盘卷片(25米497拍)：1:10, 2B；35mm银盐
收藏馆：缩微中心，南京

00O030400
[同治]即墨县志：十二卷图一卷 / (清)林溥[等]纂修
清同治十二年(1873)刻本. -- 记事止：清同治十二年(1873)。
2002年摄制. -- 1盘卷片(32米678拍)：1:10, 2B；35mm银盐
收藏馆：缩微中心，南京

00O030384
[道光]重修平度州志：二十七卷 / (清)保忠[等]修；(清)李图[等]纂
清道光二十九年(1849)刻本. -- 记事止：清道光二十九年(1849)。
2002年摄制. -- 2盘卷片(39米804拍)：1:10, 2B；35mm银盐
收藏馆：缩微中心，南京

00O030403
[光绪]日照县志：十二卷首一卷 / (清)陈懋,(清)郑作相纂修
清光绪十二年(1886)刻本. -- 记事止：清光绪十二年(1886)。
2002年摄制. -- 1盘卷片(17米349拍)：1:10, 2B；35mm银盐
收藏馆：缩微中心，南京

00O018110
[光绪]日照县志：不分卷 / (清)陈懋,(清)郑作相纂修
清光绪(1875-1908)稿本. -- 本书系后人修复不慎将稿本和清光绪抄本组合在一起，无法分拆恢复原状。
1993年摄制. -- 1盘卷片(22米460拍)：1:10, 2B；35mm银盐
收藏馆：缩微中心，山东

00O012101
[光绪]日照县志：十二卷 / (清)陈懋,(清)郑作相纂修
清末(1851-1911)稿本
1990年摄制. -- 1盘卷片(20米437拍)：1:10, 2B；35mm银盐
收藏馆：缩微中心，山东

00O027677
[康熙]莒州志：二卷 / (清)张文范修；(清)段章纂
清康熙(1662-1722)刻本. -- 存一卷：卷下。
1997年摄制. -- 1盘卷片(7米103拍)：1:10, 2B；35mm银盐
收藏馆：缩微中心，国图

00O030443
[嘉庆]莒州志：十六卷首一卷 / (清)许诏锦纂修
清嘉庆元年(1796)刻本. -- 记事止：清嘉庆
元年(1796)。
2002年摄制. -- 1盘卷片(23米440拍) :
1:10, 2B ; 35mm银盐
收藏馆：缩微中心，南京

00O030439
[康熙]沂州县志：八卷图一卷 / (清)邵士纂修
清康熙十三年(1674)刻本. -- 记事止：清康
熙十三年(1674)。
2002年摄制. -- 1盘卷片(25米457拍) :
1:10, 2B ; 35mm银盐
收藏馆：缩微中心，南京

00O030406
[乾隆]沂州府志：三十六卷首一卷 / (清)李希贤
修；(清)潘遇莘纂
清乾隆二十八年(1763)刻本. -- 记事止：清
乾隆二十八年(1763)。
2002年摄制. -- 2盘卷片(46米914拍) :
1:10, 2B ; 35mm银盐
收藏馆：缩微中心，南京

00O030412
[嘉庆]续修郯城县志：十卷 / (清)吴垲[等]修；
(清)陆继辂纂
清嘉庆十五年(1810)刻本. -- 记事止：清嘉
庆十四年(1809)。
2002年摄制. -- 1盘卷片(14米236拍) :
1:10, 2B ; 35mm银盐
收藏馆：缩微中心，南京

00O027667
[康熙]沂水县志：六卷 / (清)黄胪登纂修
清康熙十一年(1672)刻本. -- 存三卷：卷四
至卷六。
1997年摄制. -- 1盘卷片(6米77拍) : 1:10,
2B ; 35mm银盐
收藏馆：缩微中心，国图

00O030411
[道光]沂水县志：十卷 / (清)张爕[等]纂修
清道光七年(1827)刻本. -- 记事止：清道光
七年(1827)。
2002年摄制. -- 1盘卷片(17米386拍) :
1:10, 2B ; 35mm银盐
收藏馆：缩微中心，南京

00O030158
[康熙]费县志：十卷首一卷 / (清)黄学勰纂修
清康熙二十八年(1689)刻康熙四十三年(1704)

印本. -- 记事止：清康熙二十七年(1688)，
见卷三第三页官师。
2001年摄制. -- 1盘卷片(14米274拍) :
1:10, 2B ; 35mm银盐
收藏馆：缩微中心，重庆

00O030398
[光绪]费县志：十六卷首一卷图一卷 / (清)李敬
修纂
清光绪二十二年(1896)刻本. -- 记事止：清
光绪二十二年(1896)。
2002年摄制. -- 2盘卷片(44米890拍) :
1:10, 2B ; 35mm银盐
收藏馆：缩微中心，南京

00O030509
[乾隆]峄县志：十卷首一卷 / (清)忠琏纂修
清乾隆二十六年(1761)刻本. -- 记事止：清
乾隆二十六年(1761)。
2002年摄制. -- 1盘卷片(22米417拍) :
1:10, 2B ; 35mm银盐
收藏馆：缩微中心，南京

00O030322
[光绪]峄县志：二十五卷首一卷图一卷 / (清)周
凤鸿[等]修；(清)王宝田纂
清光绪三十年(1904)刻本. -- 记事止：清光
绪二十九年(1903)。
2002年摄制. -- 2盘卷片(60米1209拍) :
1:10, 2B ; 35mm银盐
收藏馆：缩微中心，南京

00O030106
[道光]滕县志：十四卷首一卷 / (清)王政修；(清)
王庸立[等]纂
清道光二十六年(1846)刻本. -- 记事止：清
道光二十六年(1846)。
2001年摄制. -- 2盘卷片(45米886拍) :
1:10, 2B ; 35mm银盐
收藏馆：缩微中心，南京

00O030393
[乾隆]济宁直隶州志：三十四卷首一卷图一卷 /
(清)胡德琳[等]修；(清)周永年[等]纂；(清)王道
亨增修
清乾隆四十三年(1778)刻乾隆五十年(1785)增
修本. -- 记事止：清乾隆五十年(1785)。
2002年摄制. -- 3盘卷片(92米1865拍) :
1:10, 2B ; 35mm银盐
收藏馆：缩微中心，南京

00O030377
[道光]济宁直隶州志：十卷首一卷末一卷图一卷 /

(清)徐宗干修；(清)许瀚[等]纂
清咸丰八年(1858)刻本. -- 记事止：清咸丰
七年(1857)。
2002年摄制. -- 4盘卷片(92米1838拍)：
1:10，2B；35mm银盐
收藏馆：缩微中心，南京

00O018231
[道光]济宁直隶州志：十卷首一卷 / (清)徐宗干
修；(清)许瀚[等]纂
清(1644-1911)稿本. -- (清)赵愚轩跋。
1993年摄制. -- 2盘卷片(49米1039拍)：
1:10，2B；35mm银盐
收藏馆：缩微中心，山东

00O030492
[咸丰]济宁直隶州续志：四卷 / (清)卢朝安纂修
清咸丰九年(1859)刻本. -- 记事止：清咸丰
九年(1859)。
2002年摄制. -- 1盘卷片(8米176拍)：1:10，
2B；35mm银盐
收藏馆：缩微中心，南京

00O030321
[光绪]滋阳县志：十四卷 / (清)李兆霖[等]修；
(清)黄师闾[等]纂
清光绪十四年(1888)刻本. -- 记事止：清光
绪十四年(1888)。
2001年摄制. -- 1盘卷片(32米661拍)：
1:10，2B；35mm银盐
收藏馆：缩微中心，南京

00O017192
[万历]兖州府志：五十二卷 / (明)易登瀛,(明)于
慎行纂修
明万历二十四年(1596)刻本
1993年摄制. -- 3盘卷片(70米1442拍)：
1:10，2B；35mm银盐
收藏馆：缩微中心，山东

00O008804
[万历]邹志：四卷图一卷 / (明)胡继光纂修
明万历三十九年(1611)刻本
1988年摄制. -- 1盘卷片(12米290拍)：
1:10，2B；35mm银盐
收藏馆：缩微中心，天津

00O030320
[康熙]邹县志：三卷图一卷 / (清)娄一均纂修
清康熙五十五年(1716)刻本. -- 记事止：清
康熙五十五年(1716)。
2001年摄制. -- 1盘卷片(18米433拍)：
1:10，2B；35mm银盐

收藏馆：缩微中心，南京

00O030099
邹县乡土志：一卷 / (清)胡炜纂修
清光绪三十三年(1907)石印本. -- 记事止：
清光绪十五年(1889)。
2001年摄制. -- 1盘卷片(6米69拍)：1:10，
2B；35mm银盐
收藏馆：缩微中心，南京

00O030491
[乾隆]鱼台县志：十三卷首一卷末一卷图一卷 /
(清)冯振鸿纂修
清乾隆三十年(1765)刻本. -- 记事止：清乾
隆三十年(1765)。(清)佚名校补。
2002年摄制. -- 1盘卷片(22米443拍)：
1:10，2B；35mm银盐
收藏馆：缩微中心，南京

00O030511
[光绪]鱼台县志：四卷首一卷末一卷 / (清)赵英
祚纂修
清光绪十五年(1889)刻本. -- 记事止：清光
绪十五年(1889)。
2002年摄制. -- 1盘卷片(23米430拍)：
1:10，2B；35mm银盐
收藏馆：缩微中心，南京

00O010711
[康熙]金乡县志：十六卷首一卷 / (清)沈渊修；
(清)孙中翘纂
清康熙五十一年(1712)刻本
1989年摄制. -- 1盘卷片(23米500拍)：
1:11，2B；35mm银盐
收藏馆：缩微中心，湖南

00O030399
[同治]金乡县志略：十二卷首一卷 / (清)李垒
[等]撰
清同治元年(1862)刻本. -- 记事止：清同治
元年(1862)。
2002年摄制. -- 1盘卷片(14米277拍)：
1:10，2B；35mm银盐
收藏馆：缩微中心，南京

00O027841
[顺治]嘉祥县志：六卷 / (清)张太升修；(清)董方
大纂
清顺治(1644-1661)刻本. -- 存二卷：卷三、
卷六。
1997年摄制. -- 1盘卷片(6米84拍)：1:10，
2B；35mm银盐
收藏馆：缩微中心，国图

00O027558

[顺治]嘉祥县志：六卷 / (清)张太升修；(清)董方大纂

清顺治(1644-1661)刻康熙(1662-1722)增修本. -- 存四卷：卷三至卷六。

1997年摄制. -- 1盘卷片(10米179拍)：1:10, 2B；35mm银盐

收藏馆：缩微中心，国图

00O027559

[顺治]嘉祥县志：六卷 / (清)张太升修；(清)董方大纂

清顺治(1644-1661)刻康熙(1662-1722)增修本. -- 存三卷：卷四至卷六。

1997年摄制. -- 1盘卷片(9米152拍)：1:10, 2B；35mm银盐

收藏馆：缩微中心，国图

00O030166

[万历]汶上县志：八卷 / (明)粟可任修；(明)王命新纂

明万历三十六年(1608)刻清康熙五十六年(1717)闻元昊补刻本. -- 记事止：明万历三十六年(1608)，见卷七第三页杂志。

2001年摄制. -- 1盘卷片(11米213拍)：1:10, 2B；35mm银盐

收藏馆：缩微中心，北碚

00O030107

[康熙]汶上县志：六卷 / (清)闻元炅纂修

清康熙五十六年(1717)刻本. -- 记事止：清康熙五十六年(1717)。

2001年摄制. -- 1盘卷片(9米176拍)：1:10, 2B；35mm银盐

收藏馆：缩微中心，南京

00O030318

[顺治]泗水县志：十二卷图一卷 / (清)刘桓修；(清)杜灿然纂

清(1644-1911)抄本. -- 记事止：清康熙三十八年(1699)。

2001年摄制. -- 1盘卷片(10米193拍)：1:10, 2B；35mm银盐

收藏馆：缩微中心，南京

00O030098

[光绪]泗水县志：十五卷首一卷 / (清)赵英祚修；(清)黄承腾纂

清光绪十九年(1893)刻本. -- 记事止：清光绪十八年(1892)。

2001年摄制. -- 1盘卷片(29米562拍)：1:10, 2B；35mm银盐

收藏馆：缩微中心，南京

00O030484

[乾隆]泰安县志：十二卷首一卷末一卷 / (清)黄钤修；(清)肖儒林[等]纂

清乾隆四十七年(1782)刻本. -- 记事止：清乾隆四十七年(1782)。

2002年摄制. -- 2盘卷片(41米815拍)：1:10, 2B；35mm银盐

收藏馆：缩微中心，南京

00O030502

[道光]泰安县志：十二卷首一卷末一卷 / (清)徐宗干修；(清)蒋大庆纂

清道光九年(1829)刻本. -- 记事止：清道光九年(1829)。

2002年摄制. -- 2盘卷片(51米1015拍)：1:10, 2B；35mm银盐

收藏馆：缩微中心，南京

00O030512

[乾隆]新泰县志：二十卷首一卷 / (清)江乾达[等]纂修；(清)徐致愉增纂修

清乾隆五十年(1785)刻光绪十七年(1891)增刻本. -- 记事止：清光绪十七年(1891)。

2002年摄制. -- 1盘卷片(26米519拍)：1:10, 2B；35mm银盐

收藏馆：缩微中心，南京

00O027840

[康熙]肥城县志书：二卷 / (清)尹任修；(清)尹足法纂

清康熙十一年(1672)刻本

1997年摄制. -- 1盘卷片(8米134拍)：1:10, 2B；35mm银盐

收藏馆：缩微中心，国图

00O030497

[光绪]肥城县志：十卷首一卷 / (清)凌绂曾修；(清)邵承照纂

清光绪十七年(1891)刻本. -- 记事止：清光绪十七年(1891)。

2002年摄制. -- 1盘卷片(18米394拍)：1:10, 2B；35mm银盐

收藏馆：缩微中心，南京

00O030405

[光绪]宁阳县志：二十四卷图一卷 / (清)高升荣修；(清)黄恩彤纂；(清)陈文显增修；(清)黄师阎增纂

清光绪十三年(1887)刻本. -- 记事止：清光绪十三年(1887)。

2002年摄制. -- 2盘卷片(52米1118拍)：1:10, 2B；35mm银盐

收藏馆：缩微中心，南京

00O030489
[道光]东平州志：三十卷图一卷首二卷／(清)周云凤修；(清)唐鉴[等]纂
清道光五年(1825)刻本. -- 记事止：清道光五年(1825)。
2002年摄制. -- 2盘卷片(47米879拍) : 1:10, 2B；35mm银盐
收藏馆：缩微中心，南京

00O030487
[光绪]东平州志：二十七卷图一卷首四卷／(清)恩奎[等]修；(清)卢崟纂
清光绪七年(1881)刻本. -- 记事止：清光绪七年(1881)。
2002年摄制. -- 3盘卷片(66米1299拍) : 1:10, 2B；35mm银盐
收藏馆：缩微中心，南京

00O030421
[康熙]新修莱芜县志：十卷／(清)叶方恒纂修
清康熙十二年(1673)刻本. -- 记事止：清康熙十二年(1673)。
2002年摄制. -- 1盘卷片(8米188拍) : 1:10, 2B；35mm银盐
收藏馆：缩微中心，南京

00O018161
[光绪]莱芜县志：四十二卷／(清)张梅亭,(清)王希曾纂修
清(1644-1911)稿本
1993年摄制. -- 1盘卷片(22米456拍) : 1:10, 2B；35mm银盐
收藏馆：缩微中心，山东

00O030507
[康熙]滨州志：八卷首一卷／(清)杨容盛修；(清)杜旸[等]纂
清康熙四十年(1701)刻康熙五十年(1711)增修本. -- 记事止：清康熙五十年(1711)。
2002年摄制. -- 1盘卷片(17米357拍) : 1:10, 2B；35mm银盐
收藏馆：缩微中心，南京

00O030506
[咸丰]滨州志：十二卷首一卷／(清)李熙龄纂修
清咸丰十年(1860)刻本. -- 记事止：清咸丰十年(1860)。
2002年摄制. -- 1盘卷片(17米359拍) : 1:10, 2B；35mm银盐
收藏馆：缩微中心，南京

00O030395
[同治]武定府志：三十八卷首一卷／(清)李熙龄纂修
清咸丰十年(1860)刻同治二年(1863)增修本. -- 记事止：清同治二年(1863)。
2002年摄制. -- 3盘卷片(94米1916拍) : 1:10, 2B；35mm银盐
收藏馆：缩微中心，南京

00O030394
[光绪]惠民县志：三十卷首一卷末一卷／(清)沈世铨修；(清)李勖纂
清光绪十二年(1886)刻本. -- 记事止：清光绪十二年(1886)。
2002年摄制. -- 1盘卷片(26米539拍) : 1:10, 2B；35mm银盐
收藏馆：缩微中心，南京

00O030397
[光绪]惠民县志：三十卷首一卷末一卷补遗一卷／(清)沈世铨修；(清)李勖纂
清光绪十二年(1886)刻光绪二十五年(1899)增修本. -- 记事止：清光绪十二年(1886)。
2002年摄制. -- 1盘卷片(30米580拍) : 1:10, 2B；35mm银盐
收藏馆：缩微中心，南京

00O030496
[康熙]海丰县志：十二卷首一卷／(清)胡公著修；(清)张克家纂
清康熙十年(1671)刻康熙二十二年(1683)增修本. -- 记事止：清康熙二十二年(1683)。存十卷：卷一至卷八、卷十至卷十一。
2002年摄制. -- 1盘卷片(12米234拍) : 1:10, 2B；35mm银盐
收藏馆：缩微中心，南京

00O030504
[光绪]沾化县志：十六卷首一卷／(清)联印修；(清)张会一[等]纂
清光绪十七年(1891)刻本. -- 记事止：清光绪十七年(1891)。
2002年摄制. -- 1盘卷片(20米416拍) : 1:10, 2B；35mm银盐
收藏馆：缩微中心，南京

00O030372
[道光]重修博兴县志：十三卷／(清)周壬福修；(清)李同纂
清道光二十二年(1842)刻本. -- 记事止：清道光二十二年(1842)。
2002年摄制. -- 1盘卷片(15米305拍) : 1:10, 2B；35mm银盐
收藏馆：缩微中心，南京

000O030416
[乾隆]蒲台县志：四卷首一卷 / (清)严文典修；
(清)任相纂
清乾隆二十九年(1764)刻本. -- 记事止：清
乾隆二十九年(1764)。
2002年摄制. -- 1盘卷片(14米293拍)：
1:10, 2B；35mm银盐
收藏馆：缩微中心，南京

000O030396
[乾隆]蒲台县志：四卷首一卷 / (清)严文典修；
(清)任相纂
清乾隆二十九年(1764)刻光绪四年(1878)增修
本. -- 记事止：清光绪四年(1878)。
2002年摄制. -- 1盘卷片(15米295拍)：
1:10, 2B；35mm银盐
收藏馆：缩微中心，南京

000O030091
[嘉庆]长山县志：十六卷首一卷 / (清)倪企望修；
(清)钟廷英[等]纂
清嘉庆六年(1801)刻本. -- 记事止：清嘉庆
六年(1801)。
2001年摄制. -- 2盘卷片(36米736拍)：
1:10, 2B；35mm银盐
收藏馆：缩微中心，南京

000O030382
[光绪]菏泽县志：二十卷 / (清)凌寿柏修；(清)宋
明在纂
清光绪六年(1880)刻本. -- 记事止：清光绪
六年(1880)。
2002年摄制. -- 2盘卷片(45米933拍)：
1:10, 2B；35mm银盐
收藏馆：缩微中心，南京

000O030500
[光绪]新修菏泽县志：十八卷首一卷 / (清)凌寿
柏修；(清)叶道源纂
清光绪十一年(1885)刻本. -- 记事止：清光
绪十一年(1885)。
2002年摄制. -- 1盘卷片(23米467拍)：
1:10, 2B；35mm银盐
收藏馆：缩微中心，南京

000O030381
[光绪]曹州府曹县志：十八卷首一卷 / (清)陈嗣
良修；(清)孟广来纂
清光绪十年(1884)居敬书院刻本. -- 记事
止：清光绪十年(1884)。
2002年摄制. -- 2盘卷片(60米1185拍)：
1:10, 2B；35mm银盐
收藏馆：缩微中心，南京

000O030493
[乾隆]定陶县志：十卷首一卷 / (清)雷宏宇修；
(清)刘珠[等]纂
清乾隆十九年(1754)刻本. -- 记事止：清乾
隆十八年(1753)。
2002年摄制. -- 1盘卷片(16米346拍)：
1:10, 2B；35mm银盐
收藏馆：缩微中心，南京

000O030409
[道光]城武县志：十卷首一卷 / (清)袁章华修；
(清)刘士瀛纂
清道光十年(1830)刻本. -- 记事止：清道光
十年(1830)。
2002年摄制. -- 2盘卷片(38米788拍)：
1:10, 2B；35mm银盐
收藏馆：缩微中心，南京

000O030422
[乾隆]单县志：十三卷 / (清)觉罗普尔泰修；(清)
傅尔德纂；(清)孙象坤增纂修
清乾隆二十五年(1760)刻嘉庆元年(1796)增修
本. -- 记事止：嘉庆元年(1796)。
2002年摄制. -- 2盘卷片(40米828拍)：
1:10, 2B；35mm银盐
收藏馆：缩微中心，南京

000O030391
[光绪]郓城县志：十六卷首一卷 / (清)胡建枢修；
(清)赵翰銮[等]纂
清光绪十九年(1893)刻本. -- 记事止：清光
绪十九年(1893)。
2002年摄制. -- 1盘卷片(30米624拍)：
1:10, 2B；35mm银盐
收藏馆：缩微中心，南京

000O030805
[康熙]东明县志：八卷 / (清)杨日升纂修
清康熙(1662-1722)抄本. -- 记事止：清康熙
十二年(1673)。
2003年摄制. -- 1盘卷片(30米625拍)：
1:10, 2B；35mm银盐
收藏馆：缩微中心，南京

000O030190
[乾隆]东明县志：八卷续志一卷 / (清)储元昇纂
修
清乾隆二十一年(1756)刻道光十四年(1834)增
修本. -- 记事止：清道光十四年(1834)。
1997年摄制. -- 1盘卷片(32米680拍)：
1:10, 2B；35mm银盐
收藏馆：缩微中心，湖北

00O021480

[雍正]河南通志：八十卷 / (清)田文镜,(清)孙灏纂修

清雍正(1723-1735)刻本

1995年摄制. -- 6盘卷片(185米3808拍)：
1:10, 2B ；35mm银盐

收藏馆：缩微中心，国图

000O031083

[乾隆]续河南通志：八十卷首四卷 / (清)阿思哈纂修

清乾隆三十三年(1768)刻同治八年(1869)补刻本. -- 记事止：清乾隆三十三年(1768)。河南合志本。

2004年摄制. -- 3盘卷片(91米1926拍)：
1:10, 2B ；35mm银盐

收藏馆：缩微中心，南京

000O011941

河南省区县沿革简表

石印本

1990年摄制. -- 1盘卷片(5米78拍)： 1:10,
2B ；35mm银盐

收藏馆：缩微中心，天津

000O007648

[嘉靖]登封新志：六卷 / (明)侯泰修；(明)王玉铉[等]纂

明嘉靖(1522-1566)刻本. -- 记事止：明嘉靖三十七年(1558)。

1988年摄制. -- 1盘卷片(11米218拍)：
1:10, 2B ；35mm银盐

收藏馆：缩微中心，南京

000O031054

[康熙]登封县志：十卷 / (清)张圣诰修；(清)焦钦宠[等]纂

清康熙三十五年(1696)刻本. -- 记事止：清康熙三十五年(1696)。存四卷：卷一至卷三、卷十。

2004年摄制. -- 1盘卷片(16米331拍)：
1:10, 2B ；35mm银盐

收藏馆：缩微中心，南京

000O011723

[乾隆]登封县志：二十一卷 / (清)陆继萼修

清乾隆五十二年(1787)刻本

1990年摄制. -- 1盘卷片(29米656拍)：
1:10, 2B ；35mm银盐

收藏馆：缩微中心，吉林

000O031379

登封县志摘抄：不分卷 / (清)洪亮吉撰

清(1644-1911)抄本

2004年摄制. -- 1盘卷片(4米28拍)： 1:10,
2B ；35mm银盐

收藏馆：缩微中心，南京

000O029358

[乾隆]荥阳县志：十二卷 / (清)李煦纂修

清乾隆十二年(1747)刻本. -- 记事止：清乾隆十年(1745)。

1999年摄制. -- 1盘卷片(23米392拍)：
1:10, 2B ；35mm银盐

收藏馆：缩微中心，河南

000O030167

[乾隆]荥泽县志：十四卷图一卷 / (清)崔洪纂修

清乾隆十三年(1748)刻本. -- 记事止：清乾隆十三年(1748)。

2001年摄制. -- 1盘卷片(18米406拍)：
1:10, 2B ；35mm银盐

收藏馆：缩微中心，河南

000O029462

[乾隆]中牟县志：十一卷首一卷 / (清)孙和相修；(清)王廷宣纂

清乾隆二十年(1755)刻本. -- 记事止：清乾隆二十年(1755)。

1999年摄制. -- 1盘卷片(23米546拍)：
1:10, 2B ；35mm银盐

收藏馆：缩微中心，河南

000O012435

[乾隆]中牟县志：十一卷首一卷 / (清)孙和相修；(清)王廷宣纂

清乾隆十九年(1754)刻本

1990年摄制. -- 1盘卷片(25米542拍)：
1:10, 2B ；35mm银盐

收藏馆：缩微中心，天津

000O029355

[光绪]阌乡县志：十二卷首一卷末一卷 / (清)刘思恕[等]修；(清)王维国[等]纂

清光绪二十年(1894)刻本. -- 记事止：清光绪十九年(1893)。

1999年摄制. -- 1盘卷片(35米638拍)：
1:10, 2B ；35mm银盐

收藏馆：缩微中心，河南

000O027704

[万历]陕州志：八卷 / (明)王承蕙纂修

明万历十年(1582)刻本

1997年摄制. -- 1盘卷片(8米117拍)： 1:10,
2B ；35mm银盐

收藏馆：缩微中心，国图

000O024075

[乾隆]重修直隶陕州志：二十卷首一卷附增直隶
陕州志二卷 / (清)龚崧林修；(清)杨建章纂
清乾隆二十一年(1756)张学林刻本
1995年摄制. -- 2盘卷片(48米960拍) :
1:10, 2B ; 35mm银盐
收藏馆：缩微中心，湖北

000O031359

[乾隆]重修直隶陕州志：二十卷 / (清)龚崧林修；
(清)杨建章纂；(清)欧阳永祠增修
清乾隆十二年(1747)刻乾隆三十一年(1766)增
刻本. -- 记事止：清乾隆三十一年(1766)。
2004年摄制. -- 2盘卷片(40米829拍) :
1:10, 2B ; 35mm银盐
收藏馆：缩微中心，南京

000O031072

[光绪]陕州直隶州志：十五卷首一卷 / (清)赵希
曾纂修
清光绪十八年(1892)刻光绪二十六年(1900)印
本. -- 记事止：清光绪十八年(1892)。
2004年摄制. -- 2盘卷片(43米882拍) :
1:10, 2B ; 35mm银盐
收藏馆：缩微中心，南京

000O024073

[乾隆]重修卢氏县志：十七卷首一卷 / (清)李衍
修；(清)侯肩复纂
清乾隆十二年(1747)刻本
1995年摄制. -- 1盘卷片(22米450拍) :
1:10, 2B ; 35mm银盐
收藏馆：缩微中心，湖北

000O011878

[光绪]卢氏县志：十八卷首一卷 / (清)郭光澍修；
(清)李旭春纂
清光绪十九年(1893)刻本
1990年摄制. -- 1盘卷片(31米660拍) :
1:10, 2B ; 35mm银盐
收藏馆：缩微中心，湖南

000O031106

[乾隆]河南府志：一百十六卷首四卷 / (清)施诚
修；(清)董钰纂
清乾隆四十四年(1779)刻同治六年(1867)重修
本. -- 记事止：清乾隆四十三年(1778)。
2004年摄制. -- 5盘卷片(143米2991拍) :
1:10, 2B ; 35mm银盐
收藏馆：缩微中心，南京

000O013579

[顺治]洛阳县志：十二卷 / (清)武攀龙纂修；(清)

吴源起增定
清顺治十五年(1658)刻康熙四十年(1701)增修
本
1991年摄制. -- 1盘卷片(24米488拍) :
1:10, 2B ; 35mm银盐
收藏馆：缩微中心，浙江

000O031052

[乾隆]重修洛阳县志：三十六卷首一卷 / (清)龚
崧林修；(清)汪坚纂
清乾隆十年(1745)刻本. -- 记事止：清乾隆
十年(1745)。
2004年摄制. -- 5盘卷片(126米2628拍) :
1:10, 2B ; 35mm银盐
收藏馆：缩微中心，南京

000O031053

[乾隆]重修洛阳县志：二十四卷图考一卷 / (清)
龚崧林修；(清)汪坚纂
清乾隆十年(1745)刻本. -- 记事止：清乾隆
十年(1745)。
2004年摄制. -- 3盘卷片(68米1417拍) :
1:10, 2B ; 35mm银盐
收藏馆：缩微中心，南京

000O011783

[乾隆]偃师县志：三十卷 / (清)汤毓倬修；(清)孙
星衍纂
清乾隆五十四年(1789)刻本
1990年摄制. -- 2盘卷片(42米917拍) :
1:10, 2B ; 35mm银盐
收藏馆：缩微中心，吉林

000O031075

[嘉庆]孟津县志：十二卷首一卷图一卷 / (清)赵
擢彤修；(清)宋缙纂
清嘉庆二十一年(1816)刻本. -- 记事止：清
嘉庆二十年(1815)。
2004年摄制. -- 1盘卷片(26米543拍) :
1:10, 2B ; 35mm银盐
收藏馆：缩微中心，南京

000O031092

[乾隆]嵩县志：三十卷首一卷 / (清)康基渊纂修；
(清)龚文明增修；(清)陈焕如增纂
清乾隆三十二年(1767)刻光绪三十二年
(1906)增修本. -- 记事止：清光绪三十二年
(1906)。
2004年摄制. -- 1盘卷片(21米427拍) :
1:10, 2B ; 35mm银盐
收藏馆：缩微中心，南京

00O031068
[乾隆]嵩县志：三十卷首一卷 / (清)康基渊纂修；(清)龚文明增修；(清)陈焕如增纂
清乾隆三十二年(1767)刻宣统元年(1909)递修本. -- 记事止：清宣统元年(1909)。
2004年摄制. -- 1盘卷片（21米425拍）：1:10, 2B ；35mm银盐
收藏馆：缩微中心，南京

00O011945
[康熙]宜阳县志：四卷 / (清)申明伦纂修
清康熙三十二年(1693)刻本
1990年摄制. -- 1盘卷片（11米219拍）：1:10, 2B ；35mm银盐
收藏馆：缩微中心，天津

00O029353
[光绪]宜阳县志：十六卷 / (清)谢应起修；(清)刘占卿[等]纂
清光绪七年(1881)刻本. -- 记事止：清光绪七年(1881)。
1999年摄制. -- 2盘卷片（35米770拍）：1:10, 2B ；35mm银盐
收藏馆：缩微中心，河南

00O029360
[康熙]河内县志：五卷 / (清)李棅修；(清)萧家蕙,(清)史璎纂
清康熙三十二年(1693)刻本. -- 记事止：清康熙三十四年(1695)。
1999年摄制. -- 1盘卷片（23米506拍）：1:10, 2B ；35mm银盐
收藏馆：缩微中心，河南

00O029357
[乾隆]修武县志：二十卷首一卷 / (清)吴映白修；(清)李谟纂；(清)戈云锦续修
清乾隆二十二年(1757)刻乾隆三十一年(1766)增刻本. -- 记事止：清乾隆二十九年(1764)。
1999年摄制. -- 1盘卷片（25米545拍）：1:10, 2B ；35mm银盐
收藏馆：缩微中心，河南

00O028722
[道光]修武县志：十卷 / (清)冯继照修；(清)金皋,(清)袁俊纂
清道光二十年(1840)刻本
1997年摄制. -- 1盘卷片（31米724拍）：1:10, 2B ；35mm银盐
收藏馆：缩微中心，吉林

00O031061
[道光]修武县志：十二卷首一卷 / (清)冯继照修；(清)金皋纂；(清)孔继中增纂修
清道光二十年(1840)刻同治七年(1868)增刻本. -- 记事止：清同治七年(1868)。
2004年摄制. -- 2盘卷片（43米899拍）：1:10, 2B ；35mm银盐
收藏馆：缩微中心，南京

00O029561
[康熙]武陟县志：八卷 / (清)甘国垓修；(清)杜之丛纂
清康熙三十年(1691)刻本. -- 记事止：清康熙三十年(1691)。
2000年摄制. -- 1盘卷片（17米360拍）：1:10, 2B ；35mm银盐
收藏馆：缩微中心，甘肃

00O012090
[道光]武陟县志：三十六卷 / (清)王荣陛修；(清)方履籛纂
清道光九年(1829)刻本
1990年摄制. -- 2盘卷片（35米736拍）：1:10, 2B ；35mm银盐
收藏馆：缩微中心，湖南

00O011390
[乾隆]汲县志：十四卷 / (清)徐汝瓒修
清乾隆二十年(1755)刻本
1989年摄制. -- 1盘卷片（19米405拍）：1:10, 2B ；35mm银盐
收藏馆：缩微中心，吉林

00O023928
[万历]辉县志：八卷 / (明)聂良杞,(明)崔守一纂修
明万历八年(1580)刻本
1996年摄制. -- 1盘卷片（8米169拍）：1:10, 2B ；35mm银盐
收藏馆：缩微中心，河南

00O011851
[道光]辉县志：二十卷首一卷末一卷 / (清)周际华修；(清)戴铭[等]纂
清道光十五年(1835)刻本
1990年摄制. -- 2盘卷片（39米808拍）：1:10, 2B ；35mm银盐
收藏馆：缩微中心，天津

00O014517
[乾隆]新乡县志：三十四卷 / (清)赵开元修；(清)畅俊纂
清乾隆十二年(1747)刻本

1992年摄制. -- 2盘卷片(32米687拍)：
1：10，2B；35mm银盐
收藏馆：缩微中心，吉林

000O029356
[乾隆]获嘉县志：十六卷首一卷 / (清)吴乔龄修；
(清)李栋纂
清道光二十五年(1845)增刻本. -- 记事止：
清道光二十五年(1845)。
1999年摄制. -- 1盘卷片(20米486拍)：
1：10，2B；35mm银盐
收藏馆：缩微中心，河南

000O028723
[乾隆]阳武县志：十二卷 / (清)谈谊曾修；(清)杨
仲震纂
清乾隆十年(1745)刻本
1997年摄制. -- 1盘卷片(21米499拍)：
1：10，2B；35mm银盐
收藏馆：缩微中心，吉林

000O014882
[顺治]封邱县志：九卷 / (清)余缙修
清康熙三十六年(1697)刻本. -- 据清顺治
(1644-1661)刻本重刻。
1992年摄制. -- 1盘卷片(17米343拍)：
1：10，2B；35mm银盐
收藏馆：缩微中心，吉林

000O014883
封邱县志：康熙 / (清)王赐魁修
清康熙三十六年(1697)刻本
1992年摄制. -- 1盘卷片(6米87拍)：1：10，
2B；35mm银盐
收藏馆：缩微中心，吉林

000O030820
[康熙]长垣县志：八卷 / (清)宗琮修；(清)王元烜
纂；(清)周卜世增修
清康熙十九年(1680)刻康熙三十九年(1700)增
修本. -- 记事止：清康熙三十九年(1700)。
2003年摄制. -- 1盘卷片(26米534拍)：
1：10，2B；35mm银盐
收藏馆：缩微中心，南京

000O030870
[道光]续修长垣县志：二卷 / (清)葛之镛[等]修；
(清)蒋庸[等]纂
清道光二十九年(1849)刻同治十二年(1873)印
本. -- 记事止：清道光二十九年(1849)。
2003年摄制. -- 1盘卷片(7米114拍)：1：10，
2B；35mm银盐
收藏馆：缩微中心，南京

000O030876
[同治]增续长垣县志：二卷 / (清)观祐修；(清)齐
联芳[等]纂
清同治十二年(1873)刻本. -- 记事止：清同
治十二年(1873)。
2003年摄制. -- 1盘卷片(8米139拍)：1：10，
2B；35mm银盐
收藏馆：缩微中心，南京

000O031067
[光绪]续浚县志：八卷 / (清)黄璟修；(清)李作霖
纂
清光绪十三年(1887)刻本. -- 记事止：清光
绪十二年(1886)。
2004年摄制. -- 1盘卷片(9米172拍)：1：10，
2B；35mm银盐
收藏馆：缩微中心，南京

000O021230
[康熙]彰德府志：十八卷首一卷 / (清)汤传
楷,(清)翁年伦纂修
清康熙三十五年(1696)刻本
1995年摄制. -- 2盘卷片(39米780拍)：
1：10，2B；35mm银盐
收藏馆：缩微中心，国图

000O029281
[乾隆]彰德府志：三十二卷首一卷 / (清)卢崧修；
(清)江大键,(清)程焕纂
清乾隆五十二年(1787)刻本. -- 存十五卷：
卷一至卷十五。
1999年摄制. -- 2盘卷片(46米981拍)：
1：10，2B；35mm银盐
收藏馆：缩微中心，湖南

000O011770
[乾隆]林县志：十卷 / (清)杨潮观纂修
清乾隆十七年(1752)刻本
1990年摄制. -- 1盘卷片(16米337拍)：
1：10，2B；35mm银盐
收藏馆：缩微中心，吉林

000O014875
[嘉庆]安阳县志：二十八卷 / (清)贵泰修
清嘉庆二十四年(1819)刻本
1992年摄制. -- 2盘卷片(35米751拍)：
1：10，2B；35mm银盐
收藏馆：缩微中心，吉林

000O011864
[乾隆]汤阴县志：十卷 / (清)杨世达纂修
清乾隆三年(1738)刻本
1990年摄制. -- 1盘卷片(20米432拍)：

1:10，2B；35mm银盐
收藏馆：缩微中心，湖南

000O031080
万历滑乘补：不分卷 / (明)王廷谏修；(明)胡权纂
明万历(1573-1620)稿本. -- 记事止：明万历三十一年(1603)。
2004年摄制. -- 1盘卷片(23米481拍)：1:10，2B；35mm银盐
收藏馆：缩微中心，南京

000O011865
[同治]滑县志：十二卷 / (清)姚锟修；(清)徐光第纂
清同治六年(1867)刻本
1990年摄制. -- 1盘卷片(31米685拍)：1:10，2B；35mm银盐
收藏馆：缩微中心，湖南

000O012074
[光绪]内黄县志：十九卷首一卷附初稿二卷 / (清)董庆恩[等]主修；(清)陈熙春纂
清光绪十八年(1892)刻本
1990年摄制. -- 2盘卷片(35米728拍)：1:10，2B；35mm银盐
收藏馆：缩微中心，湖南

000O018098
[宣统]濮州志：八卷 / (清)高士英修；(清)荣相鼎纂
清宣统元年(1909)刻本
1993年摄制. -- 2盘卷片(45米960拍)：1:10，2B；35mm银盐
收藏馆：缩微中心，贵州

000O030815
[康熙]清丰县志：十卷首一卷 / (清)杨燨纂修
清康熙十五年(1676)刻本. -- 记事止：清康熙十五年(1676)。
2003年摄制. -- 1盘卷片(15米292拍)：1:10，2B；35mm银盐
收藏馆：缩微中心，南京

000O030821
清丰县乡土志：二卷 / (清)吴鸿祺修；(清)刘允俊纂
清光绪(1875-1908)抄本. -- 记事止：清光绪十七年(1891)。
2003年摄制. -- 1盘卷片(8米138拍)：1:10，2B；35mm银盐
收藏馆：缩微中心，南京

000O030823
[康熙]南乐县志：十五卷 / (清)王培宗修；(清)邱性善纂
清康熙五十年(1711)刻本. -- 记事止：清康熙五十年(1711)。
2003年摄制. -- 1盘卷片(16米306拍)：1:10，2B；35mm银盐
收藏馆：缩微中心，南京

000O030832
[光绪]南乐县志：十卷首一卷补遗一卷 / (清)施有方[等]修；(清)李云峰[等]纂
清光绪二十九年(1903)刻本. -- 记事止：清光绪二十九年(1903)。
2003年摄制. -- 1盘卷片(19米378拍)：1:10，2B；35mm银盐
收藏馆：缩微中心，南京

000O011824
[光绪]南乐县乡土志：十七章
清光绪(1875-1908)抄本
1990年摄制. -- 1盘卷片(5米79拍)：1:10，2B；35mm银盐
收藏馆：缩微中心，天津

000O011828
[嘉庆]范县志：四卷 / (清)唐晟纂修
清嘉庆十四年(1809)刻本
1990年摄制. -- 1盘卷片(14米289拍)：1:10，2B；35mm银盐
收藏馆：缩微中心，天津

000O030408
[光绪]范县志续编：不分卷 / (清)杨沂修；(清)吕维剑纂
清光绪三十四年(1908)石印本. -- 记事止：清光绪三十二年(1906)。
2002年摄制. -- 1盘卷片(5米75拍)：1:10，2B；35mm银盐
收藏馆：缩微中心，南京

000O030807
[嘉庆]开州志：八卷首一卷图一卷 / (清)李符清修；(清)沈乐善纂
清嘉庆十一年(1806)刻本. -- 记事止：清嘉庆十年(1805)。
2003年摄制. -- 1盘卷片(27米560拍)：1:10，2B；35mm银盐
收藏馆：缩微中心，南京

000O030814
[光绪]开州志：八卷首一卷图一卷 / (清)陈兆麟修；(清)祁德昌纂

清光绪八年(1882)刻本. -- 记事止：清光绪
七年(1881)。
2003年摄制. -- 2盘卷片(42米847拍)：
1:10, 2B ; 35mm银盐
收藏馆：缩微中心，南京

000O012861
[光绪]开州志：八卷首一卷 / (清)陈兆麟修；(清)
祁德昌纂
清光绪八年(1882)刻本
1990年摄制. -- 2盘卷片(39米837拍)：
1:10, 2B ; 35mm银盐
收藏馆：缩微中心，湖南

000O011826
[光绪]开州新编辑乡土志：一卷
清光绪三十四年(1908)抄本
1990年摄制. -- 1盘卷片(4米54拍) : 1:10,
2B ; 35mm银盐
收藏馆：缩微中心，天津

000O017219
[顺治]祥符县志：六卷 / (清)张俊哲修；(清)张壮
行,(清)马士骘纂
清顺治十八年(1661)刻康熙(1662-1722)增刻
本
1992年摄制. -- 1盘卷片(24米528拍) :
1:10, 2B ; 35mm银盐
收藏馆：缩微中心，天津

000O029030
[光绪]祥符县志：二十四卷首一卷 / (清)沈传
义,(清)俞纪瑞修；(清)黄舒昺纂
清光绪二十四年(1898)刻本
1999年摄制. -- 3盘卷片(78米1664拍) :
1:10, 2B ; 35mm银盐
收藏馆：缩微中心，湖南

000O011862
[宣统]陈留县志：四十二卷首一卷 / (清)钟定纂
修；(清)武从超续修；(清)赵文琳续纂
清宣统二年(1910)石印本
1990年摄制. -- 1盘卷片(20米417拍) :
1:10, 2B ; 35mm银盐
收藏馆：缩微中心，湖南

000O030168
[乾隆]杞县志：二十卷首一卷 / (清)王之卫修；
(清)潘均纂
清乾隆十二年(1747)刻本. -- 记事止：清乾
隆十二年(1747)。
2001年摄制. -- 1盘卷片(27米590拍) :
1:10, 2B ; 35mm银盐

收藏馆：缩微中心，河南

000O011860
[道光]尉氏县志：二十卷首一卷 / (清)刘厚
滋,(清)沈桂修；(清)王观潮[等]纂
清道光十一年(1831)刻本
1990年摄制. -- 1盘卷片(32米696拍) :
1:10, 2B ; 35mm银盐
收藏馆：缩微中心，湖南

000O025261
[顺治]归德府志：十卷 / (清)宋国荣[等]纂修
清顺治(1644-1661)刻本. -- 纂修者还有：
(清)羊琦等。
1996年摄制. -- 2盘卷片(45米906拍) :
1:10, 2B ; 35mm银盐
收藏馆：缩微中心，国图

000O029359
[康熙]商丘县志：二十卷首一卷 / (清)刘德昌修；
(清)叶沄纂
清康熙四十四年(1705)刻本. -- 记事止：清
康熙四十四年(1705)。
1999年摄制. -- 1盘卷片(28米653拍) :
1:10, 2B ; 35mm银盐
收藏馆：缩微中心，河南

000O011870
[光绪]永城县志：三十八卷首一卷 / (清)邱廷楷
修；(清)胡赞采,(清)吕永辉纂
清光绪二十九年(1903)刻本
1990年摄制. -- 1盘卷片(32米695拍) :
1:10, 2B ; 35mm银盐
收藏馆：缩微中心，湖南

000O031070
[康熙]睢州志：七卷首一卷 / (清)马世英纂修
清康熙三十二年(1693)刻本. -- 记事止：清
康熙三十一年(1692)。
2004年摄制. -- 1盘卷片(23米432拍) :
1:10, 2B ; 35mm银盐
收藏馆：缩微中心，南京

000O012075
[宣统]宁陵县志：十二卷首一卷末一卷 / (清)萧
济南主修；(清)吕敬直,(清)史冠军纂
清宣统三年(1911)刻本
1990年摄制. -- 1盘卷片(24米522拍) :
1:10, 2B ; 35mm银盐
收藏馆：缩微中心，湖南

000O026097
[康熙]许州志：十五卷首一卷 / (清)胡良弼[等]

纂修
清康熙五年(1666)刻本. -- 纂修者还有：
(清)焦金儒等。
1997年摄制. -- 1盘卷片(31米648拍)：
1:10，2B；35mm银盐
收藏馆：缩微中心，河南

000O029363
[道光]禹州志：二十六卷 / (清)朱炜修；(清)姚椿
[等]纂
清道光十三年(1833)刻本. -- 记事止：清道
光十三年(1833)。
1999年摄制. -- 2盘卷片(36米831拍)：
1:10，2B；35mm银盐
收藏馆：缩微中心，河南

000O011879
[同治]禹州志：二十六卷增续二卷 / (清)朱炜
修；(清)姚椿[等]纂；(清)官国勋增修；(清)杨景
纯,(清)赵甲祥增纂
清道光(1821-1850)刻同治九年(1870)增刻本
1990年摄制. -- 2盘卷片(39米819拍)：
1:10，2B；35mm银盐
收藏馆：缩微中心，湖南

000O008885
[乾隆]鄢陵县志：二十一卷首一卷 / (清)施诚纂
清乾隆三十七年(1772)刻本
1988年摄制. -- 1盘卷片(32米730拍)：
1:10，2B；35mm银盐
收藏馆：缩微中心，浙江

000O011872
鄢陵文献志：四十卷补遗一卷 / (清)苏源生纂修
清同治四年(1865)刻本
1990年摄制. -- 2盘卷片(59米1287拍)：
1:10，2B；35mm银盐
收藏馆：缩微中心，湖南

000O027839
古汜城志：十卷 / (清)刘青芝撰
清乾隆五年(1740)刻本
1997年摄制. -- 1盘卷片(17米328拍)：
1:10，2B；35mm银盐
收藏馆：缩微中心，国图

000O031064
古汜城志：十卷；古今孝友传补遗：二卷 / (清)
刘青芝撰
清乾隆二十年(1755)刘青芝刻刘氏传家集
本. -- 记事止：清乾隆三年(1738)。
2004年摄制. -- 1盘卷片(21米423拍)：
1:10，2B；35mm银盐

收藏馆：缩微中心，南京

000O011787
[乾隆]临颍县续志：八卷 / (清)刘沆修；(清)魏连
嘉纂
清乾隆十二年(1747)刻本
1990年摄制. -- 1盘卷片(8米141拍)：1:10，
2B；35mm银盐
收藏馆：缩微中心，吉林

000O029502
[乾隆]汝州续志：八卷首一卷 / (清)宋名立修；
(清)韩定仁[等]纂
清乾隆八年(1743)刻本. -- 记事止：清乾隆
七年(1742)。
2000年摄制. -- 1盘卷片(19米410拍)：
1:10，2B；35mm银盐
收藏馆：缩微中心，甘肃

000O012794
[道光]汝州全志：十卷 / (清)白明义修；(清)赵林
成纂
清道光二十年(1840)刻本
1990年摄制. -- 2盘卷片(35米749拍)：
1:10，2B；35mm银盐
收藏馆：缩微中心，吉林

000O031079
[乾隆]重修宝丰县志：五卷图一卷 / (清)马格修；
(清)李宏志纂
清乾隆八年(1743)刻本. -- 记事止：清乾隆
八年(1743)。
2004年摄制. -- 1盘卷片(18米362拍)：
1:10，2B；35mm银盐
收藏馆：缩微中心，南京

000O031082
[乾隆]叶县志：八卷首一卷 / (清)石其灏修；(清)
程沐纂
清乾隆十一年(1746)刻本. -- 记事止：清乾
隆十一年(1746)。
2004年摄制. -- 1盘卷片(23米485拍)：
1:10，2B；35mm银盐
收藏馆：缩微中心，南京

000O030207
[乾隆]鲁山县全志：九卷 / (清)徐若楷,(清)马慧
姿修；(清)傅尔英,(清)宋足发纂
清乾隆八年(1743)刻本. -- 记事止：清乾隆
八年(1743)，见卷七第三页。
2001年摄制. -- 1盘卷片(15.5米333拍)：
1:10，2B；35mm银盐
收藏馆：缩微中心，湖北

000O011722

[嘉庆]鲁山县志：二十六卷 / (清)董作栋修；(清)武亿纂

清嘉庆元年(1796)刻本

1990年摄制. -- 1盘卷片(26米586拍)：1:10, 2B ；35mm银盐

收藏馆：缩微中心，吉林

000O031076

[康熙]郏县志：四卷 / (清)金世纯纂修

清康熙三十三年(1694)刻本. -- 记事止：清康熙三十三年(1694)。卷四配抄本。

2004年摄制. -- 1盘卷片(17米338拍)：1:10, 2B ；35mm银盐

收藏馆：缩微中心，南京

000O031060

[嘉庆]南阳府志：六卷图一卷 / (清)孔传金纂修

清嘉庆十二年(1807)刻嘉庆十三年(1808)增修本. -- 记事止：清嘉庆十三年(1808)。

2004年摄制. -- 2盘卷片(62米1330拍)：1:10, 2B ；35mm银盐

收藏馆：缩微中心，南京

000O011942

[康熙]南阳县志：六卷首一卷 / (清)张光祖修；(清)徐永芝[等]纂

清康熙三十二年(1693)刻本

1990年摄制. -- 1盘卷片(19米398拍)：1:10, 2B ；35mm银盐

收藏馆：缩微中心，天津

000O012067

[光绪]南阳县志：十二卷首一卷 / (清)潘守廉修；(清)张嘉谋,(清)张凤冈纂

清光绪三十年(1904)刻本

1990年摄制. -- 1盘卷片(30米659拍)：1:10, 2B ；35mm银盐

收藏馆：缩微中心，湖南

000O024226

[康熙]邓州志：八卷 / (清)赵德修；(清)彭始超纂

清康熙三十三年(1694)刻本. -- 存五卷：卷一至卷五。

1996年摄制. -- 1盘卷片(13米292拍)：1:10, 2B ；35mm银盐

收藏馆：缩微中心，安徽

000O031290

[康熙]裕州志：六卷 / (清)董学礼纂修；(清)宋名立增纂修

清康熙五十五年(1716)刻乾隆五年(1740)增修本. -- 记事止：清乾隆五年(1740)。

2004年摄制. -- 1盘卷片(16米325拍)：1:10, 2B ；35mm银盐

收藏馆：缩微中心，南京

000O012832

[康熙]内乡县志：十二卷 / (清)宝鼎望修；(清)高佑纪纂

清康熙三十二年(1693)刻本

1990年摄制. -- 1盘卷片(22米482拍)：1:10, 2B ；35mm银盐

收藏馆：缩微中心，吉林

000O014472

[康熙]淅川县志：八卷 / (清)郭治纂修

清康熙二十九年(1690)刻本

1989年摄制. -- 1盘卷片(8米151拍)：1:9, 2B ；35mm银盐

收藏馆：缩微中心，重庆

000O012086

[咸丰]淅川厅志：四卷 / (清)徐光第纂修

清咸丰十一年(1861)刻本

1990年摄制. -- 1盘卷片(16米325拍)：1:10, 2B ；35mm银盐

收藏馆：缩微中心，湖南

000O011877

[乾隆]新野县志：九卷首一卷 / (清)徐金位纂修

清乾隆十九年(1754)刻本

1990年摄制. -- 1盘卷片(18米370拍)：1:10, 2B ；35mm银盐

收藏馆：缩微中心，湖南

000O027981

[顺治]息县志：八卷 / (清)邵光胤[等]纂修

清顺治十四年(1657)刻本

1997年摄制. -- 1盘卷片(7米154拍)：1:10, 2B ；35mm银盐

收藏馆：缩微中心，河南

000O011871

[嘉庆]息县志：八卷首一卷 / (清)刘光辉修；(清)任镇及纂

清嘉庆四年(1799)刻本

1990年摄制. -- 1盘卷片(27米570拍)：1:10, 2B ；35mm银盐

收藏馆：缩微中心，湖南

000O031065

[光绪]光州志：十二卷首一卷忠节志四卷节孝志二卷 / (清)姚国庆修；(清)凌剑纂

清光绪六年(1880)刻光绪十三年(1887)印本. -- 记事止：清光绪十一年(1885)。

2004年摄制. -- 2盘卷片（52米1104拍）：
1:10, 2B ；35mm银盐
收藏馆：缩微中心，南京

00O014513
[乾隆]光山县志：三十二卷 / (清)杨殿梓修；(清)钱时雍[等]纂
清乾隆五十一年(1786)刻本
1992年摄制. -- 2盘卷片（46米1003拍）：
1:10, 2B ；35mm银盐
收藏馆：缩微中心，吉林

00O020917
[康熙]固始县志：十二卷首一卷 / (清)杨汝楫纂修
清康熙三十二年(1693)刻本
1994年摄制. -- 1盘卷片（33米627拍）：
1:10, 2B ；35mm银盐
收藏馆：缩微中心，天津

00O031059
[乾隆]罗山县志：八卷 / (清)葛荃修；(清)李之杜[等]纂
清乾隆(1736-1795)刻本. -- 记事止：清乾隆十三年(1748)。
2004年摄制. -- 1盘卷片（27米556拍）：
1:10, 2B ；35mm银盐
收藏馆：缩微中心，南京

00O029362
[乾隆]扶沟县志：十二卷首一卷末一卷 / (清)七十一,(清)董丰垣修；(清)郝廷松纂
影印本. -- 记事止：清乾隆二十七年(1762)。
1999年摄制. -- 1盘卷片（21米462拍）：
1:10, 2B ；35mm银盐
收藏馆：缩微中心，河南

00O011749
[道光]扶沟县志：十三卷 / (清)王德瑛纂修
清道光十三年(1833)刻本
1990年摄制. -- 1盘卷片（16米334拍）：
1:10, 2B ；35mm银盐
收藏馆：缩微中心，吉林

00O012070
[光绪]扶沟县志：十六卷首一卷 / (清)熊粲修；(清)张文楷纂
清光绪十九年(1893)刻本
1990年摄制. -- 1盘卷片（32米703拍）：
1:10, 2B ；35mm银盐
收藏馆：缩微中心，湖南

00O008852
[乾隆]太康县志：八卷 / (清)武昌国修；(清)胡彦升,(清)宋全纂
清乾隆二十六年(1761)刻本
1988年摄制. -- 1盘卷片（30米689拍）：
1:10, 2B ；35mm银盐
收藏馆：缩微中心，浙江

00O011869
[道光]太康县志：八卷首一卷 / (清)戴凤翔修；(清)高崧纂
清道光八年(1828)刻本
1990年摄制. -- 1盘卷片（33米724拍）：
1:10, 2B ；35mm银盐
收藏馆：缩微中心，湖南

00O031058
[道光]太康县志：八卷 / (清)戴凤翔修；(清)高崧纂；(清)庞建本增修
清道光八年(1828)刻咸丰四年(1854)增修本. -- 记事止：清咸丰四年(1854)。
2004年摄制. -- 2盘卷片（35米708拍）：
1:10, 2B ；35mm银盐
收藏馆：缩微中心，南京

00O011866
[光绪]鹿邑县志：十六卷首一卷 / (清)于沧澜,(清)马家彦修；(清)蒋师辙纂
清光绪二十二年(1896)刻本
1990年摄制. -- 1盘卷片（27米586拍）：
1:10, 2B ；35mm银盐
收藏馆：缩微中心，湖南

00O012071
[道光]淮宁县志：二十七卷 / (清)永铭修；(清)赵任元,(清)吴纯夫纂
清道光六年(1826)刻本
1990年摄制. -- 2盘卷片（51米1087拍）：
1:10, 2B ；35mm银盐
收藏馆：缩微中心，湖南

00O014512
[乾隆]沈丘县志：十二卷 / (清)何源洙修；(清)鲁之璠纂
清乾隆十一年(1746)刻本
1992年摄制. -- 1盘卷片（13米269拍）：
1:10, 2B ；35mm银盐
收藏馆：缩微中心，吉林

00O031062
[乾隆]确山县志：四卷 / (清)周之瑚修；(清)严克峥纂；(清)姚锟增修
清乾隆十一年(1746)刻咸丰七年(1857)增修

本. -- 记事止：清咸丰六年(1856)。
2004年摄制. -- 1盘卷片（22米353拍）：
1:10, 2B ; 35mm银盐
收藏馆：缩微中心，南京

000O031063
[康熙]上蔡县志：十五卷图一卷 / (清)杨廷望修；
(清)张沐纂
清康熙(1662-1722)刻本. -- 记事止：清康熙
三十三年(1694)。
2004年摄制. -- 2盘卷片（43米881拍）：
1:10, 2B ; 35mm银盐
收藏馆：缩微中心，南京

000O025198
[康熙]汝宁府志：十六卷 / (清)金镇[等]纂修
清康熙(1662-1722)刻本
1996年摄制. -- 2盘卷片（66米1362拍）：
1:10, 2B ; 35mm银盐
收藏馆：缩微中心，国图

000O024225
[顺治]汝阳县志：十卷 / (清)纪国珍修；(清)羊璘
[等]纂
清顺治十七年(1660)刻本
1996年摄制. -- 1盘卷片（27米603拍）：
1:10, 2B ; 35mm银盐
收藏馆：缩微中心，安徽

000O031347
[康熙]新蔡县志：八卷图一卷 / (清)吕民服纂修；
(清)靳荣藩增纂修
清康熙三十年(1691)刻乾隆二十五年(1760)增
修本. -- 记事止：清乾隆二十五年(1760)。
2004年摄制. -- 1盘卷片（22米456拍）：
1:10, 2B ; 35mm银盐
收藏馆：缩微中心，南京

000O010544
[嘉靖]真阳县志：十卷 / (明)徐霓修；(明)何麟纂
明嘉靖三十三年(1554)刻本. -- 记事止：明
嘉靖三十二年(1553)。
1989年摄制. -- 1盘卷片（7米128拍）：1:10,
2B ; 35mm银盐
收藏馆：缩微中心，南京

000O031086
[嘉庆]正阳县志：十卷 / (清)杨德容修；(清)彭良
弼纂
清嘉庆元年(1796)刻本. -- 记事止：清嘉庆
元年(1796)。
2004年摄制. -- 1盘卷片（14米254拍）：
1:10, 2B ; 35mm银盐

收藏馆：缩微中心，南京

000O013880
[万历]湖广总志：九十八卷 / (明)徐学谟纂修
明万历(1573-1620)刻本. -- 存十三卷：卷
三十八、卷四十二至卷四十五、卷五十、卷
五十二至卷五十八。
1992年摄制. -- 1盘卷片（25米504拍）：
1:10, 2B ; 35mm银盐
收藏馆：缩微中心，国图

000O009111
[康熙]湖广通志：八十卷首一卷 / (清)徐国相
[等]修；(清)宫梦仁,(清)姚淳焘纂
清康熙二十三年(1684)刻本
1988年摄制. -- 5盘卷片（138.6米3018拍）：
1:10, 2B ; 35mm银盐
收藏馆：缩微中心，湖南

000O030194
[雍正]湖广通志：一百二十卷首一卷 / (清)迈柱
修；(清)夏力恕[等]纂
清雍正十一年(1733)刻本. -- 记事止：清雍
正十一年(1733)，见卷二十九第五十八页。
2001年摄制. -- 8盘卷片（226.5米4951拍）：
1:10, 2B ; 35mm银盐
收藏馆：缩微中心，湖北

000O030198
[嘉庆]湖北通志：一百卷首五卷 / (清)吴熊光修；
(清)陈诗纂
清嘉庆九年(1804)刻本. -- 记事止：清嘉庆
九年(1804)，见卷五十第四页。
2001年摄制. -- 8盘卷片（228.5米4980拍）：
1:10, 2B ; 35mm银盐
收藏馆：缩微中心，湖北

000O031846
湖北通志凡例辨例：不分卷 / (清)毕沅修；(清)
章学诚纂
清光绪八年(1882)武昌官书处活字印本
2005年摄制. -- 1盘卷片（7米98拍）：1:10,
2B ; 35mm银盐
收藏馆：缩微中心，南京

000O026346
湖北通志志余：不分卷 / (清)洪良品撰
清(1644-1911)稿本
1997年摄制. -- 2盘卷片（38米760拍）：
1:10, 2B ; 35mm银盐
收藏馆：缩微中心，湖北

00O031838

[乾隆]湖北下荆南道志：二十八卷 / (清)鲁之裕修；(清)靖道谟纂

清乾隆五年(1740)刻嘉庆二十一年(1816)重修本. -- 记事止：清乾隆三年(1738)。

2005年摄制. -- 3盘卷片(66米1380拍) : 1:10, 2B ; 35mm银盐

收藏馆：缩微中心，南京

00O030210

[乾隆]湖北下荆南道志 / (清)鲁之裕修；(清)靖道谟纂

清乾隆五年(1740)刻嘉庆二十一年(1816)补刻光绪二十二年(1896)印本. -- 记事止：清乾隆三年(1738)，见卷十六第一百二十七页。

2001年摄制. -- 2盘卷片(64米1395拍) : 1:10, 2B ; 35mm银盐

收藏馆：缩微中心，湖北

00O009353

[嘉靖]汉阳府志：十卷 / (明)朱衣纂修；(明)王琰,(明)汪廷元增修

明嘉靖(1522-1566)刻万历十二年(1584)增修本. -- 记事止：明万历十二年(1584)。

1988年摄制. -- 1盘卷片(19米399拍) : 1:10, 2B ; 35mm银盐

收藏馆：缩微中心，南京

00O030217

[同治]续辑汉阳县志：二十八卷 / (清)黄式度[等]修；(清)王柏心纂

清同治七年(1868)刻本. -- 记事止：清同治七年(1868)，见卷十四第六十页。

2002年摄制. -- 3盘卷片(69米1508拍) : 1:10, 2B ; 35mm银盐

收藏馆：缩微中心，湖北

00O024068

汉阳县志校 / (清)许盛春,(清)张行简撰

清光绪十年(1884)刻本

1995年摄制. -- 1盘卷片(5.5米50拍) : 1:10, 2B ; 35mm银盐

收藏馆：缩微中心，湖北

00O031860

[光绪]汉阳县识：十卷首一卷 / (清)濮文昶修；(清)张行简纂

清光绪十年(1884)刻光绪十五年(1889)重修本. -- 记事止：清光绪十四年(1888)。

2005年摄制. -- 1盘卷片(16米320拍) : 1:10, 2B ; 35mm银盐

收藏馆：缩微中心，南京

00O030219

[光绪]汉阳县识：十卷首一卷 / (清)濮文昶修；(清)张行简纂

清光绪十年(1884)景贤书塾刻本. -- 记事止：清光绪七年(1881)，见卷二第十八页。

2001年摄制. -- 1盘卷片(13.5米292拍) : 1:10, 2B ; 35mm银盐

收藏馆：缩微中心，湖北

00O008850

[康熙]湖广武昌府志：十二卷 / (清)裴天锡修；(清)罗人龙撰

清康熙二十六年(1687)刻本

1988年摄制. -- 2盘卷片(39米815拍) : 1:10, 2B ; 35mm银盐

收藏馆：缩微中心，浙江

00O030206

[同治]江夏县志：八卷首一卷附文征二卷 / (清)王庭桢[等]修；(清)彭崧毓纂

清同治八年(1869)刻本. -- 记事止：清同治八年(1869)，见卷二第七十三页。

2001年摄制. -- 2盘卷片(41.5米908拍) : 1:10, 2B ; 35mm银盐

收藏馆：缩微中心，湖北

00O030223

[同治]黄陂县志：十六卷首一卷 / (清)刘昌绪修；(清)徐瀛纂

清同治十二年(1873)刻本. -- 记事止：清同治十二年(1873)，见卷六第四十页。

2001年摄制. -- 2盘卷片(48.5米1066拍) : 1:10, 2B ; 35mm银盐

收藏馆：缩微中心，湖北

00O030010

[嘉庆]郧阳志：十卷首一卷 / (清)王正常修；(清)谢攀云纂

清嘉庆二年(1797)刻本. -- 记事止：清嘉庆二年(1797)，见卷五第九十六页。

2001年摄制. -- 1盘卷片(28米607拍) : 1:10, 2B ; 35mm银盐

收藏馆：缩微中心，湖北

00O031840

[嘉庆]郧阳府志：十卷首一卷补遗一卷 / (清)王正常修；(清)谢攀云纂

清嘉庆二年(1797)刻嘉庆十四年(1809)印本. -- 记事止：清嘉庆二年(1797)。

2005年摄制. -- 1盘卷片(29米613拍) : 1:10, 2B ; 35mm银盐

收藏馆：缩微中心，南京

00O030220
[嘉庆]郧阳县志补：一卷 / (清)王正常纂修
清嘉庆十四年(1809)刻本. -- 记事止：清嘉庆十三年(1808)。
2001年摄制. -- 1盘卷片(2.5米50拍)：1:10, 2B；35mm银盐
收藏馆：缩微中心, 湖北

00O030203
[同治]郧县志：八卷首一卷 / (清)吴葆仪修；(清)王严恭纂
清同治九年(1870)刻本. -- 记事止：清同治九年(1870)，见卷五第九十二页。
2001年摄制. -- 2盘卷片(44.5米963拍)：1:10, 2B；35mm银盐
收藏馆：缩微中心, 湖北

00O030115
[同治]续辑均州志：十六卷首一卷 / (清)马云龙修；(清)贾洪诏纂
清光绪十年(1884)均州志局刻本. -- 记事止：清光绪十年(1884)。
2001年摄制. -- 1盘卷片(29米637拍)：1:10, 2B；35mm银盐
收藏馆：缩微中心, 湖北

00O030127
[同治]郧县志：十卷首一卷 / (清)周瑞[等]修；(清)余溁廷纂
清同治五年(1866)刻本. -- 记事止：清同治五年(1866)，见卷五第十六页。
2001年摄制. -- 2盘卷片(34米736拍)：1:10, 2B；35mm银盐
收藏馆：缩微中心, 湖北

00O030124
[同治]竹山县志：二十九卷 / (清)周士桢修；(清)黄子遂纂
清同治四年(1865)刻本. -- 记事止：清同治四年(1865)，见卷十第七十页。
2001年摄制. -- 1盘卷片(23.5米518拍)：1:10, 2B；35mm银盐
收藏馆：缩微中心, 湖北

00O031837
[同治]竹山县志：二十九卷首一卷 / (清)周士桢修；(清)黄子遂纂；(清)李保潆[等]增纂
清同治六年(1867)刻光绪七年(1881)增刻本. -- 记事止：清光绪七年(1881)。
2005年摄制. -- 1盘卷片(25米536拍)：1:10, 2B；35mm银盐
收藏馆：缩微中心, 南京

00O030022
[同治]房县志：十二卷首一卷 / (清)杨延烈修；(清)郁方董纂
清同治五年(1866)刻本. -- 记事止：清同治五年(1866)，见卷六第三十九页。
2001年摄制. -- 1盘卷片(22米483拍)：1:10, 2B；35mm银盐
收藏馆：缩微中心, 湖北

00O031863
[同治]房县志：十二卷首一卷：一卷 / (清)杨延烈修；(清)郁方董纂；(清)欧阳烜增纂
清同治五年(1866)刻光绪十六年(1890)增修本. -- 记事止：清光绪十六年(1890)。
2005年摄制. -- 1盘卷片(24米501拍)：1:10, 2B；35mm银盐
收藏馆：缩微中心, 南京

00O007073
[乾隆]郧西县志：二十卷首一卷 / (清)张道南纂修
清乾隆四十二年(1777)无倦堂刻本
1987年摄制. -- 1盘卷片(17米397拍)：1:10, 2B；35mm银盐
收藏馆：缩微中心, 天津

00O009773
[嘉庆]郧西县续志：四卷首一卷 / (清)孔继楛纂修
清嘉庆九年(1804)刻本
1989年摄制. -- 1盘卷片(6.1米107拍)：1:10, 2B；35mm银盐
收藏馆：缩微中心, 重庆

00O030148
[同治]郧西县志：二十卷首一卷 / (清)程光第修；(清)叶年菜[等]纂
清同治五年(1866)刻本. -- 记事止：清同治四年(1865)，见卷七第三十二页。
2001年摄制. -- 2盘卷片(34.5米761拍)：1:10, 2B；35mm银盐
收藏馆：缩微中心, 湖北

00O030126
[同治]竹溪县志：十六卷首一卷 / (清)陶寿嵩修；(清)杨兆熊[等]纂
清同治六年(1867)刻本. -- 记事止：清同治四年(1865)，见卷七第三十二页。
2001年摄制. -- 1盘卷片(23米500拍)：1:10, 2B；35mm银盐
收藏馆：缩微中心, 湖北

000○023089
[万历]襄阳府志：五十一卷 / (明)吴道迩纂修
明万历(1573-1620)刻本. -- 存四十二卷：卷
一至卷九、卷十九至卷五十一.
1995年摄制. -- 2盘卷片(53米1118拍)：
1:10, 2B；35mm银盐
收藏馆：缩微中心，国图

000○030201
[乾隆]襄阳府志：四十卷图一卷 / (清)陈锷纂修
清乾隆二十五年(1760)刻本. -- 记事止：清
乾隆二十五年(1760)，见卷二十三第十五页.
2001年摄制. -- 3盘卷片(65.5米1428拍)：
1:10, 2B；35mm银盐
收藏馆：缩微中心，湖北

000○031833
[光绪]襄阳府志：二十六卷志余一卷 / (清)吉尔
哈春[等]修；(清)王万芳[等]纂
清光绪十三年(1887)刻本. -- 记事止：清光
绪十三年(1887).
2005年摄制. -- 2盘卷片(52米1099拍)：
1:10, 2B；35mm银盐
收藏馆：缩微中心，南京

000○030003
[光绪]襄阳府志：二十六卷志余一卷附国朝襄郡
忠义录一卷 / (清)吉尔哈春[等]修；(清)王万芳
[等]纂
清光绪十三年(1887)刻本. -- 记事止：清光
绪十三年(1887).
2001年摄制. -- 2盘卷片(53.5米1174拍)：
1:10, 2B；35mm银盐
收藏馆：缩微中心，湖北

000○030112
[同治]襄阳县志：七卷首一卷 / (清)吴耀斗[等]
修；(清)李士彬[等]纂
清同治十三年(1874)刻本. -- 记事止：清同
治十三年(1874).
2001年摄制. -- 1盘卷片(30.5米673拍)：
1:10, 2B；35mm银盐
收藏馆：缩微中心，湖北

000○030016
襄阳四略：二十五卷 / (清)吴庆焘撰
清光绪二十一年至三十三年(1895-1907)刻
本. -- 记事止：清光绪十一年(1885)，见艺
文略附录第二十页.
2001年摄制. -- 1盘卷片(22.5米494拍)：
1:10, 2B；35mm银盐
收藏馆：缩微中心，湖北

000○030113
[咸丰]重修枣阳县志：十五卷首一卷 / (清)陈子
饬修；(清)王树滋纂
清咸丰四年(1854)刻本. -- 记事止：清咸丰
四年(1854).
2001年摄制. -- 1盘卷片(26米567拍)：
1:10, 2B；35mm银盐
收藏馆：缩微中心，湖北

000○030001
[同治]枣阳县志：三十卷首一卷末一卷 / (清)张
声正修；(清)史策先纂
清同治四年(1865)刻本
2001年摄制. -- 1盘卷片(26米588拍)：
1:10, 2B；35mm银盐
收藏馆：缩微中心，湖北

000○031842
[同治]枣阳县志：三十卷首一卷末一卷 / (清)张
声正修；(清)史策先纂
清同治四年(1865)刻光绪四年(1878)印本. --
记事止：清同治四年(1865).
2005年摄制. -- 1盘卷片(28米593拍)：
1:10, 2B；35mm银盐
收藏馆：缩微中心，南京

000○030110
[同治]宜城县志：十卷 / (清)程启安修；(清)张炳
钟纂
清同治五年(1866)刻本. -- 记事止：清同治
六年(1867).
2001年摄制. -- 1盘卷片(26米576拍)：
1:10, 2B；35mm银盐
收藏馆：缩微中心，湖北

000○031864
[同治]宜城县志：十卷 / (清)程启安修；(清)张炳
钟纂
清同治五年(1866)刻光绪八年(1882)增修
本. -- 记事止：清光绪八年(1882).
2005年摄制. -- 1盘卷片(26米544拍)：
1:10, 2B；35mm银盐
收藏馆：缩微中心，南京

000○030014
[光绪]宜城志续志：二卷 / (清)李连骑修；(清)姚
德华[等]纂
清光绪九年(1883)刻本. -- 记事止：清光绪
八年(1882)，见卷上第十二页.
2001年摄制. -- 1盘卷片(4米88拍)：1:10,
2B；35mm银盐
收藏馆：缩微中心，湖北

00O030136
湖北省襄阳府宜城县乡土志 / (清)杨文勋修；(清)望炳麟纂
清光绪三十二年(1906)刻本. -- 记事止：清光绪三十年(1904)，见卷一第三页。
2001年摄制. -- 1盘卷片(6米124拍) : 1:10, 2B ; 35mm银盐
收藏馆：缩微中心，湖北

00O031834
[嘉庆]南漳县志集钞：二十六卷首一卷 / (清)陶绍侃修；(清)胡正楷纂；(清)沈兆元[等]递修；(清)胡心悦[等]递纂
清嘉庆二十一年(1816)刻同治五年(1866)递修本. -- 记事止：清同治五年(1866)。郭遇跋。
2005年摄制. -- 1盘卷片(31米669拍) : 1:10, 2B ; 35mm银盐
收藏馆：缩微中心，南京

00O030192
[同治]谷城县志：八卷 / (清)承印修；(清)蒋海澄[等]纂
清同治六年(1867)刻本. -- 记事止：清同治六年(1867)。
2001年摄制. -- 1盘卷片(24米522拍) : 1:10, 2B ; 35mm银盐
收藏馆：缩微中心，湖北

00O030212
[同治]保康县志：七卷首一卷末一卷补遗一卷 / (清)宋熙曾[等]修；(清)杨世霖纂
清同治五年(1866)刻光绪五年(1879)递修本. -- 记事止：清光绪五年(1879)，见卷末第六页。
2001年摄制. -- 1盘卷片(9.5米206拍) : 1:10, 2B ; 35mm银盐
收藏馆：缩微中心，湖北

00O030017
[光绪]光化县志：八卷首一卷 / (清)钟桐山修；(清)段映斗纂
清光绪十年(1884)刻本. -- 记事止：清光绪十一年(1885)，见卷七第一百五页。
2001年摄制. -- 1盘卷片(27米591拍) : 1:10, 2B ; 35mm银盐
收藏馆：缩微中心，湖北

00O031853
[光绪]光化县志：八卷首一卷 / (清)钟桐山修；(清)段映斗纂；(清)叶树南增修；(清)卢正衡增纂
清光绪十年(1884)刻光绪十三年(1887)增修本. -- 记事止：清光绪十三年(1887)。
2005年摄制. -- 1盘卷片(27米580拍) : 1:10, 2B ; 35mm银盐
收藏馆：缩微中心，南京

00O030116
[乾隆]荆门州志：三十六卷 / (清)舒成龙修；(清)李法孟[等]纂
清乾隆十九年(1754)刻本. -- 记事止：清乾隆十九年(1754)。
2001年摄制. -- 2盘卷片(41米901拍) : 1:10, 2B ; 35mm银盐
收藏馆：缩微中心，湖北

00O031858
[乾隆]荆门直隶州志：三十六卷 / (清)舒成龙修；(清)李法孟[等]纂；(清)王树勋增修；(清)廖士琳增纂
清乾隆十九年(1754)刻嘉庆十四年(1809)增修本. -- 记事止：清嘉庆十四年(1809)。佚名批校。
2005年摄制. -- 2盘卷片(60米1265拍) : 1:10, 2B ; 35mm银盐
收藏馆：缩微中心，南京

00O030193
[同治]荆门直隶州志：十二卷首一卷 / (清)恩荣修；(清)张圻纂
清同治七年(1868)刻增修本. -- 记事止：清同治十二年(1873)。
2001年摄制. -- 3盘卷片(68米1489拍) : 1:10, 2B ; 35mm银盐
收藏馆：缩微中心，湖北

00O031847
[同治]钟祥县志：二十卷 / (清)孙福海[等]纂修
清同治六年(1867)刻本. -- 记事止：清同治六年(1867)。
2005年摄制. -- 2盘卷片(50米1037拍) : 1:10, 2B ; 35mm银盐
收藏馆：缩微中心，南京

00O030006
[同治]钟祥县志：二十卷补编二卷 / (清)孙福海[等]纂修；(清)张铭焕增纂修
清同治六年(1867)刻同治八年(1869)增修本. -- 记事止：清同治六年(1867)，见卷八第四十页。
2001年摄制. -- 2盘卷片(58米1270拍) : 1:10, 2B ; 35mm银盐
收藏馆：缩微中心，湖北

00O027695
[康熙]京山县志：十卷 / (清)吴游龙修；(清)王演纂
清康熙(1662-1722)刻本. -- 存九卷：卷一、卷三至卷十。
1997年摄制. -- 1盘卷片(16米314拍) : 1:10, 2B ; 35mm银盐
收藏馆：缩微中心，国图

00O030013
[光绪]京山县志：二十七卷首一卷 / (清)沈星标修；(清)曾宪德[等]纂
清光绪九年(1883)刻本. -- 记事止：清光绪九年(1883)，见卷十第四页。
2001年摄制. -- 2盘卷片(51.5米1125拍) : 1:10, 2B ; 35mm银盐
收藏馆：缩微中心，湖北

00O024753
[康熙]孝感县志：二十四卷 / (清)梁凤翔,(清)季湘纂修
清康熙(1662-1722)刻本
1995年摄制. -- 2盘卷片(45.5米910拍) : 1:10, 2B ; 35mm银盐
收藏馆：缩微中心，浙江

00O031851
[光绪]孝感县志：二十四卷续补志一卷 / (清)朱希白修；(清)沈用增纂
清光绪九年(1883)刻光绪十一年(1885)增修本. -- 记事止：清光绪八年(1882)。
2005年摄制. -- 2盘卷片(51米1075拍) : 1:10, 2B ; 35mm银盐
收藏馆：缩微中心，南京

00O030221
[光绪]孝感县志：二十四卷续补志一卷 / (清)朱希白修；(清)沈用增纂
清光绪九年(1883)刻光绪十一年(1885)增修光绪十九年(1893)印本. -- 记事止：清光绪八年(1882)，见卷十第三十三页。
2001年摄制. -- 2盘卷片(47.5米1027拍) : 1:10, 2B ; 35mm银盐
收藏馆：缩微中心，湖北

00O030019
[雍正]应城县志：十二卷 / (清)李可彩纂修
清雍正四年(1726)刻本. -- 记事止：清雍正四年(1726)，见卷七第九页。
2001年摄制. -- 1盘卷片(12米267拍) : 1:10, 2B ; 35mm银盐
收藏馆：缩微中心，湖北

00O031836
光绪应城志：十四卷首一卷 / (清)罗缃修；(清)王承禧纂
清光绪八年(1882)刻本. -- 记事止：清光绪八年(1882)。佚名校补。
2005年摄制. -- 2盘卷片(36米746拍) : 1:10, 2B ; 35mm银盐
收藏馆：缩微中心，南京

00O030021
光绪应城志：十四卷首一卷 / (清)罗缃[等]修；(清)王承禧纂
清光绪八年(1882)蒲阳书院刻本. -- 记事止：清光绪八年(1882)，见卷八第三十六页。
2001年摄制. -- 2盘卷片(34米746拍) : 1:10, 2B ; 35mm银盐
收藏馆：缩微中心，湖北

00O030109
[同治]应山县志：三十六卷首一卷末一卷 / (清)刘宗元[等]修；(清)吴天锡纂
清同治十年(1871)刻本. -- 记事止：清同治十年(1871)。
2001年摄制. -- 2盘卷片(51米1104拍) : 1:10, 2B ; 35mm银盐
收藏馆：缩微中心，湖北

00O029997
[光绪]德安府志：二十卷首一卷补遗一卷 / (清)赓音布修；(清)刘国光纂
清光绪十五年(1889)刻本. -- 记事止：清光绪十四年(1888)。
2001年摄制. -- 3盘卷片(69.5米1517拍) : 1:10, 2B ; 35mm银盐
收藏馆：缩微中心，湖北

00O029998
[道光]安陆县志：四十卷首一卷 / (清)蒋炯[等]纂修
清道光二十三年(1843)刻咸丰三年(1853)印本. -- 记事止：清道光二十三年(1843)。
2001年摄制. -- 2盘卷片(46米1013拍) : 1:10, 2B ; 35mm银盐
收藏馆：缩微中心，湖北

00O031849
[道光]安陆县志：四十卷首一卷 / (清)蒋炯[等]纂修
清道光二十三年(1843)刻咸丰三年(1853)印本. -- 记事止：清道光二十三年(1843)。
2005年摄制. -- 2盘卷片(48米1006拍) : 1:10, 2B ; 35mm银盐
收藏馆：缩微中心，南京

000○030005
[同治]安陆县志补正：二卷 / (清)陈廷钧撰
清同治十一年(1872)刻本. -- 记事止：清同
治七年(1868)，见卷下第六十四页。
2001年摄制. -- 1盘卷片(10.5米223拍)：
1:10, 2B；35mm银盐
收藏馆：缩微中心，湖北

000○030199
[同治]汉川县志：二十二卷首一卷 / (清)袁鸣珂
[等]修；(清)林祥瑗纂
清同治十二年(1873)刻本. -- 记事止：清同
治十二年(1873)，见卷二第二十页。
2001年摄制. -- 2盘卷片(53.5米1164拍)：
1:10, 2B；35mm银盐
收藏馆：缩微中心，湖北

000○030149
汉川图记征实：六册 / (清)田宗汉撰
清光绪二十一年(1895)刻朱印本. -- 记事
止：清光绪二十八年(1902)，见第六册第三
页。
2001年摄制. -- 1盘卷片(17米370拍)：
1:10, 2B；35mm银盐
收藏馆：缩微中心，湖北

000○030012
[道光]云梦县志：十二卷首一卷末一卷 / (清)吕
锡麟修；(清)程怀璟纂
清道光二十年(1840)刻本. -- 记事止：清道
光二十年(1840)。
2001年摄制. -- 1盘卷片(24.5米532拍)：
1:10, 2B；35mm银盐
收藏馆：缩微中心，湖北

000○030000
[光绪]续云梦县志略：十卷首一卷末一卷 / (清)
吴念春修；(清)程寿昌纂
清光绪九年(1883)刻本. -- 记事止：清光绪
八年(1882)。
2001年摄制. -- 1盘卷片(11米235拍)：
1:10, 2B；35mm银盐
收藏馆：缩微中心，湖北

000○030144
[光绪]黄州府志：四十卷首一卷 / (清)英启修；
(清)邓琛纂
清光绪十年(1884)刻本. -- 记事止：清光绪
十年(1884)，见卷九第三十七页。
2001年摄制. -- 5盘卷片(143.5米3142拍)：
1:10, 2B；35mm银盐
收藏馆：缩微中心，湖北

000○031845
[光绪]黄州府志：四十卷首一卷 / (清)英启修；
(清)邓琛纂
清光绪十年(1884)刻本. -- 记事止：清光绪
十年(1884)。佚名校补.
2005年摄制. -- 5盘卷片(149米3157拍)：
1:10, 2B；35mm银盐
收藏馆：缩微中心，南京

000○030146
黄州府志拾遗：六卷 / (清)沈致坚撰
清宣统二年(1910)铅印本. -- 记事止：清顺
治二年(1645)，见卷一第十八页。
2001年摄制. -- 1盘卷片(8米169拍)：1:10,
2B；35mm银盐
收藏馆：缩微中心，湖北

000○022593
[乾隆]黄冈县志：二十卷首一卷 / (清)陈文
枢,(清)胡绍鼎纂
清乾隆五十四年(1789)刻本
1995年摄制. -- 2盘卷片(56米1080拍)：
1:10, 2B；35mm银盐
收藏馆：缩微中心，湖北

000○012076
[道光]黄冈县志：二十四卷首一卷 / (清)俞昌烈
修；(清)谢炎[等]纂
清道光二十八年(1848)刻本
1990年摄制. -- 3盘卷片(78米1655拍)：
1:10, 2B；35mm银盐
收藏馆：缩微中心，湖南

000○030132
[光绪]黄冈县志：二十四卷首一卷 / (清)戴昌言
修；(清)刘恭冕纂
清光绪八年(1882)刻本. -- 记事止：清光绪
七年(1881)，见卷二十四第七页。
2001年摄制. -- 3盘卷片(86.5米1899拍)：
1:10, 2B；35mm银盐
收藏馆：缩微中心，湖北

000○031870
[光绪]麻城县志：四十卷首一卷末一卷节孝录五
卷 / (清)陆佑勤[等]修；(清)余士珩纂
清光绪八年(1882)刻本. -- 记事止：清光绪
八年(1882)。
2005年摄制. -- 3盘卷片(74米1543拍)：
1:10, 2B；35mm银盐
收藏馆：缩微中心，南京

000○030139
[光绪]麻城县志：四十卷首一卷末一卷 / (清)陆

佑勤修；(清)余士珩纂
清光绪八年(1882)刻本. -- 记事止：清光绪
三十年(1904)。
2001年摄制. -- 3盘卷片(72.5米1585拍) :
1:10, 2B ; 35mm银盐
收藏馆：缩微中心，湖北

000O017784
[康熙]黄安县志：十二卷 / (清)刘启修；(清)詹大
衢纂
清康熙三十六年(1697)刻本
1993年摄制. -- 2盘卷片(55米1180拍) :
1:10, 2B ; 35mm银盐
收藏馆：缩微中心，天津

000O030229
[道光]黄安县志：十卷首一卷 / (清)林缙光纂修
清道光二年(1822)刻本. -- 记事止：清道光
二年(1822)，见卷七第十一页。
2001年摄制. -- 2盘卷片(42.5米928拍) :
1:10, 2B ; 35mm银盐
收藏馆：缩微中心，湖北

000O030140
黄安乡土志：二卷 / (清)陈纬撰
清宣统元年(1909)铅印本. -- 记事止：清宣
统元年(1909)，见卷二第二十六页。
2001年摄制. -- 1盘卷片(7.5米170拍) :
1:10, 2B ; 35mm银盐
收藏馆：缩微中心，湖北

000O030150
[光绪]罗田县志：八卷首一卷 / (清)管贻葵修；
(清)陈锦纂
清光绪二年(1876)刻本. -- 记事止：清光绪
二年(1876)，见卷五第四页。
2001年摄制. -- 2盘卷片(52米1130拍) :
1:10, 2B ; 35mm银盐
收藏馆：缩微中心，湖北

000O022747
[乾隆]英山县志：二十六卷首一卷 / (清)张海修；
(清)姚之琅纂
清乾隆(1736-1795)刻本
1994年摄制. -- 1盘卷片(22米440拍) :
1:10, 2B ; 35mm银盐
收藏馆：缩微中心，浙江

000O009769
[道光]英山县志：二十六卷 / (清)李文泉纂修
清道光二十六年(1846)刻本
1989年摄制. -- 2盘卷片(36.2米771拍) :
1:10, 2B ; 35mm银盐

收藏馆：缩微中心，重庆

000O029031
[同治]英山县志：十卷首一卷 / (清)徐玉珂修；
(清)王熙勋纂
清同治九年(1870)慎诒堂刻本
1999年摄制. -- 2盘卷片(46米962拍) :
1:10, 2B ; 35mm银盐
收藏馆：缩微中心，湖南

000O030205
[同治]蕲水县志：二十二卷首一卷末一卷 / (清)
多祺修；(清)王鸿举纂
清光绪六年(1880)刻本. -- 记事止：清光绪
六年(1880)，见卷七第六十二页。
2001年摄制. -- 3盘卷片(70米1523拍) :
1:10, 2B ; 35mm银盐
收藏馆：缩微中心，湖北

000O012088
[乾隆]蕲州志：二十卷首一卷 / (清)钱鋆修；(清)
周茂建纂
清乾隆二十年(1755)刻本
1990年摄制. -- 2盘卷片(41米859拍) :
1:10, 2B ; 35mm银盐
收藏馆：缩微中心，湖南

000O030147
[咸丰]蕲州志：二十六卷 / (清)潘克溥纂修
清咸丰二年(1852)刻同治二年(1863)增修
本. -- 记事止：清咸丰九年(1859)，见卷
二十六第六十七页。
2001年摄制. -- 2盘卷片(54米1178拍) :
1:10, 2B ; 35mm银盐
收藏馆：缩微中心，湖北

000O022944
[光绪]蕲州志：三十卷 / (清)封蔚祁修；(清)陈廷
扬纂
清光绪八年(1882)麟山书院刻本
1995年摄制. -- 3盘卷片(76.5米1530拍) :
1:10, 2B ; 35mm银盐
收藏馆：缩微中心，湖北

000O030152
[光绪]蕲州志：三十卷 / (清)封蔚祁修；(清)陈廷
扬纂
清光绪八年(1882)麟山书院刻光绪十年(1884)
重修本. -- 记事止：清光绪八年(1882)，见
卷九第四十九页。
2001年摄制. -- 3盘卷片(72米1567拍) :
1:10, 2B ; 35mm银盐
收藏馆：缩微中心，湖北

000030214
[同治]广济县志：十六卷首一卷 / (清)朱荣实
[等]修；(清)刘燡纂
清同治十一年(1872)活字印本. -- 记事止：
清同治十年(1871)，见卷六第三十一页。
2001年摄制. -- 2盘卷片(36.5米796拍)：
1:10, 2B；35mm银盐
收藏馆：缩微中心，湖北

000030145
[光绪]黄梅县志：四十卷首一卷 / (清)覃瀚元修；
(清)宛名昌[等]纂
清光绪二年(1876)刻本. -- 记事止：清光绪
二年(1876)，见卷三十七第九页。
2001年摄制. -- 2盘卷片(44米994拍)：
1:10, 2B；35mm银盐
收藏馆：缩微中心，湖北

000030151
寿昌乘：不分卷 / (清)文廷式辑
清光绪三十三年(1907)柯逢时息园武昌刻
本. -- 记事止：宋宝祐三年(1255)。
2001年摄制. -- 1盘卷片(3米54拍)：1:10,
2B；35mm银盐
收藏馆：缩微中心，湖北

000030226
[乾隆]武昌县志：十卷首一卷 / (清)邵遐龄修；
(清)谈有典纂
清乾隆二十八年(1763)刻本. -- 记事止：清
乾隆二十八年(1763)，见卷八第十六页。
2002年摄制. -- 2盘卷片(36.5米751拍)：
1:10, 2B；35mm银盐
收藏馆：缩微中心，湖北

000030200
[光绪]武昌县志：二十六卷首一卷末一卷 / (清)
钟桐山修；(清)柯逢时纂
清光绪十一年(1885)刻本. -- 记事止：清光
绪十一年(1885)，见卷十一第四十六页。
2002年摄制. -- 2盘卷片(38.5米841拍)：
1:10, 2B；35mm银盐
收藏馆：缩微中心，湖北

000030213
[嘉靖]大冶县志：七卷 / (明)赵鼐修；(明)冷儒
宗,(明)徐应华纂
明嘉靖十九年(1540)刻清道光(1821-1850)重
修本. -- 记事止：明嘉靖十九年(1540)，见
卷六第三页。
2001年摄制. -- 1盘卷片(4.5米93拍)：
1:10, 2B；35mm银盐
收藏馆：缩微中心，湖北

000030142
[同治]大冶县志：十八卷首一卷 / (清)胡复初修；
(清)黄昺杰纂
清同治十一年(1872)刻本. -- 记事止：清同
治十一年(1872)，见卷十八第四十四页。
2001年摄制. -- 2盘卷片(37米791拍)：
1:10, 2B；35mm银盐
收藏馆：缩微中心，湖北

000031829
[同治]大冶县志：十八卷首一卷 / (清)胡复初修；
(清)黄昺杰纂
清同治十一年(1872)刻光绪(1875-1908)印
本. -- 记事止：清同治十一年(1872)。
2005年摄制. -- 2盘卷片(38米777拍)：
1:10, 2B；35mm银盐
收藏馆：缩微中心，南京

000031848
[光绪]大冶县志续编：七卷首一卷末一卷 / (清)
林佐修；(清)陈鼇纂
清光绪十年(1884)刻增修本. -- 记事止：清
光绪十一年(1885)。
2005年摄制. -- 1盘卷片(9米164拍)：1:10,
2B；35mm银盐
收藏馆：缩微中心，南京

000030222
[光绪]大冶县志续编：七卷首一卷末一卷 / (清)
林佐修；(清)陈鼇纂
清光绪十年(1884)刻光绪十五年(1889)递修
本. -- 记事止：清光绪十五年(1889)，见卷
五第九页。
2001年摄制. -- 1盘卷片(7.5米162拍)：
1:10, 2B；35mm银盐
收藏馆：缩微中心，湖北

000030224
[光绪]大冶县志后编：二卷 / (清)林佐修；(清)陈
鼇纂
清光绪二十六年(1900)刻增修本. -- 记事
止：清光绪二十年(1894)，见卷一第九页。
2001年摄制. -- 1盘卷片(2.5米56拍)：
1:10, 2B；35mm银盐
收藏馆：缩微中心，湖北

000012865
[光绪]兴国州志：三十六卷首一卷 / (清)吴大训
[等]修；(清)陈光亨纂；(清)刘凤纶,(清)王凤池
续纂
清光绪十五年(1889)富川书院刻本
1990年摄制. -- 2盘卷片(55米1190拍)：
1:10, 2B；35mm银盐

收藏馆：缩微中心，湖南

00O030211

[光绪]续辑咸宁县志：八卷首一卷 / (清)陈桂,(清)林南修；(清)钱光奎纂

清光绪十年(1884)刻本. -- 记事止：清光绪十年(1884)，见卷六第四十四页。

2001年摄制. -- 2盘卷片(38米828拍)：1:10，2B；35mm银盐

收藏馆：缩微中心，湖北

00O023736

[乾隆]重修嘉鱼县志：八卷 / (清)张其维,(清)李懋泗纂修

清乾隆(1736-1795)刻本

1995年摄制. -- 1盘卷片(20米401拍)：1:10，2B；35mm银盐

收藏馆：缩微中心，浙江

00O024047

[乾隆]嘉鱼县志：八卷 / (清)汪云铭修；(清)方承保,(清)张宗轼纂

清乾隆五十五年(1790)刻本

1995年摄制. -- 1盘卷片(26米520拍)：1:10，2B；35mm银盐

收藏馆：缩微中心，湖北

00O030218

[同治]重修嘉鱼县志：十二卷 / (清)钟传益修；(清)俞焜纂

清同治五年(1866)刻本. -- 记事止：清同治四年(1865)，见卷三第十六页。

2001年摄制. -- 2盘卷片(37.5米813拍)：1:10，2B；35mm银盐

收藏馆：缩微中心，湖北

00O030228

[同治]通城县志：二十四卷首一卷补遗一卷 / (清)郑莶修；(清)杜煦明纂

清同治六年(1867)活字印本. -- 记事止：清同治六年(1867)，见卷十二第十七页。

2002年摄制. -- 2盘卷片(34米748拍)：1:10，2B；35mm银盐

收藏馆：缩微中心，湖北

00O030208

[同治]崇阳县志：十二卷首一卷 / (清)高佐廷修；(清)傅燮鼎纂

清同治七年(1868)活字印本. -- 记事止：清同治五年(1866)，见卷六第四十三页。

2001年摄制. -- 2盘卷片(45.5米993拍)：1:10，2B；35mm银盐

收藏馆：缩微中心，湖北

00O030227

[同治]通山县志：八卷首一卷 / (清)罗登瀛修；(清)朱美燮[等]纂

清同治七年(1868)心田局活字印本. -- 记事止：清同治七年(1868)，见卷四第六十九页。

2002年摄制. -- 2盘卷片(34米737拍)：1:10，2B；35mm银盐

收藏馆：缩微中心，湖北

00O030197

[同治]蒲圻县志：八卷 / (清)顾际熙[等]修；(清)文元音[等]纂

清同治五年(1866)刻本. -- 记事止：清同治五年(1866)，见卷四第二十页。

2001年摄制. -- 1盘卷片(31米674拍)：1:10，2B；35mm银盐

收藏馆：缩微中心，湖北

000O029992

[乾隆]荆州府志：五十八卷首一卷 / (清)叶仰高修；(清)施延枢纂

清乾隆二十二年(1757)刻本. -- 记事止：清乾隆二十一年(1756)，见卷三十四第二十九页。

2001年摄制. -- 3盘卷片(77米1685拍)：1:10，2B；35mm银盐

收藏馆：缩微中心，湖北

000O029999

[光绪]荆州府志：八十卷首一卷 / (清)倪文蔚修；(清)顾嘉衡[等]纂

清光绪六年(1880)刻本. -- 记事止：清光绪元年(1875)。

2001年摄制. -- 4盘卷片(101.5米2235拍)：1:10，2B；35mm银盐

收藏馆：缩微中心，湖北

00O030191

[同治]石首县志：八卷 / (清)朱荣实纂修

清同治五年(1866)刻本. -- 记事止：清同治四年(1865)。

2001年摄制. -- 2盘卷片(34米740拍)：1:10，2B；35mm银盐

收藏馆：缩微中心，湖北

00O030015

[同治]松滋县志：十二卷首一卷 / (清)吕缙云,(清)李勋修；(清)罗有文,(清)朱美燮纂

清同治八年(1869)刻本. -- 记事止：清同治八年(1869)，见卷七第二十三页。

2001年摄制. -- 2盘卷片(32米689拍)：1:10，2B；35mm银盐

收藏馆：缩微中心，湖北

00O029995

[顺治]江陵志余：十卷首一卷 / (清)孔自来撰

清顺治七年(1650)刻增修本. -- 记事止：清康熙二十四年(1685)。

2001年摄制. -- 1盘卷片(7米151拍) ：1:10, 2B ；35mm银盐

收藏馆：缩微中心，湖北

00O030004

[乾隆]江陵县志：五十八卷首一卷 / (清)崔龙见修；(清)黄义尊撰

清乾隆五十九年(1794)刻本. -- 记事止：清乾隆五十九年(1794)。

2001年摄制. -- 3盘卷片(72.5米1596拍) ：1:10, 2B ；35mm银盐

收藏馆：缩微中心，湖北

00O030125

[道光]江陵县志刊误：六卷 / (清)刘士璋撰

清道光十九年(1839)刻本. -- 记事止：清乾隆五十三年(1788)，见卷四第十五页。

2001年摄制. -- 1盘卷片(5米118拍) ：1:10, 2B ；35mm银盐

收藏馆：缩微中心，湖北

00O030007

[光绪]续修江陵县志：六十五卷首一卷 / (清)吴耀斗[等]修；(清)胡九皋[等]纂

清光绪三年(1877)刻本. -- 记事止：清光绪三年(1877)，见卷四十五第六十三页。

2001年摄制. -- 3盘卷片(85.5米1879拍) ：1:10, 2B ；35mm银盐

收藏馆：缩微中心，湖北

00O030008

[同治]公安县志：八卷首一卷 / (清)周承弼修；(清)王慰纂

清同治十三年(1874)刻本. -- 记事止：清同治十二年(1873)，见卷五第三十六页。

2001年摄制. -- 1盘卷片(30.5米672拍) ：1:10, 2B ；35mm银盐

收藏馆：缩微中心，湖北

00O030225

[光绪]沔阳州志：十二卷首一卷 / (清)葛振元修；(清)杨钜纂

清光绪二十年(1894)刻本. -- 记事止：清光绪二十年(1894)，见卷七第三十二页。

2002年摄制. -- 3盘卷片(63米1376拍) ：1:10, 2B ；35mm银盐

收藏馆：缩微中心，湖北

00O030011

[同治]监利县志：十二卷首一卷 / (清)徐兆英[等]修；(清)王柏心纂

清同治十一年(1872)刻本. -- 记事止：清同治十一年(1872)，见卷六第十三页。

2001年摄制. -- 2盘卷片(33米718拍) ：1:10, 2B ；35mm银盐

收藏馆：缩微中心，湖北

00O030123

[同治]宜昌府志：十六卷首一卷 / (清)聂光銮修；(清)王柏心[等]纂

清同治五年(1866)刻本. -- 记事止：清同治四年(1865)。

2001年摄制. -- 3盘卷片(84米1840拍) ：1:10, 2B ；35mm银盐

收藏馆：缩微中心，湖北

00O024044

[乾隆]东湖县志：三十一卷首一卷 / (清)林有席修；(清)严思濬,(清)林有彬纂

清嘉庆五年(1800)补刻本

1995年摄制. -- 2盘卷片(36米720拍) ：1:10, 2B ；35mm银盐

收藏馆：缩微中心，湖北

00O030131

[乾隆]续修东湖县志：三十一卷首一卷 / (清)林有席修；(清)严思濬纂；(清)金大庸增修；(清)王柏心增纂

清乾隆二十八年(1763)刻同治三年(1864)增刻本. -- 记事止：清同治三年(1864)，见卷十二第三十一页。

2001年摄制. -- 2盘卷片(45米970拍) ：1:10, 2B ；35mm银盐

收藏馆：缩微中心，湖北

00O031843

[乾隆]东湖县志：三十一卷首一卷 / (清)林有席修；(清)严思濬[等]纂；(清)金大镛增修；(清)王柏心增纂

清同治三年(1864)刻本. -- 记事止：清同治三年(1864)。

2005年摄制. -- 2盘卷片(46米989拍) ：1:10, 2B ；35mm银盐

收藏馆：缩微中心，南京

00O031861

[同治]枝江县志：二十卷首一卷 / (清)查子庚修；(清)熊文澜纂

清同治五年(1866)刻本. -- 记事止：清同治五年(1866)。

2005年摄制. -- 2盘卷片(36米696拍) ：

1:10，2B；35mm银盐
收藏馆：缩微中心，南京

000O030114

[同治]枝江县志：二十卷首一卷 / (清)查子庚修；
(清)熊文澜纂
清同治五年(1866)刻光绪三十二年(1906)重修
本. -- 记事止：清同治五年(1866)。
2001年摄制. -- 1盘卷片(28.5米620拍)：
1:10，2B；35mm银盐
收藏馆：缩微中心，湖北

000O030117

[康熙]宜都县志：十二卷首一卷末一卷 / (清)刘
显功纂修
清咸丰九年(1859)清江书院刻本. -- 记事
止：清康熙三十六年(1697)。
2001年摄制. -- 1盘卷片(12.5米277拍)：
1:10，2B；35mm银盐
收藏馆：缩微中心，湖北

000O030134

[同治]宜都县志：四卷首一卷末一卷 / (清)崔培
元修；(清)龚绍仁纂
清同治五年(1866)刻本. -- 记事止：清同治
五年(1866)。
2001年摄制. -- 1盘卷片(12.5米247拍)：
1:10，2B；35mm银盐
收藏馆：缩微中心，湖北

000O031832

[同治]当阳县志：十八卷首一卷末一卷 / (清)阮
恩光修；(清)王柏心纂
清同治五年(1866)刻本. -- 记事止：清同治
五年(1866)。
2005年摄制. -- 1盘卷片(30米634拍)：
1:10，2B；35mm银盐
收藏馆：缩微中心，南京

000O030009

[同治]当阳县志：十八卷首一卷末一卷 / (清)阮
恩光修；(清)王柏心纂
清同治五年(1866)刻增修本. -- 记事止：清
同治六年(1867)，见卷末第六十一页。
2001年摄制. -- 1盘卷片(29米639拍)：
1:10，2B；35mm银盐
收藏馆：缩微中心，湖北

000O030020

[光绪]当阳县补续志：四卷首一卷 / (清)李元才
修；(清)李葆贞纂
清光绪十五年(1889)宾兴馆刻本. -- 记事
止：清光绪十五年(1889)，见卷一第五页。

2001年摄制. -- 1盘卷片(9米197拍)：1:10，
2B；35mm银盐
收藏馆：缩微中心，湖北

000O027684

[顺治]远安县志：八卷 / (清)安可愿修；(清)黄维
清纂
清顺治十八年(1661)刻本. -- 存四卷：卷一
至卷四。
1997年摄制. -- 1盘卷片(5米60拍)：1:10，
2B；35mm银盐
收藏馆：缩微中心，国图

000O031839

[咸丰]远安县志：八卷 / (清)赵广恩修；(清)刘子
垣纂；(清)朱荣实增纂修
清咸丰八年(1858)刻增修本. -- 记事止：清
咸丰八年(1858)。
2005年摄制. -- 1盘卷片(25米519拍)：
1:10，2B；35mm银盐
收藏馆：缩微中心，南京

000O031828

[同治]远安县志：八卷首一卷 / (清)郑燡林修；
(清)周葆恩纂
清同治六年(1867)刻本. -- 记事止：清同治
六年(1867)。
2005年摄制. -- 1盘卷片(26米554拍)：
1:10，2B；35mm银盐
收藏馆：缩微中心，南京

000O030137

[同治]兴山县志：十卷首一卷 / (清)伍继勋修；
(清)范昌棣纂
清同治四年(1865)刻本. -- 记事止：清同治
四年(1865)。
2001年摄制. -- 1盘卷片(24米525拍)：
1:10，2B；35mm银盐
收藏馆：缩微中心，湖北

000O030121

[光绪]兴山县志：二十二卷 / (清)黄世崇纂修
清光绪十一年(1885)经心书院刻本. -- 记事
止：清光绪十年(1884)。
2001年摄制. -- 1盘卷片(9米196拍)：1:10，
2B；35mm银盐
收藏馆：缩微中心，湖北

000O030153

[嘉庆]归州志：十卷 / (清)李炘修；(清)陆仲达纂
清嘉庆二十二年(1817)刻道光二年(1822)增修
本. -- 记事止：清道光元年(1821)，见卷十
第三十七页。

2001年摄制. -- 1盘卷片（13米284拍）：
1:10，2B；35mm银盐
收藏馆：缩微中心，湖北

000O030202
[嘉庆]归州志：十卷 / (清)李炘修；(清)陆仲达纂
清嘉庆二十二年(1817)刻同治五年(1866)增修
本. -- 记事止：清同治五年(1866)。
2001年摄制. -- 1盘卷片（15.5米318拍）：
1:10，2B；35mm银盐
收藏馆：缩微中心，湖北

000O030135
[光绪]归州志：十卷首一卷 / (清)李炘纂修；(清)沈云骏递修；(清)刘玉森递纂
清嘉庆二十二年(1817)刻光绪八年(1882)递修
本. -- 记事止：清光绪八年(1882)，见卷一
第三页。
2001年摄制. -- 1盘卷片（21米459拍）：
1:10，2B；35mm银盐
收藏馆：缩微中心，湖北

000O030215
[光绪]归州志：十七卷 / (清)黄世宗纂修
清光绪二十七年(1901)刻本. -- 记事止：清
光绪二十六年(1900)，见卷十第五页。
2001年摄制. -- 1盘卷片（12米254拍）：
1:10，2B；35mm银盐
收藏馆：缩微中心，湖北

000O027692
[康熙]长阳县志：一卷 / (清)田思远修；(清)石高嵩纂
清康熙(1662-1722)刻本
1997年摄制. -- 1盘卷片（4米34拍）：1:10，
2B；35mm银盐
收藏馆：缩微中心，国图

000O030111
[道光]长阳县志：七卷 / (清)朱庭菜修；(清)彭世德[等]纂
清道光二年(1822)刻本. -- 记事止：清道光
二年(1822)，见卷四第十九页。
2001年摄制. -- 1盘卷片（28米618拍）：
1:10，2B；35mm银盐
收藏馆：缩微中心，湖北

000O030128
[同治]长阳县志：七卷首一卷 / (清)陈惟模修；(清)谭大勋纂
清同治五年(1866)刻光绪(1875-1908)增修
本. -- 记事止：清光绪五年(1879)，见卷四
第三十页。

2001年摄制. -- 1盘卷片（20米431拍）：
1:10，2B；35mm银盐
收藏馆：缩微中心，湖北

000O008897
[咸丰]长乐县志：十六卷首一卷末一卷 / (清)李焕春修；(清)赖荣光纂
清咸丰二年(1852)刻本
1988年摄制. -- 1盘卷片（29米650拍）：
1:10，2B；35mm银盐
收藏馆：缩微中心，浙江

000O024045
[同治]长乐县志：十六卷首一卷末一卷 / (清)李焕春原本；(清)龙兆霖增补
清同治九年(1870)补刻本
1995年摄制. -- 2盘卷片（36.5米710拍）：
1:10，2B；35mm银盐
收藏馆：缩微中心，湖北

000O031852
[光绪]长乐县志：十六卷首一卷末一卷 / (清)李焕春原修；(清)赖荣光原纂；(清)郑敦佑[等]递修；(清)刘应垣递纂
清咸丰三年(1853)刻光绪元年(1875)递修
本. -- 记事止：清光绪元年(1875)。
2005年摄制. -- 2盘卷片（35米733拍）：
1:10，2B；35mm银盐
收藏馆：缩微中心，南京

000O029994
[乾隆]随州志：十八卷首一卷 / (清)张璇纂修
清乾隆五十五年(1790)刻本. -- 记事止：清
乾隆五十五年(1790)。
2001年摄制. -- 1盘卷片（24.5米543拍）：
1:10，2B；35mm银盐
收藏馆：缩微中心，湖北

000O029991
[同治]随州志：三十二卷首一卷 / (清)文龄[等]修；(清)史策先纂
清同治八年(1869)刻本. -- 记事止：清同治
八年(1869)，见卷二十第十二页。
2001年摄制. -- 2盘卷片（54米1085拍）：
1:10，2B；35mm银盐
收藏馆：缩微中心，湖北

000O031865
[乾隆]天门县志：二十四卷首一卷 / (清)胡冀珍,(清)张镳纂
清乾隆三十年(1765)抄本. -- 记事止：清乾
隆三十年(1765)。
2005年摄制. -- 1盘卷片（5米73拍）：1:10，

2B；35mm银盐
收藏馆：缩微中心，南京

000O029996
[道光]天门县志：三十六卷首一卷 / (清)王希琮修；(清)张锡谷纂
清道光元年(1821)刻本. -- 记事止：清道光元年(1821)。
2001年摄制. -- 2盘卷片(45.5米992拍)：1:10, 2B；35mm银盐
收藏馆：缩微中心，湖北

000O030018
[康熙]潜江县志：二十卷首一卷 / (清)刘焕修；(清)朱载震纂
清光绪五年(1879)传经书院刻本. -- 记事止：清乾隆十七年(1752)，见卷十第六十一页。
2001年摄制. -- 2盘卷片(33.5米724拍)：1:10, 2B；35mm银盐
收藏馆：缩微中心，湖北

000O030002
[光绪]潜江县志续：二十卷首一卷 / (清)史致谟修；(清)刘恭冕[等]纂
清光绪五年(1879)传经书院刻本. -- 记事止：清光绪五年(1879)。
2001年摄制. -- 1盘卷片(27.5米600拍)：1:10, 2B；35mm银盐
收藏馆：缩微中心，湖北

000O030122
[同治]增修施南府志：三十卷首一卷 / (清)松林[等]修；(清)何远鉴[等]纂
清同治十年(1871)刻本. -- 记事止：清同治九年(1870)。
2001年摄制. -- 2盘卷片(58米1268拍)：1:10, 2B；35mm银盐
收藏馆：缩微中心，湖北

000O030204
[光绪]施南府志续编：十卷 / (清)王庭桢[等]修；(清)雷春沼纂
清光绪十一年(1885)刻本. -- 记事止：清光绪九年(1883)，见卷六第八页。
2001年摄制. -- 1盘卷片(10.5米227拍)：1:10, 2B；35mm银盐
收藏馆：缩微中心，湖北

000O009801
[嘉庆]恩施县志：四卷首一卷 / (清)张家榗,(清)朱寅赞纂
清嘉庆十三年(1808)刻本

1989年摄制. -- 1盘卷片(10米190拍)：1:10, 2B；35mm银盐
收藏馆：缩微中心，浙江

000O030129
[同治]恩施县志：十二卷首一卷 / (清)多寿[等]纂修；(清)罗凌汉[等]增纂修
清同治四年(1865)刻同治七年(1868)朱三恪增修本. -- 记事止：清同治七年(1868)，见卷四第二十三页。
2001年摄制. -- 1盘卷片(24.5米530拍)：1:10, 2B；35mm银盐
收藏馆：缩微中心，湖北

000O030119
[光绪]利川县志：十四卷首一卷 / (清)黄世崇纂修
清光绪二十年(1894)钟灵书院刻本. -- 记事止：清光绪十九年(1893)。
2001年摄制. -- 1盘卷片(12米263拍)：1:10, 2B；35mm银盐
收藏馆：缩微中心，湖北

000O030209
[同治]建始县志：八卷首一卷 / (清)熊启泳纂修
清同治五年(1866)刻本. -- 记事止：清同治四年(1865)，见卷二第九页。
2001年摄制. -- 1盘卷片(12米260拍)：1:10, 2B；35mm银盐
收藏馆：缩微中心，湖北

000O027415
[同治]续修巴东县志：十六卷首一卷 / (清)廖恩树修；(清)萧佩声纂
清同治五年(1866)刻本
1997年摄制. -- 1盘卷片(23米480拍)：1:10, 2B；35mm银盐
收藏馆：缩微中心，湖北

000O030143
[同治]巴东县志：十六卷首一卷 / (清)廖恩树修；(清)萧佩声纂
清光绪六年(1880)刻本. -- 记事止：清同治十二年(1873)，见卷八第十八页。
2001年摄制. -- 1盘卷片(21.5米470拍)：1:10, 2B；35mm银盐
收藏馆：缩微中心，湖北

000O030133
[同治]宣恩县志：二十卷首一卷 / (清)张金澜修；(清)蔡景星[等]纂
清同治二年(1863)刻本. -- 记事止：清同治二年(1863)，见卷六第五页。

2001年摄制. -- 1盘卷片(14.5米313拍) :
1:10, 2B ; 35mm银盐
收藏馆: 缩微中心, 湖北

000O030118
[同治]咸丰县志: 二十卷首一卷 / (清)张梓修;
(清)张光杰[等]纂
清同治四年(1865)刻本. -- 记事止: 清同治
四年(1865)。
2001年摄制. -- 1盘卷片(14米304拍) :
1:10, 2B ; 35mm银盐
收藏馆: 缩微中心, 湖北

000O030120
[同治]来凤县志: 三十二卷首一卷末一卷 / (清)
李勋修; (清)何远鉴[等]纂
清同治五年(1866)刻本. -- 记事止: 清同治
五年(1866)。
2001年摄制. -- 1盘卷片(27.5米608拍) :
1:10, 2B ; 35mm银盐
收藏馆: 缩微中心, 湖北

000O030141
[道光]鹤峰州志: 十四卷首一卷 / (清)吉钟颖纂
修
清道光二年(1822)刻同治(1862-1874)增修
本. -- 记事止: 清同治三年(1864), 见卷九
第九页。
2001年摄制. -- 1盘卷片(14米309拍) :
1:10, 2B ; 35mm银盐
收藏馆: 缩微中心, 湖北

000O030130
[光绪]鹤峰州志续修: 十四卷首一卷 / (清)长庚
[等]修; (清)陈鸿渐纂
清光绪十一年(1885)刻本. -- 记事止: 清光
绪十一年(1885), 见卷十一第二十三页。
2001年摄制. -- 1盘卷片(3.5米77拍) :
1:10, 2B ; 35mm银盐
收藏馆: 缩微中心, 湖北

000O010195
[乾隆]湖南通志: 一百七十四卷首一卷 / (清)陈
弘谋[等]修; (清)范咸,(清)欧阳正焕纂
清乾隆二十二年(1757)刻本
1988年摄制. -- 10盘卷片(303.1米6521拍) :
1:10, 2B ; 35mm银盐
收藏馆: 缩微中心, 湖南

000O009338
[嘉庆]湖南通志: 二百十九卷首三卷末六卷附岳
麓书院书目一卷城南书院书目一卷 / (清)翁元
圻[等]修; (清)王煦,(清)罗廷彦纂

清嘉庆二十五年(1820)刻本
1988年摄制. -- 13盘卷片(356.5米7697拍) :
1:10, 2B ; 35mm银盐
收藏馆: 缩微中心, 湖南

000O010855
[光绪]湖南通志: 二百八十八卷首八卷末十九卷 /
(清)李瀚章,(清)卞宝第修; (清)曾国荃,(清)李元
度纂
清光绪十一年(1885)府学宫尊经阁刻本
1989年摄制. -- 19盘卷片(588米12124拍) :
1:10, 2B ; 35mm银盐
收藏馆: 缩微中心, 湖南

000O010707
湖南乡土地理教科书: 不分卷 / (清)辜天佑编
清宣统二年(1910)长沙会通学社石印本
1989年摄制. -- 1盘卷片(7米126拍) : 1:10,
2B ; 35mm银盐
收藏馆: 缩微中心, 湖南

000O029029
[康熙]长沙府志: 二十卷 / (清)苏佳嗣修; (清)谭
绍琬纂
清顺治(1644-1661)刻本. -- 存一卷: 卷七
上。
1999年摄制. -- 1盘卷片(5米81拍) : 1:10,
2B ; 35mm银盐
收藏馆: 缩微中心, 湖南

000O012093
[顺治]长沙府志 / (清)张宏猷修; (清)吴懋纂
清顺治六年(1649)刻本
1990年摄制. -- 1盘卷片(6米92拍) : 1:10,
2B ; 35mm银盐
收藏馆: 缩微中心, 湖南

000O027849
[康熙]长沙府志: 二十卷 / (清)苏佳嗣修; (清)谭
绍琬纂
清康熙二十四年(1685)刻本. -- 存九卷: 卷
一至卷三、卷七、卷十一至卷十四、卷十六。
1997年摄制. -- 2盘卷片(43米851拍) :
1:10, 2B ; 35mm银盐
收藏馆: 缩微中心, 国图

000O011873
[乾隆]长沙府志: 五十卷首一卷 / (清)吕肃高修;
(清)张雄图,(清)王文清纂
清乾隆十二年(1747)刻本
1990年摄制. -- 5盘卷片(145米3111拍) :
1:10, 2B ; 35mm银盐
收藏馆: 缩微中心, 湖南

00O029339
[康熙]浏阳县志：十七卷 / (清)王珽修；(清)徐旭旦纂
清康熙四十三年(1704)刻本. -- 存五卷：卷八至卷十、卷十四至卷十五。
1999年摄制. -- 1盘卷片(14米279拍) : 1:10, 2B ; 35mm银盐
收藏馆：缩微中心，湖南

00O010660
[雍正]浏阳县志：四卷首一卷 / (清)陈蔓文修；(清)方暨谟纂
清雍正十一年(1733)刻本
1988年摄制. -- 1盘卷片(13米256拍) : 1:10, 2B ; 35mm银盐
收藏馆：缩微中心，湖南

00O010715
[嘉庆]浏阳县志：四十卷首一卷志余备考二卷 / (清)谢希闵修；(清)王显文纂；(清)贺以南[等]辑
清嘉庆二十四年(1819)刻本
1989年摄制. -- 2盘卷片(37米772拍) : 1:10, 2B ; 35mm银盐
收藏馆：缩微中心，湖南

00O011863
[嘉庆]浏阳县志：四十卷首一卷志余备考二卷 / (清)谢希闵修；(清)王显文纂；(清)贺以南[等]辑
清嘉庆二十四年(1819)刻本
1990年摄制. -- 2盘卷片(38米788拍) : 1:10, 2B ; 35mm银盐
收藏馆：缩微中心，湖南

00O010834
[同治]浏阳县志：二十四卷首一卷末一卷 / (清)王汝惺[等]修；(清)邹焌杰纂
清同治十二年(1873)刻本
1989年摄制. -- 2盘卷片(52米1121拍) : 1:10, 2B ; 35mm银盐
收藏馆：缩微中心，湖南

00O011874
[同治]浏阳县志：二十四卷首一卷末一卷 / (清)王汝惺[等]修；(清)邹焌杰纂
清同治十二年(1873)刻本
1990年摄制. -- 2盘卷片(48米1038拍) : 1:10, 2B ; 35mm银盐
收藏馆：缩微中心，湖南

00O010839
湘城访古录：十七卷首一卷 / (清)陈运溶纂
清光绪二十年(1894)长沙萃文堂刻本
1989年摄制. -- 1盘卷片(20米430拍) :

1:10, 2B ; 35mm银盐
收藏馆：缩微中心，湖南

00O029336
[康熙]长沙县志：十卷 / (清)王克庄修；(清)朱奇珍纂
清康熙四十二年(1703)刻本. -- 卷九配抄本。
1999年摄制. -- 1盘卷片(25米525拍) : 1:10, 2B ; 35mm银盐
收藏馆：缩微中心，湖南

00O029019
[嘉庆]长沙县志：二十八卷首一卷 / (清)赵文在修；(清)刘揆之,(清)易文基纂
清嘉庆十五年(1810)刻本
1999年摄制. -- 3盘卷片(64米1358拍) : 1:10, 2B ; 35mm银盐
收藏馆：缩微中心，湖南

00O010689
[嘉庆]长沙县志：二十八卷首一卷 / (清)赵文在修；(清)刘揆之,(清)易文基纂；(清)陈光诏续修；(清)熊绶南续纂
清嘉庆十五年(1810)刻嘉庆二十二年(1817)增刻本
1989年摄制. -- 3盘卷片(69.5米1477拍) : 1:10, 2B ; 35mm银盐
收藏馆：缩微中心，湖南

00O010851
[同治]长沙县志：三十六卷首一卷 / (清)刘采邦修；(清)张延珂[等]纂
清同治十三年(1874)刻本
1989年摄制. -- 3盘卷片(81.1米1741拍) : 1:10, 2B ; 35mm银盐
收藏馆：缩微中心，湖南

00O011596
[乾隆]善化县志：十二卷 / (清)魏成汉修；(清)张汝润[等]纂
清乾隆十二年(1747)刻本
1990年摄制. -- 1盘卷片(20米423拍) : 1:10, 2B ; 35mm银盐
收藏馆：缩微中心，湖南

00O031660
[嘉庆]善化县志：三十卷首一卷末一卷 / (清)王勋修；(清)王余英纂
清嘉庆二十三年(1818)刻本. -- 记事止：清嘉庆二十二年(1817)。
2005年摄制. -- 2盘卷片(37米766拍) : 1:10, 2B ; 35mm银盐

收藏馆：缩微中心，南京

00○010849
[嘉庆]善化县志：三十卷首一卷末一卷 / (清)王勋修；(清)王余英纂
清嘉庆二十三年(1818)刻本
1989年摄制. -- 2盘卷片(46.5米988拍) : 1:10, 2B ; 35mm银盐
收藏馆：缩微中心，湖南

00○010706
[光绪]善化县志：三十四卷首一卷 / (清)吴兆熙,(清)冒沅修；(清)张先抡,(清)韩炳章纂
清光绪三年(1877)刻本
1989年摄制. -- 3盘卷片(75米1581拍) : 1:10, 2B ; 35mm银盐
收藏馆：缩微中心，湖南

00○030275
[乾隆]重修宁乡县志：十卷首一卷 / (清)李杰超[等]修；(清)王文清纂
清乾隆十三年(1748)刻本
2002年摄制. -- 2盘卷片(36米749拍) : 1:10, 2B ; 35mm银盐
收藏馆：缩微中心，湖南

00○011126
[嘉庆]宁乡县志：十二卷 / (清)王余英修；(清)袁名曜纂
清嘉庆二十二年(1817)刻本
1989年摄制. -- 2盘卷片(48米1030拍) : 1:10, 2B ; 35mm银盐
收藏馆：缩微中心，湖南

00○029028
[同治]续修宁乡县志：四十四卷首一卷 / (清)郭庆飏修；(清)童秀春纂
清同治六年(1867)刻本
1999年摄制. -- 3盘卷片(81米1749拍) : 1:10, 2B ; 35mm银盐
收藏馆：缩微中心，湖南

00○030270
[同治]重修宁乡县志：四十四卷首一卷 / (清)郭庆飏修；(清)童秀春纂
清同治七年(1868)稿本. -- 存十四卷：卷一至卷二、卷十四至卷二十一、卷三十四至卷三十六、卷四十一。
2002年摄制. -- 1盘卷片(30米631拍) : 1:10, 2B ; 35mm银盐
收藏馆：缩微中心，湖南

00○010712
[康熙]永定卫志：三卷 / (清)潘义修；(清)杨显德纂
清康熙二十四年(1685)刻本
1989年摄制. -- 1盘卷片(6米98拍) : 1:10, 2B ; 35mm银盐
收藏馆：缩微中心，湖南

00○030281
[道光]永定县志：八卷 / (清)金德荣[等]修；(清)熊国夏[等]纂
清道光三年(1823)刻本
2002年摄制. -- 1盘卷片(20米435拍) : 1:10, 2B ; 35mm银盐
收藏馆：缩微中心，湖南

00○009340
[同治]续修永定县志：十二卷 / (清)万修廉[等]修；(清)张序枝[等]纂
清同治八年(1869)刻本
1988年摄制. -- 2盘卷片(39米798拍) : 1:10, 2B ; 35mm银盐
收藏馆：缩微中心，湖南

00○030287
[嘉庆]重修慈利县志：八卷首一卷 / (清)李约修；(清)皇甫如森纂
清嘉庆二十二年(1817)刻本. -- 卷三配抄本。
2002年摄制. -- 1盘卷片(28米584拍) : 1:10, 2B ; 35mm银盐
收藏馆：缩微中心，湖南

00○022596
[同治]续修慈利县志：十四卷首一卷 / (清)嵇有庆,(清)蒋恩澍修；(清)魏湘纂
清同治八年(1869)刻本
1995年摄制. -- 2盘卷片(47米940拍) : 1:10, 2B ; 35mm银盐
收藏馆：缩微中心，湖北

00○009145
[光绪]慈利县图志：十卷首一卷 / 吴恭亨纂修
清光绪二十二年(1896)刻本
1988年摄制. -- 1盘卷片(10米197拍) : 1:10, 2B ; 35mm银盐
收藏馆：缩微中心，湖南

00○009756
[乾隆]桑植县志：四卷首一卷 / (清)顾奎光纂修
清乾隆二十九年(1764)刻本
1989年摄制. -- 1盘卷片(9.4米184拍) : 1:9, 2B ; 35mm银盐

收藏馆：缩微中心，重庆

000030273
[乾隆]桑植县志：四卷首一卷 / (清)顾奎光纂修
清乾隆二十五年(1760)抄本
2002年摄制. -- 1盘卷片(9米174拍) ： 1:10，
2B ；35mm银盐
收藏馆：缩微中心，湖南

000030294
[同治]桑植县志：八卷首一卷 / (清)周来贺修
清同治十一年(1872)刻光绪十八年(1892)增修
本
2002年摄制. -- 1盘卷片(15米299拍) ：
1:10，2B ；35mm银盐
收藏馆：缩微中心，湖南

000009295
[同治]桑植县志：八卷首一卷 / (清)周来贺修
清同治十一年(1872)刻光绪十九年(1893)龙起
涛郑燮文增刻本
1988年摄制. -- 1盘卷片(15米294拍) ：
1:10，2B ；35mm银盐
收藏馆：缩微中心，湖南

000010846
[光绪]古丈坪厅志：十六卷 / (清)董鸿勋纂修
清光绪三十三年(1907)铅印本
1989年摄制. -- 2盘卷片(43.6米917拍) ：
1:10，2B ；35mm银盐
收藏馆：缩微中心，湖南

000009241
[康熙]鼎修常德府志：十卷 / (清)胡向华修；(清)
贺奇纂
清康熙九年(1670)刻本
1988年摄制. -- 2盘卷片(45米933拍) ：
1:10，2B ；35mm银盐
收藏馆：缩微中心，湖南

000027693
[康熙]鼎修常德府志：十卷 / (清)胡向华修；(清)
贺奇纂
清康熙九年(1670)刻本
1997年摄制. -- 1盘卷片(31米613拍) ：
1:10，2B ；35mm银盐
收藏馆：缩微中心，国图

000009285
[嘉庆]常德府志：四十八卷附文征九卷首一卷丛
谈三卷 / (清)应先烈修；(清)陈楷礼纂
清嘉庆十八年(1813)刻本
1988年摄制. -- 3盘卷片(80.4米1733拍) ：

1:10，2B ；35mm银盐
收藏馆：缩微中心，湖南

000009287
[同治]武陵县志：四十八卷附诗征二卷文征二卷 /
(清)汪敦灏,(清)孙翘泽修；(清)陈启迈纂
清同治二年(1863)刻本
1988年摄制. -- 2盘卷片(55.7米1198拍) ：
1:10，2B ；35mm银盐
收藏馆：缩微中心，湖南

000010659
[同治]武陵县志：三十二卷首一卷附文征二卷诗
征二卷 / (清)欧阳烈修；(清)杨丕复纂；(清)杨
彝珍续纂
清同治七年(1868)朗江书院刻本
1988年摄制. -- 2盘卷片(40米845拍) ：
1:10，2B ；35mm银盐
收藏馆：缩微中心，湖南

000010698
[光绪]重修龙阳县志：三十二卷首一卷 / (清)瑞
琛,(清)陆运景修；(清)陈保真,(清)彭日晓纂
清光绪元年(1875)刻本
1989年摄制. -- 2盘卷片(47.6米1023拍) ：
1:10，2B ；35mm银盐
收藏馆：缩微中心，湖南

000029335
[乾隆]直隶澧州志林：二十六卷首一卷末一卷附
补编一卷 / (清)何璘修；(清)黄宜中纂
清乾隆十七年(1752)刻本
1999年摄制. -- 2盘卷片(61米1304拍) ：
1:10，2B ；35mm银盐
收藏馆：缩微中心，湖南

000030282
[乾隆]澧志举要：三卷补编一卷 / (清)潘相撰
清嘉庆二年(1797)潘承炜经腴堂刻本
2002年摄制. -- 1盘卷片(8米156拍) ： 1:10，
2B ；35mm银盐
收藏馆：缩微中心，湖南

000010840
[道光]直隶澧州志：二十八卷首三卷 / (清)安佩
莲修；(清)孙祈泰纂
清道光元年(1821)刻本
1989年摄制. -- 3盘卷片(71.8米1522拍) ：
1:10，2B ；35mm银盐
收藏馆：缩微中心，湖南

000012064
[同治]直隶澧州志：二十六卷首一卷 / (清)何玉

棻修；(清)魏式曾纂
清同治八年(1869)刻本
1990年摄制. -- 2盘卷片(63米1389拍)：
1:10, 2B ；35mm银盐
收藏馆：缩微中心，湖南

000O027417
[同治]直隶澧州志：二十六卷首三卷 / (清)何玉
棻修；(清)魏式曾纂
清同治八年(1869)刻同治十三年(1874)黄维瓒
增刻本
1997年摄制. -- 3盘卷片(84米1768拍)：
1:10, 2B ；35mm银盐
收藏馆：缩微中心，湖北

000O010677
[道光]安福县志：三十二卷首一卷末一卷 / (清)
何寅斗[等]修；(清)潘永盛,(清)黄彝纂
清道光三年(1823)刻本
1989年摄制. -- 1盘卷片(25米548拍)：
1:10, 2B ；35mm银盐
收藏馆：缩微中心，湖南

000O009297
[同治]安福县志：三十四卷首三卷 / (清)姜大定
修；(清)尹袭澍纂
清同治八年(1869)刻本
1988年摄制. -- 2盘卷片(50米1064拍)：
1:10, 2B ；35mm银盐
收藏馆：缩微中心，湖南

000O010661
[道光]桃源县志：二十卷首一卷 / (清)谭震修；
(清)方堃,(清)文运升纂
清道光三年(1823)刻本
1989年摄制. -- 2盘卷片(54米1165拍)：
1:10, 2B ；35mm银盐
收藏馆：缩微中心，湖南

000O030274
[道光]桃源县志：二十卷首一卷 / (清)谭震修；
(清)方堃,(清)文运升纂
清道光三年(1823)刻本
2002年摄制. -- 2盘卷片(56米1160拍)：
1:10, 2B ；35mm银盐
收藏馆：缩微中心，湖南

000O010848
[同治]桃源县志：二十卷首一卷 / (清)罗行楷修；
(清)沙明焯,(清)郭世钦纂
清同治八年(1869)刻本
1989年摄制. -- 2盘卷片(59米1273拍)：
1:10, 2B ；35mm银盐

收藏馆：缩微中心，湖南

000O009140
[光绪]桃源县志：十七卷首一卷末一卷 / (清)余
良栋修；(清)刘凤苞纂
清光绪十八年(1892)刻本
1988年摄制. -- 3盘卷片(71米1526拍)：
1:10, 2B ；35mm银盐
收藏馆：缩微中心，湖南

000O017256
[康熙]石门县志：三卷 / (清)张霖纂修；(清)许湄
续修
清康熙二十二年(1683)刻康熙四十五年(1706)
增刻本
1993年摄制. -- 1盘卷片(7米136拍)：1:10,
2B ；35mm银盐
收藏馆：缩微中心，天津

000O012091
[嘉庆]石门县志：五十五卷首一卷 / (清)苏益馨
[等]修；(清)梅峄纂
清嘉庆二十三年(1818)刻本
1990年摄制. -- 1盘卷片(21米441拍)：
1:10, 2B ；35mm银盐
收藏馆：缩微中心，湖南

000O009143
[同治]石门县志：十四卷首一卷 / (清)林葆
元,(清)陈煊修；(清)申正飏[等]纂
清同治七年(1868)文昌阁刻本
1988年摄制. -- 2盘卷片(39米797拍)：
1:10, 2B ；35mm银盐
收藏馆：缩微中心，湖南

000O010699
[光绪]石门县志：六卷 / (清)闫镇珩纂修
清光绪十五年(1889)慈利邓寿民刻本
1989年摄制. -- 1盘卷片(6.4米111拍)：
1:10, 2B ；35mm银盐
收藏馆：缩微中心，湖南

000O030277
[嘉庆]益阳县志：三十五卷首一卷末一卷 / (清)
方为霖修；(清)符鸿纂
清嘉庆二十五年(1820)刻本
2002年摄制. -- 2盘卷片(41米868拍)：
1:10, 2B ；35mm银盐
收藏馆：缩微中心，湖南

000O010727
[同治]益阳县志：二十五卷首一卷 / (清)姚念
杨,(清)吕懋恒修；(清)赵裴哲纂

清同治十三年(1874)刻本
1989年摄制. -- 3盘卷片(67.5米1432拍) :
1:10, 2B ; 35mm银盐
收藏馆：缩微中心，湖南

000O009300
益阳县乡土志：不分卷 / (清)吴美堂编
清光绪(1875-1908)抄本
1988年摄制. -- 1盘卷片(6米99拍) : 1:10,
2B ; 35mm银盐
收藏馆：缩微中心，湖南

000O009237
[嘉庆]沅江县志：三十卷 / (清)唐古特修；(清)骆
孔馔,(清)陶澍纂
清嘉庆十五年(1810)尊经阁刻本
1988年摄制. -- 1盘卷片(30米635拍) :
1:10, 2B ; 35mm银盐
收藏馆：缩微中心，湖南

000O031663
[嘉庆]沅江县志：三十卷 / (清)唐古特修；(清)骆
孔馔,(清)陶澍纂
清嘉庆十五年(1810)刻嘉庆二十二年(1817)增
刻本. -- 记事止：清嘉庆二十二年(1817)。
2005年摄制. -- 1盘卷片(28米586拍) :
1:10, 2B ; 35mm银盐
收藏馆：缩微中心，南京

000O011876
[嘉庆]重修安化县志：二十一卷首一卷 / (清)周
文重[等]修；(清)陶澍[等]纂
清嘉庆十六年(1811)刻本
1990年摄制. -- 2盘卷片(42米893拍) :
1:10, 2B ; 35mm银盐
收藏馆：缩微中心，湖南

000O031803
[嘉庆]重修安化县志：二十卷首一卷 / (清)周文
重[等]修；(清)陶澍[等]纂
清(1644-1911)抄本. -- 记事止：清嘉庆十五
年(1810)。
2005年摄制. -- 2盘卷片(39米803拍) :
1:10, 2B ; 35mm银盐
收藏馆：缩微中心，南京

000O010729
[同治]安化县志：三十四卷首五卷末一卷 / (清)
邱育泉修；(清)何才焕纂
清同治十一年(1872)刻本
1989年摄制. -- 3盘卷片(69.5米1478拍) :
1:10, 2B ; 35mm银盐
收藏馆：缩微中心，湖南

000O031647
安化县志摘要：不分卷
抄本
2005年摄制. -- 1盘卷片(4米42拍) : 1:10,
2B ; 35mm银盐
收藏馆：缩微中心，南京

000O027690
[康熙]岳州府志：二十八卷 / (清)李遇时修；(清)
杨柱朝纂
清康熙(1662-1722)刻本. -- 存十三卷：卷
十五至卷二十七。
1997年摄制. -- 1盘卷片(21米420拍) :
1:10, 2B ; 35mm银盐
收藏馆：缩微中心，国图

000O029006
[乾隆]岳州府志：三十卷首一卷 / (清)黄凝道修；
(清)谢仲坑纂
清乾隆十一年(1746)刻本
1999年摄制. -- 2盘卷片(43米911拍) :
1:10, 2B ; 35mm银盐
收藏馆：缩微中心，湖南

000O010837
[同治]临湘县志：十三卷末一卷 / (清)盛庆
黻,(清)恩荣修；(清)熊兴杰,(清)欧阳恩霖纂
清同治十一年(1872)刻本
1989年摄制. -- 1盘卷片(22米470拍) :
1:10, 2B ; 35mm银盐
收藏馆：缩微中心，湖南

000O030265
[同治]临湘县志：十三卷末一卷 / (清)盛庆
黻,(清)恩荣修；(清)熊兴杰,(清)欧阳恩霖纂
清同治十二年(1873)刻光绪十八年(1892)重修
本
2002年摄制. -- 1盘卷片(22米454拍) :
1:10, 2B ; 35mm银盐
收藏馆：缩微中心，湖南

000O010185
[嘉庆]巴陵县志：三十卷首一卷 / (清)陈玉
垣,(清)庄绳武修；(清)唐伊盛[等]纂
清嘉庆九年(1804)刻本
1989年摄制. -- 2盘卷片(49米1035拍) :
1:10, 2B ; 35mm银盐
收藏馆：缩微中心，湖南

000O010670
[同治]巴陵县志：三十卷首一卷 / (清)严鸣
琦,(清)潘兆奎修；(清)吴敏树[等]纂
清同治十一年(1872)文星楼刻本

1989年摄制. -- 2盘卷片(51米1081拍)：
1:10, 2B；35mm银盐
收藏馆：缩微中心，湖南

00O022584
[光绪]巴陵县志：六十三卷首一卷洞庭君山岳阳楼诗文集十八卷 / (清)姚诗德,(清)郑桂星修；(清)杜贵墀[等]纂
清光绪十二年(1886)刻光绪十七年(1891)重修本
1995年摄制. -- 3盘卷片(81米1620拍)：
1:10, 2B；35mm银盐
收藏馆：缩微中心，湖北

00O031650
[光绪]巴陵县志：六十三卷首一卷洞庭君山岳阳楼诗文集十八卷 / (清)姚诗德,(清)郑桂星修；(清)杜贵墀[等]纂
清光绪十七年(1891)刻光绪二十六年(1900)增修本. -- 记事止：清光绪十六年(1890)。
2005年摄制. -- 3盘卷片(77米1621拍)：
1:10, 2B；35mm银盐
收藏馆：缩微中心，南京

00O009141
[乾隆]华容县志：十二卷首一卷 / (清)狄兰标纂修
清乾隆二十五年(1760)刻本
1988年摄制. -- 1盘卷片(20米426拍)：
1:10, 2B；35mm银盐
收藏馆：缩微中心，湖南

00O010667
[光绪]华容县志：十五卷首一卷 / (清)孙炳煜[等]修；(清)熊绍庚,(清)刘乙燃纂
清光绪八年(1882)刻本
1989年摄制. -- 1盘卷片(28米611拍)：
1:10, 2B；35mm银盐
收藏馆：缩微中心，湖南

00O030286
[光绪]华容县志：十五卷首一卷 / (清)孙炳煜[等]修；(清)熊绍庚,(清)刘乙燃纂
清光绪十八年(1892)刻本
2002年摄制. -- 1盘卷片(29米613拍)：
1:10, 2B；35mm银盐
收藏馆：缩微中心，湖南

00O029036
[乾隆]湘阴县志：三十二卷 / (清)陈钟理修；(清)杨茂论纂
清乾隆二十一年(1756)刻本. -- 存七卷：卷一、卷十九至卷二十、卷二十九至卷三十二。

00O030272
[嘉庆]湘阴县志：三十九卷首一卷补遗一卷 / (清)翁元圻[等]修；(清)黄朝绶[等]纂；(清)徐铉增纂
清嘉庆二十三年(1818)刻道光四年(1824)增修本
2002年摄制. -- 3盘卷片(72米1504拍)：
1:10, 2B；35mm银盐
收藏馆：缩微中心，湖南

00O010704
[光绪]湘阴县图志：三十四卷首一卷末一卷 / (清)郭嵩焘[等]纂
清光绪六年(1880)湘阴县志局刻本
1989年摄制. -- 2盘卷片(50米1068拍)：
1:10, 2B；35mm银盐
收藏馆：缩微中心，湖南

00O009232
[乾隆]平江县志：二十五卷首一卷末一卷 / (清)谢仲坑纂修；(清)石文成增修
清乾隆二十年(1755)刻本
1988年摄制. -- 1盘卷片(23米478拍)：
1:10, 2B；35mm银盐
收藏馆：缩微中心，湖南

00O029007
[嘉庆]平江县志：二十四卷首一卷末一卷 / (清)陈增德修；(清)李如圭纂
清嘉庆二十一年(1816)刻本. -- 存二十三卷：卷一至卷十四、卷十六至卷二十四。
1999年摄制. -- 1盘卷片(31米674拍)：
1:10, 2B；35mm银盐
收藏馆：缩微中心，湖南

00O010709
[同治]平江县志：五十五卷首二卷末一卷 / (清)张培仁[等]修；(清)李元度[等]纂
清光绪元年(1875)刻本
1989年摄制. -- 3盘卷片(74米1566拍)：
1:10, 2B；35mm银盐
收藏馆：缩微中心，湖南

00O030268
[同治]平江县志：五十五卷首二卷末一卷 / (清)张培仁[等]修；(清)李元度[等]纂
清光绪十八年(1892)刻本
2002年摄制. -- 3盘卷片(76米1589拍)：
1:10, 2B；35mm银盐

收藏馆：缩微中心，湖南

00O010684
[嘉庆]醴陵县志：二十六卷首一卷 / (清)黄应培修；(清)丁世琭纂
清嘉庆二十四年(1819)刻本. -- 存二十四卷：卷一至卷十四、卷十七至卷二十六。
1989年摄制. -- 2盘卷片(42米897拍)：1:10，2B；35mm银盐
收藏馆：缩微中心，湖南

00O010680
[同治]醴陵县志：十四卷首一卷末一卷 / (清)徐淦[等]修；(清)江浦光[等]纂
清同治九年(1870)刻本
1989年摄制. -- 1盘卷片(26米557拍)：1:10，2B；35mm银盐
收藏馆：缩微中心，湖南

00O030288
[乾隆]攸县志：六卷 / (清)冯运栋修；(清)李天旭纂；(清)张范增纂修
清乾隆十二年(1747)刻嘉庆八年(1803)增修本
2002年摄制. -- 1盘卷片(19米383拍)：1:10，2B；35mm银盐
收藏馆：缩微中心，湖南

00O030266
[嘉庆]攸县志：五十五卷首一卷 / (清)赵勷,(清)万在衡修；(清)陈之骥纂
清嘉庆二十三年(1818)刻本. -- 存四十四卷：卷一至卷二十、卷二十三、卷二十五、卷二十七至卷二十九、卷三十四至卷四十四、卷四十七、卷四十九至卷五十五。
2002年摄制. -- 2盘卷片(55米1167拍)：1:10，2B；35mm银盐
收藏馆：缩微中心，湖南

00O022599
[嘉庆]攸县志：五十五卷 / (清)赵勷,(清)万在衡修；(清)陈之骥纂
清道光十九年(1839)潘砺襄增刻本
1995年摄制. -- 3盘卷片(61.5米1240拍)：1:10，2B；35mm银盐
收藏馆：缩微中心，湖北

00O029014
[同治]攸县志：五十五卷 / (清)赵勷,(清)万在衡修；(清)陈之骥纂；(清)王元凯续修；(清)严鸣琦续纂
清同治十年(1871)刻本. -- 存四十四卷：卷一至卷二十、卷二十三、卷二十五、卷二十七至卷二十九、卷三十四至卷四十四、卷

四十七、卷四十九至卷五十五。
1999年摄制. -- 2盘卷片(62米1367拍)：1:10，2B；35mm银盐
收藏馆：缩微中心，湖南

000O030262
[同治]攸县志：五十五卷 / (清)赵勷,(清)万在衡修；(清)陈之骥纂；(清)王元凯续修；(清)严鸣琦续纂
清同治十年(1871)刻光绪十八年(1892)印本. -- 存四十四卷：卷一至卷二十、卷二十三、卷二十五、卷二十七至卷二十九、卷三十四至卷四十四、卷四十七、卷四十九至卷五十五。
2002年摄制. -- 3盘卷片(67米1383拍)：1:10，2B；35mm银盐
收藏馆：缩微中心，湖南

000O030285
[乾隆]鄮县志：二十三卷首一卷 / (清)林愈蕃修；(清)段维翰纂
清乾隆三十一年(1766)刻咸丰七年(1857)增修本
2002年摄制. -- 1盘卷片(28米596拍)：1:10，2B；35mm银盐
收藏馆：缩微中心，湖南

000O011593
[乾隆]鄮县志：二十三卷首一卷 / (清)林愈蕃修；(清)段维翰纂
清同治十三年(1874)刻本
1990年摄制. -- 1盘卷片(27米590拍)：1:10，2B；35mm银盐
收藏馆：缩微中心，湖南

000O010832
[同治]鄮县志：二十卷首一卷 / (清)唐荣邦[等]修；(清)杨岳方[等]纂
清同治十二年(1873)刻本. -- 纂者还有：(清)周作翰等。
1989年摄制. -- 1盘卷片(31米687拍)：1:10，2B；35mm银盐
收藏馆：缩微中心，湖南

000O029294
[康熙]茶陵州志：二十三卷首一卷 / (清)赵国宣修；(清)彭康纂
清康熙三十四年(1695)刻本. -- 卷九至卷十、卷十六至卷十八、卷二十一至卷二十三配抄本。
1999年摄制. -- 1盘卷片(24米510拍)：1:10，2B；35mm银盐
收藏馆：缩微中心，湖南

00○030263

[康熙]茶陵州志：二十三卷首一卷 / (清)赵国宣修；(清)彭康纂；(清)甘庆增修；(清)朱怡滋增纂
清康熙三十四年(1695)刻嘉庆十八年(1813)增修本. -- 卷首、卷一至卷八配抄本。存十七卷：卷一至卷十五、卷十九至卷二十。
2002年摄制. -- 1盘卷片(17米342拍)：1:10，2B；35mm银盐
收藏馆：缩微中心，湖南

00○011592

[同治]茶陵州志：二十四卷 / (清)福昌，(清)梁葆颐修；(清)谭钟麟纂
清同治十年(1871)尊经阁刻本
1990年摄制. -- 1盘卷片(30米663拍)：1:10，2B；35mm银盐
收藏馆：缩微中心，湖南

00○009233

[康熙]湘乡县志：十卷 / (清)李玠珍修；(清)葛世封纂
清康熙三十七年(1698)刻本. -- 存二卷：卷八至卷九。
1988年摄制. -- 1盘卷片(6米101拍)：1:10，2B；35mm银盐
收藏馆：缩微中心，湖南

00○009112

[乾隆]湘乡县志：六卷 / (清)张天如修；(清)谢天锦[等]纂
清乾隆十三年(1748)刻本
1988年摄制. -- 1盘卷片(32米696拍)：1:10，2B；35mm银盐
收藏馆：缩微中心，湖南

00○011598

[嘉庆]湘乡县志：十卷首一卷 / (清)翟声焕，(清)李世经修；(清)朱祖恪[等]纂
清嘉庆二十二年(1817)刻本
1990年摄制. -- 2盘卷片(45米956拍)：1:10，2B；35mm银盐
收藏馆：缩微中心，湖南

00○029011

[道光]湘乡县志：十卷首一卷 / (清)胡钧修；(清)张承霈纂
清道光五年(1825)刻本
1999年摄制. -- 2盘卷片(46米973拍)：1:10，2B；35mm银盐
收藏馆：缩微中心，湖南

00○010676

[同治]湘乡县志：二十三卷首一卷末一卷 / (清)齐德五[等]修；(清)黄楷盛纂
清同治十三年(1874)刻本
1989年摄制. -- 3盘卷片(92米2014拍)：1:10，2B；35mm银盐
收藏馆：缩微中心，湖南

00○009138

[乾隆]湘潭县志：二十五卷首一卷 / (清)吕正音修；(清)欧阳正焕纂
清乾隆二十一年(1756)刻本
1988年摄制. -- 2盘卷片(41米855拍)：1:10，2B；35mm银盐
收藏馆：缩微中心，湖南

00○031649

[乾隆]湘潭县志：二十六卷首一卷 / (清)白璟修；(清)狄如焕纂
清乾隆四十六年(1781)刻本. -- 记事止：清光绪七年(1881)。
2005年摄制. -- 1盘卷片(30米653拍)：1:10，2B；35mm银盐
收藏馆：缩微中心，南京

00○009133

[嘉庆]湘潭县志：四十卷 / (清)张云璈[等]修；(清)周系英纂
清嘉庆二十三年(1818)刻本
1988年摄制. -- 2盘卷片(57米1219拍)：1:10，2B；35mm银盐
收藏馆：缩微中心，湖南

00○010672

[光绪]湘潭县志：十二卷 / (清)陈嘉榆[等]修；王闿运[等]纂
清光绪十五年(1889)刻本
1989年摄制. -- 2盘卷片(45米937拍)：1:10，2B；35mm银盐
收藏馆：缩微中心，湖南

00○009281

[乾隆]衡州府志：三十三卷首一卷 / (清)饶佺修；(清)旷敏本纂
清乾隆二十八年(1763)刻光绪元年(1875)补刻本
1988年摄制. -- 3盘卷片(79米1681拍)：1:10，2B；35mm银盐
收藏馆：缩微中心，湖南

00○010683

[同治]常宁县志：十六卷首一卷 / (清)玉山修；(清)李孝经[等]纂

清同治九年(1870)右文书局刻本
1989年摄制. -- 1盘卷片(18米386拍)：
1:10, 2B ; 35mm银盐
收藏馆：缩微中心，湖南

000O011497
[道光]耒阳县志：二十二卷首一卷 / (清)常庆,(清)陈翰纂修
清道光六年(1826)刻本
1989年摄制. -- 2盘卷片(46米974拍)：
1:10, 2B ; 35mm银盐
收藏馆：缩微中心，湖南

000O011491
[光绪]耒阳县志：八卷首一卷 / (清)于学琴,(清)周至德修；(清)宋世煦纂
清光绪十二年(1886)耒阳县志局刻本
1989年摄制. -- 2盘卷片(36米743拍)：
1:10, 2B ; 35mm银盐
收藏馆：缩微中心，湖南

000O010679
耒阳县乡土志：二卷 / (清)刘奎编
清光绪三十二年(1906)活字印本
1989年摄制. -- 1盘卷片(12米245拍)：
1:10, 2B ; 35mm银盐
收藏馆：缩微中心，湖南

000O012069
[雍正]衡阳县志：二十四卷 / (清)杨纯修；(清)徐玑纂
清雍正十二年(1734)刻本
1990年摄制. -- 1盘卷片(31米674拍)：
1:10, 2B ; 35mm银盐
收藏馆：缩微中心，湖南

000O029015
[乾隆]衡阳县志：十四卷首一卷 / (清)陶易修；(清)李德纂
清乾隆二十六年(1761)刻本
1999年摄制. -- 2盘卷片(44米944拍)：
1:10, 2B ; 35mm银盐
收藏馆：缩微中心，湖南

000O029005
[嘉庆]衡阳县志：四十卷首一卷 / (清)阎肇烺修；(清)马倚元纂
清嘉庆二十五年(1820)刻本
1999年摄制. -- 2盘卷片(57米1210拍)：
1:10, 2B ; 35mm银盐
收藏馆：缩微中心，湖南

000O031806
[嘉庆]衡阳县志：四十卷首一卷 / (清)阎肇烺修；(清)马倚元纂
清道光元年(1821)刻本. -- 记事止：清道光元年(1821)。修者还有：(清)严焕等。
2005年摄制. -- 3盘卷片(70米1303拍)：
1:10, 2B ; 35mm银盐
收藏馆：缩微中心，南京

000O010682
[同治]衡阳县图志：十二卷 / (清)罗庆芗修；(清)殷家隽,(清)彭玉麟纂
清同治十三年(1874)刻本
1989年摄制. -- 2盘卷片(35米725拍)：
1:10, 2B ; 35mm银盐
收藏馆：缩微中心，湖南

000O010701
[乾隆]清泉县志：三十六卷首一卷 / (清)江询修；(清)江昱纂
清乾隆二十八年(1763)刻本
1989年摄制. -- 2盘卷片(44米926拍)：
1:10, 2B ; 35mm银盐
收藏馆：缩微中心，湖南

000O010685
[同治]清泉县志：十卷首一卷末一卷 / (清)王闿运修；(清)张修府纂
清同治八年(1869)刻本
1989年摄制. -- 1盘卷片(9.5米181拍)：
1:10, 2B ; 35mm银盐
收藏馆：缩微中心，湖南

000O010197
[康熙]衡山县志：十四卷 / (清)葛亮臣修；(清)戴晋元纂
清康熙五十九年(1720)刻本. -- 存三卷：卷四至卷六。
1988年摄制. -- 1盘卷片(5.2米82拍)：
1:10, 2B ; 35mm银盐
收藏馆：缩微中心，湖南

000O031854
[康熙]衡山县志：十四卷 / (清)葛亮臣修；(清)戴晋元纂
清康熙五十九年(1720)刻乾隆十一年(1746)增修本. -- 记事止：清乾隆十一年(1746)。
2005年摄制. -- 2盘卷片(47米968拍)：
1:10, 2B ; 35mm银盐
收藏馆：缩微中心，南京

000O010196
[乾隆]衡山县志：十四卷 / (清)德贵纂修；(清)钟

光序补修
清乾隆十年(1745)刻乾隆三十九年(1774)增修本
1988年摄制. -- 2盘卷片(47.5米997拍)：1:10，2B；35mm银盐
收藏馆：缩微中心，湖南

00O011594
[道光]衡山县志：五十五卷首一卷 / (清)侯钤,(清)张富业修；(清)萧凤翯[等]纂
清道光三年(1823)刻本
1990年摄制. -- 3盘卷片(85米1830拍)：1:10，2B；35mm银盐
收藏馆：缩微中心，湖南

00O010183
[光绪]衡山县志：四十五卷首一卷 / (清)李惟丙,(清)郭庆飏修；(清)文岳英[等]纂
清光绪二年(1876)刻
1989年摄制. -- 3盘卷片(87米1887拍)：1:10，2B；35mm银盐
收藏馆：缩微中心，湖南

00O029343
[乾隆]直隶郴州总志：三十卷首一卷末一卷 / (清)谢仲坑修；(清)杨桑阿续修；(清)何全吉纂
清乾隆三十五年(1770)刻本. -- 存九卷：卷十二至卷十八、卷二十七至卷二十八。
1999年摄制. -- 1盘卷片(20米419拍)：1:10，2B；35mm银盐
收藏馆：缩微中心，湖南

00O022585
[嘉庆]郴州总志：四十二卷首一卷终一卷 / (清)朱偓修；(清)陈昭谋纂
清嘉庆二十五年(1820)刻本
1995年摄制. -- 4盘卷片(116米2320拍)：1:10，2B；35mm银盐
收藏馆：缩微中心，湖北

00O030267
[嘉庆]直隶郴州总志：四十三卷首一卷 / (清)朱偓修；(清)陈昭谋纂
清光绪十九年(1893)活字印本
2002年摄制. -- 4盘卷片(115米2449拍)：1:10，2B；35mm银盐
收藏馆：缩微中心，湖南

00O030300
[嘉庆]兴宁县志：六卷 / (清)张伟修；(清)孙铤纂
清道光元年(1821)刻本. -- 卷四至卷六配抄本。
2002年摄制. -- 1盘卷片(25米548拍)：

1:10，2B；35mm银盐
收藏馆：缩微中心，湖南

00O010687
[光绪]兴宁县志：十八卷首一卷末一卷 / (清)郭树馨,(清)刘锡九修；(清)黄榜元[等]纂
清光绪元年(1875)刻本. -- 纂者还有：(清)许万松等。
1989年摄制. -- 2盘卷片(54米1150拍)：1:10，2B；35mm银盐
收藏馆：缩微中心，湖南

00O017780
[康熙]桂阳州志：十四卷 / (清)董之辅修；(清)吴为相[等]纂
清康熙二十三年(1684)刻康熙三十五年(1696)增刻本. -- 卷一第四十五页码错，卷四第十一页码错，卷七第四、五页码错。
1993年摄制. -- 1盘卷片(20米438拍)：1:10，2B；35mm银盐
收藏馆：缩微中心，天津

000O009104
[乾隆]湖南直隶桂阳州志：二十八卷首一卷补续一卷 / (清)张宏燧修；(清)卢世昌纂；(清)周仕仪,(清)李呈焕增补
清乾隆三十年(1765)刻嘉庆十年(1805)增刻本
1988年摄制. -- 2盘卷片(52米1100拍)：1:10，2B；35mm银盐
收藏馆：缩微中心，湖南

00O011881
[嘉庆]湖南直隶桂阳州志：四十三卷首一卷 / (清)袁成烈修；(清)曹昌纂
清嘉庆二十三年(1818)刻本
1990年摄制. -- 2盘卷片(48米1015拍)：1:10，2B；35mm银盐
收藏馆：缩微中心，湖南

00O010692
[同治]桂阳直隶州志：二十七卷首一卷 / (清)汪敩灏修；(清)王闿运[等]纂
清同治七年(1868)刻本
1989年摄制. -- 2盘卷片(56米1199拍)：1:10，2B；35mm银盐
收藏馆：缩微中心，湖南

00O031820
[同治]直隶彬州桂阳县志：二十二卷 / (清)孙光燮[等]修；(清)朱炳元[等]纂
清同治七年(1868)活字印本. -- 记事止：清同治七年(1868)。存十一卷：卷一至卷七、卷十四至卷十七。

2005年摄制. -- 1盘卷片（26米545拍）：
1:10, 2B ; 35mm银盐
收藏馆：缩微中心，南京

00O031640
桂阳县乡土志：不分卷 / (清)黄国琼修；(清)胡祖复纂
清光绪三十四年(1908)活字印本. -- 记事止：清同治四年(1865)。
2005年摄制. -- 1盘卷片（5米95拍）：1:10, 2B ; 35mm银盐
收藏馆：缩微中心，南京

00O030283
[嘉庆]永兴县志：五十五卷首一卷 / (清)刘统修；(清)曹流湛纂
清嘉庆二十三年(1818)刻本
2002年摄制. -- 2盘卷片（35米707拍）：1:10, 2B ; 35mm银盐
收藏馆：缩微中心，湖南

00O010713
[光绪]永兴县志：五十五卷首一卷 / (清)吕凤藻修；(清)李献君纂
清光绪九年(1883)刻本. -- 存四十五卷：卷一至卷二十、卷二十二至卷二十五、卷二十七至卷二十八、卷三十、卷三十四至卷四十四、卷四十七、卷四十九至卷五十、卷五十二至卷五十五。
1989年摄制. -- 2盘卷片（41米877拍）：1:10, 2B ; 35mm银盐
收藏馆：缩微中心，湖南

00O010688
永兴乡土志：二卷 / (清)刘朝焜修；(清)李仙培纂
清光绪三十二年(1906)活字印本
1989年摄制. -- 1盘卷片（7米130拍）：1:10, 2B ; 35mm银盐
收藏馆：缩微中心，湖南

00O010700
[乾隆]宜章县志：十三卷 / (清)杨文植,(清)姜顺修；(清)杨河,(清)储早纂
清乾隆二十一年(1756)刻本
1989年摄制. -- 1盘卷片（26米563拍）：1:10, 2B ; 35mm银盐
收藏馆：缩微中心，湖南

00O029342
[嘉庆]宜章县志：二十四卷首一卷 / (清)陈永图修；(清)龚立海,(清)黄本骐纂
清嘉庆二十年(1815)刻本. -- 卷首至卷

十二、卷十七至卷十八、卷二十一配抄本。
1999年摄制. -- 2盘卷片（38米793拍）：1:10, 2B ; 35mm银盐
收藏馆：缩微中心，湖南

000O029351
[嘉庆]临武县志：四十七卷首一卷 / (清)邹景文修；(清)曹家玉纂
清嘉庆二十二年(1817)刻本. -- 存四十一卷：卷一至卷四十一。
1999年摄制. -- 2盘卷片（42米885拍）：1:10, 2B ; 35mm银盐
收藏馆：缩微中心，湖南

000O011493
[嘉庆]临武县志：四十七卷首一卷 / (清)邹景文修；(清)吴洪恩续修；(清)曹家玉纂；(清)陈佑启续纂
清嘉庆二十二年(1817)刻同治六年(1867)增刻本
1989年摄制. -- 2盘卷片（52.5米1135拍）：1:10, 2B ; 35mm银盐
收藏馆：缩微中心，湖南

000O011117
[同治]桂东县志：二十卷首一卷 / (清)刘华邦修；(清)郭岐勋[等]纂
清同治五年(1866)尊经阁刻本
1989年摄制. -- 2盘卷片（41米864拍）：1:10, 2B ; 35mm银盐
收藏馆：缩微中心，湖南

000O028923
[嘉庆]安仁县志：十四卷 / (清)侯钤修；(清)欧阳厚均纂
清嘉庆二十四年(1819)刻本. -- 卷首至卷五、卷九、卷十一至卷末配抄本。
1998年摄制. -- 2盘卷片（44米920拍）：1:10, 2B ; 35mm银盐
收藏馆：缩微中心，湖南

000O029338
[同治]安仁县志：十六卷首一卷 / (清)张景垣修；(清)张鹏,(清)侯材骥纂
清同治八年(1869)刻本
1999年摄制. -- 2盘卷片（44米888拍）：1:10, 2B ; 35mm银盐
收藏馆：缩微中心，湖南

000O027688
[康熙]永州府志：二十四卷 / (清)姜承基修；(清)常在纂
清康熙三十三年(1694)刻本. -- 存二十卷：

卷一至卷十一、卷十四至卷十八、卷二十一至卷二十四。
1997年摄制. -- 2盘卷片（55米1128拍）：1:10，2B；35mm银盐
收藏馆：缩微中心，国图

00O009134
[道光]永州府志：十八卷首一卷 / (清)吕恩湛修；(清)宗绩辰纂
清道光八年(1828)刻本
1988年摄制. -- 5盘卷片（125米2659拍）：1:10，2B；35mm银盐
收藏馆：缩微中心，湖南

00O031646
[道光]永州府志：十八卷首一卷 / (清)吕恩湛修；(清)宗绩辰纂；(清)廷桂增纂修
清道光八年(1828)刻同治八年(1869)增修本. -- 记事止：清同治八年(1869)。
2005年摄制. -- 5盘卷片（124米2635拍）：1:10，2B；35mm银盐
收藏馆：缩微中心，南京

00O009235
[嘉庆]零陵县志：十六卷 / (清)武占熊修；(清)刘方浚[等]纂
清嘉庆十五年(1810)刻本
1988年摄制. -- 2盘卷片（47米999拍）：1:10，2B；35mm银盐
收藏馆：缩微中心，湖南

00O011494
零志补零：三卷 / (清)宗霈纂修
清嘉庆二十二年(1817)刻本
1989年摄制. -- 1盘卷片（9米170拍）：1:10，2B；35mm银盐
收藏馆：缩微中心，湖南

00O010696
[光绪]零陵县志：十五卷附补遗一卷 / (清)嵇有庆,(清)徐保龄修；(清)刘沛纂
清光绪二年(1876)刻本
1989年摄制. -- 2盘卷片（38米796拍）：1:10，2B；35mm银盐
收藏馆：缩微中心，湖南

00O012078
[乾隆]东安县志：八卷 / (清)吴德润修；(清)毛世卿,(清)邓锡爵纂
清乾隆十七年(1752)刻本
1990年摄制. -- 1盘卷片（12米239拍）：1:10，2B；35mm银盐
收藏馆：缩微中心，湖南

00O010702
[光绪]东安县志：八卷 / (清)黄心菊[等]修；(清)胡元士[等]纂
清光绪二年(1876)刻本
1989年摄制. -- 1盘卷片（15.6米320拍）：1:10，2B；35mm银盐
收藏馆：缩微中心，湖南

00O017228
[康熙]道州志：十五卷 / (清)张大成修；(清)魏希范,(清)何大晋纂
清康熙六年(1667)刻康熙三十三年(1694)增刻本
1993年摄制. -- 1盘卷片（22米474拍）：1:10，2B；35mm银盐
收藏馆：缩微中心，天津

00O010693
[光绪]道州志：十二卷 / (清)李镜蓉,(清)盛赓修；(清)许清源,(清)洪廷揆纂
清光绪三年(1877)刻本
1989年摄制. -- 1盘卷片（28米595拍）：1:10，2B；35mm银盐
收藏馆：缩微中心，湖南

00O029295
[康熙]宁远县志：六卷 / (清)沈仁敷纂修
清康熙二十二年(1683)刻本. -- 存二卷：卷三至卷四。
1999年摄制. -- 1盘卷片（5米71拍）：1:10，2B；35mm银盐
收藏馆：缩微中心，湖南

00O009234
[嘉庆]宁远县志：十卷首一卷 / (清)曾钰纂修
清嘉庆十六年(1811)刻本
1988年摄制. -- 1盘卷片（31米661拍）：1:10，2B；35mm银盐
收藏馆：缩微中心，湖南

00O010714
[光绪]宁远县志：八卷 / (清)张大煦修；(清)欧阳泽闿纂
清光绪元年(1875)崇正书院刻本
1989年摄制. -- 1盘卷片（17米361拍）：1:10，2B；35mm银盐
收藏馆：缩微中心，湖南

00O029035
[康熙]永明县志：十四卷首一卷 / (清)周鹤修；(清)王缵,(清)周德俊纂
清康熙四十八年(1709)刻本. -- 卷九、卷十一配复印本。存十三卷：卷一至卷九、卷

十一至卷十四。
1999年摄制. -- 1盘卷片(18米371拍)：
1:10, 2B ; 35mm银盐
收藏馆：缩微中心，湖南

00O010694
[光绪]永明县志：五十卷首一卷末一卷 / (清)万
发元修；(清)周诜诒纂
清光绪三十三年(1907)刻本
1989年摄制. -- 2盘卷片(53米1133拍)：
1:10, 2B ; 35mm银盐
收藏馆：缩微中心，湖南

00O010827
[嘉庆]蓝山县志：十六卷末一卷 / (清)谭震修；
(清)王国琳纂
清嘉庆十五年(1810)刻本. -- 序前缺。
1989年摄制. -- 1盘卷片(7米123拍)：1:10,
2B ; 35mm银盐
收藏馆：缩微中心，湖南

00O031654
[同治]蓝山县志：十六卷首一卷末一卷 / (清)胡
鄂荐,(清)洪锡绶修；(清)钟范纂
清同治六年(1867)刻本. -- 记事止：清同治
六年(1867)。佚名校补。
2005年摄制. -- 2盘卷片(44米902拍)：
1:10, 2B ; 35mm银盐
收藏馆：缩微中心，南京

00O029337
[康熙]新田县志：四卷 / (清)钟运泰修；(清)沈惟
彰纂
清康熙九年(1670)刻本. -- 存一卷：卷四。
1999年摄制. -- 1盘卷片(5米85拍)：1:10,
2B ; 35mm银盐
收藏馆：缩微中心，湖南

00O011115
[乾隆]祁阳县志：八卷 / (清)李莳修；(清)旷敏本
纂
清乾隆三十年(1765)刻本
1989年摄制. -- 2盘卷片(35米735拍)：
1:10, 2B ; 35mm银盐
收藏馆：缩微中心，湖南

00O009283
[嘉庆]祁阳县志：二十四卷首一卷 / (清)万在衡
修；(清)甘庆增纂
清嘉庆十七年(1812)刻本
1988年摄制. -- 2盘卷片(48.3米1027拍)：
1:10, 2B ; 35mm银盐
收藏馆：缩微中心，湖南

00O009238
[同治]祁阳县志：二十四卷首一卷 / (清)陈玉祥
修；(清)刘希关纂
清同治九年(1870)刻本
1988年摄制. -- 3盘卷片(73米1529拍)：
1:10, 2B ; 35mm银盐
收藏馆：缩微中心，湖南

00O010825
[同治]江华县志：十二卷首一卷 / (清)刘华邦修；
(清)唐为煌纂
清同治九年(1870)刻本
1989年摄制. -- 1盘卷片(26米551拍)：
1:10, 2B ; 35mm银盐
收藏馆：缩微中心，湖南

00O029341
[康熙]宝庆府志：二十八卷 / (清)李益阳纂修
清康熙十二年(1673)刻本. -- 存四卷：卷二
至卷三、卷九至卷十。
1999年摄制. -- 1盘卷片(14米274拍)：
1:10, 2B ; 35mm银盐
收藏馆：缩微中心，湖南

00O029038
[康熙]宝庆府志：三十八卷首一卷 / (清)梁碧海
修；(清)刘应祁纂
清康熙二十三年(1684)刻本. -- 存二十八
卷：卷七至卷十六、卷十九至卷二十一、卷
二十四至卷三十八。
1999年摄制. -- 3盘卷片(76米1627拍)：
1:10, 2B ; 35mm银盐
收藏馆：缩微中心，湖南

00O029333
[乾隆]宝庆府志：八十四卷首一卷 / (清)郑之侨
纂修
清乾隆二十八年(1763)刻本. -- 存八十三
卷：卷一至卷四、卷六至卷八十四。
1999年摄制. -- 5盘卷片(147米3131拍)：
1:10, 2B ; 35mm银盐
收藏馆：缩微中心，湖南

00O010691
[道光]宝庆府志：一百四十三卷首二卷末三卷 /
(清)黄宅中,(清)张镇南修；(清)邓显鹤纂
清道光二十九年(1849)濂溪书院刻本
1989年摄制. -- 7盘卷片(203.7米4412拍)：
1:10, 2B ; 35mm银盐
收藏馆：缩微中心，湖南

00O030276
[乾隆]武冈州志：十卷首一卷 / (清)席芬修；(清)

周思仁纂
清乾隆二十二年(1757)刻本. -- 存八卷：卷一至卷八。
2002年摄制. -- 1盘卷片(21米444拍)：1:10, 2B ; 35mm银盐
收藏馆：缩微中心，湖南

00O012863
[嘉庆]武冈州志：三十卷首一卷 / (清)许绍宗修；(清)邓显鹤纂
清嘉庆二十二年(1817)刻本
1990年摄制. -- 2盘卷片(44米907拍)：1:10, 2B ; 35mm银盐
收藏馆：缩微中心，湖南

00O011120
[光绪]武冈州志：五十四卷首一卷 / (清)黄维瓒,(清)潘清修；(清)邓绎纂
清光绪元年(1875)刻本
1989年摄制. -- 3盘卷片(83米1785拍)：1:10, 2B ; 35mm银盐
收藏馆：缩微中心，湖南

00O010725
武冈州乡土志：不分卷 / (清)张德昌编
清光绪三十四年(1908)活字印本
1989年摄制. -- 1盘卷片(15米313拍)：1:10, 2B ; 35mm银盐
收藏馆：缩微中心，湖南

00O010695
[乾隆]邵阳县志：四十二卷首一卷 / (清)萧聚昆修；(清)邝永锴纂
清乾隆二十九年(1764)刻本. -- 存三十六卷：卷一至卷二、卷六至卷十九、卷二十至卷二十七、卷三十一至卷四十二。
1989年摄制. -- 2盘卷片(55米1181拍)：1:10, 2B ; 35mm银盐
收藏馆：缩微中心，湖南

00O029350
[嘉庆]邵阳县志：四十九卷首一卷 / (清)柳迈祖修；(清)唐凤德辑；(清)黄崇光纂
清嘉庆二十五年(1820)刻本
1999年摄制. -- 3盘卷片(91米1975拍)：1:10, 2B ; 35mm银盐
收藏馆：缩微中心，湖南

00O011492
[光绪]邵阳县志：十卷 / (清)李炳耀,(清)李大绪修；(清)黄文琛纂
清光绪三年(1877)刻本
1989年摄制. -- 1盘卷片(20米425拍)：

1:10, 2B ; 35mm银盐
收藏馆：缩微中心，湖南

00O029352
邵阳县乡土志：四卷 / (清)陈吴萃,(清)上官廉修；(清)姚炳奎纂
清光绪三十三年(1907)刻本
1999年摄制. -- 1盘卷片(17米354拍)：1:10, 2B ; 35mm银盐
收藏馆：缩微中心，湖南

00O028695
[乾隆]绥宁县志：二十卷 / (清)程际泰修；(清)幸超士纂
清乾隆十九年(1754)刻本
1998年摄制. -- 1盘卷片(19米408拍)：1:10, 2B ; 35mm银盐
收藏馆：缩微中心，溆浦

00O010836
[同治]绥宁县志：四十一卷首一卷 / (清)方传质修；(清)龙凤翙纂
清同治六年(1867)刻本
1989年摄制. -- 2盘卷片(38米798拍)：1:10, 2B ; 35mm银盐
收藏馆：缩微中心，湖南

00O029037
新宁县志稿：不分卷
清光绪(1875-1908)稿本
1999年摄制. -- 1盘卷片(5米67拍)：1:10, 2B ; 35mm银盐
收藏馆：缩微中心，湖南

00O010675
[同治]城步县志：十卷 / (清)盛镒源修；(清)戴联璧,(清)陈志升纂
清同治六年(1867)文友堂刻本
1989年摄制. -- 1盘卷片(33米710拍)：1:10, 2B ; 35mm银盐
收藏馆：缩微中心，湖南

00O009102
城步县乡土志：五卷 / (清)张汉渠,(清)程起凤编纂
清光绪三十二年(1906)抄本
1988年摄制. -- 1盘卷片(5米79拍)：1:10, 2B ; 35mm银盐
收藏馆：缩微中心，湖南

00O012087
[乾隆]辰州府志：五十卷首一卷 / (清)诸重光,(清)席绍葆修；(清)谢鸣谦,(清)谢鸣盛纂

清乾隆三十年(1765)刻本
1990年摄制. -- 3盘卷片(86米1850拍) :
1:10, 2B ; 35mm银盐
收藏馆: 缩微中心, 湖南

000O009293
辰州府乡土志: 十二章 / (清)觉罗清泰编
清光绪三十三年(1907)蓝格抄本
1988年摄制. -- 1盘卷片(12米236拍) :
1:10, 2B ; 35mm银盐
收藏馆: 缩微中心, 湖南

000O009125
辰州府乡土志 / (清)觉罗清泰编
清光绪三十三年(1907)蓝格抄本. -- 存十一
章: 一章至八章、十章至十二章。
1988年摄制. -- 1盘卷片(12米237拍) :
1:10, 2B ; 35mm银盐
收藏馆: 缩微中心, 湖南

000O031867
**[同治]湖南沅州府志: 四十二卷首一卷 / (清)吴
嗣仲,(清)周斡纂修**
清同治十二年(1873)刻本. -- 记事止: 清同
治七年(1868)。
2005年摄制. -- 3盘卷片(79米1635拍) :
1:10, 2B ; 35mm银盐
收藏馆: 缩微中心, 南京

000O031804
**[康熙]沅陵县志: 十卷首一卷末一卷 / (清)郎廷
槿修;(清)张佳晟纂**
清康熙四十四年(1705)刻本. -- 记事止: 清
康熙四十四年(1705)。
2005年摄制. -- 1盘卷片(22米452拍) :
1:10, 2B ; 35mm银盐
收藏馆: 缩微中心, 南京

000O024058
**[同治]沅陵县志: 五十卷首一卷 / (清)白守忠
[等]修;(清)许光曙[等]纂**
清同治十二年(1873)刻本
1995年摄制. -- 2盘卷片(46.5米930拍) :
1:10, 2B ; 35mm银盐
收藏馆: 缩微中心, 湖北

000O031810
**[雍正]黔阳县志: 十卷 / (清)张扶翼纂修;(清)王
光电增纂**
清康熙五年(1666)刻雍正十一年(1733)增刻
本. -- 记事止: 清雍正十一年(1733)。
2005年摄制. -- 1盘卷片(21米434拍) :
1:10, 2B ; 35mm银盐

收藏馆: 缩微中心, 南京

000O010722
**[乾隆]黔阳县志: 四十二卷首一卷 / (清)姚文起
修;(清)危元福[等]纂**
清乾隆五十四年(1789)刻本
1989年摄制. -- 1盘卷片(25米544拍) :
1:10, 2B ; 35mm银盐
收藏馆: 缩微中心, 湖南

000O010663
**[同治]黔阳县志: 六十卷首一卷 / (清)陈鸿作
[等]修;(清)易燮尧,(清)杨大诵纂**
清同治十三年(1874)刻本
1989年摄制. -- 2盘卷片(43米902拍) :
1:10, 2B ; 35mm银盐
收藏馆: 缩微中心, 湖南

000O010815
**[道光]辰溪县志: 四十卷首一卷 / (清)徐会云
[等]修;(清)刘家传[等]纂**
清道光元年(1821)刻本
1989年摄制. -- 2盘卷片(39米798拍) :
1:10, 2B ; 35mm银盐
收藏馆: 缩微中心, 湖南

000O030299
**[道光]辰溪县志: 四十卷首一卷终一卷 / (清)徐
会云修;(清)刘家传[等]纂**
清道光三年(1823)刻本
2002年摄制. -- 1盘卷片(35米752拍) :
1:10, 2B ; 35mm银盐
收藏馆: 缩微中心, 湖南

000O027696
[康熙]溆浦县志: 一卷 / (清)荆柯纂修
清康熙(1662-1722)刻本
1997年摄制. -- 1盘卷片(3米19拍) : 1:10,
2B ; 35mm银盐
收藏馆: 缩微中心, 国图

000O011496
**[乾隆]溆浦县志: 二十卷首一卷末一卷 / (清)陶
金谐修;(清)杨鸿观纂**
清乾隆二十七年(1762)刻本
1989年摄制. -- 1盘卷片(22米475拍) :
1:10, 2B ; 35mm银盐
收藏馆: 缩微中心, 湖南

000O029034
**[同治]溆浦县志: 二十四卷首一卷 / (清)齐德五
修;(清)舒其锦纂**
清同治十二年(1873)刻本. -- 清同治八年

(1869)修。
1999年摄制. -- 1盘卷片(29米635拍)：
1:10, 2B ; 35mm银盐
收藏馆：缩微中心，湖南

000O030271
[乾隆]会同县志：十卷首一卷 / (清)于文骏修；
(清)梁家瑜纂
清乾隆十八年(1753)抄本
2002年摄制. -- 1盘卷片(28米596拍)：
1:10, 2B ; 35mm银盐
收藏馆：缩微中心，湖南

000O012079
[嘉庆]会同县志：十二卷首一卷 / (清)朱澍修；
(清)夏昌言纂
清嘉庆二十四年(1819)刻本
1990年摄制. -- 2盘卷片(40米841拍)：
1:10, 2B ; 35mm银盐
收藏馆：缩微中心，湖南

000O010716
[光绪]重修会同县志：十四卷首一卷 / (清)孙炳煜修；(清)黄世昌[等]纂
清光绪二年(1876)刻本. -- 存十二卷：卷一至卷三、卷六至卷十四。
1989年摄制. -- 1盘卷片(18.5米386拍)：
1:10, 2B ; 35mm银盐
收藏馆：缩微中心，湖南

000O029340
[同治]新修麻阳县志：十四卷首一卷 / (清)姜钟琇修；(清)刘士先,(清)王振玉纂
清同治十三年(1874)刻本
1999年摄制. -- 2盘卷片(39米819拍)：
1:10, 2B ; 35mm银盐
收藏馆：缩微中心，湖南

000O009243
[道光]晃州厅志：四十四卷首一卷 / (清)俞克振修；(清)梅峄纂
清道光五年(1825)刻本. -- 卷四十三原未刻印。
1988年摄制. -- 1盘卷片(20米420拍)：
1:10, 2B ; 35mm银盐
收藏馆：缩微中心，湖南

000O031801
[乾隆]芷经县志：十二卷 / (清)闵从隆纂修
清乾隆二十五年(1760)刻本. -- 存一卷：卷一。
2005年摄制. -- 1盘卷片(3米36拍)： 1:10, 2B ; 35mm银盐

收藏馆：缩微中心，南京

000O031814
[道光]芷经县志：六十四卷首一卷 / (清)胡礼篪修；(清)黄凯纂
清道光十九年(1839)刻本. -- 记事止：清道光十九年(1839)。
2005年摄制. -- 2盘卷片(55米1154拍)：
1:10, 2B ; 35mm银盐
收藏馆：缩微中心，南京

000O031805
[同治]芷经县志：六十四卷 / (清)盛庆绂[等]修；(清)盛一林纂
清同治九年(1870)刻本. -- 记事止：清同治九年(1870)。存六十二卷：卷三至卷六十四。
2005年摄制. -- 2盘卷片(57米1212拍)：
1:10, 2B ; 35mm银盐
收藏馆：缩微中心，南京

000O017247
[乾隆]靖州志：十四卷首一末一卷 / (清)吕宣曾修；(清)张开东纂
清乾隆二十六年(1761)刻本. -- 卷一沿革双二十二页，古迹第三页页码错，卷五第二页页码错，卷九文庙第又七十九页页码错，一百二十三页页码错，卷十三铸造第又六页页码错、四张又十九页五张又八十五页、又五十八页又八十九页、九十六页页码错又九十六页。
1993年摄制. -- 2盘卷片(62.5米1358拍)：
1:10, 2B ; 35mm银盐
收藏馆：缩微中心，天津

000O031802
[道光]直隶靖州志：十二卷首一卷附重建学宫记四卷 / (清)隆恩[等]修；(清)汪尚友纂
清道光十七年(1837)刻本. -- 记事止：清道光十七年(1837)。
2005年摄制. -- 3盘卷片(84米1744拍)：
1:10, 2B ; 35mm银盐
收藏馆：缩微中心，南京

000O012862
[光绪]靖州直隶州志：十二卷首一卷末一卷 / (清)吴起凤,(清)劳铭勋修；(清)唐际虞,(清)李廷森纂
清光绪五年(1879)刻本
1990年摄制. -- 1盘卷片(24米516拍)：
1:10, 2B ; 35mm银盐
收藏馆：缩微中心，湖南

00O009247
[光绪]靖州乡土志：四卷首一卷 / (清)金蓉镜编
清光绪三十四年(1908)刻本
1988年摄制. -- 1盘卷片(11米215拍)：
1:10, 2B；35mm银盐
收藏馆：缩微中心，湖南

00O031855
[嘉庆]通道县志：十卷首一卷 / (清)蔡象衡[等]
纂修
清嘉庆二十年(1815)刻本. -- 记事止：清嘉
庆二十年(1815)。
2005年摄制. -- 1盘卷片(16米329拍)：
1:10, 2B；35mm银盐
收藏馆：缩微中心，南京

00O010718
[道光]新化县志：三十四卷首一卷 / (清)林联桂
纂修
清道光十三年(1833)刻本
1989年摄制. -- 2盘卷片(57米1212拍)：
1:10, 2B；35mm银盐
收藏馆：缩微中心，湖南

00O010726
[同治]新化县志：三十五卷首二卷 / (清)关培均
修；(清)刘洪泽纂
清同治十一年(1872)刻本
1989年摄制. -- 2盘卷片(63米1377拍)：
1:10, 2B；35mm银盐
收藏馆：缩微中心，湖南

00O031862
[乾隆]永顺府志：十二卷首一卷 / (清)张天如纂
修
清乾隆二十八年(1763)刻本. -- 记事止：清
乾隆二十八年(1763)。
2005年摄制. -- 1盘卷片(23米473拍)：
1:10, 2B；35mm银盐
收藏馆：缩微中心，南京

00O031809
[光绪]永顺府志：十二卷首一卷 / (清)张天如纂
修；(清)魏式曾增修；(清)郭鉴襄[等]增纂
清乾隆二十八年(1763)刻光绪(1875-1908)增
刻本. -- 记事止：清光绪元年(1875)。存十
卷：卷一、卷四至卷十二。
2005年摄制. -- 2盘卷片(40米829拍)：
1:10, 2B；35mm银盐
收藏馆：缩微中心，南京

00O031659
[乾隆]乾州志：四卷 / (清)王玮纂修

清乾隆八年(1743)刻本. -- 记事止：清乾隆
八年(1743)。
2005年摄制. -- 1盘卷片(13米252拍)：
1:10, 2B；35mm银盐
收藏馆：缩微中心，南京

00O011489
[光绪]乾州厅志：十六卷首一卷 / (清)蒋琦溥修；
(清)张汉槎纂；(清)林书勋增修；(清)张先达增
纂
清同治十一年(1872)刻光绪三年(1877)增刻本
1989年摄制. -- 2盘卷片(44米928拍)：
1:10, 2B；35mm银盐
收藏馆：缩微中心，湖南

00O009149
[道光]凤凰厅志：二十卷首一卷 / (清)黄应培修；
(清)孙钧铨,(清)黄元复纂
清道光四年(1824)刻本
1988年摄制. -- 2盘卷片(37米773拍)：
1:10, 2B；35mm银盐
收藏馆：缩微中心，湖南

00O008902
[光绪]凤凰厅续志：十六卷首一卷 / (清)侯
晟,(清)耿维中修；(清)黄河清[等]纂
清光绪十八年(1892)刻本
1988年摄制. -- 1盘卷片(25米550拍)：
1:10, 2B；35mm银盐
收藏馆：缩微中心，浙江

00O007645
[乾隆]永绥厅志：四卷 / (清)段汝霖纂修
清(1644-1911)抄本. -- 记事止：清乾隆十五
年(1750)。
1988年摄制. -- 1盘卷片(8米162拍)：1:10,
2B；35mm银盐
收藏馆：缩微中心，南京

00O010681
[同治]永绥直隶厅志：六卷 / (清)周玉衡[等]修；
(清)杨瑞珍纂
清同治七年(1868)刻本
1989年摄制. -- 1盘卷片(29米633拍)：
1:10, 2B；35mm银盐
收藏馆：缩微中心，湖南

00O010853
[宣统]永绥厅志：三十卷首一卷 / (清)董鸿勋纂
修
清宣统元年(1909)铅印本
1989年摄制. -- 2盘卷片(47米991拍)：
1:10, 2B；35mm银盐

收藏馆：缩微中心，湖南

000O010841
保靖志稿辑要：四卷 / (清)罗经畬,(清)胡兴仁纂修
清同治八年(1869)多文堂活字印本
1989年摄制. -- 1盘卷片(17米353拍) :
1:10, 2B ; 35mm银盐
收藏馆：缩微中心，湖南

000O009115
[同治]保靖县志：十二卷首一卷 / (清)林继钦[等]修；(清)袁祖绶纂
清同治十年(1871)刻本
1988年摄制. -- 1盘卷片(24.5米526拍) :
1:10, 2B ; 35mm银盐
收藏馆：缩微中心，湖南

000O031817
[同治]保靖县志：十二卷首一卷 / (清)林继钦[等]修；(清)袁祖绶纂
清同治十年(1871)抄本. -- 记事止：清同治十年(1871)。
2005年摄制. -- 1盘卷片(26米546拍) :
1:10, 2B ; 35mm银盐
收藏馆：缩微中心，南京

000O009146
[乾隆]永顺县志：四卷首一卷 / (清)黄德基修；(清)关天申纂
清乾隆五十八年(1793)刻本
1988年摄制. -- 1盘卷片(18米361拍) :
1:10, 2B ; 35mm银盐
收藏馆：缩微中心，湖南

000O009144
[嘉庆]龙山县志：十六卷首一卷 / (清)缴继祖修；(清)洪际清纂
清嘉庆二十三年(1818)刻本
1988年摄制. -- 1盘卷片(22米466拍) :
1:10, 2B ; 35mm银盐
收藏馆：缩微中心，湖南

000O010697
[同治]龙山县志：十六卷首一卷 / (清)符为霖修；(清)谢宝文增修；(清)刘沛纂
清同治九年(1870)刻光绪四年(1878)续修本
1989年摄制. -- 1盘卷片(20米424拍) :
1:10, 2B ; 35mm银盐
收藏馆：缩微中心，湖南

000O008172
[嘉靖]广东通志：七十卷 / (明)黄佐纂修

明嘉靖四十年(1561)刻本. -- 版框高二十一厘米宽十五厘米.
1988年摄制. -- 7盘卷片(204米4324拍) :
1:10, 2B ; 35mm银盐
收藏馆：缩微中心，广东

000O010577
广东舆图：十二卷 / (清)蒋伊,(清)韩作栋辑；(清)卢士,(清)刘任绘画
清康熙二十四年(1685)刻本. -- 版框高二十五厘米宽十五厘米。
1989年摄制. -- 1盘卷片(31米664拍) :
1:10, 2B ; 35mm银盐
收藏馆：缩微中心，广东

000O027699
[康熙]广东通志：三十卷 / (清)金光祖纂修
清康熙(1662-1722)刻本. -- 存二十八卷：卷二至卷二十八、卷三十。
1997年摄制. -- 6盘卷片(158米3316拍) :
1:10, 2B ; 35mm银盐
收藏馆：缩微中心，国图

000O022229
[成化]广州志：三十二卷 / (明)吴中修；(明)王文凤纂
明成化(1465-1487)刻本. -- 存九卷：卷十四至卷十五、卷二十三至卷二十六、卷三十至卷三十二。
1995年摄制. -- 1盘卷片(19米376拍) :
1:10, 2B ; 35mm银盐
收藏馆：缩微中心，国图

000O029907
[光绪]广州府志：一百六十三卷首一卷 / (清)戴肇辰[等]修；(清)史澄[等]纂
清光绪五年(1879)广州粤秀书院刻本. -- 记事止：清光绪元年(1875)。
2000年摄制. -- 9盘卷片(246米5406拍) :
1:10, 2B ; 35mm银盐
收藏馆：缩微中心，广东

000O018382
羊城古钞：八卷首一卷 / (清)仇池石辑
清嘉庆十一年(1806)刻本
1990年摄制. -- 1盘卷片(22米466拍) :
1:10, 2B ; 35mm银盐
收藏馆：缩微中心，广东

000O029540
[康熙]花县志：四卷 / (清)王永名修；(清)黄士龙,(清)黄虞纂
清光绪十六年(1890)刻本. -- 记事止：清康

熙四十九年(1710)。
2000年摄制. -- 1盘卷片(16米329拍) :
1:10, 2B ; 35mm银盐
收藏馆:缩微中心,广东

000O000086
[乾隆]增城县志:二十卷 / (清)管一清,(清)汤亿纂修
清乾隆十九年(1754)刻本
1985年摄制. -- 2盘卷片(36.8米801拍) :
1:10, 2B ; 35mm银盐
收藏馆:缩微中心,国图

000O029549
[嘉庆]增城县志:二十卷首一卷 / (清)赵俊[等]修;(清)李宝中[等]纂;(清)张庆镕增修
清嘉庆二十五年(1820)刻同治十年(1871)广州翠文堂增刻本. -- 记事止:清嘉庆二十四年(1819)。
2000年摄制. -- 2盘卷片(43米911拍) :
1:10, 2B ; 35mm银盐
收藏馆:缩微中心,广东

000O010580
[雍正]从化县新志:五卷 / (清)蔡廷镳续修;(清)张经纶续纂
清雍正八年(1730)刻本. -- 版框高十八厘米宽十二厘米。
1989年摄制. -- 1盘卷片(26米562拍) :
1:10, 2B ; 35mm银盐
收藏馆:缩微中心,广东

000O030155
[雍正]从化县新志:五卷首一卷 / (清)郭遇熙纂修;(清)梁长吉增补;(清)蔡廷镳续修;(清)张经纶续纂
清宣统元年(1909)铅印本. -- 记事止:清雍正七年(1729)。书名据版心题。据清雍正八年(1730)续修刻本铅印。
2000年摄制. -- 1盘卷片(28米574拍) :
1:10, 2B ; 35mm银盐
收藏馆:缩微中心,广东

000O029537
[乾隆]清远县志:十四卷 / (清)陈哲修;(清)佘锡纯纂
清末(1851-1911)抄本. -- 记事止:清乾隆三年(1738)。存十二卷:卷一至卷十、卷十三至卷十四。
2000年摄制. -- 1盘卷片(23米499拍) :
1:10, 2B ; 35mm银盐
收藏馆:缩微中心,广东

000O028592
[道光]英德县志:十六卷首一卷 / (清)黄培燦,(清)刘济宽修;(清)陆殿邦纂
清道光二十三年(1843)刻本
1998年摄制. -- 2盘卷片(42米853拍) :
1:10, 2B ; 35mm银盐
收藏馆:缩微中心,广东

000O010583
阳山县志:十五卷首一卷 / (清)陆向荣修;(清)刘彬华纂
清道光三年(1823)刻本. -- 版框高二十一厘米宽十五厘米。
1989年摄制. -- 1盘卷片(23米500拍) :
1:10, 2B ; 35mm银盐
收藏馆:缩微中心,广东

000O010574
连阳八排风土记:八卷 / (清)李来章撰
清康熙四十七年(1708)连山书院刻本. -- 版框高十七厘米宽十四厘米。
1989年摄制. -- 1盘卷片(11米222拍) :
1:10, 2B ; 35mm银盐
收藏馆:缩微中心,广东

000O015215
连阳八排风土记:八卷 / (清)李来章撰
清康熙(1662-1722)刻本
1992年摄制. -- 1盘卷片(12米199拍) :
1:10, 2B ; 35mm银盐
收藏馆:缩微中心,国图

000O026014
[道光]连山绥猺厅志:不分卷 / (清)姚柬之纂
清光绪三年(1877)刻本
1996年摄制. -- 1盘卷片(5米80拍) : 1:10,
2B ; 35mm银盐
收藏馆:缩微中心,贵州

000O028833
连山乡土志:不分卷 / (清)虞泽润编纂
抄本. -- 记事止:清光绪三十年(1904)。
1998年摄制. -- 1盘卷片(4米63拍) : 1:10,
2B ; 35mm银盐
收藏馆:缩微中心,广东

000O029894
[光绪]韶州府志:四十卷首一卷 / (清)额哲克[等]修;(清)单兴诗纂
清光绪二年(1876)刻本. -- 记事止:清光绪二年(1876)。卷六至卷七为配补。
1999年摄制. -- 3盘卷片(83米1793拍) :
1:10, 2B ; 35mm银盐

收藏馆：缩微中心，广东

000O009372

[康熙]乐昌县志：十卷 / (清)张日星纂；(清)任衡
增修
清康熙二十六年（1687）刻康熙五十八年
（1719）增修本. -- 记事止：清康熙五十七年
（1718）。
1988年摄制. -- 1盘卷片（15米295拍）：
1:10, 2B ；35mm银盐
收藏馆：缩微中心，南京

000O010582

[道光]直隶南雄州志：三十四卷首一卷 / (清)余
保纯,(清)徐维清修；(清)黄其勤纂；(清)戴锡伦
续纂
清道光四年（1824）心简斋刻本. -- 版框高
十八厘米宽十五厘米。
1989年摄制. -- 2盘卷片（58米1258拍）：
1:10, 2B ；35mm银盐
收藏馆：缩微中心，广东

000O030258

[光绪]仁化县志：八卷首一卷 / (清)陈鸿修；(清)
刘凤辉纂
清光绪九年（1883）刻本. -- 记事止：清宣统
二年（1910）。
2000年摄制. -- 1盘卷片（22米450拍）：
1:10, 2B ；35mm银盐
收藏馆：缩微中心，广东

000O021144

仁化乡土志：不分卷
清光绪三十四年（1908）稿本. -- 版框高
二十六厘米宽十三厘米。
1989年摄制. -- 1盘卷片（3米39拍）：1:10,
2B ；35mm银盐
收藏馆：缩微中心，广东

000O029912

[道光]长宁县志：十卷首一卷 / (清)高炳文修；
(清)冯兰纂
清道光十九年至清末（1839-1911）绿格抄
本. -- 记事止：清道光十九年（1839）。长
宁：今新丰县。
1999年摄制. -- 1盘卷片（17米348拍）：
1:10, 2B ；35mm银盐
收藏馆：缩微中心，广东

000O009971

[乾隆]河源县志：十五卷 / (清)陈张翼纂修
清乾隆十一年（1746）刻本
1989年摄制. -- 1盘卷片（23米522拍）：

1:10, 2B ；35mm银盐
收藏馆：缩微中心，浙江

000O029902

[光绪]河源县志：十五卷首一卷末一卷 / (清)彭
君穀修；(清)赖以平[等]纂
清同治十三年（1874）刻光绪三年（1877）兴
宁志贤堂增刻本. -- 记事止：清光绪三年
（1877）。
1999年摄制. -- 2盘卷片（38米769拍）：
1:10, 2B ；35mm银盐
收藏馆：缩微中心，广东

000O007884

[康熙]永安县次志：十七卷 / (清)张进录修纂
清康熙二十六年（1687）刻本. -- 版框高
二十一厘米宽十七厘米。
1988年摄制. -- 1盘卷片（11米218拍）：
1:10, 2B ；35mm银盐
收藏馆：缩微中心，广东

000O008188

[乾隆]龙川县志：十二卷 / (清)书图修纂；(清)杨
廷钊[等]编
清乾隆二十七年（1762）刻本. -- 版框高十九
厘米宽十四厘米。存九卷：卷一至卷九。
1988年摄制. -- 1盘卷片（22米457拍）：
1:10, 2B ；35mm银盐
收藏馆：缩微中心，广东

000O029545

[道光]龙川县志：四十卷首一卷 / (清)胡瑃修；
(清)勒殷山总纂
清嘉庆二十三年（1818）粤东省城学院前心简
斋刻道光元年（1821）增刻本. -- 记事止：
清道光元年（1821）。存三十九卷：卷一至卷
二十二、卷二十四至卷三十九，首一卷。
2000年摄制. -- 1盘卷片（27米594拍）：
1:10, 2B ；35mm银盐
收藏馆：缩微中心，广东

000O022900

[雍正]连平州志：十卷 / (清)卢廷俊[等]修；(清)
颜希圣[等]纂
清雍正十年（1732）刻本. -- 版框高十九厘米
宽十四厘米。
1995年摄制. -- 1盘卷片（18.4米391拍）：
1:10, 2B ；35mm银盐
收藏馆：缩微中心，广东

000O009408

[乾隆]和平县志：八卷 / (清)曹鹏翊[等]修；(清)
朱超玟[等]纂

清乾隆二十八年(1763)刻本. -- 版框高二十厘米宽十四厘米。
1988年摄制. -- 1盘卷片(22米456拍)：1:10, 2B ; 35mm银盐
收藏馆：缩微中心，广东

000O024181
[嘉庆]兴宁县志：十二卷 / (清)仲振履纂修
清嘉庆十六年(1811)刻本. -- 存六卷：卷一至卷二、卷九至卷十二。
1996年摄制. -- 1盘卷片(14米283拍)：1:10, 2B ; 35mm银盐
收藏馆：缩微中心，广东

000O022915
[咸丰]嘉应州志增补考略：四十卷首一卷 / (清)文晟纂
清咸丰三年(1853)刻本. -- 存三十九卷：卷一至卷八、卷十至卷四十。
1995年摄制. -- 1盘卷片(22米480拍)：1:10, 2B ; 35mm银盐
收藏馆：缩微中心，广东

000O029890
[嘉庆]大埔县志：十八卷首一卷 / (清)洪先焘纂修
清嘉庆九年(1804)刻本. -- 记事止：清嘉庆九年(1804)。
1999年摄制. -- 1盘卷片(31米638拍)：1:10, 2B ; 35mm银盐
收藏馆：缩微中心，广东

000O029777
[光绪]丰顺县志：八卷首一卷 / (清)葛曙纂修；(清)许普济续修；(清)吴鹏续纂
清乾隆十年(1745)刻光绪十四年(1888)增刻本. -- 记事止：清光绪十四年(1888)。
1999年摄制. -- 1盘卷片(21米484拍)：1:10, 2B ; 35mm银盐
收藏馆：缩微中心，广东

000O007887
[康熙]长乐县志：八卷 / (清)孙蕙修；(清)孔元祚[等]纂
清康熙二十六年(1687)刻本. -- 版框高二十一厘米宽十四厘米。长乐县：今五华县。
1988年摄制. -- 1盘卷片(22米450拍)：1:10, 2B ; 35mm银盐
收藏馆：缩微中心，广东

000O029544
[道光]长乐县志：十卷首一卷 / (清)侯坤元修；(清)温训纂

清道光二十五年(1845)刻本. -- 记事止：清道光二十五年(1845)。存六卷：卷一至卷二、卷四至卷六，首一卷。
2000年摄制. -- 1盘卷片(10米199拍)：1:10, 2B ; 35mm银盐
收藏馆：缩微中心，广东

000O022894
[嘉庆]平远县志：五卷首一卷 / (清)卢兆鳌总修；(清)欧阳莲协修
清嘉庆二十五年(1820)刻本
1995年摄制. -- 1盘卷片(19米432拍)：1:10, 2B ; 35mm银盐
收藏馆：缩微中心，广东

000O011589
[嘉庆]澄海县志：二十六卷首一卷 / (清)李书吉,(清)王恺纂修
清嘉庆十九年(1814)刻道光九年(1829)印本. -- 版框高十九厘米宽十四厘米。
1989年摄制. -- 2盘卷片(41米866拍)：1:10, 2B ; 35mm银盐
收藏馆：缩微中心，广东

000O009672
[康熙]潮阳县志：二十卷首一卷 / (清)臧宪祖纂；(清)萧伦锡[等]编辑
清康熙二十六年(1687)刻本. -- 版框高二十一厘米宽十五厘米。存十五卷：卷一至卷八、卷十四至卷十九，首一卷。
1988年摄制. -- 1盘卷片(24米511拍)：1:10, 2B ; 35mm银盐
收藏馆：缩微中心，广东

000O015453
[嘉庆]潮阳县志：二十卷首一卷 / (清)唐文藻重纂
清嘉庆二十四年(1819)刻本
1992年摄制. -- 2盘卷片(55米1140拍)：1:10, 2B ; 35mm银盐
收藏馆：缩微中心，广东

000O030259
[光绪]南澳志：十二卷首一卷 / (清)齐翀纂修
清乾隆四十八年(1783)刻光绪十七年(1891)递修本. -- 记事止：清光绪十七年(1891)。
1999年摄制. -- 1盘卷片(15米302拍)：1:10, 2B ; 35mm银盐
收藏馆：缩微中心，广东

000O030849
[雍正]惠来县志：十八卷首一卷 / (清)张珽美纂修

清末(1851-1911)抄本. -- 记事止：清雍正九年(1731)。版本由广东省立中山图书馆拟定；封面题：康熙丁卯年镌，县衙藏版。
2003年摄制. -- 1盘卷片(28米590拍)：1:10, 2B ; 35mm银盐
收藏馆：缩微中心，广东

000O029550
[乾隆]海丰县志：十卷末一卷 / (清)于卜熊修；(清)史本[等]纂
清乾隆十五年(1750)刻光绪三年(1877)印本. -- 记事止：清乾隆十四年(1749)。版本为广东省立中山图书馆拟定。
2000年摄制. -- 1盘卷片(19米383拍)：1:10, 2B ; 35mm银盐
收藏馆：缩微中心，广东

000O029551
[光绪]海丰县志续编：二卷 / (清)蔡逢恩修；(清)林光棐[等]纂
清光绪三年(1877)刻本. -- 记事止：清光绪三年(1877)。
2000年摄制. -- 1盘卷片(8米135拍)：1:10, 2B ; 35mm银盐
收藏馆：缩微中心，广东

000O009348
惠大记：六卷 / (明)郑维新撰
明嘉靖(1522-1566)刻本. -- 记事止：明嘉靖五年(1526)。(清)丁丙跋。
1988年摄制. -- 1盘卷片(12米245拍)：1:10, 2B ; 35mm银盐
收藏馆：缩微中心，南京

000O029977
[崇祯]博罗县志：七卷 / (明)苏元起修；(明)韩日缵纂
明崇祯(1628-1644)刻本
2001年摄制. -- 2盘卷片(38米761拍)：1:10, 2B ; 35mm银盐
收藏馆：缩微中心，国图

000O029899
[咸丰]龙门县志：十六卷首一卷末一卷 / (清)毓雯,(清)张经赞主修；(清)张维屏总纂
清咸丰元年(1851)刻本. -- 记事止：清咸丰元年(1851)。
1999年摄制. -- 1盘卷片(23米476拍)：1:10, 2B ; 35mm银盐
收藏馆：缩微中心，广东

000O008192
东莞志：八卷 / (明)张二果,(明)曾起莘纂修

清(1644-1911)抄本. -- 版框高二十五厘米宽十二厘米。
1988年摄制. -- 2盘卷片(35米734拍)：1:10, 2B ; 35mm银盐
收藏馆：缩微中心，广东

000O011154
[嘉庆]新安县志：二十四卷首一卷 / (清)舒懋官修；(清)王崇熙纂
清嘉庆二十四年(1819)刻本. -- 版框高二十厘米宽十五厘米。
1989年摄制. -- 1盘卷片(30米655拍)：1:10, 2B ; 35mm银盐
收藏馆：缩微中心，广东

000O010581
[康熙]新会县志：十八卷 / (清)贾雒英修；(清)薛起蛟,(清)汤晋纂
清康熙二十九年(1690)刻本. -- 版框高二十厘米宽十五厘米。
1989年摄制. -- 2盘卷片(49米1000拍)：1:10, 2B ; 35mm银盐
收藏馆：缩微中心，广东

000O028574
新会乡土志辑稿：不分卷 / (清)蔡垚爔鉴定；(清)谭镳编辑
清光绪三十四年(1908)粤东编译公司铅印本
1995年摄制. -- 1盘卷片(5米91拍)：1:10, 2B ; 35mm银盐
收藏馆：缩微中心，广东

000O017216
[康熙]恩平县志：十一卷 / (清)佟世男修；(清)郑轼[等]纂
清康熙二十七年(1688)刻本
1993年摄制. -- 1盘卷片(13米257拍)：1:10, 2B ; 35mm银盐
收藏馆：缩微中心，天津

000O029905
[道光]恩平县志：十八卷首一卷末一卷 / (清)杨学颜,(清)石台修；(清)杨秀拔[等]纂
清道光五年(1825)广州墨宝楼刻本. -- 记事止：清道光五年(1825)。
1999年摄制. -- 1盘卷片(23米477拍)：1:10, 2B ; 35mm银盐
收藏馆：缩微中心，广东

000O010823
[光绪]新宁县志：二十六卷首一卷 / (清)张葆连修；(清)刘长佑,(清)刘坤一纂
清光绪十九年(1893)金城书院刻本

1989年摄制. -- 2盘卷片(41米852拍)：
1:10, 2B；35mm银盐
收藏馆：缩微中心，湖南

000O022916
[宣统]新宁乡土历史：二卷 / (清)雷泽普编
清宣统元年(1909)刻本
1995年摄制. -- 1盘卷片(4米68拍)：1:10,
2B；35mm银盐
收藏馆：缩微中心，广东

000O030657
[道光]鹤山县志：十二卷首一卷末一卷 / (清)徐
香祖,(清)吴毓钧修；(清)吴应达纂
清道光六年(1826)广州简书斋刻本. -- 记事
止：清道光六年(1826)。
2002年摄制. -- 1盘卷片(23米459拍)：
1:10, 2B；35mm银盐
收藏馆：缩微中心，广东

000O022899
佛山忠义乡志：十一卷首一卷 / (清)毛维锜[等]
修；(清)陈炎宗辑
清乾隆十九年(1754)文盛堂刻本. -- 版框高
二十厘米宽十四厘米。
1995年摄制. -- 1盘卷片(17米361拍)：
1:10, 2B；35mm银盐
收藏馆：缩微中心，广东

000O022907
佛山忠义乡土志：十四卷 / (清)吴荣光撰
清道光十一年(1831)刻本
1995年摄制. -- 1盘卷片(29米623拍)：
1:10, 2B；35mm银盐
收藏馆：缩微中心，广东

000O011155
[乾隆]南海县志：二十卷 / (清)魏绾修；(清)陈张
翼汇纂
清乾隆六年(1741)刻本. -- 版框高二十厘米
宽十五厘米。
1989年摄制. -- 2盘卷片(54米1140拍)：
1:10, 2B；35mm银盐
收藏馆：缩微中心，广东

000O029888
[同治]南海县志：二十六卷 / (清)郑梦玉[等]修；
(清)梁绍献[等]纂
清光绪二年(1876)广州富文斋补刻本. -- 记
事止：清光绪二年(1876)。
1999年摄制. -- 2盘卷片(45米946拍)：
1:10, 2B；35mm银盐
收藏馆：缩微中心，广东

000O028601
南海乡土志：不分卷
清光绪三十四年(1908)抄本
1998年摄制. -- 1盘卷片(7米115拍)：1:10,
2B；35mm银盐
收藏馆：缩微中心，广东

000O022913
南海九江乡志：五卷 / (清)黎春曦纂辑
清顺治十四年(1657)刻同治十三年(1874)重刻
本
1995年摄制. -- 1盘卷片(10米201拍)：
1:10, 2B；35mm银盐
收藏馆：缩微中心，广东

000O022911
九江儒林乡志：二十一卷 / (清)朱次琦修；(清)
冯栻宗纂
清光绪九年(1883)刻本
1995年摄制. -- 2盘卷片(38米812拍)：
1:10, 2B；35mm银盐
收藏馆：缩微中心，广东

000O022914
[嘉靖]三水县志：十六卷首一卷 / (清)李友榕
[等]修；(清)邓云龙[等]纂
明嘉靖二十四年(1545)广州心简斋刻本
1995年摄制. -- 1盘卷片(36米717拍)：
1:10, 2B；35mm银盐
收藏馆：缩微中心，广东

000O008872
[康熙]高明县志：十八卷首一卷 / (清)于学修；
(清)黄之璧纂
清康熙二十九年(1690)刻本
1988年摄制. -- 1盘卷片(24米510拍)：
1:10, 2B；35mm银盐
收藏馆：缩微中心，浙江

000O023700
[康熙]肇庆府志：三十二卷 / (清)史树骏,(清)区
简臣纂修；(清)宋志益续修
清康熙(1662-1722)刻本
1995年摄制. -- 3盘卷片(89米1815拍)：
1:10, 2B；35mm银盐
收藏馆：缩微中心，浙江

000O029535
[道光]高要县志：二十二卷首一卷 / (清)韩际
飞,(清)叶承基修；(清)何元[等]纂
清道光六年(1826)刻本. -- 记事止：清道光
四年(1824)。
2000年摄制. -- 1盘卷片(30米653拍)：

1:10，2B ；35mm银盐
收藏馆：缩微中心，广东

00○017211
[康熙]四会县志：二十卷 / (清)陈欲达纂修
清康熙二十七年(1688)刻本
1993年摄制. -- 1盘卷片(19米404拍) :
1:10，2B ；35mm银盐
收藏馆：缩微中心，天津

00○015452
[道光]广宁县志：十七卷 / (清)黄思藻总辑
清道光四年(1824)刻本
1992年摄制. -- 1盘卷片(23米489拍) :
1:10，2B ；35mm银盐
收藏馆：缩微中心，广东

00○017227
[乾隆]怀集县志：十卷 / (清)顾旭明修；(清)唐廷梁纂
清乾隆二十年(1755)刻本
1993年摄制. -- 1盘卷片(31米674拍) :
1:10，2B ；35mm银盐
收藏馆：缩微中心，天津

00○008848
[道光]封川县志：十卷 / (清)温恭修；(清)吴兰修[等]撰
清道光十五年(1835)刻本
1988年摄制. -- 1盘卷片(13米255拍) :
1:10，2B ；35mm银盐
收藏馆：缩微中心，浙江

00○029548
[同治]重修开建县志：十二卷首一卷末一卷 / (清)余瀚修；(清)余楷纂
清同治元年(1862)抄本. -- 记事止：清同治元年(1862)。开建县：今开封。版本为广东省立中山图书馆拟定。总目题五卷，实际卷数为十二卷。
2000年摄制. -- 1盘卷片(11米214拍) :
1:10，2B ；35mm银盐
收藏馆：缩微中心，广东

00○029753
[光绪]德庆州志：十五卷首一卷末一卷 / (清)杨文骏修；(清)朱一新纂
清光绪二十五年(1899)刻本. -- 记事止：清光绪二十六年(1900)。
2000年摄制. -- 2盘卷片(36米726拍) :
1:10，2B ；35mm银盐
收藏馆：缩微中心，广东

00○028571
[雍正]罗定州志：六卷首一卷 / (清)王植纂修
清雍正九年(1731)刻嘉庆二十年(1815)增刻本
1998年摄制. -- 2盘卷片(36米741拍) :
1:10，2B ；35mm银盐
收藏馆：缩微中心，广东

00○017792
[康熙]新兴县志：二十卷 / (清)徐煌[等]纂修
清康熙二十六年(1687)刻康熙四十九年(1710)补刻本
1993年摄制. -- 1盘卷片(31米634拍) :
1:10，2B ；35mm银盐
收藏馆：缩微中心，天津

00○009823
[康熙]西宁县志：十卷 / (清)赵震阳修；(清)钟光斗纂
清康熙六年(1667)刻本
1989年摄制. -- 1盘卷片(11米214拍) :
1:10，2B ；35mm银盐
收藏馆：缩微中心，浙江

00○008892
[道光]西宁县志：十二卷首一卷末一卷 / (清)诸豫宗修；(清)周中孚[等]纂
清道光十年(1830)刻本
1988年摄制. -- 1盘卷片(17米379拍) :
1:10，2B ；35mm银盐
收藏馆：缩微中心，浙江

00○029546
[光绪]阳江县志：八卷 / (清)李沄修；(清)区启科[等]纂；(清)李应均,(清)胡琯续修；(清)徐光裕续纂
清光绪(1875-1908)刻本. -- 记事止：清道光二年(1822)。版本为广东省立中山图书馆拟定。
2000年摄制. -- 1盘卷片(22米485拍) :
1:10，2B ；35mm银盐
收藏馆：缩微中心，广东

00○009355
[康熙]阳春县志：十八卷 / (清)康善述修；(清)刘裔炫纂
清康熙二十六年(1687)刻本. -- 记事止：清康熙二十六年(1687)。
1988年摄制. -- 1盘卷片(19米433拍) :
1:10，2B ；35mm银盐
收藏馆：缩微中心，南京

00○012089
[嘉庆]茂名县志：二十一卷首一卷 / (清)秦

沅,(清)王勋臣修；(清)吴徽叙纂
清嘉庆二十四年(1819)刻本
1990年摄制. -- 1盘卷片(22米482拍)：
1:10, 2B；35mm银盐
收藏馆：缩微中心，湖南

000O029533
[光绪]重修电白县志：三十卷首一卷 / (清)孙铸
修；(清)邵祥龄纂
清光绪十八年(1892)高州富文楼刻本. -- 记
事止：清光绪十九年(1893)。卷二十七金石，
卷二十八艺文。莲峰书院藏版。
2000年摄制. -- 2盘卷片(32米674拍)：
1:10, 2B；35mm银盐
收藏馆：缩微中心，广东

000O008259
[康熙]吴川县志：四卷 / (清)李球随纂修
清康熙(1662-1722)刻本. -- 记事止：清康熙
二十六年(1687)。
1988年摄制. -- 1盘卷片(14米308拍)：
1:10, 2B；35mm银盐
收藏馆：缩微中心，南京

000O011875
[康熙]海康县志：三卷 / (清)郑俊修；(清)宋绍启
纂
清康熙二十六年(1687)刻本
1990年摄制. -- 1盘卷片(13米266拍)：
1:10, 2B；35mm银盐
收藏馆：缩微中心，湖南

000O009803
[康熙]遂溪县志：四卷 / (清)宋国用修；(清)洪泮
洙纂
清康熙二十六年(1687)刻本
1989年摄制. -- 1盘卷片(12米254拍)：
1:10, 2B；35mm银盐
收藏馆：缩微中心，浙江

000O029906
[道光]遂溪县志：十二卷 / (清)喻炳荣,(清)赵钧
谟修；(清)朱德华纂
清道光二十九年(1849)刻本. -- 记事止：清
道光二十九年(1849)。
1999年摄制. -- 1盘卷片(27米564拍)：
1:10, 2B；35mm银盐
收藏馆：缩微中心，广东

000O030658
[道光]遂溪县志：十二卷 / (清)喻炳荣,(清)赵钧
谟修；(清)朱德华纂
清道光二十九年(1849)刻光绪二十一年(1895)

严崇德补刻本. -- 记事止：清道光二十九年
(1849)。卷六、卷八配抄本。缺严崇德补刻
序。
2000年摄制. -- 1盘卷片(27米565拍)：
1:10, 2B；35mm银盐
收藏馆：缩微中心，广东

000O029885
[宣统]徐闻县志：十五卷首一卷 / (清)王辅之修；
(清)骆克良[等]纂
清宣统三年(1911)徐闻县锦文斋刻本. -- 记
事止：清宣统三年(1911)。
1999年摄制. -- 1盘卷片(30米634拍)：
1:10, 2B；35mm银盐
收藏馆：缩微中心，广东

000O009248
[康熙]广西通志：四十卷 / (清)郝浴修；(清)廖必
强[等]纂
清康熙二十二年(1683)刻本
1988年摄制. -- 5盘卷片(125.3米2667拍)：
1:10, 2B；35mm银盐
收藏馆：缩微中心，广西一

000O009301
[嘉庆]广西通志：二百七十九卷首一卷 / (清)谢
启昆修；(清)胡虔纂
清嘉庆五年(1800)刻光绪十七年(1891)桂垣书
局补刻本
1988年摄制. -- 13盘卷片(340.1米7275拍)：
1:10, 2B；35mm银盐
收藏馆：缩微中心，广西一

000O009303
[光绪]广西通志辑要：十七卷首一卷 / (清)苏宗
经辑；(清)羊复礼,(清)夏敬颐增辑
清光绪十六年(1890)刻本
1988年摄制. -- 2盘卷片(43.2米908拍)：
1:10, 2B；35mm银盐
收藏馆：缩微中心，广西一

000O009900
[道光]南宁府志：五十六卷 / (清)苏士俊修纂；
(清)何鲲增修
清宣统元年(1909)羊城澄天阁刻本
1988年摄制. -- 3盘卷片(61米1289拍)：
1:10, 2B；35mm银盐
收藏馆：缩微中心，广西一

000O008202
[乾隆]武缘县志：十六卷 / (清)耿昭需纂修
清乾隆六年(1741)刻本. -- 记事止：清乾隆
五年(1740)。

1988年摄制. -- 1盘卷片（14米287拍）：
1:10, 2B ; 35mm银盐
收藏馆：缩微中心，南京

000O009302
武缘县图经：八卷 / (清)黄君钜[等]纂修
清宣统三年(1911)铅印本
1988年摄制. -- 1盘卷片（16米332拍）：
1:10, 2B ; 35mm银盐
收藏馆：缩微中心，广西一

000O009250
[光绪]宾州志：二十四卷 / (清)陆生兰增纂
清光绪十二年(1886)刻本
1988年摄制. -- 1盘卷片（26米565拍）：
1:10, 2B ; 35mm银盐
收藏馆：缩微中心，广西一

000O009304
[光绪]上林县志：十卷首一卷末一卷 / (清)徐衡绅修；(清)周世德纂
清光绪二年(1876)刻本
1988年摄制. -- 1盘卷片（13米262拍）：
1:10, 2B ; 35mm银盐
收藏馆：缩微中心，广西一

000O012864
[道光]白山司志：十八卷首一卷 / (清)王言纪修；(清)朱锦纂
清道光十年(1830)刻本
1990年摄制. -- 1盘卷片（14米292拍）：
1:10, 2B ; 35mm银盐
收藏馆：缩微中心，湖南

000O011997
[道光]阳朔县志：五卷首一卷 / (清)吴德征修；(清)唐作砺[等]纂
清道光十八年(1838)刻本
1990年摄制. -- 1盘卷片（21米447拍）：
1:10, 2B ; 35mm银盐
收藏馆：缩微中心，天津

000O009313
[嘉庆]临桂县志：三十二卷 / (清)蔡呈韶,(清)金毓奇修；(清)胡虔,(清)朱依真纂
清嘉庆七年(1802)刻光绪六年(1880)补刻本
1988年摄制. -- 2盘卷片（53.03米1137拍）：
1:10, 2B ; 35mm银盐
收藏馆：缩微中心，广西一

000O009305
[嘉庆]全州志：十二卷首一卷末一卷 / (清)温之诚修；(清)曹文深纂

清嘉庆四年(1799)刻本
1988年摄制. -- 2盘卷片（43米899拍）：
1:10, 2B ; 35mm银盐
收藏馆：缩微中心，广西一

000O009306
[光绪]永宁州志：十六卷 / (清)高日华,(清)联丰修；(清)刘汉镇纂
清光绪十一年(1885)刻本
1988年摄制. -- 1盘卷片（18米362拍）：
1:10, 2B ; 35mm银盐
收藏馆：缩微中心，广西一

000O009151
[道光]灌阳县志：二十卷首一卷 / (清)肖煊修；(清)范光祺纂
清道光二十四年(1844)刻本
1988年摄制. -- 1盘卷片（31米672拍）：
1:10, 2B ; 35mm银盐
收藏馆：缩微中心，广西一

000O010843
西延轶志：十卷首一卷补遗一卷 / (清)程庆龄修；(清)蒋松,(清)唐元[等]纂
清道光二十年(1840)刻本
1989年摄制. -- 1盘卷片（21米433拍）：
1:10, 2B ; 35mm银盐
收藏馆：缩微中心，广西一

000O009314
[嘉庆]平乐府志：四十卷首一卷 / (清)清柱[等]修纂
清光绪三年(1877)刻本. -- 据清嘉庆十年(1805)本重刻。
1988年摄制. -- 2盘卷片（52米1109拍）：
1:10, 2B ; 35mm银盐
收藏馆：缩微中心，广西一

000O009307
[光绪]平乐县志：十卷 / (清)全文炳修；(清)伍嘉猷,(清)罗正宗纂
清光绪十年(1884)刻本
1988年摄制. -- 1盘卷片（25.3米540拍）：
1:10, 2B ; 35mm银盐
收藏馆：缩微中心，广西一

000O017775
[光绪]修仁县志：二卷 / (清)□□纂
清光绪(1875-1908)稿本
1991年摄制. -- 1盘卷片（7米124拍）：1:10,
2B ; 35mm银盐
收藏馆：缩微中心，天津

000○021361

[道光]龙胜厅志：一卷 / (清)周诚之纂
清道光二十六年(1846)好古堂刻本
1995年摄制. -- 1盘卷片(5米77拍) ： 1:10,
2B ；35mm银盐
收藏馆：缩微中心，甘肃

000○010189

[光绪]恭城县志：八卷 / (清)陶壿修；(清)陆履
中,(清)常静仁纂
清光绪十五年(1889)凤岩书院刻本
1989年摄制. -- 1盘卷片(17米352拍) ：
1:10, 2B ；35mm银盐
收藏馆：缩微中心，广西一

000○009901

[乾隆]马平县志：十卷首一卷 / (清)舒启修；(清)
吴光昇编纂
清光绪二十一年(1895)刻本. -- 据清乾隆
二十九年(1764)本重刻。
1988年摄制. -- 1盘卷片(21米441拍) ：
1:10, 2B ；35mm银盐
收藏馆：缩微中心，广西一

000○012066

[乾隆]梧州府志：二十四卷首一卷 / (清)吴九龄
修；(清)史鸣皋纂
清乾隆三十五年(1770)刻本
1990年摄制. -- 2盘卷片(52米1124拍) ：
1:10, 2B ；35mm银盐
收藏馆：缩微中心，湖南

000○009308

[同治]苍梧县志：十八卷首一卷 / (清)王栋续纂
清同治十一年(1872)刻本
1988年摄制. -- 2盘卷片(38.2米824拍) ：
1:10, 2B ；35mm银盐
收藏馆：缩微中心，广西一

000○011963

[同治]滕县志：二十二卷 / (清)边其晋修；(清)胡
毓番纂
清同治六年(1867)刻本
1990年摄制. -- 2盘卷片(42米915拍) ：
1:10, 2B ；35mm银盐
收藏馆：缩微中心，天津

000○009316

[光绪]永安州志：四卷首一卷 / (清)李常霖,(清)
邓文渊修；(清)吴瓒周[等]纂
清光绪二十年(1894)刻光绪二十四年(1898)增
刻本
1988年摄制. -- 1盘卷片(15米303拍) ：

1:10, 2B ；35mm银盐
收藏馆：缩微中心，广西一

000○010845

[乾隆]昭平县志：八卷 / (清)陆焯纂修
清乾隆二十五年(1760)刻同治八年(1869)补刻
光绪十七年(1891)再补刻本
1989年摄制. -- 1盘卷片(18.2米378拍) ：
1:10, 2B ；35mm银盐
收藏馆：缩微中心，广西一

000○009312

[同治]浔州府志：三十八卷首一卷 / (清)魏笃修；
(清)王俊臣纂
清同治十三年(1874)刻本
1988年摄制. -- 3盘卷片(80.2米1756拍) ：
1:10, 2B ；35mm银盐
收藏馆：缩微中心，广西一

000○011957

[道光]桂平县志：十六卷捐修姓名册一卷 / (清)
袁湛业修；(清)黄体正,(清)王维新纂
清道光二十三年(1843)刻本
1990年摄制. -- 1盘卷片(21米457拍) ：
1:10, 2B ；35mm银盐
收藏馆：缩微中心，天津

000○009153

[乾隆]郁林州志：十卷 / (清)邱桂山修；(清)刘玉
麟,(清)秦兆鲸纂
清乾隆五十七年(1792)刻本
1988年摄制. -- 1盘卷片(15米318拍) ：
1:10, 2B ；35mm银盐
收藏馆：缩微中心，广西一

000○009310

[光绪]郁林州志：二十卷首一卷 / (清)冯德
材,(清)全文炳修；(清)文德馨纂
清光绪十二年(1886)刻本
1988年摄制. -- 1盘卷片(30.7米666拍) ：
1:10, 2B ；35mm银盐
收藏馆：缩微中心，广西一

000○009317

[光绪]北流县志：二十四卷 / (清)徐作梅[等]修；
(清)李士琨[等]纂
清光绪六年(1880)刻本
1988年摄制. -- 2盘卷片(39.3米824拍) ：
1:10, 2B ；35mm银盐
收藏馆：缩微中心，广西一

000○011934

[乾隆]兴业县志：四卷 / (清)王巡泰纂修

清乾隆四十四年(1779)刻本
1990年摄制. -- 1盘卷片(9米174拍) : 1:10,
2B ; 35mm银盐
收藏馆：缩微中心，天津

000O009152
[光绪]容县志：二十八卷首一卷 / (清)易绍
德,(清)王永贞修；(清)封祝唐,(清)黄玉年纂
清光绪二十三年(1897)刻本
1988年摄制. -- 2盘卷片(43米907拍) :
1:10, 2B ; 35mm银盐
收藏馆：缩微中心，广西一

000O009311
[道光]博白县志：十六卷志余二卷 / (清)任士谦
修；(清)朱德华纂
清道光十二年(1832)刻本
1988年摄制. -- 1盘卷片(30米642拍) :
1:10, 2B ; 35mm银盐
收藏馆：缩微中心，广西一

000O010187
[光绪]贵县志：八卷 / (清)王仁钟修；(清)梁吉祥
纂
清光绪二十年(1894)紫泉书院刻本
1989年摄制. -- 1盘卷片(21米431拍) :
1:10, 2B ; 35mm银盐
收藏馆：缩微中心，广西一

000O011951
[嘉庆]灵山县志：十三卷 / (清)张孝诗修；(清)梁
炅[等]纂
清嘉庆二十五年(1820)刻道光元年(1821)增刻
本
1990年摄制. -- 1盘卷片(21米451拍) :
1:10, 2B ; 35mm银盐
收藏馆：缩微中心，天津

000O009318
[光绪]百色厅志：八卷首一卷 / (清)陈如金[等]
修；(清)华本松[等]纂
清光绪八年(1882)刻光绪十七年(1891)增刻本
1988年摄制. -- 1盘卷片(17.2米358拍) :
1:10, 2B ; 35mm银盐
收藏馆：缩微中心，广西一

000O009309
[光绪]归顺直隶州志：六卷 / (清)颜嗣徽修纂
清光绪二十五年(1899)刻本
1988年摄制. -- 1盘卷片(19米394拍) :
1:10, 2B ; 35mm银盐
收藏馆：缩微中心，广西一

000O009315
[光绪]镇安府志：二十五卷首一卷 / (清)羊复礼
修纂
清光绪十八年(1892)刻本
1988年摄制. -- 2盘卷片(42.7米898拍) :
1:10, 2B ; 35mm银盐
收藏馆：缩微中心，广西一

000O012073
[光绪]迁江县志：四卷 / (清)颜嗣徽纂修
清光绪十七年(1891)刻本
1990年摄制. -- 1盘卷片(11米219拍) :
1:10, 2B ; 35mm银盐
收藏馆：缩微中心，湖南

000O009249
象州志：同治 / (清)李世椿修；(清)郑献甫纂
清同治九年(1870)桂林鸿文堂刻本
1988年摄制. -- 1盘卷片(9米170拍) : 1:10,
2B ; 35mm银盐
收藏馆：缩微中心，广西一

000O011958
[嘉庆]武宣县志：十六卷首一卷 / (清)高攀桂修；
(清)梁士彦[等]纂
清嘉庆十三年(1808)刻本
1990年摄制. -- 1盘卷片(13米262拍) :
1:10, 2B ; 35mm银盐
收藏馆：缩微中心，天津

000O010181
[光绪]贺县志：八卷 / (清)全文炳修；(清)苏煜
坡,(清)李熙骏纂
清光绪十六年(1890)刻本
1989年摄制. -- 1盘卷片(23米472拍) :
1:10, 2B ; 35mm银盐
收藏馆：缩微中心，广西一

000O010847
[光绪]富川县志：十二卷 / (清)顾国诰,(清)柴照
修；(清)刘树贤[等]纂
清光绪十六年(1890)刻本
1989年摄制. -- 1盘卷片(17米347拍) :
1:10, 2B ; 35mm银盐
收藏馆：缩微中心，广西一

000O030724
[康熙]琼州府志：十卷 / (清)牛天宿修；(清)朱子
虚纂
清康熙(1662-1722)刻本. -- 存九卷：卷二至
卷十。
2003年摄制. -- 2盘卷片(49米1034拍) :
1:10, 2B ; 35mm银盐

收藏馆：缩微中心，国图

00O027701
[康熙]琼州府志：十卷 / (清)牛天宿修；(清)朱子虚纂
清康熙(1662-1722)刻本. -- 存四卷：卷七至卷十。
1997年摄制. -- 1盘卷片(17米325拍)：1:10, 2B；35mm银盐
收藏馆：缩微中心，国图

00O022884
[道光]琼州府志：四十四卷首一卷 / (清)明谊修；(清)张岳崧纂
清道光(1821-1850)刻本
1990年摄制. -- 4盘卷片(110米2332拍)：1:10, 2B；35mm银盐
收藏馆：缩微中心，广东

00O029900
[道光]琼州府志：四十四卷首一卷 / (清)明谊修；(清)张岳崧纂
清道光二十一年(1841)刻同治五年(1866)增刻本. -- 记事止：清同治五年(1866)。琼州府：今属海南省。
1999年摄制. -- 4盘卷片(106米2290拍)：1:10, 2B；35mm银盐
收藏馆：缩微中心，广东

00O009805
[康熙]文昌县志：十卷 / (清)马日炳纂修
清康熙五十七年(1718)刻本
1989年摄制. -- 1盘卷片(17米359拍)：1:10, 2B；35mm银盐
收藏馆：缩微中心，浙江

00O022909
[咸丰]文昌县志：十六卷首一卷 / (清)张沛鉴修；(清)林燕典纂辑
清咸丰八年(1858)刻本
1995年摄制. -- 2盘卷片(40米861拍)：1:10, 2B；35mm银盐
收藏馆：缩微中心，广东

00O026425
[嘉庆]会同县志：十卷 / (清)陈述芹纂修
清嘉庆二十五年(1820)刻本
1995年摄制. -- 1盘卷片(19米403拍)：1:10, 2B；35mm银盐
收藏馆：缩微中心，广东

00O029883
[宣统]乐会县志：八卷 / 林大华[等]纂修
清宣统三年(1911)石印本. -- 记事止：清宣统三年(1911)。乐会县：今属海南省。
1999年摄制. -- 1盘卷片(26米532拍)：1:10, 2B；35mm银盐
收藏馆：缩微中心，广东

00O028573
[道光]万州志：十卷 / (清)胡端书修；(清)杨士锦,(清)吴鸣清纂
清道光八年(1828)刻本
1995年摄制. -- 1盘卷片(23米497拍)：1:10, 2B；35mm银盐
收藏馆：缩微中心，广东

00O029889
[光绪]澄迈县志：十二卷首一卷 / (清)龙朝翊,(清)王之襄修；(清)陈所能[等]纂
清光绪三十四年(1908)刻本. -- 记事止：清光绪三十三年(1907)。澄迈县：今属海南省。
1999年摄制. -- 1盘卷片(30米630拍)：1:10, 2B；35mm银盐
收藏馆：缩微中心，广东

00O030154
[光绪]定安县志：十卷首一卷 / (清)吴应廉修；(清)王映斗总纂
清光绪四年(1878)刻本. -- 记事止：清光绪五年(1879)。定安县：今属海南省。
1999年摄制. -- 2盘卷片(48米1011拍)：1:10, 2B；35mm银盐
收藏馆：缩微中心，广东

00O029892
[光绪]昌化县志：十一卷首一卷 / (清)李有益修纂
清光绪二十三年(1897)刻本. -- 记事止：清光绪二十三年(1897)。昌化县：今属海南省。
1999年摄制. -- 1盘卷片(15米293拍)：1:10, 2B；35mm银盐
收藏馆：缩微中心，广东

00O009586
[道光]重庆府志：九卷 / (清)王梦庚修；(清)寇宗纂
清道光二十三年(1843)刻本
1989年摄制. -- 2盘卷片(43.4米940拍)：1:9, 2B；35mm银盐
收藏馆：缩微中心，重庆

00O014490
重庆乡土志：不分卷
清光绪十五年至民国七年(1989-1918)稿本. -- 记事止：民国七年(1918)。

1992年摄制. -- 1盘卷片（4米46拍）：1:10,
2B ；35mm银盐
收藏馆：缩微中心，重庆

000O009430
[道光]江北厅志：八卷首一卷 / (清)福珠朗阿修；
(清)宋暄,(清)黄云衢纂
清道光二十四年(1844)刻本
1988年摄制. -- 1盘卷片（28.6米630拍）：
1:9, 2B ；35mm银盐
收藏馆：缩微中心，重庆

000O011799
江北厅乡土志：□□卷
清末(1851-1911)王佩如抄本
1989年摄制. -- 1盘卷片（7米123拍）：1:10,
2B ；35mm银盐
收藏馆：缩微中心，四川

000O009431
[同治]重修涪州志：十六卷首一卷 / (清)吕绍衣
[等]修；(清)王应元[等]纂
清同治九年(1870)刻本. -- 纂者还有：（清)
傅炳墀等。
1989年摄制. -- 1盘卷片（29.9米660拍）：
1:9, 2B ；35mm银盐
收藏馆：缩微中心，重庆

000O009600
涪乘启新：三卷 / (清)贺守典,(清)熊鸿谟编
清光绪三十一年(1905)刻本
1989年摄制. -- 1盘卷片（5.1米83拍）：1:9,
2B ；35mm银盐
收藏馆：缩微中心，重庆

000O009591
[咸丰]黔江县志：四卷首一卷 / (清)张绍龄纂修
清咸丰元年(1851)刻本
1989年摄制. -- 1盘卷片（12.2米249拍）：
1:9, 2B ；35mm银盐
收藏馆：缩微中心，重庆

000O012907
[同治]续增黔江县志：一卷 / (清)张锐堂修；(清)
程尚川[等]纂
清同治三年(1864)刻本
1988年摄制. -- 1盘卷片（4.1米61拍）：1:9,
2B ；35mm银盐
收藏馆：缩微中心，重庆

000O030660
[同治]续增黔江县志：四卷 / (清)张锐堂修；(清)
程尚川[等]纂
清同治三年(1864)刻本. -- 记事止：清同治
三年(1864)。
2002年摄制. -- 1盘卷片（16米249拍）：
1:10, 2B ；35mm银盐
收藏馆：缩微中心，南京

000O009607
[光绪]黔江县志：五卷首一卷 / (清)张九章修；
(清)陈藩垣[等]纂
清光绪二十年(1894)刻本. -- 纂者还有：
(清)陶祖谦等。
1989年摄制. -- 1盘卷片（17.6米375拍）：
1:10, 2B ；35mm银盐
收藏馆：缩微中心，重庆

000O009587
[光绪]重修长寿县志：十卷 / (清)张永熙修；(清)
周泽溥[等]纂
清光绪元年(1875)刻本
1989年摄制. -- 1盘卷片（15.2米319拍）：
1:9, 2B ；35mm银盐
收藏馆：缩微中心，重庆

000O030523
[乾隆]合州志：十六卷 / (清)周澄修；(清)张乃孚
纂
清乾隆五十四年(1789)刻道光二年(1822)增修
本. -- 记事止：清道光二年(1822)。
2002年摄制. -- 1盘卷片（27米573拍）：
1:10, 2B ；35mm银盐
收藏馆：缩微中心，南京

000O029714
合州志：十六卷首一卷 / (清)周澄修；(清)张乃
孚纂修
清乾隆五十三年(1788)刻光绪二年(1876)续修
本. -- 记事止：清同治十三年(1874)，见卷
九第五十二页官师。
2000年摄制. -- 2盘卷片（34米717拍）：
1:10, 2B ；35mm银盐
收藏馆：缩微中心，重庆

000O024052
[光绪]合州志：十三卷首一卷 / (清)费兆钺修；
(清)程业修纂
清光绪二年(1876)刻本
1995年摄制. -- 1盘卷片（30米610拍）：
1:10, 2B ；35mm银盐
收藏馆：缩微中心，湖北

000O011808
[道光]永川县志：十二卷 / (清)胡筠[等]纂修
清道光二十三年(1843)刻本. -- 纂修者还

有：(清)李墉等。
1990年摄制. -- 1盘卷片(17米330拍) :
1:10, 2B ; 35mm银盐
收藏馆：缩微中心，四川

000○030541
[光绪]永川县志：十卷首一卷 / (清)许曾荫[等]
修；(清)马慎修纂
清光绪二十年(1894)刻本. -- 记事止：清光
绪二十年(1894)。
2002年摄制. -- 2盘卷片(38米739拍) :
1:10, 2B ; 35mm银盐
收藏馆：缩微中心，南京

000○011809
[嘉庆]江津县志：二十二卷艺文补编一卷 / (清)
曾受一修；(清)王家驹纂；(清)徐鼎续修；(清)
杨彦青续纂
清乾隆三十三年(1768)刻嘉庆九年(1804)增刻
嘉庆十七年(1812)李宝曾续刻本
1990年摄制. -- 2盘卷片(48米992拍) :
1:10, 2B ; 35mm银盐
收藏馆：缩微中心，四川

000○009612
[光绪]江津县志：十二卷 / (清)王煌修；(清)袁方
城[等]纂
清光绪元年(1875)刻本
1989年摄制. -- 1盘卷片(22.3米483拍) :
1:10, 2B ; 35mm银盐
收藏馆：缩微中心，重庆

000○009763
[咸丰]南川县志：十二卷首一卷 / (清)魏崧[等]
修；(清)康作霖[等]纂
清咸丰元年(1851)刻本
1989年摄制. -- 1盘卷片(24.5米535拍) :
1:11, 2B ; 35mm银盐
收藏馆：缩微中心，重庆

000○030554
[咸丰]增修南川县志：十二卷首一卷 / (清)魏崧
修；(清)康作霖[等]纂
清咸丰元年(1851)刻本. -- 记事止：清咸丰
元年(1851)。
2002年摄制. -- 1盘卷片(26米545拍) :
1:10, 2B ; 35mm银盐
收藏馆：缩微中心，南京

000○030450
[光绪]南川县志：十二卷首一卷 / (清)黄际飞修；
(清)周厚光[等]纂
清光绪三年(1877)刻增修本. -- 记事止：清

光绪三年(1877)。
2002年摄制. -- 2盘卷片(47米957拍) :
1:10, 2B ; 35mm银盐
收藏馆：缩微中心，南京

000○029749
[道光]綦江县志：十二卷首一卷 / (清)宋灏修；
(清)罗星纂
清道光六年(1826)刻本. -- 记事止：清道光
六年(1826)，见卷六第二十六页典史。
2000年摄制. -- 1盘卷片(26米575拍) :
1:10, 2B ; 35mm银盐
收藏馆：缩微中心，重庆

000○029744
[道光]綦江县志：十二卷首一卷 / (清)宋灏修；
(清)罗星纂；(清)邓仁堃增修；(清)杨铭补修
清道光六年(1826)刻道光十五年(1835)邓仁堃
增刻同治二年(1863)杨铭伍濬祥续增刻本. --
记事止：清同治二年(1863)，见卷六第三十六
页武员。该志扉页题考棚存板。
2000年摄制. -- 2盘卷片(43米928拍) :
1:10, 2B ; 35mm银盐
收藏馆：缩微中心，重庆

000○030521
[道光]铜梁县志：八卷首一卷 / (清)徐瀛修；(清)
白玉楷[等]纂
清道光十二年(1832)刻本. -- 记事止：清道
光十一年(1831)。佚名批校。
2002年摄制. -- 1盘卷片(28米597拍) :
1:10, 2B ; 35mm银盐
收藏馆：缩微中心，南京

000○009760
[光绪]铜梁县志：十六卷首一卷 / (清)韩清桂
[等]修；(清)陈昌[等]纂
清光绪元年(1875)刻本
1989年摄制. -- 2盘卷片(38米815拍) :
1:10, 2B ; 35mm银盐
收藏馆：缩微中心，重庆

000○027412
[嘉庆]大足县志：八卷 / (清)张澍[等]修；(清)李
型廉[等]纂
清嘉庆二十三年(1818)刻道光十六年(1836)王
松增刻本
1997年摄制. -- 1盘卷片(16米342拍) :
1:10, 2B ; 35mm银盐
收藏馆：缩微中心，湖北

000○009618
[光绪]大足县志：八卷 / (清)王德嘉[等]修；(清)

高云从[等]纂
清光绪三年(1877)刻本
1989年摄制. -- 1盘卷片(19.1米410拍) :
1:10, 2B ; 35mm银盐
收藏馆：缩微中心，重庆

00○030455
[同治]荣昌县志：二十二卷 / (清)文康[等]修；
(清)廖朝翼纂
清同治五年(1866)刻本. -- 记事止：清同治
五年(1866)。
2002年摄制. -- 2盘卷片(39米769拍) :
1:10, 2B ; 35mm银盐
收藏馆：缩微中心，南京

00○030954
[光绪]荣昌县志：二十二卷 / (清)文康[等]修；
(清)廖朝翼纂；(清)施学煌增修；(清)敖册贤增
纂
清同治五年(1866)刻光绪二十年(1894)增刻
本. -- 记事止：清光绪二十年(1894)。
2002年摄制. -- 2盘卷片(45米872拍) :
1:10, 2B ; 35mm银盐
收藏馆：缩微中心，南京

00○009786
[同治]璧山县志：十卷首一卷末一卷 / (清)寇用
平修；(清)陈锦堂,(清)卢有徽纂
清同治四年(1865)刻本
1989年摄制. -- 1盘卷片(29.6米654拍) :
1:9, 2B ; 35mm银盐
收藏馆：缩微中心，重庆

00○030769
[乾隆]垫江县志：八卷 / (清)丁涟修；(清)杨锡麟
[等]纂；(清)钟颖[等]递修
清乾隆十一年(1746)刻乾隆二十六年(1761)递
修本. -- 记事止：清乾隆二十六年(1761)。
2003年摄制. -- 1盘卷片(12米224拍) :
1:10, 2B ; 35mm银盐
收藏馆：缩微中心，南京

00○009765
[道光]垫江县志：十卷 / (清)夏梦鲤,(清)董承熙
纂
清道光八年(1828)刻本
1989年摄制. -- 1盘卷片(26米570拍) : 1:9,
2B ; 35mm银盐
收藏馆：缩微中心，重庆

00○009436
[光绪]垫江县志：十卷 / (清)谢必铿修；(清)李炳
灵纂

清光绪二十六年(1900)刻本
1988年摄制. -- 1盘卷片(27.4米602拍) :
1:9, 2B ; 35mm银盐
收藏馆：缩微中心，重庆

00○014470
[乾隆]巴县志：十七卷首一卷 / (清)王尔鉴修；
(清)王世沿[等]纂
清乾隆二十六年(1761)刻本. -- 清乾隆十六
年(1751)修。
1992年摄制. -- 2盘卷片(56.8米1251拍) :
1:9, 2B ; 35mm银盐
收藏馆：缩微中心，重庆

00○030744
[乾隆]巴县志：十七卷首一卷 / (清)王尔鉴修；
(清)王世沿[等]纂
清乾隆二十六年(1761)刻增修本. -- 记事
止：清乾隆二十五年(1760)。
2003年摄制. -- 2盘卷片(54米1198拍) :
1:10, 2B ; 35mm银盐
收藏馆：缩微中心，南京

00○030452
[乾隆]巴县志：十七卷首一卷 / (清)王尔鉴修；
(清)王世沿[等]纂
清乾隆二十六年(1761)刻增修本. -- 佚名增
补。记事止：清乾隆三十二年(1767)。
2002年摄制. -- 2盘卷片(61米1249拍) :
1:10, 2B ; 35mm银盐
收藏馆：缩微中心，南京

00○030781
[乾隆]巴县志：十七卷首一卷 / (清)王尔鉴修；
(清)王世沿[等]纂
清乾隆二十六年(1761)刻乾隆三十二年
(1767)增修本. -- 记事止：清乾隆三十二年
(1767)。佚名增补。
2003年摄制. -- 2盘卷片(60米1246拍) :
1:10, 2B ; 35mm银盐
收藏馆：缩微中心，南京

00○030514
[乾隆]巴县志：十七卷首一卷 / (清)王尔鉴修；
(清)王世沿[等]纂
清乾隆二十六年(1761)刻嘉庆二十五年(1820)递
修本. -- 记事止：清乾隆三十二年(1767)。
2002年摄制. -- 2盘卷片(64米1285拍) :
1:10, 2B ; 35mm银盐
收藏馆：缩微中心，南京

00○009429
[同治]巴县志：四卷 / (清)霍为棻[等]修；(清)熊

家彦[等]纂
清同治六年(1867)刻本
1989年摄制. -- 1盘卷片(21.2米457拍)：
1:9, 2B；35mm银盐
收藏馆：缩微中心，重庆

00O024074
巴县乡土志：二卷 / (清)巴东劝学所编
清光绪三十三年(1907)铅印本
1995年摄制. -- 1盘卷片(3.3米40拍)：
1:10, 2B；35mm银盐
收藏馆：缩微中心，湖北

00O009593
[同治]重修酆都县志：四卷首一卷 / (清)田秀栗,(清)徐濬镛修；(清)徐昌绪纂
清同治八年(1869)刻本
1989年摄制. -- 1盘卷片(13米267拍)：
1:11, 2B；35mm银盐
收藏馆：缩微中心，重庆

00O009761
[光绪]酆都县志：四卷首一卷 / (清)田秀栗,(清)徐濬镛修；(清)徐昌绪纂；(清)蒋履泰增纂
清光绪十九年(1893)刻本
1989年摄制. -- 1盘卷片(21.1米456拍)：
1:10, 2B；35mm银盐
收藏馆：缩微中心，重庆

00O013320
[道光]城口厅志：二十卷首一卷 / (清)刘绍文修；(清)洪锡纂
清道光二十四年(1844)刻本
1991年摄制. -- 1盘卷片(27.4米603拍)：
1:11, 2B；35mm银盐
收藏馆：缩微中心，重庆

00O009768
[嘉庆]梁山县志：十八卷首一卷 / (清)符永培纂修
清嘉庆十三年(1808)刻本
1989年摄制. -- 2盘卷片(34.9米744拍)：
1:9, 2B；35mm银盐
收藏馆：缩微中心，重庆

00O009597
[光绪]梁山县志：十卷首一卷 / (清)朱言诗[等]纂修
清光绪二十年(1894)刻本
1989年摄制. -- 2盘卷片(40.1米862拍)：
1:11, 2B；35mm银盐
收藏馆：缩微中心，重庆

00O009782
[咸丰]开县志：二十七卷首一卷 / (清)朱肇奎[等]修；(清)陈昆[等]纂
清咸丰三年(1853)刻本
1989年摄制. -- 1盘卷片(20.9米450拍)：
1:10, 2B；35mm银盐
收藏馆：缩微中心，重庆

00O009608
[光绪]大宁县志：八卷首一卷 / (清)高维岳修；(清)魏远猷[等]纂
清光绪十一年(1885)刻本
1989年摄制. -- 1盘卷片(24.8米544拍)：
1:9, 2B；35mm银盐
收藏馆：缩微中心，重庆

00O009785
[光绪]巫山县志：三十二卷首一卷 / (清)连山[等]修；(清)李友梁[等]纂
清光绪十九年(1893)刻本
1989年摄制. -- 1盘卷片(30.3米670拍)：
1:9, 2B；35mm银盐
收藏馆：缩微中心，重庆

00O009602
[光绪]奉节县志：三十六卷首一卷 / (清)曾秀翘修；(清)杨德坤[等]纂
清光绪十九年(1893)刻本
1989年摄制. -- 1盘卷片(28.3米623拍)：
1:9, 2B；35mm银盐
收藏馆：缩微中心，重庆

00O030764
[乾隆]夔州府志：十卷 / (清)崔邑俊修；(清)杨崇[等]纂
清乾隆十二年(1747)刻本. -- 记事止：清乾隆十二年(1747)。
2003年摄制. -- 2盘卷片(46米965拍)：
1:10, 2B；35mm银盐
收藏馆：缩微中心，南京

00O030675
[道光]夔州府志：三十六卷首一卷 / (清)恩成修；(清)刘德铨纂
清道光七年(1827)刻光绪十七年(1891)重修本. -- 记事止：清道光六年(1826)。
2002年摄制. -- 4盘卷片(102米2111拍)：
1:10, 2B；35mm银盐
收藏馆：缩微中心，南京

00O009771
[同治]增修万县志：三十六卷首一卷附典礼备考八卷 / (清)王玉鲸[等]修；(清)范泰衡[等]纂

清同治五年(1866)刻本
1989年摄制. -- 2盘卷片(38.3米823拍) ：
1:9, 2B ; 35mm银盐
收藏馆：缩微中心，重庆

000O009590
[咸丰]云阳县志：十二卷 / (清)江锡麟修；(清)陈
崑纂
清咸丰四年(1854)刻本
1989年摄制. -- 2盘卷片(44.9米975拍) ：
1:9, 2B ; 35mm银盐
收藏馆：缩微中心，重庆

000O009428
[道光]忠州直隶州志：八卷首一卷 / (清)吴友篪
修；(清)熊履青纂
清道光六年(1826)刻本
1989年摄制. -- 2盘卷片(36.3米775拍) ：
1:9, 2B ; 35mm银盐
收藏馆：缩微中心，重庆

000O009594
[同治]忠州直隶州志：十二卷首一卷 / (清)侯若
源,(清)庆征修；(清)柳福培纂
清同治十二年(1873)刻本
1989年摄制. -- 1盘卷片(31.2米687拍) ：
1:9, 2B ; 35mm银盐
收藏馆：缩微中心，重庆

000O009606
[道光]补辑石砫厅新志：十二卷 / (清)王槐龄纂
修
清道光二十三年(1843)刻本
1989年摄制. -- 1盘卷片(12.4米253拍) ：
1:10, 2B ; 35mm银盐
收藏馆：缩微中心，重庆

000O009605
[光绪]彭水县志：四卷首一卷 / (清)庄定域修；
(清)支承祜[等]纂
清光绪元年(1875)刻本
1989年摄制. -- 1盘卷片(14.5米303拍) ：
1:10, 2B ; 35mm银盐
收藏馆：缩微中心，重庆

000O013307
[同治]增修酉阳直隶州总志：二十二卷首一卷末
一卷 / (清)王鳞飞[等]修；(清)冯世瀛,(清)冉崇
文纂
清同治二年(1863)刻本
1991年摄制. -- 3盘卷片(71.2米1555拍) ：
1:9, 2B ; 35mm银盐
收藏馆：缩微中心，重庆

000O030754
[光绪]秀山县志：十四卷首一卷 / (清)王寿松修；
(清)李稽勋纂
清光绪十八年(1892)刻本. -- 记事止：清光
绪十八年(1892)。勿惰题跋。
2003年摄制. -- 1盘卷片(17米333拍) ：
1:10, 2B ; 35mm银盐
收藏馆：缩微中心，南京

000O030746
[光绪]秀山县志：十四卷首一卷 / (清)王寿松修；
(清)李稽勋纂
清光绪十八年(1892)刻本. -- 记事止：清光
绪十八年(1892)。佚名跋。
2003年摄制. -- 1盘卷片(17米352拍) ：
1:10, 2B ; 35mm银盐
收藏馆：缩微中心，南京

000O009604
[光绪]秀山县志：十四卷首一卷 / (清)王寿松修；
(清)李稽勋纂
清光绪十八年(1892)刻本
1989年摄制. -- 1盘卷片(15.7米331拍) ：
1:10, 2B ; 35mm银盐
收藏馆：缩微中心，重庆

000O022244
[嘉靖]四川总志：八十卷 / (明)刘大谟修；(明)杨
慎[等]纂
明嘉靖(1522-1566)刻本
1995年摄制. -- 3盘卷片(76米1532拍) ：
1:10, 2B ; 35mm银盐
收藏馆：缩微中心，国图

000O013302
[康熙]四川总志：三十六卷 / (清)蔡毓荣[等]修；
(清)钱受祺[等]纂
清康熙十二年(1673)刻本
1991年摄制. -- 5盘卷片(130.4米2860拍) ：
1:10, 2B ; 35mm银盐
收藏馆：缩微中心，重庆

000O021492
[雍正]四川通志：四十五卷首一卷 / (清)黄廷桂
[等]修；(清)张晋生[等]纂
清雍正十三年(1735)刻本. -- 存四十八卷：
卷一至卷二十一、卷二十二下至卷四十七，首
一卷。
1995年摄制. -- 6盘卷片(167米3569拍) ：
1:10, 2B ; 35mm银盐
收藏馆：缩微中心，国图

000O030442
[雍正]四川通志：四十七卷首一卷 / (清)黄廷桂
[等]修；(清)张晋生[等]纂
清乾隆元年(1736)刻本． -- 记事止：清雍正
十二年(1734)。
2002年摄制． -- 7盘卷片(193米3917拍)：
1:10，2B；35mm银盐
收藏馆：缩微中心，南京

000O011797
蜀典：十二卷 / (清)张澍撰
清道光十四年(1834)刻本
1989年摄制． -- 1盘卷片(18米367拍)：
1:10，2B；35mm银盐
收藏馆：缩微中心，四川

000O030757
蜀典：十二卷 / (清)张澍撰
清光绪二年(1876)尊经书院刻本． -- 记事
止：清嘉庆十九年(1814)。
2003年摄制． -- 1盘卷片(18米358拍)：
1:10，2B；35mm银盐
收藏馆：缩微中心，南京

000O030661
[嘉庆]成都县志：六卷首一卷 / (清)王泰云[等]
修；(清)衷以埙[等]纂
清嘉庆二十一年(1816)刻本． -- 记事止：清
嘉庆二十一年(1816)。
2002年摄制． -- 1盘卷片(29米610拍)：
1:10，2B；35mm银盐
收藏馆：缩微中心，南京

000O030518
[同治]重修成都县志：十六卷首一卷 / (清)李玉
宣[等]修；(清)衷兴鉴纂
清同治十二年(1873)刻本． -- 记事止：清同
治十一年(1872)。
2002年摄制． -- 3盘卷片(78米1582拍)：
1:10，2B；35mm银盐
收藏馆：缩微中心，南京

000O011609
成都通览：不分卷 / (清)傅崇榘编
清宣统元年(1909)成都通俗报社石印本
1989年摄制． -- 1盘卷片(25米497拍)：
1:10，2B；35mm银盐
收藏馆：缩微中心，四川

000O030530
[道光]新都县志：十八卷首一卷图二卷 / (清)张
奉书修；(清)张怀洵纂
清道光二十四年(1844)刻本． -- 记事止：清

道光二十四年(1844)。尊经阁藏版。
2002年摄制． -- 2盘卷片(43米995拍)：
1:10，2B；35mm银盐
收藏馆：缩微中心，南京

000O030527
[道光]新都县志：十八卷首一卷图一卷 / (清)张
奉书修；(清)张怀洵纂
清道光二十四年(1844)刻本． -- 记事止：清
道光二十四年(1844)。
2002年摄制． -- 2盘卷片(44米886拍)：
1:10，2B；35mm银盐
收藏馆：缩微中心，南京

000O011263
新都县乡土志：□□卷 / (清)张治新纂修
清末(1851-1911)抄本
1989年摄制． -- 1盘卷片(7米89拍)：1:10，
2B；35mm银盐
收藏馆：缩微中心，四川

000O030552
[嘉庆]新繁县志：四十三卷首一卷 / (清)顾德昌
[等]修；(清)张粹德[等]纂
清嘉庆十九年(1814)刻本． -- 记事止：清嘉
庆十九年(1814)。
2002年摄制． -- 1盘卷片(19米363拍)：
1:10，2B；35mm银盐
收藏馆：缩微中心，南京

000O030549
[同治]新繁县志：十六卷首一卷 / (清)李应观修；
(清)杨益豫[等]纂
清同治十二年(1873)刻本． -- 记事止：清同
治十二年(1873)。
2002年摄制． -- 1盘卷片(30米636拍)：
1:10，2B；35mm银盐
收藏馆：缩微中心，南京

000O030779
[同治]新繁县志：十六卷首一卷 / (清)李应观修；
(清)杨益豫[等]纂
清同治十二年(1873)刻本． -- 记事止：清同
治十二年(1873)。
2003年摄制． -- 1盘卷片(30米636拍)：
1:10，2B；35mm银盐
收藏馆：缩微中心，南京

000O030446
新繁县乡土志：十卷首一卷 / (清)余慎修；(清)
陈彦升纂
清光绪三十三年(1907)铅印本． -- 记事止：
清光绪三十一年(1905)。冯雄批校。

2002年摄制. -- 1盘卷片(11米200拍)：
1:10, 2B ; 35mm银盐
收藏馆：缩微中心，南京

000O030520
新繁县乡土志：十卷首一卷 / (清)余慎修；(清)陈彦升纂
清光绪三十三年(1907)铅印本. -- 记事止：
清光绪三十一年(1905)。存六卷：卷一至卷五，首一卷。
2002年摄制. -- 1盘卷片(7米110拍) : 1:10,
2B ; 35mm银盐
收藏馆：缩微中心，南京

000O030526
[嘉庆]温江县志：三十六卷首一卷 / (清)李绍祖修；(清)徐文贲[等]纂
清嘉庆二十年(1815)刻本. -- 记事止：清嘉庆二十年(1815)。
2002年摄制. -- 1盘卷片(20米412拍) :
1:10, 2B ; 35mm银盐
收藏馆：缩微中心，南京

000O030451
[嘉庆]崇庆州志：十卷首一卷 / (清)丁荣表[等]修；(清)卫道凝[等]纂
清嘉庆十八年(1813)刻本. -- 记事止：清嘉庆十八年(1813)。
2002年摄制. -- 1盘卷片(15米295拍) :
1:10, 2B ; 35mm银盐
收藏馆：缩微中心，南京

000O030762
[光绪]增修崇庆州志：十二卷首一卷 / (清)沈恩培修；(清)胡麟[等]纂
清光绪三年(1877)刻光绪十年(1884)增修本. -- 记事止：清光绪八年(1882)。
2003年摄制. -- 2盘卷片(36米733拍) :
1:10, 2B ; 35mm银盐
收藏馆：缩微中心，南京

000O030531
[嘉庆]邛州直隶州志：四十六卷首一卷 / (清)吴巩[等]修；(清)王来遴纂
清嘉庆二十三年(1818)刻光绪十九年(1893)印本. -- 记事止：清嘉庆二十三年(1818)。
(清)硕卿跋。
2002年摄制. -- 2盘卷片(47米974拍) :
1:10, 2B ; 35mm银盐
收藏馆：缩微中心，南京

000O029746
灌县志：十二卷首一卷 / (清)孙天宁纂修

清乾隆五十一年(1786)刻本. -- 记事止：清乾隆五十年(1785)，见卷二第十七页公署。卷之首序第一页至第三页前半页系抄配。
2000年摄制. -- 1盘卷片(18米383拍) :
1:10, 2B ; 35mm银盐
收藏馆：缩微中心，重庆

000O011201
[光绪]增修灌县志：十四卷首一卷 / (清)庄思恒修；(清)郑珶山纂
清光绪十二年(1886)刻本
1989年摄制. -- 2盘卷片(46米911拍) :
1:10, 2B ; 35mm银盐
收藏馆：缩微中心，四川

000O029717
[光绪]增修灌县志：十四卷首一卷 / (清)庄思恒修；(清)郑珶山纂
清光绪十二年(1886)刻光绪二十七年(1901)补刻本. -- 记事止：清光绪十二年(1886)，见卷五职官志第五页题名同知。该志扉页题板存学署。
2000年摄制. -- 2盘卷片(43米909拍) :
1:10, 2B ; 35mm银盐
收藏馆：缩微中心，重庆

000O030676
[嘉庆]彭县志：四十二卷图一卷补遗一卷 / (清)王钟钫纂修
清嘉庆(1796-1820)刻本. -- 记事止：清嘉庆二十二年(1817)。
2002年摄制. -- 1盘卷片(17米380拍) :
1:10, 2B ; 35mm银盐
收藏馆：缩微中心，南京

000O030548
[光绪]重修彭县志：十三卷首一卷末一卷附补遗一卷 / (清)张龙甲修；(清)吕调阳纂
清光绪六年(1880)刻本. -- 记事止：清光绪六年(1880)。
2002年摄制. -- 1盘卷片(30米640拍) :
1:10, 2B ; 35mm银盐
收藏馆：缩微中心，南京

000O030453
[嘉庆]金堂县志：九卷首一卷末一卷 / (清)谢惟杰[等]纂修
清嘉庆十六年(1811)刻本. -- 记事止：清嘉庆十五年(1810)。
2002年摄制. -- 1盘卷片(30米609拍) :
1:10, 2B ; 35mm银盐
收藏馆：缩微中心，南京

00O030454
[嘉庆]金堂县志：九卷首一卷末一卷 / (清)谢惟杰[等]纂修
清嘉庆十六年(1811)刻道光二十四年(1844)重修本. -- 记事止：清嘉庆十五年(1810)。
2002年摄制. -- 1盘卷片(30米602拍) : 1:10, 2B ; 35mm银盐
收藏馆：缩微中心，南京

00O030441
[同治]续修金堂县志：八卷首一卷末一卷 / (清)徐璞玉纂修
清同治六年(1867)刻本. -- 记事止：清同治五年(1866)。
2002年摄制. -- 1盘卷片(9米195拍) : 1:10, 2B ; 35mm银盐
收藏馆：缩微中心，南京

00O030775
[嘉庆]双流县志：四卷首一卷 / (清)汪士侃纂修
清嘉庆十九年(1814)刻本. -- 记事止：清嘉庆十七年(1812)。
2003年摄制. -- 1盘卷片(22米460拍) : 1:10, 2B ; 35mm银盐
收藏馆：缩微中心，南京

00O022588
[光绪]双流县志：四卷首一卷 / (清)彭琬纂修
清光绪三年(1877)刻本
1995年摄制. -- 1盘卷片(28.5米590拍) : 1:10, 2B ; 35mm银盐
收藏馆：缩微中心，湖北

00O030556
[嘉庆]华阳县志：四十四卷首一卷 / (清)董淳[等]修；(清)潘时彤纂
清嘉庆二十一年(1816)刻本. -- 记事止：清嘉庆二十一年(1816)。
2002年摄制. -- 3盘卷片(75米1560拍) : 1:10, 2B ; 35mm银盐
收藏馆：缩微中心，南京

00O030543
[嘉庆]华阳县志：四十四卷首一卷 / (清)董淳[等]修；(清)潘时彤纂
清嘉庆二十一年(1816)刻光绪十八年(1892)重修本. -- 记事止：清嘉庆二十一年(1816)。
2002年摄制. -- 3盘卷片(75米1565拍) : 1:10, 2B ; 35mm银盐
收藏馆：缩微中心，南京

00O011259
郫书：六卷 / (清)孙锟纂修
清道光二十七年(1847)刻本
1989年摄制. -- 1盘卷片(9米157拍) : 1:10, 2B ; 35mm银盐
收藏馆：缩微中心，四川

00O030529
[同治]郫县志：四十四卷首一卷 / (清)陈庆熙修；(清)高升之纂
清同治九年(1870)刻本. -- 记事止：清同治九年(1870)。
2002年摄制. -- 1盘卷片(31米669拍) : 1:10, 2B ; 35mm银盐
收藏馆：缩微中心，南京

00O030784
[同治]郫县志：四十四卷首一卷 / (清)陈庆熙修；(清)高升之纂
清同治九年(1870)刻本. -- 记事止：清同治九年(1870)。
2003年摄制. -- 1盘卷片(32米570拍) : 1:10, 2B ; 35mm银盐
收藏馆：缩微中心，南京

00O030513
郫县乡土志：不分卷 / (清)黄德润修；(清)姜士谔纂
清光绪三十四年(1908)铅印本. -- 记事止：清光绪三十三年(1907)。袁世英增补。
2002年摄制. -- 1盘卷片(4米52拍) : 1:10, 2B ; 35mm银盐
收藏馆：缩微中心，南京

00O030457
[嘉庆]崇宁县志：四卷 / (清)刘坛纂修
清嘉庆二十二年(1817)刻本. -- 记事止：清嘉庆二十二年(1817)。
2002年摄制. -- 1盘卷片(11米244拍) : 1:10, 2B ; 35mm银盐
收藏馆：缩微中心，南京

00O030481
[乾隆]大邑县志：四卷 / (清)宋载纂修
清乾隆(1736-1795)刻本
2002年摄制. -- 1盘卷片(17米324拍) : 1:10, 2B ; 35mm银盐
收藏馆：缩微中心，四川

00O031526
[乾隆]大邑县志：四卷 / (清)宋载纂修
清乾隆(1736-1795)刻本
2004年摄制. -- 1盘卷片(12米207拍) : 1:10, 2B ; 35mm银盐
收藏馆：缩微中心，四川

00O011206
[同治]大邑县志：二十卷 / (清)赵霖[等]纂修
清同治六年(1867)刻本
1989年摄制. -- 1盘卷片(32米641拍)：
1:10，2B；35mm银盐
收藏馆：缩微中心，四川

00O030780
[同治]大邑县志：二十卷 / (清)赵霖纂修；(清)林嘉澍[等]增纂修
清同治七年(1868)刻光绪二年(1876)增修本. -- 记事止：清光绪二年(1876)。
2003年摄制. -- 1盘卷片(32米653拍)：
1:10，2B；35mm银盐
收藏馆：缩微中心，南京

00O009603
[乾隆]蒲江县志：四卷 / (清)纪曾荫修；(清)黎攀桂,(清)马道亨纂
清乾隆四十九年(1784)刻本
1989年摄制. -- 1盘卷片(13.3米275拍)：
1:10，2B；35mm银盐
收藏馆：缩微中心，重庆

00O029713
蒲江县志：五卷首一卷 / (清)孙清士修；(清)解璜重纂修
清光绪四年(1878)刻本. -- 记事止：清光绪四年(1878)，见卷二第十九页官师。扉页题：板存文昌宫。
2000年摄制. -- 1盘卷片(19米412拍)：
1:10，2B；35mm银盐
收藏馆：缩微中心，重庆

00O022583
[道光]新津县志：四十卷首一卷 / (清)王梦庚原稿；(清)童宗沛纂
清道光十九年(1839)增刻本
1995年摄制. -- 1盘卷片(31.5米650拍)：
1:10，2B；35mm银盐
收藏馆：缩微中心，湖北

00O030444
新津县乡土志：二卷 / (清)禄勋撰
清宣统元年(1909)铅印本. -- 记事止：清宣统元年(1909)。
2002年摄制. -- 1盘卷片(5米69拍)：1:10，
2B；35mm银盐
收藏馆：缩微中心，南京

00O030748
[乾隆]四川保宁府广元县志：十三卷首一卷 /
(清)张赓谟纂修

清乾隆二十二年(1757)刻本. -- 记事止：清乾隆二十一年(1756)。
2003年摄制. -- 1盘卷片(16米318拍)：
1:10，2B；35mm银盐
收藏馆：缩微中心，南京

00O030535
[道光]重修昭化县志：四十八卷图一卷 / (清)张绍龄纂修；(清)曾寅光增修
清道光二十六年(1846)刻同治三年(1864)增修本. -- 记事止：清同治三年(1864)。
2002年摄制. -- 1盘卷片(18米350拍)：
1:10，2B；35mm银盐
收藏馆：缩微中心，南京

00O029612
剑州志：二十四卷首一卷 / (清)李梅宾修；(清)杨端纂
清雍正五年(1727)刻本. -- 记事止：清雍正二年(1724)。
2000年摄制. -- 1盘卷片(15米312拍)：
1:10，2B；35mm银盐
收藏馆：缩微中心，甘肃

00O030771
[同治]剑州志：十卷图一卷 / (清)李溶[等]修；(清)李榕纂
清同治十二年(1873)刻本. -- 记事止：清同治十一年(1872)。
2003年摄制. -- 1盘卷片(13米248拍)：
1:10，2B；35mm银盐
收藏馆：缩微中心，南京

00O021391
[乾隆]苍溪县志：四卷 / (清)丁映奎纂修
清乾隆四十八年(1783)刻本
1995年摄制. -- 1盘卷片(14米274拍)：
1:10，2B；35mm银盐
收藏馆：缩微中心，甘肃

00O030539
[道光]龙安府志：十卷 / (清)邓存咏[等]纂修
清道光二十一年(1841)刻本. -- 记事止：清道光二十一年(1841)。
2002年摄制. -- 2盘卷片(44米902拍)：
1:10，2B；35mm银盐
收藏馆：缩微中心，南京

00O030772
[道光]龙安府志：十卷 / (清)邓存咏[等]纂修
清道光二十一年(1841)刻道光二十二年(1842)增修本. -- 记事止：清道光二十二年(1842)。

2003年摄制． -- 2盘卷片（45米908拍）：
1:10，2B ；35mm银盐
收藏馆：缩微中心，南京

00O022594
[道光]龙安府志：十卷 / (清)邓存咏[等]纂修
清道光二十二年(1842)刻咸丰八年(1858)补刻
本
1995年摄制． -- 2盘卷片（46米920拍）：
1:10，2B ；35mm银盐
收藏馆：缩微中心，湖北

00O013318
[乾隆]直隶绵州志：十九卷 / (清)屠用谦修；(清)
何雄齐[等]纂
清乾隆元年(1736)刻本
1991年摄制． -- 1盘卷片（22.4米487拍）：
1:9，2B ；35mm银盐
收藏馆：缩微中心，重庆

00O011610
[嘉庆]直隶绵州志：五十四卷 / (清)李在文[等]
修；(清)潘相[等]纂
清嘉庆十九年(1814)刻本． -- 修者还有：
(清)范绍泗等。
1989年摄制． -- 3盘卷片（62米1233拍）：
1:10，2B ；35mm银盐
收藏馆：缩微中心，四川

00O011211
[同治]直隶绵州志：五十五卷 / (清)文棨,(清)董
贻清修；(清)伍肇龄[等]纂
清同治十二年(1873)刻本
1989年摄制． -- 4盘卷片（92米1843拍）：
1:10，2B ；35mm银盐
收藏馆：缩微中心，四川

00O010402
[乾隆]江油县志：二卷 / (清)瞿缉曾纂修
清乾隆二十六年(1761)刻本
1989年摄制． -- 1盘卷片（9米148拍） ：1:10,
2B ；35mm银盐
收藏馆：缩微中心，四川

00O030750
[道光]江油县志：四卷首一卷 / (清)桂星纂修
清道光二十年(1840)刻本． -- 记事止：清道
光二十年(1840)。
2003年摄制． -- 1盘卷片（20米409拍）：
1:10，2B ；35mm银盐
收藏馆：缩微中心，南京

00O030534
[光绪]江油县志：二十四卷图一卷 / (清)武丕文
修；(清)欧培槐纂
清光绪二十九年(1903)刻本． -- 记事止：清
光绪二十九年(1903)。
2002年摄制． -- 1盘卷片（25米530拍）：
1:10，2B ；35mm银盐
收藏馆：缩微中心，南京

00O030525
[同治]彰明县志：五十七卷首二卷 / (清)韩树屏
[等]修；(清)李朝栋[等]纂
清同治十三年(1874)刻本． -- 记事止：清同
治十三年(1874)。
2002年摄制． -- 2盘卷片（41米821拍）：
1:10，2B ；35mm银盐
收藏馆：缩微中心，南京

00O011212
彰明县乡土志稿：二卷 / (清)杨光炯编
清光绪三十二年(1906)抄本
1989年摄制． -- 1盘卷片（13米233拍）：
1:10，2B ；35mm银盐
收藏馆：缩微中心，四川

00O012281
[乾隆]潼川府志：十二卷首一卷 / (清)张松孙
[等]纂修
清乾隆五十年(1785)刻本． -- 纂修者还有：
(清)李芳谷等。
1990年摄制． -- 2盘卷片（43米864拍）：
1:10，2B ；35mm银盐
收藏馆：缩微中心，四川

00O030677
[光绪]新修潼川府志：三十卷 / (清)阿麟修；(清)
王龙勋纂
清光绪二十三年(1897)刻本． -- 记事止：清
光绪二十三年(1897)。"新修潼川府志"定为
三十卷，依据以目录及版芯正文等处为准，参
照全书内容而定，未以封面题签为据(南京龚
洁荣)。
2002年摄制． -- 3盘卷片（88米1830拍）：
1:10，2B ；35mm银盐
收藏馆：缩微中心，南京

00O030667
[嘉庆]三台县志：八卷 / (清)沈昭兴纂修
清嘉庆二十年(1815)刻本． -- 记事止：清嘉
庆十八年(1813)。
2002年摄制． -- 1盘卷片（28米590拍）：
1:10，2B ；35mm银盐
收藏馆：缩微中心，南京

000O030679
[乾隆]盐亭县志：八卷首一卷 / (清)张松孙修；
(清)胡光琦[等]纂
清乾隆五十一年(1786)刻本. -- 记事止：清
乾隆五十一年(1786)。
2002年摄制. -- 1盘卷片(19米388拍) ：
1:10, 2B ; 35mm银盐
收藏馆：缩微中心，南京

000O030785
[乾隆]盐亭县志：八卷首一卷 / (清)张松孙修；
(清)胡光琦[等]纂
清乾隆五十一年(1786)刻本. -- 记事止：清
乾隆五十一年(1786)。
2003年摄制. -- 1盘卷片(19米388拍) ：
1:10, 2B ; 35mm银盐
收藏馆：缩微中心，南京

000O030562
[光绪]盐亭县志续编：四卷首一卷 / (清)邢锡晋
修；(清)胥静山,(清)赵宗藩纂
清光绪八年(1882)刻本. -- 记事止：清光绪
八年(1882)，见卷二第三十一页。
2002年摄制. -- 1盘卷片(10米207拍) ：
1:10, 2B ; 35mm银盐
收藏馆：缩微中心，北碚

000O011214
盐亭乡土志：□□卷
清末(1851-1911)抄本
1989年摄制. -- 1盘卷片(5米66拍) ： 1:10,
2B ; 35mm银盐
收藏馆：缩微中心，四川

000O011802
[嘉庆]安县志：三十卷首一卷 / (清)杨英灿[等]
纂修
清嘉庆十七年(1812)刻本
1990年摄制. -- 1盘卷片(16米311拍) ：
1:10, 2B ; 35mm银盐
收藏馆：缩微中心，四川

000O029589
安县志：三十二卷首一卷 / (清)杨英灿[等]纂修
清嘉庆十七年(1812)刻同治三年(1864)增修
本. -- 记事止：清同治三年(1864)，见卷
二十五第十五页选举。
2000年摄制. -- 1盘卷片(20.5米443拍) ：
1:10, 2B ; 35mm银盐
收藏馆：缩微中心，重庆

000O030736
[咸丰]重修梓潼县志：六卷 / (清)张香海修；(清)

杨曦[等]纂
清咸丰八年(1858)刻本. -- 记事止：清咸丰
八年(1858)。
2002年摄制. -- 1盘卷片(21米438拍) ：
1:10, 2B ; 35mm银盐
收藏馆：缩微中心，南京

000O029617
石泉县志：不分卷 / (清)潘瑞奇修；(清)张峻迹
撰
清(1644-1911)抄本. -- 记事止：清康熙
三十八年(1699)。
2000年摄制. -- 1盘卷片(5米72拍) ： 1:10,
2B ; 35mm银盐
收藏馆：缩微中心，陕西

000O030659
[道光]石泉县志：十卷 / (清)赵德林修；(清)张沆
纂
清道光十四年(1834)刻本. -- 记事止：清道
光十二年(1832)。
2002年摄制. -- 1盘卷片(16米358拍) ：
1:10, 2B ; 35mm银盐
收藏馆：缩微中心，南京

000O030768
[嘉庆]德阳县志：五十四卷 / (清)吴经世修；(清)
廖家骕纂
清嘉庆二十年(1815)刻本. -- 记事止：清嘉
庆十九年(1814)。存二十九卷：卷十六至卷
三十七、卷四十八至卷五十四。
2003年摄制. -- 1盘卷片(19米390拍) ：
1:10, 2B ; 35mm银盐
收藏馆：缩微中心，南京

000O022586
[道光]续增德阳县志：十卷 / (清)王升元修；(清)
廖家骕纂
清道光五年(1825)刻本
1995年摄制. -- 1盘卷片(3.7米30拍) ：
1:10, 2B ; 35mm银盐
收藏馆：缩微中心，湖北

000O030765
[道光]德阳县新志：十二卷首一卷末一卷 / (清)
裴显忠修；(清)刘硕辅纂
清道光十六年(1836)刻本. -- 记事止：清道
光十六年(1836)。
2003年摄制. -- 1盘卷片(17米391拍) ：
1:10, 2B ; 35mm银盐
收藏馆：缩微中心，南京

00O011218
[道光]德阳县新志：十二卷首一卷末一卷 / (清)
裴显忠修；(清)刘硕辅纂
清道光十七年(1837)刻本
1989年摄制. -- 1盘卷片(20米386拍) :
1:10, 2B ; 35mm银盐
收藏馆：缩微中心，四川

00O030546
[光绪]德阳县志续编：十卷首一卷末一卷 / (清)
钮传善修；(清)李炳灵[等]纂
清光绪三十一年(1905)刻本. -- 记事止：清
光绪三十年(1904)。
2002年摄制. -- 1盘卷片(13米243拍) :
1:10, 2B ; 35mm银盐
收藏馆：缩微中心，南京

00O009751
[道光]什邡县志：五十四卷 / (清)纪大奎修；(清)
林时春[等]纂
清道光十六年(1836)刻本
1989年摄制. -- 2盘卷片(35.3米752拍) :
1:9, 2B ; 35mm银盐
收藏馆：缩微中心，重庆

00O030508
[同治]续增什邡县志：五十四卷 / (清)傅华桂修；
(清)王玺尊[等]纂
清同治四年(1865)刻本. -- 记事止：清同治
四年(1865)。存五十二卷：卷一至卷三十九、
卷四十一至卷五十二、卷五十四。
2002年摄制. -- 1盘卷片(14米277拍) :
1:10, 2B ; 35mm银盐
收藏馆：缩微中心，南京

00O030747
[嘉庆]汉州志：四十卷首一卷末一卷 / (清)刘长
庚修；(清)侯肇元[等]纂
清嘉庆二十二年(1817)刻道光十三年(1833)增
修本. -- 记事止：清道光十三年(1833)。
2003年摄制. -- 2盘卷片(47米996拍) :
1:10, 2B ; 35mm银盐
收藏馆：缩微中心，南京

00O030790
[嘉庆]汉州志：四十卷首一卷末一卷 / (清)刘长
庚修；(清)侯肇元[等]纂
清嘉庆二十二年(1817)刻道光十三年(1833)增
修本. -- 记事止：清道光十三年(1833)。
2003年摄制. -- 2盘卷片(46米957拍) :
1:10, 2B ; 35mm银盐
收藏馆：缩微中心，南京

00O030740
[同治]续汉州志：二十四卷首一卷补志一卷 /
(清)张超[等]修；(清)曾履中[等]纂
清同治八年(1869)刻本. -- 记事止：清同治
八年(1869)。
2003年摄制. -- 1盘卷片(23米469拍) :
1:10, 2B ; 35mm银盐
收藏馆：缩微中心，南京

00O030742
[同治]续汉州志：二十四卷首一卷补志一卷 /
(清)张超[等]修；(清)曾履中[等]纂
清同治八年(1869)刻后印本. -- 记事止：清
同治八年(1869)。
2003年摄制. -- 1盘卷片(24米458拍) :
1:10, 2B ; 35mm银盐
收藏馆：缩微中心，南京

00O030547
[嘉庆]绵竹县志：四十四卷 / (清)沈瓖修；(清)黄
步青纂
清嘉庆十八年(1813)刻本. -- 记事止：清嘉
庆十七年(1812)。
2002年摄制. -- 1盘卷片(28米594拍) :
1:10, 2B ; 35mm银盐
收藏馆：缩微中心，南京

00O030551
[道光]绵竹县志：四十六卷 / (清)刘庆远修；(清)
沈心如[等]纂
清道光二十九年(1849)刻本. -- 记事止：清
道光二十八年(1848)。
2002年摄制. -- 2盘卷片(42米842拍) :
1:10, 2B ; 35mm银盐
收藏馆：缩微中心，南京

00O030674
绵竹县乡土志：不分卷 / (清)田明理[等]修；(清)
黄尚毅纂
清光绪三十四年(1908)刻本. -- 记事止：清
光绪三十四年(1908)。
2002年摄制. -- 1盘卷片(6米103拍) : 1:10,
2B ; 35mm银盐
收藏馆：缩微中心，南京

00O030741
[嘉庆]罗江县志：十卷 / (清)李调元撰
清嘉庆七年(1802)刻本. -- 记事止：清嘉庆
七年(1802)。
2003年摄制. -- 1盘卷片(9米159拍) : 1:10,
2B ; 35mm银盐
收藏馆：缩微中心，南京

00O030559

[嘉庆]罗江县志：三十六卷 / (清)李桂林纂修

清嘉庆二十年(1815)刻本. -- 记事止：清嘉庆十九年(1814)。

2002年摄制. -- 1盘卷片(17米360拍)：1:10, 2B；35mm银盐

收藏馆：缩微中心，南京

00O021495

[康熙]中江县志：五卷 / (清)李维翰修；(清)王一贞纂

清康熙五十四年(1715)刻本

1995年摄制. -- 1盘卷片(16米318拍)：1:10, 2B；35mm银盐

收藏馆：缩微中心，国图

00O030731

[道光]中江县新志：八卷首一卷 / (清)杨霈修；(清)李福源纂

清道光十九年(1839)刻本. -- 记事止：清道光十九年(1839)。

2003年摄制. -- 1盘卷片(25米521拍)：1:10, 2B；35mm银盐

收藏馆：缩微中心，南京

00O030739

[同治]中江县志补遗：一卷续编一卷 / (清)李星根纂

清同治五年(1866)刻本. -- 记事止：清同治三年(1864)。尊经阁藏版。

2003年摄制. -- 1盘卷片(7米91拍)：1:10, 2B；35mm银盐

收藏馆：缩微中心，南京

00O012285

[康熙]顺庆府志：十卷增续一卷 / (清)李成林修；(清)罗承顺[等]纂

清康熙二十五年(1686)刻康熙四十六年(1707)袁定远增补刻嘉庆十二年(1807)黄铣续补刻本

1990年摄制. -- 2盘卷片(50米793拍)：1:10, 2B；35mm银盐

收藏馆：缩微中心，四川

00O013306

[道光]保宁府志：六十二卷图考一卷补遗一卷 / (清)黎学锦[等]修；(清)史观[等]纂

清道光元年(1821)刻本

1991年摄制. -- 2盘卷片(60米1328拍)：1:11, 2B；35mm银盐

收藏馆：缩微中心，重庆

00O030519

[道光]保宁府志：六十二卷图考一卷 / (清)徐双桂修；(清)史观纂；(清)徐宗干增纂修

清道光元年(1821)刻道光二十三年(1843)增修本. -- 记事止：清道光元年(1821)。

2002年摄制. -- 2盘卷片(62米1318拍)：1:10, 2B；35mm银盐

收藏馆：缩微中心，南京

00O030517

[咸丰]南充县志：八卷图一卷 / (清)袁凤孙修；(清)陈榕[等]纂；(清)洪璋增修

清嘉庆十八年(1813)刻咸丰七年(1857)增修本. -- 记事止：清咸丰七年(1857)。

2002年摄制. -- 1盘卷片(26米519拍)：1:10, 2B；35mm银盐

收藏馆：缩微中心，南京

00O030752

[咸丰]阆中县志：八卷图一卷 / (清)徐继镛修；(清)李惺纂

清咸丰元年(1851)刻重修本. -- 记事止：清咸丰元年(1851)。

2003年摄制. -- 1盘卷片(19米375拍)：1:10, 2B；35mm银盐

收藏馆：缩微中心，南京

00O009598

[咸丰]阆中县志：八卷 / (清)徐继镛修；(清)李惺[等]纂

清咸丰元年(1851)刻本

1989年摄制. -- 1盘卷片(18.3米390拍)：1:9, 2B；35mm银盐

收藏馆：缩微中心，重庆

00O030774

[道光]南部县志：三十卷首一卷图一卷 / (清)李澍[等]修；(清)徐畅达[等]纂

清道光二十九年(1849)刻本. -- 记事止：清道光二十九年(1849)。

2003年摄制. -- 2盘卷片(37米740拍)：1:10, 2B；35mm银盐

收藏馆：缩微中心，南京

00O029748

[道光]南部县志：三十卷首一卷 / (清)王瑞庆[等]纂修

清道光二十九年(1849)刻同治九年(1870)承绥李咸若增刻本. -- 记事止：清同治九年(1870)，见卷十一第十四页官题名。

2000年摄制. -- 2盘卷片(39米826拍)：1:10, 2B；35mm银盐

收藏馆：缩微中心，重庆

000O014499

营山县志：八卷 / (明)王廷稷修；(明)李彭年[等]纂
明(1368-1644)抄本
1992年摄制. -- 1盘卷片(11米211拍)：
1:10, 2B；35mm银盐
收藏馆：缩微中心，重庆

000O030510

[同治]营山县志：三十卷 / (清)翁道均修；(清)熊毓藩纂；(清)刘域[等]增修
清同治九年(1870)刻光绪十五年(1889)增修本. -- 记事止：清光绪十五年(1889)。最后十四页版芯误刻"卷二十九"，实为卷二十八"艺文志·文"的补遗。
2002年摄制. -- 2盘卷片(36米699拍)：
1:10, 2B；35mm银盐
收藏馆：缩微中心，南京

000O013303

[道光]蓬州志略：十卷 / (清)洪运开修；(清)王玑纂
清道光十年(1830)刻本
1991年摄制. -- 1盘卷片(13米268拍)：1:9,
2B；35mm银盐
收藏馆：缩微中心，重庆

000O009611

[光绪]蓬州志：十五卷 / (清)方旭修；(清)张礼杰[等]纂
清光绪二十三年(1897)刻本
1989年摄制. -- 1盘卷片(11.2米226拍)：
1:9, 2B；35mm银盐
收藏馆：缩微中心，重庆

000O024064

[同治]仪陇县志：六卷 / (清)曹绍樾,(清)胡晋熙修；(清)胡辑瑞纂
清同治十年(1871)刻本
1995年摄制. -- 1盘卷片(20米390拍)：
1:10, 2B；35mm银盐
收藏馆：缩微中心，湖北

000O009757

[康熙]西充县志：十二卷 / (清)李棠[等]修；(清)李昭治纂
清康熙六十一年(1722)刻本
1989年摄制. -- 1盘卷片(11.4米231拍)：
1:10, 2B；35mm银盐
收藏馆：缩微中心，重庆

000O030669

[光绪]西充县志：十四卷图一卷 / (清)高培谷修；

(清)刘藻纂
清光绪二年(1876)刻本. -- 记事止：清光绪二年(1876)。
2002年摄制. -- 1盘卷片(25米528拍)：
1:10, 2B；35mm银盐
收藏馆：缩微中心，南京

000O012908

[光绪]西充县志：十四卷图一卷 / (清)高培谷修；(清)刘藻纂
清光绪二年(1876)刻本
1989年摄制. -- 1盘卷片(22.5米490拍)：
1:9, 2B；35mm银盐
收藏馆：缩微中心，重庆

000O009592

[光绪]岳池县志：二十卷首一卷 / (清)何其泰[等]修；(清)吴新德纂
清光绪元年(1875)刻本
1989年摄制. -- 2盘卷片(41.9米909拍)：
1:11, 2B；35mm银盐
收藏馆：缩微中心，重庆

000O030537

[嘉庆]定远县志：三十五卷 / (清)沈远标[等]修；(清)何苏[等]纂
新华书店古旧部泰州抄本. -- 记事止：清嘉庆十九年(1814)。
2002年摄制. -- 1盘卷片(17米328拍)：
1:10, 2B；35mm银盐
收藏馆：缩微中心，南京

000O030672

[道光]续修定远县志：二卷 / (清)张嗣鸿纂修
新华书店古旧部泰州抄本. -- 记事止：清道光二十三年(1843)。
2002年摄制. -- 1盘卷片(6米70拍)：1:10,
2B；35mm银盐
收藏馆：缩微中心，南京

000O013322

[道光]续修定远县志：二卷 / (清)张嗣鸿纂修
清道光二十二年(1842)抄本
1991年摄制. -- 1盘卷片(4.6米73拍)：
1:10, 2B；35mm银盐
收藏馆：缩微中心，重庆

000O030681

[同治]续修定远县志：二卷 / (清)蒋宝清修；(清)谭蕴珍纂
新华书店古旧部泰州抄本. -- 记事止：清同治二年(1863)。
2002年摄制. -- 1盘卷片(6米70拍)：1:10,

2B ；35mm银盐
收藏馆：缩微中心，南京

00O013324
[同治]续修定远县志：二卷 / (清)李玉宣纂修
清同治元年(1862)抄本
1991年摄制. -- 1盘卷片(4.6米71拍)：
1:10，2B ；35mm银盐
收藏馆：缩微中心，重庆

00O009624
[光绪]定远县志：六卷 / (清)姜由范[等]修；(清)
王镛[等]纂
清光绪元年(1875)刻本
1989年摄制. -- 1盘卷片(25.7米560拍)：
1:9，2B ；35mm银盐
收藏馆：缩微中心，重庆

00O009766
[道光]邻水县志：六卷首一卷 / (清)曾灿奎,(清)
刘光第修；(清)甘家斌[等]纂
清道光十五年(1835)刻本
1989年摄制. -- 1盘卷片(26.1米571拍)：
1:9，2B ；35mm银盐
收藏馆：缩微中心，重庆

00O011801
[乾隆]遂宁县志：十二卷首一卷 / (清)张松
孙,(清)李培峘,(清)寇赉言纂修
清乾隆五十二年(1787)刻本
1990年摄制. -- 2盘卷片(39米776拍)：
1:10，2B ；35mm银盐
收藏馆：缩微中心，四川

00O011216
[光绪]遂宁县志：六卷首一卷 / (清)孙海[等]纂
修
清光绪五年(1879)刻本. -- 纂修者还有：
(清)李星根等。
1989年摄制. -- 2盘卷片(34米665拍)：
1:10，2B ；35mm银盐
收藏馆：缩微中心，四川

00O030663
[道光]蓬溪县志：十六卷首一卷图一卷 / (清)吴
章祁[等]修；(清)顾士英[等]纂
清道光二十五年(1845)刻本. -- 记事止：清
道光二十五年(1845)。
2002年摄制. -- 1盘卷片(27米565拍)：
1:10，2B ；35mm银盐
收藏馆：缩微中心，南京

00O030755
[光绪]蓬溪县续志：十四卷首一卷 / (清)周学铭
修；(清)熊祥谦纂
清光绪二十五年(1899)刻本. -- 记事止：清
光绪二十四年(1898)。
2003年摄制. -- 1盘卷片(14米290拍)：
1:10，2B ；35mm银盐
收藏馆：缩微中心，南京

00O012286
[嘉庆]射洪县志：十八卷首一卷 / (清)陈廷钰
[等]纂修
清嘉庆二十五年(1820)刻本. -- 纂修者还
有：(清)赵燮元等。
1990年摄制. -- 1盘卷片(23米478拍)：
1:10，2B ；35mm银盐
收藏馆：缩微中心，四川

00O030665
[光绪]射洪县志：十八卷首一卷 / (清)黄允钦
[等]修；(清)罗锦城[等]纂
清光绪十二年(1886)刻本. -- 记事止：清光
绪十二年(1886)。修者还有：(清)谢廷钧等。
2002年摄制. -- 2盘卷片(39米853拍)：
1:10，2B ；35mm银盐
收藏馆：缩微中心，南京

00O030668
[光绪]射洪县志：十八卷首一卷 / (清)黄允钦
[等]修；(清)罗锦城[等]纂
清光绪十二年(1886)刻本. -- 记事止：清光
绪十二年(1886)。修者还有：(清)谢廷钧等。
2002年摄制. -- 2盘卷片(37米743拍)：
1:10，2B ；35mm银盐
收藏馆：缩微中心，南京

00O021493
[康熙]内江县志：二卷 / (清)徐嘉霖修；(清)何思
华纂
清康熙(1662-1722)刻本
1995年摄制. -- 1盘卷片(8米144拍)：1:10,
2B ；35mm银盐
收藏馆：缩微中心，国图

00O012738
[道光]内江县志要：四卷 / (清)王果纂修
清光绪十三年(1887)刻本
1990年摄制. -- 1盘卷片(18米345拍)：
1:10，2B ；35mm银盐
收藏馆：缩微中心，四川

00O029718
[咸丰]内江县志：十五卷首一卷 / (清)许延

祜,(清)黄德仁纂修

清咸丰八年(1858)徐炳兰刻续刻本. -- 记事
止：清咸丰八年(1858)，见卷二第二十九页职
官。

2000年摄制. -- 2盘卷片(35米748拍) ：
1:10, 2B ；35mm银盐

收藏馆：缩微中心，重庆

.

00O029708

内江县志：十五卷首一卷 / (清)陆为棻修；(清)
熊玉华纂

清光绪九年(1883)刻续修本. -- 记事止：清
光绪八年(1882)，见卷二第三十四页职官。

2000年摄制. -- 2盘卷片(38米810拍) ：
1:10, 2B ；35mm银盐

收藏馆：缩微中心，重庆

00O030533

[乾隆]威远县志：八卷首一卷 / (清)李南晖修；
(清)张翼儒纂

清乾隆四十年(1775)刻本. -- 记事止：清乾
隆四十年(1775)。

2002年摄制. -- 1盘卷片(25米521拍) ：
1:10, 2B ；35mm银盐

收藏馆：缩微中心，南京

00O030760

[嘉庆]威远县志：六卷 / (清)陈汝秋纂修

清嘉庆十八年(1813)刻本. -- 记事止：清嘉
庆十七年(1812)。

2003年摄制. -- 1盘卷片(18米354拍) ：
1:10, 2B ；35mm银盐

收藏馆：缩微中心，南京

00O021473

[康熙]资县总志：八卷 / (清)朴怀德修；(清)周壮
雷纂

清康熙二十五年(1686)刻本

1995年摄制. -- 1盘卷片(5米76拍) ： 1:10,
2B ；35mm银盐

收藏馆：缩微中心，国图

00O030540

[光绪]资州直隶州志：三十卷首四卷 / (清)刘炯
纂修；(清)罗廷权[等]增修；(清)何衮[等]增纂

清嘉庆二十年(1815)刻光绪二年(1876)增刻
本. -- 记事止：清光绪二年(1876)。

2002年摄制. -- 4盘卷片(102米2127拍) ：
1:10, 2B ；35mm银盐

收藏馆：缩微中心，南京

00O016619

[乾隆]隆昌县志：二卷 / (清)朱云骏纂修

清乾隆四十年(1775)千峰榭刻本

1993年摄制. -- 1盘卷片(6米90拍) ： 1:10,
2B ；35mm银盐

收藏馆：缩微中心，天津

00O009777

[咸丰]隆昌县志：四十二卷首一卷 / (清)魏元
燮,(清)花映均修；(清)耿光祜纂

清同治元年(1862)刻本

1989年摄制. -- 1盘卷片(28.2米621拍) ：
1:9, 2B ；35mm银盐

收藏馆：缩微中心，重庆

00O029745

[同治]隆昌县志：四十二卷首一卷 / (清)花映
均,(清)耿光祜纂修；(清)觉罗国,(清)晏棻增修

清同治十三年(1874)刻本. -- 记事止：清同
治十三年(1874)，见卷二十五第二十八页职
官。卷三十七至卷四十二抄配。扉页题衙署藏
板。

2000年摄制. -- 2盘卷片(41.5米889拍) ：
1:10, 2B ；35mm银盐

收藏馆：缩微中心，重庆

00O030682

[嘉庆]乐山县志：十六卷首一卷 / (清)龚传黻纂
修

清嘉庆十八年(1813)刻本. -- 记事止：清嘉
庆十八年(1813)。

2003年摄制. -- 1盘卷片(23米476拍) ：
1:10, 2B ；35mm银盐

收藏馆：缩微中心，南京

00O030783

[嘉庆]乐山县志：十六卷首一卷 / (清)龚传黻纂
修

清嘉庆十八年(1813)刻本. -- 记事止：清嘉
庆十八年(1813)。

2003年摄制. -- 1盘卷片(23米475拍) ：
1:10, 2B ；35mm银盐

收藏馆：缩微中心，南京

00O029587

[嘉庆]乐山县志：十六卷首一卷 / (清)龚传黻纂
修

清嘉庆十七年(1812)刻光绪十三年(1887)增刻
本. -- 记事止：清光绪十三年(1887)，见诏
制禀榷第二页。

2000年摄制. -- 1盘卷片(22.5米489拍) ：
1:10, 2B ；35mm银盐

收藏馆：缩微中心，重庆

000O030480
[宣统]峨眉县志：十卷首一卷 / (清)王燮修；(清)张希缙[等]纂；(清)李锦成[等]续修
清嘉庆十八年(1813)刻宣统三年(1911)补刻本
2002年摄制. -- 1盘卷片(17米324拍)：
1:10, 2B ; 35mm银盐
收藏馆：缩微中心，四川

000O030758
[宣统]峨眉县志：十卷首一卷 / (清)王燮修；(清)张希缙[等]纂；(清)李锦成[等]续修
清嘉庆十八年(1813)刻宣统三年(1911)补刻本. -- 记事止：清宣统三年(1911)。
2003年摄制. -- 1盘卷片(16米320拍)：
1:10, 2B ; 35mm银盐
收藏馆：缩微中心，南京

000O030955
[嘉庆]犍为县志：十卷首一卷 / (清)王梦庚[等]纂修
清嘉庆二十一年(1816)刻本. -- 记事止：清嘉庆十八年(1813)。
2002年摄制. -- 1盘卷片(19米381拍)：
1:10, 2B ; 35mm银盐
收藏馆：缩微中心，南京

000O011807
[嘉庆]井研县志：十卷 / (清)张宁阳[等]纂修
清嘉庆元年(1796)刻本. -- 纂修者还有：(清)陈献瑞等。
1990年摄制. -- 1盘卷片(25米510拍)：
1:10, 2B ; 35mm银盐
收藏馆：缩微中心，四川

000O030524
[光绪]井研县志：四十二卷 / (清)高承瀛[等]修；(清)吴嘉谟[等]纂
清光绪二十六年(1900)刻本. -- 记事止：清光绪二十六年(1900)。
2002年摄制. -- 2盘卷片(51米1075拍)：
1:10, 2B ; 35mm银盐
收藏馆：缩微中心，南京

000O030767
[嘉庆]夹江县志：十二卷首一卷 / (清)王佐纂修
清嘉庆十八年(1813)刻光绪十四年(1888)增修本. -- 记事止：清嘉庆十八年(1813)。
2003年摄制. -- 1盘卷片(14米219拍)：
1:10, 2B ; 35mm银盐
收藏馆：缩微中心，南京

000O013329
[嘉庆]马边厅志略：六卷首一卷 / (清)周斯才纂修
清嘉庆十二年(1807)刻本
1991年摄制. -- 1盘卷片(20.3米437拍)：
1:10, 2B ; 35mm银盐
收藏馆：缩微中心，重庆

000O008242
[乾隆]荣县志：四卷 / (清)黄大本纂修
清乾隆二十一年(1756)刻乾隆二十八年(1763)增修本. -- 记事止：清乾隆二十七年(1762)。
1988年摄制. -- 1盘卷片(12米257拍)：
1:10, 2B ; 35mm银盐
收藏馆：缩微中心，南京

000O012280
[嘉庆]荣县志：十卷 / (清)许源修；(清)唐张友[等]纂
清嘉庆十七年(1812)刻本
1990年摄制. -- 1盘卷片(22米431拍)：
1:10, 2B ; 35mm银盐
收藏馆：缩微中心，四川

000O030662
[道光]荣县志：三十八卷首一卷 / (清)王培荀修；(清)廖朝翼[等]纂
清道光二十五年(1845)刻光绪四年(1878)增修本. -- 记事止：清光绪四年(1878)。
2002年摄制. -- 1盘卷片(28米596拍)：
1:10, 2B ; 35mm银盐
收藏馆：缩微中心，南京

000O030550
[乾隆]富顺县志：五卷首一卷 / (清)段玉裁修；(清)李芝纂
清光绪八年(1882)刻本. -- 记事止：清乾隆四十五年(1780)。
2002年摄制. -- 1盘卷片(21米436拍)：
1:10, 2B ; 35mm银盐
收藏馆：缩微中心，南京

000O011803
[道光]富顺县志：三十八卷 / (清)张利贞[等]纂修
清道光七年(1827)刻本. -- 纂修者还有：(清)黄靖图等。
1989年摄制. -- 1盘卷片(28米584拍)：
1:10, 2B ; 35mm银盐
收藏馆：缩微中心，四川

000O013309
[同治]富顺县志：三十八卷 / (清)罗廷权修；(清)吕上珍[等]纂
清同治十一年(1872)刻本

1991年摄制. -- 2盘卷片(41.3米891拍)：
1:10, 2B；35mm银盐
收藏馆：缩微中心，重庆

00O029716
永乐泸州志：二卷首一卷 / (明)□□纂；(清)陈
是正补纂
清光绪三十二年(1906)刻本
2000年摄制. -- 1盘卷片(4米62拍)：1:10,
2B；35mm银盐
收藏馆：缩微中心，重庆

00O029982
[康熙]泸志：十二卷 / (清)王帝臣纂修
清(1644-1911)抄本
2001年摄制. -- 1盘卷片(10米170拍)：
1:10, 2B；35mm银盐
收藏馆：缩微中心，国图

00O012283
[光绪]直隶泸州志：十二卷 / (清)田秀栗[等]修；
(清)华国清,(清)施泽久纂
清光绪八年(1882)刻本
1990年摄制. -- 2盘卷片(52米1020拍)：
1:10, 2B；35mm银盐
收藏馆：缩微中心，四川

00O027418
[光绪]直隶泸州志：十二卷 / (清)田秀栗[等]修；
(清)华国清,(清)施泽久纂
清光绪八年(1882)刻本
1997年摄制. -- 2盘卷片(48米962拍)：
1:10, 2B；35mm银盐
收藏馆：缩微中心，湖北

00O030532
[嘉庆]纳溪县志：十卷 / (清)赵炳然纂修
清嘉庆十八年(1813)刻同治五年(1866)增修
本. -- 记事止：清同治五年(1866)。
2002年摄制. -- 1盘卷片(15米301拍)：
1:10, 2B；35mm银盐
收藏馆：缩微中心，南京

00O029593
泸州九姓乡志：四卷 / (清)李载阳修；(清)车登
衢纂
清光绪八年(1882)刻本. -- 记事止：清光绪
六年(1880)，见卷三第二十九页选举。
2000年摄制. -- 1盘卷片(9米174拍)：1:10,
2B；35mm银盐
收藏馆：缩微中心，重庆

00O030730
[同治]合江县志：五十四卷首一卷 / (清)瞿树荫
[等]修；(清)罗增垣[等]纂
清同治十年(1871)刻本. -- 记事止：清同治
十年(1871)。存五十三卷：卷一至卷三十一、
卷三十三至卷五十四。
2003年摄制. -- 2盘卷片(37米714拍)：
1:10, 2B；35mm银盐
收藏馆：缩微中心，南京

00O009776
[嘉庆]直隶叙永厅志：四十八卷 / (清)周伟业修；
(清)褚彦昭[等]纂
清嘉庆十七年(1812)刻本
1989年摄制. -- 1盘卷片(20.1米433拍)：
1:9, 2B；35mm银盐
收藏馆：缩微中心，重庆

00O010401
[乾隆]九姓司志：二卷 / (清)任启烈纂修；(清)任
履肃续修
清乾隆(1736-1795)刻本
1989年摄制. -- 1盘卷片(9米149拍)：1:10,
2B；35mm银盐
收藏馆：缩微中心，四川

00O030448
[光绪]叙州府志：四十三卷首一卷末一卷 / (清)
王麟祥修；(清)邱晋成纂
清光绪二十一年(1895)刻本. -- 记事止：清
光绪二十年(1894)。
2002年摄制. -- 6盘卷片(162米3280拍)：
1:10, 2B；35mm银盐
收藏馆：缩微中心，南京

00O030538
[光绪]叙州府志：四十三卷首一卷末一卷 / (清)
王麟祥修；(清)邱晋成纂
清光绪二十一年(1895)刻光绪二十二年
(1896)增修本. -- 记事止：清光绪二十二年
(1896)。
2002年摄制. -- 6盘卷片(158米3297拍)：
1:10, 2B；35mm银盐
收藏馆：缩微中心，南京

00O030515
[嘉庆]宜宾县志：五十四卷首一卷 / (清)刘元熙
修；(清)李世芳纂
清嘉庆十七年至清末(1812-1911)抄本. -- 记
事止：清嘉庆十七年(1812)。
2002年摄制. -- 1盘卷片(19米392拍)：
1:10, 2B；35mm银盐
收藏馆：缩微中心，南京

00O009779

[嘉庆]南溪县志：十卷首一卷 / (清)胡之富修；(清)包字纂

清嘉庆十七年(1812)刻本

1989年摄制. -- 1盘卷片（16.8米356拍）：1:10, 2B；35mm银盐

收藏馆：缩微中心，重庆

00O030670

[同治]南溪县志：八卷 / (清)福伦修；(清)胡元翔[等]纂

清同治十三年(1874)刻本. -- 记事止：清同治十三年(1874)。

2002年摄制. -- 1盘卷片（32米673拍）：1:10, 2B；35mm银盐

收藏馆：缩微中心，南京

00O030536

南溪县乡土志：不分卷

清光绪(1875-1908)抄本. -- 记事止：清光绪二十六年(1900)。

2002年摄制. -- 1盘卷片（13米150拍）：1:10, 2B；35mm银盐

收藏馆：缩微中心，南京

00O030738

[嘉庆]江安县志：六卷 / (清)赵朴修；(清)郑存仁纂

清嘉庆十八年(1813)刻本. -- 记事止：清嘉庆十八年(1813)。

2002年摄制. -- 1盘卷片（23米432拍）：1:10, 2B；35mm银盐

收藏馆：缩微中心，南京

00O030528

[同治]高县志：五十四卷首一卷 / (清)敖立榜修；(清)曾毓佐纂

清同治五年(1866)刻本. -- 记事止：清同治四年(1865)。存五十三卷：卷一至卷四十九、卷五十一至卷五十四。

2002年摄制. -- 1盘卷片（25米519拍）：1:10, 2B；35mm银盐

收藏馆：缩微中心，南京

00O009974

[嘉庆]庆符县志：五十四卷首一卷 / (清)何应驹,(清)包卜惺修；(清)李合和,(清)冯协桐纂

清嘉庆十九年(1814)刻本

1988年摄制. -- 1盘卷片（14米290拍）：1:10, 2B；35mm银盐

收藏馆：缩微中心，浙江

00O029719

[光绪]庆符县志：五十五卷 / (清)昔光祖,(清)胡寿昌修

清光绪二年(1876)刻本. -- 记事止：清光绪十一年(1885)，见卷三十四第又一百六十三页。县学署藏板。存五十三卷：卷一至卷四十七、卷四十九至卷五十四。

2000年摄制. -- 1盘卷片（19米406拍）：1:10, 2B；35mm银盐

收藏馆：缩微中心，重庆

00O030813

[同治]筠连县志：十六卷 / (清)程熙春修；(清)文尔炘纂

清同治十二年(1873)刻本. -- 记事止：清同治十二年(1873)。

2003年摄制. -- 1盘卷片（21米440拍）：1:10, 2B；35mm银盐

收藏馆：缩微中心，南京

00O030796

[乾隆]珙县志：十五卷首一卷 / (清)曾受一[等]纂修

清乾隆三十九年(1774)刻本. -- 记事止：清乾隆三十九年(1774)。

2003年摄制. -- 1盘卷片（21米417拍）：1:10, 2B；35mm银盐

收藏馆：缩微中心，南京

00O030671

[乾隆]珙县志：十五卷首一卷 / (清)曾受一[等]纂修；(清)姚廷章增修；(清)邓香树增纂

清乾隆三十九年(1774)刻同治八年(1869)增修本. -- 记事止：清同治七年(1868)。

2002年摄制. -- 1盘卷片（26米532拍）：1:10, 2B；35mm银盐

收藏馆：缩微中心，南京

00O030447

[光绪]珙县志：十五卷首一卷 / (清)曾受一[等]纂修；(清)冉瑞桐递修；(清)郭肇林递纂

清乾隆三十九年(1774)刻光绪九年(1883)递修本. -- 记事止：清光绪九年(1883)。

2002年摄制. -- 1盘卷片（30米572拍）：1:10, 2B；35mm银盐

收藏馆：缩微中心，南京

00O012284

[光绪]兴文县志：六卷首一卷 / (清)江亦显,(清)郭天章修；(清)黄相尧纂

清光绪十三年(1887)刻本. -- 纂修者还有：(清)郭天章、(清)黄相尧等。

1990年摄制. -- 1盘卷片（21米421拍）：

1:10，2B ；35mm银盐
收藏馆：缩微中心，四川

00O030544

[光绪]兴文县志：六卷首一卷 / (清)江亦显,(清)郭天章修；(清)黄相尧纂
清光绪十三年至三十四年（1887-1908）抄本． -- 记事止：清光绪十三年（1887）。
2002年摄制． -- 1盘卷片（18米355拍）：1:10，2B ；35mm银盐
收藏馆：缩微中心，南京

00O025688

[乾隆]屏山县志：八卷首一卷 / (清)张曾敏,(清)陈琦纂修
清乾隆四十三年（1778）刻本
1995年摄制． -- 1盘卷片（18米370拍）：1:10，2B ；35mm银盐
收藏馆：缩微中心，湖北

00O029707

屏山县志：八卷首一卷 / (清)张曾敏修；(清)陈琦纂修
清乾隆四十三年（1778）屏山县衙门刻本． -- 记事止：清嘉庆四年（1799），见修建社稷。
2000年摄制． -- 1盘卷片（17米363拍）：1:10，2B ；35mm银盐
收藏馆：缩微中心，重庆

00O030749

[乾隆]屏山县志：八卷首一卷续编一卷 / (清)张曾敏纂修；(清)金维熙增修；(清)敬大科[等]增纂
清乾隆四十三年（1778）刻嘉庆五年（1800）增修本． -- 记事止：清乾隆六十年（1795）。
2003年摄制． -- 1盘卷片（19米381拍）：1:10，2B ；35mm银盐
收藏馆：缩微中心，南京

00O030545

[光绪]屏山县续志：二卷首一卷 / (清)张九章修；(清)陈蕃垣[等]纂
清光绪二十四年（1898）刻本． -- 记事止：清光绪二十四年（1898）。
2002年摄制． -- 1盘卷片（12米218拍）：1:10，2B ；35mm银盐
收藏馆：缩微中心，南京

00O009610

[道光]巴州志：十卷首一卷 / (清)朱锡榖修；(清)陈一津[等]纂
清道光十三年（1833）刻本
1989年摄制． -- 1盘卷片（15.3米321拍）：

1:9，2B ；35mm银盐
收藏馆：缩微中心，重庆

00O011231

[道光]巴州志：十卷首一卷 / (清)朱锡榖修；(清)陈一津[等]纂
清道光十三年（1833）刻宣统三年（1911）补刻本
1989年摄制． -- 1盘卷片（17米323拍）：1:10，2B ；35mm银盐
收藏馆：缩微中心，四川

00O011232

[道光]通江县志：十五卷 / (清)锡檀修；(清)陈瑞生,(清)邓范之纂
清道光二十八年（1848）刻本． -- 存十三卷：卷一至卷十三；卷九第一百三和一百七页之间夹着二页卷九的内容，又七十七页和又七十八页可能是页码错。
1989年摄制． -- 2盘卷片（33米653拍）：1:10，2B ；35mm银盐
收藏馆：缩微中心，四川

00O009784

[同治]通江县志：十五卷 / (清)锡檀修；(清)陈瑞生,(清)邓范之纂
清道光二十八年（1848）刻同治二年（1863）增刻本． -- 存十四卷：卷一至卷十三、卷十五。
1989年摄制． -- 1盘卷片（29.3米646拍）：1:8，2B ；35mm银盐
收藏馆：缩微中心，重庆

00O014474

[道光]南江县志：三卷 / (清)胡炳修；(清)彭映纂
清道光七年（1827）刻本
1989年摄制． -- 1盘卷片（8.7米167拍）：1:10，2B ；35mm银盐
收藏馆：缩微中心，重庆

00O009432

[光绪]太平县志：十卷首一卷 / (清)杨汝偕纂修
清光绪十九年（1893）刻本
1989年摄制． -- 1盘卷片（22米477拍）：1:9，2B ；35mm银盐
收藏馆：缩微中心，重庆

00O021719

[乾隆]直隶达州志：四卷 / (清)陈庆门纂修；(清)宋名立续修
清乾隆七年（1742）刻乾隆十二年（1747）增刻本
1995年摄制． -- 1盘卷片（17米335拍）：1:10，2B ；35mm银盐
收藏馆：缩微中心，国图

000O009599

[嘉庆]达县志：五十二卷 / (清)鲁凤辉[等]修；
(清)王廷伟[等]纂
清嘉庆二十年(1815)刻本
1989年摄制. -- 1盘卷片(21.7米470拍)：
1:9, 2B；35mm银盐
收藏馆：缩微中心，重庆

000O013315

[光绪]东乡县志：十二卷首一卷 / (清)如柏纂修
清光绪二十八年(1902)刻本. -- 存七卷：卷
六至卷十二。
1991年摄制. -- 1盘卷片(10米198拍)：1:9,
2B；35mm银盐
收藏馆：缩微中心，重庆

000O021500

[乾隆]新宁县志：四卷 / (清)窦容邃修；(清)苟鸿
任纂
清乾隆(1736-1795)刻本
1995年摄制. -- 1盘卷片(9米147拍)：1:10,
2B；35mm银盐
收藏馆：缩微中心，国图

000O030734

[道光]新宁县志：六卷图一卷 / (清)黄位斗修；
(清)孙代芳[等]纂
清道光十五年(1835)刻本. -- 记事止：清道
光十三年(1833)。
2003年摄制. -- 1盘卷片(21米433拍)：
1:10, 2B；35mm银盐
收藏馆：缩微中心，南京

000O013317

[同治]新宁县志：八卷 / (清)复成修；(清)周绍
銮,(清)胡元翔纂
清同治八年(1869)刻本
1991年摄制. -- 1盘卷片(29.7米655拍)：
1:10, 2B；35mm银盐
收藏馆：缩微中心，重庆

000O030664

[同治]新宁县志：八卷 / (清)复成修；(清)周绍
銮,(清)胡元翔纂
清同治八年(1869)刻本. -- 记事止：清同治
八年(1869)。
2002年摄制. -- 1盘卷片(31米651拍)：
1:10, 2B；35mm银盐
收藏馆：缩微中心，南京

000O030793

[嘉庆]大竹县志：四十卷 / (清)翟琭修；(清)王怀
孟[等]纂

清道光二年(1822)刻本. -- 记事止：清道光
二年(1822)。佚名批校。
2003年摄制. -- 1盘卷片(23米479拍)：
1:10, 2B；35mm银盐
收藏馆：缩微中心，南京

000O030792

[嘉庆]大竹县志：四十卷 / (清)翟琭修；(清)王怀
孟[等]纂
清道光二年(1822)刻本. -- 记事止：清道光
二年(1822)。
2003年摄制. -- 1盘卷片(23米474拍)：
1:10, 2B；35mm银盐
收藏馆：缩微中心，南京

000O013319

[道光]大竹县志：四十卷 / (清)翟琭修；(清)王怀
孟[等]纂；(清)蔡以修续修；(清)刘汉昭[等]续纂
清道光二年(1822)刻本
1991年摄制. -- 1盘卷片(21.7米470拍)：
1:10, 2B；35mm银盐
收藏馆：缩微中心，重庆

000O029500

[嘉庆]渠县志：五十二卷首一卷 / (清)王来遴纂
修
清嘉庆十七年(1812)刻本. -- 记事止：清嘉
庆十七年(1812)。
2000年摄制. -- 1盘卷片(27米598拍)：
1:10, 2B；35mm银盐
收藏馆：缩微中心，甘肃

000O030745

[同治]渠县志：五十二卷首一卷 / (清)何庆恩修；
(清)贾振麟[等]纂
清同治三年(1864)刻本. -- 记事止：清同治
三年(1864)。存四十一卷：卷一至卷二十、卷
二十四、卷二十七至卷二十八、卷三十二至卷
四十二、卷四十四、卷四十六至卷四十九、卷
五十一至卷五十二。
2003年摄制. -- 2盘卷片(43米876拍)：
1:10, 2B；35mm银盐
收藏馆：缩微中心，南京

000O030678

[咸丰]资阳县志：四十八卷首二卷 / (清)范涞清
修；(清)何华元纂
清咸丰十年(1860)刻同治(1862-1874)增修
本. -- 记事止：清同治四年(1865)。
2002年摄制. -- 2盘卷片(41米825拍)：
1:10, 2B；35mm银盐
收藏馆：缩微中心，南京

00O022591
[乾隆]简州志：八卷 / (清)刘如基修；(清)杨田纂
清乾隆五十八年(1793)刻本
1995年摄制. -- 1盘卷片(17米330拍) ：
1:10，2B ；35mm银盐
收藏馆：缩微中心，湖北

00O030756
[咸丰]简州志：十四卷 / (清)濮瑗修；(清)黄朴纂
清咸丰三年(1853)刻本. -- 记事止：清咸丰
三年(1853)。
2003年摄制. -- 2盘卷片(38米732拍) ：
1:10，2B ；35mm银盐
收藏馆：缩微中心，南京

00O030516
[光绪]简州续志：十四卷 / (清)易家霖修；(清)傅
为霖[等]纂
清光绪二十三年(1897)刻本. -- 记事止：清
光绪二十三年(1897)。
2002年摄制. -- 1盘卷片(12米202拍) ：
1:10，2B ；35mm银盐
收藏馆：缩微中心，南京

00O021497
[雍正]乐至县志：不分卷 / (清)杨佐龙修；(清)舒
华纂
清雍正(1723-1735)刻本
1995年摄制. -- 1盘卷片(8米130拍) ：1:10，
2B ；35mm银盐
收藏馆：缩微中心，国图

00O011225
[道光]乐至县志 ：十六卷首一卷 / (清)裴显
忠,(清)刘硕辅纂修
清道光二十年(1840)刻本
1989年摄制. -- 1盘卷片(18米348拍) ：
1:10，2B ；35mm银盐
收藏馆：缩微中心，四川

00O029715
[道光]乐至县志：十六卷首一卷 / (清)杨佐龙纂
修；(清)叶宽重修；(清)裴显忠递修
清道光二十年(1840)刻同治八年(1869)补刻
本. -- 记事止：清同治八年(1869)，见卷
十六第一页杂记。
2000年摄制. -- 1盘卷片(16米344拍) ：
1:10，2B ；35mm银盐
收藏馆：缩微中心，重庆

00O021717
[康熙]安岳县志：三卷 / (清)郑吉士修；(清)周于
仁纂

清康熙五十八年(1719)刻本
1995年摄制. -- 1盘卷片(13米243拍) ：
1:10，2B ；35mm银盐
收藏馆：缩微中心，国图

00O029709
[光绪]续修安岳县志：四卷 / (清)陈其宽修；(清)
邹宗垣撰
清光绪二十三年(1897)刻本. -- 记事止：清
光绪二十三年(1897)，见卷三第十三页选举。
2000年摄制. -- 1盘卷片(13米271拍) ：
1:10，2B ；35mm银盐
收藏馆：缩微中心，重庆

00O030733
安岳县乡土志：不分卷 / (清)高铭箴修；(清)张
光溥[等]纂
清光绪(1875-1908)抄本. -- 记事止：清光绪
二十八年(1902)。
2002年摄制. -- 1盘卷片(12米194拍) ：
1:10，2B ；35mm银盐
收藏馆：缩微中心，南京

00O030558
[嘉庆]眉州属志：十九卷 / (清)涂长发修；(清)王
昌年纂
清嘉庆五年(1800)刻本. -- 记事止：清嘉庆
五年(1800)。
2002年摄制. -- 2盘卷片(45米924拍) ：
1:10，2B ；35mm银盐
收藏馆：缩微中心，南京

00O030555
[嘉庆]续眉州志略：一卷 / (清)戴三锡修；(清)王
之俊[等]纂
清嘉庆十七年(1812)刻本. -- 记事止：清嘉
庆十七年(1812)。
2002年摄制. -- 1盘卷片(6米73拍) ：1:10，
2B ；35mm银盐
收藏馆：缩微中心，南京

00O009616
[道光]仁寿县新志：八卷 / (清)马百龄修；(清)魏
崧,(清)郑宗垣纂
清道光十八年(1838)刻本
1989年摄制. -- 1盘卷片(24.1米525拍) ：
1:10，2B ；35mm银盐
收藏馆：缩微中心，重庆

00O009619
[同治]仁寿县志 ：十五卷首一卷 / (清)罗廷权
[等]修；(清)马凡若纂
清同治五年(1866)刻本

1988年摄制. -- 2盘卷片（58.9米1300拍）：
1:10，2B；35mm银盐
收藏馆：缩微中心，重庆

00O030553
[嘉庆]彭山县志：六卷 / (清)史钦义纂修
清嘉庆十九年(1814)刻本. -- 记事止：清嘉
庆十九年(1814)。
2002年摄制. -- 1盘卷片（27米569拍）：
1:10，2B；35mm银盐
收藏馆：缩微中心，南京

00O030680
[嘉庆]洪雅县志：二十五卷首一卷图一卷 / (清)
王好音修；(清)张柱纂
清嘉庆十八年(1813)刻重修本. -- 记事止：
清嘉庆十八年(1813)。
2002年摄制. -- 1盘卷片（26米524拍）：
1:10，2B；35mm银盐
收藏馆：缩微中心，南京

00O030666
[光绪]洪雅县志：十二卷首一卷 / (清)郭世棻修；
(清)邓敏修[等]纂
清光绪十年(1884)刻本. -- 记事止：清光绪
九年(1883)。
2002年摄制. -- 1盘卷片（16米300拍）：
1:10，2B；35mm银盐
收藏馆：缩微中心，南京

00O030773
[光绪]丹棱县志：十卷首一卷 / (清)顾汝荢修；
(清)朱文瀚[等]纂
清光绪十八年(1892)刻本. -- 记事止：清光
绪十八年(1892)。
2003年摄制. -- 1盘卷片（17米344拍）：
1:10，2B；35mm银盐
收藏馆：缩微中心，南京

00O030766
[光绪]丹棱县志：十卷首一卷 / (清)顾汝荢修；
(清)朱文瀚[等]纂
清光绪十八年(1892)刻光绪三十一年(1905)重
修本. -- 记事止：清光绪十七年(1891)。
2003年摄制. -- 1盘卷片（17米342拍）：
1:10，2B；35mm银盐
收藏馆：缩微中心，南京

00O030770
[光绪]青神县志：五十四卷首一卷 / (清)郭世棻
修；(清)文笔超纂
清光绪三年(1877)刻本. -- 记事止：清光绪
三年(1877)。

2003年摄制. -- 1盘卷片（18米353拍）：
1:10，2B；35mm银盐
收藏馆：缩微中心，南京

00O009774
[乾隆]雅州府志：十六卷 / (清)曹抡彬修；(清)曹
抡翰纂
清乾隆四年(1739)刻嘉庆十六年(1811)补刻本
1989年摄制. -- 2盘卷片（43.7米947拍）：
1:9，2B；35mm银盐
收藏馆：缩微中心，重庆

00O030776
[乾隆]雅州府志：十六卷 / (清)曹抡彬修；(清)曹
抡翰纂
清乾隆四年(1739)刻光绪十三年(1887)补刻
本. -- 记事止：清乾隆二十二年(1757)。
2003年摄制. -- 2盘卷片（46米965拍）：
1:10，2B；35mm银盐
收藏馆：缩微中心，南京

00O030732
[光绪]名山县志：十五卷 / (清)赵懿修；(清)赵怡
纂
清光绪十八年(1892)刻光绪二十二年(1896)增
修本. -- 记事止：清光绪二十二年(1896)。
2002年摄制. -- 1盘卷片（21米428拍）：
1:10，2B；35mm银盐
收藏馆：缩微中心，南京

00O030759
[嘉庆]清溪县志：四卷图一卷 / (清)刘传经修；
(清)陈一洄纂
清嘉庆五年(1800)刻本. -- 记事止：清嘉庆
四年(1799)。
2003年摄制. -- 1盘卷片（14米277拍）：
1:10，2B；35mm银盐
收藏馆：缩微中心，南京

00O030751
[嘉庆]清溪县志：四卷 / (清)刘传经修；(清)陈一
洄纂
清嘉庆(1796-1820)抄本. -- 记事止：清嘉庆
四年(1799)。
2003年摄制. -- 1盘卷片（11米205拍）：
1:10，2B；35mm银盐
收藏馆：缩微中心，南京

00O027995
天全闻见记：四卷 / (清)陈登龙撰
清嘉庆(1796-1820)福州陈氏云凹水曲山房稿
本
1996年摄制. -- 1盘卷片（8米142拍）：1:10，

2B ；35mm银盐
收藏馆：缩微中心，福建

000009790

[咸丰]天全州志：八卷首一卷 / (清)陈松龄纂修
清咸丰八年(1858)刻本
1989年摄制. -- 2盘卷片(35.1米747拍) :
1:10, 2B ；35mm银盐
收藏馆：缩微中心，重庆

00O030761

[嘉庆]汶志纪略：四卷图一卷 / (清)李锡书纂修
清嘉庆十年(1805)刻光绪二十二年(1896)增修
本. -- 记事止：清光绪四年(1878)。
2003年摄制. -- 1盘卷片(14米271拍) :
1:10, 2B ；35mm银盐
收藏馆：缩微中心，南京

00O030763

[同治]直隶理番厅志：六卷首一卷 / (清)吴羹梅
修 ; (清)周祚峄纂
清同治七年(1868)刻本. -- 记事止：清同治
五年(1866)。
2003年摄制. -- 1盘卷片(21米418拍) :
1:10, 2B ；35mm银盐
收藏馆：缩微中心，南京

00O030871

[同治]直隶理番厅志：六卷首一卷 / (清)吴羹梅
修 ; (清)周祚峄纂
清同治七年(1868)刻本. -- 记事止：清同治
五年(1866)。
2003年摄制. -- 1盘卷片(21米427拍) :
1:10, 2B ；35mm银盐
收藏馆：缩微中心，南京

00O030735

[道光]茂州志：四卷首一卷 / (清)杨迦怿修 ; (清)
刘辅廷纂
清道光十一年(1831)刻重修本. -- 记事止：
清道光十年(1830)。
2002年摄制. -- 1盘卷片(11米201拍) :
1:10, 2B ；35mm银盐
收藏馆：缩微中心，南京

00O030737

[道光]茂州志：四卷首一卷 / (清)杨迦怿修 ; (清)
刘辅廷纂
清道光十一年(1831)刻本. -- 记事止：清道
光十年(1830)。
2002年摄制. -- 1盘卷片(11米196拍) :
1:10, 2B ；35mm银盐
收藏馆：缩微中心，南京

000030743

[嘉庆]直隶松潘厅志：四卷 / (清)温承恭纂修
江苏省立国学图书馆抄本. -- 记事止：清道
光八年(1828)。
2003年摄制. -- 1盘卷片(10米164拍) :
1:10, 2B ；35mm银盐
收藏馆：缩微中心，南京

00O030753

[道光]绥靖屯志：十卷首一卷 / (清)李涵元修 ;
(清)潘时彤纂
清道光五年(1825)刻本. -- 记事止：清道光
五年(1825)。
2003年摄制. -- 1盘卷片(13米245拍) :
1:10, 2B ；35mm银盐
收藏馆：缩微中心，南京

00O011238

[嘉庆]宁远府志：五十四卷
清(1644-1911)抄本
1989年摄制. -- 1盘卷片(14米267拍) :
1:10, 2B ；35mm银盐
收藏馆：缩微中心，四川

00O030557

[咸丰]冕宁县志：十二卷首一卷末一卷 / (清)李
英粲修 ; (清)李昭纂
清咸丰七年(1857)刻本. -- 记事止：清咸丰
七年(1857)。
2002年摄制. -- 1盘卷片(17米340拍) :
1:10, 2B ；35mm银盐
收藏馆：缩微中心，南京

00O030542

[咸丰]冕宁县志：十二卷首一卷末一卷 / (清)李
英粲修 ; (清)李昭纂 ; (清)林骏元,(清)林茂光增
修
清咸丰七年(1857)刻光绪十七年(1891)增修
本. -- 记事止：清光绪十七年(1891)。
2002年摄制. -- 1盘卷片(21米421拍) :
1:10, 2B ；35mm银盐
收藏馆：缩微中心，南京

00O029706

会理州志：十二卷附续志二卷首一卷 / (清)邓仁
垣修 ; (清)王继曾,(清)吴钟岺纂修
清同治九年(1870)刻同治十三年(1874)递修
本. -- 记事止：清光绪三十年(1904)，见附
续志第十二页。
2000年摄制. -- 2盘卷片(38.5米828拍) :
1:10, 2B ；35mm银盐
收藏馆：缩微中心，重庆

00O030673
[光绪]越嶲厅全志:十二卷 / (清)马忠良[等]纂修
清光绪三十二年(1906)铅印本. -- 记事止:清光绪三十二年(1906)。
2002年摄制. -- 1盘卷片(25米510拍):1:10, 2B;35mm银盐
收藏馆:缩微中心,南京

00O017767
[乾隆]贵州通志:四十六卷首一卷 / (清)鄂尔泰,(清)张广泗修;(清)靖道谟,(清)杜诠纂
清乾隆六年(1741)刻本
1993年摄制. -- 4盘卷片(93米1928拍):1:10, 2B;35mm银盐
收藏馆:缩微中心,贵州

00O029032
[乾隆]黔南识略:三十二卷 / (清)爱必达纂修.黔南职方纪略:九卷 / (清)罗绕典纂
清乾隆十四年(1749)刻光绪三十二年(1906)增刻本
1999年摄制. -- 1盘卷片(20米426拍):1:10, 2B;35mm银盐
收藏馆:缩微中心,湖南

00O012375
[乾隆]黔南识略:三十二卷 / (清)爱必达纂修.黔南职方纪略:九卷 / (清)罗绕典纂
清道光二十七年(1847)刻本
1990年摄制. -- 1盘卷片(20米425拍):1:10, 2B;35mm银盐
收藏馆:缩微中心,天津

00O031452
[乾隆]黔南识略:三十二卷 / (清)爱必达纂修
清道光二十七年(1847)刻光绪三十二年(1906)罗绕典增刻本. -- 记事止:清道光十二年(1832)。
2004年摄制. -- 1盘卷片(21米442拍):1:10, 2B;35mm银盐
收藏馆:缩微中心,南京

00O012405
黔南职方纪略:九卷 / (清)罗绕典纂
清道光二十七年(1847)刻本
1990年摄制. -- 1盘卷片(11米207拍):1:10, 2B;35mm银盐
收藏馆:缩微中心,天津

00O031587
黔南职方纪略:九卷 / (清)罗绕典纂
清道光二十七年(1847)刻光绪三十一年

(1905)重修本. -- 记事止:清道光二十三年(1843)。
2005年摄制. -- 1盘卷片(11米216拍):1:10, 2B;35mm银盐
收藏馆:缩微中心,南京

00O017770
[道光]贵阳府志:八十八卷首二卷余编二十卷 / (清)周作楫修;(清)萧琯,(清)邹汉勋纂
清道光二十年(1840)刻本
1993年摄制. -- 6盘卷片(152.5米3050拍):1:10, 2B;35mm银盐
收藏馆:缩微中心,贵州

00O031639
[道光]贵阳府志:八十八卷首二卷余编二十卷 / (清)周作楫修;(清)萧琯,(清)邹汉勋纂
清咸丰二年(1852)刻本. -- 记事止:清道光二十六年(1846)。
2005年摄制. -- 5盘卷片(149米3230拍):1:10, 2B;35mm银盐
收藏馆:缩微中心,南京

00O016518
[道光]遵义府志:四十八卷首一卷 / (清)平翰[等]修;(清)郑珍,(清)莫友芝纂
清道光二十一年(1841)刻本
1992年摄制. -- 4盘卷片(108米2292拍):1:10, 2B;35mm银盐
收藏馆:缩微中心,贵州

00O024048
[道光]遵义府志:四十八卷首一卷 / (清)平翰[等]修;(清)郑珍,(清)莫友芝纂
清道光二十一年(1841)刻本
1995年摄制. -- 4盘卷片(104.5米2090拍):1:10, 2B;35mm银盐
收藏馆:缩微中心,湖北

00O017771
[道光]仁怀直隶厅志:二十卷 / (清)陈熙晋纂修
清道光二十一年(1841)刻本
1993年摄制. -- 2盘卷片(42.7米881拍):1:10, 2B;35mm银盐
收藏馆:缩微中心,贵州

00O016517
[光绪]增修仁怀厅志:八卷首一卷 / (清)张正奎,(清)崇俊修;(清)王椿纂;(清)王培森校补
清光绪二十八年(1902)刻本
1992年摄制. -- 1盘卷片(26米551拍):1:10, 2B;35mm银盐
收藏馆:缩微中心,贵州

00O011880

[光绪]续修正安州志：十卷 / (清)陶有容,(清)彭
焯修；(清)杨德明,(清)严宗六纂
清光绪三年(1877)刻本
1990年摄制. -- 1盘卷片(22米461拍) :
1:10, 2B ; 35mm银盐
收藏馆：缩微中心，湖南

00O009988

[康熙]龙泉县志草：一卷 / (清)张其文纂修
清康熙(1662-1722)抄本
1988年摄制. -- 1盘卷片(2米19拍) : 1:10,
2B ; 35mm银盐
收藏馆：缩微中心，浙江

00O016550

[光绪]湄潭县志：八卷 / (清)吴宗周修；(清)欧阳
曙纂
清光绪二十五年(1899)刻本
1993年摄制. -- 1盘卷片(22.5米477拍) :
1:10, 2B ; 35mm银盐
收藏馆：缩微中心，贵州

00O026032

[光绪]余庆县志：不分卷 / (清)汤鉴盘纂
清光绪(1875-1908)抄本
1996年摄制. -- 1盘卷片(5米112拍) : 1:10,
2B ; 35mm银盐
收藏馆：缩微中心，贵州

00O029282

[咸丰]安顺府志：五十四卷首一卷 / (清)常恩修；
(清)邹汉勋,(清)吴寅邦纂
清咸丰元年(1851)刻本
1999年摄制. -- 3盘卷片(79米1673拍) :
1:10, 2B ; 35mm银盐
收藏馆：缩微中心，湖南

00O016527

[咸丰]安顺府志：五十四卷首一卷 / (清)常恩修；
(清)邹汉勋,(清)吴寅邦纂
清光绪十七年(1891)刻本
1992年摄制. -- 3盘卷片(81米1670拍) :
1:10, 2B ; 35mm银盐
收藏馆：缩微中心，贵州

00O031489

[道光]安平县志：十卷首一卷 / (清)刘祖宪纂修
清道光七年(1827)刻本. -- 记事止：清道光
七年(1827)。
2004年摄制. -- 1盘卷片(27米580拍) :
1:10, 2B ; 35mm银盐
收藏馆：缩微中心，南京

00O016558

[道光]永宁州志：十二卷首一卷 / (清)黄培杰纂
修
清光绪二十年(1894)刻本
1993年摄制. -- 1盘卷片(21米438拍) :
1:10, 2B ; 35mm银盐
收藏馆：缩微中心，贵州

00O016564

[光绪]永宁州志：十二卷 / (清)沈毓兰修；杨域
林[等]纂
清光绪二十年(1894)刻本
1993年摄制. -- 1盘卷片(13米256拍) :
1:10, 2B ; 35mm银盐
收藏馆：缩微中心，贵州

00O030477

[光绪]毕节县志：十卷首一卷 / (清)陈昌言修；
(清)徐廷燮纂
清光绪五年(1879)刻本. -- 记事止：清光绪
五年(1879)，见卷四第十六页。
2002年摄制. -- 1盘卷片(23米495拍) :
1:10, 2B ; 35mm银盐
收藏馆：缩微中心，北碚

00O012080

[光绪]毕节县志：十卷首一卷 / (清)陈昌言修；
(清)徐廷燮纂
清光绪五年(1879)刻本
1990年摄制. -- 1盘卷片(23米490拍) :
1:10, 2B ; 35mm银盐
收藏馆：缩微中心，湖南

00O017762

[道光]大定府志：六十卷 / (清)黄宅中修；(清)邹
汉勋纂
清道光二十九年(1849)刻本
1993年摄制. -- 4盘卷片(89.5米1951拍) :
1:10, 2B ; 35mm银盐
收藏馆：缩微中心，贵州

00O029033

[道光]大定府志：六十卷 / (清)黄宅中修；(清)邹
汉勋纂
清道光二十九年(1849)刻本
1999年摄制. -- 3盘卷片(87米1880拍) :
1:10, 2B ; 35mm银盐
收藏馆：缩微中心，湖南

00O031581

[道光]黔西州志：八卷 / (清)鲁寿崧修；(清)熊声
元[等]纂
清道光十五年(1835)刻本. -- 记事止：清道

光十五年(1835)。
2004年摄制. -- 1盘卷片(16米330拍) :
1:10, 2B ; 35mm银盐
收藏馆: 缩微中心, 南京

00O017766
[光绪]黔西州续志: 六卷 / (清)白建鋆修; (清)谌
焕模[等]纂
清光绪十年(1884)刻本
1993年摄制. -- 1盘卷片(11米206拍) :
1:10, 2B ; 35mm银盐
收藏馆: 缩微中心, 贵州

00O031583
[道光]平远州志: 二十卷图一卷 / (清)徐丰玉
[等]修; (清)谌厚光纂
清光绪十六年(1890)刻本. -- 记事止: 清道
光二十七年(1847)。
2004年摄制. -- 1盘卷片(16米301拍) :
1:10, 2B ; 35mm银盐
收藏馆: 缩微中心, 南京

00O030230
[道光]平远州志: 二十卷 / (清)徐丰玉[等]修;
(清)谌厚光纂
清道光二十九年(1849)刻本. -- 记事止: 清
道光二十九年(1849), 见卷十一第十七页。
2001年摄制. -- 1盘卷片(14米304拍) :
1:10, 2B ; 35mm银盐
收藏馆: 缩微中心, 湖北

00O016557
[光绪]平远州续志: 八卷首一卷 / (清)黄绍先修;
(清)申云根,(清)谌显模纂
清光绪十六年(1890)刻本
1993年摄制. -- 1盘卷片(18米368拍) :
1:10, 2B ; 35mm银盐
收藏馆: 缩微中心, 贵州

00O031493
[道光]铜仁府志: 十一卷补遗一卷 / (清)敬文修;
(清)徐如澍纂
清道光四年(1824)刻本. -- 记事止: 清道光
四年(1824)。
2004年摄制. -- 1盘卷片(26米552拍) :
1:10, 2B ; 35mm银盐
收藏馆: 缩微中心, 南京

00O018097
[乾隆]石阡府志: 八卷 / (清)罗文思纂修
清乾隆三十年(1765)刻本
1993年摄制. -- 1盘卷片(14.5米289拍) :
1:10, 2B ; 35mm银盐

收藏馆: 缩微中心, 贵州

00O011829
[光绪]石阡府志: 八卷 / (清)方栾寿修; (清)杨大
镛[等]纂
清光绪二年(1876)刻本
1990年摄制. -- 1盘卷片(15米298拍) :
1:10, 2B ; 35mm银盐
收藏馆: 缩微中心, 天津

00O031582
[康熙]思州府志: 八卷 / (清)蒋深纂修
清康熙六十一年(1722)刻本. -- 记事止: 清
康熙六十一年(1722)。卷八上配油印本。
2004年摄制. -- 1盘卷片(16米334拍) :
1:10, 2B ; 35mm银盐
收藏馆: 缩微中心, 南京

00O011842
[道光]思南府续志: 十二卷 / (清)夏修恕[等]修;
(清)萧琯,(清)何廷熙纂
清道光二十一年(1841)刻本
1990年摄制. -- 2盘卷片(48米1053拍) :
1:10, 2B ; 35mm银盐
收藏馆: 缩微中心, 天津

00O017765
思南县允文乡采访录: 一卷 / 吴协昌纂
抄本
1993年摄制. -- 1盘卷片(3米20拍) : 1:10,
2B ; 35mm银盐
收藏馆: 缩微中心, 贵州

00O031492
[道光]印光县志: 二卷 / (清)郑士范纂修
清(1644-1911)抄本. -- 记事止: 清道光十七
年(1837)。
2004年摄制. -- 1盘卷片(5米73拍) : 1:10,
2B ; 35mm银盐
收藏馆: 缩微中心, 南京

00O018276
[道光]印光县志: 六卷 / (清)郑士范纂修
抄本
1993年摄制. -- 1盘卷片(4米56拍) : 1:10,
2B ; 35mm银盐
收藏馆: 缩微中心, 贵州

00O012068
[道光]松桃厅志: 三十二卷 / (清)徐宏修; (清)萧
琯纂
清道光十六年(1836)刻本
1990年摄制. -- 1盘卷片(26米550拍) :

1:10，2B ；35mm银盐
收藏馆：缩微中心，湖南

000031469
[道光]清平县志：六卷 / (清)彭泰楠修；(清)张柬
纂
清道光十八年(1838)刻本. -- 记事止：清道
光十八年(1838)。
2004年摄制. -- 1盘卷片（21米435拍）：
1:10，2B ；35mm银盐
收藏馆：缩微中心，南京

000029331
[嘉庆]黄平州志：十二卷首一卷末一卷又一卷 /
(清)李台修；(清)王孚镛纂
清嘉庆五年(1800)刻本
1999年摄制. -- 2盘卷片（43米908拍）：
1:10，2B ；35mm银盐
收藏馆：缩微中心，湖南

000031497
[乾隆]镇远府志：二十八卷首一卷 / (清)蔡宗建
修；(清)龚传绅纂
清乾隆五十八年(1793)刻本. -- 记事止：清
乾隆五十七年(1792)。
2004年摄制. -- 1盘卷片（25米522拍）：
1:10，2B ；35mm银盐
收藏馆：缩微中心，南京

000018088
清浪卫志略：不分卷 / (清)朱黼纂修
清康熙二十三年(1684)抄本
1993年摄制. -- 1盘卷片（4米46拍）：1:10，
2B ；35mm银盐
收藏馆：缩微中心，贵州

000018091
[乾隆]清江志：八卷 / (清)胡章纂修
清乾隆五十五年(1790)抄本
1993年摄制. -- 1盘卷片（17米350拍）：
1:10，2B ；35mm银盐
收藏馆：缩微中心，贵州

000030478
[光绪]天柱县志：八卷首一卷 / (清)林佩纶[等]
修；(清)杨树琪[等]纂
清光绪二十九年(1903)抄本. -- 记事止：清
光绪二十九年(1903)，见卷七上第十六页选
举。清光绪二十九年续修，民国间传抄。
2002年摄制. -- 1盘卷片（22米474拍）：
1:10，2B ；35mm银盐
收藏馆：缩微中心，北碚

000018089
台拱厅志略：三卷 / (清)赵兴恺修；(清)陈天佑
纂
清乾隆五十七年(1792)抄本
1993年摄制. -- 1盘卷片（3米20拍）：1:10，
2B ；35mm银盐
收藏馆：缩微中心，贵州

000016528
[光绪]黎平府志：八卷首一卷 / (清)俞渭修；(清)
陈瑜纂
清光绪十八年(1892)刻本
1992年摄制. -- 4盘卷片（84.5米1955拍）：
1:10，2B ；35mm银盐
收藏馆：缩微中心，贵州

000018093
[光绪]古州厅志：十卷首一卷 / (清)余泽春修；
(清)余嵩庆,(清)陆渐鸿纂
清光绪十四年(1888)刻本
1993年摄制. -- 1盘卷片（24米504拍）：
1:10，2B ；35mm银盐
收藏馆：缩微中心，贵州

000031495
[光绪]古州厅志：十卷首一卷 / (清)余泽春修；
(清)余嵩庆,(清)陆渐鸿纂
清光绪十四年(1888)刻本. -- 记事止：清光
绪十三年(1887)。
2004年摄制. -- 1盘卷片（25米527拍）：
1:10，2B ；35mm银盐
收藏馆：缩微中心，南京

000016531
[光绪]平越直隶州志：四十卷 / (清)翟鸿锡,(清)
曹维祺修；(清)贺绪藩纂
清光绪二十三年至二十八年(1897-1902)刻本
1993年摄制. -- 3盘卷片（60.5米1290拍）：
1:10，2B ；35mm银盐
收藏馆：缩微中心，贵州

000018086
[咸丰]荔波县志稿：一卷 / (清)郑珍纂修
清咸丰五年(1855)抄本
1993年摄制. -- 1盘卷片（4米59拍）：1:10，
2B ；35mm银盐
收藏馆：缩微中心，贵州

000018085
[咸丰]荔波县志稿：一卷 / (清)郑珍纂修
清咸丰五年(1855)抄本
1993年摄制. -- 1盘卷片（4米61拍）：1:10，
2B ；35mm银盐

收藏馆：缩微中心，贵州

000O012082

[道光]广顺州志：十二卷首一卷末一卷 / (清)金台修；(清)但明伦纂

清道光二十六年(1846)刻本

1990年摄制. -- 1盘卷片(16米340拍) : 1:10, 2B ; 35mm银盐

收藏馆：缩微中心，湖南

000O017763

[康熙]定番州志：二十一卷诗一卷 / (清)年法尧修；(清)夏文炳纂

清康熙五十七年(1718)刻乾隆至道光(1736-1850)增补本

1993年摄制. -- 1盘卷片(11米200拍) : 1:10, 2B ; 35mm银盐

收藏馆：缩微中心，贵州

000O018095

[咸丰]兴义府志：七十二卷首一卷续编二卷 / (清)张瑛修；(清)邹汉勋[等]纂

清宣统元年(1909)铅印本

1993年摄制. -- 4盘卷片(96米1980拍) : 1:10, 2B ; 35mm银盐

收藏馆：缩微中心，贵州

000O026015

[光绪]兴义府志续编：二卷 / (清)余厚墉修

清宣统元年(1909)铅印本. -- 清光绪九年(1883)修。

1996年摄制. -- 1盘卷片(4米56拍) : 1:10, 2B ; 35mm银盐

收藏馆：缩微中心，贵州

000O018092

[光绪]普安直隶厅志：二十二卷 / (清)曹昌祺[等]修；(清)覃梦榕[等]纂

清光绪十五年(1889)刻本

1993年摄制. -- 1盘卷片(29米625拍) : 1:10, 2B ; 35mm银盐

收藏馆：缩微中心，贵州

000O008836

[隆庆]云南通志：十七卷 / (明)邹应龙修；(明)李元扬纂

明万历四年(1576)刻本. -- 据明隆庆六年(1572)刻本刻。

1988年摄制. -- 2盘卷片(51米1137拍) : 1:10, 2B ; 35mm银盐

收藏馆：缩微中心，天津

000O017736

滇略：十卷 / (明)谢肇淛撰

明(1368-1644)刻本. -- 存三卷：卷一至卷三。

1993年摄制. -- 1盘卷片(5米75拍) : 1:10, 2B ; 35mm银盐

收藏馆：缩微中心，国图

000O007642

滇略：十卷 / (明)谢肇淛撰

明万历(1573-1620)刻本. -- 记事止：明万历元年(1573)。

1988年摄制. -- 1盘卷片(15米347拍) : 1:10, 2B ; 35mm银盐

收藏馆：缩微中心，南京

000O011946

[康熙]云南通志：三十卷 / (清)范承勋,(清)王继文修；(清)丁炜,(清)吴自肃纂

清康熙三十年(1691)刻本

1990年摄制. -- 4盘卷片(106米2331拍) : 1:10, 2B ; 35mm银盐

收藏馆：缩微中心，天津

000O026952

[康熙]云南通志：三十卷首一卷 / (清)范承勋,(清)王继文修；(清)丁炜,(清)吴自肃纂

清康熙(1662-1722)刻本

1997年摄制. -- 4盘卷片(105米2174拍) : 1:10, 2B ; 35mm银盐

收藏馆：缩微中心，国图

000O009623

[嘉庆]滇系：四十卷 / (清)师范纂

清嘉庆十三年(1808)刻本. -- 包括：疆域二卷、职官一卷、事略一卷、赋产一卷、山川二卷、人物一卷、典故八卷、艺文十八卷、土司二卷、属夷一卷、旅途二卷、杂载一卷。

1989年摄制. -- 5盘卷片(147.7米3259拍) : 1:9, 2B ; 35mm银盐

收藏馆：缩微中心，重庆

000O029334

[道光]云南通志稿：二百十六卷首三卷 / (清)阮元,(清)伊里布修；(清)王崧,(清)李诚纂

清道光十五年(1835)刻本

1999年摄制. -- 14盘卷片(410米8837拍) : 1:10, 2B ; 35mm银盐

收藏馆：缩微中心，湖南

000O011792

[道光]云南备征志：二十一卷 / (清)王嵩编纂

清宣统二年(1910)铅印本

1990年摄制. -- 2盘卷片(36米785拍) ：
1:10，2B ；35mm银盐
收藏馆：缩微中心，吉林

00○011743
[道光]昆明县志：十卷 / (清)戴絅孙纂
清光绪三十年(1904)刻本
1990年摄制. -- 1盘卷片(17米357拍) ：
1:10，2B ；35mm银盐
收藏馆：缩微中心，吉林

00○019814
[光绪]东川府续志：四卷 / (清)余泽春修；(清)茅
紫芳纂；(清)冯誉聪续修
清光绪十年至二十三年(1884-1897)刻续刻本
1994年摄制. -- 1盘卷片(9米172拍) ：1:10,
2B ；35mm银盐
收藏馆：缩微中心，贵州

00○008887
[道光]昆阳州志：十六卷 / (清)朱庆椿[等]纂修
清道光十九年(1839)刻后印本. -- 配补抄
本。
1988年摄制. -- 1盘卷片(21米434拍) ：
1:10，2B ；35mm银盐
收藏馆：缩微中心，浙江

00○008222
[乾隆]宜良县志：四卷首一卷 / (清)李淳纂修
清乾隆五十一年(1786)刻本. -- 记事止：清
乾隆五十一年(1786)。
1988年摄制. -- 1盘卷片(15米362拍) ：
1:10，2B ；35mm银盐
收藏馆：缩微中心，南京

00○019843
[康熙]路南州志：四卷 / (清)金廷献修 . [乾隆]续
编路南州志：四卷 / (清)史进爵修；(清)李汝相
[等]纂；(清)郭廷选[等]纂
清康熙(1662-1722)刻本. -- 路南州志清康熙
五十一年(1712)有补版，续编路南州志清乾隆
二十二年(1757)有补版；续编附各卷后；卷
一、卷三至卷四配抄本。路南州志卷一(凡例)
第二页码错；第二册、第三册页码乱。
1994年摄制. -- 1盘卷片(14米291拍) ：
1:10，2B ；35mm银盐
收藏馆：缩微中心，天津

00○008864
禄劝县乡土志合编：三卷 / (清)鲁大宗辑
清光绪三十四年(1908)铅印本
1988年摄制. -- 1盘卷片(4米56拍) ：1:10,
2B ；35mm银盐

收藏馆：缩微中心，浙江

00○024754
[康熙]罗平州志：四卷 / (清)黄德巽撰
清康熙五十七年(1718)刻本
1995年摄制. -- 1盘卷片(12米231拍) ：
1:10，2B ；35mm银盐
收藏馆：缩微中心，浙江

00○011953
[乾隆]陆凉州志：六卷 / (清)沈生遴纂修
清乾隆十七年(1752)刻本
1990年摄制. -- 1盘卷片(12米233拍) ：
1:10，2B ；35mm银盐
收藏馆：缩微中心，天津

00○021484
[康熙]通海县志：八卷 / (清)魏荩臣修；(清)阚祯
兆纂
清康熙(1662-1722)刻本
1995年摄制. -- 1盘卷片(15米265拍) ：
1:10，2B ；35mm银盐
收藏馆：缩微中心，国图

00○021496
[康熙]河西县志：六卷 / (清)周天任纂修
清康熙(1662-1722)刻本
1995年摄制. -- 1盘卷片(8米135拍) ：1:10,
2B ；35mm银盐
收藏馆：缩微中心，国图

00○021392
[康熙]嶍峨县志：四卷 / (清)陆诏阋,(清)彭学曾
纂修
清康熙三十七年(1698)刻本
1995年摄制. -- 1盘卷片(12米243拍) ：
1:10，2B ；35mm银盐
收藏馆：缩微中心，甘肃

00○011971
[道光]元江州志：四卷 / (清)广裕修；(清)王
垲,(清)冯世骧纂
清道光六年(1826)刻本
1990年摄制. -- 1盘卷片(13米255拍) ：
1:10，2B ；35mm银盐
收藏馆：缩微中心，天津

00○022757
[光绪]丽江府志：八卷首一卷 / (清)陈宗海,(清)
李星瑞纂修
清(1644-1911)稿本. -- 卷三配抄本。
1994年摄制. -- 1盘卷片(25米497拍) ：
1:10，2B ；35mm银盐

收藏馆：缩微中心，浙江

00O012296
[乾隆]顺宁府志：十卷 / (清)范溥原修；(清)刘埥续修
清乾隆二十六年(1761)刻本
1990年摄制. -- 1盘卷片（23米501拍）：1:10, 2B ；35mm银盐
收藏馆：缩微中心，天津

00O019816
浪穹县志略：十三卷 / (清)周沆纂修
清光绪二十九年(1903)刻本
1994年摄制. -- 1盘卷片（18米379拍）：1:10, 2B ；35mm银盐
收藏馆：缩微中心，贵州

00O014516
[咸丰]邓川州志：十六卷 / (清)钮方图修；(清)侯允钦纂
清咸丰五年(1855)刻本
1992年摄制. -- 1盘卷片（21米466拍）：1:10, 2B ；35mm银盐
收藏馆：缩微中心，吉林

00O012831
[光绪]鹤庆州志：三十二卷 / (清)王宝仪,(清)杨全和修纂
清光绪二十年(1894)刻本
1990年摄制. -- 1盘卷片（30米671拍）：1:10, 2B ；35mm银盐
收藏馆：缩微中心，吉林

00O009800
[嘉庆]楚雄县志：十卷首一卷 / (清)苏鸣鹤修；(清)陈璜纂
清嘉庆二十三年(1818)刻本
1989年摄制. -- 1盘卷片（22米496拍）：1:10, 2B ；35mm银盐
收藏馆：缩微中心，浙江

00O011822
[道光]定远县志：八卷 / (清)李德生[等]修；(清)李庆元纂
清道光十五年(1835)刻本
1990年摄制. -- 1盘卷片（17米356拍）：1:10, 2B ；35mm银盐
收藏馆：缩微中心，天津

00O027083
琅盐井志：四卷 / (清)孙元相[等]纂修
清乾隆二十一年(1756)刻本. -- 纂修者还有：(清)赵淳。

1997年摄制. -- 1盘卷片（12米221拍）：1:10, 2B ；35mm银盐
收藏馆：缩微中心，国图

00O008248
[康熙]姚州志：四卷图考一卷 / (清)管棆纂修
清康熙五十二年(1713)刻乾隆(1736-1795)增修本. -- 记事止：清乾隆十七年(1752)。
1988年摄制. -- 1盘卷片（7米118拍）：1:10, 2B ；35mm银盐
收藏馆：缩微中心，南京

00O012796
[光绪]姚州志：十一卷 / (清)陆宗郑修；(清)甘雨纂
清光绪十一年(1885)刻本
1990年摄制. -- 1盘卷片（29米639拍）：1:10, 2B ；35mm银盐
收藏馆：缩微中心，吉林

00O021703
[康熙]蒙自县志：四卷 / (清)韩三异修；(清)张殿桂纂
清康熙(1662-1722)刻本
1995年摄制. -- 1盘卷片（13米246拍）：1:10, 2B ；35mm银盐
收藏馆：缩微中心，国图

00O011940
[嘉庆]临安府志：二十卷 / (清)江睿源修；(清)罗曾恩,(清)杨怀诚纂
清嘉庆四年(1799)刻光绪八年(1882)补刻本
1990年摄制. -- 2盘卷片（41米886拍）：1:10, 2B ；35mm银盐
收藏馆：缩微中心，天津

00O021503
[康熙]续石屏州志：五卷 / (清)张毓瑞纂修
清康熙(1662-1722)刻本
1995年摄制. -- 1盘卷片（6米96拍）：1:10, 2B ；35mm银盐
收藏馆：缩微中心，国图

00O021360
[乾隆]石屏州志：八卷 / (清)管学宣纂修
清乾隆二十四年(1759)刻本
1994年摄制. -- 1盘卷片（29米620拍）：1:10, 2B ；35mm银盐
收藏馆：缩微中心，甘肃

00O021310
[雍正]弥勒州志：二十七卷首一卷 / (清)秦仁,(清)王纬修；(清)伍士瑝纂；(清)傅腾蛟增订

清雍正九年(1731)抄本
1994年摄制. -- 1盘卷片(13米249拍) :
1:10, 2B ; 35mm银盐
收藏馆：缩微中心, 甘肃

000029505
[乾隆]开化府志：十卷 / (清)杨大宾修；(清)赵震
[等]撰
清乾隆二十四年(1759)刻本. -- 记事止：清
乾隆二十四年(1759)。存六卷：卷二至卷五、
卷八至卷九。
2000年摄制. -- 1盘卷片(10米189拍) :
1:10, 2B ; 35mm银盐
收藏馆：缩微中心, 甘肃

000029332
[道光]广南府志：四卷 / (清)何愚纂修；(清)李熙
龄续修
清道光二十八年(1848)刻本
1999年摄制. -- 1盘卷片(18米382拍) :
1:10, 2B ; 35mm银盐
收藏馆：缩微中心, 湖南

000031185
[乾隆]西藏志：四卷 / (清)允礼撰
清(1644-1911)抄本. -- (清)龚自珍跋。
2004年摄制. -- 1盘卷片(6米92拍) : 1:11,
2B ; 35mm银盐
收藏馆：缩微中心, 国图

000009750
[嘉庆]卫藏通志：十六卷首一卷 / (清)和琳纂
清光绪二十一年(1895)刻渐西村舍汇刊本
1989年摄制. -- 1盘卷片(27.4米603拍) :
1:8, 2B ; 35mm银盐
收藏馆：缩微中心, 重庆

000025014
西藏纪闻：一卷
稿本
1996年摄制. -- 1盘卷片(4米53拍) : 1:10,
2B ; 35mm银盐
收藏馆：缩微中心, 安徽

000012084
西藏图考：八卷首一卷 / (清)黄沛翘纂
清光绪十二年(1886)滇南李培荣刻本
1990年摄制. -- 1盘卷片(15米314拍) :
1:10, 2B ; 35mm银盐
收藏馆：缩微中心, 湖南

000013314
西藏纪略：一卷 / (清)龚柴纂

清光绪十七年(1891)铅印小方壶斋舆地丛钞本
1991年摄制. -- 1盘卷片(24.2米527拍) :
1:8, 2B ; 35mm银盐
收藏馆：缩微中心, 重庆

000020179
雍大记：三十六卷 / (明)何景明纂修
明嘉靖(1522-1566)刻本
1994年摄制. -- 1盘卷片(32米647拍) :
1:10, 2B ; 35mm银盐
收藏馆：缩微中心, 国图

000008819
[嘉靖]陕西通志：四十卷 / (明)赵廷瑞修；(明)马
理[等]纂
明嘉靖二十一年(1542)刻嘉靖二十六年(1547)
增刻本
1988年摄制. -- 3盘卷片(79米1730拍) :
1:10, 2B ; 35mm银盐
收藏馆：缩微中心, 天津

000011500
[道光]陕西志辑要：六卷首一卷 / (清)王志沂纂
清道光七年(1827)刻本
1989年摄制. -- 1盘卷片(28米612拍) :
1:10, 2B ; 35mm银盐
收藏馆：缩微中心, 甘肃

000031474
[道光]陕西志辑要：六卷首一卷附四种四卷 /
(清)王志沂纂
清道光七年(1827)刻道光九年(1829)谢佩兰
[等]赐书堂重修本. -- 记事止：清道光七年
(1827)。
2004年摄制. -- 2盘卷片(36米760拍) :
1:10, 2B ; 35mm银盐
收藏馆：缩微中心, 南京

000010824
[熙宁]长安志：二十卷图三卷 / (宋)宋敏求纂；
(元)李好文绘图
清乾隆五十二年(1787)灵岩山馆刻本. -- 宋
熙宁九年修(1076)，元至正二年(1342)刊图。
1989年摄制. -- 1盘卷片(18米373拍) :
1:10, 2B ; 35mm银盐
收藏馆：缩微中心, 湖南

000014036
[熙宁]长安志：二十卷 / (宋)宋敏求纂修
清(1644-1911)抄本
1992年摄制. -- 1盘卷片(16米305拍) :
1:10, 2B ; 35mm银盐
收藏馆：缩微中心, 国图

000○008239
[熙宁]长安志：二十卷图三卷 / (宋)宋敏求纂；(元)李好文绘图
清(1644-1911)抄本. -- 记事止：宋熙宁三年(1070)。(清)丁丙跋。
1988年摄制. -- 1盘卷片(19米408拍)：1:10，2B；35mm银盐
收藏馆：缩微中心，南京

000○014360
长安志图：三卷 / (元)李好文撰
清(1644-1911)抄本
1992年摄制. -- 1盘卷片(6米87拍)：1:10，2B；35mm银盐
收藏馆：缩微中心，国图

000○007906
类编长安志：十卷目录一卷 / (元)骆天骧纂修
清(1644-1911)张燮小琅环室影元抄本
1988年摄制. -- 1盘卷片(16米308拍)：1:10，2B；35mm银盐
收藏馆：缩微中心，湖南

000○031329
类编长安志：十卷 / (元)骆天骧撰
清(1644-1911)抄本. -- 记事止：元大德元年(1297)。(清)丁丙跋。
2004年摄制. -- 1盘卷片(16米315拍)：1:10，2B；35mm银盐
收藏馆：缩微中心，南京

000○022931
西安府志：八十卷 / (清)舒其绅修；(清)严长明纂
清乾隆四十四年(1779)刻本. -- 存四十八卷：卷三十三至卷八十。
1994年摄制. -- 3盘卷片(58米1288拍)：1:10，2B；35mm银盐
收藏馆：缩微中心，甘肃

000○029465
[康熙]临潼县志：八卷 / (清)赵于京纂修
清康熙四十年(1701)藕叶山房刻本. -- 记事止：清康熙三十八年(1699)。
2000年摄制. -- 1盘卷片(16米336拍)：1:10，2B；35mm银盐
收藏馆：缩微中心，陕西

000○012129
[乾隆]临潼县志：九卷 / (清)史传远纂修
清乾隆四十一年(1776)刻本
1989年摄制. -- 1盘卷片(24米505拍)：1:10，2B；35mm银盐

收藏馆：缩微中心，甘肃

000○011293
[光绪]临潼县续志：二卷 / (清)杨彦修；(清)王应鹏纂
清光绪十六年(1890)刻本
1989年摄制. -- 1盘卷片(8米155拍)：1:10，2B；35mm银盐
收藏馆：缩微中心，甘肃

000○008195
[光绪]临潼县续志：四卷 / (清)施劢修；(清)谭麟纂
清光绪二十一年(1895)刻本. -- 记事止：清光绪十七年(1891)。
1988年摄制. -- 1盘卷片(10米187拍)：1:10，2B；35mm银盐
收藏馆：缩微中心，南京

000○010870
[嘉庆]长安县志：三十六卷 / (清)张聪贤纂修
清嘉庆二十年(1815)刻本
1989年摄制. -- 1盘卷片(26米550拍)：1:10，2B；35mm银盐
收藏馆：缩微中心，甘肃

000○011550
[嘉庆]咸宁县志：二十六卷首一卷 / (清)高廷法[等]修；(清)董佑诚[等]纂
清嘉庆二十四年(1819)刻本
1990年摄制. -- 1盘卷片(33米711拍)：1:10，2B；35mm银盐
收藏馆：缩微中心，甘肃

000○029463
[雍正]蓝田县志：四卷首一卷 / (清)郭显贤修；(清)李元升增修；(清)李大捷[等]纂
清顺治十七年(1660)刻雍正八年(1730)增修本
2000年摄制. -- 1盘卷片(15米317拍)：1:10，2B；35mm银盐
收藏馆：缩微中心，陕西

000○012798
[道光]蓝田县志：十六卷文征录四卷 / (清)胡元瑛,(清)蒋湘南修纂
清道光二十年(1840)刻本
1990年摄制. -- 1盘卷片(21米454拍)：1:10，2B；35mm银盐
收藏馆：缩微中心，吉林

000○029482
蓝田县乡土志：二卷
清宣统二年(1910)抄本. -- 记事止：清光绪

三十三年(1907)。
2000年摄制. -- 1盘卷片(13米258拍) :
1:10, 2B ; 35mm银盐
收藏馆：缩微中心，陕西

000O029495
[乾隆]盩厔县志：十四卷首一卷 / (清)杨仪修；
(清)王开沃纂
清乾隆五十八年(1793)刻本. -- 记事止：清
乾隆五十七年(1792)。
2000年摄制. -- 1盘卷片(23米504拍) :
1:10, 2B ; 35mm银盐
收藏馆：缩微中心，陕西

000O029521
盩厔县乡土志：十五卷 / (清)左一芬纂修
清光绪(1875-1908)抄本. -- 记事止：清光绪
二十七年(1901)。
2000年摄制. -- 1盘卷片(4米58拍) : 1:10,
2B ; 35mm银盐
收藏馆：缩微中心，陕西

000O029526
[康熙]鄠县志：十二卷首一卷 / (明)刘璞修；(清)
康如琏续修
清康熙十八年(1679)刻本. -- 记事止：清康
熙十八年(1679)。
2000年摄制. -- 1盘卷片(15米319拍) :
1:10, 2B ; 35mm银盐
收藏馆：缩微中心，陕西

000O029527
[乾隆]鄠县重续志：五卷 / (清)鲁一佐修；(清)李
文汉增修
清雍正十年(1732)刻乾隆十六年(1751)增刻
本. -- 记事止：清乾隆十六年(1751)。
2000年摄制. -- 1盘卷片(10米199拍) :
1:10, 2B ; 35mm银盐
收藏馆：缩微中心，陕西

000O010868
[乾隆]鄠县新志：六卷 / (清)汪以诚修；(清)孙景
烈编纂
清乾隆四十二年(1777)刻本
1989年摄制. -- 1盘卷片(12米243拍) :
1:10, 2B ; 35mm银盐
收藏馆：缩微中心，甘肃

000O007610
[嘉靖]高陵县志：七卷图一卷 / (明)吕柟纂
明嘉靖二十年(1541)刻后印本
1987年摄制. -- 1盘卷片(11米243拍) :
1:10, 2B ; 35mm银盐

收藏馆：缩微中心，天津

000O029509
[嘉靖]高陵县志：七卷 / (明)吕柟纂修
清嘉庆三年(1798)刻本. -- 记事止：明隆庆
元年(1567)。
2000年摄制. -- 1盘卷片(12米234拍) :
1:10, 2B ; 35mm银盐
收藏馆：缩微中心，陕西

000O031539
[嘉靖]吕泾野先生高陵县志：七卷后传一卷 /
(明)徐效贤修；(明)吕柟纂
清光绪十四年(1888)刻本. -- 记事止：明嘉
靖二十年(1541)。
2004年摄制. -- 1盘卷片(8米130拍) : 1:10,
2B ; 35mm银盐
收藏馆：缩微中心，南京

000O011296
[光绪]高陵县续志：八卷附高陵县志七卷 / (清)
白遇道编纂
清光绪十年(1884)刻本
1989年摄制. -- 1盘卷片(18米366拍) :
1:10, 2B ; 35mm银盐
收藏馆：缩微中心，甘肃

000O031754
延安府志：十卷图一卷 / (清)陈天植修；(清)刘
尔举纂
清康熙十八年(1679)刻本. -- 存九卷：卷二
至卷九、图一卷。原件有部分字迹模糊。
2005年摄制. -- 1盘卷片(33米680拍) :
1:10, 2B ; 35mm银盐
收藏馆：缩微中心，国图

000O031755
延安府志：十卷图一卷 / (清)陈天植修；(清)刘
尔举纂
清康熙十八年(1679)刻本. -- 存三卷：卷
一、卷六、图一卷。
2005年摄制. -- 1盘卷片(16米310拍) :
1:10, 2B ; 35mm银盐
收藏馆：缩微中心，国图

000O021332
[嘉庆]重修延安府志：八十卷 / (清)洪蕙纂修
清嘉庆七年(1802)刻本
1994年摄制. -- 2盘卷片(56米1196拍) :
1:10, 2B ; 35mm银盐
收藏馆：缩微中心，甘肃

00O029572
[嘉庆]重修延安府志：八十卷 / (清)洪蕙纂修
清嘉庆七年(1802)刻光绪十年(1884)补刻
本. -- 记事止：清嘉庆六年(1801)。卷首至
卷四为抄本。
2000年摄制. -- 2盘卷片(56米1210拍)：
1:10, 2B；35mm银盐
收藏馆：缩微中心，陕西

00O031306
[嘉庆]重修延安府志：八十卷 / (清)洪蕙纂修
清嘉庆(1796-1820)抄本. -- 记事止：清嘉庆
六年(1801)。
2004年摄制. -- 2盘卷片(55米1186拍)：
1:10, 2B；35mm银盐
收藏馆：缩微中心，南京

00O029473
[康熙]延长县志：十卷首一卷 / (清)孙芳馨纂修
清(1644-1911)抄本. -- 记事止：清雍正七年
(1729)。
2000年摄制. -- 1盘卷片(8米146拍)：1:10,
2B；35mm银盐
收藏馆：缩微中心，陕西

00O031313
[乾隆]延长县志：十卷 / (清)王崇礼纂修
清乾隆(1736-1795)抄本. -- 记事止：清乾隆
二十六年(1761)。
2004年摄制. -- 1盘卷片(12米230拍)：
1:10, 2B；35mm银盐
收藏馆：缩微中心，南京

00O027671
[顺治]延川县志：一卷 / (清)刘谷纂修
清顺治十八年(1661)刻本
1997年摄制. -- 1盘卷片(5米55拍)：1:10,
2B；35mm银盐
收藏馆：缩微中心，国图

00O031348
[道光]重修延川县志：五卷首一卷 / (清)谢长清
纂修
清道光十一年(1831)刻本. -- 记事止：清道
光十一年(1831)。
2004年摄制. -- 1盘卷片(10米192拍)：
1:10, 2B；35mm银盐
收藏馆：缩微中心，南京

00O031470
[道光]重修延川县志：五卷首一卷 / (清)谢长清
纂修
清(1644-1911)抄本. -- 记事止：清道光十一

年(1831)。
2004年摄制. -- 1盘卷片(10米177拍)：
1:10, 2B；35mm银盐
收藏馆：缩微中心，南京

00O029468
[乾隆]安定县志：不分卷 / (清)吴瑛修；(清)王鸿
荐纂
清乾隆(1736-1795)抄本. -- 记事止：清乾隆
九年(1744)。
2000年摄制. -- 1盘卷片(7米126拍)：1:10,
2B；35mm银盐
收藏馆：缩微中心，陕西

00O029466
[道光]安定县志：八卷首一卷 / (清)姚国龄修；
(清)米毓璋纂
清道光(1821-1850)抄本. -- 记事止：清道光
二十六年(1846)。
2000年摄制. -- 1盘卷片(13米261拍)：
1:10, 2B；35mm银盐
收藏馆：缩微中心，陕西

00O029570
安塞县志：不分卷
清乾隆(1736-1795)倪嘉谦抄本. -- 记事止：
清乾隆九年(1744)。
2000年摄制. -- 1盘卷片(5米77拍)：1:10,
2B；35mm银盐
收藏馆：缩微中心，陕西

00O011964
[咸丰]保安县志：八卷 / (清)彭瑞麟修；(清)武东
旭纂
清咸丰六年(1856)刻本
1990年摄制. -- 1盘卷片(6米90拍)：1:10,
2B；35mm银盐
收藏馆：缩微中心，天津

00O031307
[咸丰]保安县志：八卷 / (清)彭瑞麟修；(清)武东
旭纂
清咸丰(1851-1861)抄本. -- 记事止：清咸丰
六年(1856)。
2004年摄制. -- 1盘卷片(6米91拍)：1:10,
2B；35mm银盐
收藏馆：缩微中心，南京

00O029616
甘泉县乡土志：不分卷
清宣统二年(1910)抄本. -- 记事止：清宣统
二年(1910)。
2000年摄制. -- 1盘卷片(3米33拍)：1:10,

2B ；35mm银盐
收藏馆：缩微中心，陕西

00O010883
[康熙]郿州志：八卷 / (清)顾耿臣修；(清)任于峤
纂
清康熙五年(1666)刻本
1989年摄制. -- 1盘卷片(14米285拍) :
1:10, 2B ；35mm银盐
收藏馆：缩微中心，甘肃

00O027675
[康熙]郿州志：八卷 / (清)顾耿臣修；(清)任于峤
纂
清康熙五年(1666)刻本
1997年摄制. -- 1盘卷片(13米243拍) :
1:10, 2B ；35mm银盐
收藏馆：缩微中心，国图

00O029573
中部县志：四卷 / (清)李喧修；(清)刘尔怡纂
清康熙三十四年(1695)刻本. -- 记事止：清
康熙三十四年(1695)。
2000年摄制. -- 1盘卷片(7米122拍) : 1:10,
2B ；35mm银盐
收藏馆：缩微中心，陕西

00O022934
中部县志：四卷 / (清)丁翰修；(清)张永清纂
清嘉庆十二年(1807)刻本
1994年摄制. -- 1盘卷片(13米257拍) :
1:10, 2B ；35mm银盐
收藏馆：缩微中心，甘肃

00O021863
[嘉靖]耀州志：十一卷 / (明)李廷宝修；(明)乔世
宁纂
明嘉靖三十六年(1557)刻清康熙四十四年
(1705)补修本
1995年摄制. -- 1盘卷片(10.7米204拍) :
1:10, 2B ；35mm银盐
收藏馆：缩微中心，湖北

00O031610
[嘉靖]耀州志：十一卷 / (明)李廷宝修；(明)乔世
宁纂
清乾隆二十七年(1762)刻本. -- 记事止：明
嘉靖三十六年(1557)。附：[嘉靖]五台山志：
一卷/(明)乔世宁纂。
2005年摄制. -- 1盘卷片(9米184拍) : 1:10,
2B ；35mm银盐
收藏馆：缩微中心，南京

00O008901
[嘉庆]耀州志：十卷 / (清)陈仕林纂修
清嘉庆七年(1802)刻本
1988年摄制. -- 1盘卷片(22米486拍) :
1:10, 2B ；35mm银盐
收藏馆：缩微中心，浙江

00O012135
[雍正]宜君县志：不分卷 / (清)查遴[等]纂修
清雍正十年(1732)刻本. -- 宜君县：属陕西
省。
1989年摄制. -- 1盘卷片(6米101拍) : 1:10,
2B ；35mm银盐
收藏馆：缩微中心，甘肃

00O029626
[雍正]渭南县志：十五卷 / (清)岳冠华纂修
清雍正十一年(1733)刻本. -- 记事止：清雍
正九年(1731)。
2000年摄制. -- 1盘卷片(30米671拍) :
1:10, 2B ；35mm银盐
收藏馆：缩微中心，陕西

00O029480
[乾隆]渭南县志：十四卷 / (清)汪以诚纂修
清乾隆四十三年(1778)刻本. -- 记事止：清
乾隆四十二年(1777)。
2000年摄制. -- 1盘卷片(25米542拍) :
1:10, 2B ；35mm银盐
收藏馆：缩微中心，陕西

00O009369
[道光]重辑渭南县志：十八卷 / (清)何耿绳修；
(清)姚景衡纂
清道光九年(1829)刻本. -- 记事止：清道光
八年(1828)。
1988年摄制. -- 1盘卷片(19米432拍) :
1:10, 2B ；35mm银盐
收藏馆：缩微中心，南京

00O011301
[光绪]新续渭南县志：十二卷 / (清)严书麟,(清)
焦联甲纂修
清光绪十八年(1892)刻本
1989年摄制. -- 2盘卷片(38米787拍) :
1:10, 2B ；35mm银盐
收藏馆：缩微中心，甘肃

00O011766
[万历]华阴县志：九卷 / (明)王九畴修；(明)张毓
翰纂
明万历四十二年(1614)刻本
1990年摄制. -- 1盘卷片(9米162拍) : 1:10,

2B ；35mm银盐
收藏馆：缩微中心，吉林

00O007881
[万历]华阴县志：九卷 / (明)王九畴修；(明)张毓翰纂
明万历四十二年(1614)刻清康熙(1662-1722)增修本. -- 版框高二十二厘米宽十五厘米。
1988年摄制. -- 1盘卷片(9米164拍) ：1:10, 2B ；35mm银盐
收藏馆：缩微中心，广东

00O007239
[万历]华阴县志：八卷 / (明)王九畴修；(明)张毓翰纂
明万历(1573-1620)刻本
1987年摄制. -- 1盘卷片(8米156拍) ：1:10, 2B ；35mm银盐
收藏馆：缩微中心，国图

00O029580
[乾隆]华阴县志：二十二卷 / (清)陆维垣修；(清)李天秀纂
清乾隆五十九年(1794)刻本. -- 记事止：清乾隆五十九年(1794)。
2000年摄制. -- 3盘卷片(67米1439拍) ：1:10, 2B ；35mm银盐
收藏馆：缩微中心，陕西

00O011719
[乾隆]韩城县志：十六卷 / (清)傅应奎修；(清)钱坫[等]纂
清乾隆四十九年(1784)刻本
1990年摄制. -- 1盘卷片(24米520拍) ：1:10, 2B ；35mm银盐
收藏馆：缩微中心，吉林

00O031323
[乾隆]韩城县志：十六卷首一卷 / (清)傅应奎修；(清)钱坫[等]纂
清乾隆五十二年(1787)刻本. -- 记事止：清乾隆五十二年(1787)。
2004年摄制. -- 1盘卷片(22米457拍) ：1:10, 2B ；35mm银盐
收藏馆：缩微中心，南京

00O021395
[嘉庆]韩城县续志：五卷 / (清)冀兰泰续修
清嘉庆二十三年(1818)刻本
1995年摄制. -- 1盘卷片(5米73拍) ：1:10, 2B ；35mm银盐
收藏馆：缩微中心，甘肃

00O006173
[万历]华州志：二十四卷 / (明)李可久,(明)张光孝纂修
明隆庆六年(1572)刻万历八年(1580)增修本. -- 存二十卷：卷一至卷二十。
1987年摄制. -- 1盘卷片(12米225拍) ：1:10, 2B ；35mm银盐
收藏馆：缩微中心，四川

00O021868
[乾隆]再续华州志：十二卷 / (清)汪以诚修；(清)史蕚纂
清乾隆五十四年(1789)刻本
1995年摄制. -- 1盘卷片(7.5米134拍) ：1:10, 2B ；35mm银盐
收藏馆：缩微中心，湖北

00O029567
[乾隆]再续华州志：十二卷 / (清)汪以诚修；(清)史蕚纂
清光绪九年(1883)刻本. -- 记事止：清乾隆五十二年(1787)。
2000年摄制. -- 1盘卷片(8米147拍) ：1:10, 2B ；35mm银盐
收藏馆：缩微中心，陕西

00O010881
[光绪]三续华州志：十二卷 / (清)吴炳南修；(清)刘域纂
清光绪八年(1882)刻本. -- 华州：今陕西省华县。
1989年摄制. -- 1盘卷片(24米522拍) ：1:10, 2B ；35mm银盐
收藏馆：缩微中心，甘肃

00O029615
[乾隆]同州府志：六十卷首一卷 / (清)闵鉴修；(清)吴泰来纂
清乾隆四十六年(1781)刻本. -- 记事止：清乾隆四十六年(1781)。
2000年摄制. -- 3盘卷片(80米1740拍) ：1:10, 2B ；35mm银盐
收藏馆：缩微中心，陕西

00O031353
[咸丰]同州府志：三十四卷首二卷文征录三卷 / (清)文廉[等]修；(清)蒋湘南纂
清咸丰二年(1852)刻光绪七年(1881)重修本. -- 记事止：清咸丰元年(1851)。
2004年摄制. -- 4盘卷片(97米2047拍) ：1:10, 2B ；35mm银盐
收藏馆：缩微中心，南京

00O010857
[咸丰]同州府志：三十四卷首二卷文征录三卷 /
(清)文廉[等]修；(清)蒋湘南纂
清咸丰二年(1852)刻本
1989年摄制. -- 4盘卷片(97米2050拍) :
1:10, 2B；35mm银盐
收藏馆：缩微中心，甘肃

00O010877
[光绪]同州府续志：十六卷首一卷 / (清)饶应祺
修；(清)马先登[等]纂
清光绪七年(1881)刻本
1989年摄制. -- 1盘卷片(30米641拍) :
1:10, 2B；35mm银盐
收藏馆：缩微中心，甘肃

00O012808
[道光]大荔县志：十六卷附足征录四卷 / (清)熊
兆麟纂修
清道光三十年(1850)刻本
1990年摄制. -- 1盘卷片(26米536拍) :
1:10, 2B；35mm银盐
收藏馆：缩微中心，甘肃

00O011721
[光绪]大荔县续志：十二卷足征录四卷 / (清)周
铭旂修；(清)李志复纂
清光绪十一年(1885)刻本
1990年摄制. -- 1盘卷片(16米342拍) :
1:10, 2B；35mm银盐
收藏馆：缩微中心，吉林

00O007916
[正德]朝邑县志：二卷 / (明)王道修；(明)韩邦靖
纂
明正德十四年(1519)刻本
1988年摄制. -- 1盘卷片(3.7米50拍) :
1:10, 2B；35mm银盐
收藏馆：缩微中心，湖南

00O021377
[正德]朝邑县志：二卷 / (明)王道修；(明)韩邦靖
纂
明正德十四年(1519)刻本
1994年摄制. -- 1盘卷片(3米42拍) : 1:10,
2B；35mm银盐
收藏馆：缩微中心，甘肃

00O031354
[正德]朝邑县志：二卷 / (明)王道修；(明)韩邦靖
纂
明正德(1506-1521)抄本. -- 记事止：明正德
十四年(1519)。

2004年摄制. -- 1盘卷片(3米37拍) : 1:10,
2B；35mm银盐
收藏馆：缩微中心，南京

00O031500
[正德]朝邑县志：二卷 / (明)王道修；(明)韩邦靖
纂 . 韩五泉诗集：四卷遗诗一卷附录二卷 / (明)
韩邦靖撰
清(1644-1911)刻本. -- 记事止：明正德十四
年(1519)。
2004年摄制. -- 1盘卷片(8米140拍) : 1:10,
2B；35mm银盐
收藏馆：缩微中心，南京

00O031363
[正德]朝邑县志：二卷 / (明)王道修；(明)韩邦靖
纂
清道光二十年(1840)黄秩模刻本. -- 记事
止：明正德十四年(1519)。
2004年摄制. -- 1盘卷片(4米39拍) : 1:10,
2B；35mm银盐
收藏馆：缩微中心，南京

00O031444
[正德]朝邑县志：二卷 / (明)王道修；(明)韩邦靖
纂
清同治十三年(1874)刻本. -- 记事止：明正
德十四年(1519)。
2004年摄制. -- 1盘卷片(4米40拍) : 1:10,
2B；35mm银盐
收藏馆：缩微中心，南京

00O010858
校正朝邑志 / (明)韩邦靖纂；(清)王元启校订
清乾隆四十年(1775)海盐杨志梁刻本
1989年摄制. -- 1盘卷片(3米38拍) : 1:10,
2B；35mm银盐
收藏馆：缩微中心，甘肃

00O031356
校正韩汝庆先生朝邑志：不分卷 / (明)王道修；
(明)韩邦靖纂；(清)王元启[等]校正
清道光十一年(1831)得月簃刻得月簃丛书
本. -- 记事止：明正德十四年(1519)。
2004年摄制. -- 1盘卷片(4米36拍) : 1:10,
2B；35mm银盐
收藏馆：缩微中心，南京

00O031462
校正韩汝庆朝邑志：不分卷 / (明)王道修；(明)
韩邦靖纂；(清)王元启订正 . 校正康对山武功县
志：三卷 / (明)康海纂；(清)王元启订正
清道光二十五年(1845)陆黻恩借抄居抄本. --

记事止：明正德十四年(1519)。
2004年摄制. -- 1盘卷片(6米85拍) ： 1:10,
2B ；35mm银盐
收藏馆：缩微中心，南京

000O011757
万历续朝邑县志：八卷 / (明)郭实修；(明)王学谟纂
清康熙五十一年(1712)刻本
1990年摄制. -- 1盘卷片(9米154拍) ： 1:10,
2B ；35mm银盐
收藏馆：缩微中心，吉林

000O012833
[康熙]朝邑县后志：八卷 / (清)王鹏翼纂
清康熙五十一年(1712)刻本
1990年摄制. -- 1盘卷片(13米268拍) ：
1:10, 2B ；35mm银盐
收藏馆：缩微中心，吉林

000O011303
[乾隆]朝邑志：十一卷首一卷 / (清)金嘉琰修；(清)钱坫纂
清乾隆四十五年(1780)刻本
1989年摄制. -- 1盘卷片(17米350拍) ：
1:10, 2B ；35mm银盐
收藏馆：缩微中心，甘肃

000O031332
[乾隆]朝邑志：十一卷首一卷 / (清)金嘉琰[等]修；(清)钱坫纂；(清)朱斗南增纂修
清乾隆四十五年(1780)刻道光十二年(1832)增修本. -- 记事止：清乾隆四十三年(1778)。
2004年摄制. -- 1盘卷片(17米348拍) ：
1:10, 2B ；35mm银盐
收藏馆：缩微中心，南京

000O031496
咸丰初朝邑县志：三卷 / (清)李元春纂
清咸丰元年(1851)刻本. -- 记事止：清咸丰元年(1851)。(清)佚名批校。
2004年摄制. -- 1盘卷片(8米138拍) ： 1:10,
2B ；35mm银盐
收藏馆：缩微中心，南京

000O008263
咸丰初朝邑县志：三卷附志例一卷志例后录一卷 / (清)李元春纂
清光绪七年(1881)同义文会刻本. -- 记事止：清咸丰十一年(1861)。
1988年摄制. -- 1盘卷片(10米212拍) ：
1:10, 2B ；35mm银盐
收藏馆：缩微中心，南京

000O017220
[康熙]蒲城县续志：四卷 / (清)汪元仕修；(清)何芬纂
清康熙五十三年(1714)刻本
1993年摄制. -- 1盘卷片(7米125拍) ： 1:10,
2B ；35mm银盐
收藏馆：缩微中心，天津

000O010879
[乾隆]蒲城县志：十五卷 / (清)张心镜修；(清)吴竹屿纂
清乾隆四十七年(1782)刻本
1989年摄制. -- 1盘卷片(17米341拍) ：
1:10, 2B ；35mm银盐
收藏馆：缩微中心，甘肃

000O011541
[光绪]蒲城县新志：十三卷首一卷 / (清)李体仁重修；(清)王学礼编纂
清光绪三十一年(1905)刻本
1990年摄制. -- 1盘卷片(17米335拍) ：
1:10, 2B ；35mm银盐
收藏馆：缩微中心，甘肃

000O011540
[嘉靖]澄城县志：二卷附北征文钞 / (明)石道立纂修
清咸丰元年(1851)刻本. -- 澄城：属陕西省渭南地区。(清)王延弼校正。
1990年摄制. -- 1盘卷片(6米105拍) ： 1:10,
2B ；35mm银盐
收藏馆：缩微中心，甘肃

000O027833
[顺治]澄城县志：二卷首一卷 / (清)姚钦明修；(清)路世美纂
清顺治(1644-1661)刻本
1997年摄制. -- 1盘卷片(9米147拍) ： 1:10,
2B ；35mm银盐
收藏馆：缩微中心，国图

000O031352
[顺治]澄城县志：二卷 / (清)姚钦明修；(清)路世美纂
清咸丰元年(1851)刻本. -- 记事止：清顺治六年(1649)。
2004年摄制. -- 1盘卷片(5米78拍) ： 1:10,
2B ；35mm银盐
收藏馆：缩微中心，南京

000O011302
[乾隆]澄城县志：二十卷 / (清)戴治修；(清)洪亮吉,(清)孙星衍纂

清乾隆四十九年(1784)刻本
1989年摄制. -- 1盘卷片(12米234拍) :
1:10，2B ；35mm银盐
收藏馆：缩微中心，甘肃

00O031556
[乾隆]澄城县志：二十卷 / (清)戴治修；(清)洪亮吉,(清)孙星衍纂；(清)胡彬增纂修
清乾隆四十九年(1784)刻嘉庆十三年(1808)增修本. -- 记事止：清嘉庆十三年(1808)。
2000年摄制. -- 1盘卷片(12米234拍) :
1:10，2B ；35mm银盐
收藏馆：缩微中心，南京

00O025182
[顺治]白水县志：二卷 / (清)王永命纂修
清顺治(1644-1661)刻本
1996年摄制. -- 1盘卷片(6米77拍) : 1:10,
2B ；35mm银盐
收藏馆：缩微中心，国图

00O031328
[乾隆]白水县志：四卷首一卷 / (清)梁善长纂修
清乾隆十九年(1754)刻同治九年(1870)增修本. -- 记事止：清同治九年(1870)。
2004年摄制. -- 1盘卷片(18米326拍) :
1:10，2B ；35mm银盐
收藏馆：缩微中心，南京

00O011306
[乾隆]郃阳县全志：四卷 / (清)席奉乾修；(清)孙景烈纂
清乾隆三十四年(1769)刻本
1989年摄制. -- 1盘卷片(10米217拍) :
1:10，2B ；35mm银盐
收藏馆：缩微中心，甘肃

00O007077
[万历]富平县志：十卷 / (明)刘兑修；(明)孙丕扬纂
明万历十二年(1584)刻后印本
1987年摄制. -- 1盘卷片(9米173拍) : 1:10,
2B ；35mm银盐
收藏馆：缩微中心，天津

00O029613
[万历]富平县志：十卷首一卷 / (明)刘兑修；(明)孙丕扬撰
清乾隆四十三年(1778)吴六鳌刻本. -- 记事止：明万历八年(1580)。
2000年摄制. -- 1盘卷片(8米141拍) : 1:10,
2B ；35mm银盐
收藏馆：缩微中心，甘肃

00O011761
[乾隆]富平县志：八篇 / (清)吴六鳌修；(清)胡文铨纂
清乾隆四十三年(1778)刻本
1990年摄制. -- 1盘卷片(22米480拍) :
1:10，2B ；35mm银盐
收藏馆：缩微中心，吉林

00O011549
[光绪]富平县志稿：十卷首一卷 / (清)樊增祥修；(清)谭麟纂
清光绪十七年(1891)刻本
1989年摄制. -- 1盘卷片(33米712拍) :
1:10，2B ；35mm银盐
收藏馆：缩微中心，甘肃

00O029522
富平县乡土志：不分卷
清(1644-1911)抄本. -- 记事止：清光绪十二年(1886)。
2000年摄制. -- 1盘卷片(4米44拍) : 1:10,
2B ；35mm银盐
收藏馆：缩微中心，陕西

00O031312
[乾隆]咸阳县志：二十二卷首一卷 / (清)臧应桐纂修
清乾隆十六年(1751)刻本. -- 记事止：清乾隆十五年(1750)。
2004年摄制. -- 1盘卷片(21米440拍) :
1:10，2B ；35mm银盐
收藏馆：缩微中心，南京

00O011305
[乾隆]兴平县志：二十五卷 / (清)胡蛟龄修；(清)刘大年[等]纂
清乾隆元年(1736)刻本
1989年摄制. -- 1盘卷片(24米494拍) :
1:10，2B ；35mm银盐
收藏馆：缩微中心，甘肃

00O031325
[乾隆]兴平县志：二十五卷 / (清)顾声雷修；(清)张埙纂
清乾隆四十四年(1779)刻本. -- 记事止：清乾隆四十三年(1778)。
2004年摄制. -- 1盘卷片(23米488拍) :
1:10，2B ；35mm银盐
收藏馆：缩微中心，南京

00O014519
[光绪]兴平县乡土志：不分卷 / (清)张元际纂
清光绪三十三年(1907)活字印本

1992年摄制. -- 1盘卷片(10米183拍) :
1:10，2B ；35mm银盐
收藏馆：缩微中心，吉林

000O029496
[康熙]三原县志：七卷 / (清)李瀛纂辑
清康熙五十三年(1714)刻本. -- 记事止：清
康熙五十三年(1714)。
2000年摄制. -- 1盘卷片(20米435拍) :
1:10，2B ；35mm银盐
收藏馆：缩微中心，陕西

000O011538
[光绪]三原县新志：八卷 / (清)焦云龙修；(清)贺
瑞麟纂
清光绪五年(1879)刻本
1990年摄制. -- 1盘卷片(16米333拍) :
1:10，2B ；35mm银盐
收藏馆：缩微中心，甘肃

000O029524
[雍正]泾阳县志：八卷首一卷 / (清)屠楷纂修
清雍正十年(1732)刻本. -- 记事止：清雍正
九年(1731)。
2000年摄制. -- 1盘卷片(13米273拍) :
1:10，2B ；35mm银盐
收藏馆：缩微中心，陕西

000O029467
[乾隆]泾阳县志：十卷首一卷 / (清)葛晨纂修
清乾隆四十三年(1778)刻本. -- 记事止：清
乾隆四十三年(1778)。
2000年摄制. -- 1盘卷片(21米436拍) :
1:10，2B ；35mm银盐
收藏馆：缩微中心，陕西

000O029470
泾阳乡土志：□□卷
清光绪二十三年(1897)稿本. -- 记事止：清
光绪二十三年(1897)。存一卷：卷三。
2000年摄制. -- 1盘卷片(4米57拍) : 1:10,
2B ；35mm银盐
收藏馆：缩微中心，陕西

000O022937
[光绪]乾州志稿：十四卷首一卷别录四卷乾阳殉
难士女录一卷 / (清)周铭旂纂修
清光绪十年(1884)刻本
1994年摄制. -- 1盘卷片(19米400拍) :
1:10，2B ；35mm银盐
收藏馆：缩微中心，甘肃

000O031555
[光绪]乾州志稿：十四卷首一卷别录四卷乾阳殉
难士女录一卷 / (清)周铭旂纂修
清光绪十一年(1885)刻本. -- 记事止：清光
绪十年(1884)。
2004年摄制. -- 1盘卷片(19米397拍) :
1:10，2B ；35mm银盐
收藏馆：缩微中心，南京

000O021400
乾州志稿补正：一卷 / (清)周铭旂纂
清光绪十七年(1891)刻本
1995年摄制. -- 1盘卷片(3米59拍) : 1:10,
2B ；35mm银盐
收藏馆：缩微中心，甘肃

000O031324
[乾隆]醴泉县续志：三卷首一卷 / (清)宫燿亮修；
(清)陈我义纂
清乾隆(1736-1795)抄本. -- 记事止：清乾隆
十五年(1750)。
2004年摄制. -- 1盘卷片(9米153拍) : 1:10,
2B ；35mm银盐
收藏馆：缩微中心，南京

000O011292
[乾隆]醴泉县志：十四卷 / (清)蒋骐昌,(清)孙星
衍撰
清乾隆四十八年(1783)刻本. -- 醴泉县：属
陕西省。
1989年摄制. -- 1盘卷片(17米352拍) :
1:10，2B ；35mm银盐
收藏馆：缩微中心，甘肃

000O011537
[光绪]永寿县新志：十卷首一卷 / (清)郑德枢修
；(清)赵奇龄纂
清光绪十四年(1888)刻本
1990年摄制. -- 1盘卷片(16米312拍) :
1:10，2B ；35mm银盐
收藏馆：缩微中心，甘肃

000O027676
[嘉靖]邠州志：四卷 / (明)姚本修；(明)阎奉恩纂；
(清)苏东柱续修
清顺治六年(1649)刻本
1997年摄制. -- 1盘卷片(11米202拍) :
1:10，2B ；35mm银盐
收藏馆：缩微中心，国图

000O021368
[乾隆]直隶邠州志：二十五卷 / (清)王朝爵修；
(清)孙星衍纂

清乾隆四十九年(1784)刻本
1994年摄制. -- 1盘卷片(14米278拍)：
1:10, 2B ; 35mm银盐
收藏馆：缩微中心, 甘肃

000O029583
邠县乡土志：不分卷 / (清)张殿华撰
清(1644-1911)抄本. -- 记事止：清雍正三年
(1725)。
2000年摄制. -- 1盘卷片(3米44拍) : 1:10,
2B ; 35mm银盐
收藏馆：缩微中心, 陕西

000O029621
长武县志：二卷首一卷 / (清)张纯儒修；(清)莫
琛撰
清康熙十六年(1677)刻本. -- 记事止：清康
熙十五年(1676)。
2000年摄制. -- 1盘卷片(5米89拍) : 1:10,
2B ; 35mm银盐
收藏馆：缩微中心, 陕西

000O011547
[乾隆]长武县志：十二卷附续刻一卷 / (清)樊士
锋修；(清)洪亮吉纂
清乾隆四十八年(1783)刻本
1990年摄制. -- 1盘卷片(10米195拍) :
1:10, 2B ; 35mm银盐
收藏馆：缩微中心, 甘肃

000O029574
[康熙]三水县志：四卷 / (清)林逢泰修；(清)文倬
天纂
清康熙十七年(1678)刻本. -- 记事止：清康
熙十七年(1678)。
2000年摄制. -- 1盘卷片(13米260拍) :
1:10, 2B ; 35mm银盐
收藏馆：缩微中心, 陕西

000O011545
[同治]三水县志：十二卷 / (清)姜桐冈修；(清)郭
四维纂
清同治十年(1871)刻本
1990年摄制. -- 1盘卷片(16米331拍) :
1:10, 2B ; 35mm银盐
收藏馆：缩微中心, 甘肃

000O029565
[康熙]淳化县志：八卷首一卷 / (清)张如锦修；
(清)李一鹏撰
清康熙四十一年(1702)刻本. -- 记事止：清
康熙三十八年(1699)。
2000年摄制. -- 1盘卷片(14米280拍) :

1:10, 2B ; 35mm银盐
收藏馆：缩微中心, 陕西

000O010875
[乾隆]淳化县志：三十卷 / (清)万廷树修；(清)洪
亮吉纂
清乾隆四十八年(1783)刻本
1989年摄制. -- 1盘卷片(14米302拍) :
1:10, 2B ; 35mm银盐
收藏馆：缩微中心, 甘肃

000O008327
[正德]武功县志：三卷 / (明)康海纂
明正德十四年(1519)刻本
1988年摄制. -- 1盘卷片(6米105拍) : 1:10,
2B ; 35mm银盐
收藏馆：缩微中心, 浙江

000O031491
[正德]武功县志：三卷图一卷 / (明)康海纂
清雍正十二年(1734)沈华刻本. -- 记事止：
明正德十五年(1520)。
2004年摄制. -- 1盘卷片(6米101拍) : 1:10,
2B ; 35mm银盐
收藏馆：缩微中心, 南京

000O031460
[正德]武功县志：三卷 / (明)康海纂；(清)孙景烈
评注
清同治十三年(1874)刻本. -- 记事止：明正
德十五年(1520)。附勘证/(清)方楷撰。
2004年摄制. -- 1盘卷片(6米90拍) : 1:10,
2B ; 35mm银盐
收藏馆：缩微中心, 南京

000O029568
[正德]新刊康对山先生武功县志：三卷 / (明)康
海纂
清道光十一年(1831)来鹿堂刻本. -- 记事
止：明正德十五年(1520)。
2000年摄制. -- 1盘卷片(7米131拍) : 1:10,
2B ; 35mm银盐
收藏馆：缩微中心, 陕西

000O010859
[正德]武功县志：三卷首一卷 / (明)康海纂；(清)
孙景烈评注
清乾隆二十六年(1761)刻本
1989年摄制. -- 1盘卷片(5米77拍) : 1:10,
2B ; 35mm银盐
收藏馆：缩微中心, 甘肃

00O031340

[正德]武功县志：三卷首一卷 / (明)康海纂；(清)孙景烈评注

清嘉庆十九年(1814)刻光绪十三年(1887)绿野书院重修本. -- 记事止：明正德十五年(1520)。

2004年摄制. -- 1盘卷片(5米77拍)：1:10, 2B；35mm银盐

收藏馆：缩微中心，南京

00O029620

[正德]武功县志：三卷 / (明)康海纂；(清)孙景烈评注

清嘉庆(1796-1820)刻光绪十三年(1887)张世英补刻本. -- 记事止：明正德十五年(1520)。

2000年摄制. -- 1盘卷片(5米78拍)：1:10, 2B；35mm银盐

收藏馆：缩微中心，陕西

00O031366

[正德]武功县志：三卷首一卷 / (明)康海纂；(清)孙景烈评注

清道光三年(1823)刻本. -- 记事止：明正德十五年(1520)。

2004年摄制. -- 1盘卷片(5米76拍)：1:10, 2B；35mm银盐

收藏馆：缩微中心，南京

00O031337

[正德]武功县志：三卷首一卷 / (明)康海纂；(清)孙景烈评注

清同治十二年(1873)湖北崇文书局刻本. -- 记事止：明正德十五年(1520)。

2004年摄制. -- 1盘卷片(6米108拍)：1:10, 2B；35mm银盐

收藏馆：缩微中心，南京

00O031377

[正德]武功县志：三卷首一卷 / (明)康海纂；(清)孙景烈评注

清(1644-1911)刻本. -- 记事止：明正德十五年(1520)。

2004年摄制. -- 1盘卷片(5米76拍)：1:10, 2B；35mm银盐

收藏馆：缩微中心，南京

00O029584

[嘉庆]续武功县志：五卷 / (清)张树勋修；(清)王森文撰

清嘉庆二十一年(1816)绿野书院刻本. -- 记事止：清嘉庆十八年(1813)。

2000年摄制. -- 1盘卷片(8米185拍)：1:10, 2B；35mm银盐

收藏馆：缩微中心，陕西

00O011546

[光绪]武功县续志：二卷 / (清)张世英纂修

清光绪十四年(1888)刻本

1990年摄制. -- 1盘卷片(6米102拍)：1:10, 2B；35mm银盐

收藏馆：缩微中心，甘肃

00O029618

武功县乡土志：不分卷 / (清)高锡华撰

清光绪(1875-1908)抄本. -- 记事止：清同治八年(1869)。

2000年摄制. -- 1盘卷片(5米73拍)：1:10, 2B；35mm银盐

收藏馆：缩微中心，陕西

00O031326

[乾隆]宝鸡县志：十六卷图一卷 / (清)邓梦琴修；(清)董诏纂

清乾隆五十年(1785)刻本. -- 记事止：清乾隆五十年(1785)。

2004年摄制. -- 1盘卷片(16米311拍)：1:10, 2B；35mm银盐

收藏馆：缩微中心，南京

00O008198

[乾隆]宝鸡县志：十六卷 / (清)邓梦琴修；(清)董诏纂

清乾隆五十年(1785)刻本. -- 记事止：清乾隆五十年(1785)。

1988年摄制. -- 1盘卷片(14米287拍)：1:10, 2B；35mm银盐

收藏馆：缩微中心，南京

00O024855

[万历]重修凤翔府志：五卷 / (明)周易纂修

明万历五年(1577)刻清康熙(1662-1722)增修本. -- 存二卷：卷一、卷四。

1996年摄制. -- 1盘卷片(8米183拍)：1:10, 2B；35mm银盐

收藏馆：缩微中心，甘肃

00O031370

[乾隆]凤翔府志略：三卷 / (清)刘组曾纂修

清乾隆二十六年(1761)刻本. -- 记事止：清乾隆二十五年(1760)。

2004年摄制. -- 1盘卷片(11米217拍)：1:10, 2B；35mm银盐

收藏馆：缩微中心，南京

000O012477
[雍正]凤翔县志：十卷 / (清)韩镛纂修
清雍正十一年(1733)抄本
1990年摄制. -- 1盘卷片(24米494拍) :
1:10, 2B ; 35mm银盐
收藏馆：缩微中心，甘肃

000O012482
[乾隆]重修凤翔县志：八卷首一卷 / (清)罗鳌修；
(清)周方炯[等]纂
清乾隆三十二年(1767)刻本
1990年摄制. -- 1盘卷片(27米575拍) :
1:10, 2B ; 35mm银盐
收藏馆：缩微中心，甘肃

000O029523
[顺治]重修岐山县志：四卷 / (清)王毅修；(清)王
业隆纂
清顺治十四年(1657)刻本. -- 记事止：清顺
治十四年(1657)。
2000年摄制. -- 1盘卷片(10米181拍) :
1:10, 2B ; 35mm银盐
收藏馆：缩微中心，陕西

000O021389
[乾隆]岐山县志：八卷 / (清)平世增修；(清)蒋兆
甲纂
清乾隆四十四年(1779)刻本
1995年摄制. -- 1盘卷片(10米192拍) :
1:10, 2B ; 35mm银盐
收藏馆：缩微中心，甘肃

000O012896
[光绪]岐山县志：八卷 / (清)胡昇猷修；(清)张殿
元纂
清光绪十一年(1885)刻本
1991年摄制. -- 1盘卷片(15米321拍) :
1:10, 2B ; 35mm银盐
收藏馆：缩微中心，吉林

000O010882
[嘉庆]扶风县志：十八卷 / (清)宋世荦纂修
清嘉庆二十四年(1819)刻本
1989年摄制. -- 1盘卷片(13米255拍) :
1:10, 2B ; 35mm银盐
收藏馆：缩微中心，甘肃

000O012131
[乾隆]郿县志：十八卷 / (清)李带双修；(清)张若
纂
清乾隆四十三年(1778)刻本
1989年摄制. -- 1盘卷片(15米306拍) :
1:10, 2B ; 35mm银盐

收藏馆：缩微中心，甘肃

000O031330
[乾隆]郿县志：十八卷首一卷 / (清)李带双修；
(清)张若纂；(清)陈元熙增纂修
清乾隆四十四年(1779)刻嘉庆二十一年
(1816)增修本. -- 记事止：清嘉庆二十一年
(1816)。
2004年摄制. -- 1盘卷片(15米307拍) :
1:10, 2B ; 35mm银盐
收藏馆：缩微中心，南京

000O027687
石门遗事：七卷 / (清)王国玮纂修
清顺治(1644-1661)刻本
1997年摄制. -- 1盘卷片(5米71拍) : 1:10,
2B ; 35mm银盐
收藏馆：缩微中心，国图

000O029518
[顺治]汧阳县志：不分卷 / (清)王国玮纂修
清顺治十年(1653)刻顺治十七年(1660)补刻
本. -- 记事止：清顺治十七年(1660)。
2000年摄制. -- 1盘卷片(5米80拍) : 1:10,
2B ; 35mm银盐
收藏馆：缩微中心，陕西

000O029517
[乾隆]汧阳县志：不分卷 / (清)吴宸梧,(清)管旃
修纂
清乾隆元年(1736)刻本. -- 记事止：清雍正
十年(1732)。
2000年摄制. -- 1盘卷片(6米86拍) : 1:10,
2B ; 35mm银盐
收藏馆：缩微中心，陕西

000O011298
[道光]重修汧阳县志：十二卷首一卷 / (清)罗曰
璧纂修
清道光二十一年(1841)刻本. -- 1964年改名
千阳县。
1989年摄制. -- 1盘卷片(14米288拍) :
1:10, 2B ; 35mm银盐
收藏馆：缩微中心，甘肃

000O031346
[康熙]陇州志：八卷首一卷 / (清)罗彰彝纂修
清康熙五十二年(1713)刻本. -- 记事止：清
康熙五十二年(1713)。
2004年摄制. -- 1盘卷片(12米212拍) :
1:10, 2B ; 35mm银盐
收藏馆：缩微中心，南京

00O011289
[乾隆]陇州续志：八卷首一卷末一卷 / (清)吴炳
纂修
清乾隆三十一年(1766)刻本. -- 陇州：今陕
西省陇县。
1989年摄制. -- 1盘卷片(18米361拍)：
1:10, 2B；35mm银盐
收藏馆：缩微中心，甘肃

00O014869
麟游县新志草：十卷 / (清)彭洵纂修
清光绪九年(1883)刻本
1992年摄制. -- 1盘卷片(11米211拍)：
1:10, 2B；35mm银盐
收藏馆：缩微中心，吉林

00O029476
[道光]凤县志：不分卷 / (清)陈韶撰
清道光六年(1826)抄本. -- 记事止：清乾隆
五十二年(1787)。
2000年摄制. -- 1盘卷片(6米89拍)：1:10,
2B；35mm银盐
收藏馆：缩微中心，陕西

00O011741
[光绪]凤县志：十卷 / (清)朱子春修
清光绪十八年(1892)刻本
1990年摄制. -- 1盘卷片(14米297拍)：
1:10, 2B；35mm银盐
收藏馆：缩微中心，吉林

00O031443
[康熙]汉南郡志：二十四卷 / (清)滕天绶纂修
清康熙三十年(1691)刻增修本. -- 记事止：
清康熙五十年(1711)。
2004年摄制. -- 2盘卷片(58米1220拍)：
1:10, 2B；35mm银盐
收藏馆：缩微中心，南京

00O011849
[嘉庆]汉南续修郡志：三十二卷首一卷 / (清)严
如翌修；(清)郑炳然[等]纂；(清)杨名飏编辑
清嘉庆十九年(1814)刻道光九年(1829)增刻本
1990年摄制. -- 2盘卷片(52米1139拍)：
1:10, 2B；35mm银盐
收藏馆：缩微中心，天津

00O011294
[乾隆]南郑县志：十六卷 / (清)王行俭纂修
清乾隆五十九年(1794)刻本. -- 南郑县：属
陕西省。
1989年摄制. -- 1盘卷片(16米323拍)：
1:10, 2B；35mm银盐

收藏馆：缩微中心，甘肃

00O031331
[乾隆]南郑县志：十六卷 / (清)王行俭纂修
清乾隆(1736-1795)抄本. -- 记事止：清乾隆
五十八年(1793)。
2004年摄制. -- 1盘卷片(14米285拍)：
1:10, 2B；35mm银盐
收藏馆：缩微中心，南京

00O029471
南郑乡土志：不分卷
清光绪(1875-1908)抄本. -- 记事止：清光绪
十四年(1888)。
2000年摄制. -- 1盘卷片(8米137拍)：1:10,
2B；35mm银盐
收藏馆：缩微中心，陕西

00O011299
[康熙]城固县志：十卷 / (清)王穆纂修
清康熙五十六年(1717)刻本
1989年摄制. -- 1盘卷片(16米338拍)：
1:10, 2B；35mm银盐
收藏馆：缩微中心，甘肃

00O029516
[康熙]城固县志：十卷首一卷 / (清)王穆纂修
清光绪四年(1878)徐德怀刻本. -- 记事止：
清康熙五十八年(1719)。
2000年摄制. -- 1盘卷片(17米347拍)：
1:10, 2B；35mm银盐
收藏馆：缩微中心，陕西

00O011307
[康熙]洋县志：八卷 / (清)邹溶纂修
清康熙三十三年(1694)刻本
1989年摄制. -- 1盘卷片(14米300拍)：
1:10, 2B；35mm银盐
收藏馆：缩微中心，甘肃

00O029528
[光绪]洋县志：八卷 / (清)张鹏翼纂修
清光绪二十四年(1898)刻本. -- 记事止：清
光绪二十三年(1897)。
2000年摄制. -- 1盘卷片(25米596拍)：
1:10, 2B；35mm银盐
收藏馆：缩微中心，陕西

00O029492
洋县乡土志：不分卷
清光绪三十一年至宣统三年(1905-1911)抄
本. -- 记事止：清光绪三十一年(1905)。
2000年摄制. -- 1盘卷片(5米75拍)：1:10,

2B ；35mm银盐
收藏馆：缩微中心，陕西

000O011843
[道光]西乡县志：六卷 / (清)张廷槐纂修
清道光八年(1828)刻本
1990年摄制. -- 1盘卷片(12米252拍) ：
1:10, 2B ；35mm银盐
收藏馆：缩微中心，天津

000O031468
[道光]西乡县志：六卷 / (清)张廷槐纂修
清(1644-1911)抄本. -- 记事止：清道光七年
(1827)。
2004年摄制. -- 1盘卷片(11米213拍) ：
1:10, 2B ；35mm银盐
收藏馆：缩微中心，南京

000O029485
西乡县乡土志：不分卷 / (清)阎佐尧撰
清光绪三十四年至宣统三年(1908-1911)抄
本. -- 记事止：清光绪三十四年(1908)。
2000年摄制. -- 1盘卷片(6米101拍) ： 1:10,
2B ；35mm银盐
收藏馆：缩微中心，陕西

000O021370
[道光]褒城县志：□□卷 / (清)光朝魁纂修
清道光十一年(1831)刻本. -- 存三卷：卷
一、卷十至卷十一。
1994年摄制. -- 1盘卷片(6米109拍) ： 1:10,
2B ；35mm银盐
收藏馆：缩微中心，甘肃

000O011295
[康熙]沔县志：四卷 / (清)钱兆沆纂修
清康熙四十九年(1710)刻本. -- 沔县：1964
年改名勉县，属陕西省。
1989年摄制. -- 1盘卷片(4米71拍) ： 1:10,
2B ；35mm银盐
收藏馆：缩微中心，甘肃

000O011300
[光绪]沔县新志：四卷 / (清)孙铭钟[等]修纂
清光绪九年(1883)刻本
1989年摄制. -- 1盘卷片(10米202拍) ：
1:10, 2B ；35mm银盐
收藏馆：缩微中心，甘肃

000O011297
[光绪]重修宁羌州志：五卷 / (清)马毓华修；(清)
郑书香纂
清光绪十四年(1888)刻本

1989年摄制. -- 1盘卷片(13米245拍) ：
1:10, 2B ；35mm银盐
收藏馆：缩微中心，甘肃

000O031319
[光绪]宁羌州志：五卷 / (清)马毓华修；(清)郑书
香纂
清光绪十四年(1888)刻光绪十七年(1891)增修
本. -- 记事止：清光绪十七年(1891)。
2004年摄制. -- 1盘卷片(12米247拍) ：
1:10, 2B ；35mm银盐
收藏馆：缩微中心，南京

000O029493
宁羌州乡土志：二卷 / (清)黎彩章撰
清光绪(1875-1908)汉南允贞学社活字印本
. -- 记事止：清光绪二十五年(1899)。
2000年摄制. -- 1盘卷片(5米84拍) ： 1:10,
2B ；35mm银盐
收藏馆：缩微中心，陕西

000O029475
[道光]重修略阳县志：四卷 / (清)谭瑀修；(清)黎
成德纂
清道光二十六年(1846)刻道光二十八年(1848)增
修本. -- 记事止：清道光二十八年(1848)。
2000年摄制. -- 1盘卷片(13米262拍) ：
1:10, 2B ；35mm银盐
收藏馆：缩微中心，陕西

000O021404
[光绪]新续略阳县志：一卷 / (清)桂超修；(清)侯
龙充纂
清光绪三十年(1904)刻本
1995年摄制. -- 1盘卷片(5米64拍) ： 1:10,
2B ；35mm银盐
收藏馆：缩微中心，甘肃

000O029499
略阳县乡土志：三卷
清末(1851-1911)抄本. -- 记事止：清同治初
年。
2000年摄制. -- 1盘卷片(5米92拍) ： 1:10,
2B ；35mm银盐
收藏馆：缩微中心，陕西

000O010856
[光绪]定远厅志：二十六卷 / (清)余修凤纂修
清光绪五年(1879)刻本. -- 定远：在陕西镇
巴县。
1989年摄制. -- 1盘卷片(23米499拍) ：
1:10, 2B ；35mm银盐
收藏馆：缩微中心，甘肃

00O011142

[道光]留坝厅志：十卷附足征录四卷 / (清)贺仲
瑊修；(清)蒋湘南纂
清道光二十二年(1842)汉中友义斋刻本. --
足征录分为：诗征、文征、事征、异征。
1989年摄制. -- 1盘卷片(14米280拍) ：
1:10, 2B ；35mm银盐
收藏馆：缩微中心，湖南

00O029525

[道光]留坝厅志：十卷附足征录四卷 / (清)贺仲
瑊修；(清)蒋湘南纂
清道光二十二年(1842)刻本. -- 记事止：清
道光二十二年(1842)。
2000年摄制. -- 1盘卷片(13米253拍) ：
1:10, 2B ；35mm银盐
收藏馆：缩微中心，陕西

00O029483

留坝乡土志：不分卷 / (清)王懋照修；(清)吴丛
周纂
清光绪(1875-1908)抄本. -- 记事止：清光绪
三十一年(1905)。
2000年摄制. -- 1盘卷片(8米141拍) ： 1:10,
2B ；35mm银盐
收藏馆：缩微中心，陕西

00O011140

[光绪]佛坪厅志：二卷 / (清)刘瑛纂修
清光绪九年(1883)刻本
1989年摄制. -- 1盘卷片(14米280拍) ：
1:10, 2B ；35mm银盐
收藏馆：缩微中心，湖南

00O029488

佛坪厅乡土志
清光绪三十四年(1908)抄本. -- 记事止：清
光绪三十四年(1908)。
2000年摄制. -- 1盘卷片(3米34拍) ： 1:10,
2B ；35mm银盐
收藏馆：缩微中心，陕西

00O021365

[康熙]重修延绥镇志：六卷 / (清)谭吉聪纂修
清康熙十二年(1673)刻本
1994年摄制. -- 1盘卷片(31米666拍) ：
1:10, 2B ；35mm银盐
收藏馆：缩微中心，甘肃

00O021372

[道光]神木县志：八卷附补编一卷 / (清)王致云
修；(清)朱埙纂
清道光二十一年(1841)刻本

1994年摄制. -- 1盘卷片(15米316拍) ：
1:10, 2B ；35mm银盐
收藏馆：缩微中心，甘肃

00O031621

[道光]神木县志：八卷 / (清)王致云修；(清)朱埙
纂
清道光二十一年(1841)抄本. -- 记事止：清
道光二十一年(1841)。
2005年摄制. -- 1盘卷片(13米246拍) ：
1:10, 2B ；35mm银盐
收藏馆：缩微中心，南京

00O010885

[乾隆]府谷县志：四卷 / (清)郑居中,(清)麟书纂
修
清乾隆四十八年(1783)刻本
1989年摄制. -- 1盘卷片(15米311拍) ：
1:10, 2B ；35mm银盐
收藏馆：缩微中心，甘肃

00O029484

府谷县乡土志：二卷
清光绪(1875-1908)稿本
2000年摄制. -- 1盘卷片(4米61拍) ： 1:10,
2B ；35mm银盐
收藏馆：缩微中心，陕西

00O029472

[乾隆]怀远县志：三卷首一卷 / (清)苏其焜撰
清乾隆十四年(1749)刻本. -- 记事止：清乾
隆十四年(1749)。
2000年摄制. -- 1盘卷片(7米123拍) ： 1:10,
2B ；35mm银盐
收藏馆：缩微中心，陕西

00O010876

[光绪]靖边志稿：四卷 / (清)丁锡奎修；(清)白翰
章纂
清光绪二十五年(1899)刻本
1989年摄制. -- 1盘卷片(10米227拍) ：
1:10, 2B ；35mm银盐
收藏馆：缩微中心，甘肃

00O031350

[光绪]靖边志稿：四卷 / (清)丁锡奎修；(清)白翰
章纂
清光绪(1875-1908)抄本. -- 记事止：清光绪
二十五年(1899)。
2004年摄制. -- 1盘卷片(12米230拍) ：
1:10, 2B ；35mm银盐
收藏馆：缩微中心，南京

000O029508
[嘉庆]定边县志：十四卷首一卷 / (清)黄沛修；(清)宋谦纂
清嘉庆二十五年(1820)刻本. -- 记事止：清嘉庆二十三年(1818)。
2000年摄制. -- 1盘卷片(14米289拍) ：1:10, 2B ; 35mm银盐
收藏馆：缩微中心，陕西

000O028701
[顺治]绥德州志：八卷 / (清)王元士修；(清)郝鸿图纂
清顺治(1644-1661)刻本
1997年摄制. -- 1盘卷片(5米72拍) ：1:10, 2B ; 35mm银盐
收藏馆：缩微中心，国图

000O029578
[乾隆]绥德州直隶州志：八卷 / (清)吴忠诰修；(清)李继峤纂
清乾隆五十一年(1786)刻本. -- 记事止：清乾隆五十一年(1786)。
2000年摄制. -- 1盘卷片(20米435拍) ：1:10, 2B ; 35mm银盐
收藏馆：缩微中心，陕西

000O031335
[乾隆]绥德州直隶州志：八卷 / (清)吴忠诰修；(清)李继峤纂
清乾隆(1736-1795)抄本. -- 记事止：清乾隆五十年(1785)。
2004年摄制. -- 1盘卷片(16米331拍) ：1:10, 2B ; 35mm银盐
收藏馆：缩微中心，南京

000O011542
[康熙]米脂县志：八卷 / (清)宁养气纂修
清康熙二十年(1681)刻本
1990年摄制. -- 1盘卷片(5米79拍) ：1:10, 2B ; 35mm银盐
收藏馆：缩微中心，甘肃

000O031477
[光绪]米脂县志：十二卷 / (清)潘松修；(清)高照煦纂
清光绪三十三年(1907)铅印本. -- 记事止：清光绪三十二年(1906)。
2004年摄制. -- 1盘卷片(17米362拍) ：1:10, 2B ; 35mm银盐
收藏馆：缩微中心，南京

000O014878
[光绪]米脂县志：十二卷 / (清)潘松修；(清)高照

煦纂
清光绪三十三年(1907)铅印本
1992年摄制. -- 1盘卷片(17米368拍) ：1:10, 2B ; 35mm银盐
收藏馆：缩微中心，吉林

000O008272
[嘉庆]葭州志：二卷 / (清)高珣修；(清)龚玉麟纂
清嘉庆十五年(1810)刻本. -- 记事止：清嘉庆十二年(1807)。
1988年摄制. -- 1盘卷片(9米173拍) ：1:10, 2B ; 35mm银盐
收藏馆：缩微中心，南京

000O027848
[顺治]清涧县志：四卷 / (清)廖元发修；(清)白乃建纂
清顺治十八年(1661)刻本
1997年摄制. -- 1盘卷片(7米99拍) ：1:10, 2B ; 35mm银盐
收藏馆：缩微中心，国图

000O029486
[嘉庆]安康县志：二十卷 / (清)郑谦修；(清)王森文纂
清咸丰三年(1853)知县刘应祥安康刻本. -- 记事止：清嘉庆十九年(1814)。存十六卷：卷一至卷十六。
2000年摄制. -- 1盘卷片(10米191拍) ：1:10, 2B ; 35mm银盐
收藏馆：缩微中心，陕西

000O029581
[康熙]汉阴县志：六卷首一卷 / (清)赵世震修；(清)汪泽延撰
清康熙二十六年(1687)刻本. -- 记事止：清康熙二十六年(1687)。
2000年摄制. -- 1盘卷片(7米114拍) ：1:10, 2B ; 35mm银盐
收藏馆：缩微中心，陕西

000O011290
[道光]石泉县志：四卷 / (清)舒钧纂修
清道光二十九年(1849)刻本
1989年摄制. -- 1盘卷片(6米105拍) ：1:10, 2B ; 35mm银盐
收藏馆：缩微中心，甘肃

000O031344
[道光]宁陕厅志：四卷图一卷 / (清)林一铭修；(清)焦世官[等]纂
清道光九年(1829)刻本. -- 记事止：清道光八年(1828)。

2004年摄制. -- 1盘卷片(8米138拍) ： 1:10,
2B ； 35mm银盐
收藏馆：缩微中心，南京

00O011539
[道光]宁陕厅志：四卷 / (清)林一铭修；(清)焦世官[等]纂
清道光九年(1829)刻本
1990年摄制. -- 1盘卷片(8米138拍) ： 1:10,
2B ； 35mm银盐
收藏馆：缩微中心，甘肃

00O029497
[康熙]紫阳县新志：二卷 / (清)沈麟修；(清)刘应秋纂
清康熙二十七年(1688)刻本. -- 记事止：清康熙二十七年(1688)。
2000年摄制. -- 1盘卷片(7米130拍) ： 1:10,
2B ； 35mm银盐
收藏馆：缩微中心，陕西

00O009371
[道光]紫阳县志：八卷首一卷 / (清)陈仅,(清)吴纯修；(清)杨家坤,(清)曹学易纂
清道光二十三年(1843)刻本. -- 记事止：清道光二十三年(1843)。
1988年摄制. -- 1盘卷片(15米309拍) ：
1:10, 2B ； 35mm银盐
收藏馆：缩微中心，南京

00O010869
[道光]紫阳县志：八卷首一卷 / (清)陈仅,(清)吴纯修；(清)杨家坤,(清)曹学易纂
清道光二十三年(1843)刻光绪八年(1882)补刻本
1989年摄制. -- 1盘卷片(16米304拍) ：
1:10, 2B ； 35mm银盐
收藏馆：缩微中心，甘肃

00O031333
[道光]紫阳县志：八卷首一卷图一卷 / (清)陈仅,(清)吴纯修；(清)杨家坤,(清)曹学易纂
清道光二十三年(1843)刻光绪二十一年(1895)补刻本. -- 记事止：清光绪二十一年(1895)。题名页正题名前题：光绪壬午年补刻。
2004年摄制. -- 1盘卷片(16米323拍) ：
1:10, 2B ； 35mm银盐
收藏馆：缩微中心，南京

00O029479
[光绪]砖坪厅志：不分卷
清末(1851-1911)抄本. -- 记事止：清光绪

三十二年(1906)。
2000年摄制. -- 1盘卷片(6米86拍) ： 1:10,
2B ； 35mm银盐
收藏馆：缩微中心，陕西

00O011938
[宣统]砖坪县志：不分卷
清宣统(1909-1911)抄本. -- 记事止：清宣统三年(1911)。
1990年摄制. -- 1盘卷片(6米95拍) ： 1:10,
2B ； 35mm银盐
收藏馆：缩微中心，天津

00O029469
[乾隆]平利县志：不分卷
清乾隆(1736-1795)抄本. -- 记事止：清乾隆十三年(1748)。
2000年摄制. -- 1盘卷片(3米31拍) ： 1:10,
2B ； 35mm银盐
收藏馆：缩微中心，陕西

00O011304
[光绪]续修平利县志：十卷 / (清)杨孝宽修；(清)李联芳纂
清光绪二十三年(1897)刻本
1989年摄制. -- 1盘卷片(9米172拍) ： 1:10,
2B ； 35mm银盐
收藏馆：缩微中心，甘肃

00O029474
[雍正]洵阳县志：六卷 / (清)南兆修；(清)李弘勋续修；(清)叶时沕补辑
清雍正九年(1731)抄本. -- 记事止：清雍正九年(1731)。
2000年摄制. -- 1盘卷片(5米82拍) ： 1:10,
2B ； 35mm银盐
收藏馆：缩微中心，陕西

00O011845
[乾隆]洵阳县志：十四卷 / (清)邓梦琴纂修
清乾隆四十九年(1784)刻光绪十二年(1886)增刻本. -- 卷十后有清光绪十二年(1886)事迹。
1990年摄制. -- 1盘卷片(15米317拍) ：
1:10, 2B ； 35mm银盐
收藏馆：缩微中心，天津

00O021363
[光绪]续修洵阳县志：十四卷 / (清)刘德全修；(清)郭焱昌,(清)姜善继纂
清光绪二十八年(1902)刻本
1994年摄制. -- 1盘卷片(16米323拍) ：
1:10, 2B ； 35mm银盐

收藏馆：缩微中心，甘肃

000O029560
[光绪]洵阳县志：十四卷 / (清)刘德全修；(清)郭
焱昌,(清)姜善继纂
清光绪二十九年(1903)刻本. -- 记事止：清
光绪二十九年(1903)。
2000年摄制. -- 1盘卷片(15米320拍)：
1:10，2B；35mm银盐
收藏馆：缩微中心，甘肃

000O031387
[光绪]白河县志：十四卷图一卷 / (清)顾骏修；
(清)王贤辅[等]纂
清光绪十九年(1893)刻增修本
2004年摄制. -- 1盘卷片(13米255拍)：
1:10，2B；35mm银盐
收藏馆：缩微中心，南京

000O010880
[乾隆]直隶商州志：十四卷 / (清)王如玖纂修
清乾隆九年(1744)刻本. -- 商州：今陕西省
商县。
1989年摄制. -- 1盘卷片(23米508拍)：
1:10，2B；35mm银盐
收藏馆：缩微中心，甘肃

000O031360
[乾隆]直隶商州志：十四卷首一卷图一卷续志十
卷 / (清)王如玖纂修
清乾隆二十三年(1758)刻本. -- 记事止：清
乾隆八年(1743)。
2004年摄制. -- 1盘卷片(32米695拍)：
1:10，2B；35mm银盐
收藏馆：缩微中心，南京

000O011308
[乾隆]续商州志：十卷 / (清)罗文思纂修
清乾隆二十三年(1758)刻本
1989年摄制. -- 1盘卷片(10米189拍)：
1:10，2B；35mm银盐
收藏馆：缩微中心，甘肃

000O029576
[乾隆]雒南县志：十二卷首一卷 / (清)范启源修
纂；(清)薛韫订正
清乾隆十一年(1746)刻本. -- 记事止：清乾
隆十年(1745)。据清乾隆九年(1744)修本刻。
2000年摄制. -- 1盘卷片(18米384拍)：
1:10，2B；35mm银盐
收藏馆：缩微中心，陕西

000O029625
[乾隆]雒南县志：十二卷 / (清)范启源[等]纂修；
(清)薛韫订正.附志：一卷 / (清)陈尔菂递纂修
清乾隆十一年(1746)刻本. -- 记事止：清同
治七年(1868)。附志为同治七年(1868)递修。
2000年摄制. -- 1盘卷片(20米451拍)：
1:10，2B；35mm银盐
收藏馆：缩微中心，陕西

000O031448
[乾隆]雒南县志：十二卷 / (清)范启源[等]纂修；
(清)薛韫订正.附志：一卷 / (清)陈尔菂递纂修
清乾隆十一年(1746)刻本. -- 记事止：清同
治七年(1868)。附志为同治七年(1868)递修。
2004年摄制. -- 1盘卷片(21米434拍)：
1:10，2B；35mm银盐
收藏馆：缩微中心，南京

000O029571
雒南县乡土志：四卷
清光绪(1875-1908)抄本. -- 记事止：清道光
五年(1825)。存二卷：卷三至卷四。
2000年摄制. -- 1盘卷片(4米53拍)：1:10，
2B；35mm银盐
收藏馆：缩微中心，陕西

000O029575
[乾隆]商南县志：十二卷 / (清)罗文思纂修
清乾隆四十八年(1783)抄本. -- 记事止：清
乾隆四十八年(1783)。
2000年摄制. -- 1盘卷片(9米166拍)：1:10，
2B；35mm银盐
收藏馆：缩微中心，陕西

000O029582
商南县乡土志：不分卷
抄本. -- 记事止：清光绪二十六年(1900)。
2000年摄制. -- 1盘卷片(3米38拍)：1:10，
2B；35mm银盐
收藏馆：缩微中心，陕西

000O029624
[康熙]山阳县初志：三卷 / (清)秦凝奎撰修
清康熙三十三年(1694)刻本. -- 记事止：清
康熙三十三年(1694)。
2000年摄制. -- 1盘卷片(8米158拍)：1:10，
2B；35mm银盐
收藏馆：缩微中心，陕西

000O030057
[道光]山阳县志初稿：一卷
清(1644-1911)抄本. -- 记事止：清道光三十
年(1850)。

2001年摄制. -- 1盘卷片(6米48拍) ：1:10，
2B ；35mm银盐
收藏馆：缩微中心，南京

000O029569
镇安县志：三卷 / (清)武维绪修；(清)任毓茂纂
清雍正四年(1726)刻本. -- 记事止：清雍正
三年(1725)。
2000年摄制. -- 1盘卷片(4米65拍) ：1:10，
2B ；35mm银盐
收藏馆：缩微中心，陕西

000O011291
镇安县乡土志：二卷 / (清)李麟图纂修
清光绪三十四年(1908)铅印本
1989年摄制. -- 1盘卷片(6米99拍) ：1:10，
2B ；35mm银盐
收藏馆：缩微中心，甘肃

000O029622
镇安县乡土志：二卷 / (清)李麟图纂修
清光绪(1875-1908)抄本. -- 记事止：清光绪
三十二年(1906)。
2000年摄制. -- 1盘卷片(6米106拍) ：1:10，
2B ；35mm银盐
收藏馆：缩微中心，陕西

000O031358
镇安县乡土志：二卷 / (清)李麟图纂修
清光绪(1875-1908)抄本. -- 记事止：清光绪
三十三年(1907)。
2004年摄制. -- 1盘卷片(5米114拍) ：1:10，
2B ；35mm银盐
收藏馆：缩微中心，南京

000O029512
**[光绪]孝义厅志：十二卷首一卷 / (清)常毓坤修；
(清)李开甲纂**
清光绪十年(1884)刻本. -- 记事止：清光绪
十年(1884)。
2000年摄制. -- 1盘卷片(13米261拍) ：
1:10，2B ；35mm银盐
收藏馆：缩微中心，陕西

000O012809
**[雍正]甘肃通志：五十卷首一卷 / (清)许容[等]
修；(清)李迪[等]纂**
清乾隆元年(1736)刻本
1990年摄制. -- 5盘卷片(139米2929拍) ：
1:10，2B ；35mm银盐
收藏馆：缩微中心，甘肃

000O025199
**[雍正]甘肃通志：五十卷首一卷 / (清)许容[等]
修；(清)李迪[等]纂**
清乾隆元年(1736)刻本. -- 纂修者还有：
(清)查郎阿等。
1996年摄制. -- 4盘卷片(128米2593拍) ：
1:10，2B ；35mm银盐
收藏馆：缩微中心，国图

000O021482
**[雍正]甘肃通志：五十卷首一卷 / (清)许容[等]
修；(清)李迪[等]纂**
清雍正(1723-1735)刻本
1995年摄制. -- 4盘卷片(127米2604拍) ：
1:10，2B ；35mm银盐
收藏馆：缩微中心，国图

000O012484
**[光绪]甘肃新通志：一百卷首五卷 / (清)昇允
[等]修；(清)安维峻[等]纂**
清宣统元年(1909)刻本
1990年摄制. -- 10盘卷片(284米5959拍) ：
1:10，2B ；35mm银盐
收藏馆：缩微中心，甘肃

000O027678
[康熙]临洮府志：二十六卷
清康熙(1662-1722)刻递修本. -- 卷五、卷
二十、卷二十三、卷二十五配清抄本。存十七
卷：卷三至卷十、卷十六至卷十七、卷十九至
卷二十、卷二十二至卷二十六。
1997年摄制. -- 1盘卷片(15米273拍) ：
1:10，2B ；35mm银盐
收藏馆：缩微中心，国图

000O010866
[康熙]临洮府志：二十二卷 / (清)高锡爵纂修
清康熙二十六年(1687)刻本
1989年摄制. -- 1盘卷片(23米517拍) ：
1:10，2B ；35mm银盐
收藏馆：缩微中心，甘肃

000O031532
**[道光]兰州府志：十二卷首一卷 / (清)陈士桢修；
(清)涂鸿仪纂**
清道光十三年(1833)刻本. -- 记事止：清道
光十二年(1832)。
2004年摄制. -- 1盘卷片(26米552拍) ：
1:10，2B ；35mm银盐
收藏馆：缩微中心，南京

000O031471
[乾隆]皋兰县志：二十卷 / (清)吴鼎新修；(清)黄

建中纂
清乾隆四十三年(1778)刻本. -- 记事止：清乾隆四十二年(1777)。佚名批校。
2004年摄制. -- 1盘卷片(22米456拍)：1:10, 2B；35mm银盐
收藏馆：缩微中心，南京

00O031499
[乾隆]皋兰县志：二十卷 / (清)吴鼎新修；(清)黄建中纂
清乾隆四十三年(1778)刻本. -- 记事止：清乾隆四十二年(1777)。
2004年摄制. -- 1盘卷片(24米509拍)：1:10, 2B；35mm银盐
收藏馆：缩微中心，南京

00O021291
[乾隆]皋兰县志：二十卷 / (清)吴鼎新修；(清)黄建中纂
清乾隆四十三年(1778)刻本
1990年摄制. -- 1盘卷片(22米452拍)：1:10, 2B；35mm银盐
收藏馆：缩微中心，甘肃

00O012822
[道光]皋兰县续志：十二卷 / (清)黄景修；(清)秦维岳纂；(清)严长宦续修
清道光二十七年(1847)刻本
1990年摄制. -- 1盘卷片(17米339拍)：1:10, 2B；35mm银盐
收藏馆：缩微中心，甘肃

00O021402
皋兰县西固采访稿 / (清)许尔炽,(清)孙世贵编
清光绪十七年(1891)稿本
1995年摄制. -- 1盘卷片(3米33拍)：1:10, 2B；35mm银盐
收藏馆：缩微中心，甘肃

00O021380
金县新志稿
清光绪三十四年(1908)抄本
1994年摄制. -- 1盘卷片(7米122拍)：1:10, 2B；35mm银盐
收藏馆：缩微中心，甘肃

00O024851
[乾隆]永昌县志：十卷首一卷 / (清)李登瀛修；(清)南济汉纂
清乾隆五十年(1785)刻本. -- 存九卷：卷一至卷六、卷九至卷十，首一卷。
1996年摄制. -- 1盘卷片(7米161拍)：1:10, 2B；35mm银盐

收藏馆：缩微中心，甘肃

00O029503
[嘉庆]永昌县志：八卷 / (清)南济汉纂
清嘉庆二十一年(1816)刻本. -- 记事止：清嘉庆二十年(1815)。
2000年摄制. -- 1盘卷片(8米156拍)：1:10, 2B；35mm银盐
收藏馆：缩微中心，甘肃

00O012475
重纂靖远街志：六卷 / (清)马文麟修；(清)李一鹏[等]纂
清康熙四十八年(1709)刻本
1990年摄制. -- 1盘卷片(3米62拍)：1:10, 2B；35mm银盐
收藏馆：缩微中心，甘肃

00O012817
[乾隆]续增靖远县志：不分卷 / (清)那善礼修；(清)潘绍尧[等]纂
清乾隆四十年(1775)刻本
1990年摄制. -- 1盘卷片(5米79拍)：1:10, 2B；35mm银盐
收藏馆：缩微中心，甘肃

00O021349
[道光]靖远县志：八卷首一卷 / (清)陈之骥修；(清)尹世阿纂
清道光十三年(1833)刻本
1994年摄制. -- 1盘卷片(23米488拍)：1:10, 2B；35mm银盐
收藏馆：缩微中心，甘肃

00O012821
[道光]续修靖远县志 / (清)李怀庚修；(清)赵诵礼纂
清道光二十五年(1845)抄本
1990年摄制. -- 1盘卷片(4米51拍)：1:10, 2B；35mm银盐
收藏馆：缩微中心，甘肃

00O012827
[道光]续修靖远县志 / (清)李怀庚修；(清)赵诵礼纂
清道光二十五年(1845)抄本
1990年摄制. -- 1盘卷片(6米104拍)：1:10, 2B；35mm银盐
收藏馆：缩微中心，甘肃

00O012474
[光绪]打拉池县函志：不分卷 / (清)廖丙文修；(清)陈希奎纂

清光绪三十四年(1908)抄本
1990年摄制. -- 1盘卷片(3米40拍) : 1:10,
2B ; 35mm银盐
收藏馆：缩微中心，甘肃

000O012803
[道光]会宁县志：十二卷首一卷 / (清)毕光尧纂
修
清道光十一年(1831)刻本
1990年摄制. -- 1盘卷片(12米229拍) :
1:10, 2B ; 35mm银盐
收藏馆：缩微中心，甘肃

000O021398
[道光]续修会宁县志：二卷 / (清)徐敬修；(清)周
西范纂
清道光二十年(1840)刻本
1995年摄制. -- 1盘卷片(5米81拍) : 1:10,
2B ; 35mm银盐
收藏馆：缩微中心，甘肃

000O009631
[顺治]秦州志：十三卷 / (清)汪琬纂修
清顺治(1644-1661)刻本. -- 存五卷：卷十至
卷十三、卷末。
1988年摄制. -- 1盘卷片(9米180拍) : 1:10,
2B ; 35mm银盐
收藏馆：缩微中心，甘肃

000O021338
[乾隆]直隶秦州新志：十二卷首一卷末一卷 /
(清)费廷珍修；(清)胡钊[等]纂
清乾隆二十九年(1764)刻本
1994年摄制. -- 2盘卷片(52米1113拍) :
1:10, 2B ; 35mm银盐
收藏馆：缩微中心，甘肃

000O012466
[光绪]重修秦州直隶州新志：二十四卷首一卷 /
(清)余泽春修；(清)王权[等]纂
清光绪十五年(1889)陇南书院刻本
1990年摄制. -- 3盘卷片(67米1414拍) :
1:10, 2B ; 35mm银盐
收藏馆：缩微中心，甘肃

000O012472
[乾隆]清水县志：十六卷首一卷 / (清)朱超纂修
清乾隆六十年(1795)刻本
1990年摄制. -- 1盘卷片(13米263拍) :
1:10, 2B ; 35mm银盐
收藏馆：缩微中心，甘肃

000O011503
[嘉靖]秦安志：九卷 / (明)元世英修；(明)胡缵宗
纂
明嘉靖十四年(1535)刻清顺治(1644-1661)补
刻本
1990年摄制. -- 1盘卷片(11米216拍) :
1:10, 2B ; 35mm银盐
收藏馆：缩微中心，甘肃

000O022922
[道光]秦安县志：十四卷首一卷 / (清)严长宦撰；
(清)刘德熙纂
清道光十八年(1838)刻本
1990年摄制. -- 1盘卷片(10米215拍) :
1:10, 2B ; 35mm银盐
收藏馆：缩微中心，甘肃

000O008270
[道光]秦安县志：十四卷 / (清)严长宦修；(清)刘
德熙纂
清(1644-1911)抄本. -- 记事止：清道光十八
年(1838)。
1988年摄制. -- 1盘卷片(10米190拍) :
1:10, 2B ; 35mm银盐
收藏馆：缩微中心，南京

000O012811
[乾隆]伏羌县志：十二卷 / (清)巩建丰纂修
清乾隆十四年(1749)刻本
1990年摄制. -- 1盘卷片(13米245拍) :
1:10, 2B ; 35mm银盐
收藏馆：缩微中心，甘肃

000O021375
[乾隆]伏羌县志：十四卷 / (清)周铣修；(清)叶芝
纂
清乾隆三十五年(1770)刻本
1994年摄制. -- 1盘卷片(13米264拍) :
1:10, 2B ; 35mm银盐
收藏馆：缩微中心，甘肃

000O021292
[同治]续伏羌县志：六卷 / (清)侯新严修；(清)方
承宣纂
清同治十一年(1872)刻本
1990年摄制. -- 1盘卷片(8米170拍) : 1:10,
2B ; 35mm银盐
收藏馆：缩微中心，甘肃

000O029504
[康熙]新修宁远县志：六卷 / (清)冯同宪修；(清)
李樟撰
清康熙四十八年(1709)刻本. -- 记事止：清

康熙四十八年(1709)。
2000年摄制. -- 1盘卷片(7米124拍)：1:10,
2B ；35mm银盐
收藏馆：缩微中心，甘肃

000O031816
[康熙]宁远县志：六卷 / (清)冯同宪修；(清)李樟
纂
清康熙四十九年(1710)刻道光十五年(1835)递
修本. -- 记事止：清康熙四十七年(1708)。
佚名批校。
2005年摄制. -- 1盘卷片(8米127拍)：1:10,
2B ；35mm银盐
收藏馆：缩微中心，南京

000O031825
[康熙]宁远县志：六卷 / (清)冯同宪修；(清)李樟
纂
清康熙四十九年(1710)刻道光十五年(1835)递
修本. -- 记事止：清康熙四十七年(1708)。
2005年摄制. -- 1盘卷片(7米117拍)：1:10,
2B ；35mm银盐
收藏馆：缩微中心，南京

000O012480
[康熙]宁远县志：六卷 / (清)冯同宪修；(清) 李
樟纂
清康熙四十九年(1710)刻本
1990年摄制. -- 1盘卷片(7米124拍)：1:10,
2B ；35mm银盐
收藏馆：缩微中心，甘肃

000O012483
[乾隆]宁远县志续略：八卷 / (清)胡奠域修；(清)
于缵周纂
清乾隆二十七年(1762)刻本
1990年摄制. -- 1盘卷片(6米104拍)：1:10,
2B ；35mm银盐
收藏馆：缩微中心，甘肃

000O031821
[乾隆]宁远县志续略：八卷 / (清)胡奠域修；(清)
于缵周纂
清乾隆二十七年(1762)刻道光十五年(1835)印
本. -- 记事止：清乾隆二十六年(1761)。
2005年摄制. -- 1盘卷片(5米62拍)：1:10,
2B ；35mm银盐
收藏馆：缩微中心，南京

000O031818
[乾隆]宁远县志续略：八卷 / (清)胡奠域修；(清)
于缵周纂
清乾隆二十七年(1762)刻道光十五年(1835)印

本. -- 记事止：清乾隆二十六年(1761)。佚
名批校。
2005年摄制. -- 1盘卷片(5米66拍)：1:10,
2B ；35mm银盐
收藏馆：缩微中心，南京

000O012468
[道光]宁远县志补阙：不分卷 / (清)苏得坡补
清道光十五年(1835)刻本
1990年摄制. -- 1盘卷片(3米22拍)：1:10,
2B ；35mm银盐
收藏馆：缩微中心，甘肃

000O027700
[顺治]重刊凉镇志：不分卷 / (清)苏铣纂修
清顺治十四年(1657)刻本
1997年摄制. -- 1盘卷片(13米228拍)：
1:10, 2B ；35mm银盐
收藏馆：缩微中心，国图

000O031762
[顺治]重刊凉镇志：不分卷 / (清)苏铣纂修
清顺治十四年(1657)刻本
2005年摄制. -- 1盘卷片(14米260拍)：
1:10, 2B ；35mm银盐
收藏馆：缩微中心，国图

000O011309
[道光]镇番县志：十卷 / (清)许协修；(清)谢集梧
[等]纂
清道光五年(1825)刻本. -- 镇番县：今甘肃
省民勤县。
1989年摄制. -- 1盘卷片(16米326拍)：
1:10, 2B ；35mm银盐
收藏馆：缩微中心，甘肃

000O031759
[万历]肃镇志：四卷 / (明)李应魁纂修
清顺治十四年(1657)高弥高刻本
2005年摄制. -- 1盘卷片(11米175拍)：
1:10, 2B ；35mm银盐
收藏馆：缩微中心，国图

000O031472
[乾隆]重修肃州新志：三十卷 / (清)黄文炜纂修
清乾隆二年(1737)刻乾隆二十七年(1762)增修
本. -- 记事止：清乾隆二十七年(1762)。
2004年摄制. -- 1盘卷片(32米708拍)：
1:10, 2B ；35mm银盐
收藏馆：缩微中心，南京

000O011534
[光绪]肃州新志稿：不分卷 / (清)吴人寿,(清)何

衍庆纂修
稿本. -- 存：地理之部。
1990年摄制. -- 1盘卷片（5米66拍） ： 1:10,
2B ；35mm银盐
收藏馆：缩微中心，甘肃

00O024852
[光绪]肃州新志稿：不分卷 / (清)吴人寿,(清)何
衍庆纂修
清光绪二十三年(1897)抄本
1996年摄制. -- 1盘卷片（23米543拍） ：
1:10, 2B ；35mm银盐
收藏馆：缩微中心，甘肃

00O012470
[乾隆]玉门县志：一卷
清乾隆(1736-1795)抄本
1990年摄制. -- 1盘卷片（3米24拍） ： 1:10,
2B ；35mm银盐
收藏馆：缩微中心，甘肃

00O021352
[乾隆]敦煌县志
清乾隆(1736-1795)抄本
1994年摄制. -- 1盘卷片（5米87拍） ： 1:10,
2B ；35mm银盐
收藏馆：缩微中心，甘肃

00O012130
[道光]敦煌县志：七卷首一卷 / (清)苏履吉修；
(清)曾诚纂
清道光十一年(1831)敦煌县衙刻本
1989年摄制. -- 1盘卷片（10米219拍） ：
1:10, 2B ；35mm银盐
收藏馆：缩微中心，甘肃

00O031540
[道光]敦煌县志：七卷首一卷 / (清)苏履吉修；
(清)曾诚纂
清(1644-1911)抄本. -- 记事止：清道光十年
(1830)。
2004年摄制. -- 1盘卷片（12米223拍） ：
1:10, 2B ；35mm银盐
收藏馆：缩微中心，南京

00O007647
甘肃镇考见略：不分卷 / (明)周一敬撰
明崇祯(1628-1644)刻本. -- 记事止：明崇祯
十一年(1638)。
1988年摄制. -- 1盘卷片（6米118拍） ： 1:10,
2B ；35mm银盐
收藏馆：缩微中心，南京

00O031761
重刊甘镇志：不分卷 / (清)杨椿茂纂修
清顺治十四年(1657)刻本
2005年摄制. -- 1盘卷片（14米260拍） ：
1:10, 2B ；35mm银盐
收藏馆：缩微中心，国图

00O012469
[乾隆]甘州府志：十六卷首一卷末一卷 / (清)钟
赓起纂修
清乾隆四十四年(1779)刻本
1990年摄制. -- 2盘卷片（50米1039拍） ：
1:10, 2B ；35mm银盐
收藏馆：缩微中心，甘肃

00O031445
[乾隆]甘州府志：十六卷首一卷 / (清)钟赓起纂
修；(清)刘斌增修
清乾隆四十四年(1779)刻增修本. -- 记事
止：清乾隆五十五年(1790)。
2004年摄制. -- 2盘卷片（49米1034拍） ：
1:10, 2B ；35mm银盐
收藏馆：缩微中心，南京

00O011314
[道光]山丹县志：十卷 / (清)黄璟[等]纂修
清道光十五年(1835)刻本. -- 纂修者还有：
(清)朱逊志等。仙堤书院藏板。
1989年摄制. -- 1盘卷片（15米293拍） ：
1:10, 2B ；35mm银盐
收藏馆：缩微中心，甘肃

00O021358
[乾隆]新修庆阳府志：□□卷 / (清)赵本植修
清乾隆二十六年(1761)刻本. -- 存二十九
卷：卷一至卷二十九。
1994年摄制. -- 1盘卷片（24米501拍） ：
1:10, 2B ；35mm银盐
收藏馆：缩微中心，甘肃

00O012815
[乾隆]环县志：十卷首一卷 / (清)高观鲤纂修
清乾隆十九年(1754)刻本
1990年摄制. -- 1盘卷片（9米155拍） ： 1:10,
2B ；35mm银盐
收藏馆：缩微中心，甘肃

00O012481
[光绪]合水县志：二卷
清光绪三十四年(1908)抄本
1990年摄制. -- 1盘卷片（7米131拍） ： 1:10,
2B ；35mm银盐
收藏馆：缩微中心，甘肃

00O012465

[乾隆]正宁县志：十八卷首一卷 / (清)折遇兰纂修
清乾隆二十八年(1763)刻本
1990年摄制. -- 1盘卷片(15米295拍) : 1:10, 2B ; 35mm银盐
收藏馆：缩微中心，甘肃

00O024853

[嘉庆]镇原县志：十卷 / (清)陈洪繁修；(清)刘化鹏,(清)陈琚繁纂
清嘉庆八年(1803)刻本. -- 存四卷：卷三至卷六。
1996年摄制. -- 1盘卷片(7米100拍) : 1:10, 2B ; 35mm银盐
收藏馆：缩微中心，甘肃

00O012471

[道光]镇原县志：二十二卷首一卷 / (清)李从图纂修
清道光二十七年(1847)刻本
1990年摄制. -- 1盘卷片(34米734拍) : 1:10, 2B ; 35mm银盐
收藏馆：缩微中心，甘肃

00O024854

[嘉靖]平凉府志：十三卷 / (明)赵时春纂修
明嘉靖三十九年(1560)刻本. -- 存一卷：卷二。
1996年摄制. -- 1盘卷片(11米171拍) : 1:10, 2B ; 35mm银盐
收藏馆：缩微中心，甘肃

00O011562

[光绪]平凉县志：不分卷 / (清)阮士惠修；(清)郑浚纂
清光绪三十四年(1908)稿本
1990年摄制. -- 1盘卷片(6米99拍) : 1:10, 2B ; 35mm银盐
收藏馆：缩微中心，甘肃

00O011536

[乾隆]泾州志：二卷 / (清)张延福修；(清)李瑾纂
清乾隆十九年(1754)刻本. -- 泾州：今甘肃省泾川县。
1990年摄制. -- 1盘卷片(8米158拍) : 1:10, 2B ; 35mm银盐
收藏馆：缩微中心，甘肃

00O027560

[乾隆]泾州志：二卷 / (清)张延福修；(清)李瑾纂
清乾隆(1736-1795)刻本
1997年摄制. -- 1盘卷片(8米140拍) : 1:10,

2B ; 35mm银盐
收藏馆：缩微中心，国图

00O031529

[道光]泾州志：二卷 / (清)张延福修；(清)李瑾纂
清乾隆十八年(1753)刻道光十一年(1831)增修本. -- 记事止：清道光十一年(1831)。
2004年摄制. -- 1盘卷片(9米157拍) : 1:10, 2B ; 35mm银盐
收藏馆：缩微中心，南京

00O012824

[宣统]泾川采访新志 / (清)杨丙荣纂修
清宣统元年(1909)抄本
1990年摄制. -- 1盘卷片(4米62拍) : 1:10, 2B ; 35mm银盐
收藏馆：缩微中心，甘肃

00O012826

泾州乡土志 / (清)张元滋纂修
清光绪三十三年(1907)抄本
1990年摄制. -- 1盘卷片(5米78拍) : 1:10, 2B ; 35mm银盐
收藏馆：缩微中心，甘肃

00O029614

泾州乡土志：不分卷 / (清)张元滋撰
清光绪三十三年(1907)抄本. -- 记事止：清光绪二十六年(1900)。
2000年摄制. -- 1盘卷片(5米72拍) : 1:10, 2B ; 35mm银盐
收藏馆：缩微中心，甘肃

00O021373

[顺治]华亭县志：二卷 / (清)武全文,(清)佟希尧修；(清)马魁选纂
清顺治十六年(1659)抄本
1994年摄制. -- 1盘卷片(6米106拍) : 1:10, 2B ; 35mm银盐
收藏馆：缩微中心，甘肃

00O021374

[嘉庆]华亭县志：七卷 / (清)赵元甲纂
清嘉庆元年(1796)抄本
1994年摄制. -- 1盘卷片(5米76拍) : 1:10, 2B ; 35mm银盐
收藏馆：缩微中心，甘肃

00O021383

[康熙]庄浪县志：七卷 / (清)王钟鸣修；(清)卢必培纂
清康熙六年(1667)刻本
1994年摄制. -- 1盘卷片(13米271拍) :

1:10, 2B ；35mm银盐
收藏馆：缩微中心，甘肃

00O011564
[乾隆]庄浪县志略：二十卷 / (清)耿文光纂修
清乾隆五十五年(1790)刻本
1990年摄制. -- 1盘卷片(13米251拍)：
1:10, 2B ；35mm银盐
收藏馆：缩微中心，甘肃

00O021388
[康熙]静宁州志：十四卷 / (清)黄廷钰,(清)吴之
珽纂修
清康熙五十五年(1716)刻本
1995年摄制. -- 1盘卷片(13米268拍)：
1:10, 2B ；35mm银盐
收藏馆：缩微中心，甘肃

00O012813
[乾隆]续修静宁州志：八卷首一卷 / (清)王烜纂
修
清乾隆十一年(1746)刻本
1990年摄制. -- 1盘卷片(16米328拍)：
1:10, 2B ；35mm银盐
收藏馆：缩微中心，甘肃

00O021381
[光绪]安定县乡土志 / (清)王辅堂编
清光绪三十一年(1905)刻本
1994年摄制. -- 1盘卷片(4米55拍)：1:10,
2B ；35mm银盐
收藏馆：缩微中心，甘肃

00O029501
新编甘肃巩昌府安定县乡土志：不分卷 / (清)王
辅堂撰
清光绪(1875-1908)抄本. -- 记事止：清光绪
三十年(1904)。
2000年摄制. -- 1盘卷片(4米56拍)：1:10,
2B ；35mm银盐
收藏馆：缩微中心，甘肃

00O009632
[万历]重修通渭县志：四卷 / (明)刘世纶修；(明)
白我心纂
明万历四十四年(1616)刻本. -- 存三卷：卷
一至卷三。
1988年摄制. -- 1盘卷片(6米102拍)：1:10,
2B ；35mm银盐
收藏馆：缩微中心，甘肃

00O011544
[万历]重修通渭县志：四卷 / (明)刘世纶修；(明)

白我心纂
明万历四十四年(1616)抄本. -- 存三卷：卷
一至卷三。
1990年摄制. -- 1盘卷片(6米97拍)：1:10,
2B ；35mm银盐
收藏馆：缩微中心，甘肃

00O011310
[光绪]通渭县新志：十二卷补遗一卷 / (清)高蔚
霞修；(清)苟廷诚纂
清光绪十九年(1893)刻本
1989年摄制. -- 1盘卷片(17米344拍)：
1:10, 2B ；35mm银盐
收藏馆：缩微中心，甘肃

00O021396
[光绪]续修通渭县志 / (清)邢国弼修；(清)卢敏
纂
清光绪三十二年(1906)抄本
1995年摄制. -- 1盘卷片(4米55拍)：1:10,
2B ；35mm银盐
收藏馆：缩微中心，甘肃

00O011288
[乾隆]狄道州志：十六卷 / (清)呼延华国修；(清)
吴镇纂
清乾隆二十八年(1763)刻本
1989年摄制. -- 1盘卷片(29米610拍)：
1:10, 2B ；35mm银盐
收藏馆：缩微中心，甘肃

00O011315
[宣统]狄道州续志：十二卷 / (清)联瑛修；(清)李
镜清纂
清宣统(1909-1911)刻本
1989年摄制. -- 1盘卷片(18米398拍)：
1:10, 2B ；35mm银盐
收藏馆：缩微中心，甘肃

00O022936
陇西分县武阳志：五卷 / (清)杨学震纂
清光绪三十四年(1908)抄本
1994年摄制. -- 1盘卷片(9米179拍)：1:10,
2B ；35mm银盐
收藏馆：缩微中心，甘肃

00O021345
[康熙]巩昌府志：二十八卷 / (明)杨恩原纂；(清)
纪元续修
清康熙二十七年(1688)刻本
1994年摄制. -- 2盘卷片(46米971拍)：
1:10, 2B ；35mm银盐
收藏馆：缩微中心，甘肃

00O030474
[乾隆]陇西县志：二十卷首一卷 / (清)鲁廷琰修；(清)田吕叶纂
清乾隆三年(1738)刻乾隆三十七年(1772)葛斗起印本. -- 记事止：清乾隆三年(1738)，见卷七第十五页选举。
2002年摄制. -- 1盘卷片(22米483拍) ：1:10, 2B ；35mm银盐
收藏馆：缩微中心，北碚

00O021406
[光绪]陇西县志：二卷 / (清)马如鉴,(清)刘文炳纂
清光绪(1875-1908)油印本
1995年摄制. -- 1盘卷片(5米74拍) ：1:10, 2B ；35mm银盐
收藏馆：缩微中心，甘肃

00O012464
[乾隆]成县新志：四卷 / (清)黄泳纂修
清乾隆六年(1741)刻本
1990年摄制. -- 1盘卷片(15米309拍) ：1:10, 2B ；35mm银盐
收藏馆：缩微中心，甘肃

00O012802
[乾隆]新纂直隶阶州志：二卷 / (清)葛时政纂修
清乾隆元年(1736)刻本
1990年摄制. -- 1盘卷片(15米299拍) ：1:10, 2B ；35mm银盐
收藏馆：缩微中心，甘肃

00O010886
[同治]武阶备志：二十一卷 / (清)吴鹏翱纂
清同治十二年(1873)刻本
1989年摄制. -- 1盘卷片(23米485拍) ：1:10, 2B ；35mm银盐
收藏馆：缩微中心，甘肃

00O012132
[光绪]阶州直隶州续志：三十三卷 / (清)叶恩沛纂修
清光绪十二年(1886)刻本
1989年摄制. -- 2盘卷片(37米768拍) ：1:10, 2B ；35mm银盐
收藏馆：缩微中心，甘肃

00O022935
文县志：八卷 / (清)江景瑞纂修
清康熙四十一年(1702)刻本
1994年摄制. -- 1盘卷片(11米213拍) ：1:10, 2B ；35mm银盐
收藏馆：缩微中心，甘肃

00O022921
[光绪]文县新志：八卷首一卷 / (清)长赟修；(清)刘健纂
清光绪二年(1876)刻本
1990年摄制. -- 1盘卷片(19米397拍) ：1:10, 2B ；35mm银盐
收藏馆：缩微中心，甘肃

00O012819
[康熙]岷州志：二十卷 / (清)汪元絅修；(清)田而秬[等]纂
清康熙四十一年(1702)刻本
1990年摄制. -- 1盘卷片(21米426拍) ：1:10, 2B ；35mm银盐
收藏馆：缩微中心，甘肃

00O021296
岷州续志采访初稿
清光绪三十四年(1908)抄本
1990年摄制. -- 1盘卷片(6米109拍) ：1:10, 2B ；35mm银盐
收藏馆：缩微中心，甘肃

00O013768
[乾隆]礼县志略：十九卷首一卷 / (清)方嘉发纂修
清乾隆二十一年(1756)刻本
1991年摄制. -- 1盘卷片(7米114拍) ：1:10, 2B ；35mm银盐
收藏馆：缩微中心，国图

00O012134
[光绪]礼县新志：四卷 / (清)雷文渊修；(清)王思温纂
清光绪十六年(1890)刻本
1989年摄制. -- 1盘卷片(15米295拍) ：1:10, 2B ；35mm银盐
收藏馆：缩微中心，甘肃

00O011535
[乾隆]两当县志：四卷 / (清)秦武域纂修
清乾隆三十二年(1767)刻本
1990年摄制. -- 1盘卷片(4米56拍) ：1:10, 2B ；35mm银盐
收藏馆：缩微中心，甘肃

00O029993
[道光]两当县新志：十二卷首一卷 / (清)德俊修；(清)韩塘纂
清道光二十年(1840)刻本. -- 记事止：清道光十八年(1838)。
2001年摄制. -- 1盘卷片(8米174拍) ：1:10, 2B ；35mm银盐

收藏馆：缩微中心，湖北

00O011311
[道光]两当县新志：十二卷首一卷 / (清)德俊修；(清)韩塘纂
清道光二十二年(1842)刻本
1989年摄制. -- 1盘卷片(9米174拍) : 1:10, 2B ; 35mm银盐
收藏馆：缩微中心，甘肃

00O011501
[嘉庆]徽县志：八卷 / (清)张伯魁纂修
清嘉庆十四年(1809)刻本
1989年摄制. -- 1盘卷片(19米385拍) : 1:10, 2B ; 35mm银盐
收藏馆：缩微中心，甘肃

00O021371
[嘉靖]河州志：四卷 / (明)黄陶庵纂
抄本. -- 据明嘉靖二十五年(1546)修嘉靖四十二年(1563)金台刘氏仕优堂刻本抄录。
1994年摄制. -- 1盘卷片(11米206拍) : 1:10, 2B ; 35mm银盐
收藏馆：缩微中心，甘肃

00O012825
[康熙]河州志：六卷 / (清)王全臣纂修
清康熙四十六年(1707)刻本
1990年摄制. -- 1盘卷片(22米456拍) : 1:10, 2B ; 35mm银盐
收藏馆：缩微中心，甘肃

00O031466
[康熙]河州志：六卷 / (清)王全臣纂修
清(1644-1911)抄本. -- 记事止：清康熙四十五年(1706)。
2004年摄制. -- 1盘卷片(16米313拍) : 1:10, 2B ; 35mm银盐
收藏馆：缩微中心，南京

00O011312
[光绪]洮州厅志：十八卷 / (清)张彦笃修；(清)包永昌纂
清光绪三十三年(1907)刻本
1989年摄制. -- 1盘卷片(25米563拍) : 1:10, 2B ; 35mm银盐
收藏馆：缩微中心，甘肃

00O016605
丁酉重刊西镇志
清顺治十四年(1657)刻本
1991年摄制. -- 1盘卷片(11米235拍) : 1:10, 2B ; 35mm银盐

収藏馆：缩微中心，天津

00O025200
[乾隆]西宁府新志：四十卷 / (清)杨应琚纂修
清乾隆(1736-1795)刻本
1996年摄制. -- 2盘卷片(39米766拍) : 1:10, 2B ; 35mm银盐
收藏馆：缩微中心，国图

00O010888
[乾隆]西宁府新志：四十卷 / (清)杨应琚纂修
清乾隆二十七年(1762)刻本
1989年摄制. -- 2盘卷片(38米846拍) : 1:10, 2B ; 35mm银盐
收藏馆：缩微中心，甘肃

00O029563
采录大通县乘帙稿：不分卷
温州图书馆誊印本. -- 记事止：清光绪三十三年(1907)。
2001年摄制. -- 1盘卷片(3米36拍) : 1:10, 2B ; 35mm银盐
收藏馆：缩微中心，青海

00O021385
[光绪]丹噶尔厅志：八卷 / (清)张庭武修；(清)杨景昇纂
清光绪三十四年(1908)刻本
1994年摄制. -- 1盘卷片(16米332拍) : 1:10, 2B ; 35mm银盐
收藏馆：缩微中心，甘肃

00O029507
[光绪]丹噶尔厅志：八卷首一卷 / (清)张庭武修；(清)杨景昇纂
清宣统二年(1910)甘肃官报书局铅印本. -- 记事止：清光绪三十三年(1907)。
2000年摄制. -- 1盘卷片(16米347拍) : 1:10, 2B ; 35mm银盐
收藏馆：缩微中心，青海

00O029564
丹邑新志：不分卷 / (清)杨景升撰
清(1644-1911)稿本. -- 记事止：清光绪二十二年(1896)。
2001年摄制. -- 1盘卷片(4米64拍) : 1:10, 2B ; 35mm银盐
收藏馆：缩微中心，青海

00O012119
[万历]朔方新志：五卷 / (明)杨寿纂修
明万历四十五年(1617)刻本. -- 存一卷：卷一。王献唐跋。

1990年摄制. -- 1盘卷片(6米94拍) ：1:10,
2B ；35mm银盐
收藏馆：缩微中心，山东

00O024848
[万历]朔方新志：五卷 / (明)杨寿纂修
明万历四十五年(1617)刻清顺治(1644-1661)
增修本
1996年摄制. -- 1盘卷片(25米491拍) ：
1:10, 2B ；35mm银盐
收藏馆：缩微中心，甘肃

00O031528
[万历]朔方新志：五卷 / (明)杨寿纂修
清顺治(1644-1661)抄本. -- 记事止：清顺治
十五年(1658)。
2004年摄制. -- 1盘卷片(23米492拍) ：
1:10, 2B ；35mm银盐
收藏馆：缩微中心，南京

00O021337
**[乾隆]宁夏府志：二十二卷首一卷 / (清)张金城
修；(清)杨浣雨纂**
清乾隆四十五年(1780)刻本
1994年摄制. -- 2盘卷片(58米1233拍) ：
1:10, 2B ；35mm银盐
收藏馆：缩微中心，甘肃

00O008249
银川小志：不分卷 / (清)汪绎辰撰
清(1644-1911)稿本. -- 记事止：清乾隆二十
年(1755)。
1988年摄制. -- 1盘卷片(5米100拍) ：1:10,
2B ；35mm银盐
收藏馆：缩微中心，南京

00O024847
**新修朔方广武志：二卷 / (清)高嶷,(清)俞汝钦纂
修**
清康熙五十六年(1717)刻本
1996年摄制. -- 1盘卷片(5米105拍) ：1:10,
2B ；35mm银盐
收藏馆：缩微中心，甘肃

00O011313
[嘉庆]灵州志迹：四卷 / (清)丰延泰[等]修
清嘉庆三年(1798)刻本
1989年摄制. -- 1盘卷片(13米262拍) ：
1:10, 2B ；35mm银盐
收藏馆：缩微中心，甘肃

00O022930
[乾隆]中卫县志：十卷 / (清)黄恩锡纂修

清乾隆二十六年(1761)刻本
1994年摄制. -- 1盘卷片(15米295拍) ：
1:10, 2B ；35mm银盐
收藏馆：缩微中心，甘肃

00O010889
**[道光]续修中卫县志：十卷 / (清)郑元吉修；(清)
余懋官纂**
清道光二十一年(1841)刻本
1989年摄制. -- 1盘卷片(16米330拍) ：
1:10, 2B ；35mm银盐
收藏馆：缩微中心，甘肃

00O021333
花马池志迹：十六卷
清光绪三十三年(1907)抄本
1994年摄制. -- 1盘卷片(6米91拍) ：1:10,
2B ；35mm银盐
收藏馆：缩微中心，甘肃

00O010887
[光绪]平远县志：十卷 / (清)陈日新纂修
清光绪五年(1879)刻本
1989年摄制. -- 1盘卷片(4米83拍) ：1:10,
2B ；35mm银盐
收藏馆：缩微中心，甘肃

00O007070
[万历]固原州志：二卷 / (明)刘敏宽纂修
明万历四十四年(1616)刘汝桂刻本
1987年摄制. -- 1盘卷片(8米156拍) ：1:10,
2B ；35mm银盐
收藏馆：缩微中心，天津

00O010891
固原州宪纲事宜
清咸丰五年(1855)抄本
1989年摄制. -- 1盘卷片(3米22拍) ：1:10,
2B ；35mm银盐
收藏馆：缩微中心，甘肃

00O010878
**[宣统]固原州志：十二卷附新纂硝河城志一卷 /
(清)王学伊纂修**
清宣统元年(1909)官报书局铅印本
1989年摄制. -- 2盘卷片(35米703拍) ：
1:10, 2B ；35mm银盐
收藏馆：缩微中心，甘肃

00O024850
**盐茶厅志备遗：一卷 / (清)朱享衍修；(清)刘统
纂**
清乾隆十七年(1752)抄本

1996年摄制. -- 1盘卷片(5米94拍) : 1:10,
2B ; 35mm银盐
收藏馆：缩微中心，甘肃

00O011502
[光绪]海城县志：二卷 / (清)杨金庚[等]纂修
清光绪三十四年(1908)铅印本
1989年摄制. -- 1盘卷片(7米128拍) : 1:10,
2B ; 35mm银盐
收藏馆：缩微中心，甘肃

00O024943
遐域琐谈：四卷 / (清)七十一撰
清(1644-1911)澹宁堂抄本
1996年摄制. -- 1盘卷片(10米175拍) :
1:10, 2B ; 35mm银盐
收藏馆：缩微中心，南京

00O026634
遐域琐谈：二卷 / (清)七十一撰
清(1644-1911)澹宁堂抄本
1996年摄制. -- 1盘卷片(9.5米184拍) :
1:10, 2B ; 35mm银盐
收藏馆：缩微中心，南京

00O021405
新疆舆图风土考：五卷 / (清)七十一纂
清光绪八年(1882)上海点石斋石印本
1995年摄制. -- 1盘卷片(5米67拍) : 1:10,
2B ; 35mm银盐
收藏馆：缩微中心，甘肃

00O030216
新疆摄要录：四卷 / (清)七十一纂；(清)周有才辑
清光绪十六年(1890)弋阳周氏爱莲堂刻本. --
记事止：清咸丰末年，见卷四第七页。
2001年摄制. -- 1盘卷片(3.5米71拍) :
1:10, 2B ; 35mm银盐
收藏馆：缩微中心，湖北

00O021866
新疆摄要录：四卷 / (清)七十一纂；(清)周有才辑
清光绪十六年(1890)弋阳周氏爱莲堂刻本
1995年摄制. -- 1盘卷片(5米74拍) : 1:10,
2B ; 35mm银盐
收藏馆：缩微中心，湖北

00O011548
钦定新疆识略：十二卷首一卷 / (清)松筠[等]纂
清道光元年(1821)刻本. -- (清)武英殿校。
1989年摄制. -- 1盘卷片(32米675拍) :

1:10, 2B ; 35mm银盐
收藏馆：缩微中心，甘肃

00O021341
西域考古录：十八卷 / (清)俞浩撰
清道光二十七年(1847)刻本
1994年摄制. -- 1盘卷片(23米493拍) :
1:10, 2B ; 35mm银盐
收藏馆：缩微中心，甘肃

00O021350
[光绪]新疆四道志
抄本. -- 本书的底本为清光绪本，中央民族学院抄本时间不详。又传抄中央民族学院抄本，传抄时间也不详。
1994年摄制. -- 1盘卷片(11米208拍) :
1:10, 2B ; 35mm银盐
收藏馆：缩微中心，甘肃

00O021362
新疆图志：一百十六卷 / (清)袁大化修；(清)王学曾[等]纂
清宣统三年(1911)活字印本
1994年摄制. -- 8盘卷片(240米5119拍) :
1:10, 2B ; 35mm银盐
收藏馆：缩微中心，甘肃

00O021343
新疆山脉志：六卷 / 王树枏纂
清宣统元年(1909)铅印本
1994年摄制. -- 1盘卷片(14米291拍) :
1:10, 2B ; 35mm银盐
收藏馆：缩微中心，甘肃

00O021387
喀什噶尔英吉沙尔：一卷 / (清)永保修；(清)范建中纂
清乾隆十九年(1754)修清(1644-1911)抄本
1995年摄制. -- 1盘卷片(4米64拍) : 1:10,
2B ; 35mm银盐
收藏馆：缩微中心，甘肃

00O021399
喀什噶尔附英吉沙尔 / (清)永保修；(清)范建中纂
清乾隆五十九年(1794)修清(1644-1911)抄本
1995年摄制. -- 1盘卷片(5米79拍) : 1:10,
2B ; 35mm银盐
收藏馆：缩微中心，甘肃

00O022525
疏勒府乡土志：一卷 / (清)蒋光升编
清光绪三十四年(1908)稿本

1995年摄制. -- 1盘卷片(2.5米20拍)：
1:10, 2B ; 35mm银盐
收藏馆：缩微中心，湖北

000O022511
英吉沙尔厅乡土志：一卷 / (清)黎炳元编
清光绪三十三年(1907)稿本
1995年摄制. -- 1盘卷片(2.65米30拍)：
1:10, 2B ; 35mm银盐
收藏馆：缩微中心，湖北

000O022507
[光绪]莎车府乡土志：一卷 / (清)甘曜湘编
清光绪三十四年(1908)稿本
1995年摄制. -- 1盘卷片(3.4米40拍)：
1:10, 2B ; 35mm银盐
收藏馆：缩微中心，湖北

000O022534
新疆莎车府叶城县乡土志：一卷
清光绪(1875-1908)抄本
1995年摄制. -- 1盘卷片(2.5米22拍)：
1:10, 2B ; 35mm银盐
收藏馆：缩微中心，湖北

000O022532
伽师县乡土志：一卷 / (清)高生岳编
清光绪三十四年(1908)稿本
1995年摄制. -- 1盘卷片(2.5米20拍)：
1:10, 2B ; 35mm银盐
收藏馆：缩微中心，湖北

000O022536
巴楚州乡土志：一卷 / (清)张璪光编
清光绪三十四年(1908)稿本
1995年摄制. -- 1盘卷片(2.5米24拍)：
1:10, 2B ; 35mm银盐
收藏馆：缩微中心，湖北

000O022518
莎车府分防蒲犁厅乡土志：一卷 / (清)江文波编
清光绪三十三年(1907)稿本
1995年摄制. -- 1盘卷片(2.5米20拍)：
1:10, 2B ; 35mm银盐
收藏馆：缩微中心，湖北

000O009389
[光绪]温宿府志：一卷 / (清)□□纂修
清光绪(1875-1908)抄本. -- 记事止：清光绪
三十一年(1905)。
1988年摄制. -- 1盘卷片(3米24拍)：1:10,
2B ; 35mm银盐
收藏馆：缩微中心，南京

000O022508
温宿县乡土志：一卷 / (清)□□纂修
清光绪三十三年(1907)稿本
1995年摄制. -- 1盘卷片(3米35拍)：1:10,
2B ; 35mm银盐
收藏馆：缩微中心，湖北

000O022524
温宿县乡土志：一卷 / (清)□□纂修
清光绪三十四年(1908)稿本
1995年摄制. -- 1盘卷片(2.5米23拍)：
1:10, 2B ; 35mm银盐
收藏馆：缩微中心，湖北

000O022522
库车直隶州乡土志：一卷
清光绪三十四年(1908)稿本
1995年摄制. -- 1盘卷片(2.6米30拍)：
1:10, 2B ; 35mm银盐
收藏馆：缩微中心，湖北

000O022523
沙雅县乡土志：一卷 / (清)张绍伯编
清光绪三十四年(1908)稿本
1995年摄制. -- 1盘卷片(2.5米22拍)：
1:10, 2B ; 35mm银盐
收藏馆：缩微中心，湖北

000O022500
拜城县乡土志：一卷
清光绪三十四年(1908)稿本
1995年摄制. -- 1盘卷片(2.6米26拍)：
1:10, 2B ; 35mm银盐
收藏馆：缩微中心，湖北

000O022533
新疆乌什直隶厅乡土志：一卷
清光绪三十四年(1908)稿本
1995年摄制. -- 1盘卷片(2.5米20拍)：
1:10, 2B ; 35mm银盐
收藏馆：缩微中心，湖北

000O030196
新疆乌什直隶厅乡土志：一卷
清光绪(1875-1908)稿本. -- 记事止：清光绪
十九年(1893)，见政绩录第一页。
2001年摄制. -- 1盘卷片(1米19拍)：1:10,
2B ; 35mm银盐
收藏馆：缩微中心，湖北

000O022572
温宿县分防柯坪县乡土志：一卷 / (清)潘宗岳编
清光绪三十四年(1908)稿本

1995年摄制． -- 1盘卷片（2.5米22拍）：
1:10，2B；35mm银盐
收藏馆：缩微中心，湖北

000O022549
和阗直隶州乡土志：一卷 / (清)谢维兴编
清光绪三十四年(1908)稿本
1995年摄制． -- 1盘卷片（2.5米22拍）：
1:10，2B；35mm银盐
收藏馆：缩微中心，湖北

000O022519
皮山县乡土志：一卷
清光绪三十四年(1908)稿本
1995年摄制． -- 1盘卷片（2.7米29拍）：
1:10，2B；35mm银盐
收藏馆：缩微中心，湖北

000O022499
洛浦县乡土志：一卷 / (清)杨丕灼编
清光绪三十三年(1907)稿本
1995年摄制． -- 1盘卷片（3.6米44拍）：
1:10，2B；35mm银盐
收藏馆：缩微中心，湖北

000O021393
[光绪]新疆吐鲁番厅乡土志 / (清)曾炳熿编
清光绪三十三年(1907)抄本
1995年摄制． -- 1盘卷片（2米32拍）：1:10，
2B；35mm银盐
收藏馆：缩微中心，甘肃

000O021872
鄯善县乡土志：一卷 / (清)陈光炜编
清光绪三十三年(1907)稿本
1995年摄制． -- 1盘卷片（2.4米20拍）：
1:10，2B；35mm银盐
收藏馆：缩微中心，湖北

000O022564
[宣统]哈密乡土志：一卷 / (清)刘润通编
清宣统元年(1909)稿本
1995年摄制． -- 1盘卷片（3米33拍）：1:10，
2B；35mm银盐
收藏馆：缩微中心，湖北

000O022497
精河厅乡土志：一卷 / (清)曹凌汉编
清光绪三十四年(1908)稿本
1995年摄制． -- 1盘卷片（3.4米34拍）：
1:10，2B；35mm银盐
收藏馆：缩微中心，湖北

000O021870
呼图壁乡土志：一卷
清光绪三十四年(1908)稿本
1995年摄制． -- 1盘卷片（2.4米20拍）：
1:10，2B；35mm银盐
收藏馆：缩微中心，湖北

000O022521
阜康县乡土志：一卷
清光绪三十四年(1908)稿本
1995年摄制． -- 1盘卷片（2.6米30拍）：
1:10，2B；35mm银盐
收藏馆：缩微中心，湖北

000O022570
[光绪]甘肃新疆迪化府孚远县乡土志：一卷
清光绪三十三年(1907)稿本
1995年摄制． -- 1盘卷片（2.5米22拍）：
1:10，2B；35mm银盐
收藏馆：缩微中心，湖北

000O031631
孚远县乡土志：一卷
抄本
2005年摄制． -- 1盘卷片（3米20拍）：1:10，
2B；35mm银盐
收藏馆：缩微中心，南京

000O022520
轮台县乡土志：一卷 / (清)顾桂芳编
清光绪三十四年(1908)稿本
1995年摄制． -- 1盘卷片（3.5米46拍）：
1:10，2B；35mm银盐
收藏馆：缩微中心，湖北

000O021364
新平县乡土志：一卷 / (清)周芳煦编
清光绪三十三年(1907)抄本
1994年摄制． -- 1盘卷片（3米24拍）：1:10，
2B；35mm银盐
收藏馆：缩微中心，甘肃

000O022569
婼羌县乡土志：一卷 / (清)瑞山编
清宣统元年(1909)稿本
1995年摄制． -- 1盘卷片（2.5米22拍）：
1:10，2B；35mm银盐
收藏馆：缩微中心，湖北

000O022528
婼羌县乡土志：一卷 / (清)唐光伟编
清宣统二年(1910)稿本
1995年摄制． -- 1盘卷片（2.5米20拍）：

1:10, 2B ; 35mm银盐
收藏馆：缩微中心，湖北

000O022516
焉耆府乡土志：一卷
清光绪三十四年(1908)稿本
1995年摄制. -- 1盘卷片(2.5米25拍) :
1:10, 2B ; 35mm银盐
收藏馆：缩微中心，湖北

000O022512
伊犁府宁远县乡土志大略：一卷 / (清)李方学编
清光绪三十四年(1908)稿本
1995年摄制. -- 1盘卷片(3.5米60拍) :
1:10, 2B ; 35mm银盐
收藏馆：缩微中心，湖北

000O030195
新疆伊犁府绥定县乡土志：一卷 / (清)萧然奎纂修
清(1644-1911)抄本. -- 记事止：清光绪二十二年(1896)，见卷一第十八页。
2001年摄制. -- 1盘卷片(2米34拍) : 1:10, 2B ; 35mm银盐
收藏馆：缩微中心，湖北

000O014152
[乾隆]重修福建台湾府志：二十卷 / (清)钱洙[等]纂修
清乾隆(1736-1795)刻本. -- 纂修者还有：(清)郝霔等。存十八卷：卷一至卷十七、卷二十。
1992年摄制. -- 1盘卷片(29米575拍) : 1:10, 2B ; 35mm银盐
收藏馆：缩微中心，国图

000O012083
[乾隆]重修台湾府志：二十五卷首一卷 / (清)六十七[等]纂修
清乾隆十二年(1747)刻本. -- 纂修者还有：(清)范咸等。
1990年摄制. -- 2盘卷片(41米859拍) : 1:10, 2B ; 35mm银盐
收藏馆：缩微中心，湖南

000O012077
[乾隆]续修台湾府志：二十六卷首一卷 / (清)余文仪修；(清)黄俏纂
清乾隆三十九年(1774)刻本
1990年摄制. -- 2盘卷片(48米1013拍) : 1:10, 2B ; 35mm银盐
收藏馆：缩微中心，湖南

000O011882
[光绪]台湾小志：一卷 / (清)龚柴纂
清光绪十年(1884)管可奉斋刻本
1990年摄制. -- 1盘卷片(3米38拍) : 1:10, 2B ; 35mm银盐
收藏馆：缩微中心，湖南

000O007623
[康熙]台湾县志：十卷 / (清)王礼修；(清)陈文达纂修
清康熙五十九年(1720)刻本. -- 记事止：清康熙五十九年(1720)。
1988年摄制. -- 1盘卷片(22米457拍) : 1:10, 2B ; 35mm银盐
收藏馆：缩微中心，南京

000O017231
[乾隆]台湾县志：六卷
清(1644-1911)抄本. -- 佚名朱墨批校圈点。
1993年摄制. -- 1盘卷片(6米96拍) : 1:10, 2B ; 35mm银盐
收藏馆：缩微中心，天津

000O031570
[嘉庆]台湾县志：八卷首一卷 / (清)薛志亮修；(清)谢金銮纂；(清)郑兼才增纂修
清嘉庆十二年(1807)刻道光七年(1827)增修本. -- 记事止：清道光七年(1827)。
2005年摄制. -- 2盘卷片(39米778拍) : 1:10, 2B ; 35mm银盐
收藏馆：缩微中心，南京

000O001157
蛤仔难纪略：一卷 / (清)谢金銮撰
清嘉庆(1796-1820)刻本
1985年摄制. -- 1盘卷片(3.6米47拍) : 1:10, 2B ; 35mm银盐
收藏馆：缩微中心，国图

000O009376
噶玛兰志略：十四卷图一卷 / (清)柯培元纂修
清(1644-1911)稿本. -- 记事止：清道光十五年(1835)。存十三卷：卷一至卷十三。
1988年摄制. -- 1盘卷片(14米289拍) : 1:10, 2B ; 35mm银盐
收藏馆：缩微中心，南京

000O011393
[同治]淡水厅志：十六卷 / (清)陈培桂修；(清)杨承藩纂
清同治十年(1871)刻本
1989年摄制. -- 1盘卷片(26米580拍) : 1:10, 2B ; 35mm银盐

收藏馆：缩微中心，吉林

00O031608
[道光]彰化县志：十二卷首一卷 / (清)李廷璧修；
(清)周玺纂
清道光十六年(1836)刻本. -- 记事止：清道
光十六年(1836)。
2005年摄制. -- 2盘卷片(40米832拍)：
1:10，2B；35mm银盐
收藏馆：缩微中心，南京

00O009352
[光绪]恒春县志：二十二卷首一卷末一卷 / (清)
陈文纬修；(清)屠继善纂
清(1644-1911)修史庐抄本. -- 记事止：清光
绪二十年(1894)。
1988年摄制. -- 1盘卷片(14米320拍)：
1:10，2B；35mm银盐
收藏馆：缩微中心，南京

00O009354
[康熙]凤山县志：十卷首一卷 / (清)李丕煜修；
(清)陈文达[等]纂
清康熙五十九年(1720)刻本. -- 记事止：清
康熙五十八年(1719)。纂者还有：(清)李钦文
等。
1988年摄制. -- 1盘卷片(15米307拍)：
1:10，2B；35mm银盐
收藏馆：缩微中心，南京

00O031588
[乾隆]凤山县志：十二卷首一卷 / (清)王瑛曾纂
修
清乾隆二十八年(1763)抄本. -- 记事止：清
乾隆二十八年(1763)。
2005年摄制. -- 1盘卷片(32米690拍)：
1:10，2B；35mm银盐
收藏馆：缩微中心，南京

00O017779
[乾隆]澎湖志略：不分卷 / (清)周于仁修；(清)胡
格纂
清乾隆八年(1743)补刻本
1993年摄制. -- 1盘卷片(4米57拍)：1:10，
2B；35mm银盐
收藏馆：缩微中心，天津

00O008173
澎湖纪略：十二卷 / (清)胡建伟纂
清乾隆(1736-1795)刻本. -- 版框高十七厘米
宽十四厘米。
1988年摄制. -- 1盘卷片(20米425拍)：
1:10，2B；35mm银盐

收藏馆：缩微中心，广东

00O009374
[道光]澎湖续编：二卷 / (清)蒋镛纂修
清道光十二年(1832)刻本. -- 记事止：清道
光十二年(1832)。
1988年摄制. -- 1盘卷片(10米216拍)：
1:10，2B；35mm银盐
收藏馆：缩微中心，南京

00O011955
[光绪]澎湖厅志：十五卷首一卷 / (清)蔡麟祥修；
(清)林豪纂
清光绪宣统(1875-1911)稿本. -- 佚名朱墨批
校圈点。
1990年摄制. -- 1盘卷片(32米736拍)：
1:10，2B；35mm银盐
收藏馆：缩微中心，天津

00O031569
[光绪]澎湖厅志：十五卷首一卷 / (清)蔡麟祥修；
(清)林豪纂
清(1644-1911)抄本. -- 记事止：清光绪八年
(1882)。
2005年摄制. -- 1盘卷片(32米669拍)：
1:10，2B；35mm银盐
收藏馆：缩微中心，南京

金石考古类

00O024591
亦政堂重修宣和博古图录：三十卷 / (宋)王黼
[等]撰．亦政堂重修宣和考古图：十卷 / (宋)吕
大临撰．亦政堂重修宣和考古玉图：二卷 / (元)
朱德润撰
明万历三十一年(1603)吴万化刻清乾隆十八年
(1753)黄晟重修本
1996年摄制. -- 3盘卷片(82米1650拍)：
1:10，2B；35mm银盐
收藏馆：缩微中心，浙江

00O021070
亦政堂重修考古图：十卷 / (宋)吕大临撰．亦政
堂重考古玉图：二卷 / (元)朱德润撰．亦政堂重
修宣和博古图录：三十卷 / (宋)王黼[等]撰
清乾隆十八年(1753)黄晟槐荫草堂刻本
1994年摄制. -- 3盘卷片(78米1528拍)：
1:10，2B；35mm银盐
收藏馆：缩微中心，国图

00O025277
平安馆金石文字：四种四卷 / (清)叶志诜辑
清道光(1821-1850)刻本

1996年摄制. -- 1盘卷片(5米59拍) ： 1:10,
2B ； 35mm银盐
收藏馆：缩微中心，国图

00O025316
小蓬莱阁金石文字：三卷 / (清)黄易辑
清(1644-1911)刻本
1996年摄制. -- 1盘卷片(3米19拍) ： 1:10,
2B ； 35mm银盐
收藏馆：缩微中心，国图

00O005921
籀史：二卷 / (宋)翟耆年撰
清(1644-1911)东武刘氏味经书屋抄本. -- 存
一卷：卷上。(清)刘喜海录(清)吴翌凤跋。
1987年摄制. -- 1盘卷片(3.7米51拍) ：
1:10, 2B ； 35mm银盐
收藏馆：缩微中心，国图

00O004486
金石录：三十卷 / (宋)赵明诚撰
明(1368-1644)范氏卧云山房抄本. -- 存八
卷：卷二十三至卷三十。
1986年摄制. -- 1盘卷片(7米112拍) ： 1:10,
2B ； 35mm银盐
收藏馆：缩微中心，国图

00O007763
金石录：三十卷 / (宋)赵明诚撰
清顺治七年(1650)谢世箕刻本
1987年摄制. -- 1盘卷片(22米466拍) ：
1:10, 2B ； 35mm银盐
收藏馆：缩微中心，湖南

00O025282
金石录：三十卷 / (宋)赵明诚撰
清顺治七年(1650)谢世箕刻本
1996年摄制. -- 1盘卷片(20米410拍) ：
1:10, 2B ； 35mm银盐
收藏馆：缩微中心，国图

00O004707
金石录：三十卷 / (宋)赵明诚撰
清初(1644-1722)抄本. -- (清)王士禛跋,
(清)陈奕禧批校并跋。
1986年摄制. -- 1盘卷片(18.1米393拍) ：
1:10, 2B ； 35mm银盐
收藏馆：缩微中心，国图

00O016993
金石录：三十卷 / (宋)赵明诚撰
清初(1644-1722)抄本. -- 存二十二卷：卷一
至卷十、卷十九至卷三十。

1993年摄制. -- 1盘卷片(16米314拍) ：
1:10, 2B ； 35mm银盐
收藏馆：缩微中心，国图

00O012751
金石录：三十卷 / (宋)赵明诚撰
清初(1644-1722)抄本. -- 佚名录(清)叶国
华、(清)何焯校跋，(清)丁丙跋。
1990年摄制. -- 1盘卷片(19米442拍) ：
1:10, 2B ； 35mm银盐
收藏馆：缩微中心，南京

00O007775
金石录：三十卷 / (宋)赵明诚撰
清嘉庆(1796-1820)徐氏治朴学斋抄本. --
(清)谢世箕校。
1987年摄制. -- 1盘卷片(19米397拍) ：
1:10, 2B ； 35mm银盐
收藏馆：缩微中心，湖南

00O016087
金石录：三十卷 / (宋)赵明诚撰
清光绪十三年(1887)朱记荣刻槐庐丛书本. --
章钰校点并跋，(清)章寿康校并跋。
1993年摄制. -- 1盘卷片(18米352拍) ：
1:10, 2B ； 35mm银盐
收藏馆：缩微中心，国图

00O015482
金石录：三十卷 / (宋)赵明诚撰
清(1644-1911)抄本. -- (清)钱大昭、(清)钱
东垣校并跋，(清)唐翰题，吴重熹跋。
1993年摄制. -- 1盘卷片(18米336拍) ：
1:10, 2B ； 35mm银盐
收藏馆：缩微中心，国图

00O006508
金石录：三十卷 / (宋)赵明诚撰
清(1644-1911)抄本. -- 佚名录(清)钱仪吉校
跋。
1987年摄制. -- 1盘卷片(16米333拍) ：
1:10, 2B ； 35mm银盐
收藏馆：缩微中心，国图

00O015223
金石录：三十卷 / (宋)赵明诚撰
清(1644-1911)抄本. -- (清)翁方纲批校并
跋。
1992年摄制. -- 1盘卷片(20米378拍) ：
1:10, 2B ； 35mm银盐
收藏馆：缩微中心，国图

000O009257
金石录：三十卷 / (宋)赵明诚撰
清(1644-1911)抄本
1988年摄制. -- 1盘卷片(18.2米379拍)：
1:10, 2B ; 35mm银盐
收藏馆：缩微中心，湖南

000O015960
三器图义：一卷 / (宋)程迥撰
清(1644-1911)抄本. -- (清)吴骞校。
1993年摄制. -- 1盘卷片(2米5拍)：1:10,
2B ; 35mm银盐
收藏馆：缩微中心，国图

000O016242
金石古文：十四卷 / (明)杨慎辑
明嘉靖十八年(1539)张纪刻本
1993年摄制. -- 1盘卷片(9米158拍)：1:10,
2B ; 35mm银盐
收藏馆：缩微中心，国图

000O005721
金石古文：十四卷 / (明)杨慎辑
明嘉靖三十三年(1554)孙昭李懿刻本
1987年摄制. -- 1盘卷片(8.2米159拍)：
1:10, 2B ; 35mm银盐
收藏馆：缩微中心，国图

000O007765
金石古文：十四卷 / (明)杨慎辑
明嘉靖三十三年(1554)孙昭李懿刻本
1987年摄制. -- 1盘卷片(21米443拍)：
1:10, 2B ; 35mm银盐
收藏馆：缩微中心，湖南

000O017957
金石古文：十四卷 / (明)杨慎辑
明嘉靖三十三年(1554)孙昭李懿刻本
1993年摄制. -- 1盘卷片(9米138拍)：1:10,
2B ; 35mm银盐
收藏馆：缩微中心，国图

000O007948
金石遗文：五卷 / (明)丰道生撰
清初(1644-1722)抄本
1988年摄制. -- 1盘卷片(8米138拍)：1:10,
2B ; 35mm银盐
收藏馆：缩微中心，湖南

000O016035
金石文：七卷 / (明)徐献忠辑
清雍正十三年(1735)施礼耕抄本
1993年摄制. -- 1盘卷片(9米155拍)：1:10,
2B ; 35mm银盐
收藏馆：缩微中心，国图

000O002345
金石文：七卷 / (明)徐献忠辑
清(1644-1911)抄本
1986年摄制. -- 1盘卷片(9米170拍)：1:10,
2B ; 35mm银盐
收藏馆：缩微中心，国图

000O000183
金石史：不分卷附录一卷 / (明)郭宗昌撰
明末(1621-1644)抄本
1985年摄制. -- 1盘卷片(7米122拍)：1:10,
2B ; 35mm银盐
收藏馆：缩微中心，国图

000O019504
金石史：二卷 / (明)郭宗昌撰
清(1644-1911)抄本. -- 罗复庵校并跋。
1994年摄制. -- 1盘卷片(4米48拍)：1:10,
2B ; 35mm银盐
收藏馆：缩微中心，国图

000O019422
**寒山堂金石林时地考：一卷部目一卷 / (明)赵均
撰．叶氏菉竹堂碑目：六卷**
清乾隆二十四年(1759)吴元润抄本. -- (清)
许瀚跋。
1994年摄制. -- 1盘卷片(11米197拍)：
1:10, 2B ; 35mm银盐
收藏馆：缩微中心，国图

000O006351
**寒山堂金石林时地考：一卷部目一卷 / (明)赵均
撰**
清(1644-1911)抄本
1987年摄制. -- 1盘卷片(9米104拍)：1:10,
2B ; 35mm银盐
收藏馆：缩微中心，国图

000O005334
天下金石志：十六卷 / (明)于奕正撰
明崇祯(1628-1644)刻本. -- (清)孙国敉校
补，(清)翁方纲校补并跋，(清)葛正笏、□树
华、黄裳跋。
1986年摄制. -- 1盘卷片(12米245拍)：
1:10, 2B ; 35mm银盐
收藏馆：缩微中心，国图

000O021938
天下金石志：十五卷附录一卷 / (明)于奕正撰
明崇祯(1628-1644)刻本

1995年摄制. -- 1盘卷片(12米212拍)：
1:10, 2B ；35mm银盐
收藏馆：缩微中心，国图

000O004897
天下金石志：不分卷 / (明)于奕正撰
清(1644-1911)抄本. -- 存：北直隶、南直
隶、浙江、江西、陕西。(清)朱锡庚跋。
1986年摄制. -- 1盘卷片(5.9米103拍)：
1:10, 2B ；35mm银盐
收藏馆：缩微中心，国图

000O008682
天下金石志：不分卷 / (明)于奕正撰
清初(1644-1722)刻本
1988年摄制. -- 1盘卷片(6.5米117拍)：
1:9, 2B ；35mm银盐
收藏馆：缩微中心，重庆

000O005206
求古录：一卷 / (清)顾炎武撰
清(1644-1911)彭氏知圣道斋抄本. -- (清)彭
元瑞校并跋。
1986年摄制. -- 1盘卷片(5.6米86拍)：
1:10, 2B ；35mm银盐
收藏馆：缩微中心，国图

000O025303
求古录：一卷 / (清)顾炎武撰
清(1644-1911)文珍楼抄本. -- (清)徐渭仁校
并跋。
1996年摄制. -- 1盘卷片(5米57拍)：1:10,
2B ；35mm银盐
收藏馆：缩微中心，国图

000O002074
求古录：一卷 / (清)顾炎武撰
清(1644-1911)抄本. -- (清)魏锡曾校并跋。
1986年摄制. -- 1盘卷片(5米78拍)：1:10,
2B ；35mm银盐
收藏馆：缩微中心，国图

000O009213
求古录：一卷 / (清)顾炎武撰
清(1644-1911)抄本. -- 叶启勋、叶启发题
跋。
1988年摄制. -- 1盘卷片(6米102拍)：1:10,
2B ；35mm银盐
收藏馆：缩微中心，湖南

000O028406
金石文字记：六卷 / (清)顾炎武撰
清康熙(1662-1722)刻亭林遗书本. -- (清)翁

方纲批校，(清)丁丙跋。
1996年摄制. -- 1盘卷片(10.5米206拍)：
1:10, 2B ；35mm银盐
收藏馆：缩微中心，南京

000O029010
来斋金石刻考略：三卷；唐昭陵石迹考略：五
卷附唐昭陵陪葬名氏考 / (清)林侗辑 . 汉魏碑刻
纪存：一卷 / (清)谢道承撰
清嘉庆二十一年(1816)冯缙刻本. --还有合刻
著作：汉魏碑刻纪存一卷/ (清)林侗、(清)冯
缙、(清)谢道来撰，(清)叶启勋札校。
1999年摄制. -- 1盘卷片(14米280拍)：
1:10, 2B ；35mm银盐
收藏馆：缩微中心，湖南

000O009069
来斋金石刻考略：三卷；唐昭陵石迹考略：五
卷附唐昭陵陪葬名氏考 / (清)林侗辑 . 汉魏碑刻
纪存：一卷 / (清)谢道承撰
清(1644-1911)刻本. -- (清)叶启勋札校。
1988年摄制. -- 1盘卷片(14.5米295拍)：
1:10, 2B ；35mm银盐
收藏馆：缩微中心，湖南

000O028667
金石录补：不分卷 / (清)叶奕苞撰
清(1644-1911)稿本. -- (清)鲍廷博、(清)赵
一清校补，(清)丁丙跋。
1990年摄制. -- 1盘卷片(12米228拍)：
1:10, 2B ；35mm银盐
收藏馆：缩微中心，南京

000O027447
金石录补：不分卷 / (清)叶奕苞撰
清(1644-1911)翁方纲抄本
1996年摄制. -- 1盘卷片(3米26拍)：1:10,
2B ；35mm银盐
收藏馆：缩微中心，南京

000O012925
金石录补：二十七卷 / (清)叶奕苞撰
清光绪十二年(1886)朱记荣刻槐庐丛书本. --
(清)赵烈文校跋。
1991年摄制. -- 1盘卷片(16米330拍)：
1:10, 2B ；35mm银盐
收藏馆：缩微中心，南京

000O015664
观妙斋藏金石文考略：十六卷 / (清)李光暎撰
清雍正(1723-1735)刻本
1993年摄制. -- 1盘卷片(28米567拍)：
1:10, 2B ；35mm银盐

收藏馆：缩微中心，国图

000O018837
观妙斋藏金石文考略：十六卷 / (清)李光暎撰
清雍正(1723-1735)刻本
1994年摄制. -- 1盘卷片(28米567拍)：
1:10，2B；35mm银盐
收藏馆：缩微中心，国图

000O020770
观妙斋藏金石文考略：十六卷目录一卷 / (清)李光暎撰
清雍正(1723-1735)刻本. -- 存八卷：卷二、卷四、卷八至卷十一、卷十三，目录一卷。
1994年摄制. -- 1盘卷片(16米284拍)：
1:10，2B；35mm银盐
收藏馆：缩微中心，国图

000O012882
金石癖：十五卷 / (清)吴玉搢撰
清乾隆四十五年(1780)李调元刻本
1990年摄制. -- 1盘卷片(17米362拍)：
1:10，2B；35mm银盐
收藏馆：缩微中心，辽宁

000O015661
金石存：十五卷 / (清)吴玉搢撰
清嘉庆二十四年(1819)李氏闻妙香室刻本
1993年摄制. -- 1盘卷片(19米382拍)：
1:10，2B；35mm银盐
收藏馆：缩微中心，国图

000O025278
金石萃编：一百六十卷 / (清)王昶撰
清嘉庆十年(1805)刻本. -- (清)龚橙校注。
1996年摄制. -- 9盘卷片(286米5899拍)：
1:10，2B；35mm银盐
收藏馆：缩微中心，国图

000O025281
金石萃编：一百六十卷 / (清)王昶撰
清嘉庆十年(1805)刻本. -- (清)李慈铭校注。
1996年摄制. -- 10盘卷片(290米5882拍)：
1:10，2B；35mm银盐
收藏馆：缩微中心，国图

000O009128
金石萃编：一百六十卷 / (清)王昶撰
清嘉庆十年(1805)刻本
1988年摄制. -- 11盘卷片(295米6270拍)：
1:10，2B；35mm银盐
收藏馆：缩微中心，湖南

000O024592
金石萃编未刻稿：不分卷 / (清)朱文藻辑
清(1644-1911)稿本
1996年摄制. -- 1盘卷片(7米108拍)：1:10，2B；35mm银盐
收藏馆：缩微中心，浙江

000O013099
金石萃编未刻稿：三卷 / (清)王昶撰
清(1644-1911)抄本
1991年摄制. -- 1盘卷片(12.8米271拍)：1:10，2B；35mm银盐
收藏馆：缩微中心，辽宁

000O026837
金石萃编补目：三卷；元碑存目：一卷 / (清)黄本骥撰
清咸丰四年(1854)刘铨福抄本. -- (清)刘位坦、(清)刘铨福跋。
1996年摄制. -- 1盘卷片(6米97拍)：1:10，2B；35mm银盐
收藏馆：缩微中心，南京

000O006588
金石后录：八卷 / (清)钱大昕藏并撰
清(1644-1911)袁氏贞节堂抄本. -- (清)顾广圻校补并跋。
1987年摄制. -- 1盘卷片(8米154拍)：1:10，2B；35mm银盐
收藏馆：缩微中心，国图

000O024579
两汉金石记：二十二卷 / (清)翁方纲撰
清乾隆五十四年(1789)刻本. -- (清)翁同龢批校。
1997年摄制. -- 1盘卷片(29米606拍)：
1:10，2B；35mm银盐
收藏馆：缩微中心，浙江

000O007713
两汉金石记：二十二卷 / (清)翁方纲撰
清乾隆五十四年(1789)翁氏刻本
1987年摄制. -- 1盘卷片(31米668拍)：
1:10，2B；35mm银盐
收藏馆：缩微中心，湖南

000O008124
金石契：不分卷 / (清)张燕昌撰
清乾隆三十六年(1771)张燕昌刻乾隆四十三年(1778)重定本
1988年摄制. -- 1盘卷片(9米177拍)：1:10，2B；35mm银盐
收藏馆：缩微中心，湖北

000○005880
金石契：不分卷 / (清)张燕昌撰
清乾隆三十六年(1771)张燕昌刻乾隆四十三年
(1778)重定本. -- (清)翁树培批注。
1987年摄制. -- 1盘卷片(7.8米151拍) :
1:10, 2B ; 35mm银盐
收藏馆：缩微中心，国图

000○018065
清仪阁题跋：不分卷 / (清)张廷济撰
清(1644-1911)稿本
1993年摄制. -- 1盘卷片(11米212拍) :
1:10, 2B ; 35mm银盐
收藏馆：缩微中心，天津

000○012770
寒山金石林时地考：二卷首一卷 / (明)赵均撰
清嘉庆十九年(1814)抄本. -- (清)丁丙跋。
1990年摄制. -- 1盘卷片(6米115拍) : 1:10,
2B ; 35mm银盐
收藏馆：缩微中心，南京

000○003401
随轩金石文字九种：不分卷 / (清)徐渭仁钩摹.
建昭雁足镫考：二卷 / (清)徐渭仁撰
清道光十七年(1837)二十四年(1844)徐渭仁刻
同治七年(1868)重修本. -- (清)翁同龢批注。
1986年摄制. -- 1盘卷片(14米294拍) :
1:10, 2B ; 35mm银盐
收藏馆：缩微中心，国图

000○012939
金石衡鉴录：十二卷 / (清)孙三锡撰
清(1644-1911)稿本
1991年摄制. -- 1盘卷片(11米198拍) :
1:10, 2B ; 35mm银盐
收藏馆：缩微中心，南京

000○001725
金石衡鉴录：□□卷补三十二卷再补十二卷续
一卷三补一卷 / (清)孙三锡撰
清(1644-1911)稿本. -- 存一百十三卷：金卷
一至卷六、卷九，石卷五至卷六十四，余俱
全。
1986年摄制. -- 3盘卷片(81米1822拍) :
1:10, 2B ; 35mm银盐
收藏馆：缩微中心，国图

000○014235
周秦汉魏六朝隋唐金石记：不分卷 / (清)潘应椿
撰
清(1644-1911)抄本
1992年摄制. -- 2盘卷片(37米681拍) :

1:10, 2B ; 35mm银盐
收藏馆：缩微中心，国图

000○024616
归朴龛金石跋：一卷 / (清)彭蕴章撰
清(1644-1911)凌霞抄本
1996年摄制. -- 1盘卷片(2米19拍) : 1:10,
2B ; 35mm银盐
收藏馆：缩微中心，浙江

000○000161
求古精舍金石图初集：四卷 / (清)陈经撰
清嘉庆二十一年(1816)陈氏说剑楼刻本
1985年摄制. -- 1盘卷片(10.1米202拍) :
1:10, 2B ; 35mm银盐
收藏馆：缩微中心，国图

000○018228
金石玉铭：二十卷 / (清)崇恩辑
清(1644-1911)稿本
1993年摄制. -- 1盘卷片(20米435拍) :
1:10, 2B ; 35mm银盐
收藏馆：缩微中心，山东

000○015777
金石目录分编：五卷 / (清)吴式芬撰
清(1644-1911)稿本
1993年摄制. -- 1盘卷片(14米249拍) :
1:10, 2B ; 35mm银盐
收藏馆：缩微中心，国图

000○026895
宝铁斋金石文跋尾：不分卷 / (清)韩崇撰
清(1644-1911)稿本. -- (清)严保庸、(清)徐
康跋。
1996年摄制. -- 1盘卷片(8米142拍) : 1:10,
2B ; 35mm银盐
收藏馆：缩微中心，南京

000○024623
朋斋金石跋：一卷 / (清)张穆撰
清(1644-1911)凌霞抄本
1996年摄制. -- 1盘卷片(3米24拍) : 1:10,
2B ; 35mm银盐
收藏馆：缩微中心，浙江

000○015003
古金石文漫钞：一卷 / (清)莫友芝辑
清(1644-1911)稿本
1992年摄制. -- 1盘卷片(4米29拍) : 1:10,
2B ; 35mm银盐
收藏馆：缩微中心，国图

00O015667
二百兰亭斋收藏金石记：四卷 / (清)吴云撰
清咸丰六年(1856)吴云刻本
1993年摄制. -- 1盘卷片(9米141拍) : 1:10,
2B ; 35mm银盐
收藏馆：缩微中心, 国图

00O001414
古华山馆杂著：三卷 / (清)沈梧撰
清(1644-1911)稿本
1985年摄制. -- 1盘卷片(5米79拍) : 1:10,
2B ; 35mm银盐
收藏馆：缩微中心, 国图

00O014483
天放楼金石跋尾：不分卷 / (清)赵烈文撰
清(1644-1911)稿本. -- (清)蒋祖诒跋。
1992年摄制. -- 1盘卷片(4米57拍) : 1:10,
2B ; 35mm银盐
收藏馆：缩微中心, 重庆

00O017543
翠云草堂金石存略：四卷 / (清)蔡鼎撰
清(1644-1911)稿本. -- (清)谭献、吴受福批
注。
1993年摄制. -- 1盘卷片(14米267拍) :
1:10, 2B ; 35mm银盐
收藏馆：缩微中心, 国图

00O024663
饕喜庐金石录：一卷 / (清)傅云龙撰
清(1644-1911)稿本
1996年摄制. -- 1盘卷片(4米56拍) : 1:10,
2B ; 35mm银盐
收藏馆：缩微中心, 浙江

00O018064
金石补编：不分卷 / (清)黄锡蕃辑
清(1644-1911)抄本. -- 书名依目录题。(清)
佚名校。
1993年摄制. -- 1盘卷片(10米208拍) :
1:10, 2B ; 35mm银盐
收藏馆：缩微中心, 天津

00O022801
小蓬莱阁金石目：不分卷 / (清)黄易撰
清(1644-1911)稿本. -- (清)丁丙跋。
1995年摄制. -- 1盘卷片(15米330拍) :
1:10, 2B ; 35mm银盐
收藏馆：缩微中心, 南京

00O019060
小蓬莱阁金石目：不分卷 / (清)黄易藏

清(1644-1911)抄本. -- (清)沈树镛、(清)刘
之泗跋。
1994年摄制. -- 1盘卷片(5米64拍) : 1:10,
2B ; 35mm银盐
收藏馆：缩微中心, 国图

00O016046
写经楼金石目：不分卷 / (清)钱泳撰
清(1644-1911)钱氏述祖德堂抄本. -- 章钰
跋。
1993年摄制. -- 1盘卷片(15米276拍) :
1:10, 2B ; 35mm银盐
收藏馆：缩微中心, 国图

00O016066
写经楼金石目：五卷 / (清)钱泳撰
清(1644-1911)刻本
1993年摄制. -- 1盘卷片(6米81拍) : 1:10,
2B ; 35mm银盐
收藏馆：缩微中心, 国图

00O028291
蕆斋金石目：一卷 / (清)龙显曾撰
清(1644-1911)稿本
1996年摄制. -- 1盘卷片(2.5米22拍) :
1:10, 2B ; 35mm银盐
收藏馆：缩微中心, 福建

00O020531
金石摘录：十卷 / (清)毕文亭辑
清(1644-1911)稿本. -- 存九卷：卷一至卷
四、卷六至卷十。
1994年摄制. -- 1盘卷片(21米423拍) :
1:10, 2B ; 35mm银盐
收藏馆：缩微中心, 文登

00O005257
金石汇目分编：二十卷 / (清)吴式芬撰
清(1644-1911)稿本
1986年摄制. -- 4盘卷片(145米2330拍) :
1:10, 2B ; 35mm银盐
收藏馆：缩微中心, 国图

00O027264
金石汇目分编：二十卷 / (清)吴式芬撰
清光绪(1875-1908)刻本. -- 陈文郁跋。
1997年摄制. -- 3盘卷片(77米1560拍) :
1:10, 2B ; 35mm银盐
收藏馆：缩微中心, 国图

00O001220
补寰宇访碑录：五卷失编一卷 / (清)赵之谦撰
清同治(1862-1874)赵之谦刻本. -- 郑文焯校

补并跋，伦明校。
1985年摄制. -- 1盘卷片(9米170拍) : 1:10,
2B ; 35mm银盐
收藏馆：缩微中心，国图

000O007919
补寰宇访碑录：五卷 / (清)赵之谦撰
清同治三年(1864)刻本
1988年摄制. -- 1盘卷片(9.2米175拍) :
1:10, 2B ; 35mm银盐
收藏馆：缩微中心，湖南

000O008542
补寰宇访碑录：五卷失编一卷 / (清)赵之谦撰
清(1644-1911)章余庆抄本. -- (清)章寿康
跋。
1988年摄制. -- 1盘卷片(9米172拍) : 1:10,
2B ; 35mm银盐
收藏馆：缩微中心，国图

000O026357
续寰宇访碑录：一卷 / 杨守敬撰
清(1644-1911)稿本
1997年摄制. -- 1盘卷片(7米125拍) : 1:10,
2B ; 35mm银盐
收藏馆：缩微中心，湖北

000O008764
续补寰宇访碑录：一卷 / 杨守敬撰
清(1644-1911)稿本
1988年摄制. -- 1盘卷片(6.1米107拍) :
1:9, 2B ; 35mm银盐
收藏馆：缩微中心，重庆

000O025480
京畿金石考：二卷 / (清)孙星衍撰
清乾隆(1736-1795)活字印本
1996年摄制. -- 1盘卷片(6米87拍) : 1:10,
2B ; 35mm银盐
收藏馆：缩微中心，国图

000O016043
江左石刻文编：不分卷 / (清)韩崇辑
算鹤量鲸室抄本. -- 章钰跋。
1993年摄制. -- 1盘卷片(22米444拍) :
1:10, 2B ; 35mm银盐
收藏馆：缩微中心，国图

000O023117
金陵古金石考目：一卷 / (明)顾起元撰
清(1644-1911)抄本
1995年摄制. -- 1盘卷片(4米51拍) : 1:10,
2B ; 35mm银盐

收藏馆：缩微中心，国图

000O019420
**金陵金石志：一卷；唐昭陵墨迹考略：五卷 /
(清)陈奕禧撰**
清(1644-1911)抄本. -- (清)江凤彝校并跋。
1994年摄制. -- 1盘卷片(6米79拍) : 1:10,
2B ; 35mm银盐
收藏馆：缩微中心，国图

000O017404
江宁金石记：八卷待访目二卷 / (清)严观撰
清嘉庆九年(1804)赐书堂刻本. -- (清)莫友
芝订补、(清)俞鸿筹跋。
1993年摄制. -- 1盘卷片(12米219拍) :
1:10, 2B ; 35mm银盐
收藏馆：缩微中心，国图

000O023121
吴中金石新编：八卷 / (明)陈昞辑
清(1644-1911)刘氏味经书屋抄本
1995年摄制. -- 1盘卷片(13米246拍) :
1:10, 2B ; 35mm银盐
收藏馆：缩微中心，国图

000O025338
吴下冢墓遗文：三卷 / (明)都穆辑
瞿氏铁琴铜剑楼抄本
1996年摄制. -- 1盘卷片(5米75拍) : 1:10,
2B ; 35mm银盐
收藏馆：缩微中心，国图

000O025349
吴下冢墓遗文续：三卷 / (明)叶恭焕辑
瞿氏铁琴铜剑楼抄本
1996年摄制. -- 1盘卷片(9米159拍) : 1:10,
2B ; 35mm银盐
收藏馆：缩微中心，国图

000O027270
楚州使院石柱题名记：一卷 / (清)萧令裕撰
清道光(1821-1850)刻本
1997年摄制. -- 1盘卷片(3米9拍) : 1:10,
2B ; 35mm银盐
收藏馆：缩微中心，国图

000O027269
**山阳县学唐楚州石柱题名考：一卷 / (清)范以煦
撰**
清道光二十七年(1847)刻本
1997年摄制. -- 1盘卷片(3米11拍) : 1:10,
2B ; 35mm银盐
收藏馆：缩微中心，国图

00O015950
阳羡摩厓纪略：一卷 / (清)吴骞撰
清(1644-1911)吴寿旸抄本
1993年摄制. -- 1盘卷片(2米6拍) ：1:10,
2B ；35mm银盐
收藏馆：缩微中心，国图

00O028754
苏州府学金石志：不分卷 / (清)徐坚撰
清(1644-1911)稿本
1998年摄制. -- 1盘卷片(28米534拍) ：
1:10, 2B ；35mm银盐
收藏馆：缩微中心，苏州

00O021140
虎阜石刻仅存录：一卷 / (清)潘钟瑞撰
清(1644-1911)稿本
1990年摄制. -- 1盘卷片(4米47拍) ：1:10,
2B ；35mm银盐
收藏馆：缩微中心，南京

00O027084
武林石刻记：一卷 / (清)丁敬撰
清乾隆(1736-1795)汪氏求是斋抄本. -- (清)
丁傅、(清)吴寿旸、(清)唐翰题跋。
1997年摄制. -- 1盘卷片(9米153拍) ：1:10,
2B ；35mm银盐
收藏馆：缩微中心，国图

00O012936
武林石刻记：□□卷 / (清)倪涛撰
清(1644-1911)稿本. -- 存六卷：卷一至卷
四、寺刹一卷、神祠一卷。(清)丁丙跋。
1991年摄制. -- 1盘卷片(10米188拍) ：
1:10, 2B ；35mm银盐
收藏馆：缩微中心，南京

00O019415
湖州金石录：八卷 / (清)郑元庆撰
清(1644-1911)抄本
1994年摄制. -- 1盘卷片(3米18拍) ：1:10,
2B ；35mm银盐
收藏馆：缩微中心，国图

00O013721
南浔石刻存考：不分卷 / (清)孙履元撰
清(1644-1911)稿本
1991年摄制. -- 1盘卷片(8米136拍) ：1:10,
2B ；35mm银盐
收藏馆：缩微中心，国图

00O018063
台州金石录：十三卷阙访二卷 / (清)黄瑞辑；

(清)王荼校正
清光绪二十四年(1898)抄本. -- 钤"云纶
阁""荃孙""曾经艺风勘读""凌瑕之
印"。(清)凌瑕、缪荃孙校并跋。
1993年摄制. -- 1盘卷片(24米531拍) ：
1:10, 2B ；35mm银盐
收藏馆：缩微中心，天津

00O026329
金石志：不分卷 / (清)冯登府撰
清(1644-1911)稿本
1996年摄制. -- 1盘卷片(4米56拍) ：1:10,
2B ；35mm银盐
收藏馆：缩微中心，湖北

00O025329
闽中金石略：十五卷 / (清)陈棨仁撰
清(1644-1911)冠悔堂抄本
1996年摄制. -- 1盘卷片(24米442拍) ：
1:10, 2B ；35mm银盐
收藏馆：缩微中心，国图

00O027510
闽中石刻记：二卷 / (清)叶大庄撰
清(1644-1911)稿本
1996年摄制. -- 1盘卷片(4.3米63拍) ：
1:10, 2B ；35mm银盐
收藏馆：缩微中心，福建

00O028027
闽碑考：十卷 / (清)叶大庄撰
清(1644-1911)稿本
1996年摄制. -- 1盘卷片(16.6米336拍) ：
1:10, 2B ；35mm银盐
收藏馆：缩微中心，福建

00O028524
石塔碑刻记：一卷 / (清)林乔荫撰．附考：一卷 /
(清)龚景瀚撰
清乾隆(1736-1795)刻本
1997年摄制. -- 1盘卷片(3.9米56拍) ：
1:10, 2B ；35mm银盐
收藏馆：缩微中心，福建

00O025283
苍玉洞题名石刻：一卷 / (清)刘喜海辑并注释
清道光(1821-1850)刻本
1996年摄制. -- 1盘卷片(4米54拍) ：1:10,
2B ；35mm银盐
收藏馆：缩微中心，国图

00O016788
江西金石存佚总目：不分卷 / (清)吴式芬撰

清(1644-1911)稿本
1993年摄制. -- 1盘卷片(7米117拍) ：1:10,
2B ；35mm银盐
收藏馆：缩微中心，国图

000O012704
东巡金石录：八卷 / (清)崔应阶,(清)梁喜鸿辑
清乾隆(1736-1795)刻本
1990年摄制. -- 1盘卷片(6.4米118拍) ：
1:10, 2B ；35mm银盐
收藏馆：缩微中心，辽宁

000O018113
山东金石志：五卷 / (清)尹彭寿撰
清(1644-1911)稿本
1993年摄制. -- 1盘卷片(11米232拍) ：
1:10, 2B ；35mm银盐
收藏馆：缩微中心，山东

000O015126
山左碑目：四卷 / (清)段松苓撰
清(1644-1911)抄本
1992年摄制. -- 1盘卷片(15米286拍) ：
1:10, 2B ；35mm银盐
收藏馆：缩微中心，国图

000O014899
济南金石志：四卷 / (清)冯云鹓撰
清(1644-1911)稿本. -- 存三卷：卷一、卷三
至卷四。
1992年摄制. -- 1盘卷片(14.1米302拍) ：
1:10, 2B ；35mm银盐
收藏馆：缩微中心，辽宁

000O013124
邹县金石志：不分卷 / (清)吴企宽,(清)孟广均撰
清道光(1821-1850)抄本
1991年摄制. -- 1盘卷片(13.0米276拍) ：
1:10, 2B ；35mm银盐
收藏馆：缩微中心，辽宁

000O028001
滕县汉殷微子墓碑考：一卷 / (清)杨浚撰
清(1644-1911)稿本
1996年摄制. -- 1盘卷片(2.4米19拍) ：
1:10, 2B ；35mm银盐
收藏馆：缩微中心，福建

000O009212
益都金石记：四卷；益都金石略：二卷 / (清)段松苓撰
清(1644-1911)抄本
1988年摄制. -- 1盘卷片(18米371拍) ：

1:10, 2B ；35mm银盐
收藏馆：缩微中心，湖南

000O019421
益都金石略：二卷 / (清)傅洪撰
清(1644-1911)刘氏嘉荫簃抄本. -- (清)刘喜
海跋，朱文钧校并跋。
1994年摄制. -- 1盘卷片(11米156拍) ：
1:10, 2B ；35mm银盐
收藏馆：缩微中心，国图

000O020528
诸城金石小识：一卷石刻存目一卷 / (清)尹彭寿撰
清同治十三年(1874)稿本. -- (清)潘祖荫跋。
1994年摄制. -- 1盘卷片(3米33拍) ：1:10,
2B ；35mm银盐
收藏馆：缩微中心，山东

000O010164
潍县金石志：八卷 / (清)郭麐辑；(清)陈介祺订
清(1644-1911)稿本. -- (清)王寀廷跋。
1989年摄制. -- 1盘卷片(18米373拍) ：
1:10, 2B ；35mm银盐
收藏馆：缩微中心，山东

000O008130
中州金石考：八卷 / (清)黄叔璥辑
清乾隆六年(1741)刻本
1988年摄制. -- 1盘卷片(9米180拍) ：1:10,
2B ；35mm银盐
收藏馆：缩微中心，湖北

000O013155
续中州金石考：一卷 / (清)常茂徕辑
清(1644-1911)抄本
1991年摄制. -- 1盘卷片(4.3米69拍) ：
1:10, 2B ；35mm银盐
收藏馆：缩微中心，辽宁

000O004898
嵩洛访碑日记：一卷；岱岩访古日记：一卷 / (清)黄易撰
清(1644-1911)抄本
1986年摄制. -- 1盘卷片(3.2米40拍) ：
1:10, 2B ；35mm银盐
收藏馆：缩微中心，国图

000O016102
嵩洛访碑日记：一卷 / (清)黄易撰
清同治十年(1871)刘履芬抄本. -- (清)刘履
芬跋。

1993年摄制. -- 1盘卷片(3米15拍) ： 1:10,
2B ；35mm银盐
收藏馆：缩微中心，国图

00O019971
黄小松先生嵩麓访碑记：一卷 / (清)黄易撰 . 忍
辱庵诗稿：二卷 / (清)查慎行撰
清同治四年(1865)樊彬抄本
1994年摄制. -- 1盘卷片(2米6拍) ： 1:10,
2B ；35mm银盐
收藏馆：缩微中心，国图

00O000619
湖北金石存佚考：二十二卷 / (清)陈诗撰
清嘉庆二十四年(1819)江汉书院刻本
1985年摄制. -- 1盘卷片(30.8米696拍) ：
1:10, 2B ；35mm银盐
收藏馆：缩微中心，国图

00O025351
湖北金石诗：一卷 / (清)严观撰
清道光二十五年(1845)安庆澜刻本
1996年摄制. -- 1盘卷片(4米41拍) ： 1:10,
2B ；35mm银盐
收藏馆：缩微中心，国图

00O010292
湖北金石诗：不分卷 / (清)严观撰
清道光二十六年(1846)刻本
1989年摄制. -- 1盘卷片(3米53拍) ： 1:10,
2B ；35mm银盐
收藏馆：缩微中心，湖北

00O011571
湖北金石志：十四卷 / 杨守敬撰
清咸丰元年至清末(1851-1911)刻朱印本
1989年摄制. -- 2盘卷片(36米673拍) ：
1:10, 2B ；35mm银盐
收藏馆：缩微中心，湖北

00O010303
金石志：十四卷 / 杨守敬撰
清光绪(1875-1908)湖北通志局刻朱印本. --
杨守敬、熊会贞批校。
1989年摄制. -- 2盘卷片(33.5米728拍) ：
1:10, 2B ；35mm银盐
收藏馆：缩微中心，湖北

00O015660
粤东金石略：九卷首一卷附二卷 / (清)翁方纲撰
清乾隆(1736-1795)石洲草堂刻本
1993年摄制. -- 1盘卷片(11米195拍) ：
1:10, 2B ；35mm银盐

收藏馆：缩微中心，国图

00O000526
潮州府金石略：不分卷 / (清)陈宝瑛撰
清(1644-1911)清缃楼抄本
1985年摄制. -- 1盘卷片(5米77拍) ： 1:10,
2B ；35mm银盐
收藏馆：缩微中心，国图

00O028740
粤西得碑记：不分卷 / (清)杨翰撰
清光绪二年(1876)刻本. -- (清)潘志万批并
跋。
1998年摄制. -- 1盘卷片(6米72拍) ： 1:10,
2B ；35mm银盐
收藏馆：缩微中心，苏州

00O015657
金石苑三巴汉石纪存：不分卷 / (清)刘喜海辑
清道光二十六年(1846)刘氏来凤堂刻本
1993年摄制. -- 1盘卷片(27米525拍) ：
1:10, 2B ；35mm银盐
收藏馆：缩微中心，国图

00O025276
金石苑三巴汉石纪存：不分卷 / (清)刘喜海辑
清道光二十六年(1846)刘氏来凤堂刻本
1996年摄制. -- 1盘卷片(29米565拍) ：
1:10, 2B ；35mm银盐
收藏馆：缩微中心，国图

00O019781
涪州石鱼文字所见录：一卷 / (清)姚觐元,(清)钱
保塘撰
清(1644-1911)姚氏咫进斋抄本
1994年摄制. -- 1盘卷片(4米48拍) ： 1:10,
2B ；35mm银盐
收藏馆：缩微中心，国图

00O025339
涪州石鱼文字所见录：一卷 / (清)姚觐元,(清)钱
保塘撰
清光绪(1875-1908)姚氏咫进斋抄本. -- 佚名
校。
1996年摄制. -- 1盘卷片(5米58拍) ： 1:10,
2B ；35mm银盐
收藏馆：缩微中心，国图

00O016165
关中石刻汇编：不分卷
清(1644-1911)顾氏艺海楼抄本
1993年摄制. -- 1盘卷片(7米101拍) ： 1:10,
2B ；35mm银盐

收藏馆：缩微中心，国图

00O000097

唐昭陵石迹考略：五卷 / (清)林侗撰
清道光四年(1824)叶梦龙喜闻过斋刻本
1985年摄制. -- 1盘卷片(5.1米82拍)：
1:10, 2B；35mm银盐
收藏馆：缩微中心，国图

00O025323

昭陵碑考：十二卷 / (清)孙三锡撰
清咸丰八年(1858)刻本
1996年摄制. -- 1盘卷片(16米283拍)：
1:10, 2B；35mm银盐
收藏馆：缩微中心，国图

00O013227

兴平县金石志：不分卷 / (清)黄树谷撰
清(1644-1911)抄本
1991年摄制. -- 1盘卷片(3米46拍)：1:10,
2B；35mm银盐
收藏馆：缩微中心，南京

00O025325

扶风县石刻记：二卷；兴平县金石志：一卷
清(1644-1911)抄本
1996年摄制. -- 1盘卷片(4米48拍)：1:10,
2B；35mm银盐
收藏馆：缩微中心，国图

00O025475

**和林金石录：一卷诗一卷 / (清)李文田撰 . 和林
考：一卷 / (清)黄楙材撰**
清光绪二十三年(1897)江氏湖南使院刻灵鹣阁
丛书本. -- 王国维校。
1996年摄制. -- 1盘卷片(4米48拍)：1:10,
2B；35mm银盐
收藏馆：缩微中心，国图

00O020574

金石年表：一卷 / (日)西田直养撰
日本抄本. -- 杨守敬跋。
1994年摄制. -- 1盘卷片(4米35拍)：1:10,
2B；35mm银盐
收藏馆：缩微中心，国图

00O002960

考古图：十卷 / (宋)吕大临撰；(元)罗更翁考订
明(1368-1644)刻本. -- 存四卷：卷一至卷
四。
1986年摄制. -- 1盘卷片(9米172拍)：
2B；35mm银盐
收藏馆：缩微中心，国图

00O001914

考古图：十卷 / (宋)吕大临撰；(元)罗更翁考订
明(1368-1644)刻本. -- 存一卷：卷三。(清)
翁同龢跋。
1986年摄制. -- 1盘卷片(4米54拍)：1:10,
2B；35mm银盐
收藏馆：缩微中心，国图

00O022265

**泊如斋重修考古图：十卷 / (宋)吕大临撰；(元)
罗更翁考订**
明(1368-1644)汪昌业刻本
1995年摄制. -- 1盘卷片(16米282拍)：
1:10, 2B；35mm银盐
收藏馆：缩微中心，国图

00O020562

**宝古堂重修考古图：十卷 / (宋)吕大临,(元)罗更
翁考订**
明万历三十一年(1603)刻本
1993年摄制. -- 1盘卷片(11米203拍)：
1:10, 2B；35mm银盐
收藏馆：缩微中心，山东

00O004567

**重修考古图：十卷 / (宋)吕大临撰；(元)罗更翁
考订**
明天启元年(1621)郑宏经刻本
1987年摄制. -- 1盘卷片(15米309拍)：
1:10, 2B；35mm银盐
收藏馆：缩微中心，国图

00O002859

啸堂集古录：二卷 / (宋)王俅撰
明(1368-1644)影宋刻本
1986年摄制. -- 1盘卷片(9米172拍)：1:10,
2B；35mm银盐
收藏馆：缩微中心，国图

00O004559

啸堂集古录：二卷 / (宋)王俅撰
明(1368-1644)影宋刻本
1987年摄制. -- 1盘卷片(7米119拍)：1:10,
2B；35mm银盐
收藏馆：缩微中心，国图

00O007453

啸堂集古录：二卷 / (宋)王俅撰
明(1368-1644)影宋刻本
1987年摄制. -- 1盘卷片(7米120拍)：1:10,
2B；35mm银盐
收藏馆：缩微中心，国图

000O004703
啸堂集古录：二卷／(宋)王俅撰
明(1368-1644)影宋刻本. -- (清)吴骞、(清)方辅、周叔弢跋
1987年摄制. -- 1盘卷片(7米125拍) : 1:10, 2B ; 35mm银盐
收藏馆：缩微中心，国图

000O007889
至大重修宣和博古图录／(宋)王黼[等]撰
元(1271-1368)刻本. -- 版框高三十厘米宽二十三厘米。
1988年摄制. -- 1盘卷片(5米59拍) : 1:10, 2B ; 35mm银盐
收藏馆：缩微中心，广东

000O006208
至大重修宣和博古图录：三十卷／(宋)王黼[等]撰
元(1271-1368)刻明(1368-1644)增修本. -- 存二十四卷：卷二至卷六、卷八至卷十、卷十二至卷十四、卷十七至卷二十九。
1987年摄制. -- 2盘卷片(55米1094拍) : 1:10, 2B ; 35mm银盐
收藏馆：缩微中心，四川

000O024596
泊如斋重修宣和博古图录：三十卷／(宋)王黼[等]撰
明万历十六年(1588)泊如斋刻本. -- (明)贺天建、(□)王葂英跋。
1996年摄制. -- 2盘卷片(65米1261拍) : 1:10, 2B ; 35mm银盐
收藏馆：缩微中心，浙江

000O006189
泊如斋重修宣和博古图录：三十卷／(宋)王黼[等]撰
明万历十六年(1588)泊如斋刻本
1987年摄制. -- 3盘卷片(67米1330拍) : 1:10, 2B ; 35mm银盐
收藏馆：缩微中心，四川

000O009525
重修宣和博古图录：三十卷／(宋)王黼[等]撰
明万历二十八年(1600)饶二溟刻本
1988年摄制. -- 3盘卷片(63.4米1370拍) : 1:10, 2B ; 35mm银盐
收藏馆：缩微中心，重庆

000O019870
宝古堂重修宣和博古图录：三十卷／(宋)王黼[等]撰
明万历三十一年(1603)吴万化刻本
1994年摄制. -- 2盘卷片(58米1187拍) : 1:10, 2B ; 35mm银盐
收藏馆：缩微中心，国图

000O020929
至大重修宣和博古图录：三十卷／(宋)王黼[等]撰
明(1368-1644)刻本
1994年摄制. -- 3盘卷片(65.1米1387拍) : 1:10, 2B ; 35mm银盐
收藏馆：缩微中心，山西

000O005205
至大重修宣和博古图录：三十卷／(宋)王黼[等]撰
明(1368-1644)刻本. -- 存二十三卷：卷一至卷五、卷八至卷二十、卷二十三、卷二十七至卷三十。
1986年摄制. -- 2盘卷片(54.3米1081拍) : 1:10, 2B ; 35mm银盐
收藏馆：缩微中心，国图

000O006491
博古图录考正：三十卷／(宋)王黼[等]撰；(明)郑樸考正
明万历二十四年(1596)郑朴刻本
1987年摄制. -- 2盘卷片(57.5米1259拍) : 1:10, 2B ; 35mm银盐
收藏馆：缩微中心，国图

000O017523
博古图录考正：三十卷／(宋)王黼[等]撰；(明)郑樸考正
明万历二十四年(1596)郑朴刻本
1993年摄制. -- 2盘卷片(57米1177拍) : 1:10, 2B ; 35mm银盐
收藏馆：缩微中心，国图

000O018679
博古图录考正：三十卷／(宋)王黼[等]撰；(明)郑樸考正
明万历二十四年(1596)郑朴刻本
1994年摄制. -- 2盘卷片(58米1176拍) : 1:10, 2B ; 35mm银盐
收藏馆：缩微中心，国图

000O023125
博古图录考正：三十卷／(宋)王黼[等]撰；(明)郑樸考正
明万历二十四年(1596)郑朴刻本
1995年摄制. -- 2盘卷片(55米1100拍) : 1:10, 2B ; 35mm银盐
收藏馆：缩微中心，国图

00O015651
博古图录考正：三十卷 / (宋)王黼[等]撰；(明)郑樸考正
明万历二十四年(1596)郑樸刻本. -- 存二十卷：卷一至卷二十。
1993年摄制. -- 2盘卷片(42米805拍)：1:10, 2B；35mm银盐
收藏馆：缩微中心, 国图

00O031962
历代钟鼎彝器款识法帖：二十卷 / (宋)薛尚功撰
明万历十六年(1588)万岳山人刻朱印本
2010年摄制. -- 1盘卷片(15米256拍)：1:13, 2B；35mm银盐
收藏馆：缩微中心, 国图

00O031919
历代钟鼎彝器款识法帖：二十卷 / (宋)薛尚功撰
明万历十六年(1588)万岳山人刻朱印本. -- (明)王钜谟跋。
2010年摄制. -- 1盘卷片(16米285拍)：1:12, 2B；35mm银盐
收藏馆：缩微中心, 国图

00O005289
历代钟鼎彝器款识法帖：二十卷 / (宋)薛尚功撰
明万历十六年(1588)万岳山人刻朱印本. -- (明)王钜谟跋。
1986年摄制. -- 1盘卷片(12.2米252拍)：1:10, 2B；35mm银盐
收藏馆：缩微中心, 国图

00O014115
历代钟鼎彝器款识法帖：二十卷 / (宋)薛尚功撰
明万历十六年(1588)万岳山人刻朱印本. -- (清)邹炳泰跋。
1992年摄制. -- 1盘卷片(13米230拍)：1:10, 2B；35mm银盐
收藏馆：缩微中心, 国图

00O016088
历代钟鼎彝器款识法帖：二十卷 / (宋)薛尚功撰
明万历十六年(1588)万岳山人刻朱印本
1993年摄制. -- 1盘卷片(12米218拍)：1:10, 2B；35mm银盐
收藏馆：缩微中心, 国图

00O004630
历代钟鼎彝器款识法帖：二十卷 / (宋)薛尚功撰
明崇祯六年(1633)朱谋垔刻本
1986年摄制. -- 1盘卷片(13米266拍)：1:10, 2B；35mm银盐
收藏馆：缩微中心, 国图

00O004803
历代钟鼎彝器款识法帖：二十卷 / (宋)薛尚功撰
清(1644-1911)张位抄本
1986年摄制. -- 1盘卷片(12.1米252拍)：1:10, 2B；35mm银盐
收藏馆：缩微中心, 国图

00O015654
历代钟鼎彝器款识法帖：二十卷 / (宋)薛尚功撰
清嘉庆二年(1797)阮元刻本. -- (清)朱善旂校并跋。
1993年摄制. -- 1盘卷片(15米279拍)：1:10, 2B；35mm银盐
收藏馆：缩微中心, 国图

00O003259
历代钟鼎彝器款识法帖：二十卷 / (宋)薛尚功撰
清嘉庆二年(1797)阮元刻本. -- (清)尹彭寿校注并跋。
1986年摄制. -- 1盘卷片(14米297拍)：1:10, 2B；35mm银盐
收藏馆：缩微中心, 国图

00O025290
历代钟鼎彝器款识法帖：二十卷 / (宋)薛尚功撰
清嘉庆二年(1797)阮元刻本. -- 王国维校注。
1996年摄制. -- 1盘卷片(15米277拍)：1:10, 2B；35mm银盐
收藏馆：缩微中心, 国图

00O024144
历代钟鼎彝器款识：二十卷 / (宋)薛尚功撰
清初(1644-1722)抄本
1996年摄制. -- 1盘卷片(13米260拍)：1:10, 2B；35mm银盐
收藏馆：缩微中心, 湖北

00O025287
焦山鼎铭考：一卷 / (清)翁方纲撰
清乾隆(1736-1795)刻本
1996年摄制. -- 1盘卷片(4米32拍)：1:10, 2B；35mm银盐
收藏馆：缩微中心, 国图

00O001685
十六长乐堂古器款识考：四卷 / (清)钱坫撰
清嘉庆六年(1801)钱坫刻本. -- (清)阮元、(清)丁艮善题签, (清)许瀚校注, (清)丁艮善跋。
1986年摄制. -- 1盘卷片(6米102拍)：1:10, 2B；35mm银盐
收藏馆：缩微中心, 国图

00O025280
十六长乐堂古器款识考：四卷 / (清)钱坫撰
清嘉庆元年(1796)钱坫刻本
1996年摄制. -- 1盘卷片(6米91拍) ： 1:10,
2B ；35mm银盐
收藏馆：缩微中心，国图

00O025469
丰润古鼎考：一卷 / (清)黄易辑
清乾隆(1736-1795)刻本
1996年摄制. -- 1盘卷片(3米11拍) ： 1:10,
2B ；35mm银盐
收藏馆：缩微中心，国图

00O019596
商周文拾遗：三卷 / (清)吴东发撰
清(1644-1911)抄本. -- (清)陈廷济跋。
1994年摄制. -- 1盘卷片(5米60拍) ： 1:10,
2B ；35mm银盐
收藏馆：缩微中心，国图

00O019407
积古斋钟鼎彝器款识：十卷 / (清)阮元,(清)朱为弼撰
清嘉庆九年(1804)阮元朱为弼刻本. -- (清)王筠校注并跋。
1994年摄制. -- 1盘卷片(17米313拍) ： 1:10, 2B ；35mm银盐
收藏馆：缩微中心，国图

00O000478
积古斋钟鼎彝器款识：十卷 / (清)阮元,(清)朱为弼撰
清嘉庆(1796-1820)刻本. -- (清)陈耆古、(清)陈宗彝批识并跋。
1985年摄制. -- 1盘卷片(15.6米334拍) ： 1:10, 2B ；35mm银盐
收藏馆：缩微中心，国图

00O015614
积古斋钟鼎彝器款识：十卷 / (清)阮元,(清)朱为弼撰
清嘉庆九年(1804)阮元朱为弼刻本. -- (清)何绍基批注。
1993年摄制. -- 1盘卷片(17米313拍) ： 1:10, 2B ；35mm银盐
收藏馆：缩微中心，国图

00O013861
积古斋钟鼎彝器款识：十卷 / (清)阮元,(清)朱为弼撰
清嘉庆九年(1804)阮元朱为弼刻本. -- (清)杨沂孙订校并跋。

1992年摄制. -- 1盘卷片(16米316拍) ： 1:10, 2B ；35mm银盐
收藏馆：缩微中心，国图

00O022876
积古斋钟鼎彝器款识：十卷 / (清)阮元,(清)朱为弼撰
清嘉庆九年(1804)杨沂孙刻本. -- (清)杨沂孙校。
1995年摄制. -- 1盘卷片(16米346拍) ： 1:10, 2B ；35mm银盐
收藏馆：缩微中心，南京

00O002930
积古斋钟鼎彝器款识：十卷 / (清)阮元,(清)朱为弼撰
清嘉庆九年(1804)阮元刻本. -- (清)潘祖荫批注。
1986年摄制. -- 1盘卷片(16米337拍) ： 1:10, 2B ；35mm银盐
收藏馆：缩微中心，国图

00O025292
积古斋钟鼎彝器款识：十卷 / (清)阮元,(清)朱为弼撰
清光绪八年(1882)抱芳阁刻本. -- 王国维、罗振玉校注。
1996年摄制. -- 1盘卷片(16米314拍) ： 1:10, 2B ；35mm银盐
收藏馆：缩微中心，国图

00O014953
鉏经堂金石跋：不分卷；伯右甫吉金古文释：不分卷 / (清)朱为弼撰
清(1644-1911)稿本. -- (清)朱善旂、(清)叶志诜、(清)张廷济、(清)徐同柏、(清)路慎庄、(清)金钊、(清)陈庆镛、(清)莫友芝、(清)俞樾、(清)吴云、(清)黄彭年、(清)朱之榛跋。
1992年摄制. -- 1盘卷片(9米145拍) ： 1:10, 2B ；35mm银盐
收藏馆：缩微中心，国图

00O021273
筠清馆金石文字：五卷 / (清)吴荣光撰
清(1644-1911)稿本. -- 存三卷：卷三至卷五。梁启超跋。
1995年摄制. -- 1盘卷片(18米219拍) ： 1:10, 2B ；35mm银盐
收藏馆：缩微中心，国图

00O014591
筠清馆金石文字：五卷 / (清)吴荣光撰

清道光二十二年(1842)吴氏筠清馆刻本. --
(清)陈庆镛批注。
1992年摄制. -- 1盘卷片(15米277拍) :
1:10, 2B ; 35mm银盐
收藏馆：缩微中心，国图

000O005426
筠清馆金石文字：五卷 / (清)吴荣光撰
清道光二十二年(1842)吴氏筠清馆刻本. --
(清)吴式芬校注并录(清)许瀚批识。
1986年摄制. -- 1盘卷片(15米321拍) :
1:10, 2B ; 35mm银盐
收藏馆：缩微中心，国图

000O027261
筠清馆金石文字：五卷 / (清)吴荣光撰
清道光二十二年(1842)吴氏筠清馆刻本. --
吴介祺校注。
1997年摄制. -- 1盘卷片(15米276拍) :
1:10, 2B ; 35mm银盐
收藏馆：缩微中心，国图

000O025284
筠清馆金石文字：五卷 / (清)吴荣光撰
清道光二十二年(1842)吴氏筠清馆刻本. --
(清)龚橙校释并跋，(清)姚华跋。
1996年摄制. -- 1盘卷片(15米278拍) :
1:10, 2B ; 35mm银盐
收藏馆：缩微中心，国图

000O025289
筠清馆金石文字：五卷 / (清)吴荣光撰
清道光二十二年(1842)吴氏筠清馆刻本. --
(清)盛昱批校。
1996年摄制. -- 1盘卷片(15米276拍) :
1:10, 2B ; 35mm银盐
收藏馆：缩微中心，国图

000O018940
筠清馆金石文字：五卷 / (清)吴荣光撰
清道光二十二年(1842)吴氏筠清馆刻本. --
(清)王筠、(清)吴士棻批校，(清)尹彭寿跋。
1993年摄制. -- 1盘卷片(16米315拍) :
1:10, 2B ; 35mm银盐
收藏馆：缩微中心，山东

000O008754
筠清馆金石文字：五卷 / (清)吴荣光撰
清道光二十二年(1842)吴氏筠清馆刻本. --
(清)王懿荣校并跋。
1988年摄制. -- 1盘卷片(14.7米307拍) :
1:10, 2B ; 35mm银盐
收藏馆：缩微中心，重庆

000O007784
从古堂款识学：一卷 / (清)徐同柏撰
清咸丰(1851-1861)徐谷孙抄本
1987年摄制. -- 1盘卷片(4米50拍) : 1:10,
2B ; 35mm银盐
收藏馆：缩微中心，湖南

000O001665
诸城刘氏金文拓本释：不分卷 / (清)刘喜海藏
清同治(1862-1874)吴重憙抄本
1986年摄制. -- 1盘卷片(4米60拍) : 1:10,
2B ; 35mm银盐
收藏馆：缩微中心，国图

000O025294
淮安北门城楼金天德年大钟款识：一卷；淮安
府学元铸祭器录：一卷；淮安府城南宋古砖记：
一卷 / (清)丁晏撰
清道光(1821-1850)刻本. -- (清)许瀚校并
跋。
1996年摄制. -- 1盘卷片(3米27拍) : 1:10,
2B ; 35mm银盐
收藏馆：缩微中心，国图

000O002226
日照许氏诸城李氏金文拓本释：不分卷 / (清)许
瀚,(清)李璋煜藏
清同治(1862-1874)吴重憙抄本
1986年摄制. -- 1盘卷片(4米55拍) : 1:10,
2B ; 35mm银盐
收藏馆：缩微中心，国图

000O019612
二百兰亭斋钟鼎款识：八卷 / (清)吴云撰
清(1644-1911)稿本
1994年摄制. -- 1盘卷片(21米244拍) :
1:10, 2B ; 35mm银盐
收藏馆：缩微中心，国图

000O000105
二百兰亭斋金文：不分卷 / (清)吴云藏
拓本. -- (清)吴云批识，(清)王绮跋。
1985年摄制. -- 1盘卷片(4.1米53拍) :
1:10, 2B ; 35mm银盐
收藏馆：缩微中心，国图

000O003619
簠斋金文考释：不分卷 / (清)陈介祺撰
清(1644-1911)稿本
1985年摄制. -- 1盘卷片(3米21拍) : 1:10,
2B ; 35mm银盐
收藏馆：缩微中心，国图

00O001682

潍县陈氏金文拓本释：不分卷 / (清)陈介祺藏
清同治十年(1871)吴重憙抄本. -- 吴重憙
校。
1986年摄制. -- 1盘卷片(9米169拍)：1:10,
2B；35mm银盐
收藏馆：缩微中心，国图

00O006782

簠斋藏古金化：不分卷 / (清)陈介祺辑
清(1644-1911)陈氏簠斋拓本
1985年摄制. -- 1盘卷片(14米305拍)：
1:10, 2B；35mm银盐
收藏馆：缩微中心，国图

00O025299

攀古庼彝器款识：二卷 / (清)潘祖荫撰
清同治十一年(1872)潘氏滂喜斋刻本. -- 王
国维校注。
1996年摄制. -- 1盘卷片(7米104拍)：1:10,
2B；35mm银盐
收藏馆：缩微中心，国图

00O016573

鄦斋钟鼎文字：不分卷 / (清)董文灿撰
清(1644-1911)稿本
1993年摄制. -- 1盘卷片(4米58拍)：1:10,
2B；35mm银盐
收藏馆：缩微中心，山西

00O027274

**吴清卿学使金文考：一卷；读古陶文记：一卷 /
(清)吴大澂撰**
清(1644-1911)稿本
1997年摄制. -- 1盘卷片(3米15拍)：1:10,
2B；35mm银盐
收藏馆：缩微中心，国图

00O026358

奇觚室吉金文述：二十卷首一卷 / (清)刘心源撰
清(1644-1911)稿本
1997年摄制. -- 2盘卷片(41米830拍)：
1:10, 2B；35mm银盐
收藏馆：缩微中心，湖北

00O016722

周司寇匜搨本：一卷
清(1644-1911)拓本. -- (清)冯登府、(清)李
遇孙、(清)刘位坦、(清)张廷济跋，(清)周思
廉、(清)马锦题诗。
1993年摄制. -- 1盘卷片(2米7拍)：1:10,
2B；35mm银盐
收藏馆：缩微中心，国图

00O014078

**周毛公瘖鼎铭释文：一卷 / (清)徐同柏,(清)陈介
祺撰**
清同治十年(1871)陈介祺抄本
1992年摄制. -- 1盘卷片(4米31拍)：1:10,
2B；35mm银盐
收藏馆：缩微中心，国图

00O016454

浣花拜石轩镜铭集录：二卷 / (清)钱坫撰
清嘉庆(1796-1820)刻本
1992年摄制. -- 1盘卷片(4米38拍)：1:10,
2B；35mm银盐
收藏馆：缩微中心，国图

00O025295

藤花亭镜谱：八卷 / (清)梁廷枏撰
清道光(1821-1850)刻本
1996年摄制. -- 1盘卷片(19米366拍)：
1:10, 2B；35mm银盐
收藏馆：缩微中心，国图

00O025288

金涂铜塔考：一卷 / (清)钱泳撰
清乾隆五十九年(1794)表忠观刻本
1996年摄制. -- 1盘卷片(3米23拍)：1:10,
2B；35mm银盐
收藏馆：缩微中心，国图

00O025291

汉建安弩机：一卷 / (清)吴云撰
清光绪(1875-1908)刻本
1996年摄制. -- 1盘卷片(3米12拍)：1:10,
2B；35mm银盐
收藏馆：缩微中心，国图

00O001681

陶嘉书屋钟鼎彝器款识目录：八卷 / (清)许瀚撰
清(1644-1911)稿本
1986年摄制. -- 1盘卷片(4米58拍)：1:10,
2B；35mm银盐
收藏馆：缩微中心，国图

00O001683

潍县陈氏宝簠斋藏器目：一卷 / (清)陈介祺藏
清同治十一年(1872)吴重憙抄本. -- (清)陈
介祺跋。
1986年摄制. -- 1盘卷片(7米118拍)：1:10,
2B；35mm银盐
收藏馆：缩微中心，国图

00O025353

潍县陈氏宝簠斋金文册目：二卷 / (清)吴重熹辑

清(1644-1911)稿本. -- (清)陈介祺校注并
跋。
1996年摄制. -- 1盘卷片(15米281拍)：
1:10, 2B；35mm银盐
收藏馆：缩微中心，国图

00O014496
攀古楼藏器目：不分卷 / (清)吴大澂辑
清(1644-1911)稿本
1992年摄制. -- 1盘卷片(2.6米26拍)：1:9,
2B；35mm银盐
收藏馆：缩微中心，重庆

00O001658
攀古廎金文目：一卷 / (清)潘祖荫藏
清(1644-1911)抄本
1986年摄制. -- 1盘卷片(4米45拍)：1:10,
2B；35mm银盐
收藏馆：缩微中心，国图

00O031752
古器考目：一卷 / (清)吴大澂撰
清(1644-1911)稿本
2005年摄制. -- 1盘卷片(3米15拍)：1:10,
2B；35mm银盐
收藏馆：缩微中心，国图

00O009335
石刻铺叙：二卷 / (宋)曾宏父撰
清初(1644-1722)抄本
1988年摄制. -- 1盘卷片(5米67拍)：1:10,
2B；35mm银盐
收藏馆：缩微中心，湖南

00O004555
石刻铺叙：二卷 / (宋)曾宏父撰
清乾隆二十五年(1760)董兆元抄本. -- (清)
董熿跋并录(清)何焯批校。
1987年摄制. -- 1盘卷片(4米60拍)：1:10,
2B；35mm银盐
收藏馆：缩微中心，国图

00O032103
石刻铺叙：二卷 / (宋)曾宏父撰
清乾隆二十五年(1760)董兆元抄本. -- 八行
十八字无格。(清)董熿跋并录(清)何焯批校。
2011年摄制. -- 1盘卷片(5米63拍)：1:12,
2B；35mm银盐
收藏馆：缩微中心，国图

00O009106
宝刻丛编：二十卷 / (宋)陈思纂
清初(1644-1722)抄本. -- 存十三卷：卷一至

卷八、卷十、卷十三、卷十八至卷二十。
1988年摄制. -- 2盘卷片(34.9米729拍)：
1:10, 2B；35mm银盐
收藏馆：缩微中心，湖南

00O009329
宝刻丛编：二十卷 / (宋)陈思纂
清(1644-1911)汪之珩抄本. -- 存十四卷：卷
一至卷十、卷十三至卷十五、卷十八。
1988年摄制. -- 2盘卷片(34米695拍)：
1:10, 2B；35mm银盐
收藏馆：缩微中心，湖南

00O002176
宝刻丛编：二十卷 / (宋)陈思纂
清(1644-1911)抄本. -- 存十七卷：卷一至卷
十、卷十二至卷十五、卷十八至卷二十。(清)
戴光曾跋，(清)潘康保校并跋。
1986年摄制. -- 1盘卷片(29米658拍)：
1:10, 2B；35mm银盐
收藏馆：缩微中心，国图

00O015306
宝刻丛编：二十卷 / (宋)陈思纂
清(1644-1911)抄本. -- 存十七卷：卷一至卷
十、卷十二至卷十五、卷十八至卷二十。杨宝
镛跋。
1992年摄制. -- 1盘卷片(32米670拍)：
1:10, 2B；35mm银盐
收藏馆：缩微中心，国图

00O006924
宝刻丛编：二十卷 / (宋)陈思纂
清(1644-1911)抄本. -- 存十七卷：卷一至卷
十、卷十二至卷十五、卷十八至卷二十。(清)
韩崇校并跋。
1986年摄制. -- 2盘卷片(34.3米737拍)：
1:10, 2B；35mm银盐
收藏馆：缩微中心，国图

00O005788
宝刻丛编：二十卷 / (宋)陈思纂
清初(1644-1722)抄本. -- 存十二卷：卷一至
卷四、卷八、卷十、卷十三至卷十五、卷十八
至卷二十。杨守敬跋。
1987年摄制. -- 1盘卷片(25米559拍)：
1:10, 2B；35mm银盐
收藏馆：缩微中心，国图

00O019679
宝刻丛编：二十卷 / (宋)陈思纂
清(1644-1911)抄本. -- 存二卷：卷七至卷
八。(清)劳格校。

1994年摄制. -- 1盘卷片(5米74拍) : 1:10,
2B ; 35mm银盐
收藏馆：缩微中心，国图

00O021300
集古录目：五卷 / (宋)欧阳棐撰；(清)黄本骥辑
清道光十九年(1839)抄本
1994年摄制. -- 1盘卷片(7米121拍) : 1:10,
2B ; 35mm银盐
收藏馆：缩微中心，甘肃

00O000372
隶释：二十七卷 / (宋)洪适撰
明(1368-1644)吴氏丛书堂抄本. -- 存四卷：
卷一至卷四。
1985年摄制. -- 1盘卷片(5.7米98拍) :
1:10, 2B ; 35mm银盐
收藏馆：缩微中心，国图

00O003858
隶释：二十七卷 / (宋)洪适撰
明万历四年(1576)抄本. -- (清)孙从沾跋，
(清)周榘校并跋。
1985年摄制. -- 1盘卷片(25.6米572拍) :
1:10, 2B ; 35mm银盐
收藏馆：缩微中心，国图

00O005900
隶释：二十七卷 / (宋)洪适撰
明万历十六年(1588)王云鹭刻本
1987年摄制. -- 1盘卷片(26米582拍) :
1:10, 2B ; 35mm银盐
收藏馆：缩微中心，国图

00O013897
隶释：二十七卷 / (宋)洪适撰
明万历十六年(1588)王云鹭刻本
1992年摄制. -- 1盘卷片(27米572拍) :
1:10, 2B ; 35mm银盐
收藏馆：缩微中心，国图

00O026340
隶释：二十七卷 / (宋)洪适撰
明(1368-1644)抄本
1997年摄制. -- 1盘卷片(25.5米530拍) :
1:10, 2B ; 35mm银盐
收藏馆：缩微中心，湖北

00O001362
隶释：二十七卷隶续二十一卷 / (宋)洪适撰
清乾隆四十二年至四十三年(1777-1778)汪日
秀楼松书屋刻本
1985年摄制. -- 2盘卷片(38.7米844拍) :

1:10, 2B ; 35mm银盐
收藏馆：缩微中心，国图

00O009118
隶释：二十七卷隶续二十一卷 / (宋)洪适撰
清乾隆四十二年至四十三年(1777-1778)汪日
秀楼松书屋刻本
1988年摄制. -- 2盘卷片(42米856拍) :
1:10, 2B ; 35mm银盐
收藏馆：缩微中心，湖南

00O010567
隶释：二十七卷 / (宋)洪适撰
清(1644-1911)顾苓抄本
1987年摄制. -- 2盘卷片(40米800拍) :
1:10, 2B ; 35mm银盐
收藏馆：缩微中心，四川

00O024091
隶释：二十七卷 / (宋)洪适撰
清光绪(1875-1908)二田居士抄本. -- (清)柯
逢时跋。
1996年摄制. -- 1盘卷片(23米470拍) :
1:10, 2B ; 35mm银盐
收藏馆：缩微中心，湖北

00O016008
隶释：二十七卷 / (宋)洪适撰
清同治十年(1871)洪氏晦木斋刻本
1993年摄制. -- 1盘卷片(28米581拍) :
1:10, 2B ; 35mm银盐
收藏馆：缩微中心，国图

00O016439
汪本隶释刊误：一卷 / (清)黄丕烈撰
清嘉庆二十一年(1816)黄氏士礼居刻本. --
(清)魏锡曾校并跋。
1993年摄制. -- 1盘卷片(6米88拍) : 1:10,
2B ; 35mm银盐
收藏馆：缩微中心，国图

00O016044
汪本隶释刊误：一卷 / (清)黄丕烈撰
清同治十一年(1872)洪氏晦木斋刻本. --
(清)章寿康校，章钰跋。
1993年摄制. -- 1盘卷片(6米88拍) : 1:10,
2B ; 35mm银盐
收藏馆：缩微中心，国图

00O016401
隶续：二十一卷 / (宋)洪适撰
明(1368-1644)刻本. -- 存七卷：卷一至卷
七。(清)陈宗彝校并跋。

1992年摄制. -- 1盘卷片(6米95拍) : 1:10,
2B ; 35mm银盐
收藏馆：缩微中心，国图

00O031400
隶续：二十一卷 / (宋)洪适撰
清康熙四十五年(1706)曹寅扬州使院刻本
2004年摄制. -- 1盘卷片(12米225拍) :
1:10, 2B ; 35mm银盐
收藏馆：缩微中心，国图

00O010357
隶续：二十一卷 / (宋)洪适撰
清康熙四十五年(1706)曹寅扬州使院刻本. --
(清)刘杉庵录(清)何焯等校跋。
1989年摄制. -- 1盘卷片(12米245拍) :
1:10, 2B ; 35mm银盐
收藏馆：缩微中心，湖北

00O004211
隶续：二十一卷 / (宋)洪适撰
清康熙四十五年(1706)曹寅扬州使院刻本. --
存十九卷：卷一至卷八、卷十一至卷二十一。
(清)贝墉跋并录(清)钱大昕校跋。
1985年摄制. -- 1盘卷片(12米239拍) :
1:10, 2B ; 35mm银盐
收藏馆：缩微中心，国图

00O016198
隶续：二十一卷 / (宋)洪适撰
清康熙四十五年(1706)曹寅扬州使院刻本. --
存十九卷：卷一至卷八、卷十一至卷二十一。
(清)顾广圻校并跋。
1993年摄制. -- 1盘卷片(12米211拍) :
1:10, 2B ; 35mm银盐
收藏馆：缩微中心，国图

00O001851
隶续：二十一卷 / (宋)洪适撰
清康熙四十五年(1706)曹寅扬州使院刻本. --
存十九卷：卷一至卷八、卷十一至卷二十一。
(清)吴志忠校并跋，(清)袁廷梼校并录(清)钱
大昕、(清)顾广圻校跋。
1985年摄制. -- 1盘卷片(13米230拍) :
1:10, 2B ; 35mm银盐
收藏馆：缩微中心，国图

00O015598
隶续：二十一卷 / (宋)洪适撰
清乾隆四十三年(1778)汪氏楼松书屋刻本. --
存八卷：卷一至卷八。
1993年摄制. -- 1盘卷片(7米105拍) : 1:10,
2B ; 35mm银盐

收藏馆：缩微中心，国图

00O016010
隶续：二十一卷 / (宋)洪适撰
清同治十年(1871)洪氏晦木斋刻本. -- 章钰
校。
1993年摄制. -- 1盘卷片(12米223拍) :
1:10, 2B ; 35mm银盐
收藏馆：缩微中心，国图

00O002350
宝刻类编：八卷
清(1644-1911)抄本
1986年摄制. -- 1盘卷片(12米244拍) :
1:10, 2B ; 35mm银盐
收藏馆：缩微中心，国图

00O005357
宝刻类编：八卷
清(1644-1911)抄本. -- (清)鲍廷博校并跋，
佚名录(清)卢文弨、(清)周嘉猷、(清)严元
照、(清)赵魏、(清)鲍廷博校。
1986年摄制. -- 1盘卷片(11米221拍) :
1:10, 2B ; 35mm银盐
收藏馆：缩微中心，国图

00O006433
宝刻类编：八卷
清道光十八年(1838)东武刘氏嘉荫簃刻本. --
卷三至卷四配清(1644-1911)抄本。(明)李之
藻题识，(清)劳格校跋并录。
1987年摄制. -- 1盘卷片(14米305拍) :
1:10, 2B ; 35mm银盐
收藏馆：缩微中心，国图

00O003135
舆地碑记目：四卷 / (宋)王象之撰
清(1644-1911)抄本
1986年摄制. -- 1盘卷片(8米138拍) : 1:10,
2B ; 35mm银盐
收藏馆：缩微中心，国图

00O000765
舆地碑记目：四卷 / (宋)王象之撰
清(1644-1911)东武刘氏味经书屋抄本. --
(清)翁同龢校。
1985年摄制. -- 1盘卷片(9.3米184拍) :
1:10, 2B ; 35mm银盐
收藏馆：缩微中心，国图

00O002878
舆地碑记目：六卷 / (宋)王象之撰
清(1644-1911)抄本. -- (清)吴允嘉校，(清)

陈寿祺校并跋。
1986年摄制. -- 1盘卷片(8米145拍) ：1:10,
2B ；35mm银盐
收藏馆：缩微中心，国图

00O015180
古刻丛钞：一卷 / (明)陶宗仪辑
清(1644-1911)抄本
1992年摄制. -- 1盘卷片(3米27拍) ：1:10,
2B ；35mm银盐
收藏馆：缩微中心，国图

00O015475
古刻丛钞：一卷 / (明)陶宗仪辑
清(1644-1911)抄本. -- 佚名校注，(清)翁方
纲跋。
1993年摄制. -- 1盘卷片(4米43拍) ：1:10,
2B ；35mm银盐
收藏馆：缩微中心，国图

00O013104
续古刻丛抄：一卷
清(1644-1911)抄本
1991年摄制. -- 1盘卷片(3.2米41拍) ：
1:10, 2B ；35mm银盐
收藏馆：缩微中心，辽宁

00O012765
名迹录：七卷 / (明)朱桂辑
清(1644-1911)徐釚抄本. -- (清)丁丙跋。
1990年摄制. -- 1盘卷片(6米137拍) ：1:10,
2B ；35mm银盐
收藏馆：缩微中心，南京

00O000191
名迹录：六卷 / (明)朱珪撰
清(1644-1911)抄本. -- 缪荃孙校。
1985年摄制. -- 1盘卷片(5.1米84拍) ：
1:10, 2B ；35mm银盐
收藏馆：缩微中心，国图

00O002185
金薤琳琅：二十卷 / (明)都穆撰
明嘉靖(1522-1566)刻本
1986年摄制. -- 1盘卷片(13米278拍) ：
1:10, 2B ；35mm银盐
收藏馆：缩微中心，国图

00O005702
金薤琳琅：二十卷 / (明)都穆撰
明(1368-1644)刻本
1987年摄制. -- 1盘卷片(14米300拍) ：
1:10, 2B ；35mm银盐

收藏馆：缩微中心，国图

00O010113
金薤琳琅：二十卷 / (明)都穆撰
明(1368-1644)刻本
1989年摄制. -- 1盘卷片(14米286拍) ：
1:10, 2B ；35mm银盐
收藏馆：缩微中心，山东

00O016940
金薤琳琅：二十卷 / (明)都穆撰
明(1368-1644)刻本
1993年摄制. -- 1盘卷片(14米252拍) ：
1:10, 2B ；35mm银盐
收藏馆：缩微中心，国图

00O017550
金薤琳琅：二十卷 / (明)都穆撰
明(1368-1644)刻本
1993年摄制. -- 1盘卷片(14米253拍) ：
1:10, 2B ；35mm银盐
收藏馆：缩微中心，国图

00O005925
金薤琳琅：二十卷 / (明)都穆撰
清(1644-1911)抄本. -- (清)孔继涵补目并校
跋。
1987年摄制. -- 1盘卷片(13.1米278拍) ：
1:10, 2B ；35mm银盐
收藏馆：缩微中心，国图

00O016514
**金薤琳琅：二十卷 / (明)都穆撰 . 补遗：一卷 /
(清)宋振誉撰**
清乾隆六年(1741)宋振与抄本. -- (清)宋振
誉、(清)吴骞、(清)唐翰题跋。
1993年摄制. -- 1盘卷片(14米271拍) ：
1:10, 2B ；35mm银盐
收藏馆：缩微中心，国图

00O002832
**金薤琳琅：二十卷 / (明)都穆撰 . 补遗：一卷 /
(清)宋振誉撰**
清乾隆四十三年(1778)汪荻洲刻本. -- (清)
常茂徕校，(清)□铸禹校并跋，(清)冯汝玠
跋。
1986年摄制. -- 1盘卷片(15米314拍) ：
1:10, 2B ；35mm银盐
收藏馆：缩微中心，国图

00O010352
**金薤琳琅：二十卷 / (明)都穆撰 . 补遗：一卷 /
(清)宋振誉撰**

清乾隆四十三年(1778)汪荻洲刻本. -- (清)
许瀚临(清)何焯批校。
1989年摄制. -- 1盘卷片(15.5米321拍)：
1:10, 2B；35mm银盐
收藏馆：缩微中心，湖北

000O032060
金薤琳琅：二十卷 / (明)都穆撰. 补遗：一卷 /
(清)宋振誉撰
清乾隆四十三年(1778)汪荻洲刻本. -- 九行
十八字白口四周单边。佚名跋并临(清)金俊明
校。
2011年摄制. -- 1盘卷片(18米312拍)：
1:13, 2B；35mm银盐
收藏馆：缩微中心，国图

000O001721
金薤琳琅：二十卷 / (明)都穆撰. 补遗：一卷 /
(清)宋振誉撰
清乾隆四十三年(1778)汪荻洲刻本. -- 佚名
跋并临(清)金俊明校。
1986年摄制. -- 1盘卷片(14米306拍)：
1:10, 2B；35mm银盐
收藏馆：缩微中心，国图

000O025317
金薤琳琅：二十卷 / (明)都穆撰. 补遗：一卷 /
(清)宋振誉撰
清乾隆四十三年(1778)汪荻洲刻本. -- 佚名
校。
1996年摄制. -- 1盘卷片(15米292拍)：
1:10, 2B；35mm银盐
收藏馆：缩微中心，国图

000O024621
苍润轩碑帖跋记：一卷 / (明)盛时泰撰
清(1644-1911)抄本
1996年摄制. -- 1盘卷片(5米76拍)：1:10,
2B；35mm银盐
收藏馆：缩微中心，浙江

000O002186
苍润轩碑跋纪：一卷续纪一卷 / (明)盛时泰撰
清(1644-1911)抄本. -- (清)魏锡曾校并跋。
1986年摄制. -- 1盘卷片(5米79拍)：1:10,
2B；35mm银盐
收藏馆：缩微中心，国图

000O007920
玄牍纪：一卷续一卷 / (明)盛时泰撰
清(1644-1911)抄本
1988年摄制. -- 1盘卷片(7.7米142拍)：
1:10, 2B；35mm银盐

收藏馆：缩微中心，湖南

000O002331
玄牍纪：十二卷续一卷 / (明)盛时泰撰
清(1644-1911)抄本. -- (清)周星诒、(清)魏
锡曾校并跋。
1986年摄制. -- 1盘卷片(5.1米83拍)：
1:10, 2B；35mm银盐
收藏馆：缩微中心，国图

000O021315
皇明碑刻：不分卷 / (明)孙克宏撰
明(1368-1644)红格抄本
1994年摄制. -- 1盘卷片(3米43拍)：1:10,
2B；35mm银盐
收藏馆：缩微中心，甘肃

000O011471
石墨镌华：八卷 / (明)赵崡撰
明万历四十六年(1618)刻本. -- (清)林国赓
题。
1989年摄制. -- 1盘卷片(11.1米230拍)：
1:10, 2B；35mm银盐
收藏馆：缩微中心，辽宁

000O008594
石墨镌华：八卷 / (明)赵崡撰
清(1644-1911)抄本. -- (清)吾进、(清)刘喜
海校注并跋。
1988年摄制. -- 1盘卷片(9米184拍)：1:10,
2B；35mm银盐
收藏馆：缩微中心，国图

000O002238
石墨镌华：六卷 / (明)赵崡撰
清(1644-1911)抄本
1986年摄制. -- 1盘卷片(7米114拍)：1:10,
2B；35mm银盐
收藏馆：缩微中心，国图

000O015329
古碑证文：不分卷 / (清)叶树廉辑
清(1644-1911)抄本. -- (清)翁方纲、(清)叶
志诜、(清)张开福跋。
1992年摄制. -- 1盘卷片(22米447拍)：
1:10, 2B；35mm银盐
收藏馆：缩微中心，国图

000O024153
桂未谷先生臧碑跋语：不分卷 / (清)桂馥撰
清(1644-1911)抄本
1996年摄制. -- 1盘卷片(4米44拍)：1:10,
2B；35mm银盐

收藏馆：缩微中心，湖北

000O028286
苏斋题跋：不分卷；铁函斋书跋：补一卷 / (清)翁方纲撰；(清)何溁辑
清(1644-1911)抄本
1996年摄制. -- 1盘卷片(8.9米159拍)：
1:10, 2B；35mm银盐
收藏馆：缩微中心，福建

000O015484
苏斋论碑帖杂文：不分卷 / (清)翁方纲撰
清(1644-1911)蒋氏别下斋抄本
1993年摄制. -- 1盘卷片(3米22拍)：1:10,
2B；35mm银盐
收藏馆：缩微中心，国图

000O027811
碑录：二卷附一卷 / (清)朱文藻辑
清道光九年(1829)瞿氏清吟阁抄本
1996年摄制. -- 1盘卷片(7米101拍)：1:10,
2B；35mm银盐
收藏馆：缩微中心，南京

000O015974
碑录：二卷附一卷 / (清)朱文藻辑
清(1644-1911)魏锡曾抄本. -- (清)魏锡曾校。
1993年摄制. -- 1盘卷片(7米99拍)：1:10,
2B；35mm银盐
收藏馆：缩微中心，国图

000O003352
刻碑姓名录：三卷 / (清)黄锡蕃辑
清(1644-1911)抄本. -- (清)刘喜海补辑并跋，(清)翁同龢、费寅补辑。
1986年摄制. -- 1盘卷片(5米77拍)：1:10,
2B；35mm银盐
收藏馆：缩微中心，国图

000O025318
平津读碑记：八卷续记一卷再续一卷 / (清)洪颐煊撰
清嘉庆二十一年至道光六年(1816-1826)刻传经堂丛书本
1996年摄制. -- 1盘卷片(14米262拍)：
1:10, 2B；35mm银盐
收藏馆：缩微中心，国图

000O025321
平津读碑续记：一卷再续一卷三续一卷 / (清)洪颐煊撰
清嘉庆二十一年至道光六年(1816-1826)刻传

经堂丛书本. -- 三续配清抄本。(清)许瀚校。
1996年摄制. -- 1盘卷片(7米116拍)：1:10,
2B；35mm银盐
收藏馆：缩微中心，国图

000O013904
筠清馆石文辑存：不分卷 / (清)吴荣光撰
清(1644-1911)吴氏宜铭金室抄本
1991年摄制. -- 2盘卷片(42米854拍)：
1:10, 2B；35mm银盐
收藏馆：缩微中心，国图

000O025314
古均阁宝刻录：不分卷 / (清)许梿撰
清咸丰八年(1858)许梿刻本
1996年摄制. -- 1盘卷片(4米47拍)：1:10,
2B；35mm银盐
收藏馆：缩微中心，国图

000O016227
十经斋金石文跋尾：一卷 / (清)沈涛撰
清(1644-1911)沈氏十经斋抄本
1993年摄制. -- 1盘卷片(3米19拍)：1:10,
2B；35mm银盐
收藏馆：缩微中心，国图

000O018054
金石著录考：一卷 / (清)翁大年撰
清(1644-1911)稿本. -- 书名依书口题。
1993年摄制. -- 1盘卷片(4米60拍)：1:10,
2B；35mm银盐
收藏馆：缩微中心，天津

000O019391
邵亭校碑记：一卷 / (清)莫友芝撰
清(1644-1911)稿本
1994年摄制. -- 1盘卷片(5米58拍)：1:10,
2B；35mm银盐
收藏馆：缩微中心，国图

000O028544
十二砚斋金石过眼录：十八卷 / (清)汪鋆撰
清光绪元年(1875)刻本. -- (清)魏锡曾批校。
1996年摄制. -- 1盘卷片(18米385拍)：
1:10, 2B；35mm银盐
收藏馆：缩微中心，南京

000O028357
萧弅读碑校勘记：二卷 / (清)李宗颢撰
清(1644-1911)稿本
1998年摄制. -- 1盘卷片(5米75拍)：1:10,

2B ；35mm银盐
收藏馆：缩微中心，广东

000O026359
奇觚室乐石文述：七卷 / (清)刘心源撰
清(1644-1911)稿本
1997年摄制. -- 1盘卷片(16米310拍)：
1:10, 2B ；35mm银盐
收藏馆：缩微中心，湖北

000O016055
语石：十卷 / 叶昌炽撰
清宣统元年(1909)叶昌炽刻本. -- 章钰批注。
1993年摄制. -- 1盘卷片(19米364拍)：
1:10, 2B ；35mm银盐
收藏馆：缩微中心，国图

000O028333
顽夫碑录：一卷 / (清)欧家廉撰
清(1644-1911)稿本
1998年摄制. -- 1盘卷片(6米97拍)：1:10,
2B ；35mm银盐
收藏馆：缩微中心，广东

000O000594
岳麓书院石壁禹碑：一卷
明嘉靖十八年(1539)季本刻本
1985年摄制. -- 1盘卷片(5米79拍)：1:10,
2B ；35mm银盐
收藏馆：缩微中心，国图

000O007518
岳麓书院石壁禹碑：一卷
明嘉靖十八年(1539)季本刻本
1987年摄制. -- 1盘卷片(5米77拍)： 1:10,
2B ；35mm银盐
收藏馆：缩微中心，国图

000O024610
古今碑帖考：不分卷
清(1644-1911)抄本
1996年摄制. -- 1盘卷片(14米272拍)：
1:10, 2B ；35mm银盐
收藏馆：缩微中心，浙江

000O007938
石鼓文音释：三卷附录一卷 / (明)杨慎撰
明正德十六年(1521)刻本
1988年摄制. -- 1盘卷片(4.4米65拍)：
1:10, 2B ；35mm银盐
收藏馆：缩微中心，湖南

000O015760
石鼓文正误：四卷 / (明)陶滋撰
明嘉靖(1522-1566)刻本
1993年摄制. -- 1盘卷片(4米48拍)：1:10,
2B ；35mm银盐
收藏馆：缩微中心，国图

000O020807
石鼓文钞：二卷 / (清)许容撰
清康熙二十八年(1689)刻本
1994年摄制. -- 1盘卷片(8米119拍)：1:10,
2B ；35mm银盐
收藏馆：缩微中心，国图

000O025315
石鼓文释存：一卷补注一卷 / (清)张燕昌撰
清乾隆五十三年(1788)刻本. -- (清)冯登府跋。
1996年摄制. -- 1盘卷片(4米43拍)：1:10,
2B ；35mm银盐
收藏馆：缩微中心，国图

000O019858
成周石鼓考：一卷 / (清)沈吾撰
清(1644-1911)稿本
1994年摄制. -- 1盘卷片(4米35拍)：1:10,
2B ；35mm银盐
收藏馆：缩微中心，国图

000O019869
岐阳石鼓地名考：一卷 / (清)沈吾撰
清(1644-1911)稿本
1994年摄制. -- 1盘卷片(3米26拍)：1:10,
2B ；35mm银盐
收藏馆：缩微中心，国图

000O019621
石鼓文析艺：一卷 / (清)沈吾撰
清(1644-1911)稿本
1994年摄制. -- 1盘卷片(6米94拍)：1:10,
2B ；35mm银盐
收藏馆：缩微中心，国图

000O018230
石鼓文音训集证：一卷 / (清)尹彭寿撰
清(1644-1911)稿本
1993年摄制. -- 1盘卷片(3米23拍)：1:10,
2B ；35mm银盐
收藏馆：缩微中心，山东

000O028478
石鼓释文：一卷
稿本. -- 本书作者、撰修年代不祥。

1997年摄制. -- 1盘卷片(3米34拍)：1:10,
2B ；35mm银盐
收藏馆：缩微中心，福建

00O015062
汉石存佚表：一卷 / (清)张穆撰
清(1644-1911)稿本
1992年摄制. -- 1盘卷片(4米31拍)：1:10,
2B ；35mm银盐
收藏馆：缩微中心，国图

00O009289
汉碑跋：不分卷 / (清)魏源辑
清(1644-1911)何氏小蓬莱仙馆道州抄本
1988年摄制. -- 1盘卷片(9米167拍)：1:10,
2B ；35mm银盐
收藏馆：缩微中心，湖南

00O021623
两罍轩校汉碑录：六卷 / (清)吴云撰；(清)吴大澂校订
清(1644-1911)稿本. -- (清)吴大澂、(清)俞
樾跋，(清)张之洞、叶昌炽题记。
1995年摄制. -- 1盘卷片(7米104拍)：1:10,
2B ；35mm银盐
收藏馆：缩微中心，国图

00O025919
汉隶考：一卷 / (清)胡义赞撰
清(1644-1911)稿本
1996年摄制. -- 1盘卷片(4米45拍)：1:10,
2B ；35mm银盐
收藏馆：缩微中心，南京

00O005159
两汉石续：六卷 / (清)温忠翰撰
清光绪二十四年(1898)翁同龢抄本. -- (清)
翁同龢跋。
1986年摄制. -- 1盘卷片(3.6米47拍)：
1:10, 2B ；35mm银盐
收藏馆：缩微中心，国图

00O018061
汉碑奇字考略：一卷 / (清)汪鋆撰
清(1644-1911)稿本. -- 钤"真州汪鋆砚山"
"砚山手稿"。
1993年摄制. -- 1盘卷片(4米74拍)：1:10,
2B ；35mm银盐
收藏馆：缩微中心，天津

00O014493
汉碑文考释：不分卷 / (清)龚橙撰
清(1644-1911)稿本

1992年摄制. -- 1盘卷片(6.5米117拍)：
1:9, 2B ；35mm银盐
收藏馆：缩微中心，重庆

00O005110
汉石存目：二卷 / (清)王懿荣撰
清(1644-1911)抄本. -- (清)翁同龢补订并
跋。
1986年摄制. -- 1盘卷片(3.2米42拍)：
1:10, 2B ；35mm银盐
收藏馆：缩微中心，国图

00O013986
武梁祠像：不分卷
清(1644-1911)刻本. -- (清)许瀚批校并跋。
1992年摄制. -- 1盘卷片(3米18拍)：1:10,
2B ；35mm银盐
收藏馆：缩微中心，国图

00O014748
汉武梁祠堂石刻画像考：六卷 / (清)瞿中溶撰
清(1644-1911)抄本. -- (清)龚橙校注。
1992年摄制. -- 1盘卷片(13米230拍)：
1:10, 2B ；35mm银盐
收藏馆：缩微中心，国图

00O019622
武梁祠画像赞考证：一卷 / (清)沈吾撰
清(1644-1911)稿本
1994年摄制. -- 1盘卷片(3米24拍)：1:10,
2B ；35mm银盐
收藏馆：缩微中心，国图

00O028330
嘉祥汉石书记疏证：一卷 / (清)曾甫撰
清(1644-1911)稿本
1998年摄制. -- 1盘卷片(5米83拍)：1:10,
2B ；35mm银盐
收藏馆：缩微中心，广东

00O005412
汉酸枣令刘熊碑：一卷 / (清)巴慰祖钩摹
清乾隆(1736-1795)刻本
1986年摄制. -- 1盘卷片(2.8米29拍)：
1:10, 2B ；35mm银盐
收藏馆：缩微中心，国图

00O003560
汉圉令赵君碑：一卷 / (清)陈璜钩摹
清(1644-1911)稿本
1986年摄制. -- 1盘卷片(3.3米34拍)：
1:10, 2B ；35mm银盐
收藏馆：缩微中心，国图

00O025307
国山碑考：一卷 / (清)吴骞撰
清乾隆五十一年(1786)吴氏拜经楼刻本
1996年摄制. -- 1盘卷片(4米44拍)：1:10,
2B；35mm银盐
收藏馆：缩微中心，国图

00O025310
国山碑考：一卷 / (清)吴骞撰
清乾隆五十一年(1786)吴氏拜经楼刻嘉庆元年
(1796)重定本
1996年摄制. -- 1盘卷片(4米43拍)：1:10,
2B；35mm银盐
收藏馆：缩微中心，国图

00O026884
国山碑考：一卷补遗一卷 / (清)吴骞撰
清乾隆五十一年(1786)刻拜经楼丛书本. --
(清)周广业校补。
1996年摄制. -- 1盘卷片(4米56拍)：1:10,
2B；35mm银盐
收藏馆：缩微中心，南京

00O009230
国山碑释文：不分卷；苍颉庙碑释文：不分卷 /
(清)翁方纲撰
清(1644-1911)稿本
1988年摄制. -- 1盘卷片(3米41拍)：1:10,
2B；35mm银盐
收藏馆：缩微中心，湖南

00O024662
南北朝存石目：八卷 / (清)王懿荣撰
抄本. -- 莫棠批校。
1996年摄制. -- 1盘卷片(10米173拍)：
1:10, 2B；35mm银盐
收藏馆：缩微中心，浙江

00O016123
瘗鹤铭考：一卷 / (清)汪士铉撰
清康熙五十三年(1714)松南书屋汪士铉刻本
1993年摄制. -- 1盘卷片(4米41拍)：1:10,
2B；35mm银盐
收藏馆：缩微中心，国图

00O031215
瘗鹤铭考：一卷 / (清)汪士铉撰
清康熙五十三年(1714)松南书屋汪士铉刻本
2004年摄制. -- 1盘卷片(4米55拍)：1:9,
2B；35mm银盐
收藏馆：缩微中心，国图

00O001151
瘗鹤铭考：一卷 / (清)汪士铉撰
清康熙五十三年(1714)松南书屋汪士铉刻本
1985年摄制. -- 1盘卷片(3.8米53拍)：
1:10, 2B；35mm银盐
收藏馆：缩微中心，国图

00O005094
瘗鹤铭考：一卷 / (清)陈鹏年辑. 重立瘗鹤铭诗
集：一卷 / (清)赵永怀[等]辑
清康熙(1662-1722)刻本. -- 冯汝玠跋。
1986年摄制. -- 1盘卷片(9米165拍)：1:10,
2B；35mm银盐
收藏馆：缩微中心，国图

00O026898
唐碑帖跋：四卷 / (明)周锡珪撰
清道光(1821-1850)沈大宁抄本. -- (清)小云
巢主人跋，(□)金兰臣校。
1996年摄制. -- 1盘卷片(6米90拍)：1:10,
2B；35mm银盐
收藏馆：缩微中心，南京

00O028289
唐丛碑目稿：一卷 / (清)杨浚撰
清(1644-1911)稿本
1996年摄制. -- 1盘卷片(2.5米23拍)：
1:10, 2B；35mm银盐
收藏馆：缩微中心，福建

00O025343
孔子庙堂碑考：一卷 / (清)翁方纲撰
清嘉庆十二年(1807)刻本
1996年摄制. -- 1盘卷片(4米34拍)：1:10,
2B；35mm银盐
收藏馆：缩微中心，国图

00O016774
化度寺碑考：一卷 / (清)翁方纲撰
清(1644-1911)叶氏汉阳抄本
1993年摄制. -- 1盘卷片(3米29拍)：1:10,
2B；35mm银盐
收藏馆：缩微中心，国图

00O005896
元碑录文：不分卷
清(1644-1911)抄本
1986年摄制. -- 1盘卷片(4米67拍)：1:10,
2B；35mm银盐
收藏馆：缩微中心，国图

00O018436
国朝碑版考：不分卷；碑帖目录：不分卷

明末(1621-1644)写本
1993年摄制. -- 1盘卷片(6米92拍) ： 1:10,
2B ； 35mm银盐
收藏馆：缩微中心，国图

000O024641
红崖古刻释文题咏：一卷 / (清)邹汉勋撰
抄本
1996年摄制. -- 1盘卷片(3米29拍) ： 1:10,
2B ； 35mm银盐
收藏馆：缩微中心，浙江

000O019236
覃溪手书要紧碑目：一卷 / (清)翁方纲辑
清(1644-1911)稿本
1994年摄制. -- 1盘卷片(3米10拍) ： 1:10,
2B ； 35mm银盐
收藏馆：缩微中心，国图

000O015942
云峰拓碑图
清乾隆五十七年(1792)黄易绘本. -- (清)翁
方纲、(清)尤维熊、(清)阮元、(清)黄晼、
(清)盛学度、(清)吴友松、(清)吴升、(清)李
尧栋题诗,(清)江凤彝跋。
1993年摄制. -- 1盘卷片(3米13拍) ： 1:10,
2B ； 35mm银盐
收藏馆：缩微中心，国图

000O019370
文选楼鉴藏碑目：不分卷 / (清)阮元撰
刻本. -- (清)汪鋆跋。
1994年摄制. -- 1盘卷片(3米25拍) ： 1:10,
2B ； 35mm银盐
收藏馆：缩微中心，国图

000O001647
芝省斋碑录：不分卷 / (清)李遇孙撰
清(1644-1911)金吉祥盦抄本
1986年摄制. -- 1盘卷片(11米217拍) ：
1:10, 2B ； 35mm银盐
收藏馆：缩微中心，国图

000O028905
清仪阁藏碑目：一卷；古砖瓦当目：一卷 / (清)张廷济撰
清(1644-1911)稿本. -- 褚德彝跋，吴昌硕题诗。
1990年摄制. -- 1盘卷片(5米62拍) ： 1:10,
2B ； 35mm银盐
收藏馆：缩微中心，南京

000O015083
嘉荫簃金石目摘录：不分卷 / (清)莫友芝辑
清(1644-1911)稿本
1992年摄制. -- 1盘卷片(3米14拍) ： 1:10,
2B ； 35mm银盐
收藏馆：缩微中心，国图

000O014724
碧琳琅馆金石碑版目录：不分卷 / (清)方功惠藏
清(1644-1911)稿本
1992年摄制. -- 1盘卷片(9米140拍) ： 1:10,
2B ； 35mm银盐
收藏馆：缩微中心，国图

000O019059
光福许氏贮书楼收藏碑版：一卷续录三卷附录一卷；宋金元石刻补遗：一卷
清(1644-1911)抄本. -- (清)潘志万跋。
1994年摄制. -- 1盘卷片(10米181拍) ：
1:10, 2B ； 35mm银盐
收藏馆：缩微中心，国图

000O019356
艺风堂金石文字续目：三卷 / 缪荃孙撰
缪氏艺风堂抄本. -- 缪荃孙校补。
1994年摄制. -- 1盘卷片(6米81拍) ： 1:10,
2B ； 35mm银盐
收藏馆：缩微中心，国图

000O012766
金石刻墨所见目录：不分卷 / (清)龚橙撰
清(1644-1911)稿本
1990年摄制. -- 1盘卷片(9米208拍) ： 1:10,
2B ； 35mm银盐
收藏馆：缩微中心，南京

000O018236
增广金石名著汇目：一卷续一卷再续一卷拾遗一卷 / (清)田士懿撰
清(1644-1911)稿本
1993年摄制. -- 1盘卷片(5米77拍) ： 1:10,
2B ； 35mm银盐
收藏馆：缩微中心，山东

000O007522
泉志：十五卷 / [题](宋)洪遵撰
明崇祯(1628-1644)毛氏汲古阁刻津逮秘书本. -- (清)翁树培校。
1987年摄制. -- 1盘卷片(9米169拍) ： 1:10,
2B ； 35mm银盐
收藏馆：缩微中心，国图

00O026828
泉志：十五卷 / [题](宋)洪遵撰．续志：三卷补遗二卷 / (清)邱承宗撰
清(1644-1911)抄本． -- (清)于邺校。
1990年摄制． -- 1盘卷片(9米184拍)：1:10, 2B；35mm银盐
收藏馆：缩微中心，南京

00O014169
古钱目：一卷；群芳董狐：一卷 / (清)龚齐行撰
清乾隆二年(1737)鱼元傅抄本
1992年摄制． -- 1盘卷片(3米11拍)：1:10, 2B；35mm银盐
收藏馆：缩微中心，国图

00O015070
钱录：十二卷 / (清)张端木撰
清(1644-1911)玉连环室抄本
1992年摄制． -- 1盘卷片(5米59拍)：1:10, 2B；35mm银盐
收藏馆：缩微中心，国图

00O019423
张端木钱录：十二卷 / (清)张端木撰
清嘉庆十八年(1813)叶志诜抄本． -- (清)叶志诜跋。
1994年摄制． -- 1盘卷片(5米24拍)：1:10, 2B；35mm银盐
收藏馆：缩微中心，国图

00O020938
钱录：十二卷 / (清)张端木撰
清嘉庆十年(1805)寄庵抄本
1994年摄制． -- 1盘卷片(6.7米121拍)：1:10, 2B；35mm银盐
收藏馆：缩微中心，山西

00O026349
钱录：十卷 / (清)张端木撰
清(1644-1911)抄本
1997年摄制． -- 1盘卷片(5米80拍)：1:10, 2B；35mm银盐
收藏馆：缩微中心，湖北

00O014165
泉文：不分卷 / (清)黄易辑
清(1644-1911)拓本． -- (清)鲍康跋。
1992年摄制． -- 1盘卷片(11米189拍)：1:10, 2B；35mm银盐
收藏馆：缩微中心，国图

00O025293
历代钟官图经：八卷 / (清)陈莱孝撰

清(1644-1911)抄本． -- (清)张廷济校注。
1996年摄制． -- 1盘卷片(13米235拍)：1:10, 2B；35mm银盐
收藏馆：缩微中心，国图

00O015486
古泉汇考：八卷 / (清)翁树培撰
清(1644-1911)抄本
1993年摄制． -- 2盘卷片(56米1284拍)：1:10, 2B；35mm银盐
收藏馆：缩微中心，国图

00O014197
嘉荫簃古泉随笔：八卷 / (清)翁树培撰；(清)刘喜海辑
清(1644-1911)刘氏嘉荫簃抄本． -- (清)刘喜海订补并跋。
1992年摄制． -- 1盘卷片(6米88拍)：1:10, 2B；35mm银盐
收藏馆：缩微中心，国图

00O014452
泉史：十六卷 / (清)盛大士撰
清道光十四年(1834)邓文进斋刻本
1992年摄制． -- 1盘卷片(15米267拍)：1:10, 2B；35mm银盐
收藏馆：缩微中心，国图

00O016392
泉史：十六卷 / (清)盛大士撰
清道光十四年(1834)邓文进斋刻本
1992年摄制． -- 1盘卷片(14米268拍)：1:10, 2B；35mm银盐
收藏馆：缩微中心，国图

00O025296
泉史：十六卷 / (清)盛大士撰
清道光十四年(1834)邓文进斋刻本
1996年摄制． -- 1盘卷片(19米268拍)：1:10, 2B；35mm银盐
收藏馆：缩微中心，国图

00O025354
癖谈：六卷 / (清)蔡云撰
清道光(1821-1850)刻本． -- (清)龚橙校注。
1996年摄制． -- 1盘卷片(8米120拍)：1:10, 2B；35mm银盐
收藏馆：缩微中心，国图

00O031736
泉币图说：六卷 / (清)吴文炳,(清)吴鸾撰
清嘉庆五年(1800)吴文炳香雪山庄刻本
2005年摄制． -- 1盘卷片(8米130拍)：1:10,

2B ；35mm银盐
收藏馆：缩微中心，国图

000O004554

泉币图说：六卷 / (清)吴文炳,(清)吴鸾撰
清嘉庆五年(1800)吴文炳香雪山庄刻本. --
(清)翁树培订校。
1987年摄制. -- 1盘卷片(7米132拍) ：1:10,
2B ；35mm银盐
收藏馆：缩微中心，国图

000O012764

晴韵馆收藏古泉述记：十卷 / (清)金锡能撰
清(1644-1911)稿本. -- (清)刘喜海跋。
1990年摄制. -- 1盘卷片(11米256拍) ：
1:10, 2B ；35mm银盐
收藏馆：缩微中心，南京

000O005451

钱币考残稿：不分卷 / (清)钱侗撰
清(1644-1911)稿本. -- (清)瞿中溶批注,
(清)翁斌孙跋。
1986年摄制. -- 1盘卷片(4米59拍) ：1:10,
2B ；35mm银盐
收藏馆：缩微中心，国图

000O026341

嘉荫簃钱考：十四卷 / (清)濮贤懋辑
清(1644-1911)稿本
1997年摄制. -- 1盘卷片(8米150拍) ：1:10,
2B ；35mm银盐
收藏馆：缩微中心，湖北

000O014707

古泉目录：不分卷 / (清)曹三选撰
清(1644-1911)抄本
1992年摄制. -- 1盘卷片(6米73拍) ：1:10,
2B ；35mm银盐
收藏馆：缩微中心，国图

000O024560

钱谱：不分卷 / (清)管庭芬撰
清(1644-1911)稿本
1996年摄制. -- 1盘卷片(24米476拍) ：
1:10, 2B ；35mm银盐
收藏馆：缩微中心，浙江

000O001223

古泉丛话：三卷又一卷 / (清)戴熙撰
清同治十一年(1872)潘氏滂喜斋刻本. --
(清)李慈铭跋。
1985年摄制. -- 1盘卷片(4.2米62拍) ：
1:10, 2B ；35mm银盐

收藏馆：缩微中心，国图

000O018111

**李竹朋先生古泉汇：首集四卷元集十四卷亨集
十四卷利集十八卷真集十四卷 / (清)李佐贤撰**
清(1644-1911)稿本. -- 存二卷：图一卷、首
集卷上。
1993年摄制. -- 1盘卷片(6米106拍) ：1:10,
2B ；35mm银盐
收藏馆：缩微中心，山东

000O001845

古泉汇五集：六十四卷 / (清)李佐贤撰
清同治三年(1864)利津李氏石泉书屋刻本. --
(清)陈介祺批校并跋, (清)李佐贤批校。
1985年摄制. -- 2盘卷片(53.2米1071拍) ：
1:10, 2B ；35mm银盐
收藏馆：缩微中心，国图

000O014166

货布文字考：四卷说一卷 / (清)马昂撰
清道光二十二年(1842)钱培益俐园刻本
1992年摄制. -- 1盘卷片(8米134拍) ：1:10,
2B ；35mm银盐
收藏馆：缩微中心，国图

000O014176

簠斋泉范：不分卷 / (清)陈介祺辑
清(1644-1911)陈氏簠斋拓本
1992年摄制. -- 2盘卷片(44米865拍) ：
1:10, 2B ；35mm银盐
收藏馆：缩微中心，国图

000O001732

**古泉汇：不分卷；壬午说币：不分卷 / (清)杨继
震撰**
清(1644-1911)稿本
1986年摄制. -- 1盘卷片(15米313拍) ：
1:10, 2B ；35mm银盐
收藏馆：缩微中心，国图

000O024934

**杨氏差不贫于古斋古泉喜神谱：不分卷 / (清)杨
继震辑**
清(1644-1911)稿本
1996年摄制. -- 1盘卷片(4米65拍) ：1:10,
2B ；35mm银盐
收藏馆：缩微中心，南京

000O000798

**杨氏差不贫于古斋古泉喜神谱：不分卷 / (清)杨
继震辑**
清(1644-1911)稿本

1985年摄制. -- 1盘卷片（14米302拍）：
1:10, 2B；35mm银盐
收藏馆：缩微中心，国图

00O000810
杨氏差不贫于古斋古泉喜神谱：不分卷 / (清)杨继震辑
清(1644-1911)稿本
1985年摄制. -- 3盘卷片（71.9米1600拍）：
1:10, 2B；35mm银盐
收藏馆：缩微中心，国图

00O000795
竹荫两宋泉类：四卷 / (清)杨继震撰
清(1644-1911)稿本
1985年摄制. -- 1盘卷片（17米368拍）：
1:10, 2B；35mm银盐
收藏馆：缩微中心，国图

00O014026
杨幼云藏空首布拓本：不分卷 / (清)杨继震辑
清(1644-1911)杨氏祇德东堂拓本. -- (清)鲍
康、(清)冯汝玠跋，(清)潘祖荫、(清)董文
灿、(清)王懿荣题款。
1991年摄制. -- 1盘卷片（12米226拍）：
1:10, 2B；35mm银盐
收藏馆：缩微中心，国图

00O028927
古泉略释：六卷 / (清)金邠屉撰
清(1644-1911)稿本. -- 顾承鉴藏。
1998年摄制. -- 1盘卷片（17米363拍）：
1:10, 2B；35mm银盐
收藏馆：缩微中心，苏州

00O024628
**古泉略释：十八卷；刀布释文：十卷 / (清)金邠
屉撰**
清(1644-1911)稿本
1996年摄制. -- 1盘卷片（22米438拍）：
1:10, 2B；35mm银盐
收藏馆：缩微中心，浙江

00O010163
泉缘汇珍记：十二卷 / (清)张兆兰辑
清(1644-1911)稿本
1989年摄制. -- 1盘卷片（10米195拍）：
1:10, 2B；35mm银盐
收藏馆：缩微中心，山东

00O022608
**六泉十布宝珠录：四卷 / (清)吴崇楷辑；(清)张
光第增补**

清(1644-1911)泾县抄本
1995年摄制. -- 1盘卷片（9米131拍）：1:10,
2B；35mm银盐
收藏馆：缩微中心，河南

00O013154
钱币考摘要文：六卷
清(1644-1911)六君子斋抄本
1991年摄制. -- 1盘卷片（4.9米82拍）：
1:10, 2B；35mm银盐
收藏馆：缩微中心，辽宁

00O024575
蒙古钱谱：一卷
清(1644-1911)抄本. -- (清)吴士鉴批校。
1996年摄制. -- 1盘卷片（4米46拍）：1:10,
2B；35mm银盐
收藏馆：缩微中心，浙江

00O024627
集古印谱：一卷 / (明)顾从德辑
明隆庆(1567-1572)刻铃印本. -- (清)巢胜
跋。
1996年摄制. -- 1盘卷片（4.5米63拍）：
1:10, 2B；35mm银盐
收藏馆：缩微中心，浙江

00O006650
集古印谱：六卷 / (明)王常辑
明万历三年(1575)顾氏芸阁刻朱印本
1987年摄制. -- 1盘卷片（14.7米314拍）：
1:10, 2B；35mm银盐
收藏馆：缩微中心，国图

00O031917
集古印谱：六卷 / (明)王常辑
明万历三年(1575)顾氏芸阁刻朱印本
2010年摄制. -- 1盘卷片（19米333拍）：
1:12, 2B；35mm银盐
收藏馆：缩微中心，国图

00O007620
印史：一卷 / (明)郭胤伯辑
明(1368-1644)抄铃印本
1986年摄制. -- 1盘卷片（4米48拍）：1:10,
2B；35mm银盐
收藏馆：缩微中心，国图

00O014172
**考古正文印薮：五卷 / (明)张学礼辑. 印谱旧叙：
一卷**
明万历(1573-1620)刻铃印本
1992年摄制. -- 1盘卷片（11米188拍）：

1:10, 2B ; 35mm银盐
收藏馆：缩微中心，国图

00O015436
集古印谱：五卷 / (明)甘旸辑 . 印正附说：一卷 /
(明)甘旸撰
明万历二十四年(1596)甘旸刻钤印本
1992年摄制. —— 1盘卷片（11米200拍）：
1:10, 2B ; 35mm银盐
收藏馆：缩微中心，国图

00O018478
集古印谱：五卷 / (明)甘旸辑 . 印正附说：一卷 /
(明)甘旸撰
明万历二十四年(1596)甘旸刻钤印本
1993年摄制. —— 1盘卷片（11米194拍）：
1:10, 2B ; 35mm银盐
收藏馆：缩微中心，国图

00O001829
集古印谱：五卷 / (明)甘旸辑
明万历二十四年(1596)甘旸刻钤印本
1985年摄制. —— 1盘卷片（10.1米202拍）：
1:10, 2B ; 35mm银盐
收藏馆：缩微中心，国图

00O014164
集古印谱：五卷；印正附说：一卷 / (明)甘旸辑
明万历二十四年(1596)甘旸刻钤印本
1992年摄制. —— 1盘卷片（12米201拍）：
1:10, 2B ; 35mm银盐
收藏馆：缩微中心，国图

00O002038
宣和集古印史：八卷 / (明)来行学辑
明万历二十四年(1596)来氏宝印斋刻钤印本
1986年摄制. —— 1盘卷片（17米369拍）：
1:10, 2B ; 35mm银盐
收藏馆：缩微中心，国图

00O015420
宣和集古印史：八卷 / (明)来行学撰
明万历二十四年(1596)来氏宝印斋刻钤印本
1992年摄制. —— 1盘卷片（17米319拍）：
1:10, 2B ; 35mm银盐
收藏馆：缩微中心，国图

00O015250
古今印则：十一卷印旨一卷 / (明)程远辑
明万历(1573-1620)项梦原刻本
1992年摄制. —— 1盘卷片（8米125拍）： 1:10,
2B ; 35mm银盐
收藏馆：缩微中心，国图

00O003276
古今印则：十一卷印旨一卷 / (明)程远辑
明万历(1573-1620)项梦原刻钤印本
1986年摄制. —— 1盘卷片（8米153拍）： 1:10,
2B ; 35mm银盐
收藏馆：缩微中心，国图

00O025579
古印选：四卷 / (明)陈钜昌辑
明万历三十二年(1604)钤印本
1996年摄制. —— 1盘卷片（11米192拍）：
1:10, 2B ; 35mm银盐
收藏馆：缩微中心，浙江

00O007189
秦汉印统：八卷 / (明)罗王常辑
明万历三十四年(1606)吴氏树滋堂刻朱印本
1987年摄制. —— 1盘卷片（21米457拍）：
1:10, 2B ; 35mm银盐
收藏馆：缩微中心，山东

00O007438
秦汉印统：八卷 / (明)罗王常辑
明万历三十四年(1606)新都吴元维树滋堂刻朱
印本. —— 存四卷：卷一至卷四。
1987年摄制. —— 1盘卷片（12米246拍）：
1:10, 2B ; 35mm银盐
收藏馆：缩微中心，国图

00O031920
秦汉印统：八卷 / (明)罗王常辑
明万历三十四年(1606)新都吴元维树滋堂刻朱
印本. —— 存四卷：卷一至卷四。
2010年摄制. —— 1盘卷片（15米273拍）：
1:12, 2B ; 35mm银盐
收藏馆：缩微中心，国图

00O011476
秦汉印范：六卷 / (明)潘云傑,(明)陆金龙辑
明万历三十五年(1607)刻蓝印本
1989年摄制. —— 1盘卷片（12.4米260拍）：
1:10, 2B ; 35mm银盐
收藏馆：缩微中心，辽宁

00O025603
印品：七集；印章要论：一集；蕉雪林藏印：一
集 / (明)朱简辑
明万历三十九年(1611)钤印本
1996年摄制. —— 1盘卷片（12米211拍）：
1:10, 2B ; 35mm银盐
收藏馆：缩微中心，浙江

00O008655
图书府印谱：六卷 / (明)释自彦辑
明万历四十年(1612)钤印本
1987年摄制. -- 1盘卷片(11.5米233拍)：
1:9, 2B ; 35mm银盐
收藏馆：缩微中心，重庆

00O014455
印法参同：三十六卷 / (明)徐上达撰
明(1368-1644)刻朱墨套印本. -- 存二十五
卷：卷十至卷十五、卷十七至卷三十二、卷
三十四至卷三十六。
1992年摄制. -- 1盘卷片(25米472拍)：
1:10, 2B ; 35mm银盐
收藏馆：缩微中心，国图

00O014173
印章论：一卷；印选：一卷 / (明)金光先撰
明万历(1573-1620)刻钤印本
1992年摄制. -- 1盘卷片(5米53拍)：1:10,
2B ; 35mm银盐
收藏馆：缩微中心，国图

00O007562
石鼓斋印鼎：九卷 / (明)余藻撰
明崇祯元年(1628)余藻刻本
1987年摄制. -- 1盘卷片(13米259拍)：
1:10, 2B ; 35mm银盐
收藏馆：缩微中心，国图

00O001741
俞氏爱园印薮：□□卷 / (明)俞彦撰
明崇祯十四年(1641)刻钤印本. -- 存四卷：
玉章卷一至卷四。
1986年摄制. -- 1盘卷片(3.4米44拍)：
1:10, 2B ; 35mm银盐
收藏馆：缩微中心，国图

00O014221
稽古斋古印谱：十卷 / (清)吴观均辑
清康熙(1662-1722)吴观均钤印本
1992年摄制. -- 1盘卷片(16米297拍)：
1:10, 2B ; 35mm银盐
收藏馆：缩微中心，国图

00O008109
秦汉印谱：不分卷 / (清)程从龙辑
清乾隆三年(1738)师意斋刻钤印本
1988年摄制. -- 1盘卷片(10米196拍)：
1:10, 2B ; 35mm银盐
收藏馆：缩微中心，湖北

00O016003
西京职官印录：二卷；印戈说：一卷 / (清)徐坚辑
清乾隆十一年(1746)徐氏怀新馆刻钤印本
1993年摄制. -- 1盘卷片(9米152拍)：1:10,
2B ; 35mm银盐
收藏馆：缩微中心，国图

00O031401
西京职官印录：二卷；印戈说：一卷 / (清)徐坚辑
清乾隆十七年(1752)怀新馆刻钤印本
2004年摄制. -- 1盘卷片(10米185拍)：
1:10, 2B ; 35mm银盐
收藏馆：缩微中心，国图

00O000652
西京职官印录：二卷；印戈说：一卷 / (清)徐坚辑
清乾隆十九年(1754)邓尉徐氏怀新馆刻钤印本
1985年摄制. -- 1盘卷片(9米171拍)：1:10,
2B ; 35mm银盐
收藏馆：缩微中心，国图

00O015444
西京职官印录：不分卷 / (清)徐坚辑
清嘉庆十三年(1808)徐保钤印本
1992年摄制. -- 1盘卷片(5米66拍)：1:10,
2B ; 35mm银盐
收藏馆：缩微中心，国图

00O003503
汉铜印丛：八卷 / (清)汪启淑辑
清乾隆十七年(1752)汪启淑钤印本
1985年摄制. -- 1盘卷片(13米261拍)：
1:10, 2B ; 35mm银盐
收藏馆：缩微中心，国图

00O015419
汉铜印丛：八卷 / (清)汪启淑辑
清乾隆十七年(1752)汪启淑钤印本
1992年摄制. -- 1盘卷片(13米228拍)：
1:10, 2B ; 35mm银盐
收藏馆：缩微中心，国图

00O008313
汉铜印丛：十二卷 / (清)汪启淑辑
清乾隆十七年(1752)刻钤印本
1988年摄制. -- 1盘卷片(19米397拍)：
1:10, 2B ; 35mm银盐
收藏馆：缩微中心，山东

00O025301

汉铜印丛：十二卷 / (清)汪启淑辑
清乾隆十七年(1752)汪启淑钤印本
1996年摄制. -- 1盘卷片(19米345拍)：
1:10，2B；35mm银盐
收藏馆：缩微中心，国图

00O013665

讱葊集古印存：三十二卷 / (清)汪启淑辑
清乾隆二十五年(1760)汪氏开万楼刻钤印本
1991年摄制. -- 2盘卷片(45米829拍)：
1:10，2B；35mm银盐
收藏馆：缩微中心，国图

00O017854

讱葊集古印存：三十二卷 / (清)汪启淑辑
清乾隆二十五年(1760)汪氏开万楼刻钤印本
1993年摄制. -- 2盘卷片(49米971拍)：
1:10，2B；35mm银盐
收藏馆：缩微中心，国图

00O015421

讱葊集古印存：三十二卷 / (清)汪启淑辑
清乾隆二十五年(1760)汪氏开万楼刻钤印本
1992年摄制. -- 2盘卷片(49米976拍)：
1:10，2B；35mm银盐
收藏馆：缩微中心，国图

00O029080

讱葊集古印存：三十二卷 / (清)汪启淑辑
清乾隆二十五年(1760)汪氏开万楼刻钤印本. --
存八卷：卷三至卷六、卷十五至卷十六、卷
三十一至卷三十二。
1999年摄制. -- 1盘卷片(13米271拍)：
1:10，2B；35mm银盐
收藏馆：缩微中心，国图

00O000653

讱葊集古印存：三十二卷 / (清)汪启淑辑
清乾隆二十五年(1760)汪氏开万楼刻钤印本
. -- 存六卷：卷二至卷七。
1985年摄制. -- 1盘卷片(10.1米202拍)：
1:10，2B；35mm银盐
收藏馆：缩微中心，国图

00O029175

讱葊集古印存：三十二卷 / (清)汪启淑辑
清乾隆二十五年(1760)汪氏开万楼刻钤印本
. -- 存十六卷：卷一至卷二、卷五至卷六、
卷九至卷十二、卷十七至卷十八、卷二十三至
卷二十四、卷二十七至卷二十八、卷三十一至
卷三十二。(清)周棠跋。
1999年摄制. -- 1盘卷片(27米621拍)：

1:10，2B；35mm银盐
收藏馆：缩微中心，国图

00O015820

讱葊集古印存：三十二卷 / (清)汪启淑辑
清乾隆二十五年(1760)汪氏开万楼刻钤印本
1993年摄制. -- 2盘卷片(41米781拍)：
1:10，2B；35mm银盐
收藏馆：缩微中心，国图

00O014918

秦汉印谱：不分卷
清(1644-1911)钤印本
1992年摄制. -- 1盘卷片(5米50拍)：1:10,
2B；35mm银盐
收藏馆：缩微中心，国图

00O024573

四香堂印余：八卷 / (清)巴慰祖篆刻
清(1644-1911)钤印本
1996年摄制. -- 1盘卷片(13米247拍)：
1:10，2B；35mm银盐
收藏馆：缩微中心，浙江

00O015439

续古印式：二卷 / (清)黄锡蕃撰
清乾隆六十年(1795)刻本
1992年摄制. -- 1盘卷片(4米49拍)：1:10,
2B；35mm银盐
收藏馆：缩微中心，国图

00O025306

续古印式：二卷 / (清)黄锡蕃辑
清乾隆六十年(1795)刻钤印本. -- (清)戴衍
祉、林尊保跋。
1996年摄制. -- 1盘卷片(6米84拍)：1:10,
2B；35mm银盐
收藏馆：缩微中心，国图

00O014171

古铜印谱：不分卷 / [题](清)王莲湖辑
清乾隆(1736-1795)钤印本
1992年摄制. -- 1盘卷片(14米268拍)：
1:10，2B；35mm银盐
收藏馆：缩微中心，国图

00O003531

莲湖集古印谱：不分卷
清(1644-1911)钤印本. -- (清)庆兰跋。
1985年摄制. -- 1盘卷片(5米81拍)：1:10,
2B；35mm银盐
收藏馆：缩微中心，国图

00O019358
选集汉印分韵：二卷 / (清)袁日省辑；(清)谢云生临摹．续集：二卷 / (清)谢景卿辑并临摹
清嘉庆二年至八年(1797-1803)漱艺堂刻本
1994年摄制．-- 1盘卷片(14米263拍)：1:10, 2B；35mm银盐
收藏馆：缩微中心，国图

00O015087
铜鼓书堂藏印：不分卷 / (清)查礼辑
清嘉庆四年(1799)查氏铜鼓书堂钤印本
1992年摄制．-- 1盘卷片(16米310拍)：1:10, 2B；35mm银盐
收藏馆：缩微中心，国图

00O016014
铜鼓书堂藏印：不分卷 / (清)查礼辑
清嘉庆四年(1799)查氏铜鼓书堂钤印本
1993年摄制．-- 1盘卷片(16米309拍)：1:10, 2B；35mm银盐
收藏馆：缩微中心，国图

00O025304
阮氏积古斋汉铜印得：不分卷 / (清)阮元辑
清(1644-1911)钤印本
1996年摄制．-- 1盘卷片(4米44拍)：1:10, 2B；35mm银盐
收藏馆：缩微中心，国图

00O025311
味无味斋汉印存：一卷
清嘉庆(1796-1820)钤印本．--(清)戴衍祉、(清)王志融题款。
1996年摄制．-- 1盘卷片(4米37拍)：1:10, 2B；35mm银盐
收藏馆：缩微中心，国图

00O031213
清仪阁古印偶存：七卷 / (清)张廷济辑
清道光十五年(1835)刻钤印本
2004年摄制．-- 1盘卷片(16米325拍)：1:9, 2B；35mm银盐
收藏馆：缩微中心，国图

00O014167
清仪阁古印偶存：七卷 / (清)张廷济辑
清道光十五年(1835)刻钤印本．--(清)陈介祺批注。
1992年摄制．-- 1盘卷片(14米249拍)：1:10, 2B；35mm银盐
收藏馆：缩微中心，国图

00O012757
集古官印考：十七卷；集古虎符鱼符考：一卷 / (清)瞿中溶撰
清同治十三年(1874)瞿树镐刻光绪十八年(1892)钤印本．--(清)吴大澂跋。
1990年摄制．-- 1盘卷片(26米620拍)：1:10, 2B；35mm银盐
收藏馆：缩微中心，南京

00O025479
集古官印考证：十七卷 / (清)瞿中溶撰
清同治十三年(1874)瞿树镐刻钤印本．--存二卷：卷一至卷二。
1996年摄制．-- 1盘卷片(7米104拍)：1:10, 2B；35mm银盐
收藏馆：缩微中心，国图

00O024620
铁琴铜剑楼集古印谱：不分卷 / (清)瞿镛辑
清咸丰八年(1858)刻钤印本
1996年摄制．-- 1盘卷片(16米317拍)：1:10, 2B；35mm银盐
收藏馆：缩微中心，浙江

00O001869
双虞壶斋印存：不分卷 / (清)吴式芬辑
清(1644-1911)吴氏双虞壶斋钤印本
1985年摄制．-- 1盘卷片(7米119拍)：1:10, 2B；35mm银盐
收藏馆：缩微中心，国图

00O022800
双虞壶斋印存：不分卷 / (清)吴式芬辑
清(1644-1911)吴氏双虞壶斋钤印本
1995年摄制．-- 1盘卷片(13米249拍)：1:10, 2B；35mm银盐
收藏馆：缩微中心，南京

00O025305
双虞壶斋印存：不分卷 / (清)吴式芬辑
清(1644-1911)刻钤印本
1996年摄制．-- 1盘卷片(20米380拍)：1:10, 2B；35mm银盐
收藏馆：缩微中心，国图

00O000656
双虞壶斋印存：不分卷 / (清)吴式芬辑
清(1644-1911)钤印本
1985年摄制．-- 1盘卷片(28米627拍)：1:10, 2B；35mm银盐
收藏馆：缩微中心，国图

00O025443
澹静斋印存：不分卷 / (清)杨尚文辑
清(1644-1911)刻钤印本
1996年摄制. -- 1盘卷片(5米73拍) : 1:10,
2B ; 35mm银盐
收藏馆：缩微中心，国图

00O025313
得壶山房印寄：不分卷 / (清)李佐贤辑
清(1644-1911)钤印本
1996年摄制. -- 1盘卷片(15米277拍) :
1:10，2B ; 35mm银盐
收藏馆：缩微中心，国图

00O003501
周秦印谱：不分卷 / (清)陈介祺辑
清(1644-1911)钤印稿本
1985年摄制. -- 1盘卷片(11米228拍) :
1:10，2B ; 35mm银盐
收藏馆：缩微中心，国图

00O001864
周秦玉印玺：一卷 / (清)陈介祺辑
清(1644-1911)钤印稿本
1985年摄制. -- 1盘卷片(4米60拍) : 1:10,
2B ; 35mm银盐
收藏馆：缩微中心，国图

00O000845
簠斋印集：不分卷 / (清)陈介祺辑
清(1644-1911)钤印稿本
1985年摄制. -- 1盘卷片(9米168拍) : 1:10,
2B ; 35mm银盐
收藏馆：缩微中心，国图

00O004174
簠斋印集：不分卷 / (清)陈介祺藏并注释
清道光二十七年(1847)钤印稿本
1986年摄制. -- 1盘卷片(7.2米134拍) :
1:10，2B ; 35mm银盐
收藏馆：缩微中心，国图

00O025553
簠斋印集：不分卷 / (清)陈介祺辑并注释
清道光二十七年(1847)钤印稿本
1996年摄制. -- 1盘卷片(11米176拍) :
1:10，2B ; 35mm银盐
收藏馆：缩微中心，国图

00O025309
簠斋印集：不分卷 / (清)陈介祺辑；(清)许
瀚,(清)吴式芬,(清)何绍基审定
清咸丰元年(1851)刻钤印本

1996年摄制. -- 2盘卷片(58米1154拍) :
1:10，2B ; 35mm银盐
收藏馆：缩微中心，国图

00O003482
十钟山房印举：不分卷 / (清)陈介祺辑
清(1644-1911)钤印稿本
1985年摄制. -- 4盘卷片(114.6米2300拍) :
1:10，2B ; 35mm银盐
收藏馆：缩微中心，国图

00O003519
十钟山房印举：不分卷 / (清)陈介祺辑
清同治十一年(1872)陈氏十钟山房钤印本
1985年摄制. -- 1盘卷片(16米351拍) :
1:10，2B ; 35mm银盐
收藏馆：缩微中心，国图

00O003521
十钟山房印举：不分卷 / (清)陈介祺辑
清同治十一年(1872)陈氏十钟山房钤印本
1985年摄制. -- 1盘卷片(24米528拍) :
1:10，2B ; 35mm银盐
收藏馆：缩微中心，国图

00O003530
十钟山房印举：不分卷 / (清)陈介祺辑
清同治十一年(1872)陈氏十钟山房钤印本
1985年摄制. -- 2盘卷片(53米1174拍) :
1:10，2B ; 35mm银盐
收藏馆：缩微中心，国图

00O003532
十钟山房印举：不分卷 / (清)陈介祺辑
清同治十一年(1872)陈氏十钟山房钤印本
1985年摄制. -- 2盘卷片(46.2米1026拍) :
1:10，2B ; 35mm银盐
收藏馆：缩微中心，国图

00O003534
十钟山房印举：不分卷 / (清)陈介祺辑
清同治十一年(1872)陈氏十钟山房钤印本
1985年摄制. -- 2盘卷片(37米787拍) :
1:10，2B ; 35mm银盐
收藏馆：缩微中心，国图

00O003527
十钟山房印举：不分卷 / (清)陈介祺辑
清同治十一年(1872)陈氏十钟山房钤印本
1985年摄制. -- 4盘卷片(97米2128拍) :
1:10，2B ; 35mm银盐
收藏馆：缩微中心，国图

00O031398
十钟山房印举：不分卷 / (清)陈介祺辑
清同治十一年(1872)陈氏十钟山房钤印本. --
毛装。
2004年摄制. -- 6盘卷片(163米3550拍) :
1:10, 2B ; 35mm银盐
收藏馆：缩微中心，国图

00O000458
十钟山房印举：不分卷 / (清)陈介祺辑
清(1644-1911)陈氏十钟山房钤印本
1985年摄制. -- 7盘卷片(179.4米4001拍) :
1:10, 2B ; 35mm银盐
收藏馆：缩微中心，国图

00O025297
十钟山房印举：不分卷 / (清)陈介祺辑
清光绪九年(1883)陈氏十钟山房钤印本
1996年摄制. -- 17盘卷片(517米10630拍) :
1:10, 2B ; 35mm银盐
收藏馆：缩微中心，国图

00O024564
师让庵汉铜印存：不分卷 / (清)丁丙辑
清光绪二十七年(1901)刻钤印本
1996年摄制. -- 1盘卷片(12米240拍) :
1:10, 2B ; 35mm银盐
收藏馆：缩微中心，浙江

00O030182
秦汉印存：不分卷 / (清)吴崚印
清同治四年(1865)钤印本
2001年摄制. -- 1盘卷片(7.7米125拍) :
1:10, 2B ; 35mm银盐
收藏馆：缩微中心，厦门

00O031399
吉金斋古铜印谱：六卷 / (清)何昆玉辑
清同治八年(1869)刻钤印本
2004年摄制. -- 1盘卷片(18米371拍) :
1:10, 2B ; 35mm银盐
收藏馆：缩微中心，国图

00O014174
吉金斋古铜印谱：六卷续一卷 / (清)何昆玉辑
清同治八年(1869)刻钤印本
1992年摄制. -- 1盘卷片(27米556拍) :
1:10, 2B ; 35mm银盐
收藏馆：缩微中心，国图

00O025312
古印偶存：不分卷 / (清)王石经[等]辑
清光绪十六年(1890)钤印本. -- 辑者还有：

(清)田镕叡。
1996年摄制. -- 2盘卷片(40米742拍) :
1:10, 2B ; 35mm银盐
收藏馆：缩微中心，国图

00O014382
秦汉印章拾遗：不分卷 / (清)高庆龄辑
清(1644-1911)钤印本
1992年摄制. -- 1盘卷片(14米257拍) :
1:10, 2B ; 35mm银盐
收藏馆：缩微中心，国图

00O019448
秦汉印章拾遗：不分卷
清(1644-1911)钤印本
1994年摄制. -- 1盘卷片(14米266拍) :
1:10, 2B ; 35mm银盐
收藏馆：缩微中心，国图

00O001101
净砚斋艭印录：三十卷续一卷 / (清)周銮诒辑
清(1644-1911)钤印稿本
1985年摄制. -- 1盘卷片(30米672拍) :
1:10, 2B ; 35mm银盐
收藏馆：缩微中心，国图

00O025320
铁云藏印初集：不分卷 / (清)刘鹗辑
清(1644-1911)钤印本
1996年摄制. -- 1盘卷片(21米392拍) :
1:10, 2B ; 35mm银盐
收藏馆：缩微中心，国图

00O014168
汉印拾遗：不分卷
清(1644-1911)钤印本
1992年摄制. -- 1盘卷片(10米157拍) :
1:10, 2B ; 35mm银盐
收藏馆：缩微中心，国图

00O020113
马傅岩集明清印谱：一卷 / (清)马起凤辑
清(1644-1911)钤印并拓本
1994年摄制. -- 1盘卷片(5米67拍) : 1:10,
2B ; 35mm银盐
收藏馆：缩微中心，国图

00O027768
封泥考略：十卷 / (清)吴式芬,(清)陈介祺藏并辑；(清)翁大年考编
清光绪(1875-1908)抄本. -- (清)陈介祺校。
1992年摄制. -- 2盘卷片(48米1150拍) :
1:10, 2B ; 35mm银盐

收藏馆：缩微中心，国图

00O014386

愙斋所藏封泥目：一卷 / (清)吴大澂藏并撰
清(1644-1911)吴氏十二金符斋抄本. -- (清)
陈介祺校并跋。
1992年摄制. -- 1盘卷片(3米60拍)：1:10,
2B；35mm银盐
收藏馆：缩微中心，国图

00O002277

多野斋印说：一卷 / (清)董洵撰
清(1644-1911)叶名澧抄本
1986年摄制. -- 1盘卷片(3米29拍)：1:10,
2B；35mm银盐
收藏馆：缩微中心，国图

00O012583

宝古堂重考古玉图：二卷 / (元)朱德润撰
明万历三十一年(1603)吴万化刻本
1990年摄制. -- 1盘卷片(3.6米50拍)：
1:10, 2B；35mm银盐
收藏馆：缩微中心，辽宁

00O000784

秦汉瓦当文字：二卷续一卷 / (清)程敦撰
清乾隆五十二年(1787)横渠书院刻本
1985年摄制. -- 1盘卷片(7.2米129拍)：
1:10, 2B；35mm银盐
收藏馆：缩微中心，国图

00O019186

秦汉瓦当文字：二卷续一卷 / (清)程敦撰
清乾隆五十二年(1787)横渠书院刻乾隆五十五
年(1790)续刻本
1994年摄制. -- 1盘卷片(7米111拍)：1:10,
2B；35mm银盐
收藏馆：缩微中心，国图

00O015655

秦汉瓦当文字：二卷续一卷 / (清)程敦撰
清乾隆五十二年(1787)横渠书院刻乾隆五十九
年(1794)续刻本
1993年摄制. -- 1盘卷片(7米111拍)：1:10,
2B；35mm银盐
收藏馆：缩微中心，国图

00O019100

秦汉瓦当文字：二卷续一卷 / (清)程敦撰
清乾隆五十二年(1787)横渠书院刻乾隆五十九
年(1794)续刻本
1994年摄制. -- 1盘卷片(8米111拍)：1:10,
2B；35mm银盐

收藏馆：缩微中心，国图

00O001299

竹里秦汉瓦当文存：不分卷 / (清)王福田撰
清咸丰二年(1852)王氏七桥草堂刻本
1985年摄制. -- 1盘卷片(7米123拍)：1:10,
2B；35mm银盐
收藏馆：缩微中心，国图

00O015914

竹里秦汉瓦当文存：不分卷 / (清)王福田撰
清咸丰二年(1852)王氏七桥草堂刻本
1993年摄制. -- 1盘卷片(7米112拍)：1:10,
2B；35mm银盐
收藏馆：缩微中心，国图

00O017752

竹里秦汉瓦当文存：不分卷 / (清)王福田撰
清咸丰二年(1852)王氏七桥草堂刻本
1993年摄制. -- 1盘卷片(7米106拍)：1:10,
2B；35mm银盐
收藏馆：缩微中心，国图

00O025342

竹里秦汉瓦当文存：不分卷 / (清)王福田撰
清咸丰二年(1852)王氏七桥草堂刻本
1996年摄制. -- 1盘卷片(8米110拍)：1:10,
2B；35mm银盐
收藏馆：缩微中心，国图

00O027266

吴廷康抚砖文：一卷 / (清)吴廷康辑
清(1644-1911)刻本. -- 岳琪跋。
1997年摄制. -- 1盘卷片(5米59拍)：1:10,
2B；35mm银盐
收藏馆：缩微中心，国图

00O014956

簠斋古陶文字考释：不分卷 / (清)吴大澂撰
清(1644-1911)稿本
1992年摄制. -- 1盘卷片(13米226拍)：
1:10, 2B；35mm银盐
收藏馆：缩微中心，国图

00O027275

**吴清卿学使读古陶文记：一卷；金文考：一卷 /
(清)吴大澂撰**
清(1644-1911)稿本
1997年摄制. -- 1盘卷片(3米15拍)：1:10,
2B；35mm银盐
收藏馆：缩微中心，国图

00O019893
百二长生馆藏瓦目：一卷
清(1644-1911)抄本. -- (清)陈介祺批注。
1994年摄制. -- 1盘卷片(2米5拍) : 1:10,
2B ; 35mm银盐
收藏馆：缩微中心，国图

目录类

00O013111
潜采堂书目四种：四卷 / (清)朱彝尊撰
清(1644-1911)抄本. -- (清)冯登府、(清)唐
翰题跋。
1991年摄制. -- 1盘卷片(3.8米57拍) :
1:10, 2B ; 35mm银盐
收藏馆：缩微中心，辽宁

00O016062
金风亭长书目：五种五卷 / (清)朱彝尊撰
清(1644-1911)刘履芬抄本
1993年摄制. -- 1盘卷片(7米102拍) : 1:10,
2B ; 35mm银盐
收藏馆：缩微中心，国图

00O004825
书目汇编：二卷
清道光十一年(1831)刘氏味经书屋刘如海抄本
1986年摄制. -- 1盘卷片(5米77拍) : 1:10,
2B ; 35mm银盐
收藏馆：缩微中心，国图

00O025249
读书蕞残：三卷 / (清)王钺撰
清康熙十一年(1672)世德堂刻本
1996年摄制. -- 1盘卷片(10米166拍) :
1:10, 2B ; 35mm银盐
收藏馆：缩微中心，国图

00O007487
小眠斋读书日札：不分卷 / (清)汪沆撰
清(1644-1911)抄本. -- (清)劳权校并跋。
1987年摄制. -- 1盘卷片(6米93拍) : 1:10,
2B ; 35mm银盐
收藏馆：缩微中心，国图

00O001429
竹汀先生日记钞：三卷 / (清)钱大昕撰；(清)何元锡辑
清嘉庆十年(1805)何氏梦华馆刻本. -- (清)刘喜海、(清)李慈铭批注。
1985年摄制. -- 1盘卷片(5米70拍) : 1:10,
2B ; 35mm银盐
收藏馆：缩微中心，国图

00O007779
竹汀先生日记钞：三卷 / (清)钱大昕撰；(清)何元锡辑
清嘉庆十年(1805)何元锡梦华馆刻本
1987年摄制. -- 1盘卷片(5米70拍) : 1:10,
2B ; 35mm银盐
收藏馆：缩微中心，湖南

00O025273
竹汀先生日记钞：二卷 / (清)钱大昕撰；(清)何元锡辑；(清)刘喜海批注
清(1644-1911)潘氏滂喜斋刻套印本. -- (清)李慈铭校注。
1996年摄制. -- 1盘卷片(4米47拍) : 1:10,
2B ; 35mm银盐
收藏馆：缩微中心，国图

00O031985
竹汀先生日记钞：二卷 / (清)钱大昕撰；(清)何元锡辑；(清)刘喜海批注
清(1644-1911)潘氏滂喜斋刻套印本. -- 十行二十三字白口左右双边。(清)李慈铭校注。
2010年摄制. -- 1盘卷片(5米64拍) : 1:10,
2B ; 35mm银盐
收藏馆：缩微中心，国图

00O025813
竹汀先生日记钞：二卷 / (清)钱大昕撰；(清)何元锡辑；(清)刘喜海批注
清(1644-1911)潘氏滂喜斋刻套印本. -- (清)孙凤钧校注，(清)潘祖荫录各家藏书目。
1996年摄制. -- 1盘卷片(4米47拍) : 1:10,
2B ; 35mm银盐
收藏馆：缩微中心，国图

00O031991
竹汀先生日记钞：二卷 / (清)钱大昕撰；(清)何元锡辑；(清)刘喜海批注
清(1644-1911)潘氏滂喜斋刻套印本. -- 十行二十三字白口左右双边。(清)孙凤钧校注，(清)潘祖荫录各家藏书目。
2010年摄制. -- 1盘卷片(5米64拍) : 1:11,
2B ; 35mm银盐
收藏馆：缩微中心，国图

00O026866
耳食录：八卷 / (清)莫潍山撰
清(1644-1911)抄本. -- (清)丁丙跋。
1996年摄制. -- 1盘卷片(6米87拍) : 1:10,
2B ; 35mm银盐
收藏馆：缩微中心，南京

00O004368
雪泥屋遗书目录：一卷补遗一卷 / (清)牟房辑
清道光二十三年(1843)栖霞刻本. -- (清)周悦让跋。
1986年摄制. -- 1盘卷片(5米84拍) ： 1:10, 2B ； 35mm银盐
收藏馆：缩微中心，国图

00O015920
读书札记：不分卷 / (清)钱泰吉撰
清(1644-1911)稿本
1993年摄制. -- 1盘卷片(4米44拍) ： 1:10, 2B ； 35mm银盐
收藏馆：缩微中心，国图

00O025272
曝书杂记：二卷 / (清)钱泰吉撰
清道光(1821-1850)蒋氏刻别下斋丛书本. -- (清)李慈铭批校。
1996年摄制. -- 1盘卷片(5米75拍) ： 1:10, 2B ； 35mm银盐
收藏馆：缩微中心，国图

00O030180
藏书纪事诗：七卷 / 叶昌炽撰
清宣统二年(1910)刻朱印本
2001年摄制. -- 1盘卷片(26米529拍) ： 1:10, 2B ； 35mm银盐
收藏馆：缩微中心，厦门

00O025269
藏书纪事诗：六卷 / 叶昌炽撰
清光绪二十三年(1897)江氏湖南使院刻灵鹣阁丛书本. -- 王国维批校。
1996年摄制. -- 1盘卷片(23米449拍) ： 1:10, 2B ； 35mm银盐
收藏馆：缩微中心，国图

00O015828
诗龛图：不分卷 / (清)顾鹤庆[等]绘图；(清)王昙[等]题诗
清(1644-1911)绘本. -- 绘图还有：(清)张问陶、(清)吴文征，题诗还有：(清)孙原湘、(清)吴蕡。(清)张惠言赋，(清)王引之跋。
1993年摄制. -- 1盘卷片(4米40拍) ： 1:10, 2B ； 35mm银盐
收藏馆：缩微中心，国图

00O017004
澹生堂藏书训约：四卷；旷亭集：二卷 / (明)祁承爜撰
明(1368-1644)刻本
1993年摄制. -- 1盘卷片(5米58拍) ： 1:10,
2B ； 35mm银盐
收藏馆：缩微中心，国图

00O000982
藏书纪要：一卷 / (清)孙从添撰
清嘉庆十六年(1811)黄氏士礼居刻本. -- (清)周星诒批识。
1985年摄制. -- 1盘卷片(2米29拍) ： 1:10, 2B ； 35mm银盐
收藏馆：缩微中心，国图

00O001804
经籍考：不分卷 / [题](清)陆元辅撰
清(1644-1911)抄本. -- (清)卢文弨校，(清)周星诒跋。
1985年摄制. -- 6盘卷片(169米3395拍) ： 1:10, 2B ； 35mm银盐
收藏馆：缩微中心，国图

00O026325
历代经籍考存佚考：不分卷
清(1644-1911)抄本. -- 杨守敬批校。
1996年摄制. -- 2盘卷片(39.5米797拍) ： 1:10, 2B ； 35mm银盐
收藏馆：缩微中心，湖北

00O005158
国史经籍志：六卷 / (明)焦竑撰
明(1368-1644)徐象橒刻本
1986年摄制. -- 1盘卷片(25.6米572拍) ： 1:10, 2B ； 35mm银盐
收藏馆：缩微中心，国图

00O006385
国史经籍志：六卷 / (明)焦竑撰
明(1368-1644)徐象橒刻本
1987年摄制. -- 1盘卷片(27米597拍) ： 1:10, 2B ； 35mm银盐
收藏馆：缩微中心，国图

00O017003
国史经籍志：六卷 / (明)焦竑撰
明(1368-1644)徐象橒刻本
1993年摄制. -- 1盘卷片(27米549拍) ： 1:10, 2B ； 35mm银盐
收藏馆：缩微中心，国图

00O009472
国史经籍志：六卷 / (明)焦竑撰
明(1368-1644)徐象橒曼山馆刻本. -- (清)陶澍宣题识。
1988年摄制. -- 1盘卷片(26.4米580拍) ： 1:9, 2B ； 35mm银盐

收藏馆：缩微中心，重庆

00O020619
国史经籍志：六卷 / (明)焦竑撰
清初(1644-1722)木活字印本
1994年摄制. -- 1盘卷片(27米548拍)：
1:10, 2B ; 35mm银盐
收藏馆：缩微中心，国图

00O016214
国史经籍志：六卷 / (明)焦竑撰
清(1644-1911)曹炎抄本
1993年摄制. -- 1盘卷片(24米490拍)：
1:10, 2B ; 35mm银盐
收藏馆：缩微中心，国图

00O000751
国史经籍志：六卷 / (明)焦竑撰
清(1644-1911)抄本
1985年摄制. -- 1盘卷片(27米621拍)：
1:10, 2B ; 35mm银盐
收藏馆：缩微中心，国图

00O000762
国史经籍志：六卷 / (明)焦竑撰
清(1644-1911)抄本
1985年摄制. -- 1盘卷片(18.5米402拍)：
1:10, 2B ; 35mm银盐
收藏馆：缩微中心，国图

00O024923
国史经籍志：六卷补一卷 / (明)焦竑编
清雍正元年(1723)抄本. -- 存四卷：卷四至
卷六、补一卷。
1996年摄制. -- 1盘卷片(21米442拍)：
1:10, 2B ; 35mm银盐
收藏馆：缩微中心，南京

00O000763
千顷堂书目：三十二卷 / (清)黄虞稷撰
清(1644-1911)抄本
1985年摄制. -- 3盘卷片(71.2米1566拍)：
1:10, 2B ; 35mm银盐
收藏馆：缩微中心，国图

00O013776
千顷堂书目：三十二卷 / (清)黄虞稷撰
清(1644-1911)抄本
1991年摄制. -- 3盘卷片(73米1392拍)：
1:10, 2B ; 35mm银盐
收藏馆：缩微中心，国图

00O016223
千顷堂书目：三十二卷 / (清)黄虞稷撰
清(1644-1911)抄本
1993年摄制. -- 2盘卷片(50米1017拍)：
1:10, 2B ; 35mm银盐
收藏馆：缩微中心，国图

00O016192
千顷堂书目：三十二卷 / (清)黄虞稷撰
清(1644-1911)抄本. -- 佚名校补。
1993年摄制. -- 1盘卷片(32米679拍)：
1:10, 2B ; 35mm银盐
收藏馆：缩微中心，国图

00O001029
千顷堂书目：不分卷 / (清)黄虞稷撰
清道光六年(1826)东武刘氏味经书屋抄本. --
(清)刘喜海跋。
1985年摄制. -- 2盘卷片(54.1米1209拍)：
1:10, 2B ; 35mm银盐
收藏馆：缩微中心，国图

00O025056
目治偶抄：四卷 / (清)周广业撰
清(1644-1911)周氏种松书塾抄本
1996年摄制. -- 1盘卷片(7米104拍)：1:10,
2B ; 35mm银盐
收藏馆：缩微中心，国图

00O016962
目治偶抄：四卷 / (清)周广业撰
清(1644-1911)抄本
1993年摄制. -- 1盘卷片(7米102拍)：1:10,
2B ; 35mm银盐
收藏馆：缩微中心，国图

00O019539
四库全书总目提要：不分卷 / (清)纪昀[等]纂修
清(1644-1911)内府抄本
1994年摄制. -- 1盘卷片(15米269拍)：
1:10, 2B ; 35mm银盐
收藏馆：缩微中心，国图

00O000997
四库遗书目录提要：五卷 / (清)阮元撰
清(1644-1911)抄本
1985年摄制. -- 1盘卷片(5.3米89拍)：
1:10, 2B ; 35mm银盐
收藏馆：缩微中心，国图

00O027272
揅经室经进书录：四卷 / (清)阮元撰
清光绪八年(1882)傅以礼刻本

1997年摄制. -- 1盘卷片（9米146拍）：1:10,
2B；35mm银盐
收藏馆：缩微中心，国图

000O029296
四库后出书序跋：四十四卷；四库未收书序跋：一卷 / (清)曾文玉辑
清咸丰元年至清末(1851-1911)抄本
1998年摄制. -- 2盘卷片（48米937拍）：
1:10, 2B；35mm银盐
收藏馆：缩微中心，苏州

000O026062
文村题跋：一卷 / (清)王振声撰
清(1644-1911)稿本
1990年摄制. -- 1盘卷片（3米22拍）：1:10,
2B；35mm银盐
收藏馆：缩微中心，南京

000O015040
宋元旧本书经眼录：不分卷 / (清)莫友芝撰
清(1644-1911)稿本
1992年摄制. -- 1盘卷片（6米81拍）：1:10,
2B；35mm银盐
收藏馆：缩微中心，国图

000O016245
宋元旧本书经眼录：三卷附录一卷 / (清)莫友芝撰
清(1644-1911)稿本
1993年摄制. -- 1盘卷片（8米131拍）：1:10,
2B；35mm银盐
收藏馆：缩微中心，国图

000O025298
宋元旧本书经眼录：三卷附录二卷 / (清)莫友芝撰
清同治(1862-1874)刻本. -- （清)姚觐元校注。
1996年摄制. -- 1盘卷片（9米151拍）：1:10,
2B；35mm银盐
收藏馆：缩微中心，国图

000O015198
郘亭知见传本书目：十六卷 / (清)莫友芝撰
清(1644-1911)莫绳孙抄本
1992年摄制. -- 1盘卷片（20米400拍）：
1:10, 2B；35mm银盐
收藏馆：缩微中心，国图

000O025271
郘亭知见传本书目：十六卷 / (清)莫友芝撰
清宣统元年(1909)铅印本. -- 王国维校注。

1996年摄制. -- 1盘卷片（21米401拍）：
1:10, 2B；35mm银盐
收藏馆：缩微中心，国图

000O019109
群书题识杂抄：不分卷
吴兴沈氏仪黄精舍抄本
1994年摄制. -- 1盘卷片（19米367拍）：
1:10, 2B；35mm银盐
收藏馆：缩微中心，国图

000O000796
七录[序并附录]：一卷 / (梁)阮孝绪撰
清道光七年(1827)东武刘氏味经书屋抄本. --
(清)朱大源校。
1985年摄制. -- 1盘卷片（3.6米47拍）：
1:10, 2B；35mm银盐
收藏馆：缩微中心，国图

000O009244
崇文总目[简目]：六十六卷 / (宋)王尧臣[等]撰
清(1644-1911)抄本. -- 无解释，无引证，无题解，只有书目，题名页有"朱竹垞太史翁覃豁阁学手校"字样。
1988年摄制. -- 1盘卷片（6米103拍）：1:10,
2B；35mm银盐
收藏馆：缩微中心，湖南

000O027801
宋崇文总目[简目]：六十六卷 / (宋)王尧臣[等]撰
清(1644-1911)抄本. -- 无解释，无引证，无题解，只有书目。佚名校并录(清)朱彝尊、(清)钱大昕跋，(清)丁丙跋。
1996年摄制. -- 1盘卷片（7米113拍）：1:10,
2B；35mm银盐
收藏馆：缩微中心，南京

000O009209
秘书省续编到四库阙书目：二卷
清(1644-1911)倪恩福抄本
1988年摄制. -- 1盘卷片（6米135拍）：1:10,
2B；35mm银盐
收藏馆：缩微中心，湖南

000O004626
秘书省续编到四库阙书：二卷
清(1644-1911)抄本
1987年摄制. -- 1盘卷片（7米111拍）：1:10,
2B；35mm银盐
收藏馆：缩微中心，国图

00O000792

四库阙书：一卷 / (清)徐松辑注

清(1644-1911)东武刘氏味经书屋抄本
1985年摄制. -- 1盘卷片(3.4米44拍) :
1:10, 2B ; 35mm银盐
收藏馆：缩微中心，国图

00O001031

元西湖书院重整书目：一卷

清(1644-1911)东武刘氏味经书屋抄本
1985年摄制. -- 1盘卷片(2.5米23拍) :
1:10, 2B ; 35mm银盐
收藏馆：缩微中心，国图

00O017690

文渊阁书目：不分卷 / (明)杨士奇[等]撰

清(1644-1911)宋氏漫堂抄本
1993年摄制. -- 1盘卷片(10米184拍) :
1:10, 2B ; 35mm银盐
收藏馆：缩微中心，国图

00O001447

文渊阁书目：不分卷 / (明)杨士奇[等]撰

清(1644-1911)抄本
1985年摄制. -- 1盘卷片(9米172拍) : 1:10,
2B ; 35mm银盐
收藏馆：缩微中心，国图

00O025254

文渊阁书目：二十卷 / (明)杨士奇[等]撰

清嘉庆四年(1799)顾修刻读画斋丛书本. --
王国维校。
1996年摄制. -- 1盘卷片(22米431拍) :
1:10, 2B ; 35mm银盐
收藏馆：缩微中心，国图

00O007923

内阁藏书目录：八卷 / (明)张萱[等]撰

清乾隆(1736-1795)刻本. -- 存四卷：卷五至
卷八。
1988年摄制. -- 1盘卷片(7.4米133拍) :
1:10, 2B ; 35mm银盐
收藏馆：缩微中心，湖南

00O016206

内阁藏书目录：八卷 / (明)张萱[等]撰

清(1644-1911)迟云楼抄本
1993年摄制. -- 1盘卷片(13米237拍) :
1:10, 2B ; 35mm银盐
收藏馆：缩微中心，国图

00O000821

内阁藏书目录：八卷 / (明)张萱[等]撰

清(1644-1911)锡恒远斋抄本
1985年摄制. -- 1盘卷片(16米341拍) :
1:10, 2B ; 35mm银盐
收藏馆：缩微中心，国图

00O019962

内阁藏书目录：八卷 / (明)张萱[等]撰

清(1644-1911)抄本. -- 存七卷：卷一至卷
七。(清)唐翰题跋。
1994年摄制. -- 1盘卷片(13米244拍) :
1:10, 2B ; 35mm银盐
收藏馆：缩微中心，国图

00O000797

内阁藏书目录：八卷 / (明)张萱撰

清(1644-1911)东武刘氏味经书屋抄本. -- 存
四卷：卷五至卷八。
1985年摄制. -- 1盘卷片(9米172拍) : 1:10,
2B ; 35mm银盐
收藏馆：缩微中心，国图

00O019819

**钦定四库全书总目：二百卷首一卷圣谕一卷凡
例目录一卷 / (清)纪昀[等]撰**

清(1644-1911)文溯阁抄四库全书本. -- 钤
"文溯阁宝" "乾隆御览之宝" 印。存
一百四十三卷：卷一至卷三十三、卷三十五至
卷三十六、卷三十八至卷四十一、卷四十三
至卷四十七、卷五十至卷八十、卷八十二
至卷九十、卷一百十七至卷一百一十八、卷
一百二十四至卷一百二十九、卷一百三十六
至卷一百三十七、卷一百四十六至卷
一百五十一、卷一百五十六至卷一百七十四、
卷一百七十七至卷二百。
1994年摄制. -- 11盘卷片(331米7092拍) :
1:10, 2B ; 35mm银盐
收藏馆：缩微中心，天津

00O025264

**钦定四库全书总目：二百卷首四卷 / (清)纪昀
[等]撰**

清乾隆(1736-1795)武英殿刻本
1996年摄制. -- 13盘卷片(402米8255拍) :
1:10, 2B ; 35mm银盐
收藏馆：缩微中心，国图

00O020206

四库全书总目：二百卷 / (清)纪昀[等]撰

清同治七年(1868)广东书局刻本. -- (清)李
文田注。
1994年摄制. -- 13盘卷片(399米8310拍) :
1:10, 2B ; 35mm银盐
收藏馆：缩微中心，国图

00O007454

钦定四库全书考证：一百卷 / (清)王太岳[等]辑
清(1644-1911)内府抄本. -- 辑者还有：(清)
王燕绪等。
1987年摄制. -- 9盘卷片（242米5402拍）：
1:10，2B；35mm银盐
收藏馆：缩微中心，国图

00O013739

四库全书表注：不分卷
清(1644-1911)抄本
1991年摄制. -- 1盘卷片（18米350拍）：
1:10，2B；35mm银盐
收藏馆：缩微中心，国图

00O007446

钦定四库全书简明目录：二十卷 / (清)纪昀[等]
撰
清(1644-1911)内府抄本
1987年摄制. -- 2盘卷片（42.2米922拍）：
1:10，2B；35mm银盐
收藏馆：缩微中心，国图

00O025260

钦定四库全书简明目录：二十卷 / (清)纪昀[等]
撰
清(1644-1911)抄本. -- (清)刘喜海校注。
1996年摄制. -- 1盘卷片（34米710拍）：
1:10，2B；35mm银盐
收藏馆：缩微中心，国图

00O020209

四库全书简明目录标注：二十卷 / (清)邵懿辰撰
清(1644-1911)抄本. -- (清)李文田校注。
1994年摄制. -- 1盘卷片（29米604拍）：
1:10，2B；35mm银盐
收藏馆：缩微中心，国图

00O000750

四库全书简明目录标注：二十卷 / (清)邵懿辰撰
清光绪二十年(1894)锡恒远斋抄本
1985年摄制. -- 1盘卷片（29.2米656拍）：
1:10，2B；35mm银盐
收藏馆：缩微中心，国图

00O019813

四库全书简明目录标注：二十卷 / (清)邵懿辰撰
清光绪三十年(1904)胡念修抄本. -- 缪荃
孙、吴庆坻批校，(清)胡念修、邵章跋。
1994年摄制. -- 1盘卷片（33米710拍）：
1:10，2B；35mm银盐
收藏馆：缩微中心，国图

00O016114

四库全书简明目录标注：二十卷 / (清)邵懿辰撰
算鹤量鲸室抄本. -- 章钰录(清)黄绍箕、
(清)盛昱、(清)孙贻让补注。
1993年摄制. -- 1盘卷片（25米496拍）：
1:10，2B；35mm银盐
收藏馆：缩微中心，国图

00O012791

浙江采集遗书总录：十卷闰集一卷 / (清)沈初撰
清乾隆四十年(1775)刻本. -- (清)卢文弨校
跋，(清)罗以智跋。
1990年摄制. -- 2盘卷片（40米951拍）：
1:10，2B；35mm银盐
收藏馆：缩微中心，南京

00O001002

惜抱轩四库馆校录书题：一卷 / (清)姚鼐撰
清(1644-1911)抄本. -- (清)魏锡曾、(清)周
星诒校并跋，叶昌炽跋。
1985年摄制. -- 1盘卷片（5米70拍）：1:10，
2B；35mm银盐
收藏馆：缩微中心，国图

00O025927

四库全书纂校事略：不分卷 / (清)翁方纲撰
清(1644-1911)稿本
1996年摄制. -- 1盘卷片（5米70拍）：1:10，
2B；35mm银盐
收藏馆：缩微中心，南京

00O009637

钦定天禄琳琅书目：十卷 / (清)于敏中[等]编
清乾隆(1736-1795)内府抄本
1988年摄制. -- 1盘卷片（22米471拍）：
1:10，2B；35mm银盐
收藏馆：缩微中心，甘肃

00O016507

钦定天禄琳琅书目：十卷 / (清)于敏中[等]撰
清(1644-1911)内府抄本. -- 存一卷：卷二。
1993年摄制. -- 1盘卷片（4米42拍）：1:10，
2B；35mm银盐
收藏馆：缩微中心，国图

00O009462

钦定天禄琳琅书目：十卷 / (清)于敏中[等]辑
清(1644-1911)抄本
1988年摄制. -- 1盘卷片（22.7米493拍）：
1:10，2B；35mm银盐
收藏馆：缩微中心，重庆

00O009638

钦定天禄琳琅书目：十卷后编二十卷／(清)于敏中[等]编；(清)彭元瑞[等]续编
清道光(1821-1850)红格抄本. -- 存钦定天禄琳琅书目十卷：卷一至卷十。
1988年摄制. -- 1盘卷片(23米495拍)：1:10, 2B；35mm银盐
收藏馆：缩微中心，甘肃

00O000994

钦定天禄琳琅书目：十卷后编二十卷／(清)于敏中[等]编；(清)彭元瑞[等]续编
清道光六年(1826)刘氏味经书屋抄本
1985年摄制. -- 2盘卷片(42.8米944拍)：1:10, 2B；35mm银盐
收藏馆：缩微中心，国图

00O001019

懋勤殿书目：二卷，御书楼书目：一卷；国子监典籍厅存贮书目：一卷石刻目录一卷
清(1644-1911)刘氏味经书屋抄本. -- 还有合刻著作：武英殿颁发通行书籍目录一卷。
1985年摄制. -- 1盘卷片(5.3米88拍)：1:10, 2B；35mm银盐
收藏馆：缩微中心，国图

00O001021

御书楼书目：一卷；懋勤殿书目：二卷；武英殿颁发通行书籍目录：一卷
清道光七年(1827)刘氏味经书屋刘雯抄本. -- 还有合刻著作：国子监典籍厅存贮书目一卷石刻目录一卷。
1985年摄制. -- 1盘卷片(2.5米23拍)：1:10, 2B；35mm银盐
收藏馆：缩微中心，国图

00O016217

武英殿东庑凝道殿存贮书目：十九卷
清(1644-1911)抄本
1993年摄制. -- 1盘卷片(24米425拍)：1:10, 2B；35mm银盐
收藏馆：缩微中心，国图

00O015994

内库书目：不分卷
清(1644-1911)抄本
1993年摄制. -- 1盘卷片(7米112拍)：1:10, 2B；35mm银盐
收藏馆：缩微中心，国图

00O027271

内阁库存诏谕碑版舆图目：一卷；内阁库存书目：一卷；残书目：一卷
清(1644-1911)抄本. -- 书名本馆拟定。还有合刻著作：[内阁库存书目]残复书目一卷。
1997年摄制. -- 1盘卷片(13米218拍)：1:10, 2B；35mm银盐
收藏馆：缩微中心，国图

00O001020

武英殿颁发通行书籍目录：一卷；国子监典籍厅存贮书目：一卷石刻目录一卷；懋勤殿书目：二卷
清(1644-1911)刘氏味经书屋刘雯抄本. -- 还有合刻著作：御书楼书目一卷。
1985年摄制. -- 1盘卷片(3.2米38拍)：1:10, 2B；35mm银盐
收藏馆：缩微中心，国图

00O001022

国子监典籍厅存贮书目：一卷石刻目录一卷；御书楼书目：一卷；懋勤殿书目：二卷
清(1644-1911)刘氏味经书屋刘雯抄本. -- 还有合刻著作：武英殿颁发通行书籍目录一卷。
1985年摄制. -- 1盘卷片(2.5米21拍)：1:10, 2B；35mm银盐
收藏馆：缩微中心，国图

00O025259

皇朝钦定书目：一卷
清嘉庆二十五年(1820)管庭芬抄本
1996年摄制. -- 1盘卷片(3米30拍)：1:10, 2B；35mm银盐
收藏馆：缩微中心，国图

00O016971

昭德先生郡斋读书志：四卷后志二卷／(宋)晁公武撰.附志：一卷考异一卷／(宋)赵希弁撰
清康熙六十一年(1722)陈师曾刻本. -- (清)鲍廷博校并跋。
1993年摄制. -- 1盘卷片(23米451拍)：1:10, 2B；35mm银盐
收藏馆：缩微中心，国图

00O016792

昭德先生郡斋读书志：四卷后志二卷／(宋)晁公武撰.附志：一卷考异一卷／(宋)赵希弁撰
清康熙六十一年(1722)陈师曾刻本. -- (清)管庭芬跋并录(清)陈鳢校跋。
1993年摄制. -- 1盘卷片(23米466拍)：1:10, 2B；35mm银盐
收藏馆：缩微中心，国图

00O016176

昭德先生郡斋读书志：四卷后志二卷／(宋)晁公武撰.附志：一卷考异一卷／(宋)赵希弁撰

清康熙六十一年(1722)陈师曾刻本. -- (清)
袁廷梼录(清)何焯、(清)顾广圻批,(清)陈鳣
跋。
1993年摄制. -- 1盘卷片(23米468拍) :
1:10, 2B ; 35mm银盐
收藏馆: 缩微中心, 国图

000O016815

**昭德先生郡斋读书志:四卷后志二卷 / (宋)晁公
武撰. 附志:一卷考异一卷 / (宋)赵希弁撰**
清(1644-1911)抄本. -- (清)沈岩录(清)何焯
批校。
1993年摄制. -- 1盘卷片(23米459拍) :
1:10, 2B ; 35mm银盐
收藏馆: 缩微中心, 国图

000O015487

**昭德先生郡斋读书志:五卷后志二卷 / (宋)晁公
武撰**
清(1644-1911)抄本
1993年摄制. -- 1盘卷片(22米444拍) :
1:10, 2B ; 35mm银盐
收藏馆: 缩微中心, 国图

000O009203

**昭德先生郡斋读书志:二十卷 / (宋)晁公武撰;
(宋)姚应绩辑**
清嘉庆二十四年(1819)汪氏艺芸书舍刻本
1988年摄制. -- 1盘卷片(22.4米476拍) :
1:10, 2B ; 35mm银盐
收藏馆: 缩微中心, 湖南

000O000754

昭德先生郡斋读书志:二十卷 / (宋)晁公武撰
清嘉庆二十四年(1819)汪氏艺芸书舍刻本. --
(清)周星诒跋。
1985年摄制. -- 1盘卷片(21米463拍) :
1:10, 2B ; 35mm银盐
收藏馆: 缩微中心, 国图

000O016958

昭德先生郡斋读书志:二十卷 / (宋)晁公武撰
清(1644-1911)抄本. -- (清)瞿中溶跋,(清)
季锡畴校录(清)顾广圻校。
1993年摄制. -- 1盘卷片(20米377拍) :
1:10, 2B ; 35mm银盐
收藏馆: 缩微中心, 国图

000O009206

**郡斋读书记:二十卷 / (宋)晁公武撰;(宋)姚应
绩辑**
清(1644-1911)抄本
1988年摄制. -- 1盘卷片(24米495拍) :

1:10, 2B ; 35mm银盐
收藏馆: 缩微中心, 湖南

000O016994

遂初堂书目:一卷 / (宋)尤袤藏并撰
明(1368-1644)抄本
1993年摄制. -- 1盘卷片(6米83拍) : 1:10,
2B ; 35mm银盐
收藏馆: 缩微中心, 国图

000O026811

遂初堂书目:不分卷 / (宋)尤袤藏并撰
清(1644-1911)抄本
1996年摄制. -- 1盘卷片(10米169拍) :
1:10, 2B ; 35mm银盐
收藏馆: 缩微中心, 南京

000O003173

遂初堂书目:一卷 / (宋)尤袤藏并撰
清(1644-1911)抄本
1986年摄制. -- 1盘卷片(6米90拍) : 1:10,
2B ; 35mm银盐
收藏馆: 缩微中心, 国图

000O015721

遂初堂书目:一卷 / (宋)尤袤藏并撰
清(1644-1911)抄本
1992年摄制. -- 1盘卷片(6米83拍) : 1:10,
2B ; 35mm银盐
收藏馆: 缩微中心, 国图

000O024881

尤氏遂初堂书目:一卷 / (宋)尤袤藏并撰
清乾隆二十八年(1763)汪景龙抄本. -- (清)
汪景龙跋。
1996年摄制. -- 1盘卷片(7米111拍) : 1:10,
2B ; 35mm银盐
收藏馆: 缩微中心, 南京

000O001035

遂初堂书目:一卷 / (宋)尤袤藏并撰
清道光六年(1826)东武刘氏味经书屋抄本. --
(清)刘喜海跋。
1985年摄制. -- 1盘卷片(5.8米100拍) :
1:10, 2B ; 35mm银盐
收藏馆: 缩微中心, 国图

000O016693

菉竹堂书目:不分卷 / [题](明)叶盛藏并撰
清(1644-1911)抄本
1993年摄制. -- 1盘卷片(7米117拍) : 1:10,
2B ; 35mm银盐
收藏馆: 缩微中心, 国图

00O000766
菉竹堂书目：不分卷 / [题](明)叶盛藏并撰
清道光六年(1826)东武刘氏味经书屋抄本. --
(清)刘喜海、(清)叶志诜跋。
1985年摄制. -- 1盘卷片(11.4米231拍)：
1:10, 2B ; 35mm银盐
收藏馆：缩微中心, 国图

00O000771
菉竹堂书目：不分卷 / [题](明)叶盛藏并撰
清(1644-1911)抄本. -- (清)周星诒校。
1985年摄制. -- 1盘卷片(7米113拍)：1:10,
2B ; 35mm银盐
收藏馆：缩微中心, 国图

00O000774
菉竹堂书目：不分卷 / [题](明)叶盛藏并撰
清(1644-1911)抄本. -- (清)周星诒校并跋。
1985年摄制. -- 1盘卷片(7.2米126拍)：
1:10, 2B ; 35mm银盐
收藏馆：缩微中心, 国图

00O006829
菉竹堂书目：六卷 / [题](明)叶盛藏并撰
清(1644-1911)经鉏堂抄本. -- 存五卷：卷一
至卷二、卷四至卷六。
1987年摄制. -- 1盘卷片(10米188拍)：
1:10, 2B ; 35mm银盐
收藏馆：缩微中心, 国图

00O003467
百川书志：二十卷 / (明)高儒藏并撰
清(1644-1911)抄本
1986年摄制. -- 1盘卷片(12米236拍)：
1:10, 2B ; 35mm银盐
收藏馆：缩微中心, 国图

00O004805
百川书志：二十卷 / (明)高儒藏并撰
清(1644-1911)抄本
1986年摄制. -- 1盘卷片(13米258拍)：
1:10, 2B ; 35mm银盐
收藏馆：缩微中心, 国图

00O026943
百川书志：二十卷 / (明)高儒藏并撰
清(1644-1911)王端履抄本. -- (清)丁丙跋。
1996年摄制. -- 1盘卷片(13米260拍)：
1:10, 2B ; 35mm银盐
收藏馆：缩微中心, 南京

00O000806
百川书志：二十卷 / (明)高儒藏并撰

清道光二十八年(1848)东武刘氏嘉荫簃抄
本. -- (清)刘喜海跋。
1985年摄制. -- 1盘卷片(8.2米158拍)：
1:10, 2B ; 35mm银盐
收藏馆：缩微中心, 国图

00O007783
百川书志：二十卷 / (明)高儒藏并撰
明(1368-1644)缪氏藕香簃抄本
1987年摄制. -- 1盘卷片(14米239拍)：
1:10, 2B ; 35mm银盐
收藏馆：缩微中心, 湖南

00O019728
天一阁书目：不分卷 / (明)范钦藏
清初(1644-1722)抄本. -- (清)林佶跋。
1994年摄制. -- 1盘卷片(8米138拍)：1:10,
2B ; 35mm银盐
收藏馆：缩微中心, 国图

00O017347
天一阁书目：不分卷
清(1644-1911)宋氏漫堂抄本
1993年摄制. -- 1盘卷片(8米131拍)：1:10,
2B ; 35mm银盐
收藏馆：缩微中心, 国图

00O014337
天一阁见存书目：四卷 / (清)薛福成撰
清(1644-1911)稿本
1992年摄制. -- 1盘卷片(15米274拍)：
1:10, 2B ; 35mm银盐
收藏馆：缩微中心, 国图

00O025886
天一阁现存书目：十二卷
抄本. -- 存六卷：卷七至卷十二。张镜夫
跋。
1996年摄制. -- 1盘卷片(9米160拍)：1:10,
2B ; 35mm银盐
收藏馆：缩微中心, 浙江

00O026910
万卷堂书目：不分卷 / (明)朱睦㮮藏
清(1644-1911)抄本. -- (清)吕景端跋。
1996年摄制. -- 1盘卷片(7米102拍)：1:10,
2B ; 35mm银盐
收藏馆：缩微中心, 南京

00O000769
万卷堂藏艺文目录：二卷 / (明)朱睦㮮藏
清道光六年(1826)东武刘氏味经书屋抄本. --
(清)刘喜海跋。

1985年摄制. -- 1盘卷片(7.4米137拍) :
1:10, 2B ; 35mm银盐
收藏馆：缩微中心，国图

000O000802
聚乐堂艺文目录：十七卷 / (明)朱睦㮮藏
清道光六年(1826)东武刘氏味经书屋抄本. --
(清)刘喜海跋。
1985年摄制. -- 1盘卷片(9米169拍) : 1:10,
2B ; 35mm银盐
收藏馆：缩微中心，国图

000O016202
聚乐堂艺文目录：六卷 / (明)朱睦㮮藏
清(1644-1911)抄本. -- 余嘉锡校注并跋。
1993年摄制. -- 1盘卷片(15米283拍) :
1:10, 2B ; 35mm银盐
收藏馆：缩微中心，国图

000O000756
脉望馆藏书目：不分卷 / (明)赵琦美藏
清(1644-1911)抄本. -- (清)刘喜海跋。
1985年摄制. -- 1盘卷片(10.1米200拍) :
1:10, 2B ; 35mm银盐
收藏馆：缩微中心，国图

000O019608
脉望馆书目：四卷 / (明)赵琦美藏
清(1644-1911)劳氏丹铅精舍抄本. -- 存三
卷：经、史、子。(清)劳权校。
1994年摄制. -- 1盘卷片(8米170拍) : 1:10,
2B ; 35mm银盐
收藏馆：缩微中心，国图

000O019532
世善堂书目：一卷 / (明)陈第藏
清(1644-1911)抄本. -- (清)鲍廷博批校。
1994年摄制. -- 1盘卷片(5米55拍) : 1:10,
2B ; 35mm银盐
收藏馆：缩微中心，国图

000O000803
世善堂书目：二卷 / (明)陈第藏
清(1644-1911)抄本
1985年摄制. -- 1盘卷片(4.2米66拍) :
1:10, 2B ; 35mm银盐
收藏馆：缩微中心，国图

000O015489
澹生堂书目：不分卷 / (明)祁承㸁藏并撰
清(1644-1911)钱氏萃古斋抄本
1993年摄制. -- 1盘卷片(31米632拍) :
1:10, 2B ; 35mm银盐

收藏馆：缩微中心，国图

000O019439
澹生堂藏书目：八卷；庚申整书小记：一卷；庚申整书例略：一卷 / (明)祁承㸁藏并撰
清(1644-1911)宋氏漫堂抄本. -- 还有合刻著
作：[澹生堂]藏书约一卷。
1994年摄制. -- 1盘卷片(19米372拍) :
1:10, 2B ; 35mm银盐
收藏馆：缩微中心，国图

000O000840
徐氏家藏书目：七卷 / (明)徐𤊸藏并撰
清道光七年(1827)东武刘氏味经书屋抄本. --
(清)刘喜海跋。
1985年摄制. -- 1盘卷片(20.8米459拍) :
1:10, 2B ; 35mm银盐
收藏馆：缩微中心，国图

000O001243
红雨楼题跋：二卷 / (明)徐𤊸撰；(清)郑杰辑
清嘉庆三年(1798)邓杰刻本. -- 孙毓修跋。
1985年摄制. -- 1盘卷片(5.1米82拍) :
1:10, 2B ; 35mm银盐
收藏馆：缩微中心，国图

000O011901
红雨楼题跋：一卷 / (明)徐𤊸撰
清康熙五十八年(1719)林佶兰昏堂抄本
1990年摄制. -- 1盘卷片(6米95拍) : 1:10,
2B ; 35mm银盐
收藏馆：缩微中心，山东

000O004710
南濠居士文跋：四卷 / (明)都穆撰
明(1368-1644)刻本
1987年摄制. -- 1盘卷片(5米80拍) : 1:10,
2B ; 35mm银盐
收藏馆：缩微中心，国图

000O020717
南濠居士文跋：四卷 / (明)都穆撰
清(1644-1911)抄本. -- (清)齐召南校跋。
1994年摄制. -- 1盘卷片(7米94拍) : 1:10,
2B ; 35mm银盐
收藏馆：缩微中心，国图

000O027451
汲古阁珍藏秘本书目：一卷 / (清)毛扆藏并撰
清嘉庆三年(1798)吾德宁抄本. -- 孙毓修
跋。
1996年摄制. -- 1盘卷片(4米45拍) : 1:10,
2B ; 35mm银盐

收藏馆：缩微中心，南京

000O001007
汲古阁珍藏秘本书目：一卷 / (清)毛扆藏并校
清嘉庆五年(1800)黄氏士礼居刻本. -- (清)
周星诒批注。
1985年摄制. -- 1盘卷片(3.4米41拍)：
1:10, 2B；35mm银盐
收藏馆：缩微中心，国图

000O001033
汲古阁珍藏秘本书目：一卷 / (清)毛扆藏并撰.
季沧苇藏书目：一卷 / (清)季振宜藏
清嘉庆五年(1800)黄氏士礼居刻本
1985年摄制. -- 1盘卷片(3.4米44拍)：
1:10, 2B；35mm银盐
收藏馆：缩微中心，国图

000O005187
汲古阁珍藏秘本书目：一卷 / (清)毛扆藏并撰
清嘉庆五年(1800)黄氏士礼居刻本. -- (清)
姚尹跋，傅增湘批注并跋又录吴震批注。
1986年摄制. -- 1盘卷片(4米54拍)：1:10,
2B；35mm银盐
收藏馆：缩微中心，国图

000O016005
汲古阁珍藏秘本书目：一卷 / (清)毛扆藏并撰
清同治八年(1869)刘履芬抄本. -- (清)刘履
芬跋。
1993年摄制. -- 1盘卷片(4米31拍)：1:10,
2B；35mm银盐
收藏馆：缩微中心，国图

000O002180
绛云楼书目：二卷 / (清)钱谦益藏并编
清(1644-1911)抄本. -- 佚名录(清)吴翌凤校
注题识。
1986年摄制. -- 1盘卷片(7米123拍)：
1:10, 2B；35mm银盐
收藏馆：缩微中心，国图

000O000793
绛云楼书目：二卷 / (清)钱谦益藏并编
清(1644-1911)抄本. -- 佚名录(清)吴翌凤跋
并录(清)陈景云批注，(清)翁同龢跋。
1985年摄制. -- 1盘卷片(7.2米133拍)：
1:10, 2B；35mm银盐
收藏馆：缩微中心，国图

000O000767
绛云楼藏书目：二卷 / (清)钱谦益藏并编
清(1644-1911)抄本. -- (清)周星诒校并跋。

1985年摄制. -- 1盘卷片(7.2米127拍)：
1:10, 2B；35mm银盐
收藏馆：缩微中心，国图

000O009463
绛云楼书目：二卷 / (清)钱谦益藏并编
清(1644-1911)抄本. -- 佚名录(清)吴翌凤跋
并录(清)陈景云批注。
1988年摄制. -- 1盘卷片(6.9米125拍)：
1:10, 2B；35mm银盐
收藏馆：缩微中心，重庆

000O015701
绛云楼书目：二卷 / (清)钱谦益藏并编
清(1644-1911)抄本
1993年摄制. -- 1盘卷片(8米120拍)：1:10,
2B；35mm银盐
收藏馆：缩微中心，国图

000O019803
绛云楼书目：二卷 / (清)钱谦益藏并编
清(1644-1911)抄本
1994年摄制. -- 1盘卷片(11米204拍)：
1:10, 2B；35mm银盐
收藏馆：缩微中心，国图

000O011248
绛云楼书目：不分卷 / (清)钱谦益藏并编
清乾隆(1736-1795)沈乾青抄本
1989年摄制. -- 1盘卷片(10米165拍)：
1:10, 2B；35mm银盐
收藏馆：缩微中心，四川

000O007944
绛云楼书目：不分卷 / (清)钱谦益藏并编
清嘉庆(1796-1820)观我生斋抄本
1988年摄制. -- 1盘卷片(9米162拍)：1:10,
2B；35mm银盐
收藏馆：缩微中心，湖南

000O011557
绛云楼书目：不分卷 / (清)钱谦益藏并编
清(1644-1911)抄本. -- (清)曹溶校，(清)程
式庄跋。
1990年摄制. -- 1盘卷片(7米121拍)：1:10,
2B；35mm银盐
收藏馆：缩微中心，甘肃

000O004893
绛云楼书目：不分卷 / (清)钱谦益藏并编
清(1644-1911)抄本. -- 佚名录(清)吴翌凤跋
并录(清)陈景云批注。
1986年摄制. -- 1盘卷片(5米104拍)：1:10,

2B ；35mm银盐
收藏馆：缩微中心，国图

00O000744
绛云楼书目：不分卷 / (清)钱谦益藏并编
清(1644-1911)抄本. -- 佚名录(清)吴翌凤跋
并录(清)陈景云批注，(清)刘喜海校注并跋。
1985年摄制. -- 1盘卷片(5.9米103拍)：
1:10，2B ；35mm银盐
收藏馆：缩微中心，国图

00O001307
绛云楼书目：不分卷 / (清)钱谦益藏并编
清(1644-1911)抄本
1985年摄制. -- 1盘卷片(7米118拍)：1:10，
2B ；35mm银盐
收藏馆：缩微中心，国图

00O019591
绛云楼书目：不分卷 / (清)钱谦益藏并编
清(1644-1911)抄本
1994年摄制. -- 1盘卷片(11米191拍)：
1:10，2B ；35mm银盐
收藏馆：缩微中心，国图

00O019440
绛云楼书目：不分卷 / (清)钱谦益藏并编
清(1644-1911)张讷抄本. -- (清)张讷录(清)
吴翌凤跋并录(清)陈景云批注，(清)李璋煜
跋。
1994年摄制. -- 1盘卷片(12米219拍)：
1:10，2B ；35mm银盐
收藏馆：缩微中心，国图

00O000768
绛云楼书目：五卷 / (清)钱谦益藏并编
清嘉庆二十五年(1820)东武刘氏嘉荫簃抄本
1985年摄制. -- 1盘卷片(11米223拍)：
1:10，2B ；35mm银盐
收藏馆：缩微中心，国图

00O000775
牧斋书目：不分卷 / (清)钱谦益藏
清(1644-1911)抄本
1985年摄制. -- 1盘卷片(5.5米92拍)：
1:10，2B ；35mm银盐
收藏馆：缩微中心，国图

00O001004
佳山堂书目：一卷 / (清)冯溥藏 . 池北书目：一卷碑目一卷 / (清)王士禛藏
清道光十二年(1832)味经书屋刘如海抄本
1985年摄制. -- 1盘卷片(5米70拍)：1:10，

2B ；35mm银盐
收藏馆：缩微中心，国图

00O000992
静惕堂宋元人集目：一卷 / (清)曹溶藏
清(1644-1911)刘氏味经书屋抄本
1985年摄制. -- 1盘卷片(3米31拍)：1:10，
2B ；35mm银盐
收藏馆：缩微中心，国图

00O027698
奕庆藏书楼书目：四卷 / (清)祁理孙藏
清(1644-1911)抄本
1997年摄制. -- 1盘卷片(13米235拍)：
1:10，2B ；35mm银盐
收藏馆：缩微中心，国图

00O000772
述古堂书目：十卷 / (清)钱曾藏并撰
清(1644-1911)抄本
1985年摄制. -- 1盘卷片(7.6米142拍)：
1:10，2B ；35mm银盐
收藏馆：缩微中心，国图

00O003205
述古堂书目：不分卷宋板目一卷 / (清)钱曾藏并撰
清乾隆三十八年(1773)朱邦衡抄本. -- (清)
朱邦衡校。
1986年摄制. -- 1盘卷片(10米191拍)：
1:10，2B ；35mm银盐
收藏馆：缩微中心，国图

00O000794
述古堂书目：不分卷 / (清)钱曾藏并撰
清(1644-1911)抄本. -- (清)蒋凤藻跋。
1985年摄制. -- 1盘卷片(8米163拍)：1:10，
2B ；35mm银盐
收藏馆：缩微中心，国图

00O000770
述古堂书目：二卷 / (清)钱曾藏并撰
清(1644-1911)刘氏嘉荫簃抄本
1985年摄制. -- 1盘卷片(8米152拍)：1:10，
2B ；35mm银盐
收藏馆：缩微中心，国图

00O016221
述古堂书目：二卷 / (清)钱曾藏并撰
清(1644-1911)抄本
1993年摄制. -- 1盘卷片(8米140拍)：1:10，
2B ；35mm银盐
收藏馆：缩微中心，国图

00O018854
也是园藏书目：十卷 / (清)钱曾藏并撰
清(1644-1911)抄本
1994年摄制. -- 1盘卷片(7米121拍) : 1:10,
2B ; 35mm银盐
收藏馆：缩微中心，国图

00O004708
也是园藏书目：十卷 / (清)钱曾藏并撰
清(1644-1911)抄本. -- (清)鲍廷博校。
1986年摄制. -- 1盘卷片(7.2米133拍) :
1:10, 2B ; 35mm银盐
收藏馆：缩微中心，国图

00O000776
也是园藏书目：十卷 / (清)钱曾藏并撰
清(1644-1911)抄本. -- (清)周星诒校。
1985年摄制. -- 1盘卷片(7.2米128拍) :
1:10, 2B ; 35mm银盐
收藏馆：缩微中心，国图

00O016124
也是园藏书目：十卷 / (清)钱曾藏并撰
清(1644-1911)抄本. -- 章钰跋。
1993年摄制. -- 1盘卷片(12米217拍) :
1:10, 2B ; 35mm银盐
收藏馆：缩微中心，国图

00O001233
也是园藏书目：十卷 / (清)钱曾撰
清(1644-1911)抄本. -- 存四卷：卷一至卷
四。
1985年摄制. -- 1盘卷片(3.6米49拍) :
1:10, 2B ; 35mm银盐
收藏馆：缩微中心，国图

00O000747
**也是园藏书目：十卷 / (清)钱曾藏并撰；(清)丁
敬补编**
清道光六年(1826)刘氏味经书屋抄本
1985年摄制. -- 1盘卷片(10.3米206拍) :
1:10, 2B ; 35mm银盐
收藏馆：缩微中心，国图

00O001018
也是园藏书目：十卷 / (清)钱曾藏并撰
清道光二十八年(1848)翁氏陔华唫馆抄本. --
(清)翁心存校并跋。
1985年摄制. -- 1盘卷片(11.4米231拍) :
1:10, 2B ; 35mm银盐
收藏馆：缩微中心，国图

00O016101
也是园藏书目：十卷 / (清)钱曾藏并撰
清同治十二年(1873)刘履芬抄本
1993年摄制. -- 1盘卷片(6米123拍) : 1:10,
2B ; 35mm银盐
收藏馆：缩微中心，国图

00O000777
也是园藏书目：九卷 / (清)钱曾藏并撰
清(1644-1911)抄本
1985年摄制. -- 1盘卷片(7米112拍) : 1:10,
2B ; 35mm银盐
收藏馆：缩微中心，国图

00O001040
**虞山钱遵王述古堂藏书目录题词：一卷 / (清)钱
曾藏并撰**
清(1644-1911)抄本. -- (清)周星诒校并跋。
1985年摄制. -- 1盘卷片(5.7米99拍) :
1:10, 2B ; 35mm银盐
收藏馆：缩微中心，国图

00O007964
读书敏求记：四卷 / (清)钱曾撰
清(1644-1911)席氏扫叶山房石印本
1988年摄制. -- 1盘卷片(9米156拍) : 1:10,
2B ; 35mm银盐
收藏馆：缩微中心，湖南

00O008760
读书敏求记：四卷 / (清)钱曾撰
清雍正四年(1726)赵氏松雪斋刻本. -- (清)
吴其濬校。
1988年摄制. -- 1盘卷片(12.5米256拍) :
1:9, 2B ; 35mm银盐
收藏馆：缩微中心，重庆

00O001045
读书敏求记：四卷 / (清)钱曾撰
清雍正六年(1728)濮梁延古堂刻本. -- (清)
吴志忠录(清)黄丕烈批校，(清)周星诒批注并
跋，(清)蒋凤藻、(清)陆心源批注。
1985年摄制. -- 1盘卷片(11.8米243拍) :
1:10, 2B ; 35mm银盐
收藏馆：缩微中心，国图

00O024927
读书敏求记：四卷 / (清)钱曾撰
清乾隆十年(1745)沈尚傑双桂草堂刻本. --
(清)王靖廷录(清)黄丕烈批校，王荫嘉跋。
1996年摄制. -- 1盘卷片(13米254拍) :
1:10, 2B ; 35mm银盐
收藏馆：缩微中心，南京

00O001642
读书敏求记：四卷 / (清)钱曾撰
清乾隆十年(1745)沈尚傑双桂草堂刻乾隆六十年(1795)沈炎耆英堂重修本. -- (清)杨尚文录(清)黄丕烈校跋。
1986年摄制. -- 1盘卷片(12米249拍) : 1:10, 2B ; 35mm银盐
收藏馆：缩微中心，国图

00O007945
读书敏求记：四卷 / (清)钱曾撰
清乾隆十年(1745)沈尚傑双桂草堂刻乾隆六十年(1795)沈炎耆英堂重修本
1988年摄制. -- 1盘卷片(13.2米265拍) : 1:10, 2B ; 35mm银盐
收藏馆：缩微中心，湖南

00O016736
读书敏求记：四卷 / (清)钱曾撰
清乾隆十年(1745)沈尚傑双桂草堂刻乾隆六十年(1795)沈炎耆英堂重修本. -- (清)傅以礼跋，佚名录(清)黄丕烈批校。
1993年摄制. -- 1盘卷片(13米230拍) : 1:10, 2B ; 35mm银盐
收藏馆：缩微中心，国图

00O005918
读书敏求记：四卷 / (清)钱曾撰
清乾隆十年(1745)沈尚傑双桂草堂刻乾隆六十年(1795)沈炎耆英堂重修本. -- (清)孙廷翰跋并录(清)吴焯、(清)吴骞、(清)陈鳣等批校题识。
1987年摄制. -- 1盘卷片(11米259拍) : 1:10, 2B ; 35mm银盐
收藏馆：缩微中心，国图

00O032097
读书敏求记：四卷 / (清)钱曾撰
清乾隆十年(1745)沈尚傑双桂草堂刻乾隆六十年(1795)沈炎耆英堂重修本. -- 九行二十字黑口四周单边。(清)杨尚文录(清)黄丕烈校跋。
2011年摄制. -- 1盘卷片(13米257拍) : 1:13, 2B ; 35mm银盐
收藏馆：缩微中心，国图

00O016106
读书敏求记：四卷 / (清)钱曾撰
清乾隆十年(1745)沈尚傑双桂草堂刻乾隆六十年(1795)沈炎耆英堂重修本. -- 章钰校并录(清)吴焯、(清)吴骞等诸家题识。
1993年摄制. -- 1盘卷片(16米307拍) : 1:10, 2B ; 35mm银盐
收藏馆：缩微中心，国图

00O024906
读书敏求记：四卷 / (清)钱曾撰
清雍正四年(1726)赵孟升松雪斋刻乾隆十年(1745)沈尚傑双桂草堂剜版乾隆六十年(1795)沈炎耆英堂重修本. -- (清)姚觐元校跋并录(清)管庭芬批校题识。
1996年摄制. -- 1盘卷片(14米274拍) : 1:10, 2B ; 35mm银盐
收藏馆：缩微中心，南京

00O016184
读书敏求记：四卷 / (清)钱曾撰
清(1644-1911)抄本
1993年摄制. -- 1盘卷片(9米159拍) : 1:10, 2B ; 35mm银盐
收藏馆：缩微中心，国图

00O017551
读书敏求记：四卷 / (清)钱曾撰
清(1644-1911)抄本
1993年摄制. -- 1盘卷片(9米160拍) : 1:10, 2B ; 35mm银盐
收藏馆：缩微中心，国图

00O017619
读书敏求记：四卷 / (清)钱曾撰
清(1644-1911)抄本
1993年摄制. -- 1盘卷片(9米158拍) : 1:10, 2B ; 35mm银盐
收藏馆：缩微中心，国图

00O001963
读书敏求记：四卷 / (清)钱曾撰
清(1644-1911)抄本. -- 叶名澧跋并倩人录(清)黄丕烈批校题识。
1986年摄制. -- 1盘卷片(12米244拍) : 1:10, 2B ; 35mm银盐
收藏馆：缩微中心，国图

00O000999
读书敏求记：四卷 / (清)钱曾撰
清(1644-1911)抄本. -- (清)张宗橚跋并录(清)许昂霄校。
1985年摄制. -- 1盘卷片(9.1米195拍) : 1:10, 2B ; 35mm银盐
收藏馆：缩微中心，国图

00O001014
读书敏求记：四卷 / (清)钱曾撰
清道光五年(1825)阮福小琅嬛仙馆刻本. -- (清)翁同龢校并跋。

1985年摄制. -- 1盘卷片(10.5米214拍) : 1:10, 2B ; 35mm银盐
收藏馆：缩微中心，国图

00O000755
读书敏求记：四卷 / (清)钱曾撰
清道光五年(1825)阮福小琅嬛仙馆刻本. -- (清)翁心存校并跋。
1985年摄制. -- 1盘卷片(10.5米214拍) : 1:10, 2B ; 35mm银盐
收藏馆：缩微中心，国图

00O005965
读书敏求记：四卷 / (清)钱曾撰
清道光五年(1825)阮福小琅嬛仙馆刻本. -- 伦明校。
1986年摄制. -- 1盘卷片(11米213拍) : 1:10, 2B ; 35mm银盐
收藏馆：缩微中心，国图

00O007983
读书敏求记：四卷附补遗一卷 / (清)钱曾撰
清道光五年(1825)阮福小琅嬛仙馆刻本. -- (清)徐松题款，(清)叶启勋题识。
1988年摄制. -- 1盘卷片(12米234拍) : 1:10, 2B ; 35mm银盐
收藏馆：缩微中心，湖南

00O007984
读书敏求记：四卷附补遗一卷 / (清)钱曾撰
清道光五年(1825)阮福小琅嬛仙馆刻本. -- 叶德辉题识。
1988年摄制. -- 1盘卷片(12米235拍) : 1:10, 2B ; 35mm银盐
收藏馆：缩微中心，湖南

00O002107
读书敏求记：四卷 / (清)钱曾撰
清(1644-1911)翁汝明抄本. -- (清)翁心存校。
1986年摄制. -- 1盘卷片(12.9米270拍) : 1:10, 2B ; 35mm银盐
收藏馆：缩微中心，国图

00O016964
曝书亭藏书目：不分卷 / (清)朱彝尊藏
清(1644-1911)抄本
1993年摄制. -- 1盘卷片(5米67拍) : 1:10, 2B ; 35mm银盐
收藏馆：缩微中心，国图

00O001005
曝书亭藏书目：不分卷 / (清)朱彝尊藏

清道光六年(1826)刘氏味经书屋抄本. -- (清)刘喜海跋。
1985年摄制. -- 1盘卷片(7.8米145拍) : 1:10, 2B ; 35mm银盐
收藏馆：缩微中心，国图

00O000753
曝书亭书目：二卷 / (清)朱彝尊藏 . 三鱼堂书目：一卷 / (清)陆陇其藏撰
清(1644-1911)抄本
1985年摄制. -- 1盘卷片(3.6米47拍) : 1:10, 2B ; 35mm银盐
收藏馆：缩微中心，国图

00O026839
曝书亭藏书集目偶存：一卷 / (清)朱彝尊藏并编
清(1644-1911)抄本
1990年摄制. -- 1盘卷片(4米60拍) : 1:10, 2B ; 35mm银盐
收藏馆：缩微中心，南京

00O001016
季沧苇藏书目：一卷 / (清)季振宜藏
清嘉庆十年(1805)黄氏士礼居刻本. -- (清)周星诒批校。
1985年摄制. -- 1盘卷片(5米71拍) : 1:10, 2B ; 35mm银盐
收藏馆：缩微中心，国图

00O001034
季沧苇藏书目：一卷 / (清)季振宜藏 . 汲古阁珍藏秘本书目：一卷 / (清)毛扆藏并撰
清嘉庆十年(1805)黄氏士礼居刻本
1985年摄制. -- 1盘卷片(5米71拍) : 1:10, 2B ; 35mm银盐
收藏馆：缩微中心，国图

00O016082
延令宋板书目：一卷 / (清)季振宜藏
清同治八年(1869)刘履芬抄本
1993年摄制. -- 1盘卷片(6米79拍) : 1:10, 2B ; 35mm银盐
收藏馆：缩微中心，国图

00O000752
三鱼堂书目：一卷 / (清)陆陇其藏撰 . 曝书亭书目：二卷 / (清)朱彝尊藏
清(1644-1911)抄本. -- (清)刘喜海跋。
1985年摄制. -- 1盘卷片(5米75拍) : 1:10, 2B ; 35mm银盐
收藏馆：缩微中心，国图

00○001032
传是楼书目：四卷 / (清)徐乾学藏
清道光七年(1827)刘氏味经书屋抄本. --
(清)刘喜海跋。
1985年摄制. -- 1盘卷片(19米415拍)：
1:10, 2B ; 35mm银盐
收藏馆：缩微中心，国图

00○015930
传是楼书目：六卷 / (清)徐乾学藏
清(1644-1911)抄本
1992年摄制. -- 1盘卷片(27米554拍)：
1:10, 2B ; 35mm银盐
收藏馆：缩微中心，国图

00○001607
传是楼书目：六卷 / (清)徐乾学藏
清(1644-1911)陆香圃三间草堂抄本
1986年摄制. -- 1盘卷片(25米562拍)：
1:10, 2B ; 35mm银盐
收藏馆：缩微中心，国图

00○001013
传是楼书目：六卷 / (清)徐乾学藏
清道光八年(1828)刘氏味经书屋抄本. --
(清)刘喜海跋。
1985年摄制. -- 1盘卷片(29米654拍)：
1:10, 2B ; 35mm银盐
收藏馆：缩微中心，国图

00○001015
传是楼宋元板书目：一卷 / (清)徐乾学藏
清道光六年(1826)刘氏味经书屋抄本
1985年摄制. -- 1盘卷片(3.4米42拍)：
1:10, 2B ; 35mm银盐
收藏馆：缩微中心，国图

00○000779
培林堂书目：不分卷 / (清)徐秉义藏
清(1644-1911)抄本. -- (清)周星诒、(清)蒋
凤藻跋，(清)傅以礼题款。
1985年摄制. -- 1盘卷片(12米248拍)：
1:10, 2B ; 35mm银盐
收藏馆：缩微中心，国图

00○001003
**池北书目：一卷碑目一卷 / (清)王士禛藏．佳山
堂书目：一卷 / (清)冯溥藏**
清道光十二年(1832)味经书屋刘如海抄本
1985年摄制. -- 1盘卷片(4米55拍)：1:10,
2B ; 35mm银盐
收藏馆：缩微中心，国图

00○000986
商邱宋氏西陂藏书目：一卷 / (清)宋荦藏
清(1644-1911)刘氏味经书屋抄本. -- (清)刘
喜海跋。
1985年摄制. -- 1盘卷片(2.8米25拍)：
1:10, 2B ; 35mm银盐
收藏馆：缩微中心，国图

00○025906
**好古堂书目：四卷附收藏宋元板书目一卷 / (清)
姚际恒藏并撰**
清(1644-1911)抄本. -- (清)丁丙跋。
1996年摄制. -- 1盘卷片(7米108拍)：1:10,
2B ; 35mm银盐
收藏馆：缩微中心，南京

00○000984
春晖堂书目：一卷 / (清)陈奕禧藏
清道光十一年(1831)刘氏味经书屋刘如海抄本
1985年摄制. -- 1盘卷片(3米30拍)：1:10,
2B ; 35mm银盐
收藏馆：缩微中心，国图

00○001009
裘杼楼藏书目：四卷 / (清)汪森藏
清道光十年(1830)刘氏味经书屋刘如海抄
本. -- (清)刘喜海跋。
1985年摄制. -- 1盘卷片(5.7米95拍)：
1:10, 2B ; 35mm银盐
收藏馆：缩微中心，国图

00○017503
栋亭书目：不分卷 / (清)曹寅藏
清(1644-1911)抄本
1993年摄制. -- 1盘卷片(12米222拍)：
1:10, 2B ; 35mm银盐
收藏馆：缩微中心，国图

00○025267
栋亭书目：不分卷 / (清)曹寅藏
清(1644-1911)抄本
1996年摄制. -- 1盘卷片(12米209拍)：
1:10, 2B ; 35mm银盐
收藏馆：缩微中心，国图

00○001008
曹氏栋亭书目：不分卷 / (清)曹寅藏
清道光六年(1826)刘氏味经书屋抄本. --
(清)刘喜海跋。
1985年摄制. -- 1盘卷片(6.1米107拍)：
1:10, 2B ; 35mm银盐
收藏馆：缩微中心，国图

00O027353
宝闲斋藏书目：四卷 / (清)张仁美编
清(1644-1911)张元令抄本. -- (清)黄廷鉴、
(清)张元令跋。
1996年摄制. -- 1盘卷片(7米118拍) : 1:10,
2B ; 35mm银盐
收藏馆：缩微中心，南京

00O029967
文瑞楼藏书志：不分卷 / (清)金檀撰 . 藏书纪要：
一卷 / (清)陈从添撰
清(1644-1911)抄本
2001年摄制. -- 2盘卷片(39米791拍) :
1:10, 2B ; 35mm银盐
收藏馆：缩微中心，国图

00O001017
孝慈堂书目：六卷 / (清)王闻远藏并跋
清(1644-1911)抄本. -- (清)蒋凤藻跋。
1985年摄制. -- 1盘卷片(10.7米217拍) :
1:10, 2B ; 35mm银盐
收藏馆：缩微中心，国图

00O001010
孝慈堂书目：不分卷 / (清)王闻远藏
清(1644-1911)龙池山房抄本. -- (清)刘喜海
跋。
1985年摄制. -- 1盘卷片(7.2米132拍) :
1:10, 2B ; 35mm银盐
收藏馆：缩微中心，国图

00O003340
道古楼藏书目：一卷 / (清)马思赞藏并撰
清(1644-1911)吴氏拜经楼抄本
1986年摄制. -- 1盘卷片(4米46拍) : 1:10,
2B ; 35mm银盐
收藏馆：缩微中心，国图

00O000989
养素堂藏书目录：一卷续目一卷 / (清)黄叔琳藏
清道光六年(1826)刘氏味经书屋抄本. --
(清)刘喜海跋。
1985年摄制. -- 1盘卷片(7.2米126拍) :
1:10, 2B ; 35mm银盐
收藏馆：缩微中心，国图

00O001024
谦牧堂藏书目：二卷 / (清)揆叙藏
清道光十年(1830)东武刘氏味经书屋抄本
1985年摄制. -- 1盘卷片(10米198拍) :
1:10, 2B ; 35mm银盐
收藏馆：缩微中心，国图

00O000988
慎贻堂书目：一卷 / (清)毕忠吉藏
清(1644-1911)刘氏味经书屋抄本
1985年摄制. -- 1盘卷片(3米33拍) : 1:10,
2B ; 35mm银盐
收藏馆：缩微中心，国图

00O020231
宝翰堂藏书考：十四卷 / (清)王克昌藏并撰
清(1644-1911)抄本. -- (清)李文田校注。
1994年摄制. -- 1盘卷片(24米485拍) :
1:10, 2B ; 35mm银盐
收藏馆：缩微中心，国图

00O027439
抱经楼藏书目录：十二卷 / (清)卢址藏并编
清(1644-1911)稿本
1996年摄制. -- 1盘卷片(19米398拍) :
1:10, 2B ; 35mm银盐
收藏馆：缩微中心，南京

00O017622
抱经楼卢氏书目：四卷 / (清)卢址藏
清(1644-1911)抄本
1993年摄制. -- 1盘卷片(5米71拍) : 1:10,
2B ; 35mm银盐
收藏馆：缩微中心，国图

00O016947
抱经楼书目：四卷 / (清)卢址藏
清(1644-1911)抄本
1993年摄制. -- 1盘卷片(12米212拍) :
1:10, 2B ; 35mm银盐
收藏馆：缩微中心，国图

00O027374
竹汀题跋：一卷 / (清)钱大昕撰
清(1644-1911)抄本. -- (清)赵之谦跋。
1996年摄制. -- 1盘卷片(5米74拍) : 1:10,
2B ; 35mm银盐
收藏馆：缩微中心，南京

00O001041
椒花吟舫书目：不分卷 / (清)朱筠,(清)朱锡庚藏
清(1644-1911)抄本. -- (清)翁心存跋。
1985年摄制. -- 1盘卷片(5米68拍) : 1:10,
2B ; 35mm银盐
收藏馆：缩微中心，国图

00O014706
借书园书目：五卷 / (清)周永年藏并撰
清(1644-1911)李氏爱吾鼎斋抄本
1992年摄制. -- 1盘卷片(9米157拍) : 1:10,

2B ；35mm银盐
收藏馆：缩微中心，国图

00O001006
借书园书目：五卷 / (清)周永年藏并撰
清道光六年(1826)刘氏味经书屋抄本. --
(清)刘喜海跋。
1985年摄制. -- 1盘卷片(9.7米191拍) :
1:10, 2B ；35mm银盐
收藏馆：缩微中心，国图

00O020837
知圣道斋读书跋尾：一卷 / (清)彭元瑞撰
清(1644-1911)莫绳孙抄本
1994年摄制. -- 1盘卷片(4米53拍) : 1:10,
2B ；35mm银盐
收藏馆：缩微中心，国图

00O016945
拜经楼书目：不分卷 / (清)吴之澄撰
沈毅抄本
1993年摄制. -- 1盘卷片(7米103拍) : 1:10,
2B ；35mm银盐
收藏馆：缩微中心，国图

00O025924
拜经楼书目：一卷 / (清)吴骞藏并撰
清(1644-1911)稿本
1996年摄制. -- 1盘卷片(7米91拍) : 1:10,
2B ；35mm银盐
收藏馆：缩微中心，南京

00O009253
拜经楼藏书题跋记：五卷附录一卷 / (清)吴寿旸撰
清道光二十七年(1847)蒋氏宜年堂刻本
1988年摄制. -- 1盘卷片(11米202拍) :
1:10, 2B ；35mm银盐
收藏馆：缩微中心，湖南

00O025266
拜经楼藏书题跋记：五卷附录一卷 / (清)吴寿旸撰 . 经籍跋文：一卷 / (清)陈鳣撰
清光绪(1875-1908)章氏刻式训堂丛书本. --
(清)李慈铭批校。
1996年摄制. -- 1盘卷片(12米231拍) :
1:10, 2B ；35mm银盐
收藏馆：缩微中心，国图

00O025262
拜经楼藏书题跋记：五卷附录一卷 / (清)吴寿旸撰
清光绪(1875-1908)章氏刻式训堂丛书本. --

王国维校注。
1996年摄制. -- 1盘卷片(11米187拍) :
1:10, 2B ；35mm银盐
收藏馆：缩微中心，国图

00O001000
葆醇堂藏书录：不分卷 / (清)朱文藻藏并撰
清道光十年(1830)刘氏味经书屋抄本
1985年摄制. -- 1盘卷片(9.7米191拍) :
1:10, 2B ；35mm银盐
收藏馆：缩微中心，国图

00O002024
竹崦盦传钞书目：不分卷 / (清)赵魏藏并撰
清道光十一年(1831)味经书屋刘如海抄本
1986年摄制. -- 1盘卷片(6米90拍) : 1:10,
2B ；35mm银盐
收藏馆：缩微中心，国图

00O016013
竹崦盦传钞书目：不分卷 / (清)赵魏藏并撰
清(1644-1911)抄本. -- (清)刘履芬跋。
1993年摄制. -- 1盘卷片(4米32拍) : 1:10,
2B ；35mm银盐
收藏馆：缩微中心，国图

00O016205
唅香仙馆书目：不分卷 / (清)马瀛藏并撰
清(1644-1911)稿本
1993年摄制. -- 1盘卷片(4米49拍) : 1:10,
2B ；35mm银盐
收藏馆：缩微中心，国图

00O015488
吟香仙馆书目：不分卷 / (清)马瀛藏并撰
清(1644-1911)抄本
1993年摄制. -- 1盘卷片(8米121拍) : 1:10,
2B ；35mm银盐
收藏馆：缩微中心，国图

00O000144
存素堂书目：四卷 / (清)法式善藏并撰
清(1644-1911)稿本
1985年摄制. -- 1盘卷片(9.3米180拍) :
1:10, 2B ；35mm银盐
收藏馆：缩微中心，国图

00O014671
经籍跋文：一卷 / (清)陈鳣撰
清(1644-1911)抄本. -- (清)钱泰吉跋，(清)
管庭芬校并跋。
1992年摄制. -- 1盘卷片(4米50拍) : 1:10,
2B ；35mm银盐

收藏馆：缩微中心，国图

000002251
经籍跋文：一卷 / (清)陈鳣撰
清(1644-1911)抄本. -- (清)周星诒、(清)魏
锡曾校并跋，(清)翁斌孙校。
1986年摄制. -- 1盘卷片(4米56拍) : 1:10,
2B ; 35mm银盐
收藏馆：缩微中心，国图

000001011
孙氏祠堂书目：内编四卷外编三卷 / (清)孙星衍
藏并撰
清嘉庆十五年(1810)孙氏金陵祠屋刻本. --
(清)周星诒批识并跋。
1985年摄制. -- 1盘卷片(7.6米142拍) :
1:10, 2B ; 35mm银盐
收藏馆：缩微中心，国图

000025263
孙氏祠堂书目：内编四卷外编三卷 / (清)孙星衍
藏并撰
清(1644-1911)抄本
1996年摄制. -- 1盘卷片(8米134拍) : 1:10,
2B ; 35mm银盐
收藏馆：缩微中心，国图

000019473
平津馆鉴藏记：三卷补遗一卷续编一卷 / (清)孙
星衍撰
清道光二十年(1840)陈宗彝独抱庐刻本
1994年摄制. -- 1盘卷片(7米115拍) : 1:10,
2B ; 35mm银盐
收藏馆：缩微中心，国图

000001025
阅清楼书目：不分卷
清道光六年(1826)刘氏味经书屋抄本
1985年摄制. -- 1盘卷片(10.3米208拍) :
1:10, 2B ; 35mm银盐
收藏馆：缩微中心，国图

000000757
浔阳书目：一卷 / (清)陶无垢藏 . 静寄轩书目：
一卷续四卷 / [题](清)闲闲主人藏
清(1644-1911)抄本
1985年摄制. -- 1盘卷片(2.9米30拍) :
1:10, 2B ; 35mm银盐
收藏馆：缩微中心，国图

000000758
静寄轩书目：一卷续四卷 / [题](清)闲闲主人藏 .
浔阳书目：一卷 / (清)陶无垢藏

清(1644-1911)抄本
1985年摄制. -- 1盘卷片(5米75拍) : 1:10,
2B ; 35mm银盐
收藏馆：缩微中心，国图

000024568
五桂楼黄氏书目：不分卷 / (清)黄澄量撰
清(1644-1911)黄安澜抄本
1996年摄制. -- 1盘卷片(10米182拍) :
1:10, 2B ; 35mm银盐
收藏馆：缩微中心，浙江

000001677
求古居宋本书目：一卷 / (清)黄丕烈藏并撰
清嘉庆十七年(1812)黄氏求古居抄本. --
(清)黄丕烈校并跋，吴梅校，吴翼燕跋。
1986年摄制. -- 1盘卷片(3米22拍) : 1:10,
2B ; 35mm银盐
收藏馆：缩微中心，国图

000001026
吴郡黄氏所藏宋椠本书目：一卷 / (清)黄丕烈藏
并撰 . 百宋一廛赋：一卷 / (清)顾广圻撰；(清)
黄丕烈注
清(1644-1911)刘氏味经书屋抄本
1985年摄制. -- 1盘卷片(3米32拍) : 1:10,
2B ; 35mm银盐
收藏馆：缩微中心，国图

000000836
百宋一廛书录：一卷 / (清)黄丕烈撰
清(1644-1911)劳格抄本
1985年摄制. -- 1盘卷片(3.8米53拍) :
1:10, 2B ; 35mm银盐
收藏馆：缩微中心，国图

000024622
百宋一廛书录：一卷 / (清)黄丕烈撰；(清)姚振
宗辑
清(1644-1911)稿本. -- (清)陶方琦、陶濬宣
校并跋。
1996年摄制. -- 1盘卷片(4米58拍) : 1:10,
2B ; 35mm银盐
收藏馆：缩微中心，浙江

000001028
百宋一廛赋：一卷 / (清)顾广圻撰；(清)黄丕烈
注
清嘉庆十年(1805)黄氏士礼居刻本. -- (清)
周星诒批识。
1985年摄制. -- 1盘卷片(3.1米35拍) :
1:10, 2B ; 35mm银盐
收藏馆：缩微中心，国图

00O001027
百宋一廛赋：一卷 / (清)顾广圻撰；(清)黄丕烈注
清嘉庆十年(1805)黄氏士礼居刻本. -- 还有
合刻著作：吴郡黄氏所藏宋椠本书目一卷/(清)
黄丕烈藏并撰.
1985年摄制. -- 1盘卷片(3.1米35拍)：
1:10, 2B ; 35mm银盐
收藏馆：缩微中心，国图

00O007941
**士礼居藏书题跋记：六卷续目一卷年谱二卷 /
(清)黄丕烈撰**
清光绪十年(1884)潘氏滂喜斋刻朱印本
1988年摄制. -- 1盘卷片(27米572拍)：
1:10, 2B ; 35mm银盐
收藏馆：缩微中心，湖南

00O012271
郑堂读书记：不分卷 / (清)周中孚撰
清(1644-1911)稿本
1990年摄制. -- 6盘卷片(149米3546拍)：
1:10, 2B ; 35mm银盐
收藏馆：缩微中心，南京

00O018868
郑堂读书记：七十一卷 / (清)周中孚撰
清(1644-1911)广雅书局抄本. -- 卷七十至卷
七十一配吴兴刘氏嘉业堂抄本。
1993年摄制. -- 5盘卷片(143米3001拍)：
1:10, 2B ; 35mm银盐
收藏馆：缩微中心，天津

00O015149
鉴止水斋书目：不分卷 / (清)许宗彦藏
清(1644-1911)抄本. -- (清)顾沅跋。
1992年摄制. -- 1盘卷片(6米87拍)：1:10,
2B ; 35mm银盐
收藏馆：缩微中心，国图

00O000990
稽瑞楼书目：四卷 / (清)陈揆藏并撰
清(1644-1911)稿本
1985年摄制. -- 1盘卷片(10米196拍)：
1:10, 2B ; 35mm银盐
收藏馆：缩微中心，国图

00O001269
艺芸书舍书目：不分卷 / (清)汪士钟藏
清(1644-1911)抄本
1985年摄制. -- 1盘卷片(3.8米56拍)：
1:10, 2B ; 35mm银盐
收藏馆：缩微中心，国图

00O019724
**带经堂书目：四卷 / (清)陈征芝藏；(清)陈树杓
撰**
清(1644-1911)稿本. -- (清)陆心源、(清)周
星诒批注。
1994年摄制. -- 1盘卷片(12米210拍)：
1:10, 2B ; 35mm银盐
收藏馆：缩微中心，国图

00O024100
**带经堂书目：四卷 / (清)陈征芝藏；(清)陈树杓
撰**
清咸丰元年至清末(1851-1911)抄本
1996年摄制. -- 1盘卷片(19米380拍)：
1:10, 2B ; 35mm银盐
收藏馆：缩微中心，湖北

00O016199
爱日精庐藏书志：四卷 / (清)张金吾藏并撰
清嘉庆二十五年(1820)张氏爱日精庐活字印本
1993年摄制. -- 1盘卷片(8米126拍)：1:10,
2B ; 35mm银盐
收藏馆：缩微中心，国图

00O000858
振绮堂书目：不分卷 / (清)汪远孙藏
清(1644-1911)抄本
1985年摄制. -- 1盘卷片(10米199拍)：
1:10, 2B ; 35mm银盐
收藏馆：缩微中心，国图

00O015719
振绮堂书目：不分卷 / (清)汪远孙藏
清(1644-1911)抄本
1992年摄制. -- 1盘卷片(10米186拍)：
1:10, 2B ; 35mm银盐
收藏馆：缩微中心，国图

00O019148
振绮堂书目：四卷 / (清)汪远孙藏
清(1644-1911)抄本
1994年摄制. -- 1盘卷片(6米94拍)：1:10,
2B ; 35mm银盐
收藏馆：缩微中心，国图

00O001043
**开有益斋读书志：六卷续志一卷；金石文字记：
一卷 / (清)朱绪曾撰**
清光绪六年(1880)金陵翁氏茹古阁刻本. --
(清)周星诒、(清)蒋凤藻批注。
1985年摄制. -- 1盘卷片(16米341拍)：
1:10, 2B ; 35mm银盐
收藏馆：缩微中心，国图

00O001136
道州何氏东洲草堂书目：不分卷 / (清)何绍基撰
清(1644-1911)稿本
1985年摄制. -- 1盘卷片(4米56拍)：1:10,
2B；35mm银盐
收藏馆：缩微中心，国图

00O029018
东州草堂藏书目 / (清)何绍基撰
清(1644-1911)刻本
1999年摄制. -- 1盘卷片(6米106拍)：1:10,
2B；35mm银盐
收藏馆：缩微中心，湖南

00O013226
恬裕斋藏书记：四卷 / (清)瞿镛撰
清(1644-1911)抄本. -- (清)劳权校。
1991年摄制. -- 1盘卷片(28米481拍)：
1:10, 2B；35mm银盐
收藏馆：缩微中心，南京

00O016063
劳氏碎金：三卷 / (清)劳经原,(清)劳权,(清)劳格
撰；吴昌绶辑并订补
清宣统元年(1909)吴氏双照楼铅印本. -- 吴
昌绶、章钰订补。
1993年摄制. -- 1盘卷片(4米41拍)：1:10,
2B；35mm银盐
收藏馆：缩微中心，国图

00O024615
大梅山馆藏书目：十六卷 / (清)姚燮藏并撰
清(1644-1911)稿本
1996年摄制. -- 1盘卷片(12米217拍)：
1:10, 2B；35mm银盐
收藏馆：缩微中心，浙江

00O006422
影山草堂书目：不分卷 / (清)莫友芝藏并撰
清(1644-1911)稿本
1987年摄制. -- 1盘卷片(12米243拍)：
1:10, 2B；35mm银盐
收藏馆：缩微中心，国图

00O016257
郘亭行箧书目：不分卷 / (清)莫友芝藏并撰
清(1644-1911)稿本
1993年摄制. -- 1盘卷片(8米119拍)：1:10,
2B；35mm银盐
收藏馆：缩微中心，国图

00O001305
读有用书斋书目表：一卷 / (清)韩应陛藏并撰
清(1644-1911)稿本
1985年摄制. -- 1盘卷片(3.8米51拍)：
1:10, 2B；35mm银盐
收藏馆：缩微中心，国图

00O016950
仁和龚氏旧藏书目：不分卷 / (清)龚橙藏并撰
清(1644-1911)稿本
1993年摄制. -- 1盘卷片(4米40拍)：1:10,
2B；35mm银盐
收藏馆：缩微中心，国图

00O026951
持静斋书目：一卷续增书目一卷 / (清)丁日昌藏
并撰
清光绪十二年(1886)李盛铎抄本. -- 李盛铎
跋。
1992年摄制. -- 1盘卷片(5米55拍)：1:10,
2B；35mm银盐
收藏馆：缩微中心，国图

00O026707
结一庐书目：四卷 / (清)朱学勤撰
清(1644-1911)抄本. -- 吴昌绶批校。
1996年摄制. -- 1盘卷片(4米67拍)：1:10,
2B；35mm银盐
收藏馆：缩微中心，南京

00O024583
衍芬草堂藏书目录：不分卷 / (清)蒋光焴藏并撰
清(1644-1911)稿本
1996年摄制. -- 1盘卷片(6米89拍)：1:10,
2B；35mm银盐
收藏馆：缩微中心，浙江

00O026712
旧山楼书目：不分卷 / (清)赵宗建撰
清(1644-1911)稿本
1996年摄制. -- 1盘卷片(6米98拍)：1:10,
2B；35mm银盐
收藏馆：缩微中心，南京

00O019123
弢园藏书目：不分卷 / (清)王韬藏并撰
稿本
1994年摄制. -- 1盘卷片(4米46拍)：1:10,
2B；35mm银盐
收藏馆：缩微中心，国图

00O017001
弢园藏书志：二卷 / (清)王韬藏并撰
稿本
1993年摄制. -- 1盘卷片(7米98拍)：1:10,

2B ；35mm银盐
收藏馆：缩微中心，国图

000O003269
滂喜斋藏书志残稿：不分卷 / (清)潘祖荫藏；叶昌炽撰
清(1644-1911)稿本
1986年摄制. -- 1盘卷片(7米124拍)：1:10，
2B ；35mm银盐
收藏馆：缩微中心，国图

000O005066
宋存书室宋元秘本书目：四卷 / (清)杨绍和藏并撰
清(1644-1911)杨氏海源阁抄本
1986年摄制. -- 1盘卷片(4米48拍)：1:10，
2B ；35mm银盐
收藏馆：缩微中心，国图

000O010160
海源阁书目：不分卷 / (清)杨保彝藏并辑
清(1644-1911)稿本
1989年摄制. -- 1盘卷片(27米581拍)：
1:10，2B ；35mm银盐
收藏馆：缩微中心，山东

000O029773
书钞阁题跋：一卷 / (清)周星诒撰
清(1644-1911)稿本
1996年摄制. -- 1盘卷片(4米39拍)：1:10，
2B ；35mm银盐
收藏馆：缩微中心，苏州

000O016966
吴郡陆氏藏书目录：不分卷 / (清)陆心源藏
清(1644-1911)陆氏皕宋楼抄本
1993年摄制. -- 1盘卷片(9米150拍)：1:10，
2B ；35mm银盐
收藏馆：缩微中心，国图

000O014620
秦汉十印斋书目：四卷 / (清)蒋凤藻藏并撰
清(1644-1911)稿本
1992年摄制. -- 1盘卷片(5米63拍)：1:10，
2B ；35mm银盐
收藏馆：缩微中心，国图

000O002789
海丰吴氏藏书目：不分卷 / (清)吴重憙编
清(1644-1911)抄本
1986年摄制. -- 1盘卷片(7米115拍)：1:10，
2B ；35mm银盐
收藏馆：缩微中心，国图

000O016946
万宜楼善本书目：一卷 / (清)汪鸣銮藏
徐乃昌抄本
1993年摄制. -- 1盘卷片(3米18拍)：1:10，
2B ；35mm银盐
收藏馆：缩微中心，国图

000O019477
观海堂书目：不分卷 / 杨守敬藏并撰
清(1644-1911)杨氏观海堂抄本
1994年摄制. -- 1盘卷片(17米318拍)：
1:10，2B ；35mm银盐
收藏馆：缩微中心，国图

000O019087
邻苏园藏书目：一卷 / 杨守敬藏
杨氏邻苏园抄本. -- 杨守敬跋。
1994年摄制. -- 1盘卷片(4米42拍)：1:10，
2B ；35mm银盐
收藏馆：缩微中心，国图

000O012268
师石山房书目：三十卷 / (清)姚振宗编
清(1644-1911)稿本
1990年摄制. -- 5盘卷片(129米3088拍)：
1:10，2B ；35mm银盐
收藏馆：缩微中心，南京

000O026830
永慕堂藏书目录：六卷附碑目一卷 / (清)袁昶藏
清(1644-1911)稿本
1996年摄制. -- 1盘卷片(15米305拍)：
1:10，2B ；35mm银盐
收藏馆：缩微中心，南京

000O001030
三山刘氏书目：一卷
清(1644-1911)抄本. -- (清)蒋凤藻跋。
1985年摄制. -- 1盘卷片(5米74拍)：1:10，
2B ；35mm银盐
收藏馆：缩微中心，国图

000O016960
苹花阁藏书目录：八卷
清(1644-1911)抄本
1993年摄制. -- 1盘卷片(3米30拍)：1:10，
2B ；35mm银盐
收藏馆：缩微中心，国图

000O016961
积学斋藏书记：四卷 / 徐乃昌撰
抄本
1993年摄制. -- 1盘卷片(15米294拍)：

1:10，2B；35mm银盐
收藏馆：缩微中心，国图

000O019073
述史楼书目：四卷
清(1644-1911)抄本. -- 李盛铎跋。
1994年摄制. -- 1盘卷片(7米111拍)：1:10，
2B；35mm银盐
收藏馆：缩微中心，国图

000O000790
鸣晦庐书目：不分卷 / 王立承撰
清(1644-1911)稿本
1985年摄制. -- 1盘卷片(5.1米80拍)：
1:10，2B；35mm银盐
收藏馆：缩微中心，国图

000O025285
可庐著述十种叙例：一卷 / (清)钱大昭撰．既勤
著述七种叙例：一卷 / (清)钱东垣撰
清道光(1821-1850)钱氏得自怡斋刻本
1996年摄制. -- 1盘卷片(6米78拍)：1:10，
2B；35mm银盐
收藏馆：缩微中心，国图

000O008128
可庐著述十种叙例：一卷 / (清)钱大昭撰
清道光(1821-1850)钱氏得自怡斋刻本
1988年摄制. -- 1盘卷片(4.5米81拍)：
1:10，2B；35mm银盐
收藏馆：缩微中心，湖北

000O020557
王氏合集书目考略：一卷 / (清)允灌撰
清(1644-1911)稿本
1994年摄制. -- 1盘卷片(3米32拍)：1:10，
2B；35mm银盐
收藏馆：缩微中心，山东

000O019663
畿辅艺文考：不分卷 / (清)史梦兰撰
清(1644-1911)稿本
1994年摄制. -- 1盘卷片(15米281拍)：
1:10，2B；35mm银盐
收藏馆：缩微中心，国图

000O016941
拟嘉定县艺文志稿：三卷 / (清)钱庆曾撰
清(1644-1911)稿本
1993年摄制. -- 1盘卷片(10米183拍)：
1:10，2B；35mm银盐
收藏馆：缩微中心，国图

000O003258
毘陵经籍志：四卷 / (清)卢文弨撰
缪氏藕香簃抄本. -- 缪荃孙校。
1986年摄制. -- 1盘卷片(9米172拍)：1:10，
2B；35mm银盐
收藏馆：缩微中心，国图

000O024859
海虞艺文目录：十六卷 / (清)杨英彝撰
清(1644-1911)抄本
1996年摄制. -- 1盘卷片(15米313拍)：
1:10，2B；35mm银盐
收藏馆：缩微中心，南京

000O026717
海虞艺文志补遗：一卷续编五卷 / (清)袁景韶撰
清(1644-1911)稿本
1996年摄制. -- 1盘卷片(9米151拍)：1:10，
2B；35mm银盐
收藏馆：缩微中心，南京

000O017623
两浙地志录：一卷 / (清)周广业撰
清(1644-1911)抄本
1993年摄制. -- 1盘卷片(3米28拍)：1:10，
2B；35mm银盐
收藏馆：缩微中心，国图

000O004704
海宁经籍备考：二卷 / (清)吴骞撰
清(1644-1911)稿本. -- (清)陈敬璋校补。
1987年摄制. -- 1盘卷片(5米76拍)：1:10，
2B；35mm银盐
收藏馆：缩微中心，国图

000O016956
海昌经籍志略：四卷 / (清)管庭芬撰
清(1644-1911)稿本. -- 邓邦述跋。
1993年摄制. -- 1盘卷片(9米153拍)：1:10，
2B；35mm银盐
收藏馆：缩微中心，国图

000O006830
海昌经籍志略：十六卷附录一卷 / (清)管庭芬撰
清(1644-1911)稿本
1987年摄制. -- 2盘卷片(35米730拍)：
1:10，2B；35mm银盐
收藏馆：缩微中心，国图

000O024584
海昌经籍志略：□□卷 / (清)管庭芬撰
清(1644-1911)稿本. -- 存二卷：卷五至卷
六。

1996年摄制. -- 1盘卷片(6米92拍) ： 1:10,
2B ；35mm银盐
收藏馆：缩微中心，浙江

000O019166
海昌著录续考：六卷 / (清)蒋学坚撰
张氏小清仪阁抄本
1994年摄制. -- 1盘卷片(7米96拍) ： 1:10,
2B ；35mm银盐
收藏馆：缩微中心，国图

000O016210
句章征文录：八卷 / (清)冯可镛撰
清(1644-1911)稿本
1993年摄制. -- 1盘卷片(16米296拍) ：
1:10, 2B ；35mm银盐
收藏馆：缩微中心，国图

000O001036
永嘉书目：一卷 / (清)孙衣言辑
清(1644-1911)抄本. -- (清)翁同龢跋。
1985年摄制. -- 1盘卷片(3.5米45拍) ：
1:10, 2B ；35mm银盐
收藏馆：缩微中心，国图

000O017702
访求中州先贤诗文集目：一卷 / (清)周在浚撰
清(1644-1911)宋氏漫堂抄本
1993年摄制. -- 1盘卷片(3米17拍) ： 1:10,
2B ；35mm银盐
收藏馆：缩微中心，国图

000O001298
全蜀艺文志：六十四卷 / (明)杨慎辑
明万历(1573-1620)刻本. -- 傅增湘校并跋。
1985年摄制. -- 3盘卷片(75.2米1676拍) ：
1:10, 2B ；35mm银盐
收藏馆：缩微中心，国图

000O003192
补续全蜀艺文志：五十六卷 / (明)杜应芳,(明)胡承诏辑
明万历(1573-1620)刻本
1986年摄制. -- 3盘卷片(71米1557拍) ：
1:10, 2B ；35mm银盐
收藏馆：缩微中心，国图

000O016951
关右经籍考：十一卷 / (清)邢澍撰
清(1644-1911)刻本
1993年摄制. -- 1盘卷片(16米285拍) ：
1:10, 2B ；35mm银盐
收藏馆：缩微中心，国图

000O025248
关右经籍考：十一卷 / (清)邢澍撰
清(1644-1911)刻本
1996年摄制. -- 1盘卷片(15米290拍) ：
1:10, 2B ；35mm银盐
收藏馆：缩微中心，国图

000O020201
汇刻书目初编：十卷 / (清)顾修辑 . 补编：一卷 / (清)陈光照辑
清光绪元年(1875)陈氏无梦园刻本. -- (清)李文田校注。
1994年摄制. -- 2盘卷片(39米815拍) ：
1:10, 2B ；35mm银盐
收藏馆：缩微中心，国图

000O000953
书目类编：不分卷 / (清)刘喜海辑
清道光十年(1830)刘氏味经书屋刘如海抄本
1985年摄制. -- 1盘卷片(7米120拍) ： 1:10,
2B ；35mm银盐
收藏馆：缩微中心，国图

000O025286
说郛书目考：□□卷 / (清)陈师曾撰
清(1644-1911)稿本. -- 存三卷：卷一至卷三。(清)景韩跋。
1996年摄制. -- 1盘卷片(5米68拍) ： 1:10,
2B ；35mm银盐
收藏馆：缩微中心，国图

000O009105
书目答问：四卷别录一卷丛书目一卷；国朝著述诸家姓名略：一卷 / (清)张之洞编
清光绪(1875-1908)刻本. -- 叶德辉批校并跋。
1988年摄制. -- 1盘卷片(7米117拍) ： 1:10,
2B ；35mm银盐
收藏馆：缩微中心，湖南

000O000991
书目答问：四卷别录一卷丛书目一卷；国朝著述诸家姓名略：一卷 / (清)张之洞撰
清光绪(1875-1908)刻本. -- (清)蒋凤藻批注并跋。
1985年摄制. -- 1盘卷片(9.3米184拍) ：
1:10, 2B ；35mm银盐
收藏馆：缩微中心，国图

000O007902
书目答问：四卷别录一卷丛书目一卷；国朝著述诸家姓名略：一卷 / (清)张之洞撰
清光绪元年(1875)刻本

1988年摄制. -- 1盘卷片(9米171拍) : 1:10,
2B ; 35mm银盐
收藏馆：缩微中心，湖南

00O000537
禁书总目：不分卷
清(1644-1911)刻本
1985年摄制. -- 1盘卷片(9.5米188拍) :
1:10, 2B ; 35mm银盐
收藏馆：缩微中心，国图

00O018766
禁书总目：不分卷
清(1644-1911)刻本
1994年摄制. -- 1盘卷片(8米139拍) : 1:10,
2B ; 35mm银盐
收藏馆：缩微中心，国图

00O018233
禁书总目：不分卷
清(1644-1911)刻本. --(清)韩连珍跋。
1993年摄制. -- 1盘卷片(9米161拍) : 1:10,
2B ; 35mm银盐
收藏馆：缩微中心，山东

00O016943
全毁书目：一卷；抽毁书目：一卷
清乾隆四十七年(1782)翰林院刻本
1993年摄制. -- 1盘卷片(4米31拍) : 1:10,
2B ; 35mm银盐
收藏馆：缩微中心，国图

00O020200
全毁书目：一卷；抽毁书目：一卷
清乾隆四十七年(1782)翰林院刻本
1994年摄制. -- 1盘卷片(4米31拍) : 1:10,
2B ; 35mm银盐
收藏馆：缩微中心，国图

00O019081
抽毁书目：一卷；全毁书目：一卷
清(1644-1911)刻本. --(清)姚觐元跋。
1994年摄制. -- 1盘卷片(5米58拍) : 1:10,
2B ; 35mm银盐
收藏馆：缩微中心，国图

00O019090
**禁毁书目：一卷；各省咨查销毁书目：一卷；摘
毁书目：一卷**
清(1644-1911)刻本
1994年摄制. -- 1盘卷片(5米76拍) : 1:10,
2B ; 35mm银盐
收藏馆：缩微中心，国图

00O021194
禁毁书目略：一卷
清(1644-1911)抄本
1995年摄制. -- 1盘卷片(3米16拍) : 1:10,
2B ; 35mm银盐
收藏馆：缩微中心，国图

00O020194
各省咨查禁毁书籍目录：不分卷
清光绪二十一年(1895)李文田抄本. --(清)
李文田校并跋。
1994年摄制. -- 1盘卷片(5米74拍) : 1:10,
2B ; 35mm银盐
收藏馆：缩微中心，国图

00O025255
军机处分次奏进应毁书籍单：不分卷
清(1644-1911)抄本
1996年摄制. -- 1盘卷片(10米169拍) :
1:10, 2B ; 35mm银盐
收藏馆：缩微中心，国图

00O020781
军机处奏准全毁书目：一卷 抽毁书目一卷
清(1644-1911)抄本. --(清)李文田跋。
1994年摄制. -- 1盘卷片(4米45拍) : 1:10,
2B ; 35mm银盐
收藏馆：缩微中心，国图

00O001147
纂辑禁书目录：一卷
清乾隆(1736-1795)刻本
1985年摄制. -- 1盘卷片(6.1米108拍) :
1:10, 2B ; 35mm银盐
收藏馆：缩微中心，国图

00O011582
违碍书籍目录：一卷
清乾隆(1736-1795)江宁布政使刻本
1989年摄制. -- 1盘卷片(6.5米113拍) :
1:10, 2B ; 35mm银盐
收藏馆：缩微中心，湖北

00O018773
违碍书籍目录：不分卷
清(1644-1911)刻本
1994年摄制. -- 1盘卷片(4米45拍) : 1:10,
2B ; 35mm银盐
收藏馆：缩微中心，国图

00O018789
违碍书籍目录：不分卷
清(1644-1911)刻本

1994年摄制. -- 1盘卷片(6米87拍) : 1:10,
2B ; 35mm银盐
收藏馆：缩微中心，国图

00O027273
违碍书籍目录：不分卷
清(1644-1911)刻本
1997年摄制. -- 1盘卷片(6米73拍) : 1:10,
2B ; 35mm银盐
收藏馆：缩微中心，国图

00O027281
违碍书籍目录：不分卷
清(1644-1911)刻本
1997年摄制. -- 1盘卷片(8米122拍) : 1:10,
2B ; 35mm银盐
收藏馆：缩微中心，国图

00O020353
违碍书籍目录：一卷
清(1644-1911)刻本
1994年摄制. -- 1盘卷片(7米102拍) : 1:10,
2B ; 35mm银盐
收藏馆：缩微中心，国图

00O020370
违碍书籍目录：不分卷
清(1644-1911)抄本
1994年摄制. -- 1盘卷片(3米23拍) : 1:10,
2B ; 35mm银盐
收藏馆：缩微中心，国图

00O016963
违碍书籍目录：不分卷
清(1644-1911)萧穆抄本
1993年摄制. -- 1盘卷片(6米80拍) : 1:10,
2B ; 35mm银盐
收藏馆：缩微中心，国图

00O000748
违碍书目：一卷．应禁书目：一卷
清(1644-1911)东武刘氏味经书屋抄本
1985年摄制. -- 1盘卷片(4米58拍) : 1:10,
2B ; 35mm银盐
收藏馆：缩微中心，国图

00O008135
应缴违碍书籍各种名目：一卷
清乾隆(1736-1795)河南布政荣柱刻本
1988年摄制. -- 1盘卷片(4米59拍) : 1:10,
2B ; 35mm银盐
收藏馆：缩微中心，湖北

00O000589
违禁书籍名目：不分卷
清(1644-1911)刻本
1985年摄制. -- 1盘卷片(3.2米39拍) :
1:10, 2B ; 35mm银盐
收藏馆：缩微中心，国图

00O000579
经序录：五卷 / (明)朱睦㮮撰
明(1368-1644)聚乐堂朱睦㮮刻本. -- 存四
卷：卷二至卷五。
1985年摄制. -- 1盘卷片(9.5米185拍) :
1:10, 2B ; 35mm银盐
收藏馆：缩微中心，国图

00O003849
授经图：二十卷 / (明)朱睦㮮撰
清(1644-1911)抄本. -- (清)刘喜海跋。
1985年摄制. -- 1盘卷片(9米174拍) : 1:10,
2B ; 35mm银盐
收藏馆：缩微中心，国图

00O012524
经义考：三百卷 / (清)朱彝尊撰
清乾隆二十年(1755)卢见曾刻本. -- 存
二百九十七卷：卷一至卷二百八十五、卷
二百八十七至卷二百九十八。
1990年摄制. -- 7盘卷片(182.4米3307拍) :
1:10, 2B ; 35mm银盐
收藏馆：缩微中心，辽宁

00O014589
**古欢堂经籍略第一集：不分卷 / (清)吴翌凤藏并
撰**
清(1644-1911)稿本
1992年摄制. -- 1盘卷片(6米78拍) : 1:10,
2B ; 35mm银盐
收藏馆：缩微中心，国图

00O007985
子略：四卷目录一卷 / (宋)高似孙撰
明(1368-1644)刻本
1988年摄制. -- 1盘卷片(6米94拍) : 1:10,
2B ; 35mm银盐
收藏馆：缩微中心，湖南

00O025967
子略：四卷目录一卷 / (宋)高似孙撰
清(1644-1911)抄本
1996年摄制. -- 1盘卷片(6米100拍) : 1:10,
2B ; 35mm银盐
收藏馆：缩微中心，南京

00〇000805
众经目录：七卷 / (隋)释法经撰
清(1644-1911)刘氏味经书屋抄本
1985年摄制. -- 1盘卷片(9.5米187拍) :
1:10, 2B ; 35mm银盐
收藏馆：缩微中心，国图

00〇000786
众经目录：五卷
清(1644-1911)东武刘氏味经书屋抄本
1985年摄制. -- 1盘卷片(9米162拍) : 1:10,
2B ; 35mm银盐
收藏馆：缩微中心，国图

00〇000825
武周刊定众经目录：十四卷伪经目录一卷 / (唐)
释明佺[等]撰
清道光十一年(1831)味经书屋刘如海抄本
1985年摄制. -- 1盘卷片(19.3米424拍) :
1:10, 2B ; 35mm银盐
收藏馆：缩微中心，国图

00〇004534
开元释教录：二十卷略出四卷 / (唐)释智昇撰
明洪武(1368-1398)刻南藏本
1987年摄制. -- 2盘卷片(43米840拍) :
1:10, 2B ; 35mm银盐
收藏馆：缩微中心，国图

00〇016260
径山藏目：不分卷
清(1644-1911)龚橙抄本
1993年摄制. -- 1盘卷片(7米115拍) : 1:10,
2B ; 35mm银盐
收藏馆：缩微中心，国图

00〇016998
算沙室全藏目录：不分卷
清(1644-1911)龚橙抄本. -- 郑振铎跋。
1993年摄制. -- 1盘卷片(10米165拍) :
1:10, 2B ; 35mm银盐
收藏馆：缩微中心，国图

00〇001023
大清重刻龙藏汇记：一卷续藏目录一卷
清道光十一年(1831)味经书屋刘如海抄本
1985年摄制. -- 1盘卷片(3.6米47拍) :
1:10, 2B ; 35mm银盐
收藏馆：缩微中心，国图

00〇016831
道藏阙经目录：二卷
清(1644-1911)袁氏贞节堂抄本. -- (清)钱大
昕、(清)姜渭跋。
1993年摄制. -- 1盘卷片(4米43拍) : 1:10,
2B ; 35mm银盐
收藏馆：缩微中心，国图

00〇017648
道藏目录详注：四卷 / (明)白云霁撰
明天启(1621-1627)刻本
1993年摄制. -- 1盘卷片(12米215拍) :
1:10, 2B ; 35mm银盐
收藏馆：缩微中心，国图

00〇001960
道藏目录详注：四卷 / (明)白云霁撰
清(1644-1911)抄本
1986年摄制. -- 1盘卷片(10米202拍) :
1:10, 2B ; 35mm银盐
收藏馆：缩微中心，国图

00〇015206
乐府考略：不分卷
清(1644-1911)抄本
1992年摄制. -- 2盘卷片(46米929拍) :
1:10, 2B ; 35mm银盐
收藏馆：缩微中心，国图

00〇024016
乐府考略：十卷
清(1644-1911)抄本
1996年摄制. -- 1盘卷片(32米692拍) :
1:10, 2B ; 35mm银盐
收藏馆：缩微中心，南京

00〇025275
全上古三代秦汉三国晋南北朝文编目：一百三
卷 / (清)蒋壑撰
清光绪五年(1879)蒋锡祁刻本. -- 杨守敬校
补。
1996年摄制. -- 2盘卷片(65米1337拍) :
1:10, 2B ; 35mm银盐
收藏馆：缩微中心，国图

00〇025270
明诗综采摭书目：一卷 / (清)朱彝尊撰
清(1644-1911)抄本. -- (清)冯登府跋。
1996年摄制. -- 1盘卷片(3米17拍) : 1:10,
2B ; 35mm银盐
收藏馆：缩微中心，国图

00〇019255
曲录：六卷 / 王国维撰
清宣统元年(1909)沈宗畸刻晨风阁丛书本. --
存四卷：卷三至卷六。郑振铎校补。

1994年摄制. -- 1盘卷片(8米133拍)：1:10,
2B ；35mm银盐
收藏馆：缩微中心，国图

00O005021
曲录：六卷 / 王国维撰
清宣统元年(1909)沈宗畸刻晨风阁丛书本. --
吴梅、任讷补注。
1986年摄制. -- 1盘卷片(11米230拍)：
1:10, 2B ；35mm银盐
收藏馆：缩微中心，国图

00O009264
古今书刻：二卷 / (明)周弘祖撰
清光绪(1875-1908)叶氏耶园刻朱印本
1988年摄制. -- 1盘卷片(7米120拍)：1:10,
2B ；35mm银盐
收藏馆：缩微中心，湖南

00O001309
汲古阁所刻书目：一卷补遗一卷 / (清)陈秉钥辑.

书板存亡考：一卷 / (清)郑德懋辑
清(1644-1911)抄本
1985年摄制. -- 1盘卷片(4.2米62拍)：
1:10, 2B ；35mm银盐
收藏馆：缩微中心，国图

00O018706
题跋：一卷 / (明)毛晋撰
明崇祯(1628-1644)毛氏汲古阁刻本
1994年摄制. -- 1盘卷片(6米78拍)：1:10,
2B ；35mm银盐
收藏馆：缩微中心，国图

00O021934
题跋：二卷 / (明)毛晋撰
明崇祯(1628-1644)毛氏汲古阁刻本
1995年摄制. -- 1盘卷片(7米103拍)：1:10,
2B ；35mm银盐
收藏馆：缩微中心，国图